Weltentwicklungsbericht 1988

Weltbank
Washington, D.C., USA

Die englische Originalfassung dieses Berichts publizierte
die Weltbank unter dem Titel *World Development Report 1988*
bei Oxford University Press

Copyright © 1988 Internationale Bank
für Wiederaufbau und Entwicklung/Weltbank
1818 H Street, N. W., Washington, D. C. 20433 U.S.A.

Erste Auflage, August 1988

Alle Rechte vorbehalten. Diese Publikation darf ohne vorherige
Genehmigung der Weltbank weder vollständig noch auszugsweise
reproduziert, auf Datenträgern erfaßt oder in jeglicher Form oder
Art übertragen werden, sei es elektronisch, mechanisch, durch
Fotokopie, Tonbandaufzeichnung oder auf andere Weise.

Mit den Bezeichnungen, Gruppierungen, Grenzen und Farben, die
in den Karten des *Weltentwicklungsberichts* verwendet werden, verbinden die Weltbank und die ihr angeschlossenen Institute keinerlei Urteil
über den rechtlichen oder sonstigen Status irgendwelcher Territorien und ebensowenig irgendeine Bekräftigung oder Anerkennung
irgendwelcher Grenzen.

ISBN 3-923 904-14-2
ISSN 0271-1745

Die Kongreßbücherei der Vereinigten Staaten hat die englische Ausgabe
dieser Veröffentlichungsreihe wie folgt katalogisiert:

World development report. 1978 —
[New York] Oxford University Press.
v. 27 cm. annual.
Published for The World Bank.
1. Underdeveloped areas — Periodicals. 2. Economic development —
Periodicals. I. International Bank for Reconstruction and Development.

HC59.7.W659   330.9′172′4   78-67086

Für die Weltbank vertrieben von:

UNO-Verlag	Verlag Fritz Knapp	Gerold & Co.	Librairie Payot
Poppelsdorfer Allee 55	Postfach 11 11 51	Graben 31	6, rue Grenus
D-5300 Bonn 1	D-6000 Frankfurt 1	A-1011 Wien	CH-1211 Genève 11

Vorwort

Dies ist der elfte Bericht im Rahmen der jährlichen Berichterstattung über Entwicklungsfragen. Teil I beschreibt die jüngsten Tendenzen in der Weltwirtschaft und ihre Implikationen für die Zukunftsaussichten der Entwicklungsländer. Teil II untersucht die Rolle der öffentlichen Finanzen im Entwicklungsprozeß. Wie seine Vorgänger enthält der Bericht einen Anhang, die Kennzahlen der Weltentwicklung, der ausgewählte soziale und ökonomische Daten für über 100 Länder bietet.

Das Wachstum der Weltwirtschaft hat sich 1987 und hinein in das Jahr 1988 fortgesetzt; zwei Probleme sind jedoch charakteristisch für die jüngeren Entwicklungen: Auf Dauer nicht tragbare wirtschaftliche Ungleichgewichte innerhalb und zwischen den Industrieländern sowie ein äußerst unterschiedliches Wirtschaftswachstum in den Entwicklungsländern. Teil I des Berichts kommt zu dem Ergebnis, daß sich die Wirtschaftspolitik drei interdependenten Herausforderungen stellen muß.

Erstens müssen die Industrieländer ihre außenwirtschaftlichen Zahlungsbilanzungleichgewichte abbauen. Ohne derartige Schritte könnten die Weltwirtschaft insgesamt, und besonders die Entwicklungsländer, ernsthaft von den Gefahren einer Rezession und Störungen auf den Finanzmärkten bedroht werden. Zweitens müssen die Entwicklungsländer die Umstrukturierung ihrer inländischen Wirtschaftspolitik beharrlich fortsetzen, um ihre Kreditwürdigkeit und ihr Wachstum zu verbessern. Die unterschiedliche Anpassung der Entwicklungsländer an die außenwirtschaftlichen Schocks der achtziger Jahre unterstreicht die Bedeutung einer soliden Wirtschaftspolitik. Drittens muß der Nettotransfer finanzieller Ressourcen aus den Entwicklungsländern darauf abgestimmt werden, daß sich Investitionen und Wachstum neu beleben können. Weitere Anpassungsfortschritte bei Industrie- und Entwicklungsländern werden hierzu beitragen. Schuldner wie Gläubiger werden aber auch weiterhin Wege finden müssen, um, von Fall zu Fall, den Schuldenüberhang zu verringern. Für die ärmsten Staaten, vor allem die afrikanischen Länder südlich der Sahara, sind konzessionäre Schuldenerleichterungen und wachsende Hilfeleistungen notwendig, um einen wirtschaftlichen Aufschwung zu erleichtern.

Die rasche Ausweitung des öffentlichen Sektors in den letzten Jahrzehnten und das Auftreten von Haushaltskrisen in den meisten Entwicklungsländern während der achtziger Jahre haben die öffentliche Finanzwirtschaft zur zentralen entwicklungs- und anpassungspolitischen Herausforderung werden lassen. Teil II dieses Berichts untersucht, wie die öffentliche Finanzpolitik am besten konzipiert und durchgeführt wird.

Die meisten der Entwicklungsländer, die in den achtziger Jahren Wirtschaftskrisen vermeiden konnten, hatten nur mäßige und stabile Haushaltsdefizite. Länder, die in Schwierigkeiten gerieten, verzeichneten im allgemeinen auf Dauer nicht tragbare Haushaltsdefizite. Ist eine Krise eingetreten, so sind Haushaltskürzungen für eine wirksame Stabilisierung zwar unvermeidlich, für sich genommen reicht dies aber nicht für neue Wachstumsimpulse

III

aus. Entscheidend ist die Art des Defizitabbaus, also auf welche Weise zusätzliche Einnahmen gewonnen und Ausgaben gekürzt werden.

Im Interesse eines leistungsfähigeren Einsatzes der Mittel sowie des Wirtschaftswachstums ist es notwendig und möglich, die Kosten der Mobilisierung von Einnahmen zu verringern. Die Steuerreformen in bestimmten Entwicklungsländern zeigen, daß die Regierungen übermäßig komplexe und kostspielige Steuersysteme vereinfachen, die Besteuerungsbasis erweitern, Steuersätze senken und die Steuerverwaltung verbessern können, und dabei gleichzeitig in der Lage sind, das Einnahmenniveau aufrechtzuerhalten oder sogar zu steigern. Auch ein größerer Rückgriff auf Benutzergebühren wird zu einem leistungsfähigeren und gerechteren Einsatz der Ressourcen führen.

Im Falle übermäßiger Haushaltsdefizite müssen im allgemeinen die öffentlichen Ausgaben gekürzt werden. Die sorgfältige Erstellung einer Prioritätenliste ist bei Ausgabenkürzungen ebenso wichtig wie bei Ausgabensteigerungen. Eine gründliche Finanzplanung, Budgetierung und Projektbewertung sind wichtige Instrumente, um sicherzustellen, daß die öffentlichen Ausgaben mit soliden sektoralen Konzeptionen konform gehen und private Initiativen ergänzen, anstatt mit ihnen zu konkurrieren.

Die Effizienz öffentlicher Leistungen und der Spielraum der Einnahmenerhebung lassen sich häufig vergrößern, indem Entscheidungskompetenzen auf Kommunalregierungen und staatseigene Unternehmen übertragen und die Rechenschaftslegung und Transparenz der Finanzbeziehungen zwischen öffentlichen Stellen verbessert werden. Die Kommunalregierungen müssen stärker in die Lage versetzt werden, Einnahmen zu erheben, und ihre Verwaltungskapazitäten sind zu steigern. Die Reform staatseigener Unternehmen erfordert häufig eine größere Rolle des Marktes und ein stärkeres Engagement des Privatsektors.

Die Armut bleibt die elementare Herausforderung an die Entwicklungspolitik. Soll das Wirtschaftswachstum aufrecht erhalten und damit die Armut langfristig beseitigt werden, so ist eine solide Finanzpolitik unverzichtbar. Richtig konzipierte öffentliche Ausgaben verschaffen den Armen Zugang zu elementaren Leistungen, schützen sie vor den sozialen Kosten der Anpassung und fördern die Entwicklung des Humankapitals.

Wie alle früheren *Weltentwicklungsberichte* ist auch der vorliegende eine Untersuchung des Mitarbeiterstabs der Weltbank; die hier vertretenen Ansichten stimmen nicht notwendigerweise mit den Auffassungen des Exekutivdirektoriums oder der von ihm vertretenen Regierungen überein.

Barber B. Conable
Präsident
der Weltbank

1. Juni 1988

Dieser Bericht wurde unter Leitung von Johannes F. Linn von einer Arbeitsgruppe verfaßt, der William R. Easterly, Cheryl Williamson Gray, Emmanuel Y. Jimenez, Govindan G. Nair, Anthony J. Pellechio, Zmarak M. Shalizi und Eugene L. Versluysen angehörten. Sie wurden unterstützt von David Dunn, Anastasios Filippides, M. Shahbaz Khan, Fayez S. Omar, Clifford W. Papik, Subramanian S. Sriram, Lynn E. Steckelberg und Deborah L. Wetzel.

Viele andere Personen innerhalb und außerhalb der Bank leisteten hilfreiche Kommentare und Beiträge (vgl. Anmerkung zu den verwendeten Quellen). Die Abteilung für internationale Wirtschaft erstellte die in Teil I enthaltenen Zahlenangaben und Vorausschätzungen sowie den statistischen Anhang. Sie ist auch verantwortlich für die Kennzahlen der Weltentwicklung. Zum Produktionspersonal des Berichts gehörten Connie Eysenck, Virginia deHaven Hitchcock, Pensri Kimpitak, Joyce C. Petruzzelli, Kathy S. Rosen, Walton Rosenquist und Brian J. Svikhart. Bibliothekarische Unterstützung erfolgte durch Iris Anderson. Die technischen Mitarbeiter wurden geleitet von Rhoda Blade-Charest, zu ihnen gehörten Trinidad Angeles, Carlina Jones, Maria Guadalupe M. Mattheisen und Patricia Smith. Die Arbeit wurde unter der allgemeinen Leitung von W. David Hopper und Stanley Fischer durchgeführt, mit Clive Crook als Chefredakteur.

Inhaltsverzeichnis

Kurzwörter und Abkürzungen   X

Definitionen und statistische Anmerkungen   XI

Öffentliche Finanzen und Entwicklung: Ein Überblick   1

    Wirtschaftspolitische Optionen für eine weltweite Anpassung   3
    Die Rolle der öffentlichen Finanzen im Entwicklungsprozeß   5
    Finanzpolitik für Stabilisierung und Anpassung   6
    Reform des Steuersystems   8
    Verbesserung der Allokation öffentlicher Ausgaben   8
    Ausgabenprioritäten und alternative Einnahmequellen in ausgewählten Sektoren   10
    Finanzierung der Gemeinden   11
    Stärkung der öffentlichen Finanzen durch Reform der staatseigenen Unternehmen   12
    Leitlinien der Reform   12

Teil I Chancen und Risiken bei der Steuerung der Weltwirtschaft

1 **Wirtschaftspolitische Optionen für eine weltweite Anpassung**   15
    Das Vermächtnis der siebziger Jahre   15
    Gesamtwirtschaftliche Politik und Ungleichgewichte in den Industrieländern   17
    Die Entwicklungsländer in der Weltwirtschaft   27
    Die Aussichten für die Weltwirtschaft bis 1995   42

Teil II Öffentliche Finanzen und Entwicklung

2 **Die Rolle der öffentlichen Finanzen im Entwicklungsprozeß**   49
    Entwicklungsmuster der öffentlichen Finanzen   51
    Der Wandel der Anschauungen über den öffentlichen Sektor   55
    Ein pragmatischer Ansatz staatlichen Handelns   58

3 **Finanzpolitik für Stabilisierung und Anpassung**   63
    Finanzpolitik und gesamtwirtschaftliche Entwicklung   63
    Die finanzpolitische Dimension der externen Schuldenkrise   72
    Finanzpolitische Bewältigung von Rohstoff-Exportzyklen   81
    Anpassung in den armen Ländern Afrikas südlich der Sahara   85
    Finanzpolitik und Wachstumsnotwendigkeiten   88

4 Reform des Steuersystems *91*
   Steuerstrukturen *92*
   Ziele und Grenzen der Steuerreform *96*
   Indirekte Steuern *99*
   Einkommensteuern *106*
   Steuerverwaltung *116*
   Der Spielraum für Steuerreformen *118*

5 Verbesserung der Allokation öffentlicher Ausgaben *123*
   Strukturen und Trends der Staatsausgaben *123*
   Prioritäten der Staatsausgaben *131*
   Planung und Budgetierung öffentlicher Ausgaben *141*

6 Ausgabenprioritäten und alternative Einnahmequellen in ausgewälten Sektoren *155*
   Erziehungs- und Gesundheitswesen *155*
   Städtische Dienstleistungen *169*
   Ländliche Infrastruktur *176*

7 Die Finanzierung der Gemeinden *185*
   Finanzierungsstruktur untergeordneter Gebietskörperschaften *185*
   Finanzpolitische Dezentralisierung und die Rolle untergeordneter Gebietskörperschaften *188*
   Stärkung der Gemeindefinanzen *189*
   Maßnahmen zur Erhöhung der Leistungsfähigkeit der Kommunen *200*

8 Stärkung der öffentlichen Finanzen durch Reform der staatseigenen Unternehmen *201*
   Die wechselseitige Beeinflussung von SEU und öffentlichen Finanzen *202*
   Stärkung der SEU durch finanzpolitische Instrumente *206*
   Verbesserung der Haushaltsdisziplin *209*
   Zur Neueinschätzung des Umfelds und Einsatzbereichs von SEU *212*
   Ansatzpunkte für eine Reform staatseigener Unternehmen *216*

9 Leitlinien der Reform *218*
   Solide Haushaltspolitik *218*
   Kostensenkung bei der Beschaffung von Einnahmen *219*
   Effiziente und effektive öffentliche Ausgaben *220*
   Größere Autonomie und bessere Rechenschaftslegung dezentralisierter öffentlicher Körperschaften *221*
   Öffentliche Finanzpolitik im Einklang mit der Linderung der Armut *222*

Statistischer Anhang *223*
Anmerkungen zu den verwendeten Quellen *234*

Kennzahlen der Weltentwicklung *211*

Sonderbeiträge
1   Die Linderung der Armut ist weiterhin notwendig *4*
2   Lehren aus der Geschichte der öffentlichen Finanzwirtschaft *6*
1.1   Die steigenden Kosten des Protektionismus *18*
1.2   Steuerpolitik, Zahlungsbilanz und internationale Kapitalbewegungen *21*
1.3   Die Rückschleusung japanischer Gelder *24*
1.4   Ökonomischer Fortschritt und wirtschaftspolitische Reformen in Indien und China *28*
1.5   Wirtschaftspolitische Reformen in Afrika südlich der Sahara *32*
1.6   Alternative Finanzierungsoptionen zum Abbau des Schuldenüberhangs *38*
1.7   Wie die Weltbank die hochverschuldeten Länder mit mittlerem Einkommen unterstützt *41*
2.1   Grundlagen und Beschränkungen der Statistiken über öffentliche Finanzen *51*
2.2   Politische Interessen und Wirtschaftsreformen *57*
2.3   Gesetzliche Vorschriften zum Haushaltsausgleich *58*
2.4   Öffentliche Finanzen und die Umwelt *60*
3.1   Die Berechnung des Staatsdefizits *64*

3.2	Welches Staatsdefizit ist „tragbar"?	66
3.3	Staatsdefizite und Finanzkrisen	76
3.4	Die Stabilisierung der Inflationsrate: Erfahrungen in Lateinamerika	78
3.5	Vereinheitlichung der Wechselkurse und Haushaltsgleichgewicht	89
4.1	Einnahmebeschaffung und Benutzergebühren	93
4.2	Die Mehrwertsteuer in den Entwicklungsländern	101
4.3	Die Integration von Außenhandelsabgaben und Inlandssteuern in Malawi	104
4.4	Exportsteuern und Landwirtschaft	106
4.5	Reform der Investitionsanreize in Indonesien	111
4.6	Die Reform der persönlichen Einkommensteuer in Jamaika	114
4.7	Periodische Steuerreformen in Kolumbien	120
5.1	Militärausgaben	124
5.2	Alternative Gliederung der öffentlichen Ausgaben: Vor- und Nachteile	126
5.3	Demographische Entwicklung und öffentliche Ausgaben	129
5.4	Ein Beispiel für erfolgreiche Investitionen: Baumwollprojekte in Westafrika	133
5.5	Die Eindämmung des Lohnaufwands im öffentlichen Sektor	136
5.6	Einfluß der Agrarsubventionen auf die Umwelt	138
5.7	Ein Beispiel zielorientierter Ausgaben: Nahrungsmittelsubventionen in Mexiko	139
5.8	Die Bedeutung der Kosten-Nutzen-Analyse bei der Projektauswahl	147
5.9	Thailands Entwicklungsprogramm für die Ostküste: Ein Beispiel für die Vorzüge einer gesamtwirtschaftlichen Analyse	148
5.10	Das wachsende Engagement der Weltbank bei der Überprüfung öffentlicher Ausgaben	150
5.11	Die Bedeutung institutionalisierter Verfahren bei der Haushaltsreform: Kenias Arbeitsstab zur Bekämpfung von Haushaltsproblemen in der Landwirtschaft	152
6.1	Preisfestsetzung bei öffentlichen Leistungen	156
6.2	Die Finanzierung der Sozialversicherung	164
6.3	Durchführung der Erziehungsreform in Ghana	167
6.4	Die staatliche Finanzierung des Energiesektors: Probleme und Optionen	168
6.5	Wie wird Nigerias Industrie mit unzulänglichen Infrastrukturleistungen fertig?	172
6.6	Die verdeckten finanzpolitischen Einflüsse auf die Wohnungsbaupolitik	173
6.7	Zusammenarbeit im Bewässerungswesen am Beispiel der Philippinen	180
6.8	Örtliche Zusammenarbeit von Dörfern in Indien	181
7.1	Kommunale Finanzierung in China	186
7.2	Finanzpolitische Dezentralisierung in Kolumbien	190
7.3	Finanzierung durch die Nutznießer: Bodenerschließung in der Republik Korea und Bodenaufwertung in Kolumbien	193
7.4	Grundlegende Neuordnung des Grundsteuersystems auf den Philippinen und in Brasilien	195
7.5	Die Effekte zwischenstaatlicher Zuweisungen: Nigerias Erfahrungen in den späten siebziger Jahren	199
8.1	Verbesserte Überwachung der Verschuldung von SEU in Kenia	210
8.2	Leistungsbewertung von SEU in Pakistan	211
8.3	Leistungsvergleich zwischen öffentlichen Busgesellschaften in zwei indischen Städten	213
8.4	Öffentliche Plazierung von Aktien staatseigener Unternehmen auf einem unterentwickelten Kapitalmarkt	214
8.5	Rückzug der öffentlichen Hand aus staatseigenen Textilbetrieben in Togo	215
8.6	Malaysias Elektrizitätswirtschaft: Ein finanziell gesundes SEU	216

Textschaubilder

1	Anteil der Investitionen am BIP in Entwicklungsländern, 1970 bis 1986	2
2	Pro-Kopf-BIP während der Weltwirtschaftskrise und der gegenwärtigen Krise in ausgewählten Ländern	3
1.1	Realisiertes Wachstum des BIP und Wachstumsprojektionen, 1960 bis 1990	16
1.2	Inflationsraten, 1973 bis 1987	19
1.3	Realzinsen in wichtigen Industrieländern, 1979 bis 1987	20
1.4	Leistungsbilanzsalden von Industrieländern, 1980 bis 1987	22
1.5	Reale gewogene Wechselkurse wichtiger Währungen, 1978 bis 1987	23
1.6	Reale Rohstoffpreise, 1970 bis 1987	27
1.7	Volumen und Kaufkraft von Exporten aus Entwicklungsregionen, 1965 bis 1987	30
1.8	Langfristige Auslandsschulden der Entwicklungsländer, 1980 bis 1987	33
1.9	Zinssätze auf externe Kreditaufnahmen der Entwicklungsländer, 1976 bis 1987	34

1.10	Netto-Ressourcentransfer zu den Entwicklungsländern, 1973 bis 1987	*34*
2.1	Defizite des öffentlichen Sektors in ausgewählten Entwicklungsländern, 1979 bis 1985	*50*
2.2	Der Zusammenhang zwischen dem BSP pro Kopf und dem BSP-Anteil der Ausgaben der Zentralregierung, 1985	*53*
2.3	Gesamtausgaben des öffentlichen Sektors als Anteil am BIP in ausgewählten Entwicklungsländern, 1985	*53*
2.4	Wachstum der öffentlichen Schulden und Zusammensetzung der gesamten Auslandsschulden	*55*
2.5	Der Zusammenhang zwischen dem BIP-Anteil der Ausgaben der Zentralregierung und dem BIP-Wachstum in Entwicklungsländern	*59*
3.1	Öffentliche Defizite und Leistungsbilanzdefizite in vier Ländern, 1977 bis 1986	*68*
3.2	Indizes der gewogenen realen Wechselkurse von ausgewählten Ländern	*71*
3.3	Gesamt- und Primärsaldo des öffentlichen Sektors in vier Schuldnerländern mit mittlerem Einkommen, 1977 bis 1985	*73*
3.4	Nettotransfers, Leistungsbilanzdefizite und öffentliche Defizite von siebzehn hochverschuldeten Ländern, 1981 bis 1985	*74*
3.5	Gesamtwirtschaftliche Produktion und Ausgaben in hochverschuldeten Ländern und Ländern mit erfolgreicher Anpassung	*80*
3.6	Öffentliche Einnahmen und Ausgaben im Verlauf von Rohstoffhaussen	*82*
3.7	Nettozufluß mittel- und langfristiger Kredite nach Afrika südlich der Sahara, 1980 bis 1986	*87*
4.1	Anteil der Steuern und der sonstigen Einnahmequellen an den laufenden Einnahmen der Zentralregierung, 1975 und 1985	*92*
4.2	Entwicklung der gesamtwirtschaftlichen Steuerquote, 1975 bis 1985	*94*
4.3	Unterschiede in der Zusammensetzung der Steuereinnahmen, nach Einkommensgruppen, 1975 und 1985	*95*
4.4	Unterschiede in der Zusammensetzung der Steuereinnahmen, nach Regionen, 1985	*96*
4.5	Volkswirtschaftliche Grenzkosten der Einnahmebeschaffung durch Zölle und inländische indirekte Steuern auf den Philippinen	*98*
4.6	Länder, in denen Steuern auf Agrarexporte in ausgewählten Jahren mehr als 5 Prozent des Steueraufkommens erbrachten	*105*
4.7	Effektive Grenzsteuersätze nach Anlagearten in Malawi, 1974 und 1984	*107*
4.8	Einkommensniveau, bei dem die persönliche Einkommensteuerpflicht beginnt, und Struktur der Grenzsteuersätze für 1984 und 1985	*112*
4.9	Spitzensteuersätze und persönliches Einkommensniveau, bei dem sie wirksam werden, für 1984 und 1985	*113*
5.1	Anteil der Ausgaben des Zentralstaates am BIP, nach Regionen, 1975 bis 1985	*124*
5.2	Allokation der Ausgaben des Zentralstaates nach wirtschaftlichen Kategorien, 1980	*127*
5.3	Anteile der Ausgaben des Zentralstaates am BIP, aufgegliedert nach verschiedenen wirtschaftlichen Kategorien, 1980	*127*
5.4	Allokation der Ausgaben des Zentralstaates nach funktionalen Kategorien, 1980	*128*
5.5	Anteile der Ausgaben des Zentralstaates am BIP, aufgegliedert nach verschiedenen funktionalen Kategorien, 1980	*128*
5.6	Entwicklung der Zinszahlungen des Zentralstaates, 1975 bis 1985	*130*
5.7	Ausgaben des Zentralstaates pro Kopf, 1975 bis 1984	*130*
5.8	Realer Rückgang der Ausgaben des Zentralstaates in fünfzehn Ländern, Anfang der achtziger Jahre	*131*
5.9	Beschäftigungswachstum auf zentralstaatlicher Ebene	*135*
6.1	Spanne der in etwa anfallenden Kosten für ein durch verschiedene Gesundheitsdienste in den Entwicklungsländern gerettetes Menschenleben	*158*
6.2	Kosten pro Student auf verschiedenen öffentlichen Ausbildungsebenen, gemessen in Prozent des BSP pro Kopf in drei Ländergruppen, Anfang der achtziger Jahre	*159*
7.1	Umfang der Finanzen untergeordneter Gebietskörperschaften insgesamt und der Gemeinden, Durchschnitte der Jahre 1974 bis 1986	*186*
7.2	Ausgaben und Einnahmen untergeordneter Gebietskörperschaften, Durchschnitte der Jahre 1974 bis 1986	*187*
7.3	Finanzielle Dezentralisierung bei untergeordneten Gebietskörperschaften, Durchschnitte der Jahre 1974 bis 1986	*188*
8.1	Anteile der nicht-finanziellen SEU an der Wertschöpfung und den Investitionen	*202*
8.2	Durchschnittliche jährliche Nettoübertragungen der Regierung auf nicht-finanzielle SEU	*203*

8.3 Beitrag der SEU zum Wachstum der Auslandsschulden in Entwicklungsländern, 1970 bis 1986 *204*
8.4 Entwicklung des Finanzierungssaldos der SEU und der öffentlichen Sektors *207*

Texttabellen

1 Wachstum des realen Pro-Kopf-BIP, 1965 bis 1995 *2*
1.1 Haushaltssalden in wichtigen Industrieländern, 1979 bis 1987 *17*
1.2 Leistungsbilanz und Ersparnis-Investitions-Salden in wichtigen Industrieländern, 1975 bis 1987 *21*
1.3 Wachstum des realen BIP, 1965 bis 1987 *26*
1.4 Schuldenkennzahlen für Entwicklungsländer, 1975 bis 1987 *35*
1.5 Leistungsbilanzen, 1973 bis 1987 *35*
1.6 Wachstum des realen BIP, 1973 bis 1995 *43*
1.7 Wachstum des realen BIP pro Kopf, 1973 bis 1995 *43*
1.8 Leistungsbilanzsalden der Entwicklungsländer und ihre Finanzierung, 1987 und 1995 *44*
2.1 Anteil der Staatsausgaben am BSP oder BIP in ausgewählten Industrieländern, 1880, 1929, 1960 und 1985 *52*
2.2 Gesamtausgaben, laufende Einnahmen und Defizit der Zentralregierung als Anteil am BSP, 1972 und 1985 *52*
2.3 Investitionen des öffentlichen Sektors als Anteil an den gesamten Investitionen in ausgewählten Entwicklungsländern, Durchschnitte für 1980 bis 1985 *54*
3.1 Staatliche Einnahmen aus der Emission von Bargeld („Münzgewinn") in ausgewählten Ländern, Durchschnitt der Jahre 1980 bis 1985 *69*
3.2 Kennziffern der Auslandsverschuldung für Schuldnerländer mit erfolgreicher Anpassung und hochverschuldete Länder, 1980 und 1986 *74*
3.3 Reale Kreditzinssätze in ausgewählten Ländern, 1980 bis 1986 *79*
4.1 Streuung der effektiven Protektionsraten in ausgewählten Ländern Ostasiens *102*
4.2 Effektive Grenzsteuersätze eines hypothetischen Investitionsprojekts, etwa 1985 *108*
6.1 Die Rolle des öffentlichen Sektors im Erziehungswesen und bei den Gesundheitsausgaben in Entwicklungsländern, nach Regionen *158*
6.2 Anteil der auf einzelne Einkommensgruppen entfallenden Subventionen im höheren Schulwesen in ausgewählten Ländern Asiens und Lateinamerikas *161*
6.3 Vegleich der Betriebsbedingungen und der Kosten für private und öffentliche Autobusbetriebe in ausgewählten Städten von Entwicklungsländern, 1985 *171*
6.4 Verhältnis der Preise privater Wasserverkäufer zum Wasserpreis öffentlicher Versorgungsbetriebe in ausgewählten Städten, Mitte der siebziger bis Anfang der achtziger Jahre *172*
7.1 Anteil kommunaler öffentlicher Ausgaben und Einnahmen an den Gesamtausgaben im Vergleich, nach wichtigen Kategorien in ausgewählten Städten *191*

Tabellen des statistischen Anhangs

A.1 Bevölkerungswachstum, 1965 bis 1986 und Projektion bis zum Jahr 2000 *223*
A.2 Bevölkerung und BSP pro Kopf (1980) und Wachstumsraten, 1965 bis 1987 *223*
A.3 Bevölkerung und Zusammensetzung des BIP in ausgewählten Jahren, 1965 bis 1987 *224*
A.4 BIP (1980) und Wachstumsraten, 1965 bis 1987 *225*
A.5 Produktionsstruktur des BIP in ausgewählten Jahren, 1965 bis 1987 *225*
A.6 Wachstumsraten einzelner Wirtschaftssektoren, 1965 bis 1986 *225*
A.7 Kennzahlen für Verbrauch, Ersparnis und Investitionen in ausgewählten Jahren, 1965 bis 1987 *226*
A.8 Exportwachstum, 1965 bis 1987 *227*
A.9 Veränderung der Exportpreise und der Terms of Trade, 1965 bis 1987 *228*
A.10 Wachstum der langfristigen Schulden der Entwicklungsländer, 1970 bis 1987 *228*
A.11 Ersparnis, Investitionen und Leistungsbilanzsaldo, (ohne öffentliche Übertragungen), 1965 bis 1986 *229*
A.12 Zusammensetzung der ausstehenden Schulden, 1970 bis 1986 *230*
A.13 Auslandsfinanzierung der Entwicklungsländer, nach Art der Kapitalbewegung, 1980 bis 1995 *231*
A.14 Leistungsbilanzsaldo und Finanzierungsströme in Entwicklungsländern, 1987 bis 1995 *232*
A.15 Wachstum des Außenhandelsvolumens in Entwicklungsländern, 1973 bis 1995 *232*

Kurzwörter und Abkürzungen

ADI Ausländische Direktinvestitionen
BIP Bruttoinlandsprodukt
BIZ Bank für Internationalen Zahlungsausgleich
BSP Bruttosozialprodukt
EDS Effektiver Durchschnittssteuersatz
EG Die Europäischen Gemeinschaften umfassen Belgien, Dänemark, die Bundesrepublik Deutschland, Frankreich, Griechenland, Großbritannien, Irland, Italien, Luxemburg, die Niederlande, Portugal und Spanien
EGS Effektiver Grenzsteuersatz
EPR Effektive Protektionsrate
ESA Export-Selbstbeschränkungsabkommen
EWS Europäisches Währungssystem
FJ Fiskaljahr
GAP Gemeinsame Agrarpolitik
GATT Allgemeines Zoll- und Handelsabkommen (General Agreement on Tariffs and Trade)
GFS *Government Finance Statistics Yearbook;* wird jährlich vom IWF publiziert
GS Grenzsteuersatz
G-7 Die Siebenergruppe umfaßt die Bundesrepublik Deutschland, Frankreich, Großbritannien, Italien, Japan, Kanada und die Vereinigten Staaten
IBRD Internationale Bank für Wiederaufbau und Entwicklung — Weltbank; (International Bank for Reconstruction and Development — The World Bank)
IDA Internationale Entwicklungsorganisation (International Development Association)
IFS *International Financial Statistics;* wird monatlich vom IWF publiziert

IWF Internationaler Währungsfonds
KEF Kommunaler Entwicklungsfonds
LIBOR Londoner Interbanken-Angebotssatz (London interbank offered rate)
MIGA Multilaterale Investitionsgarantie-Agentur (Multilateral Investment Guarantee Agency)
MWSt Mehrwertsteuer
NKÖS Netto-Kreditbedarf des öffentlichen Sektors
NTH Nichttarifäres Handelshemmnis
OECD Mitgliedsländer der Organisation für wirtschaftliche Zusammenarbeit und Entwicklung (Organisation for Economic Co-operation and Development) sind Australien, Belgien, Dänemark, die Bundesrepublik Deutschland, Finnland, Frankreich, Griechenland, Großbritannien, Irland, Island, Italien, Japan, Kanada, Luxemburg, Neuseeland, die Niederlande, Norwegen, Österreich, Portugal, Schweden, die Schweiz, Spanien, die Türkei und die Vereinigten Staaten
ÖEH Öffentliche Entwicklungshilfe
SEU Staatseigene(s) Unternehmen
Unesco Organisation der Vereinten Nationen für Erziehung, Wissenschaft und Kultur (United Nations Educational, Scientific and Cultural Organization).
VPI Verbraucherpreisindex
WTA Welttextilabkommen

Definitionen und statistische Anmerkungen

Die im Textteil dieses Berichts und in den „Kennzahlen der Weltentwicklung" verwendeten wichtigsten Ländergruppen werden im folgenden definiert. Die Einteilung in die Hauptgruppen beruht hauptsächlich auf dem BSP pro Kopf.

- Die *Entwicklungsländer* werden untergliedert in: *Länder mit niedrigem Einkommen*, deren BSP pro Kopf im Jahr 1986 425 Dollar oder weniger betrug und in *Länder mit mittlerem Einkommen*, deren BSP pro Kopf im Jahr 1986 426 Dollar oder mehr betrug.
- Die *Ölexporteure mit hohem Einkommen* umfassen Bahrain, Brunei, Katar, Kuwait, Libyen, Saudi-Arabien und die Vereinigten Arabischen Emirate.
- *Marktwirtschaftliche Industrieländer* sind die Mitglieder der Organisation für wirtschaftliche Zusammenarbeit und Entwicklung (OECD), ohne Griechenland, Portugal und die Türkei, die zu den Entwicklungsländern mit mittlerem Einkommen zählen. Diese Ländergruppe wird im Text normalerweise als *industrialisierte Volkswirtschaften* oder *Industrieländer* bezeichnet.
- *Nichtberichtende Nicht-Mitgliedsländer* sind Albanien, Angola, Bulgarien, die Deutsche Demokratische Republik, die Demokratische Volksrepublik Korea, Kuba, die Mongolei, die Tschechoslowakei und die UdSSR.

Neben den geographisch abgegrenzten Ländergruppen werden zu analytischen Zwecken verschiedene sich überschneidende Gruppierungen verwendet, die hauptsächlich auf den Exporten oder den Auslandsschulden beruhen.

- *Ölexporteure* sind Entwicklungsländer mit mittlerem Einkommen, deren Exporte von Erdöl oder Erdgas (einschließlich der Reexporte) mindestens 30 Prozent der Warenausfuhr ausmachen, nämlich: Arabische Republik Ägypten, Algerien, Ecuador, Gabun, Indonesien, Irak, Islamische Republik Iran, Kamerun, Volksrepublik Kongo, Mexiko, Nigeria, Oman, Arabische Republik Syrien, Trinidad und Tobago und Venezuela.
- *Exporteure von Industrieprodukten* sind Entwicklungsländer, deren Exporte von Industrieprodukten (hier definiert als SITC 5, 6, 7 und 8 ohne 68, 651, 652, 654, 655, 667), mehr als 30 Prozent ihrer Exporte von Waren und Dienstleistungen ausmachen, nämlich: Brasilien, China, Hongkong, Indien, Israel, Jugoslawien, Republik Korea, Polen, Portugal, Rumänien, Singapur und Ungarn.
- *Hochverschuldete Länder* sind siebzehn Länder, bei denen gravierende Schuldendienstprobleme aufgetreten sind, nämlich: Argentinien, Bolivien, Brasilien, Chile, Costa Rica, Côte d'Ivoire, Ecuador, Jamaika, Jugoslawien, Kolumbien, Marokko, Mexiko, Nigeria, Peru, die Philippinen, Uruguay und Venezuela.
- *Afrika südlich der Sahara* besteht aus allen Ländern südlich der Sahara, ohne Südafrika.
- Der *Nahe Osten und Nordafrika* umfaßt Afghanistan, Arabische Republik Ägypten, Algerien, Irak, Islamische Republik Iran, Israel, Arabische Republik Jemen, Demokratische Volksrepublik Jemen, Jordanien, Kuwait, Libanon, Libyen, Marokko, Oman, Saudi-Arabien, Arabische Repu-

blik Syrien, Tunesien, die Türkei und die Vereinten Arabischen Emirate.

- Zu *Ostasien* gehören alle Länder mit niedrigem und mittlerem Einkommen Ost- und Südostasiens und des Pazifiks, die östlich von China, der Mongolei und Thailand liegen, einschließlich dieser drei Länder.
- Zu *Südasien* gehören Bangladesch, Bhutan, Birma, Indien, Nepal, Pakistan und Sri Lanka.
- *Lateinamerika und Karibik* umfassen alle amerikanischen und karibischen Länder südlich der Vereinigten Staaten.

Ökonomische und bevölkerungsstatistische Begriffe werden in den technischen Erläuterungen zu den „Kennzahlen der Weltentwicklung" definiert. Die Kennzahlen verwenden die oben genannten Ländergruppierungen, jedoch werden nur Länder mit einer Bevölkerungszahl von über 1 Million berücksichtigt.

Tonnen-Angaben beziehen sich auf metrische Tonnen, gleich 1 000 Kilogramm oder 2 204,6 Pfund.

Zuwachsraten wurden errechnet als kleinstquadratische exponentielle Wachstumsraten und sind, falls nicht anders angegeben, reale Größen. Die Zuwachsraten für mehrjährige Zeitabschnitte in den Tabellen beziehen sich auf den Zeitraum, der mit dem Ausgangsjahr beginnt und bis zum Ende des letzten angegebenen Jahres reicht.

Dollar sind US-Dollar zu jeweiligen Preisen, falls nicht anders angegeben.

Allen Tabellen und Schaubildern liegen Daten der Weltbank zugrunde, falls nicht anders angegeben.

Das Zeichen .. in Tabellen bedeutet „nicht verfügbar".

Das Zeichen — in Tabellen bedeutet „nicht zutreffend".

Angaben aus fremden Quellen liegen nicht immer bis einschließlich 1986 vor. Die Zahlen, die im vorliegenden *Weltentwicklungsbericht* für Vergangenheitswerte ausgewiesen werden, können von den Angaben in früheren Berichten abweichen, da sie, sobald bessere Daten verfügbar sind, laufend aktualisiert werden und bestimmte Angaben für eine Auswahl von neunzig Ländern neu zusammengestellt wurden.

Öffentliche Finanzen und Entwicklung: Ein Überblick

Die öffentlichen Finanzen sind ein gestaltender Faktor des Entwicklungsprozesses. Sie wirken auf die Struktur der gesamtwirtschaftlichen Verwendung und Finanzierung ein und beeinflussen, in Verbindung mit der Geld- und Wechselkurspolitik, das Wachstum der Auslandsschulden, die Inflationsraten, Zinssätze und Wechselkurse. Staatsausgaben, Steuern, Benutzergebühren und öffentliche Verschuldung beeinflussen auch das Verhalten von Produzenten und Konsumenten sowie die Einkommens- und Vermögensverteilung in einer Volkswirtschaft. Durch eine unsolide Finanzpolitik werden Zahlungsbilanzkrisen und externe Schuldenprobleme zumindest verschärft und häufig verursacht. Die Überwindung solcher Krisen erfordert nahezu zwangsläufig Kürzungen der Staatsausgaben in Verbindung mit Maßnahmen zur Beschaffung zusätzlicher Einnahmen, wodurch Ressourcen für den Export und den Schuldendienst freigesetzt werden. Eine unüberlegte staatliche Sparpolitik kann jedoch zu einer nachhaltigen Rezession führen und die Armen über Gebühr belasten. Aus diesem Grund sind die strukturellen Aspekte des staatlichen Finanzgebarens — nämlich die Art der Verwendung und der Beschaffung öffentlicher Mittel — nicht weniger bedeutsam als dessen Auswirkungen auf das gesamtwirtschaftliche Gleichgewicht.

Der *Weltentwicklungsbericht 1988* untersucht die öffentlichen Finanzen der Entwicklungsländer vor dem Hintergrund der gegenwärtigen unsicheren Wirtschaftsaussichten. Dem Bericht geht es vor allem um die Frage, wie eine sachgerechte öffentliche Finanzpolitik die Qualität des staatlichen Handelns verbessern kann. Diese Diskussion ist aus zwei Gründen aktuell: Erstens werden viele Regierungen durch Haushaltsdefizite und Auslandsschulden vor die Frage gestellt, wie eine kurzfristige Stabilisierung ohne Beeinträchtigung der langfristigen Entwicklung zu erreichen ist. Zweitens wird die Rolle des Staates heute anders eingeschätzt als noch vor einem Jahrzehnt. Hatte man den Staat früher als einen „Katalysator" des Entwicklungsprozesses angesehen, so wird er heute oft als ein Hindernis betrachtet.

Der Bericht besteht aus zwei Teilen. Teil I untersucht die jüngsten Entwicklungen in der Weltwirtschaft, einschließlich der gravierenden gesamtwirtschaftlichen Ungleichgewichte zwischen den Industrieländern und der Auswirkungen dieser Ungleichgewichte auf die Entwicklungsländer. Er kommt zu dem Schluß, daß ein beträchtlicher Abbau des Haushaltsdefizits in den Vereinigten Staaten, verbunden mit einer stärkeren Inlandsnachfrage in der Bundesrepublik Deutschland, in Japan und den Schwellenländern erforderlich ist, um die gegenwärtigen großen Leistungsbilanzgleichgewichte zu verringern und das Risiko einer Abschwächung der Weltwirtschaft zu vermeiden. Die Entwicklungsländer müssen die Reform ihrer inländischen Wirtschaftspolitik fortsetzen, während der Netto-Ressourcentransfer zulasten der Entwicklungsländer vermindert werden muß, wenn in diesen Ländern ein dauerhaftes Wirtschaftswachstum wieder in Gang kommen soll.

Teil II konzentriert sich auf die öffentlichen Finanzen in den Entwicklungsländern. Dabei wer-

Tabelle 1   Wachstum des realen Pro-Kopf-BIP, 1965 bis 1995
(jährliche Veränderung in %)

Ländergruppe	Ergebnisse			Projektion 1987—95	
	1965—73	1973—80	1980—87	Status quo	Günstiger Fall
Industrieländer	3,6	2,1	1,9	1,8	2,6
Entwicklungsländer	3,9	3,2	1,8	2,2	3,6
Exporteure von Industrieprodukten	4,8	4,0	4,6	3,4	4,9
Hochverschuldete Länder	4,2	2,9	—1,3	1,0	2,5
Afrika südlich der Sahara	3,8	0,5	—2,9	0,0	0,7

Anmerkung: Alle Wachstumsraten von Entwicklungsländern basieren auf einer Auswahl von neunzig Ländern.

den fünf allgemeine Schlußfolgerungen gezogen.

• Eine solide und stabile Finanzpolitik auf gesamtwirtschaftlicher Ebene ist einer Abfolge von extremen finanzpolitischen Expansions- und Restriktionsphasen bei weitem vorzuziehen. Moderate und tragbare Staatsdefizite fördern das Wachstum und schützen zugleich die Armen vor der Belastung durch eine staatliche Sparpolitik.

• Die stärkere Anwendung von Benutzergebühren sowie die Vereinfachung und Umstrukturierung der allgemeinen Besteuerung können die Staatseinnahmen steigern und gleichzeitig die volkswirtschaftlichen Verzerrungen abbauen.

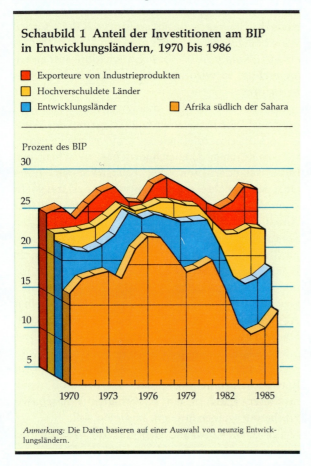

Schaubild 1 Anteil der Investitionen am BIP in Entwicklungsländern, 1970 bis 1986

Anmerkung: Die Daten basieren auf einer Auswahl von neunzig Entwicklungsländern.

• Eindeutige Prioritäten und eine Betonung der Qualität sind für einen effizienten und effektiven Einsatz öffentlicher Mittel notwendig. Für die Formulierung von Prioritäten ist es günstig, wenn die Entscheidungsträger sich der jeweiligen budgetären Beschränkungen bewußt sind und man von ihnen erwartet, daß sie sich bei der Planung und Budgetierung daran halten.

• Autonome und rechenschaftspflichtige dezentrale öffentliche Stellen, einschließlich der unteren staatlichen Ebenen und der staatseigenen Unternehmen, können die Effizienz sowohl der Mittelverwendung als auch der Mittelbeschaffung verbessern. Durch administrative Beschränkungen wird jedoch der Spielraum für eine rasche Dezentralisierung tendenziell begrenzt; deshalb sollten überall die Möglichkeiten für eine verstärkte Einschaltung des privaten Sektors in die Versorgung mit öffentlichen Leistungen geprüft werden.

• Gut geplante finanzpolitische Maßnahmen können entscheidend zur Linderung der Armut beitragen.

Zwar ist das Hauptaugenmerk von Teil II auf die Entwicklungsländer gerichtet, doch betreffen viele der angesprochenen Fragen auch die Industrieländer. Die Lösung dieser Probleme ist für jede Regierung eine schwierige Aufgabe. Reformen müssen dem ganzen Spektrum der gesamt- und einzelwirtschaftlichen Belange Rechnung tragen und alle Teile des öffentlichen Sektors einbeziehen, nämlich den Zentralstaat, die Einzelstaaten und Gemeinden sowie die staatseigenen Unternehmen. Zwischen der Finanzpolitik und anderen Politikbereichen bestehen umfassende und komplexe Wechselwirkungen. Der Mangel an zuverlässigen fiskalischen Daten in den Entwicklungsländern erschwert die finanzpolitische Planung zusätzlich. Außerdem ist die Reform der öffentlichen Finanzen gewöhnlich mit politisch sensiblen Kompromissen zwischen divergierenden Zielsetzungen verbunden, denen die meisten Regierungen — in Entwicklungsländern ebenso wie in Industrieländern — lieber aus dem Weg gehen. Die zahlreichen Beispiele erfolgreicher finanzpolitischer Reformen in den Entwicklungsländern zeigen jedoch, daß Reformen nicht nur möglich, sondern auch höchst nützlich sind.

Wirtschaftspolitische Optionen für eine weltweite Anpassung

Die weltwirtschaftliche Szene der zu Ende gehenden achtziger Jahre ist von fortbestehenden Turbulenzen und Ungewißheiten geprägt. Die Regierungen der Industrieländer haben seit 1983 einen Abbau der Inflationsraten und ein anhaltendes Wirtschaftswachstum erreicht. Bedeutsame Probleme bleiben jedoch bestehen: hohe Realzinsen, sinkende Investitionsquoten, volatile Wechselkurse, wachsende Ungleichgewichte der Leistungsbilanzen, zunehmender Protektionismus und — in Europa — hohe Arbeitslosigkeit. Diese Probleme sind hauptsächlich ein Erbe der inflationären Politik früherer Jahre sowie der gegebenen strukturellen Starrheiten. Sie sind aber auch eine Konsequenz der gegensätzlichen gesamtwirtschaftlichen Politik während des größten Teils der achtziger Jahre — nämlich eines expansiven Kurses in den Vereinigten Staaten und eines kontraktiven in Europa und Japan — sowie einer Kombination von lockerer Finanzpolitik mit knappem Geld, insbesondere in den Vereinigten Staaten. Dies hat zu einem verlangsamten Wachstum von Produktion und Außenhandel geführt. Als Resultat ist die Weltwirtschaft mit anhaltenden Risiken konfrontiert.

Auch in den Entwicklungsländern hat sich das Wachstum beträchtlich abgeschwächt. Manche afrikanischen Länder und manche hochverschuldeten Länder mit mittlerem Einkommen mußten erhebliche Einbußen beim Pro-Kopf-Einkommen hinnehmen (vgl. Tabelle 1). Ihre Investitionen sind auf ein derart niedriges Niveau gesunken, daß in wichtigen Wirtschaftssektoren selbst ein minimaler Kapitalersatz kaum mehr möglich sein dürfte (vgl. Schaubild 1). Ihre Schulden wachsen, doch sind sie immer noch mit einem Nettoabfluß von Ressourcen konfrontiert, da die Schuldendienstverpflichtungen den begrenzten Zufluß neuer Mittel übersteigen. In manchen Entwicklungsländern ist der anhaltende Konjunkturrückgang bereits gravierender als zu Zeiten der Weltwirtschaftskrise in den Industrieländern (vgl. Schaubild 2), und in zahlreichen Ländern breitet sich die Armut aus (vgl. Sonderbeitrag 1).

Um die wirtschaftlichen Aussichten für die Industrie- wie die Entwicklungsländer zu verbessern,

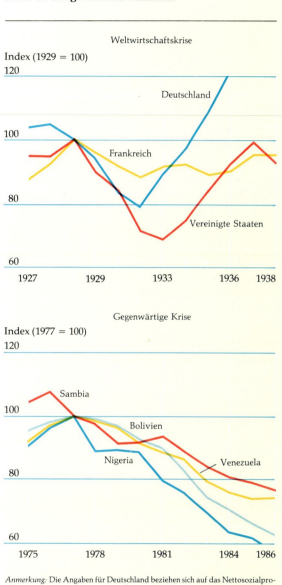

Schaubild 2 Pro-Kopf-BIP während der Weltwirtschaftskrise und der gegenwärtigen Krise in ausgewählten Ländern

Anmerkung: Die Angaben für Deutschland beziehen sich auf das Nettosozialprodukt.
Quellen: Mitchell 1975, United States Government 1975, sowie Daten der Weltbank.

muß die Wirtschaftspolitik in drei miteinander verbundenen Bereichen Fortschritte erzielen:

• Abbau wirtschaftlicher Ungleichgewichte zwischen den Industrieländern
• Umstrukturierung der Wirtschaftspolitik in den Entwicklungsländern
• Reduzierung des Nettotransfers finanzieller Ressourcen aus den Entwicklungsländern.

Sonderbeitrag 1   Die Linderung der Armut ist weiterhin notwendig

Die Armut in den Entwicklungsländern breitet sich aus. Die Zahl der unzureichend ernährten Menschen erhöhte sich in den Entwicklungsländern (ohne China) von 1970 bis 1980 von 650 Millionen auf 730 Millionen. Seit 1980 haben sich die bereits schlechten Verhältnisse weiter verschlimmert: Das wirtschaftliche Wachstum hat sich verlangsamt, die Reallöhne sind gefallen und das Beschäftigungswachstum geriet in den meisten Entwicklungsländern ins Stokken. Der Verfall der Rohstoffpreise ließ die ländlichen Einkommen sinken, und die Regierungen haben ihre Sozialausgaben real gekürzt.

Zwar ist umfassendes Zahlenmaterial über die Armut nicht vorhanden, insbesondere nicht für die letzten Jahre, doch bestätigen Einzelinformationen aus verschiedenen Ländern den allgemeinen Eindruck einer Verschlechterung der sozialen Verhältnisse in vielen Entwicklungsländern. Eine jüngere Untersuchung kam zu dem Ergebnis, daß die Zahl der Menschen, die unterhalb der Armutsgrenze leben, zumindest bis 1983/84 in Brasilien, Chile, Ghana, Jamaika, Peru und auf den Philippinen zugenommen hat. Die Studie ergab außerdem, daß die Tendenz zur Verbesserung des Gesundheits-, Ernährungs- und Erziehungsniveaus der Kinder in vielen Ländern drastisch umgeschlagen ist. Andere Quellen zeigen, daß im Jahr 1985 in einundzwanzig von fünfunddreißig Entwicklungsländern mit niedrigem Einkommen die tägliche Kalorienzufuhr pro Kopf niedriger war als 1965. Von 1979 bis 1983 sank die Lebenserwartung in neun afrikanischen Ländern südlich der Sahara. Von 1980 bis 1984 verdoppelten sich in Sambia die Sterbefälle wegen Unterernährung von Kleinkindern und Jugendlichen und in Sri Lanka ging der Kalorienverbrauch der ärmsten 10 Prozent der Bevölkerung zwischen 1979 und 1982 um 9 Prozent zurück. In Costa Rica stieg die Verbreitung der Armut von 1979 bis 1982 aufgrund sinkender Reallöhne um mehr als zwei Drittel. In den Entwicklungsländern mit niedrigem Einkommen stagnierten zwischen 1975 und 1984 die realen Staatsausgaben pro Kopf für das Gesundheits- und Erziehungswesen. In sechs Ländern mit niedrigem Einkommen sank von 1965 bis 1981 die Zahl der Ärzte pro Kopf der Bevölkerung, und der Prozentsatz der Kinder, die eine Grundschule besuchen, verringerte sich in zwölf afrikanischen Ländern südlich der Sahara mit niedrigem Einkommen.

Es überrascht nicht, daß im Gefolge des zweiten Ölpreisschocks, der anschließenden weltweiten Rezession und der Schuldenkrise das Hauptaugenmerk der Regierungen der Stabilisierung und Anpassung galt und im Zuge des finanzpolitischen Sparkurses die Ausgaben zur Linderung der Armut gekürzt wurden. Die wachsende Verbreitung der Armut macht es jedoch erforderlich, daß dieses Problem wieder Priorität in der politischen Planung erhält — insbesondere bei der öffentlichen Ausgabenplanung.

Abbau wirtschaftlicher Ungleichgewichte zwischen den Industrieländern

Zwar zeichnet sich Mitte 1988 eine Fortsetzung des moderaten Aufschwungs der Weltwirtschaft für die nächste Zeit ab, doch müssen vor allem drei Schritte unternommen werden, um die Wachstumsaussichten zu verbessern und das Risiko einer weiteren Instabilität der Finanzmärkte sowie eines nicht auszuschließenden konjunkturellen Rückschlags auf mittlere Sicht zu verringern. Der erste Schritt besteht in glaubwürdigen Maßnahmen zum Abbau des Defizits im Bundeshaushalt der Vereinigten Staaten. Dies ist unumgänglich, um das Defizit der amerikanischen Leistungsbilanz nachhaltig zu verringern und das Realzinsniveau zu senken. Zweitens sollte durch eine adäquate gesamtwirtschaftliche und Strukturpolitik das Wachstum der Binnennachfrage in Japan aufrechterhalten und in der Bundesrepublik Deutschland beschleunigt werden. Drittens könnten jene Schwellenländer in Ostasien, die beträchtliche Leistungsbilanzüberschüsse erzielen, noch mehr tun, um die Expansion ihrer heimischen Nachfrage zu stärken, ihre Währungen gegenüber dem Dollar aufzuwerten und den Außenschutz, den sie ihren inländischen Produzenten gewähren, abzubauen.

In einem Klima der wirtschaftlichen Unsicherheit, wie dem gegenwärtigen, wird es immer schwierig sein, den angemessenen Kurs der gesamtwirtschaftlichen Politik zu bestimmen. Ein konzertiertes und glaubwürdiges Vorgehen auf dem hier vorgeschlagenen Kurs würde jedoch die großen Leistungsbilanzungleichgewichte zwischen den Industrieländern (und den ostasiatischen Schwellenländern) verringern und das Risiko einer Rezession mindern. Ein solches Vorgehen würde auch zur Stabilisierung der Wechselkurse beitragen. Zudem könnte sich das Wirtschaftswachstum beschleunigen, wie in dem Szenario des „günstigen Falles" in Tabelle 1 gezeigt wird. Diese Politik sollte mit einem Abbau des Einfuhrschutzes einhergehen. Die laufende Uruguay-Runde im Rahmen des Allgemeinen Zoll- und Handelsabkommens (GATT) bietet zur rechten Zeit ein Forum für Initiativen zugunsten eines multilateralen Abbaus der Handelsschranken.

Wenn abgestimmte wirtschaftspolitische Schritte seitens der Industrieländer ausbleiben, dürften die Aussichten der Weltwirtschaft eher dem „Status quo" in Tabelle 1 entsprechen. In vielen Teilen der Dritten Welt würde die Stagnation der Pro-Kopf-Einkommen anhalten; bestenfalls würden nur die dramatischen Einkommensverluste der letzten Jahre ganz langsam wieder rückgängig gemacht. Dem Welthandel würde es weiterhin an Dynamik fehlen, und die Rohstoffpreise blieben auf niedrigem Niveau. Den hochverschuldeten Ländern würden weiterhin finanzielle Ressourcen durch Netto-Kapitalabflüsse entzogen. Noch ernstere Risiken würden fortbestehen: Weitere Störungen auf den Finanzmärkten, höhere Zinssätze und ein noch schlimmerer Rückschlag der Weltkonjunktur wären möglich.

Umorientierung der Wirtschaftspolitik in den Entwicklungsländern

Für die zweite wirtschaftspolitische Anpassungsaufgabe sind die Entwicklungsländer verantwortlich. Ihr Entwicklungstempo hängt entscheidend von der Effektivität der binnenwirtschaftlichen Politik ab, welche die jeweilige Regierung verfolgt. Diese Politik kann selbst in einem allgemein ungünstigen internationalen Umfeld ihre Ziele erreichen. Beispiele für erfolgreiche Anpassung finden sich auch außerhalb der kleinen Gruppe ostasiatischer Schwellenländer, deren Leistungen so häufig zitiert werden: Solche Beispiele sind Botsuana, China, Indien, Indonesien, Kolumbien, Thailand und die Türkei. In all diesen Ländern läßt sich die positive Wirtschaftsentwicklung der letzten Jahre auf eine solide Politik zurückführen — und nicht auf solche Sonderfaktoren wie externe Unterstützung oder die Ausstattung mit natürlichen Ressourcen.

Abbau des Netto-Ressourcentransfers aus den Entwicklungsländern

Schließlich muß der Nettotransfer von Ressourcen aus den Entwicklungsländern zum Rest der Welt reduziert werden, um die wirtschaftliche Leistungsfähigkeit der Schuldnerländer zu stärken. Eine bessere Politik der Industrieländer könnte das Realzinsniveau senken und die Exportaussichten für die hochverschuldeten Entwicklungsländer verbessern. In Verbindung mit einer sachgerechten Politik seitens der Entwicklungsländer würde eine solche Verbesserung die Kreditwürdigkeit der hochverschuldeten Länder stärken und ihnen helfen, neues Kapital anzuziehen. Würden wirtschaftspolitische Reformen und Zuflüsse neuer Mittel mit den verschiedenen Methoden zur Streckung oder Reduzierung des Schuldendienstes verbunden, so ginge der Abfluß von Ressourcen zurück und eine Erhöhung der Investitionen zur Stärkung des Wachstums würde möglich. Schließlich besteht die Aufgabe, neuartige und wirksame Mittel zu finden, durch die die Abschläge des Marktes auf die Schuldtitel an die Schuldnerländer weitergegeben werden können. Bei den hochverschuldeten Ländern mit mittlerem Einkommen wird es am zweckmäßigsten sein, das Problem des Schuldenüberhangs durch fallweise und marktorientierte Verfahren anzugehen. Für die schuldengeplagten Länder mit niedrigem Einkommen in Afrika südlich der Sahara müssen Vorschläge zur Schuldenerleichterung durch öffentliche Hilfe sorgfältig erwogen werden.

Ein abgestimmtes Handeln in allen drei Bereichen — in der Wirtschaftspolitik der Industrieländer, in der Wirtschaftspolitik der Entwicklungsländer und beim Ressourcentransfer — bietet die beste Chance, um einen Abschwung der Weltkonjunktur zu vermeiden und die Entwicklungsländer wieder auf einen Wachstumspfad zurückzuführen, der mit demjenigen der fünfziger und sechziger Jahre vergleichbar ist. Untätigkeit in einem Bereich sollte jedoch nicht als Entschuldigung von Untätigkeit auf anderen Feldern dienen. Die Entwicklungsländer können immer noch viel tun, um ihre eigenen wirtschaftlichen Aussichten zu beeinflussen, und zwar unabhängig vom weltwirtschaftlichen Umfeld. Dies gilt besonders für das Gebiet der öffentlichen Finanzen.

Die Rolle der öffentlichen Finanzen im Entwicklungsprozeß

Viele der gegenwärtigen Fragen der öffentlichen Finanzen haben den Politikern über Jahrhunderte hin Probleme bereitet — beispielsweise wie man öffentliche Mittel effektiv aufbringt oder ausgibt und gleichzeitig das Haushaltsdefizit begrenzen kann und wie sich Zuständigkeiten bei Aufrechterhaltung einer genauen Rechnungslegung und finanzieller Disziplin delegieren lassen (vgl. Sonderbeitrag 2). Diese Fragen sind heutzutage von noch größerer Bedeutung, denn der öffentliche Sektor hat während der letzten hundert Jahre stark expandiert — in den Industrieländern etwa seit 1880 und in den Entwicklungsländern nach 1940. Ausgehend von 5 bis 10 Prozent des Bruttosozialprodukts (BSP) ist der Anteil der Staatsausgaben am BSP in den Entwicklungsländern auf durchschnittlich 25 Prozent und in den Industrieländern auf durchschnittlich 30 Prozent gestiegen. In manchen Län-

Sonderbeitrag 2 Lehren aus der Geschichte der öffentlichen Finanzwirtschaft

Seit dem Beginn der überlieferten Geschichte bestand eine der Hauptherausforderungen des Staates in der Handhabung der öffentlichen Finanzen. In ihrem Buch „A History of Taxation and Expenditure in the Western World" untersuchen Carolyn Webber und Aaron Wildavsky die Steuer- und Ausgabenpolitik von der Frühzeit bis zur Gegenwart. Im Schlußkapitel ziehen sie folgendes Fazit:

Unabhängig von der Steuer- und Ausgabenstruktur der jeweiligen Gesellschaft ist die Finanzierung des Staates immer problematisch gewesen. Zumindest in dieser Hinsicht weisen Vergangenheit und Gegenwart Gemeinsamkeiten auf.

Praktisch jeder Aspekt des modernen Haushaltswesens, den wir als besonders charakteristisch ansehen, findet seine Entsprechung in den Praktiken der Vergangenheit. Von den Königen der Mauria-Dynastie des alten Indien über die frühen römischen Kaiser und die feudalen Monarchien des europäischen Mittelalters bis zu den neuen Nationalstaaten des frühindustriellen Zeitalters haben die Regierungen versucht, über die Steuereinnahmen und manchmal (aber nie mit Erfolg) auch über die Ausgaben für verschiedene Zwecke Buch zu führen. Trotz unterschiedlicher Techniken sind die Ergebnisse häufig identisch: Wie bei den außerhalb der Budgets bestehenden Sondervermögen moderner Regierungen wurde durch detaillierte Ausgabenkonten nicht viel erreicht, wenn die Einnahmen eines bestimmten Fonds zur Deckung der angeordneten Ausgaben unzureichend waren.

. . . .

● Sicherlich fehlten den Regierungen der Antike, des Mittelalters und der frühen Neuzeit wirksame technische und administrative Hilfsmittel, aber sie wußten sich zu helfen, um ihren Finanzbedarf zu decken. Sie besteuerten Grund und Boden und lebensnotwendige Güter; sie betrieben Münzverschlechterung und konfiszierten, wo immer es möglich war; sie verkauften Ämter, Kronländer und manchmal auch die Kronjuwelen; sie eroberten und plünderten. Konnten die Steuerbeamten nicht in die Häuser hinein, so besteuerten sie Säulen, Fenster und Türen. Sie erhoben Hunderte von Steuern auf Produktion und Verkauf von Waren und Dienstleistungen. Dadurch entfremdeten sich die Regierenden von ihren Untertanen, untergruben die öffentliche Moral und richteten den Handel zugrunde. Aber meistens konnten sie sich durchlavieren. Und als nach jahrhundertlangen Reformbemühungen derartige korrupte und ineffiziente Praktiken abgeschafft worden waren, standen die Regierungen immer noch vor finanziellen Krisen. Der wichtige Unterschied besteht darin, daß heutzutage diese Krisen auf einem wesentlich höheren Niveau von Ausgaben und Einnahmen eintreten.

Im Auf und Ab der finanziellen Gezeiten wird eine Art von Problemkreislauf erkennbar: Alte Lösungen lassen neue Probleme entstehen, die ihrerseits wieder durch andere verdrängt werden. Kein finanzpolitisches Instrument ist für jede Jahreszeit geeignet.

. . . .

● Unsere umfassende Chronik über die Schwierigkeiten, die zu verschiedenen Zeiten und an verschiedenen Orten immer wieder bei der staatlichen Mittelbeschaffung und -verwendung auftraten, sollte zumindest zu der Erkenntnis führen, daß die Besteuerung und die Verausgabung von Mitteln niemals eine einfache Angelegenheit ist — unabhängig davon, ob eine Regierung zahlungsfähig bleibt oder nicht.

---

dern überschreitet die Staatsquote 50 Prozent des BSP. Der öffentliche Sektor beeinflußt die Wirtschaft nicht nur durch seine Mittelbeschaffung und -verwendung, sondern auch durch Markteingriffe wie Preiskontrollen und Genehmigungsvorschriften. Obwohl die Verhältnisse in den einzelnen Ländern sehr unterschiedlich sind und eine exakte Bewertung schwierig ist, scheint der öffentliche Sektor gegenwärtig in den Entwicklungsländern eine ebenso wichtige Rolle zu spielen wie in den Industrieländern.

Die Ausdehnung des öffentlichen Sektors bringt allerdings sowohl Risiken als auch Chancen mit sich. Die Risiken entstehen durch die unwirtschaftliche Verwendung öffentlicher Mittel und das Übergreifen des Staates in Bereiche, die besser der privaten Wirtschaft überlassen blieben. Die Chancen bestehen darin, daß der Staat — zumindest dem Grundsatz nach — in Fällen des Marktversagens eine effiziente Allokation der Ressourcen herbeiführen und für die Linderung der Armut sorgen kann. Es ist die Aufgabe der öffentlichen Finanzwirtschaft, durch ein ausgewogenes Verhältnis von Chancen und Risiken die Qualität des staatlichen Handelns zu verbessern. Die wichtigsten Teilbereiche der öffentlichen Finanzen, in denen eine pragmatische Politik verfolgt werden sollte, sind das Management des Staatsdefizits, die Einnahmebeschaffung, die Verwendung öffentlicher Mittel und die Dezentralisierung der öffentlichen Aufgaben.

Finanzpolitik für Stabilisierung und Anpassung

Hohe Staatsdefizite sind häufig die Wurzel von außenwirtschaftlichen wie von binnenwirtschaftlichen Ungleichgewichten. Außenwirtschaftliche Ungleichgewichte schlagen sich in Leistungsbilanzdefiziten, Kapitalflucht und rasch wachsenden Auslandsschulden nieder. Binnenwirtschaftliche Ungleichgewichte erscheinen in Form hoher Realzinsen, sinkender privater Investitionen und steigender Inflationsraten. Eine solide Finanzpolitik — gekennzeichnet durch ein Defizit, das sich mit einer niedrigen und stabilen Inflationsrate, einer tragbaren Auslandsverschuldung und einem positiven Klima für Privatinvestitionen vereinbaren läßt — ist für Stabilisierung und Anpassung unverzichtbar. Außerdem können Reformmaßnahmen in vielen anderen Bereichen — Liberalisierung der Finanzmärkte, Währungsabwertung, Beseitigung von Preiskontrollen, Reformen des Außenhandels usw. — nur dann funktionieren, wenn ihre fiskalischen Konsequenzen berücksichtigt werden.

Mit wenigen Ausnahmen haben die Staatsdefizite der heutigen „Problemschuldner" in den späten siebziger und frühen achtziger Jahren beträchtlich zugenommen. Im Gleichschritt mit der finanzpolitischen Expansion weiteten sich die Leistungsbilanzdefizite aus, und das Verhältnis der Staatsschulden zum Bruttoinlandsprodukt (BIP) nahm entsprechend zu. Da die inländischen Sparer angesichts der untragbaren Staatsdefizite ihre Gelder im Ausland in Sicherheit brachten, wurde das Schuldenproblem durch Kapitalflucht verschärft. Im Gegensatz zu den Problemschuldnern verfolgten andere Länder — wie Indonesien, die Republik Korea und Thailand — während der siebziger Jahre eine vorsichtigere Finanzpolitik. Relativ zu ihrer Schuldendienstkapazität wuchsen ihre Staatsschulden langsamer. Sie paßten auch ihre Finanzpolitik in den frühen achtziger Jahren rasch an und verhinderten eine übermäßige Aufwertung ihrer realen Wechselkurse. So gelang es diesen Ländern — die ohne weiteres das Schicksal der Problemschuldner hätten teilen können —, sich von Schuldenproblemen fernzuhalten.

Die Rohstoffkonjunkturen sind ein besonderes Beispiel für die Bedeutung einer soliden Finanzpolitik. In vielen Ländern stiegen die Staatseinnahmen rasch an, als die Ausfuhrpreise von Rohstoffen in den siebziger Jahren in die Höhe schnellten. Diese „Zufallsgewinne" veranlaßten die Regierungen, ihre Ausgaben zu steigern, und zwar in manchen Fällen überproportional, da die zusätzlichen Inlandseinnahmen durch Auslandskredite ergänzt wurden. Ein großer Teil der Gelder wurde jedoch für höhere Verbrauchersubventionen oder für Investitionsprojekte von fragwürdigem volkswirtschaftlichem Nutzen verwendet. Nach dem Ende des Booms hielt der Anstieg der Ausgaben an, während die Einnahmen plötzlich zurückgingen. Die damit verbundenen Staatsdefizite führten zu Krisen der Staatsfinanzen und der Auslandsschulden, die schließlich Ausgabenkürzungen erzwangen. Einigen Rohstoffexporteuren — wie Botsuana, Indonesien und Kamerun — gelang es, den schädlichen Zyklus von Hausse und Baisse durch eine vorsichtige Verwendung der Einnahmen aus der Rohstoffhausse zu vermeiden. Sie erhöhten ihre Ausgaben während des Booms moderat und verwendeten die zusätzliche öffentliche Ersparnis zur Aufstockung ihrer Auslandsguthaben oder zur Tilgung von Auslandsschulden. Sie paßten sich auch rasch an das Auslaufen des Booms an, indem sie die Ausgaben kürzten, niedrige Inflationsraten und stabile Wechselkurse aufrechterhielten und für eine solide Exportentwicklung außerhalb des Rohstoffsektors sorgten. Diese gegensätzlichen Erfahrungen einzelner Länder zeigen, daß eine Fehleinschätzung aus übertriebener Vorsicht weniger kostspielig ist, als die irrige Annahme, ein temporärer Boom wäre von Dauer.

Die afrikanischen Länder mit niedrigem Einkommen stehen vor noch größeren Problemen als die Schuldnerländer mit mittlerem Einkommen. Sie sind weitgehend abhängig von erratischen Mittelzuflüssen aus konzessionären und kommerziellen Krediten; die Besteuerungsbasis ist schmal, und das Steueraufkommen unterliegt starken Schwankungen. Nachdem sich die afrikanischen Länder in den siebziger Jahren zur Finanzierung ihrer expansiven Staatshaushalte massiv verschuldet hatten, wurden sie durch den Rückgang der Kreditgewährung zur Anpassung gezwungen. Die Anpassung wurde durch die dualen Wechselkurssysteme erschwert, die in den afrikanischen Ländern mit niedrigem Einkommen besonders häufig sind und im Effekt zu einer Besteuerung der Exporte führen. Die Beseitigung dieser Steuer durch Vereinheitlichung der Wechselkurse und eine Abwertung hilft dem Exportsektor, doch kann der temporäre Einnahmeausfall zu höheren Staatsdefiziten und zu mehr Inflation führen. Diese Länder müssen deshalb die Reform des Wechselkurssystems zeitlich auf die Reform der Staatsfinanzen abstimmen.

Eine solide Finanzpolitik bewahrt vor den Risiken einer überhöhten Auslandsschuld und einer Überbewertung der Währung. Es reicht jedoch nicht aus, eine gesunde gesamtwirtschaftliche Politik zu verfolgen. Viele Entwicklungsländer müssen ihre Strukturen verändern, wenn sie wieder ein befriedigendes langfristiges Wachstum herstellen wollen. Im Bereich der öffentlichen Finanzen bieten sich viele Gelegenheiten für derartige Reformen. Die Art und Weise, wie der Staat seine Mittel beschafft, kann die Effizienz der Wirtschaft erheblich beeinträchtigen. Ähnlich gilt, daß die Qualität und Zusammensetzung der Staatsausgaben den Entwicklungsprozeß stark beeinflussen. Dieser Bericht betrachtet zunächst die Einnahmenseite, dann die Ausgabenseite des Staatshaushalts.

Reform des Steuersystems

Wenn öffentliche Defizite abgebaut werden müssen, sind die volkswirtschaftlichen Kosten der Beschaffung zusätzlicher Einnahmen gegen die Kosten der Kürzung von Staatsausgaben abzuwägen. Im allgemeinen gilt, daß sowohl höhere Einnahmen als auch niedrigere Ausgaben notwendig sein werden. Auf kurze Frist besteht die Gefahr, daß sich die Regierung auf Ad-hoc-Maßnahmen zur Steigerung der Einnahmen verläßt, die aus administrativen und politischen Gründen bequem sind. In zahlreichen Ländern aber hat ein solches Vorgehen zu komplizierten und hochgradig verzerrend wirkenden Abgabensystemen geführt, die nicht nur zu wenig Einnahmen bringen, sondern auch dem langfristigen Wachstum schaden. Von den gegenwärtigen Systemen könnte die Mehrzahl umstrukturiert werden, um das Steueraufkommen zu erhöhen, Verzerrungen abzubauen und die Belastung der Armen auf ein Minimum zu reduzieren.

Die zwei wichtigsten staatlichen Einnahmekategorien sind allgemeine Steuern (Zwangsabgaben ohne spezielle Gegenleistung) und Benutzergebühren (Entgelte von Begünstigten, die als Gegenleistung für die Bereitstellung von Gütern durch öffentliche Stellen gezahlt werden). Allgemeine Steuern bilden die Masse der Einnahmen der Zentralregierung, während Benutzergebühren die Haupteinnahmequelle der staatseigenen Unternehmen sind. Einzelstaaten und Gemeinden stützen sich in der Regel auf beide Einnahmearten.

In vielen Entwicklungsländern hat während der letzten Jahrzehnte der Anteil der Steuereinnahmen am BSP aufgrund der fiskalischen Anpassungszwänge zugenommen. Außenhandelsabgaben sind in den Ländern mit niedrigem Einkommen, insbesondere in Afrika südlich der Sahara, immer noch die bedeutendste Einnahmequelle. Der Anteil der Außenhandelsabgaben am gesamten Steueraufkommen ist jedoch rückläufig, da viele Entwicklungsländer allmählich auf inländische Steuern übergehen. Von den Inlandssteuern sind die indirekten Steuern, wie Umsatz-, Verbrauch- und Mehrwertsteuern, wichtiger als die Einkommensteuern. In den Industrieländern dagegen sind die Einkommensteuern oft die bedeutendere Einnahmequelle.

Die volkswirtschaftlichen Kosten der Besteuerung nehmen in der Regel mit dem Steuersatz zu und sind bei einer schmalen Bemessungsgrundlage, wie in den meisten Entwicklungsländern, höher. Bei den jüngsten Steuerreformen in den Entwicklungsländern — so in Indonesien, Jamaika, Kolumbien und Malawi — stand die Verbreiterung der Steuerbemessungsgrundlage im Vordergrund, wodurch höhere Steuersätze und negative Anreizwirkungen vermieden wurden. Um die Transparenz des Steuersystems zu verbessern sowie die Verwaltung und Durchsetzung der Steuern zu erleichtern, ging es bei den Reformen auch um eine Verringerung der Zahl der Steuersätze und der Sonderregelungen. Die Reformen sollten zu einer höheren Steuergerechtigkeit beitragen, indem die Besteuerung der wohlhabenden Schichten durch den Abbau von Steuerbegünstigungen sowie eine verbesserte Steuerverwaltung effektiver gestaltet und die Besteuerung der Armen vermieden wurde. Die Erhebung progressiver Einkommensteuern ist in den Entwicklungsländern mit Schwierigkeiten verbunden.

Erfolgreiche Steuerreformen haben außerdem gezeigt, daß Varianten der Mehrwertsteuer (MWSt) beträchtliche Einnahmen erbringen können und weniger verzerrend wirken als Einfuhrzölle, Umsatzsteuern oder spezielle Verbrauchsteuern. Eine gleichzeitige Reform der Außenhandelsabgaben und der indirekten Steuern ist im Hinblick auf die zweifache Zielsetzung der Einnahmebeschaffung und der Effizienzsteigerung besonders wirksam.

Viele Entwicklungsländer verfügen nur über eine begrenzte Verwaltungskapazität, so daß sich die Steuerreform auf das verwaltungsmäßig „Machbare" beschränken muß. In den meisten Entwicklungsländern, insbesondere in den ärmeren, ist die Einfachheit ein entscheidendes Kriterium. Moderne Verfahren, wie der Einsatz von Computern und die Anwendung von Steuernummern, können aber die Erhebung der meisten Steuern erleichtern.

Verbesserung der Allokation öffentlicher Ausgaben

Die Ausgaben der Zentralregierung — als Prozentsatz des BIP betrachtet — haben in vielen Entwicklungsländern vor 1982 beträchtlich zugenommen, gingen dann aber bis 1985 tendenziell zurück, da die öffentlichen Mittel knapper wurden. Zwar zeigt die Aufschlüsselung nach Ausgabenkategorien eine enorme Variation von Land zu Land, doch sind einige allgemeine Aussagen möglich. So geben Industrieländer (sowohl relativ zu den Gesamtausgaben als auch relativ zum BIP) viel mehr für Subventionen und Transfers aus, und zwar vorwiegend für Gesundheit und soziale Sicherheit, während Entwicklungsländer tendenziell einen größeren Teil ihrer Mittel für Investitionen verwenden.

Der Staat kann sowohl das Wirtschaftswachstum als auch die soziale Gerechtigkeit fördern, indem er die physische Infrastruktur zur Verfügung stellt, die für produktive Privatinvestitionen benötigt wird, und die sozialen Dienstleistungen zur Deckung der Grundbedürfnisse und zur Verbesserung der Produktivität der Bevölkerung anbietet. Wegen der hohen Kosten der Einnahmebeschaffung ist es aber von vitaler Bedeutung, daß Prioritäten bestimmt und die öffentlichen Mittel sinnvoll verwendet werden. Prioritäten lassen sich festlegen, indem geprüft wird, für welche Aufgaben jeweils der Staat oder der Markt am besten geeignet ist. Der Staat muß „öffentliche Güter" produzieren, von denen alle Bürger profitieren, wie Recht und Ordnung und Verteidigung. Er sollte auch für die Versorgung mit Gütern und Dienstleistungen zuständig sein, durch die große externe Vorteile für die Gesellschaft entstehen, wie Grundschulerziehung, grundlegende Gesundheitsfürsorge und Impfungsprogramme. Öffentliche Investitionen oder staatliche Regulierungen sind zur Kontrolle von Monopolen notwendig, die durch eine natürliche Angebotsbeschränkung entstehen oder auf Kostenvorteilen beruhen, welche bei einer relativ zum Marktvolumen erheblichen Betriebsgröße eintreten — wie in der Wasserversorgung, der Abwasserentsorgung und der Energieversorgung. Schließlich ist die staatliche Subventionierung der von den Armen konsumierten Güter und Dienstleistungen in manchen Fällen gerechtfertigt, doch sollten solche Subventionen zur Begrenzung der Kosten gezielt eingesetzt werden.

Diese Grundsätze erklären die allgemein übliche staatliche Bereitstellung von Infrastruktur für das Verkehrs- und Fernmeldewesen, die Energieversorgung, Wasserversorgung und Bewässerung — Bereiche, die in den Anfangsstadien der Entwicklung für das Wachstum entscheidend sind. Nach diesen Grundsätzen sind auch öffentliche Ausgaben für die elementare Erziehung und Gesundheitsfürsorge gerechtfertigt, die wesentlich dazu beigetragen haben, daß die Alphabetisierungsrate und das Ausbildungsniveau stiegen, die Sterblichkeit und Morbidität sanken und die Fruchtbarkeit abnahm. Dagegen liefern diese Kriterien im allgemeinen keine Rechtfertigung für eine unmittelbare staatliche Produktion oder Vermarktung von Industrie- oder Agrarprodukten, den staatlichen Betrieb von Buslinien oder die Bereitstellung von Wohnungen durch den Staat.

Die Bestimmung der Prioritäten ist nur der erste Schritt. Alle Aspekte von Investitionsprojekten — wirtschaftliche, technische, administrative und finanzielle — müssen sachgerecht konzipiert und in einem Umfeld durchgeführt werden, das Anreize für gute Leistungen bietet. Die Kriterien der Priorität und Qualität müssen auch bei der Allokation von laufend wiederkehrenden öffentlichen Ausgaben beachtet werden: Ein angemessener Aufwand für Betrieb und Wartung ist oft wichtiger als eine Neuinvestition; eine zurückhaltende Einstellungspolitik im öffentlichen Dienst in Verbindung mit einer wettbewerbsfähigen Besoldung ist generell einer Politik vorzuziehen, die den Staatsdienst zum Auffangbecken des Arbeitsmarktes macht; und Subventionen sind wirksamer, wenn sie gezielt auf die Armen ausgerichtet, statt über die gesamte Bevölkerung verteilt werden.

Die Verbesserung der Effizienz und Effektivität der Staatsausgaben erfordert eine Reform der Finanzplanung, Budgetierung, Durchführung und Überwachung. Die Finanzplanung besteht idealerweise in der Formulierung eines periodisch gegliederten Investitionsprogrammes, der Projektion des laufenden Ausgabenbedarfs und einer Vorausschätzung der Einnahmeentwicklung und des Kreditbedarfs über einen Zeitraum von drei bis fünf Jahren, und zwar auf der Grundlage konsistenter gesamtwirtschaftlicher Rahmendaten. Das Jahresbudget wäre dann ein umfassender einjähriger Ausschnitt dieses mittelfristigen Planes. Damit die Pläne und Budgets zu einer rationellen Entscheidungsfindung der einzelnen öffentlichen Stellen beitragen, müssen die Übertragungsmöglichkeiten von Haushaltsmitteln zwischen den Verwaltungen, Programmen und Projekten ausdrücklich vorgegeben werden, und der einmal festgelegte Haushaltsrahmen einer Verwaltungseinheit muß für sie verbindlich sein, so daß sie den budgetierten Betrag in eigener Initiative nicht überschreiten darf.

Zwar ist die Kapazität für die Erarbeitung einer mittelfristigen Finanzplanung und eines umfassenden jährlichen Haushaltsplanes in den meisten Entwicklungsländern begrenzt, doch sind einige mit dieser Ausgabe gut zurechtgekommen. So hat

Botsuana Verfahren entwickelt, die sicherstellen sollen, daß den mit seinen Investitionsprojekten verbundenen laufenden Folgekosten größte Beachtung geschenkt wird. Chile wendet Wirtschaftlichkeitsanalysen — vor allem die Kosten-Nutzen-Analyse — an, um potentielle Investitionen gründlich zu prüfen. Andere Länder kürzen den staatlichen Gehaltsaufwand durch Einstellungssperren, Personalzählungen und Vorruhestandsregelungen; einige bemühen sich um eine Rationalisierung der Gehaltsstrukturen im öffentlichen Dienst. Mexiko ist dabei, gezielte Lebensmittelsubventionen einzuführen. Diese und andere Beispiele zeigen, daß es möglich ist, die Effizienz und Effektivität öffentlicher Ausgaben zu verbessern.

Ausgabenprioritäten und alternative Einnahmequellen in ausgewählten Sektoren

Eine sektorale Betrachtung der öffentlichen Finanzen beleuchtet die Notwendigkeit, Einnahmen und Ausgaben im Zusammenhang zu sehen. Das staatliche Engagement im Erziehungs- und Gesundheitswesen, bei den städtischen Diensten und in der ländlichen Infrastruktur leidet in vielen Ländern zur Zeit unter ähnlichen Problemen — unzureichende Ausgaben für kostengünstige Leistungen, unwirtschaftliche öffentliche Programme und beschränkte Verfügbarkeit für die Armen. Die Lösung dieser Probleme macht dreierlei Reformen der öffentlichen Finanzen erforderlich: die Umverteilung von Ausgaben zugunsten der Bereiche, in denen die staatliche Beteiligung am notwendigsten ist, eine verstärkte Anwendung von Benutzergebühren und anderen vorteilsbezogenen Entgelten zur Finanzierung solcher Ausgaben und die Dezentralisierung mancher öffentlicher Aufgaben auf jene Ebenen, die mit dem Bedarf und der Situation vor Ort enger vertraut sind.

In jedem der genannten Bereiche sollten die öffentlichen Ausgaben stärker auf Schwerpunkte konzentriert werden. Im Erziehungswesen ist der quantitative und qualitative Ausbau des Grundschulwesens dringend, insbesondere in den ärmsten Ländern. Im Gesundheitswesen sollten mehr öffentliche Mittel für elementare Maßnahmen der Gesundheitsfürsorge, wie Impfungen und Schwangerenbetreuung, aufgewendet werden. Öffentliche Ausgaben für diese Zwecke sind nicht nur gesellschaftlich rentabler als die Ausgaben für höhere Erziehung, nicht lebenswichtige Medikamente und aufwendige Krankenhausbehandlung, sondern sie tragen auch mehr zur sozialen Gerechtigkeit bei, da die kostspieligeren Leistungen vor allem von den relativ wohlhabenden Schichten beansprucht werden. Zwar sollte sich der Staat nicht ganz aus dem höheren Erziehungswesen und der Krankenhausversorgung zurückziehen, doch müßte ein größerer Teil der Kosten durch Benutzergebühren von den Begünstigten aufgebracht werden. Im Bereich der städtischen Dienste spielt die Bereitstellung von Straßen, Wasser, Strom und sanitären Einrichtungen durch den Staat eine entscheidende Rolle, während Omnibusdienste und Wohnungen vom privaten Sektor oft wirtschaftlicher zur Verfügung gestellt werden können. Innerhalb der ländlichen Infrastruktur sind das Straßenwesen, die Trinkwasserversorgung, die Bewässerung und die Stromversorgung Bereiche, in denen der öffentliche Sektor sich engagiert hat und dies weiter tun sollte; auf allen Gebieten können die Ausgaben jedoch oft kostensparender eingesetzt werden. Solche Reformen können den Armen einen besseren Zugang zur Grundversorgung verschaffen und zugleich den Beitrag des Staates zum Wirtschaftswachstum und zur Entwicklung steigern.

In vielen Sektoren können Benutzergebühren die Verbindung zwischen Ausgaben- und Einnahmenentscheidungen herstellen. Im Gegensatz zu Steuern können Benutzergebühren die Mittel zum Ausbau unentbehrlicher Dienstleistungen aufbringen und zugleich die volkswirtschaftliche Effizienz steigern, statt sie zu vermindern. Vom Staat produzierte Güter und Dienste werden dann effizient genutzt, wenn ihre Preise die Produktionskosten ebenso wie externe Effekte und andere Marktunvollkommenheiten widerspiegeln. Subventionierte (d. h. unter Preis abgegebene) öffentliche Leistungen führen dagegen zu einer überhöhten Nachfrage sowie zu Forderungen nach zusätzlichen Ausgaben, und durch die zur Finanzierung solcher Subventionen benötigten Steuern entstehen anderswo in der Volkswirtschaft Verzerrungen. Benutzergebühren bringen damit einen zweifachen Effizienzgewinn: Sie führen zu einer effizienten Allokation des Angebots von staatlich produzierten Gütern und Dienstleistungen und durch ihre Anwendung kann auf verzerrend wirkende Steuern verzichtet werden.

Die Anwendung von Benutzergebühren in der öffentlichen Versorgung mit Gas, Wasser, Strom, Telephondiensten usw. ist kaum umstritten. Spezielle Gebühren können aber auch im Gesundheits- und Erziehungswesen verstärkt erhoben werden. Zwar gibt es gute wirtschafts- und sozialpolitische Gründe für eine fortgesetzte Subventionierung der elementaren Erziehung und Gesundheitsfürsorge, deren Nutzen letztlich der gesamten Gesellschaft zugute kommt, doch kann die großzügige Subventionierung des sonstigen Erziehungs- und Gesundheitswesens — die in den Entwicklungsländern so verbreitet ist — abgebaut werden. Die Berechnung von Benutzergebühren für staatliche Leistungen, die hohen individuellen Nutzen bringen, wie die ambulante Heilbehandlung im Krankenhaus und die Hochschulausbildung, würde die Effizienz von Produktion und Verbrauch steigern. Sie würde außerdem Mittel zur Finanzierung des Ausbaus der lebensnotwendigen Versorgungsleistungen freisetzen, die in vielen Fällen hauptsächlich von den Armen beansprucht werden. Dies ist gerade dann eine wichtige Zielsetzung, wenn die Haushaltslage äußerst angespannt ist. Vermutlich wird man nicht auf alle Subventionen verzichten können, doch müssen die verbleibenden Subventionen sorgfältig eingesetzt werden, damit sie hauptsächlich den Armen zugute kommen. So ist die selektive Gewährung von Stipendien ein Mittel, um armen Studenten den Zugang zur Hochschulausbildung zu ermöglichen, wofür andere zumindest einen Teil der Kosten aufzubringen hätten.

Bei manchen öffentlichen Dienstleistungen, wie bei der Wasserverteilung in Bewässerungssystemen und der Instandhaltung von örtlichen Zubringerstraßen, wird eine Übertragung einzelner Zuständigkeiten auf örtliche Behörden die zentralen Verwaltungen entlasten, so daß sie sich auf vorrangige Aufgaben konzentrieren können. Unter der Voraussetzung einer angemessenen Schulung, Lenkung und Überwachung durch die Zentrale lassen sich in vielen Fällen auf lokaler Ebene Bedürfnisse rascher feststellen und Mittel leichter aufbringen. Dort, wo öffentliche Dienste bereits auf örtlicher Ebene angeboten werden, müssen die dezentralisierten Angebotsträger gestärkt werden, wie im folgenden ausgeführt wird.

Finanzierung der Gemeinden

Für viele Entwicklungsländer wäre eine Erweiterung der Zuständigkeiten von Einzelstaaten und Gemeinden bei bestimmten öffentlichen Aufgaben von Nutzen. Eine Dezentralisierung ist für Güter und Dienstleistungen zu empfehlen, die ihrer Natur nach der regionalen oder örtlichen Ebene zuzurechnen sind, wie die Wasserversorgung und Abwasserbeseitigung, das Verkehrswesen und sogar manche Bereiche des Gesundheits- und Erziehungswesens. In solchen Fällen kann die Dezentralisierung die Verantwortlichkeit gegenüber der Öffentlichkeit stärken und die Bereitschaft, auf regionale Belange einzugehen, erhöhen. In städtischen Gebieten bestehen die größten Möglichkeiten zur Dezentralisierung, doch kann eine verstärkte Rolle der ländlichen Gemeinden in der Wasserversorgung, Bewässerung und im ländlichen Straßenwesen ebenfalls die Qualität solcher öffentlicher Leistungen verbessern.

Trotz dieser Vorteile unterliegen Einzelstaaten und Gemeinden häufig einschränkenden Bestimmungen über die Beschaffung von Mitteln für gegenwärtige oder zukünftige Ausgaben. Die zentralen Behörden greifen oft im Verordnungswege in die wenigen örtlichen Finanzierungsquellen ein, indem sie Steuersätze festlegen, die Anhebung von Benutzergebühren untersagen und die Möglichkeiten zur Erhebung und Eintreibung von Abgaben beschränken. Solche Restriktionen lassen sich in aller Regel ohne negative Folgen lockern, wodurch die unteren staatlichen Ebenen einen größeren Spielraum zur Einnahmebeschaffung erlangen und ihre Abhängigkeit von Finanzzuweisungen der Zentralregierungen verringert wird.

Benutzergebühren sind auf der örtlichen Ebene besonders hilfreich, da sich die Gemeinden im allgemeinen auf Leistungen konzentrieren, deren direkt zurechenbare Kosten durch Gebühren abgedeckt werden können. Wenngleich Auflagen der Zentralregierung, mangelnder technischer Sachverstand vor Ort und politische Widerstände der Erhebung von Gebühren Grenzen setzen können, waren doch die örtlichen Behörden in manchen Entwicklungsländern mit Programmen zur Kostendeckung erfolgreich, wobei gewöhnlich die Qualität der Leistungen verbessert wurde.

Unter den kommunalen Steuern weist die Grundsteuer viele erwünschte Merkmale auf, doch ist ihre Erhebung oft mit administrativen und politischen Problemen verbunden. Dennoch sollte eine Reform der Grundsteuer Teil jeder umfassenderen Reform der Gemeindefinanzen sein. Andere kommunale Steuern, die häufig kompliziert und so zahlreich sind, daß ihre Erhebung kostspielig und ihre Durchsetzung mangelhaft ist, lassen sich im allgemeinen vereinfachen, damit Verwaltungskosten eingespart werden.

Zu den üblichen Finanzierungsquellen der Gemeinden gehören auch Finanzzuweisungen der Einzelstaaten und der Zentralregierung. Wenn solche Finanzzuweisungen sachgerecht konzipiert und verwaltet werden, können sie einen Ausgleich für Einkommensunterschiede schaffen, dafür sorgen, daß das gesamte Land von bestimmten kommunalen Aufgaben — wie dem Schulwesen — profitiert, und sie können verstärkte Bemühungen der Gemeinden um eigene Einnahmen anregen.

Die Kreditaufnahme ist eine weitere Möglichkeit der Finanzierung von kommunalen Investitionen. In manchen Entwicklungsländern waren kommunale Entwicklungsfonds bei der Weiterleitung von Kreditmitteln, der Schulung und der technischen Unterstützung von Gemeinden erfolgreich. Eine Steigerung der kommunalen Einnahmen bleibt weiterhin wünschenswert, um die Schuldendienstkapazität der örtlichen Gebietskörperschaften zu erhöhen und die Finanzzuweisungen der höheren staatlichen Ebenen zu ergänzen bzw. zu ersetzen.

Aufgrund ihrer geringen Verwaltungskapazität sind die Kommunen nur begrenzt zu einer effizienten Mittelbeschaffung und -verwendung fähig. Bemühungen zur Steigerung dieser Kapazität — durch Schulung und technische Unterstützung bis hin zur Abordnung von Beamten der Zentralregierung — sind eine essentielle Aufgabe der Zentralregierung.

Stärkung der öffentlichen Finanzen durch Reform der staatseigenen Unternehmen

Die meisten staatseigenen Unternehmen (SEU) wurden gegründet, um entweder bestimmte Schlüsselfunktionen des öffentlichen Sektors zu dezentralisieren oder um andere Funktionen vom privaten auf den öffentlichen Sektor zu übertragen. In manchen Entwicklungsländern waren einzelne SEU kommerziell erfolgreich, trugen zu den Staatseinnahmen bei und spielten eine wichtige Rolle beim Aufbau der Nation. In den meisten Ländern jedoch blieben die Leistungen der SEU hinter den Erwartungen zurück. Ihrem Erfolg standen die Vielzahl gegensätzlicher Zielsetzungen und der Mangel an finanzieller Disziplin entgegen.

Von vielen SEU wird erwartet, daß sie sich durch selbst erwirtschaftete Mittel oder eine nichtstaatliche Kreditaufnahme finanzieren. In der Praxis jedoch hat der Zwang zur Finanzierung der beständigen Lücke zwischen Ersparnis und Investitionen der SEU ganz erheblich zu den Staatsdefiziten und Staatsschulden der Entwicklungsländer beigetragen. Durch die direkte Subventionierung der SEU aus dem Haushalt nahmen die Defizite der Zentralregierungen beträchtlich zu. Darüber hinaus expandierte die direkte Auslandsverschuldung der SEU typischerweise rascher als die des privaten Sektors. Die Regierungen übernehmen häufig eine Garantie für diese Kredite, ohne über eine Gesamtplanung oder Kontrolle der Verschuldung zu verfügen; aufgrund der schlechten Leistungen der SEU waren viele Regierungen gezwungen, Schulden zu übernehmen, welche die SEU nicht mehr bedienen konnten.

Viele Regierungen erkennen nun die entscheidende Rolle einer finanziellen Neuordnung der SEU im Rahmen der allgemeinen Reform der öffentlichen Finanzen. Als erster Schritt muß die Beanspruchung des Staatshaushalts durch die SEU abgebaut werden, indem die Wirtschaftlichkeit der Betriebe verbessert und die Erhebung kostendeckender Gebühren sichergestellt wird. Notwendig ist auch die Schaffung von Transparenz in den Finanzbeziehungen zwischen der Regierung und den SEU. Wenn sämtliche Subventionen an die SEU offen im Haushalt ausgewiesen sind, können ihre Kosten einer jährlichen Prüfung unterworfen werden, statt versteckt oder schlicht vergessen zu werden. Eine verbesserte Verfügbarkeit von zuverlässigen Informationen über die finanzielle und betriebliche Entwicklung der SEU, die Bereinigung der Zahlungsrückstände zwischen staatlichen Stellen und die Überwachung der staatlichen Garantien für Kreditaufnahmen der SEU werden ebenfalls zur Wiederherstellung der Haushaltsdisziplin beitragen. Schließlich kann ein Engagement des privaten Sektors in vielen Fällen die Wirtschaftlichkeit des laufenden Betriebs von SEU verbessern und die Belastung des Staatshaushalts reduzieren. Da einer vollständigen und raschen Privatisierung oft kaum überwindbare Hindernisse entgegenstehen, lassen sich Zwischenlösungen — wie die Auftragsvergabe an Subunternehmer, Leasing oder die Zulassung privater Wettbewerber — eher realisieren.

Leitlinien der Reform

Eine solide Haushaltspolitik, niedrigere Kosten der Einnahmebeschaffung, eine effiziente und effektive Mittelverwendung, verstärkte Dezentralisierung des Staatsapparates und eine Finanzpolitik, die mit der Linderung der Armut vereinbar ist, — an diesen fünf allgemeinen Leitlinien sollten sich die finanzpolitischen Reformbemühungen orientieren. In den meisten Ländern dürfte es schwierig sein, an allen Fronten zugleich Fortschritte zu erzielen. Gleichwohl gilt, daß die Vernachlässigung eines Feldes leicht zu Problemen in den anderen Bereichen führen kann. Deshalb ist ein umfassender finanzpolitischer Reformansatz notwendig, damit eine konsistente Politikberatung erfolgt und eine tragfähige Reform in Kraft gesetzt wird.

Teil I

Chancen und Risiken bei der Steuerung der Weltwirtschaft

1

Wirtschaftspolitische Optionen für eine weltweite Anpassung

Die Weltwirtschaft ist trotz befriedigender kurzfristiger Wachstumsaussichten weiterhin labil. Das durchschnittliche Wachstum des BIP in den Industrieländern war 1987 zwar etwas höher als im Jahr 1986, doch lag es deutlich unterhalb des hohen Niveaus der fünfziger und sechziger Jahre. Außerdem halten die großen internationalen Zahlungsbilanzungleichgewichte an, und es besteht die Gefahr einer weiteren Instabilität der Aktienmärkte, der Wechselkurse und der Zinssätze. Diese Labilität ist eine direkte Folge der anhaltenden Divergenzen der gesamtwirtschaftlichen Politiken in den führenden Industrieländern. Ohne durchgreifende Änderungen bei diesen Politiken können die gegenwärtigen wirtschaftlichen Unsicherheiten bald zu einer weltweiten Rezession führen. Für die Entwicklungsländer bleiben die Aussichten — trotz beträchtlicher Stabilisierungs- und Anpassungsanstrengungen — besorgniserregend, insbesondere für diejenigen mit akuten Schuldenproblemen. Diese Länder sehen sich dem Risiko einer anhaltenden Stagnation des realen Pro-Kopf-Einkommens, größerer Armut und sozialer Unruhen gegenüber.

Drei Probleme müssen angegangen werden, wenn sich die Wachstumsaussichten der Industrie- und Entwicklungsländer verbessern sollen.

• Die führenden Industrieländer müssen fortfahren, ihre gesamtwirtschaftlichen und strukturellen Politiken anzupassen, um die außenwirtschaftlichen Ungleichgewichte schrittweise auf ein tragbares Niveau abzubauen. Dies würde die längerfristigen Wachstumsaussichten der Industrieländer verbessern — eine Voraussetzung für stärkeres Wachstum in den Entwicklungsländern.

• Die Entwicklungsländer müssen wirtschaftspolitische Reformen durchführen, die darauf gerichtet sind, ihre Entwicklungsaussichten zu verbessern, auch wenn das internationale Umfeld ungünstig ist.

• Der Netto-Ressourcentransfer von den Entwicklungsländern zum Rest der Welt muß vermindert werden.

Die Lösung dieser Probleme stellt für die Regierungen in den Industrie- und Entwicklungsländern sowie für das internationale Finanzsystem eine beträchtliche Herausforderung dar. Diese Probleme sind eng miteinander verbunden. Fortschritte in allen drei Bereichen würden die Risiken für die Wirtschaftsaussichten verringern und es ermöglichen, wieder zu einem gesunden Wirtschaftswachstum zurückzukehren.

Das Vermächtnis der siebziger Jahre

Die siebziger Jahre waren für die Weltwirtschaft eine Periode der Unruhe und des Übergangs. Nach der langanhaltenden Nachkriegsexpansion wurde das Wachstum des BIP in den Industrieländern allgemein unstetiger. Für den Zehnjahresabschnitt als ganzes nahm es auf 3,1 Prozent pro Jahr ab, verglichen mit 5,0 Prozent während der sechziger Jahre. Der erste Ölpreisschock, wachsende Haushaltsdefizite, steigende Inflation und größere Rigi-

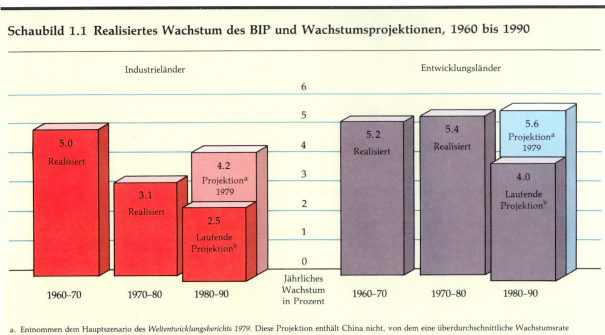

Schaubild 1.1 Realisiertes Wachstum des BIP und Wachstumsprojektionen, 1960 bis 1990

a. Entnommen dem Hauptszenario des *Weltentwicklungsberichts 1979*. Diese Projektion enthält China nicht, von dem eine überdurchschnittliche Wachstumsrate erwartet wurde.
b. Basiert auf dem realisierten Wachstum der Jahre 1980—87 und der Wachstumsprojektion für die Jahre 1987—90 im Rahmen des Status-quo-Falles.
Quellen: Weltbank, *Weltentwicklungsbericht 1979* sowie Daten der Weltbank.

dität auf den Inlandsmärkten waren die Hauptgründe für diese Abschwächung. Die starken Schwankungen der Wechselkurse, die dem Zusammenbruch des Wechselkurssystems von Bretton Woods im Jahr 1971 folgten, trugen zu den finanziellen Spannungen bei.

In den Entwicklungsländern blieb das Wirtschaftswachstum während der siebziger Jahre von der Abschwächung in den Industrieländern weitgehend unberührt. Es betrug durchschnittlich 5,4 Prozent oder nahezu ebensoviel wie in der vorhergehenden Dekade. Wie in früheren *Weltentwicklungsberichten* belegt, wurde diese relativ günstige Entwicklung jedoch durch ein rasches Anwachsen der Auslandsschulden und — in vielen Ländern — auf Kosten zunehmender inländischer Ungleichgewichte erreicht. Diese bestanden in großen Haushaltsdefiziten, Inflation, überbewerteten Währungen und verzerrten Anreizen für Industrie- und Landwirtschaft. Im Ergebnis blieben viele Entwicklungsländer gegenüber neuen externen Schocks anfällig.

Trotz der gewachsenen wirtschaftlichen Unsicherheit der siebziger Jahre erlaubten die weltwirtschaftlichen Aussichten gegen Ende der Dekade im großen und ganzen einen vorsichtigen Optimismus. Der Ölpreisschock von 1973 schien erfolgreich und ohne dauernden Schaden für den Welthandel und die Kapitalmärkte überstanden worden zu sein. Eine leichte Belebung des Wachstums in den Industrieländern in Richtung der Durchschnittsraten der fünfziger und sechziger Jahre, zusammen mit einem ständigen Wachstum in den Entwicklungsländern erschien für die achtziger Jahre wahrscheinlich. Wie andere zu dieser Zeit erstellte Vorausschätzungen faßten die im *Weltentwicklungsbericht 1979* präsentierten Projektionen für die Weltwirtschaft im Zeitraum 1980 bis 1990 ein durchschnittliches reales Wachstum des BIP von 4,2 Prozent in den Industrieländern und 5,6 Prozent in den Entwicklungsländern ins Auge (vgl. Schaubild 1.1).

Werden das Ergebnis der Jahre 1980 bis 1987 und die Projektionen für den Rest der achtziger Jahre kombiniert, dann beläuft sich die durchschnittliche Wachstumsrate für den Zehnjahreszeitraum als ganzes wahrscheinlich auf wenig mehr als die Hälfte des für die Industrieländer und auf ungefähr zwei Drittel des für die Entwicklungsländer 1979 projektierten Wachstums. Dies ist eine große Diskrepanz. Sie unterstreicht den Rückschlag der weltwirtschaftlichen Entwicklung in drei wichtigen Bereichen.

• Starke Schwankungen des Ölpreises — beginnend mit dem zweiten Preisschock von Ende 1979 — verursachten schwere Störungen in den ölimportierenden wie auch den ölexportierenden Entwicklungsländern. Diejenigen, die große Auslandsschulden angehäuft hatten, waren am schlechtesten dran.

- Angesichts hoher und steigender Inflationsraten änderten die meisten Industrieländer ihre gesamtwirtschaftlichen Politiken, um den inflationären Druck zu vermindern.
- Die unerwartete Verschlechterung des internationalen Umfeldes — geringeres Wachstum des Welthandels, sinkende Rohstoffpreise, reduzierter Zugang zu ausländischen Finanzmitteln und ein steiler Anstieg der Realzinsen — verband sich mit strukturellen Schwächen und früheren wirtschaftspolitischen Fehlern vieler Entwicklungsländer.

Der nächste Abschnitt gibt einen Überblick über die Wirtschaftspolitik der Industrieländer in den achtziger Jahren und ihre Auswirkungen auf die Weltwirtschaft. Er erörtert auch die gegenwärtigen wirtschaftspolitischen Optionen für diese Länder. Das Kapitel analysiert dann die Auswirkungen der Änderungen im außenwirtschaftlichen Umfeld für die Entwicklungsländer und entwickelt Optionen zur Bewältigung ihrer Handels- und Schuldenprobleme. Es schließt mit einer Einschätzung der Aussichten für die Weltwirtschaft bis 1995.

Gesamtwirtschaftliche Politik und Ungleichgewichte in den Industrieländern

In den meisten Industrieländern kam die wirtschaftspolitische Reaktion auf die aus den späten siebziger Jahren stammenden hohen Inflationsraten und zunehmenden Haushaltsdefizite rasch und energisch. Beginnend gegen Ende 1979, gingen diese Länder zu einer strikten antiinflationären Geldpolitik über. In den sieben größten Ländern (der Siebenergruppe) nahm die Wachstumsrate des engen Geldmengenaggregats (M1) von 10 Prozent im Jahr 1979 auf 6 Prozent in 1980 ab. Zusammen mit dem zweiten Ölpreisschock trug dies dazu bei, in den Jahren 1981/82 eine schwere Rezession auszulösen. Die meisten Industrieländer änderten auch die Ausrichtung ihrer Finanzpolitik in Richtung auf niedrigere strukturelle Haushaltsdefizite. Obwohl automatische Stabilisatoren im Zusammenhang mit der Rezession einen ausgleichenden Anstieg der Haushaltsdefizite verursachten — in den meisten Industrieländern blieben die Defizite der zentralen und der gesamtstaatlichen Haushalte bis zur Mitte der Dekade hoch (vgl. Tabelle 1.1) — wirkte die neue Richtung der Finanzpolitik prozyklisch, was die Rezession verstärkte. Im Jahr 1982 fiel das durchschnittliche Wachstum des BIP in den Industrieländern auf −0,4 Prozent und in den Entwicklungsländern auf 2,0 Prozent.

Die Vereinigten Staaten bildeten die Hauptausnahme bezüglich der Neuorientierung der Finanzpolitik; bei ihnen führte die Kombination niedrigerer Steuersätze und höherer Staatsausgaben nach 1981 zu steigenden Haushaltsdefiziten. In den Vereinigten Staaten und in Großbritannien, wie in einigen anderen Ländern, wurden auch Anstrengungen unternommen, die Rolle des öffentlichen Sektors in der Volkswirtschaft einzuschränken und die Regulierung der privaten Wirtschaft abzubauen. Dies schloß die weitreichende Liberalisierung der Finanzmärkte und anderer Sektoren der Volks-

Tabelle 1.1 Haushaltssalden in wichtigen Industrieländern, 1979 bis 1987
(in % des BSP)

Staatliche Stelle und Land bzw. Ländergruppe	1979	1980	1981	1982	1983	1984	1985	1986	1987
Zentralstaat									
Vereinigte Staaten	−1,1	−2,3	−2,4	−4,1	−5,6	−5,1	−5,3	−4,8	−3,4
Japan	−6,1	−6,2	−5,9	−5,9	−5,6	−4,7	−4,0	−3,3	−3,8
Deutschland, Bundesrep.	−1,9	−1,9	−2,5	−2,4	−1,9	−1,6	−1,3	−1,2	−1,4
Siebenergruppe[a]	−2,8	−3,3	−3,6	−4,6	−5,4	−5,0	−4,9	−4,3	−3,6
Gesamtstaat[b]									
Vereinigte Staaten	+0,5	−1,3	−1,0	−3,5	−3,8	−2,8	−3,3	−3,5	−2,4
Japan	−4,7	−4,4	−3,8	−3,6	−3,7	−2,1	−1,0	−0,6	−0,8
Deutschland, Bundesrep.	−2,6	−2,9	−3,7	−3,3	−2,5	−1,9	−1,1	−1,2	−1,7
Siebenergruppe[a]	−1,8	−2,5	−2,7	−4,0	−4,1	−3,4	−3,4	−3,2	−2,6

Anmerkung: (+) bedeutet Überschuß und (−) Defizit.
a. Kanada, Frankreich, Bundesrepublik Deutschland, Italien, Japan, Großbritannien und Vereinigte Staaten.
b. Enthält Zentralregierung, Einzelstaaten und Gemeinden.
Quelle: Daten des IWF.

wirtschaft ein. Die Privatisierung einiger staatseigener Unternehmen, insbesondere in Großbritannien, war ein weiterer Aspekt dieser Philosophie der Erneuerung.

Auswirkungen der neuen gesamtwirtschaftlichen Politik

Die neuen wirtschaftspolitischen Maßnahmen hatten rasche und durchgreifende Wirkungen. Auf der Habenseite stand, daß sie — unterstützt durch den Rückgang der Dollar-Ölpreise nach 1981 — erfolgreich die Inflationsraten senkten. Für die Industrieländer als Gruppe nahm die Inflationsrate von einem Höhepunkt von 9,4 Prozent im Jahr 1980 auf 4,8 Prozent in 1983 ab und sank weiter auf 2,9 Prozent im Jahr 1987 (vgl. Schaubild 1.2).

Auf der Sollseite war festzuhalten, daß die Rezession den Anstieg der Arbeitslosigkeit beschleunigte, der bereits in den siebziger Jahren begonnen hatte.

Sonderbeitrag 1.1   Die steigenden Kosten des Protektionismus

Der Protektionismus war bis 1974 im allgemeinen rückläufig, da die Zölle im Zuge aufeinanderfolgender Vereinbarungen im GATT (Allgemeines Zoll- und Handelsabkommen) gesenkt wurden. Das GATT beruht auf drei Grundsätzen: Erstens die Nichtdiskriminierung, die gleiche Zölle für sämtliche Handelspartner eines bestimmten Landes erfordert; zweitens die Transparenz, die offene Zölle gegenüber nichttarifären Handelshemmnissen (NTH) bevorzugt; drittens die Reziprozität, d. h., wenn Land A seine Einfuhrzölle gegenüber Land B senkt, sollte Land B dies erwidern. Durch Verwirklichung dieser Forderungen sanken die durchschnittlichen Einfuhrzölle auf Industrieprodukte von rund 40 Prozent Anfang der fünfziger Jahre auf weniger als 10 Prozent im Jahr 1974. Agrarerzeugnisse und Textilien — zwei Hauptexportgüter der Entwicklungsländer — blieben die wichtigsten Ausnahmen dieses Trends in Richtung eines liberaleren Außenhandels.

Das Wiederaufleben des Protektionismus

Der freie Außenhandel ist seit Mitte der siebziger Jahre und insbesondere seit 1980 ernsthaft bedroht. Im Handel mit Industrieprodukten kam es zu einem Wiederaufleben des Protektionismus, insbesondere in Gestalt von NTH wie Export-Selbstbeschränkungsabkommen (ESA) und Einfuhrkontingenten. Zwischen 1981 und 1986 stieg der Anteil der Importe von Nordamerika und der Europäischen Gemeinschaft (EG), die von NTH betroffen sind, um über 20 Prozent. Der Handel zwischen Industrie- und Entwicklungsländern wird zunehmend durch NTH beeinträchtigt. Im Jahr 1986 waren ungefähr 20 Prozent der Exporte der Entwicklungsländer direkt von solchen Maßnahmen betroffen. Eine Form des wachsenden und systematischen Protektionismus bilden die aufeinanderfolgenden Welttextilabkommen. Sie haben ein weltweites System eines gelenkten Handels mit Textilien und Bekleidung geschaffen und beschneiden den Export der Entwicklungsländer in gravierender Weise. Für die Politiker in den Industrieländern sind NTH attraktiv, weil sie verbreitete Zustimmung finden und kurzfristig in rückläufigen Industriezweigen die Beschäftigung zu sichern scheinen.

In der Landwirtschaft sind hohe Subventionen und Einfuhrhemmnisse üblich, insbesondere in Europa, Japan und — in geringerem Umfang — Nordamerika, und sie scheinen in den letzten Jahren zugenommen zu haben. Der zunehmende Ausbau der Gemeinsamen Agrarpolitik (GAP), die die Landwirtschaft in der EG stark subventioniert und sämtliche Agrarexporte in die EG diskriminiert, ist eine der Entwicklungen, die diesem Trend zugrundeliegen.

Natürlich ist der Protektionismus nicht auf die Industrieländer beschränkt. Entwicklungsländer, insbesondere solche mit mehr binnenorientierter Wirtschaftspolitik, wenden häufig NTH und Einfuhrzölle an. Der Mangel an Daten erschwert eine Beurteilung des Ausmaßes des Protektionismus in den Entwicklungsländern. Eine Vielzahl von Ländern hat jedoch in den vergangenen Jahren die effektiven Protektionsraten bei Industrieprodukten im Rahmen ihrer Strukturreformen gesenkt.

Die Kosten des Protektionismus

Schätzungen der Kosten des Protektionismus von Industrieländern gegenüber Entwicklungsländern reichen von 2,5 bis zu 9 Prozent des BSP der Entwicklungsländer. Bei den Industrieländern reichen die Kosten ihres eigenen Protektionismus von 0,3 bis 0,5 Prozent des BSP. Die Kosten des Schutzes eines bestimmten Wirtschaftszweiges können extrem hoch sein. Beispielsweise reichen die Kosten des Schutzes der Landwirtschaft von 3 Prozent der gesamten Agrarproduktion in den Vereinigten Staaten bis zu 16 Prozent in der EG. Für die Vereinigten Staaten wird geschätzt, daß 1983 jeder Dollar, der zur Erhaltung der Beschäftigung in der Stahlindustrie gezahlt wurde, die Verbraucher 35 Dollar kostete und für die amerikanische Volkswirtschaft zu einem Nettoverlust von 25 Dollar führte. In Großbritannien waren 1983 die Kosten der Erhaltung eines Arbeitsplatzes in der Automobilindustrie viermal so hoch wie das Durchschnittseinkommen eines Industriearbeiters.

Üblicherweise richten die NTH viel mehr Schaden an als Zölle. Es wird geschätzt, daß ein ESA das Einfuhrland bis zu dreimal soviel kostet wie ein äquivalenter Zollschutz. Beispielsweise betrugen die Kosten des Schutzes der Stahlindustrie im Jahr 1985 für die amerikanische Volkswirtschaft alleine fast 2 Mrd Dollar. Die NTH mindern auch die Effizienz der Wechselkurse als Instrument zur Zahlungsbilanzbeeinflussung, weil die Handelsbeschränkungen und nicht die relativen Preise das Handelsvolumen bestimmen. Es ist erwiesen, daß die Reagibilität der amerikanischen Handelsbilanz auf Änderungen des Dollarkurses durch die wachsende Anwendung von NTH deutlich reduziert wur-

In vielen Ländern trug dies zur Lohnzurückhaltung bei, die zur rechten Zeit half, das Vertrauen der Wirtschaft und die Rentabilität der Unternehmen wiederherzustellen. Beunruhigenderweise gibt es jedoch in vielen Industrieländern kein Anzeichen für eine sinkende Arbeitslosigkeit; in Europa bewegte sich die durchschnittliche Arbeitslosenrate seit 1983 über 10 Prozent. Dies ist mit hohen sozialen Kosten verbunden und hat zum Wiederaufleben des Protektionismus beigetragen (vgl. Son-

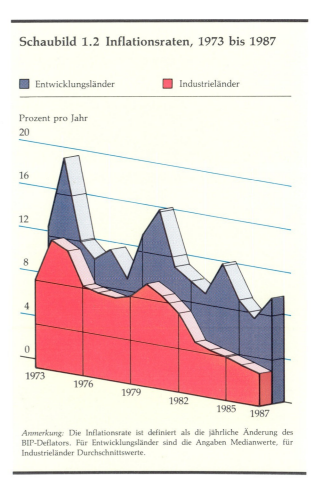

Schaubild 1.2 Inflationsraten, 1973 bis 1987

Anmerkung: Die Inflationsrate ist definiert als die jährliche Änderung des BIP-Deflators. Für Entwicklungsländer sind die Angaben Medianwerte, für Industrieländer Durchschnittswerte.

den. Da ausländische Erzeuger infolge von ESA außerordentliche Gewinne erzielen, können sie es sich leisten, die Dollarpreise bei einer Abwertung des Dollar unverändert zu lassen, um ihren Marktanteil zu sichern.

Protektionismus kann auch direkt den Haushalt belasten, insbesondere, wenn er die Form von Subventionen annimmt. So wird geschätzt, daß die direkten Agrarsubventionen in den Vereinigten Staaten im Fiskaljahr 1987 ungefähr 25 Mrd Dollar oder annähernd 17 Prozent des Defizits des Bundeshaushalts betrugen. Die Agrarsubventionen im Rahmen der GAP beliefen sich 1987 auf 33 Mrd Dollar; sie waren eine wichtige Quelle von Spannungen zwischen den Mitgliedern. Die NTH könnten durch Zölle ersetzt werden, die Einnahmen erbringen würden. Diese entgangenen Einnahmen sind eine versteckte Haushaltsbelastung.

Schließlich haben hohe Agrarsubventionen und Einfuhrhemmnisse in den Industrieländern zur Überproduktion geführt und die Agrarpreise unter die Produktionskosten gedrückt. Dies war einer der Hauptgründe für die niedrigen Agrarpreise der vergangenen Jahre. Der Protektionismus hat die Exporteure von Agrarprodukten in den Entwicklungsländern geschädigt und die Einkommen von Agrarerzeugern und landwirtschaftlichen Arbeitskräften verringert.

Die Uruguay-Runde

Die laufende Runde der GATT-Verhandlungen (die „Uruguay-Runde") bietet Gelegenheit, diese Probleme anzugehen und zu einem freizügigeren internationalen Handel von Industrieprodukten, Agrarerzeugnissen und Dienstleistungen zurückzukehren. Ein besonders wichtiger Durchbruch wäre es, wenn über die amerikanischen Vorschläge einer stufenweisen Beseitigung der Agrarsubventionen erfolgreich verhandelt würde. Für die Entwicklungsländer stehen in der Uruguay-Runde wichtige Interessen auf dem Spiel, insbesondere in der Landwirtschaft und der Industrie. Fortschritte in Richtung eines verminderten Protektionismus in den Industrieländern und den Entwicklungsländern könnten entscheidend zur Verbesserung der weltwirtschaftlichen Aussichten und der Entwicklungsperspektiven der Dritten Welt beitragen. (Vgl. die Ausführungen über den Agrar- und Industrieprotektionismus im *Weltentwicklungsbericht 1986* bzw. im *Weltentwicklungsbericht 1987.*)

derbeitrag 1.1). Mit hoher Arbeitslosigkeit verbundene politische Spannungen dürften auch ein Grund für die Zurückhaltung der Industrieländer sein, ihre Entwicklungshilfe-Programme auszuweiten.

Darüber hinaus ließ der Übergang zur antiinflationären Geldpolitik die Zinssätze stark steigen, insbesondere in den Vereinigten Staaten, wo diese Entwicklung mit einer fiskalpolitischen Expansion zusammenfiel. Die Realverzinsung amerikanischer Staatsanleihen stieg von durchschnittlich 2 Prozent im Jahr 1980 bis auf einen Höchststand von 8 Prozent im Jahr 1984 (vgl. Schaubild 1.3). Allein schon dies genügte, um die Entwicklungsländer mit weit höheren Schuldendienstleistungen zu belasten. Die auseinanderlaufenden Tendenzen der Finanzpolitik in den Industrieländern — Expansion in den Vereinigten Staaten und Haushaltskonsolidierung anderswo — legten die Saat für das anhaltende finanzielle Ungleichgewicht und die gegenwärtigen außenwirtschaftlichen Ungleichgewichte.

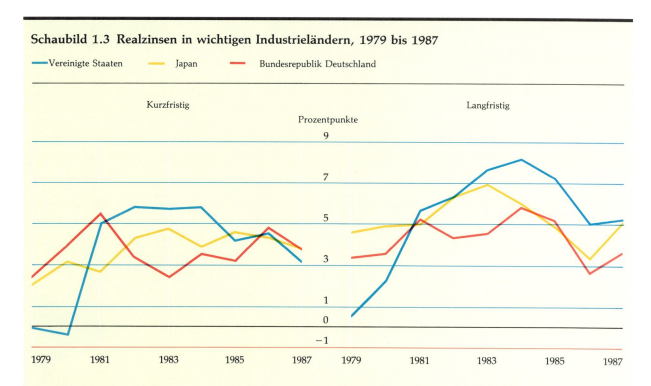

Das Auftreten gesamtwirtschaftlicher Ungleichgewichte zwischen den Industrieländern

Im Zuge der mexikanischen Schuldenkrise im Jahr 1982 weitete die amerikanische Regierung die Geldversorgung stark aus, um den Zusammenbruch des Bankensystems zu vermeiden, das bereits durch die Rezession geschwächt war. Dies war der Katalysator eines kräftigen Wirtschaftsaufschwungs, der durch die expansive Finanzpolitik und durch die „angebotsfreundliche" Steuerreform von 1981 weiter vorangetrieben wurde. Die Kombination niedrigerer Steuereinnahmen und höherer öffentlicher Ausgaben ließ die Defizite im Gesamthaushalt und im Bundeshaushalt der USA, gemessen als Anteil am BSP, beträchtlich über den Trend früherer Jahre ansteigen (vgl. Tabelle 1.1). Die private Sparquote fiel auf ihren vergleichsweise niedrigen Nachkriegsdurchschnitt, und die privaten Investitionen nahmen zu, teilweise als Ergebnis der Steuerreform von 1981 (vgl. Sonderbeitrag 1.2). Das Verhältnis der privaten Ersparnis zu den Investitionen verschob sich daher von einem Überschuß von 3,2 Prozent des BSP im Jahre 1982 zu einem Defizit von 1,2 Prozent in 1987. Zusammen mit dem steigenden Defizit des Gesamthaushalts führte dies zu einem gesamtwirtschaftlichen Mißverhältnis von Ersparnis zu Investitionen, das sich in einem stark steigenden Defizit der Leistungsbilanz widerspiegelte. Im Gegensatz dazu verfolgten Japan und die Bundesrepublik Deutschland eine restriktivere Finanzpolitik. Auf dem Hintergrund einer hohen privaten Ersparnis führte dies zu wachsenden Überschüssen in den Leistungsbilanzen (vgl. Tabelle 1.2 und Schaubild 1.4).

Diese auseinanderlaufenden Trends von Ersparnis und Ausgaben lösten steigende Zinsdifferenzen zwischen dem Dollar und anderen wichtigen Währungen und eine anhaltende Aufwertung des Dollars aus (vgl. Schaubild 1.5). Dies verstärkte die wachsenden Ungleichgewichte der Handelsbilanzen. Die Schwellenländer Ostasiens konnten ihre Exporte in die Vereinigten Staaten stark ausweiten. Bis 1987 hatte das außenwirtschaftliche Ungleichgewicht der Vereinigten Staaten ein vorher nicht gekanntes Ausmaß erreicht.

Tabelle 1.2 Leistungsbilanz und Ersparnis-Investitions-Salden in wichtigen Industrieländern, 1975 bis 1987
(in % des BSP)

Land	Durchschnitt 1975-84	1985	1986	1987
Vereinigte Staaten				
Leistungsbilanz und Gesamtsaldo Ersparnis—Investitionen	−0,4	−2,9	−3,3	−3,6
Öffentlicher Ersparnis-Investitions-Saldo	−1,9	−3,3	−3,5	−2,4
Privater Ersparnis-Investitions-Saldo	1,5	0,4	0,2	−1,2
Private Bruttoersparnis	17,8	16,9	16,5	14,8
Private Bruttoinvestitionen	16,3	16,5	16,3	16,0
Japan				
Leistungsbilanz und Gesamtsaldo Ersparnis—Investitionen	0,7	3,7	4,3	3,6
Öffentlicher Ersparnis-Investitions-Saldo	−3,8	−1,0	−0,6	−0,8
Privater Ersparnis-Investitions-Saldo	4,5	4,7	4,9	4,4
Private Bruttoersparnis	29,3	28,4	32,4	33,3
Private Bruttoinvestitionen	24,8	23,7	27,5	28,9
Deutschland, Bundesrep.				
Leistungsbilanz und Gesamtsaldo Ersparnis—Investitionen	0,3	2,6	4,2	3,9
Öffentlicher Ersparnis-Investitions-Saldo	−3,1	−1,1	−1,2	−1,7
Privater Ersparnis-Investitions-Saldo	3,4	3,7	5,4	5,6
Private Bruttoersparnis	19,8	19,9	23,1	23,3
Private Bruttoinvestitionen	16,4	16,2	17,7	17,7

Anmerkung: Der Ersparnis-Investitions-Saldo ist definiert als Bruttoersparnis minus Bruttoinvestitionen. Der Gesamtsaldo von Ersparnis und Investitionen ist die Summe der öffentlichen und privaten Ersparnis-Investitions-Salden; er entspricht definitionsgemäß dem Leistungsbilanzsaldo.
Quelle: Daten des IWF.

Sonderbeitrag 1.2 Steuerpolitik, Zahlungsbilanz und internationale Kapitalbewegungen

Die Steuerpolitik beeinflußt die Zahlungsbilanz und die internationalen Kapitalbewegungen auf vielfache Weise. Sie trägt beispielsweise dazu bei, das Verhältnis von Ersparnis zu Investitionen zu bestimmen, und sie beeinflußt die Kapitalrendite. Diese Einflüsse wurden in den letzten Jahren ausgeprägter, da die Hemmnisse der internationalen Kapitalmobilität an Bedeutung verloren. Vor diesem Hintergrund haben viele Industrieländer unlängst größere Steuerreformen durchgeführt.

Die strukturellen Auswirkungen der amerikanischen Steuerreformen auf die Zahlungsbilanz und die internationalen Kapitalströme haben weniger Aufmerksamkeit gefunden als ihre Wirkungen auf das Defizit des Bundeshaushalts. Zu der Reform von 1981 gehörten Steuergutschriften für Investitionen, beschleunigte Abschreibungsmöglichkeiten und großzügige Rückstellungen beim Leasing von Ausrüstungsgütern. Diese Anreize trugen — trotz hoher realer Zinssätze — zu den kräftigen privaten Investitionen in den Jahren 1983 und 1984 bei. Zur gleichen Zeit hatte die Steuerreform unklare Auswirkungen auf die private Ersparnis; tatsächlich sind zu Beginn der achtziger Jahre die privaten Sparquoten gegenüber ihrem hohen Niveau in den siebziger Jahren zurückgegangen. Der Netto-Effekt der Steuerreform von 1981 auf die privaten Investitionen und Ersparnisse bietet daher eine zusätzliche Erklärung für die wachsende Lücke zwischen Ersparnis und Investitionen, das darauf zurückzuführende Leistungsbilanzdefizit und den internationalen Kapitalbedarf der Vereinigten Staaten. Die Steuerreform von 1986 schwächte die 1981 eingeführten Investitionsanreize, indem sie die effektiven Steuersätze für alle Einkommensarten weitgehend egalisierte. Dies sollte dazu beitragen, die Lücke zwischen Ersparnis und Investitionen sowie das Leistungsbilanzdefizit der USA zu verringern.

Ein anderer Aspekt der Steuerreform ist die Behandlung des im Ausland erzielten Einkommens. Wie die meisten anderen Industrieländer wenden die Vereinigten Staaten ein wohnsitzorientiertes System an, das das Einkommen von Gebietsansässigen auch dann besteuert, wenn es außerhalb der Vereinigten Staaten erzielt wurde, das aber an Ausländer gezahlte Zinseinkünfte nicht besteuert. Im Gegensatz dazu folgen viele Entwicklungsländer, darunter die Mehrzahl der lateinamerikanischen Länder, einem quellenorientierten Besteuerungsansatz, der nur Einkommen zu besteuern versucht, das innerhalb ihrer Landesgrenzen erzielt wurde, während das aus dem Ausland stammende Einkommen ihrer Bürger nicht besteuert wird. Das Zusammenwirken der Steuerpolitiken von Industrie- und Entwicklungsländern kann somit Anreize für Kapitalabflüsse aus den Entwicklungsländern schaffen, während es den Zufluß von Investitionen aus dem Ausland bremst.

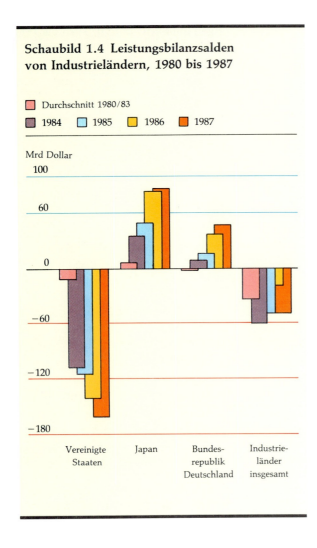

Schaubild 1.4 Leistungsbilanzsalden von Industrieländern, 1980 bis 1987

Die Kapitalbewegungen, die den Gegenposten zu diesen langanhaltenden Zahlungsbilanzungleichgewichten bilden, haben die Gläubigerpositionen der wichtigsten Industrieländer verändert. Die Vereinigten Staaten, lange Zeit der größte Gläubiger und Kapitalexporteur der Welt, sind nun der größte Schuldner. Bereits Ende 1986 entsprachen ihre Netto-Auslandsschulden schätzungsweise 6,5 Prozent des BSP. Im gleichen Jahr waren Japan und Deutschland bereits die wichtigsten Gläubigerländer geworden, deren Netto-Auslandsforderungen 8,5 bzw. 10,5 Prozent ihres jeweiligen BSP betrugen.

Erste Schritte in Richtung einer internationalen Koordination der gesamtwirtschaftlichen Politik

Zwischen Ende 1981 und Anfang 1985 wertete der Dollar real betrachtet um 35 Prozent gegenüber den wichtigsten Währungen auf. Dieser Trend kehrte sich im März 1985 um, als der Dollar infolge der sich ändernden Auffassungen von der Tragbarkeit des amerikanischen Zahlungsbilanzdefizits zu sinken begann. Die Wirtschaftspolitiker der fünf führenden Industrieländer (Fünfergruppe) unterstützten von Anfang an diese Anpassung. Im September 1985 vereinbarte die Fünfergruppe das Plaza-Abkommen, das konzertierte Interventionen an den Devisenmärkten einleitete, um einen geordneten Rückgang des Dollarkurses zu erreichen.

Obwohl der reale Außenwert des Dollar von seinem Höhepunkt Anfang 1985 bis Ende 1987 um insgesamt 34 Prozent fiel, weitete sich das amerikanische Leistungsbilanzdefizit weiter aus. Dies ging auf verschiedene Faktoren zurück.

• Wichtige Handelspartner der Vereinigten Staaten — insbesondere Kanada, die lateinamerikanischen Länder und die asiatischen Schwellenländer — haben entweder ihre Währungen an den Dollar gebunden, ihm gegenüber abgewertet oder ihre Währungen erst unlängst und in begrenztem Umfang aufgewertet. Außerdem ist die reale Aufwertung der Deutschen Mark durch die Koppelung an andere wichtige europäische Währungen im Europäischen Währungssystem (EWS) gebremst worden; ihre kumulative Aufwertung hat von März 1985 bis Dezember 1987 nur 12 Prozent betragen. Infolge dieser verschiedenen Faktoren kehrten die realen handelsgewogenen Außenwerte des Dollars und der Deutschen Mark erst gegen Ende 1987 auf ihre Niveaus von 1980 zurück (vgl. Schaubild 1.5).

• Die Anpassung der nominalen Handelsbilanzen benötigt Zeit. Nach einer Währungsabwertung reagieren die Preise rascher als die Mengen, so daß die Handelsbilanzdefizite zu laufenden Preisen kurzfristig tendenziell zunehmen. Dies ist als J-Kurven-Effekt bekannt.

• Protektionistische Maßnahmen, wie Export-Selbstbeschränkungsabkommen (ESA), haben die Preisreagibilität von Importen auf Wechselkursänderungen insofern vermindert, als sie ausländische Anbieter veranlassen, eher die Gewinnmargen zu reduzieren denn mengenmäßige Anpassungen hinzunehmen (vgl. Sonderbeitrag 1.1).

• Wichtige amerikanische Unternehmen versorgen sich weiterhin aus Märkten mit niedrigen Arbeitskosten, was zur Starrheit des Einfuhrvolumens beiträgt.

• Auf die Einfuhrdrosselung verschiedener hochverschuldeter Entwicklungsländer nach 1982 — viele von ihnen, insbesondere in Lateinamerika, sind wichtige Handelspartner der Vereinigten Staaten — ist ein Großteil des Rückgangs der US-Exporte nach 1982 zurückzuführen.

• Schließlich wurde der Abbau des amerikanischen außenwirtschaftlichen Defizits durch das anhaltende Haushaltsdefizit erschwert. Das Haushaltsdefizit, ein Schlüsselelement in dem gesamtwirtschaftlichen Ungleichgewicht von Ersparnis und Investitionen in den USA, wird durch Wechselkursverschiebungen nicht signifikant beeinflußt. Daher muß, solange das Defizit des Gesamthaushalts auf oder nahe seinem Niveau von 1987 verharrt (2,4 Prozent des BIP), die Last der Anpassung auf den privaten Sektor entfallen; das Zurückbleiben der privaten Ersparnis gegenüber den Investitionen muß in einen beträchtlichen Überschuß umschlagen, damit sich die amerikanische Leistungsbilanz verbessert. Dies würde einen starken Rückgang des privaten Verbrauchs oder der privaten Investitionen oder beider Nachfragekomponenten bedeuten. Solch eine Korrektur ausschließlich durch Wechselkursanpassungen zu erreichen, würde wahrscheinlich eine weitere Abwertung des Dollars erfordern.

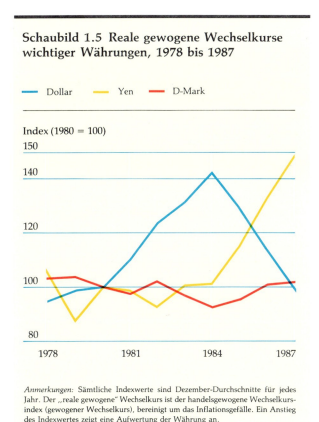

Schaubild 1.5 Reale gewogene Wechselkurse wichtiger Währungen, 1978 bis 1987

Anmerkungen: Sämtliche Indexwerte sind Dezember-Durchschnitte für jedes Jahr. Der „reale gewogene" Wechselkurs ist der handelsgewogene Wechselkursindex (gewogener Wechselkurs), bereinigt um das Inflationsgefälle. Ein Anstieg des Indexwertes zeigt eine Aufwertung der Währung an.
Quelle: Daten des IWF.

Die Bedeutung konvergenter gesamtwirtschaftlicher Maßnahmen für die Korrektur der Zahlungsbilanzungleichgewichte erkennend, unternahmen die sechs größten Industrieländer Anfang 1987 einen weiteren Schritt in Richtung Koordination. Der Louvre-Akkord vom Februar 1987 markierte die Verpflichtung der Länder mit außenwirtschaftlichen Überschüssen, die inländischen Investitionen und den Verbrauch anzuregen, um so ihren Ersparnisüberschuß zu reduzieren. Die Vereinigten Staaten ihrerseits stimmten einer fiskalpolitischen Kontraktion zu, um ihre außenwirtschaftlichen Defizite abzubauen. Diese Verpflichtungen wurden durch die Regierungschefs der Siebenergruppe beim Weltwirtschaftsgipfel in Venedig im Juli 1987 sowie in den Erklärungen der Siebenergruppe vom 22. Dezember 1987 und 13. April 1988 bekräftigt.

Die Teilnehmer des Louvre-Akkords vereinbarten auch, „eng zusammenzuarbeiten, um die Stabilität der Wechselkurse in der Nähe des herrschenden Niveaus zu fördern", weil eine weitere Abwertung des Dollars kontraproduktiv sein würde. Japan und Deutschland waren besorgt, daß ein weiterer Rückgang des Dollarkurses die internationale Wettbewerbsfähigkeit ihrer Exporte untergraben und ihre Konjunktur beeinträchtigen würde. Ähnlich war die amerikanische Regierung besorgt, daß dies die inländische Inflation anfachen, das ausländische Vertrauen in Dollaraktiva untergraben und weitere Zuflüsse privaten Kapitals abschrecken würde.

In Übereinstimmung mit seinen Verpflichtungen vom Februar 1987 ergriff Japan eine Reihe expansiver finanzpolitischer Maßnahmen. Im Mai 1987 wurde ein Ergänzungshaushalt von 5 Billionen Yen (annähernd 40 Mrd Dollar) für zusätzliche öffentliche Investitionsausgaben und wichtige öffentliche Arbeitsprogramme bekanntgegeben. Die japanischen Behörden brachten auch eine wichtige Initiative auf den Weg, während der nächsten drei Jahre einen Teil der Überschüsse des Landes zugunsten von Entwicklungsländern zurückzuschleusen (vgl. Sonderbeitrag 1.3).

Die deutsche Bundesregierung gab Schritte zur Belebung ihrer Wirtschaft durch ein in drei Jahren abzuwickelndes Steuersenkungsprogramm bekannt. Es sieht eine Senkung der für 1988 veranschlagten Steuereinnahmen um bis zu 14 Mrd DM (0,7 Prozent des BSP) vor, indem eine für 1990 geplante Reform teilweise vorgezogen wird.

Komplementär zu den fiskalpolitischen Anregungen in Japan und Deutschland bestätigte die US-Regierung ihre Verpflichtung zu beträchtlichen

> **Sonderbeitrag 1.3   Die Rückschleusung japanischer Gelder**
>
> Im Jahr 1987 verpflichtete sich die japanische Regierung, bis zu 30 Mrd Dollar des japanischen Zahlungsbilanzüberschusses in Form gänzlich ungebundener öffentlicher und privater Gelder an die Entwicklungsländer zurückzuschleusen, und zwar in zwei Tranchen von 10 bzw. 20 Mrd Dollar.
>
> Die erste Tranche besteht aus drei Teilen: der Schaffung eines Japanischen Sonderfonds von rd. 2 Mrd Dollar bei der Weltbank, Krediten der japanischen Regierung an den IWF in Höhe von 3 Mrd SZR, sowie einem Regierungsbeitrag von 2,6 Mrd Dollar zu IDA-8 und einem Beitrag von 1,3 Mrd Dollar zum Asiatischen Entwicklungsfonds. Der Japanische Sonderfonds wird Zuschüsse von 30 Mrd Yen einschließen, und zwar hauptsächlich für technische Hilfen in Verbindung mit Weltbank-finanzierten Projekten und Programmen sowie für die Kofinanzierung von Weltbank-finanzierten sektoralen und strukturellen Anpassungsdarlehen. Im Rahmen des Sonderfonds ist auch eine zusätzliche Kreditaufnahme der Weltbank am japanischen Kapitalmarkt im Betrag von 300 Mrd Yen (insgesamt etwa 2 Mrd Dollar) vorgesehen, die über drei Jahre verteilt werden soll.
>
> Die zweite Tranche wird den Entwicklungsländern innerhalb eines Zeitraums von drei Jahren bis 1990 zur Verfügung gestellt. Von diesen 20 Mrd Dollar entfallen rd. 8 Mrd Dollar auf zusätzliche Mittel, die die Weltbank am Tokioter Markt gemäß dem Abkommen zwischen der japanischen Regierung und der Weltbank aufnehmen wird,
>
> auf die Errichtung eines Japanischen Sonderfonds bei der Asiatischen Entwicklungsbank und der Interamerikanischen Entwicklungsbank — ähnlich dem bereits errichteten Fonds bei der Weltbank — und auf Beträge an multilaterale Entwicklungsbanken. Mehr als 9 Mrd Dollar stehen für zusätzliche Kofinanzierungen zur Verfügung, welche die Weltbank und die anderen multilateralen Entwicklungsbanken mit der japanischen Export-Import Bank, dem Overseas Economic Cooperation Fund (OECF) und japanischen Geschäftsbanken durchführen sollen, und/oder für zusätzliche OECF-Direktkredite zur Unterstützung von Anpassungsprogrammen der Entwicklungsländer. Ungefähr 3 Mrd Dollar dienen der Gewährung zusätzlicher Direktkredite an Entwicklungsländer im Rahmen des ungebundenen Kreditprogramms der japanischen Export-Import Bank.
>
> Schließlich beabsichtigt Japan, seinen Plan zur Verdoppelung der öffentlichen Entwicklungshilfe (ÖEH) im Rahmen seines Dritten Mittelfristigen ÖEH-Expansionsprogrammes, um mindestens zwei Jahre zu beschleunigen, so daß 1990 die ÖEH-Auszahlungen 7,6 Mrd Dollar überschreiten. Im Jahr 1986 stieg die ÖEH Japans auf 5,6 Mrd Dollar; es löste Frankreich als zweitgrößtes Geberland von ÖEH nach den Vereinigten Staaten ab. Japan hat seit langem einen Großteil seiner Hilfe an Entwicklungsländer in Asien gewährt, erhöhte aber in den letzten Jahren seine Zuschüsse an die afrikanischen Länder südlich der Sahara.

Kürzungen der öffentlichen Ausgaben, und zwar in Übereinstimmung mit den revidierten Zielen des Gramm-Rudman-Hollings-Gesetzes, das den Budgetausgleich bis zum Jahre 1993 vorsieht. Für das Fiskaljahr 1987 war bereits ein Rückgang des Defizits des Bundeshaushalts um über 1 Prozent des BSP vorprogrammiert gewesen, und zwar wegen des einmaligen Einnahmeeffekts der Steuerreform von 1986 und voraussichtlich hoher Einnahmen aus den Kapitalgewinnsteuern.

Die Finanzkrise vom Oktober 1987

Zwar herrscht unter den Regierungen der führenden Industrienationen gegenwärtig Übereinstimmung, daß eine Korrektur der Zahlungsbilanzungleichgewichte notwendig ist, doch sind die Fortschritte begrenzt gewesen. Die Ausrichtung der Wirtschaftspolitik auf internationale anstelle nationaler Ziele ist schwierig. Das Zögern der deutschen Regierung, durch finanzpolitische Anregung das Preisklima zu verschlechtern oder das mittelfristige Ziel der Haushaltskonsolidierung aufs Spiel zu setzen, schließt wahrscheinlich kurzfristig eine weitere finanzpolitische Expansion aus. Ähnlich sind bisher die Vereinigten Staaten nicht in der Lage gewesen, sich auf einen glaubwürdigen finanzpolitischen Restriktionskurs festzulegen. Hinzu kommt, daß Regierungen auch bei Übereinstimmung in ihren gemeinsamen Zielen häufig hinsichtlich der Mittel und Wege differieren.

Der Eindruck einer Pattsituation trug zu einem Vertrauensverlust an den Finanzmärkten bei. Die Entscheidung der Siebenergruppe, die Stabilisierung der Wechselkurse vor der Bekanntgabe finanzpolitischer Maßnahmen zu versuchen, erwies sich als kontraproduktiv. In den Vereinigten Staaten bedeutete dies eine Kreditverknappung nach zwei Jahren einer mäßigen geldpolitischen Expansion. Dies verursachte zwischen Februar und Anfang Oktober 1987 einen starken Anstieg der Zinssätze. Im Ergebnis weitete sich die Renditendifferenz zwischen Anleihen und Aktien auf über 2 Prozent aus, deutlich mehr als in der Vergangenheit. Verbunden mit der Einsicht, daß die Spekulation die Aktienkurse bereits zu hoch getrieben hatte, führte die Renditendifferenz zu einer massiven Umschichtung der internationalen Portefeuilles von Aktien in höher rentierende Anleihen. Dies war wahrscheinlich ein auslösender Faktor des Zusammenbruchs des New Yorker Aktienmarktes am 19. Oktober 1987. In dem zunehmend integrierten weltweiten Kapitalmarkt übertrug sich der New Yorker Kursverfall auf die Aktienmärkte rund um die Welt.

Das amerikanische Finanzministerium und die Notenbank reagierten prompt, um sicherzustellen, daß ausreichend Liquidität im Bankensektor und auf den Finanzmärkten vorhanden war, um eine regelrechte Finanzkrise zu verhindern. Diese Schritte stellten wieder eine gewisse Stabilität am Aktienmarkt her, provozierten jedoch auch einen zeitweisen Druck auf den Dollar durch wiederauflebende Inflationsbefürchtungen. Ende November und im Dezember 1987 sackte der Dollar ab. Nominal betrachtet erreichte er gegenüber dem Yen und der Deutschen Mark Nachkriegs-Tiefstkurse. Diese Turbulenz hat die Komplexität des Problems erheblich vergrößert und den wirtschaftspolitischen Spielraum beschränkt. Gegenwärtig scheint es, daß die mit den Aktienmarktverlusten verbundenen negativen Vermögenseffekte überschätzt worden sind. Längerfristig aber bleibt die Unsicherheit bestehen, auch wenn die Vorausschätzungen für das BSP-Wachstum im Jahr 1988 allgemein nach oben revidiert worden sind, nachdem für Ende 1987 und Anfang 1988 günstige Wachstumszahlen bekanntgegeben wurden.

Ein Lichtblick für die Weltwirtschaft ist Japans Wechsel zu einem von der Inlandsnachfrage bestimmten Wachstum. Im Jahr 1987 beschleunigte sich das Wachstum seiner Inlandsnachfrage und des BSP auf 5,0 bzw. 4,1 Prozent; für 1988 wird nur eine mäßige Abnahme des Wachstumstempos erwartet. Japans Leistungsbilanzüberschuß verringerte sich von einem Höchstwert von 4,3 Prozent des BSP im Jahr 1986 auf 3,6 Prozent in 1987; das Exportvolumen ist leicht rückläufig, und die Importe steigen stark an.

Die jüngsten Tendenzen in Europa sind weniger günstig. In den meisten Ländern der Europäischen Gemeinschaft (EG) begrenzt die hohe Arbeitslosigkeit weiterhin die Inlandsnachfrage und hält das Wachstum unterhalb des Potentials. Ausfuhren und Investitionen sind durch die jüngsten Währungsaufwertungen gegenüber dem Dollar beeinträchtigt worden. Unterdessen bleibt die Bundesrepublik Deutschland, Westeuropas größte Volkswirtschaft, trotz eines realen Wachstums des BIP von nur 1,7 Prozent im Jahr 1987 bei einer relativ restriktiven Finanzpolitik.

Wirtschaftspolitische Optionen für eine makroökonomische Anpassung in den Industrieländern

Das Risiko einer erneuten Dollarschwäche stellt die Wirtschaftspolitiker vor ein Dilemma. Eine weitere rasche Abwertung könnte die Inflation in den USA anheizen, die inländischen Zinssätze steigen lassen und — falls internationale Investoren zögern, Dollaraktiva zu den gegenwärtigen Renditen zu halten — an den Finanzmärkten Instabilität hervorrufen. Auf der anderen Seite könnte die Stabilisierung des Dollars weitere Deviseninterventionen, eine geldpolitische Verknappung in den Vereinigten Staaten oder eine Kombination beider Maßnahmen erfordern. Auch dieser Kurs hat seine Schattenseiten. Massive Interventionen bringen auch die Gefahr unerwünschter monetärer Expansion mit sich. Kreditverknappung und steigende US-Zinssätze würden das Risiko einer inländischen Rezession sowie einer weiteren Erschütterung an den Aktienmärkten vergrößern. Abgestimmte wirtschaftspolitische Aktionen der wichtigsten Industrieländer scheinen der einzige Weg zu sein, die Zahlungsbilanzungleichgewichte auf ein tragbares Niveau zurückzuführen, eine Rezession in den USA zu vermeiden und die Voraussetzungen für stetiges Wachstum in der nächsten Dekade weltweit zu schaffen.

Die niedrige private Sparquote der Vereinigten Staaten bedeutet, daß es für sie riskant ist, ein relativ zum BSP ebenso hohes Haushaltsdefizit wie andere wichtige Industrieländer aufrecht zu erhalten. Weitere finanzpolitische Maßnahmen würden die Inlandsnachfrage und das gesamtwirtschaftliche Defizit der Ersparnis gegenüber den Investitionen verringern. Um eine angemessene Liquiditätsausstattung der Finanzmärkte aufrechtzuerhalten und die inländischen Investitionen, insbesondere in den Exportindustrien anzuregen, sollte die amerikanische Regierung eine Straffung ihrer Geldpolitik vermeiden. Bei einer ausreichenden finanzpolitischen Einschränkung sollte es möglich sein, niedrigere reale Zinssätze zu erzielen und dennoch die Inflationserwartungen einzudämmen.

Die finanzpolitische Einschränkung wird schwierig sein. Aber ohne sie dürfte die Geldverknappung und das damit verbundene Risiko einer heimischen Rezession der einzige Weg sein, eine weitere Dollarschwäche zu verhindern und sich einer Beschleunigung der Inflation in den Vereinigten Staaten entgegenzustemmen. Im November 1987 sind im Zuge des Einbruchs an den Aktienmärkten für die Fiskaljahre 1988 und 1989 Haushaltskürzungen von 76 Mrd Dollar bekanntgegeben worden. Sie sind ein

Schritt in die richtige Richtung. Sie dürften jedoch nicht ausreichen, das Haushaltsdefizit der Bundes unter das 1987 erreichte Niveau von 151 Mrd Dollar zu senken. Eine weitere Rückführung des Defizits ist daher erforderlich.

Entschiedene Maßnahmen in dieser Richtung können das außenwirtschaftliche Defizit der Vereinigten Staaten abbauen, das Verhältnis der Netto-Auslandsverbindlichkeiten zum BSP stabilisieren und allmählich wieder Ruhe auf den Devisenmärkten herstellen. Der rasche Übergang zu einer fiskalischen Restriktion und geringere Importe der USA würden jedoch die Weltkonjunktur dämpfen. Wenn die Abschwächung der Inlandsnachfrage in den Vereinigten Staaten nicht durch wachsende Nachfrage in den Ländern mit außenwirtschaftlichen Überschüssen ausgeglichen werden kann, wird sich die Korrektur der Ungleichgewichte lange hinziehen und das Rezessionsrisiko zunehmen. Unter diesen Umständen sollte Japan das Wachstum der Inlandsnachfrage aufrechterhalten und Deutschland es beschleunigen, und zwar durch eine Kombination von akkommodierender Geldpolitik, finanzpolitischer Expansion und strukturellen Reformen.

In beiden Ländern würde eine akkommodierende Geldpolitik dazu beitragen, die Zinssätze niedrig zu halten, weiteren Abwärtsdruck auf den Dollar abzufangen und eine flexiblere Geldpolitik in den USA zu erlauben. Finanzpolitische Anregungen werden weiterhin auf Vorbehalte der internen Wirtschaftspolitik stoßen. In Japan wird die Notwendigkeit, die bestehenden Lasten der öffentlichen Verschuldung zu verringern, als entscheidend betrachtet; Deutschland ist nicht bereit, seine erfolgreiche Rückführung der Haushaltsdefizite aufs Spiel zu setzen. Beide Länder sollten jedoch zumindest weitere prozyklische finanzpolitische Einschränkungen vermeiden. In Deutschland wären zusätzliche Anregungen durch Steuersenkungen wünschenswert. Schließlich könnten beide Länder die inländischen Investitionen anregen — und ihre Effizienz verbessern —, indem sie Marktrigiditäten beseitigen. Geeignete Schritte wären in Deutschland z. B. die Beseitigung inländischer Subventionen, die Verbesserung der Flexibilität am Arbeitsmarkt, die Deregulierung des heimischen Handels- und Vertriebssystems sowie die Senkung von Handelsschranken. Eine stärkere Nachfrage in Japan und Deutschland würde auch neue, dringend notwendige Ausfuhrmöglichkeiten für die Entwicklungsländer schaffen.

Im Gegensatz zu Deutschland sehen sich verschiedene europäische Länder bereits beträchtlichem Druck auf ihre Leistungsbilanzen gegenüber, die in den Jahren 1988 und 1989 wahrscheinlich ins Defizit geraten. Da sie auch mit steigenden inländischen Inflationsraten konfrontiert sind, befinden sie sich in einer schlechten Position, um die Auswirkungen einer amerikanischen Kontraktion auszugleichen. Kleinere europäische Länder mit einer starken Außenwirtschaftsposition — die Benelux-Länder und die Schweiz — könnten jedoch ebenfalls zum internationalen Anpassungsprozeß beitragen, indem sie die Inlandsnachfrage und die Importe erhöhen und die Effizienz ihrer Märkte durch strukturelle Reformen verbessern.

Schließlich könnten die zwei größten asiatischen

Tabelle 1.3 Wachstum des realen BIP, 1965 bis 1987
(jährliche Veränderung in %)

Ländergruppe	Durchschnitt 1965-73	Durchschnitt 1973-80	Durchschnitt 1980-85	1986	1987
Industrieländer	4,5	2,8	2,4	2,7	2,9
Entwicklungsländer	6,5	5,4	3,2	4,7	3,9
mit niedrigem Einkommen	5,5	4,6	7,4	6,4	5,3
ohne China und Indien	3,4	3,4	3,0	4,8	4,5
China und Indien	6,1	4,9	8,6	6,8	5,4
Afrikanische Länder mit					
niedrigem Einkommen	3,6	2,0	0,7	3,7	3,0
mit mittlerem Einkommen	7,0	5,7	1,6	3,9	3,2
Ölexporteure	7,0	5,9	0,9	0,3	0,8
Exporteure von Industrieprodukten	7,4	6,0	5,8	7,2	5,3
Hochverschuldete Länder	6,9	5,4	0,1	3,5	1,7
Ölexporteure mit hohem Einkommen	8,7	8,0	−2,5	−8,1	−2,9

Anmerkung: Die Angaben für die Entwicklungsländer basieren auf einer Auswahl von neunzig Ländern.

Schwellenländer durch Abbau ihrer Leistungsbilanzüberschüsse die weltweite Anpassung beschleunigen. Niedrigere Einfuhrschranken und weitere Währungsaufwertungen dieser Länder würden die Vorteile eines dynamischeren Wachstums der Inlandsnachfrage und einer gleichzeitigen finanzpolitischen Kontraktion in den Vereinigten Staaten verstärken.

Eine solche Kombination von Maßnahmen könnte der Weltwirtschaft beträchtliche Vorteile bringen: Eine allmähliche Verminderung der außenwirtschaftlichen Ungleichgewichte, größere finanzielle Stabilität und sinkende Arbeitslosigkeit würden die Weltwirtschaft in der nächsten Dekade auf einen höheren Wachstumspfad führen. Die Vorteile für die Entwicklungsländer wären ebenfalls bedeutend. Starkes Wachstum in den Industrieländern würde die Entwicklungsländer direkt durch größere Nachfrage nach ihren Exportprodukten unterstützen. Außerdem würden niedrigere US-Handels- und Haushaltsdefizite die Abhängigkeit der USA von ausländischen Ersparnissen vermindern und daher zu niedrigen Zinssätzen führen. Dieses günstigere außenwirtschaftliche Umfeld würde es den Entwicklungsländern erleichtern, ihre Schulden zu bedienen. In Verbindung mit Maßnahmen zur Wiederherstellung der Kreditwürdigkeit von Problemschuldnern und zur Förderung von Neukrediten würde die Verbesserung der weltwirtschaftlichen Situation auch eine Verminderung des Netto-Ressourcentransfers seitens der Entwicklungsländer erlauben. Dies wiederum würde ihre Aussichten auf dauerhafte Anpassung bei Wachstum erhöhen.

Die Entwicklungsländer in der Weltwirtschaft

Bis zum Ende der siebziger Jahre blieb in Fortsetzung des Trends der sechziger Jahre das Wachstum des BIP in den Entwicklungsländern allgemein kräftig (vgl. Tabelle 1.3). Nach 1980 sanken ihre Wachstumsraten, und zwar von durchschnittlich 5,4 Prozent pro Jahr im Zeitraum 1973 bis 1980 auf 3,9 Prozent von 1980 bis 1987. China und Indien gehörten infolge wichtiger wachstumsfördernder Wirtschaftsreformen während der achtziger Jahre zu den wichtigen Ausnahmen (vgl. Sonderbeitrag 1.4). Der Rückgang kann teilweise auf unvorhersehbare weltwirtschaftliche Veränderungen zurückgeführt werden. Diese Veränderungen hatten nicht nur direkte ungünstige Auswirkungen; sie offenbarten auch die Unhaltbarkeit der gesamtwirtschaftlichen Politik, die viele Entwicklungsländer während der siebziger Jahre verfolgt hatten. Die am stärksten betroffenen Länder hatten vier gemeinsame Merkmale:

- Hohe Auslandsverschuldung
- Bedeutende gesamtwirtschaftliche Ungleichgewichte wie große Haushaltsdefizite und hohe Inflationsraten
- Gestörte und unflexible Märkte
- Fehlende Reaktion der Wirtschaftspolitik.

Außenwirtschaftliche Faktoren wirkten auf diese stark anfälligen Volkswirtschaften auf zweierlei Weise ein, nämlich über den Außenhandel und über die Finanzierung.

Außenhandel

Für ein starkes Wirtschaftswachstum in den Entwicklungsländern ist ein gesundes Außenhandelsumfeld wichtig. Die meisten Länder haben kleine Inlandsmärkte, die sie in hohem Maße vom Außenhandel abhängig machen. Darüber hinaus können ihre Deviseneinnahmen unregelmäßig sein; die Exporte umfassen häufig nur eine geringe Zahl von Rohstoffen wie Getreide, tropische Getränke, pflanzliche Öle oder Mineralien. Im Jahr 1985 entfielen 72 bzw. 51 Prozent der gesamten Exporte

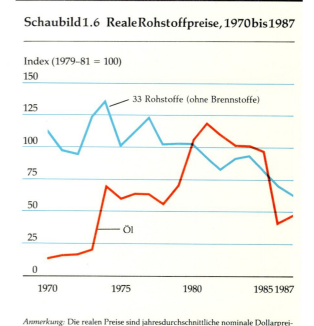

Schaubild 1.6 Reale Rohstoffpreise, 1970 bis 1987

Anmerkung: Die realen Preise sind jahresdurchschnittliche nominale Dollarpreise, deflationiert mit den jährlichen Veränderungen des Durchschnittspreisindex für Industrieprodukte, der die Preise von Exporten der Industrieländer in die Entwicklungsländer mißt.

der Länder mit niedrigem bzw. mittlerem Einkommen (ohne China und Indien) auf Rohstoffe. Die Einnahmen aus diesen Exporten werden für die Bezahlung der Importe von Industrieprodukten benötigt, die für die weitere Industrialisierung und den technischen Fortschritt lebenswichtig sind. Verschiebungen der relativen Preise von Rohstoffen und Industrieprodukten können deshalb die Kaufkraft der Ausfuhren der Entwicklungsländer drastisch verändern, häufig mit erheblichen Rückwirkungen für das Wachstum.

Zwischen 1980 und 1986 sind die realen Preise der Rohstoffe stark gesunken (vgl. Schaubild 1.6). Verschiedene Faktoren trugen dazu bei. Ein schwächeres Wachstum in den Industrieländern hatte die Nachfrage gesenkt. Längerfristig betrachtet, reduzierten technologische Veränderungen die Nachfrage nach Industrierohstoffen weiter. Inzwischen hatte sich das Angebot ausgeweitet. Wachsende Subventionen und Handelsschranken — wie beispielsweise im Falle der Gemeinsamen Agrarpolitik der EG — verursachten in den Industrieländern eine Überproduktion. Auch in den Entwicklungsländern hat in Reaktion auf die hohen Preise zu Beginn der siebziger Jahre die Erzeugung zugenommen. Dazu trugen auch frühere Investitionen in die Infrastruktur, neue Techniken und eine bessere heimische Wirtschaftspolitik bei.

Die Rohölpreise fielen noch stärker als die Preise anderer Rohstoffe (vgl. Schaubild 1.6). Dies führte bei sämtlichen Ölexporteuren, einschließlich der ölexportierenden Länder mit hohem Einkommen, zu schwerwiegenden Anpassungsproblemen. In letzterer Ländergruppe ging das Wachstum von 1980 bis 1987 um durchschnittlich mehr als 3 Prozent zurück, verglichen mit einem starken Wachstum von 8 Prozent während der Jahre 1973/80. Dieser abrupte wirtschaftliche Umbruch

---

Sonderbeitrag 1.4   Ökonomischer Fortschritt und wirtschaftspolitische Reformen in Indien und China

Unter den Ländern mit niedrigem Einkommen ragen Indien und China trotz Verschlechterung des außenwirtschaftlichen Umfelds Anfang der achtziger Jahre mit starkem Wachstum heraus. China, dessen BIP von 1973 bis 1980 durchschnittlich 5,4 Prozent gewachsen war, wuchs von 1980 bis 1987 um 10,3 Prozent; das Wachstum erreichte 1985 mit 12,7 Prozent seinen Höhepunkt. Das durchschnittliche jährliche Bevölkerungswachstum bleibt mit 1,6 Prozent relativ niedrig und das BIP pro Kopf wächst langfristig in einem für Entwicklungsländer ungewöhnlichen Tempo. In einigen Gebieten besteht noch tiefe Armut. Chinas Gesundheitswesen, Alphabetisierungsquote und Lebenserwartung stellen es jedoch mit vielen Ländern mit mittlerem Einkommen auf eine Stufe. Indien war in den siebziger Jahren wegen der steigenden Ölpreise von einer Verschlechterung der Terms of Trade betroffen. Auch die Agrarproduktion sank wegen schlechter Wetterbedingungen. In den frühen achtziger Jahren erholte sich das BIP-Wachstum; von 1980 bis 1987 betrug es durchschnittlich 5,0 Prozent. Das Bevölkerungswachstum bleibt jedoch hoch, so daß das Pro-Kopf-Einkommen nur um durchschnittlich 2,8 Prozent pro Jahr stieg und nahezu die Hälfte der indischen Bevölkerung weiterhin in Armut lebt. In vielen Gebieten sind auch die Unterernährung, die Säuglingssterblichkeit und das Analphabetentum extrem hoch geblieben.

In Anbetracht ihres niedrigen Einkommensniveaus weisen beide Länder ungewöhnlich hohe Sparquoten und eine relativ niedrige Auslandsverschuldung pro Kopf auf. China ragt mit einer Brutto-Inlandsersparnis von 34 Prozent des BIP im Jahr 1986 heraus, verglichen mit 21 Prozent in Indien (1987). Im Jahr 1987 entsprachen die geschätzten langfristigen Auslandsschulden in China 7 Prozent des BIP und in Indien 15 Prozent. In beiden Fällen stammen diese Schulden überwiegend aus öffentlichen bilateralen und multilateralen Quellen. Schließlich haben beide Länder Wirtschaftswachstum bei niedrigen Leistungsbilanzdefiziten erreicht: Indiens Defizit hat seit 1980 durchschnittlich weniger als 2 Prozent des BIP ausgemacht, und Chinas Defizit schlug im Verlauf der achtziger Jahre von einem Höchststand von 4,2 Prozent des BIP in einen geringen Überschuß im Jahr 1987 um.

Wirtschaftspolitische Maßnahmen und binnenwirtschaftliche Reformen in China

China verdankt viele seiner jüngsten Erfolge weitreichenden binnenwirtschaftlichen Reformen und einer gesunden Wirtschaftspolitik. Es unternimmt gerade einen schwierigen Übergang von einer streng zentral geplanten Volkswirtschaft zu einem System, in dem die Marktkräfte zunehmend ins Spiel gebracht werden. Der Vorstoß zu den allerjüngsten Reformen wurde durch das Zentralkomitee der Chinesischen Kommunistischen Partei auf seiner Sitzung im Oktober 1984 eingeleitet und vom 13. Parteikongreß im Oktober 1987 bestätigt. Die „Befehlswirtschaft" macht einer indikativen Planung mit Schwerpunkt auf der langfristigen Orientierung Platz, und das Vertrauen in marktwirtschaftliche Transaktionen nimmt zu. Diese Reformen bauen auf den 1979 begonnenen auf.

Im Gefolge der zunehmenden Öffnung der Volkswirtschaft und der Wiederbelebung der Landwirtschaft nach der Auflösung der Kommunen sind die wirtschaftlichen Reformen auf die Industrie und die Städte ausgedehnt

war direkt auf die sinkenden Ölpreise zurückzuführen.

Ab Mitte 1987 führte ein besseres Gleichgewicht von Angebot und Nachfrage bei Nichtöl-Rohstoffen zu einem geringen Anstieg des Gesamtindex der realen Rohstoffpreise. Trotz dieser Verbesserung lagen die realen Rohstoffpreise Ende 1987 immer noch etwa 32 Prozent unter dem Durchschnitt der Jahre 1980/84.

Die Reaktionsmöglichkeiten der Entwicklungsländer auf diesen Wandel waren sehr unterschiedlich. Nach dem letzten herausragenden Höhepunkt der Nichtöl-Rohstoffpreise Ende der siebziger Jahre glichen die ostasiatischen Entwicklungsländer den Preisrückgang durch ein steigendes Volumen an Rohstoffexporten aus; die Kaufkraft ihrer Exporte blieb daher nahezu unverändert (vgl. Schaubild 1.7). Im Gegensatz dazu reichte das Mengenwachstum der Rohstoffexporte in Lateinamerika und Südasien nicht aus, um die rückläufigen Preise auszugleichen, und ihre Kaufkraft sank. In den afrikanischen Ländern südlich der Sahara nahm die Kaufkraft stark ab, da das Rohstoffexportvolumen stagnierte. Alle diese Regionen waren mit ähnlichen Preistrends konfrontiert. Die Unterschiede in der Entwicklung der Kaufkraft sind daher einer unterschiedlichen Flexibilität der Angebotsreaktion zuzuschreiben. Diese Angebotsreaktion hing ihrerseits in erheblichem Maß vom inländischen wirtschaftspolitischen Umfeld ab (vgl. *Weltentwicklungsbericht 1986*).

Das wertmäßige Wachstum der Exporte von Industrieprodukten aus Entwicklungsländern verlangsamte sich nach 1980 ebenfalls beträchtlich, und zwar von durchschnittlich 25 Prozent in den siebziger Jahren auf 9 Prozent nach 1980, während im gleichen Zeitraum die Wachstumsrate des Exportvolumens von 13 auf 9 Prozent zurückging.

---

worden. Die Preisreform ist ein Schlüsselelement. Die gesamtwirtschaftliche Steuerung — durch die Finanz-, Kredit- und Preispolitik — übernimmt eine größere Rolle. So hat eine Gewinnbesteuerung die Überweisung sämtlicher Unternehmensgewinne an den Staatshaushalt ersetzt. Auf der gleichen Linie liegt die Beseitigung der landwirtschaftlichen Zwangsablieferungen und die Einführung von Verträgen, die zwischen Landwirten und staatlichen Ankaufstellen abgeschlossen werden. Nach einer Reform und Dezentralisierung des Bankensystems beginnen die Zinssätze die Knappheit des Kapitals widerzuspiegeln. Die Managementmethoden werden auf allen Ebenen überprüft. Auslandsinvestitionen in Gemeinschaftsunternehmen wurden durch Steuer- und Kostenanreize, durch Sonderwirtschaftszonen und den Sonderstatus für bestimmte Küstenstädte angeregt. Im Januar 1988 gab die Regierung bekannt, daß sie ein exportinduziertes Wachstum anstrebt. Das Programm hatte jedoch auch seine Probleme. Die Preisreform hat das Angebot an Lebensmitteln und Konsumgütern stark erhöht, aber expansive Fiskal- und Kreditpolitik nach 1985 führte zu einer hohen Inflationsrate.

Wirtschaftspolitik und binnenwirtschaftliche Reformen in Indien

Neben dem Bemühen um höhere Effizienz, Wettbewerbsfähigkeit und Produktivität besteht Indiens Hauptaufgabe darin, die Armut zu lindern und Arbeitsplätze zu schaffen. Der Siebente Wirtschaftsplan für den Zeitraum 1985/90 ist auf diese Probleme direkt zugeschnitten. Insgesamt sieht er eine Fortsetzung des mit dem Sechsten Wirtschaftsplan erreichten Wachstums vor und zielt damit auf ein reales BIP-Wachstum von 5 Prozent pro Jahr ab. Im Agrarbereich räumt der Plan der Fertigstellung von Bewässerungsprojekten höchste Priorität ein; für die Industrie strebt er vor allem die Verbesserung der Produktivität an. Der Plan betont die Notwendigkeit, das Lebensmittelangebot zu erhöhen und die Preise niedrig zu halten, um die Realeinkommen der Armen zu sichern und Beschäftigung und Produktivität zu steigern. Ein weiterer Schwerpunkt sind Kursänderungen der Wirtschaftspolitik. Anders als die vorangegangenen Pläne fordert der Siebente Wirtschaftsplan eine größere Rolle für den privaten Sektor und sieht vor, daß die erforderlichen Anreize für private Industrieinvestitionen geboten werden. Im Rahmen des Sechsten Wirtschaftsplans ergriffene Maßnahmen haben bereits den Unternehmern größere Freiheit geboten. Der Siebente Wirtschaftsplan sieht auch weitere Fortschritte bei der Lockerung der Investitionskontrolle und der Einführung größerer Flexibilität in der Preisgestaltung vor. Er tritt auch für eine fortgesetzte Handelsliberalisierung ein und betont die Förderung der Exporte.

In Übereinstimmung mit diesem Plan erfolgten verschiedene wichtige Initiativen zur Reformierung von Handel, Industrie und öffentlichen Finanzen, beispielsweise durch die Liberalisierung der Einfuhren von hochtechnologischen Erzeugnissen. Gemeinschaftsunternehmen mit ausländischer Beteiligung werden ebenfalls gefördert. Die Regierung fördert die Ausfuhr durch Vereinfachung der Verfahrensvorschriften, Verringerung der Ausfuhrsteuern und Erleichterung der Terminsicherung von Deviseneinnahmen.

Schaubild 1.7 Volumen und Kaufkraft von Exporten aus Entwicklungsregionen, 1965 bis 1987
(index 1970 = 100)

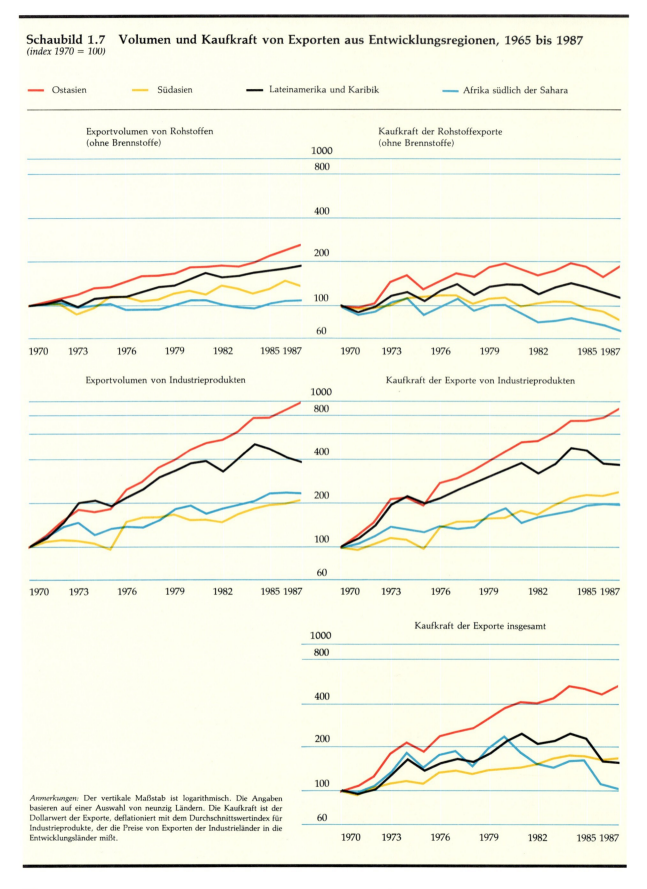

Anmerkungen: Der vertikale Maßstab ist logarithmisch. Die Angaben basieren auf einer Auswahl von neunzig Ländern. Die Kaufkraft ist der Dollarwert der Exporte, deflationiert mit dem Durchschnittswertindex für Industrieprodukte, der die Preise von Exporten der Industrieländer in die Entwicklungsländer mißt.

Auch hier waren wieder die Rückgänge in Lateinamerika und den afrikanischen Ländern südlich der Sahara am ausgeprägtesten, wo Kaufkraftverluste bei Nichtöl-Rohstoffexporten hinzukamen. Aber auch die erfolgreichsten Länder erfuhren zu Beginn der achtziger Jahre einen Rückgang des Exportwachstums bei Industrieprodukten, und zwar hauptsächlich infolge der Konjunkturschwäche und des zunehmenden Protektionismus in den Industrieländern (vgl. *Weltentwicklungsbericht 1987,* Kapitel 8).

Veränderungen der Kaufkraft des gesamten Exports erfassen den Gesamteffekt dieser Bewegungen von Preisen und Außenhandelsmengen (vgl. Schaubild 1.7). Den oben erwähnten vier wichtigen Ländergruppen erging es nach 1980 sehr unterschiedlich. Die Kaufkraft der Exporte Ostasiens stieg von 1980 bis 1987 um 45 Prozent, nachdem sie sich in den vorhergehenden fünf Jahren verdoppelt hatte. In Südasien verbesserte sich die Kaufkraft der Exporte moderat, während sie in Lateinamerika um 26 Prozent fiel. Den afrikanischen Lädern südlich der Sahara erging es am schlechtesten. Die Kaufkraft ihrer Exporte fiel von 1980 bis 1987 um mehr als die Hälfte; damit gingen die Gewinne der siebziger Jahre vollständig verloren. Die Divergenz kann nur teilweise auf Unterschiede der Handelsstruktur zurückgeführt werden. Wirtschaftspolitische Flexibilität bei der Reaktion auf grundsätzlich ähnliche externe Einflußfaktoren ist der Hauptgrund. Das Wachstum des BIP hat sich jedoch in fast allen Entwicklungsländern seit 1980 durch die Abschwächung des internationalen Handels verlangsamt (vgl. Tabelle 1.3).

Zusammenfassend kann gesagt werden, daß das Wachstum und die Handelspolitik der Industrieländer die Exportmöglichkeiten der Entwicklungsländer unmittelbar beeinflussen. Stetiges Wachstum und liberalere Handelspolitik in den Industrieländern sind für die gesamte Weltwirtschaft von Nutzen. Von der eigenen Wirtschaftspolitik der Entwicklungsländer hängt es jedoch ab, wie anfällig sie gegenüber solchen außenwirtschaftlichen Faktoren sein werden. Eine besonnene gesamtwirtschaftliche Politik und außenorientierte Handelsstrategien verschaffen den Entwicklungsländern größere Elastizität und Flexibilität. Der Sonderbeitrag 1.5 zeigt die Möglichkeiten und den Bedarf an binnenwirtschaftlicher Anpassung in den afrikanischen Ländern südlich der Sahara. Durch eine solide Wirtschaftspolitik können die Entwicklungsländer im allgemeinen das Inlandswachstum auch in Zeiten sichern, in denen sich das außenwirtschaftliche Umfeld verschlechtert. Mangelnde Anpassung dagegen beeinträchtigt die Wachstumschancen.

Auslandsfinanzierung

Neben dem Außenhandel sind die Kosten und Verfügbarkeit von Auslandsfinanzierung die anderen wichtigen außenwirtschaftlichen Determinanten der Wirtschaftsleistung von Entwicklungsländern. Die Schuldenkrise hat tiefgreifende Wirkungen gehabt. Eine der dringendsten weltwirtschaftlichen Aufgaben besteht darin, die mit dem anhaltenden Schuldenüberhang verbundene Hemmung des Wirtschaftswachstums in den Entwicklungsländern abzubauen.

VERMINDERTE VERFÜGBARKEIT UND UNGÜNSTIGERE KOSTEN DER AUSLANDSFINANZIERUNG. Die Entwicklungsländer sind traditionellerweise Nettoimporteure von Kapital gewesen; ihre Inlandsersparnisse reichen im allgemeinen nicht aus, um ihren Investitionsbedarf zu befriedigen. Die Verfügbarkeit und die Kosten solcher Auslandsmittel sind hauptsächlich abhängig von der Gesamtgröße des Fonds exportierbarer Ersparnisse in den Kapitalüberschußländern sowie von den konkurrierenden Anforderungen an diesen Fonds. Während der achtziger Jahre veränderten sich beide Faktoren zum Nachteil der Entwicklungsländer.

Zwischen 1974 und 1982 hatten die beiden Ölpreisschocks in den ölexportierenden Ländern mit hohem Einkommen zu einem zeitweiligen Ersparnisüberschuß geführt. Ihre überschüssigen Mittel wurden zu den Entwicklungsländern zurückgeschleust. Dieser Prozeß ist mittlerweile wohlbekannt. Zusätzlich zu einer Aufstockung ihrer Entwicklungshilfe plazierten ölexportierende Länder mit hohem Einkommen einen Großteil ihrer überschüssigen Öleinnahmen bei internationalen Geschäftsbanken in der Form kurzfristiger Eurodollar-Einlagen. Dies trug im internationalen Bankensystem zu wachsender Liquidität bei, da in den Industrieländern die Kreditnachfrage durch die Ölpreisschocks gedämpft worden war. Die Verflüssigung und die monetäre Expansion in den Industrieländern senkten die realen Zinssätze. Außerdem veranlaßte dies die Banken, zum Ausgleich für die Flaute auf ihren traditionellen Märkten ihr Kreditgeschäft mit den Entwicklungsländern auszuweiten.

Die kommerzielle Kreditgewährung an die Entwicklungsländer — zusammen mit öffentlichen

Krediten und Entwicklungshilfe — nahm während dieser Periode sehr rasch zu. Im Ergebnis stiegen die gesamten mittel- und langfristigen Schulden der Entwicklungsländer nominal betrachtet auf das Vierfache, und zwar von ungefähr 140 Mrd Dollar Ende 1974 auf rund 560 Mrd Dollar im Jahr 1982. Real betrachtet haben sich die Schulden mehr als verdoppelt (vgl. Schaubild 1.8). Kredite an Zentralregierungen und staatseigene Unternehmen wurden von den Geschäftsbanken besonders bevorzugt. Wegen ihres souveränen Status wurden Kredite an diese Stellen als wenig riskant angesehen. Die Entwicklungsländer nahmen gerne den Vorteil dieses ungewohnten Zugangs zu billigen, weitgehend

Sonderbeitrag 1.5 Wirtschaftspolitische Reformen in Afrika südlich der Sahara

Im Gegensatz zu anderen Entwicklungsländern wiesen die afrikanischen Länder südlich der Sahara im Verlauf einer ganzen Generation durchweg eine schwache Wirtschaftsleistung auf. Was die Sache noch schlimmer macht, ist die Tatsache, daß während der achtziger Jahre das Pro-Kopf-Einkommen auf etwa drei Viertel des Ende der siebziger Jahre erreichten Niveaus gefallen ist. Ein rasches Bevölkerungswachstum und externe Schocks haben hierzu beigetragen, eine wichtige Ursache aber war die schlechte Wirtschaftspolitik. Afrikas schwache Wirtschaftsleistung beginnt nun die produktive Basis und die menschlichen Ressourcen der Region zu untergraben. Mitte der achtziger Jahre waren in vielen Ländern die Brutto-Investitionen soweit zurückgegangen, daß sie zur Erhaltung des Kapitalstocks nicht mehr ausreichten, und im Gesundheits- und Ausbildungswesen setzt gegenwärtig der Niedergang ein.

Viele afrikanische Regierungen haben jedoch begonnen, die frühere Wirtschaftspolitik zu verbessern. Die Reformbemühungen in den afrikanischen Ländern südlich der Sahara können am besten als ein langsamer Prozeß wichtiger wirtschaftspolitischer Änderungen beschrieben werden, der an Tempo gewinnt. Die Änderungen betreffen in vielen Ländern weite Politikbereiche. Wenngleich die Reformen ursprünglich durch die Sparmaßnahmen zu Beginn der achtziger Jahre ausgelöst wurden, erkennen viele afrikanische Staatsführer heute, daß weitere Reformen für die Verbesserung der Wirtschaftsleistung lebenswichtig sind. Auf der Sonderkonferenz der UNO über Afrika im Jahr 1986 übermittelten afrikanische Regierungen ein „Aktionsprogramm zur wirtschaftlichen Erholung und Entwicklung Afrikas". Dieses Programm erkennt das Versagen der früheren Wirtschaftspolitik an und betont die Notwendigkeit dauerhafter wirtschaftspolitischer Reformen.

Absichten und Taten sind von Land zu Land verschieden. Per Saldo hat sich jedoch bereits die Hälfte der afrikanischen Länder südlich der Sahara zu ernsthaften Reformen verpflichtet. In einigen Bereichen, insbesondere dort, wo es um Veränderungen der Institutionen und des Managements geht, ist der Fortschritt schwer zu quantifizieren. In anderen Bereichen, wie der Finanz- und der Geldpolitik sowie bei den Preisanreizen — wo bessere Daten vorliegen —, sind Fortschritte deutlich erkennbar (vgl. Tabelle 1.5 A). Eine Reihe von Ländern hat positive Anpassungen vorgenommen. Dazu gehören die Abwertung der realen Wechselkurse, der Abbau der Haushaltsdefizite und die Anhebung der Preise für Exportgüter. Die stärksten wirtschaftspolitischen Reformen gab es in jenen

Tabelle 1.5A Wichtige Indikatoren der Reform

Indikator der Reform	Zeitraum	Länder mit starkem Reformprogramm	Länder mit schwachem oder ohne Reformprogramm
Haushaltsdefizit	1980–82	8,2	7,4
(in % des BIP)	1987	5,2	8,1
Realer gewogener Wechselkurs			
(1980/82 = 100)	1987	69	79
Inflationsrate	1980–82	19	16
(in % p.a.)	1987	15	38
Sollzinsen der Geschäftsbanken	1980–82	−3,5	−2,2
(real)	1987	4,7	−11,6
Anreize für die Landwirtschaft			
Preise von Agrarexporten			
(real, 1980/81–82/83 = 100)	1986/87	153	114
Preise v. pflanzl. Ernährungsgütern			
(real, 1980/81–82/83 = 100)	1986/87	122	94

Anmerkung: Je nach Verfügbarkeit der Daten und Indikatoren wurden in die Ländergruppe mit Reformprogrammen zwölf bis siebzehn Länder und in diejenige ohne Reformprogramme sechs bis zehn Länder einbezogen. Die Durchschnitte sind nicht gewogen.

unkonditionierten Krediten in Anspruch. Sie stockten ihre kommerzielle Verschuldung auf. Dies ermöglichte ihnen, das Binnenwachstum aufrechtzuerhalten und wichtige öffentliche Investitionsprogramme zu finanzieren, insbesondere im Energiesektor. Im Nachhinein wird deutlich, daß die Kreditvergabe- und Verschuldungsentscheidungen

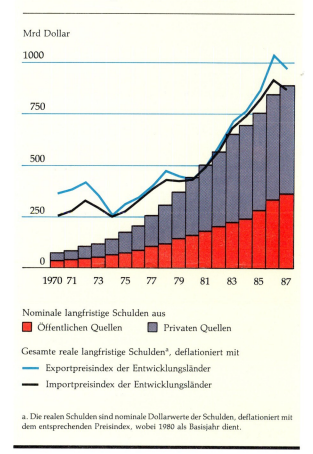

Schaubild 1.8 Langfristige Auslandsschulden der Entwicklungsländer, 1980 bis 1987

a. Die realen Schulden sind nominale Dollarwerte der Schulden, deflationiert mit dem entsprechenden Preisindex, wobei 1980 als Basisjahr dient.

Ländern, deren Anpassungsprogramme durchgreifend und nachhaltig genug waren, um durch Programmdarlehen der Weltbank unterstützt zu werden. Andere Länder haben zeitweise eine Verschlechterung ihrer Wirtschaftspolitik zugelassen.

Die meisten sich anpassenden Länder haben auch Schritte unternommen, um die Beschäftigung im öffentlichen Sektor umzustrukturieren; das Management der öffentlichen Unternehmen zu rationalisieren und zu verbessern; Preis- und Handelskontrollen sowohl im Inland als auch nach außen aufzuheben und das staatliche Wirtschaftsmanagement zu stärken — insbesondere bei öffentlichen Investitionsprogrammen.

Die gravierenden strukturellen Ungleichgewichte Afrikas und die Anfälligkeit der afrikanischen Volkswirtschaften gegenüber dem außenwirtschaftlichen Umfeld überschatten häufig die Wirkung der Reformbemühungen auf die Wirtschaftsleistung. Darüber hinaus braucht eine Wachstumssteigerung beträchtliche Zeit, und Fortschritte sind häufig ungleich über die verschiedenen Länder und Sektoren verteilt. Obwohl Vergleiche zwischen Ländern mit und ohne durchgreifende Reformprogramme durch die unterschiedlichen Auswirkungen exogener Faktoren wie Ausfuhrpreise und Wetterbedingungen erschwert werden, zeigen die Daten, daß die Anpassung im allgemeinen dem Wachstum förderlich ist. So beschleunigte sich in den Ländern mit Reformprogrammen — ohne die Länder gerechnet, die in den letzten Jahren starken externen Schocks (sowohl positiver als auch negativer Art) ausgesetzt waren — das Wachstum von 1 Prozent während der Jahre 1980/85 auf nahezu 4 Prozent in den Jahren 1986/87. Im Gegensatz dazu nahm das Wachstum in Ländern ohne Reformprogramme, das im früheren Zeitraum ebenfalls 1 Prozent betragen hatte, in den Jahren 1986/87 kaum zu. In den meisten Fällen haben die Reformen dazu beigetragen, die Armut zu lindern, indem sie die Agrareinkommen steigerten und die Effizienz öffentlicher Ausgaben für die Infrastruktur und wichtige Sozialdienste verbesserten.

Die Reformbemühungen in Afrika sind eindrucksvoll. Angesichts der unsicheren weltwirtschaftlichen Aussichten und gravierender Zwänge, wie des hohen Bevölkerungswachstums, müssen aber Länder mit Anpassungsprogrammen ihre laufenden Reformen intensivieren. Andere Länder haben immer noch Anpassungsprogramme aufzustellen und durchzuführen. Die Industrieländer und multilateralen Finanzinstitutionen müssen ihrerseits weiterhin die afrikanische Anpassungspolitik durch verstärkte Entwicklungshilfe und Schuldenerleichterungen unterstützen.

häufig unüberlegt waren und in einer Reihe von Ländern zu übermäßiger Verschuldung führten. Neue Mittel wurden häufig in Investitionen mit niedrigen Renditen geschleust. Und in einer Vielzahl von Ländern alimentierte die Verschuldung die Kapitalflucht, die selbst bei einem wachsenden Schuldenberg den Fonds für Investitionsmittel schmälerte.

Die frühen achtziger Jahre waren ein Wendepunkt. Der Übergang der Industrieländer zu einer antiinflationären gesamtwirtschaftlichen Politik führte zu einem starken Anstieg der nominalen Zinssätze. Entwicklungsländer mit großen Auslandsschulden wurden hart getroffen. Die höheren Zinssätze bei gleichzeitig niedrigeren Ausfuhrpreisen für Nichtöl-Rohstoffe führten zu wachsenden realen Kosten für alle Arten neuer und bestehender Schulden (vgl. Schaubild 1.9). Die mexikanische Schuldenkrise vom August 1982, die teilweise durch diese Faktoren ausgelöst wurde, brachte einen abrupten Verlust des Vertrauens in die Kre-

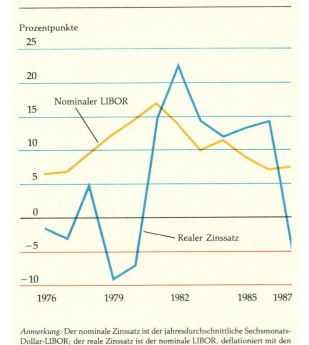

Schaubild 1.9 Zinssätze auf externe Kreditaufnahmen der Entwicklungsländer, 1976 bis 1987

Anmerkung: Der nominale Zinssatz ist der jahresdurchschnittliche Sechsmonats-Dollar-LIBOR; der reale Zinssatz ist der nominale LIBOR, deflationiert mit den Veränderungen des Exportpreisindex der Entwicklungsländer.

Zeitraum 1978/82 in den nächsten fünf Jahren Netto-Abflüsse von 93 Mrd Dollar — oder mehr als 2 Prozent ihres zusammengefaßten BIP (vgl. Schaubild 1.10). Außerdem stiegen mit wachsenden Zinskosten und bei stagnierenden Exporteinnahmen die Kosten des Schuldendienstes für ihre langfristigen Auslandsschulden, relativ zu den Exporten von Gütern und Diensten, von 27,1 Prozent im Jahr 1980 auf 38,8 Prozent in 1982 (vgl. Tabelle 1.4).

Der Ressourcenabfluß zwang viele Länder zu rigorosen inländischen Anpassungsmaßnahmen. Der begrenzte Zugang zu Auslandsgeldern bedeutete, daß die Defizite der Leistungsbilanzen nach 1982 zurückgeführt werden mußten (vgl. Tabelle 1.5). Dies wiederum bedeutete, daß in den Handelsbilan-

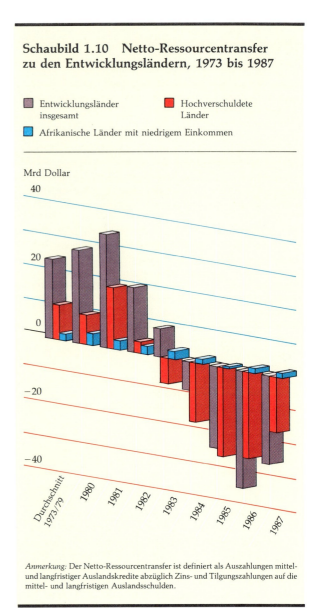

Schaubild 1.10 Netto-Ressourcentransfer zu den Entwicklungsländern, 1973 bis 1987

Anmerkung: Der Netto-Ressourcentransfer ist definiert als Auszahlungen mittel- und langfristiger Auslandskredite abzüglich Zins- und Tilgungszahlungen auf die mittel- und langfristigen Auslandsschulden.

ditwürdigkeit vieler hochverschuldeter Länder. Die meisten von ihnen erhielten keine freiwilligen Kredite mehr. Schließlich veranlaßte von 1982 an die rapide Verschlechterung der Relation von US-Ersparnissen zu Investitionen die Vereinigten Staaten, einen größeren Teil der Weltersparnis zu einer Zeit in Anspruch zu nehmen, als der Ersparnisüberschuß der Ölexporteure mit hohem Einkommen zusammen mit dem Ölpreis zurückging.

AUSWIRKUNGEN DER VERSCHLECHTERTEN AUSLANDSFINANZIERUNG. Ein steigender Schuldendienst und eine rückläufige Kreditgewährung führten zu einer Umkehr des Netto-Kapitaltransfers zu den Entwicklungsländern. In den fünf Jahren bis 1982 war den Entwicklungsländern ein positiver Netto-Kapitaltransfer durch langfristige Kreditgewährung (einschließlich konzessionärer Darlehen) von 147 Mrd Dollar zugute gekommen. Seit 1982 ist der Kapitaltransfer negativ geworden; er betrug insgesamt 85 Mrd Dollar. Die Umkehr der Kapitalströme war besonders ausgeprägt bei den hochverschuldeten Ländern mit mittlerem Einkommen. Bei ihnen wurden aus Netto-Zuflüssen von 61 Mrd Dollar im

Tabelle 1.4 Schuldenkennzahlen für Entwicklungsländer, 1975 bis 1987
(in %)

Ländergruppe und Schuldenkennzahl	1975	1980	1981	1982	1983	1984	1985	1986	1987[a]
Entwicklungsländer insg.									
Schuldendienstquote	13,7	16,2	17,9	21,0	19,7	19,5	21,8	22,6	21,0
Verhältnis Schulden zu BSP	15,7	20,7	22,4	26,3	31,4	33,0	35,9	38,5	37,6
Hochverschuldete Länder									
Schuldendienstquote	24,0	27,1	30,7	38,8	34,7	33,4	33,9	37,7	32,7
Verhältnis Schulden zu BSP	18,1	23,3	25,6	32,4	45,4	47,5	49,5	54,1	55,9
Afrikanische Länder mit niedrigem Einkommen									
Schuldendienstquote	10,2	13,6	14,6	14,2	14,2	15,1	17,9	19,9	34,7
Verhältnis Schulden zu BSP	25,2	39,8	44,2	48,0	55,1	62,0	68,9	72,1	76,2

Anmerkungen: Die Angaben basieren auf einer Auswahl von neunzig Entwicklungsländern. Die Schuldendienstquote ist definiert als Dollarwert der Schuldendienstzahlungen (Zins und Tilgung) auf mittel- und langfristige Kredite, ausgedrückt als Prozentsatz des Dollarwerts der Güter- und Dienstleistungsexporte. Das Verhältnis Schulden zu BSP ist der Dollarwert der mittel- und langfristigen Schulden, ausgedrückt als Prozentsatz des BSP in Dollar.
a. Geschätzt. Die Kennzahlen sind unter der Annahme berechnet, daß sich keine weiteren Rückstände ansammeln. Hierauf geht der abrupte Anstieg der Schuldendienstquote der afrikanischen Länder mit niedrigem Einkommen im Jahr 1987 zurück.

zen kräftige Überschüsse erzielt werden mußten. In den siebzehn hochverschuldeten Ländern mußte beispielsweise der zusammengefaßte Handelsbilanzüberschuß von nur 2 Mrd Dollar im Jahr 1982 in einen durchschnittlichen jährlichen Überschuß von 32 Mrd Dollar im Zeitraum 1983 bis 1987 umgewandelt werden. Dies konnte nur durch Einfuhrkürzung, geringere Investitionen und einen Rückgang des Pro-Kopf-Verbrauchs erreicht werden: Zwischen 1980 und 1987 sanken die Einfuhren der hochverschuldeten Länder um durchschnittlich jährlich 6,3 Prozent, die Investitionen um 5,3 Prozent und der Pro-Kopf-Verbrauch um 1,6 Prozent. In den zweiundzwanzig von Schulden geplag-

Tabelle 1.5 Leistungsbilanzen, 1973 bis 1987
(Mrd $)

Ländergruppe	Durchschnitt 1973-79	Durchschnitt 1980-82	1983	1984	1985	1986	1987
Industrieländer	−5,1	−34,9	−23,3	−60,8	−50,4	−19,7	−50,3
Entwicklungsländer	−27,5	−82,2	−44,7	−18,5	−23,5	−21,3	−2,1
mit niedrigem Einkommen	−3,4	−9,7	−2,7	−4,2	−22,4	−16,6	−9,6
ohne China und Indien	−3,6	−8,5	−4,9	−4,2	−5,7	−5,3	−5,9
China und Indien	0,1	−1,1	2,2	0,0	−16,8	−11,2	−3,6
Afrikanische Länder mit niedrigem Einkommen	−2,3	−5,8	−3,5	−2,9	−2,9	−3,2	−4,4
mit mittlerem Einkommen	−24,1	−72,5	−42,1	−14,3	−1,1	−4,7	11,7
Ölexporteure	−5,8	−15,6	−5,9	3,2	0,1	−18,5	−8,8
Exporteure von Industrieprodukten	−10,2	−25,9	−5,8	5,2	−4,7	10,3	25,9
Hochverschuldete Länder	−14,2	−43,4	−13,9	1,0	0,6	−11,4	−7,2
Ölexporteure mit hohem Einkommen	22,7	53,6	−0,2	1,7	7,4	2,7	1,0

Anmerkungen: Der zusammengefaßte Saldo der Leistungsbilanzen der Industrieländer, der Entwicklungsländer und der Ölexporteure mit hohem Einkommen ist negativ, und zwar in erster Linie wegen Erfassungslücken und Bewertungsdiskrepanzen im Berichtssystem der Zahlungsbilanzen, insbesondere im Handel mit Dienstleistungen und bei den Kapitalerträgen aus Auslandsanlagen.

ten afrikanischen Ländern südlich der Sahara gingen zwischen 1980 und 1986 der Pro-Kopf-Verbrauch um rund 3,2 Prozent pro Jahr und die Investitionen um 2,6 Prozent pro Jahr zurück. Die Schuldenkrise der achtziger Jahre versetzte somit den anfälligeren Entwicklungsländern einen doppelten Schlag. Der Rückgang des Pro-Kopf-Verbrauchs senkte den wirtschaftlichen Wohlstand unmittelbar, während die starken Investitionskürzungen das Potential für künftiges Wachstum gefährdeten.

DER SCHULDENÜBERHANG BESTEHT WEITER. Der totale finanzielle Zusammenbruch, den viele befürchtet hatten, ist nicht eingetreten. Er wurde abgewendet durch eine Kombination von Umschuldungen seitens privater und öffentlicher Gläubiger, vermehrte Kreditgewährung durch internationale Stellen und beträchtliche eigene Anpassungsanstrengungen der Schuldnerländer. Gleichzeitig waren die Geschäftsbanken in der Lage, ihr Engagement in den Schuldnerländern zu reduzieren und ihre Reserven sowie das Kapital aufzustocken. In jüngerer Zeit haben beträchtliche Rückstellungen für Kreditausfälle die Banken weiter gegen mögliche Zahlungseinstellungen oder Schuldenmoratorien gestärkt. Schließlich haben veränderte Bestimmungen über die Eigenkapitalausstattung und die Risikostreuung eine Rückkehr zu der übermäßigen Kreditgewährung der siebziger Jahre weniger wahrscheinlich gemacht. Auf vielfache Weise ist es daher gelungen, in den vergangenen Jahren beträchtliche Fortschritte bei der Abwendung einer größeren Krise zu erreichen.

Der Schuldenüberhang bleibt jedoch weiterhin ein Hindernis für das Wachstum in den Schuldnerländern und eine Bedrohung für die Weltwirtschaft. Die ausstehenden langfristigen Schulden der Entwicklungsländer haben seit 1982 weiterhin zugenommen (vgl. Schaubild 1.8); die gesamten Auslandsschulden der hochverschuldeten Länder stiegen von 390 Mrd Dollar im Jahr 1982 auf schätzungsweise 485 Mrd Dollar Ende 1987. Der größte Teil des Zuwachses seit 1985 entfällt auf Bewertungsänderungen infolge des Dollarkursrückgangs. Der Rest spiegelt eine gestiegene öffentliche Kreditgewährung wider — insbesondere zur Unterstützung von Stabilisierungs- und Anpassungsprogrammen — und, in geringerem Umfang, unfreiwillige Bankkredite im Rahmen von Umschuldungen.

Die meisten Indikatoren der Kreditwürdigkeit haben sich bis 1986 weiterhin verschlechtert. Trotz einer leichten Verbesserung im Jahr 1987 sind sie immer noch schlechter als 1982. Mit anderen Worten: trotz einer drastischen Rückführung der Inlandsnachfrage (von einer Wachstumsrate von 5,8 Prozent im Durchschnitt der Jahre 1973 bis 1980 auf weniger als 1 Prozent in den folgenden sieben Jahren) verzeichneten die hochverschuldeten Länder nur eine geringe Verbesserung der Exporte und einen starken Rückgang des Wirtschaftswachstums. Die Armut nimmt zu (vgl. Sonderbeitrag 1 im Überblick). In einigen Ländern führen die ökonomischen und sozialen Kosten anhaltender Sparmaßnahmen zur Erschöpfung des Anpassungswillens.

Die Verhandlungen zwischen Gläubigern und Schuldnern wurden mehr und mehr zu Konfrontationen. Im Jahr 1985 gab Peru bekannt, daß es die Bedienung seiner langfristigen öffentlichen Schulden auf 10 Prozent seiner Exporteinnahmen begrenzen würde. Im Jahr 1986 verfügte es auch eine Höchstgrenze für die Schuldendienstleistung des privaten Sektors. Im Februar 1987 suspendierte Brasilien die Schuldendienstzahlungen auf mittel- und langfristige Schulden gegenüber Geschäftsbanken: nach langwierigen Verhandlungen mit seinen Gläubigern begann es Anfang 1988 seine Zahlungsrückstände zu bereinigen. Im November 1987 waren die amerikanischen Bankenprüfer kurz davor, die brasilianischen Schulden als notleidend („value impaired") zu erklären, was hohe Abschreibungen durch die Gläubiger erforderlich gemacht hätte. Einseitige Beschränkungen des Schuldendienstes gefährden längerfristig die Wirtschaftskraft, weil sie zwangsläufig den Zugang zu kurzfristigen Handelskrediten und längerfristigen Entwicklungsgeldern unterbrechen.

Zahlungseinstellungen und Moratorien können künftig durchaus noch eintreten. Dieses Risiko stellt eine potentielle Gefahr für die Stabilität des internationalen Finanzsystems dar. Darüber hinaus behindert die Importkürzung in den hochverschuldeten Ländern das Exportwachstum in den Industrieländern, insbesondere in den Vereinigten Staaten. Von 1980 bis 1986 schlug der Saldo der amerikanischen Handelsbilanz gegenüber Lateinamerika von einem Überschuß von rund 2 Mrd Dollar in ein Defizit von 13 Mrd Dollar um. Solange der Schuldendienst weiterhin einen großen Teil der Exporteinnahmen der Schuldnerländer absorbiert, werden sich ihre Importe nicht beleben, und das weltweite Wirtschaftswachstum wird darunter leiden.

Die Bewältigung des Schuldenüberhangs: die Notwendigkeit eines umfassenden Konzeptes

Die einfache, einzige Lösung des Schuldenproblems kann es nicht geben; ein umfassendes Konzept ist erforderlich. Seine Hauptziele sollten sein: Erstens, die Schuldnerländer in die Lage zu versetzen, mehr Ressourcen für Investitionen und Verbrauch zu verwenden, und zweitens ihre Kreditwürdigkeit zu verbessern, um so schließlich eine Wiederaufnahme der freiwilligen kommerziellen Kreditgewährung zu ermöglichen. Schuldner und Gläubiger können gleichermaßen von einem solchen Vorgehen profitieren. Wenn die Kreditwürdigkeit wieder hergestellt ist, würden am Sekundärmarkt die Abschläge auf die ausstehenden Schulden — die für viele hochverschuldete Länder 50 Prozent übersteigen — sinken. Darüber hinaus würden verbesserte Wachstumsaussichten der Schuldnerländer diese in die Lage versetzen, mehr aus den Industrieländern zu importieren. Dies würde die weltweite Korrektur der außenwirtschaftlichen Ungleichgewichte unterstützen.

Ein Konzept zum Abbau der Schuldenlast muß zwei Elemente enthalten. Erstens müssen die Schuldner rascher wachsen und mehr exportieren. Zweitens müssen die Kosten des Schuldendienstes sinken. Diese Elemente können bei angemessener Wirtschaftspolitik in den Industrie- und Entwicklungsländern Hand in Hand gehen.

STRUKTURELLE ANPASSUNG. Der Schlüssel für rascheres Wachstum und bessere Exportleistungen liegt in der effizienteren Nutzung der inländischen Ressourcen im öffentlichen wie im privaten Sektor. Die gesamtwirtschaftliche Stabilisierung bedarf der Unterstützung durch sektorale Wirtschaftsreformen im Außenhandel, in der Landwirtschaft, der Industrie, der Energiewirtschaft und im Bereich der menschlichen Ressourcen. Dies berührt direkt den Einsatz öffentlicher Mittel und beeinflußt die Verwendung privater Mittel durch eine verbesserte Anreizwirkung von Steuern, Subventionen und staatlichen Regulierungen. Länder wie Kolumbien, Indonesien, die Republik Korea und Thailand konnten größere Schuldenprobleme hauptsächlich durch ihre relativ gesunde Wirtschaftspolitik vermeiden. In anderen Ländern dagegen sanken die Investitionen, sobald Auslandskapital nicht mehr verfügbar war. Infolgedessen fiel es diesen Ländern in wirtschaftlicher und politischer Hinsicht schwerer, die inländische Wirtschaftspolitik zu reformieren. Die strukturellen Anpassungsprogramme, die jetzt in einer Reihe hochverschuldeter Länder verfolgt werden, sind daher so angelegt, daß sie ein rascheres Wirtschaftswachstum durch die Verbesserung der Angebotsreagibilität der Volkswirtschaft erlauben.

NEUE ZUFLÜSSE VON AUSLANDSKAPITAL. Kapitalzuflüsse aus öffentlichen und kommerziellen Quellen können zur Finanzierung neuer Produktionskapazitäten beitragen sowie wirtschaftspolitische Reformen und Wachstum unterstützen. Das ist das Grundprinzip der vom IWF und der Weltbank gewährten Zahlungsbilanzhilfen gewesen. Auf absehbare Zeit dürften jedoch neue Kredite knapp bleiben. In jedem Fall sind sie nur hilfreich, wenn die Gelder effizient verwendet werden. Das Beispiel der Türkei zeigt, daß die Kombination einer adäquaten Wirtschaftspolitik, eines ausreichenden Angebots an Auslandsmitteln — einschließlich Entwicklungshilfe — und eines günstigen außenwirtschaftlichen Umfelds die Kreditwürdigkeit bei gleichzeitigem Wirtschaftswachstum erfolgreich wiederherstellen kann. Für Länder mit geringem Einkommen ist neues Auslandskapital, insbesondere aus öffentlichen Quellen, lebenswichtig. Leider waren viele Länder mit niedrigem Einkommen von dem Rückgang der Kreditvergabe seitens der Regierungen von Industrieländer betroffen. Beispielsweise sind die Auszahlungen langfristiger bilateraler öffentlicher Kredite an die afrikanischen Länder mit niedrigem Einkommen von 2,1 Mrd Dollar im Jahr 1981 auf 1,2 Mrd Dollar in 1986 gesunken, was den Rückgang des Netto-Kapitalzuflusses verstärkte. Die jüngste Initiative Japans, die Zuschüsse und konzessionären Kredite an Entwicklungsländer zu erhöhen, ist daher in höchstem Maße willkommen (vgl. Sonderbeitrag 1.3).

EIN BESSERES HANDELSUMFELD. Wie oben erwähnt, können günstige Preise für die Exporte der Entwicklungsländer und ein ungehinderter Zugang zu den wachsenden Märkten der Industrieländer die Effektivität sowohl der inländischen Wirtschaftspolitik als auch der Auslandsfinanzierung wesentlich stärken. Langsameres Wachstum und erhöhter Protektionismus in den Industrieländern haben die Exportmärkte der Schuldnerländer beschränkt und die Rohstoffpreise gedrückt. Die Industrieländer sollten den Trend des wachsenden Protektionismus umkehren, und zwar in ihrem eigenen Interesse wie auch zum Nutzen der Entwicklungsländer.

NIEDRIGERE ZINSSÄTZE. Die langfristige Zahlungsfähigkeit hängt direkt von den Kosten der Schulden ab. Eine einfache Faustregel besagt, daß die Schuldendienstquote tendenziell steigen wird, wenn der reale Zinssatz die Wachstumsrate der Exporte übersteigt. Zwischen 1981 und 1986 galt diese Bedingung für die Entwicklungsländer im allgemeinen und für die hochverschuldeten Länder im besonderen. Umgekehrt können niedrigere Zinssätze die Schuldendienstlast auf Dauer beträchtlich verringern. Für die hochverschuldeten Länder mit mittlerem Einkommen würde bei dem gegenwärtigen

Sonderbeitrag 1.6   Alternative Finanzierungsoptionen zum Abbau des Schuldenüberhangs

Die Baker-Initiative vom September 1985 schlug eine Kursänderung bei der Bewältigung des Schuldenüberhangs vor. Sie betonte die Bedeutung einer Wiederaufnahme der Kreditgewährung, um in den hochverschuldeten Ländern das Wachstum und die Anpassung zu unterstützen. Trotz ihrer Meriten hat diese Initiative bis heute ihr Ziel nicht erreicht. Die kommerzielle Kreditvergabe erreichte nicht das vorgesehene Niveau, weil die Banken der Auffassung waren, daß eine „defensive" Kreditgewährung den Wert ihrer vorhandenen Forderungen nicht verbessern würde. In dieser Hinsicht spielen die hohen Abschläge auf die Schulden der Entwicklungsländer am Sekundärmarkt eine wichtige Rolle: die Kreditgeber nehmen an, daß der Markt die neuen Kredite ebenfalls viel niedriger als zu den Buchwerten bewertet.

Unter diesen Umständen haben die Geschäftsbanken bei ihren Verhandlungen mit den Entwicklungsländern divergierende langfristige Interessen, und zwar wegen der Unterschiede im Umfang und der Zusammensetzung ihrer Kreditengagements. Diese Situation steht im Gegensatz zur Lage unmittelbar nach 1982, als die meisten kommerziellen Kreditgeber ein gemeinsames Interesse an abgestimmten Kreditvergaben hatten, um das Finanzsystem zu schützen und um Zeit zu gewinnen, ihre individuellen Engagements gegenüber den Entwicklungsländern abzubauen. Jetzt, da beide Ziele weitgehend erreicht worden sind, versuchen viele kleinere Banken sich aus dem Umschuldungsprozeß zurückzuziehen — selbst unter Inkaufnahme beträchtlicher Abschreibungen —, um ihr Kreditgeschäft wieder auf traditionellere Aktivitäten auszurichten. An der abgestimmten Kreditvergabe beteiligen sich jetzt primär die großen internationalen Banken, die Filialen in den Schuldnerländern unterhalten oder deren Unternehmenskundschaft ebenfalls in diesen Ländern aktiv ist. Daher bemühen sich die Banken, je nach ihren Geschäftsstrategien, neue Optionen zu erkunden, die das Risiko einer Teilnahme an „neuen Kreditpaketen" reduzieren, die Qualität ihres bestehenden Engagements zu verbessern oder nach „Notausgängen" zu suchen, um solche Engagements abzugeben oder abzubauen. Einige dieser Optionen — die den sogenannten „Menü-Ansatz" (menu approach) ausmachen — werden unten dargestellt. Sie können für Kreditnehmer wie Kreditgeber interessant sein. Sie können eine Quelle neuer Mittelzuflüsse zur Verringerung des Wechselkursrisikos auf die bestehenden Schulden sein und zur Reduzierung der Schuldenlast durch Schuldenerleichterungen beitragen. Alle hängen sie von der freiwilligen Zusammenarbeit zwischen Schuldnern und Gläubigern ab.

• *Ausländische Direktinvestitionen (ADI)* können zu Zuflüssen neuen Kapitals führen. Anders als bei Krediten variiert der Ertrag von ADI je nach Qualität der Investitionen und der Lage der Volkswirtschaft; definitionsgemäß sind die Investoren an diesen Risiken beteiligt. Die Gefahr politischer Instabilität und das ungünstige Wirtschaftsklima der meisten hochverschuldeten Länder können aber vorausschauende ausländische Investoren dazu veranlassen, eine angemessene Risikodeckung zu suchen, bevor sie sich selbst engagieren. Die Multilaterale Investitionsgarantie-Agentur, die von der Weltbank finanziert wird, dürfte in diesem Zusammenhang eine nützliche Rolle spielen. Gleichwohl ist es unwahrscheinlich, daß der Zufluß von Investitionskapital ausreicht, um den Rückgang der laufenden Kreditgewährung aufzufangen oder zu einem positiven Netto-Kapitalzufluß zu führen. Sobald die Investitionen Gewinne abwerfen, könnten die ausländischen Gewinnüberweisungen in Form von Dividendenzahlungen den normalen Schuldendienst für zinstragende Schulden übersteigen und somit eine zusätzliche Belastung für die Leistungsbilanz der Schuldnerländer darstellen.

• Die *Umwandlung von Schulden in Beteiligungskapital* durch Swaps stellt eine Variante der ADI dar. Die Swaps wandeln Fremdwährungsschulden in Investitionen in heimischer Währung um und dienen nicht einem neuen Mittelzufluß. Solche Swaps verändern die Verpflichtungen der Schuldner und verringern die zinstragenden Auslandsschulden. Wie im *Weltentwicklungsbericht 1987* erörtert, wurden solche Tauschoperationen in erheblichem Umfang durchgeführt, insbesondere in Chile und Mexiko. Sie könnten zu einem Vehikel für die Rückführung von Fluchtkapital werden. Da jedoch die Inlandswährung üblicherweise den Investoren mit einem Abschlag angeboten wird, können die Swaps die Ressourcenallokation verzerren: es könnte zu Investitionen mit geringem volkswirtschaftlichen Ertrag kommen. Außerdem könnte sich die Ausweitung der inländischen Geldmenge, die aus dem Umtausch der Fremdwährung resultiert, als inflationär erweisen. Per saldo ist jedoch die Umwandlung von Schulden in Beteiligungskapital ein nützliches Instrument innerhalb des „Menü-Ansatzes". Bei sorgfältiger Anwendung kann sie dazu beitragen, die produktiven Investitionen wieder in Gang zu setzen. Sie kann von den Gläubigern als „Notausgang" benutzt werden, wenn das ursprüngliche Darlehen vor dem Swap an Dritte abgetreten wird, und sie kann ein Vehikel für die Rückführung von Fluchtkapital darstellen.

• Die *Umwandlung bestehender Kredite in Inlandswährung* stellt eine Variante des Swaps dar. Sie kann ebenfalls ein Vehikel für die Rückführung von Fluchtkapital sein und den Devisenabfluß mildern. Ihr gravierendster Nachteil besteht darin, daß die erhöhten Schuldendienstkosten

Niveau der Auslandsschulden jede Abnahme der Schuldendienstkosten um einen Prozentpunkt ihre Zinslast um schätzungsweise 5 Mrd Dollar und ihre Schuldendienstquote um rund 4 Prozentpunkte reduzieren. Die Wirtschaftspolitik in den Industrieländern — insbesondere die Ausrichtung der amerikanischen Finanz- und Geldpolitik — bestimmt weltweit die Zinssätze. Die Rückkehr zu niedrigen und stabilen Zinssätzen würde die Aussichten für eine allmähliche Entlastung vom Schuldenüberhang erheblich verbessern.

aufgrund der üblicherweise hohen inländischen Zinssätze in den Schuldnerländern deren heimische Finanzprobleme vergrößern können.

• Andere Formen nichtzinstragender Verbindlichkeiten sind Instrumente wie *wachstumsabhängige Anleihen* (performance bonds) oder *Rohstoff-indexierte Anleihen.* Der Schuldendienst ist konditioniert und an das Wirtschaftswachstum oder an einen Preisindex wichtiger Rohstoffexporte des Schuldnerlandes gebunden. Innovationen dieser Art dürften den Schuldenüberhang kaum wesentlich verringern, doch können sie eine zusätzliche Quelle für Neukredite sein.

• *Finanztechnik und das Passivmanagement* bieten sich an, um die Schuldnerländer gegen Zins- und Währungsschocks abzusichern. Beispielsweise verringern Zinsswaps und Zinsobergrenzen (Caps) das Zinsänderungsrisiko bestehender Verbindlichkeiten durch die Umwandlung von Krediten mit flexiblen Zinsen in solche mit festen Zinsen oder durch die Festsetzung einer Obergrenze für zukünftige Zinssätze. Auf ähnliche Weise kann durch Währungsswaps das Wechselkursrisiko abgesichert und die Währungszusammensetzung eines Schuldenportfolios an diejenige der Exporteinnahmen des Schuldners angepaßt werden. Kontrakte dieser Art bringen für den Anbieter der Absicherungsinstrumente das Risiko mit sich, daß der Käufer — in diesem Fall das Schuldnerland — bei Fälligkeit des Kontraktes seinen Verpflichtungen nicht nachkommt. Dies schränkt die Anwendung dieser Techniken auf jene Schuldner ein, die kreditwürdig geblieben sind, sofern das Risiko nicht durch kreditwürdige Dritte übernommen wird.

• *Neue vertragliche Regelungen* zwischen Schuldnern und Gläubigern stellen eine andere Möglichkeit dar. Die Umwandlung von Schulden in Beteiligungskapital und die Neuvereinbarung von Zinsaufschlägen auf LIBOR (Londoner Interbanken-Angebotssatz) sowie von Kreditfälligkeiten bei Umschuldungen haben rechtliche Präzedenzfälle geschaffen. Eine Möglichkeit ist die Vereinbarung der Nachrangigkeit bestehender Schulden gegenüber zukünftigen Krediten, die letzteren einen ranghöheren Status verschafft. Dies könnte die Abwertung neuer Kredite nach Maßgabe der Preise am Sekundärmarkt verhindern und es deshalb erleichtern, neue Kreditgeber heranzuziehen. Die gegenwärtigen Gläubiger dürften dem aber widersprechen, wenn sich diese Praxis ausbreiten sollte. Die *Verbriefung,* bei der herkömmliche Bankkredite in handelbare Wertpapiere umgewandelt werden, ist eine andere rechtliche Variante. Sie kann ein Mittel zur Schuldenerleichterung sein, wenn der Tausch der Wertpapiere gegen Kredite die Marktpreise widerspiegelt und der Abschlag an den Schuldner weitergegeben wird. Mexikos neuartiges Programm vom Dezember 1987 war ein Zwitter. Es kombinierte die Merkmale der Verbriefung (durch Tausch bestehender Kredite gegen handelbare Wertpapiere) und der Unterordnung (durch „ranghöhere" Einschätzung der gesicherten Wertpapiere gegenüber den bestehenden Altkrediten). In diesem Fall rührt die „Höherrangigkeit" daher, daß die Sicherheitsleistung (eine Null-Kupon-Anleihe des US-Schatzamtes mit einem den neuen Wertpapieren entsprechenden Gegenwartswert) die Rückzahlung des Kapitals garantiert, wenngleich nicht die der Zinsen auf die neuen Wertpapiere. Dieses Programm stellt trotz seines begrenzten Erfolgs einen Präzedenzfall für marktorientierte Schuldenerleichterungen dar: es übertrug einen Teil des Marktabschlags auf den Schuldner.

• Analog wären *Teilabschreibungen* bestehender Darlehensforderungen eine wirksame Methode zur Verteilung der Lasten zwischen Schuldnern und Gläubigern ebenso wie zur Einräumung von Schuldenerleichterungen. Abschreibungen werfen jedoch schwierige betriebswirtschaftliche, buchhalterische und bankaufsichtliche Probleme auf. Es gibt unterschiedliche Auffassungen über die Behauptung der Banken, Teilabschreibungen seien unvereinbar mit den bestehenden Buchungsgrundsätzen, die einen „Alles-oder-nichts"-Ansatz erforderten. Die Klärung dieser Regeln ist wichtig. Durch Teilabschreibungen wird anerkannt, daß der Buchwert der Kredite von Entwicklungsländern mit ihrem Marktwert nicht übereinstimmt, und sie sichern Steuerermäßigungen. Wenn Abschreibungen zwischen dem geltenden Sekundärmarktwert und dem Nominalwert der Forderungen festgesetzt werden, können sie eine gerechte Formel für begrenzte Schuldenerleichterungen bieten. Sie können auf diese Weise die Kreditwürdigkeit und Schuldendienstkapazität des Schuldners ebenso verbessern wie den Marktwert der bestehenden Kredite.

• Schließlich stellt die *teilweise oder vollständige Zinskapitalisierung* eine konstruktive Alternative zur Ansammlung neuer Schulden für die Finanzierung fälliger Zinsen dar. Von der amerikanischen Bankenaufsicht wird jedoch die Kapitalisierung gegenwärtig der Nichtzahlung gleichgesetzt mit der Folge, daß die betroffenen Kredite für notleidend erklärt würden. Eine Änderung der Vorschriften ist erforderlich, um diesen Ansatz praktikabel zu machen. Darüber hinaus könnte sich die Automatik der Zinskapitalisierung für kommerzielle Gläubiger als unannehmbar erweisen, von denen die meisten es vorziehen, daß die Refinanzierung der Zinsen Verhandlungsgegenstand bleibt.

UMSCHULDUNG UND SCHULDENERLEICHTERUNG. Ein anderer Ansatz besteht darin, das Profil des Schuldendienstes durch Umschuldung zu ändern. Je nach ihren Konditionen kann die Umschuldung nicht mehr als einen Aufschub des Schuldendienstes bedeuten, bei dem der abgezinste Gegenwartswert des gesamten Schuldendienstes unverändert bleibt. Alternativ hierzu könnte sie ein Element der Schuldenerleichterung enthalten. Diese wiederum ist entweder „nichtkonzessionär", nämlich dann, wenn dem Schuldner bei der Übertragung von Schuldtiteln ein Teil des Marktabschlags zufließt, oder „konzessionär", nämlich dann, wenn öffentliche Gelder eingesetzt oder Schulden explizit erlassen werden.

Der Bedarf an alternativen Formen der Umschuldung — und ihre Realisierbarkeit — wird von Land zu Land und im Zeitablauf variieren. Als die Schuldenkrise ausbrach, wurde sie allgemein als ein Problem mangelnder Liquidität betrachtet; die Umschuldungen bestanden vor allem in Fälligkeitsverschiebungen bei meist geringen Schuldenerleichterungen. In der Folgezeit wurde man sich zunehmend dessen bewußt, daß die Schuldenprobleme einiger Länder grundlegendere Fragen der Zahlungsfähigkeit aufwarfen, und es entwickelte sich ein Sekundärmarkt für Schuldtitel der hochverschuldeten Entwicklungsländer. Die Entwicklung dieses Marktes führte zu einer Auswahl nichtkonzessionärer Verfahren der Umschuldung und der Schuldenerleichterung, die allgemein als „Menü-Ansatz" (menu approach) bekannt ist. Dazu gehören Transaktionen wie die Umwandlung von Schulden in Beteiligungskapital, die Verbriefung und die Zinskapitalisierung (vgl. Sonderbeitrag 1.6). Bei einigen der hochverschuldeten Länder sind diese Instrumente in Verbindung mit inländischen Wirtschaftsreformen und neuen Kreditpaketen aus kommerziellen und öffentlichen Quellen effektiv eingesetzt worden. Von der Weltbank werden diese Entwicklungen aktiv unterstützt (vgl. Sonderbeitrag 1.7).

Konzessionäre Schuldenerleichterungen resultieren üblicherweise aus der Erkenntnis der Gläubiger, daß die begrenzten Aussichten eines Landes auf Wachstum und steigende Exporte seine Chancen zur Rückgewinnung der Zahlungsfähigkeit einschränken, und zwar auch dann, wenn wirksame inländische Wirtschaftsreformen, eine Zuführung neuer Mittel oder eine Umstrukturierung der Schulden erfolgen. Es gibt Präzedenzfälle für konzessionäre Schuldenerleichterungen. Ein Beispiel ist der Erlaß hoher Kriegsschulden durch die Vereinigten Staaten nach dem Zweiten Weltkrieg. Dies trug zu dem erfolgreichen Nachkriegs-Wiederaufbau in Europa bei. Im Gegensatz dazu gehörten die Schulden- und Reparationsverpflichtungen nach dem Ersten Weltkrieg zu den Faktoren, die anhaltende wirtschaftliche Probleme nach sich zogen. Darüber hinaus haben zahlreiche Industrieländer die bilateralen öffentlichen Schulden mancher Entwicklungsländer mit niedrigem Einkommen erlassen. Für die ärmsten Länder, insbesondere für die afrikanischen Länder südlich der Sahara, sind zweifellos erweiterte Programme mit konzessionären Schuldenerleichterungen erforderlich, welche die Reform der inländischen Wirtschaftspolitik ergänzen und durch zusätzliche Entwicklungshilfe unterstützt werden. Die Schulden dieser Länder bestehen zumeist aus öffentlichen Forderungen, so daß Entscheidungen über Schuldenerleichterungen eindeutig bei den Regierungen der Industrieländer liegen. Der Weltwirtschaftsgipfel von Venedig vom Juni 1987 bekräftigte den Grundsatz der konzessionären Schuldenerleichterungen für die ärmsten Länder. Jüngste Fortschritte und weitere Optionen auf diesem Gebiet werden in den *World Debt Tables 1987—88* der Weltbank diskutiert.

Das Problem der Schuldenerleichterungen für die hochverschuldeten Länder mit mittlerem Einkommen ist komplexer, da für einige dieser Länder angemessene Aussichten auf ein mittelfristiges Wachstum bestehen, eine vernünftige inländische Wirtschaftspolitik vorausgesetzt. Darüber hinaus konnten einige Länder mit realistischen Wechselkursregelungen und adäquaten Anreizsystemen eine beträchtliche Steigerung ihrer Ausfuhren erzielen. Der Löwenanteil ihrer Schulden entfällt auf kommerzielle Gläubiger. Wegen der bedeutend besseren Wirtschaftsaussichten und des höheren Pro-Kopf-Einkommens der Länder mit mittlerem Einkommen sowie angesichts der wachsenden Nachfrage der Länder mit niedrigem Einkommen und der Knappheit an Entwicklungshilfegeldern sind die meisten öffentlichen Kreditgeber nicht bereit gewesen, hier konzessionäre Mittel zur Verfügung zu stellen. Unter diesen Umständen sind Umschuldungen und nichtkonzessionäre Schuldenerleichterungen (d. h. Schuldenkürzungen, die im Rahmen der Marktabschläge bleiben) mit wenigen Ausnahmen als angemessener Weg zur Lösung der Schuldenprobleme dieser Länder betrachtet worden. Gleichwohl gibt es einige wenige hochverschuldete Länder mit mittlerem Einkommen, deren Angaben über das Pro-Kopf-Einkommen irreführend sind, weil sie das Einkommen einer vom

Mineralienexport abhängigen volkswirtschaftlichen Enklave widerspiegeln. In diesen Ländern sind die Schulden im Vergleich zum Produktionspotential der nichtmineralischen Sektoren der Volkswirtschaft so hoch, daß mit den verfügbaren nichtkonzessionären Finanzierungsinstrumenten eine Rückkehr zu Kreditwürdigkeit und Wachstum in sehr weiter Ferne bleibt. Wenn sich das internationale Umfeld deutlich verschlechtern sollte, könnten weit mehr Länder unter diese Kategorie fallen. Die Herausforderung für Gläubigerländer, Schuldnerländer, Bankenaufsichtsbehörden, Steuerbehörden und multilaterale Finanzierungsinstitutionen besteht darin, neue Finanzierungsoptionen zu finden,

---

Sonderbeitrag 1.7 Wie die Weltbank die hochverschuldeten Länder mit mittlerem Einkommen unterstützt

Die Strategie der Weltbank zur Unterstützung der hochverschuldeten Länder mit mittlerem Einkommen geht von der Prämisse aus, daß die Wiederaufnahme des Wachstums eine grundlegende Bedingung für ihre Rückkehr zu Kreditwürdigkeit ist. Die Wiederaufnahme des Wachstums hängt ihrerseits von inländischen Wirtschaftsreformen sowie von einer angemessenen Auslandsfinanzierung ab. Sie braucht auch die Unterstützung durch das weltwirtschaftliche Umfeld — vor allem Zugang zu den wachsenden Exportmärkten und günstige Zinssätze.

Im einzelnen verlangt die Strategie der Weltbank:
• Wirtschaftspolitische Analyse und Dialog mit den Mitgliedsregierungen, um die erforderlichen Strukturänderungen herauszufinden und Übereinstimmung über die notwendigen Reformen zu erzielen
• Finanzielle Unterstützung bei der Durchführung von Strukturreformen, häufig in Form rasch abfließender wirtschaftspolitisch orientierter Darlehen
• Fortführung der Investitionsfinanzierung, die gegebenenfalls auf die Sanierung und Umstrukturierung von Projekten, Unternehmen und Investitionsprogrammen sowie auf eine Ausweitung der produktiven Kapazitäten konzentriert ist
• Fortgesetzte Bemühungen zur Linderung der Armut, einschließlich Maßnahmen zur Abfederung der Anpassungsfolgen für die ärmsten Bevölkerungsgruppen
• Hilfe bei der Mobilisierung finanzieller Unterstützung von kommerziellen und öffentlichen Kreditgebern.

Die Schwierigkeiten, denen sich die Schuldnerländer gegenübersehen, erfordern nachhaltige wirtschaftspolitische Anstrengungen und anhaltende ausländische Unterstützung im Rahmen eines mittelfristigen Anpassungskonzepts. Die Hilfe der Weltbank ist auf die besonderen Umstände und Probleme des jeweiligen Landes zugeschnitten. Das Tempo der Ausleihungen und die Mischung zwischen Anpassungs- und Projektfinanzierung ist in den einzelnen Ländern unterschiedlich und hängt von einer Vielzahl von Faktoren ab, wie den Reformbemühungen der Kreditnehmer, den Möglichkeiten zur Projektfinanzierung und den eigenen Richtlinien der Weltbank über die Vertretbarkeit eines Engagements. Typischerweise bestehen die Kreditpläne aus einer Reihe von Einzelmaßnahmen, von denen jede auf die besonderen Anpassungs- und Investitionserfordernisse zugeschnitten ist.

Bei der Mobilisierung erforderlicher Neukredite von Geschäftsbanken (und aus anderen Quellen) oder bei der Förderung anderer Formen finanzieller Erleichterungen, einschließlich der Schuldenumwandlung und Schuldenverminderung, spielt die Weltbank eine Katalysatorrolle. Die Bemühungen der Weltbank haben sich insbesondere auf kommerzielle Kreditgeber konzentriert. Diese stellten den Ländern mit mittlerem Einkommen in der Vergangenheit bei weitem die meisten Finanzierungsmittel zur Verfügung, haben aber in den letzten Jahren ihre Netto-Kreditvergabe abrupt verringert. Infolgedessen besteht in vielen Ländern die Gefahr einer unzureichenden Finanzierung der Reformen.

Der katalytische Einfluß der Weltbank beruhte traditionellerweise auf dem Beispiel ihrer eigenen Kreditgewährung sowie dem Signal ihres Vertrauens in die vom Schuldnerland unternommenen wirtschaftspolitischen Reformen. Darüber hinaus kann die Bank — und tut dies auch — von Fall zu Fall eine spezifischere Rolle spielen, indem sie ihre eigene Kreditgewährung mit der anderer Kreditgeber koppelt und — in selteneren Fällen — Teilgarantien für kommerzielle Finanzierungen anbietet.

Veränderte Prioritäten bei den Banken haben die Möglichkeiten erweitert, den Zufluß liquider Mittel zu verbessern, und zwar sowohl durch Neukredite als auch durch freivereinbarte Entlastungskonzepte, wie sie in Sonderbeitrag 1.6 zusammengefaßt werden. In Übereinstimmung mit ihrer Satzung und ihrer Politik wird sich die Bank bemühen, diese Marktentwicklungen als ein Mittel der finanziellen Erleichterung für ihre Kreditnehmer zu fördern. Beispielsweise haben die Bank und ihre Schwestergesellschaft, die Internationale Finanz-Corporation, durch ihre Unterstützung wirtschaftspolitischer Reformen, die auf die Privatisierung öffentlicher Unternehmen abzielen, die Umwandlung von Schulden gefördert. Die Multilaterale Investitionsgarantie-Agentur wird diese Programme weiter ausbauen. Die Bank hat auch marktorientierte Programme zum Schuldenabbau unterstützt, wie etwa in Mexiko, indem sie der Einrichtung eines Treuhandfonds als Absicherung durch den Schuldner zustimmte.

In ihrer Rolle als Katalysator versucht die Bank in jedem Einzelfall sicherzustellen, daß der von ihr unterstützte Finanzierungsplan sachgerecht konzipiert ist und eine angemessene Lastenübernahme durch die Geschäftsbanken widerspiegelt. Kreditaufstockungen werden nur gewährt, wenn sie als entscheidend für den Abschluß der Transaktion angesehen werden und wenn das damit verbundene zusätzliche Engagement für die Weltbank im Hinblick auf das Gesamtengagement der Bank im betreffenden Land akzeptabel ist.

darunter auch Wege, um die Marktabschläge auf die Schulden im Rahmen fallweiser und marktorientierter Ansätze an die Schuldnerländer weiterzugeben.

Insgesamt gesehen sind Fortschritte an vielen Fronten gleichzeitig erforderlich. Maßnahmen zur Verbesserung der internationalen Wirtschaftsaussichten, inländische Wirtschaftsreformen, neue Kredite und kreative Umschuldungsansätze sind allesamt notwendig. Die richtige Mischung dieser Komponenten wird von Fall zu Fall unterschiedlich sein. Die Aussichten für das nächste Jahrzehnt werden davon abhängen, wie wirkungsvoll der oben entwickelte allgemein wirtschaftspolitische Rahmen von allen Betroffenen — den Regierungen der Industrie- und der Entwicklungsländer, den Geschäftsbanken und den multilateralen Finanzierungsinstitutionen — ausgefüllt wird. Der nächste Abschnitt untersucht die Aussichten für die Weltwirtschaft bei alternativen wirtschaftspolitischen Szenarien.

Die Aussichten für die Weltwirtschaft bis 1995

Das Wachstum in der Weltwirtschaft bis zur Mitte der neunziger Jahre wird weitgehend davon abhängen, inwieweit die Regierungen der Industrieländer die oben aufgezeigten wirtschaftspolitischen Probleme angehen. Dieser Abschnitt zeigt alternative Wachstumspfade: einen „Status-quo-Fall", bei dem angenommen wird, daß die Industrieländer ihre Wirtschaftspolitik im großen und ganzen unverändert lassen werden, und einen „günstigen Fall", bei dem angenommen wird, daß sie die Wirtschaftspolitik ändern werden, um sie den in diesem Kapitel dargelegten Grundlinien anzupassen.

Der Status-quo-Fall

Dem Szenario des Status-quo-Falls liegen die folgenden Annahmen zugrunde:

• Die Finanzpolitik der Vereinigten Staaten wird unter dem Zwang der Verhältnisse wie aufgrund entsprechender Planung allmählich, wenn auch unter Schwankungen, restriktiver werden. Das Defizit des Bundeshaushalts wird den allgemeinen Zielen des Gramm-Rudman-Hollings-Gesetzes folgen.

• Die finanzpolitischen Maßnahmen in Japan und der Bundesrepublik werden darauf beschränkt sein, einen deutlichen Rückgang der Inlandsnachfrage zu verhindern.

• Die Geldpolitik in den wichtigen Industrieländern wird einen Anstieg der Realzinsen verhindern.

• Die Industrieländer werden keine größeren Strukturreformen durchführen, und der Protektionismus wird sich auf etwa dem gegenwärtigen Niveau bewegen.

• Die Weltwirtschaft wird von keinen Schocks, wie etwa einer starken Änderung des Ölpreises, getroffen werden.

• Die Entwicklungsländer werden ihre Anpassungsbemühungen etwa in ähnlichem Umfang wie in der jüngsten Vergangenheit fortsetzen.

Unter diesen Umständen blieben die Wechselkurse und die Finanzmärkte wahrscheinlich noch anfällig. Die Gefahr weiterer Aktienmarktturbulenzen und steigender Inflationserwartungen sowie der dämpfende Einfluß der kontraktiven amerikanischen Finanzpolitik würden die Inlandsnachfrage in den Vereinigten Staaten schwächen. Dies würde nur teilweise durch eine wachsende Exportnachfrage infolge der jüngsten Dollarabwertung ausgeglichen. Das Wachstum in den anderen Industrieländern sowie in den ostasiatischen Entwicklungsländern würde sich wegen der Beeinträchtigung der Exporte in die Vereinigten Staaten und der Instabilität auf den Finanzmärkten ebenfalls abschwächen. Das amerikanische Leistungsbilanzdefizit könnte Anfang der neunziger Jahre auf rund 2 Prozent des BSP sinken, womit es ungefähr halb so hoch wäre wie 1987. Das Verhältnis der amerikanischen Netto-Auslandsverbindlichkeiten zum BSP würde sich bis Anfang der neunziger Jahre stabilisieren. Die Leistungsbilanzüberschüsse Japans und Deutschlands würden sich entsprechend verringern.

Dieser Abbau der Ungleichgewichte, wenngleich auf kurze Sicht schmerzhaft, würde eine größere Weltrezession vermeiden. Auf längere Sicht gesehen kann das Szenario als vorsichtig optimistisch betrachtet werden, denn es schafft die Voraussetzungen für ein etwas stärkeres Wachstum zu Beginn der neunziger Jahre. Wenn die Wirtschaftspolitik in den Industrieländern, wie oben angenommen, befriedigend gestaltet wird, könnte Anfang der neunziger Jahre ein moderater Wirtschaftsaufschwung folgen. Das Vertrauen von Investoren und Verbrauchern könnte zunehmen, und die Realzinssätze würden im Gefolge der größeren Stabilität der Finanzmärkte sinken. Mit dem Wiederaufbau des Kapitalstocks würden sich auch die Möglichkeiten für nichtinflationäres Wachstum und einen Abbau der Arbeitslosigkeit verbessern. Unter diesen Umständen könnte das reale Wachstum des BIP in den Industrieländern schließlich auf ein Niveau zurückkehren, wie es in den turbulenten siebziger und achtziger Jahren zu verzeichnen war. Zwischen 1987 und 1995 würde jedoch das durchschnittliche Wachstum der Industrieländer mit 2,3 Prozent etwas niedriger sein als im Durchschnitt der Jahre 1980 bis 1987 (vgl. Tabelle 1.6).

Für viele Entwicklungsländer, insbesondere die hochverschuldeten Länder mit mittlerem Einkommen und die afrikanischen Länder mit niedrigem Einkommen südlich der Sahara ist dieser Status-quo-Fall absolut aussichtslos. Zu erwarten wäre, daß sich die Nachfrage nach Exporten der Entwicklungsländer abschwächt und die realen Kosten des Auslandsschuldendienstes etwa auf dem Niveau von 1987 bleiben. Ihr Wirtschaftswachstum wird daher bestenfalls schwach ausfallen. In den am meisten gefährdeten Ländern — den afrikanischen Ländern südlich der Sahara, den hochverschuldeten Ländern sowie den ölexportierenden Ländern — würde das Pro-Kopf-Einkommen stagnieren oder von seinem gegenwärtigen niedrigen Niveau nur langsam ansteigen (vgl. Tabelle 1.7). Die Schuldendienstlast der Länder würde hoch bleiben (vgl. Tabelle 1.8). Die Spannungen im internationalen Finanzsystem würden bestehen bleiben, und die Bereitwilligkeit sowohl der Gläubiger wie auch der

Tabelle 1.6 Wachstum des realen BIP, 1973 bis 1995
(durchschnittliche jährliche Veränderung in %)

Ländergruppe und Kennzahl	1973–80	1980–87	1987–95 Status quo	1987–95 Günstiger Fall
Industrieländer	2,8	2,5	2,3	3,0
Entwicklungsländer	5,4	3,9	4,2	5,6
mit niedrigem Einkommen	4,6	7,4	5,4	6,5
mit mittlerem Einkommen	5,7	2,4	3,6	5,1
Ölexporteure	5,9	1,0	2,7	3,7
Exporteure von Industrieprodukten	6,0	6,3	5,0	6,5
Hochverschuldete Länder	5,4	1,1	3,2	4,8
Afrika südlich der Sahara	3,3	0,2	3,2	3,9
Nachrichtlich				
Inflationsrate[a]	8,2	4,1	4,0	3,2
Realzins[b,c]	1,3	5,6	2,6	2,1
Nominalzins[c]	9,3	10,5	8,1	7,7

Anmerkung: Sämtliche Wachstumsraten der Entwicklungsländer basieren auf einer Auswahl von neunzig Ländern.
a. Gewogener Durchschnitt der BIP-Deflatoren der Industrieländer, ausgedrückt in heimischer Währung.
b. Durchschnitt des Sechsmonatssatzes für Eurodollar, deflationiert mit dem BIP-Deflator der Vereinigten Staaten.
c. Jahresdurchschnittlicher Zinssatz.

Tabelle 1.7 Wachstum des realen BIP pro Kopf, 1973 bis 1995
(durchschnittliche jährliche Veränderung in %)

Ländergruppe	1973–80	1980–87	1987–95 Status quo	1987–95 Günstiger Fall
Industrieländer	2,1	1,9	1,8	2,6
Entwicklungsländer	3,2	1,8	2,2	3,6
mit niedrigem Einkommen	2,5	5,5	3,5	4,6
mit mittlerem Einkommen	3,2	0,1	1,5	3,0
Ölexporteure	3,2	−1,6	0,2	1,3
Exporteure von Industrieprodukten	4,0	4,6	3,4	4,9
Hochverschuldete Länder	2,9	−1,3	1,0	2,5
Afrika südlich der Sahara	0,5	−2,9	0,0	0,7

Anmerkung: Sämtliche Wachstumsraten der Entwicklungsländer basieren auf einer Auswahl von neunzig Ländern.

Tabelle 1.8 Leistungsbilanzsalden der Entwicklungsländer und ihre Finanzierung, 1987 und 1995
(Mrd $)

Position	Entwicklungsländer insgesamt			Hochverschuldete Länder			Afrika südl. d. Sahara		
		1995			1995			1995	
	1987[a]	Status quo	Günstiger Fall	1987[a]	Status quo	Günstiger Fall	1987[a]	Status quo	Günstiger Fall
Netto-Exporte von Gütern und Dienstleistungen (ohne Faktoreinkommen)	27,6	−24,4	−41,0	25,3	35,0	30,8	−3,0	−4,3	−3,7
Zinsen auf langfristige Schulden	55,9	73,3	75,4	30,1	36,3	35,9	3,7	5,8	5,6
Öffentlich	17,0	26,6	26,5	6,7	9,0	8,8	2,1	3,5	3,4
Privat	38,9	46,7	48,9	23,4	27,3	27,1	1,5	2,4	2,2
Öffentliche Übertragungen (netto)	16,0	21,7	23,2	1,1	2,3	2,2	3,7	7,6	7,8
Leistungsbilanzsaldo	2,1	−40,6	−52,1	−7,2	1,3	−1,6	−7,2	−5,0	−4,0
Langfristige Kredite (netto)	30,4	43,8	64,8	14,3	−7,7	−4,4	5,2	4,4	3,3
Öffentlich	19,6	35,3	36,9	6,9	5,6	5,0	3,3	7,3	6,8
Privat	10,8	8,6	27,9	7,5	−13,3	−9,4	1,9	−2,9	−3,5
Ausstehende und ausgezahlte Schulden[b]	886,0	1 113,8	1 184,7	441,4	447,1	456,9	92,9	129,7	125,7
In Prozent des BSP	37,7	23,9	22,5	53,6	28,9	25,9	73,1	58,9	53,0
In Prozent der Exporte	145,3	94,5	85,4	300,4	172,8	155,3	263,3	215,9	190,6
Schuldendienst in Prozent der Exporte[b]	20,2	15,6	13,7	35,2	37,3	33,0	25,5	24,5	22,5

Anmerkungen: Die Angaben basieren auf einer Auswahl von neunzig Entwicklungsländern. Differenzen in den Summen durch Runden der Zahlen. Die Netto-Exporte plus Zinsen ergeben wegen Weglassens der privaten Übertragungen und der Kapitalerträge nicht den Leistungsbilanzsaldo. Der nicht durch Kredite finanzierte Leistungsbilanzsaldo wird abgedeckt durch ausländische Direktinvestitionen, sonstige Kapitaltransaktionen (einschl. kurzfristige Kredite und Restposten der Zahlungsbilanz) sowie Veränderungen der Währungsreserven. Verhältniszahlen sind zu laufenden Preisen berechnet.
a. Geschätzt.
b. Basiert nur auf langfristigen Schulden.

Schuldner, nach kooperativen Lösungen für das Schuldenproblem zu suchen, würde weiter auf die Probe gestellt werden.

Dies ist eine labile Situation — und zwar eine, die sich rasch verschlechtern könnte. Beispielsweise könnte eine Verknappung des amerikanischen Geldangebots zur Stabilisierung des Dollar stattdessen eine Weltrezession auslösen. Der Prozeß könnte wie eine Wiederholung der Ereignisse von Ende 1987 beginnen: Zunächst ein weltweiter Kursverfall an den Aktienmärkten, dem mit zeitlicher Verzögerung ein weiterer beträchtlicher Fall des Dollarkurses folgt, da die internationalen Anleger in andere Währungen fliehen. Eine solche Entwicklung könnte weltweit Investitionen und Verbrauch beeinträchtigen und ausreichen, um eine tiefgreifende Rezession auszulösen. Die Dollarzinsen würden als Folge der versiegenden Kapitalzuflüsse in die Vereinigten Staaten steigen. Die Entwicklungsländer könnten sich daher gleichzeitig einer Verschlechterung der Exporte, der Rohstoffpreise, der Terms of Trade und der Schuldendienstkosten gegenübersehen. Das erhöhte Risiko von Zahlungseinstellungen würde dann auf die Aussichten für die gesamte Weltwirtschaft zurückwirken. Kurz gesagt, das Risiko eines gravierenden Rückschlags für die Weltwirtschaft ist real. Zweifellos lohnt es sich, die notwendigen Schritte zu unternehmen, damit dieser Fall nicht eintritt.

Der günstige Fall

Der beste Weg, diese Risiken zu vermeiden besteht darin, daß die Industrieländer wirtschaftspolitische Maßnahmen ergreifen, die zum Szenario des „günstigen Falles" führen.

- Unverzügliche und überzeugende Schritte zum Abbau der Leistungsbilanzungleichgewichte, wie sie hier vorgeschlagen werden, würden weltweit das Vertrauen und das Gleichgewicht an den Finanzmärkten rasch wiederherstellen. In kurzer Frist würden die privaten Investitionen und der Verbrauch steigen, und Inflationsraten sowie Realzinsen könnten innerhalb vernünftiger Grenzen gehalten werden.
- Erneute Bemühungen um Strukturreformen — durch höhere und effizientere private Investitionen, die Beseitigung von Engpässen an den Arbeitsmärkten und den Abbau des Einfuhrschutzes und der Agrarsubventionen — würden das Wachstumspotential der Industrieländer stark verbessern. In der

EG nimmt man sich gegenwärtig Schritte zur weiteren Integration und Liberalisierung des internen Handels bis 1992 vor. Dies könnte ebenfalls ein wichtiger Beitrag zu einem längerfristigen Wirtschaftsaufschwung in den Industrieländern werden.

Unter diesen Bedingungen sollte es möglich sein, während der Jahre 1987 bis 1995 in den Industrieländern jährliche reale Wachstumsraten von etwa 3 Prozent (vgl. Tabelle 1.6) und gegen Ende der neunziger Jahre vielleicht noch höhere Raten zu erreichen. Das Haupthindernis, das diesem Ergebnis entgegensteht, scheint nicht darin zu bestehen, eine geeignete Wirtschaftspolitik auszumachen, sondern darin, Wege zur Überwindung des politischen Widerstands gegen diese Politik zu finden.

Verbesserte mittelfristige Aussichten für die Industrieländer würden auch für die Entwicklungsländer eine große Hilfe sein. Durch die Verbindung der unmittelbaren Auswirkungen eines günstigeren außenwirtschaftlichen Umfelds (höhere Exportnachfrage, bessere Rohstoffpreise und niedrigere Zinsen) mit dessen indirekten Vorteilen (größere Akzeptanz inländischer Wirtschaftsreformen, besserer Zugang zu Auslandskapital und geringere Netto-Kapitalabflüsse) verspricht der günstige Fall eine bessere Wirtschaftsleistung in der Dritten Welt (vgl. Tabellen 1.6 bis 1.8). Diese Fortschritte werden, wie bisher, auf die Länder ungleich verteilt sein. Hochverschuldete Länder und Exporteure von Industrieprodukten würden erhebliche Fortschritte beim Wachstum des Pro-Kopf-Einkommens erfahren. Im Gegensatz dazu würden die afrikanischen Länder südlich der Sahara auch in diesem optimistischen Fall die Verluste der Vergangenheit nur sehr langsam wieder gutmachen. Das weiterhin hohe Bevölkerungswachstum und die anhaltenden Folgen der bestehenden strukturellen Rigiditäten bedeuten, daß selbst als bescheiden erachtete Fortschritte für diese Länder eine Herausforderung darstellen.

Die Aussichten für die Entwicklungsländer hängen entscheidend von ihrer eigenen Wirtschaftspolitik ab. Wie immer das internationale Umfeld aussehen mag, sie müssen versuchen, sich derart anzupassen, daß die Konsequenzen jeder Verschlechterung dieses Umfelds für ihr Wachstum minimiert und der Nutzen jeder Verbesserung maximiert werden. Der Rest dieses Berichtes erörtert die Rolle, die die öffentlichen Finanzen bei der Unterstützung einer wirkungsvollen Anpassung auf kurze und mittlere Frist und als Wegbereiter einer erfolgreichen langfristigen Entwicklung spielen können.

Teil

II

Öffentliche Finanzen und Entwicklung

2

Die Rolle der öffentlichen Finanzen im Entwicklungsprozeß

Die meisten Entwicklungsländer haben während der letzten Dekade eine Finanzkrise dieser oder jener Art erlebt. Bis 1982 stiegen die Defizite des öffentlichen Sektors nahezu unabhängig von der Wirtschaftsstruktur und dem Einkommensniveau auf unhaltbare Höhen: Ölexporteure und Ölimporteure, Länder mit mittlerem und niedrigem Einkommen, kommerzielle Schuldner und Empfänger von Entwicklungshilfe, planwirtschaftliche und marktwirtschaftliche Länder folgten alle dem gleichen Kurs. Als die außenwirtschaftlichen Schocks zu Beginn der achtziger Jahre die Finanzierung dieser Defizite unmöglich machten, wurden gravierende fiskalische Einschränkungen unausweichlich (vgl. Schaubild 2.1). Seitdem kam es zu einem bemerkenswerten Abbau der Defizite, aber viele Länder, die nach wie vor von ausländischen Finanzquellen abgeschnitten sind, müssen mehr tun. Für sie besteht das Dilemma darin, die Defizite weiter zurückzuführen, ohne noch tiefer in die Rezession abzugleiten.

Die Dringlichkeit dieses Problems hat die Aufmerksamkeit von der umfassenderen Rolle der öffentlichen Finanzen im Entwicklungsprozeß abgelenkt. Auf kurze Frist war es erforderlich, die Haushaltsdefizite durch eine gewisse Kombination von Ausgabenkürzungen und Einnahmensteigerungen einzudämmen. Das längerfristige Anliegen besteht darin, daß ein solcher Kurswechsel auf eine Weise erfolgt, die das Wachstum fördert, statt es zu hemmen. In der Tat ist die umsichtige Steuerung des Haushaltsdefizits nur ein Aspekt einer soliden öffentlichen Finanzwirtschaft im weitesten Sinne.

Dies bedeutet unter anderem, die öffentlichen Ausgaben auf solche Gebiete zu beschränken (oder auszudehnen), auf denen der öffentliche Sektor effizient tätig sein kann; dies bedeutet auch, die notwendigen Einnahmen auf eine Weise zu erheben, die die Preise so wenig wie möglich verzerrt. Dieses Kapitel zeigt die umfassende Perspektive auf, innerhalb derer der Defizitabbau betrachtet werden sollte.

Weltweit spielt der Staat bei der Allokation der Ressourcen eine entscheidende Rolle — bei der Bestimmung dessen, was produziert wird, wie es produziert wird, wer davon profitiert und wer dafür bezahlt. Er tut dies sowohl direkt als auch indirekt. So stellen alle Regierungen direkt Verteidigungsleistungen und soziale Infrastruktur zur Verfügung; die meisten bieten Strom und Telefondienste; einige erzeugen industrielle und landwirtschaftliche Güter. Häufig gründen Regierungen staatseigene Unternehmen (SEU), um diese Aufgaben durchzuführen. Der Staat beeinflußt aber auch indirekt die Produktion und die Allokation privat erzeugter Güter durch Subventionen, Steuern und eine Vielzahl von Regulierungen, wie Preiskontrollen und mengenmäßige Beschränkungen. In Zentralverwaltungswirtschaften stützen sich die Regierungen hauptsächlich auf direkte Interventionen; in marktwirtschaftlichen Ländern bevorzugen sie ein indirektes Vorgehen. Beide Arten der Intervention tangieren die öffentlichen Ausgaben und Einnahmen und unterliegen daher gleichermaßen den Anforderungen eines soliden öffentlichen Finanzgebarens.

Schaubild 2.1 Defizite des öffentlichen Sektors in ausgewählten Entwicklungsländern, 1979 bis 1985

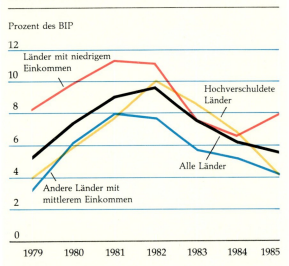

Anmerkungen: Die Daten sind ungewichtete jährliche Durchschnitte. Die ausgewählten Länder mit niedrigem Einkommen sind: Bangladesch, Indien, Kenia, Malawi, Sambia und Zaire. Die ausgewählten hochverschuldeten Länder sind: Argentinien, Bolivien, Chile, Côte d'Ivoire, Dominikanische Republik, Ecuador, Jamaika, Kolumbien, Mexiko, Nigeria, Peru und Venezuela. Die ausgewählten anderen Länder mit mittlerem Einkommen sind: Indonesien, Malaysia, Polen, Thailand und die Türkei. Die insgesamt dreiundzwanzig Länder wurden entsprechend der Verfügbarkeit von Daten ausgewählt.

Die öffentlichen Finanzen beeinflussen die Volkswirtschaften auf sehr unterschiedliche Weise. Einnahmen und Ausgaben sowie das damit einhergehende Defizit des öffentlichen Sektors stellen wesentliche Instrumente der gesamtwirtschaftlichen Stabilisierung dar: Sie sind ein Bestimmungsfaktor der Inflationsrate, des Leistungsbilanzdefizits, des Wachstums der Staatsschulden und der Wirtschaftsaktivität. Sie wirken auch auf Anpassung und Wachstum ein, indem sie die Verbrauchs- und Sparraten sowie die Investitionen in Real- und Humankapital beeinflussen. Einzelwirtschaftlich betrachtet regen Steuern, Subventionen und Güterkäufe des Staates Produktion und Verbrauch bestimmter Güter an und drängen Produktion und Verbrauch anderer Güter zurück. Die öffentliche Finanzwirtschaft kann prinzipiell sämtliche Sektoren einer Volkswirtschaft tangieren, und sie tut dies regelmäßig auch — in Entwicklungsländern nicht weniger als in Industrieländern.

Drei Faktoren erschweren jedoch die Analyse der öffentlichen Finanzen in Entwicklungsländern wie Industrieländern.

• Die Trennungslinie zwischen „öffentlich" und „privat" ist unscharf. Dies gilt insbesondere für die SEU. Gehört beispielsweise ein Unternehmen, an dem der Staat und Privatpersonen gemeinsam Anteile besitzen, zum öffentlichen oder zum privaten Sektor? Wie steht es mit einem Unternehmen in öffentlichem Besitz, das nach kommerziellen Prinzipien arbeitet? Zwei Kriterien können dazu beitragen, öffentliche von privaten Aktivitäten zu unterscheiden: ob Gewinne und Verluste dem Staat zufallen und ob der Staat den Mitteleinsatz des Unternehmens direkt kontrolliert. Aber auch diese Unterscheidungen sind von nur begrenztem Nutzen, weil die Eigentumsrechte und der Einfluß des Staates nach ihrem Umfang und im Zeitverlauf variieren. Die Abgrenzung des öffentlichen Sektors bleibt daher eine Ermessensfrage. Dieser Bericht folgt notgedrungen der Abgrenzung, die jedes Land üblicherweise zur Unterscheidung zwischen öffentlichem und privatem Bereich anwendet.

• Staaten sind keine monolitischen Gebilde, sondern bestehen aus vielen Verwaltungseinheiten mit unterschiedlichen Autonomiegraden. Die Struktur des öffentlichen Sektors weist sowohl eine vertikale als auch eine horizontale Dimension auf. Zur vertikalen Dimension gehören die Ebenen der Zentralregierung, der Einzelstaaten oder Provinzialregierungen und der Gemeinden. Die horizontale Dimension spiegelt das Nebeneinander von Regierung, SEU und anderen autonomen oder halbautonomen Einrichtungen wider, die häufig unter der Rubrik „Nebenhaushalte" oder „parafiskalische" Stellen zusammengefaßt werden. Zwischen diesen verschiedenen Zweigen des öffentlichen Sektors bestehen üblicherweise komplexe Beziehungen.

• Es gibt zu wenig genaue Daten über die öffentlichen Finanzen der Entwicklungsländer. Für die meisten Entwicklungsländer sind konsistente Angaben nur für die letzten ein oder zwei Jahrzehnte und häufig nur für die Zentralregierung verfügbar. Vergleichbare Daten über Einzelstaaten und Gemeinden sowie über SEU sind nach Ländern und Jahren nur bruchstückhaft verfügbar (vgl. Sonderbeitrag 2.1). Infolgedessen konzentrieren sich viele der Ländervergleiche in diesem Bericht auf die Finanzen der Zentralregierung. Soweit möglich, sind in die Analysen die Einzelstaaten und Gemeinden sowie die SEU einbezogen worden; Schlußfolgerungen, die auf Angaben für den gesamten öffentlichen Sektor basieren, sind aber mit Vorsicht zu behandeln. Die schlechte Datenlage im Bereich der öffentlichen Finanzen hat die Gestaltung und Durchführung der öffentlichen Finanzpolitik kompliziert. Angesichts der weltweiten raschen Expansion des öffentlichen Sektors ist dies besonders bedenklich.

Entwicklungsmuster der öffentlichen Finanzen

Das allgemeine Wachstum des öffentlichen Sektors während des vergangenen halben Jahrhunderts stellt eine grundlegende Strukturveränderung dar, die in ihrer Bedeutung solchen fundamentalen Vorgängen wie der Industrialisierung und der Verstädterung vergleichbar ist. Die langfristige Entwicklung der öffentlichen Finanzen in den Industrieländern bietet einen Bezugspunkt für die Erfahrungen der Entwicklungsländer.

Industrieländer

Der Umfang der öffentlichen Finanzen in den Industrieländern hat während der letzten hundert

---

Sonderbeitrag 2.1 Grundlagen und Beschränkungen der Statistiken über öffentliche Finanzen

Die öffentliche Finanzpolitik muß, um wirksam zu sein, auf genauen und umfassenden Statistiken der Finanztransaktionen öffentlicher Stellen basieren. Für Ländervergleiche müssen die fiskalischen Daten auf von Land zu Land vergleichbarer Basis aufgestellt werden. Zwar wurden während der vergangenen drei Jahrzehnte erhebliche Fortschritte bei der Verbesserung der nationalen und internationalen Statistiken erzielt, doch werden die Analysen der öffentlichen Finanzen immer noch durch gravierende Beschränkungen der Daten beeinträchtigt.

Die Statistiken über öffentliche Finanzen werden gegenwärtig auf international vergleichbarer Basis in zwei Systemen zusammengetragen: den *Government Finance Statistics* (GFS) des IWF und dem *System of National Accounts* (SNA) der Vereinten Nationen. Die GFS konzentrieren sich ausschließlich auf staatliche Transaktionen, während das SNA staatliche Transaktionen als Teil der gesamten Volkswirtschaft betrachtet.

Die GFS stellen nationale öffentliche Finanzstatistiken nach Maßgabe der einheitlichen Spezifikationen des *Manual of Government Finance Statistics* des IWF zusammen. Sie unterscheiden zwischen dem Etat der Zentralregierung, der Sozialversicherung und anderen Sondervermögen, den Etats von Einzelstaaten und Gemeinden sowie den staatseigenen Unternehmen (SEU). Die beiden erstgenannten Konten werden zusammengefaßt in dem „konsolidierten Konto der Zentralregierung". Sofern Daten für die ersten drei Gruppen verfügbar sind, werden diese Konten zum Konto des „Gesamtstaats" konsolidiert. Wegen der Schwierigkeit, konsistente und genaue Angaben über die SEU zu erheben, werden von den GFS gegenwärtig nur Daten über Transaktionen zwischen dem Gesamtstaat und den SEU erfaßt. Die GFS enthalten keine Angaben über Aktiv- oder Passivpositionen des Staates oder über Abschreibungen auf das Anlagevermögen des Staates. Die Konten werden auf Kassenbasis und nicht auf Entstehungsbasis gemeldet. Die Konten der Zentralregierung werden von den GFS äußerst vollständig erfaßt, die Konten des Gesamtstaates jedoch weniger vollständig.

Das Rechenwerk des SNA ist darauf ausgerichtet, Einkommen, Produktion, Verbrauch, Ersparnis und Investitionen für Zwecke der volkswirtschaftlichen Analyse zu erfassen. Die SNA-Konten werden auf Entstehungsbasis aufgestellt und schließen Abschreibungen ein. Zur Ermittlung nationaler Gesamtgrößen konsolidiert das SNA die Transaktionen zwischen sämtlichen Sektoren und eliminiert intersektorale Transaktionen, so daß nur Endnachfrage und Wertschöpfung aggregiert werden. (Im Gegensatz dazu eliminiert das System der GFS nur Transaktionen zwischen Teilen des Staates.) Daten der volkswirtschaftlichen Gesamtrechnung, die im Rahmen des SNA ermittelt werden, sind für viele Zwecke der Analyse der öffentlichen Finanzen nicht detailliert genug. Die konsolidierten Konten lassen einige wichtige Finanzströme vermissen, wie sämtliche inländischen Übertragungen einschließlich der Zinszahlungen. Darüber hinaus sind aktuelle Daten der volkswirtschaftlichen Gesamtrechnung in vielen Entwicklungsländern nicht verfügbar.

Diese Beschränkungen der internationalen Statistiken spiegeln die Schwäche der nationalen Datenquellen wider. Verzögerungen bei der Rechnungsprüfung, unzureichende Verwaltungssysteme und Lücken des Berichtswesens auf der Ebene von Einzelstaaten, Gemeinden und SEU wirken zusammen, so daß es sehr schwer ist, ein aktuelles, vollständiges und zutreffendes Bild der wichtigsten Quellen und Verwendungen öffentlicher Mittel zu erhalten. Es macht daher im allgemeinen Schwierigkeiten, die jüngsten Tendenzen wichtiger finanzpolitischer Aggregate zu beurteilen oder zukünftige Finanzströme zu projizieren und zu planen. Die Finanzplanung, eine konsistente Gestaltung der Finanzpolitik und die Kontrolle des Finanzgebarens von Entscheidungsträgern werden somit erheblich behindert. Die Verbesserung der nationalen und internationalen fiskalischen Rechenwerke verdient in den Entwicklungsländern hohe Priorität.

Der Datenmangel hat die Analyse der Ausgaben und Einnahmen und der Finanzierung des Staates in diesem Bericht beeinträchtigt. Die Ausführungen stützen sich hauptsächlich auf GFS-Angaben, ziehen aber bei ausgewählten Ländern zusätzlich Daten aus nationalen Quellen über den gesamten öffentlichen Sektor, einschließlich verfügbarer Statistiken der SEU, heran. Schlußfolgerungen, die aus diesen Angaben gezogen werden, sollten mit Vorsicht behandelt werden, da die ausgewählte Ländergruppe klein und nicht notwendigerweise repräsentativ ist, die Erfassung der SEU unvollständig und von Land zu Land unterschiedlich sein dürfte und die Definitionen nicht immer voll vergleichbar sein dürften.

Tabelle 2.1 Anteil der Staatsausgaben am BSP oder BIP in ausgewählten Industrieländern, 1880, 1929, 1960 und 1985
(in %)

Jahr	Frankreich	Deutschland[a]	Japan	Schweden	Großbritannien	Vereinigte Staaten
1880	15	10[b]	11[c]	6[d]	10	8
1929[e]	19	31	19	8[d]	24	10
1960	35	32	18	31	32	28
1985	52	47	33	65	48	37

Anmerkung: Umfaßt Ausgaben der Zentralregierung, der Einzelstaaten und der Gemeinden, sofern nichts anderes angegeben. Für die Jahre 1880 und 1929 sind es Anteile am BSP, für 1960 und 1985 Anteile am BIP.
a. Für die Jahre 1960 und 1985 Bundesrepublik Deutschland.
b. 1881.
c. 1885.
d. Nur Zentralregierung.
e. Das Jahr 1929 wurde als repräsentatives Jahr vor Ausbruch der Weltwirtschaftskrise und des Zweiten Weltkrieges gewählt.
Quellen: Für die Jahre 1880 und 1929: Frankreich, André und Delorme, 1983, S. 723; Deutschland, Andic und Veverka, 1964, S. 244; Japan, Ohkawa und andere, 1965–79, Band 1, S. 200 und Band 7, S. 170/71; Schweden, Mitchell, 1975, S. 699 und 782; Großbritannien, Peacock und Wiseman, 1961, S. 164; Vereinigte Staaten, Peltzman, 1980, S. 239. Für das Jahr 1960: Saunders und Klau, 1985, S. 29. Für das Jahr 1985: OECD, *Economic Outlook* 42, Dezember 1987, S. 187.

Jahre dramatisch zugenommen. In Tabelle 2.1 werden die Trends der Staatsausgaben in sechs Industrieländern gezeigt. Im Jahr 1880 machten ihre öffentlichen Ausgaben, als Anteil am BSP ausgedrückt, durchschnittlich (ungewogen) etwa 10 Prozent aus. Bis 1985 hatte der durchschnittliche Anteil 47 Prozent erreicht. Ein Großteil des Zuwachses vollzog sich nach dem Zweiten Weltkrieg. Obwohl der allgemeine Trend für alle sechs Länder galt, gibt es doch einige bemerkenswerte Unterschiede. Beispielsweise verdreifachte sich während des Jahrhunderts der Anteil in Japan, während er in Deutschland und in Großbritannien fast auf das Fünffache anstieg.

Historisch gesehen hielt das Wachstum der öffentlichen Einnahmen mit dem der öffentlichen Ausgaben Schritt; während der letzten zwei Jahrzehnte wuchsen die Ausgaben jedoch tendenziell rascher als die Einnahmen. Auf diese Weise wurden die Regierungen zunehmend Nettokreditnehmer. Anfang der achtziger Jahre herrschten schließlich in den meisten Industrieländern beträchtliche Haushaltsdefizite vor. Viele von ihnen haben seitdem Anstrengungen zur Kürzung von Ausgaben unternommen. Diese Bemühungen wurden bestimmt von dem Inflationsdruck, der bei Haushaltsdefiziten entstehen kann, von der Auffassung, daß Aktivitäten des privaten Sektors durch Eingriffe der öffentlichen Hand verdrängt wurden, und von der Sorge über mögliche Verzerrungen aufgrund von Maßnahmen zur Einnahmesteigerung. Den Regierungen gelang es überwiegend nicht, das absolute Niveau der öffentlichen Ausgaben, real betrachtet, abzubauen, aber sie konnten den Trend eines steigenden Anteils der Ausgaben am BIP verlangsamen oder umkehren.

Entwicklungsländer

Vor 1940 befanden sich die öffentlichen Finanzen der Entwicklungsländer in einem ähnlichen Stadium wie die der jetzt industrialisierten Länder während der letzten Hälfte des 19. Jahrhunderts. Einer Untersuchung zufolge nahmen die Kolonialverwaltungen ebenso wie die unabhängigen Staaten ungefähr 5 Prozent des BSP an Steuern ein, gaben den gleichen Betrag für den Staatsverbrauch aus und tätigten nur begrenzte öffentliche Investitionen,

Tabelle 2.2 Gesamtausgaben, laufende Einnahmen und Defizit der Zentralregierung als Anteil am BSP, 1972 und 1985
(in %)

Ländergruppe	Gesamte Ausgaben		Laufende Einnahmen		Defizit[a]	
	1972	1985	1972	1985	1972	1985
Entwicklungsländer	18,7	26,4	16,2	22,7	−3,5	−6,3
mit niedrigem Einkommen[b]	..	20,8	..	15,4	..	−5,1
mit mittlerem Einkommen	21,7	27,5	19,1	24,0	−3,3	−5,8
Industrieländer	22,2	28,6	21,6	24,1	−1,8	−5,1

Anmerkung: Die Angaben basieren auf einer Auswahl von neunzig Ländern.
a. Defizite sind definiert als laufende Einnahmen zuzüglich Kapitalerträge und erhaltene Zuschüsse abzüglich Kreditvergaben und empfangene Tilgungen.
b. Ohne China und Indien.

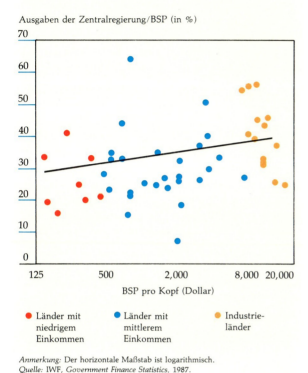

Schaubild 2.2 Der Zusammenhang zwischen dem BSP pro Kopf und dem BSP-Anteil der Ausgaben der Zentralregierung, 1985

Anmerkung: Der horizontale Maßstab ist logarithmisch.
Quelle: IWF, *Government Finance Statistics*, 1987.

tion des Anteils der Staatsausgaben am BSP (vgl. Schaubild 2.2). Beispielsweise bewegten sich im Jahr 1985 die Ausgabenanteile der Zentralregierung am BSP in den Entwicklungsländern zwischen 7 Prozent (in Jugoslawien) und 64 Prozent (in Nicaragua). Die Korrelation zwischen den Ausgabenanteilen der Zentralregierung und dem Pro-Kopf-Einkommen erklärt nur 10 Prozent dieser Streuung. Auch wenn man die gesamten öffentlichen Ausgaben (d. h. einschließlich der Ausgaben der Einzel-

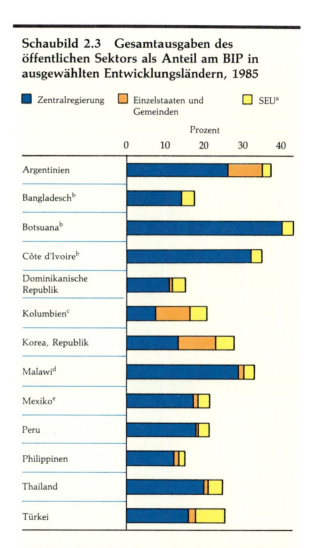

Schaubild 2.3 Gesamtausgaben des öffentlichen Sektors als Anteil am BIP in ausgewählten Entwicklungsländern, 1985

Anmerkungen: Sofern nicht anders angegeben, setzen sich die öffentlichen Ausgaben aus den Gesamtausgaben der Zentralregierung, der Einzelstaaten und der Gemeinden zusammen, abzüglich Transferzahlungen und zuzüglich Investitionsausgaben der SEU. Die Länder wurden entsprechend der Verfügbarkeit von Daten ausgewählt.
a. Investitionsausgaben der SEU.
b. Angaben über Einzelstaaten und Gemeinden sind nicht verfügbar.
c. Die Angaben über Einzelstaaten und Gemeinden schließen die SEU ein, die auf einzelstaatlicher oder kommunaler Ebene tätig sind.
d. 1982.
e. Die Angaben über Einzelstaaten und Gemeinden beziehen sich nur auf den Bundesdistrikt von Mexiko.

hauptsächlich in der Verkehrsinfrastruktur (insbesondere für Eisenbahnen). Nach dem Zweiten Weltkrieg veränderte sich die Situation dramatisch. Allein die Ausgaben der Zentralregierungen stiegen bis 1972 auf 19 Prozent des BSP und bis 1985 auf 26 Prozent (vgl. Tabelle 2.2).

Der Trend war jedoch nicht einheitlich. In mindestens zehn Entwicklungsländern (wie etwa Burma, Chile, Dominikanische Republik, Jugoslawien und Peru) waren die Ausgaben der Zentralregierung, als Anteil am BSP gemessen, im Jahr 1985 beträchtlich niedriger als 1972, und nicht selten kam es im letzten Jahrzehnt auch zu Rückgängen der realen Staatsausgaben (häufig raschen Zunahmen folgend). Einige dieser Ausgabenreduzierungen spiegeln den Übergang der Ausgabenzuständigkeit von der Zentralregierung auf Einzelstaaten und Gemeinden wider; häufiger handelte es sich aber um echte Kürzungen, die durch Wirtschaftskrisen oder Änderungen des politischen Regimes veranlaßt waren.

Das auffälligste Merkmal des öffentlichen Ausgabenverhaltens der Entwicklungsländer ist die Varia-

Tabelle 2.3 Investitionen des öffentlichen Sektors als Anteil an den gesamten Investitionen in ausgewählten Entwicklungsländern, Durchschnitte für 1980 bis 1985

Türkei[a]	68	Philippinen[b]	26
Ägypten[b]	65	Dominikanische	
Côte d'Ivoire	61	Republik	24
Argentinien	58		
Botsuana	45	*Durchschnitt*	
Kolumbien	40	*(ungewogen)*	
Korea, Republik[c]	35	Zwölf	
Thailand	33	Entwicklungsländer	43
Mexiko	31	Dreizehn	
Peru	29	Industrieländer[d]	30

Anmerkung: Die Angaben umfassen Investitionen der Zentralregierung, der Einzelstaaten und der Gemeinden sowie der SEU.
a. 1983–85.
b. 1981–85.
c. 1982–85.
d. 1980.
Quellen: Für Industrieländer: nach Saunders und Klau, 1985; für Entwicklungsländer: Daten der Weltbank.

staaten und Gemeinden sowie der SEU) betrachtet, bleibt der Unterschied bestehen (vgl. Schaubild 2.3).

Trotzdem können einige allgemeine Schlüsse gezogen werden. Erstens bleibt in den meisten Entwicklungsländern der Anteil der Ausgaben der Zentralregierung am BSP niedriger als in den Industrieländern. Ein Großteil der Differenz ist jedoch auf das höhere Niveau der Transferzahlungen für soziale Sicherheit und Wohlfahrt in den Industrieländern zurückzuführen. Ohne diese Aufwendungen gerechnet, sind die Ausgaben der Zentralregierung, relativ zum BSP, in den Ländern mit niedrigem und mittlerem Einkommen höher als in den Industrieländern (vgl. Kapitel 5).

Zweitens spielt der öffentliche Sektor in Entwicklungsländern als Investor tendenziell eine größere Rolle als in den Industrieländern. Für eine Auswahl von zwölf Entwicklungsländern war der Anteil aller öffentlichen Investitionen (einschließlich der Investitionen der SEU) an den gesamten Investitionen im Durchschnitt höher als bei einer Auswahl von dreizehn Industrieländern (vgl. Tabelle 2.3). Dies kann teilweise damit erklärt werden, daß Entwicklungsländer tendenziell größere Investitionen im Bereich der Infrastruktur benötigen als Industrieländer — und Investitionen des Staates spielen zwangsläufig bei der Entwicklung der Infrastruktur eine große Rolle.

Drittens entfällt in den meisten Entwicklungsländern auf die SEU ein bedeutender Teil der gesamten öffentlichen Ausgaben und des BIP. Es gibt nur wenig Daten darüber, und abermals zeigen sie große Unterschiede. Bei einer Auswahl von dreizehn Entwicklungsländern, die in Schaubild 2.3 gezeigt werden, betrugen die Investitionsausgaben der SEU (d. h. ihre Endnachfrage) im Jahr 1985 typischerweise zwischen 5 und 7 Prozent des BIP. Da die Erfassung der SEU und der Nebenhaushalte unvollständig ist, wird durch diese Zahlen die Rolle von parastaatlichen öffentlichen Stellen unterschätzt. Im Vergleich dazu betrug in den Industrieländern Ende der siebziger Jahre der (ungewogene) durchschnittliche Anteil der Investitionsausgaben von SEU am BIP nur 3,6 Prozent; in den Vereinigten Staaten machte er sogar weniger als 0,9 Prozent aus.

Viertens scheinen die Einzelstaaten und Gemeinden in Entwicklungsländern im allgemeinen eine geringere Rolle zu spielen als in den Industrieländern — wenngleich die Daten auch hier unvollständig sind. Gebietskörperschaften unterhalb der nationalen Ebene sind jedoch in einigen Entwicklungsländern wichtig, so in Argentinien, Brasilien, Indien, Kolumbien, der Republik Korea und Nigeria (vgl. Kapitel 7).

Die Staatsausgaben sind nur ein Aspekt der öffentlichen Finanzen, die Einnahmen müssen ebenfalls betrachtet werden. Der Anteil der laufenden Einnahmen der Zentralregierung am BSP nahm in den Entwicklungsländern von 16 Prozent im Jahr 1972 auf 23 Prozent im Jahr 1985 zu (vgl. Tabelle 2.2). Trotzdem haben die Ausgaben tendenziell rascher expandiert als die Einnahmen, und die vorherrschenden Methoden der Einnahmebeschaffung waren oft mit überhöhten Verlusten an volkswirtschaftlicher Effizienz verbunden. Kapitel 4 untersucht die Kosten der Einnahmebeschaffung und die Möglichkeiten, sie zu senken.

Das über das Einnahmenwachstum hinausgehende Ausgabenwachstum hat in den Entwicklungsländern ebenso wie in den Industrieländern zu Haushaltsdefiziten geführt (vgl. Tabelle 2.2). Da in den Entwicklungsländern die Grenzen der Inlandsfinanzierung enger gezogen sind, tendierten ihre Haushaltsdefizite dazu, sich rascher in der heimischen Inflationsrate oder in außenwirtschaftlichen Ungleichgewichten niederzuschlagen (vgl. Kapitel 3).

Eine Konsequenz der Haushaltsdefizite war der Beitrag des öffentlichen Sektors zur Akkumulation von Auslandsschulden. Die öffentlichen und öffentlich garantierten Auslandsschulden aller Entwicklungsländer haben sich von 1973 bis 1986, als Prozentsatz des BIP gerechnet, verdreifacht und im

Falle der hochverschuldeten Länder mit mittlerem Einkommen fast vervierfacht (vgl. das Schaubild 2.4). Zudem entfielen 1986 auf die mittel- und langfristigen öffentlichen Schulden etwa drei Viertel der gesamten Auslandsschulden der Entwicklungsländer mit mittlerem Einkommen und 89 Prozent der gesamten Auslandsschulden der Länder mit niedrigem Einkommen. Der gegenwärtige Schuldenüberhang in den Entwicklungsländern, der das Kernproblem der gegenwärtigen Krise der Staatsfinanzen in den Entwicklungsländern darstellt, ist daher zum Teil auch auf frühere finanzpolitische Fehler zurückzuführen (vgl. Kapitel 3).

Die Ausgaben-, Einnahmen- und Defizitanteile am BSP vermitteln ein unvollständiges Bild des öffentlichen Sektors. Sie erfassen nicht das volle Ausmaß, in dem Regierungen den privaten Sektor beeinflussen, weil sie Regulierungen und andere Markteingriffe außer acht lassen. Solche in Industrie- und Entwicklungsländern weit verbreiteten Maßnahmen sind schwierig zu quantifizieren. Einzelne Anzeichen deuten darauf hin, daß die Entwicklungsländer in den siebziger Jahren eine Zunahme der Regulierungen und Markteingriffe erlebten, obwohl einige davon in den achtziger Jahren im Rahmen der Anpassungsbemühungen abgebaut wurden. Insgesamt gesehen bestehen jedoch wenig Zweifel, daß die Rolle des öffentlichen Sektors in den vergangenen vier Jahrzehnten in den Entwicklungsländern beträchtlich zugenommen hat.

Der Wandel der Anschauungen über den öffentlichen Sektor

Seit dem Zweiten Weltkrieg ist von vielen Ökonomen und Politikern der Entwicklungsländer die wachsende Bedeutung des öffentlichen Sektors als ein natürlicher und sogar notwendiger Bestandteil des Entwicklungsprozesses gesehen worden. Nach dieser Auffassung, die als Theorie „öffentlichen Interesses" bezeichnet werden kann, müssen Regierungen intervenieren, um die Entwicklung zu fördern: Das unmodifizierte Zusammenwirken privater Wirtschaftssubjekte wird die Ziele der volkswirtschaftlichen Effizienz, des Wachstums, der gesamtwirtschaftlichen Stabilität und der Linderung der Armut nicht erreichen.

Aus dieser Sicht werden „öffentliche" Güter — Güter, von denen nicht nur deren Produzenten oder Konsumenten profitieren — wie nationale Verteidigung, Recht und Ordnung, Grundschulerziehung, grundlegende medizinische Versorgung, Infrastruktur sowie Forschung und Entwicklung von freien Märkten nicht in ausreichendem Maß zur Verfügung gestellt. Desgleichen können Märkte Güter im Übermaß produzieren, welche über ihre Herstellungskosten hinausgehende Kosten verursachen:

Schaubild 2.4   Wachstum der öffentlichen Schulden und Zusammensetzung der gesamten Auslandsschulden
(in %)

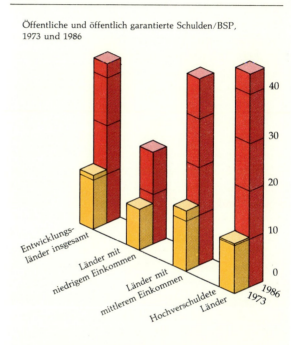

Öffentliche und öffentlich garantierte Schulden/BSP, 1973 und 1986

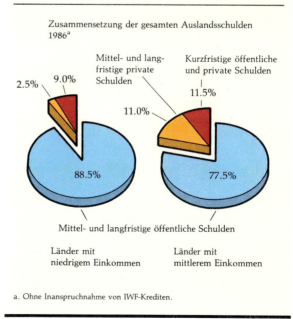

Zusammensetzung der gesamten Auslandsschulden 1986ᵃ

Länder mit niedrigem Einkommen — Länder mit mittlerem Einkommen

a. Ohne Inanspruchnahme von IWF-Krediten.

Verkehrsstauungen, Umweltverschmutzung, der Raubbau an natürlichen Ressourcen und so weiter. Außerdem können das Bestehen von Monopolen, das Fehlen vollentwickelter Märkte (insbesondere für Kapital und Versicherungsleistungen) und Lücken im Informationsangebot zu einer ineffizienten Ressourcenallokation sowie zu Spar- und Investitionsquoten führen, die unteroptimal sind. Marktmechanismen können daher ein unzureichendes Wachstum sowie gesamtwirtschaftliche Ungleichgewichte, wie Zahlungsbilanzdefizite und Arbeitslosigkeit hervorbringen. Nach der Theorie des öffentlichen Interesses bedarf dieses Marktversagen einer Korrektur durch den Staat — durch das öffentliche Angebot an Gütern und Diensten, durch öffentliche Ersparnisse und Investitionen und durch Steuern, Subventionen und Regulierungen.

Dieser Ansatz weist dem Staat bei der Beeinflussung der Einkommensverteilung und der Linderung der Armut eine besondere Rolle zu. Es wird argumentiert, das Auftreten von marktbedingter Armut sei üblicherweise weder gerecht noch angemessen, so daß der Staat hier eingreifen könne — und sollte. Er kann dies durch die Gestaltung der Steuerprogression und durch gezielte Ausgaben zugunsten der Armen tun. Regierungen stellen häufig Armutsprogramme auf, um sicherzustellen, daß die Armen ein Mindestmaß an bestimmten „meritorischen" Gütern wie Nahrung und Wohnung konsumieren können.

In den Entwicklungsländern erklären der Nachholbedarf bei der physischen und sozialen Infrastruktur, das niedrige Niveau von Ersparnissen und Investitionen, die Notwendigkeit der Wachstumsförderung durch Modernisierung und die Verfügbarkeit konzessionärer ausländischer Mittel für öffentliche Projekte die rasche Ausweitung der öffentlichen Finanzen, die sich mit der Theorie des öffentlichen Interesses vereinbaren läßt. Das Wachstum des Staatssektors wird zwar von der Theorie des öffentlichen Interesses als im allgemeinen angemessen betrachtet, doch wird auch anerkannt, daß die Staatsausgaben zeitweise exzessiv gewachsen sind. Fehler der Regierungen werden als ein ernstes Problem der Praxis betrachtet, aber nicht als unvermeidlich oder irreversibel angesehen. Im allgemeinen wurden politische und administrative Reformen vorgeschlagen, um ein solches „Staatsversagen" zu korrigieren.

In den späten siebziger und den achtziger Jahren wurde die Ausweitung des öffentlichen Sektors in den Industrie- und Entwicklungsländern zunehmend kritischer betrachtet. Schwaches Wachstum, eine schleppende private Spar- und Investitionstätigkeit, hohe Inflationsraten, Zahlungsbilanzdefizite, drückende Schuldenlasten, anhaltende Armut und Arbeitslosigkeit begann man zumindestens teilweise als Ergebnis der übermäßigen Expansion des öffentlichen Sektors anzusehen. Auch wenn externe Ereignisse außerhalb der Kontrolle der einzelnen Länder der unmittelbare Anlaß für viele dieser Probleme waren, wurde die Politik der Regierung oft dafür verantwortlich gemacht, daß die Entwicklungsländer schlecht vorbereitet waren. Die späten siebziger Jahre bildeten auch in den Zentralverwaltungswirtschaften einen wichtigen Wendepunkt, da man hier die Wirtschaftslenkung durch staatlichen Befehl zunehmend als Hemmschuh für das Wirtschaftswachstum erkannte; während der achtziger Jahre haben verschiedene dieser Länder die Rolle der Märkte erweitert.

Diese Bedenken fanden einen intellektuellen Unterbau im Wiederaufleben einer Auffassung vom öffentlichen Sektor, die als Theorie des „privaten Interesses" bezeichnet werden kann. Unter Berufung auf die klassische liberale Nationalökonomie, insbesondere auf Adam Smith, geht die Theorie des privaten Interesses von der Grundannahme aus, daß Individuen, ob innerhalb oder außerhalb der Regierung, die ihnen zur Verfügung stehenden Ressourcen und Einflußmöglichkeiten zur Förderung ihrer privaten Interessen einsetzen, statt irgendeiner abstrakten Idee des öffentlichen Interesses zu folgen. Zwar führt die Verfolgung privater Interessen auf Wettbewerbsmärkten zu einer effizienten Allokation der Ressourcen, doch ist dies im allgemeinen nicht der Fall, wenn Individuen die Monopolmacht des Staates zu ihrem eigenen Vorteil ausnutzen. Politiker, Bürokraten und viele private Interessenten profitieren von einer wachsenden Staatstätigkeit und höheren Staatsausgaben. Daher, so wird argumentiert, sollte die notwendige Rolle des Staates als Anbieter öffentlicher Güter sorgfältig eingegrenzt werden. Andernfalls käme es mit Sicherheit zu einer ineffizienten Bereitstellung öffentlicher und privater Güter und Dienstleistungen.

Auch das Auftreten nachhaltiger Haushaltsungleichgewichte und die Schwierigkeiten bei der Durchführung wirksamer Stabilisierungs- und Anpassungsprogramme in Entwicklungsländern wurden durch die Theorie des privaten Interesses erklärt (vgl. Sonderbeitrag 2.2). Die Befürworter der Theorie des privaten Interesses schlagen übereinstimmend gesetzliche Vorschriften zum Haushaltsausgleich vor, um die Entstehung von Budget-

Sonderbeitrag 2.2   Politische Interessen und Wirtschaftsreformen

Wirksame Stabilisierungs- und Strukturanpassungsprogramme erfordern politische Unterstützung. Dies gilt besonders für die öffentliche Finanzpolitik, weil sie im allgemeinen die Einkommensverteilung beeinflußt. Eine jüngere Untersuchung von Stephan Haggard und Robert Kaufman beleuchtete vier Hauptaspekte des politischen Prozesses.

Interessengruppen

Die Wirtschaftspolitik wird in hohem Maße von der Machtbalance zwischen konkurrierenden Interessengruppen, insbesondere den Unternehmern, den Arbeitnehmern und der Landwirtschaft, beeinflußt. Reformen können ohne die Rückendeckung durch eine dieser Gruppen kaum erfolgreich sein. Beispielsweise ist die Unterstützung durch die Unternehmerschaft — und ihr Vertrauen, daß Reformen dauerhaft sein werden — entscheidend für eine erfolgreiche Umverteilung von Ressourcen. Der Widerstand der Arbeitnehmer gegen Lohnbeschränkungen kann zur Rücknahme von Reformen führen, wie sich in verschiedenen Entwicklungsländern, so in Ägypten, Argentinien, der Dominikanischen Republik und Jamaika, gezeigt hat.

Art des politischen Regimes

Autoritäre Regime waren bei der Durchsetzung wirtschaftlicher Sparmaßnahmen nicht immer erfolgreicher als Demokratien. Eine Unterscheidung zwischen verschiedenen Arten von Demokratien und autoritären Regimen ist nützlicher. Starke Demokratien wie Costa Rica haben eine Tradition des Dialogs zwischen Unternehmern und Arbeitnehmern; dies fördert die Akzeptanz von Wirtschaftsprogrammen. Wenn dagegen die Politik von Technokraten hinter verschlossenen Türen gemacht wird, mögen Reformen kurzfristig erfolgreich, aber auf Dauer schwierig durchzuhalten sein. Starken autoritären Regierungen — ihre Merkmale sind Kontinuität der Führung, Isolierung gegenüber sozialem Druck, etablierte und integrierte Interessengruppen und die Macht, Entscheidungen durchzusetzen — gelingt es meist, der Bevölkerung die kurzfristigen Kosten von Wirtschaftsreformen aufzuerlegen. Als ein Beispiel dafür wurde die Republik Korea der frühen achtziger Jahre angeführt. Schwache autoritäre Regierungen, die die politische Autorität durch persönliche Patronage-Beziehungen erhalten, sind bei Wirtschaftsreformen tendenziell wenig erfolgreich. In diese Kategorie fallen einige der kleinen ethnisch gemischten afrikanischen Staaten südlich der Sahara. Die Erhaltung der politischen Macht hängt hier häufig von der diskretionären Verwendung öffentlicher Mittel ab, und eine wirtschaftlich rationale Reform der öffentlichen Finanzen wird politisch irrational. Solche Regime stoßen wahrscheinlich bei der Durchführung von Reformen auf größere Schwierigkeiten als starke autoritäre Regime oder auf Dialog basierende Demokratien.

Politische Zyklen

Der Zeithorizont einer Regierung kann ihre Entscheidungen beeinflussen. Dabei kommt es auf die Stabilität des Wahlsystems an. In einem stabilen System ist die Zeitspanne vor Wahlen durch expansive Politik gekennzeichnet, die Zeit danach durch Restriktion — wie dies in Mexiko während der vergangenen zwanzig Jahre der Fall war. Wenn dagegen der Übergang ungewiß ist, beeinflußt Unsicherheit die wirtschaftspolitischen Entscheidungen. Neue demokratische Regierungen werden wahrscheinlich zu Beginn ihrer Amtszeit expansive Programme verfolgen, wie das in Argentinien in den Anfangsjahren von Alfonsien, in Brasilien unter Sarney und in der Türkei nach dem Antritt der Zivilregierung der Fall war. Neue autoritäre Regime folgen tendenziell dem entgegengesetzten Kurs. Typischerweise ergreift das Militär in der Mitte einer Krise die Macht und versucht, die Ordnung wiederherzustellen und das Wirtschaftssystem zu rationalisieren. Trotz unterschiedlicher Umstände können Argentinien (1966 und 1976), Bolivien (1971), Brasilien (1964), Chile (Mitte 1973), Indonesien (1966), die Türkei (1971 und 1980) sowie Uruguay (Mitte der siebziger Jahre) als Beispiele dienen.

Die Bürokratie

Die administrative Kapazität einer Regierung ist entscheidend für ihre Fähigkeit, wirtschaftliche Reformprogramme zu organisieren und durchzuführen. In einigen Ländern, wie etwa Korea, ist diese Kapazität gut entwickelt. In anderen, darunter vielen afrikanischen Ländern mit niedrigem Einkommen, ist dies nicht der Fall. Zudem bildet die Bürokratie in den meisten Entwicklungsländern eine einflußreiche Interessengruppe, die Stabilisierungs- und Strukturreformen entgegentreten kann. Wirtschaftsreformen erfordern häufig eine Reduzierung des Umfangs des öffentlichen Sektors durch Abbau der Beschäftigung im öffentlichen Dienst und Privatisierung von SEU. Solche Maßnahmen stehen im Widerstreit mit den Interessen der Bürokratie.

Politik und „allerbeste" Maßnahmen

Politische Faktoren spielen bei der Entwicklung eines Wirtschaftsreformprogramms eine wichtige Rolle. „Allerbeste" Maßnahmen mögen aufgrund politischer Zwänge nicht immer möglich sein. In der Tat kann ein fehlgeschlagener Versuch, allerbeste Maßnahmen durchzuführen, ohne die politische Dimension zu berücksichtigen, zu einer Verschlechterung der Lage führen. „Zweitbeste" Maßnahmen werden sich als erfolgreicher erweisen, wenn sie der politischen Realität besser Rechnung tragen und daher langfristig durchsetzbar sind.

defiziten zu verhindern. Die Erfahrungen mit solchen Gesetzen in Entwicklungsländern zeigen jedoch, daß sie kaum wirksam sein dürften (vgl. Sonderbeitrag 2.3).

In ihren extremen Versionen lassen sich die Theorien des öffentlichen Interesses und des privaten Interesses nicht miteinander vereinbaren. Es ist daher nur natürlich, nach der empirischen Stichhaltigkeit beider Betrachtungsweisen zu fragen. Ein Ansatz besteht in der Prüfung, ob das Wachstum des Staatsanteils das Wirtschaftswachstum gefördert oder beeinträchtigt hat: der erstere Befund würde die Theorie des öffentlichen Interesses tendenziell stützen; der letztere Befund würde für die Theorie des privaten Interesses sprechen. Auf einfachster Ebene zeigt ein Streudiagramm für die Auswahl von Ländern, daß zwischen dem Wachstum des BIP und dem Anteil der Staatsausgaben am BIP keinerlei signifikante Korrelation besteht (vgl. Schaubild 2.5). Einige Wissenschaftler fanden nach Ausschaltung anderer das Wachstum beeinflussender Faktoren heraus, daß das Wirtschaftswachstum und der *Anteil* der Staatsausgaben am BIP negativ korreliert sind; andere stellten fest, daß das Wirtschaftswachstum und der *Zuwachs* der Staatsausgaben positiv korreliert sind. In jedem Fall bleiben wichtige Fragen über den analytischen Ansatz und die verwendeten Daten offen. Die Ergebnisse sind daher nicht schlüssig.

Ein pragmatischer Ansatz staatlichen Handelns

Statt dieser Vorgehensweise zu folgen, ist es fruchtbarer, die Theorien des öffentlichen und des privaten Interesses als komplementäre Perspektiven für

---

Sonderbeitrag 2.3   Gesetzliche Vorschriften zum Haushaltsausgleich

Einige Entwicklungsländer haben Gesetze eingeführt, die einen ausgeglichenen Staatshaushalt vorschreiben. Der ökonomische Sinn dieser Gesetze ist zweifelhaft. Beabsichtigt wird ein Haushalt, der mit Zielsetzungen wie Inflation, öffentliche Schulden und Wachstum des privaten Sektors konsistent ist (vgl. Sonderbeitrag 3.2). Ein Budget, das diese Ziele erreicht, braucht nicht notwendigerweise ausgeglichen zu sein. Erfahrungsgemäß lassen sich solche Gesetze außerdem sehr schwer durchsetzen. Eine grundlegende Schwierigkeit besteht in der Definition des „Haushaltsausgleichs". Zu diesem Zweck muß zunächst der Begriff „Staat" definiert werden. Dies ist nicht einfach, weil die meisten Länder eine Vielzahl von staatseigenen Unternehmen (SEU) und Nebenhaushalten aufweisen. Dann ist zu entscheiden, welche Posten zu den etatmäßigen Einnahmen und Ausgaben gehören. So ist es manchmal schwierig, zwischen dem Verkauf von Aktiva, Kreditaufnahmen und echten Einnahmepositionen zu unterscheiden. Schließlich ist der Zeitraum zu spezifizieren, währenddessen der Haushalt auszugleichen ist.

Die Gesetze zum Haushaltsausgleich in Kolumbien und Indonesien illustrieren diese Schwierigkeiten. In beiden Ländern sind die Regierungen gesetzlich verpflichtet, für jedes Fiskaljahr einen ausgeglichenen Haushaltsentwurf vorzulegen. In Kolumbien gibt es die zusätzliche Einschränkung, daß die Einnahmen um nicht mehr als 10 Prozent gegenüber dem Vorjahr steigen dürfen. In beiden Ländern enthalten die „Einnahmen" die Entwicklungshilfe und die von der Regierung bereits vereinbarten Kreditaufnahmen. Die „Ausgaben" enthalten die Schuldentilgungszahlungen. Der Haushaltssaldo entspricht somit nicht der ökonomischen Definition eines Staatsüberschusses oder -defizits (wobei Kredite als Finanzierungsposten behandelt werden), und er gibt kaum Aufschluß über die Bedeutung des Haushalts im Hinblick auf Inflation und Verschuldung. Kolumbien und Indonesien wiesen in den letzten Jahren beträchtliche Defizite und Überschüsse der Zentralregierung auf, wenn diese nach ökonomischen Kriterien abgegrenzt werden.

Damit nicht genug. Es ist relativ leicht, wichtige Stellen des öffentlichen Sektors außerhalb des Haushalts zu führen und so den geforderten Ausgleich zu erreichen. In Kolumbien fließen den SEU und anderen Stellen außerhalb des Budgets ihnen zugewiesene Steuereinnahmen direkt zu, und sie können Kredite aufnehmen und Ausgaben tätigen, ohne den Beschränkungen des Haushaltsplans zu unterliegen. Indonesien hat ebenfalls viele SEU, die vom Erfordernis des ausgeglichenen Haushalts nicht erfaßt werden.

Gesetze, die den Haushaltsausgleich vorschreiben, können die Finanzplanung komplizieren. In Kolumbien mußten im Verlauf jedes Fiskaljahres Ergänzungshaushalte aufgestellt werden, wenn zusätzliche Einnahmen verfügbar wurden. Solche Ergänzungshaushalte bringen die Ausgabenplanung durcheinander, weil man sich kaum bemüht, ihre Vereinbarkeit mit den übergeordneten Ausgabenzielen zu überprüfen. Pro Jahr wurden bis zu fünf Ergänzungshaushalte aufgestellt. Die ursprünglichen Haushaltsansätze wurden um bis zu 50 Prozent übertroffen.

Obwohl Haushaltsausgleichs-Gesetze sich in der Praxis leicht umgehen lassen, können sie für finanzpolitisch konservative Regierungen nützlich sein. Sie erlauben dem Finanzminister, sich auf den Zwang zum „Haushaltsausgleich" zu berufen, wenn er sich Forderungen nach höheren Ausgaben widersetzt. In der Tat haben Kolumbien und Indonesien insgesamt eine solide Finanzpolitik betrieben, seit diese Gesetze in Kraft sind. Haushaltsausgleichs-Gesetze sind jedoch häufiger ein Symbol eines finanzpolitisch konservativen Staates als eine wirksame Beschränkung für einen ausgabefreudigen Staat.

ein Verständnis des öffentlichen Sektors und der öffentlichen Finanzen zu betrachten. Die Theorie des öffentlichen Interesses betont die potentiellen Vorteile staatlicher Interventionen, wenn sie zur Korrektur des Marktversagens wirksam eingesetzt werden. Sie bietet einen Rahmen zur Identifizierung der Bedingungen eines wahrscheinlichen Marktversagens und für die Gestaltung einer geeigneten Politik zur Korrektur dieses Versagens. Die Theorie des privaten Interesses betont das Potential an Fehlschlägen und warnt vor einer allzu optimistischen Einschätzung des Staates als eines unparteiischen Bewahrers des öffentlichen Interesses. Sonderbeitrag 2.4 bietet ein Beispiel dafür, wie die Korrektur des Marktversagens mit Anstrengungen zur Minimierung des staatlichen Fehlverhaltens im Bereich der Umwelt verbunden werden muß.

Eine pragmatische Gestaltung der Politik kann die positiven Erkenntnisse der Theorie des öffentlichen Interesses wie der des privaten Interesses berücksichtigen, indem sie:

• Nutzen und Kosten des staatlichen Eingreifens abwägt;

• fragt, welche Gruppen in der Gesellschaft wahrscheinlich den Nutzen haben und welche die Kosten tragen;

• die institutionellen und politischen Zwänge erkennt, die bei der Durchführung bestimmter Maßnahmen wahrscheinlich auftreten;

• nach Mitteln und Wegen sucht, die sicherstellen, daß der öffentliche Sektor innerhalb dieser Rahmenbedingungen effizient handelt.

Ein pragmatisches Herangehen an die Analyse des staatlichen Handelns könnte damit beginnen, daß Wirtschaftsbereiche nach dem wünschenswerten Umfang staatlicher Eingriffe klassifiziert werden. Plausible Kriterien für die Klassifizierung wären die Möglichkeiten des Staates, die Effizienz, das Wachstum, die Linderung der Armut und die Stabilisierung zu fördern. Demgemäß sprechen in einigen Bereichen mehr Argumente für das staatliche Eingreifen als in anderen.

Erstens hat der Staat bestimmte zentrale Verantwortungsbereiche. Zu den öffentlichen Gütern, die allein der öffentliche Sektor wirksam zur Verfügung stellen kann, gehören Verteidigung, diplomatische Vertretung, gesamtwirtschaftliche Politik sowie ein rechtlicher und institutioneller Rahmen, der Regeln für die Rechtsprechung, das Eigentum und das Wirtschaftsleben definiert und durchsetzt. Zweitens muß der Staat dazu beitragen, daß eine soziale, physische und informationelle Infrastruktur zur Verfügung steht: Erziehungswesen, Gesundheits-

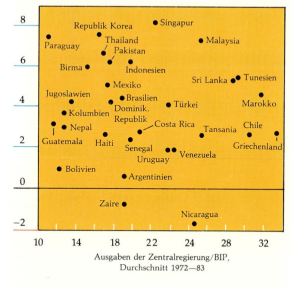

Schaubild 2.5 Der Zusammenhang zwischen dem BIP-Anteil der Ausgaben der Zentralregierung und dem BIP-Wachstum in Entwicklungsländern
(in %)

Quellen: IWF, Government Finance Statistics, 1987 und Daten der Weltbank.

wesen, Verkehrsnetze, öffentliche Versorgungsbetriebe, Entwicklung und Verbreitung von Technik sowie Umweltschutz. In diesen Bereichen kommt es häufig zum Marktversagen, und viele der meritorischen Güter, die erforderlich sind, um Grundbedürfnisse zu befriedigen, sind hier zu finden. Anderswo ist aus Gründen der Wirtschaftlichkeit und der Gerechtigkeit staatliches Eingreifen weniger angebracht, und die Kosten der Intervention drohen den Nutzen zu übertreffen. Beispielsweise ist der Staat im allgemeinen nicht gut gerüstet, um in der Landwirtschaft, der Industrie, der Energie, im Bergbau und vielen Dienstleistungsbereichen eine wichtige Rolle zu spielen — wenngleich eine gewisse Unterstützung erforderlich sein mag.

Wo genau die Linie zwischen staatlichem Eingreifen und der Verantwortlichkeit des privaten Sektors gezogen werden sollte, hängt prinzipiell von der Bewertung der Kosten und des Nutzens des staatlichen Eingreifens ab. Dort, wo das System der Einnahmebeschaffung die Aufbringung zusätzlicher Mittel ohne eine stärkere Verzerrung der Aktivitäten des privaten Sektors erlaubt, kann stärkeres staatliches Engagement angemessen sein —

Sonderbeitrag 2.4   Öffentliche Finanzen und die Umwelt

In den meisten Entwicklungsländern hängt die wirtschaftliche Aktivität in hohem Maße von der Ausstattung mit natürlichen Ressourcen ab. Die Länder müssen die Produktivität dieser Ressourcenausstattung steigern, wenn ihre wachsende Bevölkerung einen deutlich höheren Lebensstandard erreichen soll. Einer öffentlichen Finanzpolitik, die darauf ausgerichtet ist, ein stabiles Wirtschaftswachstum zu fördern und die Armut zu lindern, kommt bei diesen Bemühungen eine wichtige Rolle zu. Ohne staatliches Eingreifen würden möglicherweise die Individuen die langfristigen Umweltwirkungen ihres kollektiven Handelns nicht angemessen berücksichtigen. Verfehlte Staatsinterventionen haben manchmal aber auch Umweltprobleme verschärft.

Mangelnder Schutz durch freie Märkte

Ressourcenverschlechterungen sind zumeist eine Folge der Kumulierung von Aktivitäten der Landwirte, der Haushalte und der Industrie, die alle ihr wirtschaftliches Wohlergehen verbessern möchten. Es gibt verschiedene Gründe, warum sich ihre Bemühungen letztlich gegen sie selbst richten können. Erstens kann es sein, daß die Menschen die langfristigen Konsequenzen ihres Handelns für die natürliche Ressourcenausstattung nicht voll überblicken. Zweitens können schlecht definierte oder unzureichend durchgesetzte Eigentumsrechte zu Umweltschäden führen. Beispielsweise haben unklare Rechtspositionen bei der gemeinschaftlichen Nutzung von Weideland, Waldungen oder Gewässern vom Boden-, Wald- und Gewässerschutz abgehalten, weil die Einzelnen nicht sicher sind, daß sie von ihren Investitionen zur Erhaltung der Umwelt profitieren werden. Drittens kann Armut dazu führen, daß der Marktprozeß den langfristigen Umweltproblemen nicht ausreichend Rechnung trägt. In vielen Städten rund um die Welt leben zahllose Menschen, die Wohnungskosten und Wegezeiten einsparen wollen, im Schatten von Fabrikanlagen, wo sie permanent der Umweltverschmutzung oder Betriebsunfällen ausgesetzt sind.

Zusammen mit anderen Maßnahmen können die Instrumente der staatlichen Finanzpolitik angewendet werden, um die wirtschaftlichen Anreize zugunsten einer tragbaren produktiven Nutzung der natürlichen Ressourcen zu verschieben. Auf der Einnahmeseite können Steuern, Subventionen und Preiskontrollen so gestaltet werden, daß die privaten Kosten der Ressourcennutzung deren langfristige volkswirtschaftliche Kosten widerspiegeln. Erziehung, Familienplanungsprogramme und die Durchsetzung von Eigentumsrechten können die Menschen dazu motivieren, weiter in die Zukunft zu denken.

Eine durchdachte Umweltpolitik kann zu den Staatseinnahmen beitragen und zugleich die natürlichen Ressourcen erhalten. So hat die philippinische Regierung von 1979 bis 1982 nur rund 140 Mio Dollar von möglichen 1,5 Mrd Dollar an Holzeinschlagsabgaben erhoben; den Rest überließ sie bevorrechtigten Konzessionsinhabern. Infolge dieser Politik sind die produktiven Urwälder auf den Philippinen um nahezu 90 Prozent zurückgegangen, und das Fällen von Wäldern im Hochland hat zu einer gravierenden Erosion beigetragen.

Fehler der staatlichen Finanzpolitik

Viele Länder verfolgen eine Politik, welche die oben beschriebenen Fälle von Marktversagen eher verstärkt, statt sie zu korrigieren. Finanzpolitische Maßnahmen, bei deren Konzipierung die Umwelteffekte nicht angemessen berücksichtigt wurden, können zu ineffizienten Anreizen führen. Die Verbindung zwischen Politik und Umwelt ist häufig schwer nachzuvollziehen; manchmal besteht das Problem in einem mangelndem Einfluß von ökologischen Interessengruppen. In solchen Fällen besteht kein Zielkonflikt zwischen der Förderung der Effizienz und der Bewahrung der natürlichen Ressourcen.

In manchen Fällen müssen langfristige und kurzfristige Gesichtspunkte gegeneinander abgewogen werden. Dies gilt besonders dann, wenn extreme und kritische wirtschaftliche Probleme vorliegen. Maßnahmen, die die Ressourcenverschlechterung beschleunigen und die volkswirtschaftliche Produktivität mindern, führen jedoch häufig auch zu einer höheren Belastung der Staatsfinanzen, beeinträchtigen die kurzfristige Effizienz und begünstigen relativ gutgestellte Gruppen zu Lasten benachteiligter Gruppen.

Die Umweltwirkungen einer fehlerhaften staatlichen Finanzpolitik sind im Energiesektor gut zu beobachten. In den meisten Entwicklungsländern haben die Energiepreise bis in die jüngste Zeit nicht die Opportunitätskosten widergespiegelt. Zugleich haben niedrige Preise die Erträge von Investitionen zur Energieeinsparung gedrückt, eine unwirtschaftliche Brennstoffnutzung verewigt und damit ihrerseits Umweltprobleme verursacht. In Ländern beispielsweise, in denen Kohle ein wichtiger Brennstoff ist, lagen die Preise vielfach unterhalb der volkswirtschaftlichen Kosten, so daß viele Bergwerke mit Verlusten arbeiten und staatliche Subventionen benötigen. Jeder Schritt bei der Verwendung von Kohle (Abbau, Waschung, Transport und Verbrennung) bringt aber eine potentielle Schädigung der Land-, Wasser- und Luftqualität mit sich. Ähnlich haben in vielen Entwicklungsländern (so in Bolivien, China, Peru und Uganda) subventionierte Strompreise zur Förderung der Industrialisierung ein unwirtschaftliches Wachstum der Stromnachfrage und überhöhte öffentliche Investitionen in die Stromerzeugung ausgelöst. Dies wiederum führte zum übermäßigen oder verfrühten Ausbau der Wasserkraft und einer unnötigen Umweltverschmutzung durch öl- und kohlebefeuerte Elektrizitätswerke.

Begrenzung der Risiken für die Zukunft

Wirtschaftliche Aktivitäten haben zwangsläufig ökologische Nebeneffekte. Die staatliche Finanzpolitik verfügt über eine Reihe wirksamer Instrumente, um die Umweltschäden zu begrenzen und die Risiken zu verringern, wobei es sich häufig vermeiden läßt, zwischen dem Wirtschaftswachstum und der Linderung der Armut abwägen zu müssen.

vielleicht weil das Marktversagen und die Armutsprobleme besonders gravierend sind oder weil der öffentliche Dienst die benötigten öffentlichen Güter rationell zur Verfügung stellt. Anderswo mag ein gleiches Ausmaß staatlicher Eingriffe zu groß sein, weil die Einnahmebeschaffung bereits in hohem Maße verzerrend wirkt, weil die privaten Märkte effizient funktionieren oder weil die Bürokratie für Markteingriffe schlecht gerüstet ist.

Dies legt den Schluß nahe, daß die Qualität der Staatstätigkeit mehr zählt als ihr Umfang als solcher. Diese Qualität läßt sich in großen Zügen anhand von fünf Kriterien definieren.

• *Solide Finanzpolitik.* Die Notwendigkeit, die Finanzpolitik zu verbessern, ist bereits den meisten Entwicklungsländern nachdrücklich klargemacht worden. Überhöhte Haushaltsdefizite und der daraus resultierende Finanzbedarf des öffentlichen Sektors sind häufig die Wurzel gesamtwirtschaftlicher Ungleichgewichte gewesen. Eine bessere Abstimmung der Ausgaben auf die Einnahmen, um sicherzustellen, daß die entstehenden Defizite sich mit anderen gesamtwirtschaftlichen Maßnahmen und Zielen vereinbaren lassen, ist ein wesentliches Element der qualitativen Verbesserung der Staatstätigkeit (Kapitel 3). Die schwierigere Frage ist, wie dies geschehen soll. Es geht darum, zusätzliche Einnahmen auf die kostengünstigste Weise zu erzielen und notwendige Ausgabenkürzungen auf die am wenigsten belastende Weise vorzunehmen.

• *Effiziente Mobilisierung von Einnahmen.* Die bei der Erhebung zusätzlicher öffentlicher Einnahmen entstehenden Kosten können im allgemeinen durch eine Reform des Steuersystems gesenkt werden, welche die von den Steuern ausgehenden Verzerrungen und Ineffizienzen verringert. Zusätzliche Einnahmen lassen sich in effizienter Weise auch dadurch beschaffen, daß die Preise oder Benutzergebühren für staatlich produzierte Güter und Dienstleistungen angehoben werden, wenn diese unterhalb der Kosten liegen, wie dies häufig der Fall ist. Steuersysteme und Benutzergebühren können so gestaltet werden, daß sie die Belastung der Armen minimieren ohne merkliche Effizienzverluste zu verursachen (Kapitel 4 und 6).

• *Prioritäten bei öffentlichen Ausgaben.* Bei gegebenem Umfang der Staatstätigkeit, etwa gemessen am Anteil der Staatsausgaben am BIP, können die Ausgaben Sektoren oder Aktivitäten mit geringer Priorität zugute kommen, während Sektoren oder Aktivitäten mit hoher Priorität unzureichend bedacht werden. Die Verlagerung öffentlicher Mittel aus nachrangigen in vorrangige Bereiche kann den Beitrag des öffentlichen Sektors zur Förderung des langfristigen Wachstums und zur Linderung der Armut wesentlich effektiver gestalten (Kapitel 5 und 6).

• *Sachgerechte Struktur des Staates.* Die Qualität des öffentlichen Sektors hängt von der Effektivität seiner wesentlichen Bestandteile ab — des Zentralstaates, der Einzelstaaten, der Kommunen und der SEU. Eine übersteigerte Kontrolle durch die Zentralregierung in Verbindung mit unzureichender Rechnungslegung dezentraler Stellen und übersichtlichen Finanzbeziehungen zwischen den verschiedenen staatlichen Ebenen haben in den Entwicklungsländern häufig zu einer unrationellen Aufbringung und Verwendung öffentlicher Mittel beigetragen. Die Verbesserung der staatlichen Strukturen kann die Qualität des staatlichen Handelns beträchtlich erhöhen (Kapitel 7 und 8).

• *Funktionierende Verwaltung.* Die Leistungsfähigkeit der Verwaltung bildet einen wichtigen Begrenzungsfaktor für die Kapazität der Regierung, qualitativ hochwertige Ausgaben- und Einnahmenprogramme aufzustellen und durchzuführen. Die Verbesserung der Verwaltungsqualität ist ein wesentlicher Teil der Qualitätsverbesserung der Staatstätigkeit. (Reformen der öffentlichen Verwaltung werden in diesem Bericht nur insoweit behandelt, wie sie direkt mit den öffentlichen Finanzen zusammenhängen.)

Die Betonung des qualitativen Aspekts der Staatstätigkeit steht im Einklang mit der Auffassung, daß in vielen Entwicklungsländern der öffentliche Sektor während der letzten Jahre übermäßig ausgeweitet wurde und Aufgaben an sich gezogen hat, für deren Bewältigung er schlecht gerüstet ist. Dies führte zu einem Ungleichgewicht zwischen den Ausgaben und den verfügbaren Mitteln. Die Herausforderung für die Regierungen besteht darin, ihre Prioritäten und Politiken im Lichte der Erfahrung und der begrenzten Mittel zu überprüfen. Häufig wird dies auf eine verringerte Rolle des Staates und auf eine stärkere Berücksichtigung der Privatinitiativen hinauslaufen. In einigen Ländern oder Sektoren könnten jedoch höhere öffentliche Ausgaben angebracht sein — insbesondere dort, wo ein anhaltender finanzpolitischer Sparkurs zu hohen linearen Kürzungen der öffentlichen Ausgaben geführt hat. Der Rest dieses Berichts untersucht diese Wahlmöglichkeiten und zeigt Wege zur Qualitätsverbesserung der öffentlichen Finanzen, die es den Entwicklungsländern erlauben, auf ihre gegenwärtige finanzielle Notlage zu reagieren, ohne die Aussichten auf langfristiges Wachstum gravierend zu beeinträchtigen. Zwar steht die öffentliche Finanzpolitik der Entwicklungsländer im Zentrum des Berichts, doch besteht kein Zweifel, daß viele dieser Erkenntnisse in gleichem Maß für die Politik der Industrieländer gelten. Der Hauptunterschied besteht darin, daß die Entwicklungsländer sich eine Verschwendung ihrer extrem knappen Ressourcen noch weniger als die besser gestellten Industrieländer leisten können.

3

Finanzpolitik für Stabilisierung und Anpassung

Die fiskalische Krise der meisten Entwicklungsländer — sowie die damit verbundenen Probleme der Auslandsschulden, der Inflation und der Rezession — haben die Aufmerksamkeit erneut auf die Bedeutung einer soliden Finanzpolitik gelenkt. Trotz großer Unterschiede zwischen den einzelnen Ländern sind die grundlegenden Prinzipien der öffentlichen Finanzwirtschaft überall anwendbar. Das vorliegende Kapitel beschreibt diese Prinzipien und wendet sie im folgenden auf drei verschiedene Problembereiche an, nämlich auf das Schuldenproblem der Länder mit mittlerem Einkommen, auf das Problem der Wirtschaftszyklen in den Rohstoff-Exportländern und auf die Anpassungsaufgabe der von gravierenden Engpässen betroffenen Volkswirtschaften Afrikas südlich der Sahara.

Einer der zentralen Aspekte der Finanzpolitik ist die Steuerung des öffentlichen Defizits — also des Überschusses der Ausgaben über die Einnahmen des öffentlichen Sektors (vgl. Sonderbeitrag 3.1). Defizite als solche sind nicht automatisch mit gesamtwirtschaftlichen Problemen verbunden. Werden öffentliche Mittel hinreichend produktiv verwendet, können sie zukünftiges Einkommen schaffen, aus dem eventuell eingegangene Schulden bedient werden können. Wenn die Ausgaben aufgrund vorübergehender Einflüsse, wie Krieg oder Naturkatastrophen, steigen, mögen Defizite als ein Mittel zur Verteilung der Kosten auf mehrere Jahre gerechtfertigt sein. In Ländern mit einem hohen privaten Sparaufkommen und gut entwickelten Kapitalmärkten werden Defizite leichter absorbiert. Somit braucht ein relativ hohes Defizit in einer effizienten Volkswirtschaft mit hoher Sparquote nicht unbedingt Probleme zu schaffen, während eine Wirtschaft mit niedriger Sparquote und ausgeprägten Marktverzerrungen selbst durch ein kleines Defizit aus dem Gleichgewicht gebracht werden kann. Eine solide Finanzpolitik ist also dadurch gekennzeichnet, daß sie das öffentliche Defizit in einem Rahmen hält, der mit anderen gesamtwirtschaftlichen Zielen — der Eindämmung der Inflation, der Förderung der privaten Investitionen und der Aufrechterhaltung der externen Kreditwürdigkeit — konsistent ist.

Finanzpolitik und gesamtwirtschaftliche Entwicklung

Inwieweit ein bestimmtes öffentliches Defizit mit den übergeordneten gesamtwirtschaftlichen Zielen vereinbart werden kann, hängt vor allem von der Art seiner Finanzierung ab. Ein Defizit muß finanziert werden, indem der private Sektor einen Teil des Überschusses seiner Ersparnis über die eigenen Investitionen an den öffentlichen Sektor ausleiht, Ausländer einen Teil ihrer Ersparnis zur Verfügung stellen, Geld gedruckt wird oder eine Kombination der drei Finanzierungsweisen realisiert wird (vgl. Sonderbeitrag 3.2). Wird eine dieser drei Finanzierungsquellen zu stark beansprucht, so kann dies zu gesamtwirtschaftlichen Ungleichgewichten führen. Eine Überbeanspruchung des heimischen Kreditmarktes kann den Realzins nach oben treiben und die privaten Investitionen beeinträchtigen. Ein

Sonderbeitrag 3.1 Die Berechnung des Staatsdefizits

Die korrekte Berechnungsweise des Defizits des öffentlichen Sektors ist vom Zweck der Berechnung abhängig. Das naheliegendste Ziel ist die Ermittlung der Nettobeanspruchung von Ressourcen durch den öffentlichen Sektor; diese Größe beeinflußt ihrerseits das externe Defizit, die Inflationsrate, das heimische Zinsniveau und die Beschäftigung.

Ein in diesem Sinn geeigneter Indikator wäre die Nettoverwendung finanzieller Ressourcen durch den öffentlichen Sektor, der *Netto-Kreditbedarf des öffentlichen Sektors* (NKÖS). Der NKÖS entspricht dem Gesamtüberschuß der Ausgaben über die Einnahmen aller öffentlichen Stellen; dieser Ausgabenüberschuß muß durch die Neuverschuldung nach Abzug von Tilgungen bestehender Schulden finanziert werden. Er wird auch als „konsolidiertes Defizit des öffentlichen Sektors" bezeichnet. Zu den Ausgaben gehören die Gehälter der Staatsbediensteten, die Ausgaben für Güter und Sachkapital, Zinsen auf Schulden, Transfers und Subventionen. Zu den Einnahmen gehören Steuern, Benutzergebühren, Zinsen auf Finanzanlagen, Transfers, Betriebsgewinne von Staatsunternehmen und Erlöse aus dem Verkauf von staatlichem Vermögen. Tilgungszahlungen auf Staatsschulden oder der Erwerb von Finanzanlagen rechnen nicht zu den Ausgaben, während der Abbau von Kassenbeständen nicht zu den Einnahmen gehört.

Der NKÖS ist das umfassendste Maß für das Defizit, kann aber unter manchen Umständen in die Irre führen. In Ländern mit hoher Inflationsrate wird die Kreditaufnahme des öffentlichen Sektors teilweise durch den Rückgang des Realwerts seiner vorhandenen Schulden ausgeglichen. Ein Teil der Zinszahlungen des Staates dient dann nur dazu, die Gläubiger für den sinkenden Realwert der Staatsschulden zu entschädigen; er stellt keine reale Zinsbelastung für den Staat dar. Manchmal ist der geschuldete Kapitalbetrag ausdrücklich durch einen Preisindex an die Inflation gebunden, so daß der NKÖS von der Indexierung aufgebläht wird. In solchen Fällen ist die Veränderung der realen Schulden ein anderes Maß für das öffentliche Defizit. Das *laufende Defizit* ist definiert als der NKÖS abzüglich der in den Zinszahlungen enthaltenen Inflationskorrektur; es wird auch als „inflationsbereinigtes" Defizit bezeichnet. Beide Konzepte können sich beträchtlich unterscheiden. In Brasilien war im Jahr 1985 die „Inflationskorrektur" der indexierten Inlandsschulden derart umfangreich, daß der NKÖS 27,1 Prozent des BIP ausmachte, während das laufende Defizit nur 3,5 Prozent des BIP erreichte.

Die Zinszahlungen für die Schulden sind eine Folge früherer Defizite, nicht des laufenden Finanzgebarens. Ein Indikator des aktuellen finanzpolitischen Kurses sollte deshalb die Zinszahlungen aus dem NKÖS ausschließen, wodurch sich das *Primärdefizit* ergibt, das auch als „zinsbereinigtes Defizit" bezeichnet wird. Das Primärdefizit gibt an, wie sich die Nettoverschuldung des öffentlichen Sektors durch die laufende Haushaltspolitik verbessert oder verschlechtert, und ist damit eine wichtige Kennzahl für die Beurteilung der Tragbarkeit von Staatsdefiziten. Zwar kann der Staat auf unbegrenzte Zeit Defizite aufweisen, doch muß der Primärsaldo schließlich positiv werden, damit die Zinskosten der ausstehenden Schulden wenigstens zum Teil gedeckt sind. Wenn die Staatseinnahmen und die Gesamtwirtschaft mit einer Rate wachsen, die höher ist als der Realzins, kann sogar der Primärsaldo in der Minuszone bleiben. Im allgemeinen ist es jedoch nicht möglich, daß die Wirtschaft auf lange Sicht durchweg mit einer höheren Rate als der reale Zinssatz wächst. Die Beziehungen zwischen diesen verschiedenen Konzepten des Defizits zeigt Schaubild 3.1 A.

Im öffentlichen Sektor sollten enthalten sein: die Zentralregierung, Länder, Provinzen, Gemeinden, ausgegliederte Verwaltungen und die staatseigenen Unternehmen. Die gängigen Defizitangaben enthalten häufig nur das Defizit der Zentralregierung. Dieses kann ein sehr irreführendes Bild ergeben, wenn andere öffentliche Stellen hohe Defizite oder Überschüsse aufweisen. Auch in umfassenden Maßen des Defizits sind öffentliche Finanzinstitute wegen ihrer besonderen Funktion als Finanzierungsvermittler häufig nicht berücksichtigt. Diese Finanzierungsvermittler, insbesondere die Zentralbank, machen gelegentlich hohe Verluste, die man auch als „quasifiskalisches Defizit" bezeichnet. Zu solchen Verlusten kommt es gewöhnlich, weil die Zentralbank Wechselkursverluste oder Kreditausfälle von privaten Banken übernimmt (vgl. Sonderbeitrag 3.3) oder weil sie subventionierte Kredite unmittelbar vergibt. Das Defizit der öffentlichen Finanzierungsinstitutionen beeinflußt die Gesamtwirtschaft in ähnlicher Weise wie das anderer öffentlicher Stellen und sollte deshalb im gesamten Defizit des öffentlichen Sektors enthalten sein. Dies wirft jedoch enorme Erfassungsprobleme auf. Derartige Verluste werden häufig außer acht gelassen, falls sie nicht aufgrund ihres Umfangs berücksichtigt werden müssen.

Eine weitere Korrektur des Defizits besteht darin, den Einfluß vorübergehender Faktoren auszuschalten; solche Faktoren sind zum Beispiel die Abweichungen des inländi-

übermäßiger Rückgriff auf Auslandskapital kann eine reale Aufwertung, ein höheres Leistungsbilanzdefizit, untragbare Auslandsschulden und schrumpfende Währungsreserven zur Folge haben. Eine überhöhte Geldschöpfung kann verstärkte Inflation nach sich ziehen. Im Zusammenhang von Produktion und Nachfrage betrachtet, bedeutet eine Ausweitung des öffentlichen Defizits eine zusätzliche Güternachfrage. Um diese zusätzliche Nachfrage zu befriedigen, gibt es nur drei Möglichkeiten, nämlich die Einfuhr zusätzlicher Güter aus dem Ausland (das heißt eine Ausweitung des Leistungsbilanzdefizits), die Einschränkung der privaten Güternachfrage durch höhere Inflation und Zinssätze oder die Steigerung der heimischen Produktion.

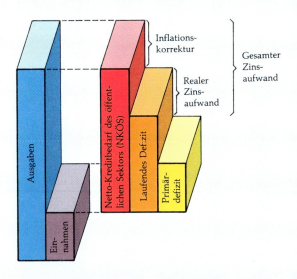

Schaubild 3.1A Verschiedene Konzepte des Defizits und ihr Zusammenhang

schen Einkommens, der Rohstoffpreise und der Zinssätze von ihren langfristigen Werten oder auch einmalige Ereignisse wie Steueramnestien. Einnahmen aus dem Verkauf von staatlichem Vermögen könnten ebenfalls herausgerechnet werden, da sie eigentlich mehr zur Finanzierung des Defizits als zur Einnahmeerzielung beitragen. Als Resultat dieser Bereinigungen erhält man das *strukturelle Defizit*, d. h. jenes Defizit, das bestehen bleiben dürfte, solange keine Anpassungsmaßnahmen erfolgen.

Jedes dieser Defizit-Konzepte erfaßt einen bestimmten Aspekte des Einflusses der öffentlichen Finanzen auf die Wirtschaft. Der NKÖS gibt den Bedarf an internen oder externen Finanzmitteln an (vgl. Sonderbeitrag 3.2). Das laufende Defizit eliminiert einige der inflationsbedingten Verzerrungen. In Schuldnerländern zeigt das Primärdefizit den aktuellen Beitrag des öffentlichen Sektors zu den Schuldenproblemen. In Zeiten einer ungewöhnlichen Entwicklung der Rohstoffpreise oder des Inlandseinkommens vermittelt das strukturelle Defizit einen Eindruck von der langfristigen Haushaltslage.

Schaubild 3.1 illustriert den Zusammenhang zwischen dem Staatsdefizit und dem Leistungsbilanzdefizit in vier Ländern. Da der Überschuß der privaten Ersparnis über die privaten Investitionen zusätzliche öffentliche Defizite oft nicht abdecken kann, schlagen sich diese in unterschiedlichem Ausmaß in höheren Leistungsbilanzdefiziten nieder. Auch Zinssteigerungen an den internationalen Märkten und sinkende Rohstoffpreise führen in vielen Ländern unmittelbar zu einer Ausweitung der beiden Defizite. Zwar ermöglicht die Kreditaufnahme im Ausland eine Ausdehnung des öffentlichen Defizits ohne übermäßigen Inflationsdruck oder Zinsauftrieb im Inland, doch läßt die Anhäufung von Auslandsschulden die Länder gegenüber äußeren Einflüssen, wie einer weltweiten Rezession, fallenden Rohstoffpreisen und plötzlichen Veränderungen der Kosten und Verfügbarkeit von Auslandskrediten, anfälliger werden. Wenn die expansive Finanzpolitik auf Dauer nicht tragbar ist, wird durch die laufende Verschuldung im Ausland nur eine Anpassung verzögert, die später umso einschneidender ausfällt.

Haushaltsdefizite und Inflation

Der Staat kann sich dafür entscheiden, sein Haushaltsdefizit durch Geldschöpfung zu finanzieren, d. h. indem er Banknoten druckt und sie ausgibt. Durch die Emission von Geld ist der Staat in der Lage, reale Ressourcen zu beanspruchen; dieses Recht ist als „Münzregal" bekannt. Der Gesamtbetrag des vom Publikum und den Banken gehaltenen Bargeld wird als monetäre Basis bezeichnet, da dieser Bestand die Grundlage für die mittels Bargeld, Sichtguthaben, Spargutaben und anderer Arten monetärer Aktiva ausgeführten Geldtransaktionen bildet. Da in einer wachsenden Wirtschaft die Nachfrage nach monetären Aktiva laufend zunimmt, kann sich der Staat in begrenztem Umfang durch eine Ausweitung der monetären Basis selbst finanzieren, ohne Inflation auszulösen. Wenn jedoch die Geldschöpfung über das Wachstum der Geldnachfrage hinausgeht, kann es zu Inflation kommen. (In Ländern mit einer frei konvertierbaren Währung können außerdem Währungsreserven abfließen, weil das Publikum das nicht gewünschte Inlandsgeld in Auslandswährung umtauscht.) Durch die Inflation wird letztlich jeder einzelne besteuert, da der reale Wert seines Geldbestandes sinkt: Aus dem Münzregal des Staates wird teilweise eine versteckte „Inflationssteuer". Auch Banken, welche Reserven auf ihre Einlagen halten, sind von dieser Steuer betroffen, die sie gewöhnlich durch niedrigere Einlagenzinsen auf die Einleger überwälzen. Eine durch die Notenpresse in Gang gesetzte Inflation kann zusätzliche fiskalische Vorteile bringen, da sie den Realwert der öffentlichen Schulden vermindert. (Wenn die Inflation jedoch antizipiert wird, kommt es im voraus zu steigenden

Sonderbeitrag 3.2 Welches Staatsdefizit ist „tragbar"?

Ob ein öffentliches Defizit „tragbar" ist, läßt sich unter anderem daran feststellen, ob seine Finanzierung mit den anderen gesamtwirtschaftlichen Zielen der Regierung vereinbar ist — beispielsweise der externen Kreditwürdigkeit, dem Wachstum der privaten Investitionen und der Eindämmung der Inflation. Zu diesem Zweck muß die Finanzierung in ihre einzelnen Komponenten zerlegt werden. Als Ausgangspunkt ist die Identitätsgleichung nützlich, wonach die Summe aller Investitionen in der Volkswirtschaft den von Inländern und Ausländern zur Verfügung gestellten Ersparnissen entsprechen muß (vgl. Schaubild 3.2 A, obere Hälfte). Die ausländische Ersparnis ist der Betrag, um den die Einnahmen von Ausländern aus der inländischen Wirtschaft deren Ausgaben im Inland übersteigen. Dieser Betrag entspricht dem Leistungsbilanzdefizit in der Zahlungsbilanz. Die private Ersparnis ist gleich dem BSP abzüglich Steuern und privatem Verbrauch, was die private Komponente der Bruttoersparnis der Inländer ergibt. Die öffentliche Ersparnis ist der Überschuß der laufenden Einnahmen über die laufenden Ausgaben des Staates; das öffentliche Defizit kann damit als Differenz zwischen den öffentlichen Investitionen und der öffentlichen Ersparnis definiert werden. Die erstgenannte Identität kann demnach wie in Schaubild 3.2 A, untere Hälfte, umgeschrieben werden. *Einem öffentlichen Defizit muß ein Überschuß der Ersparnis über die Investitionen des privaten Sektors und/oder ein Defizit der Leistungsbilanz gegenüberstehen.* Die „Tragbarkeit" des Staatsdefizits hängt ab vom Umfang der privaten Ersparnis, vom angestrebten Niveau der privaten Investitionen und vom gewünschten Leistungsbilanzdefizit.

Die Finanzierungsströme, die dem Leistungsbilanzdefizit wie auch dem Überschuß des privaten Sektors gegenüberstehen, sind ebenfalls von Bedeutung. Umfang und Art der ausländischen und privaten Kreditgewährung entscheiden darüber, ob das Staatsdefizit mit anderen gesamtwirtschaftlichen Zielen kompatibel ist, wie im folgenden beschrieben wird.

Die Bewahrung der externen Kreditwürdigkeit wird nicht selten mit der Aufrechterhaltung einer akzeptablen Relation der Brutto-Auslandsschulden zu den Exporten gleichgesetzt. Dies hängt damit zusammen, daß die Exporterlöse die Schuldendienstfähigkeit bestimmen; eine nachhaltig erhöhte Relation der Schulden zu den Exporten kann die Kreditwürdigkeit beeinträchtigen. Dementsprechend sollten die öffentlichen Auslandsschulden auf lange Sicht mit derselben Rate wachsen wie die Exporte. Aus den Gründen, die im Textabschnitt über die Rohstoff-Exportzyklen diskutiert werden, sollte ein temporärer Anstieg der Rohstoffexporte nicht zu einer verstärkten Staatsverschuldung führen. Wenn eine überhöhte Kreditaufnahme in der Vergangenheit bereits dazu geführt hat, daß spontane Auslandskredite nicht mehr zur Verfügung stehen, ist es sinnvoll, eine niedrigere Schuldenquote anzustreben, was bedeutet, daß die Schulden langsamer wachsen müssen als die Exporte.

Beim Management der Devisenreserven geht es üblicherweise darum, eine angemessene Relation der Reserven zu

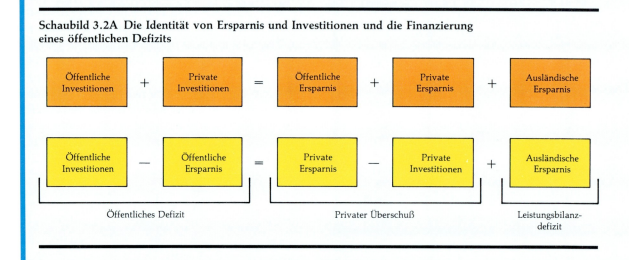

Schaubild 3.2A Die Identität von Ersparnis und Investitionen und die Finanzierung eines öffentlichen Defizits

Nominalzinssätzen, welche die Anleihegläubiger für die Inflationssteuer entschädigen.)

Das Münzregal — also die Möglichkeit des Staates, durch Geldemission Ressourcen zu beanspruchen — wird gewöhnlich durch die Nachfrage nach Realkasse beschränkt, die bei steigender Inflationsrate typischerweise sinkt. Ab einem gewissen Punkt kann eine Beschleunigung der Geldvermehrung, und damit der Inflationsrate, sogar den Münzgewinn schmälern, wenn die Geldnachfrage daraufhin genügend sinkt. In Ländern, wo der Staat die Geldschöpfung häufig als Mittel seiner Finanzie-

den Importen von Gütern und Diensten aufrechtzuerhalten. Eine Defizitfinanzierung durch den Einsatz von Devisenreserven ist nur in dem Umfang vertretbar, wie die Reserven diesen Zielwert übersteigen. Mit wachsenden Importen müssen zusätzliche Reserven vorgehalten werden, so daß der Beitrag dieser Finanzierungsquelle negativ sein kann.

Die Geldschöpfung als Mittel der Defizitfinanzierung kann zur Inflation führen, wenn sie das Wachstum der Geldnachfrage bei dem herrschenden Preisniveau übersteigt. Diese Konsequenz kann unter anderem durch eine Anhebung der Mindestreservesätze vermieden werden. Die höheren Reservesätze vergrößern jedoch die Marge zwischen Einlagen- und Kreditzinsen, was sich oft mit dem Ziel effizienter inländischer Finanzmärkte und verstärkter privater Investitionen nicht vereinbaren läßt.

Die nichtmonetäre inländische Kreditaufnahme beim Bankensystem oder im privaten Nichtbankensektor sollte mit dem gesamtwirtschaftlichen Ziel der Förderung der privaten Investitionen kompatibel sein. Eine Leitlinie besteht darin, so zu verfahren, daß der Anteil der staatlichen Kreditaufnahme an der gesamten inländischen Kreditgewährung der Banken nicht ausgeweitet wird. Ein anderer Ansatz wäre die Vorgabe einer Zielgröße für die staatliche Kreditaufnahme im Inland, die auf das gewünschte Niveau der realen Zinssätze abgestimmt ist.

Das Hinausschieben von Zahlungen für den Schuldendienst oder für Güterkäufe — d.h. die Erhöhung der Zahlungsrückstände — ist in manchen Ländern eine wichtige Finanzierungsquelle. Zahlungsrückstände sind versteckte Kredite, die ähnliche gesamtwirtschaftliche Konsequenzen haben wie andere Formen der öffentlichen Kreditaufnahme und zugleich die künftige Finanzierung gefährden. Der Abbau der Zahlungsrückstände, entweder dem absoluten Betrag nach oder relativ zum BIP, ist eine verbreitete Zielsetzung.

Anhand dieser Kriterien kann beurteilt werden, welches Niveau des Staatsdefizits tragbar ist. Wenn die Exporte beschleunigt zunehmen, die reale Geldnachfrage verstärkt wächst und das Gesamtaufkommen an finanziellen Ersparnissen steigt, läßt sich ein höheres Defizit finanzieren, ohne daß die Ziele der externen Kreditwürdigkeit, einer niedrigen Inflationsrate oder eines angemessenen Realzinsniveaus verletzt werden. Eine stärkere Dynamik des gesamtwirtschaftlichen Wachstums macht in der Regel höhere Defizite tragbar, da sie gewöhnlich mit einer Beschleunigung der Ausfuhren und der Geldnachfrage einhergeht. In einer langsam wachsenden Wirtschaft mit geringem Sparaufkommen und stagnierenden Ausfuhren dürfte dagegen nur ein niedriges Staatsdefizit tragbar sein.

rung eingesetzt hat, ist die Kassenhaltung in der Regel sehr gering. So hielt sich in Brasilien und Israel trotz sehr hoher Inflationsraten der staatliche Münzgewinn in recht engen Grenzen, weil die Bargeldhaltung relativ zum BSP niedrig ist (vgl. Tabelle 3.1). Nur Länder mit extrem hohen Inflationsraten, wie etwa Argentinien und Bolivien, haben aus der Geldemission vorübergehend einen Münzgewinn von mehr als 3 oder 4 Prozent des BSP gezogen; derartige Gewinnraten lassen sich jedoch auf Dauer nicht durchhalten.

Die Inflation ist somit häufig ein fiskalisches Phänomen: Sie wird von Regierungen verursacht, die mangels anderer Möglichkeiten der Defizitfinanzierung ihre Zuflucht in einer Geldschöpfung suchen, die über das Wachstum der Geldnachfrage hinausgeht. Unter diesen Umständen ist jeder Versuch einer Kontrolle der Inflation ohne gleichzeitige Kürzung des öffentlichen Defizits von vornherein zum Scheitern verurteilt. Eine exzessive Geldschöpfung ist insbesondere dann riskant, wenn die Inflation als solche das Defizit verschlimmert, weil die Ausgaben entsprechend dem Preisanstieg zunehmen, während die Einnahmen mit der Inflation nicht Schritt halten. Das bedeutet, daß eine noch stärkere Geldschöpfung notwendig wird — was die Inflationsspirale abermals höherschraubt.

Um dem Inflationsdruck der Geldschöpfung entgegenzuwirken, erhöhen die Regierungen gelegentlich die Reservesätze auf Bankeinlagen. Dies bedeutet letztlich, daß die Banken anstelle des Publikums die Banknoten halten müssen, so daß die monetäre Basis — nicht aber das gesamte Geldangebot — expandiert. Alternativ hierzu kann dem Bankensystem auferlegt werden, daß es große Beträge von Staatsanleihen mit künstlich niedrigen Zinssätzen in sein Portefeuille übernimmt. Zwar werden durch die höheren Reservesätze die inflationären Effekte der Geldvermehrung vermieden, doch vergrößert sich dadurch die Spanne zwischen Einlagen- und Kreditzinsen, was die finanzielle Vermittlung über das inländische Bankensystem hemmt. Die Sparer reagieren auf die unattraktive Verzinsung von Bankeinlagen, indem sie ihr Vermögen in Immobilien oder im Ausland anlegen. Die Verknappung der Bankkredite beschränkt die inländischen Investitionen und zwingt die Investoren, sich Mittel im Ausland zu beschaffen.

Die Tragbarkeit von Staatsdefiziten

Defizite des Fiskus haben Konsequenzen sowohl für die Zukunft als auch für die Gegenwart. Die durch Kreditaufnahmen entstandenen Schulden müssen bedient werden. Die hierfür notwendigen Mittel muß sich der öffentliche Sektor beschaffen, und zwar aus den Erträgen öffentlicher Investitionen, durch zusätzliche Steuern, durch Ausgabenkürzun-

Schaubild 3.1 Öffentliche Defizite und Leistungsbilanzdefizite in vier Ländern, 1977 bis 1986
(in % des BIP)

Anmerkungen: Das öffentliche Defizit der Türkei enthält nur die Salden der Zentralregierung und der staatseigenen Unternehmen. Das öffentliche Defizit von Kenia enthält nur die Salden der Zentralregierung und der Gemeinden. Das 1986er Defizit der Republik Korea ist eine Sollzahl aus dem Budget. Die anderen öffentlichen Defizite beziehen sich auf den konsolidierten öffentlichen Sektor.

gen oder durch Geldschöpfung. Obwohl der Staat Kredit auf unbegrenzte Zeit aufnehmen kann, muß er doch langfristig über genug Mittel verfügen, um wenigstens einen Teil der Zinsen zu bezahlen; andernfalls würde der Schuldenstand relativ zum BIP unbegrenzt anwachsen. Das bedeutet, daß aus dem sogenannten Primärdefizit — dem konsolidierten Defizit des öffentlichen Sektors unter Ausschluß der Zinszahlungen (vgl. Sonderbeitrag 3.1) — letztlich einmal ein Überschuß werden muß, der die Defizite früherer Jahre ausgleicht. Dies ist nur dann nicht erforderlich, wenn die Ressourcen so effizient genutzt werden, daß die Wachstumsrate der Volkswirtschaft — und der Staatseinnahmen — ständig höher ist als der reale Zinssatz auf die Staatsschulden.

Die langfristige Tragbarkeit der Finanzpolitik ist nicht bloß ein theoretisches Anliegen. Der private Sektor wird diesen Aspekt zum Beispiel bei seinen Investitionsentscheidungen berücksichtigen. Wenn Defizite als untragbar eingeschätzt werden, dann erwartet der private Sektor künftige Steuererhöhungen oder Geldschöpfung. Rechnen die Privaten mit der letzteren Möglichkeit, so werden sie mehr Inflation und eine Abwertung erwarten. Die Sparer können diesem Risiko einer offenen oder versteckten Besteuerung ausweichen, indem sie ihr Kapital ins Ausland bringen; allein schon diese Reaktion beschleunigt den Zusammenbruch der unhaltbaren Politik. Für eine unsolide Finanzpolitik kommt die Stunde der Wahrheit oftmals mit einer Finanz- oder Zahlungsbilanzkrise.

Stabilisierung versus Strukturanpassung

Eine Untersuchung der Krise der Staatsfinanzen in Entwicklungsländern muß zwischen gesamtwirtschaftlicher Stabilisierung und struktureller Anpassung unterscheiden. Bei der Stabilisierung geht es um kurzfristige Probleme, deren Lösung dringlich ist: Inflation, Verlust von Währungsreserven, Kapitalflucht, hohe Leistungsbilanzdefizite. Die Strukturanpassung richtet sich gegen die Hemmnisse des längerfristigen Wachstums: Verzerrungen der Produktionsanreize (beispielsweise ein überbewerteter realer Wechselkurs); Kontrollen von Preisen, Zinssätzen und Krediten; belastende Zölle und Einfuhrbeschränkungen sowie überhöhte Steuern und Subventionen. Beide Aufgaben müssen zusammen in Angriff genommen werden. Eine unüberlegte Strukturanpassung kann die Stabilisierungsproblematik erschweren, weil Strukturverzerrungen häufig Einnahmequellen für den Staat darstellen. So sind hohe Zölle sowohl ein Mittel der Einnahmeerzielung als auch ein Instrument zum Schutz der heimischen Industrie. Umgekehrt gilt, daß Strukturreformen kaum glaubwürdig sind, wenn sie nicht mit einer Stabilisierungspolitik einhergehen. Eine Handelsliberalisierung wird von den Investoren als nur kurzlebig eingeschätzt werden, wenn Budgetdefizite über kurz oder lang eine Zahlungsbilanzkrise erwarten lassen. Die Stabilisierung der öffentlichen Finanzen kann zudem die Strukturan-

Tabelle 3.1 Staatliche Einnahmen aus der Emission von Bargeld („Münzgewinn") in ausgewählten Ländern, Durchschnitt der Jahre 1980 bis 1985

Höhe des Münzgewinns und Land	Münzgewinn (Zunahme des Bargeldumlaufs in % des BIP)	Verhältnis des Bargeldumlaufs zum BIP (in %)	Wachstum des Bargeldumlaufs (in % p.a.)	Inflationsrate (in % p.a.)
Hoch				
Argentinien	4,0	3,8	269	274
Bolivien	6,2	6,1	438	506
Ghana	2,2	6,1	45	54
Sierra Leone	2,4	7,7	35	43
Mittel				
Brasilien	1,0	1,4	129	147
Israel	1,1	1,3	165	181
Mexiko	1,5	3,7	50	58
Peru	1,9	3,1	92	97
Türkei	1,2	3,8	38	46
Niedrig				
Bangladesch	0,6	4,0	16	12
Côte d'Ivoire	0,7	9,2	8	7
Dominik. Republik	0,7	4,6	16	15
Kolumbien	0,8	4,7	18	22
Korea, Republik	0,5	4,3	13	9
Nigeria	0,8	7,2	13	16
Venezuela	0,4	4,5	8	12

Anmerkungen: Diese Tabelle gibt nur den dem Bargeldumlauf im Publikum zuzurechnenden Münzgewinn an, da der Münzgewinn im Zusammenhang mit den Kassenbeständen der Banken sich in manchen Ländern schwer bestimmen läßt. Die erste Spalte zeigt die absolute Veränderung des Bargeldumlaufs im Publikum (IFS Zeile 14 a) von Jahresanfang bis zum Jahresende, bezogen auf das BIP des laufenden Jahres. Die zweite Spalte zeigt das Verhältnis zwischen dem Durchschnitt des Jahresanfangs- und Jahresendstands des Bargeldumlaufs im Publikum und dem laufenden BIP. Die dritte Spalte zeigt die prozentuale Veränderung des Bargeldumlaufs im Publikum vom Jahresanfang zum Jahresende. Die letzte Spalte zeigt die prozentuale Veränderung des Verbraucherpreisindex (IFS Zeile 64) vom Dezember des Vorjahres zum Dezember des laufenden Jahres. Den Spalten 3 und 4 liegen geometrische Durchschnitte der Wachstumsraten zugrunde, den Spalten 1 und 2 arithmetische Durchschnitte der Verhältniszahlen.
Quelle: IWF, *International Financial Statistics*.

passung beeinträchtigen. So können Kürzungen der öffentlichen Infrastrukturausgaben, die zur Defizitverminderung erfolgen, einen Rückgang der privaten Investitionen auslösen. Die Erhöhung von Zöllen zur Steigerung der Staatseinnahmen kann die relativen Preise verzerren.

Die Stabilisierung ist häufig mit einer Rezession im Inland verbunden, in der die Arbeitslosigkeit steigt, die Einfuhren abrupt sinken und Reallöhne und Lebensstandard fallen. Ein Absinken des Lebensstandards ist unvermeidlich, wenn er bisher durch eine untragbare Politik künstlich angehoben worden war. Die Rezession kann jedoch das künftige Wachstum beeinträchtigen, wenn der Konjunktureinbruch zu tief oder zu nachhaltig ausfällt. Der Vertrauensschaden bei den heimischen Investoren kann diese von notwendigen Neuinvestitionen abhalten. Der wirtschaftliche Rückschlag kann außerdem das Finanzsystem belasten und dessen Kapazität zur Finanzierung erneuten Wachstums schmälern. Überzogene Ausgabenkürzungen sind mit dem Risiko einer kontraktiven Spirale fortschreitender Produktionsrückgänge verbunden. Angesichts solcher Risiken ist es entscheidend, daß die Nachfrageschrumpfung im Gefolge der staatlichen Sparpolitik von struktureller Anpassung zur Produktionssteigerung begleitet wird. Manche Mittelverschwendung läßt sich ohne sonderliche Auswirkungen auf das Wachstum beseitigen; andere Arten der Ausgabenkürzung können Schaden anrichten. Exportanregende Maßnahmen erlauben es, die zur Wiederherstellung des außenwirtschaftlichen Gleichgewichts notwendige Kontraktion der Einfuhren in engeren Grenzen zu halten, und Maßnahmen zur Sparförderung ermöglichen eine geringere Einschränkung der Investitionen, als sie sonst zur Finanzierung des Staatsdefizits notwendig wäre. Durch zusätzliches Auslandskapital kann Zeit gewonnen werden, bis neue Maßnahmen der Angebotspolitik wirksam werden.

Stabilisierung und Strukturanpassung müssen jeweils unterschiedliche institutionelle Hürden überwinden. Die Stabilisierung wird zwar oft hinausgeschoben, doch kann sie gewöhnlich durchgeführt werden, wenn es zur Krise kommt. Demgegenüber erscheint die Strukturanpassung meist als weniger dringlich; ihre Resultate sind weniger offensichtlich und stellen sich erst im Laufe der Zeit ein. Die Strukturanpassung erfordert oft die Beteiligung eines größeren Kreises von Entscheidungsträgern als die Stabilisierung, die in der Regel von der Zentralbank und dem Finanzministerium durchgeführt wird. Strukturreformen sind außerdem schwierig, weil sie einer kleinen Gruppe sichtbare Nachteile bringen, während ihre Vorteile sich auf eine Vielzahl von Personen verteilen und weniger sichtbar sind. Solche Probleme verstärken die Tendenz, in Krisenzeiten kurzfristige Stabilisierungsziele zu verfolgen und die Strukturanpassung außer acht zu lassen.

Die Interdependenz von Finanz-, Geld- und Wechselkurspolitik

Die Finanzpolitik muß im Zusammenhang mit den anderen Hauptinstrumenten der gesamtwirtschaftlichen Politik, nämlich der Geldpolitik und der Wechselkurspolitik, beurteilt werden. Ein gesamtwirtschaftliches Ungleichgewicht wird oft durch eine restriktive Geldpolitik bekämpft. Für die Regierung eines Entwicklungslandes ist jedoch die Kontrolle der Geldmenge kostspieliger als für ihr Gegenüber in einem Industrieland. Um das Geld zu verknappen, ist sie in der Regel gezwungen, den Banken höhere Reservesätze aufzuerlegen oder das Bankensystem zu einer verstärkten Haltung von Staatsanleihen zu veranlassen. Auf den engen Finanzmärkten dieser Länder löst dies oft einen stärkeren Zinsanstieg aus, als er in den Industrieländern eintreten würde. Private Kreditnehmer müssen deshalb ihre Kreditnachfrage viel drastischer einschränken, indem sie ihre Investitionen kürzen oder sich Kredite im Ausland beschaffen. Steigende Zinsen auf die ausstehenden privaten Schulden können in den Entwicklungsländern die Privatwirtschaft eher in finanzielle Schwierigkeiten bringen und damit das Bankensystem schwächen. Gelgentlich werden Zinskontrollen angewendet, um diesen Konsequenzen zu begegnen, doch führt dies oft zur Kreditrationierung oder zur Kapitalflucht. Mehr als in den Industrieländern gilt somit in den Entwicklungsländern, daß eine restriktive Geldpolitik die fiskalische Disziplin nur schlecht ersetzen kann.

Auch die Wechselkurspolitik dürfte auf sich allein gestellt kaum die Stabilisierung erreichen können. Staatsdefizite führen häufig zu einer realen Überbewertung des Wechselkurses, denn der zusätzliche interne Nachfragedruck treibt Löhne und Preise nach oben. Eine Politik des knappen Geldes verstärkt diese Tendenz, da sie die inländischen Zinsen erhöht und Kapitalimporte anregt. Abwertungen, die nicht mit einer finanzpolitischen Kurskorrektur einhergehen, werden letztlich durch zusätzliche Preiserhöhungen im Inland konterka-

Schaubild 3.2 Indizes der gewogenen realen Wechselkurse von ausgewählten Ländern

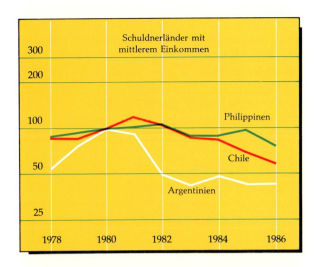
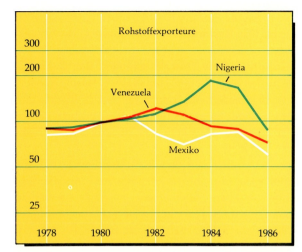
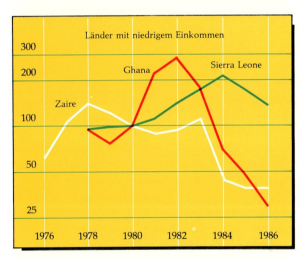
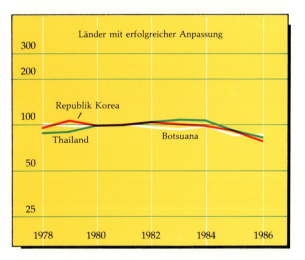

Anmerkungen: Der vertikale Maßstab ist logarithmisch. Der reale Wechselkurs ist ein Index des Verhältnisses von Inlands- zu Auslandspreisen, ausgedrückt in derselben Währung. (Technisch gesprochen ergibt sich der reale Wechselkurs durch Multiplikation des inländischen Preisindex mit dem Wechselkurs — ausgedrückt in Einheiten ausländischer Währung je Einheit inländischer Währung — und anschließende Division durch den ausländischen Preisindex in Auslandswährung). Ein Anstieg dieses Index zeigt an, daß der in Auslandswährung umgerechnete inländische Preisindex stärker steigt als der ausländische Preisindex. Man spricht dann von einer „realen Aufwertung" der Inlandswährung; diese hat zur Folge, daß die inländischen Exporteure auf den Auslandsmärkten an Wettbewerbsfähigkeit verlieren, während ausländische Anbieter auf dem Inlandsmarkt an Wettbewerbsfähigkeit gewinnen. Der Index des realen Wechselkurses wird oft als „gewogener" Index berechnet, der die relative Bedeutung der Preis- und Wechselkursentwicklung gegenüber den einzelnen Handelspartnern des betreffenden Landes berücksichtigt.

riert, so daß es nur zu einer vorübergehenden realen Abwertung kommt. Umgekehrt wird eine restriktive Finanzpolitik ohne eine gleichzeitige nominale Abwertung den realen Wechselkurs kaum verändern können, wenn die Nominallöhne und Preise nach unten unbeweglich sind.

Schaubild 3.2 zeigt die Entwicklung des realen Wechselkurses für eine Auswahl von zwölf Ländern; diese repräsentieren Schuldnerländer mit mittlerem Einkommen, Rohstoffexporteure, Länder mit niedrigem Einkommen, und Länder, die Schuldendienstprobleme durch erfolgreiche Anpassung vermeiden konnten. Die Länder, die nicht in Schwierigkeiten gerieten, weisen bemerkenswert stabile reale Wechselkurse auf, die sie nicht zuletzt auch der Stabilität ihrer Finanzpolitik zu verdanken haben. Die anderen drei Ländergruppen haben die Staatsdefizite in den späten siebziger und frühen achtziger Jahren ausgeweitet, und ihre realen Wechselkurse werteten sich in dieser Zeit auf. Nach 1982 setzte in diesen Ländern eine staatliche Sparpolitik ein, die von nominalen Abwertungen begleitet wurde. Das Resultat war eine starke reale Abwertung.

Nominale Abwertungen schlagen sich unmittelbar in der öffentlichen Haushaltsrechnung nieder, da sie den Gegenwert in inländischer Währung von Fremdwährungseinnahmen und -ausgaben verändern. Für den positiven oder negativen Effekt auf das Staatsdefizit ist entscheidend, ob die öffentlichen Ausgaben für den Schuldendienst und die Importe die Einnahmen aus Exporten und Außenhandelsabgaben übersteigen und in welchem Umfang sich die Erzeugerpreise und die Löhne im öffentlichen Sektor verändern. So dürfte ein Ölexportland durch eine Abwertung zusätzliche Staatseinnahmen erzielen, während ein Schuldnerland ohne nennenswerte staatliche Exporte wahrscheinlich feststellen müßte, daß seine zusätzlichen Ausgaben höher sind als die zusätzlichen Einnahmen. Das Ausmaß der finanzpolitischen Restriktion, das für eine bestimmte Kürzung des Budgetdefizits nach einer Abwertung notwendig ist, hängt somit davon ab, ob der öffentliche Sektor über Netto-Deviseneinnahmen verfügt.

Die finanzpolitische Dimension der externen Schuldenkrise

Die Defizite der öffentlichen Haushalte waren eine Hauptursache der internationalen Schuldenkrise — sowohl direkt, weil sie eine höhere öffentliche Verschuldung bedeuteten, als auch indirekt, weil sie die Kapitalflucht des privaten Sektors anregten. Die meisten Entwicklungsländer haben erkannt, daß fiskalische Disziplin dazu beiträgt, künftige Schuldenprobleme zu vermeiden und zugleich die gegenwärtigen zu bewältigen. Doch die bereits vorhandenen Schulden machen die finanzpolitische Anpassung umso schwieriger.

Steuerung der öffentlichen Finanzen und Auslandsverschuldung

Die Länder, welche in den frühen achtziger Jahren in Schuldendienstprobleme gerieten, waren — bis auf wenige Ausnahmen — identisch mit jenen, die ihre Staatsdefizite in den späten siebziger und frühen achtziger Jahren stark ausgeweitet hatten.

Das Schaubild 3.3 zeigt das Gesamtdefizit und das Primärdefizit des öffentlichen Sektors von vier Ländern mit mittlerem Einkommen. Zwei dieser Länder (Argentinien und Mexiko) gerieten in Schuldenprobleme, die beiden anderen Länder (Republik Korea und Thailand) vermieden sie. Die Problemschuldner ließen in den Jahren vor 1982 eine Ausweitung ihrer Primärdefizite zu. Die Auslandsverschuldung diente zum Teil zur Finanzierung von zusätzlichem Staatsverbrauch und von Transferzahlungen. In zahlreichen Entwicklungsländern wurden außerdem die öffentlichen Investitionsausgaben kräftig erhöht. Jedoch verschlechterte sich die Qualität — und damit die Rentabilität — dieser Investitionsprojekte, so daß viele Projekte unrentabel wurden, als die internationalen Zinssätze stiegen.

Das zusammengefaßte Leistungsbilanzdefizit der siebzehn hochverschuldeten Länder nahm im Gleichschritt mit ihrem gesamten Staatsdefizit zu (vgl. Schaubild 3.4). Dieses wachsende außenwirtschaftliche Ungleichgewicht wurde durch einen enormen Zufluß von Auslandsmitteln ermöglicht. Die realen Wechselkurse werteten sich auf. Im August 1982 versiegte jedoch der Kapitalimport plötzlich. Mexiko erklärte, daß es die Tilgungen auf seine Schulden nicht leisten könne, was einen abrupten Verlust des Vertrauens in die Kreditwürdigkeit aller verschuldeten Entwicklungsländer auslöste. Die freiwillige kommerzielle Kreditgewährung an die meisten dieser Länder wurde eingestellt, und sie waren gezwungen, ihre Schuldendienstzahlungen umzustrukturieren. Aufgrund des Rückgangs der Neukredite und des steigenden internationalen Zinsniveaus wurde aus dem Nettozufluß von Mitteln zu den siebzehn hochverschuldeten Ländern sogar ein Nettoabfluß. Die Umkehr der Nettotransferleistung zwischen 1981 und 1985 entsprach fast 6 Prozent des BIP der Ländergruppe.

Manchen Ländern gelang es, Störungen des Schuldendienstes völlig zu vermeiden, oder sie konnten Schuldenprobleme früherer Jahre rasch überwinden. Korea und Thailand waren durchgängig in der Lage, Kredite von Geschäftsbanken zu erhalten, obwohl ihre Schulden sowohl dem absoluten Betrag nach als auch relativ zu ihrem BSP hoch waren (vgl. Tabelle 3.2). Die Türkei konnte sich nach 1980 von einer Schuldenkrise kräftig erholen und erlangte wieder Zugang zu kommerziellen Krediten. In diesen Fällen waren eine solide Finanzpolitik, ein stabiler realer Wechselkurs und eine exportorientierte Handelspolitik die entscheidenden Faktoren für die Vermeidung oder Überwin-

Tabelle 3.2 Kennziffern der Auslandsverschuldung für Schuldnerländer mit erfolgreicher Anpassung und hochverschuldete Länder, 1980 und 1986

Land oder Ländergruppe	Gesamte Auslandsschulden (Mrd Dollar)		Verhältnis Schulden zu BSP (in %)		Verhältnis Schulden zu Ausfuhren (in %)		Wachstumsrate des BIP
	1980	1986	1980	1986	1980	1986	1980–86
Schuldnerländer mit erfolgreicher Anpassung							
Korea, Republik	29,7	45,1	49,3	47,4	131,8	107,5	8,2
Thailand	8,3	18,0	25,1	44,7	96,3	148,4	4,8
Türkei	19,0	31,8	34,1	56,5	517,9	293,6	4,9
Siebzehn hochverschuldete Länder	287,6	471,7	32,8	60,8	175,6	364,1	0,7

dung der Krise. Korea wies 1981/82 hohe Defizite auf, konnte aber bald zu einem tragbaren Defizit von weniger als 2 Prozent des BIP zurückkehren (vgl. Schaubild 3.3). Thailands Defizite waren etwas höher, doch profitierte es von seiner niedrigen Anfangsverschuldung und dem starken Wachs-

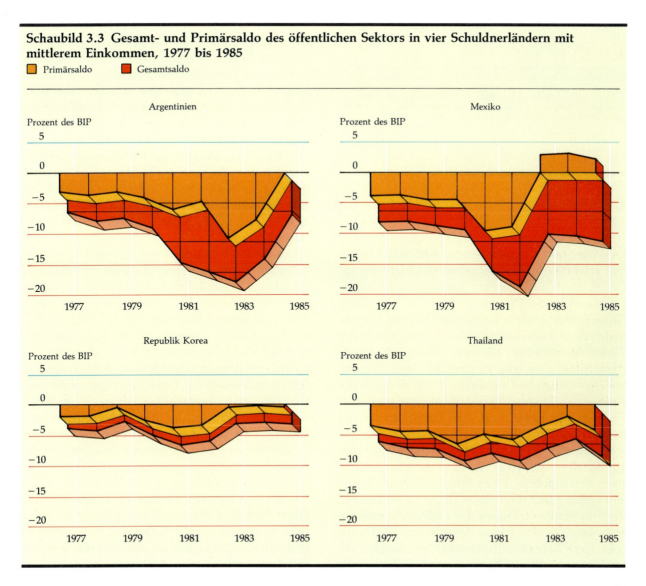

Schaubild 3.3 Gesamt- und Primärsaldo des öffentlichen Sektors in vier Schuldnerländern mit mittlerem Einkommen, 1977 bis 1985

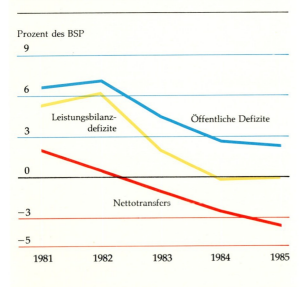

Schaubild 3.4 Nettotransfers, Leistungsbilanzdefizite und öffentliche Defizite von siebzehn hochverschuldeten Ländern, 1981 bis 1985

Anmerkungen: Die Nettotransfers entsprechen den Auszahlungen von mittel- und langfristigen Auslandskrediten abzüglich der Zins- und Tilgungszahlungen auf die mittel- und langfristigen Auslandsschulden. Die öffentlichen Defizite beziehen sich auf das konsolidierte Defizit, ausgenommen bei Costa Rica, Jugoslawien, Marokko und Uruguay, für die das Defizit der Zentralregierung verwendet wurde. Bei Mexiko und Brasilien, zwei Ländern mit hohen inneren Schulden und hohen Inflationsraten, wurde das „laufende Defizit" verwendet.

tum. Die Türkei baute ihr Staatsdefizit nach 1980 ab und schaffte es in der Folgezeit, das verbleibende Defizit durch die Förderung der privaten Ersparnis zu absorbieren. Die vergleichsweise restriktive Finanzpolitik führte in Korea und Thailand zu einer Stabilisierung des realen Wechselkurses, und in der Türkei ermöglichte sie eine allmähliche reale Abwertung. Dies trug zu einer lebhaften Exportkonjunktur bei. In Thailand hielt sich dadurch der Anstieg der Schulden/Export-Relation in tragbaren Grenzen; in Korea und der Türkei nahm die Relation ab.

Die meisten hochverschuldeten Länder reagierten auf den Kreditstopp des Auslands mit einer restriktiven Finanzpolitik. Diese Sparpolitik half ihnen, eine allgemeine Zahlungseinstellung zu vermeiden, doch reichte sie zur Lösung ihres Schuldenproblems nicht aus. Bis 1985 hatten Argentinien, die Dominikanische Republik, Kolumbien, Mexiko und die Philippinen alle einen primären Haushaltsüberschuß erzielt. Diese Verbesserung glich jedoch weder die frühere Verschlechterung der Staatsdefizite noch den Rückgang der externen Finanzierung in vollem Umfang aus. Die Zinszahlungen auf die während der früheren Haushaltsexpansion angehäuften Auslandsschulden wurden zu einer beträchtlichen zusätzlichen Budgetbelastung. So entsprachen in Argentinien im Jahr 1985 die Zinsen auf die Auslandsschulden 17,1 Prozent der laufenden Staatseinnahmen, und in Mexiko waren es im gleichen Jahr 12,9 Prozent. Die Folge war, daß sich das konsolidierte öffentliche Defizit bei weitem nicht so stark verbesserte wie das Primärdefizit. In Mexiko beispielsweise blieben die Staatsdefizite weiterhin hoch, obwohl der Primärsaldo des Staatshaushalts in die Überschußzone zurückgekehrt war.

Fast alle Schuldnerländer unterstützten ihre staatliche Sparpolitik durch eine Währungsabwertung. Sinkende reale Wechselkurse führten zu einer höheren Belastung durch den Schuldendienst, auch wenn steigende Einnahmen aus Außenhandelsabgaben und zunehmende Exporterlöse diesen Effekt in vielen Ländern überkompensierten. Die Abwertungen gingen im allgemeinen mit sinkenden Reallöhnen einher. In Mexiko fielen die Reallöhne von 1981 bis 1986 um 38 Prozent, in Brasilien von 1982 bis 1984 um 21 Prozent und in der Türkei von 1981 bis 1986 um 45 Prozent. Einkommensverluste waren notwendig, um die Nachfrage zu dämpfen und den Außenbeitrag zu verbessern. Dieser Rückgang belastete jedoch die ärmsten Schichten gerade zu einer Zeit, als die Sozialausgaben bereits massiv gekürzt wurden.

Um die Auswirkungen von Abwertung und fiskalischer Restriktion auf die Leistungsbilanz zu verstärken, verschärften viele Länder in den Jahren nach 1982 außerdem ihre Einfuhrbeschränkungen. Frühere Schritte in Richtung Einfuhrliberalisierung, die man unternommen hatte, als Auslandsgelder reichlich verfügbar waren, wurden damit wieder rückgängig gemacht. In Mexiko wurden alle Einfuhren quantitativen Beschränkungen unterworfen, während in den siebziger Jahren davon durchschnittlich 60 Prozent der Importe betroffen waren. (Nach 1984 kehrte das Land wieder zur Einfuhrliberalisierung zurück). Argentinien machte 1984 alle Einfuhren genehmigungspflichtig und führte 1985 eine Einfuhrzusatzsteuer von 10 Prozent ein. Chile erhöhte in den Jahren 1982/84 die Importzölle und führte Einfuhrzusatzsteuern ein. Kolumbien setzte 1983/84 die Importzölle herauf und verschärfte die Einfuhrbeschränkungen; im Jahr 1984 führte es eine Einfuhrzusatzsteuer von 8 Prozent ein.

Finanzpolitik und private Kapitalströme

Die Haushaltungleichgewichte der späten siebziger und frühen achtziger Jahre trugen auf verschiedene Weise — nicht nur durch die direkte öffentliche Kreditaufnahme — zur Krise der Auslandsverschuldung bei. Eine unhaltbare Finanzpolitik und die damit verbundene Überbewertung des Wechselkurses lösten einen Exodus des privaten Kapitals aus den hochverschuldeten Ländern aus. Die Widersprüche zwischen Finanzpolitik und Wechselkurszielen führten außerdem in manchen Ländern zu einer massiven Aufnahme von Auslandsgeldern durch den privaten Sektor.

Unhaltbare Staatsdefizite provozieren die Kapitalflucht, da die einheimischen Sparer eine kommende Krise voraussehen, die wahrscheinlich mit einer größeren Abwertung und neuen Steuern auf Einkommen und Verbrauch einhergeht. Alle Schätzungen der Kapitalflucht sind in hohem Maß unsicher und kontrovers; nach einer jüngsten Untersuchung hat aber die Kapitalflucht bei der Akkumulation von Schulden durch einige Länder eine signifikante Rolle gespielt. Für Argentinien wird die gesamte Kapitalflucht im Zeitraum 1974 bis 1982 auf 31,3 Mrd Dollar geschätzt. Die Auslandsschulden Venezuelas sollen fast zur Hälfte auf die Kapitalflucht zurückzuführen sein. Die Gesamtsumme für sieben hochverschuldete Länder belief sich auf 92 Mrd Dollar, verglichen mit einer Schuldensumme von 307 Mrd Dollar. In den meisten der Länder, die von der Kapitalflucht betroffen waren, war die Währung in dieser Zeit frei konvertibel; Länder mit strikten Devisenkontrollen, wie Brasilien und Kolumbien, waren davon weniger stark betroffen. Länder, die eine solide Finanzpolitik verfolgten, wie Thailand, konnten gravierende Kapitalabflüsse auch ohne Einsatz von Kapitalverkehrskontrollen vermeiden.

Seit 1982 ist Fluchtkapital kaum zurückgeflossen. Dies ist ein Zeichen für eine anhaltende Unsicherheit hinsichtlich der Dauerhaftigkeit der Wirtschaftspolitik und damit auch für eine skeptische Einschätzung des Investitionsklimas. Die Folge war, daß die fiskalische Anpassung umso schmerzhafter ausfiel; eine Repatriierung von Kapital hätte dagegen das für produktive Investitionen verfügbare heimische Sparaufkommen erhöht. Die Kapitalflucht bedeutete auch, daß die Kosten der Stabilisierung oft ungleich verteilt waren. Die wohlhabenden Schichten schützten ihr Einkommen und Vermögen vor Abwertung und Inflation, indem sie ihre Aktiva ins Ausland verlagerten, während die Armen von sinkenden Reallöhnen betroffen waren.

In vielen Fällen kam es zur Kapitalflucht, weil die Stabilisierung zu lange aufgeschoben wurde. Widersprüche in der Wirtschaftspolitik trugen ebenfalls dazu bei. Einige Länder versuchten, durch eine Festschreibung des Wechselkurses oder eine reale Abwertung in angekündigten Schritten die Inflation unter Kontrolle zu halten, doch konnten sie dieses Vorhaben nicht zugleich mit einer expansiven Finanzpolitik realisieren. Mit diesem Problem war Argentinien in den Jahren 1979/81 konfrontiert; eine inkonsistente Wirtschaftspolitik führte 1981 zu einer massiven Kapitalflucht und einer Zahlungsbilanzkrise, auf die eine rasche reale Abwertung der Währung folgte.

Das Zusammenwirken der Finanzpolitik mit der Geld- und Wechselkurspolitik beeinflußte auch die private Kreditaufnahme. In Argentinien wuchsen die privaten Auslandsschulden zwischen 1978 und 1982 von 3,1 auf 11,2 Mrd Dollar, in Chile stiegen sie von 1,6 auf 8,7 Mrd Dollar. Geldverknappung und eine unzureichend restriktive Finanzpolitik trieben die inländischen Zinssätze nach oben, und die relativ niedrige Abwertungsrate ließ den privaten Schuldnern Auslandskredite als billig erscheinen. Die Liberalisierung der Finanzmärkte erleichterte den Zufluß von Auslandsgeld. In Chile wies der Staatshaushalt bis 1982 einen leichten Überschuß auf, doch selbst dieser kontraktive Einfluß reichte nicht aus, um angesichts der Lohnindexierung, des Beharrungsvermögens der Inflation und einer Verschlechterung der Terms of Trade einen festen Wechselkurs aufrechtzuerhalten.

Es mag als eine Merkwürdigkeit der Schuldenkrise erscheinen, daß die massive Kapitalflucht und die private Auslandsverschuldung zur gleichen Zeit auftraten. Weshalb nahm der private Sektor weiterhin Geld auf, wenn er eine Krise der Wirtschaftspolitik und starke Abwertungen erwartete? Dies läßt sich teilweise damit erklären, daß viele Regierungen die private Kreditaufnahme verdeckt subventionierten. Argentinien, Chile, Mexiko und Venezuela subventionierten die Tilgung privater Schulden nach dem Ausbruch der Krise, indem sie entweder multiple Wechselkurse anwendeten oder die privaten Auslandsschulden offen übernahmen (vgl. Sonderbeitrag 3.3). Soweit der private Sektor diese Subventionen antizipierte, war er zu einer fortgesetzten Kreditaufnahme bereit. Auch Verzerrungen auf den Finanzmärkten können das gleichzeitige Vorkommen von Kapitalflucht und privater Verschuldung erklären. In Ländern, wo sich die

Sonderbeitrag 3.3 Staatsdefizite und Finanzkrisen

In der üblichen Abgrenzung des Staatsdefizits werden die Staatsausgaben, die durch die Subventionierung des Bankensystems oder die Bewältigung von Finanzkrisen entstehen, häufig nicht berücksichtigt. Diese Ausgaben wurden nach dem Ausbruch der Schuldenkrise im Jahr 1982 bedeutsam, als verschiedene Länder mit mittlerem Einkommen mit einer Krise ihres Bankensystems konfrontiert wurden. Unterkapitalisierte Unternehmen in den Schuldnerländern waren nicht in der Lage, ihre Verbindlichkeiten zurückzuzahlen. Die Banken, welche die Auslandskredite im Auftrag der Unternehmen aufgenommen hatten, mußten die Verluste übernehmen. Bei manchen inländischen Banken lautete ein erheblicher Teil der Verbindlichkeiten auf Fremdwährungen, während die entsprechenden Aktiva in Inlandswährung denominiert waren. Abwertungen der Inlandswährungen führten damit zu beträchtlichen Wechselkursverlusten. So betrugen in Jugoslawien die Wechselkursverluste des Geschäftsbankensystems im Durchschnitt der Jahre 1981 bis 1983 fast 2 Prozent des BIP, und die Eigenkapitalquote des Bankensystems fiel von 3 auf −0,5 Prozent der Bilanzsumme.

Wenn eine Finanzkrise eintritt, stehen die Wirtschaftspolitiker vor einem Dilemma: Einerseits muß die Wirtschaft stabilisiert werden, was einen Abbau des Staatsdefizits erfordert. Andererseits müssen zur Aufrechterhaltung eines funktionsfähigen Finanzsystems beträchtliche Transferzahlungen geleistet werden, was ein höheres Defizit bedeutet. In praktisch allen Fällen übernahm die Zentralbank die Verluste und finanzierte sie durch Geldschöpfung oder durch Emission eigener Schuldverschreibungen im Austausch gegen die notleidenden Kredite. Die Finanzkrisen ließen die Budgetdefizite in üblicher Abgrenzung nur wenig zunehmen. Ein aussagefähigeres Maß des öffentlichen Defizits müßte jedoch die Verluste der Zentralbank einbeziehen. Ihre volkswirtschaftlichen Konsequenzen — einschließlich des von ihnen ausgehenden Inflationsimpulses — gleichen denjenigen von Defiziten anderer öffentlicher Stellen.

In Jugoslawien war es öffentlichen Stellen, einschließlich der Bundesregierung, verboten, zur Finanzierung von Defiziten Kredite bei den Banken aufzunehmen. Dementsprechend waren die Staatseinnahmen in der Regel ebenso hoch wie die Staatsausgaben oder übertrafen diese etwas. Manche Staatsausgaben wurden jedoch durch hohe Zuschüsse der Unternehmen finanziert, von denen viele bereits Verluste erlitten. Diese Verluste wiederum wurden durch Kredite des Bankensystems finanziert. Trotz der fiskalischen Zurückhaltung kam es somit zu einem raschen Wachstum der Geldbestände, und zwar hauptsächlich, weil die jugoslawischen Nationalbank die Kredit- und Wechselkursverluste des Bankensystems während der letzten Jahre übernahm. So war 1986 das Staatsbudget wie zuvor praktisch ausgeglichen, doch der Verlust der jugoslawischen Nationalbank erreichte etwa 13 Prozent des

---

Regierung zur Finanzierung ihres Defizits auf hohe Mindestreservesätze verließ und gleichzeitig eine restriktive Geldpolitik verfolgte, führte die damit verbundene Ausweitung der Spanne zwischen Einlagen- und Kreditzinsen dazu, daß sowohl Sparer als auch Kreditnehmer an die Auslandsmärkte gingen. Letztlich veranlaßte die „Steuer" des Staates auf die finanzielle Vermittlung den privaten Sektor, diesen Vorgang ins Ausland zu verlagern.

Inflation und internes Schuldenmanagement

Nach 1982 mußten sich die hochverschuldeten Länder weit mehr als zuvor auf das heimische Mittelaufkommen zur Finanzierung ihrer öffentlichen Defizite verlassen. Der Nettozufluß von Auslandsmitteln (d. h. das Leistungsbilanzdefizit) ging stärker zurück als ihre öffentlichen Defizite. Dies wiederum bedeutete einen verstärkten Rückgriff auf die monetäre Finanzierung und eine zunehmende Anhäufung von Inlandsschulden. In manchen Ländern führte der Rückgang der Auslandsfinanzierung im Verein mit der Abwertung zu einer internen Finanzkrise (vgl. Sonderbeitrag 3.3). Manche Regierungen übernahmen private Auslandsschulden, um die internationale Kreditwürdigkeit ihres Landes zu erhalten — manchmal unter Druck der Geschäftsbanken — oder um private Schuldner vor dem Zusammenbruch zu bewahren. Andere setzten umfangreiche öffentliche Mittel ein, damit ihr Finanzsystem funktionsfähig blieb. Solche Maßnahmen ließen das Defizit des öffentlichen Sektors und damit den Bedarf an zusätzlichen inländischen Geldern weiter ansteigen.

Hohe Abwertungen und eine zunehmende monetäre Finanzierung führten dazu, daß sich die Inflation während der Stabilisierungsprogramme in vielen Schuldnerländern beschleunigte, obwohl die öffentlichen Defizite zurückgingen. Durch eine gesteigerte Geldschöpfung nahmen die Einnahmen aus der „Inflationssteuer" zu, was zur Finanzierung der verbleibenden Staatsdefizite beitrug. Die Inflationssteuer brachte jedoch keine stabilen Erträge. Durch die Kapitalflucht und die höhere Umlaufsgeschwindigkeit des Geldes war der Anteil der monetären Basis am BIP zurückgegangen; somit konnten die benötigten Mittel nur durch eine Beschleuni-

Volkseinkommens. Dies führte zu einer beträchtlichen Geldschöpfung und zu einer Inflationsrate von etwa 70 Prozent im gleichen Jahr.

In Chile war die Reaktion des Staates auf die Finanzkrise transparenter: Der private Sektor erhielt einen Vorzugswechselkurs für die Rückzahlung von Auslandsschulden, und die Zentralbank erwarb die notleidenden Kredite der Geschäftsbanken im Austausch gegen Schuldverschreibungen mit Rücknahmevereinbarung. Im Rahmen dieser Rücknahmevereinbarungen stellte die Zentralbank 1983 den Banken große Beträge zur Verfügung, um deren Liquidität zu stützen. Wären diese Übertragungen im ausgewiesenen Defizit des öffentlichen Sektors enthalten gewesen, hätte dieses 9 Prozent des BIP entsprochen, gegenüber einem Defizit von 3 Prozent in der üblichen Abgrenzung.

In Argentinien war das Staatsdefizit mit rund 2 Prozent des BIP im Jahr 1986 relativ niedrig. Gleichzeitig jedoch wies die Zentralbank einen Jahresverlust von etwa 2 Prozent des BIP aus. Dieser Verlust entstand hauptsächlich durch die Differenz zwischen dem Zinssatz, den die Zentralbank auf Einlagen der Banken zahlte, und dem Vorzugszins, den sie für Kredite an die gestützten Banken berechnete. Da außerdem die Empfänger dieser Vorzugsmittel ihre Schulden gegenüber der Zentralbank nicht bedienten, konnten die Kredite als eine staatliche Transferzahlung betrachtet werden. Unter Berücksichtigung solcher Transfers hätte im Jahr 1986 das gesamte Defizit 7 Prozent des BIP überschritten. Dieser Umstand trägt dazu bei, die Schwierigkeiten Argentiniens bei der Bedienung seiner Staatsschulden zu erklären. In Bolivien muß sich die Regierung noch mit einem gravierenden Problem auseinandersetzen: Die Geschäftsbanken erlitten Wechselkursverluste, als die Regierung die Devisenschulden von nichtfinanziellen Unternehmen auf Inlandswährung umstellte. Die Regierung hat die Bedienung der Auslandsschulden suspendiert, und die Frage der Verteilung dieser Verluste wurde nicht entschieden.

In anderen Ländern mit mittlerem Einkommen haben Finanzkrisen zu ähnlichen Problemen geführt. In Mexiko erhöhten die Verluste aufgrund von Wechselkursdifferenzen zwischen den Dollaraktiva und den Dollarpassiva der verstaatlichten Banken das konsolidierte Defizit des öffentlichen Sektors im Jahr 1982 um zusätzliche 4 Prozentpunkte. Dies trug zu dem damaligen Inflationsschub bei. In Costa Rica, wo das Staatsdefizit in üblicher Abgrenzung 1985 nur 1,8 Prozent des BIP betrug, entsprachen die Verluste der Zentralbank etwa 5,3 Prozent des BIP. Dies erklärte das gleichzeitige Leistungsbilanzdefizit von 5 Prozent des BIP.

Durch die Verlagerung der Lasten von Finanzkrisen auf die Zentralbank werden die Wirkungen der aus Finanzkrisen resultierenden öffentlichen Ausgaben nicht beseitigt. Eine solche Lastenverschiebung läßt bloß die konventionelle Abgrenzung des Staatsdefizits fragwürdig werden.

---

gung der Inflation aufgebracht werden. Um die Inflation zu stoppen, griffen die Regierungen zu den herkömmlichen wie auch zu unkonventionellen Mitteln, freilich mit unterschiedlichem Erfolg (vgl. Sonderbeitrag 3.4). Bolivien und Chile gelang es, die galoppierende Inflation durch ein Sparprogramm der öffentlichen Hand anzuhalten, wobei sie freilich eine Rezession in Kauf nahmen. Argentinien und Brasilien versuchten es mit einer unkonventionellen („heterodoxen") Mischung von Preiskontrollen, Einkommenspolitik und Währungsreform, doch gelang es ihnen nicht, die Inflation zum Halten zu bringen, weil die unterstützenden („orthodoxen") finanzpolitischen Maßnahmen fehlten.

Die hochverschuldeten Länder waren sich der Inflationswirkungen der Geldschöpfung bewußt. Manche erhöhten die Mindestreserven auf Bankeinlagen von Inländern, um die Einkünfte aus dem Münzregal ohne Lockerung der Geldpolitik zu steigern. Dieses Mittel spielte in Mexiko im Jahr 1982 eine wichtige Rolle, in Peru 1984/85, auf den Philippinen 1986 und in Venezuela 1983. Die Kreditaufnahme des Staates beim Bankensystem nahm ebenfalls zu, entweder in Form der erzwungenen Übernahme von Staatsanleihen durch die Banken oder durch Kreditaufnahme zu Marktsätzen. In einigen Fällen wurden Staatsanleihen auch an Institutionen des Nichtbankensektors oder an Privatpersonen verkauft.

Die zunehmende Beanspruchung des inländischen Mittelaufkommens und die Anwendung höherer Reservesätze trieben den realen Kreditzins im Inland nach oben. Wie Tabelle 3.3 zeigt, stiegen die realen Kreditkosten in zahlreichen Ländern in den Jahren 1985 oder 1986 auf Rekordhöhen. Häufig führten auch abrupte Kurswechsel der Wirtschaftspolitik zu starken Schwankungen der realen Zinssätze. In vielen Fällen übertrafen die heimischen Zinssätze diejenigen des internationalen Marktes — auch wenn man die Abwertung der Inlandswährung berücksichtigt. Die Substitution von Auslandsschulden durch innere Verschuldung hat damit die öffentliche Schuldenlast sogar erhöht, geschweige denn erleichtert. In Mexiko machten die Zinszahlungen des Staates an inländische Gläubiger im Jahr 1985 24 Prozent der laufenden Staatseinnahmen aus. In Brasilien haben sich die Staatsschulden real betrachtet von 1981 bis 1987 mehr als

Sonderbeitrag 3.4 Die Stabilisierung der Inflationsrate: Erfahrungen in Lateinamerika

Die jüngsten Erfahrungen Lateinamerikas vermitteln einige Einsichten in die Rolle der Finanzpolitik bei der Bekämpfung der Inflation.

„Orthodoxe" Stabilisierung

Bolivien. In Bolivien beschleunigte sich die Inflation, als die Regierung die Notenpresse einsetzte, um den abrupten Rückgang der Auslandsfinanzierung in den frühen achtziger Jahren aufzufangen. Die Inflation verschlechterte ihrerseits das Staatsdefizit. Die steigenden Preise führten dazu, daß die Steuerpflichtigen die Zahlung ihrer Steuern hinausschoben, damit sich ihre Steuerverbindlichkeiten real entwerteten. Die Einnahmen des öffentlichen Sektors unter Ausschluß der Finanzinstitute fielen von über 11 Prozent des BIP im Jahr 1981 auf weniger als 5 Prozent im Jahr 1984. Das konsolidierte Defizit des öffentlichen Sektors explodierte von 8 Prozent des BIP im Jahr 1981 auf über 27 Prozent im Jahr 1984. Um dieses Defizit zu decken, beschleunigte die Regierung den Notendruck. Selbst die Suspendierung der Schuldendienstzahlungen im Jahr 1984 konnte die Inflationsspirale nicht anhalten. In den zwölf Monaten bis August 1985 stiegen die Preise um 24 000 Prozent.

Eine neugewählte Regierung legte im August 1985 einen weitreichenden Stabilisierungsplan vor. Die meisten Preis-, Lohn- und Zinskontrollen wurden aufgehoben und eine restriktivere Finanz- und Geldpolitik eingeleitet. Durch eine Reform des Steuersystems und eine Anhebung der staatlichen Preise (für Öl, Gas, Strom und Verkehrsleistungen) wurden die Einnahmen des öffentlichen Sektors verbessert, während der Personalaufwand des Staates durch Stellenstreichungen und Lohnkürzungen reduziert wurde. Das Programm brachte die Inflation fast unmittelbar zum Stillstand. Wegen der schweren Inflation wurden die Peso-Preise festgesetzt, indem man die Dollar-Preise zum Wechselkurs des Parallelmarktes in Peso umrechnete. Sowie der Wechselkurs stabilisiert worden war, was durch die fiskalische und geldpolitische Restriktion möglich wurde, näherte sich die Inflationsrate der Peso-Preise rasch der auf dem Weltmarkt herrschenden Dollar-Inflationsrate an. Bei der Wiederherstellung des früheren Produktions- und Einkommensniveaus war das Programm jedoch bisher wenig erfolgreich.

Chile. Ein weiteres erfolgreiches Programm zur Inflationsbekämpfung wurde in Chile durchgeführt. Von einigen Rückschlägen abgesehen, hat eine beständige finanzpolitische und monetäre Zurückhaltung die Inflationsrate seit den siebziger Jahren nach und nach aus dem dreistelligen Bereich auf gegenwärtig etwa 20 Prozent heruntergedrückt (vgl. Tabelle 3.4 A). Ein fehlgeschlagener Versuch zur Eindämmung der Inflation durch einen festen Wechselkurs führte im Jahr 1982 zu einer massiven Abwertung, gefolgt von Rezession und Finanzkrise. Der Sparkurs der Finanzpolitik wurde jedoch im großen und ganzen beibehalten, so daß die Inflationsrate auf niedrigerem Niveau blieb. Der Übergang zu einer flexiblen Wechselkurspolitik und die Abschaffung der formalen Lohnindexierung in Verbindung mit einer zurückhaltenden Geldpolitik ermöglichten es, daß die staatliche Sparpolitik die gewünschte inflationsbremsende Wirkung entfaltete. Das Pro-Kopf-Einkommen fiel allerdings in den Jahren 1982/83 um 18 Prozent, was zum Teil auf das verunglückte Wechselkursexperiment und Chiles sich verschlechternde Terms of Trade zurückzuführen war. Seitdem ist das Wachstum wieder in Gang gekommen, und das Pro-Kopf-Einkommen ist von 1983 bis 1986 um 10 Prozent gestiegen.

„Heterodoxe" Stabilisierung

Die Kosten, die man den konventionellen Programmen zur Inflationsbekämpfung unterstellt, haben zur Suche nach neuen Wegen geführt. In den Jahren 1985/86 führten Argentinien und Brasilien innovative Programme ein, die Lohn- und Preiskontrollen, eine Währungsreform, feste Wechselkurse und finanzpolitische Anpassung als Elemente enthielten. Diese Programme — der Austral- beziehungsweise Cruzado-Plan — wurden als „heterodox" bezeichnet, um sie gegenüber der „orthodoxen" Mischung von finanz- und geldpolitischer Restriktion abzugrenzen.

Argentinien. Nach der Einführung des Austral-Planes fiel die Inflationsrate von 25 Prozent pro Monat im Mai 1985 auf 2 Prozent in der zweiten Jahreshälfte 1985. Das

---

verdoppelt. Ohne eine weitere finanzpolitische Anpassung besteht in einigen Ländern die Gefahr, daß sie in einen ausweglosen Zirkel von steigenden Realzinssätzen, wachsenden inländischen Schuldendienstzahlungen und Staatsdefiziten oder beschleunigter Geldschöpfung und Inflation geraten.

Selbst in Ländern mit geringeren externen Schuldenproblemen — wie Thailand und der Türkei — hat die inländische Finanzierung von Staatsdefiziten zu einem zunehmenden Druck auf das heimische Zinsniveau geführt. Thailand entschied sich für einen Verzicht auf die Inflationssteuer, indem es eine strikte Geldpoltik verfolgte. Das Zinsniveau stieg an, und im Jahr 1985 erreichten die staatlichen Zinszahlungen an Inländer 13 Prozent der laufenden Einnahmen, da die Zurückhaltung bei der Kreditaufnahme im Ausland zu einem stärkeren Rückgriff auf heimische Finanzmittel führte. In der Türkei kam es aufgrund moderater Staatsdefizite sowohl zu einem hohen inländischen Zinsniveau als auch zur Inflation. In beiden Ländern wurden die Auswirkungen des hohen Zinsniveaus durch die kontinuierliche Verfügbarkeit von Auslandskre-

Tabelle 3.4 A Inflationsraten in ausgewählten hochverschuldeten Ländern, 1971 bis 1987
(Veränderung des Verbraucherpreisindex in %, Dezember gegen Dezember des Vorjahres)

Land	Durchschnitt 1971–80	1981	1982	1983	1984	1985	1986	1987
Argentinien	121	131	210	434	688	385	82	175
Bolivien	20	25	297	328	2176	8170	66	11
Brasilien	38	101	102	178	209	249	64	321
Chile	131	10	21	23	23	26	17	23

Quelle: Für 1971 bis 1986: IWF, *International Financial Statistics*; für 1987: Daten der Weltbank.

Staatsdefizit ging beträchtlich zurück, da die sinkende Inflationsrate und die verbesserte Steuerverwaltung zu zusätzlichen realen Steuereinnahmen (im Umfang von etwa 6 Prozent des BIP) führten. Das Programm wurde von Neukrediten und Umschuldungen seitens der privaten wie der öffentlichen Auslandsgläubiger begleitet. Im letzten Vierteljahr von 1985 setzte das Wachstum wieder ein, und zwar mit einer Rate von 5,7 Prozent. Ungünstige Entwicklungen der Zinssätze und der Exportpreise führten jedoch 1987 zu einer Verschlechterung der Leistungsbilanz. Die Staatsausgaben hatten zugenommen, und als die Einnahmen wieder sanken, stieg das öffentliche Defizit. Die Inflation beschleunigte sich wieder, auch wenn sie nicht so hoch ist wie vor der Einführung der Austral. Rückschauend hat das Ausbleiben einer Steuerreform und von Ausgabekürzungen die notwendige Anpassung des Staatsdefizits vereitelt.

Brasilien. Der Cruzado-Plan war ein Fehlschlag. Die Inflationsrate war nach dem Scheitern des Planes sogar höher als zuvor. Die Staatsdefizite überschritten die Zielwerte beträchtlich, nachdem die Preiskontrollen eingeführt worden waren. Gerade diese Kontrollen trugen zu den Defiziten der Staatsunternehmen bei, deren Verkaufspreise real betrachtet sanken. Das Defizit wurde kurzfristig nur deswegen in Grenzen gehalten, weil der interne Schuldendienst dank der „De-Indexierung" der Staatsanleihen stark zurückging. Die Reallöhne wurden zu Beginn des Planes um 8 Prozent angehoben und stiegen danach langsam weiter an. Der fiskalische Impuls und die Lohnerhöhungen führten zu einem Boom des privaten Verbrauchs. Dadurch wurde der Außenhandelsüberschuß, der zur Bedienung der Auslandsschulden erforderlich war, rasch aufgezehrt und das heimische Güterangebot verknappt. Im Jahr 1987 beschleunigte sich die Inflation; abermals wurde ein Preisstopp verhängt, und die Zinszahlungen auf die kommerziellen Auslandsschulden wurden suspendiert.

Die Notwendigkeit der fiskalischen Anpassung

Die Versuche zur Preisstabilisierung durch „heterodoxe" Maßnahmen beruhten auf einem Mißverständnis der Inflationsursachen. Man nahm an, daß die Inflation vor allem eine Folge ihrer „Eigendynamik" ist, das heißt, sie wurde mit der Lohn- und Preisspirale erklärt, die durch die indexierten Lohntarife entsteht. Dieser Faktor erklärt zweifellos zu einem gewissen Teil die Hartnäckigkeit der Inflation in Argentinien und Brasilien (im Gegensatz zu Bolivien, wo es keine Lohnindexierung gab). Die fundamentalere Ursache war jedoch der Finanzierungsbedarf des Staates. Da eine ausreichende externe Finanzierung nicht zur Verfügung stand und die Defizite weiterhin hoch blieben, mußte die Geldschöpfung in Argentinien und Brasilien weitergehen. Die „heterodoxen" Maßnahmen dürften zwar bei einem fiskalischen Kurswechsel den Rückgang der Inflation beschleunigen und zur politischen Konsensbildung über die Reform beitragen, doch sind sie für sich allein wenig nützlich.

Tabelle 3.3 Reale Kreditzinssätze in ausgewählten Ländern, 1980 bis 1986
(in %)

Land	1980	1981	1982	1983	1984	1985	1986
Argentinien	26,8	8,7	−43,2	−22,5	−27,1	−9,2	19,6
Brasilien	−2,5	4,9	29,8	−3,7	23,7	26,1	−7,8
Indonesien	..	..	10,5	9,5	16,5	20,0	17,5
Malaysia	1,0	−1,1	2,8	7,1	7,2	11,2	9,3
Mexiko	3,5	5,2	−23,5	−23,0	2,5	9,2	15,4
Philippinen	..	4,5	7,0	6,0	−19,7	21,1	17,4
Thailand	−4,0	2,9	8,4	13,3	19,2	15,2	15,2
Türkei	−38,0	−3,0	5,0	15,0	0,0	6,0	17,0
Uruguay	−8,4	9,3	26,4	14,5	8,9	2,4	0,3

Anmerkung: Berechnet als Differenz zwischen dem durchschnittlichen nominalen Kreditzins im jeweiligen Jahr und dem Anstieg der Verbraucherpreise im gleichen Jahr. Die Länder wurden nach der Verfügbarkeit von Daten ausgewählt.

diten und ein stetiges Wirtschaftswachstum abgeschwächt. Eine finanzielle Krise wurde durch die gewählte Kombination von Geld- und Finanzpolitik vermieden. Gleichwohl kann die Kombination einer restriktiven Geldpolitik mit moderaten Staatsdefiziten nicht unbegrenzt fortgesetzt werden, ohne Schwierigkeiten mit den internen oder externen Schulden zu verursachen.

Die Dynamik von Wachstum und Schulden

Wie oben erörtert, haben die Stabilisierungsprogramme trotz aller gegenteiligen Bemühungen die Strukturanpassung und das Wachstum in vielen hochverschuldeten Ländern zurückgeworfen. Zölle und Kontingente wurden zur Importkürzung eingesetzt. Manche Länder liberalisierten ihren Handel später, doch fiskalische Zwänge ließen wenig Raum für generelle Zollsenkungen. Die Liberalisierung der Finanzmärkte wurde durch die zunehmende staatliche Beanspruchung des Bankensystems, höhere Mindestreserven auf Bankeinlagen und Finanzkrisen zurückgeworfen. Die einzige bedeutende Veränderung der Angebotsanreize war die reale Abwertung der heimischen Währungen. Die Produktion ging im Verlauf dieser Stabilisierungsprogramme scharf zurück. Im Zeitraum 1980/87 sank das Pro-Kopf-Einkommen in den siebzehn hochverschuldeten Ländern um 9 Prozent. Trotz der Notwendigkeit, Überschüsse in der Leistungsbilanz zu erzielen, schrumpften die zusammengefaßten Exporterlöse der siebzehn Länder sogar von 167 Mrd Dollar im Jahr 1981 auf 147 Mrd Dollar im Jahr 1987. Der mangelnde Erfolg bei der Ausweitung des heimischen Angebots bedeutete, daß man sich an den Kreditstopp des Auslands vor allem durch eine Einschränkung der Gesamtnachfrage anpaßte. Die reale Binnennachfrage (die Summe der privaten und staatlichen Investitions- und Konsumausgaben) ging in den hochverschuldeten Ländern nach 1981 stark zurück, wodurch ein Überschuß der Produktion über die Ausgaben entstand, aus dem der notwendige Ressourcentransfer geleistet werden konnte (vgl. Schaubild 3.5)

Diese Einschränkungen gingen hauptsächlich zulasten der Investitionen, während der Verbrauch, in absoluten Beträgen gerechnet, ungefähr konstant blieb. Vor dem Hintergrund einer unsicheren Wirtschaftslage entmutigten hohe und schwankende Zinssätze im Inland die privaten Investoren. Die öffentlichen Investitionen wurden im Rahmen der Sparpolitik deutlich zusammengestrichen. Soweit produktive Investitionen gekürzt oder aufgeschoben wurden, ging dies zulasten des Produktionswachstums. Wäre es möglich gewesen, den Abfluß von Ressourcen ins Ausland zu vermeiden, so

Schaubild 3.5 Gesamtwirtschaftliche Produktion und Ausgaben in hochverschuldeten Ländern und Ländern mit erfolgreicher Anpassung

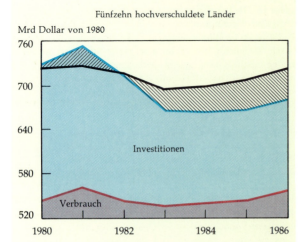

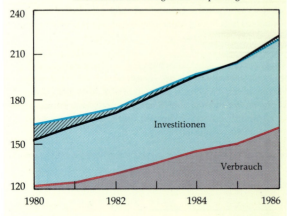

Anmerkungen: Bei den hochverschuldeten Ländern wurden Brasilien und Kolumbien wegen des atypischen Verlaufs der Anpassung in diesen Ländern nicht berücksichtigt. Bei den drei Ländern mit erfolgreicher Anpassung handelt es sich um die Republik Korea, Thailand und die Türkei. Zur Berechnung der Gruppensummen wurden die Werte in Inlandswährungen zu Preisen von 1980 anhand der Wechselkurse von 1980 in Dollar umgerechnet und dann aufsummiert. Der Unterschiedsbetrag zwischen der inländischen Produktion (dem BIP) und den Ausgaben (gesamter Verbrauch und Investitionen) entspricht dem Netto-Ressourcensaldo bzw. dem Nettostrom von Ressourcen von der inländischen Wirtschaft zum Ausland. Ein Überschuß der Ausgaben über das BIP entspricht einem Ressourcendefizit (d. h. einem Nettozufluß von Ressourcen) ▨, während ein Überschuß des BIP über die Ausgaben mit einem Ressourcenüberschuß (Nettoabfluß von Ressourcen) ▨ gleichzusetzen ist.

hätten die Investitionen auf dem Niveau der frühen achtziger Jahre gehalten werden können. Länder, die einen Ressourcenabfluß nicht herbeiführen mußten, konnten ihre Investitionstätigkeit aufrechterhalten; um dies zu erreichen, wurde in einigen Fällen der Verbrauch gedrosselt. Länder wie die Republik Korea, Thailand und die Türkei konnten — zum Teil durch massive Anreize auf der Angebotsseite — ihre Verschuldungskennziffern in vernünftigen Grenzen halten, indem sie ein kräftiges Einkommenswachstum erzielten, ohne ihre Gesamtausgaben einzuschränken. Schaubild 3.5 zeigt den Gegensatz zwischen dem kontinuierlichen Anstieg von Produktion, Ausgaben und Verbrauch in diesen drei Ländern und der unglücklichen Entwicklung in ihren hochverschuldeten Partnerländern.

Weshalb hat der private Sektor in vielen hochverschuldeten Ländern auf die Exportanreize in Verbindung mit der realen Abwertung nur schwach reagiert? Zwar erklärt der Rückgang der Rohstoffpreise teilweise die schwache Exportleistung, doch war die Instabilität der Finanzpolitik, der realen Wechselkurse und der realen Zinssätze während der letzten fünf Jahre ein weiterer Einflußfaktor (vgl. Schaubild 1.7 zur Entwicklung des Exportvolumens der lateinamerikanischen Länder). Eine derartige Unsicherheit läßt die Investoren mit Engagements zögern, selbst wenn — zeitweise — günstige Investitionsanreize gegeben sind. In den erfolgreicheren Ländern wurde in der Regel eine stabilere gesamtwirtschaftliche Politik verfolgt.

Insgesamt gesehen entstanden in vielen Ländern mit mittlerem Einkommen durch übermäßige Staatsdefizite und die Überbewertung der Währung Schuldenprobleme, die sie gegenüber dem Anstieg der internationalen Zinssätze und dem Fall der Exportpreise nach 1981 verwundbar machten. Auf das Ausbleiben der kommerziellen Kredite haben sie mit einer beträchtlichen fiskalischen Anpassung reagiert, indem sie ihre Ausgaben einschränkten und ihre Einnahmen steigerten. Der Rückgriff auf Investitionskürzungen, Einfuhrbeschränkungen und Steuererhöhungen mit verzerrender Wirkung hat jedoch zu einem gravierenden Rückgang des Wachstums geführt. In vielen Fällen hat sich die Inflation beschleunigt, weil der nominale Wechselkurs massiv abgewertet wurde und man sich zunehmend auf eine monetäre Finanzierung der verbleibenden Haushaltsdefizite verließ. Auch dort, wo der Staat nichtmonetäre inländische Finanzierungsquellen beanspruchte, kam es zu einer belastenden Akkumulation innerer Staatsschulden. Die Realeinkommen sind gesunken, und die Armut hat sich ausgebreitet.

Abhilfe zu schaffen ist nicht einfach. Die Erfahrungen der erfolgreicheren Länder zeigen, daß eine solide Finanzpolitik und eine rechtzeitige Anpassung, bevor es zu einer ernsten Krise kommt, entscheidend sind. Für die Länder, die sich noch nicht im Stadium der Krise befinden, ist dies eine wichtige Lehre. Für die meisten hochverschuldeten Länder kommt sie jedoch zu spät. Sie sind vor die schwierige Aufgabe gestellt, ihre Haushaltsdefizite kontinuierlich zurückzuführen, ohne die Binnennachfrage weiter einzuschränken. Kürzungen der Staatsausgaben sollten vorzugsweise selektiv, unter Berücksichtigung von Prioritäten, vorgenommen werden und nicht in Form pauschaler Abstriche erfolgen. Durch eine verstärkte Erhebung von Benutzergebühren sowie durch Steuerreformen zur Schließung von Schlupflöchern und zur Verbreiterung der Steuerbasis könnten zusätzliche Einnahmen erzielt werden. Niedrigere Defizite würden eine geringere Beanspruchung der heimischen Finanzierungsquellen erlauben und damit die Inflationsraten und Zinssätze reduzieren, was ein erneutes Wachstum des privaten Sektors ermöglichen würde. Eine gezielte Verlagerung der Nachfrage in Richtung auf die weniger importintensiven Verwendungsbereiche und die Schaffung von Anreizen für den Export würden eine geringere Einschränkung der Binnennachfrage ermöglichen. Moderate Kontrollen des Kapitalverkehrs dürften in den meisten Ländern weiterhin notwendig sein, um Abflüsse kurzfristiger Gelder zu begrenzen, zumindest bis eine durchgreifende Stabilisierung erreicht ist. Die Anpassungsaufgabe würde wesentlich erleichtert werden, wenn das internationale Umfeld sich verbesserte. Niedrigere internationale Zinssätze, ein verbesserter Mittelzufluß in die hochverschuldeten Länder oder auch selektive Schuldenerleichterungen würden eine Wiederbelebung der staatlichen und privaten Investitionen ermöglichen und die Schuldnerländer in die Lage versetzen, aus ihren Schuldenproblemen hinauszuwachsen, wenn sie eine adäquate Wirtschaftspolitik verfolgen.

Finanzpolitische Bewältigung von Rohstoff-Exportzyklen

Viele Entwicklungsländer sind von den Ausfuhren eines oder zweier Rohstoffe als Hauptdevisenquelle abhängig. Häufig tragen diese Exporte auch zu den Staatseinnahmen bei, entweder durch direktes

Staatseigentum an der Produktion oder durch Exportsteuern. Die Zyklen der Rohstoffpreise haben sowohl die Zahlungsbilanzen als auch die Staatshaushalte beträchtlich beeinflußt. Der Preisanstieg der siebziger Jahre und der spätere unerwartete Peisverfall führten in vielen Ländern zu fiskalischen Krisen. Im Rückblick ist es offenkundig, daß die während der Boomzeiten (also in Zeiten hoher Exportpreise und -mengen) entstandenen Einnahmen auf eine Weise verwendet wurden, welche die Länder für den späteren Marktkollaps anfällig werden ließ. Im Endeffekt könnte der Boom manchen Ländern sogar mehr Nachteile als Vorteile gebracht haben.

Ländererfahrungen mit der Rohstoffkonjunktur

Das Schaubild 3.6 zeigt die Entwicklung der Staatsausgaben und -einnahmen ausgewählter Länder in der Zeit vor und nach einem Rohstoffboom. Dabei wird eine bemerkenswerte Gleichförmigkeit sichtbar. In den meisten Ländern stiegen die Staatseinnahmen während des Booms dramatisch an. In manchen Ländern hing diese Entwicklung mit dem Staatseigentum an dem betreffenden Rohstoffunternehmen zusammen, wie das in ölexportierenden Ländern — etwa Indonesien, Mexiko und Nigeria — der Fall war. Anderswo reflektierten die höheren Staatseinnahmen die gestiegenen Gewinne der

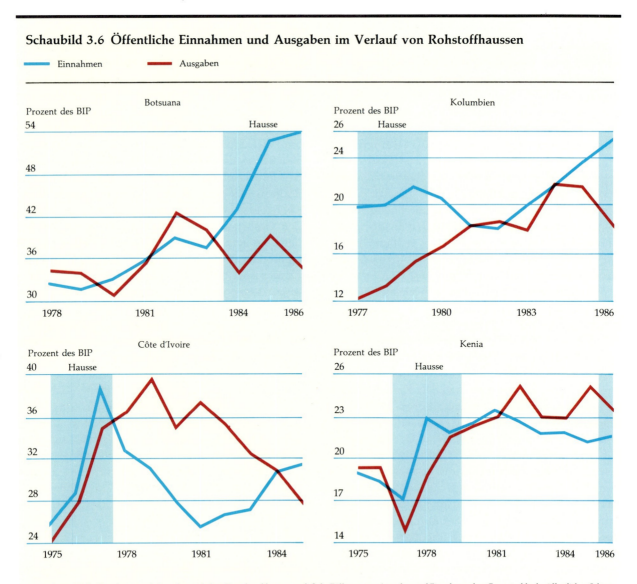

Schaubild 3.6 Öffentliche Einnahmen und Ausgaben im Verlauf von Rohstoffhaussen

Anmerkung: Weder Einnahmen noch Ausgaben enthalten Transferzahlungen, so daß die Differenz von Ausgaben und Einnahmen dem Gesamtsaldo des öffentlichen Sektors nicht entspricht. Die Angaben für Kenia beziehen sich nur auf den Haushalt der Zentralregierung.

staatlichen Vermarktungsstellen oder Stabilisierungsfonds. Als die Weltmarktpreise nach oben gingen, unterließen die Vermarktungsstellen eine entsprechende Anhebung der von ihnen bezahlten Erzeugerpreise. In Côte d'Ivoire beispielsweise erreichten auf dem Höhepunkt des Kakao- und Kaffeebooms von 1977 die Einnahmen der Vermarktungsstellen bemerkenswerte 16,5 Prozent des BIP. Selbst in Ländern, wo die Gewinne aus dem Rohstoffboom überwiegend im privaten Sektor verblieben, führte der Boom auf indirektem Wege zu höheren Staatseinnahmen. So befindet sich in Kenia die Kaffeeproduktion in privater Hand; hier stiegen die Erzeugerpreise in etwa parallel zu den Weltmarktpreisen. Die Staatseinnahmen wuchsen jedoch aufgrund höherer Außenhandelsumsätze sowie eines steigenden Aufkommens von Export- und Importabgaben in den Jahren 1977/78 von 17 auf 23 Prozent des BIP.

Mit dem Auslaufen des Booms gingen die Staatseinnahmen stark zurück. Die rohstoffproduzierenden Staatsbetriebe erlitten abrupte Gewinneinbußen. In anderen Ländern fingen die Vermarktungsstellen einen Teil des Preisverfalls auf, was bei ihnen zu beträchtlichen Verlusten führte. In Côte d'Ivoire zum Beispiel fielen die Staatseinnahmen von 37 Prozent des BIP im Jahr 1977 auf nur noch 25 Prozent im Jahr 1981. Bei rückläufigem Handelsvolumen sanken die Einnahmen aus den Außenhandelsabgaben.

Auch die Staatsausgaben gingen während des Booms nach oben — in zahlreichen Fällen stärker als die Einnahmen. In Kenia stiegen die öffentlichen Ausgaben von 15 Prozent des BIP im Jahr 1977 auf mehr als 21 Prozent im Jahr 1979. In Côte d'Ivoire schossen die Staatsausgaben innerhalb Jahresfrist, nämlich von 1976 auf 1977, von 28 Prozent auf 35 Prozent des BIP hinauf. Die zusätzlichen Ausgaben für laufende Zwecke und für Investitionen waren oft von fragwürdigem volkswirtschaftlichem Nutzen. Die Beschäftigung im öffentlichen Sektor wurde ausgeweitet, die Verbrauchersubventionen wurden erhöht und ehrgeizige neue Investitionsprojekte in Angriff genommen. In der Dominikanischen Republik zum Beispiel wurden in den siebziger Jahren die Gewinne aus dem Zuckergeschäft dazu verwendet, die Endnachfrage nach Mineralölprodukten zu subventionieren. In vielen ölexportierenden Ländern wurden die Gewinne aus dem Ölexport zur künstlichen Niedrighaltung der heimischen Ölpreise eingesetzt. Bei zahlreichen, während des Booms begonnenen, öffentlichen Investitionsprojekten ergab die spätere Überprüfung sehr niedrige Ertragsraten. Allgemein litten die Projekte unter Kostenüberschreitungen und Verzögerungen. So ergab die Untersuchung einer Auswahl von Investitionsprojekten in sieben ölproduzierenden Ländern, daß bei dem größten Drittel dieser Projekte die veranschlagten Kosten im Durchschnitt um 109 Prozent überschritten worden waren. In einem Viertel dieser Fälle waren Verzögerungen von drei bis vier Jahren eingetreten. Manche Projekte wurden vor Fertigstellung aufgegeben, andere wurden durch veränderte Weltmarktbedingungen unwirtschaftlich. Mexiko, Trinidad und Tobago sowie Venezuela begannen während der siebziger Jahre bedeutende öffentliche Investitionen in großen Stahlwerken; nur wenige Jahre später kam es auf dem Weltmarkt zu einem nachhaltigen Überangebot an Stahl. Weit davon entfernt, die Zinskosten auf die zu ihrer Finanzierung eingegangenen Schulden zu erwirtschaften, entwickelten sich diese Projekte zu einer schweren Bürde für die öffentlichen Haushalte.

Selbst in der Endphase des Booms wurden die Ausgaben aufrechterhalten oder noch gesteigert (vgl. Schaubild 3.6). Die führte zu einer sprunghaften Ausweitung der öffentlichen Defizite. In Mexiko zum Beispiel stieg das Defizit von 7,9 Prozent des BIP im Jahr 1980 auf 17,5 Prozent im Jahr 1982. Das Haushaltsdefizit Nigerias expandierte von 1,1 Prozent des BIP im Jahr 1979 auf 9,1 Prozent im Jahr 1981. Mit einer Verspätung von mehreren Jahren schränkten die meisten Länder ihre Ausgaben ein oder erhöhten ihre Einnahmen; in vielen Fällen wurden sie durch das Ausbleiben der kommerziellen Auslandskredite dazu gezwungen.

Die Auslandsschulden waren in vielen Ländern während des Booms rasch gewachsen; in der Rezession ging der Nettokapitalimport zurück oder es floß sogar Kapital ins Ausland ab. Aufgrund der scheinbaren Sicherheit der Rohstoffeinnahmen waren die ausländischen Geschäftsbanken in der Zeit des Booms an der Gewährung von Krediten an die Rohstoffexporteure interessiert, und zugleich waren die öffentlichen Schuldner bestrebt, durch Kreditaufnahmen ihre Rohstoffeinkünfte in eine noch stärkere Ausgabenexpansion umzusetzen. Nach dem abrupten Rückgang der Einnahmen waren die besorgten Kreditgeber kaum noch zu neuen Krediten bereit. Im Zeichen der Ölverteuerung der Jahre 1979/80 flossen z. B. Nigeria durch langfristige Kredite an die öffentliche Hand pro Jahr 1 Mrd Dollar zu. Während des katastrophalen Ölpreisverfalls des Jahres 1986 war dieser Kapitalimport jedoch auf nur noch 20 Mio Dollar geschrumpft. Entgegen dem Grundsatz, daß die Verschuldung zur Glättung solcher Zyklen eingesetzt werden sollte, trug sie zu deren Verschärfung bei.

Die gesamtwirtschaftlichen Konsequenzen des wirtschaftspolitischen Fehlverhaltens während der Boomzeiten waren in den meisten Ländern ähnlich. Es kam zu einer überzogenen realen Aufwertung (vgl. Schaubild 3.2). Die Ausfuhren von sonstigen Gütern sanken, während die Einfuhren unter dem Druck der Nachfrageexpansion, der Überbewertung und des reichlichen Devisenangebots beschleunigt wuchsen. Die Einfuhren Nigerias stiegen von 9,7 Mrd Dollar im Jahr 1977 auf 19 Mrd Dollar im Jahr 1981, diejenigen Mexikos nahmen von 1977 bis 1981 dem Wert nach auf mehr als das Vierfache zu. Nach dem Boom kam es zu einer scharfen Importkontraktion: in Nigeria von 19 Mrd Dollar im Jahr 1981 auf 4 Mrd Dollar im Jahr 1986, und in Mexiko von 24 Mrd Dollar im Jahr 1981 auf 12 Mrd Dollar im Jahr 1986.

Während des Booms ließen Exporterlöse und Kapitalimporte die Devisenbestände der Zentralbanken anschwellen. Dies wiederum führte zu einem raschen Wachstum der Geldmenge und höherer Inflation. Sowohl in Côte d'Ivoire als auch in Kenia beispielsweise beschleunigte sich das Geldmengenwachstum im Jahr 1977 auf über 43 Prozent, und die Inflationsrate erreichte in beiden Ländern 21 Prozent. In Nigeria stieg die Inflationsrate während des ersten Ölbooms von 6 Prozent auf 34 Prozent und während des zweiten Booms von 14 auf 44 Prozent. Obwohl es in den meisten Volkswirtschaften zu einer Überhitzung kam, ließen die höheren Exportpreise das Wachstum des BIP nicht nennenswert über den langfristigen Trend ansteigen. So belief sich die Wachstumsrate in Côte d'Ivoire während der Boomjahre von 1975 bis 1980 auf 6,4 Prozent, verglichen mit 7,9 Prozent im Zeitraum 1965 bis 1975.

Nicht alle Länder gerieten in die Falle des Rohstoffzyklus. Botsuana, Indonesien und Kamerun wirtschafteten mit ihren Einnahmen aus dem Boom vorsichtig, indem sie gesamtwirtschaftliche Ungleichgewichte in engen Grenzen hielten und die Anpassung in der Abschwungphase abfederten. Zwar wurden die Ausgaben in Indonesien und Kamerun während des Booms gesteigert, doch blieben die Zuwächse relativ bescheiden. Indonesien vermied selbst während der Boomjahre 1979/81 öffentliche Defizite und paßte seine Ausgaben nach dem Ende der Rohstoffkonjunktur rasch nach unten an; in den Jahren 1986/87 reagierte die Regierung auf einen weiteren Rückgang der Ölpreise mit prompten Ausgabenkürzungen. In Kamerun wurden bis zu 75 Prozent der während des Ölbooms der Jahre 1979/81 entstandenen Einnahmen im Ausland angelegt, und zwar teilweise durch Rückzahlung von öffentlichen Auslandsschulden. Nach dem Auslaufen des Booms wuchsen die Einnahmen — zum Teil aufgrund der mengenmäßigen Steigerung der Ölexporte — weiterhin rascher als die Ausgaben, so daß Defizite bis in die jüngste Zeit vermieden wurden. Botsuana bietet ein noch einprägsameres Beispiel. Hier sank der Anteil der öffentlichen Ausgaben am BIP während des Diamantenbooms der Jahre nach 1983. Auch Kolumbien legte während der Kaffeekonjunktur des Jahres 1986 eine außerordentliche finanzpolitische Zurückhaltung an den Tag, denn es kürzte die Ausgaben, obwohl die Einnahmen sprunghaft stiegen.

Eine sorgfältige Finanzpolitik reduzierte in diesen Ländern die gesamtwirtschaftlichen Nebenwirkungen der Rohstoffkonjunkturen ganz erheblich. Die Inflationsrate blieb in Botsuana, Indonesien und Kamerun entweder auf dem bisherigen Niveau oder erhöhte sich nur geringfügig. Während des Booms kam es in Kamerun und Botsuana sogar zu einer mäßigen realen Abwertung, während in Indonesien die Aufwertung verglichen mit anderen Ländern moderat ausfiel. Die Ausfuhren sonstiger Güter entwickelten sich in allen drei Ländern zufriedenstellend, und das Einfuhrwachstum hielt sich in Grenzen.

Grundsätze der Bewältigung von Rohstoffzyklen

Nach einem häufig genannten Grundsatz für die Bewältigung von Rohstoffzyklen sollten die Einnahmen aus temporären Preiserhöhungen gespart werden, während Einkünfte aufgrund nachhaltiger Preissteigerungen ausgegeben werden können. Diese Regel wurde gewöhnlich mißachtet, es sei denn, Preissteigerungen wurden fälschlicherweise als dauerhaft angesehen. In einer Hinsicht geht allerdings der Grundsatz am Kern der Sache vorbei, insofern nämlich, als alle Rohstoffpreise während des letzten Jahrzehnts extremen Schwankungen unterworfen waren. Unter solchen Bedingungen ist es ungewiß, ob eine bestimmte Preisveränderung als „permanent" oder „temporär" zu betrachten ist. Die Wirtschaftspolitiker müssen sich deshalb fragen, welcher Fehler kostspieliger ist. Vermutlich entstehen höhere Kosten, wenn ein temporärer Preisanstieg als permanent eingeschätzt wird, als wenn der umgekehrte Fehler gemacht wird. Wie die Beispiele von Mexiko, Nigeria und anderen Ländern zeigen, ist es oftmals schwierig, die während eines vermeintlich anhaltenden Rohstoffbooms erfolgten Ausgabensteigerungen wieder rückgängig zu machen — insbesondere, wenn die zusätzlichen Rohstoffeinnahmen mittels Kreditaufnahmen in noch höhere Ausgaben umgesetzt wurden. Verzögerungen bei der Anpassung an sinkende Ausfuhrpreise führen zu einer weiteren Schuldenakkumulation. Wenn die Anpassung schließlich erfolgt, ist sie umso schwieriger, da die Länder nicht nur mit niedrigeren Rohstoffeinnahmen fertig werden müssen, sondern auch einen erhöhten Schuldendienst und einen geringeren Zufluß neuer Kredite zu bewältigen haben. Es ist somit eine vernünftige Strategie, wenn der öffentliche Sektor einen großen Teil seiner Rohstoffeinnahmen spart.

Wie rasch die Regierung auf veränderte Bedingungen reagieren kann, hängt davon ab, wofür diese zusätzlichen Ersparnisse verwendet werden. Die wichtigsten Verwendungsarten sind eine Verbesserung der Nettoauslandsposition des Landes (entweder durch die Rückzahlung von Schulden oder den Erwerb von Auslandsanlagen), die Tilgung von internen Staatsschulden oder die Steigerung der öffentlichen Investitionen. Neben den oben beschriebenen Nachteilen höherer Staatsausgaben spricht gegen öffentliche Investitionen, daß sie kaum reversibel sind: Bei einmal eingeleiteten Projekten lassen sich die Investitionsausgaben nur schwer stoppen, und der Verkauf von erworbenem Sachvermögen ist gewöhnlich schwierig und zeitraubend. All dies legt es nahe, zusätzliche öffentliche Investitionen, die aus Rohstofferlösen finanziert werden, grundsätzlich auf hochprofitable Projekte zu beschränken.

Auslandsguthaben sind zwar nicht völlig risikolose Anlagen, doch sind sie hochliquide und können somit in schlechten Zeiten rasch flüssig gemacht werden. Botsuana hat sich gegen Rückschläge am Diamantenmarkt abgesichert, indem es seine Devisenreserven auf den Gegenwert von zwei Jahresimporten aufstockte. Die Tilgung von Schulden macht den öffentlichen Sektor weniger anfällig für Einnahmeschwankungen und vermeidet die expansiven Geldmengeneffekte einer Reservenaufstockung durch die Zentralbank. Kamerun (in den Jahren nach 1978) und Kolumbien (im Jahr 1986) verwendeten ihre Rohstoffeinnahmen zur Rückzahlung von öffentlichen Auslandsschulden. Eine Rückführung der Nettoverschuldung des Staates bei der Zentralbank würde die Zunahme der Währungsreserven ausgleichen („sterilisieren") und damit ebenfalls das monetäre Wachstum bremsen; Kolumbien wendete diese Methode 1986 an.

In vielen Ländern könnte es sich außerdem lohnen, das Verhältnis zwischen staatlicher und privater Ersparnis während eines Rohstoffbooms zu überdenken. Wenn der Staat einen hohen Anteil seiner Einnahmen aus dem Boom spart, kann er dazu beitragen, daß die Volkswirtschaft insgesamt in guten Zeiten genügend Rücklagen bildet, um in schlechten Zeiten Mittel für den Verbrauch einsetzen zu können. Wie oben erörtert, haben die Regierungen stattdessen jedoch in den Boomzeiten häufig zuviel ausgegeben. In vielen Fällen wäre es wohl besser, wenn den privaten Produzenten ein größerer Teil der Einnahmen aus dem Boom belassen würde, damit sie selbst während der guten Zeiten Ersparnisse bilden können, um für schlechte Zeiten vorzusorgen. Wenn das private Sparaufkommen als ungenügend eingeschätzt wird, so mag dies mehr auf die Eingriffe in die Finanzmärkte, etwa in Form niedriger Einlagenzinsen, zurückzuführen sein als auf irgendwelche inhärenten Mängel des privaten Sparverhaltens. Eine kluge Wirtschaftspolitik würde in Boomzeiten sowohl das staatliche als auch das private Sparen zu fördern versuchen.

Anpassung in den armen Ländern Afrikas südlich der Sahara

In den achtziger Jahren waren die Länder mit niedrigem Einkommen mit ähnlichen Wirtschaftsproblemen konfrontiert wie die anderen Entwicklungsländer. Zu diesen Problemen gehörten Defizite der öffentlichen Haushalte und der Leistungsbilanzen, eine überhöhte staatliche Verschuldung, gesamtwirtschaftliche Kontraktion und Inflation. In den armen Ländern waren diese Schwierigkeiten jedoch besonders ernst. Das Problem der Auslandsschulden hat sich hier noch gravierender entwickelt als selbst in den hochverschuldeten Ländern mit mittlerem Einkommen, und die Aussichten für eine Aufnahme des vollen Schuldendienstes in absehbarer Zeit sind minimal. Im Jahr 1986 entsprach die gesamte Auslandsschuld der afrikanischen Länder mit niedrigem Einkommen 88 Prozent ihres BIP, verglichen mit 61 Prozent bei den siebzehn hochverschuldeten Ländern mit mittlerem Einkommen.

Die besonderen Schwierigkeiten der Volkswirtschaften mit niedrigem Einkommen sind eine Folge ihrer begrenzten Flexibilität, insbesondere bei der Finanzierung öffentlicher Ausgaben. Der unumgängliche Ausbau des Sozialwesens und der physischen Infrastruktur stellt jedoch hohe Anforderungen an die öffentlichen Haushalte. Die externe Finanzierung ist überwiegend auf offizielle Quellen beschränkt, die inländische Finanzierung stößt auf den engen Finanzmärkten an Grenzen, und die Besteuerungsbasis ist gewöhnlich sehr schmal. Diese Länder sind in hohem Maß von der öffentlichen Entwicklungshilfe abhängig: In den armen afrikanischen Ländern südlich der Sahara betrug die öffentliche Entwicklungshilfe 1986 insgesamt 12,2 Prozent des BIP. Die Weise, in der die Entwicklungshilfegelder verwendet wurden, dürfte jedoch zu den ernsten Anpassungsproblemen beigetragen haben, die in den achtziger Jahren zutage traten. Der Devisenzufluß stützte eine Aufwertung der realen Wechselkurse, ermöglichte überhöhte Einfuhren zugunsten der städtischen Verbraucher und trug so zum Niedergang der Exportwirtschaft und des importkonkurrierenden Sektors in den späten siebziger und frühen achtziger Jahren bei. Das Mißmanagement von Entwicklungshilfe dürfte außerdem zum Teil für das niedrige inländische Sparaufkommen verantwortlich gewesen sein.

Die Knappheit an öffentlichen Geldern hat diese Länder dazu gebracht, daß sie sich auf einige außerordentlich verzerrend wirkende Finanzierungsquellen verlassen, darunter eine hohe Steuerbelastung der wichtigsten Rohstoffausfuhren. Diese wird in der Regel dadurch erreicht, daß die staatliche Vermarktungsstelle niedrige Erzeugerpreise bezahlt oder daß zum Nachteil der Produzenten differenzierte Wechselkurse angewendet werden. Einfuhrzölle bilden eine andere wichtige Einnahmequelle. Die Länder mit niedrigem Einkommen erzielen 38 Prozent ihrer Staatseinnahmen durch Außenhandelsabgaben, verglichen mit 19 Prozent in den Ländern mit mittlerem Einkommen. Das Einnahmesystem der Länder mit niedrigem Einkommen steht somit auf einer sehr fragilen Grundlage und ist bei wechselnden außenwirtschaftlichen Bedingungen starken Schwankungen ausgesetzt. Daneben haben die hohen indirekten Steuern auch die Ausbreitung der schwarzen Märkte und des Schmuggels gefördert.

Haushalts- und Leistungsbilanzdefizite in Afrika

Die afrikanischen Länder mit niedrigem Einkommen verschuldeten sich während der späten siebziger und der frühen achtziger Jahre in großem Umfang, um ihren Verbrauch und die inländische Kapitalbildung angesichts sinkender Exportpreise und -mengen zu finanzieren. Der Rückgang der Exporterlöse war sowohl eine Folge der eigenen wirtschaftspolitischen Fehlleistungen, wie etwa der hohen Besteuerung von Rohstoffexporten, als auch der schwachen Exportnachfrage seitens der Industrieländer. Hohe Staatsdefizite führten schnell zur Aufnahme von Auslandskrediten, da in den meisten Ländern mit niedrigem Einkommen das inländische Sparaufkommen gering ist. Im Jahr 1986 erreichte die inländische Bruttoersparnis im Durchschnitt aller Länder mit niedrigem Einkommen — ausgenommen China und Indien — nur 8 Prozent des BIP, verglichen mit 23 Prozent in den Ländern mit mittlerem Einkommen. In Burkina Faso, Lesotho, Mosambik und Somalia wurde 1986 gesamtwirtschaftlich entspart. Das damit verbundene Niveau des öffentlichen und privaten Verbrauchs ließ sich ohne externe Finanzierung nicht aufrechterhalten.

Nach 1980 erkannten die öffentlichen und privaten Kreditgeber, wie auch die Länder selbst, daß die staatliche Neuverschuldung zurückgeführt werden mußte. Auch die Schuldenprobleme der hochverschuldeten Länder mit mittlerem Einkommen trugen zu einem scharfen Rückgang der Kreditgewährung an die Länder mit niedrigem Einkommen bei. Die gesamte Nettokreditgewährung an die armen Länder südlich der Sahara fiel von über 4 Mrd Dollar im Jahr 1980 auf weniger als 2 Mrd Dollar im Jahr 1985 (vgl. Schaubild 3.7). Dafür waren sowohl Tilgungen von früher aufgenommenen öffentlichen Krediten als auch der Rückgang der Neuauszahlungen ausschlaggebend.

Die Länder waren zu drastischen Kürzungen ihrer Defizite gezwungen. In Kenia fiel das Primärdefizit (d. h. das Defizit unter Ausschluß der Zinszahlungen) von 7,4 Prozent des BIP im Jahr 1981 auf nahezu Null im Jahr 1985, während es in Malawi in diesen Jahren von 11,8 Prozent des BIP auf 1,0 Prozent sank. Gleichzeitig jedoch stiegen die Zinszahlungen in Kenia von 2,4 Prozent auf 4,4 Prozent des BIP und in Malawi von 4,6 Prozent auf 6,3 Prozent des BIP. Dies bedeutete, daß sich das Gesamtdefizit um etwa 2 Prozentpunkte des BIP weniger verbesserte als das Primärdefizit. Ebenso wie bei den Schuldnerländern mit mittlerem Einkommen wurde das Budget vom externen Schuldendienst (der Summe von Zins- und Tilgungszahlungen) schwer belastet, der 1985 in Kenia 34 Prozent und in Malawi 44 Prozent der laufenden

Staatseinnahmen erreichte. Auch für die Zahlungsbilanz war der Schuldendienst eine starke Belastung, obwohl massive Einfuhrbeschränkungen eine Verbesserung der Leistungsbilanzen im Gleichschritt mit den sinkenden Staatsdefiziten ermöglichten.

Ungeachtet der stark rückläufigen Netto-Neuverschuldung ist das Verhältnis der ausstehenden und ausgezahlten Schulden zum BSP in vielen Ländern mit niedrigem Einkommen durch die Schrumpfung der Gesamtwirtschaft und den Übergang zu realistischeren Wechselkursen dramatisch angestiegen. Die Relation zwischen öffentlichen Schulden und BSP nahm in Malawi von 56 Prozent im Jahr 1980 auf 71 Prozent im Jahr 1985 zu, in Kenia stieg sie im gleichen Zeitraum von 32 auf 51 Prozent, in Zaire von 43 auf 112 Prozent und in Sambia von 61 auf 133 Prozent. Bedauerlicherweise ging es bei der Anpassung bisher bestenfalls darum, sich verstärkt anzustrengen, nur um den Status quo zu halten.

Wechselkurspolitik in Afrika

Überbewertungen der realen Wechselkurse waren in Afrika südlich der Sahara besonders verbreitet. Sie stehen im Mittelpunkt der gesamtwirtschaftlichen Steuerungsprobleme, mit denen viele Länder der Region konfrontiert sind. In vielen afrikanischen Ländern mit niedrigem Einkommen (allerdings nicht in den Ländern der Franc-Zone, wo die nationalen Behörden den Wechselkurs nicht selbst festsetzen können) dient der offizielle Wechselkurs fiskalischen Zwecken. Mangels einer angemessenen Besteuerungsbasis zur Finanzierung ihrer beabsichtigten Ausgaben, helfen sich die Regierungen durch die Besteuerung der Exporte von mineralischen und landwirtschaftlichen Rohstoffen, deren Produktion einen großen Teil des formalen Sektors ausmacht. Die Besteuerung erfolgt häufig dadurch, daß ein offizieller Wechselkurs unter dem Niveau des Parallelmarktes aufrecht erhalten wird und die Rohstoffexporteure zur Ablieferung ihrer Devisenerlöse an die Zentralbank zu diesem Kurs verpflichtet werden. Eine andere Möglichkeit besteht darin, daß die Regierung die inländischen Erzeugerpreise auf Basis des offiziellen Wechselkurses anstatt des Parallelmarktkurses festsetzt. Der offizielle Wechselkurs wird oft auch zur Subventionierung bestimmter Sektoren eingesetzt, indem man diesen Sektoren Devisen zum offiziellen Kurs zuteilt. Wenn die Devisenankäufe des Staates seine Devisenverkäufe übertreffen, dann übersteigt die verdeckte Besteuerung in Form der Kursdifferenz zwischen dem offiziellen und dem Parallelkurs die Subventionierung des privaten Sektors. Die Steuer wirkt verzerrend, weil sie den Export beeinträchtigt. Die Versuche, der Steuer auszuweichen, führen zur Ausdehnung der Parallelmärkte für Schmuggelware und Devisen.

Seit 1982 haben viele Länder ihre offiziellen Wechselkurse drastisch abgewertet (vgl. Schaubild 3.2). Offizielle und Parallelkurse haben sich einander angenähert, was die Exportsteuer reduzierte und die Produktionsanreize verbesserte. Die

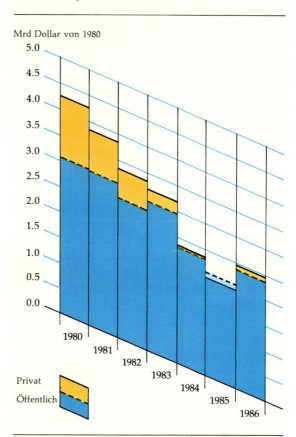

Schaubild 3.7 Nettozufluß mittel- und langfristiger Kredite nach Afrika südlich der Sahara, 1980 bis 1986

Anmerkungen: Der Nettozufluß entspricht den Auszahlungen abzüglich der Tilgungen von konzessionären und nichtkonzessionären Krediten; Zuschüsse oder kurzfristige Kredite sind in den Angaben nicht enthalten. Zur Deflationierung auf Basis der Dollarpreise von 1980 wurde der Durchschnittswert der Exporte von Industrieprodukten aus den fünf größten Industrieländern verwendet. Die durchgezogene Linie gibt den Umfang der gesamten Nettozuflüsse an, die unterbrochene Linie zeigt die Nettozuflüsse aus öffentlichen Quellen. Im Jahr 1985 waren die Nettozuflüsse aus privaten Quellen negativ.
Quelle: Weltbank 1987d.

Abwertungen können jedoch destabilisierend wirken: Wenn sich keine anderen Einnahmequellen als Ersatz für die entgangene Exportsteuer finden lassen, kann es zu höheren Staatsdefiziten und einer inflationären Ausweitung der Geldschöpfung kommen. Mit der Reform des Wechselkurses muß also eine Reform des Staatshaushalts einhergehen (vgl. Sonderbeitrag 3.5).

Die Notwendigkeit grundlegender Reformen

Ebenso wie in anderen Entwicklungsländern ging die restriktive Finanzpolitik in den Ländern mit niedrigem Einkommen häufig zulasten der langfristigen Wachstumschancen. Die staatliche Kapitalbildung war von den Ausgabenkürzungen unverhältnismäßig stark betroffen, wie dies auch in den Ländern mit mittlerem Einkommen der Fall war. Im Sozialwesen erfolgten auf einem bereits unzureichenden Niveau weitere Einschnitte. Bei der Ausgabenkürzung muß gezielter vorgegangen werden, indem die Subventionierung der bessergestellten Konsumenten zugunsten vorrangiger Aufgaben wie der Aufrechterhaltung des Verkehrswesens, der Grundschulerziehung und der elementaren Gesundheitsfürsorge eingestellt wird. Diese Fragen werden in den Kapiteln 5 und 6 näher erörtert.

Zwischen Stabilisierung und Strukturanpassung besteht ein wechselseitiges Spannungsverhältnis. Die Stabilisierung hat manchmal die Aufgabe der Strukturreform zusätzlich erschwert — etwa wenn sie die Kürzung produktiver Investitionen bedeutete. Umgekehrt kann aber auch die Strukturreform zu Rückschlägen bei der Stabilisierung führen. In den Ländern mit niedrigem Einkommen stellt sich dieses Problem mit besonderer Schärfe. Es fällt ihnen zum Beispiel schwer, verzerrend wirkende Steuern abzubauen, da sie für die entgangenen Einnahmen nur mit Mühe Ersatz finden. Zweifellos müssen diese Länder den massiven Außenschutz reduzieren, den sie unwirtschaftlichen Industrien gewähren, doch können sie auf die Zölle als Mittel der Einnahmeerzielung nicht so einfach verzichten. Der Einnahmenverlust, der bei einer durchgreifenden Liberalisierung des Außenhandels entstünde, könnte durch keine andere Finanzierungsquelle unmittelbar ersetzt werden. Dies bedeutet, daß die Handelsliberalisierung schrittweise erfolgen muß und von entsprechenden Reformen der öffentlichen Finanzen zu begleiten ist. Die Ablösung von Kontingenten durch Zölle und die Einführung einer gleichmäßigeren Struktur der Zollsätze sind zwei geeignete Maßnahmen, um die Ziele der Liberalisierung und der Einnahmebeschaffung auf kurze Sicht miteinander zu vereinbaren.

Insgesamt betrachtet sind die fiskalischen Probleme der afrikanischen Länder mit niedrigem Einkommen noch gravierender als diejenigen der Schuldnerländer mit mittlerem Einkommen und der Rohstoff-Exportländer. Die Staatsdefizite der Vergangenheit haben ihnen ein Schuldenerbe hinterlassen, das die gegenwärtigen Anpassungsbemühungen dieser Länder erschwert. Bei der Rückführung der Defizite wurden eindrucksvolle Erfolge erzielt, doch standen dabei zwangsläufig kurzfristige Maßnahmen im Vordergrund, die auf Dauer nicht durchgehalten werden können. Der Mangel an staatlichen Einnahmequellen behindert alle Versuche zur Korrektur struktureller Verzerrungen, wie der großen Diskrepanz zwischen offiziellen und Parallelkursen, der hohen Zollsätze und der niedrigen Erzeugerpreise für Rohstoffe. Die Reform der Staatsfinanzen ist ein Weg zur Lösung dieses Dilemmas. Eine Verbreiterung der Einnahmenbasis würde es den Ländern mit niedrigem Einkommen ermöglichen, einige der besonders verzerrend wirkenden Steuern abzubauen oder ganz zu beseitigen. Ein breiterer Strom von Auslandsgeldern, in Verbindung mit selektiven Schuldenerleichterungen, würde zur Unterstützung solcher Reformen beitragen.

Finanzpolitik und Wachstumsnotwendigkeiten

Die Entwicklungsländer stehen vor einem finanzpolitischen Dilemma. Einerseits hat das Abweichen vom Pfad einer soliden Finanzpolitik zu den Wirtschaftskrisen beigetragen, die durch exzessive Verschuldung und hohe Inflation gekennzeichnet waren. Eine fiskalische Sparpolitik ließ sich unter diesen Umständen nicht vermeiden. Auf der anderen Seite ist es lebenswichtig, das Wachstum, das Einkommensniveau und die Beschäftigung wiederherzustellen. Einige der am schlimmsten betroffenen Länder stecken in einer Depression, die nicht weniger gravierend ist als die Weltwirtschaftskrise der dreißiger Jahre.

Eine der wichtigsten Lehren aus dieser Situation ist, daß eine überhöhte Ausgabenexpansion und ein nicht tragbares Wachstum mit großen Kosten verbunden sind. Länder mit einer stabilen gesamtwirtschaftlichen Politik wurden von den Turbulenzen der achtziger Jahre bei weitem nicht so schwer getroffen. So überholte Thailand in den achtziger Jahren die Philippinen, und Kolumbien ließ Peru in

Sonderbeitrag 3.5 Vereinheitlichung der Wechselkurse und Haushaltsgleichgewicht

Die Erfahrungen von Ghana und Sierra Leone zeigen, wie sich die Beseitigung der Lücke zwischen dem offiziellen Wechselkurs und dem Parallelkurs auf das Gleichgewicht des öffentlichen Haushalts auswirkt. In Ghana gab es vor 1983 große Staatsdefizite, die durch Geldschöpfung finanziert wurden, eine strenge Devisenrationierung, hohe Inflation und eine starke Nachfrage nach Fremdwährungen zur Absicherung gegen die Inflation. Der Schwarzmarktkurs war ein verläßlicher Gradmesser des wahren Wertes der einheimischen Währung (des Cedi) als der offizielle Wechselkurs. Durch den Ankauf und die Zuteilung von Devisen zum offiziellen Kurs wurde die Ausfuhr verdeckt besteuert und die Einfuhr verdeckt subventioniert. Das Agio des Schwarzmarktkurses übertraf im allgemeinen 500 Prozent, und erreichte im Jahr 1982 ein Rekordniveau von über 2 000 Prozent. In Reaktion auf die prohibitive verdeckte Ausfuhrbesteuerung ging die Produktion der Hauptexportgüter — Kakao und Gold — von 1970 bis 1982 drastisch zurück; die Realeinkommen fielen um 30 Prozent. Die sinkenden Exporte und die fehlenden Auslandsgelder führten zu einer gravierenden Beschränkung des Einfuhrspielraums.

Im April 1983 setzte die Regierung Ghanas ihr Programm zum Wiederaufbau der Wirtschaft in Kraft. Im Oktober 1983 wurde der offizielle Wechselkurs von 2,75 Cedis je Dollar auf 30 Cedis je Dollar heraufgesetzt; der Schwarzmarktkurs betrug zu dieser Zeit ungefähr 90 Cedis je Dollar. Der Schwarzmarkt wurde offiziell anerkannt: Für die Einfuhr über den Schwarzmarkt wurden besondere Lizenzen erteilt, vorausgesetzt die einschlägigen Abgaben wurden entrichtet. Exporteure außerhalb des Kakaosektors erhielten die Erlaubnis, einen Teil ihrer Devisenerlöse für die Bedienung von Schulden und für genehmigte Importe einzubehalten. Auch der Cocoa Board (die staatliche Kakao-Vermarktungsstelle) verfügte von 1983 bis Anfang 1987 über eigene Devisenguthaben. Im Januar 1986 wurde die Inlandswährung abermals auf nun 90 Cedis je Dollar abgewertet. Im September 1986 wurde ein gespaltener Devisenmarkt eingerichtet. Über den offiziellen Markt waren nur Kakaoausfuhren, Schuldendienstzahlungen und Öleinfuhren abzuwickeln, während Rohstoffe und Produktionsmittel über einen Auktionsmarkt für Devisen geleitet wurden; Konsumgüter waren davon ausgeschlossen. Im Februar 1987 wurden die Märkte auf dem Kursniveau des Auktionsmarktes vereinheitlicht. In der Folgezeit wurden Konsumgüter, mit Ausnahme einiger verbotener Kategorien, in den Auktionsmarkt miteinbezogen.

Die stufenweise Abwertung des offiziellen Wechselkurses wurde von finanzpolitischen Reformen mit dem Ziel des Defizitabbaus begleitet; dies ermöglichte es, immer weniger auf die verdeckte Exportsteuer in Form des vorherigen Wechselkursdifferentials zwischen dem offiziellen und dem schwarzen Markt zurückzugreifen. Das Staatsdefizit wurde von 2,7 Prozent des BIP im Jahr 1983 auf 0,7 Prozent im Jahr 1986 abgebaut. Dies wurde vor allem durch dramatisch verbesserte Steuereinnahmen erreicht, die von nur 5,5 Prozent des BIP im Jahr 1983 auf 13,6 Prozent im Jahr 1986 stiegen. Damit war es der Regierung möglich, den Einsatz der „Inflationssteuer" einzuschränken. Trotz der enormen Veränderungen des offiziellen Wechselkurses fiel die Inflationsrate der Großhandelspreise von 81 Prozent im Jahr 1984 auf 30 Prozent im Jahr 1986. Insgesamt betrachtet, ist die Erfahrung Ghanas ein Beispiel für eine erfolgreiche Abwertung, die von finanzpolitischen Reformmaßnahmen begleitet wurde.

Sierra Leone stieß bei der Vereinheitlichung der Wechselkurse auf größere Schwierigkeiten. Der Kurs der heimischen Währung (des Leone) wurde im Juni 1986 freigegeben, als der Schwarzmarktkurs fünfmal so hoch war wie der offizielle Wechselkurs. Es kam sofort zu einer Beschleunigung der Inflation, die von 57 Prozent während der zwölf Monate vor dem Übergang zum Floating auf 259 Prozent in den folgenden zwölf Monaten anstieg. Die monetäre Basis expandierte von Juni 1986 bis zum Juni 1987 um 151 Prozent. Angesichts dieser Entwicklung wurde der offizielle Wechselkurs ein Jahr nach der Freigabe des Kurses wieder künstlich festgeschrieben. Zu diesem Kurs wurden seitdem nur wenige Transaktionen durchgeführt.

In dem enttäuschenden Ergebnis spiegelt sich die defizitäre Grundtendenz der öffentlichen Finanzen wider. Während der vorangegangenen fünf Jahre war das Steueraufkommen stark gesunken, nämlich von 16,1 Prozent des BIP im Zeitraum 1978/79 auf 6,0 Prozent im Zeitraum 1985/86. Am stärksten waren die Einnahmen aus den Außenhandelsabgaben gesunken, was die Schrumpfung der offiziellen Außenhandelsströme widerspiegelte, da der Warenverkehr sich zunehmend in den Schwarzmarkt verlagerte. Aber auch das Aufkommen von Inlandssteuern ging zurück. Dieses chronische Unvermögen zur Erzielung von Steuereinnahmen ließ das Defizit 1985/86 auf 14 Prozent des BIP ansteigen. Finanziert wurde das Defizit durch eine Kombination von Geldschöpfung mit einer verdeckten Besteuerung des Exports, die sich durch das Gefälle zwischen dem offiziellen und dem Schwarzmarktkurs ergab. Die effektive Beseitigung dieses Gefälles führte zu einem Rückgang der Exportsteuer, so daß eine vermehrte Geldschöpfung notwendig war. Die Beibehaltung der Verbrauchersubventionen bei Grundnahrungsmitteln und Mineralöl trotz steigender Inflation und Abwertung ließ das Defizit zusätzlich anschwellen. So erreichte das Defizit im Haushaltsjahr 1987 durchschnittlich 6,7 Mio Dollar pro Monat. Bei einer monetären Basis im Gegenwert von 44 Mio Dollar im Durchschnitt des Haushaltsjahres 1987 war somit eine monatliche Inflationsrate von etwa 15 Prozent notwendig, um die erforderliche „Inflationssteuer" zur Defizitfinanzierung zu bewirken. Dieser Wert liegt nahe an der tatsächlichen monatlichen Inflationsrate von etwa 11 Prozent in diesem Zeitraum.

Die Erfahrung Sierra Leones zeigt, daß die Freigabe des Wechselkurses für sich ein gesamtwirtschaftliches Ungleichgewicht nicht lösen kann — in der Tat kann sie ohne begleitende fiskalische Reformmaßnahmen ein solches noch verschlimmern. Sierra Leone gab den Wechselkurs gerade dann frei, als das Staatsdefizit außer Kontrolle geraten war. Eine finanzpolitische Reform ist häufig eine notwendige Voraussetzung für die Vereinheitlichung gespaltener Wechselkurse.

der Entwicklung des Pro-Kopf-Einkommens hinter sich, obwohl diese Länder in den siebziger Jahren jeweils nahe beieinander lagen. Auch die Armen schnitten in den stabilen Volkswirtschaften viel besser ab, obwohl die überhöhten Staatsausgaben, die zur Destabilisierung der anderen Länder beitrugen, manchmal ausdrücklich in ihrem Namen erfolgten.

Das Spannungsverhältnis zwischen Sparpolitik und Wachstum kann allein dadurch aufgelöst werden, daß eine grundlegende Reform der Staatsfinanzen mit Maßnahmen der Handels-, Industrie-, Agrar- und Finanzmarktpolitik verbunden wird. Die jüngsten Fortschritte bei der kurzfristigen Stabilisierung können nunmehr durch strukturelle Anpassungen ergänzt werden, um den Wachstumsprozeß wieder in Gang zu setzen. Welchen Beitrag solide öffentliche Finanzen zu dieser Aufgabe leisten können, wird in den folgenden Kapiteln beschrieben. Die schmale staatliche Einnahmenbasis vieler Entwicklungsländer kann durch folgende Maßnahmen erweitert werden: verbesserte Verwaltung und Eintreibung der Steuern, die Einführung neuer Steuern mit breiter Bemessungsgrundlage, wie der Mehrwertsteuer, und eine verstärkte Anwendung von Benutzergebühren für öffentliche Dienstleistungen. Dies würde es ermöglichen, den Rückgriff auf die „Inflationssteuer", die überhöhte Besteuerung des Außenhandels und die Wechselkursdifferenzierung einzuschränken, die alle großen wirtschaftlichen Schaden anrichten können.

Die öffentlichen Ausgaben können zugunsten der Infrastruktur und zulasten der Verbrauchssubventionierung und schlecht ausgewählter Investitionen umgeschichtet werden. Reformen auf kommunaler Ebene und von Staatsunternehmen können ebenfalls dazu beitragen, daß öffentliche Gelder wirtschaftlicher ausgegeben und Einnahmen rationeller erhoben werden. Auf diese Weise kann ein solides Finanzgebaren der öffentlichen Hand — vielleicht mehr als alle anderen Politikbereiche — Möglichkeiten eröffnen, um niedrigere Staatsdefizite mit langfristigem Wirtschaftswachstum zu vereinbaren.

4

Reform des Steuersystems

Zum Abbau der im vorigen Kapitel untersuchten Staatsdefizite wird es notwendig sein, sowohl die Staatsausgaben zu kürzen als auch die Staatseinnahmen zu steigern. Die Kürzung und Umverteilung von Staatsausgaben wird in den folgenden Kapiteln erörtert. Das vorliegende Kapitel untersucht die Möglichkeiten zur Steigerung und Umstrukturierung der Staatseinnahmen.

Die Staatsausgaben werden letztlich begrenzt durch die Fähigkeit des öffentlichen Sektors, mittels Steuern und Gebühren auf die *laufende* Wirtschaftsaktivität Ressourcen aus dem privaten Sektor an sich zu ziehen, oder Schuldtitel zu emittieren, die durch Steuern und Gebühren auf *zukünftige* Wirtschaftsaktivitäten abgesichert sind. Andere Finanzierungsarten sind entweder nur temporär anwendbar oder wirken zerrüttend, wie eine über das reale Wachstum hinausgehende Geldschöpfung, oder sie sind von geringerer Bedeutung, wie die Einkünfte aus staatlichem Vermögen, Verwaltungseinnahmen und Geldbußen sowie andere nichtsteuerliche Einnahmen (vgl. Schaubild 4.1). Dieser Bericht stellt deshalb Steuern und Benutzergebühren (bzw. öffentliche Preise) in den Mittelpunkt, denn sie sind die Hauptquellen der Finanzierung von Staatsausgaben.

Steuern sind Zwangsabgaben ohne spezifische Gegenleistung, die primär von der Zentralregierung erhoben werden. Benutzergebühren dagegen sind Entgelte für spezifische von der öffentlichen Hand zur Verfügung gestellte Güter und Dienstleistungen, die hauptsächlich von staatseigenen Unternehmen und Gemeinden erhoben werden. Die relative Bedeutung dieser beiden staatlichen Einnahmequellen läßt sich nur schwer feststellen, da die Budgets der staatseigenen Unternehmen oder der Gemeinden nur selten landesweit aggregiert vorliegen. Es gibt jedoch für einig Länder grobe Schätzungen. In Thailand erreichten die Bruttoeinnahmen der staatseigenen Unternehmen in den Jahren 1977/83 schätzungsweise die gleiche Größenordnung wie die Steuereinnahmen der Zentralregierung. In Bangladesch wurden die Bruttoeinnahmen der Staatsbetriebe im Fiskaljahr 1985/86 fast auf das Doppelte der Steuereinnahmen der Zentralregierung geschätzt. Die Bedeutung der Benutzergebühren ist von Land zu Land verschieden, je nachdem welche Güter und Dienste der Staat außerhalb des Budgets zur Verfügung stellt. Gleichwohl sind die Benutzergebühren eine wichtige Komponente der öffentlichen Einnahmen — auch wenn nur ein Bruchteil der dadurch aufkommenden Mittel als Einkommensteuern oder Gewinnüberweisungen der Staatsbetriebe an die Zentralregierung weitergeleitet wird.

Für die Wahl zwischen Steuern und Benutzergebühren gibt es im Prinzip ein einfaches Kriterium. Benutzergebühren sollten immer dann erhoben werden, wenn ein öffentlich produziertes Gut oder eine Dienstleistung verkauft werden kann, und sie sollten die Produktionskosten — vorzugsweise die Grenzkosten — widerspiegeln (vgl. Sonderbeitrag 6.1). Auf diese Weise werden öffentliche Ausgaben rationell finanziert. Die Finanzierung durch Steuern sollte für jene Fälle vorbehalten werden, in denen sich Benutzergebühren nicht anwenden lassen: für die Bezahlung öffentlicher Güter, deren Kosten oder Vorteile sich nicht individuell zurechnen lassen, für den Ausgleich von Marktversagen (wie bei externen Effekten) und für die Verwirklichung verteilungspolitischer Ziele (wie die Linderung der Armut).

Durch Benutzergebühren können beträchtliche Einnahmen erzielt werden. In einer jüngsten Untersuchung der Verhältnisse in Afrika südlich der Sahara werden die Einnahmen aus moderaten Erhöhungen der Gebühren auf 20 bis 30 Prozent der Einnahmen der Zentralregierung oder 4 bis 6 Prozent des BIP veranschlagt (vgl. Sonderbeitrag 4.1). In der Praxis bleiben jedoch die Steuern die primäre Einnahmequelle der Zentralregierungen. Die Steuerreform ist somit als ein Aspekt der Stabilisierung und Strukturanpassung immer wichtiger geworden. In der Tat muß eine Steuerreform, wenn sie erfolgreich sein soll, beiden Zielen zugleich genügen. Dies dürfte jedoch nicht immer der Fall sein: Eine Verringerung der Außenhandelsabgaben im Zuge der Strukturanpassung kann dem Erfordernis der Einnahmebeschaffung zuwiderlaufen; andererseits können Steuererhöhungen zum Abbau von Budgetdefiziten die effiziente Allokation der Ressourcen behindern oder die Lage der Armen verschlechtern.

Das vorliegende Kapitel untersucht die Möglichkeiten zur Reform der wichtigsten Steuern der Zentralregierung. Die Benutzergebühren werden in den Kapiteln 6, 7 und 8 im einzelnen erörtert. Preiskontrollen, quantitative Beschränkungen und andere Instrumente, die in mancher Hinsicht mit Steuern vergleichbar sind, sowie Steuern, die nur geringe Einnahmen erbringen, (etwa Kopfsteuern und Stempelsteuern) werden nicht berücksichtigt. Vermögensteuern, die auf lokaler Ebene häufig bedeutsam sind, werden im Kapitel 7 diskutiert.

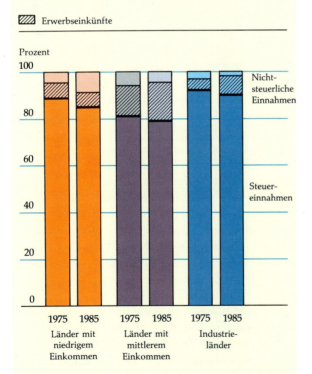

Schaubild 4.1 Anteil der Steuern und der sonstigen Einnahmequellen an den laufenden Einnahmen der Zentralregierung, 1975 und 1985

Anmerkungen: Die Angaben sind ungewichtet und geben die durchschnittliche Struktur für die jeweilige Auswahl von Ländern wieder. Die Auswahl von Ländern mit niedrigem Einkommen umfaßt siebzehn Länder. Die Auswahl von Ländern mit mittlerem Einkommen umfaßt dreiunddreißig Länder; der höhere Anteil nichtsteuerlicher Einnahmen in dieser Ländergruppe spiegelt die Klassifizierung der Ölförderabgaben wider. Die Auswahl von Industrieländern umfaßt siebzehn Länder.
Quelle: IWF, *Government Finance Statistics*, 1987.

Steuerstrukturen

Die Struktur der Besteuerung ist von Land zu Land unterschiedlich, und zwar sowohl hinsichtlich des Besteuerungsniveaus als auch hinsichtlich der Zusammensetzung des Steueraufkommens. Beide Aspekte werden nacheinander behandelt.

Besteuerungsniveau

In allen großen Ländergruppen haben die Steuern relativ zum BIP seit 1975 leicht zugenommen (vgl. Schaubild 4.2, linke Hälfte). Hinter diesem Gesamtbild verbergen sich jedoch große Unterschiede von Land zu Land. In Botsuana, Italien und der Arabischen Republik Jemen nahm die gesamtwirtschaftliche Steuerquote (das Verhältnis des Steueraufkommens zum BIP) weit überdurchschnittlich zu, während sie in Simbabwe, Sri Lanka und Venezuela von Jahr zu Jahr stark schwankte, und in Brasilien, Kanada und der Türkei im Jahr 1985 niedriger war als 1975.

Die gesamtwirtschaftliche Steuerquote zeigt eine Tendenz, mit steigendem Pro-Kopf-Einkommen zuzunehmen, doch legt die große Variation der Längerergebnisse die Vermutung nahe, daß der Einkommensanstieg die Entwicklung der Steuerquote nur zum Teil erklärt. So ist die durchschnittliche gesamtwirtschaftliche Steuerquote der Länder Afrikas südlich der Sahara, die überwiegend nied-

Sonderbeitrag 4.1 Einnahmebeschaffung und Benutzergebühren

Die wachsenden Erfahrungen mit Benutzergebühren in den Entwicklungsländern legen den Schluß nahe, daß man ihre Vorteile unterschätzt und ihre Nachteile überschätzt hat (vgl. Kapitel 6). Wie im folgenden erörtert, sind Benutzergebühren vor allem unter den Aspekten von Effizienz, Gerechtigkeit und Mittelaufkommen von Vorteil.

Effizienz

Anders als bei Steuern gibt es bei den wenigsten Benutzergebühren einen Konflikt zwischen Einnahmebeschaffung und volkswirtschaftlicher Effizienz. Die Festsetzung des Preises für ein staatlich produziertes Gut oder eine Dienstleistung auf Basis der Grenzkosten führt meist zu einer volkswirtschaftlich effizienten Lösung (wegen einiger Einschränkungen vgl. Sonderbeitrag 6.1). Preise, die unter den Grenzkosten liegen, führen zur Übernachfrage und machen die Beschaffung von Mitteln aus anderen Aktivitäten notwendig, wodurch anderswo in der Volkswirtschaft Verzerrungen entstehen können. Diese volkswirtschaftlichen Kosten müssen zu dem Effizienzverlust aufgrund der Ausweitung von zu billig angebotenen öffentlichen Diensten addiert werden. Eine korrekte Preisbildung schafft Einnahmen und gewährleistet gleichzeitig eine effiziente Allokation der Ressourcen.

Gerechtigkeit

Der Konflikt zwischen volkswirtschaftlicher Effizienz und Verteilungsgerechtigkeit bei der Erhebung von Benutzergebühren kann überschätzt werden. Gegenwärtig gibt es in den Entwicklungsländern zahlreiche subventionierte öffentliche Dienste, von denen die wohlhabenderen Schichten überproportional profitieren. Wenn die Produktion subventionierter Güter durch die Knappheit von Finanzmitteln eingeschränkt wird, muß das Angebot rationiert werden. In solchen Fällen erhalten die Armen oft keinen Zugang zu den subventionierten öffentlichen Gütern und Diensten. Die Effizienz läßt sich steigern und die Armut sich gleichzeitig lindern, indem der Mehrzahl der Benutzer oder Begünstigten Grenzkostenpreise berechnet werden, während knappe Subventionsgelder gezielt den armen Konsumenten zugute gebracht werden (zum Beispiel durch die Berechnung von Grundversorgungsgebühren oder ähnlichen Pauschalen bei der öffentlichen Versorgung mit Wasser und Energie, wie im Sonderbeitrag 6.1 beschrieben).

Mittelaufkommen

Benutzergebühren sind außerdem eine potentiell bedeutsame Einnahmequelle. Der Einnahmeaspekt von Benutzergebühren ist aus den üblichen Finanzstatistiken nicht unmittelbar ersichtlich, da diese Einnahmen nicht direkt in den zentralen Haushalt eingehen. Allenfalls werden die Nettoeinnahmen — nicht die Bruttoeinnahmen — aus der Erhebung von Benutzergebühren auf das Einnahmekonto des Budgets übertragen oder einer Gewinnsteuer unterworfen. Noch häufiger erzielen die betreffenden öffentlichen Dienste keinen Überschuß. In solchen Fällen kann eine Anhebung der Benutzergebühren den Bedarf an Ausgleichszahlungen aus dem Haushalt oder an Kreditaufnahmen zur Finanzierung solcher Ausgaben reduzieren.

Eine jüngste Untersuchung der afrikanischen Länder südlich der Sahara stellte den Zusammenhang fest, der zwischen der begrenzten Anwendung von Benutzergebühren im Bereich der öffentlichen Infrastruktur (wie Strom- und Wasserversorgung, Verkehrs- und Fernmeldewesen) und den Einnahmeausfällen besteht, welche das Defizit des Zentralhaushalts vergrößern, die Qualität der öffentlichen Dienste verschlechtern und deren Angebot für Bevölkerungsschichten und Regionen mit niedrigem Einkommen einschränken. Die Studie schätzt die Bruttoinvestitionen in der Infrastruktur (Wasser- und Stromversorgung, Fernmeldewesen und Straßen) der ölimportierenden Länder der Region im Jahr 1987 auf 6 Mrd Dollar. Wenn der Wert dieser Anlagen mit dem Zwölffachen der laufenden Investitionen angesetzt wird, so könnte eine Steigerung der betriebswirtschaftlichen Ertragsraten des Kapitalbestandes um 5 oder 6 Prozentpunkte Einnahmen von mehr als 3,6 Mrd Dollar schaffen, was etwa 20 bis 30 Prozent der laufenden Einnahmen der Zentralregierung entsprechen würde.

Eine Heranführung der Preise und der Benutzerkosten an die Grenzkosten des Angebots könnte zusätzliche Einnahmen schaffen, wodurch die Defizite in den konsolidierten Ertragsrechnungen der Staatsbetriebe — und damit die Hauptquelle von Budgetdefiziten in vielen Ländern Afrikas südlich der Sahara — reduziert oder möglicherweise beseitigt würden. Ein stärkerer Rückgriff auf Benutzergebühren dürfte außerdem die Instabilität der Staatseinnahmen verringern, da die Nachfrage nach öffentlichen Dienstleistungen weit stabiler ist als der Ertrag von Außenhandelssteuern, insbesondere solchen auf Rohstoffe — gegenwärtig eine wichtige Einnahmequelle. Die Einnahmen aus Benutzergebühren könnten schließlich eine Ausweitung des Angebots an öffentlichen Diensten finanzieren. In diesem Fall würden die Nettodefizite nur wenig verringert, doch würde der Lebensstandard steigen.

Obwohl die oben genannten Schätzungen Vorbehalten und Einschränkungen unterliegen, erscheint das Einnahmepotential als groß genug, um eine Überprüfung der Möglichkeiten von Benutzergebühren auch in anderen Entwicklungsländern nahezulegen.

---

rige Einkommen aufweisen, vergleichbar mit jener der Länder Lateinamerikas und Ostasiens, die überwiegend mittlere Einkommen aufweisen; sie ist damit höher als die durchschnittliche Steuerquote der asiatischen Länder mit niedrigem Einkommen (vgl. Schaubild 4.2, rechte Hälfte).

Zusammensetzung der Steuern

Die Steuern werden üblicherweise in zwei Gruppen eingeteilt: direkte Steuern von natürlichen Personen und Unternehmen sowie indirekte Steuern (Warensteuern) auf Güter und Dienstleistungen.

Zu den direkten Steuern gehören die Steuern auf persönliche Einkommen und Gewinne von Unternehmen sowie sonstige direkte Steuern, bei denen es sich hauptsächlich um Sozialversicherungsabgaben, Beschäftigtensteuern und Grund- und Vermögensteuern handelt. Zu den indirekten oder Warensteuern gehören zum einen die Inlandssteuern, wie allgemeine Steuern auf den Umsatz, die Wertschöpfung und die Verkäufe, ebenso wie spezielle Verbrauchsteuern auf bestimmte Güter, zum anderen die Außenhandelsabgaben, nämlich Einfuhrzölle, Exportsteuern und Grenzabgaben.

Abgrenzungsschwierigkeiten und fehlende Daten erschweren den Ländervergleich der Steuerstrukturen. Gleichwohl scheinen zwei wichtige Sachverhalte offenkundig zu sein. Erstens ist die Besteuerung des Außenhandels in den Industrieländern unbedeutend, zweitens stützten sich die Entwicklungsländer sehr stark auf Warensteuern (vgl. Schaubild 4.3). Länder mit niedrigem Einkommen erzielen beinahe drei Viertel ihrer gesamten Steuereinnahmen durch Warensteuern, und Länder mit mittlerem Einkommen beinahe die Hälfte. Davon machen spezielle Verbrauchsteuern und Importabgaben etwa zwei Drittel aus.

In den Industrieländern entfallen 69 Prozent des

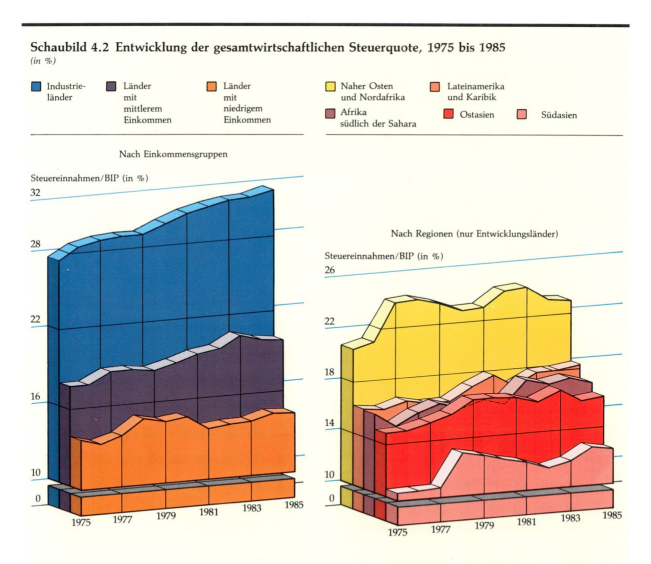

Schaubild 4.2 Entwicklung der gesamtwirtschaftlichen Steuerquote, 1975 bis 1985
(in %)

Anmerkungen: Die Angaben sind ungewichtet und geben die durchschnittliche Entwicklung für die jeweilige Auswahl von Ländern wieder. Die Anzahl der ausgewählten Länder mit niedrigem bzw. mittlerem Einkommen und der Industrieländer ist in Schaubild 4.1 angegeben. In der Region Naher Osten und Nordafrika wurden siebzehn Länder ausgewählt, in Ostasien sechs, in Lateinamerika zwölf, in Afrika südlich der Sahara siebzehn und in Südasien vier Länder. Die Angaben beziehen sich auf die Steuereinnahmen der Zentralregierung. Die Einbeziehung der Steuereinnahmen von Einzelstaaten in förderativen Systemen, wie Brasilien und Indien, würde zwar die absoluten Größenordnungen verändern, nicht aber die zeitliche Entwicklung oder die Reihenfolge der Ländergruppen.
Quellen: IWF, *Government Finance Statistics*, 1987, und Daten der Weltbank.

gesamten Steueraufkommens auf Einkommen- und andere direkte Steuern. Die persönlichen Einkommensteuern (27 Prozent) und die Sozialversicherungsabgaben (31 Prozent) können in den Industrieländern nur deshalb eine solche Bedeutung haben, weil hier der notwendige Verwaltungsapparat vorhanden ist. (Gleichwohl spielen offenkundig auch andere Einflüsse eine Rolle; innerhalb der ausgewählten Gruppe von Industrieländern bewegt sich der Anteil der persönlichen Einkommensteuern am Gesamtsteueraufkommen zwischen einem Minimum von 9 Prozent in Norwegen und einem Maximum von 56 Prozent in Australien).

Persönliche Steuern lassen sich in überwiegend ländlich geprägten agrarischen Volkswirtschaften, deren Einwohner räumlich weit verstreut leben, nur unter Schwierigkeiten erheben. Eine Besteuerung der Einkommen von Unternehmen — darunter der Gewinne von rohstoffexportierenden Firmen, insbesondere im Bergbau und in der Plantagenwirtschaft — wirft geringere administrative Probleme auf. In der Einnahmenstruktur von Entwicklungsländern spielen die Unternehmenssteuern deshalb eine relativ größere Rolle.

Auch kulturelle und historische Faktoren beeinflussen die Steuerstruktur in den Entwicklungsländern. Die Länder mit niedrigem und mittlerem Einkommen erzielen im Durchschnitt etwa 10 Prozent ihrer Steuereinnahmen durch die Besteuerung der persönlichen Einkommen. Überraschenderweise erzielen jedoch die wohlhabenderen Länder Lateinamerikas einen geringeren Anteil des Steueraufkommens durch die persönlichen Einkommensteuern als die ärmeren Länder Afrikas südlich der Sahara, in denen die Basis der persönlichen Steuern auf die Beschäftigten des öffentlichen Sektors und der Großfirmen, insbesondere der multinationalen Unternehmen, beschränkt ist. Im Gegensatz dazu wenden die Länder Lateinamerikas von allen Entwicklungsländern am häufigsten Sozialversicherungsabgaben an, die primär das Lohneinkommen belasten (vgl. Schaubild 4.4).

Die allgemeinen Warensteuern (d. h. Steuern auf die Verkäufe, die Wertschöpfung und den Umsatz) weisen in drei der vier betrachteten Gruppen von Entwicklungsländern ähnliche Einnahmeanteile auf. Abermals verbergen sich dahinter beträchtliche Unterschiede. In Lateinamerika handelt es sich bei den allgemeinen Warensteuern gewöhnlich um Mehrwertsteuern (MWSt); in Afrika, Asien und dem Nahen Osten handelt es sich in der Regel um Steuern auf den Umsatz oder auf den Absatz der Hersteller. (In den Industrieländern werden allge-

Schaubild 4.3 Unterschiede in der Zusammensetzung der Steuereinnahmen, nach Einkommensgruppen, 1975 und 1985
(% der Steuereinnahmen)

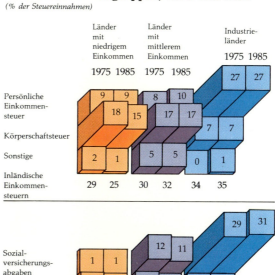

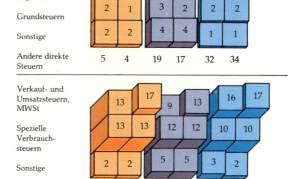

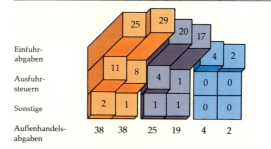

Anmerkungen: Die Angaben sind ungewichtet und geben die durchschnittliche Struktur für die jeweilige Auswahl von Ländern wieder. Die Summen der Anteilssätze können aufgrund von Rundungsdifferenzen von 100 abweichen. Die Anzahl der ausgewählten Länder in jeder Einkommensgruppe ist in Schaubild 4.1 angegeben.
Quellen: IWF, *Government Finance Statistics,* 1987, und Daten der Weltbank.

meine Warensteuern typischerweise in der Form von Verkaufssteuern auf der Einzelhandelsstufe oder als umfassende Mehrwertsteuern angewendet). In Asien und Lateinamerika erheben die

Schaubild 4.4 Unterschiede in der Zusammensetzung der Steuereinnahmen, nach Regionen, 1985
(% der Steuereinnahmen)

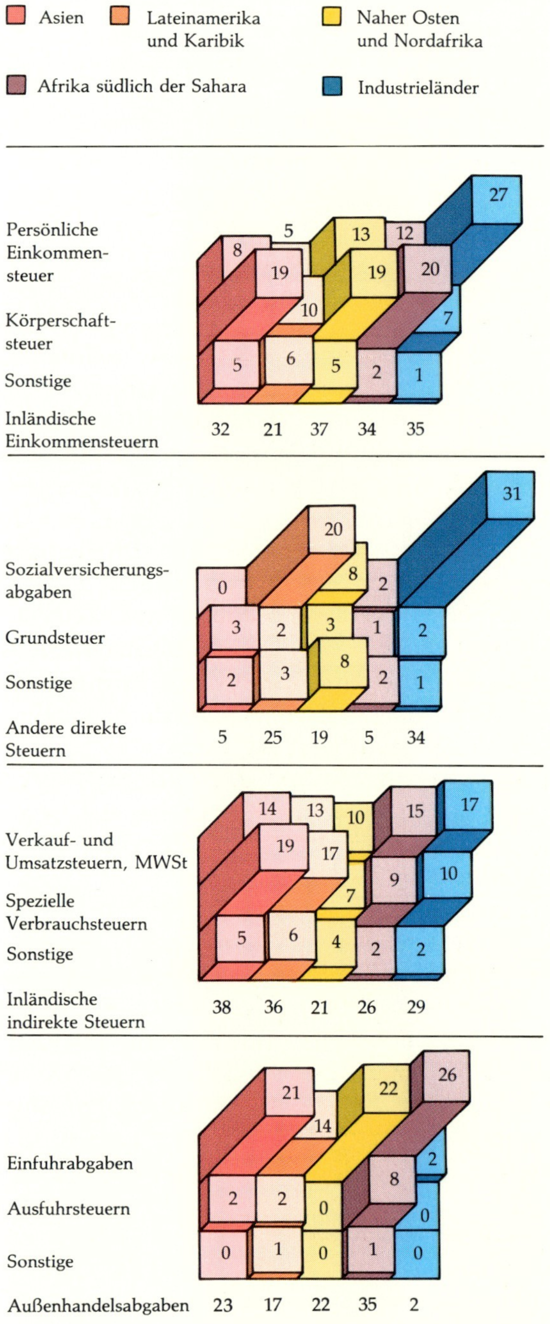

- Asien
- Lateinamerika und Karibik
- Naher Osten und Nordafrika
- Afrika südlich der Sahara
- Industrieländer

	Asien	Lateinamerika	Naher Osten	Afrika s.d.S.	Industrieländer
Persönliche Einkommensteuer	8	5	13	12	27
Körperschaftsteuer	19	19	19	20	7
Sonstige	—	10	—	—	—
	5	6	5	2	1
Inländische Einkommensteuern	32	21	37	34	35

Sozialversicherungsabgaben	0	20	8	2	31
Grundsteuer	3	2	3	1	2
Sonstige	—	—	8	—	—
	2	3	—	2	1
Andere direkte Steuern	5	25	19	5	34

Verkauf- und Umsatzsteuern, MWSt	14	13	10	15	17
	19	17	—	9	10
Spezielle Verbrauchsteuern	—	—	7	—	—
Sonstige	5	6	4	—	2
Inländische indirekte Steuern	38	36	21	26	29

Einfuhrabgaben	21	14	22	26	2
	—	—	—	8	—
Ausfuhrsteuern	2	2	0	—	0
Sonstige	0	1	0	1	0
Außenhandelsabgaben	23	17	22	35	2

Anmerkungen: Die Angaben sind ungewichtet und geben die durchschnittliche Struktur für die jeweilige Auswahl von Ländern wieder. Die Summen der Anteilssätze können aufgrund von Rundungsdifferenzen von 100 abweichen. Die Anzahl der ausgewählten Länder in jeder Region ist in Schaubild 4.1 angegeben.
Quellen: IWF, Government Finance Statistics, 1987, und Daten der Weltbank.

Regierungen spezielle Verbrauchsteuern auf ein breites Sortiment von Gütern und Diensten; in Afrika und dem Nahen Osten unterliegen vergleichsweise wenige Produkte diesen Verbrauchsteuern. Auch die Anwendung von Importabgaben fällt regional unterschiedlich aus. Die Länder Afrikas südlich der Sahara stützen sich am stärksten auf Importabgaben, an zweiter Stelle steht der Nahe Osten, gefolgt von Asien (insbesondere Südasien) und Lateinamerika. Exportsteuern spielen in Afrika südlich der Sahara, Asien und Lateinamerika eine größere Rolle als im Nahen Osten; insgesamt jedoch ist ihre Bedeutung gering und rückläufig (vgl. Schaubild 4.4).

Zusammenfassend läßt sich feststellen, daß die Strukturen des Steueraufkommens von Industrieländern und Entwicklungsländern deutlich voneinander abweichen, und daß auch zwischen den verschiedenen Gruppen von Entwicklungsländern solche Unterschiede, wenn auch nicht so ausgeprägte, bestehen. Die abweichenden Steuerstrukturen der Industrie- und der Entwicklungsländer spiegeln vor allem die Schwierigkeiten wider, die in den Entwicklungsländern bei der Besteuerung von informellen Sektoren (wie der Subsistenzlandwirtschaft und der informellen Produktion und Distribution) aufgrund der beschränkten administrativen Kapazitäten dieser Ländergruppe entstehen. Die Unterschiede zwischen verschiedenen Gruppen von Entwicklungsländern sind zum Teil eine Folge ihres unterschiedlichen Entwicklungsstandes und zum Teil ein Reflex historischer und kultureller Einflüsse.

Ziele und Grenzen der Steuerreform

Aus Sicht der Regierungen dienen Steuersysteme der Verfolgung mehrerer Ziele, von denen die Einnahmebeschaffung nur eines ist. Um die Einhaltung der Steuergesetze und die Steuererhebung zu erleichtern, muß ein Steuersystem administrativ realisierbar sein. Aus dem gleichen Grund, aber auch als selbständige Zielsetzung, muß es zu einer gerechten Verteilung der Steuerlasten führen. Um eine Fehlallokation von Ressourcen zu vermeiden, darf das Steuersystem die Struktur der Produktion, des Außenhandels, des Konsums, der Ersparnis und der Investitionen nicht stören. All diese Anforderungen lassen sich nur selten miteinander vereinbaren; bei der Steuerreform geht es deshalb um das Abwägen von konkurrierenden Zielsetzungen.

Der Einnahmebedarf

Auf lange Sicht müssen die Einnahmen im Gleichschritt mit den Ausgaben wachsen. Idealerweise sollte die Regierung deshalb eine Steuerbasis wählen, die parallel zu den Staatsausgaben und nicht zum BIP wächst, es sei denn, das erwartete Ausgabenwachstum entspricht dem des Volkseinkommens. Da die Ausgabenpläne sich ändern können, sollte das Steueraufkommen mit einigen wenigen umfassend zugreifenden Besteuerungsinstrumenten erzielt werden. Um eine Anpassung der Gesamteinnahmen zu erreichen, genügen dann Veränderungen weniger Steuersätze.

Es macht wenig Sinn, nach einer „Norm" für die Relation der Steuereinnahmen zum BIP zu suchen. Die Opportunitätskosten der Erzielung höherer Steuereinnahmen, der Nutzen zusätzlicher Staatsausgaben und der Aufwand für den öffentlichen Schuldendienst verändern sich alle im Zeitablauf und differieren von Land zu Land. Die Entscheidungen über öffentliche Ausgaben, über Verschuldung und Einnahmen sind eng miteinander verknüpft; wenn überhaupt, so können solche Entscheidungen nur simultan getroffen werden.

In manchen Ländern mit hohen und nicht tragbaren Staatsdefiziten, die durch realisierbare Ausgabenkürzungen nicht hinreichend reduziert werden können, mag eine Anhebung der gesamtwirtschaftlichen Steuerquote (relativ zum BIP) notwendig sein. Entscheidend ist, wie eine solche Anpassung herbeigeführt wird. Die Erfahrung legt den Schluß nahe, daß die Steuerquote nur schrittweise erhöht werden sollte. Während der späten siebziger und frühen achtziger Jahre steigerten manche Länder (so Kenia, Malawi und Senegal) ihre Steuerquote in der kurzen Zeitspanne von fünf oder sechs Jahren um 3 bis 4 Prozentpunkte. Diese zusätzlichen Einnahmen gingen bald wieder verloren. Selbst wenn ein Anstieg der Steuerquote erreicht wird, kann die inländische Ersparnis sinken, falls die Ersparnis des Staates um weniger steigt, als gleichzeitig die private Ersparnis zurückgeht, wie das in Senegal geschah.

Auf kurze Frist wird die Dringlichkeit des Defizitabbaus im allgemeinen den Einsatz rasch zugreifender Steuern erfordern. In den Entwicklungsländern bedeutete dies häufig, daß die Außenhandelsabgaben erhöht wurden, wie das in Argentinien, Kenia, auf den Philippinen und in Thailand in der ersten Hälfte der achtziger Jahre der Fall war (vgl. auch Kapitel 3). Diese Steuern sind jedoch besonders schädlich für eine effiziente Allokation der Ressourcen. Da provisorische Lösungen die Tendenz haben, zur Dauereinrichtung zu werden, kann der kumulative Effekt von wiederholten kurzfristigen Eingriffen zu gravierenden Verzerrungen des Steuersystems führen. In solchen Fällen ist dann eine grundlegende Reform angezeigt. Jamaika, Malawi und die Philippinen führten solche Reformen Mitte der achtziger Jahre durch.

Effizienz- und Wachstumsaspekte

Jede beabsichtigte Veränderung des Steueraufkommens erfordert eine Änderung der Bemessungsgrundlage oder des Satzes irgendeiner Steuer. Unternehmen und Haushalte werden dann Ressourcen von hochbesteuerten Aktivitäten in niedrig besteuerte verlagern. Wenn die Marktpreise die volkswirtschaftlichen Kosten und Erträge einigermaßen zutreffend widerspiegeln, kommt es somit zu einem Konflikt zwischen Einnahmeerzielung und Effizienz. Manchmal mögen die Marktpreise die volkswirtschaftlichen Kosten und Erträge nicht widerspiegeln. Steuern können dann die Allokation der Ressourcen verbessern, freilich nur, wenn sich die Unvollkommenheiten der Märkte quantifizieren lassen, so daß die Steuerstruktur entsprechend ausgestaltet werden kann. Solche Fälle sind selten. Ein verläßlicherer Weg ist, ein relativ neutrales Steuersystem anzustreben, d. h. eine Steuerstruktur, welche die benötigten Einnahmen schafft, ohne die Ressourcenallokation mehr als notwendig zu beeinflussen.

Generell gilt, daß die volkswirtschaftlichen Kosten der Besteuerung bei steigendem Steuersatz überproportional zunehmen. Mit anderen Worten, die volkswirtschaftlichen Kosten einer Steuer von 15 Prozent dürften wahrscheinlich das Dreifache der Kosten einer Steuer von 5 Prozent deutlich übersteigen. Je schmaler die Bemessungsgrundlage ist, desto höher muß der Steuersatz gewählt werden, damit ein bestimmter Einnahmebetrag erzielt wird. Dies ist eines der überzeugendsten Argumente zugunsten von Steuern mit breiter Bemessungsgrundlage.

Über die volkswirtschaftlichen Kosten der Besteuerung in den Entwicklungsländern liegt nur spärliches empirisches Material vor. Untersuchungen der Steuersysteme von Indien, Kenia und Pakistan in den frühen achtziger Jahren legen jedoch den Schluß nahe, daß eine höhere Besteuerung des Außenhandels mit größeren volkswirtschaftlichen Verlusten verbunden ist als eine höhere

Besteuerung von inländischen Wirtschaftsaktivitäten, und daß allgemeine Umsatzsteuern volkswirtschaftlich kostspieliger sind als Steuern, die nur den Endverbrauch belasten (d. h. Verkaufsteuern auf der Einzelhandelsstufe oder Mehrwertsteuern). Eine neuere Untersuchung der Philippinen verglich die volkswirtschaftlichen Kosten von Außenhandelsabgaben mit denjenigen von inländischen Warensteuern; die Ergebnisse dieser Studie zeigt Schaubild 4.5. Die Untersuchung ergab, daß die volkswirtschaftlichen Grenzkosten (also der zusätzliche Verlust an gesamtwirtschaftlicher Effizienz) von Außenhandelsabgaben höher sind als diejenigen von Inlandssteuern und daß diese Kosten mit dem Steuersatz zunehmen. Zwar können die quantitativen Resultate der Studie nicht verallgemeinert werden, da sie die gegebene Struktur der Steuern und die spezifische Annahmen über deren Zusammenwirken widerspiegeln, doch stimmen die aufgezeigten qualitativen Zusammenhänge mit den Ergebnissen anderer Studien überein.

Schaubild 4.5 Volkswirtschaftliche Grenzkosten der Einnahmebeschaffung durch Zölle und inländische indirekte Steuern auf den Philippinen

Quelle: Clarete und Whalley, 1987.

Das Ziel der Gerechtigkeit

Steuerreformen werfen Fragen der Gerechtigkeit auf. Diese haben viele Facetten. Eine gerechte Verteilung der Konsumausgaben kann wichtiger sein als eine gerechte Verteilung der persönlichen Einkommen. Herkömmlicherweise wird jedoch der Einkommensverteilung und der Unterscheidung zwischen horizontaler und vertikaler Verteilungsgerechtigkeit besondere Aufmerksamkeit zuteil. Die horizontale Verteilungsgerechtigkeit stellt auf die Gleichbehandlung der Personen mit ähnlichem Einkommen ab; mit anderen Worten, es geht dabei um die „Fairneß". Bei der vertikalen Verteilungsgerechtigkeit geht es um die Möglichkeiten zur Reduzierung der Einkommensungleichheit, indem die Reichen höher als die Armen besteuert werden.

Nach dem Kriterium der horizontalen Gerechtigkeit schneiden die Steuersysteme in den Entwicklungsländern oft sehr schlecht ab, da die Steuern nur punktuell zugreifen und willkürlich durchgesetzt werden. Das Steuernetz mag zwar die Einkommen aus manchen Tätigkeiten des formellen Sektors erfassen, nicht aber entsprechende Sachverhalte im informellen Sektor oder steuerlich schwer greifbare formelle Tätigkeiten, wie die Dienstleistungen der freien Berufe. Dies untergräbt die Glaubwürdigkeit des Systems und die Zahlungsbereitschaft des durchschnittlichen Steuerzahlers. Selbst nach dem Kriterium der vertikalen Gerechtigkeit sind die Steuersysteme der Entwicklungsländer nicht sonderlich erfolgreich — und dies trotz der Tatsache, daß sie im allgemeinen stark progressiv wirken würden, wenn ihre Tarifstrukturen in vollem Umfang angewendet würden. Dies ist jedoch selten der Fall. Im Jahr 1978 ergab eine Untersuchung der Einkommensteuer in Argentinien, daß 80 Prozent des gesamten Bruttoeinkommens nicht deklariert wurden und daß von den 1,6 Mio Personen, die steuerpflichtige Einkünfte aus anderen Quellen als unselbständiger Arbeit erzielten, nur 30 Prozent tatsächlich Steuern zahlten.

In der Praxis scheint es so zu sein, daß Steuern die gesamtwirtschaftliche Einkommensverteilung nur wenig verändern. Im Hinblick auf das Gerechtigkeitsziel besteht ihre Hauptrolle darin, daß sie die Mittel für die Finanzierung von Ausgaben aufbringen, die zu verteilungspolitischen Zwecken, insbesondere zur Linderung der Armut erfolgen. Verteilungspolitisch relevant sind somit die öffentlichen Finanzen in ihrer Gesamtheit — sowohl die Einnahmen als auch die Ausgaben — und nicht allein die Strukturen der Besteuerung.

Administrative Durchführbarkeit

Der Mangel an geschultem Verwaltungspersonal und die Unzulänglichkeiten des Rechnungswesens bei den Steuerzahlern halten viele Entwicklungsländer von der Anwendung umfassender Einkommen- oder Verbrauchsteuern ab. Stattdessen müssen sie sich auf die Besteuerung des Außenhandels, der Produktion und der Unternehmensgewinne stützen. Diese Steuern können an relativ wenigen Stellen erhoben werden. Angesichts der Engpässe bei Personal und Sachmitteln in den Entwicklungsländern muß die Steuerreform einfache und durchsetzbare Steuern bevorzugen. Diese Präferenz gilt jedoch nicht unbegrenzt. Manchmal widerspricht die Einfachheit einer Steuer dem Ziel der Gerechtigkeit, denn eine einfache Steuer kann auf die unterschiedlichen Verhältnisse der Steuerzahler nicht Rücksicht nehmen. Manchmal kann sie auch zur Ineffizienz führen.

So betragen die *Verwaltungskosten* von Außenhandelsabgaben und speziellen Verbrauchsteuern im allgemeinen zwischen 1 und 3 Prozent der erzielten Steuereinnahmen. Bei der MWSt kann dieser Anteilsatz auf 5 Prozent ansteigen, und bei persönlichen Einkommensteuern kann er sogar 10 Prozent erreichen. Die *volkswirtschaftlichen Kosten* von Außenhandelsabgaben und speziellen Verbrauchsteuern sind jedoch oft höher als die von Einkommen- oder Mehrwertsteuern. Bei einer Reform der Steuerstruktur muß versucht werden, diese beiden Kostenarten gegeneinander abzuwägen. Diese Abwägung mag in jedem Land zu einem anderen Ergebnis führen, was von dem bestehenden Steuersystem, der Effizienz des Verwaltungsapparates und der Struktur der Volkswirtschaft abhängig ist. In Papua-Neuguinea werden niedrige Außenhandelsabgaben erhoben, und die Verwaltung einer Einkommensteuer oder MWSt würde extreme Schwierigkeiten bereiten, so daß der Regierung geraten wurde, die Einnahmen aus der Besteuerung des Außenhandels zu erhöhen. In Thailand dagegen haben die hohen Außenhandelsabgaben zu gravierenden Verzerrungen geführt; hier wurde der Übergang zu einer einfach strukturierten MWSt empfohlen.

In den nächsten zwei Abschnitten werden die Möglichkeiten für eine verbesserte Gestaltung der indirekten Steuern und der Einkommensteuern untersucht. Letztlich ist es jedoch das *Zusammenwirken* der verschiedenen Steuern, welches die Einnahmen bestimmt und das wirtschaftliche Verhalten beeinflußt. So kann eine Erhöhung von Inlands- oder Außenhandelssteuern auf Produktionsmittel dazu führen, daß die Einnahmen aus den Steuern auf Unternehmensgewinne sinken. Solche Zusammenhänge sind bei Steuerreformen ebenfalls zu beachten.

Indirekte Steuern

Indirekte Steuern (Warensteuern) werden auf Umsätze von Gütern oder Dienstleistungen (ausgenommen Faktorleistungen) erhoben. Zu ihnen gehören die Gesamtheit der Steuern auf Produktion und Verbrauch im Inland sowie die Außenhandelsabgaben. Aus zwei Gründen kann es wichtig sein, daß die verzerrenden Effekte der Warensteuern vermindert werden. Zum einen entfallen auf diese Steuern in den meisten Entwicklungsländern gegenwärtig zwischen 50 und 70 Prozent aller Steuereinnahmen (vgl. Schaubild 4.3). Zum anderen stützen sich die Regierungen in den Anfangsstadien des Entwicklungsprozesses häufig besonders auf die am wenigsten wünschenswerte Form der indirekten Besteuerung, nämlich die Umsatzsteuern auf die Inlandsproduktion und die Außenhandelsabgaben. Letztere werden häufig angewendet, weil sie die Erzielung von Einnahmen mit geringem Verwaltungsaufwand ermöglichen. Unter veränderten wirtschaftlichen und administrativen Bedingungen ist jedoch eine Neubewertung der administrativen Vorteile und der volkswirtschaftlichen Nachteile dieser Besteuerungsinstrumente zweckmäßig.

Steuern auf Produktion und Verbrauch im Inland

Produktionssteuern werden auf Waren erhoben, bevor sie in das Vertriebssystem gelangen. Häufig belasten sie Umsätze zwischen den Produzenten, wie den Verkauf eines Zwischenproduktes. Damit beeinflussen sie die Entscheidungen der Produzenten und setzen sich durch das gesamte Produktionssystem fort, bis sie auch auf die Verbrauchsentscheidungen einwirken. Steuern, die nur den Verkauf von Endprodukten belasten — also Verbrauchsteuern — lassen dagegen im allgemeinen die Effizienz der Inlandsproduktion unberührt. Sie sind deshalb ein geeigneteres Instrument der Einnahmeerzielung. Warensteuern, ob sie nun die Inlandsproduktion oder den Verbrauch belasten, können allgemeine oder spezielle Steuern sein.

ALLGEMEINE WARENSTEUERN. Die am meisten verbreitete allgemeine Steuer auf die Produktion ist die

Umsatzsteuer. Ihre Bemessungsgrundlage sind alle Umsätze — Umsätze zwischen Unternehmen ebenso wie zwischen Unternehmen und Haushalten. Damit handelt es sich um eine Mehrphasensteuer, die auf jeder Stufe des Produktions- und Distributionsprozesses ansetzt. Umsatzsteuern lassen sich relativ leicht verwalten, da die Finanzbehörden nicht zwischen unterschiedlichen Transaktionsarten differenzieren müssen. Diese Einfachheit wird mit Verzerrungen der Transaktionen zwischen den Produzenten erkauft. Außerdem kommt es zu dem sogenannten Kumulationseffekt: Die Steuerbelastung nimmt mit jedem Umsatzvorgang zu, da zusätzlich zu der auf früheren Produktions- oder Distributionsstufen angefallenen Steuer weitere Steuer erhoben wird. Dies führt zur Verteuerung von Produkten, in die besteuerte Vorleistungen eingehen, zum Beispiel von Ausfuhrgütern, und es führt zu einer unterschiedlichen Steuerbelastung des Verbrauchs, selbst wenn ein einheitlicher Umsatzsteuersatz angewendet wird.

Bei einer reinen Verbrauchsteuer werden alle im Inland verbrauchten Güter, gleichgültig ob sie aus heimischer Produktion oder aus der Einfuhr stammen, auf der Einzelhandelsstufe besteuert. Für gleichartige Güter gelten damit gleiche Steuersätze. Alle Vorleistungen für den Produktionsprozeß — Zwischenprodukte, Rohstoffe und Kapitalgüter — sowie alle Ausfuhren sind steuerfrei. Dadurch bieten Verbrauchsteuern einige generelle Vorteile gegenüber anderen Steuern mit einer breiten Bemessungsgrundlage. Im Gegensatz zu Produktionssteuern stören solche Steuern nicht die Entscheidungen der Produzenten über den Einsatz von Zwischenprodukten oder die Kombination von Zwischenprodukten und Produktionsfaktoren (Arbeit, Kapital und Boden). Außerdem kommt es bei Verbrauchsteuern nicht zu einer Kumulierung im Verlauf des Produktionsprozesses, so daß für die Firmen kein Anreiz entsteht, der Steuer durch vertikale Integration auszuweichen. Anders als Außenhandelsabgaben begünstigen sie weder die Herstellung von Importsubstituten noch vermindern sie die Produktionsanreize im Exportsektor.

Es gibt zwei Formen der indirekten Besteuerung des Verbrauchs. Die erste Form ist eine allgemeine Verkaufsteuer auf den Endabsatz, die auf der Einzelhandelsstufe erhoben wird. Diese gewährleistet, daß alle verbrauchten Güter belastet werden, läßt aber andere Güter steuerfrei. Die zweite Form ist die Mehrwertsteuer (MWSt). In ihrer gebräuchlichsten Form stellt die MWSt eine Steuer auf den Verbrauch dar. Wenn sie auf alle Umsätze im Produktions- und Distributionsprozeß einschließlich der Einzelhandelsstufe angewendet wird, weist sie im Endeffekt die gleiche Steuerbemessungsgrundlage auf wie eine Steuer auf den Einzelhandelsumsatz. Jeder zwischengeschaltete Käufer in der Umsatzkette ist berechtigt, die in seinen Einkäufen enthaltene Steuer mit der anfallenden Steuer auf seine Verkäufe zu verrechnen. Alle Vorleistungen des Produktionsprozesses sind damit letztlich steuerfrei. Der Endabnehmer — der Konsument — hat keine Möglichkeit zum Vorsteuerabzug, so daß auf dieser Stufe alle Käufe mit Steuer belastet sind. Bei der Ausfuhr gilt ein Steuersatz von Null. Somit verfügen sowohl die allgemeine Verkaufsteuer als auch die umfassende Mehrwertsteuer über die volkswirtschaftlich erwünschten Eigenschaften einer indirekten Besteuerung des Verbrauchs.

Wegen des Vorherrschens informeller Verteilungssysteme sind Verkaufsteuern auf der Einzelhandelsstufe in Entwicklungsländern selten. Stattdessen werden häufig einphasige Verkaufsteuern auf der Fabrikationsstufe erhoben, wie auf den Philippinen (vor 1986) und in Kenia. In manchen Entwicklungsländern weist das System von Verkaufsteuern und speziellen Verbrauchsteuern Ähnlichkeit mit einer allgemeinen Umsatzsteuer auf — dies gilt etwa für die Verkaufsteuern in Sambia und Tansania, oder die Verbrauchsteuern in der Republik Korea (vor 1976) und in Indien (vor 1986).

Die MWSt hat die Realisierung einer allgemeinen Verbrauchsbesteuerung in den Entwicklungsländern erleichtert (vgl. Sonderbeitrag 4.2). In gewissem Umfang bleiben auch bei der MWSt sektorale Verzerrungen bestehen, da die MWSt — wenngleich sehr ertragreich — für die Produzenten im Agrar- und im Dienstleistungssektor und generell für Kleinbetriebe mit relativ hohen Verwaltungskosten verbunden ist. Ein Übergang zur MWSt dürfte jedoch die volkswirtschaftliche Effizienz verbessern und zugleich beträchtliche Steuereinnahmen schaffen.

Indien bietet ein einschlägiges Beispiel. Bis zum Jahr 1986 erfaßte sein umfangreiches System spezieller Verbrauchsteuern ein breites Sortiment von Gütern, darunter auch Zwischenprodukte. Es glich damit einer allgemeinen Umsatzsteuer. Aufgrund der Kumulativwirkung enthielten die Ausfuhrpreise eine Steuer von 5 bis 7 Prozent. Diese wurde durch Steuerrückvergütungen nur teilweise ausgeglichen. Außerdem waren die Preise von Gütern wie Getreideprodukten und Speiseöl — die für die armen Schichten besonders wichtig sind — mit einer Steuer von 5 bis 10 Prozent belastet, obwohl

Sonderbeitrag 4.2   Die Mehrwertsteuer in den Entwicklungsländern

Brasilien führte 1967 die erste umfassende bis zur Einzelhandelsstufe reichende Mehrwertsteuer (MWSt) in allen Bundesstaaten der Föderation ein. Damit sollten eine stärkere Harmonisierung der Besteuerung zwischen den Bundesstaaten erreicht und die Mängel der Umsatzsteuer überwunden werden. Die brasilianische MWSt beruht auf dem Bestimmungszweckprinzip, das auf die Verwendung eines Produkts abstellt. Damit handelt es sich um eine Steuer auf den Verbrauch beziehungsweise den Endabsatz. Sie entspricht der umfassenden verbrauchsorientierten MWSt, welche die Europäische Gemeinschaft in den späten sechziger Jahren einführte. Eine alternative Form der MWSt beruht auf dem Ursprungsprinzip, das auf das Einkommen abstellt, welches durch eine wirtschaftliche Betätigung entsteht. Sie wird in Argentinien und Peru angewendet, und die 1985 in der Türkei eingeführte MWSt enthält einige ihrer Merkmale. Die verbrauchsorientierte Form der MWSt läßt sich leichter realisieren und ist damit in den Entwicklungsländern zu der bei weitem populärsten Version der MWSt geworden.

Die MWSt ersetzt im allgemeinen eine Vielzahl von kleinen Steuern und kann das System der indirekten Steuern beträchtlich vereinfachen. Die verbrauchsorientierte MWSt weist drei wesentliche Vorzüge auf. Erstens wird durch die Steuerbefreiung von Produktionsmitteln (z. B. durch ein System des Vorsteuerabzugs) in einem Schritt erreicht, daß die Entscheidungen über den Einsatz von Produktionsmitteln nicht verzerrt werden, daß es nicht zur Kumulation von Steuern kommt, die zu einer unwirtschaftlichen vertikalen Integration führen kann, und daß die Verbraucherpreise gleichmäßig mit Steuer belastet sind. Zweitens werden die Importe und das heimische Angebot auf dem Inlandsmarkt gleichbehandelt. Drittens werden die Exporte nicht besteuert. Insgesamt ist damit gewährleistet, daß die Steuer weder in die Produktion noch in den Außenhandel eingreift.

In vielen Ländern ist die MWSt zu einer bedeutenden Einnahmequelle geworden. In etwa dreißig Industrie- und Entwicklungsländern erbringt sie mehr als 20 Prozent des gesamten Steueraufkommens. Ungefähr zwanzig Entwicklungsländer, vorwiegend in Lateinamerika, wenden gegenwärtig eine umfassende MWSt an, die bis zur Einzelhandelsstufe reicht. Viele andere Länder, darunter einige in Afrika südlich der Sahara, wenden auf der Fabrikations- und Einfuhrstufe MWSt-ähnliche Abgaben an.

Die MWSt auf der Einzelhandelsstufe läßt sich in Entwicklungsländern mit mittlerem Einkommen, wie in der Republik Korea, eher realisieren als in Ländern mit niedrigem Einkommen, wo das formale Vertriebssystem weniger entwickelt ist. Die MWSt auf der Fabrikations- und Einfuhrstufe gewinnt in Ländern der unteren Kategorie der mittleren Einkommensgruppe, wie in Côte d'Ivoire und Indonesien, zunehmend an Bedeutung, da sie sich leichter durchführen läßt. In Anbetracht ihrer relativ hohen Verwaltungskosten wird bei der Einführung einer MWSt häufig ein Satz von mindestens 10 Prozent gewählt. Wenn die Steuerbasis schmal ist, insbesondere dann, wenn die Steuer die Einzelhandelsstufe nicht erfaßt, dürfte ein Steuersatz von 15 oder mehr Prozent notwendig sein, um genügend Einnahmen zu erzielen. Trotz anfänglicher Vorbehalte gegenüber hohen Steuersätzen hat die Erfahrung (wie in Brasilien und Chile) gezeigt, daß auch Steuersätze in der Größenordnung von 17 bis 20 Prozent durchgesetzt werden können, und zwar selbst bei einer MWSt, die bis zur Einzelhandelsstufe reicht.

Eine attraktive Eigenschaft der MWSt ist ihr Potential zur Selbstdurchsetzung mittels eines Systems von Steuergutschriften. Für eine erfolgreiche Verwaltung der MWSt ist es jedoch erforderlich, daß die Probleme der Durchführung möglichst minimiert werden. Unter administrativen Gesichtspunkten ist ein einheitlicher Steuersatz gegenüber einer gestaffelten MWSt vorzuziehen. Um die Regressionswirkung der MWSt zu verringern, kann die MWSt durch eine Luxussteuer mit zwei oder drei Sätzen ergänzt werden. Steuerbefreiungen erschweren die Verwaltung einer MWSt, da die Abgrenzung der steuerbefreiten von den steuerpflichtigen Transaktionen oft subtil oder willkürlich ist. Gleichwohl haben viele Länder aus verteilungspolitischen Überlegungen manche Güter des Grundbedarfs (wie etwa einige unverarbeitete Lebensmittel und ausgewählte medizinische Artikel) von der Steuer befreit. Die Besteuerung zum Nullsatz, eine kompliziertere Form der Steuerbefreiung, die Steuerrückerstattungen erfordert und damit die Verwaltung belastet, wird in den meisten Ländern ausschließlich auf Exporte angewendet. Der Bedarf an Sonderregelungen für Kleinbetriebe ist in den Entwicklungsländern viel dringender als in den Industrieländern. Für die steuerliche Behandlung von Kleinbetrieben gibt es verschiedene Methoden, die aber alle mit technischen und praktischen Problemen verbunden sind.

Die erfolgreiche Einführung einer MWSt ist weitgehend davon abhängig, ob das betreffende Land bereits Erfahrungen mit mehrstufigen Steuern oder allgemeinen Umsatzsteuern gemacht hat, welche Steuern die MWSt ersetzen soll, welche Übergangszeit vorgesehen ist und wie die Steuersätze und Steuerbefreiungen, einschließlich der Behandlung von Kleinbetrieben, strukturiert sind. Indonesien und Korea führten die MWSt nach einer Vorbereitungszeit von zwei oder drei Jahren ein, während die Türkei die MWSt innerhalb von zwei Monaten nach der Verabschiedung des Gesetzes, der eine relativ lange Diskussionsphase vorausgegangen war, in Kraft setzte. Verwaltungen mit einer geringen Kapazität konzentrieren sich bei der Durchführung der MWSt oft auf die großen Steuerzahler und verhalten sich bei der Erstattung von Steuerguthaben restriktiv. Eine solche Verwaltungspraxis ist der Allgemeingültigkeit und Neutralität einer idealen MWSt abträglich. Die meisten erfolgreichen Steuerreformen gingen jedoch mit der Einführung einer MWSt in der einen oder anderen Form einher, sowohl um Verzerrungen der Produktion und des Außenhandels abzubauen, als auch um die Einnahmeverluste aufgrund der Rationalisierung anderer Besteuerungsinstrumente auszugleichen.

sie formal steuerfrei waren. Im Jahr 1986 wurden in Indien die Umsatzsteuern auf Zwischenprodukte drastisch abgebaut, indem eine modifizierte MWSt eingeführt wurde, die bis zur Fabrikationsstufe reichte. Da die Steuerbemessungsgrundlage durch den Übergang von der Bruttoproduktion zur Nettoproduktion reduziert wird, ist ein höherer Steuersatz notwendig, um dieselben Steuereinnahmen zu erzielen. Die neue Steuer wirkt sich jedoch auf Produktion und Handel weniger störend aus.

SPEZIELLE VERBRAUCHSTEUERN. Bei manchen Steuern ist eine Anwendung auf breiter Grundlage von vorneherein ausgeschlossen. Steuern, mit denen bestimmte Fälle des Marktversagens — wie externe Effekte — korrigiert werden sollen, werden zweckmäßigerweise auf wenige Güter beschränkt, da umfangreiche Informationen notwendig sind, um die angemessenen Steuersätze zu bestimmen. Steuern zur Finanzierung bestimmter Ausgabenprogramme — etwa Mineralölsteuern zur Aufbringung der Kosten des Straßensystems — sind in manchen Fällen notwendig, doch können deren Steuersätze nicht nennenswert von denen für enge Substitute abweichen. Untersuchungen auf den Philippinen, in Thailand und in Tunesien ergaben, daß Mineralölsteuern die Produzenten und Konsumenten zum Ausweichen auf andere Energieträger veranlaßten. Andere spezielle Verbrauchsteuern sind die herkömmlichen Abgaben auf „unerwünschte" Güter wie Alkohol und Tabak und Luxussteuern auf Waren wie Autos oder Schmuck.

Bemessungsgrundlage und Steuersatz solcher selektiver Steuern werden von den Regierungen in der Regel mit Blick auf die Leichtigkeit der Steuererhebung festgelegt; deshalb sind diese Steuern häufig schlecht auf die umfassenderen indirekten Steuern abgestimmt. Dies betrifft besonders die speziellen Verbrauchsteuern, die in den meisten Entwicklungsländern eine wichtige Einnahmequelle darstellen. Im Gegensatz zu den allgemeinen Verbrauchsteuern sind viele spezielle Verbrauchsteuern nicht als Prozentsatz des Preises, sondern als Mengensteuer definiert. Somit sind die Steuereinnahmen nicht gegen die Inflation abgesichert. Um eine solche Absicherung zu erreichen, müßten die Steuersätze auf die Preise statt auf die Mengen bezogen werden. Bei den Abgaben auf Waren wie Tabak und Alkohol können die spezifischen Steuersätze auch beibehalten werden, vorausgesetzt, es erfolgt eine periodische Anpassung an die Inflation und die Satzstruktur ist differenziert, um Verteilungserwägungen Rechnung zu tragen.

Für eine gewisse progressive Ausgestaltung der Warensteuern sprechen der begrenzte Geltungsbereich der persönlichen Einkommensteuern und das Ausmaß der Steuerhinterziehung durch die höchsten Einkommensgruppen. So können Staaten, die ihre Einnahmen aus indirekten Steuern zum größten Teil durch eine allgemeine Steuer, etwa eine einheitliche MWSt, erzielen, diese Steuer durch eine spezielle Luxus- oder Verbrauchsteuer mit wenigen Steuersätzen ergänzen. Eine solche Steuer sollte auf Güter erhoben werden, deren Anteil an den privaten Konsumausgaben mit steigendem Einkommen zunimmt — beispielsweise Kraftfahrzeuge in Indonesien oder Dienstleistungen für Unterhaltung und Erholung in Korea. Wenn diese Steuer auf den Endabsatz von Konsumgütern beschränkt wird, braucht sie nicht in das System des Vorsteuerabzugs bei der MWSt einbezogen zu werden. In dieser Hinsicht unterscheidet sich die in Indonesien und Korea angewendete Kombination einer allgemeinen MWSt mit einer Luxussteuer von der in der EG gebräuchlichen MWSt mit differenzierten Steuersätzen. Letztere versucht, die Verteilungsgerechtigkeit durch die Staffelung der MWSt-Sätze zu fördern, und bleibt damit im System des Vorsteuerabzugs. Dies erhöht den Verwaltungsaufwand der MWSt und dürfte für viele Entwicklungsländer verfrüht sein.

Außenhandelsabgaben

Durch Außenhandelssteuern und Zölle erzielen die Entwicklungsländer etwa ein Drittel ihrer Steuereinnahmen; diese Abgaben lassen sich besonders leicht verwalten.

IMPORTABGABEN. Im Prinzip können Importe an der Grenze mit Abgaben belastet werden, ohne daß ein Preisgefälle zwischen Importen und konkurrierenden Inlandsprodukten hervorgerufen wird, wenn der Importabgabe eine entsprechende Steuer auf die Inlandsproduktion gegenübersteht. In der Praxis werden Importabgaben jedoch nicht allein zur Einnahmeerzielung erhoben, sondern auch um die heimische Produktion zu schützen und um die Konsumgerechtigkeit zu fördern.

In Anbetracht dieser verschiedenen Zielsetzungen überrascht es nicht, daß Importe typischerweise einem komplexen Abgabensystem unterliegen. Bei Einfuhrgütern, die nicht im Wettbewerb mit einem inländischen Angebot stehen, werden die Zollsätze stärker von Einnahmeüberlegungen oder den Erfordernissen der Zahlungsbilanz bestimmt als durch die Absicht, einen bestimmten Protektionsgrad zu erzielen. Für Einfuhren, die mit dem Inlandsangebot konkurrieren, so daß das Ziel des Einfuhrschutzes im Vordergrund steht, werden die Abgabesätze jedoch häufig differenziert, wobei Produktionsgüter niedriger belastet werden als Konsumgüter. Zollermäßigungen oder -rückvergütungen werden häufig angewendet, um Kostensteigerungen in der Exportproduktion oder für Unternehmen, die Investitionsanreize erhalten haben, zu vermeiden. Aus Gründen der Verteilungsgerechtigkeit werden manche Güter des Grundbedarfs entweder von Zöllen völlig befreit oder sehr niedrigen Zollsätzen unterworfen, während Luxusgüter hoch belastet werden. In manchen Ländern sind Importe mit besonderer volkswirtschaftlicher Bedeutung, einschließlich der Importe der Regierung und der Staatsbetriebe, zollfrei. Wenn schließlich hohe Zollsätze nicht ausreichen, um bestimmte Importe einzudämmen, werden mengenmäßige Beschränkungen oder Importverbote eingeführt, doch führen diese Maßnahmen zwangsläufig zu Einbußen bei den Zolleinnahmen.

Die Anreizwirkungen, die von solchen komplexen Abgabensystemen ausgehen, sind oft wenig transparent. Demgegenüber wäre es vorzuziehen, wenn die fiskalische Funktion der Zölle soweit wie möglich von umfassenden Steuern auf den Inlandskonsum, wie der MWSt, übernommen würde, während den sozialen Belangen durch spezielle Verbrauchsteuern Rechnung zu tragen wäre. Mengenmäßige Beschränkungen der Einfuhr werden am besten durch Zölle ersetzt, und „spezifische" Zollsätze (je Mengeneinheit) sollten in Wertzölle umgewandelt werden. Solche Änderungen würden eine effizientere Gestaltung des Zollschutzes der Inlandsproduktion erleichtern.

Wie bereits erwähnt, kann eine Steuer auf die Inlandsproduktion auch an der Grenze auf Importe erhoben werden. Diese Maßnahme erfüllt den fiskalischen Zweck eines Zolles bei ebenso geringen Verwaltungskosten, ohne die heimische Produktion zu schützen. Will man den Verbrauch importierter Luxuswaren einschränken, ohne ihre inländische Produktion anzuregen, so ist es ebenfalls zweckmäßiger, auf diese Güter eine inländische Luxussteuer zu erheben, als sie mit höheren Zollsätzen zu belegen. Wenn eine Verbrauchsteuer auf der Einzelhandelsstufe fehlt, so kann die Luxussteuer auf Importe an der Grenze eingezogen werden, während ihr inländisches Pendant auf der Herstellungsstufe erhoben wird, wie dies in Indonesien der Fall ist.

Die Reform der Zolltarife sollte nach allgemeiner Meinung mit dem Ziel erfolgen, den Einfuhrschutz auf lange Sicht abzubauen, da er die Konsumenten einseitig belastet und unwirtschaftliche Produktionsstrukturen fördert. Wegen der Einnahmeverluste und des Widerstands der geschützten Sektoren lassen sich in der Praxis rasche Zollsenkungen jedoch nur schwer realisieren.

Zudem ist festzuhalten, daß die gesetzlichen Zollsätze aufgrund ihres Zusammenwirkens mit anderen Abgaben als Maß für den Einfuhrschutz, der heimischen Produzenten gewährt wird, nur bedingt geeignet sind. Wenn die heimische Produktion einer speziellen Verbrauchsteuer oder einer Umsatzsteuer unterliegt, während die konkurrierenden Importe davon nicht belastet sind, dann entspricht die nominale Protektionsrate nicht dem gesetzlichen Zollsatz, sondern der Differenz zwischen diesem und der inländischen Steuer. Wenn außerdem in der Inlandsproduktion importierte Vorleistungen Verwendung finden, dann ist die nominale Protektionsrate als Maß für den Einfuhrschutz zugunsten der inländischen Wertschöpfung kaum geeignet. Ein besserer Maßstab ist die effektive Protektionsrate (EPR). Diese berücksichtigt das Zusammenwirken der Zölle auf Endprodukte und Vorleistungen. Die EPR weisen oft eine starke Streuung auf — stärker als diejenige der gesetzlichen Zollsätze — und sie können sogar negativ sein (vgl. Tabelle 4.1). Bei der Berechnung von EPR sind auch die Steuern auf inländische Vorleistungen zu berücksichtigen, deshalb erfordert eine Neustrukturierung des Einfuhrschutzes, daß Steuern und Zölle gleichzeitig in Betracht gezogen werden.

Einfuhrzölle sind auch mit einer versteckten Belastung der Ausfuhr verbunden. Eine Anhebung der Einfuhrzölle kann zu einer Aufwertung des Wechselkurses und einer zunehmenden Präferenz zugunsten der importkonkurrierenden Branchen führen. Dadurch werden Ressourcen zugunsten dieser Branchen und zulasten aller übrigen Sektoren einschließlich der Exportwirtschaft umverteilt. Dies gilt selbst dann schon, wenn importierte Vorleistungen nicht mit Zöllen belastet werden; wenn Vorleistungsimporte ebenfalls zollbelastet sind, kann sich eine noch stärkere Benachteiligung der Exporte ergeben. Viele Entwicklungsländer haben dieses Problem durch Ausfuhrsubventionen, Ausfuhrrückvergütungen oder Zollerstattungen zu lösen versucht. Sie waren dabei unterschiedlich erfolgreich. Wenn die bezahlten Steuern und Zölle nicht

Tabelle 4.1 Streuung der effektiven Protektionsraten in ausgewählten Ländern Ostasiens
(in %)

Sektor	Indonesien 1987	Republik Korea 1982	Malaysia 1982	Philippinen 1985	Thailand 1985
Ausgewählte Sektoren					
Textilien	−11-155	..	54	106	118
Zwischenprodukte	4-280	40-62	17	15-125	45-60
Maschinen	75-82	31	37	116-201	18-37
Fahrzeuge	6-220	124	74	118	60-90
Zusammenfassende Meßzahlen					
Importkonkurrierende Sektoren	−30-380	..	27	25	..
Exportsektoren	−23-11	..	5	−3	..

Sonderbeitrag 4.3 Die Integration von Außenhandelsabgaben und Inlandssteuern in Malawi

In Malawi war die gesamtwirtschaftliche Steuerquote in den frühen siebziger Jahren relativ niedrig (11 Prozent), und Außenhandelsabgaben wurden primär auf die Einfuhren von Konsumgütern erhoben. Gegen Ende der siebziger Jahre war die Regierung angesichts eines unzureichenden Steueraufkommens gezwungen, Jahr für Jahr neue Steuern einzuführen, um sich zusätzliche Einnahmen zur Verringerung ihres Defizits zu beschaffen. Gleichzeitig wurden die Importe beschränkt, um das Handelsdefizit abzubauen. Einfuhren der Regierung für Projekte der Entwicklungshilfe und von lebenswichtigen Gütern erhielten Priorität; all diese Importe erfolgten zollfrei. Dadurch ging die Abgabenbasis bei der Einfuhr zurück. Zum Ausgleich wurden zunächst die Zollsätze auf Konsumgüter, insbesondere Luxuswaren, erhöht und diese Zölle dann auch auf Zwischenprodukte und Kapitalgüter erhoben; schließlich wurden Ausfuhrsteuern eingeführt.

In den Jahren 1984/85 hatte die gesamtwirtschaftliche Steuerquote etwa 20 Prozent des BIP erreicht; es wurde offenkundig, daß man sich bei der Ad-hoc-Beschaffung von Einnahmen zu sehr auf leicht handhabbare Besteuerungsinstrumente verlassen hatte, obwohl diese vermutlich mit negativen Anreizwirkungen einhergingen. Die Erhöhung der Zölle und Verbrauchsteuern auf Zwischenprodukte trieb die Kosten der Exportgüter nach oben, wodurch Malawi vor allem bei den nichttraditionellen Ausfuhren wie Textilien und selbst bei den traditionellen Agrarausfuhren an Wettbewerbsfähigkeit einbüßte. Das System von Steuernachlässen funktionierte nicht zufriedenstellend, da es administrative Probleme gab und die Abgrenzung der Produktionsmittel, die für Nachlässe in Frage kamen, zu restriktiv ausgelegt wurde. Außerdem ließen die steigenden Steuersätze auf importierte Luxuswaren und die Befreiungen der lebensnotwendigen Einfuhren eine Protektionsstruktur entstehen, die mit den Zielen der industriellen Entwicklung nicht vereinbar war. Schließlich führten die höheren Einfuhrzölle und Verbrauchsteuern auf Zwischenprodukte zu einer kumulativen Belastung der Verbraucherpreise, welche die bereits begrenzte Progressionswirkung der indirekten Besteuerung weiter verminderte.

Auf der Grundlage einer 1985 durchgeführten Untersuchung des Steuersystems leitete die Regierung in den Jahren 1986/87 eine umfassende Steuerreform ein, um die Besteuerungsbasis zu verbreitern und die Besteuerungsverfahren zu vereinfachen. In der ersten Phase der Reform wurde die Ausfuhrsteuer abgeschafft und die Steuerbelastung von Zwischenprodukten gesenkt. Die Einnahmeverluste sollten durch eine Erhöhung der Zusatzsteuer ausgeglichen werden. Zum Ausgleich der Einnahmeverluste aufgrund der sinkenden Abgabenbasis bei der Einfuhr und der Beseitigung der Ausfuhrsteuer mußte jedoch die Zusatzsteuer — im wesentlichen eine Verbrauchsteuer auf der Fabrikations- und Importstufe, welche auf Produktion und Außenhandel weniger verzerrend wirkte — um 5 Prozentpunkte auf 35 Prozent heraufgesetzt werden. Dieser ungewöhnlich hohe Steuersatz illustriert, wie schmal die inländische Besteuerungsgrundlage war.

Die Verbreiterung der Steuerbasis durch Einbeziehung weiterer Produktions- und Handelsstufen wird einige Jahre in Anspruch nehmen und unter anderem die Einführung eines Systems von Steuergutschriften innerhalb der Zusatzsteuer erfordern. Durch diese Neuerung wird die Steuerbelastung der Ausfuhren, die aus der Besteuerung von Produktionsmitteln resultiert, abgebaut werden. Außerdem werden auf diese Weise auch die Produzenten und Händler des informellen Sektors indirekt herangezogen, die Steuergutschriften nur dann erhalten werden, wenn ihre Umsätze der Steuer unterliegen. Verteilungspolitischen Anliegen wird bei der reformierten Zusatzsteuer durch die Einführung von zwei oder drei Luxussteuersätzen Rechnung getragen, die unterschiedslos für Inlands- und Importwaren gelten. Dies wird es erlauben, die Einfuhrzölle auf Luxuswaren zu senken und neu zu strukturieren, damit die Produktion von Luxuswaren anstelle von lebensnotwendigen Gütern nicht unabsichtlich angeregt wird. Die gemeinsame Festlegung von Inlandssteuern und Außenhandelsabgaben wird eine Verbesserung der Anreizwirkung der Zollstruktur ermöglichen, ohne daß es zu Einnahmeverlusten kommt. Eine Rationalisierung der Steuerstruktur auf kurze Frist wird freilich auch in Zukunft auf fiskalische Beschränkungen Rücksicht nehmen müssen.

buchungsmäßig zurückverfolgt werden können, läßt sich kaum vermeiden, daß Ausfuhren zu stark oder zu schwach entlastet werden, obwohl Systeme mit guter Verwaltung, wie in Korea, einigermaßen erfolgreich arbeiteten. Die Zusammenführung von Informationen über die Zollbelastung und die MWSt ist geeignet, solche Erstattungssysteme zu verbessern, da die MWSt die besteuerten Transaktionen umfassender dokumentiert. Die übliche Ausgestaltung einer MWSt macht eine besondere Ausfuhrrückvergütung für Steuern auf inländische Vorleistungen von vornherein überflüssig.

Eine Krise der öffentlichen Finanzen kann dazu führen, daß die Handelsliberalisierung aus fiskalischen Gründen ins Stocken gerät. Zölle auf importierte Vorleistungen belasten letztlich auch den Export. Dies spricht dagegen, die Zölle auf Vorleistungen zu erhöhen, wenn Einnahmeverluste aufgrund niedrigerer Zölle auf Endprodukte auszugleichen sind. Eine gemeinsame Reform von Zöllen und Steuern, wie in Malawi (vgl. Sonderbeitrag 4.3), ist dann wünschenswert. In Ländern, die noch nicht über eine umfassende Verbrauchsteuer verfügen, sollte die Umstrukturierung der Zolltarife und der inländischen Steuern in diese Richtung das vorrangige Ziel der Steuerreform sein. Eine solche Steuer kann für die öffentliche Hand zu einer Haupteinnahmequelle werden.

Wenn bereits eine rudimentäre Besteuerung des Verbrauchs erfolgt, dann sollte die Rolle dieser Steuern als Einnahmequelle zulasten der Zölle ausgebaut werden. Dies könnte durch eine Anhebung des Steuersatzes in Verbindung mit einer kompensierenden Senkung der Zollsätze erreicht werden. Auf lange Sicht lassen sich aus der Besteuerung der inländischen Wirtschaftsaktivität wachsende Einnahmen erzielen. Dies illustriert die Entwicklung der auf der Fabrikationsstufe erhobenen MWSt in Côte d'Ivoire. Im Jahr 1960 erbrachte die Steuer 15 Prozent des gesamten Steueraufkommens, wobei 70 Prozent der Einnahmen der MWSt aus der Besteuerung von Importen stammten. Im Jahr 1982 beliefen sich die entsprechenden Anteile auf 30 bzw. 40 Prozent. Die Steuer erbrachte somit höhere Einnahmen, die zunehmend aus der Besteuerung der inländischen Wertschöpfung stammten.

EXPORTSTEUERN. Zahlreiche Länder erheben Exportsteuern auf Rohstoffe. Exportsteuern werden auf Agrarprodukte häufiger angewendet als auf mineralische Rohstoffe, da die wirtschaftlichen Renteneinkommen im Bergbau oft durch die Besteuerung der Unternehmen erfaßt werden können, wie dies in Papua-Neuguinea durch die sogenannte Abbaugewinnsteuer (resource rent tax) geschieht. Gelegentlich, so in Liberia und Sambia, werden Exportsteuern als Ergänzung der Körperschaftssteuer angewendet. Eine solche Anwendung von Exportsteuern ist insoweit gerechtfertigt, wie die Exportsteuern als Ersatz für Förderzinsen dienen. Die Exportsteuer sollte jedoch nicht höher sein als ein Förderzins; andernfalls dürfte sie nämlich den zeitlichen Verlauf des Abbaus beeinflussen.

In der Agrarwirtschaft sind Exportsteuern stärker verbreitet. Eine 1987 durchgeführte Untersuchung von vierundsiebzig Entwicklungsländern ergab, daß mindestens dreiundfünfzig dieser Länder Exportsteuern erhoben. Im allgemeinen erbrachten diese Steuern nicht mehr als 5 Prozent aller Steuereinnahmen; zeitweise lag der Anteil aber auch höher (vgl. Schaubild 4.6). Von Exportsteuern ist abzuraten, da sie die Anreize für die Exportproduktion verringern, was angesichts des langsamen Wachstums im Agrarsektor und der Bedeutung des Agrarhandels für viele jener Länder, die solche

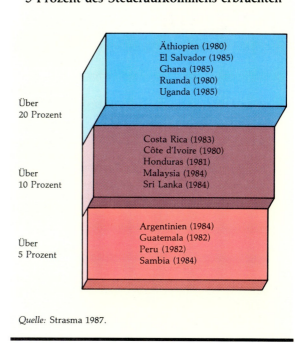

Schaubild 4.6 Länder, in denen Steuern auf Agrarexporte in ausgewählten Jahren mehr als 5 Prozent des Steueraufkommens erbrachten

Über 20 Prozent:
- Äthiopien (1980)
- El Salvador (1985)
- Ghana (1985)
- Ruanda (1980)
- Uganda (1985)

Über 10 Prozent:
- Costa Rica (1983)
- Côte d'Ivoire (1980)
- Honduras (1981)
- Malaysia (1984)
- Sri Lanka (1984)

Über 5 Prozent:
- Argentinien (1984)
- Guatemala (1982)
- Peru (1982)
- Sambia (1984)

Quelle: Strasma 1987.

Steuern anwenden, nicht sachgerecht ist. Unter bestimmten Bedingungen können diese Steuern als ein unvollkommener Ersatz für andere Formen der Besteuerung gerechtfertigt sein, allerdings nur für begrenzte Zeit (vgl. Sonderbeitrag 4.4).

Einkommensteuern

In den Industrieländern sind Einkommensteuern seit langem das wichtigste Instrument der Besteuerung. Mit relativ geringen Verzerrungen können sie hohe Steuereinnahmen erbringen und eine Einkommensumverteilung ermöglichen. Die Erfahrungen der Entwicklungsländer legen jedoch den Schluß nahe, daß persönliche Einkommensteuern schwierig zu verwalten sind, wenig Einnahmen erbringen, kaum zur Umverteilung beitragen und oft ungerecht wirken. Bei den Steuerreformen der letzten Jahre standen deshalb die indirekten Steuern im Vordergrund. Gleichwohl ist eine Reform der Besteuerung der persönlichen Einkommen und der Unternehmensgewinne oftmals notwendig, um die Steuereinnahmen zu steigern und die volkswirtschaftliche Effizienz des Steuersystems zu verbessern.

Sonderbeitrag 4.4 Exportsteuern und Landwirtschaft

Exportsteuern werden in der Landwirtschaft häufig angewendet, da die herkömmlichen Einkommen- und Gewinnsteuern in diesem Sektor administrative Probleme aufwerfen. Im Prinzip sind Grundsteuern ein attraktiver Ersatz. Wenn das Angebot von Grund und Boden unelastisch ist, belastet die Grundsteuer das Renteneinkommen aus Grundbesitz und greift damit nicht in die Produktionsentscheidungen ein. Mit wenigen Ausnahmen, wie Äthiopien, Kenia, Paraguay, Peru und Somalia, erbringen Grundsteuern jedoch nicht mehr als 1 bis 2 Prozent der gesamten Steuereinnahmen. Der niedrige Ertrag spiegelt die Unzulänglichkeiten der Registrierung und Bewertung von Grund und Boden wider. In vielen afrikanischen Ländern und auf den pazifischen Inseln ist die Feststellung von Eigentumsrechten an Grund und Boden problematisch, da die Bodennutzung auf Gewohnheitsrecht beruht. In anderen Ländern wird ländlicher Grundbesitz nur selten übertragen, so daß Marktpreise zur Bestimmung des Bodenwertes kaum zur Verfügung stehen. Auch die Verwendung von Ertragskennziffern zur indirekten Bestimmung des Bodenwertes anhand der Bodenproduktivität ist nur begrenzt möglich, da die Unterlagen über die Bodenqualität und die Ertragsschwankungen zwischen den Anbauperioden im allgemeinen unzulänglich sind.

In manchen Fällen unterliegen die Exporte einer verdeckten Besteuerung, etwa als Resultat der Preisfestsetzung durch staatliche Vermarktungsstellen, wie den Cocoa Board in Ghana und die Agricultural Development and Marketing Corporation in Malawi. Diese Stellen fungieren als Vermarkter und Exporteur für einige wichtige Erzeugnisse von Kleinbauern und setzen gewöhnlich die Erzeugerpreise unterhalb der Grenzübergangspreise fest, wodurch sie die Kleinbauern verdeckt besteuern.

Angaben über den Umfang der Besteuerung legen den Schluß nahe, daß die Produzenten landwirtschaftlicher Exportgüter in manchen Ländern überhöht besteuert werden. Wenn Exportsteuern als Ersatz für Einkommensteuern angewendet werden, so läßt sich jener Satz einer Exportsteuer ermitteln, der ebenso hohe Einnahmen erbringt wie eine Steuer auf das Einkommen der Kleinbauern. Eine einfache Kalkulation für einen durchschnittlichen Kakaobauern in Ghana ergibt, daß in den frühen achtziger Jahren eine Exportsteuer von 4 Prozent des Erzeugerpreises ebensoviel Einnahmen erbracht hätte, wie wenn der Gewinn des Bauern der Einkommensteuer unterlegen hätte. Die geltende Exportsteuer lag über 100 Prozent, was darauf hindeutet, daß die Exportsteuer insoweit, wie sie als Ersatz für die Einkommensteuer diente, hätte beträchtlich gesenkt werden können. Selbst wenn sie zur Abschöpfung überhöhter Gewinne gedient hätte, wäre eine Exportsteuer von nur 12 Prozent ausreichend gewesen.

Noch wichtiger ist, daß Exportsteuern einen Anreiz zur Verlagerung der Erzeugung auf andere Produkte schaffen. In Anbetracht der umfangreichen empirischen Belege über die Preisreagibilität des Angebots der Kleinbauern dürften die volkswirtschaftlichen Kosten von Exportsteuern beträchtlich sein. Soweit möglich, wäre eine Sollbesteuerung der Agrareinkommen, wie in Uruguay, vorzuziehen.

Andere Argumente zugunsten von Exportsteuern sind die Beeinflussung der Terms of Trade und die Beschaffung von Steuereinnahmen. Beim ersten Punkt ist Vorsicht angebracht.

Aufgrund von Veränderungen des Weltangebots wie der Weltnachfrage kann eine kurzfristige Inelastizität der Weltnachfrage alsbald zu langfristigen Verlusten von Marktanteilen führen. So geschah es mit dem Marktanteil von Ghana und Nigeria am Weltkakaomarkt und mit Zaires Anteil am Palmölmarkt in den Jahren 1961/63. In Anbetracht der hohen Budgetdefizite vieler Länder können fiskalische Notwendigkeiten auf kurze Sicht nicht ignoriert werden, insbesondere wenn sich Exportsteuern als Verkehrsabgabe bzw. als Ersatz für eine Benutzergebühr begründen lassen. Auf lange Sicht ist die Einbeziehung auch des Agrarsektors in eine breit angelegte direkte und indirekte Besteuerung notwendig, um die Steuern auf den Agrarexport abzubauen und schließlich ganz zu beseitigen.

Körperschaftsteuern

Eine Verbesserung der Körperschaftsteuer ist besonders bedeutsam, da diese in den Entwicklungsländern eine wichtige Einnahmequelle ist und größere Risiken einer Fehlallokation von Neuinvestitionen enthält.

BEMESSUNGSGRUNDLAGE UND TARIFSTRUKTUR. Körperschaftsteuern sollen den wirtschaftlichen Gewinn der Unternehmen steuerlich erfassen. In der Praxis dient als Bemessungsgrundlage der Nettobuchgewinn, nämlich der Bruttoumsatz abzüglich der Betriebskosten und der Kapitalberichtigungen. Häufig wird nur ein einziger gesetzlicher Steuersatz angewendet, was gewöhnlich am zweckmäßigsten ist, insbesondere wenn administrative Engpässe zu beachten sind. Einige Entwicklungsländer wenden jedoch einen direkt progressiven Tarif an, der zwei oder drei Steuerklassen und eine moderate Bandbreite der Steuersätze von 15 bis 35 Prozent vorsieht. Noch seltener sind mehr als drei Steuerklassen, wie in Guatemala und Mexiko, wo sich die Steuersätze bis 1987 zwischen 5 und 42 Prozent bewegten. Schließlich gibt es in einigen Ländern, so in Brasilien, eine indirekte Progression, die durch differenzierte Zuschläge entsteht.

Der gesetzliche Steuersatz der Körperschaftsteuer ist oft ein schlechter Indikator für die Wirkung der Steuer auf die Einnahmen und das Investitionsverhalten. Die Steuersätze werden auf das rechnerische, nicht auf das wirtschaftliche Einkommen des Unternehmens angewendet; die Inflation beispielsweise läßt beide Größen divergieren. Steuerpolitisch betrachtet sind somit die effektiven Steuersätze bedeutsamer. Der effektive Durchschnittssteuersatz (EDS) ist das Verhältnis zwischen dem Gesamtbetrag der erhobenen Körperschaftsteuer und dem wirtschaftlichen Gewinn des Unternehmens. Aus fiskalischen Gründen sollte dieser Satz hoch sein. Demgegenüber gibt der effektive Grenzsteuersatz (EGS) an, wie die Steuer die Ertragsrate der Investoren bei einer marginalen Zusatzinvestition belastet. Um die Investitionsentscheidungen möglichst wenig zu stören, sollte der EGS niedrig sein. Bei der Gestaltung einer Körperschaftsteuer geht es vor allem darum, einen hohen EDS zu erzielen, und gleichzeitig den EGS auf niedrigem Niveau, vorzugsweise bei Null, zu halten, sowie größere Abweichungen zwischen den EGS bei unterschiedlichen Investitionen zu vermeiden.

Abweichungen zwischen den EGS und den gesetzlichen Steuersätzen ergeben sich durch Bestimmungen, welche die Wiederbeschaffung von investiertem Kapital erlauben, durch die Abzugsfähigkeit von Zinsen auf Investitionskredite, durch Steuergutschriften für Investitionen, Inflationsanpassungen und ähnliche Regelungen. Im Ergebnis kann dies dazu führen, daß eine einheitliche proportionale Körperschaftsteuer je nach Investitionsobjekt und Sektor unterschiedliche EGS impliziert.

Eine 1985 durchgeführte Untersuchung der Steuern in Malawi ergab, daß eine Veränderung der gesetzlichen Steuersätze mit einer gleichgerichteten Bewegung der EGS verbunden war (vgl. Schaubild 4.7). In der verarbeitenden Industrie lagen die EGS jedoch wesentlich niedriger als in anderen Sektoren. Innerhalb eines Sektors waren die EGS von Investitionsprojekten abhängig von der wirtschaftlichen Lebensdauer der jeweiligen Kapitalgüter. Da die Feststellung von EGS so schwierig ist, lassen sich die Körperschaftsteuern nur schwer zur Lenkung der Investitionen in eine bestimmte Richtung einsetzen.

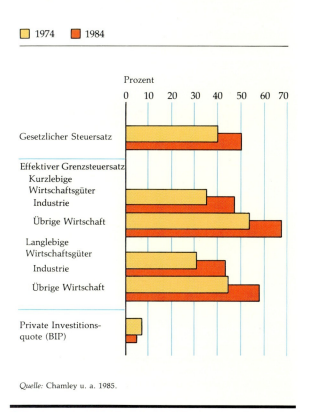

Schaubild 4.7 Effektive Grenzsteuersätze nach Anlagearten in Malawi, 1974 und 1984

Quelle: Chamley u. a. 1985.

Quervergleiche der Körperschaftsteuern zwischen verschiedenen Ländern, wie in Tabelle 4.2, lassen sich ebenfalls durchführen, wenn man von einem hypothetischen Normprojekt ausgeht, das durch eine vorgegebene Anlagestruktur, konstante Ertragsrate vor Steuern, konstante Lebensdauer und andere identische Parameter gekennzeichnet ist. Die so ermittelten Zahlen weichen von den tatsächlichen Erträgen nach Steuern ab, denn diese werden durch die unterschiedlichen Anlagestrukturen der Projekte und die Besteuerungspraxis der Finanzverwaltungen beeinflußt. Die Ergebnisse sind gleichwohl nützlich, da sie auf vergleichbarer Grundlage die großen Divergenzen zwischen den gesetzlichen Steuersätzen und den EGS aufzeigen. Wie aus der Tabelle ersichtlich, entsprechen die EGS nur durch Zufall den gesetzlichen Steuersätzen. Länder mit gleichen gesetzlichen Steuersätzen — wie Brasilien, Indonesien, die Philippinen und Thailand mit jeweils 35 Prozent, oder Malaysia, Portugal und Singapur mit jeweils 40 Prozent — können drastische Unterschiede der EGS aufweisen, da die anderen Bestimmungen der Körperschaftsteuer voneinander abweichen. In gleicher Weise

Tabelle 4.2 Effektive Grenzsteuersätze eines hypothetischen Investitionsprojekts, etwa 1985
(in %)

Land[a]	Gesetzlicher Steuersatz (1)	Ausschließlich Eigenkapitalfinanzierung mit Verlustvortrag		50 % Fremdfinanzierung mit Verlustvortrag		50 % Fremdfinanzierung mit vollem Verlustausgleich[b]	
		Preisanstieg 5 % (2)	Preisanstieg 50 % (3)	Preisanstieg 5 % (4)	Preisanstieg 50 % (5)	Preisanstieg 5 % (6)	Preisanstieg 50 % (7)
Hongkong	18,5	18,4	29,5	16,4	17,4	9,6	7,3
Ecuador	20,0	13,5	27,9	10,1	12,8	10,1	9,4
Jemen, Arab. Republik	25,0	32,2	62,2	30,5	47,4	30,5	45,4
Kolumbien	30,0	28,5	47,4	36,9	43,0	14,5	35,1
Korea, Republik	30,0	33,2	48,0	32,8	52,3	24,6	42,8
Ägypten	32,0	37,0	73,9	31,2	56,8	29,2	48,7
Argentinien	33,0	31,7	51,0	29,7	42,5	11,2	29,8
Jamaika	33,3	40,6	59,0	35,3	37,1	33,7	28,4
Brasilien	35,0	54,4	68,1	45,9	62,9	45,9	62,9
Indonesien	35,0	41,6	81,4	36,0	63,1	34,1	54,1
Philippinen	35,0	40,5	81,0	40,2	66,1	31,9	53,3
Thailand	35,0	24,9	68,6	20,0	48,9	18,6	42,6
Jordanien	38,0	37,4	64,2	27,3	37,8	25,1	34,6
Tunesien	38,0	24,5	23,0	19,8	20,1	4,9	−60,9
Malaysia	40,0	31,7	62,7	24,2	34,0	20,5	20,9
Portugal	40,0	45,5	79,1	28,7	51,4	28,7	46,5
Singapur	40,0	29,5	46,5	23,2	20,5	15,2	1,9
Guatemala	42,0	10,7	40,3	2,8	39,1	−13,6	39,1
Mexiko	42,0	19,6	24,0	10,3	6,9	−20,5	−22,9
Türkei	46,0	45,5	81,5	27,7	47,9	25,6	30,0
Marokko	48,0	44,0	65,3	24,0	65,3	22,9	60,4
Griechenland	49,0	20,0	68,3	10,6	40,5	10,6	34,1
Irland	50,0	5,8	11,5	5,5	5,6	−65,9	−54,0

Anmerkung: Von den Wirtschaftsgütern des hypothetischen Investitionsprojekts entfallen 40 Prozent auf Gebäude, 40 Prozent auf Maschinen und Ausrüstungen, 10 Prozent auf Fahrzeuge und 10 Prozent auf Grundstücke. Ersatzinvestitionen erfolgen entsprechend dem wirtschaftlichen Wertverzehr innerhalb von zehn Jahren. Die reale Ertragsrate vor Steuern beträgt einheitlich 10 Prozent. Die Berechnungen basieren auf den steuerlichen Vorschriften, nicht auf der Besteuerungspraxis. Irland wurde berücksichtigt als Beispiel für ein Steuergesetz, das eine Abschreibungsmöglichkeit von 100 Prozent im Jahr der Anschaffung vorsieht, ohne die Abzugsfähigkeit des nominalen Zinsaufwands einzuschränken.
a. In der Reihenfolge der gesetzlichen Einkommensteuersätze.
b. Bezieht sich auf die Verwendung steuerlicher Verluste aus dem Projekt zum Ausgleich steuerlicher Gewinne aus anderen Investitionen. Dieser Ausgleich kann entweder auf steuerlichen Bestimmungen beruhen, welche die Abgabe konsolidierter Jahresabschlüsse für ein Unternehmen oder eine Holdinggesellschaft erlauben, oder durch die Anwendung von Verrechnungspreisen herbeigeführt werden, wenn konsolidierte Abschlüsse nicht zulässig sind.
Quellen: Pellechio und Dunn 1987, und Pellechio u. a. 1987a und 1987b.

müssen Unterschiede der gesetzlichen Steuersätze nicht mit unterschiedlichen EGS einhergehen. So sind in Irland die EGS trotz eines viel höheren gesetzlichen Steuersatzes niedriger als in Hongkong.

In den meisten Fällen führt die Fremdfinanzierung dazu, daß die EGS bei gleicher Inflationsrate niedriger ausfallen (vgl. Spalten 4 und 5 gegenüber Spalten 2 und 3 von Tabelle 4.2). Dadurch wird die Fremdfinanzierung begünstigt, und zwar umso mehr, je höher die Inflationsrate ist. Inflation und Finanzierungsstruktur wirken jedoch nicht überall in die gleiche Richtung. In Ecuador führt zunehmende Inflation dazu, daß der EGS bei Eigenfinanzierung relativ zum gesetzlichen Satz steigt, während er bei Fremdfinanzierung sinkt; in Argentinien, Brasilien und Kolumbien läßt zunehmende Inflation den EGS relativ zum gesetzlichen Satz ansteigen, und zwar unabhängig von der Finanzierungsart und trotz der Indexierungsbestimmungen. Wenn die Steuergesetze eine Verrechnung von Verlusten aus einem Investitionsprojekt mit Gewinnen aus anderen Investitionen zulassen, führt dies zu einem niedrigeren EGS (vgl. Spalten 6 und 7 von Tabelle 4.2). Der EGS kann sogar negativ werden, wie in Mexiko und Tunesien, was sich als eine versteckte Subventionierung der Investitionstätigkeit (in Fällen einer konsolidierten Rechnungslegung) zulasten der Staatskasse auffassen läßt.

Der effektive Grenzsteuersatz ist stark abhängig von der steuerlichen Behandlung der Abschreibungen, der Fremdfinanzierung und der Inflation. Die Bewertung der Aktiva zu Anschaffungskosten und die Verteilung der Abschreibungen über mehr als ein Jahr führen zwangsläufig dazu, daß die steuerliche Abschreibung unter Inflationsbedingungen von der wirtschaftlichen Abschreibung abweicht; die steuerlichen Abschreibungen reichen zur Wiederbeschaffung des ursprünglichen Investitionsgutes nicht aus, und der steuerpflichtge Gewinn ist überhöht. Kommt noch die volle Abzugsfähigkeit des nominalen — anstelle des realen — Zinsaufwands für Fremdkapital hinzu, so begünstigt die Körperschaftsteuer wahrscheinlich die Fremdfinanzierung, da die Abzugsfähigkeit der nominalen Zinszahlungen eine steuerliche Überkompensation der realen Kosten des Fremdkapitals erlaubt. Die verringerte Eigenkapitalquote des Unternehmens kann dann dessen Anfälligkeit gegenüber externen Schocks erhöhen.

Für diese eng verbundenen Probleme gibt es keine eindeutige Lösung. Bei einer niedrigen Inflationsrate mögen die überhöhten Absetzungen von Finanzierungskosten (aufgrund der Berücksichtigung des nominalen Zinsaufwands) gerade die unzureichenden Abschreibungen auf Basis der Anschaffungskosten ausgleichen. Die Inflation würde in diesem Fall das Steueraufkommen nur wenig tangieren. Zwar bleibt der Anreiz zur Fremdfinanzierung bestehen, doch dürfte er sich in engen Grenzen halten und damit die administrativen Umtriebe kaum rechtfertigen, die mit Bestimmungen zur Umrechnung des buchmäßigen Ergebnisses in ein wirtschaftliches Einkommen verbunden sind. In solchen Fällen kann der EGS durch eine Senkung des gesetzlichen Steuersatzes verringert werden. Damit wird freilich auch der EDS gesenkt, was einen Zusatzgewinn für frühere Investitionen und einen Einnahmeverlust für die Staatskasse bedeutet, gleichgültig, ob es zu Neuinvestitionen kommt oder diese ausbleiben. Der Einnahmeausfall kann durch die Einschränkung von Investitionsanreizen für bestimmte Anlagegüter zum Teil ausgeglichen werden. Die Senkung des gesetzlichen Steuersatzes in Verbindung mit einer Straffung der Investitionsanreize — wie sie in Indonesien und Jamaika, und auch bei der jüngsten Steuerreform in den Vereinigten Staaten, erfolgte — wird das Belastungsgefälle innerhalb der besteuerten Sektoren verringern. (Sie kann das Gefälle zwischen den besteuerten und den nichtbesteuerten Sektoren reduzieren.) Der EGS bleibt dabei jedoch positiv.

Bei hohen Inflationsraten mögen andere Maßnahmen notwendig werden. Die Indexierung der Anschaffungskosten oder periodische Höherschreibungen sind ein wichtiger Schritt, um eine größere Übereinstimmung zwischen den steuerlichen Abschreibungen und dem wirtschaftlichen Wertverzehr zu erreichen. Periodische Höherschreibungen der Aktiva, wie in Afrika üblich, oder die verschiedenen Indexierungssysteme, wie in Lateinamerika, brachten unterschiedliche Ergebnisse. Höherschreibungen sind aufwendig und werden nur unregelmäßig vorgenommen; die Indexierung ist oft nicht umfassend genug, um Verzerrungen zwischen bestimmten Arten von Anlagegütern oder zwischen Sektoren auszuschließen. So muß die Annäherung der steuerlichen Abschreibung an die wirtschaftliche mit der Verwendung von realen Zinssätzen einhergehen, doch wird der nominale Zinsaufwand nur selten für steuerliche Zwecke inflationsbereinigt. Eine solche Korrektur wurde kürzlich in Mexiko eingeführt und ist in der Türkei vorgeschlagen worden.

Eine einfachere Möglichkeit ist die „Sofortabschreibung". Nach dieser Methode können Firmen bei der Ermittlung ihres steuerpflichtigen Gewinnes Investitionsausgaben ebenso wie andere Kosten im Jahr ihrer Entstehung als Aufwand verrechnen. Diese relativ neue Lösung wurde in der Praxis bisher selten angewendet, obgleich das Verfahren der steuerlichen Behandlung der Explorations- und Erschließungskosten des Bergbaus in den Entwicklungsländern ähnlich ist. Die Sofortabschreibung wird auch in der verarbeitenden Industrie in Irland angewendet und ist als Option in den Steuergesetzen von Bangladesch und Simbabwe vorgesehen. Bei der Sofortabschreibung besteht kein Bedarf mehr für die Indexierung, für besondere Bestimmungen über die Vorratsbewertung und für Schätzungen der Lebensdauer unterschiedlicher Aktiva. Dieses Verfahren würde auch die Streichung expliziter Investitionsanreize erleichtern, die häufig dem gleichen Zweck dienen, nämlich die Steuerbelastung der Erträge von Neuinvestitionen zu senken.

Wenn die Sofortabschreibung zulässig ist, dürfen jedoch die Kosten der Fremdfinanzierung steuerlich *nicht* abzugsfähig sein. Wäre der Abzug von Zinskosten zulässig, so könnte die Unternehmung die durch Fremdkapital finanzierten Aktiva doppelt absetzen. Dies kann zu einem negativen EGS führen, wie er in Irland gegeben ist. Angemessen ist dies nur, wenn es wichtige Argumente für eine globale Subventionierung der Investitionen gibt und wenn andere wirtschaftliche Aktivitäten die Steuereinnahmen zur Finanzierung einer solchen Subvention aufbringen.

Die Sofortabschreibung ohne Abzugsfähigkeit der Zinsen ergibt im Effekt einen EGS von Null und greift damit nicht in die Ertragsrechnung des Investors ein. Sie reduziert auch das intersektorale Gefälle der Anreize und beseitigt die Tendenz zugunsten der Fremdfinanzierung und der niedrigen Eigenkapitalausstattung. In manchen Bereichen — so im Finanzsektor — mag die Einführung dieses Systems schwierig sein, und in der Anfangsphase kann es zu erheblichen Einnahmeausfällen führen, da die Wiederbeschaffung der investierten Mittel nicht während der gesamten Nutzungsdauer des betreffenden Aktivums, sondern in den Anfangsjahren erfolgt. Andererseits wird der Unternehmensgewinn in den späteren Jahren nicht durch Abschreibungen vermindert, so daß die Steuereinnahmen dann entsprechend steigen — wenn auch nicht auf das Niveau, das bei einem positiven EGS erreicht würde. Die Besteuerung der Unternehmensgewinne im Abbau von Eisenerzen und Mineralöl bringt in vielen Ländern (so in Kamerun und in Nigeria) beträchtliche Einnahmen, da die wirtschaftlichen Gewinne hoch sind. Diese Steuern sind mit EDS von 70 bis 80 Prozent verbunden, während die EGS aufgrund der sofortigen Abschreibung der meisten Investitionen bei gleichzeitiger voller Abzugsfähigkeit des nominalen Zinsaufwands negativ sein dürften. Die Probleme der Übergangsphase lassen Zwischenlösungen — mit einer nur teilweisen Abschreibung, positiven EGS und geringeren anfänglichen Einnahmeverlusten, wie in Malawi — als attraktiv erscheinen. Diese Fragen sind weitere Untersuchungen wert.

INVESTITIONSANREIZE. Neben den versteckten Investitionsanreizen, die sich aus der steuerlichen Behandlung der Abschreibungen, des Zinsaufwandes und anderer Faktoren ergeben, greifen die Regierungen häufig auch zu expliziten Anreizen. Wenn die Folgen des Marktversagens quantifizierbar sind, mag dies dafür sprechen, steuerliche Instrumente zur Förderung der Effizienz einzusetzen. Zu den speziellen Investitionsanreizen gehören Steuerbefreiungen, Freibeträge und Steuergutschriften oder besondere Steuererleichterungen, mit denen einzelne Gruppen von Investoren oder Aktivitäten in bestimmten Branchen oder Regionen gefördert werden sollen. Solche Anreize bewirken entweder eine Reduzierung oder einen Aufschub der Steuer; im letzteren Fall entsprechen sie einem zinslosen Kredit des Staates während der Stundungsfrist. Spezielle steuerliche Anreize werden jedoch oft ad hoc eingeführt und fügen sich nur schlecht in das gesamte Steuersystem ein.

Im allgemeinen gilt, daß eine Steuer umso mehr an Effektivität einbüßt, je mehr Zielen sie dienen soll. Steuerliche Anreize bürden den Besteuerungsinstrumenten eine Vielzahl von Zielen auf. Sie verkomplizieren die Einhaltung der Steuergesetze und lösen unproduktive Bemühungen zur Erlangung solcher Vorteile aus. Wenn geringe Anreize geboten werden, dürften sich die volkswirtschaftlichen Erträge in Grenzen halten. Bei starken Anreizen kommt es wahrscheinlich zu einer nennenswerten Aushöhlung der Steuerbasis.

Investitionsanreize sind außerdem verwaltungstechnisch schwierig zu handhaben. Betrachten wir beispielsweise die Gewährung von Steuerfreijahren. Aus Gründen der Gleichbehandlung müßten sie bestehenden Firmen, die Neuinvestitionen vornehmen, ebenso gewährt werden wie neu gegründeten Firmen. Zu diesem Zweck müssen aber Kosten und Erträge auf bestehende und neue Aktivitäten aufgeteilt werden, was das Problem der internen Verrechnungspreise und der Kostenverteilung aufwirft. Eine sinnvolle Maßnahme ist es, die Zahl der verschiedenen Investitionsanreize zu reduzieren; in Indonesien wurden sie vollständig beseitigt (vgl. Sonderbeitrag 4.5).

Persönliche Einkommensteuern

Auf die persönlichen Einkommensteuern entfällt etwa ein Zehntel der gesamten Steuereinnahmen der Entwicklungsländer. Der geringe Ertrag ist eine Folge des beschränkten Geltungsbereichs und der mangelhaften Steuergestaltung. Eine Verbesserung des Aufkommens erfordert Änderungen der Bemessungsgrundlage und der Tarife, welche die Verwaltung der Steuer erleichtern, ohne die Leistungs- und Sparanreize zu beeinträchtigen.

BEMESSUNGSGRUNDLAGE UND TARIFSTRUKTUR. Die persönliche Einkommensteuer wird typischerweise auf das zu versteuernde Nettoeinkommen erhoben, das sich durch die Absetzung von Freibeträgen und steuerbefreiten Einkommensteilen vom persönlichen Bruttoeinkommen ergibt. Durch die Anwendung des Steuertarifs auf das Nettoeinkommen wird der Steuerbetrag bestimmt. Hiervon werden Steuerguthaben abgezogen, womit sich die endgültige Steuerschuld ergibt.

Die Gestaltung der persönlichen Einkommensteuern variiert von Land zu Land beträchtlich. In manchen Ländern, wie in Ghana im Jahr 1984, unterliegen sehr niedrige Einkommen dem Gesetz nach der Steuer, während anderswo, wie in Indien, recht hohe Freibeträge gelten. In manchen Ländern steigen die Grenzsteuersätze rasch an — wie in

---

Sonderbeitrag 4.5 Reform der Investitionsanreize in Indonesien

Die Regierung Indonesiens verabschiedete Ende 1983 eine große Steuerreform. Hier geht es nur um einen Einzelaspekt der Reform, nämlich die pauschale Beseitigung der steuerlichen Anreize für Investitionen.

Vor dem Jahr 1983 war die Steuerstruktur übermäßig kompliziert. Hunderte von Gesetzesänderungen waren ad hoc vorgenommen worden, wodurch eine Steuergesetzgebung entstanden war, die weder die Steuerzahler noch die Finanzbeamten überblicken konnten. Viele Steuermaßnahmen resultierten aus veränderten Außenhandels- und Geschäftsbedingungen, und noch mehr waren aus speziellen nichtfiskalischen Gründen ergangen, wobei die Einnahmeausfälle vorhersehbar waren, während die Einkommensverteilung und die wirtschaftliche Entwicklung in unerwarteter Weise beeinflußt wurden.

Mit dem massiven Aufgebot von Investitionsanreizen sollten gefördert werden: bestimmte Industrien, der Export, die Entwicklung abgelegener Regionen, der Technologietransfer, die Aktienbörse und sogar die Prüfung von Unternehmen durch externe Wirtschaftsprüfer. Durch die zahllosen und oftmals widersprüchlichen steuerlichen Anreize entstand ein überkompliziertes System, das weder seine fiskalische Aufgabe noch die speziellen Zielsetzungen erfüllte, die ursprünglich damit verfolgt worden waren.

Viele Anreize wurden von den Investoren und dem Investitionskoordinierungsamt (BKPM) im Rahmen von Gesamtpaketen ausgehandelt. Diese Anreize, deren Ausgestaltung und Struktur sich relativ rasch veränderten, bedeuteten, daß Unternehmen der gleichen Branche nach unterschiedlichen Vorschriften besteuert wurden und daß die gleiche Firma zu verschiedenen Zeiten mit unterschiedlichen Steuerbestimmungen konfrontiert war. Solche Anreize führten zu Diskrepanzen der effektiven Steuersätze innerhalb und zwischen den einzelnen Sektoren und damit zur Fehlallokation von Kapital. Die Steuergesetze schufen zum Beispiel Anreize für die Investoren, kurzfristige Projekte zu bevorzugen, die in Extremfällen niemals Steuern aufbrachten, wie sogenannte „Einmalprojekte" insbesondere in der Textil- und sonstigen Leichtindustrie.

Wegen mangelnder Kommunikation mit dem BKPM waren die Steuerprüfer der Finanzverwaltung nicht informiert, welche Investitionsanreize den Firmen gewährt worden waren, was zu Prüfungskonflikten führte. Außerdem gaben manche Firmen während der Steuerfreijahre überhaupt keine Steuererklärungen oder nur Blankoformulare ab, was nach dem Ende der Freijahre die Prüfung der Steuererklärungen erschwerte.

Durch die unterschiedlichen Steuerfreijahre entstand schließlich der Eindruck, bestimmte Branchen würden diskriminiert; diese forderten dann zum Ausgleich der vermeintlichen Benachteiligung die Gewährung zusätzlicher Steuerfreijahre oder alternativer Anreize. Analoge Probleme traten bei den anderen steuerlichen Anreizen auf. Die Verwaltung von steuerlichen Anreizsystemen ist schwierig, und deshalb muß der Nutzen solcher Anreize gegen die erhöhten Verwaltungskosten abgewogen werden.

Bei der Steuerreform ging es vor allem darum, ein administrativ leicht zu handhabendes und transparentes Steuersystem zu schaffen, das das wirtschaftliche Verhalten möglichst wenig beeinflußte. Dementsprechend wurden alle besonderen steuerlichen Anreize — Steuerfreijahre, Investitionszulagen und die beschleunigte Abschreibung (mit Ausnahme der doppelt-depressiven Abschreibung) — abgeschafft. Die erwarteten Einnahmesteigerungen aufgrund der Streichung der Steuervorteile erlaubten eine Senkung des Steuersatzes. Von der Vereinfachung der steuerlichen Anreize erwartet man, daß steuerlich bedingte Präferenzen für bestimmte Sektoren auf ein Minimum reduziert werden, während von der Senkung des Körperschaftsteuersatzes alle Investoren profitieren sollen.

Jamaika vor der Steuerreform. In anderen Ländern dagegen verläuft die Tarifkurve relativ flach — wie in Côte d'Ivoire. Schließlich gibt es erhebliche Unterschiede in den Spitzensteuersätzen und dem Einkommensniveau, bei dem sie wirksam werden.

Schaubild 4.8 zeigt zwei Gruppen von Ländern, die anhand der jeweiligen gesetzlichen bzw. intendierten Besteuerungsstrukturen, nicht der tatsächlich durchgesetzten Strukturen der Länder, gebildet wurden. In den Ländern der Gruppe A sind niedrige Einkommen steuerpflichtig, und der Grenzsteuersatz steigt rasch an. Eine derart strukturierte Steuer läßt sich schwer verwalten, da die Steuer eine große Zahl von kleinen Steuerzahlern erfaßt und sie mit hohen Sätzen belastet. Die höheren Freibeträge und die langsamer ansteigenden Grenzsteuersätze der Ländergruppe B eignen sich besser für die Verwaltungskapazität der meisten Entwicklungsländer.

Schaubild 4.9 zeigt, daß die Spitzensteuersätze in vielen Ländern über 50 Prozent liegen. Diese Steuersätze betreffen oft nur eine Handvoll von Personen — jene, deren Einkommen das Fünfzigfache des Pro-Kopf-BIP überschreitet. Hohe Steuersätze, die auf eine schmale Bemessungsgrundlage angewendet werden, sind wenig ergiebig und schaden der Glaubwürdigkeit des Steuersystems, wenn sie nicht durchgesetzt werden.

Der Anteil der persönlichen Steuern am Steueraufkommen ist in den letzten zwei Jahrzehnten nur langsam gestiegen. Man hatte erwartet, daß die Steuerbemessungsgrundlage im Zuge der wachsenden Formalisierung der Wirtschaft rascher als das BIP expandieren würde. Die Erwartung eines steigenden Anteils der persönlichen Einkommensteuern gründete sich auch darauf, daß es möglich ist, die Steuersätze auf die Entwicklung der steuerlichen Leistungsfähigkeit abzustimmen. Diese Faktoren wurden jedoch durch die Schwierigkeiten der Steuerdurchsetzung und der Eintreibung mehr als aufgewogen. In vielen Ländern werden persönliche Einkommensteuern von weniger als 15 Prozent der Bevölkerung erhoben; in Südasien und in Afrika südlich der Sahara liegt dieser Anteilsatz unter 5 Prozent. Fast überall wird das mögliche Aufkommen aus persönlichen Steuern durch die Steuervermeidung unter Ausnutzung von Schlupflöchern und Steuerbegünstigungen ebenso wie durch die direkte Steuerhinterziehung zusätzlich geschmälert. Eine 1981 in Bolivien durchgeführte Untersuchung schätzte, daß die auf Arbeitseinkommen anfallenden Steuern zu 75 Prozent eingezogen wurden — hauptsächlich aufgrund der Quellenbesteuerung der Löhne —, während der entsprechende Anteilsatz bei den Kapitaleinkommen 20 Prozent betrug.

Die gleichen Faktoren, die die Ergiebigkeit von persönlichen Einkommensteuern begrenzen, sind häufig auch dafür verantwortlich, daß diese Steuern in der Praxis nur bedingt zur Steuergerechtigkeit beitragen. Anders als in den Industrieländern erfassen die persönlichen Einkommensteuern in den Entwicklungsländern nicht die Masse der Einkommensbezieher. Die Progression des Steuertarifs verliert an Bedeutung, wenn 80 bis 90 Prozent der Bevölkerung, hauptsächlich die untersten Einkommensschichten und die in der Subsistenzwirtschaft oder im informellen Sektor Beschäftigten, dem Netz der persönlichen Einkommensteuer ent-

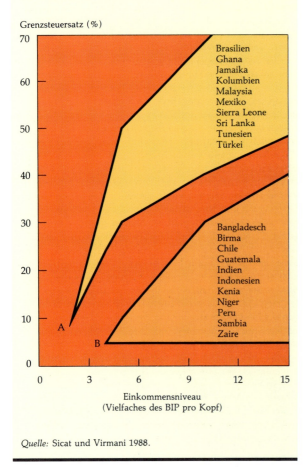

Schaubild 4.8 Einkommensniveau, bei dem die persönliche Einkommensteuerpflicht beginnt, und Struktur der Grenzsteuersätze für 1984 und 1985

Quelle: Sicat und Virmani 1988.

Schaubild 4.9 Spitzensteuersätze und persönliches Einkommensniveau, bei dem sie wirksam werden, für 1984 und 1985

Spitzensteuersatz (%)	Vielfaches des BIP pro Kopf, bei dem der Spitzensteuersatz wirksam wird		
	Weniger als 30	30 bis 50	Mehr als 50
Über 70	Portugal	Republik Korea Sambia	Ägypten, Marokko Äthiopien, Niger Birma, Tansania Côte d'Ivoire, Tunesien Liberia
50 bis 70	Ghana, Mali Griechenland, Pakistan Jamaika, Sri Lanka Malaysia, Sudan	Argentinien Brasilien Indien Sierra Leone Simbabwe Zaire	Benin, Nigeria Chile, Peru Kenia, Senegal Madagaskar, Thailand Malawi, Tschad Mexiko, Türkei
Unter 50	Hongkong Arabische Republik Jemen	Burkina Faso Ecuador	Guatemala, Kolumbien Indonesien, Philippinen Jordanien, Singapur

Quelle: Sicat und Virmani, 1988.

gehen. Angesichts der Schwierigkeiten bei der steuerlichen Erfassung der hohen Einkommen in der Landwirtschaft, im Handel und in den freien Berufen sowie eines Überhandnehmens der Steuerbefreiungen und Sonderregelungen, von denen die wohlhabenderen Schichten profitieren, überrascht es nicht, wenn heute in vielen Ländern anerkannt wird, daß die persönliche Einkommensteuer die Einkommensverteilung nicht nennenswert verbessert. Ein weniger ehrgeiziges verteilungspolitisches Ziel ist jedoch erreichbar. Die vollständige gesetzliche Befreiung der Armen von der Einkommensteuer ist ein wirksameres Mittel der sozialen Sicherung als die Einarbeitung von niedrigeren Steuersätzen in eine gestaffelte Tarifstruktur. Die durch höhere Freibeträge am unteren Ende der Einkommensskala entstehenden Einnahmeverluste können durch die Beseitigung von Schlupflöchern am oberen Ende weitgehend ausgeglichen werden. Dies trägt ebenfalls zur Steuergerechtigkeit bei.

Die horizontale Verteilungsgerechtigkeit erfordert, daß alle Einkommensquellen (Landwirtschaft, Industrie und Dienstleistungssektor) und alle Einkommensarten (Arbeitseinkommen, Zinsen, Grundrenten, Gewinne und so weiter) gleich behandelt werden. Dies spricht für eine allgemeine Einkommensteuer anstelle von Schedulensteuern auf unterschiedliche Einkommensquellen oder -arten. Bei einer allgemeinen Steuer ergibt sich freilich ein Konflikt zwischen der Steuergerechtigkeit und der Förderung des Sparens. Persönliche Einkommensteuern können das private Sparaufkommen beeinträchtigen, indem sie sowohl das Einkommen der potentiellen Sparer (gewöhnlich der Haushalte mit höherem Einkommen) als auch den Ertrag des Sparens mindern. Der letztere Effekt ist abhängig von der Offenheit der Kapitalmärkte und dem Ausmaß der finanziellen Vermittlung in der Volkswirtschaft — d. h. davon, ob es im Nichtbankensektor Institutionen gibt, die Ersparnisse durch Versicherungsverträge, Sozialversicherungssysteme, Pensionspläne und so weiter an sich ziehen.

Manche Regierungen haben versucht, die Einkünfte aus Ersparnissen aus der Bemessungsgrundlage der Einkommensteuer herauszunehmen. Sie haben die Zinserträge von bestimmten Einlagen, wie etwa von Kleineinlagen bei der Postsparkasse in Indien und Malawi, von der Steuer befreit oder sie haben Zinseinkünfte bis zu einer bestimmten Grenze freigestellt, wie in Jamaika. Andere Länder wenden Schedulensteuern an, um bestimmte Einkommensarten — wie die Zinseinkünfte aus Spareinlagen — mit einem niedrigeren Satz zu besteuern. Solche Steuern werden etwa in Westafrika angewendet, weil sie als leicht zu verwaltend gelten.

Es gibt freilich manche Belege dafür, daß Veränderungen der Rentabilität des Sparens in den Entwicklungsländern die Zusammensetzung der Ersparnis stärker beeinflussen dürften als deren Umfang. Steuern auf den Ertrag des finanziellen Sparens können eine Umverteilung der Ersparnisse zwischen den verschiedenen Anlagearten auslösen — zum Beispiel zwischen Aktien und Anleihen in den Ländern mit mittlerem Einkommen (falls Kapitalgewinne und Dividenden anders behandelt werden als Zinseinkünfte) oder zwischen finanziellen und realen Aktiva in den Ländern mit niedrigem Einkommen. Solche Verlagerungen können die Effizienz der Vermittlung zwischen Sparern und

Sonderbeitrag 4.6 Die Reform der persönlichen Einkommensteuer in Jamaika

Die Regierung Jamaikas leitete im Jahr 1985 eine umfassende Steuerreform ein. Die Reform betrifft die persönliche Einkommensteuer, die Körperschaftsteuer und die indirekten Steuern. Die Reform der persönlichen Einkommensteuer ist in ihrer Art einmalig: Eine komplizierte, auf einer schmalen Bemessungsgrundlage beruhende individuelle Einkommensteuer mit einem progressiven Tarif — wie sie in den Entwicklungsländern häufig zu finden ist — wurde 1986 durch eine Proportionalsteuer mit einer breiten Bemessungsgrundlage ersetzt.

Vor der Reform wurde der Spitzensteuersatz von 60 Prozent (einschließlich Sozialversicherungsabgaben) bei einem relativ niedrigen Jahreseinkommen von weniger als dem Dreifachen des Pro-Kopf-BIP erreicht. Das Steuergesetz war kompliziert. Es gab keinen einheitlichen Freibetrag, doch konnten die Steuerpflichtigen bis zu sechzehn unterschiedliche Abzugsmöglichkeiten beanspruchen. Diese Steuerabzüge waren im Lauf der Jahre aus unterschiedlichen Gründen in das System eingeführt worden, etwa um einen persönlichen Freibetrag zu schaffen, um das Sparen und den Erwerb von Hauseigentum anzuregen, und sogar um die Beschäftigung von Hausangestellten zu fördern. Außerdem konnten die Arbeitgeber ihren Beschäftigten steuerfreie Zulagen gewähren. Diese Zulagen wurden zwischen Arbeitgeber und Arbeitnehmer ausgehandelt und brauchten dem Finanzamt nicht gemeldet zu werden. Nach Schätzungen machten die steuerfreien Zulagen im Durchschnitt 40 Prozent der steuerpflichtigen Löhne und Gehälter aus.

Die Verwaltung der Steuer war schwierig und aufwendig. Die Struktur der Steuersätze führte zu bedeutsamen negativen Anreizwirkungen. Kapitalgewinne und Zinseinkünfte waren steuerfrei, Dividenden wurden jedoch doppelt besteuert. Der Lohnsteuerabzug an der Quelle (Pay-As-You-Earn- bzw. PAYE-System) stellte sicher, daß die Arbeitseinkommen im formellen Sektor hoch besteuert wurden, während die Einkommen der Selbständigen von der Steuer praktisch verschont blieben. Die Jamaiker mit höherem Einkommen, von denen viele durch das PAYE-System nicht erfaßt wurden, tendierten außerdem dazu, einen wesentlich höheren Anteil der Steuer zu vermeiden oder zu hinterziehen als die Familien mit niedrigerem Einkommen. Die Progressionswirkung der gesetzlichen Tarifstruktur wurde durch diese Steuervermeidung und -hinterziehung vollständig aufgehoben. Eine Steuerstichprobe legte den Schluß nahe, daß etwa die Hälfte des potentiellen Aufkommens an persönlicher Einkommensteuer nicht erfaßt wurde. Die Komplexität des Systems beeinträchtigte die Durchsetzung der Steuer, was zu weiteren Ungerechtigkeiten führte.

Das Hauptziel der Steuerreform war die Steuervereinfachung und die Minimierung der negativen Anreizwirkungen. Dies führte zu verschiedenen Änderungen in der Gestaltung der Steuer: Die sechzehn steuerlichen Abzugsbeträge wurden durch einen einheitlichen Abzugsbetrag in Höhe des Zweifachen des Pro-Kopf-BIP ersetzt; an die Stelle des bestehenden Steuertarifs trat ein einheitlicher Steuersatz von 33⅓ Prozent; die meisten steuerfreien Zulagen wurden in die Steuerbemessungsgrundlage einbezogen, und die Zinseinkünfte wurden steuerpflichtig.

Die Steuerreform wurde verabschiedet, nachdem ein Ausschuß von Privatpersonen die Vorschläge mehrere Monate lang kritisch geprüft und verbessert hatte, bevor er die Annahme der Steuerreform empfahl. Ein weiterer Ausschuß von Vertretern der Gewerkschaften, der Wirtschaft und von Bürgerinitiativen war sich ebenfalls einig, daß die revidierte und vereinfachte Steuer gerechter erschien als das alte System. Wegen des relativ hohen Grundfreibetrages wurde erwartet, daß 80 bis 90 Prozent der Bevölkerung keine Einkommensteuer zahlen würden. Die Beseitigung von Schlupflöchern würde zu einer Verbreiterung der Steuerbasis führen, was eine Senkung der Spitzensteuersätze ermöglichte. Dadurch wiederum würde die Steuervermeidung oder -hinterziehung auf höherem Einkommensniveau an Attraktivität verlieren, und die Erhebung und Eintreibung der Steuer würde erleichtert.

Wie es gegenwärtig aussieht, hat die Kombination eines höheren Grundfreibetrages mit einer Verbreiterung der Steuerbemessungsgrundlage und einem niedrigeren Proportionalsatz die Verwaltung der Steuer verbessert und die Progressionswirkung des Steuersystems gesteigert. In den zwölf Monaten nach Inkrafttreten der Reform war außer-

Investoren beeinträchtigen. Es wurde deshalb verschiedentlich argumentiert, daß eine persönliche Besteuerung auf Basis der Ausgaben der Besteuerung des Einkommens vorzuziehen sei; bei einer Ausgabensteuer bleibt das gesparte Einkommen unbesteuert. Derartige Steuern, die beim einzelnen Steuerzahler zugreifen (im Gegensatz zu einer Besteuerung von Umsätzen), wurden jedoch bisher nirgends realisiert.

Es erscheint zweckmäßiger, die Aufgaben der Verwaltung und Durchsetzung durch eine Vereinfachung der persönlichen Einkommensteuern zu erleichtern. Die meisten Freibeträge könnten beseitigt werden. Stattdessen wäre der Grundfreibetrag so hoch — vielleicht bis zum Dreifachen des Pro-Kopf-BIP — festzusetzen, daß die meisten Bezieher niedriger Einkommen freigestellt sind, und der Spitzensteuersatz sollte so niedrig gewählt werden — etwa bei 30 bis 40 Prozent —, daß die Steuerhinterziehung weniger lohnend wird. Die Einnahmen von den untersten Einkommensschichten sowie von den Steuerzahlern, die konfiskatorischen Steuersätzen unterworfen sind, wären in jedem Fall gering. Auch eine Einheitssteuer mit einer minimalen Zahl von Schlupflöchern und einem hohen Grundfreibetrag kann eine angemessene Progression aufweisen, wie dies in Jamaika der Fall ist (vgl. Sonderbeitrag 4.6).

SOLLBESTEUERUNG DES EINKOMMENS. Eine Möglichkeit zur Verbesserung der Einkommensteuer besteht darin, sie durch eine Sollsteuer — eine Steuer, die nicht auf Basis des Einkommens, sondern anhand von Indikatoren des Einkommens veranlagt wird — zu ergänzen, und zwar für Gruppen von Steuerzahlern, welche zur Steuerhinterziehung neigen, wie etwa die freien Berufe und die in der Landwirtschaft und im Handel Tätigen. Bei der Veranlagung zur Einkommensteuer ist man im Lauf der Zeit von der Sollbesteuerung zu exakten Verfahren übergegangen, indem die Indikatoren des Einkommens allmählich durch die Bestimmung des tatsächlich erzielten Einkommens ersetzt wurden. In der Praxis erfolgt jedoch die Einkommensteuerveranlagung einer großen Zahl von Steuerpflichtigen in den Industrie- wie den Entwicklungsländern immer noch weitgehend in Form einer Sollbesteuerung.

Die französischsprachigen Länder Westafrikas stützen sich stärker als andere Entwicklungsländer auf präsumtive beziehungsweise „pauschale" Steuern. Solche werden aber auch anderswo angewendet. In der Türkei stellten die Steuerbehörden in den frühen achtziger Jahren fest, daß 85 Prozent der Steuerzahler, die Einkommensteuererklärungen abgaben, sich in die niedrigste Steuerklasse eingestuft hatten; Überprüfungen bei Verdacht auf Steuerhinterziehung ergaben, daß ungefähr 50 Prozent des Einkommens nicht deklariert worden war. Im Jahr 1983 führte die Regierung ein System der Sollbesteuerung ein. Zur Veranlagung der Steuerpflichtigen, die die üblichen Steuererklärungen abgeben, werden dabei Indikatoren des Lebensstandards verwendet. Eine Sollbesteuerung mit bestimmten Mindeststeuern erfolgt bei Tätigkeiten in der Landwirtschaft, im Handel und bei freien Berufen. Außerdem wird beim Vorliegen gewisser Merkmale eine

---

dem das Aufkommen an Körperschaftsteuern und persönlichen Einkommensteuern um 18 Prozent höher als ein Jahr zuvor, wozu auch die effektivere Verwaltung der vereinfachten Steuer beigetragen hat.

Die Tatsache, daß in der Öffentlichkeit kaum Unzufriedenheit mit der Reform laut wird, ist vielleicht das beste Zeichen für die Akzeptanz der Reform. Allerdings weist die Reform drei wesentliche Schwachstellen auf. Erstens besteht bei den wenigen verbliebenen Abzugsmöglichkeiten immer noch ein Potential für Mißbräuche; wenn die Zahl dieser Freibeträge zunimmt oder sie vermehrt beansprucht werden, könnten sie die Ausgewogenheit des neuen Systems in Frage stellen und eine Erhöhung des Steuersatzes als Ausgleich für die Verminderung der Steuerbasis notwendig machen. Zweitens ist der Grundfreibetrag noch nicht indexiert, woraus sich bei einem erneuten Anstieg der Inflationsrate ein weiteres steuerpolitisches Problem ergeben könnte. Schließlich sind die Zinsen auf Bankguthaben unterhalb eines bestimmten Höchstbetrages von der Einkommensteuer befreit, um Sparer mit niedrigem Einkommen nicht zu belasten; diese Regelung könnte Anleger mit höherem Einkommen zur Aufteilung ihrer Guthaben veranlassen. Solchen und ähnlichen Problemen kann im Prinzip durch eine laufende Überprüfung der Steuerpolitik begegnet werden.

Jamaika ist ein Beispiel dafür, daß eine umfassende Steuerreform unter ungünstigen gesamtwirtschaftlichen Bedingungen möglich ist. Jamaika gestaltete sein Steuersystem in einer Zeit um, als es mit einem gravierenden Ungleichgewicht des Wechselkurses und einem beträchtlichen Staatsdefizit konfrontiert war. Das Steuersystem war zu einer derartigen Belastung geworden, es war offensichtlich ungerecht und ließ sich administrativ nicht mehr bewältigen, daß eine grundlegende Überholung auf breite öffentliche Zustimmung stieß. Diese Unterstützung beruhte auch auf der Erwartung, daß im Rahmen des alten Systems wegen der gravierenden staatlichen und außenwirtschaftlichen Defizite Jamaikas beträchtliche Erhöhungen der Steuersätze notwendig sein würden. In mancher Hinsicht war somit der richtige Zeitpunkt für eine Steuerreform gekommen.

bestimmte Einkommenshöhe unterstellt, so beim Besitz von (selbstgenutzten oder vermieteten) Wohngebäuden, Automobilen, Booten, Flugzeugen und Rennpferden, bei Auslandsreisen und bei der Beschäftigung von Hausangestellten. Die Steuer wird auf das durch präsumtive Veranlagung festgesetzte Einkommen oder auf das deklarierte Einkommen erhoben, je nachdem, welches höher ist. Dieses System erhöhte das Steueraufkommen; von den Steuerpflichtigen, die im Jahr 1985 Erklärungen einreichten, unterlagen 84 Prozent der Sollbesteuerung.

Diese Methoden können auch bei der Besteuerung von Waren und Dienstleistungen oder des Vermögens angewendet werden, wenn die Bewertung Probleme aufwirft. Die in so unterschiedlichen Ländern wie Kolumbien und Korea gesammelten Erfahrungen legen jedoch den Schluß nahe, daß jede Art von Sollbesteuerung immer noch einen beträchtlichen Verwaltungsaufwand erfordert, wenn sie auf realistischen Kriterien beruhen und gerecht angewendet werden soll.

Steuerverwaltung

In den Industrieländern folgt die Steuerverwaltung im großen und ganzen den Intentionen der Steuergesetzgebung; in den Entwicklungsländern betreiben die Finanzbeamten oft durch eine selektive Verwaltungspraxis ihre eigene Steuerpolitik.

Maßnahmen zur Vereinfachung der Aufgaben der Finanzverwaltung dürften deshalb zu einer höheren Effektivität der Steuerpolitik beitragen. Verwaltungsreformen können die Steuerstruktur verbessern, indem sie die Steuerpraxis mit den Intentionen des Steuergesetzgebers in Übereinstimmung bringen. Sie können aber auch Verzerrungen verstärken, die bei einer mangelhaften Verwaltung nur latent waren. Die Festlegung von langfristigen steuerpolitischen Zielsetzungen — etwa die Verbreiterung der Steuerbasis oder die Verlagerung der Steuerbasis von Produktion und Außenhandel in Richtung auf den Verbrauch — kann notwendige Verbesserungen der Steuerverwaltung aufzeigen. Auch wenn die gegenwärtigen administrativen Beschränkungen den Spielraum für Steuerreformen einengen, so trägt die Planung von Reformen doch dazu bei, daß im Verwaltungsbereich Prioritäten gesetzt werden.

Die umfassenden Steuerreformen der sechziger und siebziger Jahre konzentrierten sich auf die Besteuerungsinstrumente und weniger auf die Verwaltungspraxis des Steuersystems. Von diesen grundlegenden Reformen wurden einige nur teilweise durchgeführt, wie in Kolumbien, und andere überhaupt nicht, wie in Ghana. Einige Teilreformen schenkten den administrativen Problemen Beachtung (so die Steuerreform in Korea) und waren erfolgreich. In den achtziger Jahren dagegen sind umfassende Reformen, die den Fragen der Verwaltung ein größeres Gewicht beimaßen, häufiger geworden (wie die Reformen in Indonesien, Jamaika und Malawi). Die Verwaltungsreform muß sich mit den folgenden Problemen auseinandersetzen.

Befolgung und Durchsetzung

Unzulängliche Steuerformulare, lange Wartezeiten, ruppige Beamte und mühsame Rechtsmittelverfahren mindern alle die Bereitschaft zur Steuerbefolgung. Langwierige oder ganz ausbleibende Erstattungen von Guthaben der Steuerzahler können den Widerstand gegen Steuervorauszahlungen verstärken. Hohe Steuersätze steigern die Vorteile der Steuerhinterziehung, insbesondere wenn bekannt ist, daß die Steuerbehörden nicht über die Mittel verfügen, um die Hinterzieher dingfest zu machen. In den meisten Entwicklungsländern ist der Steuerbetrug mit nur geringfügigen Strafen belegt.

Aus naheliegenden Gründen läßt sich der Umfang der Steuerhinterziehung nur schwer abschätzen. Die Abgrenzung von Steuervermeidung und Steuerhinterziehung bereitet außerdem Schwierigkeiten. Deswegen gibt es wenige Länderstudien oder vergleichende Untersuchungen zu diesem Thema. Eine 1980 in Indonesien durchgeführte Untersuchung der Einkommensteuer vor der Steuerreform ergab, daß in den einzelnen Jahren zwischen 84 und 94 Prozent der persönlichen Einkommensteuern und 76 bis 93 Prozent der Körperschaftsteuer hinterzogen worden waren. Die Ursache für derart hohe Hinterziehungsquoten wurde darin gesehen, daß die Steuersätze zu hoch waren, um selbst von einer relativ effizienten Verwaltung durchgesetzt zu werden. In der Steuergesetzgebung ist Realismus wichtig.

Eine Studie aus dem Jahr 1985 schätzte den Umfang der „schwarzen", d. h. inoffiziellen, Wirtschaftsaktivität in Indien auf etwa ein Fünftel des BIP. Nicht nur verlor die Staatskasse dadurch Einnahmen, die Steuerhinterziehung ließ auch die allokations- und verteilungspolitischen Merkmale des Steuersystems weniger zur Geltung kommen. In Anbetracht der Tatsache, daß die Steuerbasis durch die Hinterziehung geschmälert wurde, konnten z. B. die Steuersätze nicht gesenkt werden, um steuerbedingte Verzerrungen abzubauen, ohne daß Einnahmen verloren gegangen wären. Ähnlich hohe Hinterziehungsquoten ergaben ältere Untersuchungen aus den sechziger und siebziger Jahren für Chile, Kenia, Kolumbien und Nigeria.

Mangelhafte Steuergesetze fördern die Korruption. Eine Steuerreform kann die Möglichkeiten der Steuerpflichtigen, anstelle von Steuern Bestechungsgelder zu zahlen, einschränken. Dies kann unter anderem dadurch erreicht werden, daß die Zahl der Ermessenselemente in den Steuergesetzen reduziert wird (wie in Indonesien und Jamaika). Eine andere Teillösung besteht darin, die Veranlagung und die Eintreibung von Steuern organisatorisch zu trennen (wie in Malawi), wobei sicherzustellen ist, daß die Veranlagung die tatsächliche Zahlungsfähigkeit berücksichtigt.

Andere Maßnahmen sind häufig ebenfalls notwendig, etwa ein angemessenes Gehaltsniveau und der stärkere Einsatz von qualifizierten Beamten, insbesondere solchen, die in der Lage sind, betriebliche und persönliche Rechnungsunterlagen zu prüfen sowie Verfahren der elektronischen Datenverarbeitung zu entwickeln und anzuwenden. Eine größere Kapazität zur Erfassung und Verarbeitung von Daten würde die Finanzbeamten in die Lage versetzen, Probleme bei der Veranlagung und Eintreibung leichter zu erkennen. Letztlich ist jedoch für eine erfolgreiche Steuerdurchsetzung die Unterstützung durch die Politik notwendig.

Verbesserte Erhebung

Die fiskalische Ergiebigkeit des Steuersystems läßt sich nur dann ohne Reibungsverluste steigern, wenn Wege zur Verbesserung der Steuererhebung gefunden werden.

STEUERAMNESTIEN. Eine veranlagte, aber nicht bezahlte Steuer ist sinnlos. In manchen Ländern ist das Problem der Steuerrückstände so kritisch geworden, daß die Regierungen zu Notmaßnahmen wie Steueramnestien und Umschuldungen von ausstehenden Steuerverpflichtungn griffen. Solche Maßnahmen mögen die Eintreibung überfälliger Steuern erleichtern, doch können sie auch die Bereitschaft zur freiwilligen Befolgung der Steuergesetze untergraben, wenn sie häufig angewendet werden.

QUELLENBESTEUERUNG. Da die Steuerbehörden der meisten Entwicklungsländer nur über eine äußerst geringe Prüfungskapazität verfügen, müssen sie sich auf die Überprüfung eines kleinen Bruchteils aller Steuerzahler beschränken. Die Abschöpfung eines Teils der laufenden Einkommen an der Quelle stellt somit eines der wirksamsten Mittel zur Verhinderung von Steuerausfällen und Steuerhinterziehung dar. Die Quellenbesteuerung wird am häufigsten auf Löhne und Gehälter angewendet, wie in den Lohnsteuersystemen von Jamaika, Malawi und anderen Ländern. In manchen Ländern, so in Kolumbien und Indonesien, werden auch Zinseinkünfte und Dividenden an der Quelle erfaßt. Eine wirksame Quellenbesteuerung setzt jedoch voraus, daß die Einkommen von relativ wenigen Stellen ausgezahlt werden, die sich leicht bestimmen lassen. Auf Einkommen aus Grundbesitz, die Einkünfte von freien Berufen und die Gewinne von Kleinbetrieben lassen sich Quellensteuern nur schwer anwenden, da es in diesen Fällen jeweils ebenso viele Zahler wie Empfänger von Einkommen gibt.

INFORMATIONSAUSTAUSCH. Eine weitere Möglichkeit ist der Austausch von Informationen zwischen den verschiedenen Steuerbehörden. In vielen Entwicklungsländern, ebenso wie in vielen Industrieländern, werden die Einfuhrzölle und die Steuern auf Inlandsumsätze von separaten Behörden verwaltet, die wenige oder überhaupt keine Informationen austauschen. In anderen Ländern werden Umsatz- und Einkommensteuern von unterschiedlichen Ämtern verwaltet. Der Austausch von Informationen zwischen diesen Ämtern ist sehr zu empfehlen, da Angaben über die Bruttoumsätze für die Bestimmung der Einkommensteuer wichtig sind und andererseits die Erfassung von Umsätzen im Rahmen der Einkommensteuer die Erhebung von wertmäßigen Verbrauchsteuern und Wertzöllen erleichtert.

AUTOMATISCHE KONTROLLEN UND QUERVERGLEICHE. Die Verfügbarkeit von Personal- und Kleincomputern erlaubt die Anwendung automatischer Steuerkontrollen, die auf der Gegenüberstellung von Informationen aus verschiedenen Quellen beruhen, heute in höherem Grad als vor einem Jahrzehnt. Es ist nunmehr möglich, anhand der vom einzelnen Steuerzahler gelieferten Angaben die Einnahmen und Gewinne anderer Steuerzahler festzustellen, wie dies bei einer MWSt der Fall ist. Das Endziel eines vernetzten, sich selbst kontrollierenden Systems von Steuern liegt freilich noch in weiter Ferne.

COMPUTEREINSATZ. Die fortgeschrittene Datenverarbeitung kann die Verwaltung von Steuern verbessern. Solche Datenverarbeitungssysteme, die mehrere Funktionen erfüllen, erfordern ein integriertes System von Stammdateien. Die Brauchbarkeit von Stammdateien ist vor allem davon abhängig, daß ein zuverlässiges und laufend aktualisiertes System von *eindeutigen* Steuernummern für die verschiedenen Steuerpflichtigen vorhanden ist, damit die Daten der einzelnen Steuerzahler voneinander unterschieden werden können. Trotz der technischen Probleme dürfte die Automatisierung letztlich die effizienteste Möglichkeit sein, um die wachsende Arbeitslast der Zollämter (aufgrund der zunehmenden Komplexität und des steigenden Volumens des internationalen Handels), der Einkommensteuerbehörden (wegen der steigenden Zahl von Steuerpflichtigen) und der Schatzämter (die Steuereinnahmen prognostizieren und überwachen müssen) zu bewältigen. Solche Systeme werden gegenwärtig in Indonesien, Jamaika, Malawi und Marokko eingerichtet. In Brasilien, Ecuador, Honduras, Korea und Nigeria sind sie bereits teilweise oder in vollem Umfang in Betrieb. Die Erfahrungen zeigen, daß die fortgeschrittene Datenverarbeitung die Effektivität einer funktionierenden Steuerverwaltung steigern kann, daß sie aber zusätzliche Probleme schaffen kann, wenn sie auf eine schlechte Organisation aufgepfropft wird.

Steueranalytische Abteilungen

Verbesserte Verfahren der Steuererhebung und -verwaltung können die Durchführung der Steuerpolitik effektiver gestalten. In den meisten Entwicklungsländern ist es aber auch wichtig, daß die Kapazität des Finanzministeriums zur Analyse von steuerpolitischen Optionen gestärkt wird. Ein Büro für Steueranalyse kann die Steuerpolitiker unterstützen, indem es die fiskalischen Konsequenzen von Veränderungen der Wechselkurse, der Zinssätze und der Handels- und Industrialisierungspolitik untersucht — alle diese Faktoren beeinflussen die Steuerbemessungsgrundlagen und stehen mit den Steuersätzen in Wechselwirkung. Dieses Büro kann auch die Implikationen neuer Maßnahmen zur Einnahmeerzielung für andere Politikbereiche abwägen und die Einnahmen vorausschätzen, um die Finanzplanung zu unterstützen. Die Einrichtung solcher Büros ist in vielen der umfassenden Steuerreformen vorgesehen, die gegenwärtig durchgeführt werden.

Der Spielraum für Steuerreformen

Angesichts hoher Staatsdefizite und eines beschränkten Angebots von Neukrediten gibt es auf absehbare Zeit nur wenig Spielraum für gezielte Steuersenkungen. Ob genug Steuern aufgebracht werden können, um die Staatsdefizite abzubauen, ist eine Frage der vorhandenen Steuerstruktur und der Zeitspanne, innerhalb welcher der geplante Defizitabbau erfolgen soll. In Ländern mit einer schmalen Steuerbasis erfordert ein rasches Einnahmewachstum höhere Steuersätze. In manchen Fällen werden aber höhere Steuersätze die Steuerbasis reduzieren, da es zu einer verstärkten Steuerhinterziehung kommt. In anderen Fällen werden sie zu einem ineffizienten wirtschaftlichen Verhalten führen, insbesondere wenn sich die Finanzpolitik auf einfach zu handhabende Instrumente wie die Außenhandelsabgaben verläßt. Sorgfältig geplante Steuerreformen dagegen können die volkswirtschaftlichen Kosten der Beschaffung zusätzlicher Einnahmen vermindern und sicherstellen, daß die Steuerpolitik andere Politikbereiche unterstützt. Solche Reformen brauchen ihre Zeit.

Selbst bei einem ausgeglichenen Staatshaushalt kann die Steuerreform notwendig sein, insbesondere wenn Preiskontrollen und Wettbewerbsbeschränkungen beseitigt werden oder wenn es darum geht, eine Ansammlung von verzerrenden steuerpolitischen Ad-hoc-Entscheidungen zu korrigieren. Die jüngsten Steuerreformen in den Entwicklungsländern zielten vor allem auf den Abbau von steuerbedingten Verzerrungen und auf eine Vereinfachung der Steuerverwaltung. Die Reform sollte ein fortlaufender Prozeß sein. Von Zeit zu Zeit werden größere Anpassungen notwendig sein, um dem Wandel der externen Bedingungen oder der internen Bedürfnisse Rechnung zu tragen. (Vgl. Sonderbeitrag 4.7 über die Reformen in Kolumbien.)

Es gibt kein Steuersystem, das sich gegenüber der Allokation von Ressourcen völlig neutral verhalten würde. Ebensowenig kann die Steuerpolitik verteilungspolitische Gesichtspunkte außer acht lassen. Das Abwägen der verschiedenen Steuern ist eine Frage wechselnder Prioritäten und Handlungsbeschränkungen. Wenn ein angemessenes Wachstum erzielt wird, kann der sozialen Gerechtigkeit durch einen Ausbau der Einkommensbesteuerung ein größeres Gewicht gegeben werden. Anders ist es in Ländern, wo Wachstumsschwäche und Verwaltungsprobleme im Vordergrund stehen; hier muß vielleicht die Besteuerung des Verbrauchs Vorrang erhalten.

Trotz der Komplexität dieser Fragen können aufgrund der jüngsten Erfahrungen einige generelle Regeln der Steuerpolitik formuliert werden. Die Anwendung dieser Regeln wird offensichtlich von Land zu Land unterschiedlich ausfallen.

- Die Besteuerungsinstrumente sind einfacher zu gestalten, indem weniger Steuersätze angewendet und die Korrekturen der Steuerbemessungsgrundlage reduziert werden. Insbesondere sind spezielle steuerliche Anreize für Investitionen, Produktion und Außenhandel zu beseitigen oder zu vereinfachen.
- Die Steuerverwaltung ist zu stärken, um die Steuererhebung zu verbessern und eine Umgestaltung des Steuersystems zugunsten breiterer Bemessungsgrundlagen bei Verzicht auf hohe Steuersätze zu erleichtern.
- Die Besteuerung der Armen ist zu vermeiden.

Vereinfachung der steuerlichen Instrumente

Die Vereinfachung der steuerlichen Instrumente betrifft primär die Definition der Bemessungsgrundlage und der an ihr vorgenommenen Korrekturen. Daraus ergeben sich Konsequenzen für die Zahl der Besteuerungsinstrumente und die Tarifstrukturen der Steuern.

Die indirekten Steuern könnten in drei oder vier Steuerinstrumenten konsolidiert werden, welche die folgenden Merkmale aufweisen:

- Ein Übergang von der Besteuerung der Produktion zur Verbrauchsbesteuerung. Dies könnte mit zwei Besteuerungsinstrumenten erreicht werden. Das erste Instrument ist eine allgemeine Verbrauchsteuer mit breiter Bemessungsgrundlage (wie eine MWSt auf der Einzelhandelsstufe oder eine MWSt auf der Fabrikationsstufe), welche die Vorleistungsumsätze der Wirtschaft nicht belastet, nicht nach dem Ursprung der Waren (aus dem Ausland oder dem Inland) differenziert und den Export nicht belastet (direkt oder indirekt). Diese Steuer könnte mit einem Einheitssatz erhoben werden, wenn sozialen Belangen durch eine Luxussteuer Rechnung getragen werden kann. Das zweite Instrument ist eine selektive Warensteuer, die zum Ausgleich von belegbaren und quantifizierbaren externen Effekten sowie aus sozialpolitischen Gründen erhoben wird. Im letzteren Fall sollten Luxusgüter (definiert als jene Güter des Endverbrauchs, deren Anteil an den Haushaltsausgaben mit steigendem Einkommen wächst) die Steuerbasis bilden. Auch hier sollte nicht nach der Herkunft der Produkte (aus dem Ausland oder dem Inland) unterschieden werden; Exportgüter wären davon auszunehmen, und die Zahl der Steuersätze sollte sich in Grenzen halten.

- Ein Übergang von der Besteuerung des Außenhandels zur Besteuerung der inländischen Transaktionen. Inländische Steuern auf Waren und Dienstleistungen — in der oben beschriebenen Weise umstrukturiert — lassen sich zur Vereinfachung der Verwaltung beim Grenzübergang von Importen erheben, ohne mit Zöllen verwechselt zu werden. Dies ermöglicht eine Neuordnung der Außenhandelsabgaben mit dem Ziel, das Niveau und die Streuung der Protektionsraten zu verringern. Ausfuhrrückvergütungen oder Zollrückerstattungen müßten verstärkt angewendet werden, wenn Vorleistungen für die Produktion mit Zöllen belastet sind. Exportsteuern sollten allmählich auslaufen oder im Hinblick auf ihre primäre Aufgabe umgestaltet werden — zum Beispiel als ein Ersatz für die Besteuerung von Einkommen, Gewinnen oder wirtschaftlichen Renten.

Die Einkommensteuern lassen sich wie folgt vereinfachen:

- Eine Umgestaltung der Körperschaftsteuern mit dem Ziel hoher effektiver Durchschnittssteuersätze zur Einnahmebeschaffung und niedriger effektiver Grenzsteuersätze zur Investitionsförderung. Dies kann durch ein Bündel von Maßnahmen erreicht werden, und zwar durch eine bessere Annäherung an die wirtschaftlichen Abschreibungsraten, die Beseitigung von spezifischen Steuerbegünstigungen für einzelne Sektoren und Anlagegüter, die Senkung der gesetzlichen Steuersätze und die Einführung von Inflationsanpassungen bei hohen Inflationsraten (von beispielsweise mehr als 10 bis 15 Prozent). Eine Beseitigung der Doppelbesteuerung von Dividenden und eine bessere Abstimmung zwischen den persönlichen und den Unternehmenssteuern sind ebenfalls wünschenswert.

- Eine Umgestaltung der persönlichen Einkommensteuern mit dem Ziel einer Erfassung sämtlicher Einkommensquellen, einer Senkung der Spitzensteuersätze, einer Reduzierung der Steuerklassen, einer Anhebung der Grundfreibeträge und einer Beseitigung der meisten Steuerbegünstigungen. In

Ländern mit hoher Inflation ist die Indexierung der Steuer eine wichtige Maßnahme.

Stärkung der Steuerverwaltung

Bei jeder Art von Steuerreform müssen die Verwaltungsverfahren, die Kapazitäten für Datenverarbeitung und Steueranalyse sowie die Ausbildung des Personals verbessert werden. Eine Reform, die eine Vielzahl von Anpassungen der Steuerbemessungsgrundlage beseitigt und die Zahl der anzuwendenden Steuersätze reduziert, leistet bereits einen großen Beitrag zur Verwaltungsvereinfachung. In manchen Fällen mag jedoch ein erhöhter Verwaltungsaufwand gerechtfertigt sein, wenn dadurch die volkswirtschaftlichen Kosten der Besteuerung verringert werden, wie etwa beim Übergang von Außenhandelsabgaben zu einer MWSt.

An und für sich gibt es keinen Grund, wonach umfassende Reformen gegenüber Teilreformen vorzuziehen wären. Der notwendige Umfang der

---

Sonderbeitrag 4.7 Periodische Steuerreformen in Kolumbien

Zu Beginn des zwanzigsten Jahrhunderts beschaffte sich Kolumbien seine Staatseinnahmen fast ausschließlich durch Zölle. Der Zusammenbruch des Welthandels in den dreißiger Jahren führte zu einem scharfen Verfall der Zolleinnahmen und löste eine Reform aus, welche die Grundlagen des heutigen Steuersystems schuf, nämlich eine umfassende Besteuerung des Einkommens, des Vermögens und von Erbschaften. Diese frühe Steuerreform sollte die Staatseinnahmen stärken, welche die Weltwirtschaftskrise in Mitleidenschaft gezogen hatte, und die Bedeutung der direkten Steuern erhöhen, insbesondere der Steuern auf Kapitaleinkünfte.

Seitdem hat es in Kolumbien in den Jahren 1953, 1960, 1974 und 1986 größere Steuerreformen gegeben. Bei der Reform von 1953 ging es im großen und ganzen um das gleiche Ziel wie bei der von 1930: Die Einnahmen und die Steuern auf Kapitaleinkünfte sollten erhöht werden, und zwar sowohl durch eine Anhebung der Einkommensteuersätze als auch durch die Besteuerung der Dividenden. Die Reformen wurden trotz heftigen Widerstandes seitens bestimmter politischer Gruppierungen durchgeführt und waren hauptsächlich deswegen erfolgreich, weil sie die Unterstützung von anderen Gruppen fanden. Ende der fünfziger Jahre hatten die Steuern auf Einkommen und Vermögen in Kolumbien eine größere Bedeutung erreicht und waren vermutlich progressiver ausgestaltet als anderswo in Lateinamerika.

Obwohl die Reform von 1960 auf eine Steigerung des Steueraufkommens und die Besteuerung der Kapitaleinkünfte zielte, führte sie in beiden Richtungen zum gegenteiligen Ergebnis. Dies hing damit zusammen, daß gleichzeitig eine breite Palette von steuerlichen Anreizen zur Förderung der Investitionen in der Industrie und in der Exportwirtschaft eingeführt wurde. Von diesen Steuervorteilen wurde jedoch so massiv Gebrauch gemacht, daß sowohl das Aufkommen als auch die Progressionswirkung der Einkommensteuer vermindert wurden.

Im Bemühen, die Einnahmelücke zu schließen, wurde eine Reihe von Ad-hoc-Reformen durchgeführt, hauptsächlich in der Form von Zuschlägen zur Einkommensteuer; die bei weitem wichtigste Maßnahme war die Einführung einer allgemeinen Umsatzsteuer im Jahr 1963.

Aufgrund heftiger Widerstände, die unter anderem mit der Befürchtung zusammenhingen, die Umsatzsteuer könnte regressiv wirken, verzögerte sich deren Realisierung bis zum Jahr 1965. Gravierende Probleme bei der Verwaltung der Steuer führten alsbald zu ihrer Umgestaltung in eine Mehrwertsteuer auf der Fabrikationsstufe, die an Ergiebigkeit nur noch von der Einkommensteuer übertroffen wurde. Administrative Schwierigkeiten bei der Einkommensteuer, insbesondere die durch hohe und steigende Grenzsteuersätze ausgelöste Steuerhinterziehung, führten außerdem in den späten sechziger Jahren zur Einführung eines Systems des Lohnsteuerabzugs und von laufenden Steuervorauszahlungen. Durch diese Maßnahmen konnte die Stellung der Einkommensteuer in Kolumbiens Finanzsystem erhalten werden.

In der nächsten großen Steuerreform im Jahr 1974 schlugen sich Kolumbiens umfangreiche Erfahrungen mit solchen Reformen nieder. Nicht nur sollte diese Reform wie in früheren Jahren die Einnahmen verbessern, sondern sie bedeutete auch eine Rückkehr zu der vor 1960 üblichen Betonung der sozialpolitischen Ziele der Besteuerung gegenüber dem Einsatz von steuerlichen Anreizen als Instrument der Wirtschaftspolitik. Unwirksame Anreize wurden wesentlich reduziert. Daneben wurde eine Sollbesteuerung nach Mindesteinkommen eingeführt, um eine angemessenere Besteuerung von Kapitaleinkünften zu gewährleisten. Andere Änderungen erfolgten, um die Rolle der Besteuerung des Einkommens (und des Vermögens) zu festigen. Gleichzeitig jedoch wurden die Sätze der Umsatzsteuer (mit Merkmalen der Mehrwertsteuer) beträchtlich angehoben und ihre Bemessungsgrundlage erweitert.

Als unmittelbare Auswirkung der Reform von 1974 nahm das Aufkommen der Einkommensteuer erheblich zu, wofür vor allem die neue Sollbesteuerung ausschlaggebend war. Dieser Effekt war jedoch nicht von Dauer. Die Gerichte hatten festgestellt, daß einige entscheidende Änderungen des Verwaltungsverfahrens, die Teil des Reformpakets waren, außerhalb der gesetzgeberischen Befugnisse lagen. Dies schränkte die Möglichkeiten zur Durchsetzung der Mindeststeuer stark ein. Hinzu kam, daß eine Reihe von Steuersenkungen und -amnestien während der späten siebziger Jahre, die teilweise dem Ausgleich von

Reform wird von den Bedürfnissen des jeweiligen Landes bestimmt werden. Eine mögliche Überlastung der administrativen Kapazitäten ist kein zwingender Grund für den Verzicht auf eine umfassende Reform. Die einzelnen Elemente einer Gesamtreform können je nach den fiskalischen oder administrativen Beschränkungen schrittweise oder gleichzeitig durchgeführt werden. Es hat erfolgreiche Einführungen von neuartigen Besteuerungsinstrumenten gegeben, so in Kolumbien und in Korea. Steueränderungen dürften sich jedoch leichter durchführen lassen, wenn die Reform auf der Basis der bestehenden Steuern erfolgt, wie dies in Indien und Malawi der Fall war. Die Vorteile von Steuerreformen brauchen ihre Zeit, bis sie sich einstellen.

Verzicht auf Besteuerung der Armen

Die verteilungspolitische Qualität der bestehenden Steuersysteme läßt sich verbessern, indem sowohl

---

Inflationseffekten dienen sollten, nicht nur das Schritthalten der Einkommensteuer mit der Inflation zunehmend erschwerten, sondern auch praktisch zu einer Beseitigung der Kapitalgewinnsteuer führten. Die Änderungen der vorangegangenen Jahre wurden 1983 zu einem gewissen Grad aufgehoben, indem eine regelmäßige Inflationsanpassung eingeführt und die Sollbesteuerung ausgebaut wurde. Zugleich wurde die Umsatzsteuer erheblich umgestaltet, so daß aus ihr im Effekt eine komplette Mehrwertsteuer wurde, die bis zur Einzelhandelsstufe reichte.

Die Steuerreform stand jedoch weiterhin an vorderer Stelle der wirtschaftspolitischen Tagesordnung Kolumbiens, und 1986 kam es zu einer größeren Novellierung der Einkommensteuer. Bei dieser Reform wurden die Steuern auf Unternehmensgewinne gesenkt, die Dividendeneinkünfte natürlicher Personen von der Steuer befreit und die Erbschaftsteuer abgeschafft. In gewissem Umfang wurde damit die Reform von 1974 rückgängig gemacht, ebenso wie die Reform von 1960 diejenige von 1953 teilweise aufgehoben hatte. Im Gegensatz zu der Reform von 1960, bei der es um die Förderung bestimmter Investitionen ging, sollte durch die Reform von 1986 eine Vereinheitlichung der effektiven Grenzsteuersätze für unterschiedliche Investitionen erreicht werden. Gegenwärtig werden noch weitere Veränderungen der Unternehmensbesteuerung in dieser Richtung erwogen. An den laufenden Bemühungen um die Steuerreform in Kolumbien erscheint aber besonders interessant, daß es sich um die erste Reform handelt, die primär auf eine Verbesserung der Steuerstruktur anstatt einer Steigerung der Einnahmen abzielt.

Die über fünfzigjährige Geschichte der Steuerreformen in Kolumbien vermittelt verschiedene Erkenntnisse:

• Mit Ausnahme der Reformen von 1986 und (in geringerem Grad) von 1974 wurden alle Reformen primär durch wirtschaftliche Krisen ausgelöst. Diese Krisen wurden ihrerseits häufig durch externe Schocks verursacht und erforderten neue Anstrengungen zur Steigerung des Steueraufkommens.

• Der Einfluß wechselnder intellektueller Moden auf die Steuerreform läßt sich in Kolumbien ebensowenig leugnen wie in den meisten anderen Ländern. Die Reformen der dreißiger und fünfziger Jahre, und auch diejenigen von 1974, spiegelten die vorherrschenden „progressiven" Ansichten der Mehrzahl der Steuerexperten in diesem Jahrhundert wider, während die Reform von 1960 die zeitweise Popularität einer Wachstumspolitik der gezielten Anreize reflektiert und in der Reform von 1986 das wiedererwachte Interesse an einem „marktgesteuerten" Wachstum zum Ausdruck kommt.

• Ungeachtet der starken äußeren Einflüsse — seien sie wirtschaftlicher oder intellektueller Art — ist das Steuersystem Kolumbiens in seiner Struktur und zeitlichen Entwicklung ein eigenständiges Gebilde. Es reflektiert sowohl die Kräftebalance seines relativ stabilen politischen Systems als auch das sogenannte fiskalische Trägheitsmoment, also das Beharrungsvermögen fiskalischer Institutionen und ihre Tendenz zum graduellen Wandel.

• Eine anhaltende Triebkraft für die Reform bildete das Unvermögen der Steuerverwaltung bei der Anwendung von direkten Steuern in einem durch inflationäre Verzerrungen geprägten Umfeld, was zu der wachsenden Bedeutung der Umsatzsteuer wie auch der Sollbesteuerung der Einkommen geführt hat.

Vor allem aber zeigt das Beispiel Kolumbiens, daß die Steuerreform ihrem Wesen nach weder ein kontinuierlicher Prozeß noch eine einmalige Angelegenheit ist, sondern periodisch erfolgen muß. Die beinahe jährlich erfolgenden kleineren Änderungen der Bemessungsgrundlagen und Steuersätze, wie sie in vielen Ländern üblich sind, reichen gewöhnlich nicht aus, um grundlegenden Veränderungen im wirtschaftlichen und politischen Umfeld von Entwicklungsländern Rechnung zu tragen. Die Rahmenbedingungen wandeln sich, und die Steuersysteme müssen sich anpassen. Der Fall Kolumbien zeigt, daß solche Anpassungsbemühungen zwangsläufig von den äußeren Bedingungen, vom politischen Hintergrund und von administrativen Zwängen beeinflußt werden. Nicht immer führen sie zum Erfolg. Angesichts oft widriger Umstände war Kolumbien jedoch relativ erfolgreich bei der Erhaltung seiner Staatseinnahmen und sogar einer moderaten Progressionswirkung des Steuersystems, was den Schluß erlaubt, daß die Steuerreform für Entwicklungsländer kein unerreichbares Ziel ist.

Einkommensteuern als auch indirekte Steuern moderat progressiv ausgestaltet und die Besteuerungsinstrumente vereinfacht werden, damit Verwaltungskapazität für die Erhebung, Prüfung und Durchsetzung freigesetzt wird. Die Progressionswirkung des Steuersystems kann durch folgende Maßnahmen erhöht werden: Befreiung des Einkommens *und* des lebenswichtigen Konsums der Armen von der Besteuerung, Abschaffung der meisten Freibeträge und Absetzungsmöglichkeiten bei der Einkommensteuer, von denen primär die oberen Einkommensschichten profitieren, und Belastung von Luxusgütern mit einem höheren Steuersatz. Die mit hohen Grundfreibeträgen verbundenen Einnahmeausfälle können durch die Abschaffung der meisten steuerlichen Absetzmöglichkeiten bei der persönlichen Einkommensteuer weitgehend aufgefangen werden.

Die Verbesserung der allokativen Eigenschaften einer Steuer kann auch ihre verteilungspolitische Qualität erhöhen. So wird durch die Beseitigung der Steuern auf Produktionsmittel sichergestellt, daß formal steuerbefreite Bedarfsgüter nicht unabsichtlich belastet werden. Der Versuch, das Steuersystem als Instrument einer gezielten Einkommensumverteilung einzusetzen, dürfte in der Praxis jedoch kaum zum Erfolg führen. Dem Ziel einer Linderung der Armut wird durch eine Koordinierung der Steuern mit anderen Maßnahmen, insbesondere auf der Ausgabenseite des Budgets, besser gedient.

Eine wohldurchdachte Reform der Instrumente der Einnahmebeschaffung kann das Steueraufkommen steigern und gleichzeitig die sozialen und volkswirtschaftlichen Kosten der Besteuerung minimieren. Die verbleibenden Kosten der Einnahmeerzielung machen es aber letztlich erforderlich, daß die öffentlichen Ausgaben einen gewissen Mindestnutzen schaffen. Dementsprechend sollten Einnahmeentscheidungen simultan mit den Ausgabeentscheidungen getroffen werden, denn die Kosten-Nutzen-Überlegungen betreffen beide Seiten des Budgets. Das folgende Kapitel ist der Ausgabenseite dieser Gleichung gewidmet.

5

Verbesserung der Allokation öffentlicher Ausgaben

Die Staatsausgaben spielen im Entwicklungsprozeß eine entscheidende Rolle. Durch ihre Ausgaben sichern und fördern die Regierungen die nationale Identität, schaffen die Infrastruktur für die Entwicklung, beeinflussen sowohl den Verlauf des Wirtschaftswachstums als auch die Verteilung der erwirtschafteten Leistungen und stellen die Sozialleistungen zur Verfügung, um die Grundbedürfnisse der Bevölkerung zu befriedigen. Jedoch hat das schnelle Wachstum der Staatsausgaben, das nicht von einer entsprechenden Entwicklung der inländischen Einnahmen begleitet war, in vielen Entwicklungsländern zu einer Haushaltskrise geführt, und in zahlreichen Fällen trugen die Staatsausgaben nicht zur Förderung des Wachstums und der sozialen Gerechtigkeit bei. Überall in der Dritten Welt stehen die Regierungen vor der Notwendigkeit, ihre Ausgaben einzuschränken und deren Allokation zu verbessern. Dies ist eine gewaltige Herausforderung. Die technischen und institutionellen Probleme, die mit der Planung, der Budgetierung, der Durchführung und der Kontrolle der Ausgaben verbunden sind, sind außergewöhnlich hoch.

Dieses Kapitel befaßt sich mit drei Fragen:
- Wie geben die Regierungen ihre Mittel aus?
- Wie sollten die Regierungen ihre Mittel am sinnvollsten ausgeben?
- Welche institutionellen und technischen Reformen könnten die Allokation der Staatsausgaben verbessern?

Zwar ist auch die Qualität des Haushaltsvollzuges für die abschließende Beurteilung der Wirkungen öffentlicher Ausgaben entscheidend, doch standen diese und andere Probleme des öffentlichen Managements und der Verwaltung im Mittelpunkt des *Weltentwicklungsberichts 1983* und werden hier nicht im Detail erörtert.

Strukturen und Trends der Staatsausgaben

Wie geben die Regierungen ihre Mittel aus? Dieser Abschnitt befaßt sich sowohl mit den längerfristigen Trends der Ausgabenentwicklung des Zentralstaates als auch mit den Strukturen jüngerer Ausgabenkürzungen in ausgewählten Entwicklungsländern.

Langfristige Strukturen und Trends

Die Ausgaben des Zentralstaates, gemessen als Anteil am BIP, stiegen in vielen Ländern bis 1982 beträchtlich, gingen dann jedoch tendenziell zurück, bis sie im Jahr 1985 erneut wuchsen (vgl. Schaubild 5.1). Wie in Kapitel 2 erwähnt, ist der Anteil der Staatsausgaben am BIP in Entwicklungsländern in der Regel niedriger als in Industrieländern, jedoch hebt sich nach Ausschaltung der Transferzahlungen (die zwar vom Staat kontrolliert werden, aber nicht direkte staatliche Ansprüche an das BIP darstellen) dieser Unterschied auf. Verallgemeinernde Aussagen über die Struktur der Staatsausgaben in Entwicklungsländern sollten wegen der erheblichen Unterschiede, die sogar zwischen Ländern auf ähnlicher Einkommensstufe bestehen, und

123

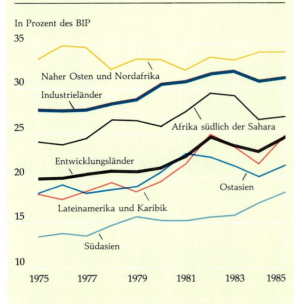

Schaubild 5.1 Anteil der Ausgaben des Zentralstaates am BIP, nach Regionen, 1975 bis 1985

Anmerkung: Die Zahlen geben Durchschnitte für Ländergruppen an, gewogen mit dem BIP. Wegen fehlender Vergleichsdaten sind China, Japan, Nigeria und eine Reihe relativ kleinerer Länder nicht in der Auswahl für dieses Schaubild und die Schaubilder 5.2 bis 5.7 enthalten.

Quellen: IWF, *Government Finance Statistics Yearbook*, verschiedene Jahre, sowie Daten der Weltbank und des IWF.

wegen mangelnder statistischer Angaben über den öffentlichen Sektor mit Vorsicht zur Kenntnis genommen werden.

Die Länder des Nahen Ostens und Nordafrikas haben im Durchschnitt betrachtet die am stärksten ausgeweiteten Zentralstaaten in der Dritten Welt. Hierin spiegeln sich zum einen die relativ hohen Anforderungen an die Rolle des öffentlichen Sektors in Ländern wie Ägypten, Algerien, Syrien und Tunesien wider, zum anderen aber auch die hohen Militärausgaben dieser Region (vgl. Sonderbeitrag 5.1). Am schwächsten sind die Zentralstaaten in Südasien, wobei allerdings in Indien und Pakistan die einzelnen Landesregierungen eine außergewöhnlich wichtige Rolle spielen. In Ostasien, Lateinamerika und in den afrikanischen Ländern südlich der Sahara sind die Zentralstaaten von mittlerer Größenordnung, wobei sie in Afrika ein etwas stärkeres Gewicht haben als in den beiden anderen Regionen.

Die Klassifizierung der Ausgaben ist problematisch (vgl. Sonderbeitrag 5.2), die Schaubilder 5.2 bis 5.5 erlauben jedoch einen ungefähren Vergleich der Allokation der Ausgaben des Zentralstaates in Ländern mit niedrigem bzw. mittlerem Einkommen sowie in Industrieländern. Im Jahr 1980 beliefen sich die Investitionsausgaben in Ländern mit nied-

---

Sonderbeitrag 5.1   Militärausgaben

Von den gesamten weltweiten Staatsausgaben entfallen schätzungsweise 6 Prozent auf militärische Zwecke, allein im Jahr 1985 mehr als 900 Mrd Dollar. Den weitaus größten Teil gaben, absolut und pro Kopf gerechnet, die Industrieländer aus (wobei die relativ hohen Ausgaben der Vereinigten Staaten besonders zu Buche schlugen), während die Entwicklungsländer, als Anteil am BSP gerechnet die Entwicklungsländer höhere Militärausgaben hatten (vgl. Schaubild 5.1A). Das Wachstum der Verteidigungsausgaben in den letzten Jahren, und zwar sowohl absolut als auch als Anteil am BSP gerechnet, vollzog sich überwiegend in den Industrieländern. (Hierbei sind die Sowjetunion und Osteuropa nicht berücksichtigt. Ihre gesamten Militärausgaben entsprechen denen der Industrieländer; als Anteil am BSP gerechnet sind sie erheblich höher.)

Nach Regionen aufgegliedert, verwendete Lateinamerika den geringsten Anteil des BSP — etwa 1,5 Prozent — für Militärausgaben. Die Militärausgaben als Quote am BSP gemessen sind im Nahen Osten und in Nordafrika am höchsten; zwischen 1974 und 1985 beliefen sie sich dort auf 11 bis 14 Prozent. Auch in Ostasien sind die Militärausgaben relativ hoch (über 7 Prozent des BSP), hauptsächlich wegen kräftiger Ausgaben in China. In Südasien und in den afrikanischen Ländern südlich der Sahara liegen sie unter 4 Prozent des BSP.

Die Angaben sind jedoch nicht unbedingt zuverlässig. Die Regierungen untertreiben und verheimlichen oft absichtlich die Militärausgaben. Sie können militärische Baumaßnahmen als normale öffentliche Bauten ausweisen, Pensionszahlungen für das Militär mit denen für die Zivilverwaltung zusammenfassen oder im Zusammenhang mit Verteidigungsausgaben entstandene Schuldzinsen unter den sonstigen Schuldendienst subsumieren. Möglicherweise legen sie auch überhaupt keine Rechenschaft über Militärausgaben ab, indem sie mit Exporterlösen zahlen, die direkt an ausländische Empfänger weitergeleitet werden und niemals in den offiziellen Handelsbilanzen erscheinen. Wenn eine systematische Verzerrung der Ausgaben vorliegt, dann eher in Richtung einer Unter- als einer Überschätzung der gesamten Militärausgaben.

Die Ziele der Militärausgaben sind außerökonomischer Natur; im Zentrum steht insbesondere die Verteidigung gegen eine äußere Bedrohung und die Bewahrung gegen innere instabile Verhältnisse. Einige Autoren haben jedoch die Militärausgaben auch mit der Behauptung gerechtfertigt, daß sie zur wirtschaftlichen Entwicklung beitragen könnten. Eine umstrittene Studie von Emile Benoit aus dem Jahr 1973 kam zu dem Ergebnis, daß höhere Militärausgaben und wirtschaftliches Wachstum positiv korreliert waren. Diese und weitere Studien argumentierten, daß Militärausgaben positive Nebeneffekte haben könnten; der technische Fortschritt werde gefördert, Erwerbspersonen würden ausgebildet, die später in den Zivilbereich überwechseln, Beschäftigungsmöglichkeiten würden geschaf-

rigem Einkommen auf 16 Prozent der Gesamtausgaben des Zentralstaates und in Ländern mit mittlerem Einkommen auf 23 Prozent, verglichen mit lediglich 6 Prozent in Industrieländern. (Der Vergleich erfolgt anhand der Angaben für 1980, weil Daten über spätere Jahre nur für einen kleineren

fen, inländische Institutionen aufgebaut, die Steuererhebung eines Landes intensiviert und eine verstärkte Nutzung der vorhandenen Ressourcen begünstigt. Außerdem könnten militärische Industriezweige ein Kristallisationspunkt für die Industrialisierung sein. Zwar erstreckten sich Militärausgaben in Entwicklungsländern traditionell auf Ausgaben für Personal und die Einfuhr von Waffen, doch haben in den letzten Jahren mehrere Entwicklungsländer — wie Argentinien, Brasilien, China, Indien, die Republik Korea und Pakistan — eigene Waffenindustrien aufgebaut. Brasilien ist jetzt der sechstgrößte Waffenexporteur der Welt.

Diese positiven Effekte werden jedoch offenbar durch den langfristigen negativen Effekt der Militärausgaben mehr als zunichte gemacht. Die Forschungsarbeiten der vergangenen Jahrzehnte deuten — wenn auch nicht mit letzter Sicherheit — auf eine negative Beziehung zwischen Militärausgaben und Wirtschaftswachstum hin. Im Zentrum der Kritik stehen vor allem die hohen Opportunitätskosten der Militärausgaben, das heißt, der Abzug knapper Ressourcen von einer produktiven zivilen Verwendung. Wie aus Schaubild 5.4 hervorgeht, geben die Länder mit niedrigem Einkommen weitaus mehr für militärische Zwecke aus als für Sozialleistungen. Die tatsächliche Differenz ist wahrscheinlich noch viel größer, weil die IWF-Daten die Militärausgaben unterzeichnen dürften. Außerdem war der Verteidigungshaushalt bei Kürzungen öffentlicher Ausgaben in der Regel der am wenigsten betroffene Bereich (vgl. Schaubild 5.8). Eine Studie aus dem Jahr 1982 über neunundsechzig Entwicklungsländer befand, daß das Wachstum der Militärausgaben in den fünfziger und sechziger Jahren die gesamte Investitionstätigkeit, die Agrarproduktion und das Wirtschaftswachstum beträchtlich verringert hat. Andere Untersuchungen entdeckten im Ergebnis negative Beziehungen zwischen Militärausgaben und Ausgaben für die soziale Entwicklung (wie Erziehung und Gesundheit) und zwischen Militärausgaben und der Ersparnis. Kritikern der Militärausgaben zufolge werden die Nebeneffekte überschätzt — beispielsweise seien die Verbindungen zu zivilen Industriezweigen nur schwach, oder der Nutzen der militärischen Ausbildung für die Zivilwirtschaft sei in Ländern mit Berufsarmeen gering. Außerdem haben Verteidigungsausgaben oft einen hohen Importgehalt. Von den gesamten Einfuhren aller Entwicklungsländer entfallen etwa 5 Prozent auf Waffenimporte. Die Zahlungen für derartige Importe können beträchtlich zu Zahlungsbilanzproblemen und zur Schuldenlast beitragen.

Ingesamt betrachtet ist zwar die Beziehung zwischen Militärausgaben und Wirtschaftswachstum nach wie vor kontrovers; das Belegmaterial spricht jedoch zunehmend dafür, daß hohe Militärausgaben zu den Finanzierungs- und Schuldenkrisen beitragen, die Stabilisierung und Anpassung erschweren und das Wirtschaftswachstum und

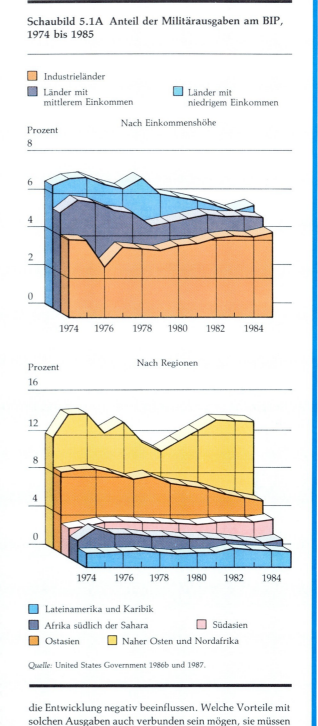

Schaubild 5.1A Anteil der Militärausgaben am BIP, 1974 bis 1985

Quelle: United States Government 1986b und 1987.

die Entwicklung negativ beeinflussen. Welche Vorteile mit solchen Ausgaben auch verbunden sein mögen, sie müssen sorgfältig gegen ihre erheblichen Kosten abgewogen werden.

Sonderbeitrag 5.2 Alternative Gliederung der öffentlichen Ausgaben: Vor- und Nachteile

Staatliche Ausgaben können auf verschiedene Weise aufgegliedert werden. Für Zwecke der volkswirtschaftlichen Gesamtrechnungen werden sie üblicherweise nach dem mutmaßlichen gesamtwirtschaftlichen Effekt gegliedert: als Verbrauch, Investitionen oder Transferzahlungen. Für Zwecke der staatlichen Budgetierung können sie entweder nach „ökonomischen" Kategorien klassifiziert werden (Löhne und Gehälter, sonstige Güter und Dienste, Zinsen, Subventionen und Transferzahlungen, Anlageinvestitionen und so weiter) oder nach „Funktionen" beziehungsweise Sektoren (allgemeine Verwaltung, Verteidigung, Erziehung, Gesundheit, Infrastruktur und so weiter) oder anhand einer Kombination beider Kriterien. Die Gliederung des Haushalts unterscheidet sich in den einzelnen Ländern beträchtlich, und viele Haushaltsreformen im Verlaufe der letzten vierzig Jahre, wie die in diesem Kapitel weiter unten erörterten Ansätze in Richtung auf ein „erfolgs"- oder „programmorientiertes" Budget, waren vor allem Versuche zur Verbesserung der Haushaltsstrukturen.

Wichtigstes Gliederungskriterium eines Haushalts ist die Trennung nach laufender Rechnung und der Kapitalrechnung. Für beide gibt es häufig getrennte Haushaltspläne. Das Konzept des dualen Haushalts erwuchs aus der in den dreißiger Jahren entstandenen Vorstellung, daß die laufenden Ausgaben gleichbedeutend sind mit laufendem Verbrauch und durch Steuern finanziert werden sollten; Kapitalausgaben seien dagegen Investitionen, die in der Zukunft Erträge abwerfen und aus Gründen der Wirtschaftlichkeit und Lastenverteilung zwischen den Generationen durch Verschuldung oder andere Kapitaleinnahmen zu finanzieren sind. Eine Verschuldung zum Aufbau von Vermögenswerten ist akzeptabel, weil dabei das Vermögen in Übereinstimmung mit den Verbindlichkeiten wächst; eine Verschuldung zur Finanzierung des Konsums ist dagegen abzulehnen. Der Saldo der laufenden Rechnung, die sogenannte „öffentliche Ersparnis", kann auch zur Finanzierung der Investitionen herangezogen werden und ist für sich genommen ein wichtiger Indikator.

Das duale Haushaltssystem hat Vor- und Nachteile. Auf der positiven Seite steht, daß die Unterscheidung nach laufender Rechnung und Kapitalrechnung ein deutliches Bild der Verschuldung und Kapitalbildung gibt und beide Größen in eine ökonomisch sinnvolle Beziehung zueinander stellt. Da ein Überschuß in der laufenden Rechnung als positiver Indikator angesehen wird, trägt der duale Haushalt auch dazu bei, die laufenden Ausgaben in den Griff zu bekommen und implizit die Investitionstätigkeit zu fördern.

Versteht man unter Kapitalausgaben die Investition in Sachanlagen mit einer Nutzungsdauer von mehr als einem Jahr, so ergibt sich allerdings der negative Effekt, daß die getrennte Haushaltsführung eine systematische Begünstigung der Investitionen in Realkapital zur Folge haben kann, und zwar zu Lasten der laufenden Ausgaben für Betrieb und Wartung. Eine solche Verzerrung kann wiederum zu einer Begünstigung von Investitionen in „harten" Bereichen wie der Infrastruktur führen und soziale Bereiche benachteiligen, bei denen auf Anlageinvestitionen ein geringer Teil der gesamten Ausgaben entfällt. Um derartige Effekte auszuschalten, haben sich einige Länder von der traditionellen Trennung von laufender Rechnung und Kapitalrechnung abgewandt und unterscheiden statt dessen zwischen „Entwicklungs"- und sonstigen Ausgaben. Dementsprechend umfaßt der Entwicklungshaushalt auch laufende Ausgaben, die entweder Investitionen in Humankapital darstellen oder die Produktivität der Investitionen in Sachanlagen steigern. Zwar kann damit vielleicht die Verzerrung zugunsten des Realkapitals vermieden werden, doch führt diese Variante zu schwierigen Definitionsproblemen; die Trennungslinie zwischen den beiden Budgets kann daher ziemlich willkürlich gezogen sein.

Abgesehen vom Problem der Verzerrung, dürfte es fehl am Platze sein, das Gewicht allein auf den Saldo der laufenden Rechnung zu legen. Unter dem Aspekt der gesamtwirtschaftlichen Stabilisierung kommt es vor allem auf den Saldo des Gesamthaushalts und dessen Finanzierung an. Außerdem sprechen nicht nur Stabilitätsgründe für eine begrenzte Verschuldung, denn öffentliche Investitionen dürften nicht immer langfristige Erträge in Höhe der Kosten des Schuldendienstes erwirtschaften. Niedrige Erträge aus fremdfinanzierten Investitionen haben erheblich zur gegenwärtigen internationalen Schuldenkrise beigetragen.

Schließlich ist das Nebeneinander zweier Haushaltspläne oftmals verbunden mit einer institutionalisierten Zweiteilung der Haushaltszuständigkeiten. Beispielsweise tragen in Entwicklungsländern die Finanzministerien häufig die Verantwortung für die laufende Haushaltsrechnung, während die Planungsministerien für den Kapitalhaushalt zuständig sind. Eine mangelnde Koordinierung zwischen beiden kann zu ernsthaften Effizienzverlusten und zu einer systematischen Verzerrung beim Einsatz der Gesamtausgaben führen.

Länderkreis zur Verfügung stehen.) Dieser Unterschied zwischen Entwicklungs- und Industrieländern spiegelt zum Teil deren unterschiedliche Prioritäten wider. In frühen Entwicklungsstadien legen die Regierungen tendenziell besonderes Gewicht auf die Infrastrukturentwicklung. Eine grundlegende Infrastruktur — wie Straßen, Wasserversorgung, Elektrizitätsgewinnung und das Fernmeldewesen — ist entscheidend für die Entwicklung eines nationalen Marktes und der industriellen Basis. Bei niedrigem Niveau der Pro-Kopf-Einkommen nimmt darüber hinaus die Nachfrage nach derartigen Infrastrukturinvestitionen mit steigendem Einkommen zu, und sie klingt ab, wenn die Einkommen ein mittleres Niveau erreichen. Die Sozialausgaben und die Einkommenstransfers gewinnen mit wachsenden Einkommen grundsätzlich an Gewicht; sie expandieren bezüglich ihrer Zusammensetzung, ihres Umfangs und ihrer Qualität entsprechend dem Nachfragedruck. Sie werden auch in wachsendem Maße durch demographische Entwicklungen beeinflußt, da Sozialleistungen den Charakter von Rechtsansprüchen annehmen (vgl. Sonderbeitrag 5.3).

Zwar beziehen sich diese Angaben nur auf die Ausgaben des Zentralstaates, doch würden sich die Unterschiede zwischen den Ländergruppen bei Berücksichtigung der Landesregierungen und Kommunen sowie der staatseigenen Unternehmen (SEU) wahrscheinlich nur noch vergrößern. Die SEU spielen in Entwicklungsländern eine sehr große Rolle; sie konzentrieren sich dort auf den Bereich der Infrastruktur und auf sonstige wirtschaftliche Leistungen und ziehen in der Regel einen großen Teil der staatlichen Investitionen auf sich. In Industrieländern sind dagegen Landesregierungen und

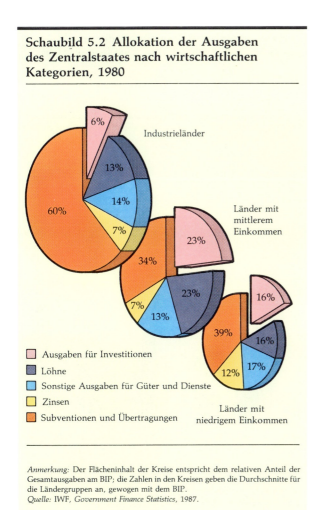

Schaubild 5.3 Anteile der Ausgaben des Zentralstaates am BIP, aufgegliedert nach verschiedenen wirtschaftlichen Kategorien, 1980

Länder mit niedrigem Einkommen | Länder mit mittlerem Einkommen | Industrieländer

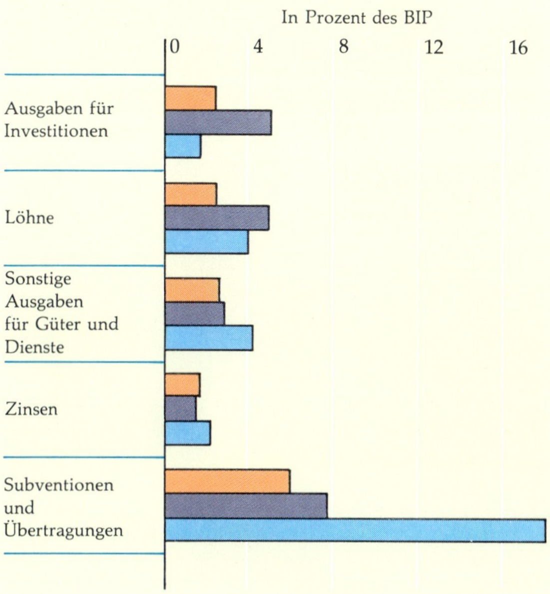

Anmerkung: Die Zahlen geben die Durchschnitte für die Ländergruppen an, gewogen mit dem BIP.
Quelle: IWF, *Government Finance Statistics*, 1987.

Schaubild 5.2 Allokation der Ausgaben des Zentralstaates nach wirtschaftlichen Kategorien, 1980

- Ausgaben für Investitionen
- Löhne
- Sonstige Ausgaben für Güter und Dienste
- Zinsen
- Subventionen und Übertragungen

Anmerkung: Der Flächeninhalt der Kreise entspricht dem relativen Anteil der Gesamtausgaben am BIP; die Zahlen in den Kreisen geben die Durchschnitte für die Ländergruppen an, gewogen mit dem BIP.
Quelle: IWF, *Government Finance Statistics*, 1987.

Kommunen von größerer Bedeutung, und zwar als wichtige Anbieter von Sozialleistungen wie zum Beispiel auf dem Gebiet des Erziehungswesens.

Die laufenden staatlichen Ausgaben werden unterteilt nach Subventionen und Transferzahlungen, Löhnen, sonstigen Ausgaben für Güter und Dienste sowie Zinsen. Subventionen und Transferzahlungen bilden die größte Kategorie; auf sie entfallen in den Entwicklungsländern über 40 Prozent der laufenden Ausgaben. Zinsen sind der kleinste Posten, wenngleich ihr Umfang in den letzten Jahren stark gewachsen ist, insbesondere in den hochverschuldeten Ländern (vgl. Schaubild 5.6). Auf die Ausgaben für Löhne und sonstige Güter und Dienste entfällt in Entwicklungsländern — vor allem in solchen mit mittlerem Einkommen — ein höherer Anteil der Staatsausgaben als in Industrieländern. Als Anteil am BIP gemessen ist der Unterschied jedoch viel kleiner (vgl. Schaubild 5.3). Ebenso erfordern die Zinszahlungen des Zentralstaates in den Ländern mit niedrigem Einkommen zwar einen größeren Anteil des Haushalts,

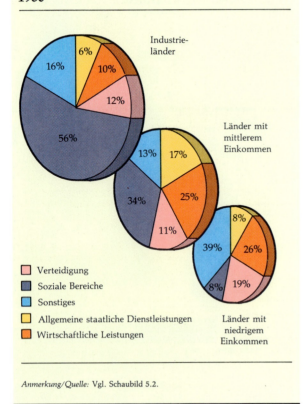

Schaubild 5.4 Allokation der Ausgaben des Zentralstaates nach funktionalen Kategorien, 1980

- Verteidigung
- Soziale Bereiche
- Sonstiges
- Allgemeine staatliche Dienstleistungen
- Wirtschaftliche Leistungen

Anmerkung/Quelle: Vgl. Schaubild 5.2.

gemessen als Quote am BIP sind sie jedoch in den Industrieländern höher. Wie schon früher erwähnt, unterscheidet sich die Ausgabenstruktur der Entwicklungs- und Industrieländer vielleicht vor allem dadurch, daß letztere einen großen Anteil des BIP für Subventionen und Transferzahlungen aufwenden.

Wie einschneidend die Ressourcenknappheit ist, mit der die Entwicklungsländer konfrontiert sind, wird deutlicher bei einem Pro-Kopf-Vergleich der Ausgaben (vgl. Schaubild 5.7). Die Pro-Kopf-Ausgaben des Zentralstaates beliefen sich in den Ländern mit niedrigem Einkommen im Jahr 1984 auf lediglich 44 Dollar, verglichen mit 298 Dollar in Ländern mit mittlerem Einkommen und 3 429 Dollar in Industrieländern. In den sozialen Bereichen sind Disparitäten sogar noch ausgeprägter. Die Länder mit niedrigem Einkommen gaben nur 1 Dollar pro Kopf für Erziehung und Gesundheit aus, gegenüber Ausgabenniveaus, die in den Industriestaaten mehr als hundert Mal größer waren (besonders, wenn man die Ausgaben der Landesregierungen und Kommunen mit berücksichtigt). Die Unterschiede in den Ausgabenniveaus sind zwar nicht gleichbedeutend mit einem ebenso hohen Gefälle des tatsächlich geleisteten Mitteleinsatzes, da die Lohnsätze in den Entwicklungsländern niedriger sind und damit der Realwert der dort erbrachten Vorleistungen höher liegt. Gleichwohl sind die Unterschiede zwischen den real eingesetzten Mitteln (und damit vermutlich auch zwischen dem erstellten Leistungsniveau) sicherlich ganz erheblich. Große Ausgabensteigerungen sind für diese Länder nicht möglich; ihnen fehlen die Mittel. Sie müssen die geringen Mittel, über die sie verfügen, wirksamer einsetzen.

Struktur der jüngsten Ausgabenkürzungen

Zu Beginn der achtziger Jahre reduzierten viele Entwicklungsländer den Anteil der Staatsausgaben

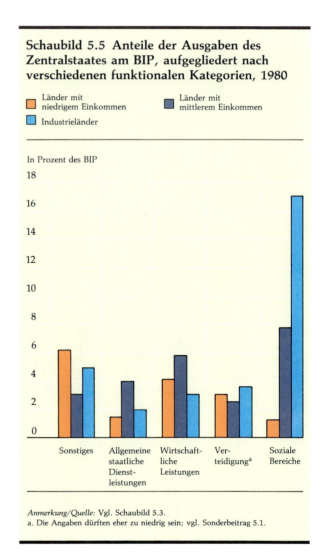

Schaubild 5.5 Anteile der Ausgaben des Zentralstaates am BIP, aufgegliedert nach verschiedenen funktionalen Kategorien, 1980

- Länder mit niedrigem Einkommen
- Länder mit mittlerem Einkommen
- Industrieländer

Anmerkung/Quelle: Vgl. Schaubild 5.3.
a. Die Angaben dürften eher zu niedrig sein; vgl. Sonderbeitrag 5.1.

Sonderbeitrag 5.3 Demographische Entwicklungen und öffentliche Ausgaben

Die Bevölkerungsentwicklung beeinflußt die Ausgaben im sozialen Bereich. Dies gilt besonders für Industrieländer, wo viele Sozialleistungen im Erziehungs- und Gesundheitswesen sowie bei der Sozialversicherung als Anrechte aller Bevölkerungskreise betrachtet werden. Der in diesen Ländern für die nächsten vierzig Jahre erwartete dominierende demographische Trend ist das rasche Wachstum der älteren Bevölkerung, und zwar sowohl absolut als auch als Anteil an der Gesamtbevölkerung gemessen. Diese Entwicklung impliziert höhere Ausgaben für Rentenzahlungen und für die Gesundheitsfürsorge, die nur zum Teil durch Einsparungen im Erziehungswesen, bei der Arbeitslosenversicherung und anderen Sozialprogrammen kompensiert werden können.

Ganz anders verlaufen die demographischen Trends dagegen in den Entwicklungsländern. Die Mehrzahl dieser Länder verzeichnete in den sechziger und siebziger Jahren hohe Geburtenraten und eine sinkende Säuglings- und Kindersterblichkeit, und in vielen Fällen halten diese Entwicklungen an. Die Folge ist ein rasches Wachstum der Gesamtbevölkerung und besonders der jüngeren Jahrgänge. In einigen Ländern, wie in Kenia und Ruanda, wird sich die Bevölkerung im schulpflichtigen Alter bis zum Jahr 2000 verdoppeln und damit auf die Ausgaben für das Erziehungswesen zusätzlichen Druck ausüben.

Dem Bedarf an zusätzlichen öffentlichen Ausgaben als Folge dieser demographischen Trends stehen erhebliche effektive Mittelengpässe gegenüber. Viele Entwicklungsländer haben auf Gebieten wie dem Erziehungswesen, dem Gesundheitswesen und der Sozialversicherung keine vollständige Bedarfsdeckung erreicht, so daß wohl leider der Umfang und die Qualität der Leistungen bei einem Bevölkerungsanstieg eingeschränkt werden müssen, da sich die Ausgaben nicht entsprechend steigern lassen. Hat sich ein Land ein bestimmtes Niveau der Bedarfsdeckung zum Ziel gesetzt, dann muß es bei einem höheren Bevölkerungswachstum zunehmend mehr Mittel aufwenden. Zur Steigerung des Umfangs und der Qualität der Sozialleistungen ist es in Entwicklungsländern ganz entscheidend, daß kurzfristig die Kosten eingedämmt und die Leistungsfähigkeit erhöht und mittelfristig das Bevölkerungswachstum zurückgeführt werden kann.

Die Reproduktionszahlen sind in einigen Ländern, wie in China, Kolumbien und der Republik Korea, seit den sechziger Jahren beträchtlich gesunken. Das extremste Beispiel ist wahrscheinlich China, wo die Bevölkerung im schulpflichtigen Alter als Folge der Ein-Kind-Politik nicht nur als Quote an der Gesamtbevölkerung, sondern auch in absoluter Höhe in den nächsten fünfzig Jahren zurückgehen wird. Die Bevölkerung im erwerbsfähigen Alter soll Schätzungen zufolge von 64 Prozent der Gesamtbevölkerung im Jahr 1980 auf 68 Prozent im Jahr 2000 wachsen und danach auf 65 Prozent im Jahr 2030 zurückgehen. Es wird geschätzt, daß die ältere Bevölkerung von 4 Prozent (1980) auf 7 Prozent im Jahr 2000 und auf 14 Prozent im Jahr 2030 steigt. Der Druck auf die Sozialausgaben wird sich im nächsten Jahrzehnt lockern, weil der Anteil der Begünstigten zurückgeht, und China kann dann die Qualität der Leistungen und den Kreis der Anspruchsberechtigten erhöhen. Erst im späteren Verlauf des nächsten Jahrhunderts wird der Anteil der Begünstigten über dem derzeitigen Stand liegen, wenn die jetzt und später im Erwerbsleben Stehenden das Rentenalter erreichen. Die Anpassung an die sich ändernde Bedarfsstruktur der jungen und der alten Generation macht eine langfristige Planung erforderlich.

---

am BIP, da die ausländischen Banken ihre Kreditgewährung einschränkten und der wirtschaftliche Abschwung die inländischen Staatseinnahmen drosselte. Welche Bereiche des öffentlichen Sektors wurden von den neuen Sparmaßnahmen am stärksten betroffen? Schaubild 5.8 zeigt die durchschnittliche Verringerung der realen Ausgaben des Zentralstaates zu Anfang der achtziger Jahre in fünfzehn (zumeist hochverschuldeten) Ländern. Die Gesamtausgaben fielen real um durchschnittlich 18,3 Prozent. Die Investitionsausgaben wiesen einen Rückgang um 35,3 Prozent auf, während die laufenden Ausgaben nur um 7,8 Prozent zurückgingen. Dies dürfte die größere Flexibilität der Investitionsausgaben widerspiegeln; es ist einfacher, einige wenige Großprojekte zu streichen oder zurückzustellen als öffentliche Bedienstete zu entlassen, die Beamtenpensionen zu kürzen oder Zinszahlungen aufzuschieben oder neu auszuhandeln. Bei den Ausgabenkategorien im Bereich der laufenden Ausgaben wurden die geringeren Zahlungen für Güter und Dienste und für Subventionen zum Teil durch deutlich höhere Zinszahlungen kompensiert. Nach Sektoren betrachtet, mußten die Infrastrukturausgaben — davon ein Großteil Investitionsausgaben — die tiefsten Einschnitte hinnehmen. Die Sozialausgaben wurden etwas weniger, die Militärausgaben beträchtlich weniger gekürzt.

Zwar ist die Struktur der Kürzungen eindeutig, dennoch ergeben sich aber Interpretationsschwierigkeiten. Zum einen entspricht der ausgewiesene Rückgang der Gesamtausgaben, deflationiert mit einem allgemeinen BIP-Deflator, nicht notwendigerweise der tatsächlichen Einschränkung der Staatstätigkeit. Sind die Preise in einigen Sektoren schneller gestiegen als in anderen, wäre der Rückgang der erbrachten Leistungen größer als ausgewiesen. Zweitens waren die ursprünglichen Ausgabenniveaus nicht zwangsläufig optimal; gewisse Einschnitte wären ohnehin erforderlich gewesen.

Schaubild 5.6 Entwicklung der Zinszahlungen des Zentralstaates, 1975 bis 1985

Anmerkung: Die Zahlen geben die Durchschnitte für die Ländergruppen an, gewogen mit dem BIP.
Quelle: IWF, *Government Finance Statistics*, verschiedene Jahre.

privaten Nettoinvestitionen (nach Abschreibungen) waren negativ — mit anderen Worten, der Kapitalstock schrumpfte. In Fällen wie diesen ist es offensichtlich, daß eine Erholung sowohl der öffentlichen als auch der privaten produktiven Investitionsausgaben notwendig ist.

Risiken und Herausforderungen einer Sparpolitik

Insgesamt betrachtet verweisen die Daten auf eine bis zum Beginn der achtziger Jahre stetig zunehmen-

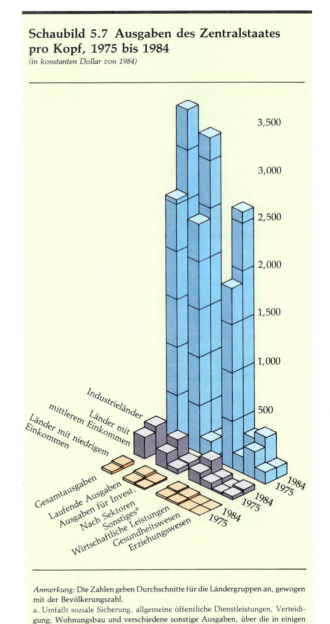

Schaubild 5.7 Ausgaben des Zentralstaates pro Kopf, 1975 bis 1984
(in konstanten Dollar von 1984)

Anmerkung: Die Zahlen geben Durchschnitte für die Ländergruppen an, gewogen mit der Bevölkerungszahl.
a. Umfaßt soziale Sicherung, allgemeine öffentliche Dienstleistungen, Verteidigung, Wohnungsbau und verschiedene sonstige Ausgaben, über die in einigen Ländern keine detaillierten Angaben vorliegen.
Quelle: IWF, *Government Finance Statistics*, verschiedene Jahre.

Zahlreiche Ausgabenkürzungen folgten in der Tat auf Perioden einer starken Ausgabenexpansion. Schließlich muß jede Kürzung unter Berücksichtigung der jeweiligen Landesverhältnisse beurteilt werden. Wenn der Privatsektor in einigen Bereichen floriert, kann dessen verstärkte Aktivität ohne weiteres rückläufige Staatsausgaben kompensieren. In vielen Fällen beeinträchtigte jedoch die schwache Inlandskonjunktur die Aktivität des Privatsektors zeitgleich mit dem Rückgang der öffentlichen Ausgaben.

Eingehende Fallstudien bestätigen, daß in vielen Ländern die öffentlichen Investitionen während der jüngsten Austeritätsperioden drastisch gesunken sind. Beispielsweise fielen in Mexiko die Gesamtinvestitionen des öffentlichen Sektors von fast 11 Prozent des BIP im Jahr 1982 auf weniger als 6 Prozent 1986. Auf den Philippinen gingen sie von 8 Prozent des BIP 1981 auf weniger als 4 Prozent im Jahr 1985 zurück. Zusätzlich wurde die Kürzung der öffentlichen Investitionen oftmals durch niedrigere private Investitionen verstärkt. Die privaten Bruttoinvestitionen der Philippinen sanken beispielsweise zwischen 1981 und 1985 von 23 Prozent auf weniger als 13 Prozent des BIP. Ein sogar noch extremeres Beispiel ist Argentinien, wo die privaten Bruttoinvestitionen von 14 Prozent des BIP im Jahr 1980 auf weniger als 3 Prozent 1985 absackten; die

de Bedeutung des öffentlichen Sektors für die Wirtschaft der meisten Länder der Welt. Den wachsenden Anforderungen an den Staat stand jedoch kein Mittelaufkommen gegenüber, das zur Finanzierung dieser Aktivitäten nötig gewesen wäre. Anpassungsprogramme, die oft durch Haushaltskrisen erzwungen wurden, erforderten in den achtziger Jahren in einigen Entwicklungsländern Kürzungen der öffentlichen Ausgaben. Die Investitionen des öffentlichen Sektors boten sich hierfür besonders an. Die Ausgaben für Löhne und für Subventionen und Transferleistungen wurden nicht so stark zurückgeführt, während die Zinszahlungen infolge der steigenden Schuldenlasten dramatisch zugenommen haben. Derartige Veränderungen in der Ausgabenstruktur bergen beträchtliche Risiken. Zwar mag die Drosselung des gesamten Ausgabenwachstums nötig sein, um die Stabilität der öffentlichen Finanzen aufrechtzuerhalten oder wiederherzustellen; die Regierungen müssen sich jedoch zunehmend mit der Frage nach der Verteilung der Ausgaben auf einzelne Aufgabenbereiche befassen und beurteilen, welche Priorität einzelne Aktivitäten haben. Hieraus ergeben sich die längerfristigen Wirkungen der Staatsausgaben auf die entwicklungspolitischen Ziele.

Prioritäten der Staatsausgaben

Die Regierungen müssen, wenn sie das gesamte Niveau der Ausgaben kontrollieren und für eine effiziente Allokation sorgen wollen, Prioritäten setzen. Diese Prioritäten sollten auf zwei Überlegungen fußen. Zum einen ist abzuwägen, wo ein staatliches Engagement notwendig ist und wo umgekehrt darauf vertraut werden kann, daß die Märkte ebenso gut oder besser die gleichen Leistungen bereitstellen können. Zum anderen muß man wissen, wie die begrenzten Mittel am wirkungsvollsten und effektivsten in Bereichen eingesetzt werden können, in denen ein staatliches Engagement gefragt ist.

Wie bereits in Kapitel 2 erörtert wurde, sprechen sowohl die Wirtschaftstheorie als auch praktische Erfahrungen dafür, die Ausgaben des Staates auf bestimmte Bereiche zu konzentrieren, wo seine Mitwirkung für einen gut funktionierenden Markt, für wirtschaftliches Wachstum und für die Bekämpfung der Armut erforderlich ist. Entscheidungen über die staatlichen Ausgaben sollten entsprechend dieser Grundprinzipien erfolgen und die Tatsache berücksichtigen, daß die Ausgaben nicht kosten-

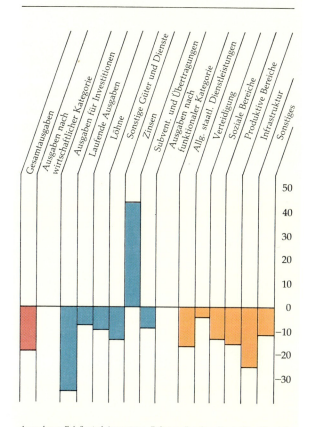

Schaubild 5.8 Realer Rückgang der Ausgaben des Zentralstaates in fünfzehn Ländern, Anfang der achtziger Jahre
(ungewogene durchschnittliche Veränderung in %)

Anmerkung: Erfaßt sind Argentinien, Bolivien, Brasilien, Costa Rica, Dominikanische Republik, Indonesien, Liberia, Marokko, Mexiko, Paraguay, Senegal, Sri Lanka, Togo, Uruguay und Venezuela.
Quelle: Hicks 1988.

neutral sind. Für alle Mittel gibt es alternative Verwendungen oder Opportunitätskosten (vgl. Sonderbeitrag 5.1), und im Zuge der staatlichen Einnahmenerhebung zur Finanzierung der Ausgaben entstehen ökonomische Lasten (vgl. Kapitel 4). Außerdem kann die staatliche Bereitstellung von Gütern und Dienstleistungen die Marktpreise oder das Marktverhalten beeinflussen (wie die Leistungsbereitschaft des einzelnen oder die Spar- bzw. Verbrauchsneigung), so daß damit über die direkten Effekte hinaus weitreichende Wirkungen verbunden sind.

Leider teilen viele Regierungen ihre begrenzten Mittel nicht rationell oder wirksam auf die verschiedenen Verwendungszwecke auf. Zu viel wird in den falschen Bereichen ausgegeben, wodurch zu wenig Mittel für die entscheidenden Aufgaben übrigbleiben, die allein der Staat übernehmen kann. Fehlallokationen sind die Folge, und zwar sowohl innerhalb der Investitionsausgaben und der laufenden Ausgaben als auch zwischen beiden Kategorien.

Öffentliche Investitionen

Die Regierungen müssen ihre öffentlichen Investitionsprogramme so planen, daß sie die übergeordneten Prioritäten der Volkswirtschaft und die sinnvolle Aufteilung der Verantwortlichkeiten zwischen staatlichen und privaten Aktivitäten gegeneinander abwägen. Welche Priorität einzelne Wirtschaftssektoren haben, hängt von der ökonomischen Struktur, der natürlichen Ausstattung mit Ressourcen und von der Entwicklungsstrategie ab. Für das Auswahlverfahren zwischen den einzelnen Sektoren gibt es keine eindeutigen Kriterien, obgleich das Auffinden von Engpässen in der Volkswirtschaft und ein Vergleich der Erträge bei alternativer Verwendung einige Anhaltspunkte liefern können. Die Allokation der Ausgaben auf einzelne Sektoren stützt sich zwangsläufig auf weitgehend intuitive Beurteilungen, wobei ein allgemein ausgewogenes Verhältnis zwischen den Sektoren zu gewährleisten ist.

Innerhalb eines jeden Sektors können die oben erörterten Prinzipien dazu beitragen, die staatlichen Investitionsentscheidungen zu lenken. Das generelle Ziel öffentlicher Investitionen sollte es sein, Marktaktivitäten zu ergänzen und zu unterstützen — anstatt mit ihnen zu konkurrieren. Die für das Engagement des öffentlichen Sektors vorrangigen Bereiche, also das Erziehungs- und Gesundheitswesen, kommunale Dienstleistungen und die ländliche Infrastruktur, werden in Kapitel 6 erörtert. Sowohl die schulische Grundausbildung als auch die präventive Gesundheitsfürsorge haben für die Gesellschaft einen umfassenden Nutzen — zusätzlich zu den Vorteilen für die direkt Begünstigten —, und ohne das Engagement des Staates würden diese Bereiche tendenziell unterversorgt. Zwar kann sich der Staat auch im Bereich der weiterführenden Ausbildung und der medizinischen Heilfürsorge engagieren, doch sollte ein größerer Teil der Kosten dieser Dienstleistungen direkt durch die Begünstigten mittels Benutzergebühren gedeckt werden. In den Bereichen der kommunalen und ländlichen Infrastruktur spielt der Staat eine wichtige Rolle beim Straßenbau, bei der Wasserversorgung, der Stromerzeugung und -verteilung und bei einer ordnungsgemäßen Abfallbeseitigung. Weniger rechtfertigen läßt sich ein staatliches Engagement beim Autobusverkehr oder beim Wohnungsbau, denn beides kann durch private Gesellschaften wirtschaftlich betrieben werden. Leider werden diese Prioritäten von vielen Regierungen nicht beachtet (vgl. Kapitel 6).

Die Rolle staatlicher Investitionen in Landwirtschaft und Industrie wurde in den *Weltentwicklungsberichten* der letzten beiden Jahre erörtert. Der Staat sollte sich in diesen Sektoren auf grundlegende, komplementäre Infrastrukturinvestitionen konzentrieren, wie die Strom- und Wasserversorgung, das Verkehrs- und Fernmeldewesen und den Hochwasserschutz. Auch die Grundlagenforschung ist ein wichtiges Gebiet des staatlichen Engagements. Öffentliche Investitionen im Bereich der direkten Produktion oder der Vermarktung von Agrar- oder Industrieerzeugnissen sind selten ökonomisch zu rechtfertigen. In vielen Fällen sind hier SEU tätig, was jedoch häufig historische Ursachen hat. Wenngleich die SEU, falls sie von kompetenten Managern geführt werden, ebenso dynamisch und leistungsfähig arbeiten können wie Unternehmen in Privatbesitz, werden SEU oft vor dem Wettbewerb geschützt oder sie leiden unter störenden politischen Interventionen, der Ernennung unqualifizierter Manager oder der Erwartung, einer Vielzahl gesellschaftlicher Ziele gerechtwerden zu können, die oft in Konflikt zueinander stehen (vgl. Kapitel 8).

Zwar bedeutet die Festlegung von Prioritäten für öffentliche Investitionen einen ersten wichtigen Schritt auf dem Wege zur effektivsten Verwendung der begrenzten staatlichen Mittel, von ebenso großer Bedeutung ist jedoch die Qualität der Investitionen. Hierbei ist auf mehrere charakteristische Merkmale zu achten, die zur Qualität eines Investitionsprojekts und dessen Erfolg beitragen (vgl. Sonderbeitrag 5.4). Die Investition muß nicht nur wirtschaftlich vorteilhaft, sondern auch in technischer, verwaltungsmäßiger und finanzieller Hinsicht durchführbar sein. Die Investitionsziele sollten eindeutig fixiert werden und für die wichtigsten Beteiligten akzeptabel sein. Erforderlich ist zudem ein stabiles und für die Zukunft verläßliches wirtschaftspolitisches Umfeld, das leistungsfördernde Anreize bietet. Regierungsbeamte und Projektmanager reagieren bei der Auswahl und Durchführung von Investitionen auf die Faktor- und Produktpreise, die Zinsen und die internationale Handelsordnung. Weichen die davon ausgehenden Signale beträchtlich von den tatsächlichen Opportunitätskosten ab, so ist nicht damit zu rechnen, daß die Investitionen das langfristige Wachstum fördern.

Sonderbeitrag 5.4 Ein Beispiel für erfolgreiche Investitionen: Baumwollprojekte in Westafrika

Der Erfolg von sieben Baumwollprojekten in drei westafrikanischen Ländern veranschaulicht die positiven Effekte sinnvoller Investitionen des öffentlichen Sektors; zudem lassen sich einige charakteristische Merkmale aufzeigen, die für den Erfolg ausschlaggebend waren. Diese sieben Projekte führten in den letzten fünfzehn bis zwanzig Jahren zu einem drastischen Anstieg der Erträge der bebauten Fläche und der Zahl der Baumwollpflanzer, und sie hatten erhebliche Produktionsgewinne zur Folge (vgl. Tabelle 5.4A).

Hierzu trugen verschiedene Charakteristika der Projekte bei. Erstens gab es eindeutige Zielsetzungen, die von der Regierung stark unterstützt wurden. Dies erstreckte sich auf die Bereitstellung von landwirtschaftlichen Vorleistungen, die Gewährung von Krediten und Absatzhilfen für Baumwolle und Nahrungsmittel, die Unterstützung der Projektbehörde, den Bau von Zubringerstraßen und Dorfbrunnen und den Aufbau eines Weiterverarbeitungssystems für Baumwollsamen. Zweitens wurden die technischen Hilfsmaßnahmen gut auf die sozioökonomischen Verhältnisse abgestimmt und regelmäßig den neuen Entwicklungen auf internationaler, nationaler und agrarischer Ebene angepaßt. Die Baumwollgesellschaften, die für die Erzeugung des Saatgutes und dessen Absatz ein Monopol besaßen, unterhielten enge Beziehungen zu den Baumwoll-Forschungsinstituten und konnten homogene und ertragsreichere Sorten einführen, die gegen Insekten und Krankheiten resistent waren. Drittens arbeiteten die Projektinstitutionen autonom und effektiv, und die für den Absatz zuständigen Agenten, die in den Dörfern lebten und die Landessprache beherrschten, waren motiviert und gut ausgebildet. Sowohl die Lieferung der Vorleistungen an die Farmer als auch die Bezahlung für ihre Rohbaumwolle erfolgte pünktlich, teilweise weil die Regierung die Vorleistungen subventionierte, was zur finanziellen Solidität der halbstaatlichen Organisationen beitrug. Dies stand in deutlichem Gegensatz zu der unzuverlässigen Bereitstellung der Vorleistungen und der verspäteten Bezahlung der Ernten bei ähnlichen halbstaatlichen Agrarorganisationen in anderen Regionen, insbesondere solcher, die in finanziellen Schwierigkeiten waren. Viertens waren die finanziellen Vorkehrungen angemessen. Die zukünftigen Kosten der Projekte wurden berücksichtigt, der Cash flow war ausreichend, und die Projektbehörden waren willens und fähig, von den Farmern die Aufwendungen für die Erntevorleistungen wieder zurückzuverlangen. Die getroffenen finanziellen Abmachungen hatten eine staatliche Subventionierung der eingebrachten Vorleistungen zur Folge, was jedoch recht teuer war. Seit 1984 haben alle drei Länder die Subventionierung der Vorleistungen eingestellt oder beträchtlich verringert und gleichzeitig die Erzeugerpreise angehoben; hierdurch blieb zwischen den Vorleistungs- und Produktpreisen eine ausreichende Spanne, was den Farmern entsprechende Leistungsanreize bot. Das gesamtwirtschaftliche Umfeld der Projekte hat sich allerdings wegen der drastisch gesunkenen Weltmarktpreise etwas verschlechtert. Sogar erfolgreiche Anstrengungen auf dem Gebiet der landwirtschaftlichen Entwicklung sind gegen ungünstige außenwirtschaftliche Bedingungen nicht immun.

Tabelle 5.4A Positive Auswirkungen von Baumwollprojekten in Westafrika

Land	Prozentualer Zuwachs im Projektbereich			
	Produktion von Rohbaumwolle	Erträge	Fläche	Zahl der Pflanzer
Burkina Faso (1965—86)	700	240	280	230
Côte d'Ivoire (1967—86)	450	140	330	190
Togo (1971—86)	800	160	660	590

Beispielsweise führten in Sierra Leone staatliche Preiskontrollen für die Erzeugnisse der SEU zu einem Druck auf die Erträge der SEU und beeinträchtigten damit auch die Investitionen und deren Wartung. Die Kapazitätsausweitung reichte für die Bedienung der Nachfrage nicht aus, und die Qualität der Leistungen verschlechterte sich. Darüber hinaus schrumpfte die Kapitaldecke der SEU, wodurch sie vielfach erhebliche öffentliche Subventionen benötigten. Sierra Leone ist kein Einzelfall. Die SEU vieler Länder sehen sich wegen der Preiskontrollen mit ähnlichen Problemen konfrontiert. Es liegt auf der Hand, daß der Erfolg öffentlicher Investitionen durch das gestörte wirtschaftspolitische Umfeld in diesen Ländern gravierend beeinträchtigt wird.

Betrieb und Wartung der Investitionen

Ein Teil der laufenden öffentlichen Ausgaben für Güter und Dienstleistungen entfällt auf Betrieb und Wartung der Sachinvestitionen und ist für den Erfolg derartiger Investitionen und damit für die Förderung des Wirtschaftswachstums und der Entwicklung von entscheidender Bedeutung. Unzureichende Betriebsausgaben (sei es für Sach- oder Personalkosten) können zu einem niedrigen Leistungsniveau in Bereichen wie dem Erziehungs- und Gesundheitswesen führen, was eine schlecht ausgebildete oder eine weniger gesunde Bevölkerung zur Folge hat. In Sambia deckte zum Beispiel im Jahr 1975 eine Untersuchung in Krankenhäusern eine große Knappheit an Arzneimitteln und medizinischen Hilfsmitteln auf, wobei manche wichtige Arzneimittel (wie Chloroquin, Penicillin und Salztabletten zur Rehydratisierung) in einzelnen Landesteilen seit bis zu sieben Monaten nicht mehr vorrätig waren. Unzureichende Ausgaben für die Wartung können einen schnellen Verschleiß der Sachanlagen verursachen. Beispielsweise führte in Indonesien die unzulängliche Wartung von Bewässerungsanlagen zu Pannen und zu Mängeln in der Wasserversorgung. Dies verkürzte die Lebensdauer der Bewässerungssysteme um bis zu 50 Prozent.

Häufig muß zwischen einer Neuinvestition und der Wartung einer bestehenden Anlage entschieden werden. Letzteres erfordert oft einen geringeren Mittelaufwand. Beispielsweise verloren Entwicklungsländer infolge der unzureichenden Instandhaltung der Straßen Infrastruktureinrichtungen im Wert von Milliarden von Dollar. In 85 Entwicklungsländern, die zusammen über ein Hauptstraßennetz von 1,8 Millionen Kilometer Länge verfügen, müssen ein Viertel der asphaltierten und ein Drittel der nicht-asphaltierten Straßen außerhalb der städtischen Regionen neu gebaut werden. Die Kosten für die Wiederherstellung dieser zerstörten Straßen — schätzungsweise 45 Mrd Dollar — sind drei- bis fünfmal höher als die Ausgaben für eine rechtzeitige Wartung gewesen wären. Darüber hinaus liegen die laufenden Fahrzeugkosten auf zerstörten Asphaltstraßen um 20 bis 50 Prozent höher als auf Straßen in gutem Zustand. Bei nicht-asphaltierten Straßen kann dieser Unterschied mehr als 100 Prozent betragen. Da die Betriebskosten einen Großteil (75 bis 95 Prozent) der gesamten Straßentransportkosten ausmachen — außer bei äußerst geringer Fahrleistung — hat eine unzureichende Instandhaltung des Straßennetzes verdeckte Kosten zur Folge, die ein Mehrfaches der Kosten für die Wiederherstellung der Infrastruktur im Straßenwesen ausmachen. Diese verdeckten Kosten, die hauptsächlich von den Straßenbenutzern getragen werden, können das Wirtschaftswachstum erheblich belasten.

Leider werden die Ausgaben für Betrieb und Wartung (vor allem die Ausgaben für Material und Betriebsstoffe, im Gegensatz zu den Personalausgaben) in den Entwicklungsländern allgemein geringgeschätzt und unzureichend dotiert. Die Geringschätzung ergibt sich daraus, daß sich der Nutzen oft nur schwer genau messen läßt und politisch nicht unbedingt offen zutage tritt. Zum Beispiel wirkt sich der Nutzen wachsender laufender Ausgaben im Erziehungs- und Gesundheitswesen tendenziell eher qualitativ als quantitativ aus, sobald das zur Aufrechterhaltung des Schul- und Klinikbetriebs erforderliche Mindestmaß aufgewendet worden ist. Die Vorteile der Wartung — insbesondere der routinemäßigen im Gegensatz zu den periodischen Wartungsmaßnahmen — sind häufig nicht für jedermann erkennbar. Sie liegen hauptsächlich in der Vermeidung von Kosten in einer relativ fernen Zukunft. Neben der allgemeinen Geringschätzung von Betrieb und Wartung ist die geringe Mittelbereitstellung auch darauf zurückzuführen, daß von anderen Ausgabenwünschen — Zinszahlungen, Subventionen, Löhnen der Staatsbediensteten, Investitionsprojekten und so weiter — ein stärkerer Druck auf die Entscheidungsträger ausgeht oder, falls man diesem nicht stattgibt, deutlich sichtbare Störungen eintreten. Sind die Mittel erst einmal verteilt, so dürften außerdem seitens der Verwaltung nur geringe Leistungsanreize für effiziente Betriebs- und Wartungsmaßnahmen bestehen. Dies veranlaßt die Betriebsleitung, mehr Geld für Verwaltungskosten auszugeben als für die Bereitstellung von Dienstleistungen oder für Hilfs- und Betriebsstoffe. Bei der Allokation der Haushaltsmittel und beim Haushaltsvollzug müssen für Betrieb und Wartung mehr Mittel bereitgestellt werden, und es bedarf veränderter Anreize, damit diese Gelder wirksam eingesetzt werden.

Öffentliche Lohn- und Beschäftigungspolitik

Im Zusammenhang mit den allgemeinen staatlichen Verwaltungsausgaben sowie den Personalausgaben für Betrieb und Wartung, stellt sich vor allem die Frage nach der staatlichen Lohn- und Beschäftigungspolitik. Hier gibt es zwischen den Entwicklungsländern beträchtliche Unterschiede. Beispielsweise entwickelte sich das staatliche Beschäftigungswachstum in den afrikanischen Ländern südlich der Sahara stark unterschiedlich (vgl. Schaubild 5.9), und auch die Gehaltsstrukturen — einschließlich der Lohnunterschiede zwischen Facharbeitern und Hilfsarbeitern und zwischen dem öffentlichen und dem privaten Sektor — waren von Land zu Land ganz verschieden. So beläuft sich das Gehaltsgefälle zwischen einem leitenden Staatsbeamten (Niveau eines Staatssekretärs) und einem einfachen Staatsbediensteten in Malawi auf 25 zu 1, aber nur auf 7 zu 1 in Sambia. Das Verhältnis des Gehalts eines einfachen Staatsbediensteten zum BIP pro Kopf liegt in Liberia bei über 4, aber unter 1 im Sudan und zwischen 1 und 2 in Malawi, Sambia und Sierra Leone. Den afrikanischen Ländern und verschiedenen anderen Entwicklungsländern in der ganzen Welt gemein ist der von Mitte der siebziger bis Mitte der achtziger Jahre eingetretene Rückgang des Reallohnniveaus — seien es Barleistungen oder freiwillige Sozialleistungen — sowie die Nivellierung der Gehaltsunterschiede zwischen Facharbeitern und Hilfsarbeitern. Zu den Extremfällen gehörten Ghana und Uganda, wo die realen Grundgehälter bei Eintritt in den Staatsdienst bis 1983 unter das Existenzminimum gefallen sind, sowie der Sudan, wo diese Gehälter von 1970 bis 1983 um vier Fünftel gesunken sind.

Die öffentliche Lohn- und Beschäftigungspolitik hat nicht nur wichtige Auswirkungen auf das Gesamtniveau der Staatsausgaben, sondern sie beeinflußt die Entwicklungsbemühungen auch in anderer Weise. Erstens entscheidet die Lohn- und Beschäftigungspolitik mit darüber, wie sich der Produktionsmitteleinsatz für die öffentliche Güterbereitstellung zusammensetzt. Wenn der Lohnanteil zu groß ist und andere Ausgabenkategorien relativ zu gering mit Mitteln bedacht werden, werden zu viel Arbeitskräfte in Relation zum sonstigen Sachaufwand beschäftigt. Klagen von Lehrern über fehlende Lehrbücher, von Beschäftigten im staatlichen Gesundheitsdienst über fehlende Impfstoffe und von Arbeitern in der landwirtschaftlichen Vermarktung über fehlenden Treibstoff für ihre Fahrzeuge sind Beispiele für dieses Problem; ein anderer Indikator ist die Verdrängung von Investitionen durch überzogenen Lohn- und Gehaltsaufwand. Desweiteren kommt es vor, daß die Arbeitskräfte hinsichtlich ihrer Qualifikation nicht ausgewogen zusammengesetzt sind. Korridore voller unbeschäftigter Boten vor den Büros überarbeiteter leitender Verwaltungsbeamter deuten darauf hin. Staatliche Beschäftigungsprogramme, die zum Teil zur Bekämpfung der Arbeitslosigkeit initiiert worden sind, scheinen in Verbindung mit einer politisch nur schwer durchsetzbaren Entlassung von Staatsbediensteten in vielen Entwicklungsländern zu einem Überschuß an Arbeitskräften im Vergleich zum verfügbaren Sachaufwand geführt zu haben, wobei gleichzeitig in Relation zu Facharbeitern zu viele Hilfsarbeiter beschäftigt werden.

Zweitens gehen von der im Staatsdienst gezahlten Vergütung Anreize aus, welche die Leistung beeinflussen. Ein rascher Rückgang der realen Vergütung kann (wenn der Arbeitsplatz für sicher gehalten wird) die Arbeitsleistung verringern, weil die Arbeitnehmer sich anderen Aktivitäten zuwenden — wie der Schwarzarbeit, leichter Korruption und der Aufnahme einer privaten Beschäftigung wäh-

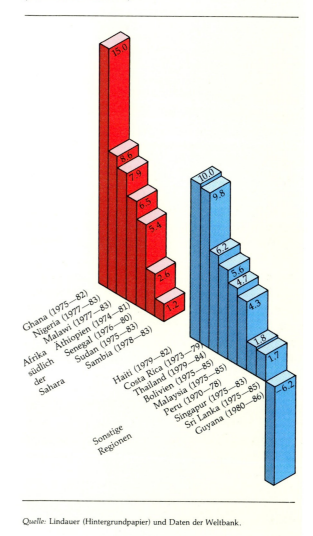

Schaubild 5.9 Beschäftigungswachstum auf zentralstaatlicher Ebene
(jährliche Wachstumsrate in %)

Quelle: Lindauer (Hintergrundpapier) und Daten der Weltbank.

rend der offiziellen Arbeitsstunden —, um damit ihre sinkenden Gehälter aufzustocken. Die Aufrechterhaltung der Belegschaftsmoral und einer wirkungsvollen Regierungsarbeit ist unter derartigen Bedingungen schwierig. Darüber hinaus werden trotz eventuellen Rückgangs der Lohnkosten die Stückkosten für staatliche Güter und Dienste steigen, wenn die bereitgestellten Leistungen überproportional sinken.

Auch die Lohnunterschiede zwischen den Dienstgraden sind bedeutsam. Die gravierende Lohnnivellierung, die in vielen Ländern vor sich geht, verringert nicht nur die Einsatzbereitschaft beträchtlich, sie veranlaßt auch die besser qualifizierten Mitar-

> **Sonderbeitrag 5.5   Die Eindämmung des Lohnaufwands im öffentlichen Sektor**
>
> Viele Länder erkennen, daß die staatliche Lohn- und Beschäftigungspolitik reformiert werden muß, und einige haben Schritte in diese Richtung eingeleitet. Die folgende Auflistung zeigt Wege zu dieser Reform; die ersten fünf Vorschläge widmen sich der Beschäftigungspolitik und die beiden letzteren den Lohnstrukturen.
>
> **Beschäftigtenzählung im öffentlichen Dienst und Entfernung von „Geisterarbeitern"**
>
> Der krasseste Mißbrauch staatlicher Beschäftigungspolitik offenbart sich in der Existenz sogenannter „Geister"- oder „Phantomarbeiter", die vom Staat bezahlt werden, obwohl es sie entweder überhaupt nicht gibt oder nicht in Positionen, für die sie bezahlt werden. Um „Geisterarbeiter" zu entdecken und aus der Lohnliste zu entfernen, ist oft eine Beschäftigtenzählung im öffentlichen Dienst notwendig; hierbei gilt es, die Daten der Lohnliste der budgetierten und der tatsächlichen Beschäftigung anzugleichen. Ghana und Sambia haben solche Zählungen durchgeführt. Die zur Entfernung der „Geisterarbeiter" in der Zentralafrikanischen Republik und in Guinea unternommenen Anstrengungen führten zur Identifizierung von 1 300 beziehungsweise 7 000 „Geisterarbeitern", was in beiden Fällen etwa 7 Prozent der im Staatsdienst Beschäftigten entsprach. Wenn „Geisterarbeiter" von der Lohnliste entfernt worden sind, ist es wichtig, Mechanismen in die Beschäftigungspolitik einzuführen, die verhindern, daß sie erneut auftauchen.
>
> **Die Streichung offener und vorübergehend besetzter Stellen**
>
> Die Überprüfung der Beschäftigten im Staatsdienst führte in Gambia zur Kündigung von 2 625 vorübergehend arbeitenden und täglich entlohnten Beschäftigten und von 764 Festangestellten, sowie zur Streichung von 848 von insgesamt 10 700 Stellen im Staatsdienst. Auch Jamaika hat Beschäftigte mit einem zeitlich befristeten Arbeitsverhältnis entlassen. Die Reduzierung der Ausgaben für vorübergehend Beschäftigte sollte in ihrer Bedeutung nicht vernachlässigt werden. Beispielsweise entfallen in Sambia nahezu ein Fünftel der gesamten staatlichen Lohnausgaben auf vorübergehend Beschäftigte. Solche Arbeitnehmer sind oft leichter und zu geringeren Kosten wieder zu entlassen als Festangestellte, weil sie geringere Rechtsansprüche haben.
>
> **Einstellungsstopp und Beseitigung der Beschäftigungsgarantien**
>
> Die Beschäftigung kann im Laufe der Zeit durch einen allgemeinen Einstellungsstopp verringert werden, wobei für die Neubesetzung wichtiger Stellen einige begrenzte Ausnahmen gemacht werden sollten. Pensionierungen und freiwillige Fluktuationen werden dann die Gesamtbeschäftigung reduzieren. Costa Rica hat 1984 für drei Jahre einen Einstellungsstopp im öffentlichen Dienst eingeführt. Die Zentralafrikanische Republik begrenzte die Neueinstellungen mit einer Regelung, wonach für drei Entlassene ein Staatsbediensteter neu eingestellt werden durfte. Dies erwies sich als kostspielig, da in der Regel für drei Beschäftigte mit niedrigem Einkommen ein Höherbesoldeter eingestellt wurde. Daraufhin erließ man eine neue Regelung. Für je drei eingesparte Francs durch Freistellungen durfte ein Franc für Neueinstellungen aufgewendet werden.
>
> Neueinstellungen im Staatsdienst lassen sich auch dadurch verringern, daß die öffentliche Hand nicht mehr als „Arbeitgeber der letzten Instanz" fungiert. Der Sudan hob in den siebziger Jahren seine Beschäftigungsgarantien für Absolventen weiterführender Schulen auf. Im allgemeinen werden derartige Garantien zunehmend seltener, vielleicht ausgenommen für Absolventen von Lehrerseminaren.
>
> **Automatisches und freiwilliges Ausscheiden aus dem Dienst**
>
> Costa Rica und Senegal haben festgesetzt, daß nach Erreichen des Pensionsalters oder der erforderlichen

beiter zu gehen und die weniger qualifizierten zu bleiben. Die meisten Versuche zur Eindämmung des Lohn- und Gehaltsaufwands im öffentlichen Sektor haben zwar zu einer gleichgewichtigen Haushaltslage beigetragen, die entscheidende Bedeutung der Lohndifferenzierung wurde jedoch übersehen (vgl. Sonderbeitrag 5.5).

Subventionen

Es lassen sich zwei Hauptkategorien von Subventionen unterscheiden. Die erste, zu der Export- oder Kreditsubventionierungen zählen, soll den privaten Sektor zur Übernahme von Aktivitäten ermutigen, die außenwirtschaftliche Vorteile schaffen. Subventionen dieser Kategorie zielen darauf ab, durch eine wirtschaftlichere Allokation der Ressourcen das Wachstum zu fördern. Die zweite Kategorie, zu der die Subventionierung von Nahrungsmitteln oder von Wohnraum und Subventionen der SEU zur Unterstützung von staatlich verordneten Preiskontrollen rechnen, dient hauptsächlich der Einkommensstützung. Einige Subventionen dieser Art — zum Beispiel für Nahrungsmittel, Gesundheit oder Erziehung — lassen sich auch aufgrund ihres gesamtwirtschaftlichen Nutzens rechtfertigen.

Obgleich Subventionen zur Produktivität, zur

Dienstjahre ein automatisches Ausscheiden aus dem Dienst erfolgt. Guinea bietet ein freiwilliges Ausscheiden an. Zwar verringern solche Regelungen die Gesamtzahl der Beschäftigten, doch haben die Regierungen nur geringen Einfluß darauf, wer tatsächlich den öffentlichen Dienst verläßt, und sie laufen Gefahr, gerade die wertvollen Mitarbeiter zu verlieren. Außerdem funktionieren freiwillige Vorruhestandsregelungen häufig nur im Zusammenhang mit kostspieligen Anreizen, wie etwa Abfindungszahlungen.

Entlassung von Beschäftigten

Die politisch schwierigste Form des Personalabbaus ist die vorbehaltlose Entlassung nicht benötigter oder (sogar noch schwieriger zu bewerkstelligen) nicht leistungsfähiger Beschäftigter. Abfindungszahlungen für nicht benötigte Arbeitskräfte können das Ausscheiden erleichtern. Jedoch sollten Abfindungszahlungen nur solche Arbeitnehmer mit gesetzlichem Anspruch auf Beschäftigung im öffentlichen Dienst erhalten, die sich dieses Recht ordnungsgemäß und nicht durch einen glücklichen Zufall erworben haben. Ein staatliches Ausbildungsprogramm kann die politischen Kosten eines Entlassungsprogramms vermindern. In Guinea finanzierte das französische Technische Hilfsprogramm eine Informationskampagne, mit deren Hilfe die Entlassungspläne der Regierung veröffentlicht und erläutert wurden, was offensichtlich die Akzeptanz der Sparpläne in der Öffentlichkeit erhöhte.

Lohnkürzungen, Lohnobergrenzen und Lohnstopps

Der geläufigste lohnpolitische Eingriff ist der allgemeine Lohnstopp. Im Jahr 1982 kürzte Togo die Löhne um fünf Prozent, was als „Solidaritätssteuer" bezeichnet wurde, und verfügte einen mehrjährigen Gehaltsstopp. Diese Maßnahmen führten in den Jahren von 1983 bis 1986 praktisch zu einem Nullwachstum beim Lohn- und Gehaltsaufwand. Auch Nigeria hat bis vor kurzem seine Gehaltsstrukturen eingefroren. Außerdem verringerte man die freiwilligen Sozialleistungen des Arbeitgebers, senkte die Fahrtkostenzuschüsse, kürzte das Urlaubsgeld um die Hälfte und strich das subventionierte Mittagessen.

Lohnstopps erleichtern die Haushaltsprobleme nur vorübergehend, sofern die Regierungen nach Aufhebung des Lohnstopps aufgestaute Lohnforderungen erfüllen. Da sich die Lohnstopps zudem auf die Lohn- und Gehaltsstruktur beziehen und nicht auf die individuellen Einkommen, können Beförderungen die beabsichtigten Haushaltseinsparungen zunichte machen. In Senegal folgte 1980 auf einen Lohn- und Beschäftigungsstopp ein Anstieg des realen Lohn- und Gehaltsaufwands von 7 Prozent.

Lohndifferenzierung

Besoldungsreformen zur Verbesserung der Bezahlung leitender Mitarbeiter sind besonders schwierig durchzuführen, obgleich dies in vielen Fällen dringend notwendig ist. Haushaltsprobleme und politischer Druck stellen beträchtliche Hemmnisse dar. Gleichwohl könnten solche Reformen zur Stärkung der Leistungskraft einer Regierung unumgänglich werden. Nach einer langen Periode der Lohnnivellierung haben sowohl Ghana als auch Sri Lanka ihre Gehaltsstrukturen wieder stärker differenziert. Von 1984 bis 1986 erhöhte sich in Sri Lanka die Relation von Spitzengehalt zu unterstem Gehalt von etwa 4 : 1 auf rund 12 : 1.

Die Einführung von Sonder-Gehaltsstufen für das Spitzenmanagement, wie für den Senior Executive Service in den Vereinigten Staaten, ist eine Möglichkeit, um leitenden Staatsbediensteten eine höhere Bezahlung zu bieten. Ghana hat Mitarbeiter für verschiedene wichtige Regierungsposten von besser bezahlten Positionen in SEU oder im Privatsektor angeworben. Solche Anwerbungen können gegenwärtig von der Weltbank mit einem Darlehen für technische Hilfe finanziert werden.

Linderung der Armut und zum Wachstum beitragen können, muß ihr Nutzen sorgfältig gegen ihre Kosten, die sehr erheblich sein können, abgewogen weden. Wenn die Fähigkeit einer Regierung, ihre Einnahmen zu steigern, durch administrative Schranken ernsthaft begrenzt wird, wie es tatsächlich in vielen Entwicklungsländern der Fall ist, dann bedeutet die Verwendung knapper Einkünfte zur Subventionierung privater Aktivitäten, daß dadurch weniger Mittel für andere Verwendungszwecke zur Verfügung stehen. Die unterlassenen Investitionen oder Ausgaben für Betrieb und Wartung müssen in solchen Fällen als Hauptkosten der Subventionierung angesehen werden. Ist die Regierung eher in der Lage, ihre Einnahmen zu steigern, — wie es in den fortgeschritteneren Ländern der Fall ist — dann entstehen insbesondere dadurch Kosten, daß zur Finanzierung der Subventionen die Einnahmen erhöht werden mußten (vgl. Kapitel 4).

Weitere Kosten der Subventionierung ergeben sich zudem durch davon induzierte Veränderungen im Verhalten der privaten Wirtschaftssubjekte. Kreditsubventionen zum Beispiel, die die Investitionen fördern sollen, verbilligen das Kapital relativ zum Faktor Arbeit und können in der Produktion zu einer übermäßig hohen Kapitalintensität führen und damit die Arbeitslosigkeit steigern. In Thailand stimulierten Ende der siebziger Jahre die Kreditsub-

Sonderbeitrag 5.6 Einfluß der Agrarsubventionen auf die Umwelt

Der Staat subventioniert im allgemeinen die landwirtschaftlichen Vorleistungen, um das Wachstum in der Landwirtschaft zu fördern. Die Subventionen können jedoch zu einem verschwenderischen, sorglosen oder überzogenen Einsatz der Produktionsmittel führen, was beträchtliche Umweltschäden zur Folge hat. Beispielsweise haben viele Länder — wie Ägypten, Ecuador, Ghana, Honduras, Indonesien und Kolumbien — die Käufe von Schädlingsbekämpfungsmitteln in der Landwirtschaft beträchtlich subventioniert, um die mangelnde Risikobereitschaft der Bauern zur Anwendung einer ungewohnten Technik überwinden zu helfen, oder um in einigen Fällen die implizite Besteuerung der Agrarerträge auszugleichen. Derartige Subventionen lassen die negativen Wirkungen von Pestiziden außer acht, die der menschlichen Gesundheit schaden, die Artenvielfalt beeinträchtigen, sowie die Resistenz und das spätere erneute Auftauchen der Schädlinge selbst begünstigen. Zusätzlich haben in den Entwicklungsländern hohe Subventionen für künstliche Bewässerungsanlagen zur Förderung wenig rentabler Investitionen beigetragen, Überflutungen und Versalzungen der Böden verursacht oder verschlimmert, die Bevölkerung mit Krankheiten in Berührung gebracht, die in Verbindung mit der Bewässerung stehen und Produktionsverluste für die Fischerei bewirkt. Subventionen für chemische Kunstdünger haben die Verwendung von organischem Dünger, der für die langfristige Bodenfruchtbarkeit entscheidend ist, in den Hintergrund treten lassen, sie haben Investitionen zur Erhaltung der Böden verhindert, und die Ablagerung chemischer Substanzen auf der Oberfläche oder im Grundwasser verstärkt. Wirtschaftliche Analysen dieser Programme haben nur selten deren Wirkungen auf die Umwelt ins Kalkül gezogen.

Auch auf der Outputseite gibt es umweltpolitisch kostspielige Subventionen. Verschiedene lateinamerikanische Länder haben die großflächige Viehhaltung durch eine Vielzahl von Steueranreizen, durch niedrigverzinsliche Darlehen und andere Maßnahmen subventioniert. Dies veranlaßte die Viehzüchter zur Rodung von Millionen von Hektar tropischer Wälder, ungeachtet der sich schnell verschlechternden Qualität der Weideflächen, ihrer niedrigen Belastungsfähigkeit und der großen Entfernungen zu den Märkten. Solche Subventionen haben Investitionen, die sowohl aus volkswirtschaftlichen als auch aus Umweltgründen fragwürdig sind, für private Unternehmer, von denen nur wenige arme Kleinbauern sind, höchst rentabel gemacht. Brasilien subventionierte in einigen Teilen des Landes die Investitionen in die Viehhaltung so stark, daß private Investoren eine positive Verzinsung von nicht weniger als 250 Prozent ihres eingesetzten Kapitals erzielten, obwohl über die Hälfte des investierten Kapitals verlorenging. Wie bei der Subventionierung auf der Inputseite, haben die politischen Entscheidungsträger kaum die Umweltkosten dieser Produktionssubventionierung berücksichtigt.

---

ventionen für die Landwirtschaft eine überzogene Mechanisierung; sie sind seitdem zurückgeführt worden. Ähnlich können Subventionen für bestimmte Energieträger oder Nahrungsmittel zu einem überhöhten Konsum oder zur Verschwendung führen, oder das subventionierte Produkt wird für nicht vorgesehene Zwecke und damit unwirtschaftlich eingesetzt. Die Verwendung subventionierten Kerosins in der Industrie an Stelle des nicht-subventionierten Dieselöls oder Benzins und die Verwendung subventionierten Brots als Viehfutter sind zwei Beispiele dafür. In manchen Fällen haben die Subventionen zudem schädliche Nebeneffekte auf die Umwelt (vgl. Sonderbeitrag 5.6). Schließlich kann das bloße Vorhandensein von Subventionen den privaten Sektor von einer produktiven Tätigkeit abhalten, da er damit beschäftigt ist, seinen Anteil an den Subventionen durchzusetzen.

Zwar ist das genaue Ausmaß der mit einer Subventionierung verbundenen Kosten schwer zu messen, bei wachsendem Subventionsprogramm dürften die Kosten aber zumeist schneller steigen als der Nutzen. Zur Steigerung des Nutzen-Kosten-Verhältnisses eines solchen Programms kann die sorgfältige Ausrichtung der Ausgaben auf die bedürftigsten Bevölkerungskreise einen erheblichen Beitrag leisten (vgl. Sonderbeitrag 5.7).

Öffentliche Ausgaben zur Linderung der Armut

Die Erfahrung hat gezeigt, daß bei Subventionen und anderen Ausgaben zur Linderung der Armut, bestimmte Kriterien darüber entscheiden, ob die Mittel die Armen auch wirksam und effektiv erreichen. Angenommen, die Armen benötigen eine bestimmte Dienstleistung; erstes wichtiges Kriterium ist dann der Umfang oder der Standard der Leistungsbereitstellung, und zwar gemessen an den Einheitskosten der Leistung je Begünstigten. Arme Bevölkerungskreise können sich keine teuren Dienstleistungen erlauben, und kein Entwicklungsland kann es sich leisten, großen Bevölkerungskreisen teure Leistungen kostenlos zur Verfügung zu stellen. Deshalb dienen höchstwahrscheinlich die Programme, die fundamentale Dienstleistungen zu niedrigen Kosten anbieten, den Armen am meisten.

Außerdem richten sich derartige Programme in gewissem Sinne selbst auf den Bedürftigenkreis aus, weil die Bevölkerungsgruppen mit höherem Einkommen oft nach Dienstleistungen eines gehobeneren Standards verlangen.

Beispielsweise erreichen wahrscheinlich Ausgaben für eine breit angelegte schulische Grundausbildung zu niedrigen Kosten die arme Bevölkerung eher als Ausgaben für eine teuere Grundschulausbildung oder eine höhere Schulausbildung. In São Paulo (Brasilien) lassen sich durch eine kostengünstige Vorschulerziehung, d. h. bei Nutzung vorhandener öffentlicher Gebäude und bei Einsatz von Müttern als Aushilfslehrkräfte, mit dem gleichen Budget fünfmal so viele Kinder im Vorschulalter erreichen als durch kostenmäßig aufwendige Methoden (bei Nutzung neuerstellter Gebäude und ausschließlichem Einsatz vollqualifizierter Grundschullehrer). In ähnlicher Weise dürften Investitionen für Polikliniken den Armen eher helfen als

---

Sonderbeitrag 5.7 Ein Beispiel zielorientierter Ausgaben: Nahrungsmittelsubventionen in Mexiko

Bis 1986 hat die mexikanische Regierung die meisten Grundnahrungsmittel global subventioniert. Die Mehrzahl der Subventionen unterlag der Verwaltung der staatlichen Nationalen Gesellschaft für Grundnahrungsmittel (CONASUPO), die auf zweierlei Art eingriff. Entweder verkaufte sie die Produkte verbilligt an die Verarbeiter (deren Verkaufspreise ebenfalls Preiskontrollen unterlagen) oder sie erstattete ihnen direkt die Kosten, die durch die Verkaufserlöse nicht gedeckt wurden. Diese Subventionen stiegen Anfang der achtziger Jahre beträchtlich, da die Regierung die garantierten Erzeugerpreise zur Stimulierung der Inlandsproduktion anhob, zugleich aber die Verbraucherpreise niedrig hielt, um einen Aufwärtsdruck auf die heimischen Löhne zu verhindern. Im Jahr 1983 trug der Staat allein für Nahrungsmittelsubventionen Gesamtkosten von über 1 Prozent des BIP.

Mitte der achtziger Jahre waren Subventionen in dieser Größenordnung nicht länger tragbar. Mexiko sah sich mit hohen Haushaltsdefiziten, rascher Inflation, einer steigenden Schuldendienstlast und einem verschlechterten Zugang zu internationalem Kapital konfrontiert. Im Rahmen eines Programms zum Abbau des Haushaltsdefizits kürzten die politischen Stellen im Jahre 1985 die globalen Subventionen und ließen die meisten davon 1986 auslaufen. Infolgedessen haben sich die realen Preise für Tortillas und Brot mehr als verdoppelt. Ende 1986 beliefen sich die von der CONASUPO verwalteten restlichen Subventionszahlungen auf weniger als 0,2 Prozent des BIP.

Angesichts der prekären Ernährungslage der Armen in Mexiko, wo mehr als 30 Prozent der Kinder im Vorschulalter an Unterernährung leiden, könnte die Streichung aller Subventionen für die Armen eine große Notlage zur Folge haben und die Unterstützung des Sparprogramms der Regierung gefährden. Die Regierung reagierte darauf mit einem Lebensmittelmarken-Programm für Tortillas und führte gleichzeitig die Verteilung von Milch in armen Stadtbezirken fort. CONASUPO unterhielt schon längere Zeit spezielle Läden, die in armen Landregionen Grundnahrungsmittel zu subventionierten Preisen verkauften. All diese Anstrengungen waren jedoch finanziell nicht genügend abgesichert und keiner wirksamen Kontrolle unterworfen. Die Regierung, von der Weltbank mit einem Darlehen für den Agrarsektor unterstützt, hat in letzter Zeit die Programme für Lebensmittelmarken und die Verteilung von Milch ausgeweitet, indem sie die Zahl der Bezugsberechtigten in den Stadtbezirken erhöhte. Sie intensivierte auch die Überwachung und Kontrolle, um die Umlenkung der Subventionen auf nicht berechtigte Bevölkerungsgruppen einzudämmen. Sofern die Subventionen auf die ärmsten 20 Prozent der Bevölkerung (16 Millionen Menschen) begrenzt werden, könnten Mittel in Höhe von 250 Mio Dollar annähernd ausreichen, um die Streichung der globalen Subventionen zu kompensieren.

Zielorientierte Subventionen gewährleisten einen weitaus wirtschaftlicheren Einsatz der Ressourcen als Globalsubventionen, in Mexiko und anderswo stellen sie aber an die Verwaltung große Anforderungen. Erstens muß gewährleistet werden, daß möglichst geringe Subventionsbeträge in nicht berechtigten Bevölkerungsgruppen versickern. Drei Arten der Zielorientierung sind hierbei möglich: Nach Regionen, sofern die Armen geographisch konzentriert wohnen; nach Nahrungsmittelarten, sofern bestimmte Nahrungsmittel hauptsächlich von den Armen verbraucht werden, und nach individuellem Einkommen oder einem Einkommensindikator. Letzteres ist wegen der erforderlichen individuellen Überprüfung verwaltungsmäßig am schwierigsten, gleichwohl aber im Hinblick auf die Abgrenzung der Zielgruppe am exaktesten. Das mexikanische Lebensmittelmarkensystem orientiert sich offiziell an der Einkommenshöhe; die Marken sind nur für Familien bestimmt mit einem Gesamteinkommen von weniger als dem Doppelten des gesetzlichen Mindestlohns. Die Abnehmer von CONASUPO konzentrieren sich aber auf Stadtbezirke mit niedrigem Einkommen, so daß implizit auch eine Zielorientierung nach dem Wohnbereich vorliegt.

Zweitens müssen die Subventionen die Ärmsten und die am schlechtesten Ernährten auch tatsächlich erreichen; wie in vielen Entwicklungsländern, leben sie in Mexiko in ländlichen Regionen und haben nur geringe Verbindungen zu offiziellen Märkten. Die CONASUPO-Läden auf dem Lande bieten bereits in vielen armen Regionen eine Grundversorgung zu niedrigen Preisen. Es bedarf besonderer Anstrengungen, um ihre Leistungsfähigkeit zu steigern, ohne daß effiziente private Groß- und Einzelhändler verdrängt werden.

Investitionen für Spezialkliniken oder -hospitäler. Das gleiche gilt für die Sanierung von Elendsvierteln im Vergleich zum Neubau von Wohngebäuden oder für die Wasserversorgung durch Standleitungen verglichen mit individuellen Hausanschlüssen. Auch Nahrungsmittelsubventionen können gezielt auf die Armen ausgerichtet werden, indem man weniger teuere Nahrungsmittel subventioniert. Eine Untersuchung zeigte Anfang der achtziger Jahre in Brasilien, daß die Subventionierung von Brot oder Milch die relativ Bessergestellten mehr begünstigen würde als die Armen, während die Subventionierung von Maniok-Mehl, das als billiges Nahrungsmittel hauptsächlich von den Armen verwendet wird, sehr vorteilhaft wäre.

Ein zweiter Einflußfaktor für die Wirkung eines Programms auf die Armen ist dessen regionaler Schwerpunkt; die Ärmsten konzentrieren sich tendenziell auf bestimmte Regionen, auf Agrargebiete und auf städtische Elendsviertel. Beispielsweise erreichen Subventionen — sei es für Nahrungsmittel, Gesundheitsfürsorge, Erziehung, für Kredite oder für den Wohnungsbau — wahrscheinlich kaum den ärmsten Teil der Bevölkerung, wenn sie ausschließlich in städtischen Regionen verfügbar sind. Mit zunehmender Abgeschiedenheit, ein ganz entscheidender Punkt, der die Armut tendenziell verschlimmert, wachsen jedoch leider die administrativen Schwierigkeiten und die Kosten von Projekten, die auf die Armen in den Agrarregionen abgestellt sind.

Es ist oft behauptet worden, öffentliche Ausgabenprogramme seien „stadtlastig"; dies ist aber nur schwer zu belegen. Das liegt einmal an der Schwierigkeit, die räumliche Wirkung bestimmter Ausgabenprogramme abzugreifen. Beispielsweise kann ein städtischer Busbahnhof oder eine städtische Hafenanlage hauptsächlich der Landbevölkerung zugute kommen. Ein weiterer Grund ist, daß Investitionen im Bereich der städtischen Infrastruktur, so für sauberes Wasser, Elektrizität, Gesundheit oder Erziehung, tendenziell niedrigere Stückkosten verursachen als ihr Gegenstück in ländlichen Gebieten und sich damit aus Wirtschaftlichkeitserwägungen rechtfertigen lassen. Zwar sollte die Entwicklung des ländlichen Raumes niemals vernachlässigt werden; dies gilt aber auch für die Urbanisierung, die unausweichlich mit Entwicklung und Wachstum einhergeht. Das Hauptproblem ist nicht so sehr die Verteilung der Ausgaben, sondern eher deren Finanzierung. Die Vermeidung von Subventionen für kommunale Dienstleistungen, und zwar durch eine stärkere Finanzierung mittels lokaler Steuern und Benutzergebühren, ist der Schlüssel für Wirtschaftlichkeit und Gerechtigkeit.

Ein dritter, für die Effekte öffentlicher Ausgaben auf die Armut wichtiger Faktor ist, daß das Programm den informellen Sektor der Wirtschaft erreicht. Regierungsprogramme, die nur die Beschäftigten im formellen Sektor erreichen, wie Sozialversicherungs- und sonstige staatliche Pensionspläne, subventionierte Krankenversicherungen für die Beschäftigten oder Wohnbeihilfen für Staatsbedienstete, dürften die schlimmsten Auswüchse der Armut in den Entwicklungsländern kaum beseitigen.

Schließlich läßt sich mit staatlichen Ausgaben die Armut auch dadurch besser bekämpfen, daß der Projektentwurf direkt auf Beschäftigungseffekte und die Linderung der Armut abzielt. Arbeitsintensive ländliche Beschäftigungsprogramme, wie der Unterhalt von Straßen auf dem Lande, schaffen wirksam zahlreiche Arbeitsplätze für die Armen. In den letzten Jahren wurden Versuche unternommen, um die Bekämpfung der Armut bei den ländlichen Entwicklungsprojekten stärker in den Vordergrund zu stellen. Zum Beispiel entfielen von den gesamten 192 zwischen 1974 und 1979 genehmigten Weltbankprojekten allein 112 auf speziell armutsorientierte Projekte, und die Kosten je begünstigter Familie beliefen sich hierbei auf 1 104 Dollar, verglichen mit fast 1 400 Dollar bei den restlichen 80 ohne besondere Ausrichtung. Armutsorientierte Projekte konnten daher zu den gleichen Kosten mehr Familien erreichen. Die Erträge der armutsorientierten Projekte unterschieden sich nicht signifikant von denen der nicht zielorientierten, was dafür spricht, daß Wirtschaftlichkeit und Gerechtigkeit miteinander zu vereinbarende Ziele sein können.

Ein jetzt in Bangladesch anlaufendes Landwirtschaftsprojekt bietet ein gutes Beispiel für eine adäquate staatliche Investition, die vom Projektansatz dafür sorgt, die ärmere Bevölkerung zu erreichen. Das Projekt wird ergänzende Infrastrukturmaßnahmen finanzieren, insbesondere den Neubau und die Wiederherstellung von Hochwasserschutzanlagen, Entwässerungsanlagen und Bewässerungssystemen. Zusätzlich zur Verringerung von Ernteverlusten und zur Steigerung der Erträge um etwa 160 000 Tonnen pro Jahr wird es Beschäftigung im Umfang von fast 5 Millionen Arbeitstagen schaffen. Das Projekt soll über 200 000 arme ländliche Familien begünstigen, davon viele Familien von besitzlosen Landarbeitern und Pächtern.

Schlußfolgerungen

Aus den obigen Ausführungen ergeben sich verschiedene Schlußfolgerungen. Erstens sollten öffentliche Investitionen zu privaten Investitionen generell in einem komplementären Verhältnis stehen, anstatt in direkter Konkurrenz zu ihnen. Zweitens sollten die Planer öffentlicher Investitionen alle Aspekte des Projektentwurfs berücksichtigen. Die Projekte sollten nicht nur ökonomisch lebensfähig, sondern auch technisch, administrativ und finanziell durchführbar sowie in ein politisches Umfeld eingebettet sein, von dem Signale zur Steigerung der Effizienz ausgehen. Drittens muß für die gesamte Lebensdauer der Investition eine ausreichende Finanzierung für Betrieb und Wartung bereitgestellt werden. Viertens müssen die Regierungen der Entwicklungsländer ein größeres Gewicht auf die Heranziehung und Motivierung eines qualifizierten Mitarbeiterstabes legen. Sie können es sich nicht leisten, für die Gesamtheit der Erwerbsbevölkerung als Arbeitgeber „letzter Instanz" zu fungieren. Schließlich sind Wirtschaftlichkeit und Gerechtigkeit nicht notwendigerweise miteinander unvereinbare Ziele. Regierungsprogramme, die kostengünstige Dienstleistungen oder Subventionen bereitstellen, die rigoros im Umfang begrenzt und auf die Bedürftigsten abgestellt sind, können dazu beitragen, die Armut zu vertretbaren Kosten zu lindern und zugleich die für das Wachstum so entscheidende Ausbildung der Arbeitskräfte zu fördern. Nicht zielorientierte Subventionen haben sich generell als zu kostspielig und unwirksam erwiesen, um angesichts der jetzt engen öffentlichen Finanzierungsspielräume gerechtfertigt werden zu können.

Die Regierungen sehen sich bei der Planung, Budgetierung und Durchführung öffentlicher Ausgabenentscheidungen mit drei wichtigen Aufgaben konfrontiert. Sie müssen das Gesamtniveau der Ausgaben im Griff behalten, die Prioritäten für die Allokation setzen und für jede Ausgabenkategorie Qualität gewährleisten. Auf die mit der Planung und Budgetierung der öffentlichen Ausgaben verbundenen Herausforderungen richtet sich das Augenmerk im Rest des Kapitels.

Planung und Budgetierung öffentlicher Ausgaben

Die zwei Hauptinstrumente, die typischerweise zur Kontrolle und Allokation der öffentlichen Ausgaben dienen, sind der mittelfristige Finanzplan und der jährliche Haushaltsplan. Der mittelfristige Finanzplan fördert die sorgfältige Analyse alternativer Ausgabemöglichkeiten, erleichtert die Planung einzelner Abschnitte von Großinvestitionen über mehrere Jahre hinweg und gibt Anhaltspunkte über die Vereinbarkeit der vorgesehenen mittelfristigen Einnahmen- und Ausgabenverläufe. Der jährliche Haushaltsplan ist das autorisierte Gesetzesdokument für die Allokation öffentlicher Mittel. Er ist nicht das geeignetste Instrument für die mittelfristige Planung, weil sein Zeithorizont kurz ist, er wenig Raum für die Einbringung und Beurteilung von Optionsmöglichkeiten bietet und in der Regel unter beträchtlichem Zeitdruck erstellt wird.

Anhaltende Notwendigkeit einer öffentlichen Finanzplanung

Die Planungspraxis der Entwicklungsländer war in den vergangenen dreißig Jahren äußerst unterschiedlich. An einem Ende des Spektrums befinden sich Länder wie China und Ungarn, die eine umfassende zentrale Planung und Lenkung sowohl der öffentlichen als auch der privaten Investitionen versuchten. Am anderen Ende befinden sich Länder wie Hongkong, die kaum oder gar kein Gewicht auf zentrale Planung legten und wo die Investitionen im wesentlichen durch Preissignale gesteuert wurden, die von relativ frei funktionierenden Märkten ausgingen. Zwischen diesen beiden Extremen befinden sich Länder (wie Indien, die Republik Korea, Malaysia und Singapur), die die Planung aktiv zur Steuerung staatlicher Ausgaben eingesetzt haben und für die Entscheidungsfindung im Privatsektor Rahmenbedingungen setzten, sowie Länder (wie Indonesien, Thailand und ein Großteil der Länder Afrikas südlich der Sahara) die über regulär aufgestellte zentrale Wirtschaftspläne verfügten, sie jedoch primär als allgemein gehaltene politische Willensbekundung verstanden und sich häufig nur wenig daran gehalten haben.

In den letzten Jahren hat die umfassende zentrale Wirtschaftsplanung bei Regierung und Wissenschaft insgesamt an Gunst verloren. Viele Länder, wie China und Ungarn, legen wachsendes Gewicht auf die Marktkräfte und individuelle Leistungsanreize. Teilweise ist dies das Resultat einer Schwerpunktverlagerung in der Entwicklungstheorie. Während Ökonomen früher der Ansicht waren, strukturelle Starrheiten in den Entwicklungsländern stellten ein Haupthindernis für das Wachstum dar, wird jetzt mehr der von verzerrten Preissignalen ausgehende Schaden betont. Dies spiegelt die wachsende Überzeugung wider, daß die Ressourcen flexibler sind als man früher dachte und Erzeuger und Verbraucher in Entwicklungsländern schnell auf Preissignale reagieren. Ältere Theorien verlangten bei der Allokation der Ressourcen nach direkter staatlicher Intervention, während die neuere Sicht die vorrangige Bedeutung gut funktionierender Märkte und korrekter Preissignale betont. Ein weiterer Grund für die wachsende Skepsis gegenüber einer umfassenden zentralen Planung liegt in der weitverbreiteten Enttäuschung über die in der Praxis erzielten Resultate. Die zentralisierte Entscheidungsfindung erwies sich als unflexibel und unwirtschaftlich und führte zu einem wachsenden Aufgebot staatlicher Institutionen und großer öffentlicher Projekte, von denen einige eine kostspielige Belastung blieben. Die Planung geriet insbesondere in den achtziger Jahren in große Schwierigkeiten, als Finanzierungskrisen viele Regierungen veranlaßten, Zuflucht zu kurzfristigem Krisenmanagement zu suchen, wodurch nahezu jeder Versuch einer mittelfristigen Perspektive zunichte gemacht worden ist.

Die Abkehr von einer umfassenden, allgemeinen Wirtschaftsplanung sollte jedoch nicht eine Abkehr von jeglicher Planung überhaupt bedeuten. Es besteht die Gefahr, daß die aktuelle Wirtschaftskrise die Vorteile einer mittelfristigen Planung für den öffentlichen Haushalt aus dem Blickpunkt verschwinden läßt. Eine weitere Gefahr besteht darin, daß ideologische Klischeevorstellungen Reformen blockieren — was eine umfassende, allgemeine Wirtschaftsplanung in Verbindung mit interventionistischen Entwicklungsansätzen einerseits und das Fehlen von Planung bei nicht-interventionistischen, marktwirtschaftlichen Ansätzen andererseits zur Folge hätte. Dies wäre bedauerlich, da die Forderung nach einer besseren staatlichen Ausgabenpolitik nicht ideologischer Natur ist. Finanzpolitischer Sachverstand wird sowohl in kapitalistischen als auch in sozialistischen Wirtschaftssystemen benötigt.

Das Ziel der Finanzplanung sollte es sein, die öffentlichen Ausgaben über eine Periode von drei bis fünf Jahren vorauszuschätzen und aufzustellen, wobei mögliche Mittelverknappungen und die Auswirkungen dieser Ausgaben auf die Wirtschaft in Rechnung gestellt werden sollten. Ein umfassender mittelfristiger Ausgabenplan enthält zur Erreichung dieser Ziele mehrere Komponenten. Erstens stellt er die gesamtwirtschaftlichen Rahmenbedingungen auf, wobei er das Wachstum des Volkseinkommens, der Ersparnis, der Investitionen und die Zahlungsbilanz den öffentlichen Ausgaben und Einnahmen gegenüberstellt. Zweitens prognostiziert er die laufenden Ausgabenverpflichtungen für den Schuldendienst, die öffentliche Verwaltung, die Verteidigung, den Betrieb und die Wartung der Investitionen und so weiter. Wenngleich nur wenige Ausgabenpositionen, wenn überhaupt, völlig unflexibel sind, so erweisen sich doch einige laufende Ausgabenarten (wie der Schuldendienst für die ausstehende Verschuldung, die Pensionen der Staatsbediensteten und bestimmte Teile der Ausgaben für Betrieb und Wartung) verglichen zu anderen als weniger flexibel. Drittens legt der mittelfristige Ausgabenplan ein mehrjähriges öffentliches Investitionsprogramm fest, getrennt nach Projekten hoher Priorität und solchen geringerer Priorität, die nur in Angriff genommen werden, wenn die Ressourcen dazu ausreichen. Schließlich schätzt er die Einnahmen aus Steuern und sonstigen Quellen voraus und die Mittel, die durch Verschuldung im Inland und Ausland aufgenommen werden müssen, sowie die Finanzzuschüsse. Ein derartiger Plan wird auf iterativer Basis bei alternativen Annahmen bezüglich des Steuersystems, der Höhe der Benutzergebühren, der Politik gegenüber den SEU und des gesamtwirtschaftlichen Umfelds aufgestellt. Er trägt somit dazu bei, daß Ausgaben und gesamtwirtschaftliche Annahmen in Übereinstimmung gebracht werden, und er unterstreicht die Rolle staatlicher Ausgaben als Instrument der Politik.

Zwar sind nur wenige Länder in der Lage, einen derartigen umfassenden mittelfristigen Plan aufzustellen, doch ist das Konzept ein nützliches Modell, das anzustreben sich lohnt. Wie einige der nun folgenden Länderbeispiele zeigen, lassen sich auf einzelnen Gebieten in vielen Fällen Fortschritte erzielen.

Haushaltspläne als politische Instrumente

Der jährliche Haushaltsplan ist üblicherweise die gesetzliche Grundlage für die öffentlichen Ausgaben. Im Idealfall ist er der Jahresabschnitt eines mittelfristigen Ausgabenplans, obwohl dieser Verbund zwischen Planung und Budgetierung in der Praxis oft nur schwach ist. Die Bedeutung und Form der Aufstellung des Haushaltsplans ist in den einzelnen Ländern sehr unterschiedlich und wird weitgehend von der Tradition bestimmt. Zwar kann der exakte Ablauf unterschiedlich sein, doch geben bestimmte entscheidende Prinzipien den Ausschlag dafür, ob das Budget zu einem wirksamen Instrument der Politik wird.

Erstens sollte der Haushaltsplan vollständig sein. Er sollte die gesamten Ausgaben des Zentralstaates umfassen, seien sie durch allgemeine Steuern, zweckgebundene Einnahmen, Kredite oder Zuschüsse finanziert. Wichtige Investitionsprojekte von Regierungsstellen auf unterer Ebene und von SEU sollten unbedingt zentralstaatlich beurteilt werden und könnten auch im Haushaltsplan oder einem Begleitdokument erfaßt werden. Obwohl diese Stellen bei der Führung ihrer Tagesgeschäfte unabhängig sein müssen, sollte sich der Zentralstaat das Zustimmungsrecht für bedeutende Neuinvestitionen oder neue Kreditaufnahmen vorbehalten.

Eine solche Vollständigkeit des Haushaltsplans ist eher die Ausnahme als die Regel, auch auf nationaler Ebene. Konten außerhalb des Haushalts gediehen in vielen Ländern, sowohl in Industrie- als auch in Entwicklungsländern. Außerdem werden die Investitionen und in einigen Fällen sogar die Verschuldung der Landes- und Kommunalregierungen oder SEU häufig aus der zentralstaatlichen Aufsicht ausgeklammert. Einige Länder bilden Ausnahmen. Beispielsweise sind Schlüsselministerien in Chile und Panama in der Lage, über alle staatlichen Ausgaben eine straffe haushalts- und verwaltungsmäßige Kontrolle auszuüben, und Thailand hat eine adäquate Überwachung der Verschuldung des gesamten öffentlichen Sektors eingeführt.

Ein wichtiger Grund für die Existenz außerplanmäßiger Konten und die Zweckbindung von Einnahmen ist der Wunsch, die mühseligen und oft stark politisierten haushaltsrechtlichen Verfahren bei der Finanzierung wichtiger Leistungen zu vermeiden. Derartige Konten können kurzfristig unvermeidlich sein, wenn das Haushaltsgebaren ernsthaft zerrüttet worden ist. Langfristig sollte jedoch angestrebt werden, dieses Haushaltsverfahren zu verbessern und Einnahmen und Ausgaben im Budget zu verankern.

In der Türkei hat die Zahl von Nebenhaushalten rasch expandiert; man schätzt, daß es über achtzig gibt, davon ein Dutzend bedeutende und voll funktionsfähige. Auf sie entfielen im Jahr 1985 rund 20 Prozent der Haushaltseinnahmen des Zentralstaates (nach nur 8 Prozent im Jahr 1983) oder 3,5 Prozent des BIP. Primär durch zweckgebundene Abgaben finanziert, dienen die Fonds solch unterschiedlichen Zwecken wie der Export- und Investitionsförderung, der Finanzierung von staatlichen Investitionen hoher Priorität, der Subventionierung von landwirtschaftlichen Vorerzeugnissen wie Kunstdünger und Viehfutter und der Finanzierung unterschiedlicher Sozialprogramme. Sie wurden geschaffen, um mühselige Verfahrensweisen bei der Budgetierung und Auszahlung der Mittel zu umgehen und um sich gegen generelle Haushaltskürzungen abzusichern. Ihre Unabhängigkeit hat jedoch die allgemeine Haushaltskontrolle untergraben, die im Budget eingegliederten Ausgabenpositionen zusätzlichem Druck ausgesetzt und Ineffizienz und Widersprüchlichkeiten bei der Allokation öffentlicher Ressourcen verstärkt. Die Regierung der Türkei kündigte in jüngster Zeit Pläne an, um bis zu 30 Prozent der Einnahmen aus diesen Fonds in das konsolidierte Budget einzugliedern.

Haushaltspläne sollten vollständig sein, daneben aber auch sinnvolle Zusammenhänge zwischen den Zielen der Regierung (wie sie in Programmen und Projektionen festgelegt sind) und traditionellen Haushaltspositionen wie Löhnen und Gehältern, Ausstattung und Material herstellen. Traditionell nach Fachbereichen gegliederte Haushaltspläne sind zwar zur Kontrolle der Ausgaben im strengen buchhalterischen Sinn sinnvoll, sie können aber kein adäquates Bild darüber liefern, inwieweit staatliche Zielsetzungen erreicht werden.

Einige Entwicklungs- und Industrieländer haben ihre Haushaltsverfahren in Richtung einer „programm"- oder „erfolgsorientierten" Budgetierung reformiert. Im Rahmen solcher Reformen wird nicht nur der Haushalt im Hinblick auf Ziele und Programme neu klassifiziert, sondern auch versucht, die Regierungsleistung durch die Gegenüberstellung von Aufwand und Ertrag zu überwachen. Wegen institutioneller Schwierigkeiten und mangelnder Informationen bei der Programmaufstellung und Erfolgskontrolle konnten derartige Verfahren nur schwer durchgesetzt werden. Die Resultate waren zweifelhaft. Beispielsweise versuchte Sri Lanka im Jahr 1969, einen erfolgsorientierten Haushaltsplan einzuführen, gab dies aber nach 1976 wieder auf. Nachhaltigere Bemühungen haben in Indien zu einem funktionierenden System geführt, aber es ist mit viel Aufwand verbunden und die gelieferten detaillierten Informationen (über 2 000 Seiten) entsprechen nicht den Bedürfnissen der Legislative oder der Ministerien. Erfolgsorientierte Budgetreformen hatten in Malaysia nur in zwei oder drei Ministerien einen tiefgreifenden und dauerhaften Einfluß. Ungeachtet dieser Probleme führten die Bemühungen in allen drei Fällen zu einer verbesserten Erfolgsmessung und Rechnungsprüfung sowie zu einem erweiterten unternehmerischen

Verständnis, und sie haben indirekt die Allokation der Ressourcen verbessert. Wenngleich der Terminus „erfolgsorientierte Budgetierung" wegen der Schwierigkeiten bei der praktischen Durchführung insgesamt an Wertschätzung verloren hat, bleiben deren Elemente — eine Klassifizierung der Ausgaben nach Programmen, die stärkere Betonung der Erfolgskontrolle und die Einschätzung des Haushalts als Planungs- und Politikinstrument — entscheidend für eine bessere öffentliche Budgetierung.

Verbesserung der Ausgabenplanung und -budgetierung

Wenige Entwicklungs- oder Industrieländer stützen ihre Entscheidungsfindung auf derartig gründliche Abläufe, wie sie oben beschrieben worden sind. In der Tat haben sich in den letzten Jahren die Planungs- und Budgetierungsmechanismen in vielen Entwicklungsländern aufgrund größerer wirtschaftlicher Instabilität verschlechtert. Einige der gängigsten Probleme — Mängel in der einfachsten Buchführung, das Fehlen eines gesamtwirtschaftlichen Bezugsrahmens, unkoordinierte Entscheidungsfindung, nicht ökonomisch begründete Investitionsentscheidungen, sowie die unterlassene Berücksichtigung der Kosten während der gesamten Nutzungsdauer des Projekts, bei der Planung für Eventualfälle oder bei der Antizipierung der Inflationsauswirkungen auf das Budget — werden im folgenden erörtert.

SANIERUNG DER ELEMENTAREN RECHNUNGSLEGUNG. Die korrekte und rechtzeitige Erfassung der anfallenden Ausgaben ist ein wesentlicher Bestandteil einer ordentlichen Finanzkontrolle. Ob die Regierung überhaupt ihre Rechnungslegung veröffentlicht, welche Verzögerungen eventuell eintreten und wie es um die Zuverlässigkeit bestellt ist — all dies sind einfachste Indikatoren für den Gesundheitszustand eines Finanzsystems. Einige Entwicklungsländer erfüllen diese elementarsten Anforderungen an eine Finanzkontrolle nicht. Die Rechnungsdaten kommen oft spät oder sind unzuverlässig, so daß sie nicht als Grundlage für eine rationale öffentliche Ausgabenplanung oder -kontrolle dienen können. Dieser Datenmangel kann die Ordnung des gesamten Planungs- und Budgetierungssystems gefährden.

Das Beispiel eines westafrikanischen Landes illustriert dies. Obwohl das Buchhaltungssystem ganz ordentlich zu funktionieren pflegte, ist es in jüngster Zeit in Unordnung geraten. Die für die Vorbereitung und Bewertung von Budgetanforderungen erforderlichen Daten sind nicht mehr verfügbar, und der Zeitplan für das Budget ist durcheinandergeraten. Das Führungspersonal aller Ebenen ignoriert entweder das Ersuchen um geschätzte Haushaltsanforderungen für das nächste Fiskaljahr oder es legt Schätzungen vor, die vom Möglichen weit entfernt sind. Es rechnet damit, daß ihnen die Regierung ohnedies Mittel für ihre Vorhaben zur Verfügung stellen muß, daß die Übermittlung welcher Daten auch immer wahrscheinlich nicht ihren Niederschlag im endgültigen Haushaltsplan finden würde, und daß die tatsächliche Freigabe der Mittel sowieso nicht mit dem Haushaltsplan übereinstimmen würde. Unrealistische Anforderungen an das Budget untergraben jedoch wiederum das Vertrauen derjenigen, denen diese Mitteilungen zugehen. In einem Kreislauf sich gegenseitig verstärkender Skepsis geht in allen Stadien dieses Prozesses die Glaubwürdigkeit verloren.

In Fällen wie diesen ist eine Sanierung der elementaren Buchführung die Voraussetzung einer verbesserten öffentlichen Ausgabenverwaltung. Verbesserungen bei der Erfassung der anfallenden Ausgaben sollten oberste Priorität genießen. Die elektronische Datenverarbeitung bei den staatlichen Lohnzahlungen kann hierzu einen bedeutenden Beitrag leisten. Eine weitere Verbesserungsmöglichkeit liegt in der einfachen systematischen Überwachung des Investitionsprogramms. Jüngste Bemühungen in mehreren afrikanischen Ländern, so in Ghana und Uganda, die Überwachung der Investitionsprogramme zu verbessern, konzentrierten sich auf die Entwicklung einfacherer Projektskizzierungen. Die standardisierten Projektmerkmale umfassen fünf Punkte: Eine präzise Beschreibung des Projektinhalts und des Projektziels, eine unzweideutige Kennzeichnung des Haushaltstitels und des Projekts, eine Schätzung der gesamten Investitionskosten, ein Vorschlag über die jährliche Verteilung der Investitionskosten sowie eine Schätzung der laufenden Unterhaltskosten des Projekts. Wenn diese einfachen Projektskizzierungen regelmäßig erstellt und auf den neuesten Stand gebracht werden, können sie erheblich dazu beitragen, die Ausgaben für das Projekt in den Griff zu bekommen.

BESTIMMUNG DER GESAMTWIRTSCHAFTLICHEN RAHMENDATEN. Zur Vorausschätzung der verfügbaren Ressourcen bedarf es neben dem Wissen um die in der

Vergangenheit getätigten Ausgaben einer Bewertung und Projektion der gesamtwirtschaftlichen Entwicklung in den nächsten drei bis fünf Jahren. Den Regierungen fehlen hierzu jedoch häufig entweder die ausgebildeten Mitarbeiter, oder es fehlen institutionelle Voraussetzungen, die sicherstellen, daß derartige gesamtwirtschaftliche Analysen ordnungsgemäß in die Aufstellung der Pläne und des Budgets eingehen. Dies führt dazu, daß Einnahmenprognosen und Ausgabenvorausschätzungen nicht existieren, oder, falls sie vorhanden sind, wenig Bezug zur Wirklichkeit aufweisen. Außerdem dürften Ministerien und SEU ohne eine zentrale Ausgabenüberwachung von unterschiedlichen Annahmen bezüglich der gesamtwirtschaftlichen Variablen ausgehen, wie hinsichtlich der zu erwartenden Inflationsraten oder der Wechselkurse; dies führt zu Inkonsistenzen, die im späteren Stadium des Ausgabenzyklus wieder auftauchen. Der Erwerb von makroökonomischem Verständnis und sektorspezifischen Kenntnissen der Mikroökonomie sollte hohe Priorität genießen.

KOORDINIERUNG DER ENTSCHEIDUNGSFINDUNG. Die Verantwortung für die Planung und Budgetierung verteilt sich oft auf verschiedene Institutionen, ohne daß ein wirksamer Koordinationsmechanismus vorhanden wäre. Zwar wird die Organisationsstruktur überwiegend von der geschichtlichen Erfahrung und der Tradition abhängen, und in der Praxis können durchaus verschiedenste Strukturen funktionieren; eine Koordinierung ist jedoch in jedem Fall unbedingt erforderlich.

Am besten wird dieses Problem vielleicht anhand des oft bestehenden Spannungsverhältnisses zwischen dem Finanz- und Planungsministerium deutlich; eine häufig gestellte institutionelle Frage ist, ob diese beiden Ministerien zusammengelegt werden sollten. Es gibt zahlreiche Beispiele für eine Zusammenlegung und fast ebenso viele für eine sich daran anschließende Trennung. Eine Reihe von Ländern, wie Kenia und Sierra Leone, haben schon mehrere Runden dieses Prozesses hinter sich. Nur selten werden beide Ministerien wirklich miteinander verschmolzen. Häufiger ist einfach ein einziger Minister für beide Institutionen zuständig. Eine Ausnahme bildet Botswana, wo die Zusammenlegung des Finanz- und Planungsministeriums eine echte Verschmelzung der Funktionen bedeutete.

Die Frage, ob ein oder zwei Ministerien vorhanden sein sollten, oder eine von beiden Stellen getrennte Haushaltsbehörde, ist vielleicht nicht einmal von zentraler Bedeutung. Entscheidend ist, beide Funktionen in Übereinstimmung zu bringen. Kurzfristige Haushalte müssen eine gut durchdachte längerfristige Perspektive widerspiegeln, und mittelfristige Pläne brauchen die Rechenschaftslegung und praktische Bedeutung, die durch direkte Verbindungen mit dem Budget erreicht wird. Der schon früher erörterte Prozeß der mittelfristigen Ausgabenplanung kann das echte Bindeglied zwischen beiden herstellen.

Leider gelang es nur wenigen Ländern, die Funktionen der Planung und Budgetierung zufriedenstellend ineinander zu integrieren. Aus verschiedenen Gründen wird der Planungsansatz bei der Aufstellung des Haushalts oft nicht beachtet. Erstens kann die Planung nicht hinreichend detailliert sein, um für die Budgetierung eine Richtschnur zu liefern. Zweitens vollzieht sich der Prozeß der Haushaltsaufstellung oft überstürzt und unterliegt vielerlei kurzfristigen Zwängen; hierdurch steht nicht ausreichend Zeit zur Verfügung, um die Planvorgaben zu berücksichtigen. Drittens dürften die Planer geringeren Einfluß haben als die Haushaltsexperten, weil das Budget das maßgebliche Gesetzesdokument ist, während der Plan in der Regel keine Gesetzeskraft hat. Häufige organisatorische Veränderungen können ebenso den Einfluß der Planer schwächen. Beispielsweise wurde die Planung in Argentinien seit 1973 fünf großen und verschiedenen kleineren organisatorischen Umstrukturierungen unterworfen, worunter ihre Glaubwürdigkeit litt. Schließlich haben manchmal traditionelle Klischeevorstellungen zwischen beiden wie ein Keil gewirkt. Haushaltsexperten werden oft als mehr an der kurzfristigen Ausgabenkontrolle statt an der längerfristigen Entwicklung interessiert beschrieben, während den Planern der Ruf vorangeht, sich zu sehr mit wirtschaftlichen Gesamtgrößen zu befassen, die die Regierung in der Praxis kaum kontrollieren kann.

Chile und Thailand sind zwei Länder, die die 145lgration von Planung und Budget recht erfolgreich in Angriff genommen habe. Thailand hat dies mehr durch Verfahrensregeln als durch organisatorische Maßnahmen erreicht. Kein Projekt kann in das jährliche Budget aufgenommen werden, ohne zuvor entsprechend den von der Planungsbehörde gebilligten Kriterien begutachtet und von dieser Behörde danach nochmals kritisch überprüft zu werden. Im Gegensatz dazu verfügt Chile über keine Planungsbehörde im traditionellen Sinn. Sowohl der Jahreshaushalt als auch die mittelfristige Planung liegen im Verantwortungsbereich des Finanzministeriums und werden simultan erstellt.

ODEPLAN, die Zentralstelle für die Projektprüfung, unterstützt das Finanzministerium bei der langfristigen Planung und muß jedes Projekt umfassend begutachten, bevor es in das Budget aufgenommen wird. In beiden Ländern sind die Planungs- und Haushaltsstellen traditionell gut mit Personal ausgestattet, sie werden von der politischen Führung voll unterstützt und wegen ihrer Kompetenz und fachlichen Qualifikation geschätzt.

Koordinierungsprobleme können auch zwischen Schlüsselministerien und den verausgabenden Stellen bestehen, seien es für einzelne Sektoren zuständige Ministerien, Regierungsstellen unterer Ebene oder SEU. Wie in den Kapiteln 7 und 8 weiter aufgeführt wird, wird in all diesen Fällen die Aufrechterhaltung der Koordinierung und Rechenschaftslegung angestrebt, ohne die Vorteile der dezentralisierten Entscheidungsfindung aufzugeben. In Hinblick auf die für einzelne Sektoren zuständigen Ministerien sollte die Aufgabe der zentralen Ministerien (für Finanzen oder Planung) darin liegen, bindende Obergrenzen für die Gesamtausgaben festzulegen und entsprechend den nationalen Prioritäten Richtlinien für die Allokation der gesamten Ressourcen auf weitdefinierte Tätigkeitsbereiche zu erstellen. Beispielsweise können dem Erziehungsministerium 10 Prozent mehr Mittel als im vorigen Jahr zugewiesen werden, aber unter der Auflage, die Ausgaben für die höhere Schulbildung konstant zu halten und statt dessen die Ausgaben für die Grundschulausbildung zu steigern. Innerhalb dieser Richtlinien (vermutlich verbunden mit Auflagen hinsichtlich der gesamten Neueinstellungen) könnte das Ministerium den geeignetsten Mitteleinsatz innerhalb eines jeden Tätigkeitsbereichs, der der normalen Überprüfung durch die Zentralregierung unterliegt, festlegen. Nur die verausgabenden Stellen verfügen über das Fachwissen, um innerhalb der einzelnen Teilbereiche die genaue Verteilung der Mittel durchzuführen.

Mit den dezentralisierten Kompetenzen sollte den vorausgabenden Stellen auferlegt werden, nur zielkonforme Ausgabenanforderungen einzureichen; anderenfalls würde man die zentralen Ministerien, die sich bei der Beurteilung der Prioritäten in einer schlechteren Position befinden, dazu zwingen, die Verantwortung für die Kürzung des sektoralen Haushalts zu übernehmen. Im Jahr 1979 griff die kanadische Regierung mit der Einführung einzelner „Finanztöpfe" zu einem neuen Verfahren, um die Teilung der Zuständigkeitsbereiche zu bekräftigen. Vor 1979 konnten Minister politische Pläne genehmigen, ohne deren fiskalische Konsequenzen explizit zu berücksichtigen. Unter dem neuen System verfügt jeder politische Ausschuß im Kabinett über einen Ausgabenspielraum (den „Finanzierungstopf"), für dessen Verwendung er die Verantwortung trägt und in dem alle Ausgaben seines politischen Bereichs untergebracht werden müssen. Sowohl die Befugnis für die Verteilung der Mittel auf einzelne Sektoren als auch die fiskalische Verantwortung wurden somit auf diejenigen delegiert, die für die Ausgaben zuständig sind. Zwar dürften Entwicklungsländer einen größeren Bedarf an zentraler Steuerung der öffentlichen Investitionen haben als Industrieländer; das Beharren auf „harte" Haushaltszwänge für alle Ebenen und die Übertragung der fiskalischen Verantwortung im Sinne des oben beschriebenen Systems, kann jedoch die Haushaltssteuerung in allen Ländern verbessern.

Auch während der Durchführung eines Projekts kann die Koordinierung scheitern. Theoretisch sollte die Verantwortung für die Durchführung eines Ausgabenplanes generell bei den verausgabenden Stellen (Fachministerien oder SEU) liegen, sobald die plan- und haushaltsmäßigen Entscheidungen über den Einsatz der Mittel gefallen sind. Die zentralen Ministerien sollten die Ausgaben überwachen und sicherstellen, daß die zugewiesenen Beträge für die vorgesehenen Zwecke (mit einer gewissen Flexibilitätsspanne) ausgegeben werden, sowie die Wirkung der Ausgabenentscheidungen auf die Entwicklung bewerten. Jedoch reagieren die zentralen Ministerien auf Haushaltzwänge, überreglementierte Haushalte oder einfach aus Mißtrauen gegenüber den verausgabenden Stellen oft mit einer verzögerten Auszahlung der Mittel oder mit der Einführung unnötig erschwerter Vorschriften im Beschaffungsbereich, für den Landerwerb oder für die Qualifikation der Vertragspartner. Häufig sind dies politisch gangbarere Wege einer Haushaltskontrolle als die Verweigerung der angeforderten Mittel, nachdem der Plan und das Budget verabschiedet sind. Solche indirekten Formen der Kontrolle verzögern die Durchführung der Projekte und engen den Handlungsspielraum der Fachministerien und SEU ein. Sie mögen besser sein als überhaupt keine Kontrolle, haben jedoch kostspielige Konsequenzen für die institutionelle Entwicklung in Planung und Budgetierung; sie beeinträchtigen bei den durchführenden Stellen die intellektuellen, personellen und verwaltungsmäßigen Kapazitäten. Statt dessen sollten die Regierungen die Verantwortlichkeit (insbesondere in den SEU) fördern, indem sie ihnen eine finanzielle und administrative Unabhängigkeit gewähren und gleichzeitig ein System der Erfolgsbeurteilung einführen (vgl. Kapitel 8).

Natürlich können ungünstige Ereignisse eine Regierung zwingen, die Ausgaben unter das ursprünglich budgetierte Niveau zu begrenzen. Im Idealfall sollte das Finanzministerium den ursprünglichen Haushalt dadurch berichtigen, daß mit den einzelnen Stellen neue Obergrenzen ausgehandelt werden; kurzfristig kann aber die Verzögerung der Auszahlung der einzig gangbare Weg sein, um die erforderlichen Kürzungen durchzusetzen.

AUSWAHL DER INVESTITIONSPROJEKTE. Die Entscheidungsträger sehen sich in der Regel bei der Aufstellung oder Aktualisierung eines staatlichen Investitionsplans mit einer schwankenden Zahl von Investitionsmöglichkeiten konfrontiert. Zum einen müssen sie zwischen alternativen Neuinvestitionen eine Auswahl treffen, und zwar sowohl zwischen ersten Vorstellungen, die weitere Untersuchungen erfordern, als auch zwischen Projekten mit bereits detailliert ausgearbeiteten Entwürfen. Zusätzlich ist der Bestand an laufenden Projekten zu berücksichtigen, von denen einige durch Auslandshilfe finanziert werden und andere nicht.

Die Vorbereitung und Aktualisierung eines staatlichen Investitionsprogramms sollte als eine Art Eignungsprüfung aufgefaßt werden, wobei die Pro-

---

Sonderbeitrag 5.8 Die Bedeutung der Kosten-Nutzen-Analyse bei der Projektauswahl

Nur wenige öffentliche Investitionsprojekte werden ausschließlich nach ökonomischen Kriterien ausgewählt. Oft spielen andere Erwägungen eine Rolle, wie die nationale Sicherheit oder das politische oder persönliche Interesse der politischen Entscheidungsträger. Eine volkswirtschaftliche Analyse kann jedoch die möglichen Auswirkungen der vorgeschlagenen Projekte auf das Wachstum oder die Bekämpfung der Armut aufzeigen und dazu beitragen, kostspielige Fehler zu vermeiden.

Das fundamentale Verfahren einer volkswirtschaftlichen Bewertung ist die Kosten-Nutzen-Analyse. Sie besteht aus der Erfassung des gesamten volkswirtschaftlichen Nutzens und der gesamtwirtschaftlichen Kosten eines Projekts, deren Abzinsung zur Ermittlung der Opportunitätskosten des investierten Kapitals und der Addition der abgezinsten Nettoerträge zum erwarteten absoluten Netto-Nutzen des Projekts (dem „Netto-Gegenwartswert"). Der Diskontsatz sollte entweder zum Ausdruck bringen, welche Präferenz die Volkswirtschaft dem gegenwärtigen Konsum gegenüber dem zukünftigen einräumt oder den Ertrag widerspiegeln, der bei alternativer Anlage der Mittel hätte erzielt werden können; ergeben sich hieraus unterschiedliche Diskontsätze, so ist ein Mittelwert aus beiden anzusetzen. Die sozialen Kosten und Erträge sind nicht identisch mit den einzelwirtschaftlichen finanziellen Kosten und Erträgen, sondern spiegeln die tatsächlichen Opportunitätskosten (oder „Schattenkosten") für den Input und Output (etwa den Güter-, Arbeits- und Deviseneinsatz) der gesamten Volkswirtschaft wider.

Die Methoden der Kosten-Nutzen-Analyse wurden vor mehr als fünfzig Jahren in den Vereinigten Staaten entwickelt und sind seitdem ständig verfeinert worden. Es wurden Verfahren entwickelt, mit deren Hilfe Probleme berücksichtigt werden wie die Verteilung der Nutzen und Kosten eines Projekts auf Einkommensgruppen oder Regionen, der Nettobeitrag des Projekts zur volkswirtschaftlichen Ersparnis, der Risikogehalt eines Projekts und dessen Beziehung zu den sonstigen Risiken einer Volkswirtschaft oder die volkswirtschaftlichen Kosten der Mittelbeschaffung zur Projektfinanzierung. Gleichzeitig bleiben jedoch die inhärenten Schwierigkeiten bei so grundsätzlichen Fragen wie die Quantifizierung der Kosten und Nutzen und der Wahl des Abzinsungsfaktors bestehen. Wie soll man beispielsweise den Nutzen der Errichtung eines Nationaldenkmals messen, den Bau eines Gefängnisses, den Beitrag zur besseren Ausbildung oder besseren Gesundheit der Bevölkerung, die Investitionen in die Agrarforschung oder die Kontrolle des Bevölkerungswachstums? Für einen großen Bereich solcher öffentlicher Ausgaben, deren Nutzen sich kaum messen läßt, ist eine Analyse der „Kosteneffizienz" — das heißt der Versuch der Kostenminimierung bei vorgegebenem Leistungsumfang oder Maximierung des Leistungsumfangs bei vorgegebenen Kosten — oftmals nützlicher als eine Kosten-Nutzen-Analyse. Methoden zur Messung der Kosteneffizienz lassen sich nicht anwenden zum Vergleich der volkswirtschaftlichen Erträge von Investitionen in unterschiedlichen Sektoren oder von Erträgen unterschiedlicher Aktivitäten innerhalb eines Sektors (wie zwischen Grundschul- und Hochschulausbildung). Aber auch soweit intersektorale Renditevergleiche mit Hilfe der Kosten-Nutzen-Analyse möglich sind, bleiben sie in der Regel doch zu unsicher, um mehr als einen Hinweis darauf geben zu können, welche Aktivitäten sinnvollerweise eine höhere Priorität genießen sollten.

Der wichtigste Gesichtspunkt im Rahmen einer individuellen Projektanalyse ist nicht, welche spezielle Methode der wirtschaftlichen Analyse Anwendung findet, sondern daß versucht wird, rationale, objektive und — soweit möglich — quantitative Analysen in den Prozeß der Entscheidungsfindung einzubauen. Mit systematischen Versuchen einer objektiven Projektbewertung lassen sich nicht immer Fehlinvestitionen vermeiden; wenn ihnen aber im Zuge des Mitteleinsatzes ein ausreichendes Gewicht eingeräumt wird, dürften sie wahrscheinlich gegen die größten und kostspieligsten Mißgriffe bei der Investitionsauswahl einen gewissen Schutz bieten. Sie können auch die Wahl zwischen verschiedenen Alternativen bezüglich der Größe, des Standorts, der Zusammensetzung, des richtigen Zeitpunkts oder der Technik eines vorgeschlagenen Projekts erleichtern.

jekte zunächst unter der Bedingung akzeptiert werden, daß sie in gewissen Stadien ihrer Lebenszeit bestimmte Bewertungskriterien zufriedenstellend erfüllen. Projekte in einem frühen Entwicklungsstadium würden einer weniger detaillierten Überprüfung unterzogen; feststehende Vorschläge für neue Projekte sollten vor Baubeginn einer umfassenden wirtschaftlichen Analyse unterworfen werden (vgl. Sonderbeitrag 5.8). Laufende Projekte sollten nicht allein deshalb von einer kontinuierlichen Überprüfung ausgenommen werden, weil bereits Kosten angefallen sind. Sie können ihren ökonomischen Sinn verlieren, wenn sich die Verhältnisse ändern.

Leider werden wirtschaftliche Kriterien oft vernachlässigt; zum Teil liegt dies daran, daß viele Schlüsselministerien und verausgabende Behörden zu einer sorgfältigen Bewertung der Projekte nicht in der Lage sind. Außerdem können Erwägungen anderer Art den Vorzug vor wirtschaftlichen Ertragsgesichtspunkten erhalten: Macht von Interessengruppen, zweckgebundene Finanzierungen, der Wunsch nach Prestigeprojekten, die mangelnde Bereitschaft, einmal angefallene Kosten abzuschreiben und schlechte Projekte zu stoppen, Lobbyismus in Ministerien, Korruption oder einfach Trägheit. Der verbindliche Einsatz eines Teams (wenn möglich mit zentraler Zuständigkeit wie bei ODEPLAN in Chile), das eine einfache und konsistente Projektbewertung für jedes wichtige Projekt ausarbeitet (einschließlich der Projekte von SEU und Regierungsstellen unterer Ebene), und die Einführung von Verfahren, die sicherstellen, daß die Ergebnisse auch Beachtung finden, können dazu beitragen, die kostspieligsten Fehler zu vermeiden (vgl. Sonderbeitrag 5.9).

Sonderbeitrag 5.9 Thailands Entwicklungsprogramm für die Ostküste: Ein Beispiel für die Vorzüge einer gesamtwirtschaftlichen Analyse

Thailands Entwicklungsprogramm für die Ostküste ist ein Beispiel für die Bedeutung gesamtwirtschaftlicher Analysen bei der Planung eines Investitionsprogramms. Im fünften Fünfjahresplan (1982 bis 1986) war Thailands östliche Küstenregion als ein wichtiges neues Zentrum für die industrielle Entwicklung vorgesehen. Die Region war eine der am schnellsten wirtschaftlich wachsenden Regionen des Landes und wies verschiedene Vorzüge auf: die Nähe zu Bangkok und die günstige Versorgung mit Rohstoffen und Arbeitskräften, eine ausgezeichnete Infrastruktur mit Straßen, Häfen und Fernmeldeeinrichtungen sowie eine direkte Anbindung an Erdgasvorkommen. Der Plan sah Großinvestitionen im Bereich der Schwer- und Leichtindustrie vor, um das Beschäftigungs- und Exportwachstum zu stimulieren und um die wirtschaftliche Aktivität aus dem Raum Bangkok teilweise in andere Regionen zu verlagern. Die Gesamtinvestitionen des Programms wurden auf 4,5 Mrd Dollar veranschlagt (in konstanten Preisen von 1981).

Die Regierung gab 1981 eine umfassende Studie in Auftrag, um die Durchführbarkeit und die gesamtwirtschaftlichen Auswirkungen dieses Programms abzuschätzen. Diese Studie kam zu dem Ergebnis, daß:

• die volkswirtschaftliche Rendite für das Gesamtprogramm sich auf 9,7 Prozent belaufen würde, was bei einem Abzinsungssatz von 12 Prozent einen negativen Gegenwartswert zur Folge hätte; einzelne Komponenten hätten jedoch Renditen von bis zu 50 Prozent;

• der Beschäftigungseffekt relativ gering und die Kosten des Programms pro neu geschaffenem Arbeitsplatz sehr hoch sein würden, und zwar mehr als das Zehnfache der Durchschnittskosten bei neuen Investitionsprojekten in Thailand im Jahr 1981;

• der Finanzierungsbedarf zu einer erheblichen Belastung des thailändischen Finanzsystems führen würde; das Programm würde etwa ein Drittel des Aktienkapitals absorbieren, das jahresdurchschnittlich im Land neu emittiert wird;

• das Programm beträchtlich zur Auslandsverschuldung des Landes beitrüge und Darlehen in Höhe von etwa 10 Prozent der gesamten im Jahr 1981 in Thailand ausgezahlten mittel- und langfristigen Kredite erforderlich machen würde;

• das Programm die öffentlichen Finanzen beträchtlich belasten würde, da im Verlauf der Planungsperiode 6,5 Prozent der gesamten öffentlichen Investitionen absorbiert und die Gesamteinnahmen wegen rückläufiger Gewerbesteuern um 5 bis 10 Prozent sinken würden;

• die Deviseneinsparungen durch das Programm wegen der Importsubstitution im Bereich der Schwerindustrie erheblich sein könnten.

Die in der Studie zum Ausdruck gebrachten Zweifel, in Verbindung mit der anschließenden Verschlechterung der thailändischen Haushaltslage, veranlaßten die Regierung, die Durchführung des Programms nur vorsichtig in Angriff zu nehmen. Sie unterzog wichtige Teile des Programms, insbesondere die großangelegten Industrieprojekte, einer weiteren gründlichen Prüfung und kürzte das Programm beträchtlich. Die Gesamtinvestitionen werden sich in den achtziger Jahren vermutlich nur auf rund die Hälfte des ursprünglich vorgesehenen Betrages belaufen. Alle Teile des Programms werden weiterhin einer ständigen gesamtwirtschaftlichen und finanziellen Analyse unterzogen. Eine derartige Analyse hat eindeutig erhebliche Vorteile, und zwar nicht nur bei der Entscheidung über den Einsatz staatlicher Ausgaben, sondern auch hinsichtlich deren Wirkung auf Wirtschaftswachstum und Entwicklung.

BERÜCKSICHTIGUNG DER KOSTEN FÜR DIE GESAMTE NUTZUNGSDAUER EINES PROJEKTS. Die verausgabenden Stellen versuchen in manchen Fällen, ihre Ansprüche an den Zentralhaushalt dadurch zu sichern oder auszuweiten, daß sie allein für die erste Phase eines großen Projekts eine Mittelanforderung einreichen, ohne klarzustellen, was spätere Phasen kosten werden. Weil einmal begonnene Projekte nur schwer gestoppt werden können, läßt sich eine Aufblähung der Kosten am besten durch die Anforderung vermeiden, kein Projekt ohne ein Gesamtbild der projektierten zukünftigen Kosten zu starten.

Es muß in diesem Zusammenhang betont werden, daß „Kosten" nicht nur die Kapitalkosten umfassen, sondern alle regelmäßig benötigten Mittel für die Fertigstellung und für den Betrieb des Projekts. Die Einsicht hierfür ist zwar jetzt weit verbreitet, die Implikationen der Folgekosten von Investitionsentscheidungen werden aber oft unterschätzt oder übersehen. Das Problem ist zum Teil verfahrenstechnischer Natur. Der Haushalt für laufende Ausgaben und das Entwicklungsbudget werden oft getrennt voneinander und sogar durch verschiedene Bearbeitergruppen aufgestellt, wobei ihre wechselseitigen Zusammenhänge nur wenig oder gar nicht berücksichtigt werden. Das Problem kann auch auf unzureichende Information zurückzuführen sein. Länderspezifische Normalwerte, erworben durch empirische Untersuchungen bei laufenden Projekten, können als ungefähre Richtschnur für die Vorausschätzung der laufenden Folgekosten von Nutzen sein.

Das Planungs- und Budgetierungssystem von Botswana ist ein mustergültiges Beispiel dafür, wie den Auswirkungen der laufenden Folgekosten von Investitionausgaben Rechnung getragen werden sollte. Bei der Vorbereitung des neuesten (sechsten) Nationalen Entwicklungsplans (der die Fiskaljahre 1985/87 bis 1990/91 umfaßt), wurde jedes Fachministerium zur Angabe der Programme aufgefordert, die zur Durchführung seiner sektoralen Politik erforderlich wären. Die Programme wurden in zusammengefaßter Form präsentiert, mit einer kurzen Beschreibung eines jeden Projekts, seines Zwecks und seines Aufwands hinsichtlich der Kapital- und der laufenden Folgekosten. Die Investitionsobergrenzen wurden dann von dem angestrebten Gesamtwachstum der laufenden Folgeausgaben abgeleitet und spiegelten ihrerseits Obergrenzen für den Einsatz von ausgebildeten Arbeitskräften wider. Die historischen Relationen zwischen laufendem Folgeaufwand und Kapitalaufwand dienten als zusätzliche Richtschnur. Das System gestattete nur dann Investitionen über die gezogene Obergrenze hinaus, wenn ein Ministerium nachweisen konnte, daß solche Investitionen keine zusätzlichen Mittel aus dem Budget für laufend wiederkehrende Ausgaben erforderlich machten.

PLANUNG FÜR UNVORHERGESEHENE AUSGABEN. Häufig sind Planer und Haushaltsexperten nicht in der Lage oder bereit, harte Entscheidungen zu fällen; sie stellen daher überladene Programme auf und achten wenig auf Prioritäten, Mittelengpässe oder die zeitliche Staffelung von Investitionen. Daneben kann ein wohldurchdachter Haushalt durch ein unerwartetes Ereignis obsolet werden. Durch den Druck eines überladenen Budgets werden dann tendenziell alle Ausgaben gekürzt oder zeitlich aufgeschoben, anstatt Prioritäten festgelegt. Aller Wahrscheinlichkeit nach sinken die Finanzierungsmittel für viele Programme hierdurch unter das erforderliche Mindestniveau. Aus diesen Gründen sollte die Festlegung von Prioritäten und Eventual-Entwicklungsplänen für unvorhergesehene Ereignisse ein Bestandteil jeder Planung oder Budgetierung sein. Dies kann teilweise durch die Aufstellung eines „Kern"-Investitionsprogramms erfolgen — einer Gruppe von Projekten, deren Finanzierung unter allen Umständen sichergestellt werden sollte —, verbunden mit einer Liste von Standby-Projekten, die nur finanziert werden, wenn zusätzliche Mittel verfügbar sind. Die allgemeine Praxis, alle oder die meisten Projekte teilweise zu finanzieren, sollte aufgegeben werden.

INFLATIONSBEREINIGUNG. Pläne und Haushalte werden häufig in konstanten Preisen aufgestellt. Die Vorausschätzung der Preisentwicklung ist technisch schwierig, insbesondere in wirtschaftlich instabilen Zeiten. Darüber hinaus wird eine explizite Berücksichtigung der Preisentwicklung oft als eine sich selbst erfüllende Prognose erachtet. Vorausschätzungen zu konstanten Preisen werden jedoch bei inflationärer Entwicklung rasch hinfällig, vor allem, wenn die Ausgaben bei Beschleunigung der Inflation schneller steigen als die Einnahmen. Damit ist vor allem zu rechnen, wenn etwa die staatlichen Lohn- und Transferzahlungen voll indexiert sind, nicht aber die Steuern. Wenn die staatlichen Defizite nicht ausufern sollen, muß die Preisentwicklung bei der Planung und Budgetierung explizit berücksichtigt werden. Obwohl mittelfristige Ausgabenpläne allgemein in konstanten Preisen erstellt werden, sollten sie die voraussichtlichen Konsequenzen alternativer Inflations-Szenarien in Rechnung stellen. Jahresbudgets sollten in laufenden Preisen erstellt werden, wobei für unvorhergesehene Preisentwicklungen Vorsorge zu treffen ist. Dies ist nicht allein ein Problem der Entwicklungsländer. Als die britische Regierung in ihrer mittelfristigen Ausgabenplanung 1981 von konstanten zu laufenden Preisen überging, hatte sie erkannt, daß sie die Preisentwicklung berücksichtigen muß. Unter dem alten System wurden die Ausgaben automatisch an die Preisbewegungen angepaßt, was zu einem konstanten Aufwärtsdruck auf die Gesamtausgaben führte. Beim neuen System der „kassenmäßigen Planung" werden dagegen bindende Obergrenzen für die kassenmäßigen Ausgaben der Ressorts festgelegt, was eine größere Haushaltsdisziplin ermöglicht.

KOORDINIERUNG DER AKTIVITÄTEN DER GEBERLÄNDER. Geberländer finanzieren in vielen Entwicklungsländern einen großen Teil des Investitionsbudgets — in Teilen Afrikas südlich der Sahara bis zu 100 Prozent. Ihr Engagement hat auf die Allokation der Ausgaben positive und negative Auswirkungen.

Auf der positiven Seite steht, daß einige Geberländer, neben der Bereitstellung konzessionärer Mittel, eine relativ umfassende ökonomische Bewertung durchführen und ein sorgfältiges Berichtswesen verlangen. Ihre Kenntnisse der Wirtschaftlichkeitsanalyse und der Projektbewertung und -prüfung dürften größer sein als die der Schuldnerländer. Sie können nicht nur die Auswahl der einzelnen Projekte beeinflussen, sondern auch die allgemeine Qualität der Investitionen des Schuld-

---

Sonderbeitrag 5.10 Das wachsende Engagement der Weltbank bei der Überprüfung öffentlicher Ausgaben

Die Weltbank hat in den letzten Jahren erhebliche Anstrengungen unternommen, um ausführliche Analysen staatlicher Investitions- und Ausgabenprogramme ihrer Schuldner durchzuführen. Neben Ausarbeitungen, die direkt in allgemeine wirtschaftliche Länderstudien eingebettet sind, wurden über dreißig Untersuchungen über öffentliche Investitionsprogramme (public investment reviews, PIRs) oder öffentliche Ausgabenprogramme (public expenditure reviews, PERs) angefertigt. Diese Untersuchungen empfehlen den Regierungen die Größenordnung und die Zusammensetzung ihrer Ausgabenprogramme und nennen ihnen Möglichkeiten zur Stärkung kommunaler Einrichtungen, damit diese Länder künftig besser in der Lage sind, derartige Programme selbst zu entwerfen.

Eine solche Untersuchung skizziert in der Regel zunächst ein realistisches gesamtwirtschaftliches Umfeld, wozu gewöhnlich auch der geschätzte Kreditbedarf der Zentralregierung und der öffentlichen Unternehmen gehört. Hinzu können alternative gesamtwirtschaftliche Szenarios kommen, um die positiven Auswirkungen wirtschaftspolitischer Reformen oder die negativen Konsequenzen überzogener Ausgaben zu illustrieren. PERs untersuchen dann, ob die Ausgaben für Betrieb und Instandhaltung und die Höhe der Löhne, der Beschäftigung, der Transferleistungen und der Subventionen angemessen sind. Sowohl die PERs als auch die PIRs empfehlen die Aufstellung eines staatlichen Kern-Investitionsprogramms, das auf einer Prioritätenskala für acht bis zehn Wirtschaftsbereiche fußt, wie die Landwirtschaft, die Industrie, den Energiesektor, das Transportwesen, das Fernmeldewesen, den Wohnungsbau, die Wasserwirtschaft, das Erziehungs- und Gesundheitswesen. Im Rahmen beider Programme werden laufende und neu vorgeschlagene Projekte unter dem Aspekt der sektoralen Entwicklung, der angemessenen Rolle des öffentlichen Sektors und anhand spezifischer Auswahlkriterien geprüft. Berücksichtigt werden auch Finanzierungsalternativen, einschließlich Fragen der Kostendeckung.

Diese Weltbank-Untersuchungen haben in den letzten Jahren eine zunehmend größere Rolle gespielt, und sie erstreckten sich auf weitergehende Fragestellungen. Frühere Untersuchungen widmeten sich hauptsächlich den Investitionsprioritäten, neuere Studien befassen sich allgemeiner mit den volkswirtschaftlichen und institutionellen Dimensionen der öffentlichen Ausgabenpolitik. In zunehmendem Maße dienen PERs auch der Untersuchung ganz bestimmter öffentlicher Ausgabekategorien. Zum Beispiel werden 1988 für Senegal beziehungsweise Brasilien Untersuchungen über die laufenden Ausgaben und die staatlichen Sozialausgaben erstellt. Empfehlungen über Ausgabenprioritäten sind häufig Bestandteil von Strukturanpassungsdarlehen — entweder auf sektoralem oder gesamtwirtschaftlichem Niveau. Die Untersuchungen sind auch oft Diskussionsgegenstand auf Konferenzen der Entwicklungshilfegeber, wo konzessionäre Darlehen und Zuschüsse erbeten werden, und sie sind auch ein Element der Konditionalität bei Anpassungsdarlehen des IWF.

Dieser Prozeß der kritischen Durchleuchtung staatlicher Ausgaben sieht sich in Zukunft mit zwei Herausforderungen konfrontiert. Erstens waren derartige Untersuchungen bis jetzt sehr kostspielig. Die wachsenden Erfahrungen der Weltbank-Mitarbeiter bei der Erstellung solcher Studien und die gestiegenen länderspezifischen Kenntnisse sollten zur Kosteneinsparung beitragen. Zweitens sollten die politischen Entscheidungsträger und ihr volkswirtschaftlicher Stab die Untersuchungen in den jeweiligen Ländern im Grunde selbst durchführen, und zwar möglichst kontinuierlich; andernfalls ist kein dauerhafter Beitrag zur Entwicklung der Institutionen eines Landes möglich.

nerlandes (vgl. Sonderbeitrag 5.10). Außerdem fördern sie bei Regierungen, Bürgern und dem Privatsektor der Industrieländer das Verständnis für die Entwicklungsprobleme und für die dringend notwendige Verstetigung des internationalen Kapitaltransfers.

Dem stehen jedoch potentielle Nachteile gegenüber. Zum einen können die Geberländer den politischen Entscheidungsprozeß komplizieren. In vielen Ländern verhandelt jedes Fachministerium direkt mit den Geberländern. Dies kann Doppelarbeit bedeuten und, was wichtiger ist, eine zentrale Kontrolle des Budgets verhindern. Ohne zentrale Übersicht lassen sich intersektorale Zielkonflikte kaum beurteilen und die Gesamtausgaben nur schwer eindämmen. Im Extremfall mag ein Investitionsprogramm nicht mehr sein als eine Liste von Projekten, die die Geberländer zur Finanzierung ausgewählt haben, ohne daß eine zentrale Beurteilung der ökonomischen Vorteile eines jeden Projekts oder der Ausgewogenheit untereinander stattgefunden hätte. Außerdem können die Repräsentanten der Geberländer bei der Kreditgewährung und -auszahlung unter dem Druck ihrer heimischen Organisationen stehen, wodurch sie eine Vorzugsbehandlung anstreben. In Frage kommt etwa die Auslagerung der Gegenwertmittel aus dem Budget oder die Freistellung von Projekten vom üblichen Verfahrensablauf.

Zusätzlich knüpfen die Geberländer ihre Projektfinanzierung manchmal an Auflagen, die zu höheren Kosten führen können, die inländischen Haushaltsprobleme verschärfen oder die Effektivität verringern. Ein Beispiel ist die Auflage, Hilfen an Käufe von Gütern und Dienstleistungen im Geberland zu „binden", selbst wenn die Kosten höher sind als bei Ausschreibung unter Wettbewerbsbedingungen. Ein anderes Beispiel ist die generelle Weigerung der Geberländer, laufende Ausgaben für Betrieb und Wartung zu finanzieren. Dies bedeutet, daß die Haushaltsprobleme später eintreten, da die Länder nicht nur einen entsprechenden Kapitaleinsatz leisten, sondern auch für die Finanzierung der Folgekosten aufkommen müssen. Hierdurch wird die ohnehin niedrige Ausgabenneigung für Betrieb und Wartung noch weiter gedämpft.

Abgesehen von notwendigen Veränderungen in Politik und Praxis einiger Geberländer, kann all diesen Problemen durch eine bessere Koordinierung der Auslandshilfe auf Seiten der Empfängerländer begegnet werden. Projekte der Geberländer und deren Finanzierung sollten in den Zentralhaushalt aufgenommen werden; die Projekte sollten bei der zentralstaatlichen Beurteilung zumindest den gleichen Anforderungen unterworfen sein wie die inlandsfinanzierten Vorhaben. Die Finanzierungsbereitschaft der Geberländer sollte nicht entscheidend dafür sein, welche Mittel für Investitionszwecke eingesetzt werden. In den letzten Jahren hat man sich zunehmend um eine bessere Koordinierung der Entwicklungshilfe bemüht, die Schwierigkeiten bleiben aber groß.

Indonesien bietet ein Beispiel für eine wirksame Koordinierung der Entwicklungshilfe. Vorhaben der Geberländer unterliegen dem normalen Planungs- und Budgetierungsverfahren, so daß erst über die Ausgabenprioritäten und dann über die Finanzierung entschieden wird, und nicht umgekehrt. Das Planungsministerium koordiniert den Gesamtumfang des Hilfsprogramms und die wichtigen dafür relevanten politischen Entscheidungen, während die Geberländer mit den einzelnen verausgabenden Ministerien die detaillierten Projektziele und -entwürfe erarbeiten. Obwohl zwischen den einzelnen Geberländern, den Fachministerien und den zentralen Ministerien das ganze Jahr über ständige Kontakte bestehen, treffen die Repräsentanten der Geberländer und die Minister der Wirtschaftsressorts einmal in jedem Jahr als Gruppe zusammen. Hierbei erörtern die Teilnehmer die jüngste wirtschaftliche Entwicklung, die Minister informieren die Anwesenden über bevorstehende politische Initiativen, und die Geberländer geben Auskunft über Umfang und voraussichtliche Verteilung ihrer Mittel im kommenden Jahr. Die Arbeit wird vom Geist der Zusammenarbeit geprägt, vor allem, weil alle Parteien die Verantwortung der Regierung für die Koordinierung der Entwicklungshilfe und deren effektive Umsetzung anerkennen.

Reformansätze

Die Eindämmung der Ausgaben und ihr zweckmäßiger Einsatz sind Aufgaben, die mittelfristige Pläne und kürzerfristige Budgets erfordern, in denen klare Prioritäten und Obergrenzen gesetzt werden. Den Entwicklungsländern mangelt es jedoch an Kenntnissen und Informationen, ihre politischen Systeme halten Belastungen nicht stand und die gesamtwirtschaftlichen Verhältnisse sind instabil; die Schwierigkeiten aller Regierungen in Haushaltsfragen werden hierdurch vergrößert.

Wenngleich eine Verbesserung sicherlich möglich ist, werden Reformen bei der Planung und Budgetierung nur langsam und allmählich eintreten, wie

Sonderbeitrag 5.11 Die Bedeutung institutionalisierter Verfahren bei der Haushaltsreform: Kenias Arbeitsstab zur Bekämpfung von Haushaltsproblemen in der Landwirtschaft

Zwar war man mit den Problemen vertraut, Uneinigkeit herrschte jedoch über die Ursachen: Kenias gesamtes Agrarprogramm entwickelte sich Mitte der siebziger Jahre äußerst unbefriedigend. Projekte blieben stecken, Auszahlungen verzögerten sich, die Gesamtresultate waren enttäuschend. Wo lagen die Fehler?

Einige der Schwierigkeiten waren eindeutig die Folge mangelhafter technischer Maßnahmenpakete, verzerrter wirtschaftspolitischer Strukturen (wie im Kredit- oder Vermarktungssystem) und eines unzureichenden Projektmanagements. Als eine Ursache des Problems stellte sich aber der Budgetierungsprozeß heraus. Die Beamten des Landwirtschaftsministeriums bestanden darauf, daß die zur Verfügung stehenden Mittel wegen willkürlicher Haushaltskürzungen und schleppender Auszahlung der genehmigten Gelder durch das Finanzministerium unzureichend wären. Die Beamten des Finanzministeriums argumentierten jedoch, daß der Fehler beim Landwirtschaftsministerium zu finden sei und bei dessen verfehlter Verwendung der empfangenen Mittel. Es lag auf der Hand, daß die sektoralen Pläne unklar formuliert waren, und den Methoden der Projektüberprüfung mangelte es an eindeutigen Vorgaben; zudem bildeten die zahlreichen anstehenden Projekte kein zusammenhängendes Investitionsprogramm. Für laufende Kosten, insbesondere für Löhne, und zur Unterstützung halbstaatlicher Institutionen wurde zu viel ausgegeben, Mißtrauen und eine mangelhaft koordinierte Entscheidungsfindung charakterisierten Planung, Budgetierung, Durchführung und Kontrolle. Der Budgetierungsprozeß stand weder in einem engen Verbund mit der Planung noch mit der endgültigen Verteilung der Haushaltsmittel, und es dauerte Monate, bis die Mittel die verausgabenden Stellen erreichten.

Ohne Erfolg wurde versucht, die Mängel durch die Erstellung von Analysen, durch technische Hilfe und kleinere Veränderungen bei den Verfahrensweisen und Institutionen zu beheben. Die zugrunde liegenden Ursachen waren einfach zu komplex, betrafen zu viele Mitwirkende und berührten zu wichtige staatliche Verfahrensweisen, als daß sie durch Patentlösungen beseitigt werden konnten, vor allem in Fällen, in denen die Fehlerbeseitigung hauptsächlich von externer Hilfe abhängig war.

Schließlich entschied die Regierung, sich zunächst auf den Reformprozeß zu konzentrieren, anstatt auf detaillierte Lösungsmöglichkeiten. Ein Arbeitsstab, der sich aus Spitzenbeamten des Landwirtschafts- und des Finanzministeriums zusammensetzte, wurde im Jahr 1981 für einen Zweijahreszeitraum (später verlängert) eingerichtet, um Verbesserungen auf den Gebieten der Planung, der Budgetierung, der Verausgabung, des Rechnungswesens und der Projektleitung vorzuschlagen und durchzuführen. Das Arbeitsprogramm umfaßte vier formelle Sitzungen im Jahr und verlief synchron zu den wichtigsten Phasen des Haushaltsprozesses: der Planung (Budget-Vorausschätzung), der Haushaltsprognose für das laufende Jahr, der Freigabe der Mittel und der Bewertung der Jahresergebnisse.

Die Sitzungen waren gut besucht und gut vorbereitet. Papiere, die von Mitarbeitern der kenianischen Regierung und Beratern (überwiegend aus kenianischen Behörden) ausgearbeitet wurden, bestimmten im wesentlichen die Tagesordnung; unter Umständen wurde diese ausgeweitet, um auch die umfassenderen Auswirkungen der Haushaltsprobleme auf die Arbeit des Landwirtschaftsministeriums zu berücksichtigen. Man konzentrierte sich in den Treffen zunehmend auf spezielle Probleme, praktische Vorschläge und die sich daraus ergebenden Resultate. Das Arbeitsprogramm war abgestimmt mit Arbeiten der Weltbank und wurde von ihr unterstützt, darunter durch eine Untersuchung der öffentlichen Ausgaben, durch ein Sektordarlehen für die Landwirtschaft, durch andere landwirtschaftliche Projekte und durch technische Hilfe.

Die Arbeiten können als großer Erfolg gewertet werden. Sie trugen dazu bei, die Haushaltsprobleme in den Vordergrund zu rücken und Veränderungen zu erleichtern und führten zu einer beständigen und sichtbaren Verbesserung des gesamten Haushaltsprozesses. Beispielsweise beschleunigten sich die Auszahlungen drastisch; der Projektleiter vor Ort mußte nicht mehr sieben Monate auf den Mitteleingang warten, sondern lediglich drei Wochen. Ein wesentlich strengerer, wirtschaftspolitisch orientierter Budgetentwurf mit klar definierten Prioritäten wurde vorbereitet, und das Landwirtschaftsministerium war in der Lage, seinen Haushalt erfolgreicher nach außen hin zu vertreten. Ein wirkungsvolles System der Projektführung wurde eingeführt. Insgesamt entwickelte das Landwirtschaftsministerium bessere Managementinstrumente und Informationssysteme, wobei es durch die Einführung von Mikrocomputern unterstützt wurde. Die Gesamtqualität der landwirtschaftlichen Programme verbesserte sich im Verlauf dieser Periode beträchtlich. Nach vier Jahren beschloß das Finanzministerium, einen ähnlichen Reformprozeß einzuleiten.

Aus dieser Erfahrung heraus ergeben sich mehrere Erkenntnisse. Erstens ist der „Prozeßansatz" eine Vorbedingung für den Erfolg. Das Ergebnis war in diesem Fall nicht von Anfang an genau vorgegeben, was auch gar nicht möglich gewesen wäre. Entscheidend war die direkte Einbindung der Teilnehmer bei der Gestaltung der Lösungsmöglichkeiten. Zweitens ist der Haushaltsplan ein zentraler Faktor des wirtschaftspolitischen Prozesses und ein geeignetes Instrument zur Förderung institutioneller Veränderungen. Die Politik der Regierung findet ihren unmittelbaren Niederschlag in der Art und Wirksamkeit der Mittelverausgabung. Schließlich vollziehen sich Veränderungen auf diesem Gebiet wahrscheinlich nur langsam und stetig. Einmalige Anstrengungen oder komplexe Reformentwürfe sind in der Regel nicht erfolgreich.

die Haushaltsreform von Kenia zeigt (vgl. Sonderbeitrag 5.11). Neben einer ständig notwendigen Schulung, um die Qualifikation der staatlich Bediensteten zu verbessern, sprechen die Erfahrungen für ganz bestimmte Reformansätze. Ausgangspunkt ist die elementare Buchführung. Die Regierungen müssen Mittel und Wege finden, um die Ausgaben rechtzeitig und exakt zu erfassen. Der nächste Schritt ist — als Teil des Planungsprozesses — eine regelmäßige ökonomische Analyse, und zwar sowohl des gesamtwirtschaftlichen Umfelds als auch der vorgeschlagenen Investitionen. Ersteres sollte der Regierung annähernd zeigen, welche Mittel sie ausgeben muß, letzteres sollte zumindest die schlimmsten Fehler bei der Auswahl der Investitionsprojekte verhindern und den Entscheidungsträgern bewußt machen, welche Kapitalkosten und laufenden Folgekosten ihre Entscheidungen nach sich ziehen.

Ein weiteres wichtiges Problem liegt in der Koordinierung der Entscheidungsfindung zwischen Planern, Haushaltsexperten, verausgabenden Stellen und Geberländern. Die Haushalte lassen sich sonst nicht ordnungsgemäß kontrollieren und lenken.

Alle diese Entscheidungsträger spielen dabei eine wichtige Rolle. Jeder sollte für seinen Teil innerhalb klar definierter Grenzen direkte Verantwortung tragen — das heißt, innerhalb „harter" statt „weicher" Budgetobergrenzen. Des weiteren sollten solche Obergrenzen in Gestalt von kassenmäßigen Ausgabenlimits bestehen, damit inflationäre Entwicklungen nicht die Haushaltsdisziplin untergraben. Die Prioritäten sollten innerhalb dieser Grenzen so exakt wie möglich festgelegt werden (beispielsweise durch die Spezifizierung eines „Kern"-Investitionsprogramms), um auf unvorhergesehene Umstände elastisch und effizient reagieren zu können. Endlich muß die Mittelverwendung anschließend überwacht werden, und zwar durch Leistungsanreize, die sicherstellen, daß das Projekt wie vorgesehen durchgeführt wird. Kapitel 8 kommt auf diesen Punkt zurück. Wie gezeigt wird, versuchen viele Regierungen bereits, stärkere Anreize für eine höhere Leistungskraft der SEU zu bieten, und zwar durch Neuerungen wie erfolgsorientierte Verträge und eine größere Rolle der Marktkräfte bei der öffentlichen Güterbereitstellung.

6

Ausgabenprioritäten und alternative Einnahmequellen in ausgewählten Sektoren

Finanzpolitische Maßnahmen zugunsten eines anhaltenden langfristigen Wachstums, wirtschaftlicher Effizienz und der Bekämpfung der Armut unterscheiden sich von Sektor zu Sektor. Ungeachtet dieser Unterschiede stehen alle Sektoren vor dem gleichen finanzpolitischen Dilemma: Die zunehmenden finanzpolitischen Engpässe machen es unmöglich, für einen großen Bereich öffentlicher Leistungen umfangreiche Subventionen aufrechtzuerhalten und dazu noch vordringlichen Bedürfnissen und besonderen Zielgruppen gerecht zu werden. Dieses Kapitel ergänzt die vorausgegangenen Ausführungen, indem es gleichzeitig auf Ausgaben, Einnahmen und die Rolle des Staates in einigen spezifischen Wirtschaftssektoren eingeht. Es behandelt drei durchgängig auftretende Themen.

• *Festsetzung der Prioritäten.* Üblicherweise werden die finanziellen Mittel breitgestreut in Aufgabenbereichen mit geringer Priorität eingesetzt. Ausgaben und Subventionen dürfen aber nur ganz bestimmte Leistungen finanzieren und müssen auf Zielgruppen ausgerichtet sein.

• *Mobilisierung der finanziellen Ressourcen.* Benutzerentgelte und andere nutzenbezogene Gebühren können sowohl die wirtschaftliche Leistungsfähigkeit erhöhen als auch zur Einnahmesteigerung beitragen. Die Erhebung von Gebühren schafft Anreize für eine wirtschaftliche Produktion und rationelle Verwendung der Mittel (vgl. Sonderbeitrag 6.1). Verteilungspolitische Ziele müssen darunter nicht leiden, sofern die Gebühren für Leistungen erhoben werden, die vornehmlich von den Wohlhabenden in Anspruch genommen werden, und sofern sie nach Einkommen differenziert sind.

• *Dezentralisierung der Leistungsbereitstellung.* Die Übertragung größerer administrativer und finanzieller Verantwortung auf diejenigen, die mit den örtlichen Gegebenheiten und Bedürfnissen eng vertraut sind, dürfte die Effizienz verbessern und die Einnahmen steigern.

Es wurden solche Sektoren untersucht, in denen die öffentliche Finanzwirtschaft traditionell eine wichtige Rolle spielt — wie der Bereich des Humankapitals und die städtische und ländliche Infrastruktur. Andere wichtige Sektoren, wie die Industrie, die Landwirtschaft und die nationale Infrastruktur (so beispielsweise das Transport- und Fernmeldewesen) werden nicht erörtert, aber Beispiele aus einigen dieser Bereiche werden in anderen Kapiteln erwähnt. Staatliche Maßnahmen in den Sektoren Landwirtschaft und Industrie wurden in den *Weltentwicklungsberichten* der Jahre 1986 und 1987 analysiert.

Erziehungs- und Gesundheitswesen.

Aus historischen, ökonomischen und politischen Gründen spielt der Staat in den meisten Ländern im Erziehungs- und Gesundheitswesen eine beherrschende Rolle. Die Schulen sind in der Regel im Besitz des Zentralstaates, sie werden von ihm

Sonderbeitrag 6.1 Preisfestsetzung bei öffentlichen Leistungen

Welchen Preis sollten öffentliche Anbieter festsetzen, um ein Verbrauchsniveau zu erreichen, das für die gesamte Volkswirtschaft am vorteilhaftesten ist? Wenn das Hauptziel der Preisfestsetzung die Effizienz ist, wird im allgemeinen das Gesetz der Grenzkosten angewendet. Nach diesem Gesetz sollte der Preis festgesetzt werden, der den volkswirtschaftlichen Kosten für die Bereitstellung der letzten Teileinheit, des Grenzprodukts, entspricht. Da der Preis, den der Verbraucher zu zahlen bereit ist, dem Nutzen einer anderen Verbrauchsmenge entspricht, kann die Gesellschaft — wenn der Preis über den Grenzkosten liegt — durch einen niedrigeren Preis und höheren Verbrauch ihren Gesamtnutzen vergrößern. Das gleiche Argument besagt, daß — bei einem Preis, der unter den Grenzkosten liegt — die Gesellschaft den Gesamtnutzen durch einen höheren Preis und niedrigeren Verbrauch steigert.

Schwierigkeit der Bewertung von Nutzen und Kosten

Wie bei den meisten Gesetzmäßigkeiten sind die Ausnahmen und Einschränkungen ebenso wichtig wie die Regel selbst. Für viele Güter und Dienstleistungen ist die Ermittlung des richtigen Preises schwierig. Wenn ein staatseigenes Unternehmen auf einem vom Wettbewerb bestimmten Markt operiert, zum Beispiel mit gehandelten Gütern wie Stahl, Kupfer oder Reis, ist die entsprechende Bezugsgröße im allgemeinen der bestehende Marktpreis (vgl. Kapitel 8). Für nicht-gehandelte Güter jedoch, wie Wasser, Elektrizität oder andere Versorgungsgüter, müssen die Grenzkosten der bei der Produktion eingesetzten Ressourcen im Verhältnis zum Nutzen berücksichtigt werden. Dies wirft Probleme auf.

Externe Effekte. Wenn durch den Verbrauch eines staatlich bereitgestellten Gutes jemand die Rechte eines anderen berührt, dann sollte der Betreffende veranlaßt werden, die gesellschaftlichen und nicht die privaten Kosten und Nutzen seines Verhaltens in Rechnung zu stellen. Da beispielsweise der Einzelne primär an sein eigenes Wohlergehen denken dürfte, sind nur weniger Menschen als sozial wünschenswert wäre bereit, die Kosten einer Schutzimpfung gegen eine ansteckende Krankheit zu übernehmen. Daher ist ein Preis erforderlich, der unter den Grenzkosten liegt. Aber wie tief darunter? In einigen Fällen, zum Beispiel bei Schutzimpfungs- oder Familienplanungsprogrammen, ist es nahezu unmöglich, den Preis zu schätzen, der zu dem gewünschten Verhalten führt; die Dienstleistung wird am besten gratis bereitgestellt. In anderen Fällen ist eine Gebühr sinnvoll, um die externen Effekte zu „internalisieren", beispielsweise, wenn für das Befahren gebührenpflichtiger Straßen in der Hauptverkehrszeit ein Zuschlag für verursachte Staus verlangt wird. In allen Fällen ist es wichtig, daß innerhalb eines großen Leistungsangebots nicht pauschal vorgegangen wird, auch nicht innerhalb eines bestimmten Sektors.

Großinvestitionen. In einigen Sektoren, so bei Häfen, Fernmeldeanlagen und im Energiebereich, erfordert ein Ausbau nur wenige, aber große Investitionen, anstelle einer Reihe kleinerer Projekte. Eine Preisfestsetzung auf Basis der kurzfristigen Grenzkosten hätte eine erhebliche Instabilität der Preise zur Folge. Der Preis steigt mit Annäherung an die Kapazitätsgrenze und fällt sofort wieder nach der Errichtung einer neuen Anlage, womit in der Regel Überschußkapazitäten entstehen. Eine Möglichkeit, um dieses Problem zu vermeiden, besteht darin, sich auf durchschnittliche Grenzkosten zu stützen, eine Formel, die einen weniger exakten, aber stabileren Näherungswert für die Grenzkosten liefert. Ein weiteres Problem ergibt sich aus dem Sinken der Stückkosten bei Ausweitung der Produktion (das heißt, es besteht eine Kostendegression); die Orientierung an den Grenzkosten wird dann nicht zur Deckung der Betriebskosten führen. Manchmal bietet ein zweistufiges Preisbildungssystem eine Lösung — eine Gebühr für den Anschluß plus eine Gebühr entsprechend den Grenzkosten des Verbrauchs.

Haushaltsengpässe und strukturelle Verzerrungen. Viele Länder sehen sich mit Haushaltsengpässen konfrontiert, da die Einnahmenerzielung aus allgemeinen Finanzquellen hohe Kosten verursacht. In vielen Fällen kann deshalb ein Preis gerechtfertigt sein, der über den Grenzkosten liegt.

Der Preis beeinflußt den Verbrauch und die Produktion von Substituten und komplementären Gütern. Zusätzlich können falsch festgesetzte Preise und Steuern in anderen Teilen der Wirtschaft strukturelle Verzerrungen auslösen. Wo es sinnvoll ist, sollten die Preise diese Effekte kompensieren.

Unvollkommene Märkte. Einige staatliche Leistungen, wie eine höhere Schulausbildung oder ein Krankenhausaufenthalt, würden zur Deckung der Grenzkosten

---

verwaltet und finanziert. Wie Tabelle 6.1 zeigt, besuchen in den betreffenden Regionen durchschnittlich mehr als 83 Prozent der Grundschüler staatliche Schulen, und bei weiterführenden Schulen beläuft sich der Anteil auf 74 Prozent. Die direkten Kosten des staatlichen Schulwesens werden nahezu vollständig vom Staat getragen. Von sechsunddreißig im Jahr 1980 untersuchten Entwicklungsländern erhoben mehr als 30 Prozent keine Gebühren im Grundschul- oder höheren Schulwesen. In Ländern mit Schulgeld war der vereinnahmte Betrag gering — er deckte etwa 8 Prozent der Kosten.

Obwohl der Privatsektor im Bereich des Gesundheitswesens stärker engagiert ist als im Erziehungswesen, entfällt auf den Staat in allen Regionen, Asien ausgenommen, ein entscheidender Teil der gesamten Gesundheitsausgaben. Staatliche Leistungen umfassen die unentgeltliche oder sehr kostengünstige Heilfürsorge in öffentlichen Gesundheitsämtern oder Sozialhilfestationen, die Bereitstellung von Spezialkliniken für bestimmte Krankheiten

beträchtliche Zahlungen erfordern, wenngleich nur für eine relativ kurze Zeit. Wo die Finanzmärkte keine Ausbildungskredite oder Krankenversicherungen bereitstellen können, wie es in Entwicklungsländern gemeinhin der Fall ist, wäre ein Preis in Höhe der Grenzkosten für einen Großteil der Bevölkerung nicht bezahlbar. Solange solche Märkte nicht entwickelt sind, lassen sich höhere Preise praktisch nur in Grenzen durchsetzen.

Verwaltungskosten. Bei einigen Gütern oder Dienstleistungen (beispielsweise bei einer Malaria-Sprühaktion zur Vernichtung der Moskitos) ist die Identifizierung individueller Nutznießer äußerst schwierig. Eine Gebührenbelastung ist vielleicht überhaupt nicht möglich. In vielen Fällen gibt es jedoch zur Belastung des Einzelnen eine Alternative, wie eine Abgabe innerhalb eines räumlich begrenzten Gebietes. Ein weiteres Problem liegt darin, daß die Feststellung der Inanspruchnahme (beispielsweise die Benutzung einer städtischen Straße) oder die Eintreibung einer Gebühr aufwendig sein kann. Wenn die Gebühren von der staatlichen Einrichtung erhoben und einbehalten werden, die die Leistung bereitstellt, dürfte die Erhebung leichter fallen: Die Nutznießer sind häufig bereit, mehr zu bezahlen, wenn sie wissen, daß ihr Geld für eine Angebotsausweitung oder Qualitätsverbesserung verwendet wird. Auch hohe Kosten der Gebührenerhebung sollten kein Grund sein, um die Leistung gratis bereitzustellen. Die Leistungseinbußen und Verwaltungskosten, die mit der Erzielung von Einnahmen aus allgemeinen Steuerquellen verbunden sind, können höher sein als die Belastungen, die mit der Einnahmenerzielung über den Preis verbunden sind.

Linderung der Armut. Viele staatliche Leistungen werden unentgeltlich angeboten, damit sie die Armen in Anspruch nehmen können. In der Praxis haben die Armen aber oft keinerlei Chancen, diese Leistungen zu erhalten. Wegen der Haushaltsengpässe müssen staatliche Leistungen oft rationiert werden. Wenn das der Fall ist, sind die Armen wahrscheinlich die Benachteiligten. Eine Subventionierung des Wasser- und Stromverbrauchs begünstigt die Großverbraucher, wie die Wohlhabenden oder die Industrie. Subventionierte Universitäten sind nur Studenten zugänglich, meistens Sprößlingen reicher Familien, die eine weiterführende Schulausbildung abgeschlossen haben und in der Lage sind, die Aufnahmeprüfungen zu bestehen. Die ärmsten Stadtviertel sind häufig nicht an das subventionierte städtische Transportwesen angeschlossen.

Die Einnahmeerzielung durch Benutzergebühren kann die Einkommensverteilung verbessern, wenn mit den Einnahmen die von den Armen in Anspruch genommenen Leistungen subventioniert werden; hierzu zählen die ländliche Gesundheitsfürsorge, die Grundschulausbildung und der Unterhalt von Zubringerstraßen. Außerdem können die Gebühren so konstruiert sein, daß sich die Subventionierung allein auf die Armen konzentriert, anstatt sich über die ganze Bevölkerung zu erstrecken. Beispielsweise ermöglicht eine „Grundversorgungsgebühr" für Wasser den Gratisverbrauch bis zu einer bestimmten Höchstmenge, darüber hinaus wird eine Gebühr erhoben, die sich an den Grenzkosten orientiert.

Leistungsanreize für die Verwaltung und politische Zwänge. Wenn die Preise sich nur an den Kosten orientieren, kann bei öffentlichen Anbietern der Anreiz erlahmen, die Kosten zu minimieren. Um bei fehlendem Wettbewerb eine effiziente Versorgung sicherzustellen, sollten öffentliche Anbieter nach strengen Erfolgskriterien beurteilt werden und sich den Verbrauchern gegenüber, die bessere und billigere staatliche Leistungen verlangen, verantworten müssen. Auch politische Zwänge sind von Bedeutung, da einmal gewährte Subventionen von den Begünstigten als Rechtsanspruch betrachtet werden und man sich jeglichen Kürzungen energisch widersetzen wird. Subventionskürzungen können leichter durchgeführt werden, wenn sie mit einer glaubwürdigen Verpflichtung zur Qualitätsverbesserung und Kostensenkung Hand in Hand gehen.

Preisfestsetzungsregeln zwar mit Umsicht handhaben . . . sie aber dennoch anwenden.

Wegen der vielen Zielsetzungen und Engpässe ist eine Gebührenerhebung für staatlich bereitgestellte Güter und Dienstleistungen fast immer auch mit nachhaltigen Folgewirkungen verbunden. Wie jedoch die in diesem Kapitel angeführten Beispiele aus einzelnen Sektoren zeigen, sind die nachteiligen Wirkungen im allgemeinen weniger dramatisch als häufig unterstellt wird. Vor dem Hintergrund eindeutiger Ausgabenprioritäten verbessern angemessene Preise die Investitionsentscheidungen und die wirtschaftliche Betriebsführung öffentlicher Stellen — und häufig verringern sie auch bestehende Ungerechtigkeiten.

sowie sonstige staatliche Programme für Schutzimpfungen, zur Wasseraufbereitung, Hygiene und dergleichen.

Welche Mängel weisen die gegenwärtigen Finanzierungssysteme auf?

Das staatliche Engagement im Erziehungs- und Gesundheitswesen hat in den vergangenen dreißig Jahren dazu geführt, daß sich die Wohlfahrtsindikatoren für die Bevölkerung drastisch verbessert haben. Aus drei Grundproblemen ergeben sich jedoch Risiken für die Zukunft.

• In einer Zeit steigender Ansprüche und sich einengender Finanzierungsspielräume können viele Regierungen diese Fortschrittsrate finanziell nicht aufrechterhalten.

• Viele öffentliche Programme arbeiten unwirtschaftlich.

• Die Subventionen im Erziehungs- und Gesundheitswesen werden nicht gerecht verteilt.

Tabelle 6.1 Die Rolle des öffentlichen Sektors im Erziehungswesen und bei den Gesundheitsausgaben in Entwicklungsländern, nach Regionen

Region	Anteil der Schüler an öffentlichen Schulen in % der Gesamtschülerzahl, 1980		Anteil der öffentlichen Ausgaben in % der gesamten Gesundheitsausgaben, 1975–80
	Grundschulen	Weiterführende Schulen	
Afrika südlich der Sahara	84	80	63
Französischsprachige Länder	90	83	..
Englischsprachige Länder	78	78	..
Asien	87	78	32
Lateinamerika und die Karibik	84	75	49
Naher Osten und Nordafrika	92	91	42

Anmerkung: Für jede Ländergruppe wurden ungewogene Durchschnitte verwendet.
Quelle: Angaben der Unesco und de Ferranti 1985, Tabelle 2.

UNZUREICHENDE AUSGABEN FÜR KOSTENGÜNSTIGE LEISTUNGSBEREICHE. Trotz der in den letzten drei Jahrzehnten erreichten Erfolge in der Bekämpfung des Analphabetentums, der Kindersterblichkeit und bei anderen bevölkerungspolitischen Indikatoren, sind verstärkte Investitionen im Erziehungs- und Gesundheitswesen immer noch volkswirtschaftlich produktiv. Untersuchungen anhand von Daten aus der Lohnstatistik zeigen, daß die volkswirtschaftliche Rendite im Erziehungswesen, die sich ergibt, wenn man die höhere Produktivität der Lebensarbeit von ausgebildeten Arbeitnehmern mit den sozialen Kosten für Erziehung und Ausbildung vergleicht, im allgemeinen über den Erträgen der meisten anderen Investitionen liegt. Dieses Resultat wird durch die Tatsache bestätigt, daß gut ausgebildete Bauern deutlich produktiver arbeiten: Die Ernteerträge von Bauern, die vier Jahre lang eine Schule besucht haben, sind bis zu 9 Prozent höher als bei den Bauern ohne Schulbildung. Auch die Investitionen im Gesundheitswesen haben durch die höhere Produktivität der Erwerbsbevölkerung zur Entwicklung beigetragen, obwohl die Erträge hier schwieriger zu quantifizieren sind.

Gleichwohl bleibt aus rein humanitären Gründen noch viel zu tun (vgl. auch Sonderbeitrag 1 im Überblick). In Entwicklungsländern ist die Kindersterblichkeit immer noch etwa achtmal höher und die Lebenserwartung der Frau um rund ein Drittel niedriger als in Industrieländern. Investitionen im Bereich des Humankapitals sind für die Bekämpfung der Armut ausschlaggebend. Ohne Grundschulausbildung oder ohne Gesundheitsfürsorge haben die Ärmsten in Entwicklungsländern nur geringe Chancen, ihre Zukunftsaussichten zu verbessern.

Leider sind die Perspektiven für die Bereitstellung höherer Finanzmittel zur Verbesserung des Erziehungswesens und der Gesundheitsfürsorge ungünstig. Da sich viele Entwicklungsländer den jüngsten gesamtwirtschaftlichen Rückschlägen anpassen,

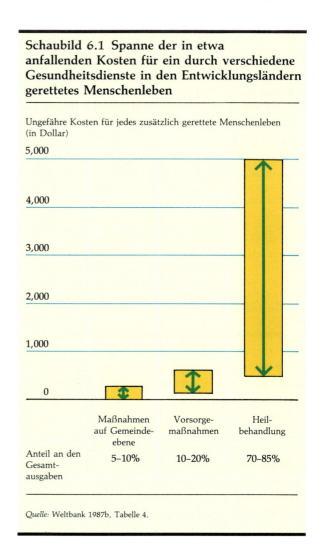

Schaubild 6.1 Spanne der in etwa anfallenden Kosten für ein durch verschiedene Gesundheitsdienste in den Entwicklungsländern gerettetes Menschenleben

Quelle: Weltbank 1987b, Tabelle 4.

wurde der Bereich des Humankapitals beeinträchtigt, weil hier die Abhängigkeit vom Haushalt des Zentralstaates besonders groß ist. Von 1972 bis 1985 sank der Anteil der Ausgaben für das Erziehungswesen in den Haushalten der Zentralstaaten aller Entwicklungsländer von 13 auf 10 Prozent; der Anteil der Ausgaben für das Gesundheitswesen ging ebenfalls etwas zurück. Von größerer Bedeutung ist, daß die rückläufigen Anteile in vielen der ärmsten Länder gleichbedeutend sind mit einem Rückgang der realen Ausgaben, wobei die Pro-Kopf-Ausgaben sogar noch stärker sanken. Von 1975 bis 1985 gingen zum Beispiel in siebzehn von fünfundzwanzig Ländern mit niedrigem Einkommen südlich der Sahara die realen Ausgaben pro Schüler im Grundschulbereich zurück. Fast alle Länder mit sinkenden Ausgaben in diesem Bereich weisen ein niedrigeres Pro-Kopf-Einkommen auf als die Länder, in denen die Ausgaben stiegen. Diese Entwicklungen bedeuten, daß sich der beträchtliche Abstand zwischen den Pro-Kopf-Ausgaben im Humankapitalbereich zwischen Industrie- und Entwicklungsländern weiter vergrößert anstatt verringert hat.

Ein grundlegendes Problem liegt darin, daß die begrenzten Finanzmittel schlecht verwendet werden. Zu wenig Mittel werden für relativ billige und kostengünstige Leistungen eingesetzt. Im Erziehungswesen ist es dringend notwendig, die Grundschulausbildung auszubauen und zu verbessern, da dies die volkswirtschaftlich rentabelsten Investitionen sind, insbesondere in den ärmsten Ländern. In sechsundzwanzig von der Unesco im Jahr 1982 untersuchten afrikanischen Ländern waren über die Hälfte aller Erwachsenen Analphabeten; bei den Frauen war der Anteil noch viel höher. Trotzdem lag 1982 in einem Viertel der afrikanischen Länder südlich der Sahara der Anteil der Schüler im Grundschulbereich bei unter 50 Prozent der Bevölkerung im schulpflichtigen Alter. Im Gesundheitswesen wird der Großteil der laufenden öffentlichen Ausgaben für entbehrliche Arzneimittel verwendet sowie für teuere Leistungen der Heilfürsorge, die hauptsächlich durch Krankenhäuser erbracht werden (vgl. Schaubild 6.1). Für preiswerte gesundheitspolitische Maßnahmen (gemessen an den Kosten für jeden verhinderten Todesfall), wie Schutzimpfungen und Schwangerschaftsvorsorge-Untersuchungen, werden nicht so hohe Mittel eingesetzt.

Die Probleme des Mitteleinsatzes im Gesundheits- und Erziehungswesen resultieren zum Teil aus der weitgehend pauschalen Subventionierung und

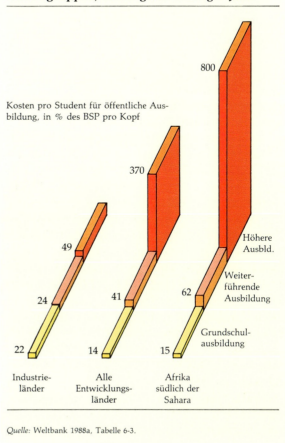

Schaubild 6.2 Kosten pro Student auf verschiedenen öffentlichen Ausbildungsebenen, gemessen in Prozent des BSP pro Kopf in drei Ländergruppen, Anfang der achtziger Jahre

Quelle: Weltbank 1988a, Tabelle 6-3.

dem fehlenden Preismechanismus, insbesondere in zentralverwalteten Volkswirtschaften. Der hohe auf Krankenhäuser entfallende Anteil der Gesundheitsausgaben ist die Folge einer subventionsstimulierten Nachfrage. Vor allem in städtischen Regionen könnte ein größerer Teil der Ausgabenlast für Krankenhäuser von den Begünstigten selbst getragen werden. Die direkten und indirekten jährlichen Kosten der öffentlichen Hand für Universitätsstudenten sind in Entwicklungsländern im Durchschnitt sechsundzwanzigmal so hoch wie für Grundschüler. Am größten ist das Gefälle in Afrika südlich der Sahara (vgl. Schaubild 6.2). Ein erheblicher Teil dieser Kosten entsteht durch Unterhaltszuschüsse. In einigen der ärmsten afrikanischen Länder, wie in Benin, Burkina Faso, Kamerun und Nigeria, beliefen sich diese Unterhaltszuschüsse — die ohne Bedarfsprüfung direkt an die Studenten gezahlt werden — im Jahr 1982 auf rund die Hälfte des Durchschnittsgehalts im öffentlichen Sektor. Angesichts derartiger Subventionen liegt die private Rendite einer höheren Schulausbildung in den Entwicklungsländern insgesamt bei über 20 Prozent, mehr als doppelt so hoch wie die volkswirtschaftliche Rendite einer höheren Schulausbildung.

INTERNE URSACHEN FÜR DIE UNWIRTSCHAFTLICHKEIT STAATLICHER PROGRAMME. Es läßt sich belegen, daß das örtliche Leistungsangebot oft mit einem unwirtschaftlichen Mitteleinsatz erbracht wird — das heißt, mit denselben Finanzmitteln könnte mehr erreicht werden, wenn sie anders eingesetzt würden. Ein Problem liegt darin, daß die Verwalter zentralgelenkter, steuerfinanzierter Systeme bei der Verteilung der Haushaltsmittel Richtgrößen für die Hauptverwendungszwecke festsetzen müssen; beispielsweise sind Personalausgaben (wie die Gehälter für Lehrer, Ärzte und Krankenpfleger) gegen Sachausgaben (wie Medikamente und Schulbücher) abzuwägen. Diese Richtgrößen können mit den Erfordernissen der jeweiligen Institutionen oder den Präferenzen der Gesellschaft nicht in Einklang stehen; die Verantwortlichen im Schul- oder Gesundheitswesen haben aber weder die finanzielle Macht noch irgendwelche Anreize, hier Änderungen herbeizuführen.

Dieses Problem hat sich in den letzten Jahren verschärft, da die zentralgelenkten Regierungssysteme nur langsam auf die engeren Finanzierungsspielräume reagierten. Eine gängige Maßnahme war die Kürzung der Mittel für den laufenden Sachaufwand. Für zentrale Stellen ist es äußerst schwierig, die Lohnaufwendungen zugunsten der Aufwendungen für Betrieb und Wartung zu senken. Hierdurch entstehen Ungleichgewichte, die die Wirksamkeit der Ausgaben beeinträchtigen. In den afrikanischen Schulklassen bildet beispielsweise der Mangel an Lehrmitteln, wie an Büchern und Schreibmaterial, das größte Hindernis für eine leistungsfähige Schulausbildung. Im Gesundheitswesen fehlt es in öffentlichen Einrichtungen häufig an Medikamenten; Sambias „freier" staatlicher Gesundheitsdienst löste sich wegen mangelnder Vorräte an elementaren Medikamenten einfach auf.

Die Leistungsfähigkeit leidet auch dann, wenn Angebot und Nachfrage auseinanderklaffen, weil es keine geeigneten Preissignale gibt. Kann die Nachfrage nicht befriedigt werden, so flüchten sich öffentliche Institutionen in eine Rationierung durch Schlangestehen. Im Gesundheitswesen läuft dies auf lange Wartezeiten in öffentlichen Einrichtungen hinaus: Untersuchungen zufolge bis zu acht Stunden in Nigeria und bis zu fünf Stunden in Uganda. Das ist nicht nur Zeitverschwendung; wenn Gesundheitseinrichtungen stark subventioniert sind, könnten Leute mit relativ kleinen Unpäßlichkeiten zu einer stärkeren Inanspruchnahme dieser Stellen verleitet werden, wodurch deren Leistungen ungewollt und nicht leistungsgerecht rationiert werden müssen.

UNGERECHTE VERTEILUNG STAATLICHER SUBVENTIONEN. Gleichmäßig niedrige Preise in allen Bereichen des Erziehungs- und Gesundheitswesens bedeuten, daß kostenaufwendige Leistungen erheblich stärker subventioniert werden als kostengünstige. Die ärmere Bevölkerung hat jedoch zu diesen kostenaufwendigen Leistungen kaum Zugang. Anders als von der Politik erwünscht, wird den Ärmsten nicht nur ein höherer Anteil an den Leistungen im Gesundheitswesen verwehrt, sondern sie erhalten oft nicht einmal ihren proportionalen Anteil.

Im Erziehungswesen wird eine höhere Ausbildung wesentlich stärker subventioniert als eine Ausbildung auf niedrigerem Niveau. Somit erhält ein sehr kleiner Prozentsatz der Bevölkerung, der den Zugang zu einer höheren Ausbildung schafft, einen großen Anteil am Erziehungsbudget. Außerdem sind in dieser zahlenmäßig kleinen Gruppe die Reichen überrepräsentiert. In den ausgewählten Ländern der Tabelle 6.2 erhalten die ärmeren 40 Prozent der Bevölkerung 2 bis 17 Prozent der Subventionen für die gesamte höhere Ausbildung. In der Dominikanischen Republik, in Indonesien und Kolumbien erhält diese ärmste Gruppe weniger als 10 Prozent der Subventionen. Anhand des Belegmaterials wird deutlich, daß in Afrika nur 39 Prozent der Studenten im höheren Ausbildungswesen Eltern haben, die aus armen ländlichen Verhältnissen stammen, obwohl 76 Prozent der Bevölkerung Bauern sind.

Auch die Verteilung der staatlichen Gesundheitsausgaben ist in vielen Ländern nicht symmetrisch. Die meisten Gesundheitseinrichtungen befinden sich in städtischen Regionen, wo die Haushaltseinkommen durchschnittlich höher liegen. Weil 70 bis 90 Prozent der Krankenhauspatienten im Umkreis von zehn Kilometern leben und die Behandlung durch staatliche Krankenhäuser im allgemeinen gratis ist, werden die Haushalte mit höheren Einkommen von den Subventionen im Gesundheitswesen überproportional begünstigt. Die durchschnittliche Subventionierung im Gesundheitsbereich ist

Tabelle 6.2 **Anteil der auf einzelne Einkommensgruppen entfallenden Subventionen im höheren Schulwesen in ausgewählten Ländern Asiens und Lateinamerikas**
(in %)

		Einkommensgruppe		
Land	Jahr	Untere 40 Prozent	Mittlere 40 Prozent	Oberste 20 Prozent
Argentinien	1980	17	45	38
Chile	1982	12	34	54
Costa Rica	1982	17	41	42
Dominikanische Republik	1980	2	22	76
Indonesien	1978	7	10	83
Kolumbien	1974	6	35	60
Malaysia	1974	10	38	51
Uruguay	1982	14	52	34

Anmerkung: Aufgrund von Rundungsdifferenzen kann die Gesamtsumme der einzelnen Spalten von 100 abweichen.
Quelle: Für Indonesien, Kolumbien und Malaysia: Weltbank 1986a, Tabelle 10; für alle übrigen Länder: Petrei 1987.

beispielsweise für einen städtischen Haushalt in China, Indonesien, Kolumbien und Malaysia bis zu fünfmal so hoch wie für einen Haushalt auf dem flachen Land.

Wege zu einem wirtschaftlicheren und gerechteren Leistungsangebot im Bereich des Humankapitals.

Was kann die Regierung unternehmen, um diese Probleme in den Griff zu bekommen? Zwar werden die spezifischen wirtschaftspolitischen Maßnahmen sich nicht gleichen, die allgemeine Richtung der Reformen ist jedoch klar. Das staatliche Engagement sollte gezielter erfolgen, und zwar sowohl hinsichtlich der zu subventionierenden Leistungsart als auch hinsichtlich des vorgesehenen Begünstigtenkreises.

AUSGEWÄHLTE BENUTZERGEBÜHREN. Staatliche Einrichtungen, die hauptsächlich von Haushalten mit hohem Einkommen in Anspruch genommen werden und dabei hohen privaten Nutzen abwerfen (aber nur wenig zusätzlichen Nutzen für die breite Bevölkerung) sollten Gebühren erheben, wobei für die Armen bestimmte Schutzbestimmungen vorhanden sein müßten. An erster Stelle ist hierbei an das höhere Schulwesen zu denken. Es wird allgemein beträchtlich subventioniert, und in vielen Ländern ist die Übernachfrage so groß, daß Gebühren nur einen geringen Einfluß auf die Schülerzahl haben würden. Derartige Gebühren sollten zunächst niedrig sein (ein Ansatzpunkt wäre vielleicht, die Unterhaltsbeihilfen zu kürzen). Weitere Fortschritte in der Kostendeckung sind teilweise abhängig von der Entwicklung eines Systems von Stipendien und Studiendarlehen. Im Gesundheitswesen sind kostendeckende Gebühren im allgemeinen nicht erwünscht, es sei denn, ein ausgebautes Versicherungswesen ist vorhanden (wie weiter unten diskutiert wird); Entgelte für eine ambulante Behandlung und geringere Gebühren bei stationärer Behandlung würden aber dazu beitragen, eine unangemessene Inanspruchnahme von Krankenhausleistungen zu verhindern. Alternativen dazu sind Gebühren für Patienten, die von Ärzten in staatlichen Krankenhäusern privat behandelt werden, oder Krankenhausgebühren, die von den Versicherern direkt für die versicherten Patienten gezahlt werden, sowie Arzneimittelgebühren.

Das Leistungsangebot läßt sich verbessern, wenn die Gebühreneinnahmen dazu verwendet werden, mehr Dienstleistungen mit dem höchsten gesellschaftlichen Nutzen bereitzustellen. Für viele der ärmsten Entwicklungsländer läuft dies darauf hinaus, die Möglichkeit zum Erwerb einer Grundschulausbildung, die weiterhin subventioniert werden sollte, zu verbessern. Der Etat für das Grundschulwesen könnte in einigen afrikanischen Ländern — wie Côte d'Ivoire, Mali, Senegal, Tansania und Togo — um über 20 Prozent erhöht werden, sofern die Unterhaltsbeihilfen für Studenten im Hochschulbereich begrenzt würden. In anderen Entwicklungsländern mit bereits hoher Schülerzahl im Grundschulbereich wäre es die beste Politik, die Qualität des Schulwesens zu verbessern und die weiterführende Schulbildung oder auch einige ausgewählte Studiengänge im Hochschulbereich zu fördern, wo Studienabgänger knapp sind.

Ähnliche Überlegungen gelten für das Gesundheitswesen. Mit Einnahmen aus Benutzergebühren ließe sich die finanziell schlecht ausgestattete, aber kostengünstige Grundversorgung im Gesundheitswesen ausweiten. Mäßige Gebührenerhöhungen könnten einen beträchtlichen Teil der Sachleistungen finanzieren, den Ausgabenbereich also, der in der Regel unter finanziellen Engpässen leidet.

Benutzergebühren könnten auch zu einer effizienteren Bereitstellung staatlicher Leistungen führen. Im Gesundheitswesen würden geringe Gebühren, die in einem gewissen Verhältnis zur erstellten Leistung stehen müßten, eine unnötige Inanspruchnahme von Leistungen durch Patienten tendenziell verhindern. Eine Differenzierung der Gebühren nach Leistungsarten könnte dazu dienen, Prioritäten zu setzen. Zum Beispiel könnte ein Krankenhaus für die Schwangerschaftsvorsorge keine Gebühren erheben, dagegen aber ein Entgelt für eine gewöhnliche ambulante Behandlung verlangen. Auch im Erziehungswesen werden durch Gebühren die Schüler, ihre Eltern und die Verwaltung zu einer kostenbewußten Haltung veranlaßt.

Mäßige Gebühren für bestimmte Leistungen, die von einem Großteil der Bevölkerung in Anspruch genommen werden — wie für Arzneimittel und Lehrmittel —, scheinen auch tragbar zu sein. Untersuchungen in verschiedenen Ländern über die gegenwärtige Höhe der Haushaltsausgaben lassen darauf schließen, daß die Bereitschaft vorhanden ist, für Leistungen auf dem Gebiet der Erziehung und Gesundheit zu bezahlen. Diese Bereitschaft steigt, wenn die Haushalte erkennen, daß sie dafür bessere Leistungen erhalten. Auf den Philippinen werden private Kliniken und praktische Ärzte weiterhin häufig aufgesucht, ungeachtet der Tatsache, daß die erhobenen Gebühren durchschnittlich achtundzwanzigmal so hoch sind wie in den staatlichen Krankenhäusern.

Können soziale Zielsetzungen wie die Linderung der Armut trotzdem durchgesetzt werden? Höhere Gebühren müssen den Zugang der Armen zu Gesundheits- und Erziehungseinrichtungen nicht einschränken. Eine Gebührenerhebung für Universitäten und Spezialkliniken wirkt sich auf die Lage der Armen nur unerheblich aus. Würden die Ausgaben für Leistungen gesteigert, die die Armen in Anspruch nehmen, und gleichzeitig die Gebühren für Leistungen, die die Reichen benutzen, erhöht, dann ließe sich der Einsatz der Subventionen ohne zusätzliche Kosten beträchtlich verbessern. Zum Beispiel verfügen in den Entwicklungsländern 71 Prozent der Bevölkerung nach Ende des schulpflichtigen Alters entweder über keinerlei Schulbildung oder höchstens über eine Grundschulausbildung. Diese zumeist armen Leute erhalten nur 22 Prozent der staatlichen Ausgaben für das Erziehungswesen. Ihr Anteil stiege auf 64 Prozent, wenn im höheren Ausbildungswesen kostendeckende Benutzergebühren eingeführt würden und mit den eingesparten Mitteln zusätzliche Plätze im Grundschulbereich für diejenigen finanziert würden, die bisher keine Möglichkeit zum Schulbesuch hatten. Die Mittel könnten auch zur Stimulierung der Nachfrage nach Erziehungsleistungen, insbesondere in ländlichen Regionen, eingesetzt werden, etwa durch die Erstattung von Barauslagen, durch Schulspeisungen und sonstige Initiativen. Zwar ist eine volle Kostendeckung aus weiter unten dargelegten Gründen in der Regel weder wirtschaftlich sinnvoll noch politisch durchführbar; diese überschlägige Rechnung führt aber die potentiellen Verteilungsgewinne vor Augen, die eine Einführung oder Erhöhung von Gebühren hat.

Durch diese Maßnahmen wird der Anspruch der Armen auf höhere Schulbildung und Krankenhausfürsorge nicht vernachlässigt, ebensowenig der Zugang der Ärmsten — die nicht einmal geringe Gebühren bezahlen können — zu staatlichen Leistungen jeder Art. Erforderlich ist eine differenzierende Preisgestaltung. Eine Möglichkeit wären regional unterschiedliche Gebühren, so daß die in ärmeren Regionen lebende Bevölkerung weniger bezahlt. Beispielsweise konnte in Mali ab 1983 eine bessere Kostendeckung im Krankenhauswesen erreicht werden. Das Entgelt für einen eintägigen Aufenthalt im Gesundheitszentrum einer Kleinstadt beläuft sich auf weniger als 20 Prozent des Entgelts in einem großen Stadtkrankenhaus. Die Beratung eines Erwachsenen kostet in einer ländlichen Gesundheitsstation halb so viel wie in einer städtischen. In Thailand, wo eine Krankenversicherung nur in städtischen Regionen erhältlich ist, wird die Versorgung auf dem Lande durch den Verkauf von Gesundheitskarten sichergestellt, die den Inhaber zu einer bestimmten Zahl von Behandlungen berechtigen. Im Erziehungswesen besteht zum Beispiel die Möglichkeit, Stipendien stärker an Bedürftigkeit und schulische Leistung zu koppeln. Weiterentwickeltere Systeme, wie etwa Studiendarlehen, müßten eingeführt werden, wenn die kostspieligsten Leistungen praktisch durchweg kostendeckend angeboten werden sollen.

EIN GEEIGNETES FINANZIELLES UMFELD. Der Aufbau von Ausbildungskredit- und Krankenversicherungssystemen ist entscheidend dafür, welchen Grad der Kostendeckung der Staat realisieren sollte. Ausbildungskredite können den Zielen der

Kostendeckung, Wirtschaftlichkeit und Gerechtigkeit dienen. Insbesondere in Ländern mit mittlerem Einkommen in Lateinamerika und Asien ließe sich ein beträchtlicher Teil der gegenwärtigen Subventionen durch eine Darlehensgewährung ersetzen, während die Tilgungslast relativ niedrig bliebe. Derartige Systeme verstärken den Wettbewerb um einen Studienplatz, da die höhere Schulausbildung für einen größeren Kreis von Bewerbern geöffnet wird — darunter auch für gute, aber mittellose Studenten —, wodurch sich die Effizienz und Gerechtigkeit erhöhen ließen.

Nur wenige Entwicklungsländer verfügen jedoch über Kapitalmärkte, die es dem Einzelnen ermöglichen, sich für Ausbildungszwecke zu verschulden, wenngleich die Erträge solcher Kapitalanlagen hoch sind. Ausbildung ist eine besonders langfristige Investition. Die Risiken sind hoch, da nur wenige Studenten akzeptable Sicherheiten anbieten können und viele Länder nicht die gesetzlichen oder administrativen Strukturen aufweisen, um finanzielle Verträge gerichtlich einklagen zu können. Der Staat kann deshalb eine wichtige Rolle spielen. Ob er das Geld selbst ausleiht oder kommerzielle Darlehen garantiert — der Staat ist jedenfalls groß genug, um Risiken übernehmen zu können, die ein privater Kreditgeber nicht tragen will. Viele Länder Lateinamerikas waren in der Lage, über Jahre hinweg ein Ausbildungskreditsystem mit relativ geringen Zahlungsausfällen und verzögerten Tilgungen aufrechtzuerhalten. Verwaltungstechnische Probleme bleiben jedoch bestehen; einige der gegenwärtigen Systeme können sich wegen niedriger Zinssätze nicht selbst finanzieren. Wenn eine Subventionierung erwünscht ist, sollte ein finanziell solides Kreditsystem durch Stipendien flankiert werden, die gezielt für bedürftige Studenten bereitzustellen sind.

Im Gesundheitswesen, wo für den Einzelnen hohe, unvorhersehbare Ausgaben eintreten können, ist eine Risikoteilung durch eine Versicherung wünschenswert. Nur ein kleiner Teil der Haushalte mit niedrigem Einkommen ist jedoch, trotz staatlicher Förderung, durch Krankenversicherungen geschützt. Oft sind nur die Bevölkerung in städtischen Regionen oder die Beschäftigten auf Landgütern krankenversichert. Ein Grund hierfür ist, daß sich viele Regierungen zu einer kostenlosen Leistungsbereitstellung entschieden haben, wodurch eine Versicherung unnötig ist. Ein weiterer Grund liegt in den tendenziell hohen Verwaltungskosten, die sich bei der Organisation und beim Betrieb von Versicherungssystemen ergeben. Der Staat kann bei der Errichtung dieser Systeme eine wichtige Funktion erfüllen, indem er für eine hohe Beteiligung sorgt und beispielsweise auferlegt, daß nur kostenaufwendige Leistungen versichert werden. Derartige Systeme sollten — wie auch sonst üblich — Versicherungstechniken anwenden; beispielsweise sind nur Erstattungen bei Überschreitung von Mindestbeträgen oder eine Selbstbeteiligung vorzusehen, um dadurch die Versicherungsnehmer zu veranlassen, auf ihre eigene Gesundheit zu achten, und um den Wettbewerb der Versicherungen untereinander zu fördern. In Uruguay finanziert zum Beispiel die Sozialversicherung Organisationen der Gesundheitsfürsorge, deren Mitglieder einen Mitgliedsbeitrag plus geringe Gebühren für in Anspruch genommene Leistungen zahlen. Durch solche Systeme werden die Risiken zusammengelegt, ohne daß dabei der Anreiz zur Kostenminimierung verlorengeht.

Viele Krankenversicherungssysteme sind Teil des nationalen Sozialversicherungssystems, das in den meisten Entwicklungsländern existiert; der zweite Hauptpfeiler ist in der Regel die Rentenversicherung. Zwar sind solche Systeme zumeist erst in neuerer Zeit aufgebaut worden und stellen für die öffentlichen Finanzen noch keine Belastung dar, doch zeigt die Erfahrung mit älteren Systemen in Industrie- und Entwicklungsländern, daß finanzielle Probleme leicht eintreten können. In vielen Entwicklungsländern dürften die fiskalischen Kosten neuer und ausgeweiteter Systeme größer sein als ihr Nutzen (vgl. Sonderbeitrag 6.2). Die Länder, die bereits über solche Systeme verfügen, können versuchen, deren Struktur zu verbessern.

DEZENTRALISIERUNG DER VERANTWORTUNG. Benutzergebühren werden zur Effizienzsteigerung beitragen, wenn öffentliche Institutionen, wie Krankenhäuser und Schulen, über die Gebührenerhebung und die Verausgabung der Einnahmen eigenverantwortlich entscheiden können. Dezentralisierung bedeutet größere Flexibilität, und zwar sowohl hinsichtlich der Reaktion auf die örtliche Nachfrage als auch auf die Verschlechterung des finanziellen Spielraums. Auch die Anreize zur Gebührenerhebung und wirtschaftlichen Verwendung würden steigen, da die Benutzer bereitwilliger bezahlen, wenn sie die Empfänger der Mittel für die Kosten verantwortlich machen können.

Der Zentralregierung muß jedoch in einigen Bereichen auch weiterhin eine wichtige Funktion zukommen, so in der Ausbildung, bei der allgemeinen Planung (vor allem von großen Institutionen,

Sonderbeitrag 6.2 Die Finanzierung der Sozialversicherung

Die meisten Entwicklungsländer verfügen über Sozialversicherungssysteme, das heißt öffentliche Programme, die eine finanzielle Unterstützung bereitstellen, wenn Menschen ihre Einkommensquelle verlieren (sei es durch Ausscheiden aus dem Erwerbsleben, Arbeitsunfähigkeit, Tod des Hauptenährers einer Familie, Krankheit, Mutterschaft, Arbeitsunfall oder Arbeitslosigkeit); oft gewähren sie auch finanzielle Hilfen zur medizinischen Behandlung oder für die Erziehung der Kinder. Diese Programme bieten eine soziale Sicherung, indem sie das Risiko eines individuellen Einkommensverlustes auf die gesamte Bevölkerung umlegen. Im Jahr 1985 verfügten vierundzwanzig von siebenunddreißig Ländern mit niedrigem Einkommen und zweiundfünfzig von sechzig Ländern mit mittlerem Einkommen über Programme, die zumindest bei Arbeitsunfällen Versicherungsschutz bieten und bei einem durch Alter oder Arbeitsunfähigkeit bedingten Ausscheiden aus dem Erwerbsleben eine Rente zahlen. Viele dieser Programme gelten lediglich für städtische Arbeitnehmer im formellen Sektor der Volkswirtschaft und sind von nur begrenztem Umfang. In Ländern mit mittlerem Einkommen und einer stärkeren Verstädterung wie Brasilien, Chile, Jugoslawien, Malaysia, Portugal, Singapur, Ungarn, Uruguay und Zypern, erfassen die Sozialversicherungssysteme jedoch den Großteil der Erwerbsbevölkerung, und die Einnahmen übersteigen 5 Prozent des BIP.

Finanzwirtschaftliche Probleme der Sozialversicherung

Die Zahlungsfähigkeit, die Verteilungswirkungen und die Wirtschaftlichkeit der Sozialversicherung sind entscheidende Probleme der öffentlichen Finanzwirtschaft.

Die Zahlungsfähigkeit. Laufende obligatorische Beiträge der Arbeitnehmer und Arbeitgeber finanzieren die Unterstützungszahlungen bei Arbeitsunfähigkeit, Arbeitslosigkeit und Mutterschaft. Die Rentensysteme können auf Basis eines Umlageverfahrens operieren, wobei laufende Beitragszahlungen die laufenden Ausgaben finanzieren, sie mögen mit einer Volldeckung arbeiten, wobei die Reservefonds dem Wert der zukünftigen Zahlungen entsprechen, oder es kann eine Kombination aus beiden Systemen vorliegen. In den meisten Entwicklungsländern sind die Unterstützungszahlungen noch beträchtlich niedriger als die Einnahmen, insbesondere weil bei erst in jüngerer Zeit errichteten Systemen die Zahl der Begünstigten im Vergleich zu den beitragszahlenden Arbeitnehmern klein ist. Im Jahr 1983 wiesen von ausgewählten neunundzwanzig Entwicklungsländern nur vier Länder, die über länger bestehende Systeme verfügen — Mexiko, Peru, Portugal und Uruguay —, Defizite auf (Schaubild 6.2 A). Diese Defizite beliefen sich für die Gesamtheit der ausgewählten Länder, ohne Uruguay, das weiter unten behandelt wird, auf weniger als 10 Prozent der Einnahmen.

Allerdings können Sozialversicherungssysteme leicht zahlungsunfähig werden, was weitreichende Folgen für die öffentliche Finanzwirtschaft hat. Einmal können Überschüsse aus dem Frühstadium des Systems schnell abschmelzen, wenn man sie zur Finanzierung genereller staatlicher Aktivitäten mit nur geringen finanziellen Erträgen heranzieht. Sobald die Sozialversicherungssysteme reifen und keine Überschüsse mehr abwerfen, können die Regierungen, die darauf zurückgreifen, die im Reservefonds der Sozialversicherung gehaltenen Anleihen nicht mehr tilgen. Eine subtilere und weiter verbreitete Methode, mit deren Hilfe sich eine Regierung ihrer Verpflichtung gegenüber dem Reservefonds der Sozialversicherung entledigen kann, liegt in einer hohen Inflation, wodurch der Wert nominaler Vermögensanlagen, wie Regierungsanleihen, ausgehöhlt wird. Dies war in der Türkei der Fall (Ende der siebziger und Anfang der achtziger Jahre) und in vielen lateinamerikanischen Ländern. Zum anderen kann die finanzielle Solidität der Sozialversicherung auch durch die Bevölkerungsentwicklung beeinträchtigt werden. Eine unerwartet zunehmende Lebenserwartung, sinkende Geburtenhäufigkeit oder steigende Auswanderung erhöhen die „Abhängigkeitsquote" — die Zahl der Rentenempfänger je Beitragszahler — und verschlechtern den Finanzierungsstatus des Rentenversicherungssystems. Beispielsweise erforderte die Alters- und Hinterbliebenenversicherung im Sozialversicherungssystem Uruguays — das jetzt reformiert wird — im Jahr 1983 Subventionen in Höhe von mehr als 3 Prozent des BIP, teilweise aufgrund eines niedrigen Rentenalters (sechzig Jahre für Männer, fünfundfünfzig für Frauen), hoher Lebenserwartung (zweiundsiebzig Jahre bei Neugeborenen) und einer hohen Auswanderungsquote bei jungen Leuten. Drittens können finanzielle Probleme entstehen, wenn kein pragmatischer Ausgleich zwischen zwei Zielsetzungen hergestellt wird, nämlich zwischen dem Ziel des sozialen Beistands, das angemessene Unterstützungszahlungen erfordert und durch eine Umverteilung von Reich und Arm finanziert wird, und dem Ziel der individuellen Gerechtigkeit, wonach sich die Unterstützungszahlungen allein nach den individuellen Beitragsleistungen richten. Zum Beispiel wird der 1984 in der Türkei erfolgte Rückgriff auf allgemeine Einnahmen zur Realisierung des von der Regierung verfolgten sozialen Beistandsziels für die Altersversorgung im Staatsdienst, schon bald beträchtliche Auswirkungen auf das Haushaltsdefizit haben.

Verteilungswirkungen. Die Verwendung allgemeiner Finanzmittel zur Subventionierung der Sozialversicherung kann sozial unausgewogen sein. In den meisten Entwicklungsländern wird nur ein Teil der Bevölkerung erfaßt. Nur in Industrieländern und in verschiedenen lateinamerikanischen Ländern mit mittlerem Einkommen (Argentinien, Brasilien, Chile, Costa Rica, Uruguay und Venezuela) sowie in wenigen anderen Ländern (wie Israel, Mauritius und Singapur) ist der Großteil der Erwerbspersonen und der Bevölkerung in der Sozialversicherung erfaßt. In den meisten übrigen Ländern sind weniger als 10 Prozent der Bevölkerung — und zwar überwiegend Städter — in der Sozialversicherung. Die Mitgliedschaft in der Sozialversicherung steht in enger Beziehung zur Einkommenshöhe, zur beruflichen Qualifikation und zum Einfluß von Interessengruppen. Wenn die Sozialversicherung aus öffentlichen Einnahmen finanziert wird, kann sie Instrument einer regressiven Umverteilung sein.

Wirtschaftlichkeit. Die Finanzreserven der Sozialversicherung dürften nicht immer zur Finanzierung der rentabelsten Investitionen eingesetzt worden sein. Als sofort verfügbare und ergiebige Quelle für langfristige Finanzierungen wurden derartige Mittel oft für Investitionen verwendet, die sich als reine Prestigeobjekte erwiesen. In den siebziger Jahren verwendete das Government Service Insurance System (GSIS) der Philippinen einen Großteil seiner Anlagemittel dazu, eine Reihe von Luxushotels in Manila zu errichten. Diese Hotels wurden nie vollständig ausgelastet und ihre Ertragslage schwankte. Die gegenwärtige Regierung plant, sie in Privatbesitz zu überführen.

Die Sozialversicherung kann auch zu Verzerrungen im Sparverhalten und auf den Arbeitsmärkten führen. Die Bevölkerung könnte ihre eigenen Ersparnisse vermindern, weil sie damit rechnet, daß Sozialversicherungsleistungen als Kompensation bereitstehen. Den Arbeitsmarkt können Sozialversicherungssysteme zum einen dadurch beeinflus-

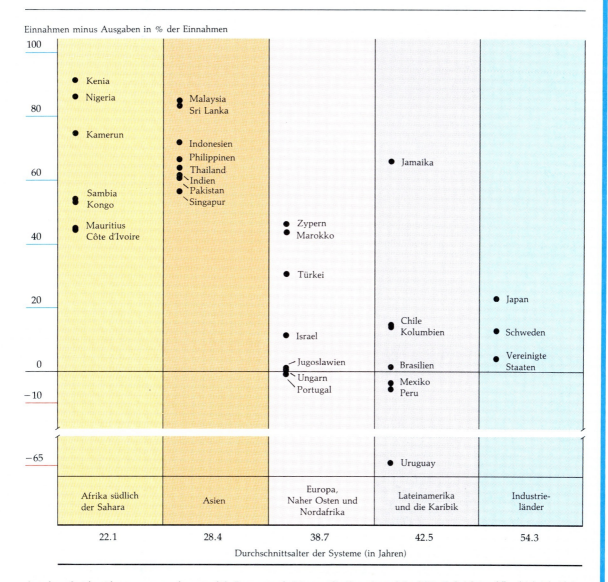

Schaubild 6.2A Finanzieller Status von Sozialversicherungssystemen, 1983

Anmerkung: Sozialversicherungssysteme umfassen staatliche Programme, die Leistungen für Altersruhestand, Invalidität, Tod, Arbeitsunfall und Arbeitslosigkeit bereitstellen. Einige dieser Programme gewähren auch Krankenversicherungsleistungen und Familienbeihilfen.
Quellen: Puffert (Hintergrundpapier), U.S. Government 1986 und Daten der Weltbank.

Sonderbeitrag 6.2 (Fortsetzung)

sen, daß sie zu einem früheren Eintritt in den Altersruhestand anregen und zum anderen dadurch, daß die Löhne mit marginalen Versicherungsbeiträgen belastet werden, die Verzerrungen auslösen. In der Praxis sind die Nettoeffekte auf die Ersparnis und die Arbeitsmärkte von Land zu Land verschieden. Sie hängen davon ab, wie die privaten Übertragungen und das Arbeitsangebot auf die Sozialversicherungsabgaben reagieren.

Was kann getan werden?
Die ärmsten Länder können durch den Aufbau eines staatlich finanzierten Sozialversicherungssystems oder den umfassenden Ausbau eines schon bestehenden Systems mit erheblichen finanziellen, volkswirtschaftlichen und administrativen Kosten belastet werden. Das Risiko, daß derartige Systeme letztlich einen beträchtlichen Teil der allgemeinen Einnahmen absorbieren und die Allokation der Ressourcen verzerren, wird im allgemeinen größer sein als die Vorteile, die einem nur begrenzten und ohnedies privilegierten Teil der Bevölkerung zukommen.

Länder mit bereits umfassenden Systemen haben verschiedene wirtschaftspolitische Optionen.

Tragbare Leistungsniveaus. Zum einen ist dort, wo ein niedriges Rentenalter teilweise für die Finanzierungsprobleme verantwortlich ist, eine Anhebung des Rentenalters angebracht. Zweitens sollten Sozialversicherungsprogramme so strukturiert sein, daß der Anstieg der Leistungen an das Einnahmewachstum gekoppelt ist. Wenn die Leistungen der Preisentwicklung angepaßt werden, sollte die Einnahmebasis ebenfalls indexiert sein. Drittens sind Sozialversicherungsleistungen oft viel höher als der versicherungsmathematische Ertrag aus den gezahlten Beiträgen. Dies ist zum Teil deshalb der Fall, weil die Leistungen häufig auf Basis der in den letzten Arbeitsjahren erzielten Verdienste berechnet werden, wenn diese ihr Höchstniveau erreichen; die Beiträge richteten sich dagegen nach der Verdienstentwicklung über einen viel längeren Zeitraum. Um die Leistungen mit den Beiträgen in Übereinstimmung zu bringen, könnte das Leistungsniveau enger auf die Verdienste während des gesamten Arbeitslebens bezogen werden.

Finanziell unabhängige Systeme. Einen wirksamen Schutz gegen Zahlungsunfähigkeit bietet die finanzielle Autonomie vom Sozialversicherungsfonds. Die laufenden Beiträge für Unterstützungszahlungen bei Arbeitsunfähigkeit, Arbeitsunfällen, Arbeitslosigkeit und Mutterschaft sollten daher den versicherungsmathematischen Prämien entsprechen. Die Verwalter derartiger Fonds wären für die Zahlung versicherungstechnisch korrekter Unterstützungsleistungen auf Grundlage eindeutiger Sozialversicherungsrichtlinien verantwortlich und hätten den Leistungsempfängern gegenüber eine Nachweispflicht. Sie sollten einer Aufsicht unterliegen und Leistungsanreize für hochrentable Investitionen erhalten (vgl. Kapitel 5).

Gezielte Gewährung von Sozialleistungen. Die Gewährung von Unterstützungszahlungen zum Zweck der Umverteilung gefährdet die Zahlungsfähigkeit und die finanzielle Unabhängigkeit der Sozialversicherung. Soziale Unterstützung wird am besten durch Programme gewährt, die sich aus allgemeinen Einnahmen finanzieren und getrennt von Sozialversicherungsfonds verwaltet werden.

wie Krankenhäusern und Universitäten), bei der Finanzierung der Forschung, der Festlegung nationaler Erziehungsrichtlinien und bei der Bereitstellung von Informationen über Nutzen und Kosten staatlicher Leistungen.

Öffentliche Transferzahlungen können sicherstellen, daß die Gerechtigkeit nicht auf der Strecke bleibt. Im Idealfall sollten sie den Einzelnen direkt gezahlt werden (nach Bedürftigkeit und, im Erziehungswesen, nach Leistung), damit diese die Mittel dann für Einrichtungen ihrer Wahl — seien sie öffentlich oder privat — ausgeben können. In einigen Entwicklungsländern, wie in Chile oder Thailand, befinden sich solche Systeme noch im Experimentierstadium. Ein bescheidenerer Ansatz liegt darin, die Subventionen nach dem wirtschaftlichen Bedarf von Ortsbereichen oder Stadtvierteln zu verteilen. Die Mittel sollten jedoch den Anreiz für die örtliche Gemeinschaft zur Erhebung eigener Einkünfte nicht beeinträchtigen (vgl. Kapitel 7).

STÄRKERE VERWENDUNG NICHTSTAATLICHER MITTEL. Wie in Kapitel 2 deutlich gemacht wurde, gibt es kein einheitliches, stets „korrektes" Gleichgewicht zwischen staatlichen und privaten Tätigkeitsbereichen. Der Staat schränkt jedoch seine Möglichkeiten zum Ausbau des Erziehungs- und Gesundheitswesens ein, wenn er private Initiativen behindert. Beispielsweise haben Äthiopien, der Kongo, Nigeria und Pakistan Ende der siebziger Jahre private Schulen auf gesetzlichem Wege verboten oder versuchten, sie zu verbieten. In Benin, Kamerun und Togo wird die private Gesundheitsfürsorge mit Mißfallen betrachtet. Anderswo werden die Gebühren privater Einrichtungen und deren Anwerbung von Mitarbeitern wie Lehrern und Gesundheitsfachkräften übermäßig strengen Beschränkungen unterworfen, und sie sehen sich mit äußerst hohen Qualitätsanforderungen konfrontiert.

Eine Lockerung dieser Beschränkungen kann neue Ressourcen mobilisieren. In Pakistan war die Schülerzahl im Jahr 1983, fünf Jahre nach Aufhebung eines nahezu vollständigen Verbots privater Schulen, im Grundschulbereich und im höheren Schulwesen beträchtlich gestiegen. Auf die privaten Schulen entfielen mindestens 10 Prozent der Gesamtschülerzahl. Auch private Freiwilligenorganisationen können durch Unterstützung von Schulungsmaßnahmen oder koordinierende Tätigkeiten einen Beitrag leisten.

Auch hier behält der Zentralstaat eine wichtige Funktion. Er muß ein Gleichgewicht zwischen

Anreizen und Regulierungen aufrechterhalten, um eine effiziente Leistungsbereitstellung zu gewährleisten. Im Gesundheitswesen muß der Staat sicherstellen, daß sich der private Markt für individuelle Gesundheitsleistungen so wettbewerbsgerecht wie möglich verhält. Dazu gehören allgemein zugängliche Informationen über die Preise alternativer Anbieter, über die richtige Behandlung verschiedener Krankheiten und über die Bedeutung eines Versicherungsschutzes. Die Kostenkontrolle durch Vorauszahlungsbestimmungen oder durch eine Pro-Kopf-Pauschale (Festsetzung einer Gebühr pro Patient) spielt in der privaten Gesundheitsfürsorge eine entscheidende Rolle. Beispielsweise fördert die brasilianische Regierung Gesundheitsorganisationen auf Vorauszahlungsbasis, indem sie die Verwendung von Sozialversicherungsbeiträgen als Zahlungen zuläßt. Im Erziehungswesen kann der Staat diese Informationsrolle spielen, indem er die Ergebnise aller Prüfungen offenlegt. Die Regierung kann auch Institutionen die Zulassung verweigern, die versuchen, Studenten zu betrügen.

Der Spielraum für Reformen

Diese Maßnahmen ließen sich zu einem Programm vereinigen, das im Erziehungs- und Gesundheitswesen zu einer effizienteren und gerechteren Verteilung der Ausgaben führen würde. Hierzu müßten die öffentlichen Ausgaben selektiver eingesetzt werden, und zwar sowohl hinsichtlich der erbrachten Leistungen als auch hinsichtlich der begünstigten Zielgruppe. Die Maßnahmen umfassen: Gebühren-

---

Sonderbeitrag 6.3 Durchführung der Erziehungsreform in Ghana

Bis Mitte der siebziger Jahre hatte Ghana eines der bestentwickelten und leistungsfähigsten Erziehungssysteme in Westafrika, mit Schülerzahlen, die in der Region auf allen Schulebenen an der Spitze lagen. Als sich jedoch die Wirtschaftslage des Landes in den siebziger Jahren verschlechterte, ging die Qualität des Erziehungswesens zurück, und die Schülerzahlen stagnierten oder sanken. Mit gewisser internationaler Unterstützung begann die gegenwärtige Regierung im Jahr 1987 mit der Sanierung ihres Erziehungswesens. Die generellen Ziele des Sechsjahresprogramms sind die Verbesserung des Qualitätsstandards der Lehrkräfte, die effizientere und gerechtere Finanzierung des Erziehungswesens und eine finanzpolitische Absicherung der Reform, die auf Dauer tragbar ist.

Die Reform richtet sich sowohl auf Grundschulen als auch auf weiterführende Schulen. Sie verlangt Einsparungen durch die Streichung nicht existenten Personals aus den Gehaltslisten, durch die Verringerung des Verwaltungspersonals (in den Universitäten entfiel auf jeden Studierenden mehr als ein nicht dem Lehrkörper angehörender Mitarbeiter) und durch die Beseitigung von Überschneidungen in den Schulprogrammen. Darüber hinaus soll der staatliche Anteil an den Kosten des weiterführenden Erziehungswesens dadurch verringert werden, daß die Subventionen für die Verpflegung und Unterkunft allmählich eingeschränkt und für die Schulbücher Gebühren verlangt werden. Für die höheren Schulen und die Hochschulen werden Darlehenssysteme und Stipendienprogramme entwickelt, um den Schulbesuch auch für ärmere Studenten zu ermöglichen.

Im Jahr 1971 löste der Versuch, die Kosten für die Hochschulen durch die Einführung von Gebühren einerseits und Studiendarlehen andererseits zu verringern, starke Widerstände aus. Innerhalb eines Jahres war die Regierung gestürzt, und die Nachfolgeregierung entzog dem Plan die offizielle Unterstützung. Die gegenwärtige Regierung, die weiß, daß eine breite öffentliche Zustimmung zu den aktuellen Reformplänen wichtig ist, stellte einen Plan auf. Die ersten Anzeichen sind erfolgversprechend. Der Plan setzt sich aus zwei Hauptelementen zusammen.

• *Kostendeckung in Verbindung mit Qualitätsverbesserung.* Die Subventionierung der Verpflegung und Unterkunft im höheren Schulwesen soll beendet werden, und zwar gleichzeitig mit der Neuanschaffung von Ausbildungsmaterial und Schulbüchern für die Schüler. Um im Hochschulbereich den Widerstand gegen die angekündigte Verringerung der Subventionierung des Lebensunterhalts abzubauen, verspricht die Regierung, mehr Bücher und Ausbildungsmaterial bereitzustellen, die Ausbildungsstätten zu sanieren, den Studenten Land zu überlassen, auf dem sie Nahrungsmittel anbauen können, sowie Studiendarlehen bereitzustellen, um Lehrbücher und unter Umständen auch den Lebensunterhalt zu finanzieren.

• *Staatliche Ausbildungskampagne.* Seit der ersten Ankündigung beherrschte das Thema der Reform im Erziehungswesen die Medien und wurde zu einem Hauptgegenstand der öffentlichen Debatte in Ghana. Mit Hilfe von Broschüren, Versammlungen und Vorträgen hochrangiger Regierungsvertreter hat der Staat ins Bewußtsein gerufen, welche Unterschiede auf verschiedenen Ausbildungsebenen hinsichtlich der Kosten pro Schüler bestehen (an den Universitäten Ghanas sind die Kosten pro Studierenden 120 mal so hoch wie in Grundschulen); die Regierung hob die hohen Kosten für die Subventionierung von Verpflegung und Unterkunft an Universitäten und höheren Schulen hervor, wobei mit diesen Mitteln für weitaus mehr Schüler Studienplätze geschaffen werden könnten. Sie betonte die Tatsache, daß die Kosten für Unterbringung und Verpflegung eines Universitätsstudenten ausreichend wären, um fünfzehn Schüler an Grundschulen zu unterrichten, und sie wies auf die Einsparungen hin, die durch Verbesserungen der Qualität und Leistungsfähigkeit des Erziehungswesens zu erreichen wären.

Sonderbeitrag 6.4 Die staatliche Finanzierung des Energiesektors: Probleme und Optionen

Mit wenigen Ausnahmen wird die elektrische Energie in Entwicklungsländern von einem einzigen, staatlichen, vertikal integrierten Versorgungsunternehmen bereitgestellt. In vielen Ländern handelt es sich dabei um das größte staatseigene Unternehmen (SEU). Dessen Preise werden von der Regierung festgesetzt. Dieses staatliche Engagement wird üblicherweise mit dem Argument gerechtfertigt, daß Elektrizität ein natürliches Monopol sei. Die Stromerzeugung und -verteilung weist hohe Fixkosten und niedrige Grenzkosten auf; hierdurch ist der Markteintritt für neue Unternehmen sehr kostspielig, etablierte Unternehmen können dagegen gleichzeitig ohne großen Kostenaufwand weitere Abnehmer hinzugewinnen.

Die finanzielle und verwaltungsmäßige Unabhängigkeit von Energieunternehmen ist unterschiedlich. Oft haben sie das eine so wenig wie das andere. Dies führt zu Haushaltsproblemen und zu einem unwirtschaftlichen Ressourceneinsatz.

Finanz- und Haushaltsprobleme

Ein gut geführtes Energieunternehmen, das seine Tarife an den langfristigen Grenzkosten orientiert, sollte im allgemeinen in der Lage sein, seine gesamten Betriebskosten und den Schuldendienst zu bestreiten und sein Investitionsprogramm in erheblichem Umfang aus Eigenmitteln zu finanzieren. Der Einfluß auf den Staatshaushalt wäre neutral oder sogar positiv, wenn das Unternehmen der Körperschaftsteuer unterläge. Leider zeigte jedoch eine neuere Untersuchung der Weltbank, daß sich die finanzielle Situation der Energiewirtschaftsunternehmen in den Entwicklungsländern seit 1965 verschlechtert hat. Die Selbstfinanzierungsquote — Eigenmittel in Prozent des Finanzbedarfs für die Investitionen des Unternehmens — ist im Durchschnitt von 25 Prozent im Zeitraum 1966 bis 1973 auf 17 Prozent in den Jahren 1980 bis 1985 gesunken. Auch die finanziellen Renditen sind zurückgegangen (vgl. Schaubild 6.4 A).

Die schlechte Finanzierungslage vieler Energieunternehmen wurde den Fehlern der Regierungen angelastet, die es versäumt hatten, eine rechtzeitige und ausreichende Gebührenanhebung zu gestatten. Ein Problem für sich ist die Gebühreneintreibung. Die Außenstände erhöhten sich von durchschnittlich 77 Tagen im Zeitraum 1966 bis 1985 auf 112 Tage in den Jahren 1980 bis 1985, ein Trend, der die Probleme bei der Verbrauchsmessung, der Rechnungsstellung und der Gebühreneintreibung wiedergibt. In vielen Ländern befinden sich die Regierungsstellen und die SEU unter den säumigsten Kunden (vgl. Kapitel 8).

Viele Versorgungsbetriebe sind infolgedessen vom Staat abhängig; sie benötigen eine Investitionsfinanzierung zu Vorzugszinsen, einen Schuldenverzicht und manchmal sogar eine Subventionierung der Betriebskosten. Diese Subventionen erhöhen wiederum die staatlichen Schulden und entziehen anderen Wirtschaftssektoren — wo Benutzergebühren nicht angemessen sein können — die Haushaltsmittel. Beispielsweise stand in Kolumbien einem ehrgeizigen Investitionsprogramm, das den Anteil der Energieinvestitionen an den gesamten staatlichen Investitionen von 24 Prozent (1980) auf 38 Prozent im Jahr 1985 steigerte, kein entsprechender Anstieg der Einnahmen gegenüber. Hierdurch stieg 1985 das aggregierte Defizit aller Energieversorgungsbetriebe des Landes auf 345 Mio Dollar, rund 1 Prozent des BIP.

Effizienzprobleme

Elektrizität wird nur in sehr wenigen Entwicklungsländern effizient zur Verfügung gestellt. In Kolumbien trugen überzogene staatliche Investitionen im Energiebereich bei sinkendem Nachfragewachstum nicht nur zum Defizit der öffentlichen Hand bei, sondern auch zu Überkapazitäten, die für die Jahre 1987 bis 1989 auf etwa 20 bis 25 Prozent der installierten Kapazität geschätzt werden. Eine umfassende Energiereform wird nun geplant. Sogar in einem Land wie der Republik Korea, wo die Qualität der Betriebsführung hoch ist, könnten durch eine Änderung der Investitionspolitik und durch weniger ehrgeizige Vorgaben für die Zuverlässigkeit der Anlagen 200 Mio Dollar pro Jahr eingespart werden.

Unzulängliche Planung, hohe Übertragungsverluste, zu hohe Belegschaft, nicht effiziente Betriebsführung und unzureichende Wartungsmaßnahmen stellen weit verbreitete und wachsende Probleme dar. In einigen Fällen hat die Größe und Kompliziertheit des Energiesektors im letzten Jahrzehnt dramatisch zugenommen, ohne daß es im Managementbereich entsprechende Verbesserungen gegeben hätte. In zahlreichen anderen Fällen können diese Probleme auf Vorschriften zurückgeführt werden, die der Betriebsleitung die Anreize nehmen, innovative und effi-

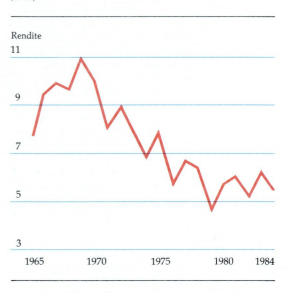

Schaubild 6.4A Finanzielle Renditen von Energieversorgungsunternehmen, 1965 bis 1984
(in %)

Quelle: Munasinghe, Gilling und Mason 1988, Schaubild 5.

ziente Lösungen anzustreben, wie Regelungen bezüglich der Preise, des Leistungsumfangs, des Produktionsmitteleinsatzes und der Bezahlung.

Sorge bereiten auch Unzulänglichkeiten auf der Nachfrageseite. Im Prinzip sollten in einem leistungsfähigen System die Preise, die die Entscheidungen der Produzenten und der Konsumenten steuern, die echten volkswirtschaftlichen Kosten widerspiegeln. Eine zu diesen Preisen nicht befriedigte Nachfrage ist auch ein Indiz dafür, daß die Produktion erhöht werden muß; unter diesen Umständen ist es eindeutig, daß die Verbraucher bereit sind, für eine Produktionsausweitung zu zahlen. Wenn dieses Prinzip verletzt wird, kommt es zu Verzerrungen beim Verbrauch, und das Versorgungsunternehmen erfährt ernste finanzielle Nachteile, die ihrerseits wiederum zu einer Verschlechterung des Leistungsangebots führen.

Wirtschaftspolitische Optionen

Eine angemessene Preissetzung ist bei Fehlen eines wirksamen Wettbewerbs sowohl für die effiziente Verteilung der Leistungen als auch für die interne Wirtschaftlichkeit entscheidend. Weil Investitionen im Energiebereich umfangreich sind und nur blockweise vorgenommen werden können, muß sich die Höhe der für die finanzielle Gesundheit des Unternehmens erforderlichen Einnahmen nicht notwendigerweise an der Preisbildung analog den kurzfristigen Grenzkosten orientieren (vgl. Sonderbeitrag 6.1). In diesem Fall müßten Alternativen in Erwägung gezogen werden, wie eine Mischkalkulation.

Aus gesamtwirtschaftlicher Sicht würde der fiskalische Nettoeffekt leistungsfähiger Strompreise im allgemeinen zur Unterstützung der Stabilisierungsprogramme und der strukturellen Anpassung beitragen. Grobe Schätzungen anhand von Daten aus sechs afrikanischen Ländern zeigen, daß bei einer stärkeren Angleichung der Benutzergebühren an die langfristigen Grenzkosten die Einnahmen des Zentralstaates um 5 bis 10 Prozent erhöht werden könnten.

Eingriffe in die Preisbildung zur Einkommensumverteilung verfehlen oft ihr Ziel. Die Subventionierung der Kosten je Verbrauchseinheit in der Elektrizitätsversorgung fördert die Verschwendung und hilft dem Kleinverbraucher nicht, der nur wenige elektrische Haushaltsgeräte besitzt, ganz zu schweigen von der Mehrheit der armen Haushalte, die überhaupt nicht ans Netz angeschlossen sind. Wenn Subventionen eingesetzt werden, sollten sie auf Zielgruppen ausgerichtet sein. Beispielsweise könnte das Versorgungsunternehmen eine „Grundversorgungsgebühr" für ein niedriges Verbrauchsniveau verlangen. Selektive Rabatte auf Anschlußgebühren, um den Anschluß an das Stromnetz zu erleichtern, sind als Alternative eine klarere und effizientere Lösung als eine Reduzierung der Kosten je Verbrauchseinheit.

Die Reform der Preispolitik im Energiebereich sollte durch transparentere Praktiken der Betriebsführung, für die sie sich zu verantworten hat, sowie durch eine verbesserte Ausbildung des Managements ergänzt werden, und die Rolle des Privatsektors sollte gestärkt werden (vgl. Kapitel 8).

erhebung für staatlich bereitgestellte Heilbehandlung in Krankenhäusern, für Arzneimittel und für die Hochschulausbildung; höhere staatliche Subventionen für elementare Leistungsbereiche wie Vorsorgeuntersuchungen und die Grundschulausbildung; Schaffung eines geeigneten finanziellen Umfelds für private Nachfrager und Anbieter durch ein effizientes Versicherungs- und Kreditsystem; Dezentralisierung der staatlichen Leistungen zur Förderung der Verantwortlichkeit der Verwaltung sowie günstigere Bedingungen für die Nutzung nichtstaatlicher Ressourcen durch ein angemessenes Gleichgewicht zwischen Anreizen und Regulierungen.

Ein derartiges Maßnahmepaket dürfte schwierig durchzusetzen sein. In einigen Ländern hieße dies, mit der — oft von Industrieländern übernommenen — fest verwurzelten Tradition eines kostenfreien Erziehungs- und Gesundheitswesens zu brechen. Bei einigen Maßnahmen dürften zudem institutionelle Schwierigkeiten zu administrativen Komplikationen führen, wie bei den Darlehensmodellen oder den Versicherungssystemen. Aus diesen Gründen wird die Reform Zeit brauchen und muß zwangsläufig von Land zu Land verschieden ausfallen. Um die Reform der Finanzierungsmechanismen zu vervollständigen, sind generell auch Verbesserungen in der öffentlichen Verwaltung, dem Management und den Institutionen erforderlich. Ein hoffnungsvolles Zeichen ist, daß viele Länder bereits mit der Reform begonnen haben (vgl. Sonderbeitrag 6.3 über Ghana). Auch wenn die Reform nur Teilbereiche erfaßt, kann sie lohnende Verbesserungen bewirken.

Städtische Dienstleistungen

Die öffentliche Hand spielt in der Regel bei der Bereitstellung städtischer Leistungen eine wichtige Rolle. Üblicherweise wird dies damit begründet, daß private Anbieter kaum in der Lage sind, bestimmte städtische Leistungen mit Gewinn anzubieten. Beispielsweise ist es im allgemeinen unpraktikabel, individuelle Straßenbenutzungsgebühren zu verlangen. Bei der Wasserversorgung haben Kosteneinsparungen in Abhängigkeit von der Liefermenge zur Folge, daß eine wirtschaftliche Versorgung nur möglich ist, wenn sie von seiten des Staates bereitgestellt oder reguliert wird. Bei nahezu allen städtischen Leistungen ist die Rolle des Staates auch wegen der Bevölkerungsdichte und der externen Effekte auf die Umwelt wichtig: Der Konsum des einen beeinträchtigt das Wohlergehen von anderen. Außerdem hat die Bereitstellung städtischer Leistungen auch Verteilungseffekte. Zwar sind die Stadtbewohner durchschnittlich besser gestellt als die Landbevölkerung, doch wohnt ein beträchtlicher Teil der Armen eines Landes in städtischen Slumgebieten, ohne Zugang zu Trinkwasser oder zu anderen elementaren städtischen Leistungen.

Ungeachtet der großen Unterschiede zwischen verschiedenen Ländern oder innerhalb einzelner Staaten, werden die meisten städtischen Leistungen durch Kommunen bereitgestellt und durch lokale Steuern, Benutzergebühren oder Zuweisungen von Gebietskörperschaften höherer Ebene finanziert (vgl. Kapitel 7). Infrastrukturmaßnahmen, wie die Wasserversorgung, das Transportwesen und eine ordentliche Abfallbeseitigung, beanspruchen in vielen Städten einen erheblichen Teil des kommunalen Haushalts. Einige dieser auf unterer Ebene getroffenen Entscheidungen können jedoch fraglos nationale Auswirkungen haben, vor allem im Energiebereich (vgl. Sonderbeitrag 6.4).

Probleme in der öffentlichen Finanzwirtschaft

Städtische Leistungen werden am besten in ihrer Gesamtheit analysiert. Die Hauptbereiche — städtisches Transportwesen, Wasserversorgung, Energiesektor und Wohnungswirtschaft — stehen im Hinblick auf Allokation, Leistungsfähigkeit und Gerechtigkeit vor gleichen Problemen. Außerdem entscheiden die Verbraucher, die privaten und öffentlichen Anbieter sowie die Aufsichtsbehörden in der Regel über mehrere Leistungen zugleich. Beispielsweise kaufen oder mieten Stadtbewohner kein Haus, ohne die vorhandene örtliche Infrastruktur in ihre Überlegungen einzubeziehen.

UNTERVERSORGUNG BEI ELEMENTAREN LEISTUNGEN. Die Bereitstellung wirkungsvoller städtischer Leistungen ist eine Vorbedingung für wirtschaftliches Wachstum. Die in Städten ansässigen Unternehmen benötigen für ihre gegenseitigen Geschäftsbeziehungen Verkehrs- und Fernmeldeeinrichtungen; sie brauchen sanitäre Leistungen, um ihren Abfall zu beseitigen und Energie, um ihr Sachkapital produktiv einzusetzen. Auch ihre Arbeiter benötigen diese Leistungen und überdies noch Wohnraum. Gleichwohl werden — ungeachtet hoher Subventionen — viele städtische Leistungen nicht in ausreichendem Maße bereitgestellt. Den neuesten Schätzungen der Weltbank zufolge verfügen in Entwicklungsländern 23 Prozent der städtischen Bevölkerung nicht über Trinkwasser im Umkreis von 200 m; für die afrikanischen Länder südlich der Sahara gilt dies sogar für 35 Prozent. Die Verkehrsbehinderungen auf den Straßen nehmen zu, und kräftig gestiegene Transportkosten haben die Produktivität vermindert. In vielen Städten herrscht Wohnungsmangel.

Beide Seiten der öffentlichen Finanzwirtschaft — Einnahmen und Ausgaben — haben zu dieser Unterversorgung beigetragen. Die Kommunalverwaltungen sehen sich mit starken Haushaltsengpässen konfrontiert (vgl. Kapitel 7). Die traditionellen Wege der Einnahmenerzielung werden immer kostspieliger. Auf Übertragungen von übergeordneten Gebietskörperschaften ist kein Verlaß, und viele lokale Behörden verfügen weder über die Befugnis noch über entsprechende Kenntnisse, um die Ergiebigkeit der Grundsteuer zu erhöhen. Leistungen, die überwiegend aus allgemeinen Mitteln finanziert werden, müssen daher eingeschränkt werden.

Das Problem wird dadurch verschärft, daß die Mittel in vielen Städten für ungeeignete Leistungen ausgegeben werden. In einigen Fällen, zum Beispiel beim Autobusverkehr, haben hohe Subventionen für öffentliche Betreiber effizientere Privatunternehmen aus dem Markt gedrängt. Tabelle 6.3 zeigt, daß in Städten mit öffentlichen und privaten Verkehrsunternehmen die Kosten pro Fahrgast bei privaten Betreibern niedriger sind als bei subventionierten öffentlichen Betreibern. Auch bevorzugen staatliche Verkehrsbehörden häufig kostspielige Lösungen. Die neuen Untergrundbahnen in Caracas (Venezuela) und São Paulo (Brasilien) kosteten (in Preisen von 1983) 1,44 Mrd Dollar beziehungsweise 2,34 Mrd Dollar. Sie dienen nur einem kleinen Prozentsatz der städtischen Bevölkerung, bedeuten eine erhebliche und anhaltende Belastung der städtischen Finanzen und verhindern Verbesserungsmaßnahmen an anderer Stelle.

Gleichzeitig werden elementare Leistungen vernachlässigt. Die Kosten derartiger Vernachlässigungen sind besonders hoch, wenn ein alternatives Privatangebot entweder nicht zur Verfügung steht oder zu unbedeutend ist, um leistungsfähig zu sein. Dies gilt für die Wasser- und Elektrizitätsversorgung. Private Wasseranbieter mit einem unwirtschaftlich kleinen Geschäftsvolumen operieren in dichtbesiedelten Städten, wo die Stückkosten von Leitungswasser niedrig sind. Im Jahr 1977 war in Nairobi (Kenia) die von einem Wasserträger verlangte Gebühr durchschnittlich mindestens dreimal

Tabelle 6.3 Vergleich der Betriebsbedingungen und der Kosten für private und öffentliche Autobusbetriebe in ausgewählten Städten von Entwicklungsländern, 1985

Stadt, Land	Besitzverhältnis	Nutzung des Wagenparks (in %)	Personal pro eingesetztem Autobus	Kosten pro Personenkilometer (US-Cent)	Verhältnis Einnahmen zu Kosten
Ankara, Türkei	öffentlich	65	6,0	2,5	0,67
	privat	95	2,6	1,2	1,70
Bangkok, Thailand	öffentlich	80	6,2	1,9	0,74
	privat	80	. .	1,2	1,10
Istanbul, Türkei	öffentlich	60	7,5	2,0	0,88
	privat	. .	. .	1,7	1,10
Jakarta, Indonesien	öffentlich	59	14,5	1,8	0,50
	privat	76	7,3	0,9	1,20
Kalkutta, Indien	öffentlich	64	20,7	1,9	0,46
	privat	86	4,0	0,7	1,10
Karachi, Pakistan	öffentlich	40	12,4	2,8	0,49
	privat	72	6,4	1,0	1,15
Khartoum, Sudan	öffentlich	65	18,1	1,5	0,80
	privat	80	4,5	0,6	1,10

Anmerkung: Nur auf Basis von Angaben für vergleichbare Großbusse.
Quelle: Armstrong — Wright und Thiriez 1987, Tabelle 1.

höher als die Grenzkosten für das von öffentlicher Seite bereitgestellte Leitungswasser; in Lomé (Togo) war sie 1981 doppelt so hoch. In Lagos (Nigeria) kaufen Familien mit niedrigem Einkommen von Verkäufern Trinkwasser zu einem Preis, der mindestens viermal so hoch ist wie die Grenzkosten für Leitungswasser; zudem müssen sie dieses Wasser noch über weite Entfernungen transportieren. Auch private Gewerbebetriebe in Lagos mußten zu hohen Kosten fast alle elementaren Dienstleistungen selbst bereitstellen (vgl. Sonderbeitrag 6.5).

Staatliche Regulierungen haben private Anbieter vom Markt ferngehalten. Zwar sind diese Maßnahmen nicht Teil des öffentlichen Haushalts, doch können sie große Auswirkungen haben, die denen der Besteuerung und der staatlichen Ausgaben gleichen. Die Situation im Wohnungswesen verdeutlicht dieses Problem. In vielen Städten war der private Wohnungsmarkt durch Mietkontrollen übermäßig starken Reglementierungen unterworfen, was oft zu Ergebnissen führte, die dem angestrebten Zweck genau zuwider liefen. Ungefähr 40 Prozent der Stadtbewohner auf der ganzen Welt sind Mieter. Die meisten dieser Wohnungen unterliegen in irgendeiner Form der Mietkontrolle. Untersuchungen in Industrie- wie in Entwicklungsländern zeigen, daß der Nutzen derartiger Mieterschutzbestimmungen für die gegenwärtigen Mieter gering ist. Einige Schutzbestimmungen sind einfach wegen Umgehungszahlungen nicht wirksam. Sind sie jedoch wirksam, so haben sie negative Auswirkungen auf die Instandhaltung und den Wohnungsneubau — wie in Kumasi (Ghana), wo die Mietkontrollen zu einem nahezu völligen Zusammenbruch des Wohnungsmarktes beigetragen haben. Außerdem verringern Mietkontrollen die Grundsteuereinnahmen, und der Staat ist weniger in der Lage, solche Leistungen zu verbessern, die privat nicht bereitgestellt werden können.

Eine weitere Angebotsbeschränkung auf dem privaten Wohnungsmarkt betrifft die Wohnungsbaufinanzierung. In vielen Ländern stehen Kredite zur Finanzierung von Investitionen im Wohnungswesen nur eingeschränkt zur Verfügung. In einigen Fällen ist dies das Resultat finanzpolitischer Maßnahmen, die den effizienten Kapitaleinsatz allgemein und Wohnungsbauinvestitionen im besonderen hemmen. Diese Maßnahmen entsprechen weitgehend verzerrenden Steuern, die sich sowohl gesamtwirtschaftlich als auch sektoral auswirken (vgl. Sonderbeitrag 6.6).

DIE HOHEN KOSTEN EINIGER DIENSTLEISTUNGEN. Hoch subventionierte öffentliche Anbieter stellen kommunale Leistungen oft unwirtschaftlich zur Verfügung. Sie verfügen nur über geringe Anreize, um kostengünstig zu arbeiten oder sich schnell auf wandelnde Verhältnisse einzustellen. In Kalkutta (Indien) benötigt die staatliche Autobusgesellschaft eine Subvention in Höhe von rund 1 Mio Dollar pro Monat, da die Einnahmen nur etwa die Hälfte der Betriebskosten decken. Gleichwohl ist ein geringe-

Sonderbeitrag 6.5 Wie wird Nigerias Industrie mit unzulänglichen Infrastrukturleistungen fertig?

Nigerias Industrieunternehmen müssen bei öffentlich bereitgestellten Leistungen, wie der Wasser- und Elektrizitätsversorgung, im Fernmelde- und Verkehrswesen und bei der Abfallbeseitigung häufige Störungen in Kauf nehmen. Sofern verfügbar, sind die Leistungen oft von geringer Qualität. Dies ist eine Verschwendung öffentlicher Mittel, die auch zu erheblichen Kostensteigerungen in der Industrie führt.

Die nigerianischen Industrieunternehmen führen deshalb für ihren Eigenbedarf Sachinvestitionen in Dienstleistungsbereichen wie der Elektrizitäts- und Wasserversorgung durch. Der nigerianischen Industrie-Entwicklungsbank (Nigerian Industrial Development Bank — NIDB) zufolge beeinträchtigen häufige Unterbrechungen in der Energieversorgung und Schwankungen der Stromspannung nahezu jedes Industrieunternehmen des Landes. Um Produktionsverluste und Beschädigungen an Maschinen und Ausrüstung zu vermeiden, erwerben die Firmen eigene Generatoren. Ein Milchverarbeitungsbetrieb zum Beispiel benötigte eigene Generatoren, weil Schwankungen der Stromspannung oder Unterbrechungen der Stromversorgung betriebswichtige Ausrüstungen vernichten können. Ein großes Unternehmen der Textilindustrie schätzt den abgeschriebenen Kapitalwert seiner Investitionen in Elektrizitätsanlagen auf 400 Dollar je Arbeiter. Wenn man einen solchen Betrag auf alle 6 000 nigerianischen Industriefirmen hochrechnet (in jeweiligen Preisen), dann könnte man mit dieser Summe die Investitionen für die Verbesserung der Stromübertragung und -verteilung des ganzen Landes bezahlen, den Wohnungssektor eingeschlossen. In ähnlicher Weise investieren die Unternehmen in Bohrlöcher und Wasseraufbereitungsanlagen. In der Regel werden bei neuen Anlagen etwa 20 Prozent der von der NIDB finanzierten Sachinvestitionen für elektrische Generatoren und Bohrlöcher ausgegeben.

Die Kosten eines ineffizienten Fernmeldewesens zeigen sich in einer Vielzahl kleiner Ausgaben, wie für Motorräder für Boten oder für Radioanlagen, sowie in der Zeitverschwendung, da Manager und Verkäufer sich auf Reisen begeben müssen, um Nachrichten zu überbringen oder Besprechungen abzuhalten, die bei einer funktionierenden Telefonleitung nur Augenblicke dauern würden. In Lagos haben lange Fahrzeiten zur Arbeitsstätte infolge wenig leistungsfähiger Buslinien die Firmen und Arbeiter veranlaßt, soweit wie möglich private Transportmittel zu benutzen.

Obwohl notwendig, sind viele dieser selbst bereitgestellten Infrastruktur-Investitionen nicht effizient, da sie zu klein sind. Weil die Möglichkeiten zur Substitution des Produktionsmitteleinsatzes begrenzt sind, haben Firmen mit Kapitalausgaben zur Eigenerstellung der benötigten Leistungen höhere Produktionskosten. Ein besseres öffentliches Angebot an Infrastrukturleistungen würde die Verluste verringern; wirtschaftspolitische Optionen werden bereits studiert und entwickelt.

---

rer Teil des Wagenparks im Einsatz, arbeitet die Gesellschaft mit einem höheren Personalanteil und ist der Umfang der Schwarzfahrer größer als bei privaten Konkurrenten, die nicht subventioniert werden (vgl. Tabelle 6.3).

MÄNGEL BEI DER VERSORGUNG DER ARMEN. Hohe Subventionen in die kommunale Infrastruktur erreichen oft nicht die Armen. Die ärmsten Stadtbewohner nehmen die teuersten städtischen Transportmittel nicht in Anspruch. Beispielsweise wird die Untergrundbahn von Caracas, die bis 1990 fertiggestellt sein soll, den Bewohnern mit den niedrigsten Einkommen nicht direkt nützen; die von der U-Bahn bedienten längeren Strecken werden von ihnen kaum in Anspruch genommen, und sie leben und arbeiten auch nicht entlang der Hauptlinie. Die Bevölkerungsgruppen mit mittlerem Einkommen werden voraussichtlich am meisten profitieren.

Wie bereits erwähnt, verfügt ein Viertel der städtischen Bevölkerung in den Entwicklungsländern nicht über einen Anschluß für sauberes Wasser. Dies sind die Ärmsten der Stadt. Viele müssen Wasser von Privatverkäufern zu einem 4 bis 100mal so hohen Preis beziehen wie diejenigen, die das Glück haben, an das Leitungswassernetz angeschlossen zu sein (vgl. Tabelle 6.4).

Tabelle 6.4 Verhältnis der Preise privater Wasserverkäufer zum Wasserpreis öffentlicher Versorgungsbetriebe in ausgewählten Städten, Mitte der siebziger bis Anfang der achtziger Jahre

Stadt, Land	Preisverhältnis
Kampala, Uganda	4:1 zu 9:1
Lagos, Nigeria	4:1 zu 10:1
Abidjan, Côte d'Ivoire	5:1
Lomé, Togo	7:1 zu 10:1
Nairobi, Kenia	7:1 zu 11:1
Istanbul, Türkei	10:1
Dhaka, Bangladesch	12:1 zu 25:1
Tegucigalpa, Honduras	16:1 zu 34:1
Lima, Peru	17:1
Port-au-Prince, Haiti	17:1 zu 100:1
Surabaya, Indonesien	20:1 zu 60:1
Karachi, Pakistan	28:1 zu 83:1

*Verbesserungen im kommunalen
Dienstleistungsangebot*

Welche Reformen im einzelnen durchzuführen sind, hängt von der Art der Dienstleistung ab. Wo ein konkurrenzfähiger privater Markt Chancen hat, wie im städtischen Transport- und Wohnungswesen, werden durch eine Einschränkung des öffentlichen Engagements Ressourcen freigemacht, die an anderer Stelle besser eingesetzt werden können. Dies könnte bedeuten, von der direkten Leistungsbereitstellung zu finanzpolitischen und regulatorischen Maßnahmen überzugehen, die externe Effekte eingrenzen und Erschütterungen der Kapitalmärkte dämpfen. Wo eine direkte Leistungsbereitstellung am wirkungsvollsten ist — wie bei der Wasserversorgung, im Energiebereich und im Straßenwesen — sollte der öffentliche Betreiber Benutzergebühren verlangen oder bei den Begünstigten kostendeckende Steuern erheben.

PRIORITÄTEN IM STÄDTISCHEN TRANSPORTWESEN. Der Staat kann vieles unternehmen, um das städtische Transportwesen der Entwicklungsländer leistungsfähiger zu machen. Am dringlichsten ist die Aufgabe, das städtische Straßennetz zu verbessern und auszuweiten. Die Erfahrung zeigt, daß solche Vorhaben hohe Erträge abwerfen, und zwar in Form von schnellerem Vorankommen, verringertem Treibstoffverbrauch und weniger Pannen. Ausgaben für Instandhaltungsinvestitionen lohnen sich generell (vgl. Kapitel 5). Einige Entwicklungsländer könnten hier jedoch mehr tun. So zeigen zum Beispiel Untersuchungen in Argentinien, Brasilien und Kenia, daß Straßen durch private Unternehmer rationeller als durch öffentliche Stellen unterhalten werden können. In Ponta Grossa (Brasilien) war

---

Sonderbeitrag 6.6 Die verdeckten finanzpolitischen Einflüsse auf die Wohnungsbaupolitik

Die Finanzpolitik hat beträchtliche Auswirkungen auf den Wohnungsbausektor, wenngleich in Entwicklungsländern auf den Wohnungsbau im Durchschnitt nur etwa 2 Prozent der Ausgaben des Zentralstaates entfallen. Ein Grund dafür ist, daß die Kapitalsammelstellen, die in vielen Ländern den Wohnungsbau finanzieren und durchführen, staatseigene Unternehmen sind, die teilweise durch Haushaltszuweisungen gelenkt und finanziert werden, die nicht unter die Kategorie Wohnungsbau fallen. Ein weiterer Grund ist, daß diese — privaten oder staatlichen — Kapitalsammelstellen mittels staatlicher Regulierungen implizit Steuern und Subventionen unterliegen. Zinsobergrenzen und Anlagebeschränkungen für Kreditinstitute haben steuerähnliche Effekte, die sich in einem inflationistischen Umfeld verstärken. Sie beeinträchtigen ein leistungsfähiges Engagement der Finanzierungsinstitute auf dem Wohnungsbaumarkt.

In Argentinien verursachte die indirekte Subventionierung der Wohnungsbaufinanzierung von Beziehern niedriger Einkommen und von Haushalten mit Wohneigentum erhebliche Kosten. Während des jüngsten wirtschaftlichen Abschwungs vergaben nur zwei Institutionen Wohnungsbaukredite, nämlich die FONAVI, ein öffentlicher Lohnsteuerfonds, und die BHN, eine staatliche Hypothekenbank. Beide holen nur einen kleinen Prozentsatz ihrer Kredite wieder herein. Die erste Organisation zahlt außergewöhnlich hohe Subventionen an einen kleinen Teil aller formell berechtigten Haushalte; letztere hat durch einen Schuldenerlaß für Altkredite Teile ihres Kapitals verloren. Andere Kreditgeber haben keinen Zugang zu staatlichen Subventionen und haben sich vom Markt zurückgezogen, und zwar wegen finanzpolitischer Maßnahmen, die eine Mobilisierung und profitable Vergabe von Finanzmitteln unmöglich machen. Der Zugang zu Wohnungsbaugeldern ist somit erheblich eingeschränkt. Am schlimmsten von der jüngsten konjunkturellen Abschwächung betroffen sind die Mieter mit niedrigem Einkommen, deren Mieten sich real betrachtet verdoppelt haben, und die Sparer mit mittlerem Einkommen, die zur Aufnahme von Mitteln bei der FONAVI und BHN nicht berechtigt sind oder denen man ihren Kreditauftrag abgelehnt hat.

In Polen führten staatliche Subventionen für den Wohnungsbau, in Verbindung mit Zugangsbeschränkungen für private Anbieter, zu einer schwerwiegenden Wohnungsknappheit. Hohe Subventionen haben die Nachfrage nach den staatlichen und genossenschaftlichen Wohnungsbauprogrammen stimuliert. Die erheblichen Ausgaben (nicht im Haushalt ausgewiesene Zinssubventionen und explizite staatliche Wohnungsbauprogramme beanspruchen 6 beziehungsweise 13 Prozent der laufenden Staatsausgaben) reichten jedoch zur Befriedigung der wachsenden Nachfrage nicht aus. Gleichzeitig haben Preis- und Verkaufsbeschränkungen, die zentrale Vergabe von Wohnungsbaumaterialien, Einschränkungen des Hausbesitzes und andere Regulierungen die privaten Geldgeber veranlaßt, diesen Sektor zu meiden. Daher dauern die Engpässe auf dem Wohnungsmarkt an, ungeachtet der offensichtlich hohen Investitionsrenditen. Im Jahr 1980 gab es ungefähr 18 Prozent mehr Haushalte als Wohnungen, ein verglichen mit anderen Ländern sehr hoher Prozentsatz.

Die Beseitigung dieser Verzerrungen würde erhebliche Vorteile bringen. Ein Abbau der nicht im Haushalt erfaßten Subventionen würde durch die verlangsamte Geldschöpfung den Anstieg der gesamtwirtschaftlichen Inflationsrate reduzieren. Längerfristig betrachtet treten auch Wachstumseffekte auf, da bei der Anlage der Ersparnisse privater Haushalte der Wohnungsbau der größte Einzelposten ist, und ein leistungsfähiger Wohnungsmarkt die Mobilität der Arbeitskräfte erhöhen würde.

Mitte der siebziger Jahre die Instandhaltung der Straßen durch städtische Bedienstete um 59 Prozent teurer als durch private Bauunternehmen.

Der Staat spielt auch eine Rolle bei der Festlegung der Verkehrsregeln und bei der Verkehrslenkung, bei der Kraftfahrzeugzulassung, beim Erlaß von Sicherheits- und Umweltschutzbestimmungen im Massenverkehr und, soweit sinnvoll, bei der Erhebung von Straßenbenutzungsgebühren. Diese Maßnahmen zur Beseitigung von Verkehrsbehinderungen können eine billige Alternative zu neuen Investitionen im Verkehrswesen sein. Beispielsweise führte in San José (Costa Rica) die intensive kommerzielle Entwicklung im Geschäftsviertel der Stadt zu einer erhöhten Inanspruchnahme der Straßen als Parkraum und reduzierte die durchschnittliche Fahrgeschwindigkeit für Autos auf zehn Kilometer pro Stunde. Die Einschränkung der Parkmöglichkeiten zur Hauptgeschäftszeit (insbesondere auf Straßen, die von Autobussen benutzt werden), die Aufstellung von Parkuhren und die offizielle Festlegung von Be- und Entladezonen haben den Verkehrsfluß erheblich verbessert. Anstatt für neue Straßen konnten die Mittel daher für andere vordringliche Bereiche des Straßenverkehrssystems insgesamt eingesetzt werden.

Leistungsfähigen Privatanbietern sollte es gestattet sein, Autobuslinien zu betreiben. Verkehrsleistungen, die durch öffentliche oder private Betriebe bereitgestellt werden, funktionieren dann am besten, wenn das Fahrgeld möglichst in eigener Verantwortung festgelegt werden kann. Neben dem Ausgleich von Angebot und Nachfrage sorgen konkurrenzfähige Fahrpreise für ein günstiges Investitionsklima. Zugleich verhindern sie Investitionen, die kaum rentabel sein können — wie kapitalintensive Untergrundbahnen in armen, dichtbevölkerten Städten.

In den meisten Fällen wird dadurch, daß der Busverkehr in verstärktem Maße zu marktmäßigen Preisen bereitgestellt wird, die ärmste Bevölkerung nicht betroffen, da sie zumeist in Gebieten wohnt, die von subventionierten Buslinien nicht befahren werden. Daher kann die Bereitstellung von Verkehrsleistungen zu Wettbewerbsbedingungen das Angebot sogar erhöhen, weil Leistungen auch auf Gebiete ausgeweitet werden, die subventionierte öffentliche Betreiber nicht bedienen. Zum Beispiel wurden in Bangkok (Thailand), Istanbul (Türkei) und Kingston (Jamaika) Autobuslinien, die von öffentlichen Unternehmen für „nicht rentabel" gehalten wurden, vertraglich privaten konkurrenzfähigen Unternehmen überlassen, die — ohne Änderung der Gebührenstruktur — Gewinne machten.

STAATLICHE PRIORITÄTEN IM WOHNUNGSWESEN. Das Wohnungswesen umfaßt die Gebäude, den Grund und Boden, auf dem die Gebäude stehen, und die dazugehörige Infrastruktur. Der öffentliche Wohnungsbau allein kann den Wohnungsbedarf der Armen kaum voll befriedigen, ganz zu schweigen von dem der Gesamtbevölkerung. Öffentliche Wohnungsprojekte bieten den Armen oft nicht, was sie wünschen. Für die Armen bestimmte Subventionen werden häufig von Haushalten mit hohem oder mittlerem Einkommen vereinnahmt. Anstatt selbst Häuser zu bauen, könnte der öffentliche Sektor versuchen, den privaten Wohnungsmarkt leistungsfähiger zu machen. Das könnte zum Beispiel bedeuten, die Landbesitzverhältnisse zu bereinigen, die Finanzmärkte zu liberalisieren, Restriktionen aufzuheben, wie etwa Mietkontrollen, sowie die elementaren Infrastruktureinrichtungen bereitzustellen, wie Wasserversorgung, Abwasserbeseitigung und Versorgung mit Elektrizität.

Vor allem wurde die Wohnungsbaufinanzierung vernachlässigt. Zugegebenermaßen ist der Spielraum, das Angebot durch Wohnungsbaufinanzierungen zu steigern, in Entwicklungsländern mit niedrigem Einkommen begrenzt. In Ländern mit mittlerem Einkommen könnten jedoch durch geeignete Reformen ohne weiteres zusätzliche Ressourcen freigesetzt werden. In vielen Ländern haben Zinsobergrenzen und Restriktionen gegenüber neuen Geldgebern das staatliche Defizit erhöht (da viele Finanzierungsinstitute in staatlichem Besitz sind), und sie haben wie eine verzerrende Besteuerung im Wohnungswesen gewirkt (vgl. Sonderbeitrag 6.6). Derartige Subventionen sind ungeeignete Instrumente für eine Bekämpfung der Armut. Ein liberalisierter Finanzsektor würde einen Großteil der Bevölkerung in die Lage versetzen, ihren Wohnungsbedarf privat zu finanzieren.

Für die Ärmsten werden weiterhin direkte staatliche Eingriffe im Wohnungswesen notwendig sein. Jedoch sollten sich diese Interventionen mehr auf die Bereitstellung von elementaren Leistungen und die Sicherung des Besitzes konzentrieren als auf die Bereitstellung von Wohnraum. Wo unzureichend präzisierte Immobilienrechte das Risiko beim Kauf und Verkauf eines Grundstücks erhöhen, werden die Siedler durch die Sicherung des Besitzes begünstigt. Eine auf den Philippinen erstellte Studie schätzte, daß dies den Wert der Wohnungen um 18 Prozent steigert. Dadurch werden die Bewohner auch ermutigt, ihre Gebäude instandzuhalten. Die Bereitstellung elementarer kommunaler Leistungen ist ebenfalls entscheidend. Zum Beispiel wurde in Indonesien das Programm zur Verbesserung der Stadtbezirke (Kampung-Programm) — das das Schwergewicht auf die Versorgung mit Zugangsstraßen, Fußwegen, Entwässerungsanlagen und die Verbesserung der Wasserversorgung und der sanitären Verhältnisse legt — zu einem landesweiten Programm ausgebaut, das in den letzten fünfzehn Jahren 220 Städte umfaßte. Untersuchungen kamen zu dem Ergebnis, daß damit eine große Zahl armer Stadtviertel erheblich unterstützt worden ist, ohne daß die Haushaltsbelastung allzusehr stieg. Diese Erkenntnisse werden bei Projekten der Slum-Sanierung in anderen Teilen der Welt berücksichtigt.

EFFIZIENTE PREISGESTALTUNG BEI DER WASSERVERSORGUNG UND ABWASSERBESEITIGUNG. Die Wasserversorgung und Abwasserbeseitigung wird im allgemeinen von wirtschaftlich selbständigen oder halbselbständigen Behörden auf lokaler Ebene geregelt. Die Ausgaben für diese Leistungen stellen üblicherweise einen beträchtlichen Teil der gesamten kommunalen Ausgaben dar; Benutzergebühren ermöglichen zusätzliche Einnahmen zur Finanzierung dieser Ausgaben und können darüber hinaus die Leistungsfähigkeit verbessern.

In Entwicklungsländern betreiben die Städte im Bereich der Wasserversorgung eine sehr unterschiedliche Preispolitik. Liegen keine externen Effekte vor, so bedeutet eine wirtschaftlich angemessene Preisgestaltung, daß der Preis in Höhe der Grenzkosten festgesetzt wird und die Erlöse für die Leistungsbereitstellung verwendet werden. Bei der Lieferung von Wasser dürften die Grenzkosten für verschiedene Leistungsarten unterschiedlich sein. Daher würde sich eine wirtschaftlich angemessene Preisgestaltung aus drei Komponenten zusammensetzen: Aus einer Verbrauchsgebühr, die sich am Wasserverbrauch orientiert und die etwa den Grenzkosten für die Gewinnung, die Aufbereitung und das Pumpen des Wassers entspricht; aus einer Anschlußgebühr, die die marginalen Kapitalkosten für den Wasseranschluß, die Wasseruhr und die Fakturierung wiedergibt und aus einer Erschließungsgebühr, um die Kapitalkosten für das Verteilungsnetz zu decken. Weitergehende Differenzierungen könnten geographische und saisonale Kostenschwankungen berücksichtigen.

Die meisten Städte sehen sich mit langfristig steigenden Kosten konfrontiert, weil saubere Wasservorräte nur schwer zu finden sind. In derartigen Fällen liegt der wirtschaftlich angemessene Preis über den Durchschnittskosten. Einige Städte haben dies in die Praxis umgesetzt. Das führte in Jakarta dazu, daß das örtliche Wasserwerk in den frühen siebziger Jahren überschüssige Einnahmen an die Kommune abliefern konnte, in Nairobi wurden Überschüsse aus der Wasserversorgung zur Finanzierung sonstiger städtischer Ausgaben verwendet. Notwendig ist, daß die Benutzergebühren aufgrund von Wirtschaftlichkeitserwägungen festgesetzt werden — und nicht ausschließlich aufgrund eines kurzfristigen Finanzbedarfs.

Langfristig sinkende Kosten sind nur selten zu registrieren; ein Beispiel ist Lahore (Pakistan), das über ein reiches Grundwasservorkommen verfügt. Manchmal können die Grenzkosten vorübergehend unter die Durchschnittskosten sinken, wenn es als Folge von expansiven Erschließungsmaßnahmen zu Überkapazitäten kommt. In diesen Fällen würde eine wirtschaftlich angemessene Preisgestaltung ein Defizit zur Folge haben und dem Ziel zuwiderlaufen, daß sich diese Einrichtungen finanziell selbst tragen. Um das Prinzip der Wirtschaftlichkeit mit den finanziellen Zielen in Übereinstimmung zu bringen, muß der Staat daher auch die Kosten berücksichtigen, die bei der Erzielung anderer Einnahmen (also durch Besteuerung) anfallen.

Städtische Wassergebühren spiegeln oft Gerechtigkeitserwägungen wider. Einige dieser Preisstrukturen sind mit den Zielsetzungen der Wirtschaftlichkeit und Finanzierung vereinbar, andere dagegen nicht. Steigende Gruppentarife (das heißt, die Preise pro Einheit erhöhen sich bei steigendem Verbrauchsniveau) wurden in so unterschiedlichen Städten wie Belo Horizonte (Brasilien), Bujumbura (Burundi), Cartagena (Kolumbien) und Jakarta (Indonesien) angewendet. Es mag den Anschein haben, daß den Zielen der Wirtschaftlichkeit und Gerechtigkeit damit Rechnung getragen würde. Jedoch dürfte der Wasserbedarf mehr von der Größe des Haushalts als vom Einkommen abhängen. Wenn dies der Fall ist, könnten solche Systeme die ärmeren Familien härter treffen. Ein geeigneter Weg, um die Versorgung von Haushalten mit niedrigem Einkommen sicherzustellen, wäre eine Gebührenerhebung entsprechend spezifischer Verbrauchermerkmale — beispielsweise Gebühren entsprechend der Grundstückswerte oder der Art und Größe des Anschlusses. Eine weitere Möglichkeit besteht darin, für einen sehr niedrigen lebensnotwendigen Grundverbrauch „soziale" Gebührensätze zu erheben (vgl. Sonderbeitrag 6.1). Weil die Armen vielleicht überhaupt keinen Wasseranschluß haben, ist es im allgemeinen besser, zunächst einmal die Anschlußgebühren zu subventionieren und dann erst, wenn überhaupt, den Verbrauch.

PREISGESTALTUNG BEI SONSTIGEN STÄDTISCHEN LEISTUNGEN. Im Prinzip sind Straßenbenutzungsgebühren ein attraktiver Ansatz zur Bewältigung der städtischen Transportprobleme. Im Idealfall könnten sich die Gebühren am Verkehrsaufkommen in stark befahrenen Gebieten orientieren. In der Praxis kann der Betrieb solcher Systeme sehr teuer sein. Ein in Singapur angewandtes System, bei dem gering besetzte Fahrzeuge eine Gebühr bezahlen, um während der Hauptverkehrszeit in Gebiete mit starkem Verkehrsaufkommen fahren zu dürfen, ist jedoch seit 1975 in Funktion. Wo solche Gebühren nicht praktikabel sind, kann die Besteuerung von erhaltenen Vorteilen eine alternative Möglichkeit sein, zum Beispiel in Form von Pauschalgebühren, um die Kosten von den Begünstigten wieder hereinzuholen (vgl. Kapitel 7).

Für die Abfallbeseitigung ist wegen der mit der Umweltverschmutzung verbundenen externen Effekte und wegen der Schwierigkeiten, eine nicht ordnungsgemäße Müllbeseitigung zu kontrollieren, eine Subventionierung erforderlich. Dennoch kann es sinnvoll sein, für Abfälle von Industrie und Handel andere Gebühren zu fordern als für den Haushaltsmüll, oder Gebühren für die Abfallbeseitigung dadurch zu erzwingen, daß man diese zusammen mit den Gebühren für Wasser oder Elektrizität erhebt oder eine nach der Fläche gestaffelte monatliche Pauschalgebühr zu erheben.

Das Tempo der Reform

Letztendlich muß der öffentliche Sektor entscheiden, welche Leistungen er bereitstellen oder subventionieren will. Das Wohnungswesen und der städtische Massenverkehr sind Teilbereiche, wo private Anbieter produktiv tätig sein können — insbesondere, wenn die Regierung sowohl den ungehinderten Zugang von neuen Anbietern als auch private Finanzierungen erleichtert. Der Staat kann dann seine finanziellen und administrativen Ressourcen auf Bereiche konzentrieren, wo sein Eingreifen entscheidend ist: bei der Instandhaltung des Straßennetzes, bei der Verkehrslenkung und beim städtischen Grundbesitz. Wo ein wettbewerbsfähiger Markt wegen der Kostendegression bei Massenerzeugung nicht existiert, wie im Bereich der Wasserversorgung, ist eine Kostendeckung durch Gebühren für Verbrauch und Erschließung wünschenswert.

Administrative und politische Gründe stehen dem jedoch im Wege. Die Koordinierung der Aktivitäten von verschiedenen staatlichen Ebenen ist schwierig (vgl. Kapitel 7 und 8). Einmal eingeführt, sind Subventionen nur noch schwer zu beseitigen, weil sie als Rechtsansprüche empfunden werden, auch wenn sie als vorübergehende Maßnahmen zur Erleichterung von Anpassungsprozessen gedacht waren. Stadtbewohner äußern sich besonders lautstark, wenn es darum geht, ihre Rechtsansprüche zu schützen. Städtische Demonstrationen zwangen die Regierung der Philippinen, eine geplante Verdoppelung der Benzinpreise im August 1987 aufzugeben. Manchmal werden Rechte auf Subventionen auch indirekt gehandelt, da der Preis für Land den Wert der Infrastruktur in der Umgebung widerspiegelt. Die politischen Widerstände können verringert werden, und zwar durch deutlich sichtbare Verbesserungen bei der Qualität der Leistungen, durch Öffentlichkeitsarbeit, durch Unterstützung seitens populärer politischer Führer und durch eine allmähliche statt schlagartige Anhebung der Benutzergebühren. Unter anderem trugen diese Methoden zu dem Mitte der achtziger Jahre erfolgreich verlaufenen Versuch bei, in Bangkok die Einnahmen der staatlichen Wasserwerke zu erhöhen.

Ländliche Infrastruktur

Die Bedeutung der ländlichen Infrastruktur für die Produktivitätsentwicklung ist seit langem bekannt. Landstraßen ermöglichen einen wirtschaftlicheren Transport der Vorleistungen und der landwirtschaftlichen Erzeugnisse zwischen den Bauernhöfen und den Märkten. Künstliche Bewässerung verbessert die Bodenerträge. Die Elektrifizierung des flachen Landes vergrößert die künstlich bewässerten Flächen durch den Einsatz elektrischer Pumpen und liefert die Energie für nicht landwirtschaftliche Unternehmen. Durch den Anschluß der Wohnungen an das Wassernetz dürften sich die sanitären Verhältnisse verbessern, und damit dürfte die Produktivität der Erwerbsbevölkerung steigen.

Zumeist sind es die Zentral- oder die Provinzregierungen, die in ländlichen Regionen den Großteil der Infrastruktur bereitstellen — sei es direkt oder durch staatseigene Unternehmen (SEU). Die Mehrzahl der Leistungen wird entweder gratis erbracht oder zu stark subventionierten Preisen angeboten. Einer neuen Untersuchung in Asien zufolge deckten die Gebühren nur einen kleinen Prozentsatz der wirtschaftlichen Kosten der Elektrifizierung. Die Benutzergebühren für die Versorgung der Haushalte mit Wasser liegen deutlich unter den Kosten. Im Fall von sechs Bewässerungssystemen in Asien lagen die von den Bauern erhobenen Einnahmen, gemessen in Prozent der Kapital- und Betriebskosten, zwischen höchstens 25 Prozent und lediglich 1 Prozent. Eine direkte Gebührenerhebung für die Benutzung von Landstraßen ist nicht praktikabel; gleichwohl könnten Kraftfahrzeug- und Benzinsteuern als Benutzergebühren aufgefaßt werden, die die Kosten der Straßeninstandhaltung decken sollen.

Wirtschaftlichkeits- und Gerechtigkeitsargumente sind zur Rechtfertigung dieser Art der Leistungsbereitstellung herangezogen worden. Viele der Vorteile ländlicher Infrastrukturmaßnahmen kommen der Allgemeinheit zugute. Der einzelne Verbraucher mag sich nicht über alle Vorteile einer Leistung wie der Trinkwasserversorgung im klaren sein — vor allem, was seine Gesundheit betrifft — und würde zu marktmäßigen Preisen zu wenig Wasser verbrauchen. Außerdem ist die Subventionierung der agrarischen Infrastruktur ein Weg, um Staatsausgaben gezielt den Armen zukommen zu lassen.

Probleme der gegenwärtigen Finanzierungsregelungen

Wenngleich die oben erwähnten Argumente gewisse staatliche Eingriffe im Bereich der ländlichen Infrastruktur rechtfertigen, hängt die präzise Ausgestaltung der Eingriffe auch hier von den Kriterien der Allokation, der Wirtschaftlichkeit und der Gerechtigkeit ab.

UNTERINVESTITIONEN IN DER WASSERVERSORGUNG UND IM STRASSENWESEN. Der Bedarf an zusätzlichen Infrastrukturmaßnahmen wird drängend, teilweise aufgrund der ständig steigenden Bevölkerung auf dem Lande. Ungeachtet der in jüngster Zeit erzielten Fortschritte, blieb die Versorgung mit Trinkwasser hinter der erhofften Entwicklung zurück. Schätzungsweise mehr als 1,5 Milliarden Menschen — etwa ein Drittel der Weltbevölkerung — haben keinen Wasseranschluß. In vielen Ländern mit niedrigem Einkommen ist über die Hälfte aller Dörfer nicht an wetterfeste Straßen angebunden.

Die Versorgung ländlicher Gebiete mit staatlichen Leistungen ist kostspielig, weil die Empfänger weit verstreut wohnen. Einsparungen durch Kostendegression, beispielsweise bei der Gewinnung und beim Transport von Energie und Wasser, werden durch die hohen Anschlußkosten in weit auseinanderliegenden Kommunen aufgehoben. Der Ausbau des Versorgungsnetzes wird zunehmend kostspieliger, weil die zugänglichsten Landesteile bereits angeschlossen sind.

Ein erfolgversprechender Weg ist der bessere Einsatz der Ressourcen. Nur wenige Elektrifizierungsprogramme auf dem Lande sind Teil eines Gesamtplans auf der Basis alternativer Kosten-Nutzen-Analysen. Bei der häuslichen Wasserversorgung ergaben sich Fehlallokationen, weil Zentralregierungen (und ausländische Finanzierungsstellen) zu sehr mitbestimmen wollten, was installiert werden sollte und wie es zu funktionieren hätte. Projekte können leicht fehlschlagen, wenn sich die Benutzer für die bereitgestellte Leistung nicht mitverantwortlich fühlen. Die thailändische Regierung ließ Brunnen bohren und Handpumpen installieren und verpflichtete sich, die Wartungsarbeiten zu übernehmen, um dann festzustellen, daß die Leute weiterhin ihre traditionellen oberirdischen Wasserstellen benutzten. Ein anderer Grund für das Scheitern ist die mangelhafte Instandhaltung. In Tansania wurde eine bessere Trinkwasserversorgung bereitgestellt, ohne daß die Betriebskosten finanziert wurden. Die Leute wollten die neuen Anlagen, aber die Systeme gerieten schnell in Verfall.

Ähnliche Probleme ergeben sich bei Investitionen für Bewässerungsanlagen. Bei diesen Programmen werden große neue Projekte bevorzugt; dies geht zu Lasten billiger Lösungen, wie der Verbesserung bestehender Systeme, der Entwicklung kleinerer, von den Kommunen betriebener Anlagen und der Entwicklung von Anbaumethoden mit besserer Nutzung des Regenwassers. Untersuchungen kamen zu dem Ergebnis, daß die für die Bewässerung zuständigen Stellen, die den größten Teil ihrer Mittel aus zentralen Fonds erhalten, die Wünsche der Bauern nach kostspieligen und subventionierten Investitionen unterstützen. Dies entspricht ihrer traditionellen Rolle, die Wasserversorgung auszuweiten, und es gestattet den Behörden, ihren hohen Personalbestand und das hohe Ausgabenniveau zu verteidigen. Durch Kosten-Nutzen-Analysen können manchmal schlechte Investitionsprojekte ausgesondert werden, die dem System innewohnenden Leistungsanreize begünstigen gleichwohl die größeren und kostspieligeren Alternativen. Wenn das für die Bewässerung abgeleitete Wasser rationeller verwendet werden würde, zum Teil durch geeignete Instandhaltungsmaßnahmen, würde sich der Bedarf an kostspieligen neuen Bewässerungsprojekten vermindern. In Pakistan, wo Probleme mit der Versumpfung und Versalzung der Böden weit verbreitet sind, würde eine Verringerung der Wasserverluste im Indus-Kanalsystem von 50 auf 30 Prozent dem entsprechen, was drei Staudämme von der Größe des Tarbela-Damms, dem größten des Landes, für die künstliche Bewässerung leisten könnten. Jeder dieser Staudämme würde 3 Mrd Dollar kosten.

INEFFIZIENTE VERSORGUNG UND INEFFIZIENTER VERBRAUCH. Ländliche Zubringerstraßen werden im allgemeinen von den Straßenbauabteilungen der zentral- oder provinzstaatlichen Ministerien gebaut. Diese Abteilungen geben nur ungern Aufträge an Subunternehmen weiter. Sie behaupten, daß kleine Bauunternehmen nur über wenig Erfahrung verfügen oder generell unwirtschaftlich arbeiten. Untersuchungen der Weltbank in Lateinamerika und Westafrika zufolge, ließ jedoch die Arbeitsleistung staatlicher Stellen beim Straßenunterhalt zu wünschen übrig. Die vorhandenen Gerätschaften werden unzureichend genutzt; ausschlaggebend hierfür sind das Fehlen von Ersatzteilen, schlechte Ausbildung, mangelhafte Wartung, falscher Gebrauch der Geräte durch die Techniker und unzulängliche Reparaturwerkstätten. Aufgrund staatlicher Regulierung fällt es den Straßenbauabteilungen schwer, geeignetes Personal an sich zu ziehen, Mitarbeiter einzustellen und zu entlassen und Leistungsanreize zu gewähren. Private Bauunternehmen oder stark dezentralisierte ländliche Baueinheiten arbeiteten — so in Benin und Kenia — kostengünstiger. Bauunternehmen in Ghana übernehmen jetzt die Ausbesserung der Fahrbahnen und die routinemäßigen Instandhaltungsarbeiten.

Auch die Verbrauchsstruktur weist häufig Mängel auf, weil die Preise zu niedrig festgesetzt sind. Beispielsweise verschwenden in vollständig künstlich bewässerten Regionen diejenigen Bauern, die näher an der Hauptwasserquelle sitzen und über reichlich Wasser verfügen, typischerweise mehr Wasser als Bauern, die weiter weg davon sind. Um solche Verschwendungen zu vermeiden, sollten den Benutzern die tatsächlichen wirtschaftlichen Kosten auferlegt werden. Zu niedrige Preise erschweren auch die Planung von Investitionen.

UNGERECHTE VERSORGUNG DER ARMEN. Hohe öffentliche Ausgaben für die ländliche Infrastruktur werden oft als Maßnahme zugunsten der Armen gerechtfertigt. Die Durchschnittseinkommen in ländlichen Regionen sind in der Tat niedriger als in städtischen Bereichen, allerdings bei einer großen Schwankungsbreite. In vielen Ländern dient das gegenwärtige System der landwirtschaftlichen Subventionen der Linderung der Armut nur unzureichend.

Die stark subventionierte Elektrifizierung auf dem flachen Land bedeutet nicht, daß sämtliche Familien eines Dorfes gleichermaßen mit Elektrizität versorgt werden. Die Ergebnisse einer Untersuchung in neunzig indischen Dörfern zeigen, daß etwa 15 Prozent der Bevölkerung in den ersten Jahren nach der Elektrifizierung einen Anschluß erhielten, aber 45 Prozent erst nach zwanzig Jahren. Die Ärmsten leben oft weit weg von den Hauptstromleitungen und können sich einen Anschluß kaum leisten. Zahlen aus dem Jahr 1974 zeigen, daß in den ländlichen Regionen Malaysias fast 65 Prozent der Bevölkerungsgruppen mit dem höchsten Einkommen über Elektrizität verfügten, verglichen mit 20 Prozent bei den niedrigsten Einkommensgruppen; in Kolumbien kamen nur 29 Prozent aller Strombezieher aus der 40 Prozent starken Gruppe mit dem niedrigsten landwirtschaftlichen Einkommen. Die gleichmäßige Verteilung der Subventionen in ländlichen Gebieten (beispielsweise durch niedrige Preise für alle) kann also bedeuten, daß die Ärmsten ihren entsprechenden Anteil nicht erhalten.

Es gibt auch Belege dafür, daß die Subventionen für die ländliche Wasserversorgung das Einkommensgefälle vergrößert haben. Zum Beispiel war Ende der siebziger Jahre in Kenia, Kolumbien und in der Republik Korea der Anteil der ärmsten Familien, die an die ländliche Wasserversorgung angeschlossen waren, nur rund halb so groß wie derjenige der Haushalte mit höherem Einkommen. Die Alternative zu gutem Leitungswasser ist sehr kostspielig. Ohne Versorgung in ihrer Heimatgemeinde müssen die Familien weit laufen und für ihre Versorgung mit Wasser Schlange stehen. In einigen Gebieten nimmt das 15 Prozent der täglichen Arbeitszeit der Frauen in Anspruch.

Schwieriger ist zu beurteilen, wie sich die Vorteile von Ausgaben für Landstraßen und Bewässerungsanlagen verteilen. Einige Untersuchungen kamen zu dem Ergebnis, daß die Armen auf dem Lande in der Regel außerhalb der Regionen wohnen, die von neuen Straßen erschlossen werden; von staatlich finanzierten ländlichen Entwicklungsprogrammen würden sie vernachlässigt. Subventionen für

Bewässerungsanlagen können das Einkommensgefälle vergrößern, wenn sie in Reaktion auf politischen Druck eingeführt werden; die größeren Landbesitzer haben Erfahrung darin, solchen Druck auszuüben. Der Bodenwert in bewässerten Gebieten erhöht sich zwar, die volkswirtschaftlichen Renten werden aber im allgemeinen nicht mit den Arbeitnehmern geteilt. Daher dürfte eine unentgeltliche (oder fast unentgeltliche) staatliche Bereitstellung von ländlichen Infrastrukturmaßnahmen den Ärmsten nicht dienen: nämlich den besitzlosen Landarbeitern und den Kleinbauern auf bewässerten Höfen im Oberland.

Wirtschaftspolitische Optionen

Die wirtschaftspolitischen Instanzen müssen zunächst die Prioritäten festsetzen und entscheiden, welche Leistungen von der zentralen Ebene und welche von der kommunalen Ebene bereitgestellt werden sollen. Die Zentralregierung kann die Verantwortung für die Entscheidungsfindung, die Investition, die Wartung sowie die Überwachung einiger ländlicher Infrastrukturmaßnahmen an Gemeinden übertragen und damit die Effizienz verbessern. Dies gilt insbesondere für den Bau von Landstraßen und für die Verteilung der Wasserlieferungen, wo die Kostendegression einer Angebotsausweitung und technische Probleme weniger zu Buche schlagen. Die zentrale Regierungsebene kann sich dann auf Ausbildungs- und Lenkungsaufgaben konzentrieren sowie darauf, die Subventionen gezielt ausgewählten armen Kommunen zukommen zu lassen. Nach Festlegung der Prioritäten besteht die nächste Aufgabe darin, die passende Finanzierung für die weiterhin zentral angebotenen Leistungen bereitzustellen.

DEZENTRALISIERUNG DER STAATLICHEN VERANTWORTUNG. Obwohl bei kapitalintensiven Leistungsbereichen vieles für eine Zentralisierung „natürlicher" Monopole spricht, verlieren derartige Argumente an Gewicht, wenn die Leistung auf kommunaler Ebene angeboten wird. Viele Bewässerungsanlagen werden zwar durch nationale Leitungsnetze gespeist; dennoch dürfte ein kommunales Verteilungssystem für den einzelnen Verbraucher am leistungsfähigsten sein. Programme mit kommunaler Beteiligung, die von Gemeindebeamten oder von örtlichen Privatgesellschaften koordiniert werden, haben sich im allgemeinen als erfolgreicher erwiesen als Programme ohne eine derartige Beteiligung.

Solche Programme stellen die Leistungen zur Verfügung, die auch tatsächlich verlangt werden, und zwar effizient und den Gegebenheiten angepaßt. Entscheidungen, die ohne umfassende örtliche Beteiligung getroffen wurden, erwiesen sich oft als wenig sinnvoll. Zum Beispiel waren im Nordosten Thailands fünf Jahre nach der Installation von Handpumpen und kommunalen zentralen Anschlüssen nur noch ein Viertel der Anlagen funktionsfähig. Die kommunalen Anschlüsse wurden dann in individuelle Hofanschlüsse umgewandelt; nach weiteren fünf Jahren waren trotz relativ hoher Verbrauchsgebühren über 90 Prozent in Betrieb und in gutem Wartungszustand. Wasserleitungssysteme, die in Kenia im Rahmen von Selbsthilfe- (*harambee*-)Programmen errichtet worden waren, erwiesen sich als zuverlässiger als die vom Wasserbauministerium erstellten Anlagen, da letztere unter mangelnden Finanzmitteln, schlechter Organisation und unzulänglicher Berücksichtigung des Bedarfs der Gemeinden zu leiden hatten. In Malawi wurde im Rahmen eines sorgfältig verwalteten Wasserversorgungsprogramms versucht, eine möglichst hohe kommunale Beteiligung zu erreichen; dazu übertrug man kommunalen Ausschüssen die Verantwortung für den Bau örtlicher Leitungen, die Sauberhaltung der Umgebung von Zapfstellen, die Durchsetzung der Wasserverordnungen sowie die leichteren Wartungsarbeiten. Das System hat einen hohen Grad an Zuverlässigkeit erreicht. Informelle Benutzer-Vereinigungen können bei solchen Programmen eine wichtige Rolle spielen (vgl. Sonderbeitrag 6.7).

Der Zentralstaat kann nicht unbegrenzt hohe Subventionen bereitstellen, insbesondere nicht während finanzpolitischer Anpassungsperioden. Andererseits brauchen kommunale Systeme, die sich finanziell selbst tragen, entsprechende Finanzquellen.

Wenn die Benutzer für Leistungen bezahlen müssen, entstehen auch Anreize für einen sparsamen Verbrauch und für die Kontrolle einer leistungsfähigen Versorgung. Sofern sowohl die Entwicklungs- als auch die Betriebskosten gedeckt werden, werden die Erweiterungs- gegenüber den Instandhaltungsmaßnahmen weniger begünstigt. Zwar waren Bauern auf den Philippinen nur für einen bescheidenen Teil der Ausbaukosten ihrer Bewässerungssysteme verantwortlich, doch intervenierten sie erfolgreich gegen kostspielige Bauteile, die sie für ein gutes Funktionieren für nicht notwendig hielten.

Es ist von einigen behauptet worden, daß Benut-

Sonderbeitrag 6.7 Zusammenarbeit im Bewässerungswesen am Beispiel der Philippinen

Auf den Philippinen ist eine nationale Bewässerungsbehörde (National Irrigation Administration, NIA) für Bau und Betrieb des nationalen Bewässerungssystems und kleinerer Pumpstationen verantwortlich. Die NIA ist eine halbautonome staatliche Gesellschaft; die Kapitalkosten der Projekte finanziert sie durch Auslandshilfe, von der Regierung gezeichnetes Kapital und allgemeine staatliche Zuweisungen. Die Kosten für Betrieb und Wartung werden durch zusätzliche Einnahmen gedeckt (aus der Vermietung von Ausrüstungsgütern, aus der Anlage von Finanzmitteln, durch Entgelte für die Organisation des Baus neuer Anlagen) sowie durch Wassergebühren.

Bei ihrer Gründung wurde der NIA gestattet, Benutzergebühren direkt bei den Begünstigten zu erheben. Bis 1980 überwies die NIA die gesamten Beträge an den Staatshaushalt. Seit 1980 ist die NIA jedoch berechtigt, die Einnahmen für den Betrieb und die Wartung der Anlagen einzubehalten, und die Regierung kürzte dafür schrittweise die Subventionen. Um einer anfänglichen Verknappung der Finanzmittel entgegenzuwirken, begann die NIA, Wasserverbraucher-Verbände (water users' organizations, WUOs) bei den Bauern zu fördern, um sie an der Verantwortung für den Bau, Betrieb und Unterhalt der Bewässerungssysteme zu beteiligen. Die NIA überführte einige der weniger rentablen Bewässerungssysteme (die ihre Kosten für Betrieb und Wartung nicht durch entsprechende Einnahmen deckten) in kommunale Hände. In einigen Fällen übertrug sie die verantwortliche Leitung für ganze Bewässerungssysteme an Gruppen von WUOs. In anderen Fällen übertrug sie die Verantwortung für den Betrieb und die Instandhaltung eines Teils der Anlage (zum Beispiel für das Gebiet, das von einem Nebenkanal bewässert wird) an WUOs, die ihrerseits keine Geldzahlungen leisten mußten. Manchmal wurden Verträge mit WUOs abgeschlossen, um Gebiete mit Nebenkanälen zu festen Gebühren und zu niedrigeren Kosten instand zu halten, als es durch Personal der NIA möglich gewesen wäre.

Die NIA stützt sich auf die WUOs, um eine bessere Kostendeckung zu erreichen. Sie regt die Bauern an, Benutzerverbände zu gründen, von den Verbandsmitgliedern Gebühren zu erheben und an die NIA eine Pauschalgebühr zu zahlen. Als Anreiz wird den Bauernverbänden gestattet, einen Teil der erhobenen Gebühren zu behalten. In Fällen, wo die NIA die Gebühren unmittelbar bei den einzelnen Bauern erhebt, bietet sie den Kassierern finanzielle Anreize. In allen Fällen versucht sie, die Zahlungsbereitschaft der Bauern durch bessere Bewässerungsleistungen zu steigern. Innerhalb der Bauernverbände zahlen die Mitglieder entweder in bar oder in Naturalleistungen an den jeweiligen Verband. Die NIA verhandelt mit jedem Verband über die gelieferte Wassermenge, und die Mitglieder übernehmen ihrerseits die Verteilung des Wassers und der Kosten untereinander.

Die Erfolge sind vielversprechend. Die NIA hat ihren Personalbestand verringert, die Kostendeckung verbessert und den Aufwand für den laufenden Betrieb und die Wartungsarbeiten verringert. Eine Fallstudie über das Bewässerungssystem des Angat-Maasim-Flusses zeigte, daß die eingenommenen Bewässerungsgebühren nach Bildung der Bauernverbände um 15 Prozent gestiegen sind. Die Gebühreneinnahmen, in Prozent der Ausgaben für Betrieb und Wartung, erhöhten sich von 69 Prozent im Jahr 1979 auf 75 Prozent im Jahr 1984. Das Verhältnis zwischen eingezogenen Gebühren und fälligen Gesamtgebühren verbesserte sich von etwa 45 Prozent Ende der siebziger Jahre auf über 60 Prozent im Jahr 1984. Die Ausgaben für Betrieb und Wartung per Hektar sanken von 1981 bis 1984 um 38 Prozent. Gleichzeitig ging die Quote der Personalkosten an den Gesamtkosten von 90 auf 78 Prozent zurück, ein Zeichen für einen beträchtlichen Personalabbau.

---

zergebühren für Leistungen in ländlichen Regionen nicht kostengünstig erhoben werden können, insbesondere dann nicht, wenn eine Verbrauchsmessung erforderlich ist. Ägypten bietet ein Gegenbeispiel. Die Kosten für die Messung des Wasserverbrauchs werden dort auf nur etwa 1 bis 7 Dollar pro Morgen Land geschätzt — weniger als 3 Prozent der Gesamtkosten der Bewässerung. In vielen Fällen ist jedoch eine Messung tatsächlich unökonomisch, und man muß auf andere Methoden zur Kostendeckung zurückzugreifen. Bei der Wasserversorgung können zum Beispiel anstatt des Verbrauchs der Anschluß und Ausbau mit Gebühren belastet werden. Erschließungsbeiträge oder Zugangsgebühren dieser Art sind mit einer städtischen Besteuerung vergleichbar, die an den entstandenen Nutzen anknüpft. Anschlußgebühren für die Armen können subventioniert werden.

Auch dort, wo weder Anschluß- noch Benutzergebühren sinnvoll sind — wie bei Straßen — gibt es Abhilfsmöglichkeiten. Kommunale Organisationen machen davon vielfach besser Gebrauch als zentrale Stellen. In Indien wurden mit kommunalen Eigenmitteln erfolgreich fundamentale Leistungen bereitgestellt (vgl. Sonderbeitrag 6.8). Die örtliche Besteuerung des Nutzenzuwachses (zum Beispiel das in Kapitel 7 erörterte Wertzuwachssystem) kann auf dörflicher Ebene kostspielig durchzuführen sein, doch erwies es sich manchmal als sinnvoll. In Kenia haben Einwohner der Umgebung ländliche Straßen-Instandhaltungstrupps gebildet, um einen wirksamen Unterhalt sicherzustellen.

Diese politischen Empfehlungen beinhalten keine komplette Dezentralisierung — nicht einmal eine Reduzierung der Rolle der Zentralregierung. Sie plädieren eher für eine veränderte Rolle, nämlich für eine Abwendung von der direkten Bereitstellung vieler örtlicher Leistungen hin zu einer Unterstützung der Kommunen zur Selbstverwaltung. Im Gegensatz zur Situation in den Städten ist die formale Verwaltungshoheit in ländlichen Regionen im allgemeinen schwach ausgebildet. Oft muß man sich auf dörflicher Ebene auf traditionelle Familienverbände stützen. In einigen Fällen verspüren die einzelnen Bürger wenig Neigung, kommunale Leistungen zu planen (vgl. Sonderbeitrag 6.8). Die Zentralregierung kann bei der Organisation ländlicher Gemeinschaften eine entscheidende Rolle spielen, sie kann diese motivieren und den Einfluß örtlicher Eliten, die sich selbst bedienen, zurückdrängen.

Die Zentral- oder Regionalregierung hat darüber hinaus eine Funktion als Erzieher, Regulator und als Kapitalsammelstelle. Die Bewohner auf dem Land kennen beispielsweise in der Regel nicht die neuesten Techniken zur Instandhaltung der Bewässerungskanäle. Nationale Behörden oder solche auf Provinzebene können technische Hilfe bereitstellen, Informationen über die Vorteile technischer Neuerungen verbreiten, Unterrichtsmaterial entwerfen und Leistungsnormen entwickeln. Da es den Gemeinden unter Umständen schwer fällt, Kredite für ländliche Infrastrukturmaßnahmen aufzunehmen, könnten die Zentralregierungen finanzielle Garantien übernehmen oder sogar Finanzmittel bereitstellen. Die Erfahrung hat jedoch gezeigt, daß

Sonderbeitrag 6.8 Örtliche Zusammenarbeit von Dörfern in Indien

Eine neuere Untersuchung von Robert Wade über einunddreißig Dörfer im Bergland Südindiens legt nahe, daß örtliche Initiativen bei passenden Rahmenbedingungen Erfolg haben können. Viele der ausgewählten Dörfer besitzen unabhängige Institutionen, die öffentliche Güter und Dienstleistungen bereitstellen. Dörfer mit erheblicher „korporativer" Organisation liegen dabei womöglich nur wenige Meilen entfernt von Dörfern ohne den geringsten Organisationsgrad.

Die „korporativ" organisierten Dörfer haben einen Dorfrat (er unterscheidet sich von dem offiziell eingesetzten, aber in seiner Bedeutung fast zu vernachlässigenden Dorfrat, dem *panchayat*), unterhalten einen dorfeigenen Kassenfonds und halten mindestens einmal jährlich eine Vollversammlung aller ortsansässigen Landwirte ab. Sie beschäftigen gemeinsam eine Gruppe von Bewässerungsarbeitern, die das Wasser zwischen und unterhalb der Anschlußstellen des von der Regierung in Gang gehaltenen Bewässerungskanals verteilen, an den alle ausgewählten Dörfer angeschlossen sind. Eine andere gemeinsam bezahlte Gruppe von dörflichen Feldhütern schützt die Ernte vor dem Vieh und vor Dieben. Neben der Bezahlung der Löhne für die Bewässerungsarbeiter und die Feldhüter, wird der dorfeigene Fonds auch zur Finanzierung von Arbeitskräften benutzt, die die Zufahrtsstraßen, Brunnen und die Gebäude der Grundschulen reparieren; desweiteren um für den Bau von Veterinärstationen und Grundschulen die entsprechenden Zuschüsse bereitzustellen, sowie um berufsmäßige Affenjäger anzustellen. Der Fonds finanziert sich aus dem Verkauf von Konzessionen, die vom Rat geschaffen und gewährt werden. Beispielsweise versteigert der Rat das Recht zum Alkoholverkauf im Dorf und verkauft an Gruppen auswärtiger Schäfer das Weiderecht auf den Stoppelfeldern des Dorfes. Einige Dörfer versteigern auch die Fischrechte im Dorfweiher und das Recht, eine Provision auf alle großen Getreideumsätze zu erheben.

Warum verfügen einige Dörfer über derartige Organisationsformen, andere eng benachbarte dagegen nicht? Eine Antwort darauf lautet, daß die Produktionsbedingungen in den korporativen Dörfern den gemeinschaftlichen Nutzen eines konzertierten Handelns beträchtlich höher ausfallen lassen als in den anderen Dörfern. Die korporativen Dörfer liegen in der Regel ganz am hinteren Ende der Bewässerungskanäle (die zwischen fünf und zwanzig Meilen lang sein können). Wegen ihrer Lage ist ihre Wasserversorgung riskanter als die höhergelegener Dörfer. Die Aufgabe der gemeinsamen Bewässerungsarbeiter der Gemeinden ist es, dieses Risiko dadurch zu verringern, daß sie mehr Wasser von höhergelegenen Gebieten heranbringen und es gerecht zwischen den Anschlußstellen und weiter unterhalb verteilen. Die staatliche Bewässerungsbehörde soll zwar die gesamte Wasserverteilung im Kanal oberhalb jeder Anschlußstelle kontrollieren, die mangelhafte Qualität der Kontrolle veranlaßt jedoch die Bewohner der niedriger gelegenen Dörfer, durch gemeinsames Handeln einen Ausgleich zu suchen.

Die korporativen Dörfer sind auch einem größeren Risiko ausgesetzt, Ernteschäden durch Vieh zu erleiden. Da sie niedriger liegen, haben sie tendenziell einen größeren Anteil an schwarzen Böden, auf denen sich die Stoppelfelder noch lange nach der Ernte günstig entwickeln. Das führt dazu, daß der Viehbestand in den Dörfern höher ist, während gleichzeitig auf vom Regen bewässerten Flächen die Ernte noch auf den Feldern steht und daher durch das Vieh gefährdet wird. Organisierte Dörfer können von auswärtigen Schäfern eine Zugangsgebühr verlangen und verfügen dadurch über einen größeren dorfeigenen Fonds.

Dort also, wo das Risiko groß ist, daß es als Folge von Wasserverknappungen und streunendem Vieh zu Ernteverlusten und Streitereien kommt, sind die Dörfer tendenziell bereit, sich zu organisieren. Wenn das einmal geschehen ist, um diese Probleme in den Griff zu bekommen, läßt sich mit geringen zusätzlichen Kosten eine dörfliche Infrastruktur aufbauen.

solche Kreditsysteme nur dann von Dauer sind, wenn sie nicht mittels verzerrter Zinsen als Instrument zur Verteilung von Subventionen benutzt werden.

Die Regierungsstellen auf höherer Ebene müssen die Verwendung allgemeiner Ressourcen regulieren, wie Wasser und Straßen, die vielen Gemeinden gemeinsam zur Verfügung stehen. Sie müssen auch solche Leistungen bereitstellen, bei denen nur ein umfassendes Vorgehen wirtschaftlich ist, wie bei Hauptbewässerungskanälen und bei Großprojekten der Energiegewinnung und -verteilung.

EFFIZIENTE VERWALTUNG UND FINANZIELLE AUTONOMIE VON ZENTRALEN ANBIETERN. In einigen Ländern und für einige Leistungen ist eine Dezentralisierung weder wünschenswert noch sinnvoll. Jedoch müssen auch Institutionen auf nationaler Ebene effizienter arbeiten. Die im *Weltentwicklungsbericht 1983* erörterten Verbesserungen auf den Gebieten der Betriebsführung und der Verwaltung wären wichtige Bestandteile der Reform.

Reformen auf dem Gebiet der Betriebsführung wären wirksamer, wenn die zentralen Institutionen eine größere finanzielle Autonomie besäßen (als Beispiel für den Energiebereich vgl. Sonderbeitrag 6.4). Der Tendenz der staatlich subventionierten Bewässerungsstellen zu Neuinvestitionen, obwohl die Instandsetzung oder Verbesserung bestehender Bewässerungssysteme eigentlich die kostengünstigere Lösung wäre, kann teilweise dadurch entgegengewirkt werden, daß sich diese Stellen den Benutzern gegenüber — Gemeinden oder einzelnen Bauern — in stärkerem Maße finanziell verantworten müssen. Ein Ansatzpunkt wäre, öffentliche Versorgungsunternehmen von einer staatlichen Aufsichtsbehörde überwachen zu lassen. Ein anderer wäre, Bezirksbehörden für die Wasserversorgung einzurichten, die zur Erhebung von Gebühren oder Erschließungsabgaben ermächtigt wären. In beiden Fällen sollte es das Ziel sein, eine engere Verbindung zwischen dem Verbraucher und dem Anbieter herzustellen.

Derartige Regelungen sind nur möglich bei entsprechender Struktur der Benutzergebühren. Die traditionellen Argumente, daß Wasserversorgungssysteme bei höherer Versorgung eine starke Kostendegression aufweisen und mit dem Verbrauch positive externe Effekte verbunden sind, rechtfertigen nicht eine niedrige Kostendeckung (vgl. Sonderbeitrag 6.1). Die Kostendegression bei der Wassergewinnung wird oft durch die steigenden Kosten bei der Suche nach neuen Vorkommen ausgeglichen.

Eine effiziente Preisbildung würde dann eine volle Kostendeckung verlangen. Das Argument der positiven externen Effekte bezieht sich zu recht auf die gesundheitsfördernden Effekte einer Wasserversorgung, aber ohne Kostendeckung würde es sie überhaupt nicht geben.

Eine Dezentralisierung der finanziellen Verantwortlichkeiten zugunsten von Gemeinden und halbautonomen Verwaltungsbehörden bedeutet nicht, daß staatliche Subventionen aus allgemeinen Finanzquellen nicht länger erforderlich sind. In einigen Fällen ist eine zentrale Subventionierung zum Schutz der Interessen der Armen notwendig oder weil der Aufwand einer Einnahmenerhebung bei den Begünstigten zu hoch wäre. Aber auch, wenn Subventionen aus allgemeinen Quellen notwendig sind, kann die Regierung Wege finden, die ihre effiziente Verteilung sicherstellen. Entscheidend ist, daß die subventionierten Verbraucher, soweit möglich, Leistungsanreize erhalten, um die wirtschaftlichste Alternative zu wählen. Ebenso muß es öffentlichen Anbietern möglich sein, nach eigenem Ermessen die leistungsfähigsten Anbieter auszuwählen.

Perspektiven des Wandels

Insgesamt gesehen käme eine schrittweise Übertragung finanzieller und administrativer Verantwortlichkeiten auf die kommunale Ebene der Effizienz und Gerechtigkeit bei der Bereitstellung von solchen Leistungen zugute, die eine geringe Kostendegression aufweisen — wie die Wasserversorgung von Wohnungen, die örtliche Wasserverteilung bei Bewässerungsanlagen sowie der Bau und Unterhalt von Landstraßen. Die Rolle der Zentralregierung würde sich wandeln; sie wäre weniger primärer Entscheidungsträger, Investor, Instandhalter und Überwacher, sondern mehr Lenker, technischer Berater und Informationsstelle. Leistungen mit hoher Kostendegression — zum Beispiel die Elektrizitätsgewinnung auf dem Land und der Bau der Hauptstromleitungen — müssen auch weiterhin von höherer staatlicher Ebene angeboten werden. Hier hat das Schwergewicht auf der angemessenen Preispolitik zu liegen.

Die Dezentralisierung der staatlichen Aktivitäten kann nur schrittweise erfolgen, weil sich das System aufgrund eingebauter Leistungsanreize letztlich selbst trägt. Einige der prägnantesten Lehren der politischen Ökonomie der Subventionszahlung stammen aus Industrie-, nicht aus Entwicklungsländern. Hierzu gehört die künstliche Bewässerung in den Vereinigten Staaten. Im Jahr 1985 stieg der Gesamtwert der Subventionen für die 146.000 Farmen, die vom Bureau of Reclamation der USA Wasser geliefert bekommen, auf fast 15 Mrd Dollar — oder 56 Prozent des durchschnittlichen Marktwerts des künstlich bewässerten Landes. Die 6 Prozent aller Farmer, denen die Subventionen zugute kommen, gehören zu den reichsten der Nation. Farmerverbände, Politiker und die Bewässerungsbehörden unterstützen allesamt dieses äußerst verschwenderische System. Eine Reform ist immer möglich — sowohl in den Entwicklungsländern als auch in den Vereinigten Staaten —, aber die mit der Untätigkeit verbundenen Risiken sind in den Entwicklungsländern viel größer. Es ist wirklich ermutigend, daß viele der oben diskutierten Reformen bereits durchgeführt werden.

7

Die Finanzierung der Gemeinden

Bundesländer und Gemeinden spielen eine wichtige Rolle bei der Bereitstellung öffentlicher Leistungen. Durch eine Dezentralisierung der Ausgabe- und Einnahmekompetenzen läßt sich der Einsatz der Ressourcen im öffentlichen Sektor verbessern, da Kosten und Nutzen kommunaler öffentlicher Leistungen enger aneinander gekoppelt werden. Wenn immer möglich, sollten von Gebietskörperschaften unterer Ebene bereitgestellte öffentliche Dienste gebührenpflichtig sein; wo aber eine Gebührenerhebung nicht durchführbar oder erwünscht ist, müssen die Ausgaben aus den allgemeinen Einnahmen der Gemeinden, aus Kreditaufnahmen oder durch Zuweisungen von höheren Verwaltungsebenen finanziert werden. Dieses Kapitel untersucht die Finanzierung öffentlicher Ausgaben unterhalb der zentralstaatlichen Ebene, wobei der Schwerpunkt auf der Reform des kommunalen Einnahmesystems liegt, um eine effiziente Allokation der Ressourcen sicherzustellen.

Finanzierungsstruktur untergeordneter Gebietskörperschaften

Die Rolle von Gebietskörperschaften unterhalb der zentralstaatlichen Ebene ist von Land zu Land verschieden, und zwar sowohl aufgrund politischer und historischer als auch wirtschaftlicher Ursachen. Ein Indikator für die relative Bedeutung der Länder und Gemeinden ist ihr Anteil an den gesamten öffentlichen Ausgaben. In achtzehn ausgewählten Entwicklungsländern, für die vergleichbare Daten zur Verfügung stehen, reicht dieser Anteilssatz von 2,5 Prozent im Falle Gambias bis hin zu 74,9 Prozent im Falle Jugoslawiens (vgl. Schaubild 7.1). Um längerfristige Zusammenhänge zu erfassen, werden in diesem Kapitel ausschließlich Durchschnitte der für die Jahre 1974 bis 1986 verfügbaren Zahlen verwendet. Die ausgewählten Länder weisen beträchtliche Unterschiede auf. In Indien und Jugoslawien entfällt mehr als die Hälfte der öffentlichen Ausgaben auf Einzelstaaten und Gemeinden, in sieben anderen Ländern dagegen nicht einmal ein Zehntel. Das hohe Ausgabevolumen unterhalb der zentralstaatlichen Ebene in Indien, Jugoslawien und in gewissem Maße auch in Brasilien erklärt sich aus der Größe dieser Länder und der Existenz starker Bundesstaaten. Der Anteil der Länder und Gemeinden an den gesamten öffentlichen Einnahmen (ohne Zuweisungen von der Zentralregierung) schwankt von Land zu Land ebenfalls stark; er reicht von 2,2 Prozent in Tunesien bis zu 72,1 Prozent in Jugoslawien.

Die Zahlen zeigen, daß Länder und Gemeinden als Anbieter öffentlicher Leistungen tendenziell eine größere Rolle spielen als bei der Einnahme öffentlicher Gelder. China — das in der hier betrachteten Länderauswahl nicht berücksichtigt ist — bildet eine Ausnahme; dort finanziert sich der Staat zu einem ganz erheblichen Anteil unterhalb der zentralstaatlichen Ebene (vgl. Sonderbeitrag 7.1). In jedem der ausgewählten Länder dagegen sind die unterhalb der zentralstaatlichen Ebene eigenständig erzielten Einnahmen geringer als die entsprechenden Ausgaben. Die Finanzierungslücke beläuft sich

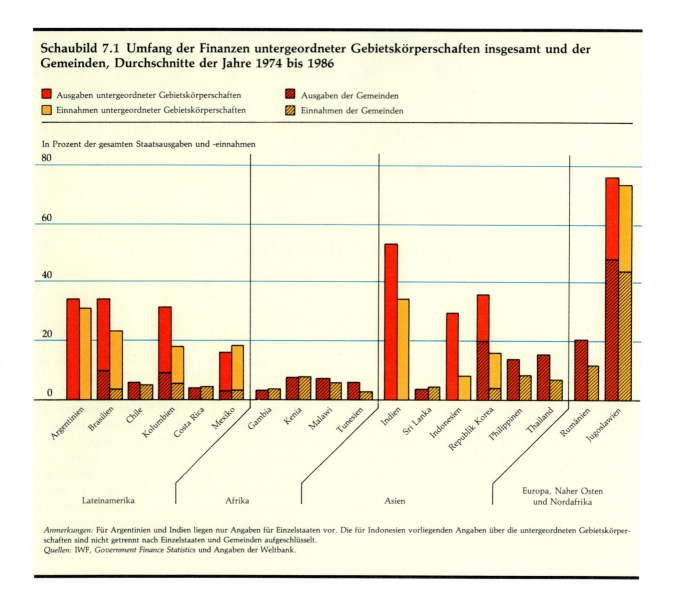

Sonderbeitrag 7.1 Kommunale Finanzierung in China

Die Finanzierung der chinesischen Kommunen steht in einem interessanten Kontrast zur kommunalen Finanzierung in den meisten marktwirtschaftlichen Ländern. China verfügt über drei verschiedene Regierungsebenen — die Zentral-, die Provinz- und die Kommunalebene. Sie teilen sich einen gemeinsamen Topf von Gemeinschaftssteuern, wobei die Zentralregierung die wirtschaftspolitischen Entscheidungen trifft, die Veranlagung und Vereinnahmung aber durch die Kommunen und Provinzen erfolgt. Alle Steuersätze und -bemessungsgrundlagen werden zentral festgelegt, und es gibt keine wirklich lokalen Steuern auf Gemeindeebene. Chinas Gemeinschaftsfinanzierung besteht ganz überwiegend in einer Aufteilung von Umsatz- und Gewinnsteuern zwischen der Zentralregierung und den Provinzen und Gemeinden. Die Steuern werden auf lokaler Ebene vereinnahmt und „nach oben hin" aufgeteilt. China verfügt über kein institutionalisiertes Zuweisungssystem zur Unterstützung von laufenden Ausgaben oder Investitionsprojekten (sämtliche Zuweisungen erfolgen auf Ad-hoc-Basis). Es gibt kein System oder formelles Programm zur Kreditvergabe an Kommunen, und die Gemeinden verfügen nicht über Richtlinien zur Entwicklung von Systemen, die eine Finanzierung bei den jeweiligen Nutznießern ermöglichen würde.

Da man bei notwendigen Infrastrukturmaßnahmen in Rückstand geraten ist und die Verstädterung zunimmt, ist die Haushaltslage der Gemeinden stark angespannt. Die Steuerelastizität der Gewinne und Umsätze ist wohl insge-

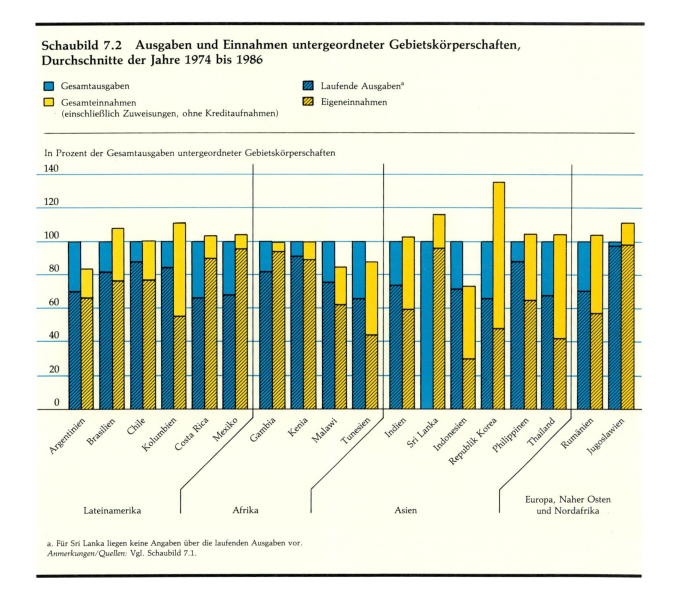

Schaubild 7.2 Ausgaben und Einnahmen untergeordneter Gebietskörperschaften, Durchschnitte der Jahre 1974 bis 1986

a. Für Sri Lanka liegen keine Angaben über die laufenden Ausgaben vor.
Anmerkungen/Quellen: Vgl. Schaubild 7.1.

samt relativ niedrig, d. h. die Steuereinnahmen steigen im Vergleich zu Gewinnen und Umsätzen unterproportional. Hierin liegt ein strukturelles Problem, das möglicherweise durch Schwächen in der Steuerverwaltung verschärft wird. Die hohen Steuersätze könnten die Unternehmen zur Steuerausweichung veranlassen, ja vielleicht sogar die Gemeinden, denen die Unternehmen gehören. Aufgrund fehlender Möglichkeiten zur Kreditaufnahme und Selbstfinanzierung werden Infrastrukturinvestitionen vernachlässigt, da deren Kosten vollständig der Allgemeinheit aufgebürdet werden. Gegenwärtig diskutierte Maßnahmen umfassen die Reform der Unternehmensbesteuerung, die Einführung autonomer Gemeindesteuern und vor allem die Einführung einer kommunalen Grundsteuer.

in Costa Rica, Gambia und Sri Lanka auf 0,1 Prozent des BIP und erreicht in Indien nicht weniger als 4,2 Prozent des BIP; in sechs weiteren der ausgewählten Länder liegt sie bei über 2 Prozent des BIP. In verschiedenen Staaten war das zusammengefaßte Defizit der Länder und Gemeinden größer als das Defizit der öffentlichen Hand insgesamt, d. h. die Zentralregierung erzielte vor Auszahlung der Zuweisungen an untere Verwaltungsebenen einen Haushaltsüberschuß.

In den meisten Staaten reichen die Eigeneinnahmen der Länder und Gemeinden nicht einmal aus, um die laufenden Ausgaben zu decken (vgl. Schaubild 7.2). Einschließlich der Zuweisungen der Zentralregierung sind die Haushalte der Länder und Gemeinden in den meisten der ausgewählten Staaten aber ausgeglichen oder weisen Überschüsse auf. Folglich spielen Netto-Kreditaufnahmen, entsprechend der Differenz zwischen Gesamteinnahmen und -ausgaben, unterhalb der zentralstaatlichen Ebene, nur eine relativ geringe Rolle bei der Einnahmenbeschaffung.

Bei Ländern und Gemeinden sind Haushaltsungleichgewichte nicht zwangsläufig ein Zeichen für eine unsolide Finanzpolitik. Zuweisungen sind unter Umständen nichts anderes als anteilig zustehende gemeinschaftliche Steuern (wie in Brasilien), Ausgleichszahlungen für die Abschaffung einer Gemeinde- oder Ländersteuer durch die Zentralregierung (wie in Bangladesch) oder Transferzahlungen, um damit von der Zentralregierung auferlegte Aufgaben — etwa die Lehrerbesoldung — zu finanzieren (wie in Kenia). Gleichwohl können aber die Verteilung der Einnahmen- und Ausgabenkompetenzen und die daraus resultierenden Übertragungen zwischen den verschiedenen staatlichen Ebenen zu einem ineffizienten Einsatz der öffentlichen Mittel führen und damit das gesamte öffentliche Defizit vergrößern.

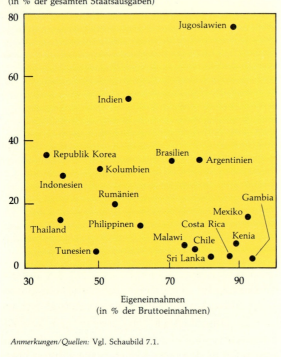

Schaubild 7.3 Finanzpolitische Dezentralisierung auf untergeordnete Gebietskörperschaften, Durchschnitte der Jahre 1974 bis 1986

Anmerkungen/Quellen: Vgl. Schaubild 7.1.

Faßt man die ausgaben- und einnahmenwirksamen Maßnahmen zusammen, so läßt sich der Grad der finanzpolitischen Dezentralisierung abgreifen. Der Anteil der Länder und Gemeinden an den gesamten öffentlichen Ausgaben zeigt ihre Bedeutung bei der Bereitstellung öffentlicher Leistungen. Der Grad ihrer Selbstfinanzierung mißt ihre finanzpolitische Autonomie, da eine Außenfinanzierung mit Bedingungen verbunden sein könnte, welche den eigenverantwortlichen Mitteleinsatz einschränken. In Schaubild 7.3 wird für alle achtzehn ausgewählten Länder auf diese beiden Aspekte eingegangen. Jugoslawiens Position im oberen rechten Teil des Schaubildes indiziert einen äußerst dezentralisierten öffentlichen Sektor. So entfällt auf Länder und Gemeinden nicht nur ein hoher Anteil an den gesamten Staatsausgaben, sie verfügen auch überwiegend über eigene Finanzmittel. Letzteres trifft zwar auch auf Gambia zu, dort aber entfällt auf Länder und Gemeinden nur ein Bruchteil der gesamten Staatsausgaben. Indonesien, Kolumbien und die Republik Korea weisen eine entgegengesetzte Struktur auf. Die öffentliche Verwaltung unterhalb der zentralstaatlichen Ebene spielt eine große Rolle bei der Leistungserbringung, die Finanzierung erfolgt jedoch weitgehend durch Zuweisungen der Zentralregierung und gemeinschaftliche Einnahmen.

Anhand der Ausgaben- und Finanzierungsstruktur läßt sich jedoch nur ein unvollständiges Bild über den Grad der Dezentralisierung gewinnen. Den Zentralregierungen stehen gewöhnlich eine Vielzahl von Instrumenten zur Verfügung, mit denen sie gegebenenfalls Kontrolle über die Länder- und Gemeindefinanzen ausüben können. Hierzu gehören etwa die Genehmigung des Haushaltsplans, Auflagen hinsichtlich der Ausgaben, Einschränkungen bezüglich der Steuerbemessungsgrundlage und Steuersätze sowie andere fiskalpolitische Restriktionen. Viele Entwicklungsländer suchen nachhaltig nach Möglichkeiten, die finanzpolitische Autonomie der Länder und Gemeinden zu stärken, um so die Leistungsfähigkeit des öffentlichen Sektors zu vergrößern und das gesamte öffentliche Defizit abzubauen.

Finanzpolitische Dezentralisierung und die Rolle untergeordneter Gebietskörperschaften

Länder und Gemeinden stellen in der Regel eine breite Palette öffentlicher Leistungen bereit, die erheblich zur Steigerung des Lebensstandards und des Wachstums beitragen. Hierzu gehören das Gesundheits- und Erziehungswesen, die Straßenbeleuchtung und -reinigung, die Wasserversorgung, Kanalisation, Energieversorgung, die öffentlichen Märkte und die Müllabfuhr, der Ausbau des Hauptverkehrsnetzes sowie die Bodenerschließung für Industrie und Wohnungsbau. Die Länder und Gemeinden haben über die Ausgaben für diese öffentlichen Leistungen und deren Finanzierung zu entscheiden. Im Idealfall entscheidet jede untergeordnete Gebietskörperschaft über das Niveau und die Zusammensetzung des Leistungsangebots sowie über die erforderlichen Finanzmittel, um den Bedürfnissen ihrer Einwohner so weitgehend wie möglich gerecht zu werden. Eine Dezentralisierung fördert somit die Leistungsfähigkeit, weil sie die öffentlichen Leistungen der Vielzahl individueller Bedürfnisse anpaßt, und sie begünstigt ein Klima der Verantwortlichkeit und Gerechtigkeit, da der Verbund zwischen dem Nutzen des Leistungsangebots und seinen Kosten deutlich sichtbar wird. Dies ist die Begründung für die Errichtung dezentraler Verwaltungsebenen, die auf die Wünsche ihrer Bürger eingehen und nicht nur Ausführungsorgane der Zentralregierung sind.

Mit der Dezentralisierung sind bestimmte praktische Probleme verbunden. Erstens fehlt den Kommunen häufig der entsprechende Verwaltungsapparat zur Erhebung von Einnahmen und zur Aufstellung von Haushalts- und Investitionsplänen. Aufgrund des Mangels an ausgebildetem Personal für Projektentwürfe und deren Durchführung, verwendeten die tunesischen Gemeinden nur einen Teil des ihnen zur Verfügung stehenden Kapitals. Zweitens führt ein Ausbau der kommunalen Verwaltung möglicherweise zu einer unnötigen Duplizierung des Personalumfangs oder spezieller Fertigkeiten auf zentraler und unterer Regierungsebene. Eine Dezentralisierung sollte keine ineffiziente Expansion des öffentlichen Dienstes nach sich ziehen. Ein drittes Problem liegt darin, daß mit der Bereitstellung öffentlicher Leistungen durch einen Bezirk Kosten oder Vorteile in anderen Bezirken entstehen können, so daß eine höhere Verwaltungsebene eingeschaltet werden muß. Diesen Problemen kann man jedoch durch angemessene Zuweisungen und andere — weiter unten diskutierte — Maßnahmen zur Stärkung der örtlichen Verwaltung gerecht werden.

Damit eine dezentrale Organisation funktioniert, sollte die Verantwortung für einzelne Leistungsbereiche so klar und einfach wie möglich den verschiedenen Verwaltungsebenen zugewiesen werden. Unklar abgegrenzte Zuständigkeiten schaden womöglich dem Verantwortungsbewußtsein der Kommunen. Aufgrund einer unklaren Aufgabenteilung zwischen den Länder- und Kommunalbehörden können brasilianische Bürgermeister für bevorzugte kommunale Projekte Unterstützung von den Gouverneuren der Bundesstaaten verlangen, anstatt sich für eine Erhöhung der Gemeindesteuern einsetzen zu müssen. Der Anreiz, die Gemeindeeinnahmen zu steigern, wird hierdurch vermindert.

In Entwicklungsländern ist häufig zu beobachten, daß verschiedene Verwaltungsebenen gemeinsam für die Bereitstellung der gleichen Leistung in einem bestimmten Bezirk verantwortlich sind. In der Türkei befassen sich zum Beispiel sämtliche Verwaltungsebenen mit einer so offensichtlich kommunalen Angelegenheit wie der Straßenbeleuchtung. Die Zentralregierung ist mitverantwortlich für die Finanzierung, eine nationale Behörde ist hauptsächlich zuständig für Planung, Ausführung, Betrieb und Instandhaltung, und die Kommunen sind die Hauptträger der Finanzierung und verfügen über eine nachgeordnete Zuständigkeit für die Planung. In einigen Fällen — wie etwa im Erziehungs- und Gesundheitswesen — ist eine komplizierte Struktur der Leistungserbringung nicht zu umgehen. Bei eindeutig kommunalen Leistungen — wie der Wasserversorgung und Straßenbeleuchtung — spricht im allgemeinen aber nichts gegen einfache und klare Verantwortungsbereiche.

Viele Länder würden von einer regelmäßigen Überprüfung der Ausgabe- und Einnahmekompetenzen verschiedener Verwaltungsebenen profitieren. Eine Untersuchung der innerstaatlichen Finanzbeziehungen schuf in Kolumbien die Grundlage für eine umfassende Reform der Gemeindefinanzen; dies zeigt, daß eine solche Umgestaltung durchführbar ist (vgl. Sonderbeitrag 7.2). Der Rest dieses Kapitels befaßt sich mit der Reform des kommunalen Einnahmesystems und der Überwindung von Verwaltungsproblemen auf kommunaler Ebene.

Stärkung der Gemeindefinanzen

Eine Stärkung der Gemeindefinanzen kann die Leistungsfähigkeit des öffentlichen Sektors verbessern, und Übertragungen von der Zentralregierung auf die Kommunen, insbesondere in Ballungsgebieten, verlieren an Bedeutung. Bestimmte Einnahmequellen, wie Gebühren oder Grundsteuern, lassen sich besser auf kommunaler Ebene verwalten. Höhere derartige Einnahmen leisten einen wichtigen Beitrag zur Stabilisierung und strukturellen Anpassung in Entwicklungsländern wie Indonesien und Pakistan, wo eine Vernachlässigung der Einnahmequellen von Ländern und Gemeinden eine entsprechend starke finanzielle Belastung des Bundeshaushalts nach sich gezogen hatte.

Die in den vorangegangenen Kapiteln diskutierten Prinzipien legen vier Kriterien für eine leistungsfähige kommunale Einnahmepolitik nahe:

- Die Bereitstellungskosten kommunaler Leistungen sollten durch Benutzergebühren möglichst weitestgehend gedeckt werden. Solche Gebühren sollten sich am individuellen Verbrauch orientieren oder — wo dies nicht möglich ist — an einem Maß für den individuellen Nutzen.
- Leistungen, deren Kosten sich nicht durch Gebühren decken lassen, können durch allgemeine Steuern — Grund-, Gewerbe- und Umsatzsteuern — finanziert werden, die innerhalb der betreffenden Gebietskörperschaft erhoben werden.
- Wenn sich die Vorteile kommunaler Leistungen auch auf andere Bezirke oder auf das gesamte Land erstrecken, dann sollten sich die höheren Verwaltungsebenen durch Finanzzuweisungen beteiligen, und zwar entsprechend ihrem anteiligen Nutzen.
- Kreditaufnahmen sind ein angemessenes Instrument zur zumindest teilweisen Finanzierung kommunaler Investitionen, vorausgesetzt, das gesamtwirtschaftliche Haushaltsgleichgewicht bleibt gewahrt.

Wie diese Kriterien zeigen, hängt der geeignete Einsatz des kommunalen Einnahmeinstrumentariums von den Ausgabenkompetenzen der Gemeinden ab. Gerechtigkeitsüberlegungen können gewisse Modifikationen erzwingen, etwa wenn vermieden werden soll, daß Haushalte mit niedrigem Einkommen durch Benutzergebühren belastet werden.

Wenn auch detaillierte landesweite Angaben nicht vorliegen, so läßt sich doch aus den Finanzdaten einer Reihe ausgewählter Städte ein Einblick in die Struktur der Ausgabekategorien und Einnahmequellen einzelner Kommunen gewinnen (vgl. Tabelle 7.1). Die Angaben ermöglichen es, wichtige Ausgabeposten und Einnahmequellen einander gegenüberzustellen. Den vier genannten Effizienz-

---

Sonderbeitrag 7.2 Finanzpolitische Dezentralisierung in Kolumbien

Die Bedenken hinsichtlich der finanzpolitischen Rollenverteilung zwischen Zentralregierung, Verwaltungsbezirken und Gemeinden führten in Kolumbien 1980 zur Berufung einer Kommission für die zwischenstaatlichen Finanzen. Diese kam zu dem Schluß, lokale Aufgaben stärker durch lokale Mittel zu finanzieren. Die sich daran anschließende Gesetzgebung zur Stärkung der lokalen Verwaltungsinstitutionen und zur Dezentralisierung der Aufgaben und Finanzen markierte einen historischen Fixpunkt in Kolumbiens finanzpolitischer und institutioneller Entwicklung.

Die Finanzen der unteren Verwaltungsebenen wurden durch Ausweitung ihrer traditionellen Einnahmequellen gestärkt. Die wichtigsten Änderungen erfolgten im Zusammenhang mit der Grundsteuer und hier vor allem bei der Steuerbemessungsgrundlage. Zunächst wurden alle Grundbuchwerte auf das Jahr 1983 hochgeschrieben, und zwar unter Zugrundelegung eines zehnprozentigen jährlichen Wertanstiegs seit der letzten amtlichen Bewertung; dabei wurden maximal fünfzehn zurückliegende Jahre berücksichtigt. In den Folgejahren wurden die Grundbuchwerte automatisch der Entwicklung des Preisindex angepaßt, vorausgesetzt, es erfolgte keine Neubewertung. Obwohl die Anpassung aus politischen Überlegungen heraus durchweg unterhalb der Inflationsrate lag, wurde dennoch die Erosion dieser wichtigen kommunalen Einnahmequelle gebremst.

Auch die Grundsteuersätze wurden verändert. Der kommunale Basissatz darf jetzt zwischen 0,4 und 1,2 Prozent betragen, verglichen mit einem zuvor auf 0,4 Prozent festgelegten Satz. Diese Revision war insofern bedeutend, als erstmals ein Element kommunaler Entscheidungsfreiheit bei der Festlegung des Steuersatzes eingeführt wurde.

Ebenfalls reformiert wurden Steuerbemessungsgrundlagen und Steuersätze für Industrie und Handel. Vor 1983 wurde diese (vor allem in größeren Kommunen) wichtige Einnahmequelle auf der Basis einer Vielzahl von Bemessungsgrundlagen erhoben, wobei die Steuersätze — je nach Unternehmensart und -größe — im allgemeinen stark variierten. Durch die Reform wurde eine einheitliche Bemessungsgrundlage geschaffen (auf Basis der Bruttoumsätze) und die Streuung der Steuersätze vermindert.

Die Zahlung nationaler Übertragungen an kleinere Gemeinden nahm erheblich zu. Der Anteil der subnationalen Ebenen an der gemeinschaftlichen Umsatzsteuer soll von 30 Prozent im Jahr 1986 auf 50 Prozent im Jahr 1992 steigen. Zudem wurde die kolumbianische Verteilungsformel zum ersten Mal dahingehend revidiert, daß kleine Gemeinden, die sich bemühen, ihre eigenen Einnahmen zu erhöhen, einen größeren Anteil erhalten. Ein neues Gesetz sieht vor, daß über den 1986 erhaltenen Anteil hinausgehende Mittel von den Kommunen nur für Investitionen (einschließlich Wartung und Schuldendienst) eingesetzt werden dürfen. Schließlich wurde der nationalen Regierung ein Jahr Zeit für die Übertragung von Aufgaben auf die kommunale Ebene eingeräumt, damit bis 1992 der Übertragung zusätzlicher Mittel eine entsprechende Aufgabenkompetenz gegenübersteht.

Tabelle 7.1 Anteile kommunaler öffentlicher Ausgaben und Einnahmen an den Gesamtausgaben im Vergleich, nach wichtigen Kategorien in ausgewählten Städten
(in % der Gesamtausgaben)

Ausgabenbereich und damit verbundene Einnahmekategorie	Brasilien, São Paulo, 1984	Kolumbien			Kenia		Republik Korea, Seoul, 1983	Indien			Pakistan	
		Bogotá, 1972	Cali, 1974	Cartagena, 1972	Nairobi, 1981	Mombasa, 1981		Ahmedabad, 1981	Bombay, 1981-82	Kalkutta, 1982	Gujranwala, 1983	Karachi, 1982
Ausgaben für allgemeine städtische Leistungen[a]	30,2	17,3	22,6	37,2	10,3	7,9	34,0	23,2	12,4	42,2	33,1	16,8
Kommunale Steuereinnahmen	68,7	14,0	16,9	27,1	34,1	75,6	44,2	61,4	47,0	61,3	98,4	85,9
Ausgaben und Schuldendienst für öffentliche Versorgungseinrichtungen[b]	36,3	69,1	74,5	61,2	53,0	28,0	29,1	48,9	69,8	46,4	55,4	52,3
Benutzergebühren und Kreditaufnahmen	30,8	72,0	80,4	60,1	52,1	−7,8	33,8	30,1	52,2	−16,2	−8,7	11,1
Ausgaben für Sozialleistungen[c]	33,6	13,7	2,9	1,6	36,8	64,0	36,9	27,8	17,8	11,4	11,5	30,8
Erhaltene Zuweisungen	0,4	14,0	2,8	12,8	13,7	32,2	22,0	8,6	0,7	54,9	10,3	3,0

Anmerkung: Bei jeder Stadt summieren sich die Ausgabenanteile (einschließlich Schuldendienst) auf 100 Prozent, von Rundungsdifferenzen abgesehen; ebenso summieren sich alle Einnahmenanteile (einschließlich Verschuldung) auf 100 Prozent.
a. Umfaßt Müllabfuhr, Park- und Erholungsanlagen, gewerbliche Unternehmen, Feuerwehr, gesetzliches Vollstreckungswesen, allgemeine Verwaltung, Rentenzahlungen und Gesundheitswesen, Zuweisungen und Übertragungen und andere sonstige Dienstleistungen. Die kommunalen Steuern umfassen auch andere sonstige Einnahmen.
b. Umfaßt die Wasserversorgung, Abwasser- und Entwässerungseinrichtungen, Elektrizität, Telefonwesen, Wohnungswesen, Märkte und öffentliche Schlachthäuser, Schnellstraßen und sonstige Straßen sowie das öffentliche Transportwesen. Zu den Benutzergebühren zählen Einnahmen aus Entwicklungsabgaben, Wohnungsprojekten etc.
c. Umfaßt Erziehungs- und Gesundheitsleistungen sowie sozialstaatliche Leistungen.
Quelle: Bahl und Linn, erscheint demnächst.

kriterien zufolge sollten allgemeine städtische Leistungen durch Gemeindesteuern finanziert werden, öffentliche Versorgungseinrichtungen sollten sich selbstfinanzieren und Sozialleistungen sollten teilweise durch Zuschüsse gedeckt werden.

Bei den Ausgaben und Einnahmen von Bogotá und Cali wird diesen Kriterien weitgehend Rechnung getragen. In Cartagena dagegen wurden durch Zuweisungen höherer Verwaltungsebenen tendenziell auch andere als soziale Leistungen finanziert. In allen weiteren ausgewählten Städten wurden öffentliche Versorgungseinrichtungen und Sozialleistungen zum Teil durch einen Überschuß bei den Gemeindesteuereinnahmen finanziert. Kalkutta erhielt hohe Zuschüsse, und zwar offenbar vor allem, um öffentliche Versorgungseinrichtungen zu finanzieren.

Eine Erhöhung der kommunalen Einnahmen — insbesondere durch Benutzergebühren — ist häufig wünschenswert, sie ist andererseits jedoch mit Schwierigkeiten verbunden, wenn die Kommunen nicht über Einnahmekompetenzen verfügen, die mit ihren Ausgabeverantwortlichkeiten korrespondieren. Die Zentralregierung überläßt den Kommunen häufig nur wenige Einnahmequellen zur Mobilisierung eigener Mittel, und selbst dies nur mit Einschränkungen. In Thailand zum Beispiel ging der durch Gemeindeeinnahmen finanzierte Anteil der kommunalen Ausgaben zwischen 1977 und 1982 zurück, da der kommunale Steuer- und Abgabensatz durch die Zentralregierung begrenzt wurde. Die Kommunen könnten und sollten ermutigt werden, einen größeren Teil ihrer Einnahmen vor Ort zu erzielen. Dies könnte durch Benutzergebühren, kommunale Steuern, Kreditaufnahme und durch Zuweisungen geschehen.

Benutzergebühren

Es gibt zwei Arten von Benutzergebühren, und zwar konsumbezogene und nutzenbezogene. In fünfundzwanzig ausgewählten Städten in Entwicklungsländern entfiel auf Benutzergebühren etwa ein Drittel aller kommunal erhobenen Einnahmen. Benutzergebühren spielen besonders auf lokaler Ebene eine wichtige Rolle, da kommunale öffentliche Dienstleistungen — aufgrund der Nähe zu den Begünstigten — leichter von Benutzergebühren abhängig gemacht werden können als Dienstleistungen höherer Verwaltungsebenen. Durch Benutzergebühren vermindert sich der Zwang, Einnahmen durch allgemeine Gemeindesteuern zu erzielen; dies kann die Leistungsfähigkeit steigern, da die Kosten öffentlicher Dienstleistungen und Infrastruktureinrichtungen von ihren Nutznießern getragen werden. Wenn natürlich die Belastung durch solche Gebühren aus sozialen Gründen ausdrücklich nicht erwünscht ist, wie etwa bei einer subventionierten Sanierung von Wohngebieten für Einkommensschwache, dann sind die notwendigen Mittel aus allgemeinen Steuern oder Zuschüssen zur Verfügung zu stellen.

Eine wichtige nutzenbezogene Gebühr ist die Entwicklungsabgabe oder „Sanierungssteuer" — eine Pauschalzahlung der Begünstigten zur Kostendeckung von Infrastrukturmaßnahmen. Eine Entwicklungsabgabe bezieht sich in manchen Fällen nur auf ein bestimmtes Projekt — zum Beispiel die Befestigung einer angrenzenden Straße oder die Verlegung eines Abwasserkanals — in anderen wird sie für die volle Erschließung eines neuen Gebiets erhoben. Sie wird gewöhnlich Grundbesitzern auferlegt, deren Grundstücke in dem entsprechenden Gebiet durch öffentliche Leistungen im Wert steigen; zu verstehen ist sie als eine Steuer auf die Wertsteigerung von Grund und Boden durch neue kommunale Infrastrukturmaßnahmen. Die Entwicklungsabgabe kann als gerechte Steuer angesehen werden, da die Nutznießer der Entwicklung für die Kosten aufkommen. Zwei besonders erfolgreiche Systeme von Entwicklungsabgaben — die Bodenerschließung in Ostasien und das Aufwertungssystem in Lateinamerika — geben einen Anhaltspunkt über deren Potential (vgl. Sonderbeitrag 7.3).

Die Hauptschwierigkeiten bei den Entwicklungsabgaben liegen in ihrer Verwaltung und ihrem Inkasso. Die Erhebung von Sanierungssteuern in Djakarta litt darunter, daß das Finanzamt zu spät in die Sanierungspläne eingeweiht wurde und damit auch die Grundstücksbesitzer verzögert unterrichtet wurden; zudem gab es aufgrund nicht registrierter Grundstücksverkäufe Schwierigkeiten bei der Feststellung der Grundbesitzer, und es lagen unzureichende Angaben über die Grundstückswerte vor. Eine korrekt funktionierende Erhebung von Grundsteuern (auf die weiter unten eingegangen wird) erleichtert die Erhebung von Entwicklungsabgaben ganz beträchtlich.

Benutzergebühren eignen sich ausgezeichnet zur Finanzierung von Gemeinden, häufig aber wurde von diesem Instrument nur unzureichend Gebrauch gemacht. Eine Ausnahme bilden die kolumbianischen Städte (wie Bogotá, Cali und Cartagena) mit ihrer nur begrenzten Finanzierung durch Gemeindesteuern oder Zuweisungen und erheblich stärkeren Erhebung von Benutzergebühren. Hierfür sind zwei Faktoren ausschlaggebend. Erstens sind es in den größeren kolumbianischen Städten die Kommunen selbst, die die wichtigen öffentlichen Versorgungseinrichtungen (Wasser, Abwasser, Elektrizität, Telefon) bereitstellen, deren Kosten durch Benutzergebühren gedeckt werden können. Zweitens haben die kolumbianischen Kommunen ihre Infrastrukturmaßnahmen durch eine entsprechend starke Belastung der Begünstigten finanziert.

Finanzieren sich die unteren Gebietskörperschaften nicht durch Benutzergebühren, benötigen sie oft wenig effizient eingesetzte Übertragungen von Seiten der Zentralregierung, d. h. der nationale Haushalt wird belastet. In Pakistan schreibt man zum Beispiel die zunehmende finanzielle Abhängigkeit der Provinzen von Bundeszuschüssen teilweise der geringen Mobilisierung von Benutzergebühren zu. In Mexiko sahen die Kommunen zum Beispiel keine Veranlassung, ihre durch Bundes- oder Landeszuschüsse finanzierten Investitionen kostendeckend zu erstellen.

Gemeindesteuern

Wie die Effizienzkriterien nahelegen, besteht eine weitere Möglichkeit, kommunale Einnahmen zu erzielen, in der Erhebung von Gemeindesteuern. Das kann sowohl die Grundsteuer sein als auch andere kommunale Steuern, wie eine Besteuerung von Industrie, Handel oder freien Berufen.

GRUNDSTEUERN. Grundsteuern haben als kommunale Einnahmequelle einige Vorteile. Erstens verfügen alle Kommunen innerhalb ihrer Grenzen über eine Reihe besteuerbarer Grundstücke. Im Gegensatz zur Besteuerung von Handel und Gewerbe, das sich vor allem auf größere Städte konzentriert, lassen sich mit der Grundsteuer sowohl in kleinen, abgelegenen Gemeinden als auch in großen

**Sonderbeitrag 7.3 Finanzierung durch die Nutznießer:
Bodenerschließung in der Republik Korea und Bodenaufwertung in Kolumbien**

Im Rahmen von städtischen Bodenerschließungsprogrammen werden in Korea viele kleine unerschlossene Landparzellen am Rande der Städte zu Großgrundstücken zusammengeführt. Die Eigentümer erhalten keine Zahlungen. Dieses Land wird erschlossen, für die städtische Nutzung parzelliert und dann den ursprünglichen Eigentümern entsprechend dem Wert ihres eingebrachten Bodens zurückgegeben. Einen Teil des Bodens behält die öffentliche Hand, zum einen zwecks Ausbau der städtischen Infrastruktur (vor allem Straßen und Grünflächen), zum anderen, um damit die Entwicklungskosten zu decken. Hierzu werden diese Grundstücke zu Marktpreisen verkauft oder versteigert.

Der Umfang dieses koreanischen Programms erreichte eine beeindruckende Größenordnung. Etwa 43 Prozent aller in Seoul bis 1985 erschlossenen Gebiete entfielen auf derartige abgeschlossenen oder in Gang befindliche Maßnahmen. Das System führte der städtischen Nutzung neue Grundstücke zu und trug zur Steigerung des Wohnungsangebots und der öffentlichen Einnahmen bei. Zwar zogen den direkten Nutzen daraus offenbar vor allem Grundstückseigentümer mit mittleren oder hohen Einkommen, von diesen Maßnahmen könnten auch andere Bevölkerungskreise profitiert haben. Allein durch die Größenordnung des Programms wurden die städtischen Grundstückspreise und -pachten wahrscheinlich generell auf ein niedrigeres Niveau gesenkt, als es ohne diese Maßnahmen zu erwarten gewesen wäre.

Programme zur Bodenerschließung erfordern recht anspruchsvolle Methoden der öffentlichen Bodenverwaltung, darunter eine leistungsfähige Registrierung der Grundstücke, die Grundbuchführung sowie eine Verteilungsformel zur Redistribution der Grundstücke. In Korea wurde ungeachtet dessen ausreichend demonstriert, daß die Behörden in der Lage sind, solche Programme durchzuführen.

Im Gegensatz zu Bodenerschließungsprogrammen, die vorwiegend zur Entwicklung neuer Gebiete an den Stadträndern beitrugen, wurden vor allem in Lateinamerika sogenannte Aufwertungsmaßnahmen ergriffen, mit denen die Verbesserung der Infrastruktur in bereits bebauten Gebieten finanziert werden soll. Der Straßenausbau, die Wasserversorgung und andere Leistungen wurden dabei durch ein Besteuerungssystem finanziert, das die Kosten der öffentlichen Arbeiten auf die einzelnen Grundstücke umlegt, und zwar entsprechend der jeweils entstandenen Vorteile. Die mit der Aufwertung der Grundstücke anfallenden Gebühren sollen die Projektkosten decken und sich nicht nach dem zu erwartenden Gesamtnutzen der Projektarbeiten richten. Dieses System zielt auf die weitgehende Selbstfinanzierung städtischer Leistungen ab und soll so die kommunale Steuerbelastung verringern.

Dieses Aufwertungssystem fand seine stärkste Verbreitung in Kolumbien und seine Anwendung in der Hauptstadt Bogotá wurde sorgfältig untersucht. In der Spitze finanzierten 1968 derartige Einnahmen 16 Prozent der gesamten kommunalen Ausgaben, einschließlich der Ausgaben kommunaler staatseigener Unternehmen. In der Folgezeit verlor das Programm relativ an Bedeutung, aber es spielt nach wie vor bei der Finanzierung städtischer Infrastrukturmaßnahmen in Bogotá eine Rolle.

Eines der praktischen Probleme bei der Umsetzung dieser Programme bestand in der starken Belastung der allgemeinen kommunalen Einnahmen. In der Praxis konnten die Aufwertungsabgaben nicht die Kosten aller Projekte abdecken. Ein wichtiger Grund hierfür lag darin, daß mit einigen Projekten die Lebensbedingungen von Beziehern niedriger Einkommen verbessert werden sollten und von den Begünstigten nicht die Zahlung von Aufwertungsgebühren erwartet wurde. Wenn ein Aufwertungsprogramm mit begrenzter Subventionierung von Stadtteilen mit niedrigen Einkommen Bestand haben soll, ist der dadurch notwendige Rückgriff auf allgemeine Gemeindeeinnahmen zu berücksichtigen, genau zu kalkulieren und das Erforderliche dann vorzunehmen.

Rückstände beim Gebühreninkasso waren eine andere Ursache für die mangelnde Kostendeckung von Aufwertungsmaßnahmen. Bei den von 1968 bis 1986 durchgeführten Projekten beliefen sich die Zahlungsrückstände auf 16 Prozent der Projektkosten. Das Inkassoproblem entstand hauptsächlich, weil öffentliche Stellen und einige Eigentümer großer Grundstücke nicht zahlten. Die Einführung von Verzugszinsen nach 1981 verkürzte den Deckungszeitraum der Projektkosten.

Schließlich zeigte sich am Fall Bogotá, daß der Erfolg des Aufwertungssystems stark von der Güte der Investitionsplanung und Projektvorbereitung abhängt. In Jahren einer unzureichenden Infrastrukturplanung verlor das System an Bedeutung, obwohl der entsprechende Bedarf weiter zunahm. Projekte, deren Vorteile nicht eindeutig zu Tage traten oder sich nicht klar und deutlich auf die mit der Aufwertungsgebühr belasteten Grundstücke konzentrierten, waren häufig mit den größeren Inkassoproblemen verbunden. Eine Beteiligung der Grundstückseigentümer an der Planung und Durchführung des Projekts ließ sie die resultierenden Gebühren leichter akzeptieren.

Städten Einnahmen mobilisieren. Zweitens erfaßt die Grundsteuer in kleinen Städten eine breite Basis Steuerpflichtiger, so daß diese Steuerbelastung auf einen großen Bevölkerungsteil verteilt werden kann und auch bei niedrigen Steuersätzen erhebliche Beträge zufließen. Da drittens die Grundstückswerte durch kommunale Leistungen ansteigen, lassen sich durch Grundsteuern — auf Basis richtiger Grundstücksbewertungen — die Kosten für die erstellten Leistungen direkt durch die Begünstigten decken. Nur ein relativ geringer Teil der steuerlichen Belastung privat genutzter Grundstücke kann von den Grundstückseigentümern auf andere überwälzt werden, während sich die Besteuerung

193

gewerblich genutzter Grundstücke auf die Verbraucher verlagern läßt. Schließlich läßt sich die Belastung der Armen durch Grundsteuern verringern oder völlig ausschalten, indem Grundstücke unterhalb eines gewissen Werts mit geringeren Steuersätzen belegt oder völlig von der Besteuerung ausgenommen werden.

Trotz dieser theoretischen Vorteile entfallen — den vorliegenden Angaben für städtische Kommunen ausgewählter Entwicklungsländer zufolge — auf Grundsteuern nur 5 bis 25 Prozent der regelmäßigen kommunalen Einnahmen; nur Afrika, wo die Grundsteuer im allgemeinen eine größere Rolle spielt, bildet eine Ausnahme. Darüber hinaus entwickelte sich das Grundsteueraufkommen im Zeitablauf eher uneinheitlich. Das Grundsteueraufkommen ist — real betrachtet — in mehr als der Hälfte der asiatischen und lateinamerikanischen Länder zurückgegangen. Die Länder mit der schwächsten Einnahmeentwicklung hatten im allgemeinen hohe Inflationsraten zu verzeichnen, was vor allem für Lateinamerika zutrifft. Im größten Teil Afrikas hat das Grundsteueraufkommen dagegen real betrachtet zugenommen.

Es ist naheliegend, das Grundsteueraufkommen durch eine Anhebung des Steuersatzes zu steigern. Dies ist jedoch häufig nicht zu empfehlen. Dadurch würde der Steuergerechtigkeit entgegengewirkt, da es die Belastung der Steuerzahler vergrößert, deren Grundstücke steuerlich erfaßt werden und die ihre Steuern in vollem Umfang abführen. Vorzuziehen ist es, durch eine leistungsfähigere Steuererhebung auch Steuersäumige zu erfassen und so die Einnahmen zu erhöhen. Eine Überprüfung der eingehenden Zahlungen zur Identifizierung der Hauptsteuerschuldner, die Einführung einer systematischen Eintreibung von Steuerschulden (beispielsweise durch Steueraufforderungen und Mahnungen) und eine unzweideutige Durchsetzung von Strafen, können zusammengenommen die Einholung von Rückständen erheblich steigern und das System langfristig verbessern. Durch eine verbesserte Grundsteuererhebung stiegen zum Beispiel in Delhi die Einnahmen 1985/86 um 16 Prozent und 1986/87 um 96 Prozent; zu den Maßnahmen zählten Rabatte für termingerechte Zahlungen, Strafen für verspätete Zahlungen, günstigere Einzahlungsmöglichkeiten und ein verbessertes Informationssystem der Verwaltung. Ein weiterer Grund für die höheren Einnahmen lag darin, daß die Steuerpflichtigen ihre Zahlung leisten mußten bevor sie den Steuerbescheid vor Gericht anfechten konnten.

Das Inkasso von Steuern läßt sich am einfachsten verbessern, wenn die Liste der Steuerpflichtigen möglichst vollständig ist und die Grundstücksbewertungen — zumindest in Relation zueinander — korrekt sind. Ansonsten kann eine leistungsfähigere Steuererhebung bestehende Ungerechtigkeiten vergrößern. In solchen Fällen sind dann grundlegendere Reformen notwendig. Die sorgfältige Führung von Grundsteuerakten — eine Art fiskalisches Grundbuchamt — ist für eine grundlegende Reform besonders wichtig, da sich die Steuerbemessungsgrundlagen in Entwicklungsländern aufgrund eines raschen Wachstums der Städte und hoher Inflationsraten permanent verändern. Ein ordentliches Grundbuch erleichtert zudem die Planung und Bereitstellung kommunaler Dienstleistungen, vor allem im Bereich der Infrastruktur, sowie die Verwaltung und Vereinnahmung von Erschließungsgebühren.

Die Bewertung der Grundstücke spielt bei einer Neuordnung des Grundsteuerwesens eine entscheidende Rolle. Ein Bewertungsansatz orientiert sich am jährlichen Pachtwert; in vielen Entwicklungsländern wird er durch Befragung von Landpächtern nach der Höhe ihrer Pacht und Rückschluß davon auf eigentümergenutzte Grundstücke bestimmt. Diese Methode ist zwar einfach, jedoch auch anfällig gegen Ungenauigkeiten und Fehlschlüsse, und zwar vor allem in Gebieten, in denen die Eigentümernutzung überwiegt. Ein zweiter Bewertungsansatz orientiert sich am Kapitalwert; dieser wird entweder durch eine Schätzung des Grundstücks zuzüglich der Erschließungskosten ermittelt oder durch Rückschluß aus jüngeren Verkäufen vergleichbarer Grundstücke. (Es muß von vornherein entschieden werden, ob lediglich das Grundstück oder auch Gebäude und der Erschließungsgrad des Grundstücks besteuert werden soll.) In der Praxis wird eine pragmatische Mischung beider Bewertungsansätze erforderlich sein, je nach Verfügbarkeit von Pacht- oder Verkaufsdaten. Grundstücksbewertungen erfordern auch technische Sachkenntnis und Zeit. Um knappes, gut ausgebildetes Personal effizient einzusetzen, bietet es sich für Kommunalverwaltungen an, Informationen und technische Hilfe von einer zentralen Bewertungsbehörde zu beschaffen, wie dies in Malaysia geschehen ist.

Der nächste entscheidende Schritt einer grundlegenden Reform ist die Festlegung des Grundsteuersatzes. Damit sich eine Grundsteuererhebung lohnt, sollte der Steuersatz hoch genug sein und die Kommunen müßten über eine gewisse Ermessensfreiheit verfügen, wie dies in der Finanzreform Kolumbiens der Fall war (vgl. Sonderbeitrag 7.2).

Flexible Steuersätze können gewährleisten, daß die Grundsteuereinnahmen innerhalb eines Bewertungszeitraumes stabil bleiben, denn durch eine Anpassung des Steuersatzes durch die Kommune lassen sich die Grundsteuereinnahmen — real betrachtet — konstant halten. Wenn eine Neubewertung der Grundstücke erfolgt ist, kann der Steuersatz wieder auf das ursprüngliche Niveau gesenkt werden.

Einmal errichtet, muß ein gut funktionierendes Grundsteuersystem kontinuierlich aktualisiert werden. Eine allgemeine, möglicherweise sehr kostspielige Neubewertung der Grundstücke kann zwar durchaus lediglich alle fünf Jahre erfolgen; in der Zwischenzeit müssen aber Veränderungen in der Grundstücksstruktur sofort registriert und der Preisanstieg durch eine Indexierung der Steuerbemessungsgrundlage oder ansteigende Steuersätze aufgefangen werden.

Die Erfahrungen Brasiliens und der Philippinen mit einer grundlegenden Grundsteuerreforrm zeigen, daß alle Aspekte dieses Problems zu berücksichtigen sind (vgl. Sonderbeitrag 7.4). Vor allem der Fall Brasilien macht deutlich, daß ein leistungsfähiges Grundsteuersystem nur dann errichtet werden kann, wenn von den finanziellen Beziehungen zwischen Zentral-, Länder- und Kommunalregierungen die richtigen Anreize ausgehen — eine wichtige Grundregel, die für alle Länder zutrifft.

ANDERE GEMEINDESTEUERN. Die Besteuerung der Industrie, des Handels und der freien Berufe ist im allgemeinen eine weitere wichtige Einnahmequelle der Kommunen. Die Besteuerung kann unterschied-

---

Sonderbeitrag 7.4 Grundlegende Neuordnung des Grundsteuersystems auf den Philippinen und in Brasilien

Die philippinische Neuordnung der Grundsteuerverwaltung (Real Property Tax Administration, RPTA) wurde konzipiert, um die Schwächen des bestehenden Grundsteuersystems zu beseitigen. Der Projektansatz bestand darin, das Bewertungssystems zu ändern; die Bewertung durch eine Erklärung des Grundstückseigentümers sollte ersetzt werden durch ein öffentliches Grundbuchamt. Hierzu mußte man sämtliche Landparzellen eines jeden Bezirks vollständig erfassen, das Register um nicht erfaßte Parzellen ergänzen und Doppelzählungen ausschalten sowie sämtliche Boden- und Gebäudecharakteristika sorgfältig ermitteln, um auf dieser Basis eine Bewertung durchführen zu können.

Gemessen an seiner eng gefaßten Zielsetzung war das Projekt erfolgreich. Die Durchschnittswerte der Grundstücke stiegen um 50 Prozent. Dies war überwiegend nicht auf die Registrierung bislang nicht erfaßter Grundstücke zurückzuführen, sondern auf die Höherbewertung registrierter Parzellen auf Grundlage der vor Ort festgestellten Grundstückscharakteristika. Im Gegensatz zur ursprünglichen Auffassung der Regierung hatten die Grundstückseigentümer in aller Regel sämtliche ihnen gehörende Grundstücke deklariert. In ihrem Wertansatz hatten sie jedoch Größe und Qualität der einzelnen Parzellen sowie vorgenommene Erschließungen nur unvollständig berücksichtigt.

Die neue Grundsteuerverwaltung konnte aber nicht alle Probleme lösen. Erstens waren die Einzelbewertungen nach wie vor mehr oder weniger willkürlich. Zwar standen jetzt verläßlichere Angaben über die Eigenschaften der einzelnen Grundstücke zur Verfügung, die Methoden zur Umsetzung dieser Daten in Schätzwerte wurden aber nicht verbessert. Zweitens blieb die Grundsteuerbelastung niedrig. Die Reform ließ die Grundsteuersätze und damit verbundene Maßnahmen unangetastet. Die Zentralregierung der Philippinen legte den maximalen Grundsteuersatz fest, bestimmte feste Bemessungsgrundlagen (nicht mehr als 15 Prozent auf Wohngrundstücke mit niedrigem Wert) und verfügte, ab wann neue allgemeine Höherbewertungen in Kraft treten. Eine Indexierung der Grundstückswerte zwischen zwei Bewertungsstichtagen ist nicht gestattet. Infolgedessen lag der effektive Steuersatz vor und nach der Reform bei lediglich 0,3 Prozent. Schließlich hat sich auch das Steuerinkasso nach der Neuordnung nicht verbessert. Im Durchschnitt stiegen die Einnahmen im Jahr nach der Reform nur um 1 Prozent.

Brasiliens Grundsteuerreform (bekannt unter der Abkürzung CIATA) zielte wie die RPTA auf den Philippinen darauf ab, die technischen Mängel eines Systems zu beseitigen, das zu nur sehr geringen Einnahmen führte. Mit dem CIATA sollte das steuerliche Grundbuch um fehlende Grundstücke ergänzt und die Bewertung zutreffender gestaltet werden, und es war beabsichtigt, die Überwachung des Steuerinkasso und das finanzielle Berichtswesen zu verbessern.

Der kurzfristige Einfluß von CIATA auf die kommunalen Einnahmen war ganz erheblich. Im allgemeinen verzeichneten die Kommunen im ersten Jahr nach der Einführung des Systems einen 100- bis 200prozentigen Einnahmeanstieg. Der größte Teil ging auf die verbesserte Grundbuchführung zurück; fehlende Grundstücke wurden registriert und die Grundstückswerte aufgrund zutreffenderer Angaben über die Eigenschaften der einzelnen Parzellen revidiert.

Die zwischenstaatlichen Beziehungen behinderten die brasilianische Grundsteuerreform. Von den gesamten laufenden Einnahmen der Kommunen entfallen 80 Prozent auf frei verfügbare Übertragungen. Da die Kommunen ihr Leistungsangebot durch Mittel Dritter finanzieren konnten, war der Anreiz gering, die Grundsteuerbelastung ihrer Wählerschaft zu erhöhen.

liche Formen annehmen, etwa die einer Umsatzsteuer (auf den Bruttoumsatz), einer Besteuerung des betrieblichen Bruttovermögens oder einer besonders auf den Unternehmenstyp zugeschnittenen Abgabe. Die kommunale Besteuerung von Industrie, Handel und Dienstleistungsunternehmen erbrachte über 80 Prozent der Gemeindeeinnahmen in San Salvador und über die Hälfte in La Paz. Auf den Philippinen sind Konzessionsgebühren für die gewerbliche Zulassung die zweitgrößte kommunale Einnahmequelle. Die Einnahmen aus gewerblichen Steuern expandieren unter Umständen recht kräftig, da im Zuge der Urbanisierung die Anzahl und Größe von Gewerbebetrieben zunimmt und die Steuerbasis wächst. Mit Hilfe einer Pauschalabgabe oder einer Steuerbefreiung läßt sich eine Einzelveranlagung kleiner Betriebe vermeiden.

Nur wenige Kommunen in Entwicklungsländern erheben eine allgemeine Umsatzsteuer, teilweise aufgrund eines Verbots durch die Zentralregierung, teilweise aufgrund von Verwaltungsschwierigkeiten. Um Verwaltungsprobleme zu vermeiden, könnte eine höhere Regierungsebene eine Umsatzsteuer auferlegen und einziehen und die Einnahmen daraus dann teilweise oder in vollem Umfang an die Kommunen weiterleiten. Zum Beispiel ließe sich die kommunale Umsatzsteuer als Aufschlag auf die Steuer der Zentralregierung erheben, wobei die Zentralregierung als Inkassostelle fungiert. Die Kommune könnte den Steuersatz festlegen, Ausnahmeregelungen oder andere Details bestimmen und der Zentralregierung eine Inkassogebühr zahlen. Die kommunale Selbstbestimmung würde nur bei der Wahl der Steuerbemessungsgrundlage aufgegeben, und es könnte auch kein Einfluß auf die Effizienz der Steuervereinnahmung genommen werden. Ein mit dieser Methode verbundenes Problem — und der Grund für ihre seltene Anwendung — liegt darin, daß die Zentralregierungen im allgemeinen nicht bereit sind, die Kommunen an einer derart einträglichen Einnahmequelle teilhaben zu lassen, da dies das Einnahmepotential der Zentralregierung einschränken könnte. Ein anderer Grund ist die nur geringe „Sichtbarkeit" einer solchen Steuer, wodurch sich der Rechtfertigungsbedarf der Kommunen gegenüber ihren Steuerzahlern verringert.

Alternativ zu den gewerblichen Steuern belasten einige Kommunen die persönlichen Einkommen. Kommunale Einkommensteuern haben die gleichen Merkmale und weisen die gleichen Probleme auf wie auf nationaler Ebene erhobene Einkommensteuern. Wie in Kapitel 4 beschrieben, erfassen sie tendenziell nur eng abgegrenzte Steuertatbestände und sind häufig verwaltungsmäßig recht einfach konstruiert. So handelt es sich in den meisten Fällen bei kommunalen „Einkommensteuern" in Wirklichkeit um Kopf-Steuern, Lohnsteuern oder Verfahren einer begrenzten Beteiligung an der Einkommensteuer höherer Verwaltungsebenen. Wie bei Umsatzsteuern, dürfte sich ein kommunaler Zuschlag zur nationalen Einkommensteuer am besten eignen, um den Kommunen Einnahmen aus der Besteuerung individueller Einkommen zu verschaffen.

Eigentum und Nutzung von Kraftfahrzeugen in den Städten zu besteuern, wäre eine wichtige kommunale Einnahmequelle, die sowohl Effizienz- wie auch Gerechtigkeitskriterien Rechnung trägt. Kraftfahrzeuge spielen in Entwicklungsländern eine stark zunehmende Rolle und sie konzentrieren sich auf städtische Gebiete und Besserverdienende. Mit dem zunehmenden Verkehr waren erhöhte Verkehrsstockungen, Luftverschmutzungen und Lärmbelästigungen sowie ein rasch anwachsender Bedarf an ausgebauten und instandgehaltenen Straßen und Maßnahmen zur Verkehrsregelung verbunden. Vieles spricht dafür, diese Kosten durch eine Steuer zu decken. Leider sind nicht alle Städte in Entwicklungsländern berechtigt, Kraftfahrzeugsteuern zu erheben. Zum Beispiel wurde den Kommunalbehörden in Manila untersagt, die Anmeldung von Kraftfahrzeugen mit Steuern oder Gebühren zu belasten. Aber auch in Kommunen mit Erhebungsbefugnis wurden gemeinhin keine deutlichen Anstrengungen unternommen, um diese Einnahmequelle in vollem Umfang auszuschöpfen. Djakarta und Seoul gehören zu den wenigen Ausnahmefällen. In Djakarta beweist sich, daß eine Kraftfahrzeugsteuer, wenn sie von den Kommunen mit genügend Nachdruck erhoben wird, einen wichtigen Beitrag zu den kommunalen Einnahmen leisten kann; von den gesamten laufenden Einnahmen entfielen 1983/84 hierauf 37 Prozent. In Seoul hat sich das Kraftfahrzeugsteueraufkommen zwischen 1982 und 1986 mehr als verdoppelt, während die gesamten Steuereinnahmen der Kommune nur um 64 Prozent stiegen.

Eine der auffälligsten Eigenheiten kommunaler Besteuerung in Entwicklungsländern ist das Ausufern von Bagatellsteuern, wie selektiven Verbrauchssteuern und einer Vielzahl von Zulassungssteuern, Gebühren, Stempel- und Kopfsteuern. Zwar trägt jede Abgabe nur wenig zu den Gesamteinnahmen bei, in der Summe können sie aber eine erhebliche Größenordnung erreichen. Zum Beispiel entfallen in Indonesien mehr als 20 Prozent der kommunalen Gesamteinnahmen auf solche Gemeindesteuern und Gebühren. Häufig sind die mit ihrer Verwaltung und Erhebung verbundenen Kosten jedoch beträchtlich, und die Steuereinnehmer verfügen über einen großen Ermessensspielraum. In den meisten Verwaltungsbezirken wäre eine geringere Anzahl solcher Steuern angeraten.

Kreditaufnahmen

Wie bereits erwähnt, spielen Kreditaufnahmen der Kommunen in Entwicklungsländern im allgemeinen nur eine geringe Rolle. Ursächlich hierfür ist zum einen der konservative Ansatz in der Finanzpolitik von Zentralregierung und Gemeinden, zum anderen aber auch der nur begrenzte Zugang zu Kreditquellen. Im Prinzip gibt es jedoch keinen Grund für die Kommunen, Investitionen nicht zumindest teilweise durch Kreditaufnahmen zu finanzieren. Der Schuldendienst ließe sich mit kostendeckenden Gebühren für die vom kreditfinanzierten Investitionsprojekt erbrachten kommunalen Leistungen abdecken. In diesem Sinne trägt eine stärkere Kreditaufnahme dazu bei, daß sich kommunale Projekte selbst finanzieren. Damit ist nicht zwangsläufig eine zunehmende Netto-Kreditaufnahme der öffentlichen Hand insgesamt verbunden. Vielmehr würden in der Regel zwischenstaatliche Kapitalzuschüsse durch innere Kredite der Zentralregierung an die Gemeinden ersetzt. Die Finanzierung durch Zuweisungen belastet die Zentralregierung und den Steuerzahler im allgemeinen, nicht aber die lokalen Entscheidungsträger und Nutznießer, wie es eigentlich der Fall sein sollte.

Eine Möglichkeit, Kommunen Zugang zu Krediten zu verschaffen, ohne daß die Zentralregierung die Kontrolle über das gesamtwirtschaftliche Gleichgewicht verliert, liegt in der Errichtung eines kommunalen Entwicklungsfonds (KEF). In der Regel verfolgen KEFs zwei grundlegende Ziele. Erstens sollen sie zusätzliche Mittel für öffentliche Investitionen mobilisieren. Am Anfang steht gewöhnlich die Mitteleinbringung eines Gebers und meist höhere Gegenwertmittel der Zentral- oder Landesregierung. Zusätzlich kann dann die Emission von Anleihen und Obligationen am inländischen Kapitalmarkt in Betracht gezogen werden. Letztendlich dient die Mehrzahl dieser Programme aber dazu, zusätzliche Mittel in den Kommunen selbst zu mobilisieren, und zwar durch eine bessere Einnahmenverwaltung und Kostendeckung.

Das zweite Ziel der KEFs liegt in einer verbesserten Mittelverwendung. Hierzu werden Kriterien zur Bewertung von Investitionsvorhaben entwickelt und die Kommunen darin ausgebildet, solide Finanzanalysen der KEF-finanzierten Projekte durchzuführen (wie dies in Mexiko und Brasilien vorgeschlagen wurde). Des weiteren sollen die KEFs die Kommunen bei der Aufstellung und Durchführung ihrer Investitionsprogramme unterstützen (wie in der Türkei und Venezuela) und Betrieb und Instandhaltung der örtlichen Infrastruktur verbessern (wie in Jordanien; vgl. weiter unten).

Kommunale Entwicklungsfonds sind nicht neu. In den letzten dreißig Jahren fanden sie in Afrika, Asien und Lateinamerika rasche Verbreitung. Rückblickend ist es nur wenigen gelungen, den Kommunen die erforderliche stetige Unterstützung zu gewähren und die notwendigen Mittel bereitzustellen. Tendenziell spielten sie eine begrenzte, passive Finanzierungsrolle; da die technische und finanzielle Bewertung der von ihnen getragenen Projekte zu kurz kam, boten sie den Kommunen außer Finanzmitteln wenig Unterstützung. Zudem gab es in manchen Fällen Schwierigkeiten bei der Tilgung. KEFs in Honduras, Kenia und Marokko zum Beispiel verzeichneten (und tolerierten) erhebliche Zahlungsrückstände, und die KEFs in Kenia und Marokko vergaben neue Mittel an insolvente Schuldner.

Jordaniens Kommunale Entwicklungsfonds waren bemerkenswert erfolgreich. Im Jahr 1979 errichtete die Regierung eine autonome Entwicklungsbank für Städte und Dörfer; ihre Aufgabe war, Investitionskapital bereitzustellen und Stadt- und Gemeinderäte zu beraten, um damit zusätzliche Infrastruktureinrichtungen und die Beschäftigung zu fördern. Diese Entwicklungsbank beteiligte sich am Ausbau der technischen und sozialen Infrastruktur in Städten und Gemeinden (z. B. befestigte Straßen, Schulen, Krankenhäuser, fließend Wasser, Elektrizität), und zwar auch in der kleinsten und abgelegensten Siedlung. Sie leistete durch ihre Normen, ihre Bewertung und Überprüfung auch einen wesentlichen Beitrag zur Aufrechterhaltung und Verbesserung der Qualität von Infrastrukturinvestitionen. Die Bank übernahm eine zunehmend aktive Rolle in der finanziellen und technischen Beratung und in der Schulung der Kommunalverwaltung. Sie führte neue Kriterien ein, anhand derer die Kommunen genauer prognostizieren können, welche Schuldendienstbelastung für sie finanzierbar ist.

In vielen Entwicklungsländern sind Bestrebungen im Gange, die bestehenden Kommunalen Entwicklungsfonds zu stärken oder neue Fonds zu errichten. Damit diese erfolgreich arbeiten können, benötigen die betreffenden Kommunen eine breite Einnahmenbasis, um ihren Schuldendienstverpflichtungen nachkommen zu können. Übertragungen der Zentralregierung an die Kommunen sollten nicht zur Tilgung von KEF-Krediten verwendet werden dürfen; ansonsten wären die KEF versucht, die Kommunen zu einer größeren Verschuldung zu veranlassen, als diese aus eigener Kraft tragen können.

Zwischenstaatliche Zuweisungen

Zentralstaatliche Übertragungen auf untere Verwaltungsebenen — durch Gemeinschaftssteuern oder Finanzzuweisungen — spielen bei der Aufteilung von Ausgabenverantwortlichkeiten und Besteuerungskompetenzen zwischen den beiden Ebenen eine entscheidende Rolle. Zuweisungen sind erforderlich, weil kommunale Leistungen auch außerhalb des eigenen Verwaltungsbezirks Kosten verursachen oder Vorteile entstehen lassen können. Zum Beispiel profitieren die Einwohner angrenzender Bezirke aller Wahrscheinlichkeit nach durch den Bau einer Schnellstraße, und die Bildungseinrichtungen eines Bezirks fördern die Produktivität von Arbeitskräften, die in anderen Bezirke abwandern können. Einige kommunale öffentliche Leistungen, vor allem im sozialen Bereich, dürften sowohl national als auch regional Vorteile mit sich bringen.

Des weiteren sollen Zuweisungen bestehende Ungleichgewichte in der Finanzkraft verschiedener Bezirke ausgleichen, die auf unterschiedliche Ressourcenausstattung, Steuerkraft oder Bevölkerungszahlen zurückzuführen sind. Zuschüsse können zu einer gleichmäßigen Finanzkraft der Kommunen führen; allerdings dürfte es schwierig sein, entsprechende Daten zu finden, die eine formelmäßige Zuweisung begründen könnten.

Eine übermäßige Abhängigkeit von Zuweisungen oder die Hoffnung auf sprunghaft höhere Zahlungen birgt die Gefahr der öffentlichen Mißwirtschaft in sich. Nigeria verzeichnete in den späten siebziger Jahren eine außergewöhnliche Expansion seines Zuweisungssystems; dies hatte ganz erhebliche negative Effekte auf die kommunalen Finanzen und die zwischenstaatlichen Beziehungen (vgl. Sonderbeitrag 7.5). Zuweisungen können die Leistungsfähigkeit der Empfänger empfindlich beeinträchtigen. So wurden zum Beispiel in Indonesien und Sri Lanka die Gehälter und Nebenleistungen praktisch aller Beschäftigten der Kommunen (einschließlich der Grundschullehrer) aus dem Zuschußsystem finanziert. Diese kostendeckenden Zuschüsse führen zu einem einheitlichen Gehaltsniveau der Beschäftigten aller Gemeinden, ohne Berücksichtigung der finanziellen Lage der einzelnen Kommune; die mangelnde Kostenbeteiligung kann die Kommunen veranlassen, eine unwirtschaftlich hohe Anzahl von Arbeitskräften zu beschäftigen.

Die Erfahrungen einiger Entwicklungsländer, darunter Ecuador, Kolumbien und Mexiko zeigen, daß eine wachsende Abhängigkeit von Zuweisungen zu einem Verlust an fiskalpolitischer Selbstbestimmung der kommunalen Gebietskörperschaften führen kann. In den Kommunen setzt sich die Ansicht durch, Zuweisungen seien Substitute für Gemeindesteuern und Benutzergebühren. Häufig sind zwischenstaatliche Zuweisungen der Zentralregierung lediglich Subventionen für kommunale Leistungen. Hiermit verbunden sind viele unerwünschte Effekte: Sie belasten die Mittel der Zentralregierung, sie wirken leistungsmindernd und vergrößern die regionalen Ungleichgewichte sowie das Stadt/Land-Gefälle und sie vermindern die direkte Verantwortung der Kommunen, wobei ihnen gleichzeitig der sichere Zugang zu Eigenmitteln vorenthalten wird.

Ein Zuweisungssystem auf Grundlage formelmäßiger Kriterien trägt diesen Problemen Rechnung, da es den Zielen der Zentralregierung entgegenkommt und den Kommunen gleichzeitig einen gewissen Grad an Selbstbestimmung einräumt. Eine formelmäßige Zuteilung zwingt die zuschußgebende Regierung, über die Bestimmungsfaktoren der Zuschußhöhe zu entscheiden. Hierzu zählen zum Beispiel Bedarfsindikatoren wie die Einwohnerzahl oder die Straßenkilometer, oder Indikatoren über die kommunale Finanzkraft wie das örtliche Einkommensniveau oder die besteuerbare Wirtschaftsaktivität. Die Zuweisungen können global geleistet werden, d. h. in Form von Pauschalzahlungen zur allgemeinen Verwendung, wodurch die Kommunen — wie auf den Philippinen — beträchtlich an Autonomie gewinnen. Alternativ hierzu können Zuweisungen auch nur zur Verwendung für bestimmte Ausgabekategorien gezahlt werden und manchmal kann die Genehmigung der Zentralregierung erforderlich sein. Derartige zweckbestimmte Zuschüsse ermöglichen der Zentralregierung eine größere Kontrolle über die sektorale Verwendung der Mittel.

Zweckbestimmte Zuweisungen können auf eine

Sonderbeitrag 7.5 Die Effekte zwischenstaatlicher Zuweisungen: Nigerias Erfahrungen in den späten siebziger Jahren

Im Jahr 1976 entschloß sich Nigeria zu einer landesweiten Reform des kommunalen Verwaltungssystems. Beabsichtigt war, der im Gefolge der Unabhängigkeit eingetretenen Vernachlässigung der Kommunen durch die Bundesstaaten entgegenzuwirken. Insbesondere hatten viele Bundesstaaten ihre Finanzzuweisungen an die Gemeinden eingestellt.

Im Zuge der Reform sollten sowohl die Zuweisungen des Bundes als auch der Länder erheblich erhöht werden. Im ersten Jahr nach der Reform erhielten die Kommunen etwa fünfeinhalbmal so hohe Bundeszuschüsse wie im Jahr zuvor. In diesem Zuwachs spiegelten sich steil gestiegene Einnahmen aus dem Ölexport und neugefaßte Regelungen der Zuschußvergabe wider. Einige Kommunen verzeichneten 1 000 bis 2 000 Prozent höhere Haushaltsmittel. Infolgedessen weiteten die Kommunen ihr Angebot sozialer Leistungen erheblich aus und investierten kräftig in die wirtschaftliche Infrastruktur. Es entstanden jedoch einige ernsthafte Probleme. Bis auf eine der Länderverwaltungen, die den Bundes- und Kommunalverwaltungen zwischengeschaltet sind, zahlte keine den für die Gemeinden bestimmten Zuweisungsbetrag voll aus. In vielen Fällen wurden die Bundeszuschüsse — ohne vorherige Abstimmung — anderen Bestimmungen zugeführt. Zusätzlich wurden durch Zustimmung praktisch aller Länder die Gehälter der von ihnen ernannten Kommunalbeamten stark erhöht, und zwar in einigen Fällen um mehr als zwei Drittel.

Die Bundeszuschüsse an die Länder hingen teilweise von der Anzahl der Gemeinden ihres Verwaltungsbezirks ab, was die Länder dazu veranlaßte, die Zahl der kommunalen Verwaltungseinheiten zu erhöhen. Die Anzahl der Kommunalverwaltungen stieg zwischen 1979 und 1983 von 301 auf 781, was zu einem erheblichen Fachkräftemangel im technischen Bereich und in der Verwaltung führte.

Zudem orientierten sich die Kriterien der Zuschußverteilung zu stark am Grundsatz einer landesweit gleichmäßigen Einnahmenerzielung, nicht dagegen an der Mobilisierung eigener kommunaler Einnahmen. Die Übertragungen schwächten die kommunalen Anstrengungen zur Erzielung eigener Einnahmen. Gemeindesteuern, wie etwa die Grundsteuer, spielten überwiegend eine untergeordnete Rolle, und einige Länder entschieden sich für die Abschaffung oder den zeitweiligen Verzicht auf wichtige Einnahmequellen. Die Abschaffung wurde mit verschiedenen Erklärungen begründet, allen gemein aber war die Unterstellung, daß die Übertragungen des Bundes die Einnahmen aus Gemeindesteuern überflüssig machten. Insgesamt betrachtet führte der drastische Anstieg der Übertragungen an Nigerias Kommunen zu einem relativen und absoluten Rückgang der kommunalen Eigenmittel in den Haushalten der Gemeinden. In der Stadt Ibadan fiel zum Beispiel die Anzahl der Grundsteuerzahler von 27 000 im Jahr 1975 auf 8 650 im Jahr 1979. In anderen Städten war der Rückgang ähnlich hoch.

Infolge der Reform von 1976 stieg die Belastung der kommunalen Verwaltung. Die Verteilung der steigenden Übertragungen durch die Länder ging einher mit einer stärkeren Kontrolle der Kommunen. Die Gemeindehaushalte mußten durch die Länder genehmigt werden, wodurch sich Projektausführungen häufig erheblich verzögerten. In einem Fall mußte der Gemeindehaushalt auf Länderebene acht Bewilligungsstufen durchlaufen, bevor der höchste Landesbeamte endgültig zustimmte. Die Ende der siebziger Jahre in Nigeria erheblich gestiegenen Übertragungen an Kommunen — im Zuge der stark expandierenden Öleinnahmen — haben die kommunale Selbstbestimmung und Handlungsfähigkeit nicht vergrößert.

Teilfinanzierung der gesamten, innerhalb eines Sektors verausgabten kommunalen Mittel abstellen; in diesem Fall spricht man von einer Gemeinschaftsfinanzierung durch Zuweisungen und Eigenmittel. Durch die Höhe der Beteiligungsquote läßt sich der wirtschaftlich sinnvolle Eigenbeitrag der Kommune beeinflussen. Wenn mit zweckbestimmten Zuschüssen Leistungen mitfinanziert werden, die auch außerhalb der Kommune genutzt werden, sollte die Beteiligungsquote im Idealfall genau dem Verhältnis von Fremdnutzen zu Gesamtnutzen entsprechen; allerdings lassen sich die Informationen für eine genaue Berechnung der Beteiligungsquoten nur mit großem Aufwand gewinnen. Ein einzelner Zuschuß kann nicht allen Zielsetzungen gerecht werden. Wenn zum Beispiel vor allem angestrebt wird, die Finanzkraft der Regierungsbezirke einander anzugleichen, dient man damit nicht gleichzeitig dem Ziel stärkerer kommunaler Anstrengungen zur Steigerung der Steuereinnahmen und fördert auch nicht die kommunale Finanzautonomie. Diesem Problem kann durch Aufnahme verschiedener Zuschußarten in das System Rechnung getragen werden, etwa reine Gemeinschaftssteuern zur angemessenen Finanzierung größerer Städte, formelmäßige Zuweisungen zum Finanzausgleich zwischen einzelnen Bezirken und einer Gemeinschaftsfinanzierung zur Stimulierung der kommunalen Steuererhebung. Bei der Konzipierung eines Zuweisungssystems ist eine ausgewogene Struktur von Gemeinschaftssteuern und formelmäßigen Zuschüssen von großer Bedeutung, denn es gilt die Vorteile beider Instrumente optimal zu nutzen.

Zuweisungssysteme sollten so einfach wie möglich gehalten werden. Komplizierte Systeme sind nicht transparent, enthalten häufig sich gegenseitig aufhebende Anreize, erschweren eine wirksame Umsetzung in die Praxis und sind anfällig gegen Mißbrauch und politische Ad-hoc-Beeinflussung.

Die kommunale Verwaltung

Eine Dezentralisierung der Ausgabenverantwortung und Einnahmenkompetenz kann den Entwicklungsprozeß fördern, vorausgesetzt, daß die kommunale Verwaltung in der Lage ist, die Aufgaben zu bewältigen. Ein Grund für die in der Vergangenheit aufgetretenen Mängel war die unzureichende Bewältigung der Planungs- und Durchführungsschwierigkeiten.

Viele der in Kapitel 5 empfohlenen Reformmaßnahmen für das öffentliche Ausgabewesen lassen sich auch auf kommunaler Ebene durchführen. Insbesondere sollten die Kommunen einen mittelfristigen Finanzplan und einen umfassenden Jahreshaushalt aufstellen. Dies zwingt sie, die Bedürfnisse ihres Verwaltungsbezirks genau abzuwägen und Ausgabenprogramme (für laufende Leistungen oder Investitionen) ausführlich zu begründen, auf deren Grundlage dann eine entsprechend leistungsfähige Einnahmepolitik realisiert wird. Dadurch wird auch zu einer besseren Koordinierung der kommunalen Entwicklung durch die Zentralregierungen beigetragen und ein klareres Bild über die erforderlichen zwischenstaatlichen Übertragungen ermöglicht.

Eine leistungsfähige Kommunalverwaltung wird durch Finanzierungsengpässe und mangelnde Buchführungskenntnisse beeinträchtigt, weil es ausgebildetes Personal häufig vorzieht, für die Zentralregierung zu arbeiten. Eine Möglichkeit, die Kommunen mit Personal auszustatten, besteht darin, Bundesbeamte für begrenzte Zeit in die Kommunalverwaltung zu versetzen. Auch können zentrale technische Behörden den Kommunalbehörden direkt Hilfestellung leisten. Malaysias Zentralregierung gewährt vor allem ländlichen Gebieten Unterstützung im öffentlichen Gesundheitswesen, im Sanitärbereich und bei der Lebensmittelüberwachung und hat Buchhaltungsfachkräfte in die Landesregierungen entsandt. Technische Hilfe an untere Verwaltungsebenen wird entweder durch Darlehen oder Zuschüsse finanziert. Durch kommunale Entwicklungsfonds läßt sich die kommunale Leistungsfähigkeit im Bereich der finanziellen Analyse und Durchführung von Investitionsprogrammen vergrößern.

Die Schulung der kommunalen Führungskräfte ist für eine leistungsfähigere Verwaltung von Städten und Gemeinden unentbehrlich. Verschiedene indonesische Städte führen ein Pilotprogramm zur Schulung des kommunalen Personals durch, womit die Steuerverwaltung und die Finanzsteuerung verbessert werden sollen. In Nepal wurden Schulungsseminare für Kommunalbeamte über Techniken der Finanzanalyse, Budgetierung von laufenden Ausgaben und Investitionen und Verfahren zur Steuereinnahmung (einschließlich der Aktenführung) abgehalten. Als Resultat sind, zumindest unmittelbar danach, die kommunal erhobenen Einnahmen angestiegen.

Sind Kommunen personell schlecht ausgestattet, so haben sie auch die Möglichkeit, Dienstleistungen vom privaten Sektor zu beziehen. Viele Leistungen lassen sich auf diesem Wege bereitstellen. Derartige Verträge vermindern den Personalbedarf und geben den Kommunen die Flexibilität, ein sich wandelndes Dienstleistungsangebot bereitzustellen.

Maßnahmen zur Erhöhung der Leistungsfähigkeit der Kommunen

Die Verwaltungsstruktur ist in vielen Entwicklungsländern ineffizient. Die fiskalischen Beziehungen sind häufig undurchsichtig, und zwar weniger aufgrund mangelnder Kenntnisse oder Ausbildung, sondern vor allem aufgrund politischer Zweckmäßigkeitsüberlegungen. Hierdurch werden Reformen ganz erheblich erschwert. Ungeachtet dessen sind offenere und transparentere Systeme dringend erforderlich. Die Verantwortung für eine Vielzahl von öffentlichen Leistungen kann auf die Kommunen übertragen werden. Die Kommunen sollten sich auf die Einnahmequellen stützen, auf die sie den besten Zugriff haben; dies sind u. a. Grundsteuern und Benutzergebühren. Ein richtig konzipiertes Zuschußsystem kann dabei eine leistungsfähige Bereitstellung kommunaler Dienste fördern. Die Kommunen müssen über den Einsatz öffentlicher Mittel denen gegenüber Rechenschaft ablegen, die sie bereitstellen — den Begünstigten im Fall von Benutzergebühren, der allgemeinen Öffentlichkeit im Fall kommunal erhobener Abgaben, der Zentralregierung im Fall von Zuschüssen und den Kreditgebern im Fall von Kreditaufnahmen.

8

Stärkung der öffentlichen Finanzen durch Reform der staatseigenen Unternehmen

In fast jedem Entwicklungsland entfällt ein erheblicher Teil der öffentlichen Produktion und Investition auf staatseigene Unternehmen (SEU). SEU sind finanziell autonome und rechtlich selbständige Einheiten in teilweisem oder vollständigem Eigentum der Zentralregierung, der Länder oder der Gemeinden. Im Gegensatz zu den verschiedenen Regierungsstellen, die im allgemeinen durch Steuermittel finanziert werden, können SEU den größten Teil ihrer Einnahmen durch den Verkauf von Gütern und Dienstleistungen erwirtschaften. SEU tragen mit ihrer Produktion zum Teil erheblich zum BIP bei, wenngleich hier von Land zu Land erhebliche Unterschiede bestehen (vgl. Schaubild 8.1). Eine noch größere Rolle spielen SEU bei den Investitionen; in dreizehn der neunzehn im Schaubild 8.1 berücksichtigten Entwicklungsländer vereinigten sie mehr als 20 Prozent der Gesamtinvestitionen auf sich. In Sambia, Birma und Venezuela entfielen 1984 mehr als die Hälfte der Gesamtinvestitionen auf SEU.

SEU produzieren eine breite Palette von Gütern und Dienstleistungen, von denen ein großer Teil auch vom Privatsektor hergestellt wird. Die Produktionsaktivitäten reichen von der Energieerzeugung, der Wasserversorgung, dem Fernmelde- und Transportwesen bis hin zum Verarbeitenden Gewerbe, dem Bergbau, der Vermarktung landwirtschaftlicher Erzeugnisse und dem Finanzsektor. In welcher Vielfalt SEU auftreten, wird ferner anhand unterschiedlich strenger staatlicher Kontrollen und verschiedener Rechtsformen deutlich. Allerdings weisen die Preissetzungs- und Verschuldungspraktiken der SEU viele Gemeinsamkeiten auf; gleiches gilt für ihren finanziellen Einfluß auf die öffentlichen Haushalte. Infolgedessen waren SEU in Entwicklungsländern von großer Bedeutung für die öffentlichen Finanzen. Ihr finanzpolitischer Einfluß war aber in der Vergangenheit häufig nicht klar ersichtlich, da die finanzielle Seite ihrer Transaktionen nicht auf konsolidierter Basis zur Verfügung stand, die Haushaltsverfahren undurchsichtig waren, Finanzierungen außerhalb des Haushalts vorgenommen wurden, implizite Subventionen gewährt und sie vom Wettbewerb verschont wurden. In jüngerer Zeit haben spürbare Haushaltsengpässe, eine nur begrenzt mögliche Inlands- und Auslandsfinanzierung und die Effekte von Abwertung und Handelsliberalisierung die Finanzschwächen der SEU ebenso offengelegt wie ihre besorgniserregenden Auswirkungen auf die Haushaltsstabilität vieler Entwicklungsländer.

Der Beitrag der SEU zu wachsenden Defiziten der öffentlichen Hand und einer zunehmenden Auslandsverschuldung wird zunehmend als Kernproblem öffentlicher Finanzen erkannt. Zudem haben in den letzten zwanzig Jahren viele Regierungen zu den bei der Unabhängigkeit übernommenen Versorgungsunternehmen, Vermarktungsbehörden und sonstigen Unternehmen in dramatischem Umfang weitere SEU hinzugefügt. Mehr als die Hälfte der afrikanischen SEU wurde zwischen 1967 und 1980 gegründet; im gleichen Zeitraum stieg die Anzahl der SEU auch in vielen anderen Entwicklungsländern stark an, darunter in Mexiko, Peru, den Philippinen und Portugal. Mit der Gründung einer Vielzahl von SEU, die sich weitgehend im Verarbeitenden Gewerbe und im Dienstleistungsbereich konzentrierten, versuchten die Regierungen, die ihnen gehörenden Vermögenswerte zusammenzufassen, strategische Ressourcen zu kontrollieren und junge Industriezweige zu fördern. In letzter Zeit hat dieser Trend die Besorgnis anwachsen lassen, daß die Privatinitiative möglicherweise aus Tätigkeitsfeldern verdrängt wird, in denen der öffentliche Sektor keine eindeutigen Vorteile besitzt. Dieses Kapitel befaßt sich mit dem in vielen Fällen engen Zusammenhang zwischen öffentlichen Finanzen und SEU und untersucht den Spielraum für Reformen.

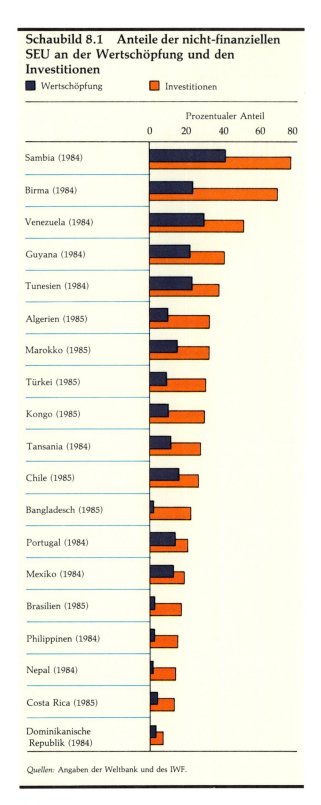

Schaubild 8.1 Anteile der nicht-finanziellen SEU an der Wertschöpfung und den Investitionen

Quellen: Angaben der Weltbank und des IWF.

Die wechselseitige Beeinflussung von SEU und öffentlichen Finanzen

Als ein wesentlicher Bestandteil des öffentlichen Finanzsystems unterliegen SEU dem Einfluß finanzwirtschaftlicher Maßnahmen der öffentlichen Hand und öffentlicher Einrichtungen, umgekehrt gehen aber von SEU auch Einflüsse auf die öffentliche Hand aus. Deutlichstes Zeichen hierfür sind die direkten Übertragungen von Haushaltsmitteln an SEU. Andere Verflechtungen sind weniger leicht zu erkennen: Zahlungsrückstände zwischen einzelnen staatlichen Stellen und staatliche Garantien für Schulden von SEU werden im Haushalt nicht ausdrücklich aufgeführt. Durch derartige Verflechtungen haben die SEU zu einem höheren Defizit des öffentlichen Sektors beigetragen und die Transparenz der öffentlichen Finanzen beeinträchtigt.

Direkte Haushaltsbelastungen durch SEU

Der haushaltsrelevante Effekt der SEU ergibt sich aus dem Saldo der Finanzierungsbeiträge der Zentralregierung in Form von Subventionszahlungen an SEU, Netto-Kreditvergaben und Eigenkapitaleinschüssen auf der einen Seite sowie Beiträgen der SEU zum Haushalt in Form von Dividenden und Zinszahlungen auf der anderen Seite. In acht Entwicklungsländern mit geeigneter Datenbasis lagen die Netto-Zuschüsse aus Haushaltsmitteln an SEU im Zeitraum 1983 bis 1985 zwischen gut 1 Prozent des BIP in der Dominikanischen Republik und mehr als 5 Prozent in Sri Lanka (vgl. Schaubild 8.2). In einigen wenigen Fällen — besonders in der Türkei — sind diese Übertragungen in den letzten Jahren durch Preis- und Managementreformen sowie eine Kürzung der Investitionen zurückgegangen. Im Jahr 1984 schwankten bei sechs der in Schaubild 8.2 berücksichtigten Länder die Netto-Zuschüsse aus Haushaltsmitteln an SEU zwischen einem Zehntel des Gesamtdefizits der Zentralregierung in der Türkei und dem Doppelten des Gesamtdefizits auf den Philippinen.

Einige SEU leisten größere positive Beiträge zum öffentlichen Haushalt. In Ägypten zum Beispiel ist dies im Bau- und Dienstleistungssektor sowie bei der Verwaltung des Suez-Kanals und der Erdölvorkommen der Fall. Eine in anderen Bereichen aber durchweg schwache Leistungskraft von SEU führte dazu, daß die ägyptischen SEU insgesamt betrachtet die öffentlichen Finanzen belasteten.

Übertragungen an SEU lassen sich in manchen Fällen durch Kostendegression, externe Effekte oder den Versuch zur Linderung der Armut rechtfertigen. Wie unten ausgeführt, mögen sich solche Zielsetzungen verwirklichen lassen, wenn die Übertragungen an SEU im voraus beurteilt und angemessen zielorientiert sind sowie einer strengen Überwachung unterliegen. Zu häufig mangelte es jedoch an derartigen Kontrollen. Die Zuschüsse aus Haushaltsmitteln waren daher das unbeabsichtigte Resultat mangelhafter Entscheidungen im Bereich der Investitionen, der Preissetzung und des Managements.

Die zwischenstaatlichen Zahlungsrückstände haben zugenommen

Die SEU beeinflussen die öffentlichen Finanzen auch dadurch, daß sich zwischen ihnen und der öffentlichen Hand gegenseitige Zahlungsrückstände aufbauen und beide Stellen einander Kredite einräumen. Größere Zahlungsrückstände behindern ein leistungsfähiges Finanzmanagement, da sie die wahre Finanzstruktur innerhalb des öffentlichen Sektors verschleiern. Dies war in Ägypten, Marokko, Portugal und in vielen Ländern südlich der Sahara besonders verbreitet. In verschiedenen Fällen kumulierten sich die Außenstände der staatseigenen Elektrizitäts- und Wasserwerke sowie Fernmeldedienste gegenüber Regierungsstellen auf den Gegenwert des jeweiligen Jahresverbrauchs der öffentlichen Hand oder gingen sogar darüber hinaus. Gelegentlich kommt es vor, daß die öffentliche Hand zugesagte Kapitaleinschüsse oder Subventionen nicht leistet; daraus entstehen Verbindlichkeiten im folgenden Fiskaljahr. Würde man die Rückstände zugesagten Eigenkapitals in Marokkos Zentralhaushalt von 1984 berücksichtigen, so müßte man zu den in Schaubild 8.2 ausgewiesenen Netto-Haushaltsübertragungen weitere zweieinhalb Prozentpunkte des BIP hinzurechnen.

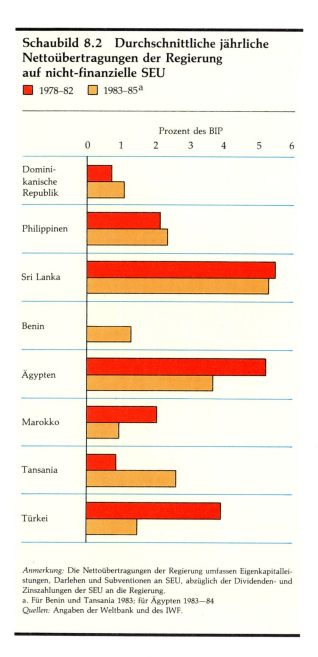

Schaubild 8.2 Durchschnittliche jährliche Nettoübertragungen der Regierung auf nicht-finanzielle SEU

Anmerkung: Die Nettoübertragungen der Regierung umfassen Eigenkapitalleistungen, Darlehen und Subventionen an SEU, abzüglich der Dividenden- und Zinszahlungen der SEU an die Regierung.
a. Für Benin und Tansania 1983; für Ägypten 1983—84
Quellen: Angaben der Weltbank und des IWF.

Andererseits kommen aber auch SEU nicht immer ihren Verpflichtungen gegenüber der öffentlichen Hand nach — etwa bei der Zahlung von Steuern, Dividenden, dem Schuldendienst o. ä. Häufig geschieht dies dann, wenn der Staat seinerseits mit Zahlungen an die SEU in Rückstand geraten ist: Alle Betroffenen flüchten sich kurzfristig in gegenseitige Zahlungsrückstände. Die staatliche Elektrizitätsgesellschaft Gambias schuldete dem Finanzminister 1984 den Gegenwert von 16 Prozent der laufenden Staatseinnahmen, ihre eigenen Forderungen gegenüber dem Staat beliefen sich auf ein Viertel dieser Rückstände; gleichzeitig wuchsen auch die gegenseitigen Zahlungsrückstände zwischen anderen gambischen SEU und Kommunen. In Extremfällen kann es zu Kettenreaktionen kommen, welche die finanzielle Disziplin des gesamten öffentlichen Sektors erheblich aushöhlen. Zum Beispiel verweigerte die staatliche ägyptische Eisenbahngesellschaft Zahlungen an die staatseigene Maschinenbauindustrie, da die Regierung mit Zahlungen in Rückstand war. Infolgedessen zahlte die Maschinenbauindustrie nicht an die staatseigene Stahlindustrie, und diese wiederum geriet in Rückstand gegenüber den staatlichen Elektrizitätsgesellschaften.

Regierungsgarantien für Schulden der SEU können risikoreich sein

SEU waren bedeutende Kreditnehmer auf in- und ausländischen Kapitalmärkten. Die Regierungen haben allesamt für erhebliche Teilbeträge Bürgschaften und häufig auch Schulden von in Schwierigkeiten geratenen SEU übernommen, selbst wenn sie formal keine Garantieverpflichtungen eingegangen waren. Explizite oder implizite Garantien dieser Art begründen Eventualverbindlichkeiten, eine mangelhafte Disziplin in der Rechnungslegung führt aber dazu, daß sie häufig im staatlichen Haushalt oder in den Haushaltskosten nicht aufgeführt werden. Die jüngeren Erfahrungen in vielen Ländern haben schmerzhaft vor Augen geführt, daß die staatlichen Eventualverbindlichkeiten erhebliche Rückwirkungen haben können, wenn sich die finanzielle Lage eines oder mehrerer der wichtigsten SEU verschlechtert. Als zum Beispiel 1980 in Senegal die frühere staatliche Vermarktungsstelle für landwirtschaftliche Produkte liquidiert wurde, übernahm die Regierung Bankschulden in Höhe von 15 Prozent des BIP.

Nicht zuletzt aufgrund von öffentlichen Garantien haben SEU erheblich zum Anwachsen der Auslandsverschuldung beigetragen. Die direkte Auslandskreditaufnahme der SEU hat zwischen 1970 und 1986 schneller zugenommen als die der privaten Kreditnehmer, und auf die SEU entfiel in einer Gruppe von neunundneunzig Ländern mehr als ein Fünftel der gesamten Auslandsschulden (vgl. Schaubild 8.3). Tatsächlich aber ist ihr Beitrag zur Auslandsverschuldung noch größer, weil die Regierungen einen Großteil der von ihnen aufgenommenen Auslandskredite an die SEU weiterleiteten. In Brasilien, Mexiko, den Philippinen, Portugal, Sambia und anderen Ländern entfiel auf SEU mehr als die Hälfte der ausstehenden Auslandsschulden. In den meisten Fällen läßt sich das rapide Wachstum der Auslandsverschuldung mit überambitionierten Investitionsprogrammen erklären. Häufig waren — oder zumindest erschienen — die Auslandszinsen niedriger als der heimische Zinssatz und die ausländischen Kreditgeber zogen es aufgrund der expliziten oder impliziten Garantien vor, Mittel an staatseigene anstatt private Unternehmen zu vergeben.

Die Absicherung von Kreditaufnahmen der SEU durch die Regierung ist noch erheblich risikoreicher, wenn die öffentliche Hand größere Beteiligungen im Bankensektor besitzt. Kredite der staatseigenen Banken an staatseigene Unternehmen sind mit den weithin bekannten Risiken eines jeden Finanzinstituts verbunden, das Mittel an Kreditnehmer ausleiht, die mit den Eigentümern des Instituts verflochten sind. Möglicherweise werden die üblichen Kriterien der Kreditgewährung nicht beachtet, so daß die Bank unsolide Investitionen finanziert und nicht zu vermeidende Zwangsversteigerungen zu lange hinausgezögert werden. Wenn SEU Verluste machen, können dadurch im Bankensektor erhebliche notleidende Kredite entstehen, wie dies zum Beispiel in Kamerun, Madagaskar und Mali der Fall war. In dieser Lage benötigt das Bankensystem frisches Kapital von der öffentlichen Hand, wodurch die öffentlichen Haushalte in der Folgezeit

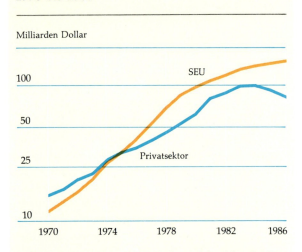

Schaubild 8.3 Beitrag der SEU zum Wachstum der Auslandsschulden in Entwicklungsländern, 1970 bis 1986

Anmerkungen: Logarithmischer Maßstab der vertikalen Achse. Die Daten basieren auf einer Auswahl von neunundneunzig Ländern und umfassen nur direkte mittel- und langfristige Schulden der SEU und des privaten Sektors.

erheblich belastet werden. In Benin zum Beispiel waren die für SEU eingegangenen Eventualverbindlichkeiten der Zentralregierung gegenüber dem inländischen Bankensektor zehnmal höher als die im Schaubild 8.2 verzeichneten direkt übertragenen Haushaltsmittel. Zudem wurde der größte Teil der Kreditaufnahmen notleidend; insgesamt entfiel auf Kredite an SEU mehr als ein Drittel der ausstehenden Inlandskredite der Banken, was 13 Prozent des BIP im Jahr 1986 entsprach. Dies führte praktisch zur Lähmung des Bankensystems von Benin und zu erheblichen Belastungen der künftigen Haushalte. Der Gesamteinfluß der SEU auf die öffentlichen Finanzen wird im Falle von Finanzkrisen noch unterzeichnet, weil öffentliche Ausgaben im Zusammenhang mit deren Bereinigung in der Regel nicht im Defizit des öffentlichen Sektors enthalten sind (vgl. Sonderbeitrag 3.3).

Die SEU tragen zum Defizit des öffentlichen Sektors bei

Der Einfluß der SEU auf die öffentlichen Finanzen schlägt sich im Gesamtdefizit des öffentlichen Sektors nieder. In einigen der in Schaubild 8.4 berücksichtigten Jahre war das Defizit der SEU höher als das Gesamtdefizit des öffentlichen Sektors, und zwar in Ägypten, Brasilien, der Dominikanischen Republik, Ecuador, Türkei und Venezuela. Mit anderen Worten: Der Rest des öffentlichen Sektors hätte ohne die Nettoübertragungen an SEU einen Haushaltsüberschuß erzielt. Auf den Philippinen und in Costa Rica machte das Defizit der SEU im Durchschnitt der Jahre 1981 bis 1984 die Hälfte des Gesamtdefizits des öffentlichen Sektors aus. In vielen anderen Ländern sind solche Rechnungen aufgrund lückenhafter statistischer Daten nicht durchführbar. Die meisten Länder vernachlässigen die finanzielle Überwachung des öffentlichen Sektors in seiner Gesamtheit, obwohl die gesamtwirtschaftliche Steuerung und Stabilisierung eine Kontrolle des öffentlichen Defizits im weiteren Sinne erfordern. Was sind die Ursachen dieser Schwächen in der Finanzpolitik?

Die SEU haben Transparenz und Rechnungslegung der öffentlichen Finanzen beeinträchtigt

Das Hauptaugenmerk der Analytiker öffentlicher Finanzen und der Wirtschaftspolitiker lag traditionell auf dem Haushalt der Zentralregierung als der wichtigsten Bestimmungsgröße der Finanzpolitik. Die Analyse der Finanzen der SEU wurde größtenteils den Experten für einzelne Sektoren überlassen. Daher gab es nur wenige systematische Versuche, die finanzielle Entwicklung der SEU in ihrer Gesamtheit zu erfassen oder Haushaltsangaben für alle Stufen des öffentlichen Sektors zu erstellen. In Brasilien zum Beispiel, wo die SEU in den siebziger Jahren der am schnellsten wachsende Teilbereich des öffentlichen Sektors waren, verfügte die Regierung bis 1979 über keine konsolidierten Gewinn-, Ausgaben- oder Verschuldungsstatistiken. Wo man sich bemühte, Informationen zusammenzutragen, konnten die Analytiker mit ihrer Datensammlung und -bewertung nicht mit dem schnellen Wachstum der SEU Schritt halten. In Tansania, wo sich die Anzahl der SEU seit Mitte der sechziger Jahre mehr als verzehnfacht hatte, waren 1986 fast ein Drittel der Unternehmen mit der Vorlage ihrer Rechnungslegung um mehr als zwei Jahre im Verzug. Der Rechnungslegung der SEU liegen häufig keine einheitlichen Buchungsgrundsätze zugrunde, so daß sich ihre Jahresabschlüsse nur schwer mit anderen Rechenwerken des öffentlichen Sektors konsolidieren lassen. Unerwartete Haushaltsbelastungen können auch dadurch entstehen, daß Privatunternehmen, an denen öffentliche Holdinggesellschaften und staatseigene Banken beteiligt sind, in finanzielle Schwierigkeiten geraten. Diese indirekten, staatlichen Minderheitsbeteiligungen an privaten Kapitalgesellschaften unterlagen nur in seltenen Fällen strengen Investitionskriterien oder einer zentralen Überwachung.

Die fehlende Gesamtbetrachtung der öffentlichen Finanzen ist jedoch nicht gänzlich auf mangelnde Zahlenangaben zurückzuführen. SEU wurden häufig gerade deshalb errichtet oder ausgebaut, weil sie keiner finanzpolitischen Kontrolle unterlagen. Wo die Errichtung neuer SEU durch strikte gesetzliche oder verwaltungsmäßige Regelungen eingeengt war, wurden häufig Umgehungsmöglichkeiten gefunden. In den siebziger und frühen achtziger Jahren gelang es zum Beispiel einigen sektoralen Ministerien auf den Philippinen, die gesetzlichen Restriktionen zur Neugründung von SEU dadurch zu umgehen, daß sie Tochtergesellschaften bereits bestehender Unternehmen errichteten. Diese Praxis war auch anderweitig, so in Brasilien, weitverbreitet, wo die Errichtung von Tochtergesellschaften von SEU bis 1979 weitgehend unkontrolliert möglich war.

Staatseigene Unternehmen waren daher sowohl Ursache als auch Symptom einer undisziplinierten

Haushaltspolitik und mangelnder Transparenz der öffentlichen Finanzen. Transparenz heißt, daß es möglich ist, die finanziellen Implikationen öffentlicher Maßnahmen im voraus abzuschätzen und im Nachhinein bewerten zu können, sowie genau zu identifizieren, wer die Kosten trägt und wem der Nutzen zufällt; diese Transparenz ist erforderlich, wenn die Entscheidungsträger über ihre Handlungen Rechenschaft ablegen sollen. Natürlich stehen die Entwicklungsländer mit diesen Schwierigkeiten nicht allein da. Eine jüngere Studie dokumentiert für Großbritannien, Japan und die USA, wie stark sich SEU und andere staatliche Stellen außerhalb des öffentlichen Haushalts auf allen Verwaltungsebenen vermehrt haben und somit eine Art „Schattenwirtschaft" innerhalb des öffentlichen Sektors entstand, die nicht den üblichen haushalts- und allgemeinpolitischen Kontrollmechanismen unterliegt. Selbst in den Vereinigten Staaten, wo SEU traditionell nur eine untergeordnete Rolle spielten, erreichte die private Kreditaufnahme von (nicht im Haushalt berücksichtigten) Unternehmen 1982 schätzungsweise 50 Mrd Dollar; implizit oder explizit haftet die Bundesregierung für diesen Betrag. Die mangelnde Transparenz führte aber vor allem in Entwicklungsländern zu erheblichen Störungen. Der staatseigene Unternehmenssektor war häufig Ausgangspunkt unerwarteter Haushaltskrisen; wenn sich die wirtschaftliche oder politische Lage eines Landes verschlechterte, offenbarte sich die Schwäche eines beträchtlichen Teils der Volkswirtschaft, der direkt oder indirekt unter die Kontrolle der öffentlichen Hand geraten war.

Die Haushaltskrisen der jüngeren Zeit haben die Regierungen der Entwicklungsländer gezwungen, die Rolle und das Management der SEU zu überdenken. Offizielle Gutachten haben zum Beispiel in Indien, Kenia und Tansania das unzureichende Management der öffentlichen Unternehmen und den davon ausgehenden Einfluß auf den Haushalt herausgearbeitet. Mehr als dreißig Regierungen haben die Schwächen dieses Sektors und seine Verflechtung mit der öffentlichen Verwaltung untersuchen lassen. In über zehn Entwicklungsländern haben umfassende Reformen eingesetzt, und zwar im Rahmen allgemeiner Bestrebungen zur Verbesserung der Ressourcenmobilisierung, des Einsatzes der öffentlichen Ausgaben und der gesamten Finanzpolitik. Ein Ansatz liegt in der Reformierung der traditionellen finanzpolitischen Instrumente wie Preissetzung, Besteuerung, Subventionierung und Ausgabenverteilung. Ein zweiter in der Steigerung der finanziellen Disziplin im öffentlichen Sektor; ein dritter in der Stärkung der Rolle des privaten Sektors.

Stärkung der SEU durch finanzpolitische Instrumente

SEU finanzieren sich hauptsächlich über drei Quellen: Erlöse aus dem Verkauf von Gütern und Dienstleistungen, staatliche Übertragungen (einschließlich empfangener zweckgebundener Steuern, Subventionen und Eigenkapitalleistungen) und Kreditaufnahmen. Für kommerzielle SEU ist die erste dieser drei Finanzquellen im allgemeinen die bei weitem wichtigste.

Rationalisierung der Preispolitik staatseigener Unternehmen

Eine verbesserte Preispolitik hat viele Vorzüge. Die Selbstfinanzierung des betrieblichen Prozesses und der Investitionen der SEU steigt, so daß die SEU weniger zum Gesamtdefizit des öffentlichen Sektors beitragen. Dies erleichtert eine solide staatliche Finanzpolitik. Zum Beispiel kann die Zentralregierung hierdurch die Steuerlast in Grenzen halten, womit Verwaltungskosten eingespart und kostpielige wirtschaftliche Verzerrungen abgebaut werden (vgl. Kapitel 4). Auch wird der Zwang verringert, die Finanzierung durch Inflation, Verdrängung des privaten Sektors und Auslandsschulden zu bewerkstelligen (vgl. Kapitel 3). Außerdem wird dadurch das gesamtwirtschaftliche Ungleichgewicht zwischen Ersparnis und Investition begrenzt, wodurch sich der Druck auf die Zahlungsbilanz vermindert. Das Potential ist erheblich. In Argentinien entfiel 1985 etwa ein Drittel aller öffentlichen Einnahmen auf die Erlöse der SEU. Preisanpassungen in Costa Rica trugen dazu bei, das Gesamtdefizit der SEU von mehr als 5 Prozent des BIP im Jahr 1982 in einen geringen Überschuß im Jahr 1984 zu verwandeln (vgl. Schaubild 8.4).

Wie weiter oben dargelegt wurde (vgl. Sonderbeitrag 4.1 und 6.1), läßt sich durch eine Anhebung der Verkaufserlöse öffentlich bereitgestellter Güter und Dienstleistungen auch die Leistungsfähigkeit des Ressourceneinsatzes steigern, vorausgesetzt, daß Preise und Benutzergebühren die wirtschaftlichen Kosten widerspiegeln. Produzieren SEU international gehandelte Güter, so sind im allgemeinen die Weltmarktpreise — die Preise „frei Grenze" — die relevante Bezugsgröße. Der Steinkohlenberg-

Schaubild 8.4 Entwicklung des Finanzierungssaldos der SEU und des öffentlichen Sektors
(in % des BIP)

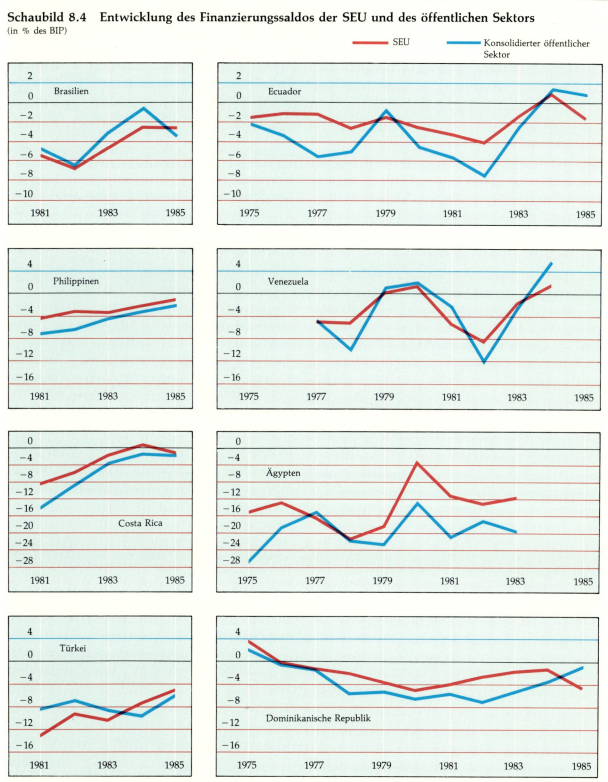

Anmerkungen: Die Finanzierungssalden der SEU beruhen auf den Ergebnissen nach Steuern und vor Hinzurechnung der Nettoübertragungen seitens der Regierung. Die Finanzierungssalden des öffentlichen Sektors ergeben sich aus den gesamten öffentlichen Einnahmen abzüglich der gesamten öffentlichen Ausgaben und basieren auf den konsolidierten Konten des Staats und der nicht-finanziellen SEU. Der betrachtete Zeitraum ist je nach der Verfügbarkeit von Daten für einzelne Länder unterschiedlich.
Quellen: Angaben der Weltbank und des IWF.

bau bietet hierfür ein Beispiel. In vielen Ländern wurde der Inlandspreis häufig unter dem Weltmarktpreis festgesetzt. Die implizite Subventionierung des Verbrauchers wurde durch Zuschüsse, Eigenkapitalleistungen oder Regierungskredite an die kohleabbauenden SEU finanziert. Dies begünstigte eine unwirtschaftliche Nutzung und einen übermäßigen Ausbau der Kapazitäten. Ungünstigere Haushaltslagen zwangen dann zu tiefen Einschnitten in die Investitionsvorhaben und beeinträchtigten in manchen Fällen die langfristigen Energiepläne. Hierzu kam es während der siebziger Jahre in Indonesien und auf den Philippinen; seit 1980 haben beide Länder Maßnahmen ergriffen, um die inländischen Kohlepreise an das Weltmarktniveau heranzuführen.

Stellen SEU international nicht gehandelte Produkte her — zum Beispiel Elektrizität, Wasser und Dienstleistungen im Bereich des Fernmeldewesens — so sind die langfristigen Grenzkosten der Produktion die Grundlage einer effizienten Preissetzung. Die Prinzipien wurden in Kapitel 6 anhand der Strom- und Wasserwirtschaft diskutiert und illustriert. Zu niedrige Preise führen zu einem übermäßig starken Ausbau der Kapazitäten, einer unnötigen Belastung der öffentlichen Haushalte und einer zu starken Auslandsverschuldung der betreffenden SEU. Ursächlich hierfür sind häufig schwerfällige, zentralisierte Entscheidungsmechanismen zur Anpassung der Versorgungstarife, die erst verspätet auf Kostensteigerungen reagieren. Politische Schwierigkeiten können dann weitere Verzögerungen verursachen. Mit kleinen aber häufigen Preissteigerungen, entsprechend der Entwicklung wichtiger kostenbestimmender Faktoren (wie die allgemeine Preissteigerung oder Abwertungen), konnten diese Probleme in manchen Ländern erfolgreich vermieden werden.

Geringere Subventionierung der SEU

Mit einer kostenorientierten Preissetzung in SEU wird ein entscheidender Schritt zur Eindämmung der Subventionsforderungen an die Zentralregierung sowie der Kreditaufnahme der SEU getan. Die Erfahrung hat gezeigt, daß leistungsgerechte Preise meist mit der finanziellen Lebensfähigkeit von SEU einhergehen. In einigen Fällen werden Subventionen jedoch auch weiterhin zweckmäßig sein, und zwar vor allem zur Linderung der Armut oder im Falle kurzfristig sinkender Kosten, da leistungsgerechte Preise hier die finanziellen Kosten nicht decken können.

Um die finanzielle Lebensfähigkeit und Transparenz der SEU zu gewährleisten, sollten ihnen grundsätzlich die Kosten für Projekte, die sozial erwünscht aber finanziell ein Verlustgeschäft sind, direkt aus dem Haushalt erstattet werden. Ansonsten hätten sie Veranlassung, solche Leistungen einzuschränken, oder sie würden in finanzielle Schwierigkeiten geraten. Kosten und Nutzen solcher Subventionen müßten entsprechend den gängigen Investitionskriterien bewertet werden, wozu die nötigen Haushaltsvorkehrungen zu treffen wären. Gelegentlich mag es jedoch wirkungsvoller sein, Verbraucher mit niedrigem Einkommen durch nicht kostendeckende Gebühren zu subventionieren und die besser verdienenden Verbraucher mit höheren Abgaben zu belasten. Einige Länder haben diese Methode bei der Wasser- und Elektrizitätsversorgung sowie im ländlichen Fernsprechdienst angewandt. Diese Überkreuzsubventionierung bietet sich vor allem an, wenn die Hürden für eine Anhebung der allgemeinen Steuern unüberwindbar hoch sind.

Anstatt Subventionen zu erhalten, sollten kommerzielle SEU wie Privatunternehmen Steuern zahlen. Dies würde sie in die gleiche Lage wie private Konkurrenten versetzen und somit die Effizienz steigern. Wo die Preise der SEU Steuercharakter haben, wie etwa im Falle von Warenbörsen, sollten die Überschüsse dem Finanzminister übertragen werden. Auf Gebieten wie dem Fernmeldewesen oder der Ausbeutung von Bodenschätzen führen leistungsgerechte Preise der SEU möglicherweise zu Finanzüberschüssen. In diesen Fällen ist es besser, den Überschuß zu besteuern und mit diesen Mitteln andere öffentliche Investitionen mit hoher Priorität zu finanzieren, anstatt den Gesamtüberschuß in den gleichen Sektor zurückzupumpen, ihn den Kunden der SEU in Form unzureichender Gebühren zuzuleiten oder den Beschäftigten von SEU höhere Löhne zu zahlen. In verschiedenen ölfördernden Ländern wurde zum Beispiel der Gewinn staatseigener Ölgesellschaften großteils durch einen übermäßigen Inlandsverbrauch von Öl, Gas und Elektrizität verschwendet.

Überwachung der Kreditaufnahme von SEU

Kreditaufnahmen sind angebracht, wenn dadurch ein Teil der finanziellen Lasten großer Einzelinvestitionen auf künftige Konsumenten verlagert werden soll. Dagegen sollten sie kein Ersatz sein für eine gerechtfertigte Gebührenanhebung oder Eigenkapitalspritzen der Regierung.

Wichtig ist ebenfalls, daß die SEU die vollen Grenzkosten der Verschuldung tragen, vor allem der Kreditaufnahmen im Ausland. Die Grenzkosten überschreiten die Nominalkosten im Falle konzessionärer Darlehensbedingungen oder eines rationierten Zugangs zu Auslandsmitteln. Um eine angemessene Disziplin zu gewährleisten, wird in den meisten Ländern eine gewisse zentrale Überwachung der Kreditaufnahme erforderlich sein. Beispielsweise wurden in Brasilien und Côte d'Ivoire die SEU Ende der siebziger Jahre solchen Kontrollen unterworfen. In Thailand ist die gesamte öffentliche Kreditaufnahme im Ausland nach oben streng begrenzt; berücksichtigt werden hierbei auch öffentlich garantierte Kreditaufnahmen der SEU. Außerdem existieren Regelungen, wonach die SEU bestimmte Selbstfinanzierungskennzahlen erfüllen und einen vorgeschriebenen Gewinnbetrag an die Regierung überweisen müssen, damit sie für eine Kreditgarantie der Regierung in Frage kommen.

Regierungsgarantien für Kreditaufnahmen von SEU sollten selten gewährt werden, und sich auf Bauarbeiten und Infrastrukturmaßnahmen konzentrieren, die private Investitionen beschleunigen könnten. Für kommerzielle Projekte oder Gemeinschaftsunternehmungen, bei denen ungesicherte Kredite zu Marktbedingungen erhältlich sind, sollten sie nicht eingesetzt werden. Informelle oder implizite Garantieverpflichtungen sind zu vermeiden; dies läßt sich nur erreichen durch strikte, vorab aufgestellte Haftungsobergrenzen der Regierung für SEU, ein eindeutiges Konkursrecht für SEU und die Bereitschaft der Regierung, insolvente Unternehmen zu liquidieren. Im Interesse finanzpolitischer Disziplin haben zwei sozialistische Länder — China und Jugoslawien — kürzlich begonnen, ihr Konkursrecht auf SEU anzuwenden. Ein weiteres Rechtsmittel liegt in der Verabschiedung von Gesetzen, die die Regierung eindeutig aus der Haftung für nicht formell garantierte Kreditaufnahmen von SEU entläßt.

Besserer Einsatz der Ausgaben von SEU

SEU sind häufig auf Gebieten tätig, an denen die Regierung besonderes Interesse hat; ihre Investitionen werden als entscheidender Beitrag zum Entwicklungsprozeß angesehen. Im Einsatz ihrer Finanzmittel unterliegen sie nicht zwangsläufig einem direkten Marktvergleich. Zudem finanzieren sie ihre Ausgaben oft durch Subventionen, Darlehen oder Kreditgarantien der Regierung. Entsprechend sollten ihre Ausgaben — und vor allem ihre Investitionen — ebenso strengen Bewertungskriterien unterliegen wie die direkten Transaktionen des Staates (vgl. Kapitel 5). Zu einem erheblichen Teil kann dies ordnungsgemäß innerhalb des Unternehmens erfolgen, indem die üblichen Kriterien der Projektbegutachtung angewandt und ein kosteneffizienter Betrieb gewährleistet werden. Die zentralen Regierungsstellen, vor allem das Planungs- und das Finanzministerium, sollten lediglich sicherstellen, daß die Investitionen der SEU in den Rahmen der national vorgegebenen Planungsparameter fallen, die SEU die erforderlichen Analysen durchführen und die Unternehmensleitung der SEU über die eingesetzten Ressourcen Rechenschaft ablegen kann. Die genaue Trennungslinie zwischen zentralisierten und delegierten Verantwortungsbereichen wird jedoch von Unternehmen zu Unternehmen verschieden sein.

In der Praxis sind Regierungen und SEU überall auf der Welt — nicht nur in Entwicklungsländern — von diesen Grundsätzen abgewichen. Die öffentliche Verwaltung könnte dadurch entlastet werden, daß diejenigen Bereiche aus dem Planungsprozeß des öffentlichen Sektors ausgekoppelt werden, die einen Wettbewerb zwischen SEU oder mit privaten Unternehmern um Bankkredite erwarten lassen — zum Beispiel das Verarbeitungsgewerbe und ein großer Teil des Dienstleistungssektors. In diesen Fällen würde die Finanzierung unabhängig von Regierungssubventionen, Darlehen oder Kreditgarantien erfolgen. Diese Überlegungen sind auch relevant für sozialistische Länder, die langsam von der zentralisierten Planung abrücken. Seit 1984 werden in China die Gewinne der SEU nicht mehr an den Zentralhaushalt überwiesen, sondern sie werden besteuert und der Gewinn nach Steuern verbleibt im Unternehmen. Die SEU Chinas haben ihre Investitionen daher zunehmend durch eigene Mittel und Bankkredite finanziert, anstatt mit öffentlichen Haushaltszuschüssen.

Verbesserung der Haushaltsdisziplin

Haushaltsdisziplin heißt nicht nur, die Kreditaufnahme und Ausgabenverteilung wirksamer zu steuern. In diesem Abschnitt werden drei weitere Aspekte hervorgehoben: Abschaffung zwischenstaatlicher Zahlungsrückstände, transparentere Rechnungslegung und Buchprüfung von SEU sowie eine umfassendere Rechenschaftslegung der Geschäftsführung von SEU. Die Erfahrungen in einer

Reihe von Entwicklungsländern haben gezeigt, daß ein Fortschritt auf diesen Gebieten der Solidität öffentlicher Finanzen ganz erheblich zugute kommt.

Abschaffung zwischenstaatlicher Zahlungsrückstände

Die Begleichung von Zahlungsrückständen der Regierung gegenüber SEU kann mühselig und mit finanziellen Belastungen verbunden sein, die Finanzen der SEU lassen sich dadurch aber erheblich stärken. Im Jahr 1982 verwendete die äthiopische Regierung den Erlös einer speziellen Anleiheemission — in Höhe von 6 Prozent des BIP — zur Begleichung offener Rechnungen gegenüber SEU und stärkte deren Kapitalbasis. In Portugal hat die Bezahlung von Regierungsschulden die finanziellen Kennzahlen einer Reihe von SEU verbessert. Sobald Zahlungsrückstände beglichen sind, muß eine strenge Budgetierung des staatlichen Verbrauchs der Produkte von SEU einsetzen, denn nur so lassen sich neuerliche Zahlungsrückstände vermeiden. Durch eine geringere Verschwendung und eine Weitergabe der Nebenkosten an die in staatseigenen Wohnungen lebenden Beamten reduzierte die marokkanische Regierung ihren Wasser- und Elektrizitätsverbrauch sowie die Inanspruchnahme von Fernmeldeeinrichtungen — alles Leistungen von SEU — um 4 Prozent, wenngleich ihre Zahlungsrückstände hoch blieben. Ein umfassendes Kontrollsystem der Staatsausgaben sorgt in Jamaika für eine adäquate Budgetierung und die rechtzeitige Bezahlung der Lieferungen von SEU an die öffentliche Hand.

Auch die Zahlungsrückstände der SEU gegenüber der Regierung müssen beachtet werden. Häufig werden sie dadurch ausgeglichen, daß die Außenstände in Eigenkapital umgewandelt werden. Solange aber SEU keine Dividenden zahlen, kommen solche Umwandlungen Regierungszuschüssen sehr nahe: Sie fördern in keiner Weise die finanzielle Disziplin. Umwandlungen sollten daher begleitet sein von einer Reform der Besteuerung und Preissetzung der SEU. Die regierungsamtliche Buchprüfung sollte die Finanzströme zwischen einzelnen SEU überwachen und Vorsorge gegen die Kumulierung von Zahlungsrückständen treffen, die ein leistungsfähiges Finanzgebaren der einzelnen Unternehmen beeinträchtigen.

Verbesserung der Rechnungslegung und Überwachung

Um die finanzielle Transparenz der SEU zu erhöhen, bedarf es aktueller Zahlenunterlagen. Hierzu gehören Angaben über die tatsächlichen und geplanten Ausgaben und Einnahmen sowie die Veränderung der Forderungen und Verbindlichkeiten, und zwar im Rahmen einer systematischen Buchführung; eine zentrale Behörde sollte die Daten dann regelmäßig zusammenfassen. Die meisten

---

Sonderbeitrag 8.1   Verbesserte Überwachung der Verschuldung von SEU in Kenia

Während der siebziger und frühen achtziger Jahre litt Kenias öffentlicher Unternehmenssektor unter einer mangelhaften Erfassung der Verschuldung. Es gab keine eindeutigen Unterlagen darüber, ob es sich bei den an die SEU geflossenen öffentlichen Mitteln um Darlehen, Eigenkapital oder Zuschüsse handelte, und für Darlehen waren häufig keine Zins- und Tilgungsbedingungen festgelegt.

Ab 1984 begann die Regierung, alle Daten über ausstehende Darlehen an SEU zusammenzutragen. Das kenianische interne Berichtssystem über die ausstehende Verschuldung (KIDRES) trat 1986 in Kraft. Das System erfaßt die von SEU fälligen Zahlungen und arbeitet wie eine Bank mit Verzugszinsen auf überfällige Forderungen. Sollten keine Darlehensunterlagen vorliegen, so wird versucht, zu rückwirkenden Vereinbarungen zu gelangen. Bei Nichtzahlung verweigert das Finanzministerium die Zustimmung zum Budget des SEU.

Während der Einrichtung des Systems traten einige Schwachstellen auf. Durch KIDRES läßt sich die Schuldenbedienung nicht rechtlich erzwingen. Kredite der Geschäftsbanken an SEU werden nicht erfaßt, so daß das System die Schuldendienstverpflichtungen nur unvollständig anzeigt. Unzureichende Verwaltungskapazitäten haben den reibungslosen Ablauf des Systems behindert.

Trotzdem hat KIDRES auf verschiedenen Gebieten und innerhalb kurzer Zeit Fortschritte ermöglicht. Erstens liegen jetzt brauchbarere Informationen vor, um den Schuldenstand und die Neuverschuldung der SEU beurteilen zu können. Zweitens wird jetzt ein standardisiertes Abkommen geschlossen, bevor neue öffentliche Mittel an SEU freigegeben werden. Daneben hat KIDRES der Regierung die Möglichkeit geschaffen, sich Darlehen von SEU mit überdurchschnittlicher Ertragsentwicklung zurückzahlen zu lassen. In der Vergangenheit waren diese SEU nicht bereit gewesen, Kredite zu tilgen.

öffentlichen Versorgungsbetriebe in Entwicklungsländern, die ausländische Hilfe oder Darlehen empfangen, wenden derartige Regelungen bereits an; im Prinzip lassen sie sich ohne größere Schwierigkeiten auf andere kommerzielle SEU übertragen. Die Zugrundelegung eines einheitlichen Fiskaljahrs für alle öffentlichen Körperschaften erleichtert die Konsolidierung der Konten des öffentlichen Sektors. Ein einmal errichtetes Berichtssystem ist ein nicht zu überschätzendes Instrument der finanzpolitischen Analyse und der Finanzpolitik. In Thailand werden die Finanzdaten der SEU umfassend und zentral durch die Zentralbank erhoben. Brasilien hat 1979 eine Bundesbehörde (SEST) geschaffen, welche die Finanzen der SEU zentral überwacht; dadurch konnte die Regierung verstärkt auf die Neugründung, Expansion und Liquidation von SEU Einfluß nehmen und die Kreditaufnahmen im In- und Ausland besser überwachen. Kenia hat kürzlich ein Meldesystem geschaffen, mit dem die Verschuldung der SEU erfaßt wird; die Schuldenverwaltung der SEU hat sich hierdurch bereits verbessert (vgl. Sonderbeitrag 8.1).

Häufig ist es angebracht, kommerzielle und nicht-kommerzielle öffentliche Einrichtungen separat zu betrachten. In der Regel sollten nicht-kommerzielle Aktivitäten in den Haushalt integriert werden, wie etwa in Brasilien, wo 200 nicht-

---

Sonderbeitrag 8.2 Leistungsbewertung von SEU in Pakistan

Im Jahr 1980 wurde im pakistanischen Industrieministerium eine Expertengruppe eingesetzt, um ein Überwachungssystem für industrielle SEU zu leiten. Das System setzt sich zusammen aus unternehmensbezogenen Informationen, Leistungsbewertung und Anreizkomponenten. Die SEU werden auf der Grundlage des Gewinns nach Steuern sowie anhand von Indikatoren der Produktionsleistung und des Energieverbrauchs bewertet, wobei sich die Expertengruppe vor allem auf die Produktions- und Umsatzsteigerung sowie auf die Kostensenkung bei SEU konzentriert. Jedes SEU ist verpflichtet, standardisierte Angaben zur Kostenrechnung vorzulegen. Auf Grundlage der Budgetvorschläge der SEU werden vertraglich offizielle Zielgrößen zwischen der Expertengruppe und der Firmenleitung von SEU festgelegt, die der Bewilligung durch das Ministerium unterliegen. Ein umfassender gewogener Indikator, basierend auf gemeinsam vereinbarten Kriterien und Gewichten, dient zur Einordnung der Leistung jedes SEU in eine von fünf Klassen. Aufgrund dieser Leistungsbewertung werden den Managern der SEU Bonuszahlungen zwischen Null und dem Dreifachen des monatlichen Grundgehalts gewährt.

Unter dem neuen System sah sich das Management offenbar veranlaßt, den Gewinn nach Steuern zu steigern, der bei den meisten bewerteten SEU zunahm. Indem die Leistungsbewertung mit einem Bonussystem gekoppelt wurde, wurden auch Anreize für eine verbesserte Rechnungslegung der SEU geschaffen. Prüfungsberichte, die vorher erst ein bis drei Jahre nach Abschluß des Fiskaljahrs eingingen, liegen jetzt innerhalb von fünf bis sieben Monaten vor. Das Management der SEU versteht und akzeptiert jetzt bereitwilliger die Leistungsziele, da sie vereinbart und nicht von oben vorgegeben wurden. Von der Expertengruppe organisierte regelmäßige Pflichttreffen der Geschäftsführung von SEU und der Vorstände ihrer Holdinggesellschaften haben die Leistungsbereitschaft gesteigert und zu einer verstärkten Diskussion vorhandener Probleme geführt.

Verschiedene einengende Faktoren haben es der Geschäftsführung von SEU jedoch erschwert, die betriebliche Leistungsfähigkeit zu steigern. Hierzu zählen der nicht in ihre Kompetenz fallende Abbau von Arbeitskräften zur Senkung der Kosten oder die Abschaffung bestimmter Produktlinien, mangelnder Einfluß auf die Arbeitsentgelte, Inflexibilität bei Beschaffungsentscheidungen sowie Einschränkungen bei der Wahl der Produktionsschwerpunkte, Märkte und Zulieferer. Darüber hinaus treffen die Holdinggesellschaften der SEU und das Industrie- und Finanzministerium im Rahmen der Haushaltsberatungen Abmachungen über die Verteilung der Kredit- und Devisenkontingente. Es gibt keinen Grund für die Annahme, daß diese Kontingente die leistungsfähigeren Unternehmen tendenziell begünstigen, vor allem, weil die Leistungsfähigkeit aufgrund von Preisverzerrungen nur schwer zu beurteilen ist. Schließlich scheint auch der dem System zugrundeliegende Gewinnbegriff die Manager der SEU zu veranlassen, Steuerzahlungen zu minimieren, Zinsarbitrage zu betreiben, zu geringe Abschreibungen vorzunehmen und sich auf Einnahmen außerhalb der eigentlichen Betriebstätigkeit zu konzentrieren, die nicht die betriebliche Leistungsfähigkeit widerspiegeln.

Diese Probleme ließen sich durch größere Entscheidungsvollmachten der Geschäftsführung im Bereich von Beschäftigung und Produktion sowie durch einen leichteren Marktzugang für in- und ausländische Wettbewerber von SEU verringern. Weitere Verbesserungen könnten durch eine Verwendung desjenigen Indikators erzielt werden, der ursprünglich in der Anfangsphase der Systementwicklung vorgeschlagen worden war. Die Leistung sollte danach anhand des „öffentlichen Gewinns" zu konstanten Preisen beurteilt werden, der sich zusammensetzt aus dem erwirtschafteten Gewinn, zuzüglich Steuern, Zinsaufwendungen und Abschreibungen sowie abzüglich der außerhalb der betrieblichen Tätigkeit erzielten Einkommen. Mit diesen Korrekturen sollte die Geschäftsführung der SEU von Aktivitäten abgehalten werden, die die betriebliche Leistungsfähigkeit von SEU nicht direkt steigern.

kommerzielle Einrichtungen von der Aufsicht der SEST befreit und in den Regierungshaushalt aufgenommen wurden. Eine Trennung zwischen diesen beiden Arten öffentlicher Körperschaften (die auch in der Zentralafrikanischen Republik und in Malawi vorgesehen ist) ermöglicht es, Unternehmen mit hoher Selbstfinanzierung anders zu überwachen als Unternehmen, die auf längere Sicht von Haushaltsmitteln abhängig sind.

Ein qualifiziertes Prüfungswesen ist mitentscheidend für eine genaue Rechnungslegung. Es ist ebenso ausschlaggebend für die Schaffung oder Erhaltung eines gut funktionierenden internen Finanzmanagements sowie für die Aufrechterhaltung des öffentlichen Vertrauens in den zweckgemäßen Einsatz der den SEU zur Verfügung stehenden Mittel. Sollten die öffentlichen Prüfungsorgane oder die inländischen Wirtschaftsprüfer zu schwach sein, um eine grundlegende Reform der Prüfungsverfahren bei den SEU durchzuführen, könnte der zeitweilige Einsatz ausländischer Firmen während der Anfangsphase notwendig sein; diese Unternehmen können die ersten Prüfungen durchführen und gleichzeitig das örtliche Personal schulen.

Umfassendere Rechenschaftslegung der Geschäftsführung von SEU

Verläßliche und aktuelle Informationen über die Transaktionen der SEU verbessern die Rechenschaftslegung der Geschäftsführung von SEU. Gleichzeitig nutzen aber Datenerhebungs- und Überwachungssysteme wenig, wenn sie nicht Teil eines Gesamtkonzepts sind, das der Geschäftsführung neue Anreize zur Steigerung der betrieblichen Leistungsfähigkeit gibt. In jüngerer Zeit haben einige Entwicklungsländer systematische Leistungsanreize eingeführt, die sich teilweise an Indikatoren der finanziellen Ergebnisse des Unternehmens orientieren. In Pakistan erhalten Geschäftsführung und Angestellte ergebnisorientierte Bonuszahlungen, die mit Hilfe eines Bewertungssystem ermittelt werden; dies führte zu einer Kostendämpfung (vgl. Sonderbeitrag 8.2). Im Senegal vereinbaren die Regierung und sechs wichtige SEU vertraglich die Aufstellung von Zielgrößen und Erfolgsindikatoren und einigten sich über die gegenseitigen Pflichten von Regierung und Unternehmen. In den ersten drei Jahren dieses Versuchs erreichten diese Unternehmen, verglichen mit anderen, niedrigere Personalkosten und ein höheres Umsatzwachstum. Eine anhaltende Reglementierung der Geschäftsführung

von SEU und die mangelnde Einhaltung finanzieller Regierungszusagen haben jedoch die Erfolgsbilanz dieser Experimente beeinträchtigt. Ähnliche Versuche sind kürzlich in anderen Entwicklungsländern in Gang gekommen, darunter in Bangladesch, Guayana, Marokko und Mexiko; in Ägypten, Argentinien und Indien werden entsprechende Vorhaben geprüft. Vereinbarungen über Preissetzung, Subventionen, Kredit- und Eigenkapitalfinanzierung sowie Investitionsprogramme sollten charakteristische Merkmale ergebnisorientierter Verträge und Bewertungssysteme sein.

Obwohl eine Erfolgsüberwachung Verbesserungen bewirken kann, sind die Regierungen der meisten Entwicklungsländer nicht in der Lage, eine große Anzahl von SEU wirksam zu überwachen; ausschlaggebend hierfür ist der Mangel an ausgebildetem Führungspersonal. Um die Erfolgsbilanz von SEU aufzubessern, bedarf es eines Gleichgewichts zwischen Autonomie und Rechenschaftslegung, das besonders schwierig zu erreichen ist, wenn die Anzahl der SEU und der zuständigen Ministerien groß ist. Die Bewertung von SEU, die auf so unterschiedlichen Gebieten wie Versorgung, Verarbeitung, Transport, Vermarktung und Finanzwesen tätig sind, erfordert ausgebildetes Personal und finanzielle Mittel. Steht solches Personal zur Verfügung, so holen es sich gewöhnlich die Unternehmen, womit die Regierungen bei der technischen Bewertung häufig von den SEU selbst abhängig sind. Solange es eine Vielzahl von SEU gibt, führen alle Maßnahmen zur Vermeidung von Zahlungsrückständen und zur Überwachung der Finanzströme zu einer erheblichen Belastung der öffentlichen Mittel. Daher sollten SEU wo immer möglich dem Wettbewerb durch private Anbieter ausgesetzt werden.

Zur Neueinschätzung des Umfelds und Einsatzbereichs von SEU

In den letzten Jahren haben verschiedene Industriestaaten und mehr als fünfzig Entwicklungsländer Anläufe unternommen, die verwaltungsmäßigen und finanziellen Belastungen des öffentlichen Sektors durch eine Liberalisierung und Eingrenzung des staatseigenen Unternehmensbereichs abzubauen. Derartige Bestrebungen hatten mehr Wettbewerb und eine reduzierte Rolle des Staates als Eigentümer und Betreiber von Unternehmen zur Folge. Da eine leistungsfähige öffentliche Unternehmenskontrolle nur begrenzt möglich ist, sollten die in dieser

Richtung bestehenden Möglichkeiten auch weiterhin durch eine regelmäßige Überprüfung des öffentlichen Anteilsbesitzes ausgelotet werden. Im Rahmen der Prüfung sind die Vorteile der Privatisierung abzuschätzen; im weiteren Sinne geht es hierbei um eine wachsende Beteiligung des Privatsektors an betrieblichen staatseigenen Vermögenswerten und einen zunehmenden Einfluß privater Entscheidungsträger auf wirtschaftliche Aktivitäten, die sich unter der Kontrolle des Staates befinden. Eine Privatisierung kann dabei vor allem durch Leasing- und Geschäftsführungsverträge sowie die Veräußerung von Kapitalanteilen vonstatten gehen. Von 600 seit 1980 abgeschlossenen und weltweit erfaßten Privatisierungen entfielen fast 400 auf Entwicklungsländer, darunter allein über 160 auf afrikanische Länder südlich der Sahara. Nicht erfaßt ist hierbei die Veräußerung öffentlicher Beteiligungen an verstaatlichten Unternehmen, die sich zuvor in Privatbesitz befunden hatten, wie dies in Bangladesch, Chile und Uganda der Fall war.

Abbau der Schutzmaßnahmen zugunsten von SEU

Auf vielen Gebieten würde ein stärkerer Wettbewerb der SEU mit in- und ausländischen Konkurrenten die wirtschaftliche Leistungsfähigkeit fördern. Dies bedeutet im allgemeinen, daß eine Reihe unterschiedlicher Schutzmaßnahmen beseitigt werden müssen, darunter auch Subventionen aus dem öffentlichen Haushalt. In Indien erzielten öffentliche Busgesellschaften in Städten mit starker Konkurrenz und ohne Subventionszahlungen bessere Ergebnisse als in Städten, wo Subventionen und ungenügende Anreize die Leistungsfähigkeit beeinträchtigten (vgl. Sonderbeitrag 8.3).

SEU können auch durch Regulierungen des Inlandsmarktes geschützt werden, die private Wettbewerber nicht zum Zuge kommen lassen. Dies wurde vor allem deutlich in der Vermarktung von Agrarerzeugnissen, wo SEU besonders ineffizient arbeiteten; ausschlaggebend hierfür war die geographische Aufsplitterung ihrer Aktivitäten, bei gleich-

---

Sonderbeitrag 8.3 Leistungsvergleich zwischen öffentlichen Busgesellschaften in zwei indischen Städten

Ein Leistungsvergleich zwischen den öffentlichen Busgesellschaften zweier indischer Städte illustriert, wie die Kombination aus solidem Management, finanzieller Unabhängigkeit und Wettbewerb öffentliche Einrichtungen auf ein leistungsfähiges und betrieblich tragfähiges Fundament stellen kann.

Die Transportgesellschaft des Staates Kalkutta (CSTC) unterhält einen Wagenpark von etwa 1100 Bussen, von denen gewöhnlich weniger als 700 im Einsatz sind, weil Reparaturen oder Wartungsarbeiten anfallen oder in manchen Fällen auch Fahrer fehlen. Das Verhältnis von Personal zu eingesetztem Bus ist mit 20,7 hoch. Die CSTC hatte auch unter Fahrgeldhinterziehung zu leiden, die auf mehr als 15 Prozent der Einnahmen veranschlagt wird. Die sich ergebende Kombination einer niedrigen Produktivität und zu geringer oder hinterzogener Fahrgelder erfordert Subventionen von etwa 1 Million Dollar pro Monat. Im Gegensatz dazu konnten die 2 200 Privatbusse der Stadt — hauptsächlich betrieben von kleineren Gesellschaften oder Einzelpersonen, die in verschiedenen Linienvereinigungen zusammengeschlossen sind — auch ohne Subventionen finanziell überleben sowie eine verhältnismäßig niedrige Personalausstattung und hohe Einsatzfähigkeit des Wagenparks aufrechterhalten. Die Fahrer und Schaffner der Privatbusse beziehen einen gewissen Prozentsatz der Einnahmen, wodurch sie streng gegen Schwarzfahrversuche vorgehen. Infolgedessen sind die Fahrpreiseinbußen der privaten Busorganisationen extrem niedrig, ihre Betriebskosten sind nur etwa halb so hoch wie bei der CSTC und ihre Kosten werden durch die Einnahmen mehr als gedeckt.

Die Cheran-Verkehrsgesellschaft (CTC) in Coimbatore, einer Stadt mit etwa 1 Million Einwohnern, ist eine von vierzehn öffentlichen Busgesellschaften im Staat Tamil Nadu, die alle finanziell gesund und leistungsfähig sind. Die CTC besitzt keine Exklusivkonzession, sondern operiert im direkten Wettbewerb mit Privatbussen. Die Gesellschaft arbeitet mit höchster Effizienz: Mehr als 95 Prozent des Wagenparks befindet sich gewöhnlich im Einsatz und das Verhältnis von 7,3 Beschäftigten je eingesetztem Bus ist für öffentliche Busgesellschaften vergleichsweise niedrig. Trotz sehr niedriger Fahrpreise (0,04 Dollar für eine Fahrt von fünf Kilometern) erzielt die CTC einen Gewinn (im Haushaltsjahr 1984/85: 750 000 Dollar), wodurch sie ihren Wagenpark entsprechend der Nachfrage erhöhen kann. Ein Großteil des Erfolgs der CTC muß ihrem dynamischen und verläßlichen Management zugerechnet werden, sowie einer relativ konsequenten Unterstützung der Staatsregierung für angemessene und zeitgerechte Fahrpreiserhöhungen. Darüber hinaus verfolgt die CTC eine solide Geschäftspolitik und hat eine umfassende interne Revision und Kostenrechnung; außerdem verfügt sie über ein Anreizsystem für das Personal, wie es bei ihren privaten Konkurrenten üblich ist, d. h. es gibt Bonuszahlungen auf Grundlage von Einnahmesteigerungen sowie Ersparnissen infolge einer höheren Ausnutzung des Wagenparks oder eines verbesserten Fahrpreiskassos sowie einen Jahresbonus für unfallfreies Fahren.

zeitig unterschiedlichen Marktbedingungen und sich rasch verändernden Gegebenheiten. Die Abschaffung staatlicher Vermarktungsmonopole führte in China zu großen Effizienzgewinnen in der Landwirtschaft und steigerte die Produktion der privaten Bauern und Kollektivbetriebe. Setzt man bei der Ein- und Ausfuhr sowie der Ernte- und Düngemittelverteilung private Handelsnetze an die Stelle staatseigener Monopole, so kann sich dadurch auch die Einkommensverteilung verbessern. Dezentralisierte Transportmethoden anstelle der kapitalintensiven Systeme, die im allgemeinen von SEU benutzt werden, können dazu beitragen, daß die Vermarktung durch den Privatsektor die Produktivität steigert und ungelernte Arbeiter und kleine Unternehmer begünstigt werden.

Zölle oder Einfuhrkontingente schützen SEU vor ausländischer Konkurrenz und lassen ihre Effizienzmängel weniger deutlich zutage treten. Tansanias industrielle SEU warfen zuvor in Inlandspreisen gerechnet Gewinne ab, bewertete man ihren Produktionsmitteleinsatz aber zu Weltmarktpreisen, schlossen über ein Drittel der Unternehmen (verglichen mit einem Zehntel der privaten Industriebetriebe) mit einer negativen Wertschöpfung ab. Mit anderen Worten war der Ausstoß dieser Unternehmen weniger wert als die eingesetzten Produktionsmittel. Eine Beseitigung der Schutzmaßnahmen legt die Effizienzmängel offen: In der Türkei führte zum Beispiel 1980 die Auflösung der Monopolstellung eines riesigen fleischverarbeitenden SEU zu geringeren Subventionszahlungen und zur Schließung leistungsschwacher Schlachthäuser. Privatbetriebe passen sich gewöhnlich an die Abschaffung von Handelsverzerrungen schneller an als SEU, es sei denn, der Staat entzieht ihnen gleichzeitig seine Unterstützung durch Haushaltsmittel und Bankleistungen.

Einsetzung einer privaten Geschäftsführung

In Bereichen, in denen der in- und ausländische Privatsektor erhebliche technische und kaufmännische Fähigkeiten besitzt, kann der Staat Geschäftsführungsabkommen und Leasing-Verträge zur Steigerung der betrieblichen Leistungsfähigkeit der SEU abschließen und gleichzeitig Eigentümer bleiben. Geschäftsführungsabkommen für staatseigene Hotelbetriebe haben sich in verschiedenen Ländern, darunter in Ägypten, Jamaika, dem Sudan und Zaire als politisch vereinbar und kommerziell erfolgreich erwiesen. In Sri Lanka haben Geschäftsführungsabkommen staatseigene Textilbetriebe aus der Verlustzone geführt. In Côte d'Ivoire leistet ein Gemeinschaftsunternehmen mit lokalen und aus-

---

Sonderbeitrag 8.4 Öffentliche Plazierung von Aktien staatseigener Unternehmen auf einem unterentwickelten Kapitalmarkt

Im Dezember 1986 verkaufte die Regierung von Jamaika 51 Prozent des Kapitals der National Commercial Bank (NCB), der größten Bank des Landes. Obwohl dies nicht die erste Privatisierung der Regierung war, so handelte es sich doch um die mit Abstand größte, und erstmals sollten die Aktien öffentlich über die jamaikanische Aktienbörse plaziert werden. Die NCB, die vor ihrer Verstaatlichung im Jahr 1977 eine Privatbank war, hatte in der Vergangenheit mittlere Gewinne erzielt und den Staatshaushalt nie belastet. Gemäß der Regierung sollte mit der öffentlichen Aktienplazierung vor allem eine breite Streuung des Aktienbesitzes herbeigeführt werden; zudem wollte man die Vorteile der Privatisierung vor Augen führen und nicht eine Maximierung des Verkaufserlöses anstreben.

Gefördert durch eine großangelegte Medienkampagne, in der der Aktienbesitz erläutert wurde, zeichneten zehntausende Jamaikaner erstmals eine Aktienemission, wobei niemand mehr als 7,5 Prozent der stimmberechtigten Aktien erwerben durfte. Angesichts der Überzeichnung am Ende der Zeichnungsfrist griff die Regierung zu einer abgestuften Zuteilung, damit kleinere Aktienkäufer einen proportional größeren Anteil erhielten. Die größte Einzelgruppe neuer Aktionäre waren die Beschäftigten der NCB, denen eine besondere Möglichkeit des Aktienerwerbs eingeräumt wurde; sie vereinigten nach der Plazierung fast 13 Prozent der stimmberechtigten Aktien auf sich.

Wie bei ähnlichen Emissionen in Industrieländern mit erheblich entwickelteren Kapitalmärkten, war es schwierig, den „richtigen" Preis zu finden. In Übereinstimmung mit der üblichen Praxis wurde der Emissionskurs unterhalb des Aktienkurses des Hauptkonkurrenten der NCB festgelegt, einer börsennotierten Privatbank. Wegen der starken Überzeichnung notierten die Aktien der NCB nach der Plazierung mit einem beträchtlichen Aufschlag. Da die Regierung 49 Prozent des Aktienkapitals der NCB behielt, kann sie in Zukunft ihre Aktien zum Marktpreis verkaufen. Die Privatisierung der NCB zeigt, daß ein Entwicklungsland mit einem relativ niedrigen Pro-Kopf-Einkommen inländische Ersparnisse breiter Bevölkerungskreise mobilisieren kann, und zwar auch über einen kleinen unentwickelten Aktienmarkt; hierdurch wurde die Kontrolle über ein bedeutendes SEU auf einen breiten Aktionärskreis übertragen.

Sonderbeitrag 8.5 Rückzug der öffentlichen Hand aus staatseigenen Textilbetrieben in Togo

Wie viele andere afrikanische Staaten verfolgte auch Togo in den siebziger Jahren ein ehrgeiziges Industrie-Entwicklungsprogramm unter Führung des Staates; die Mittel hierzu stammten aus den Zufallsgewinnen des kurzlebigen Rohstoffbooms und erheblichen Kreditaufnahmen im Ausland. Zu Beginn der achtziger Jahre war das Land durch mehrere notleidende SEU belastet, darunter seine beiden größten Textilbetriebe. Einer dieser Betriebe, der Strick- und Webwaren für den Export herstellen sollte, wurde von der Regierung 1980 mit einem Kostenaufwand von 50 Millionen Dollar fertiggestellt. Kurz nach der Betriebseröffnung wurde das Werk jedoch geschlossen; ausschlaggebend hierfür waren eine mangelhafte Betriebsführung, defekte Ausrüstungsgüter, unzureichende technische Kenntnisse und fehlendes Betriebskapital sowie eine ungenügende Marktkenntnis. Der zweite Textilbetrieb, errichtet durch ein privates Großunternehmen, das 1981 in Konkurs ging, wurde vom Staat übernommen. Obwohl sich der Betrieb in recht gutem Zustand befand, waren doch umfassende Sanierungsmaßnahmen erforderlich.

Auf der Grundlage von Vorschlägen verschiedener interessierter Gruppen, entschloß sich die Regierung, die Aktiva der Textilbetriebe an private Investoren zu verkaufen, die Verbindlichkeiten dagegen behielt sie in ihrem Bestand. Drei unabhängige Prüfgutachten bestätigten den Verkaufspreis von etwa 10 Millionen Dollar. Den Zuschlag erhielt eine koreanische Gruppe mit Finanzmitteln aus den USA.

Der daraus entstandene privatisierte Großbetrieb wurde Mitte 1987 errichtet, er verpflichtete 120 koreanische Techniker und Kaufleute, um die Sanierung der bestehenden Anlage zu überwachen. Insgesamt sind zur Sanierung und für zusätzliche Ausrüstungen Investitionen in Höhe von 20 Millionen Dollar vorgesehen. Bei voller Auslastung sollen die beiden Betriebe etwa 5 000 togolesische Arbeiter beschäftigen und mehr als 24 Millionen Kleidungsstücke für die Ausfuhr und 12 Millionen Ellen bedrucktes Gewebe herstellen.

Anfang 1988 übernahm eine britische Investorengruppe die Mehrheitsbeteiligung an dem Betrieb, um einen Ausfall von US-Mitteln zu kompensieren. Die ursprünglichen Investoren aus Korea und den Vereinigten Staaten behielten eine Minderheitsbeteiligung. Die Aktionäre planen, daß beide Fabriken Ende 1988 mit hoher Kapazitätsauslastung arbeiten. Die Schaffung eines privaten Großbetriebs, der die Beschäftigung erheblich steigern wird, die Ausnutzung der vorhandenen Anlagen maximiert und beträchtliche finanzielle Risiken ohne direkte Subventionierung übernimmt, erwies sich als vielversprechender Anstoß für weitere von der togolesischen Regierung geplante Privatisierungen.

---

ländischen Investoren auf dem Gebiet der Wasserversorgung und Abwasserbeseitigung beste Arbeit. Sind private Betreiber u. U. nicht in der Lage, ein gesamtes SEU zu führen, ist es häufig möglich, bestimmte Betriebsteile auszulagern. Im Fall eines Hafens kommen zum Beispiel die Schiffsbeladung, das Freilager, der Containerbereich oder anderes in Frage. Die Hafenverwaltung von Kelang (Malaysia) überließ ihren Containerhafen von Anfang an einer privaten Führung im Rahmen eines Leasingvertrages.

Ungeachtet dessen mag es Schwierigkeiten bei der Abfassung von Geschäftsführungs- oder Leasingverträgen geben, und es kann zu ähnlichen Konflikten kommen wie im Fall öffentlich geführter Unternehmen. Vertraglich angestellte Manager können nur solange effiziente Arbeit leisten, wie ihnen nicht in das tägliche Geschäft hineinregiert wird. Gleichzeitig ist vielleicht vereinbart, die Managementgebühren ohne Rücksicht auf die Erfolgsentwicklung zu zahlen. Nützlich sind daher Mechanismen, die die Geschäftsleitung an höheren Unternehmensgewinnen beteiligt. Die Abhängigkeit der Regierung von einem einzelnen Vertragspartner ist zu vermeiden, wenn es in diesem Bereich keinen Wettbewerb gibt. Bei einem Leasingvertrag trägt der Leasingnehmer das Geschäftsrisiko. Zwar kann der Staat unmittelbare Finanzlasten ablegen, er muß jedoch sicherstellen, daß er am Ende der Leasingperiode brauchbare Aktiva zurückerhält. Leasingverträge werden häufig als Zwischenschritt einer eventuellen Eigentumsübertragung vom öffentlichen auf den privaten Sektor eingesetzt.

Veräußerung von Beteiligungen an SEU

Um die Belastung hoher staatlicher Beteiligungen an gewerblichen Unternehmen abzubauen, haben einige Industrieländer und noch mehr Entwicklungsländer damit begonnen, ihr Eigentum an einer Reihe von SEU teilweise oder vollständig zu veräußern. In den wenigen Industrieländern mit einem erheblichen Umfang solcher Veräußerungen, wie Frankreich und Großbritannien, kam es in manchen Fällen zu Schwierigkeiten. Die angemessene Bewertung der SEU, Widerstände der öffentlich Beschäftigten und Interessengruppen, die Gefahren einer Schaffung privater durch Abschaffung öffentlicher Monopole führten selbst in Ländern zu beträchtlichen Problemen, in denen die Kapitalmärkte gut entwickelt sind, die öffentliche Debatte offen und ausführlich war und wo wirksame Regulierungsmechanismen vorhanden sind. Erheblich größeren Schwierigkeiten sahen sich die Entwicklungsländer gegenüber, in denen die Kapitalmärkte nur wenig entwickelt sind, starke unterschwellige Ängste vor einer wirtschaftlichen Dominanz von Ausländern oder ethnischen Minderheiten bestehen und in denen das Aufsichts- und Regulierungsvermögen des Staates nur begrenzt ausgebildet ist.

Ungeachtet dessen wurde in einigen Entwicklungsländern aktiv eine Politik der Beteiligungsveräußerung verfolgt. In Fällen finanziell gesunder SEU, an denen eine Großzahl heimischer Investoren Interesse hatte, entschieden sich manche Regierungen für öffentliche Zeichnungsangebote, womit teilweise auch zur Entwicklung der inländischen Kapitalmärkte beigetragen werden sollte (vgl. Sonderbeitrag 8.4). In den meisten Entwicklungsländern ist jedoch davon auszugehen, daß die Veräußerung öffentlicher Beteiligungen auch weiterhin vorrangig durch Privatplazierungen erfolgt. Sie beinhalten den vollständigen Verkauf von Aktiva der SEU (vgl. Sonderbeitrag 8.5).

Im Zuge der Beteiligungsveräußerung muß die Regierung entscheiden, ob auch das neue Privatunternehmen durch Schutzmaßnahmen vom Wettbewerb abgeschirmt wird und es Subventionszahlungen erhält. Im allgemeinen kann dies nicht erwünscht sein, vor allem dort nicht, wo die Reform SEU Teil einer umfassenderen Anpassung der Handels- und Finanzpolitik ist. Einige SEU eignen sich nicht zur Übertragung auf private Eigentümer, da sie nach Abschaffung von Schutzmaßnahmen und Einstellung von Subventionszahlungen finanziell nicht überleben könnten. In diesen Fällen mag die Liquidation der einzig gangbare Weg sein. In Guinea, Mali, Mexiko, Venezuela und vielen anderen Ländern wurde eine Großzahl kleiner, nicht lebensfähiger SEU geschlossen oder aufgelöst.

Ansatzpunkte für eine Reform staatseigener Unternehmen

Einige SEU in Entwicklungsländern sind erfolgreiche Gewerbebetriebe und belasten die öffentlichen Finanzen nicht (vgl. Sonderbeitrag 8.6). In den meisten Ländern gibt es jedoch viele Unternehmen, die Haushaltmittel beanspruchten, das Gesamtdefizit des öffentlichen Sektors erhöhten, die Finanzpolitik beeinträchtigten und mit einer negativen Wertschöpfung abschlossen. Diese Probleme mögen zwar von Land zu Land oder von SEU zu SEU mehr oder weniger dringlich sein, sie sprechen aber doch für allgemein gültige Reformansätze.

Wie in einer Reihe von Industrieländern, so sollten auch in Entwicklungsländern einige wenige Schlüsselunternehmen, vor allem im Bereich der Infrastruktur, im öffentlichen Eigentum verbleiben. Sollen diese SEU zur Entwicklung beitragen, anstatt

---

Sonderbeitrag 8.6 Malaysias Elektrizitätswirtschaft: Ein finanziell gesundes SEU

Malaysias Nationale Elektrizitätswerke (NEW) sind ein Beispiel für ein SEU, das gut geführt wird und finanziell gesund ist. Durch eine angemessene Preispolitik und Investitionsplanung, die finanzielle Disziplin und ausreichende Autonomie konnten sie die Schuldendienstprobleme und die Abhängigkeit vom Staatshaushalt vermeiden, in die gewerbliche SEU in vielen anderen Ländern geraten waren. Nachdem sie ihre Tarife in vollem Umfang an den Ölpreisanstieg der späten siebziger Jahre angepaßt hatten, behielten die NEW bis 1985 ihre hohen Stromgebühren bei. Im Bilanzjahr 1986 paßten die NEW ihre Tarife zweimal an. Die NEW haben keine nennenswerten Probleme mit Zahlungsrückständen.

Durch einen größtmöglichen Einsatz der intern erwirtschafteten Mittel zur Investitionsfinanzierung konnten die NEW eine starke Kapitalkraft beibehalten und 50 Prozent ihrer Investitionen aus Eigenmitteln finanzieren. Obwohl 40 Prozent des Gesamtkapitals der NEW auf Fremdwährung lauten, hielt die umsichtige Geschäftsführung die finanziellen Risiken durch eine entsprechende Kreditpolitik in relativ engen Grenzen. Durch die Bildung einer Devisenstabilisierungsreserve im Jahr 1986 sind die NEW in der Lage, ihr Investitionsprogramm oder ihre Finanzierungsstruktur rasch an jede Wechselkursänderung anzupassen.

Die malaysische Regierung überwacht zwar die Tarifstruktur und die Finanzentwicklung des Unternehmens, sie nimmt aber keinen Einfluß auf betriebliche Angelegenheiten und Investitionsentscheidungen. Da sich Erdgas (für das ein anderes SEU zuständig ist) und Wasserkraftwerke mit hoher Kapazität (die von einem anderen inländischen Versorgungsunternehmen erworben wurden) in jüngerer Zeit zu attraktiven Alternativen der Stromversorgung entwickelt haben, müssen Regierung und NEW nunmehr enger zusammenarbeiten. Die Regierung hat sich jedoch überwiegend auf die Beratung und Vermittlung beschränkt, nicht aber von oben herab Direktiven erteilt.

die öffentlichen Finanzen zu belasten, so sind ein Ausbau der Buchführung, eine Erfolgsbewertung auf Basis einer Anreize schaffenden Erfolgsbeteiligung sowie eine rigorose Überprüfung der Vorteilhaftigkeit von Investitionen unverzichtbar. Darüber hinaus müssen die Regierungen Preis-, Steuer- und Kontrollmaßnahmen ergreifen und durchsetzen, die einen kostendeckenden Betrieb, eine sorgfältige Rechnungslegung sowie ein Gleichgewicht zwischen Autonomie und Pflicht zur Rechenschaftslegung gewährleisten.

Durch die Höhe des staatlichen Besitzanteils allein wird der Erfolg eines Unternehmens noch nicht gewährleistet. Jedoch kann ein umfassender Bestand an SEU die verwaltungsmäßigen und finanziellen Ressourcen des Staates beträchtlich belasten. In vielen Industrie- und Entwicklungsländern ist die frühere politisch verfolgte Ausweitung des öffentlichen Unternehmensbesitzes zum Stillstand gekommen, oder es werden sogar Gegenmaßnahmen ergriffen. Der Staat sollte kontinuierlich Kosten und Nutzen vergleichen, die durch die öffentliche Leitung oder den staatlichen Besitz einzelner SEU entstehen und, wo immer durchführbar, die Veräußerung an private Hände in Betracht ziehen. Auf vielen Gebieten, vor allem im Verarbeitungs- und Dienstleistungsgewerbe, bieten sich häufig Geschäftsführungs- oder Leasingverträge als Zwischenschritte in diese Richtung an.

Derartige Reformen erfordern sowohl vom öffentlichen als auch vom privaten Sektor erhebliche Anpassungsanstrengungen. Häufig sind damit auch ernste finanzielle, unternehmerische und politische Belastungen verbunden. Um politische Widerstände zu überwinden, bedarf es einer umfassenderen Information über die Kostenbelastungen nicht lebensfähiger oder schlecht geführter SEU. Die Übertragung der Geschäftsführung oder des Eigentums auf Privatpersonen sollte anhand ausdrücklich festgelegter Kriterien erfolgen und zusätzliche Schutzmaßnahmen sollten nicht gewährt werden. Da eine bessere Erfolgsbilanz das stärkste Argument zugunsten einer Privatisierung ist, sollten die Regierungen sicherstellen, daß die Privatunternehmer innerhalb eines gesamtwirtschaftlich soliden Rahmenwerks operieren, das frei ist von verzerrenden Preisen und Subventionszahlungen, die zur Ineffizienz der SEU führten. Diese Herausforderungen erfordern staatliche Einsatzbereitschaft und angemessene Mittel zur Unterstützung des Anpassungsprozesses.

9

Leitlinien der Reform

Der öffentliche Sektor ist während der letzten Jahrzehnte in fast allen Ländern schnell gewachsen. Dieser Bericht hat dargelegt, wie eine unzureichend geführte Finanzpolitik zu den ernsten Wirtschaftsproblemen in einem Teil der Dritten Welt beigetragen hat. Untragbar hohe Haushaltsdefizite haben in vielen Ländern zu einer gewaltigen Auslandsverschuldung, hohen Inflationsraten und zu stagnierenden Privatinvestitionen geführt. Die öffentlichen Einnahmen reichten zur Deckung der öffentlichen Ausgaben nicht aus. Die Erhebung der Einnahmen war auch ungerecht und verursachte hohe volkswirtschaftliche Kosten; zu stark stützte man sich auf Handels-, Verbrauchs- und Umsatzsteuern, zu wenig auf breit fundierte inländische Produktions- und Einkommensteuern oder Benutzergebühren. Ein zu großer Teil der öffentlichen Mittel wurde für unkluge Investitionen, kostspielige Subventionen und eine übermäßige öffentliche Beschäftigung ausgegeben; zu wenig öffentliche Mittel wurden für entwicklungsfördernde Investitionen verwendet.

Der Bericht hat viele Beispiele einer soliden öffentlichen Finanzpolitik angeführt. Einige Entwicklungsländer konnten ernste Haushaltsprobleme vermeiden. Andere Länder haben mutige Reformschritte unternommen. Eine Reform ist unbestreitbar möglich, auch wenn institutionelle Veränderungen schwierig sind und Zeit erfordern. Aufgrund der Erfahrungen der letzten Jahrzehnte lassen sich fünf grob umrissene Konzepte empfehlen. Hierbei handelt es sich nicht um unrealisierbare Idealzustände, sondern um praktikable Zielsetzungen. Einige Länder haben bereits Maßnahmen in dieser Richtung ergriffen.

- Führung einer soliden Haushaltspolitik.
- Kostensenkung bei der Beschaffung von Einnahmen.
- Steigerung der Effizienz und Effektivität öffentlicher Ausgaben.
- Stärkung der Autonomie und Rechenschaftslegung dezentralisierter öffentlicher Körperschaften.
- Konzipierung einer öffentlichen Finanzpolitik, die im Einklang mit den Zielen der Armutslinderung steht.

Solide Haushaltspolitik

Mäßige und tragbare öffentliche Defizite mit gewissen Spielräumen für zyklische Aufwärts- und Abwärtsbewegungen sind bei weitem wünschenswerter als aufeinanderfolgende Phasen einer stark expansiven und kontraktiven Finanzpolitik. Wachsende Schulden, Kapitalflucht und Vertrauensverlust während der Expansionsphase führen unweigerlich zu einer anschließenden, um so stärkeren Kontraktion. Auf die Armen entfallen die größten Lasten. Sie können sich nicht durch die Verlagerung von Vermögenswerten ins Ausland gegen Einkommensverluste absichern, und sie sind in Zeiten der Rezession häufig die ersten, die ihre Arbeitsstelle verlieren. Was aber sind „mäßige und tragbare" öffentliche Defizite? Es sind Defizite, die mit niedrigen und stabilen Inflationsraten, einer akzeptablen Belastung durch die Bedienung von Auslandsschulden sowie mit angemessenen Realzinsen in Einklang stehen. Eine höhere inländische Sparquote und ein produktiver Einsatz öffentlicher Mittel erlauben auch unter dem Postulat einer soliden Haushaltspolitik höhere Defizite.

Länder mit hoher Exportabhängigkeit befinden sich in einem besonders schwierigen finanzpolitischen Umfeld. Wollen sie sichergehen, sollten sie Exporteinnahmen grundsätzlich als unbeständig ansehen. Ein fälschlicherweise als dauerhaft unterstellter zeitweiliger Einnahmenanstieg verursacht erhebliche Langzeitkosten, da eine Ausgabenkürzung und eine Rückführung der während des Aufschwungs aufgelaufenen Schulden Jahre dauern kann. Im Gegensatz dazu lassen sich die durch Vorsicht entstandenen Fehlentwicklungen — wenn also ein dauerhafter Einnahmenanstieg nur als vorübergehend eingeschätzt wurde — später leichter korrigieren. Die höheren Einnahmen können dann zum Erwerb von Auslandsforderungen oder zur Schuldentilgung eingesetzt und damit Inflations- oder Aufwertungsrisiken vermieden werden.

Erreicht das Haushaltsdefizit untragbare Größenordnungen, so müssen unbedingt gesamtwirtschaftliche Stabilisierungsmaßnahmen ergriffen werden. Eine strukturelle Anpassung kann nicht vorankommen, solange erhebliche gesamtwirtschaftliche Ungleichgewichte bestehen. Andererseits aber kann sich auch eine Stabilisierung ohne strukturelle, wachstumsfördernde Maßnahmen als undurchführbar erweisen. Stabilisierungspolitik und strukturelle Anpassung müssen daher koordiniert werden, um eine in sich widersprüchliche Wirtschaftspolitik zu vermeiden. Eine Anpassung auf Grundlage niedrigerer Zölle und geringerer Einfuhrhemmnisse, einheitlicher Wechselkurse und eines deregulierten Finanzmarktes kann wegen ihrer finanzpolitischen Implikationen destabilisierend wirken. Anpassungsprozesse sollte daher von finanzpolitischen Maßnahmen begleitet werden, durch die Einnahmeausfälle ausgeglichen werden können. Umgekehrt ist eine Stabilisierungspolitik auf Grundlage höherer Zölle, umfassenderer Einfuhrbeschränkungen und niedriger öffentlicher und privater Investitionen eine Gefahr für die strukturelle Neuordnung und das Wachstum. Bei der Sanierung des öffentlichen Haushalts wird die Entscheidung zwischen höheren Einnahmen und niedrigeren Ausgaben nicht einheitlich ausfallen können; sie hängt ab von der Größe des öffentlichen Sektors und der Leistungskraft der Einnahme- und Ausgabeseite. Ungeachtet der jeweiligen Entscheidung dürften kurzfristige Sondermaßnahmen erforderlich sein, um die Stabilisierungseffekte für die Armen zu dämpfen.

Kostensenkung bei der Beschaffung von Einnahmen

Die Erhebung öffentlicher Einnahmen ist kostspielig. Hierzu tragen nicht nur die direkten Verwaltungskosten bei, sondern auch die indirekten Kosten infolge wirtschaftlicher Verwerfungen. Einige Erhebungsverfahren sind jedoch weit kostspieliger als andere. Die Regierungen sollten sich bei der Reform ihres Einnahmesystems von bestimmten Prinzipien leiten lassen.

Soweit wie möglich sollten Kosten und Nutzen öffentlicher Leistungen durch Benutzergebühren in direkter Beziehung zueinander stehen. Hierbei kann es sich um konsumbezogene Gebühren handeln (öffentliche Preissetzung), wenn sich der einzelne Verbraucher identifizieren läßt oder aber um Abgaben für generelle Vorteile (wie die Grundstücksaufwertung durch öffentliche Leistungen in Lateinamerika), wenn davon vor allem ein bestimmtes Gebiet profitiert. Benutzergebühren fördern die wirtschaftliche Effizienz, indem sie den Nutznießer veranlassen, die wirtschaftlichen Kosten eines bestimmten Produkts oder einer Dienstleistung gegen deren Nutzen abzuwägen. Die Benutzer werden wahrscheinlich auch die Leistung des Anbieters überwachen, wenn sie dafür bezahlen müssen. Viele öffentliche Dienstleistungen, für die eine Gebührenerhebung durchführbar und gerechtfertigt wäre, wurden häufig allen Benutzern kostenlos oder zu hoch subventionierten Preisen angeboten. Infolgedessen gibt es einen erheblichen Spielraum zur Steigerung der öffentlichen Einnahmen durch höhere Gebühren — vor allem für solche Leistungen wie höhere Bildung, Krankenhauspflege, Elektrizität, Wasserversorgung und die innerstädtische Personenbeförderung. Es läßt sich belegen, daß eine Kostendeckung die Armen nicht belastet, sondern ihnen hilft, da so die erforderlichen Finanzmittel für einen Ausbau der Grundversorgung gewonnen werden. Zur Linderung der Armut und zur Befriedigung der Grundbedürfnisse im Bereich der Bildung, des Gesundheitswesens und der sanitären Einrichtungen können den ärmsten Bevölkerungsgruppen auch weiterhin Subventionen zukommen.

Zwar können Benutzergebühren in vielen Fällen erhöht werden, allgemeine Steuern sind aber nach wie vor zur Finanzierung öffentlicher Güter erforderlich, die der Allgemeinheit zugute kommen. Obwohl gewisse Zielkonflikte nicht zu vermeiden sind, lassen sich die Einnahmen durch eine Steuerreform steigern und gleichzeitig wirtschaftliche Verwerfungen sowie die Belastung der Armen abbauen. Von ausschlaggebender Bedeutung ist die Einfachheit des Steuersystems, denn die Entwicklungsländer verfügen nur über begrenzte Verwaltungskapazitäten. Daher sollten die verwaltungsmäßige Durchführbarkeit und eine leistungsfähigere Steuerverwaltung bei jeder Steuerreform von grundlegendem Interesse sein.

Steuersysteme, die diesen Kriterien gerecht werden, bestehen in der Regel aus einfach konstruierten Körperschafts- und Einkommensteuern, einer Mehrwertsteuer (häufig aus Vereinfachungsgründen nur auf der Herstellerebene) und einigen wenigen Verbrauchssteuern auf Luxusgüter oder gesellschaftlich unerwünschte Produkte. Wenn Einfuhrbelastungen als notwendig angesehen werden, sollten sie niedrig und stärker vereinheitlicht sein. Die Grenzsteuersätze sollten im Interesse geringstmöglicher Verzerrungen und höherer Akzeptanz nicht hoch liegen. Die Steuern sind einfach zu strukturieren, d. h. mit möglichst wenigen Steuersätzen und Ausnahmeregelungen. Steuerliche Anreize zur Erreichung spezieller gesellschaftlicher Zielsetzungen haben in der Praxis meist versagt, da hierdurch wirtschaftliche Verzerrungen geschaffen oder tendenziell vergrößert werden und die Steuerverwaltung erheblich komplexer wird. Hohe Grundfreibeträge bei der persönlichen Einkommensteuer und die Freistellung unverarbeiteter Produkte von der Mehrwertsteuer führen zu einer erheblichen Steuerentlastung der Armen und sorgen gleichzeitig für eine Konzentration der öffentlichen Kräfte auf die Bereiche, wo die Einnahmebeschaffung am wirkungsvollsten ausfällt.

Effiziente und effektive öffentliche Ausgaben

Ein Leitprinzip für öffentliche Investitionen sollte sein, daß sie private Investitionen ergänzen, aber nicht mit ihnen konkurrieren. Der öffentlichen Hand kommt eindeutig die Bereitstellung öffentlicher Güter wie Verteidigung oder Gesetzgebung und öffentliche Ordnung zu. Sie ist auch auf Gebieten gefordert, die vom Privatsektor nur unzureichend bedient würden; hierzu zählen Güter und Dienstleistungen, die der Gesellschaft insgesamt zugute kommen, wie die Grund- und Hauptschulbildung, die Verkehrsinfrastruktur und die landwirtschaftliche Forschung. Öffentliche Eingriffe lassen sich des weiteren auch dort vertreten, wo Angebotsmonopole auftreten oder die Produktion durch eine starke Kostendegression gekennzeichnet ist. Der Staat muß aber keine knappen und kostspieligen Mittel für Leistungen aufwenden, die der private Sektor — wenn es ihm gestattet wird — besser bereitstellen kann. Zum Beispiel ist es nicht erforderlich, daß der Staat die meisten Agrar- und Industrieerzeugnisse herstellt und vermarktet oder Dienstleistungen wie den innerstädtischen Busverkehr bereitstellt.

Die Ausgabenerfordernisse müssen sich an stichhaltigen Prioritäten orientieren. Die Prioritäten werden erkennbar, wenn sich alle Gruppen über die spezifischen Mittelbeschränkungen im klaren sind. Eine Begrenzung der Gesamtausgaben zwingt dazu, den Bedarf gegen die Kosten der Mittelerhebung abzuwägen. Die geeignetsten Instrumente hierfür sind eine koordinierte mittelfristige Finanzplanung, ein jährlicher Haushalt und eine regelmäßige Einnahmen- und Ausgabenüberwachung. Bindende Ausgabenbegrenzungen sollten sich dabei nicht allein auf die Finanz- und Planungsministerien konzentrieren, sondern auch den für Einzelsektoren zuständigen Ministerien, den Landes- und Kommunalregierungen sowie den SEU auferlegt werden.

Die Wirksamkeit jeder einzelnen Ausgabenposition ist für deren Einfluß auf die wirtschaftliche Entwicklung entscheidend. Jedes bedeutende Projekt sollte sorgfältig begutachtet werden, und zwar nicht nur im Hinblick auf seine wirtschaftliche Tragfähigkeit (unter Einsatz der Kosten/Nutzen- oder Kosten/Wirksamkeit-Analyse), sondern auch auf seine technische, verwaltungsmäßige und finanzielle Durchführbarkeit hin. Ein gestörtes wirtschaftspolitisches Umfeld kann selbst die besten Projekte zu Fall bringen. Erforderlich ist daher auch eine geeignete Preis-, Handels- und Kreditpolitik.

Eine effiziente Nutzung des vorhandenen Kapitalstocks erfordert zwingend, daß die permanent anfallenden Betriebs- und Wartungsausgaben ausreichend gedeckt sind. Häufig befinden sich die Regierungen in einem Konflikt zwischen der Wartung des Kapitalstocks und der Vornahme von Neuinvestitionen, in der Regel empfiehlt sich aber ersteres. Der Neubau von Straßen kostet häufig das drei- bis fünffache einer regelmäßigen Instandsetzung. Erforderlich ist zudem eine angemessene

Besoldung der öffentlich Beschäftigten, damit die Regierungs- und Verwaltungsebene qualifiziertes und motiviertes Personal an sich ziehen kann. Die gängige Praxis der Einkommenskürzung und Gehaltsnivellierung bei gleichzeitiger Ausweitung der Gesamtbeschäftigung führt zwangsläufig zu einer qualitativ minderwertigen öffentlichen Verwaltung. Der öffentliche Dienst in Entwicklungsländern kann es sich nicht leisten, Auffangnetz für die gesamte Erwerbsbevölkerung zu sein. Schließlich sollten sich Subventionen zur Linderung der Armut auf Bevölkerungskreise konzentrieren, die sie am dringendsten benötigen.

Größere Autonomie und bessere Rechenschaftslegung dezentralisierter öffentlicher Körperschaften

Eine dezentralisierte Struktur der Entscheidungskompetenzen und der Pflicht zur Rechenschaftslegung trägt zu einem engeren Verbund von Kosten und Nutzen bei und kommt damit der Effizienz zugute. Die Entscheidungsträger vor Ort sind eher in der Lage, flexibel auf die Bedürfnisse und Prioritäten ihrer Mitbürger einzugehen; umgekehrt können die Bürger eher über die Arbeit von Kommunalbehörden wachen als über die zentralen Instanzen. Der mögliche Dezentralisierungsgrad unterscheidet sich von Sektor zu Sektor. Die städtische Infrastruktur — Straßen, Wasser, Abwasser — wird am besten von der Kommune betreut und soweit wie möglich durch Benutzergebühren finanziert. Bei der ländlichen Infrastruktur kann der Gemeindeverbund eine größere Rolle spielen, etwa bei der Bewässerung in Form einer Vereinigung zur Regelung der Wasserrechte. Den Anbietern sozialer Leistungen, wie Schul- oder Krankenhausträgern, läßt sich in der Regel eine größere Verantwortung bei der Bereitstellung und Kostendeckung übertragen, obgleich hier eine gewisse zentrale Kontrolle zur Aufrechterhaltung eines gewissen Standards und — sofern erforderlich — zur Zuweisung von plangemäßen Subventionen unumgänglich ist. SEU sollten die Kosten in eigener Regie über die Preise decken können, wobei die Unternehmensleitung Rechenschaft über die Qualität des Leistungsangebots und die Finanzlage ihres Unternehmens ablegen muß.

Kommunale Gebietskörperschaften und SEU, die öffentliche Güter bereitstellen oder Subventionsverpflichtungen haben, benötigen über die Benutzergebühren hinaus weitere Finanzmittel. Die Kommunen können ihr Steuersystem modernisieren und durch eine sorgfältigere Grundstücksbewertung und eine bessere Verwaltung dafür sorgen, daß ihre Steuerbasis auf einem breiteren Fundament steht und sich ihre Grundsteuereinnahmen erhöhen. Kreditaufnahmen der Gemeinden oder der SEU sind bei Sachinvestitionen gerechtfertigt, die erst in späteren Jahren Nutzen abwerfen; überall im öffentlichen Sektor sollten jedoch größere Kreditaufnahmen einer zentralen Zustimmung bedürfen, vor allem wenn öffentliche Garantien übernommen werden. Zuschüsse und Subventionen der Zentralregierung lassen sich häufig auf der Basis von Gerechtigkeitsüberlegungen rechtfertigen, bei ihrer Konzeption sollten jedoch Anreize für eine wirksame Kostendeckung eingebaut werden. Eine regelmäßige und verläßliche Prüfung durch zentrale Instanzen trägt zu einer intensiveren Rechenschaftslegung örtlicher Stellen über den Einsatz der aufgenommenen Kredite, der Finanzzuweisungen und der Subventionen bei.

Finanzströme innerhalb des öffentlichen Sektors sind in aller Regel komplex und führen häufig zu Mißverständnissen. Solche Transaktionen ließen sich leichter nachvollziehen, wenn alle Subventionszahlungen, Eigenkapitalleistungen, Dividenden, Steuern, Zahlungen für Güter und Dienstleistungen, Kreditaufnahmen und Schuldengarantien ausdrücklich in der Rechnungslegung der öffentlichen Hand erfaßt würden. Zwischenstaatliche Verpflichtungen sollten geltend gemacht werden. Zahlungsrückstände auf einer Seite gefährden die finanzielle Stabilität des Gläubigers; häufig hält dann auch dieser Zahlungen an Dritte zurück, um den fehlenden Mitteleingang auszugleichen. Hierdurch entsteht noch größere Unordnung, und das öffentliche Finanzsystem läßt sich noch weniger kontrollieren.

Die Stärkung der Kommunen erfordert — wie die Mehrzahl der anderen, in diesem Bericht vorgeschlagenen Reformen — eine verbesserte Verwaltung und ein effizienteres Management. Von zentraler Bedeutung sind im Rahmen einer finanzpolitischen Reform stets Maßnahmen zur Anhebung des Qualitätsstandards der öffentlich Bediensteten, sei es durch eine entsprechende Einstellungs- und Fortbildungspolitik, sei es durch Einführung von Leistungsanreizen. Viele gewerbliche SEU würden effizienter arbeiten und die öffentlichen Kassen weniger belasten, wenn sie einem größeren Wettbewerb durch private Anbieter ausgesetzt wären oder sich der Privatsektor durch private Geschäftsführungsvereinbarungen, Leasingverträge oder eine vollständige Privatisierung stärker involvieren ließe.

Öffentliche Finanzpolitik im Einklang mit der Linderung der Armut

Die Rückführung der Armut bleibt die elementare Herausforderung für die Entwicklungspolitik. Die Finanzpolitik kann hierzu einen erheblichen Beitrag leisten, wenn die oben beschriebenen Anforderungen beachtet werden. Eine solide Finanzpolitik bildet die Grundlage für das Wirtschaftswachstum — die Voraussetzung für einen längerfristig erfolgreichen Kampf gegen die Armut. Darüber hinaus tragen häufig die Armen die größten direkten Folgelasten einer unsoliden Finanzpolitik.

Auf der Einnahmenseite können die Armen von der Einkommen- und Grundsteuer ausgenommen werden. Die Freistellung unverarbeiteter Waren (vor allem Lebensmittel) von der Umsatzsteuer mindert den Effekt einer solchen Steuer auf die Armen. Gezielte Subventionen lassen sich einsetzen, um die Armen von Benutzergebühren freizustellen. In einigen Fällen können mäßige Benutzergebühren für kostenintensive Leistungen den Armen nutzen; hierdurch werden größere Investitionen für unentbehrliche öffentliche Leistungen möglich, und es kann damit die Trinkwasserversorgung, Grundschulausbildung oder die gesundheitliche Basisversorgung größeren Bevölkerungskreisen zugänglich gemacht werden.

Wichtigstes Mittel zur direkten Linderung der Armut sind öffentliche Ausgaben. Höhere Mittel zugunsten billiger städtischer und ländlicher Infrastrukturmaßnahmen steigern direkt den Lebensstandard, selbst wenn sie durch Benutzergebühren finanziert werden. Die Stärkung der Kommunen ist von ganz entscheidender Bedeutung, da es gewöhnlich überwiegend die Gemeinden sind, die die städtischen Leistungen erbringen. Auf die Armen gezielte Subventionen lassen sich selbst während einer finanzpolitischen Konsolidierungsphase aufrechterhalten. Investitionen in das Humankapital — also die Grundversorgung im Bereich Gesundheit und Ernährung, Grundschulausbildung und Familienplanung — können auf lange Sicht das Los der Armen erheblich verbessern und das Wachstum in Entwicklungsländern fördern.

Statistischer Anhang

Die Tabellen dieses Statistischen Anhangs enthalten Daten für eine repräsentative Auswahl von neunzig Entwicklungsländern, dazu entsprechende Angaben für Industrieländer und — sofern vorhanden — für Ölexporteure mit hohem Einkommen. Die Tabellen zeigen Daten über Bevölkerung, Volkswirtschaftliche Gesamtrechnungen, Außenhandel und Auslandsschulden. Hinsichtlich der in diesen Tabel-

TABELLE A.1
Bevölkerungswachstum, 1965 bis 1986 und Projektion bis zum Jahr 2000

Ländergruppe	Bevölkerung (in Mio) 1986	Durchschnittliches jährliches Wachstum (in %)				
		1965—73	1973—80	1980—86	1986—90	1990—2000
Entwicklungsländer	3.528	2,5	2,1	2,0	2,1	1,9
Länder mit niedrigem Einkommen	2.374	2,6	2,0	1,9	2,0	1,8
Länder mit mittlerem Einkommen	1.154	2,5	2,4	2,3	2,2	2,0
Ölexporteure	475	2,6	2,6	2,6	2,5	2,3
Exporteure von Industrieprodukten	2.081	2,5	1,8	1,6	1,7	1,5
Hochverschuldete Länder	570	2,6	2,4	2,4	2,3	2,2
Afrika südlich der Sahara	399	2,7	2,8	3,1	3,3	3,2
Ölexporteure mit hohem Einkommen	20	4,8	5,5	4,2	4,0	3,4
Industrieländer	742	1,0	0,7	0,6	0,5	0,4
Welt[a]	4.290	2,2	1,9	1,8	1,8	1,7

a. Ohne industrialisierte Staatshandelsländer.

TABELLE A.2
Bevölkerung und BSP pro Kopf (1980) und Wachstumsraten, 1965 bis 1987

Ländergruppe	BSP (in Mrd $) 1980	Bevölkerung (in Mio) 1980	BSP pro Kopf (in $) 1980	Durchschnittliches jährliches Wachstum des BSP pro Kopf (in %)					
				1965—73	1973—80	1980—84	1985	1986[a]	1987[a]
Entwicklungsländer	2.096	3.130	670	3,9	3,1	0,7	3,3	3,1	1,8
Länder mit niedrigem Einkommen	573	2.124	270	2,9	2,6	5,1	7,2	4,2	3,1
Länder mit mittlerem Einkommen	1.523	1.006	1.510	4,5	3,1	—1,4	1,1	2,3	1,1
Ölexporteure	523	407	1.290	4,8	3,1	—2,4	1,3	—1,7	—1,3
Exporteure von Industrieprodukten	949	1.889	500	4,7	3,9	3,4	6,4	5,8	3,5
Hochverschuldete Länder	876	494	1.770	4,5	2,8	—3,7	1,7	1,9	—0,5
Afrika südlich der Sahara	198	331	600	3,7	0,7	—4,9	2,9	—0,2	—4,6
Ölexporteure mit hohem Einkommen	227	16	14.540	4,2	5,6	—7,7	—8,2	—10,1	5,7
Industrieländer	7.701	716	10.760	3,6	2,1	1,3	2,4	2,0	2,2

a. Vorläufig.

len verwendeten Definitionen und Konzepte wird der Leser auf die Technischen Erläuterungen zu den „Kennzahlen der Weltentwicklung" verwiesen.

Hinsichtlich der Tabellen A.13, A.14 und A.15 wird auf Kapitel 1 verwiesen, wo die Szenarien des „Status-quo" und des „günstigen Falles" erläutert werden.

TABELLE A.3

Bevölkerung und Zusammensetzung des BIP in ausgewählten Jahren, 1965 bis 1987

(in Mrd $, falls nicht anders angegeben)

Ländergruppe und Kennzahl	1965	1973	1980	1983	1984	1985	1986[a]	1987[a]
Alle Entwicklungsländer								
BIP	339	759	2.135	2.103	2.149	2.158	2.244	2.403
Inländische Absorption[b]	342	764	2.180	2.120	2.135	2.151	2.237	2.379
Nettoexporte[c]	—3	—5	—46	—17	14	6	6	24
Bevölkerung (in Mio)	2.211	2.700	3.130	3.328	3.392	3.457	3.528	3.605
Länder mit niedrigem Einkommen								
BIP	148	260	574	603	604	621	634	691
Inländische Absorption[b]	149	259	597	617	618	651	657	706
Nettoexporte[c]	—1	0	—23	—13	—14	—31	—24	—15
Bevölkerung (in Mio)	1.509	1.847	2.124	2.249	2.289	2.328	2.374	2.424
Länder mit mittlerem Einkommen								
BIP	192	499	1.561	1.500	1.545	1.537	1.610	1.712
Inländische Absorption[b]	193	504	1.584	1.504	1.517	1.500	1.580	1.673
Nettoexporte[c]	—1	—5	—23	—4	28	37	30	39
Bevölkerung (in Mio)	702	854	1.006	1.078	1.103	1.129	1.154	1.181
Ölexporteure								
BIP	51	138	539	506	531	546	466	452
Inländische Absorption[b]	50	137	523	495	510	530	468	447
Nettoexporte[c]	0	1	16	11	21	16	—2	4
Bevölkerung (in Mio)	277	339	407	440	452	463	475	488
Exporteure von Industrieprodukten								
BIP	166	368	961	963	979	1.014	1.119	1.245
Inländische Absorption[b]	168	373	993	963	968	1.013	1.105	1.219
Nettoexporte[c]	—2	—5	—32	0	11	1	15	26
Bevölkerung (in Mio)	1.365	1.660	1.889	1.987	2.017	2.047	2.081	2.118
Hochverschuldete Länder								
BIP	117	292	898	775	800	803	812	809
Inländische Absorption[b]	115	291	906	755	764	769	793	777
Nettoexporte[c]	2	1	—8	20	36	35	19	32
Bevölkerung (in Mio)	341	419	494	531	543	556	569	584
Afrika südlich der Sahara								
BIP	26	60	203	180	178	177	160	127
Inländische Absorption[b]	26	59	205	187	178	175	165	129
Nettoexporte[c]	0	1	—2	—7	0	2	—5	—3
Bevölkerung (in Mio)	221	273	331	364	376	386	399	414
Ölexporteure mit hohem Einkommen								
BIP	8	28	224	214	198	184	..	..
Inländische Absorption[b]	5	17	148	190	192	..	..	..
Nettoexporte[c]	2	11	76	24	6	..	..	..
Bevölkerung (in Mio)	7	11	16	18	19	19	20	21
Industrieländer								
BIP	1.397	3.297	7.661	7.927	8.284	8.680	10.613	12.224
Inländische Absorption[b]	1.390	3.284	7.713	7.920	8.311	8.702	10.590	12.206
Nettoexporte[c]	6	12	—52	7	—27	—23	23	18
Bevölkerung (in Mio)	632	681	716	730	734	738	742	745

Anmerkung: Differenzen in den Summen durch Runden der Zahlen.
a. Vorläufig. b. Privater Verbrauch zuzüglich Staatsverbrauch und Bruttoinlandsinvestitionen.
c. Güter und Dienstleistungen ohne Faktoreinkommen.

TABELLE A.4
BIP (1980) und Wachstumsraten, 1965 bis 1987

Ländergruppe	BIP (in Mrd $) 1980	Durchschnittliches jährliches Wachstum des BIP (in %)					
		1965—73	1973—80	1980—84	1985	1986[a]	1987[a]
Entwicklungsländer	2.135	6,5	5,4	3,0	5,1	4,7	3,9
Länder mit niedrigem Einkommen	574	5,5	4,6	7,1	9,2	6,4	5,3
Länder mit mittlerem Einkommen	1.561	7,0	5,7	1,4	3,3	3,9	3,2
Ölexporteure	539	7,0	5,9	0,5	3,7	0,3	0,8
Exporteure von Industrieprodukten	961	7,4	5,9	5,2	7,9	7,2	5,3
Hochverschuldete Länder	898	6,9	5,4	—0,7	3,8	3,5	1,7
Afrika südlich der Sahara	203	6,6	3,3	—1,5	5,8	2,6	—1,4
Ölexporteure mit hohem Einkommen	216	8,8	8,0	—2,1	—5,9	—8,1	—2,9
Industrieländer	7.661	4,5	2,8	2,0	3,0	2,7	2,6

a. Vorläufig.

TABELLE A.5
Produktionsstruktur des BIP in ausgewählten Jahren, 1965 bis 1987
(in % des BIP)

	1965		1973		1980		1984		1985		1986[a]		1987[a]	
Ländergruppe	Land-wirt-schaft	Indu-strie	Land-wirt-schaft	Indu-strie	Land-wirt-schaft	Indu-strie	Land-wirt-schaft	Indu-strie	Land-wirt-schaft	Indu-strie	Land-wirt-schaft	Indu-strie	Land-wirt-schaft	Indu-strie
Entwicklungsländer	30	29	24	32	19	37	20	35	19	35	19	35	19	35
Länder mit niedrigem Einkommen	41	27	38	32	34	35	34	33	32	33	31	33	32	33
Länder mit mittlerem Einkommen	22	30	17	32	14	37	14	36	14	36	14	35	13	36
Ölexporteure	24	28	19	32	15	41	17	38	17	38	18	35	16	37
Exporteure von Industrieprodukten	34	31	27	35	21	39	21	37	20	37	18	37	18	37
Hochverschuldete Länder	20	32	16	33	13	37	15	36	15	36	14	35	13	36
Afrika südlich der Sahara	44	19	34	24	29	32	37	25	36	27	37	25	34	27
Ölexporteure mit hohem Einkommen	4	62	2	68	1	74	2	58	..	..	..	..	..	..
Industrieländer	5	40	5	38	3	36	3	34	3	34	3	34	3	35

a. Vorläufig.

TABELLE A.6
Wachstumsraten einzelner Wirtschaftssektoren, 1965 bis 1986
(durchschnittliches jährliches Wachstum in %)

	Landwirtschaft			Industrie			Dienstleistungssektor		
Ländergruppe	1965–73	1973–80	1980–86	1965–73	1973–80	1980–86	1965–73	1973–80	1980–86
Entwicklungsländer	3,3	2,6	3,6	8,6	6,4	3,7	7,0	5,9	3,2
Länder mit niedrigem Einkommen	2,9	2,5	5,5	8,6	7,2	9,9	6,3	4,5	6,9
Länder mit mittlerem Einkommen	3,6	2,8	1,7	8,7	6,2	1,2	7,1	6,3	2,3
Ölexporteure	3,9	1,9	1,3	9,9	6,4	0,2	6,1	7,0	1,5
Exporteure von Industrieprodukten	3,2	2,7	5,7	10,0	7,9	6,7	8,6	6,1	5,1
Hochverschuldete Länder	3,5	2,2	1,5	8,5	5,6	—1,1	7,1	6,1	0,6
Afrika südlich der Sahara	3,4	0,2	0,2	13,7	4,7	—2,4	5,7	5,0	0,1
Ölexporteure mit hohem Einkommen	..	..	..	13,2	3,9	—8,2	..	..	..
Industrieländer	1,7	0,4	2,5	5,0	2,0	2,5	4,7	3,4	2,6

TABELLE A.7
Kennzahlen für Verbrauch, Ersparnis und Investitionen in ausgewählten Jahren, 1965 bis 1987
(in % des BIP)

Ländergruppe und Kennzahl	1965	1973	1980	1983	1984	1985	1986[a]	1987[a]
Alle Entwicklungsländer								
Verbrauch	79,7	76,9	75,8	77,8	76,5	76,6	76,7	75,6
Investitionen	20,8	23,6	26,6	23,2	22,9	23,6	23,4	23,8
Ersparnis	19,3	23,0	23,4	20,3	21,4	21,3	21,5	23,6
Länder mit niedrigem Einkommen								
Verbrauch	81,1	76,0	78,9	77,8	76,6	75,3	75,4	74,0
Investitionen	20,4	23,8	26,0	24,8	26,2	29,8	28,8	28,2
Ersparnis	18,5	23,7	22,1	23,4	24,4	25,4	25,1	26,2
Länder mit mittlerem Einkommen								
Verbrauch	78,7	77,4	74,7	77,7	76,5	77,1	77,3	76,3
Investitionen	21,1	23,4	26,8	22,5	21,6	21,1	21,3	22,1
Ersparnis	19,9	22,6	23,9	19,1	20,2	19,6	20,1	22,5
Ölexporteure								
Verbrauch	80,2	76,6	70,5	76,0	75,0	77,3	79,8	76,1
Investitionen	19,4	22,6	26,4	21,8	21,0	21,2	21,2	23,2
Ersparnis	17,3	21,6	26,6	19,4	20,3	18,3	15,9	20,0
Exporteure von Industrieprodukten								
Verbrauch	77,9	75,4	75,6	75,1	73,0	71,9	71,3	71,9
Investitionen	22,5	25,9	28,4	25,2	26,2	28,1	27,7	27,3
Ersparnis	21,6	25,4	24,5	24,2	26,2	27,3	28,1	27,7
Hochverschuldete Länder								
Verbrauch	76,2	77,8	75,7	79,2	78,2	78,9	79,2	77,6
Investitionen	21,2	21,8	25,2	18,0	17,2	17,7	19,0	19,6
Ersparnis	22,0	21,3	22,4	16,2	17,2	16,6	17,0	20,7
Afrika südlich der Sahara								
Verbrauch	82,3	78,4	80,3	88,8	88,3	86,6	88,5	84,8
Investitionen	15,0	18,9	20,4	15,1	11,6	12,2	14,5	17,4
Ersparnis	15,4	17,5	16,7	8,5	8,5	10,2	7,6	10,9
Industrieländer								
Verbrauch	76,5	74,6	77,7	80,0	79,0	79,5	78,9	78,8
Investitionen	23,2	25,0	23,0	19,9	21,3	20,7	20,9	21,2
Ersparnis	23,9	25,8	22,7	20,3	21,3	20,7	21,2	22,0

a. Vorläufig.

TABELLE A.8
Exportwachstum, 1965 bis 1987

Länder- und Warengruppe	Durchschnittliche jährliche Veränderung des Exportvolumens (in %)					
	1965—73	1973—80	1980—84	1985	1986[a]	1987[b]
Exportvolumen, nach Warengruppen						
Entwicklungsländer	4,9	4,7	4,7	3,3	5,7	5,9
Industrieprodukte	11,6	13,8	9,5	3,3	4,9	9,5
Nahrungsmittel	2,9	4,3	1,7	4,3	4,1	4,2
Sonstige Agrarprodukte	2,7	1,2	0,1	7,9	5,9	4,2
Metalle und Mineralien	4,8	7,0	—0,2	7,8	11,1	1,2
Brennstoffe	4,0	—0,8	1,8	0,7	6,8	0,0
Welt[c]	8,8	4,4	1,4	3,0	3,7	4,3
Industrieprodukte	10,7	6,1	3,8	4,3	1,8	4,8
Nahrungsmittel	5,0	6,6	0,8	0,9	4,4	8,2
Sonstige Agrarprodukte	3,1	1,0	0,6	8,1	—0,3	7,6
Metalle und Mineralien	6,8	8,7	—0,7	3,9	3,6	10,6
Brennstoffe	8,6	0,0	—5,0	—2,6	12,3	—2,9
Exportvolumen, nach Ländergruppen						
Entwicklungsländer	4,9	4,7	4,7	3,3	5,7	5,9
Industrieprodukte	11,6	13,8	9,5	3,3	4,9	9,5
Rohstoffe	3,7	1,2	1,3	3,3	6,4	2,8
Länder mit niedrigem Einkommen	2,0	4,7	5,4	7,7	10,4	6,2
Industrieprodukte	2,4	8,2	9,6	0,7	15,0	9,3
Rohstoffe	1,7	2,8	2,4	13,7	6,9	3,6
Länder mit mittlerem Einkommen	5,3	4,8	4,6	2,7	5,0	5,8
Industrieprodukte	14,9	14,8	9,4	3,6	3,5	9,5
Rohstoffe	3,9	1,1	1,2	1,8	6,3	2,7
Ölexporteure	4,1	—0,9	0,4	0,0	3,2	—1,0
Industrieprodukte	10,1	3,4	24,5	3,6	3,9	6,7
Rohstoffe	4,0	—1,0	—1,0	—0,4	3,1	—1,8
Exporteure von Industrieprodukten	8,4	9,8	9,3	4,1	8,2	12,2
Industrieprodukte	11,6	14,0	10,2	2,8	7,8	12,8
Rohstoffe	5,5	3,4	7,4	7,2	9,1	10,9
Hochverschuldete Länder	3,1	1,1	0,9	0,5	—2,6	—0,4
Industrieprodukte	13,4	10,2	5,6	—2,3	—11,5	3,4
Rohstoffe	2,4	—0,4	—0,3	1,3	0,2	0,4
Afrika südlich der Sahara	15,0	0,1	—7,5	9,9	0,8	—6,8
Industrieprodukte	7,5	5,6	2,9	12,5	2,3	—0,3
Rohstoffe	15,3	—0,1	—8,2	9,7	0,7	—7,4
Ölexporteure mit hohem Einkommen	12,8	—0,6	—16,3	—15,4	24,9	—8,8
Industrieländer	9,4	5,4	2,5	4,2	1,9	4,6

a. Geschätzt. b. Projektion. c. Ohne industrialisierte Staatshandelsländer.

TABELLE A.9
Veränderung der Exportpreise und der Terms of Trade, 1965 bis 1987
(durchschnittliche jährliche Veränderung in %)

Ländergruppe	1965—73	1973—80	1980—84	1985	1986[a]	1987[b]
Veränderung der Exportpreise						
Entwicklungsländer	6,4	14,0	—3,2	—4,0	—6,4	12,2
Industrieprodukte	7,2	8,1	—2,7	—1,1	12,0	10,9
Nahrungsmittel	5,3	9,1	—2,3	—9,8	4,9	—4,3
Sonstige Agrarprodukte	4,5	10,3	—4,1	—13,8	0,1	23,8
Metalle und Mineralien	2,5	4,7	—5,2	—5,5	—4,2	13,2
Brennstoffe	8,0	27,1	—4,0	—3,5	—47,2	23,9
Ölexporteure mit hohem Einkommen	7,6	26,9	—4,1	—2,6	—45,3	20,8
Industrieländer						
Insgesamt	4,8	10,4	—3,5	—0,6	13,9	8,4
Industrieprodukte	4,6	10,8	—3,4	0,9	19,8	9,4
Veränderung der Terms of Trade						
Entwicklungsländer	0,7	1,6	—0,9	—2,3	—7,3	0,6
Länder mit niedrigem Einkommen	1,7	—2,5	0,0	—3,6	—2,0	0,5
Länder mit mittlerem Einkommen	0,6	2,2	—1,0	—2,1	—7,9	0,4
Ölexporteure	0,0	10,0	—1,8	—3,1	—38,7	9,3
Exporteure von Industrieprodukten	1,8	—2,7	0,3	—0,4	3,9	—2,4
Hochverschuldete Länder	1,4	3,5	—0,7	—2,3	—14,3	—0,5
Afrika südlich der Sahara	—8,4	4,8	—1,4	—5,9	—23,5	1,1
Ölexporteure mit hohem Einkommen	0,3	13,4	—2,3	—2,2	—49,1	7,6
Industrieländer	—1,0	—3,0	0,1	1,7	9,5	—0,1

a. Geschätzt. b. Projektion.

TABELLE A.10
Wachstum der langfristigen Schulden der Entwicklungsländer, 1970 bis 1987
(durchschnittliche jährliche Veränderung in %, nominal)

Ländergruppe	1970—73	1973—80	1980—84	1985[a]	1986[a,b]	1987[a,c]
Alle Entwicklungsländer						
Ausstehende und ausgezahlte Schulden	18,2	21,6	12,2	9,2	11,8	5,8
Öffentlich	15,8	17,4	9,9	15,1	20,9	8,8
Privat	20,5	24,8	13,5	6,1	6,8	3,9
Länder mit niedrigem Einkommen						
Ausstehende und ausgezahlte Schulden	13,0	16,4	8,2	18,0	19,2	11,0
Öffentlich	13,1	15,1	8,8	17,7	18,2	10,0
Privat	12,6	22,7	5,9	19,1	22,7	14,7
Länder mit mittlerem Einkommen						
Ausstehende und ausgezahlte Schulden	19,7	22,8	12,9	7,8	10,6	4,9
Öffentlich	17,5	18,6	10,4	13,9	22,1	8,3
Privat	21,1	24,9	13,9	5,6	6,0	3,3
Ölexporteure						
Ausstehende und ausgezahlte Schulden	22,7	24,9	13,7	5,2	13,4	6,4
Öffentlich	16,9	19,6	7,6	12,0	29,4	13,1
Privat	27,5	27,8	16,0	3,2	8,1	3,7
Exporteure von Industrieprodukten						
Ausstehende und ausgezahlte Schulden	22,3	19,9	10,5	8,4	8,4	5,6
Öffentlich	15,3	13,5	8,6	10,7	19,0	8,0
Privat	30,7	24,6	11,2	7,3	3,5	4,4
Hochverschuldete Länder						
Ausstehende und ausgezahlte Schulden	17,4	22,1	15,4	4,7	11,2	5,2
Öffentlich	13,3	15,3	13,6	17,5	32,6	13,7
Privat	19,1	24,2	15,7	2,0	6,0	2,6
Afrika südlich der Sahara						
Ausstehende und ausgezahlte Schulden	20,4	24,5	10,0	13,8	22,6	6,7
Öffentlich	18,1	23,6	12,4	16,4	30,4	7,6
Privat	24,2	25,9	6,9	10,0	10,6	5,0

a. Die Zunahme der ausstehenden und ausgezahlten Schulden ist teilweise durch Umschuldungen bedingt. b. Vorläufig. c. Geschätzt.

TABELLE A.11
Ersparnis, Investitionen und Leistungsbilanzsaldo (ohne öffentliche Übertragungen), 1965 bis 1986
(in % des BSP)

Land	Bruttoinlands-investitionen			Gesamtwirtschaftliche Bruttoersparnis			Leistungsbilanzsaldo (ohne öffentliche Übertragungen)		
	1965—73	1973—80	1980—86	1965—73	1973—80	1980—86	1965—73	1973—80	1980—86
Lateinamerika und Karibik									
*Argentinien	19,8	23,8	15,2	19,9	22,7	10,4	—0,1	—0,6	—4,7
*Bolivien	25,4	25,3	7,0	22,4	18,4	—1,7	—3,0	—6,8	—8,7
*Brasilien	21,2	23,7	20,6	19,2	19,1	17,2	—2,0	—4,6	—3,3
*Chile	14,3	17,4	17,4	12,5	11,8	6,8	—1,8	—5,5	—10,6
*Costa Rica	21,8	25,5	24,4	13,0	13,4	12,7	—8,8	—12,2	—11,7
*Ecuador	19,0	26,7	22,9	14,6	21,0	18,0	—4,4	—5,7	—4,9
Guatemala	13,3	18,7	11,9	11,0	14,3	7,7	—2,2	—4,3	—4,2
Jamaika	32,0	20,2	23,1	20,9	12,2	6,9	—11,1	—8,0	—16,2
*Kolumbien	18,9	18,8	19,8	16,5	18,7	14,4	—2,5	—0,1	—5,4
*Mexiko	21,4	25,2	25,3	19,2	21,2	23,4	—2,2	—4,0	—1,9
*Peru	27,7	28,9	26,7	27,1	24,6	22,3	—0,6	—4,3	—4,4
*Uruguay	12,0	15,7	13,3	11,5	11,3	10,0	—0,5	—4,4	—3,3
*Venezuela	29,5	32,5	20,0	30,3	35,2	24,3	0,8	2,6	4,3
Afrika									
Äthiopien	12,8	9,5	11,3	11,8	6,0	2,2	—1,1	—3,5	—9,1
*Côte d'Ivoire	22,8	29,2	20,5	. .	23,2	15,5	. .	—6,0	—5,0
Ghana	12,3	8,7	4,7	11,4	6,9	—0,8	—0,9	—1,8	—5,5
Kamerun	16,8	21,8	26,4	. .	17,7	24,3	. .	—4,1	—2,0
Kenia	22,6	26,2	25,5	17,8	16,4	17,7	—4,9	—9,8	—7,8
Liberia	19,1	28,7	15,0	. .	30,6	12,3	. .	1,8	—2,7
Malawi	20,0	29,7	19,5	. .	10,7	6,1	. .	—19,0	—13,4
Niger	9,7	23,8	18,5	. .	11,8	6,8	. .	—12,0	—11,8
*Nigeria	17,5	22,1	14,5	15,3	24,0	13,2	—2,2	1,9	—1,4
Sambia	31,9	28,5	18,5	38,5	24,7	7,2	6,6	—3,7	—11,3
Senegal	14,7	17,5	15,9	. .	4,6	—2,7	. .	—13,0	—18,6
Sierra Leone	13,8	14,1	13,6	9,7	—1,6	4,4	—4,2	—15,7	—9,2
Sudan	11,9	16,2	16,7	10,5	7,5	—0,7	—1,4	—8,7	—17,5
Tansania	19,9	23,9	18,0	16,9	13,0	8,5	—3,0	—10,9	—9,6
Zaire	13,7	15,0	14,4	12,1	9,3	6,5	—1,6	—5,6	—7,9
Südasien									
Indien	18,4	22,5	24,5	16,7	21,2	21,5	—1,7	—1,3	—3,0
Pakistan	16,1	17,5	17,5	. .	6,4	4,6	. .	—11,1	—13,0
Sri Lanka	15,8	20,6	28,0	12,7	12,5	11,9	—3,1	—8,1	—16,1
Ostasien									
Indonesien	15,8	24,5	28,1	12,4	24,6	24,9	—3,5	0,1	—3,2
Korea, Republik	23,9	31,0	30,6	16,2	25,0	27,6	—7,7	—6,0	—3,0
Malaysia	22,3	28,7	34,1	23,4	29,8	27,5	1,0	1,0	6,6
Papua-Neuguinea	27,8	22,0	28,4	. .	14,1	7,8	. .	—7,9	—20,6
*Philippinen	20,6	29,1	23,8	19,3	23,5	18,3	—1,3	—5,6	—5,5
Thailand	23,8	26,6	24,2	21,5	21,1	19,1	—2,3	—5,4	—5,1
Europa und Nordafrika									
Ägypten	14,0	29,8	28,6	9,0	8,9	3,6	—5,0	—20,9	—25,0
Algerien	32,1	44,5	37,0	25,5	37,5	36,1	—6,6	—7,0	—0,9
*Jugoslawien	29,9	35,6	38,8	25,6	26,9	31,8	—4,2	—8,7	—6,9
*Marokko	15,0	25,6	23,1	12,5	11,2	6,4	—2,6	—14,4	—16,8
Portugal	26,6	29,7	30,6	. .	16,5	14,5	. .	—13,2	—16,0
Tunesien	23,3	29,9	30,2	16,9	19,9	17,9	—6,4	—9,9	—12,3
Türkei	18,5	21,8	22,0	16,1	14,9	14,7	—2,4	—6,9	—7,3

Anmerkung: Ein Stern kennzeichnet ein hochverschuldetes Land.

TABELLE A.12
Zusammensetzung der ausstehenden Schulden, 1970 bis 1986
(in % der gesamten langfristigen Schulden)

Land	Schulden aus öffentlichen Quellen			Schulden aus privaten Quellen			Variabel verzinsliche Schulden[a]		
	1970–72	1980–82	1986	1970–72	1980–82	1986	1973–75	1980–82	1986
Lateinamerika und Karibik									
*Argentinien	9,5	6,7	11,4	65,5	68,3	88,6	4,9	21,9	74,4
*Bolivien	43,7	38,6	57,6	31,3	36,4	42,4	5,5	19,8	20,4
*Brasilien	23,0	9,4	20,6	52,0	65,6	79,4	17,8	34,1	58,4
*Chile	35,3	8,2	16,4	39,7	66,8	83,6	5,9	17,8	69,7
*Costa Rica	29,8	27,4	43,5	45,2	47,6	56,5	11,1	32,2	53,3
*Ecuador	38,8	22,9	28,9	36,2	52,1	71,1	6,0	27,4	71,6
Guatemala	35,6	53,2	63,4	39,4	21,8	36,6	0,0	4,2	29,6
*Jamaika	5,5	51,3	81,3	69,5	23,7	18,7	3,3	13,0	20,4
*Kolumbien	51,2	34,5	49,4	23,8	40,5	50,6	4,0	25,3	38,1
*Mexiko	14,6	8,1	12,6	60,4	66,9	87,4	22,4	46,5	66,0
*Peru	11,7	30,1	39,8	63,3	44,9	60,2	11,2	17,2	32,3
*Uruguay	33,1	15,8	17,8	41,9	59,2	82,2	7,5	21,4	68,0
*Venezuela	22,4	1,8	0,4	52,6	73,2	99,6	13,1	45,5	70,0
Afrika									
Äthiopien	65,5	69,5	86,2	9,5	5,5	13,8	1,1	1,6	4,1
*Côte d'Ivoire	38,6	17,3	33,3	36,4	57,7	66,7	13,8	27,0	34,2
Ghana	43,8	68,6	95,1	31,2	6,4	4,9	0,0	0,0	0,0
Kamerun	61,7	42,9	66,8	13,3	32,1	33,2	1,4	8,3	6,6
Kenia	43,8	42,1	75,6	31,2	32,9	24,4	1,4	7,5	3,4
Liberia	60,8	56,5	81,8	14,2	18,5	18,2	0,0	11,7	12,3
Malawi	63,4	54,6	92,9	11,6	20,4	7,1	1,6	15,8	4,9
Niger	72,8	31,7	65,9	2,2	43,3	34,1	0,0	9,9	12,2
*Nigeria	51,6	15,3	40,1	23,4	59,7	59,9	0,5	36,4	53,4
Sambia	16,4	52,8	83,7	58,6	22,2	16,3	14,7	7,5	34,8
Senegal	44,4	52,1	87,9	30,6	22,9	12,1	17,3	6,4	7,2
Sierra Leone	45,5	50,8	64,3	29,5	24,2	35,7	2,4	0,1	0,6
Sudan	64,7	55,8	80,1	10,3	19,2	19,9	1,6	7,6	22,9
Tansania	45,7	57,0	89,7	29,3	18,0	10,3	0,3	0,2	4,0
Zaire	19,1	49,4	86,6	55,9	25,6	13,4	19,3	8,5	12,9
Südasien									
Indien	71,4	68,4	77,9	3,6	6,6	22,1	0,0	2,5	10,0
Pakistan	68,0	69,7	93,1	7,0	5,3	6,9	0,0	2,3	5,1
Sri Lanka	61,2	60,5	77,7	13,8	14,5	22,3	0,0	8,9	8,4
Ostasien									
Indonesien	54,1	38,8	50,9	20,9	36,2	49,1	3,6	11,3	24,2
Korea, Republik	27,1	26,0	32,3	47,9	49,0	67,7	8,4	22,2	37,5
Malaysia	38,3	16,5	19,5	36,7	58,5	80,5	12,3	27,1	44,1
Papua-Neuguinea	4,6	19,2	24,5	70,4	55,8	75,5	0,0	17,7	19,6
*Philippinen	17,0	24,3	38,0	58,0	50,7	62,0	5,3	17,5	48,8
Thailand	30,1	30,3	48,6	44,9	44,7	51,4	0,3	16,5	25,1
Europa und Nordafrika									
Ägypten	34,4	14,0	21,2	40,6	61,0	78,8	24,5	18,2	30,0
Algerien	50,4	58,8	71,9	24,6	16,2	28,1	2,3	2,2	3,1
*Jugoslawien	28,7	17,9	31,4	46,3	57,1	68,6	2,3	7,6	50,7
*Marokko	59,4	38,7	67,9	15,6	36,3	32,1	2,0	22,7	33,8
Portugal	29,3	18,9	16,2	45,7	56,1	83,8	0,0	25,7	44,0
Tunesien	53,9	45,8	66,5	21,1	29,2	33,5	0,0	10,0	16,4
Türkei	69,4	47,4	60,8	5,6	27,6	39,2	0,6	17,3	27,2

Anmerkung: Ein Stern kennzeichnet ein hochverschuldetes Land.
a. In % der öffentlichen langfristigen Schulden.

TABELLE A.13
Auslandsfinanzierung der Entwicklungsländer, nach Art der Kapitalbewegung, 1980 bis 1995
(in Mrd $)

Ländergruppe und Art der Kapitalbewegung	Jahresbeträge				Periodendurchschnitte (Mittelwert)		
			1995			1988—95	
	1980	1987	Status quo	Günstiger Fall	1981—87	Status quo	Günstiger Fall
Alle Entwicklungsländer							
Defizit aus zusammengefaßtem Waren- und Dienstleistungsverkehr und privaten Übertragungen	71,2	13,9	62,3	75,3	56,0	37,0	39,4
ÖEH (netto)	23,6	27,5	47,6	50,1	24,3	38,3	39,1
Zuschüsse	12,1	17,3	21,7	23,2	14,5	17,9	18,5
Konzessionäre Darlehen	11,5	10,1	25,9	26,9	9,7	20,4	20,6
Private Direktinvestitionen	10,0	11,3	19,5	21,2	11,8	15,3	16,1
Langfristige Darlehen zu							
Marktbedingungen (netto)	49,4	20,2	17,9	37,9	36,9	6,7	15,4
Öffentlich	8,8	9,4	9,4	10,0	10,4	6,3	6,6
Privat	40,6	10,8	8,6	27,9	26,5	0,4	8,8
Sonstige Kapitalbewegungen	—0,3	—5,0	—2,5	—1,2	—10,1	—5,5	—4,8
Hochverschuldete Länder							
Defizit aus zusammengefaßtem Waren- und Dienstleistungsverkehr und privaten Übertragungen	23,4	8,3	1,0	3,8	20,0	7,9	8,5
ÖEH (netto)	1,6	1,4	5,9	5,3	1,9	4,6	4,0
Zuschüsse	0,5	1,4	2,3	2,2	1,0	1,7	1,7
Konzessionäre Darlehen	1,1	0,0	3,7	3,0	0,9	2,9	2,3
Private Direktinvestitionen	4,4	2,6	5,9	6,4	4,3	4,5	4,8
Langfristige Darlehen zu							
Marktbedingungen (netto)	27,5	14,4	—11,4	—7,4	19,3	—2,7	—1,0
Öffentlich	3,6	6,9	1,9	2,0	5,0	1,0	1,0
Privat	23,9	7,5	—13,3	—9,4	14,3	—3,8	—2,0
Sonstige Kapitalbewegungen	0,9	0,9	4,4	5,3	—9,6	2,8	3,3
Afrika südlich der Sahara							
Defizit aus zusammengefaßtem Waren- und Dienstleistungsverkehr und privaten Übertragungen	5,5	10,9	12,6	11,8	11,0	11,1	10,6
ÖEH (netto)	5,2	6,5	15,3	15,1	5,6	12,2	11,9
Zuschüsse	2,7	3,6	7,6	7,8	3,1	6,2	6,3
Konzessionäre Darlehen	2,5	2,9	7,7	7,3	2,5	6,0	5,6
Private Direktinvestitionen	0,0	1,0	1,7	1,8	0,9	1,3	1,4
Langfristige Darlehen zu							
Marktbedingungen (netto)	5,5	2,3	—3,3	—4,0	3,3	—1,5	—1,6
Öffentlich	1,2	0,4	—0,5	1,0	—0,7	—0,7	
Privat	4,3	1,9	—2,9	—3,5	2,2	—0,8	—0,9
Sonstige Kapitalbewegungen	—1,4	—0,7	—0,1	—0,0	—0,8	—0,3	—0,3

Anmerkung: Alle Angaben basieren auf einer Auswahl von neunzig Entwicklungsländern. Das nicht durch ÖEH, Direktinvestitionen, langfristige Darlehen und sonstige Kapitalbewegungen finanzierte Defizit aus zusammengefaßtem Waren- und Dienstleistungsverkehr und privaten Übertragungen entspricht der Veränderung der Devisenreserven.

TABELLE A.14
Leistungsbilanzsaldo und Finanzierungsströme in Entwicklungsländern, 1987 bis 1995
(in Mrd $)

	Alle Entwicklungsländer			Länder mit niedrigem Einkommen			Länder mit mittlerem Einkommen		
		1995			1995			1995	
Position	1987[a]	Status quo	Günstiger Fall	1987[a]	Status quo	Günstiger Fall	1987[a]	Status quo	Günstiger Fall
Netto-Exporte von Waren und Dienstleistungen (ohne Faktoreinkommen)	27,6	—24,4	—41,0	—14,9	—33,2	—38,0	42,5	8,8	—3,0
Zinsen auf langfristige Schulden	55,9	73,3	75,4	4,9	14,5	15,4	51,0	58,8	60,0
Öffentlich	17,0	26,6	26,5	3,0	6,6	6,6	14,0	20,0	19,9
Privat	38,9	46,7	48,9	1,9	7,9	8,8	37,0	38,7	40,1
Öffentliche Nettoübertragungen	16,0	21,7	23,2	5,3	7,6	8,1	10,7	14,1	15,1
Leistungsbilanzsaldo	2,1	—40,6	—52,1	—9,6	—27,7	—31,7	11,7	—13,0	—20,7
Langfristige Darlehen (netto)	30,4	43,8	64,8	9,1	35,9	42,9	21,3	8,0	21,9
Öffentlich	19,6	35,3	36,9	7,4	16,7	17,7	12,2	18,6	19,2
Privat	10,8	8,6	27,9	1,7	19,2	25,2	9,1	—10,6	2,7
Ausstehende und ausgezahlte Schulden	886,0	1.113,8	1.184,7	137,7	320,8	344,5	748,3	793,0	840,2
In Prozent des BSP	37,7	23,9	22,5	21,9	22,8	22,2	43,4	24,4	22,7
In Prozent der Exporte	145,3	94,5	85,4	180,6	187,0	169,5	140,3	78,7	70,9
Schuldendienst in Prozent der Exporte	20,2	15,6	13,7	17,5	18,2	16,3	20,6	15,2	13,2

Anmerkung: Alle Angaben basieren auf einer Auswahl von neunzig Entwicklungsländern. Differenzen in den Spaltensummen durch Runden der Zahlen. Die Summe aus Netto-Exporten, Zinsen und öffentlichen Übertragungen entspricht nicht dem Leistungsbilanzsaldo, da private Übertragungen und Kapitalerträge nicht berücksichtigt sind. Der nicht durch Darlehen finanzierte Teil des Leistungsbilanzsaldos wird ausgeglichen durch

TABELLE A.15
Wachstum des Außenhandelsvolumens in Entwicklungsländern, 1973 bis 1995
(durchschnittliche jährliche Veränderung in %)

	Warenexport				Export von Industrieprodukten			
			1987—95				1987—95	
Ländergruppe	1973—80	1980—87	Status quo	Günstiger Fall	1973—80	1980—87	Status quo	Günstiger Fall
Entwicklungsländer	4,7	5,4	4,0	5,6	13,8	8,6	5,8	8,3
Länder mit niedrigem Einkommen	4,7	6,8	5,2	6,7	8,2	8,9	7,4	9,9
Länder mit mittlerem Einkommen	4,8	5,2	3,9	5,5	14,8	8,6	5,6	8,1
Ölexporteure	—0,9	1,6	2,2	3,2	3,4	17,3	8,3	11,3
Exporteure von Industrieprodukten	9,8	9,3	5,1	7,1	14,0	9,6	6,0	8,5
Hochverschuldete Länder	1,1	1,4	3,2	4,3	10,2	2,1	5,9	8,5
Afrika südlich der Sahara	0,1	1,6	2,7	3,4	5,6	4,7	4,6	7,0

Anmerkung: Alle Angaben basieren auf einer Auswahl von neunzig Entwicklungsländern.

	Ölexporteure			Exporteure von Industrieprodukten			Hochverschuldete Länder			Afrika südlich der Sahara		
		1995			1995			1995			1995	
1987[a]	Status quo	Günstiger Fall	1987[a]	Status quo	Günstiger Fall	1987[a]	Status quo	Günstiger Fall	1987[a]	Status quo	Günstiger Fall
9,0	25,2	25,8	20,8	−37,2	−51,0	25,3	35,0	30,8	−3,0	−4,3	−3,7
17,2	18,7	17,7	16,3	31,9	35,2	30,1	36,3	35,9	3,7	5,8	5,6
3,6	6,2	6,2	5,3	8,7	8,8	6,7	9,0	8,8	2,1	3,5	3,4
13,7	12,5	11,5	10,9	23,3	26,4	23,4	27,3	27,1	1,5	2,4	2,2
1,4	1,3	1,4	4,5	4,7	5,1	1,1	2,3	2,2	3,7	7,6	7,8
−8,8	0,5	2,9	25,9	−33,8	−47,2	−7,2	1,3	−1,6	−7,2	−5,0	−4,0
11,8	−5,3	−7,6	3,8	39,6	60,9	14,3	−7,7	−4,4	5,2	4,4	3,3
7,0	6,5	6,9	4,2	10,9	12,0	6,9	5,6	5,0	3,3	7,3	6,8
4,9	−11,8	−14,5	−0,4	28,7	48,9	7,5	−13,3	−9,4	1,9	−2,9	−3,5
255,8	247,7	240,6	262,8	451,7	523,4	441,4	447,1	456,9	92,9	129,7	125,7
59,8	32,4	28,4	22,1	17,5	17,7	53,6	28,9	25,9	73,1	58,9	53,0
253,6	143,4	124,5	80,4	65,5	62,9	300,4	172,8	155,3	263,3	215,9	190,6
35,3	30,8	26,9	11,3	10,5	9,5	35,2	37,3	33,0	25,5	24,5	22,5

Direktinvestitionen, andere Kapitalbewegungen (einschließlich kurzfristiger Kredite und des Restpostens) und Reserveänderungen. Die ausstehenden und ausgezahlten Schulden sowie der Schuldendienst beziehen sich nur auf die langfristigen Darlehen.
a. Geschätzt

	Export von Rohstoffen				Warenimport				
			1987—95				1987—95		
1973—80	1980—87	Status quo	Günstiger Fall	1973—80	1980—87	Status quo	Günstiger Fall	Ländergruppe
1,2	3,1	2,2	2,8	5,9	1,1	4,6	6,3	Entwicklungsländer
2,8	5,3	2,9	3,4	5,6	6,4	5,0	6,6	Länder mit niedrigem Einkommen
1,1	2,8	2,1	2,7	6,0	0,1	4,5	6,3	Länder mit mittlerem Einkommen
−1,0	0,5	1,3	2,0	10,3	−6,0	1,9	3,1	Ölexporteure
3,4	8,4	2,8	3,2	5,6	5,8	5,8	7,9	Exporteure von Industrieprodukten
−0,4	1,1	2,4	3,0	5,5	−6,3	3,3	4,9	Hochverschuldete Länder
−0,1	−2,0	2,5	2,9	7,5	−6,9	2,6	3,0	Afrika südlich der Sahara

Anmerkungen zu den verwendeten Quellen

Der vorliegende Bericht stützt sich auf die unterschiedlichsten Weltbank-Arbeiten und auf zahlreiche externe Quellen. Zu den Weltbank-Quellen gehören laufende Forschungsprojekte sowie länder-, sektor- und projektbezogene Arbeiten über einzelne Länder. Zu den externen Quellen gehören Forschungspublikationen sowie Berichte anderer Organisationen, die sich mit weltwirtschaftlichen und finanzpolitischen Fragen befassen. Neben den hier aufgeführten Beiträgen lieferten Mitarbeiter des IWF wertvolle Stellungnahmen und stellten Zahlenmaterial zur Verfügung. Die für die einzelnen Kapitel verwendeten Hauptquellen werden unten kommentiert. Diese und andere Quellen werden dann alphabetisch nach Autor und Organisation in zwei Gruppen aufgeführt: Hintergrundpapiere, die für diesen Bericht in Auftrag gegeben wurden, sowie ausgewählte Literatur. Die Hintergrundpapiere, von denen einige später in der Reihe der „Policy, Planning und Research (PPR) Working Paper" verfügbar sein werden, verknüpfen die einschlägige Literatur mit den Arbeiten der Bank. Die in diesen Papieren zum Ausdruck gebrachten Auffassungen stimmen nicht notwendigerweise mit denen der Weltbank oder den in diesem Bericht enthaltenen Ansichten überein.

Zusätzlich zu den wichtigsten aufgeführten Quellen haben viele Personen innerhalb und außerhalb der Weltbank zu der Erstellung dieses Berichts beigetragen, indem sie informelle Vermerke anfertigten oder ausführliche Kommentare abgaben. Dazu gehörten Bankangehörige aus der Abteilung für öffentliche Finanzwirtschaft, sowie Roy Bahl, Bela Balassa, Richard M. Bird, Willem H. Buiter, Ramesh Chander, Raja J. Chelliah, Rudiger Dornbusch, Arnold C. Harberger, David Lindauer, Richard Musgrave, Jacques J. Polak, Sarath Rajapatirana, Vito Tanzi und Herman G. van der Tak.

Überblick

Sonderbeitrag 1 des Überblicks stützt sich auf zahlreiche Weltbank-Arbeiten und auf Cornia u. a. (1987). Sonderbeitrag 2 stammt von Webber und Wildavsky (1986).

Kapitel 1

Die in diesem Kapitel benutzten Daten stammen hauptsächlich aus Veröffentlichungen des IWF, der BIZ und der OECD, sowie aus Quellen der Weltbank. Die Diskussion über die jüngsten makroökonomischen Fragen in Industrieländern hat insbesondere vom Hintergrundpapier von Buiter profitiert und stützt sich auch auf Baneth (1987), Hooper und Mann (1987), Marris (1987), Rohatyn (1987), Thurow und Tyson (1987), sowie auf Williamson und Miller (1987). Die Diskussion über den Schuldenüberhang stützt sich auf de Carmoy (1987), Dornbusch (1987), Fischer (erscheint demnächst), Lever und Huhne (1987), Loxley (1986), Sachs (1987b) und insbesondere auf die *World Debt Tables 1987-88*. Sonderbeitrag 1.1 beruht auf den *Weltentwick-*

lungsberichten 1986 und 1987 und stützt sich auch auf Finger und Olechowski (1987). Sonderbeitrag 1.2 stützt sich auf McLure (1987) und Sinn (1987). Sonderbeitrag 1.5 wurde von Charles Humphreys entworfen. Sonderbeitrag 1.7 basiert auf Beiträgen von Sanjivi Rajasingham. Jean Baneth und Richard Snape gaben nützliche Kommentare zu früheren Fassungen.

Kapitel 2

Die Ausführungen in diesem Kapitel stützen sich auf Hintergrundpapiere von Balassa, Lindauer und Musgrave. Die verwendeten finanzwirtschaftlichen Zahlenangaben sind überwiegend den *Government Finance Statistics* des IWF entnommen. Die Schaubilder 2.1 und 2.3 und Tabelle 2.3 basieren hingegen auf Länderberichten der Weltbank und des IWF. Im Abschnitt über die Strukturen öffentlicher Finanzen wurden Materialien von Reynolds (1983 und 1985), sowie Saunders und Klau (1985) verwendet. Die Diskussion neuerer Betrachtungsweisen des öffentlichen Sektors beruht auf Buchanan (1987), Buchanan und Tollison (1984), Mills (1986), Mueller (1987), Musgrave (1959 und 1981 b) und Stiglitz (1986). Ramesh Chander trug zur Erstellung des Sonderbeitrags 2.1 bei, Sonderbeitrag 2.2 basiert auf Haggard und Kaufman (1987). Sonderbeitrag 2.4 stützt sich auf das Papier 14 des Entwicklungsausschusses und auf Arbeiten von Robert Repetto. Besonders hilfreich waren Kommentare von Jonathan Skinner zu früheren Entwürfen.

Kapitel 3

Der Abschnitt über die Finanzpolitik und die gesamtwirtschaftliche Erfolgsbilanz stützt sich auf Hintergrundpapiere von Buiter und Taylor sowie auf Buiter (1985), Tanzi (1984) und Tanzi und Blejer (1983). Die Behandlung der Auslandsverschuldung und der finanzpolitischen Steuerung beruht auf Edwards (erscheint demnächst), Feldstein und anderen (1987), sowie Sachs (1987 b und demnächst erscheinend). Der Abschnitt über private Kapitalbewegungen profitiert von Ize und Ortiz (1987), Khan und ul Haque (1987), Lessard und Williamson (1987) und van Wijnbergen (1985). Die Analyse der Inflation und des inländischen Schuldenmanagements stützt sich auf Blejer und Liviatan (1987) Kiguel und Liviathan (1988), Knight und McCarthy (1986), Williamson (1985), und die Studie über Ostasien von Kharas und Kiguel (1987) sowie auf das Hintergrundpapier von Easterly. Der Abschnitt über Wachstum und Schulden profitiert von Corbo und anderen (1987), Dervis und Petri (1987) und van Wijnbergen (1988). Das Hintergrundpapier von Mortone über Brasilien sowie Ländervermerke von Ritu Anand und Sweder van Wijnbergen über die Türkei, Michael Lav über Polen, F. Desmond McCarthy über Argentinien und Peter Miovic über Bolivien trugen zusätzlich zur Beurteilung der Aussichten dieser Länder bei.

Der Abschnitt über die Finanzpolitik und Exportzyklen im Warenverkehr stützt sich auf das Hintergrundpapier von Cuddington sowie auf Auty und Gelb (1986), Bevan und andere (1987), Devarajan und de Melo (1987), Gelb (erscheint demnächst) und Pinto (1987). Ländervermerke von Patrick Clawson über Côte d'Ivoire und Kamerun, Ernesto May über Indonesien und Joanne Salop über Nigeria trugen zur Erstellung des länderspezifischen Hintergrundmaterials bei. Die Analyse der Finanzpolitik in den afrikanischen Ländern mit niedrigem Einkommen profitiert von dem Hintergrundpapier von O'Connell sowie von Gulhati und anderen (1986) und Lancaster und Williamson (1986).

Sonderbeitrag 3.2 stützt sich auf den Analyserahmen, der von Wijnbergen und anderen (1988) dargelegt wird. Sonderbeitrag 3.3 stützt sich auf Beiträge von Manuel Hinds. Sonderbeitrag 3.4 beruht auf Ländervermerken von Miovic und McCarthy sowie auf dem Hintergrundpapier von Martone. Er stützt sich auch auf Cardoso und Dornbusch (1987; Brasilien) Edwards (1987, Chile), Heymann (1987; Argentinien) und Sachs (1987 a, Bolivien). Sonderbeitrag 3.5 beruht auf dem Hintergrundpapier von Pinto.

Die den Untersuchungen zugrundeliegenden Zahlen wurden den Länderberichten der Bank und des Fonds sowie den *International Financial Statistics* entnommen. Besonders hilfreich waren Kommentare zu früheren Entwürfen des Kapitels von Mario Blejer, Homi Kharas und Sweder van Wijnbergen.

Kapitel 4

Die vergleichenden Angaben basieren vor allem auf den *Government Finance Statistics* des IWF, Consolidated central governments series (Tabelle A), sowie Materialien des Bureau of International Fiscal Documentation. Die Ausführungen des Abschnitts über Produktions- und Einkommensteuern stützen sich auf Shalizi und Squire (1987). Der Abschnitt über die Steuerverwaltung stützt sich überwiegend auf Hintergrundvermerke der Abteilung Öffentliche Finanzen des IWF. Sonderbeitrag 4.1 beruht auf Anderson (1987), Sonderbeitrag 4.2 auf einer Reihe von Papieren von Gillis und anderen (erscheint demnächst), Sonderbeitrag 4.3 auf Chamley und anderen (1985), Sonderbeitrag 4.4 auf Hintergrundvermerken zum *Weltentwicklungsbericht* von Robert Wieland, Sonderbeitrag 4.5 auf Conrad (1986) und Gillis (1985), Sonderbeitrag 4.6 auf Hintergrundvermerken zum *Weltentwicklungsbericht* von Roy Bahl und Sonderbeitrag 4.7 auf Hintergrundvermerken zum *Weltentwicklungsbericht* von Richard Bird. Hintergrundmaterial wurde auch erarbeitet von J. Gregory Ballentine, Christophe Chamley, Robert Conrad, Harvey Galper, Hafez Ghanem, Malcolm Gillis, Homi Kharas, Jonathan Skinner, Ruben Suarez-Berenguela und P. T. Wanless. Hilfreiche Kommentare zu früheren Entwürfen des Kapitels kamen von Robert Conrad, Charles E. McLure, Jonathan Skinner und Lyn Squire.

Kapitel 5

Die Angaben über Strukturen und Tendenzen der Staatsausgaben stammen aus den *Government Finance Statistics* des IWF, consolidated central government series. Gertrud Windsperger half bei der Sammlung wichtiger Daten für Afrika. Die Angaben über Verteidigungsausgaben in Sonderbeitrag 5.1 stammen von der U.S. Arms Control and Disarmament Agency, und der Sonderbeitrag beruht auf einem Hintergrundpapier von Bhatia. Die Erörterung jüngerer Ausgabenkürzungen berücksichtigt Daten von Buffie und Kraus (1987), Dohner (1987), Dornbusch und de Pablo (1987) sowie Hicks (1988). Der Abschnitt über Prioritäten der öffentlichen Ausgaben stützt sich weitestgehend auf die zahlreichen Untersuchungen öffentlicher Investitionen und öffentlicher Ausgaben, die in den vergangenen Jahren von Weltbankangehörigen durchgeführt wurden. Die Diskussion der Ausgaben für Betrieb und Instandhaltung profitierte von Peter Hellers Arbeiten über Indonesien und Asif Faiz trug zu den Ausführungen über die Probleme der Straßeninstandhaltung bei, eine detailliertere Analyse findet sich in der Untersuchung der Weltbank (1988 b). Die Analyse der öffentlichen Besoldungs- und Beschäftigungspolitik stützt sich auf ein Hintergrundpapier von Lindauer. Die Sonderbeiträge 5.5 und 5.6 beruhen auf Arbeiten von Barbara Nunberg bzw. Robert Repetto. Robert Sadove stellte Hintergrundmaterial über den Einfluß der Investitionen auf den Entwicklungsprozeß zusammen. Der Abschnitt über die Planung und Budgetierung öffentlicher Ausgaben stützt sich umfassend auf Hintergrundpapiere von Lacey und Lister und auf die Untersuchungen der Bank über öffentliche Investitionen und öffentliche Ausaben. Die Erörterung der ergebnisorientierten Budgetierung stammt von Dean (1986). Wichtigste Quelle des Sonderbeitrags 5.8 ist das Hintergrundpapier von Baldwin. Sonderbeitrag 5.10 wurde von Martha de Melo erstellt und Sonderbeitrag 5.11 von Katherine Marshall. Peter Dean, Martha de Melo, Friedrich Kahnert und Ajit Mazoomdar kommentierten ausführlich die Entwürfe zu diesem Kapitel.

Kapitel 6

Die Ausführungen über die Finanzen des Bildungs- und Gesundheitssystems stützen sich hauptsächlich auf Jiminez (1987) und Arbeiten der Weltbank (1986 a, 1987 b sowie 1988 a). Der Abschnitt über städtische Dienstleistungen stützt sich auf Bahl und Linn (erscheint demnächst), Linn (1983), Weltbank (1986 b) und Beiträge von Stephen Malpezzi. Der Abschnitt über ländliche Dienstleistungen beruht auf Briscoe und de Ferranti (1988), Repetto (1986), Small und anderen (1986) und einem Hintergrundpapier von Mason. Das Statistisch Büro der Unesco, unter der Leitung von Gabriel Carceles, stellte die Grunddaten für die Tabelle 6.1 zur Verfügung. Sonderbeitrag 6.2 beruht auf einem Hintergrundpapier von Puffert. Sonderbeitrag 6.3 wurde von Jan Leno und Peter Moock entworfen. Sonderbeitrag 6.4 wurde einem Hintergrundpapier von Julius entnommen, mit Beiträgen von Gabriel Sanchez-Sierra. Sonderbeitrag 6.5 wurde von Kyu Sik Lee entworfen. Sonderbeitrag 6.6 beruht auf einem Hintergrundpapier von Buckley und Mayo; Sonderbeitrag 6.7 auf Small und anderen (1986), weiteren nicht veröffentlichten Dokumenten und Kommentaren von Robert Y. Sin und Sonderbeitrag 6.8 beruht auf Wade (1988). Dennis Anderson, Nancy Birdsall, Dennis de Tray und Fred Golladay kommentierten frühere Entwürfe dieses Kapitels.

Kapitel 7

Dieses Kapitel verwendet Angaben aus den *Government Finance Statistics* des IWF zur quantitativen

Darstellung der Rolle von Regierungsstellen unterhalb der zentralstaatlichen Ebene. Die Erörterung der finanzpolitischen Dezentralisierung stützt sich teilweise auf den Bericht der Regierung der Vereinigten Staaten (1985) und Weltbankberichte über die kommunale Finanzierung. Die Ausführungen über die Gemeindefinanzierung, einschließlich der vier Effizienzkriterien bei der Erhebung von Gemeindesteuern in Tabelle 7.1 stützen sich auf Bahl und Linn (1983 und demnächst erscheinend). Carmela Quintos erstellte, revidierte und aktualisierte Angaben für Tabelle 7.1. Sonderbeitrag 8.3 beruht auf Doebele und anderen (1979) und auf dem Hintergrundpapier von Pineda. Das Hintergrundpapier von Dillinger bildete die wichtigste Grundlage für die Darlegungen über die Grundsteuer und den Sonderbeitrag 7.4. Die Abschnitte über die Kreditaufnahme und die zwischenstaatlichen Zuweisungen beruhen auf Hintergrundpapieren von Davey beziehungsweise Schroeder. Die Sonderbeiträge 7.1, 7.2 und 7.5 stützen sich jeweils auf Hintergrundpapiere von Bahl, Bird und Olowu. Beratungen mit Kenneth Davey und William Dillinger waren für dieses Kapitel auf allen Bearbeitungsstufen wertvoll.

Kapitel 8

Die Diskussion der Probleme und der Reform der SEU beruht vorwiegend auf der weitreichenden betrieblichen Erfahrung der Bank. Die Angaben über den Beitrag der SEU zur Produktion, Investition, Nettohaushaltsbelastung, Auslandsverschuldung und zum Defizit des öffentlichen Sektors stammen hauptsächlich aus den Länderberichten der Weltbank und des IWF. Sie werden ausführlich in dem Hintergrundpapier von Nair und Filippides erörtert. Andere Arbeiten über die gesamtwirtschaftlichen Effekte der SEU finden sich in dem Sammelband von Floyd und anderen (1984). Ausführungen über staatliche Stellen und SEU außerhalb des Budgets in Großbritannien, Japan und den Vereinigten Staaten beruhen auf Bennett und DiLorenzo (1983). Das Kapitel stützt sich bei der Erörterung der privaten Geschäftsführung und des privaten Eigentums, sowie bei den Angaben über die Privatisierung auf das Papier von Vuylsteke und anderen (1988). Diese Ausführungen stützen sich des weiteren auch auf Bank-Ausarbeitungen von Berg und Shirley (1987), Hegstad und Newport (1987) sowie Vernon (1987). Die Sonderbeiträge 8.1, 8.2 und 8.4 beruhen jeweils auf den Arbeiten von Mustapha Rouis, Mary Shirley und Roger Leeds. Elliot Berg, John Nellis, Mary Shirley, Raymond Vernon und Charles Vuylsteke trugen zu früheren Versionen dieses Kapitels hilfreiche Kommentare bei.

Hintergrundpapiere

Diese Papiere können angefordert werden bei: World Development Report Office, World Bank, Washington, D.C.

Bahl, Roy. ''Local Government Financing in China.''

Balassa, Bela. ''The Adding Up Problem.''

———. ''Public Finance and Economic Development.''

Baldwin, George B. ''Cost-Benefit Analysis and the Allocation of Investment Resources.''

Ballentine, Gregory J., and Harvey Galper. ''The Practical Importance of Tax Distribution.''

Bhatia, Anita. ''Military Expenditure and Economic Growth.''

Bird, Richard M. ''Fiscal Decentralization in Colombia.''

Buckley, Robert M., and Stephen K. Mayo. ''Housing Policy in Developing Economies: Evaluating the Broader Costs.''

Buiter, Willem H. ''Some Thoughts on the Role of Fiscal Policy in Stabilization and Structural Adjustment in Developing Countries.''

———. ''The Current Global Economic Situation, Outlook, and Policy Options with Special Emphasis on Fiscal Policy Issues.''

Conrad, Robert F. ''Considerations for the Development of Tax Policy When Capital Is Internationally Mobile.''

Cuddington, John. ''Fiscal Policy in Commodity-Exporting LDCs.''

Davey, Kenneth J. ''Municipal Development Funds and Intermediaries.''

Dillinger, William. ''Urban Property Taxation in Developing Countries.''

Easterly, William. ''Fiscal Deficits, Real Interest Rates, and Inflation: A Consistency Approach.''

International Monetary Fund, Fiscal Affairs Department. ''Tax Administration as an Element of Fiscal Policy in LDCs.''

Feltenstein, Andrew. ''The Role of Fiscal Policy in Centrally Planned Economies: Three Countries in Transition.''

Fleisig, Heywood W. ''The International Consequences of the Macroeconomic Policy Mix in OECD Countries."

Gillis, Malcolm. "Lessons from Post-War Experience with Tax Reform in Developing Countries."

Julius, DeAnne. "Public Finance and the Energy Sector."

Kaminski, Bartlomiej. "Fiscal Policy as a Tool of Public Economic Policy in a Reformed Centrally Planned Economy."

Lacey, Robert. "The Management of Public Expenditures: An Evolving Bank Approach."

Lindauer, David L. "Government Pay and Employment Policy in Developing Economies."

———. "The Size and Growth of Government Expenditures."

Lister, Stephen. "Improving the Allocation and Management of Public Spending: Some Lessons of African Experience."

Martone, Celso L. "Fiscal Policy and Stabilization in Brazil."

Mason, Melody K. "Sectoral Perspectives of Public Finance: Rural Infrastructure."

Musgrave, Richard A. "The Role of the Public Sector and Public Sector Growth."

Nair, Govindan, and Anastasios Filippides. "State-Owned Enterprises and Public Sector Deficits in Developing Countries: A Comparative Statistical Assessment."

O'Connell, Stephen A. "Fiscal Policy in Low-Income Africa."

Olowu, Dele. "Nigeria: Federal and State Transfers to Local Governments, 1970–87."

Peters, R. Kyle. "Fiscal Policy in the Pacific Islands."

Pineda, José Fernando. "The Valorization System in Bogotá: An Assessment of Recent Trends."

Pinto, Brian. "Black Market Premia, Exchange Rate Unification, and Inflation in Sub-Saharan Africa."

Puffert, Douglas J. "Means and Implications of Social Security Finance in Developing Countries."

Schroeder, Larry. "Intergovernmental Grants in Developing Countries."

Sinn, Hans-Werner. "U.S. Tax Reform 1981 and 1986: Impact on International Capital Markets and Capital Flows."

Skinner, Jonathan. "Do Taxes Matter? A Review of the Incentive and Output Effects of Taxation."

Taylor, Lance. "Fiscal Issues in Macroeconomic Stabilization."

Versluysen, Eugene. "Financial Deregulation and the Globalization of Capital Markets: A Stabilizing Force or a Conduit of Volatility and Uncertainty?"

Wanless, P. T. "Tax Reform in Centrally Planned Economies."

Ausgewählte Literatur

Acharya, Shankar N., and others. 1985. *Aspects of the Black Economy in India.* New Delhi: Ministry of Finance.

Ahmad, Ehtisham, and Nicholas Stern. 1986. "Tax Reform for Pakistan: Overview and Effective Taxes for 1975–76." *The Pakistan Development Review* 25, 1: 43–72.

———. 1987. "Alternative Sources of Government Revenue: Illustrations from India, 1979–80." In David Newbery and Nicholas Stern, eds., *The Theory of Taxation for Developing Countries,* New York: Oxford University Press.

Ames, Barry. 1987. *Political Survival: Politicians and Public Policy in Latin America.* Berkeley: University of California Press.

Anand, Ritu, and Sweder van Wijnbergen. 1987. "Inflation and the Financing of Government Expenditure in Turkey: An Introductory Analysis." Washington, D.C.: World Bank. Processed.

Anderson, Dennis. 1987. *The Public Revenue and Economic Policy in African Countries: An Overview of Issues and Policy Options.* World Bank Discussion Paper 19. Washington, D.C.

Andic, Suphan, and Jindrich Veverka. 1964. "The Growth of Government Expenditure in Germany since Unification." *Finanzarchiv* 23, 2 (January): 169–278.

André, Christian, and Robert Delorme. 1983. *L'Etat et l'Economie.* Paris: Editions du Seuil.

Argy, Victor, and Joanne Salop. 1983. "Price and Output Effects of Monetary and Fiscal Expansion in a Two-Country World under Flexible Exchange Rates." *Oxford Economic Papers* 35 (July): 228–46.

Armstrong-Wright, Alan, and Sebastien Thiriez. 1987. *Bus Services: Reducing Costs, Raising Standards.* World Bank Technical Paper 68. Washington, D.C.

Atkinson, A. B., and Joseph Stiglitz. 1980. *Lectures on Public Economics.* New York: McGraw-Hill.

Auerbach, Alan J., and Martin Feldstein. 1985. *Handbook of Public Economics.* Vol. I. Amsterdam: North-Holland.

Auty, Richard, and Alan Gelb. 1986. "Oil Windfalls in a Small Parliamentary Democracy: Their Impact on Trinidad and Tobago." *World Development* 14, 9: 1161–75.

Bahl, Roy W. 1983. *Intergovernmental Grants in Bangladesh.* Interim Report 10. Zilla Roads/Local Finance Project. Metropolitan Studies Program, Syracuse University.

Bahl, Roy W., Daniel Holland, and Johannes F. Linn. 1983. *Urban Growth and Local Taxes in Less Developed Countries.* Papers of the East-West Population Institute 89. Honolulu, Hawaii.

Bahl, Roy W., and Johannes F. Linn. 1983. "The Assignment of Local Government Revenues in Developing Countries." In Charles E. McLure, Jr., ed., *Tax Assignment in Federal Countries.* Canberra: Australian National University Press.

———. Forthcoming. *Urban Public Finance in Developing Countries.* New York: Oxford University Press.

Bahl, Roy W., Jerry Miner, and Larry Schroeder. 1984. "Mobilizing Local Resources in Developing Countries." *Public Administration and Development* 4: 215-30.

Bahl, Roy W., and Matthew N. Murray. 1986. "Income Tax Evasion in Jamaica." Jamaica Tax Structure Examination Project Staff Paper 31. Syracuse, N.Y.: Maxwell School of Citizenship and Public Affairs, Syracuse University. Processed.

Bahl, Roy W., and S. Nath. 1986. "Public Expenditure Decentralization in Developing Countries." *Environment and Planning C: Government and Policy* 4: 405-18.

Balassa, Bela. 1982. "Structural Adjustment Policies in Developing Economies." *World Development* 10, 1: 23-38.

Baneth, Jean. 1987. "The World Economy's Uncertain Future." *Canadian Business Review* (Summer): 25-27.

Bank of England. 1985. "Review of Economic and Financial Developments." *Quarterly Bulletin* 25, 1 (March): 163-211.

———. 1987a. "Developments in International Banking and Capital Markets in 1986." *Quarterly Bulletin* 27, 2: 234-46.

———. 1987b. "The Instruments of Monetary Policy." *Quarterly Bulletin* 27, 3 (August).

Bank for International Settlements. 1982-87. *Annual Report.* Basle.

———. 1986. *Recent Innovations in International Banking.* Basle.

Baum, Warren C., and Stokes M. Tolbert. 1985. *Investing in Development: Lessons of World Bank Experience.* New York: Oxford University Press.

Beckerman, Wilfred. 1986. "How Large a Public Sector?" *Oxford Review of Economic Policy* 2, 2: 7-24.

Bennett, James T., and Thomas J. DiLorenzo. 1983. *Underground Government: The Off-Budget Public Sector.* Washington, D.C.: Cato Institute.

Benoit, Emile. 1973. *Defense and Growth in Developing Countries.* Boston: Lexington Books.

Berg, Alan. 1987. *Malnutrition: What Can Be Done?: Lessons from World Bank Experience.* Baltimore, Md.: Johns Hopkins University Press.

Berg, Elliot, and Mary M. Shirley. 1987. *Divestiture in Developing Countries.* World Bank Discussion Paper 11. Washington, D.C.

Bevan, D. L., P. Collier, and J. W. Gunning. 1987. "Consequences of a Commodity Boom in a Controlled Economy: Accumulation and Redistribution in Kenya 1975-83." *World Bank Economic Review* 1 (May): 489-513.

Bird, Richard M. 1976. *Charging for Public Services: A New Look at an Old Idea.* Canadian Tax Paper 59. Toronto: Canadian Tax Foundation.

———. 1980. *Central-Local Fiscal Relations and the Provision of Urban Public Services.* Research Monograph 30. Canberra: Centre for Research on Federal Financial Relations, Australian National University.

———. 1984. *Intergovernmental Finance in Colombia: Final Report of the Mission on Intergovernmental Finance.* International Tax Program. Cambridge: Harvard Law School.

———. 1986. *Federal Finance in Comparative Perspective.* Toronto: Canadian Tax Foundation.

———. 1987a. "The Administrative Dimension of Tax Reform in Developing Countries." Rotterdam: Erasmus University. Processed.

———. 1987b. "A New Look at Indirect Taxation in Developing Countries." *World Development* 15, 9: 1151-61.

Bird, Richard M., and B. D. Miller. Forthcoming. "Taxation and the Poor in Developing Countries." In Richard M. Bird and S. Horton, eds., *Government Policy and the Poor in Developing Countries.* Toronto: University of Toronto Press.

Blejer, Mario I., and Adrienne Cheasty. 1986. "Using Fiscal Measures to Stimulate Savings in Developing Countries." *Finance & Development* 23 (June): 16-19.

Blejer, Mario I., and Nissan Liviatan. 1987. "Fighting Hyperinflation: Stabilization Strategies in Argentina and Israel, 1985-86." *IMF Staff Papers* 34 (September): 409-38.

Blinder, Alan S., and Robert M. Solow. 1974. *The Economics of Public Finance.* Washington, D.C.: Brookings Institution.

Bradford, David F., and the U.S. Treasury Tax Policy Staff. 1984. *Blueprints for Basic Tax Reform.* 2nd ed. Springfield, Va.: National Technical Information Service.

Briscoe, John, and David de Ferranti. 1988. *Water for Rural Communities: Helping People Help Themselves.* Washington, D.C.: World Bank.

Bryant, Ralph C. 1988. *External Deficits and the Dollar: The Pit and the Pendulum.* Washington, D.C.: Brookings Institution.

Buchanan, James. 1987. *Public Finance in Democratic Process: Fiscal Institutions and Individual Choice.* Chapel Hill: University of North Carolina Press.

Buchanan, James, and Robert D. Tollison, eds. 1984. *The Theory of Public Choice-II.* Ann Arbor: University of Michigan Press.

Buffie, Edward F., and Allen Sangines Krauss. Forthcoming. "Mexico 1958–1986: From Stabilizing Development to the Debt Crisis." In Jeffrey D. Sachs, ed., *Developing Country Debt and the World Economy.* University of Chicago Press.

Buiter, Willem H. 1983. "Measurement of the Public Sector Deficit and Its Implications for Policy Evaluation and Design." *IMF Staff Papers* 30, 2 (June): 307–49.

———. 1984. "Allocative and Stabilization Aspects of Budgetary and Financial Policy." Inaugural lecture delivered to the London School of Economics and Political Science, November 1983. Processed.

———. 1985. "A Guide to Public Sector Debt and Deficits." *Economic Policy* 1 (November): 13–79.

Camdessus, Michel. 1987a. "Remarks before the Economic and Social Council of the United Nations." Speech delivered in Geneva, June 26. Washington, D.C.: IMF.

———. 1987b. "Remarks to the Banker's Association for Foreign Trade." Speech delivered in Boca Raton, Fla., April 28. Washington, D.C.: IMF.

Cardoso, Eliana, and Rudiger Dornbusch. 1987. "Brazil's Tropical Plan." *AER Papers and Proceedings* 77 (May): 288–92.

Casanegra de Jantscher, Milka. 1986. "Problems of Administering a Value-Added Tax in Developing Countries." IMF Working Paper 86/15. Washington, D.C. Processed.

Cassen, Robert M., and others. 1986. *Does Aid Work?* New York: Oxford University Press.

Chamley, Christophe, Robert Conrad, Zmarak Shalizi, Jonathan Skinner, and Lyn Squire. 1985. "Tax Policy for Malawi." Washington, D.C.: World Bank, Country Economics Department. Processed.

Chandler, William U. 1986. *The Changing Role of the Market in National Economies.* Worldwatch Paper 72. Washington, D.C.: Worldwatch Institute.

Chelliah, Raja J. 1971. "Trends in Taxation in Developing Countries." *IMF Staff Papers* 18, 2 (July): 254–331.

Chelliah, Raja J., and Narain Sinha. 1982. *State Finances in India. Vol. 3: The Measurement of Tax Effort of State Governments, 1973–1976.* World Bank Staff Working Paper 523. Washington, D.C.

Chenery, Hollis B., Montek S. Ahluwalia, Clive Bell, John H. Duloy, and Richard Jolly. 1974. *Redistribution with Growth.* London: Oxford University Press.

Chhibber, Ajay. 1985. "Taxation and Aggregate Savings: An Econometric Analysis for Three Sub-Saharan African Countries." CPD Discussion Paper 1985-35. Washington, D.C.: World Bank, Country Programs Department. Processed.

Churchill, Anthony A., and others. 1987. *Rural Water Supply and Sanitation: Time for a Change.* World Bank Discussion Paper 18. Washington, D.C.

Clarete, Ramon, and John Whalley. 1987. "Comparing the Marginal Welfare Costs of Commodity and Trade Taxes." *Journal of Public Economics* 33 (October): 357–62.

Claudon, Michael P., ed. 1986. *World Debt Crisis: International Lending on Trial.* Cambridge, Mass.: Ballinger.

Cline, William. 1987. *Mobilizing Bank Lending to Debtor Countries.* Policy Analyses in International Economics 18. Washington, D.C.: Institute for International Economics.

Cnossen, Sijbren. 1978. "The Case for Selective Taxes on Goods and Services in Developing Countries." *World Development* 6: 813-25.

———. 1987. "VAT and RST: A Comparison." *Canadian Tax Journal* (May–June): 559–615.

Cochrane, Glynn. 1983. *Policies for Strengthening Local Government in Developing Countries.* World Bank Staff Working Paper 582. Washington, D.C.

Conrad, Robert F. 1986. "Essays on the Indonesian Tax Reform." CPD Discussion Paper 86-8. Washington, D.C.: World Bank, Country Programs Department. Processed.

Conyers, Diana. 1983. "Decentralization: The Latest Fashion in Development Economics." *Public Administration and Development* 3, 2 (April–June): 97–109.

Corbo, Vittorio, Morris Goldstein, Mohsin Khan, eds. 1987. *Growth-Oriented Adjustment Programs.* Washington, D.C.: IMF/World Bank.

Cornia, Giovanni, Richard Jolly, and Frances Stewart, eds. 1987. *Adjustment with a Human Face.* Oxford: Clarendon Press.

Datta, Abhijit. 1987. "Case Study of Improvements in Property Tax Collection in Delhi." New Delhi: Indian Institute of Public Administration. Processed.

Davey, Kenneth J. 1983. *Financing Regional Government: International Practices and Their Relevance to the Third World.* Chichester: John Wiley and Sons.

Dean, Peter N. 1986. "Assessing the Performance Budgeting Experiment in Four Developing Countries." *Financial Accountability and Management* 2, 1 (Spring): 1–24.

de Carmoy, Hervé. 1987. "Debt and Growth in Latin America: A European Banker's Proposal." Working Paper 9. Madrid: Institute for European-Latin American Relations. Processed.

de Ferranti, David. 1985. *Paying for Health Services in Developing Countries: An Overview.* World Bank Staff Working Paper 721. Washington, D.C.

Dervis, Kemal, and Peter Petri. 1987. "The Macroeconomics of Successful Development: What Are the Lessons?" In *NBER Macroeconomics Annual 1987:* 211–54.

Devarajan, Shantayanan, and Jaime de Melo. 1987. "Adjustment with a Fixed Exchange Rate: Cameroon, Côte d'Ivoire, and Senegal." *World Bank Economic Review* 1, 3 (May): 447–87.

Development Committee. 1987. *Environment, Growth, and Development.* Pamphlet 14. Washington, D.C.: World Bank.

Doebele, William A., Orville F. Grimes, Jr., and Johannes F. Linn. 1979. "Participation of Beneficiaries in Financing Urban Services: Valorization Charges in Bogotá, Colombia." *Land Economics* 55, 1 (February): 73–92.

Doern, G. Bruce. 1984. "Canada's Budgetary Dilemmas: Tax and Expenditure Reform." In A. Premchand and Jesse Burkhead, eds. *Comparative International Budgeting and Finance.* New Brunswick, N.J.: Public Financial Publications, Inc.

Dohner, Robert S., and Ponciano Intal, Jr. Forthcoming. "Debt Crisis and Adjustment in the Philippines." In Jeffrey D. Sachs, ed., *Developing Country Debt and the World Economy.* University of Chicago Press.

Dornbusch, Rudiger. 1986. *Dollars, Debts, and Deficits.* Cambridge, Mass.: MIT Press.

———. Forthcoming. "Debt Problems and the World Macroeconomy." In Jeffrey D. Sachs, ed., *Developing Country Debt and the World Economy.* University of Chicago Press.

Dornbusch, Rudiger, and Juan Carlos de Pablo. Forthcoming. "Debt and Macroeconomic Instability in Argentina." In Jeffrey D. Sachs, ed., *Developing Country Debt and the World Economy.* University of Chicago Press.

Dornbusch, Rudiger, and Stanley Fischer. 1986. "Stopping Hyperinflation Past and Present." NBER Working Paper Series 1810. Cambridge, Mass.: National Bureau of Economic Research. Processed.

Economist, The. 1987. "The Limits to Cooperation: A Survey of the World Economy." Supplement to the September 26 issue.

Edwards, Sebastian. 1987. *Monetarism and Liberalization: The Chilean Experiment.* Cambridge, Mass.: Ballinger Publishing Company.

———. Forthcoming. "Structural Adjustment Policies in Highly Indebted Countries." In Jeffrey D. Sachs, ed., *Developing Country Debt and the World Economy.* University of Chicago Press.

Faini, R., P. Annez, and L. Taylor. 1984. "Defense Spending, Economic Structure and Growth: Evidence among Countries and over Time." *Economic Development and Cultural Change* 32, 3.

Feldstein, Martin, Hervé de Carmoy, Koei Narusawa, and Paul R. Krugman. 1987. *Restoring Growth in the Debt-Laden Third World.* A Task Force Report to the Trilateral Commission; Triangle Papers 33. New York.

Feltenstein, Andrew, and Ziba Farhadian. 1987. "Fiscal Policy, Monetary Targets, and the Price Level in a Centrally Planned Economy: An Application to the Case of China." *Journal of Money, Credit and Banking* 19, 2 (May): 137–56.

Finger, J. Michael, and Andrzej Olechowski, eds. 1987. *The Uruguay Round: A Handbook on the Multilateral Trade Negotiations.* Washington, D.C.: World Bank.

Fischer, Stanley. 1987. "Stopping High Inflation: The Israeli Stabilization Program, 1985–86." *AER Papers and Proceedings* 77 (May): 275–78.

———. Forthcoming. "Resolving the International Debt Crisis." In Jeffrey D. Sachs, ed., *Developing Country Debt and the World Economy.* University of Chicago Press.

Floyd, Robert, Clive Gray, and Peter Short. 1984. *Public Enterprises in Mixed Economies: Some Macroeconomic Aspects.* Washington, D.C.: IMF.

Friedman, Irving S. 1983. *The World Debt Dilemma: Managing Country Risk.* Washington, D.C.: Council for International Banking Studies.

Gall, Pirie. 1976. *Municipal Development Programs in Latin America.* New York: Praeger.

Gelb, Alan. 1986. "From Boom to Bust: Oil Exporting Countries over the Cycle 1970–84." *IDS Bulletin* 17, 4 (October): 22–29.

———. Forthcoming. *Oil Windfalls: Blessing or Curse?* New York: Oxford University Press.

Gillis, Malcolm. 1985. "Micro- and Macroeconomics of Tax Reform: Indonesia." *Journal of Development Economics* 19: 221–54.

Gillis, Malcolm, Carl S. Shoup, and Gerardo P. Sicat. Forthcoming. *Value-Added Taxes in Developing Countries.* A World Bank Symposium. Washington, D.C.

Goode, Richard. 1984. *Government and Finance in Developing Countries.* Washington, D.C.: Brookings Institution.

Gray, Cheryl Williamson. 1982. *Food Consumption Parameters for Brazil and Their Application to Food Policy.* Washington, D.C.: Internatonal Food Policy Research Institute.

Griffith-Jones, Stephany. 1987. "Learning to Live with Crisis." *The Banker* 137, 739: 23–39.

Gulhati, Ravi, Swadesh Bose, and Vimal Atukorala. 1986. "Exchange Rate Policies in Africa: How Valid Is the Scepticism?" *Development and Change* 17 (July): 399–423.

Hafer, R. W., ed. 1986. *The Monetary versus Fiscal Policy Debate: Lessons from Two Decades.* Totowa, N.J.: Rowman and Allanheld.

Haggard, Stephan, and Robert Kaufman. Forthcoming. "The Politics of Stabilization and Structural Adjustment." In Jeffrey D. Sachs, ed., *Developing Country Debt and the World Economy.* University of Chicago Press.

Han, Seung Soo. 1987. "The Value Added Tax in Korea." DRD Discussion Paper 221. Washington, D.C.: World Bank, Development Research Department. Processed.

Haq, Khadija, ed. 1984. *Crisis of the '80s: World Monetary Financial and Human Resource Development Issues.* Washington, D.C.: North South Roundtable.

Harberger, A. C. 1963. "Principles of Efficiency: The Measurement of Waste." *American Economic Review* 76: 58–76.

Hegstad, Sven Olaf, and Ian Newport. 1987. *Management Contracts: Main Features and Design Issues.* World Bank Technical Paper 65. Washington, D.C.

Heian, Betty C., and Terry Monson. 1987. "The Value Added Tax in the Côte d'Ivoire." DRD Discussion Paper 227. Washington, D.C.: World Bank. Processed.

Heller, Peter S., Richard Hemming, Peter W. Kohnert, and others. 1986. *Aging and Social Expenditure in the Major Industrial Countries, 1980–2025.* IMF Occasional Paper 47. Washington, D.C.

Heller, Peter S., and Alan Tait. 1982. *International Comparisons of Government Expenditure.* IMF Occasional Paper 10. Washington, D.C.

Heymann, Daniel. 1987. "The Austral Plan." *AER Papers and Proceedings* 77 (May): 284–87.

Hicks, Norman L. 1988. "Expenditure Reductions in Developing Countries." Washington, D.C.: World Bank, Asia Country Department-II. Processed.

Hicks, Ursula K. 1961. *Development from Below: Local Government and Finance in Developing Countries of the Commonwealth.* Oxford: Clarendon Press.

Hirschman, Albert O. 1982. *Shifting Involvements: Private Interest and Public Action.* Oxford: Martin Robertson.

Hooper, Peter, and Catherine L. Mann. 1987. "The U.S. External Deficit: Its Causes and Persistence." International Finance Discussion Paper 316. Washington, D.C.: Board of Governors of the Federal Reserve System. Processed.

Humes, Samuel, and Eileen Martin. 1969. *The Structure of Local Government: A Comparative Survey of 81 Countries.* The Hague: International Union of Local Authorities.

India, Government of. 1985. *Long Term Fiscal Policy.* New Delhi: Ministry of Finance, Department of Economic Affairs.

Institute for International Economics. 1987. *Resolving the Global Economic Crisis: After Wall Street.* Washington, D.C.

International Labour Office. 1988. *The Cost of Social Security: Twelfth International Inquiry, 1981–83.* Basic Tables. Geneva.

International Monetary Fund. 1986a. *A Manual on Government Finance Statistics.* Washington, D.C.

———. 1986b. *International Financial Statistics.* Supplement on Government Finance. Supplement Series 11. Washington, D.C.

———.1987. *Annual Report.* Washington, D.C.

———. Various years. *Government Finance Statistics Yearbook.* Washington, D.C.

———. Various years. *International Financial Statistics.* Washington, D.C.

———. Various years. *World Economic Outlook.* Washington, D.C.

Ize, Alain, and Guillermo Ortiz. 1987. "Fiscal Rigidities, Public Debt, and Capital Flight." *IMF Staff Papers* 34, 2 (June): 311–32.

Jamaica, Government of. 1985. "White Paper on Comprehensive Tax Reform." Kingston: Revenue Board. Processed.

Jimenez, Emmanuel. 1984. "Tenure Security and Urban Squatting." *Review of Economics and Statistics* 66, 4: 556–67.

———1986. "The Public Subsidization of Education and Health in Developing Countries: A Review of Efficiency and Equity." *World Bank Research Observer* 1, 1: 111–30. Washington, D.C.

———. 1987. *Pricing Policy in the Social Sectors: Cost Recovery for Education and Health in Developing Countries.* Baltimore, Md.: Johns Hopkins University Press.

Julius, DeAnne, and Adelaida P. Alicbusan. 1986. "Public Sector Pricing Policies: A Review of Bank Policy and Practice." PPR Working Paper. Washington, D.C.: World Bank, Policy, Planning, and Research Department. Processed.

Kelly, Margaret. 1982. "Fiscal Adjustment and Fund-Supported Programs, 1971–80." *IMF Staff Papers* 29, 4 (December): 561–602.

Khan, Mohsin S., and Nadeem Ul Haque. 1987. "Capital Flight from Developing Countries." *Finance & Development* 24, 1 (March): 2–5.

Khan, Mohsin S., Peter Montiel, and Nadeem U. Haque. 1986. "Adjustment with Growth: Relating the Analytical Approaches of the World Bank and the IMF." Development Policy Issues Series VPERS8. Washington, D.C.: World Bank, Development Research Department. Processed.

Kharas, Homi, and Miguel Kiguel. 1987. "Monetary Policy and Foreign Debt." Paper presented at conference on Challenges to Monetary Policies in Pacific Basin Countries, April. Federal Reserve Bank of San Francisco. Processed.

Kiguel, Miguel A., and Nissan Liviatan. 1988. "Inflationary Rigidities and Stabilization Policies." PPR Working Paper 4. Washington, D.C.: World Bank; Policy, Planning, and Research Department. Processed.

Kindleberger, Charles. 1986. *The World in Depression, 1929–1939.* Berkeley/Los Angeles: University of California Press.

Knight, Peter, and Desmond McCarthy. 1986. "Escaping Hyperinflation." *Finance & Development* 23 (December): 14–17.

Krugman, Paul. Forthcoming. "Private Capital Flows to Problem Debtors." In Jeffrey D. Sachs, ed., *Developing Country Debt and the World Economy.* University of Chicago Press.

Lancaster, Carol, and John Williamson, eds. 1986. *African Debt and Financing.* Special Report 5. Washington, D.C.: Institute for International Economics.

Landau, David. 1986. "Government and Economic Growth in the Less Developed Countries: An Empirical Study for 1960–80." *Economic Development and Cultural Change* 35 (October): 35–75.

Leeds, Roger S. 1987. "Privatization of the National Commercial Bank of Jamaica: A Case Study." Working paper. Cambridge, Mass.: Harvard University, John F. Kennedy School of Government. Processed.

Lessard, Donald R., and John Williamson. 1987. *Capital Flight and Third World Debt.* Washington, D.C.: Institute for International Economics.

Lever, Harold, and Christopher Huhne. 1987. *Debt and Danger: The World Financial Crisis.* Harmondsworth: Penguin.

Lindauer, David L., Oey Astra Meesook, and Parita Suebsaeng. 1988. "Government Wage Policy in Africa: Some Findings and Policy Issues." *World Bank Research Observer* 3, 1 (January): 1–25.

Linn, Johannes F. 1977. *The Incidence of Urban Property Taxation in Developing Countries: A Theoretical and Empirical Analysis Applied to Colombia.* World Bank Staff Working Paper 264. Washington, D.C.

———. 1983. *Cities in the Developing World: Policies for Their Equitable and Efficient Growth.* New York: Oxford University Press.

Loxley, John. 1986. *Debt and Disorder: External Financing for Development.* Boulder, Col.: Westview Press.

Mahar, Dennis J., and William R. Dillinger. 1983. *Financing State and Local Government in Brazil: Recent Trends and Issues.* World Bank Staff Working Paper 612. Washington, D.C.

Marris, Stephen. 1987. *Deficits and the Dollar: The World Economy at Risk.* Washington, D.C.: Institute for International Economics.

McLure, Charles E. Jr., ed. 1983. *Tax Assignment in Federal Countries.* Canberra: Australian National University Press.

———. 1987. "U.S. Tax Laws and Capital Flight from Latin America." Stanford, Calif.: Hoover Institute, Stanford University. Processed.

———. 1988. "Fiscal Policy and Equity in Developing Countries." In Elliot Berg, ed., *Policy Reform and Equity.* San Francisco, Calif.: ICS Press.

Meerman, Jacob. 1979. *Public Expenditure in Malaysia: Who Benefits and Why.* New York: Oxford University Press.

Mehran, Hassanali, ed. 1985. *External Debt Management.* Washington, D.C.: IMF.

Meier, Gerald M., ed. 1983. *Pricing Policy for Development Management.* Baltimore, Md.: Johns Hopkins University Press.

Mills, Edwin S. 1986. *The Burden of Government.* Stanford, Calif.: Hoover Institution Press.

Mitchell, Brian R. 1975. *European Historical Statistics, 1750–1970.* New York: Columbia University Press.

Morgan Guaranty Trust Company of New York. 1987. *World Financial Markets* (August, September–October).

Mountfield, Peter. 1984. "Recent Developments in the Control of Public Expenditures in the United Kingdom." In A. Premchand and Jesse Burkhead, eds. *Comparative International Budgeting and Finance.* New Brunswick, N.J.: Public Financial Publications, Inc.

Mueller, Dennis. 1987. "The Growth of Government: A Public Choice Perspective." *IMF Staff Papers* 34, 1 (March): 254–331.

Munasinghe, Mohan, Joseph Gilling, and Melody K. Mason. 1988. "Review of World Bank Lending for Electric Power." Industry and Energy Department Working Paper, Energy Series Paper 2. Washington, D.C.: World Bank, Industry and Energy Department. Processed.

Musgrave, Richard. 1959. *The Theory of Public Finance.* New York: McGraw Hill.

———. 1981a. *Fiscal Reform in Bolivia: Final Report of the Bolivian Mission on Tax Reform.* Cambridge, Mass.: Harvard Law School.

———. 1981b. "Leviathan Cometh—Or Does He?" In Helen Ladd and T. Nicholaus Tideman, eds., *Tax Expenditure Limitations.* Washington, D.C.: Urban Institute Press.

Musgrave, Richard, and Alan Peacock. 1959. *Classics in the Theory of Public Finance.* New York: Macmillan.

Nellis, John R. 1986. *Public Enterprises in Sub-Saharan Africa.* World Bank Discussion Paper 1. Washington, D.C.

Newbery, David M., Gordon A. Hughes, William D. O. Paterson, and Esra Bennathan. 1988. *Road Transport Taxation in Developing Countries: Design of User Charges and Taxes for Tunisia.* World Bank Discussion Paper 26. Washington, D.C.

Newbery, David, and Nicholas Stern, eds. 1987. *The Theory of Taxation for Developing Countries.* New York: Oxford University Press.

Nunberg, Barbara. Forthcoming. "Public Sector Pay and Employment Policy Issues in Bank Lending: An Interim Review of Experience." PPR Working Paper. Washington, D.C.: World Bank, Country Economics Department. Processed.

Ohkawa, Kazushi, Miyohei Shinohara, and Mataji Umemura. 1965–79. *Estimates of Long-Term Economic Statistics of Japan since 1868.* Vols. 1 and 7. Tokyo: Toyo Keizai Shinposha.

Organisation for Economic Co-operation and Development. 1987. *National Accounts, 1973–85.* Paris.

———. Various issues. *Economic Outlook.*

Paul, Samuel. 1987. "Training for Public Administration and Management in Developing Countries: A Review." Course on Urban Finance and Management in East Asia. Kuala Lumpur, Malaysia: National Institute of Public Administration, Malaysia (INTAN). Processed.

Peacock, Alan, and Jack Wiseman. 1961. *The Growth of Public Expenditure in the United Kingdom.* Princeton, N.J.: Princeton University Press.

Peacock, Alan, and others. 1980. *Structural Economic Policies in West Germany and the United Kingdom.* London: Anglo-German Foundation for the Study of Industrial Society.

Pellechio, Anthony J., and David G. Dunn. 1987. "Taxation of Investment in Selected Countries in Europe, the Middle East, and Northern Africa." Provisional Papers in Public Economics 87-8. Washington, D.C.: World Bank, Development Research Department. Processed.

Pellechio, Anthony J., Gerardo P. Sicat, and David G. Dunn. 1987a. "Taxation of Investment in East Asian Countries." DRD Discussion Paper 261. Washington, D.C.: World Bank, Development Research Department. Processed.

———. 1987b. "Effective Tax Rates under Varying Tax Incentives." DRD Discussion Paper 262. Washington, D.C.: World Bank, Development Research Department. Processed.

Peltzman, Sam. 1980. "The Growth of Government." *The Journal of Law and Economics* 23, 2 (October): 209–87.

Penati, Alessandro. 1983. "Expansionary Fiscal Policy and the Exchange Rate: A Review." *IMF Staff Papers* 30, 3 (September): 542–69.

Petrei, A. Humberto. 1987. *El Gasto Publico Social y sus Efectos Distributivos: Un examen comparativo de cinco paises de America Latina.* Serie Documentos ECIEL 7. Rio de Janeiro: Programa ECIEL.

Pinto, Brian. 1987. "Nigeria during and after the Oil Boom: A Policy Comparison with Indonesia." *World Bank Economic Review* 1 (May): 419–45.

Prest, A. R. [1962] 1985. *Public Finance in Developing Countries.* New York: St. Martin's Press.

Prud'Homme, Remy. 1987. "Financing Urban Public Services." In E. S. Mills, ed. *Handbook of Regional and Urban Economics*. Vol. II. Amsterdam: North Holland.

Rakodi, Carole. 1988. "The Local State and Urban Local Government in Zambia." *Public Administration and Development* 8, 1 (January–March): 27–46.

Ram, Rati. 1986a. "Causality between Income and Government Expenditure: A Broad International Perspective." *Public Finance* 41, 3: 393–413.

———. 1986b. "Government Size and Economic Growth: A New Framework and Some Evidence from Cross-Section and Time-Series Data." *American Economic Review* 76, 1 (March): 191–203.

———. 1987. "Wagner's Hypothesis in Time-Series and Cross-Section Perspectives: Evidence from 'Real' Data for 115 Countries." *The Review of Economics and Statistics* 69, 2 (May): 194–204.

Reisen, Helmut, and Axel van Trotsenburg. 1988. *Developing Country Debt: The Budgetary and Transfer Problem*. Development Centre Studies. Paris: OECD.

Repetto, Robert. 1985. *Paying the Price: Pesticide Subsidies in Developing Countries*. Washington, D.C.: World Resources Institute.

———. 1986. *Skimming the Water: Rent-Seeking and the Performance of Public Irrigation Systems*. Research Report 4. Washington, D.C.: World Resources Institute.

Research Triangle Institute. 1986. *Management Support for Town Panchayats Project Pilot Phase: Final Report*. Research Triangle Park, N.C.

Reynolds, Lloyd G. 1983. "The Spread of Economic Growth to the Third World: 1880–1980." *Journal of Economic Literature* 21, (September): 941–80.

———. 1985. *Economic Growth in the Third World, 1850–1980*. New Haven, Conn.: Yale University Press.

Rohatyn, Felix. 1987. "On the Brink." *New York Review of Books*. (June 11): 3–6.

Rondinelli, Dennis A. 1983. "Implementing Decentralization Programs in Asia: A Comparative Analysis." *Public Administration and Development* 3, 3 (July–September): 181–208.

Rondinelli, Dennis A., John R. Nellis, and G. Shabbir Cheema. 1984. *Decentralization in Developing Countries: A Review of Recent Experience*. World Bank Staff Working Paper 581. Washington, D.C.

Roth, Gabriel. 1987. *The Private Provision of Public Services in Developing Countries*. New York: Oxford University Press.

Sachs, Jeffrey D., 1985. "External Debt and Macroeconomic Performance in Latin America and East Asia." *Brookings Papers on Economic Activity* 2: 523–64.

———. 1987a. "The Bolivian Hyperinflation and Stabilization." *AER Papers and Proceedings* 77 (May): 279–83.

———. 1987b. "Trade and Exchange Rate Policies in Growth-Oriented Adjustment Programs." In Vittorio Corbo, Morris Goldstein, and Mohsin Khan, eds., *Growth-Oriented Adjustment Programs*. Washington, D.C.: IMF/World Bank.

———, ed. Forthcoming. *Developing Country Debt and the World Economy*. University of Chicago Press.

Sachs, Jeffrey D., and Charles Wyplosz. 1984. "Real Exchange Rate Effects of Fiscal Policy." NBER Working Paper Series 1255. Cambridge, Mass.: National Bureau of Economic Research. Processed.

Saint-Etienne, Christian. 1984. *The Great Depression, 1929–1938: Lessons for the 1980's*. Stanford, Calif.: Hoover Institution Press.

Saunders, Peter, and Friedrich Klau. 1985. "The Role of the Public Sector: Causes and Consequences of the Growth of Government." Special issue. *OECD Economic Studies 4*.

Schroeder, Larry. 1984 *A Plan for Increased Resource Mobilization by Local Governments in Bangladesh*. Final report on the Zilla Roads/Local Finance Project. Vol. I: Executive Summary. Vol. II: Policy Recommendations. Syracuse, N.Y.: Metropolitan Studies Program, Syracuse University.

Selowsky, Marcelo. 1979. *Who Benefits from Government Expenditure?: A Case Study of Colombia*. New York: Oxford University Press.

Senge, Stephen V. 1986. "Local Government User Charges and Cost-Volume-Profit Analysis." *Public Budgeting and Finance* (Autumn): 92–105.

Shalizi, Zmarak, Vasant Gandhi, and Jaber Ehdaie. 1985. "Patterns of Taxation in Sub-Saharan Africa: Trends in 'Tax Effort' and Composition during the Period 1966–81." CPD Discussion Paper 1985–48. Washington, D.C.: World Bank, Country Programs Department. Processed.

Shalizi, Zmarak, and Lyn Squire. 1987. "A Framework for Tax Policy Analysis in Sub-Saharan Africa." PPR Policy Brief 1. Washington, D.C.: World Bank; Policy, Planning, and Research Department. Processed.

Shirley, Mary M. 1983. *Managing State-Owned Enterprises*. World Bank Staff Working Paper 577. Washington, D.C.

Shoup, Carl S. 1986. "Criteria for Choice among Types of Value-Added Tax." DRD Discussion Paper 191. Washington, D.C.: World Bank, Development Research Department. Processed.

Sicat, Gerardo P., and Arvind Virmani. 1988. "Personal Income Taxes in Developing Countries." *World Bank Economic Review* 2, 1: 123-38.

Sinn, Hans-Werner. 1987. "Der Dollar, die Weltwirtschaft, und die amerikanische Steuerreform von 1986." *Hamburger Jahrbuch für Wirtschafts- und Gesellschaftspolitik* 32: 9-23.

Sivaramakrishnan, K. C., and Leslie Green. 1986. *Metropolitan Management: The Asian Experience.* New York: Oxford University Press.

Small, Leslie, Marietta S. Adriano, and Edward D. Martin. 1986. "Regional Study on Irrigation Service Fees: Final Report." Vol. 2. Report by the International Irrigation Management Institute. Manila: Asian Develoment Bank. Processed.

Smith, Gordon W., and John T. Cuddington, eds. 1985. *International Debt and the Developing Countries.* A World Bank Symposium. Washington, D.C.

Stiglitz, Joseph E. 1986. *The Economics of the Public Sector.* New York: Norton.

Strasma, John. 1987. "Impact of Land Revenue Systems on Agricultural Land Usage." Burlington: Associates in Rural Development for USAID. Processed.

Streeten, Paul, Shahid Javid Burki, Mahbub ul Haq, Norman Hicks, and Frances Stewart. 1981. *First Things First: Meeting Basic Human Needs in Developing Countries.* New York: Oxford University Press.

Tanzi, Vito. 1977. "Inflation, Lags in Collection, and the Real Value of Tax Revenue." *IMF Staff Papers* 24: 154-67.

———. 1984. "Is There a Limit to the Size of Fiscal Deficits in Developing Countries?" In Bernard P. Herber, ed. *Public Finance and Public Debt.* Detroit, Mich.: Wayne State University Press.

———. 1985. "Fiscal Management and External Debt Problems." In Hassanali Mehran, ed., *External Debt Management.* Washington, D.C.: IMF.

———. 1986a. "Fiscal Policy Responses to Exogenous Shocks in Developing Countries." *AER Papers and Proceedings* 76, 2 (May): 88-91.

———. 1986b. "Public Expenditure and Public Debt: An International and Historical Perspective." In John Bristow and Declan McDonogh, eds., *Public Expenditure: The Key Issues.* Dublin: Institute of Public Administration.

———. 1987. "Quantitative Characteristics of the Tax Systems of Developing Countries." In David Newbery and Nicholas Stern, eds., *The Theory of Taxation for Developing Countries.* New York: Oxford University Press.

Tanzi, Vito, and Mario Blejer. 1983. "Fiscal Deficits and Balance of Payments Disequilibrium in IMF Adjustment Programs." In Joaquin Muns, ed., *Adjustment, Conditionality, and International Financing.* Washington, D.C.: IMF.

Thirsk, Wayne R. 1987. "Some Lessons from Colombian Tax Reform." Provisional Papers in Public Economics 87-14. Washington, D.C.: World Bank, Development Research Department. Processed.

Thurow, Lester, and Laura D'Andrea Tyson. 1987. "The Economic Black Hole." *Foreign Policy* 67 (Summer): 3-21.

Tobin, James. 1980. *Asset Accumulation and Economic Activity.* University of Chicago Press.

Trebilcock, M. J., and others. 1982. *The Choice of Governing Instrument.* A study prepared for the Economic Council of Canada. Ottawa: Canadian Government Publishing Center.

United Nations. 1986. *Population Growth and Policies in Mega-Cities: Seoul.* Population Policy Paper 4. New York.

———. 1987. *World Economic Survey.* New York.

United States Government. 1975. *Historical Statistics of the United States: Colonial Times to 1970.* Bicentennial edition. Washington, D.C.: U.S. Department of Commerce, Bureau of the Census.

———. 1985. *Federal-State-Local Fiscal Relations.* Report to the President and the Congress. Washington, D.C.: Office of State and Local Finance, Department of the Treasury.

———. 1986a. *Social Security Programs throughout the World—1985.* Research Report 60 by the Department of Health and Human Services, the Social Security Administration, the Office of Policy, and the Office of Research, Statistics, and International Policy. Washington, D.C.: Government Printing Office.

———. 1986b and 1987. *World Military Spending and Arms Transfers.* Washington, D.C.: Arms Control and Disarmament Agency.

van Wijnbergen, Sweder. 1985. "Fiscal Deficits, Exchange Rate Crises, and Inflation." Washington, D.C.: World Bank, EMENA Technical Department. Processed.

———. 1988. "External Debt, Inflation, and the Public Sector: Towards Fiscal Policy for Sustainable Growth." Washington, D.C. World Bank, EMENA Technical Department. Processed.

van Wijnbergen, Sweder, Ritu Anand, and Roberto Rocha. 1988. "Inflation, External Debt, and

Financial Sector Reform: A Quantitative Approach to Consistent Fiscal Policy." Washington, D.C.: World Bank, EMENA Technical Department. Processed.

Veloo, S. 1987. "Human Resources Management in Malaysia vis-à-vis Local Government." Course on Urban Finance and Management in East Asia. Kuala Lumpur, Malaysia: National Institute of Public Administration, Malaysia (INTAN). Processed.

Vernon, Raymond. 1987. "Economic Aspects of Privatization Programs." Washington, D.C.: World Bank, Economic Development Institute. Processed.

Versluysen, Eugene L. 1980. *The Political Economy of International Finance*. New York: St. Martin's Press.

Vogel, Ronald J. 1988. *Cost Recovery in the Health Care Sector: Selected Country Studies in West Africa*. World Bank Technical Paper 82. Washington, D.C.

Vuylsteke, Charles, Helen Nankani, and Rebecca Candoy-Sekse. 1988. *Techniques of Privatization of State-Owned Enterprises*. 2 vols. World Bank Technical Paper 88. Washington, D.C.

Wade, Robert. 1988. *Village Republics: Economic Conditions for Collective Action in South India*. London: Cambridge University Press.

Wallich, Christine. 1982. *State Finances in India*. 3 vols. World Bank Staff Working Paper 523. Washington, D.C.

Wasylenko, Michael. 1987. "Fiscal Decentralization and Economic Development." *Public Budgeting & Finance* 7, 4 (Winter): 57–71.

Webber, Carolyn, and Aaron Wildavsky. 1986. *A History of Taxation and Expenditure in the Western World*. New York: Simon and Schuster.

Whalley, John. 1984. "Regression or Progression: The Taxing Question of Incidence Analysis." *Canadian Journal of Economics* 17:654–82.

Wildasin, David E. 1985. "Urban Public Finance." Bloomington, Ind.: Indiana University, Department of Economics. Processed.

Williamson, John, ed. 1985. *Inflation and Indexation: Argentina, Brazil, and Israel*. Washington, D.C.: Institute for International Economics.

Williamson, John, and Marcus H. Miller. 1987. *Targets and Indicators: A Blueprint for the International Coordination of Economic Policy*. Washington, D.C.: Institute for International Economics.

Wissenschaftlicher Beirat beim Bundesminister für wirtschaftliche Zusammenarbeit. 1985. *Wirtschaftsordnung und Entwicklungserfolg*. Forschungsberichte des Bundesministeriums für wirtschaftliche Zusammenarbeit 72. Köln: Weltforum Verlag.

World Bank. 1983. *China: Socialist Economic Development*. 3 vols. Washington, D.C.

———. 1984. *Thailand: Managing Public Resources for Structural Adjustment*. Washington, D.C.

———. 1986a. *Financing Education in Developing Countries: An Exploration of Policy Options*. Washington, D.C.

———. 1986b. *Urban Transport*. A World Bank Policy Study. Washington, D.C.

———. 1987a. *Bangladesh: Promoting Higher Growth and Human Development*. Washington, D.C.

———. 1987b. *Financing Health Services in Developing Countries: An Agenda for Reform*. A World Bank Policy Study. Washington, D.C.

———. 1987c. *Social Indicators of Development 1987*. Washington, D.C.

———. 1987d. *World Debt Tables, 1987–88: External Debt of Developing Countries*. 2 vols. Washington, D.C.

———. 1988a. *Education in Sub-Saharan Africa: Policies for Adjustment, Revitalization, and Expansion*. A World Bank Policy Study. Washington, D.C.

———. 1988b. *Road Deterioration in Developing Countries: Causes and Remedies*. A World Bank Policy Study. Washington, D.C.

———. Various years. *World Development Report*. New York: Oxford University Press.

Kennzahlen der Weltentwicklung

Geographisches Institut
der Universität Kiel
Neue Universität

Inhaltsverzeichnis

Länderschlüssel		253
Einführung		254
Karten		256
Tabelle 1.	**Grundlegende Kennzahlen**	260
	Bevölkerung □ Fläche □ BSP pro Kopf □ Inflation □ Lebenserwartung	
Tabelle 2.	**Wachstum der Produktion**	262
	BIP □ Landwirtschaft □ Industrie □ Verarbeitendes Gewerbe □ Dienstleistungen	
Tabelle 3.	**Produktionsstruktur**	264
	BIP □ Landwirtschaft □ Industrie □ Verarbeitendes Gewerbe □ Dienstleistungen	
Tabelle 4.	**Wachstum von Verbrauch und Investition**	266
	Öffentlicher Verbrauch □ Privater Verbrauch □ Bruttoinlandsinvestitionen	
Tabelle 5.	**Struktur der Nachfrage**	268
	Öffentlicher Verbrauch □ Privater Verbrauch □ Bruttoinlandsinvestitionen □ Bruttoinlandsersparnis □ Ausfuhr von Gütern und Dienstleistungen (ohne Faktoreinkommen) □ Ressourcensaldo	
Tabelle 6.	**Struktur des Verbrauchs**	270
	Gesamte Ernährung □ Getreide und Knollengewächse □ Bekleidung und Schuhwerk □ Bruttomieten □ Brennstoff und Strom □ Medizinische Versorgung □ Erziehung □ Verkehr und Kommunikation insgesamt □ Kraftfahrzeuge □ Übrige längerlebige Verbrauchsgüter □ Übriger Verbrauch	
Tabelle 7.	**Landwirtschaft und Nahrungsmittel**	272
	Wertschöpfung □ Getreideeinfuhr □ Nahrungsmittelhilfe □ Düngemittelverbrauch □ Nahrungsmittelproduktion pro Kopf	
Tabelle 8.	**Struktur des Verarbeitenden Gewerbes**	274
	Wertschöpfung im Verarbeitenden Gewerbe □ Anteil der Wertschöpfung in Nahrungsmittelproduktion und Landwirtschaft □ bei Textilien und Bekleidung □ bei Maschinen, Elektrotechnik und Fahrzeugen □ in der chemischen Industrie □ im übrigen Verarbeitenden Gewerbe	
Tabelle 9.	**Einkommen und Produktion im Verarbeitenden Gewerbe**	276
	Zuwachsraten des Einkommens je Beschäftigten □ Index des Einkommens je Beschäftigten □ Gesamteinkommen in Prozent der Wertschöpfung □ Bruttoproduktion je Beschäftigten	
Tabelle 10.	**Kommerzielle Energie**	278
	Wachstum der Energieerzeugung □ Wachstum des Energieverbrauchs □ Energieverbrauch pro Kopf □ Energieeinfuhr in Prozent der Warenausfuhr	
Tabelle 11.	**Wachstum des Warenhandels**	280
	Ausfuhrwerte □ Einfuhrwerte □ Ausfuhrwachstum □ Einfuhrwachstum □ Terms of Trade	
Tabelle 12.	**Struktur der Warenausfuhr**	282
	Brennstoffe, Mineralien und Metalle □ Sonstige Rohstoffe □ Maschinen, Elektrotechnik und Fahrzeuge □ Übriges Verarbeitendes Gewerbe □ Textilien und Bekleidung	

Tabelle 13. Struktur der Wareneinfuhr	284

Nahrungsmittel □ Brennstoffe □ Sonstige Rohstoffe □ Maschinen, Elektrotechnik und Fahrzeuge □ Übriges Verarbeitendes Gewerbe

Tabelle 14. Regionale Exportstruktur für Industrieprodukte	286

Ausfuhr von Industrieprodukten □ in marktwirtschaftliche Industrieländer □ in nichtberichtende Nicht-Mitgliedsländer □ in Ölexportländer mit hohem Einkommen □ in Entwicklungsländer

Tabelle 15. Zahlungsbilanzen und Reserven	288

Leistungsbilanzsaldo □ Externer Finanzierungsbedarf □ Einnahmen aus Gastarbeiterüberweisungen □ Private Nettodirektinvestitionen □ Bruttowährungsreserven □ Einfuhrdeckung in Monaten

Tabelle 16. Gesamte Auslandsschulden	290

Langfristige öffentliche und öffentlich garantierte Auslandsschulden □ Langfristige private nichtgarantierte Schulden □ Ausstehende IWF-Kredite □ Kurzfristige Schulden □ Gesamte Auslandsschulden

Tabelle 17. Zufluß von öffentlichem und privatem Auslandskapital	292

Öffentliche, öffentlich garantierte und private nichtgarantierte langfristige Darlehen □ Auszahlungen □ Tilgung □ Nettozufluß

Tabelle 18. Gesamte öffentliche und private Auslandsschulden sowie Schuldendienstrelationen	294

Gesamte langfristige ausgezahlte und ausstehende Auslandsschulden □ in Prozent des BSP □ Gesamte Zinszahlungen auf die langfristigen Schulden □ Gesamter langfristiger Schuldendienst in Prozent des BSP □ in Prozent der Ausfuhr von Waren und Dienstleistungen

Tabelle 19. Öffentliche Auslandsschulden und Schuldendienstrelationen	296

Ausstehende und ausgezahlte öffentliche Auslandsschulden □ in Prozent des BSP □ Zinszahlungen auf die öffentlichen Auslandsschulden □ Schuldendienst in Prozent des BSP □ in Prozent der Ausfuhr von Waren und Dienstleistungen

Tabelle 20. Konditionen der öffentlichen Kreditaufnahme	298

Zusagen □ Durchschnittlicher Zinssatz □ Durchschnittliche Laufzeit □ Durchschnittlicher tilgungsfreier Zeitraum □ Öffentliche Darlehen mit variablen Zinsen in Prozent der öffentlichen Schulden

Tabelle 21. Öffentliche Entwicklungshilfe der Mitglieder von OECD und OPEC	300

Beträge in Dollar □ in Prozent des BSP der Geberländer □ in nationalen Währungen □ Bilateraler Nettozufluß in Länder mit niedrigem Einkommen in Prozent des BSP der Geberländer

Tabelle 22. Einnahmen aus öffentlicher Entwicklungshilfe	302

Netto-Auszahlungen □ pro Kopf □ in Prozent des BSP

Tabelle 23. Ausgaben der Zentralregierung	304

Verteidigung □ Erziehung □ Gesundheit □ Wohnungswesen; Gemeinschaftseinrichtungen; Sozialversicherung und Wohlfahrt □ Wirtschaftsförderung □ Sonstiges □ Gesamtausgaben in Prozent des BSP □ Gesamtüberschuß/-defizit in Prozent des BSP

| Tabelle 24. | Laufende Einnahmen der Zentralregierung | 306 |

Steuereinnahmen □ Laufende Einnahmen ohne Steuern □ Laufende Gesamteinnahmen in Prozent des BSP

| Tabelle 25. | Geldbestände und Zinssätze | 308 |

Geldbestände in weiter Abgrenzung □ Durchschnittliche jährliche Inflationsrate □ Nominale Zinssätze der Banken

| Tabelle 26. | Einkommensverteilung | 310 |

Prozentuale Anteile am Haushaltseinkommen nach prozentualen Haushaltsgruppen

| Tabelle 27. | Bevölkerungswachstum und -projektionen | 312 |

Bevölkerungswachstum □ Bevölkerungsumfang □ Hypothetischer Umfang der stationären Bevölkerung □ Angenommenes Jahr, in dem eine Nettoreproduktionsrate von 1 erreicht wird □ Bevölkerungseigendynamik

| Tabelle 28. | Demographie und Fruchtbarkeit | 314 |

Unbereinigte Geburtenziffern □ Unbereinigte Sterbeziffern □ Prozentsatz der Frauen im gebärfähigen Alter □ Zusammengefaßte Geburtenziffern □ Quote der verheirateten Frauen, die empfängnisverhütende Mittel verwenden

| Tabelle 29. | Gesundheit und Ernährung | 316 |

Bevölkerung je Arzt □ je Beschäftigtem in der Krankenpflege □ Tägliches Kalorienangebot pro Kopf □ Säuglinge mit Untergewicht bei der Geburt

| Tabelle 30. | Erziehungswesen | 318 |

Prozentsatz der jeweiligen Altersgruppe □ an Grundschulen □ an weiterführenden Schulen □ an höheren Schulen und Universitäten

| Tabelle 31. | Erwerbspersonen | 320 |

Bevölkerung im arbeitsfähigen Alter □ Erwerbspersonen in der Landwirtschaft □ in der Industrie □ im Dienstleistungssektor □ Entwicklung der Erwerbspersonenzahl

| Tabelle 32. | Verstädterung | 322 |

Prozentualer Anteil der Stadtbevölkerung an der Gesamtbevölkerung □ Zunahme der Stadtbevölkerung □ Prozentualer Bevölkerungsanteil der größten Stadt □ der Städte mit über 500 000 Einwohnern □ Anzahl der Städte mit über 500 000 Einwohnern

| Tabelle 33. | Frauen und Entwicklung | 324 |

Bevölkerungsanteile □ Lebenserwartung □ Von medizinischem Personal betreute Geburten □ Müttersterblichkeit □ Säuglingssterblichkeit □ Erziehung

| Technische Erläuterungen | 326 |

| Sonderbeitrag A Grundlegende Kennzahlen für VN- und Weltbank-Mitgliedsländer mit einer Bevölkerung von weniger als 1 Million | 327 |

| Verzeichnis der Datenquellen | 349 |

Länderschlüssel

In jeder Tabelle sind die Länder innerhalb ihrer Gruppen in steigender Rangfolge nach der Höhe ihres BSP pro Kopf aufgeführt, ausgenommen jene Länder, für die sich ein BSP pro Kopf nicht berechnen läßt. Letztere sind am Ende ihrer Gruppe kursiv in alphabetischer Reihenfolge wiedergegeben. Die unten ausgewiesenen Ordnungsnummern entsprechen der Reihenfolge in den Tabellen.

Die Zahlen in den farbigen Zwischenzeilen sind zusammenfassende Kennzahlen für Ländergruppen. Die Abkürzung w nach einer zusammenfassenden Kennzahl gibt an, daß es sich um einen gewogenen Durchschnitt handelt; der Buchstabe m steht entsprechend für den Medianwert und s für die Summe.
Alle Zuwachsraten sind reale Größen.

Kursiv geschriebene Zahlen gelten für andere als die angegebenen Zeiträume oder Jahre.
. . Nicht verfügbar.
0 und 0,0 bedeutet Null oder weniger als die Hälfte der angegebenen Einheit.
Ein Leerfeld bedeutet „nicht anwendbar".

Afghanistan	34
Ägypten, Arabische Republik	53
Albanien	121
Algerien	86
Angola	122
Argentinien	84
Äthiopien	1
Australien	111
Bangladesch	5
Belgien	107
Benin	17
Bhutan	2
Birma	9
Bolivien	46
Botsuana	57
Brasilien	74
Bulgarien	123
Burkina Faso	3
Burundi	13
Chile	69
China	22
Costa Rica	70
Côte d'Ivoire	51
Dänemark	114
Deutsche Demokr. Republik	126
Deutschland, Bundesrepublik	112
Dominikanische Republik	49
Ecuador	66
El Salvador	56
Finnland	113
Frankreich	110
Gabun	88
Ghana	30
Griechenland	89
Großbritannien	106
Guatemala	60
Guinea	36
Haiti	27
Honduras	52
Hongkong	93
Indien	20
Indonesien	42
Irak	96
Iran, Islam. Republik	95
Irland	103
Israel	92
Italien	105
Jamaika	58
Japan	115
Jemen, Arabische Republik	43
Jemen, Demokr. Volksrepublik	41
Jordanien	71
Jugoslawien	82
Kamerun	59
Kamputschea, Demokratisches	37
Kanada	117
Kenia	23
Kolumbien	68
Kongo, Volksrepublik	61
Korea, Demokr. Volksrepublik	127
Korea, Republik	85
Kuba	124
Kuwait	99
Laos, Demokr. Volksrepublik	38
Lesotho	29
Libanon	73
Liberia	40
Libyen	101
Madagaskar	11
Malawi	6
Malaysia	75
Mali	8
Marokko	45
Mauretanien	32
Mauritius	67
Mexiko	77
Mongolische Volksrepublik	128
Mosambik	10
Nepal	4
Neuseeland	104
Nicaragua	54
Niederlande	109
Niger	16
Nigeria	48
Norwegen	118
Oman	90
Österreich	108
Pakistan	28
Panama	83
Papua-Neuguinea	50
Paraguay	62
Peru	63
Philippinen	44
Polen	80
Portugal	81
Ruanda	21
Rumänien	97
Sambia	24
Saudi-Arabien	98
Schweden	116
Schweiz	120
Senegal	33
Sierra Leone	25
Simbabwe	47
Singapur	94
Somalia	18
Sowjetunion	129
Spanien	102
Sri Lanka	31
Südafrika	76
Sudan	26
Syrien, Arabische Republik	72
Tansania	14
Thailand	55
Togo	15
Trinidad und Tobago	91
Tschad	35
Tschechoslowakei	125
Tunesien	65
Türkei	64
Uganda	12
Ungarn	79
Uruguay	78
Venezuela	87
Vereinigte Arabische Emirate	100
Vereinigte Staaten	119
Vietnam	39
Zaire	7
Zentralafrikanische Republik	19

Anmerkung: Bezüglich der VN- und Weltbank-Mitgliedsländer mit einer Bevölkerung von weniger als 1 Million vgl. Sonderbeitrag A.

Einführung

Die Kennzahlen der Weltentwicklung vermitteln Informationen über die wichtigsten Grundzüge der wirtschaftlichen und sozialen Entwicklung. Die von der Bank gesammelten Daten betreffen überwiegend ihre noch nicht entwickelten Mitgliedsländer. Die Kennzahlen enthalten aber auch vergleichbare Angaben für marktwirtschaftliche Industrieländer, da diese Daten leicht zu beschaffen sind. Zusätzliche Informationen für einige dieser anderen Länder finden sich in anderen Veröffentlichungen der Weltbank, namentlich im *Atlas*, den *World Tables*, den *World Debt Tables* und den *Social Indicators of Development*. Angaben über die Volkswirtschaftlichen Gesamtrechnungen von Ländern, die nicht Mitglied der Weltbank sind, wurden nicht aufgenommen, da sie nicht in vergleichbarer Form zur Verfügung stehen.

Es wurden keine Mühen gescheut, um die Daten zu standardisieren. Es ist jedoch keine volle Vergleichsbarkeit gewährleistet, und die Kennzahlen dürfen nur mit der gebotenen Vorsicht interpretiert werden. Das statistische Material beruht auf Quellen, die als höchst kompetent gelten, aber viele Daten unterliegen beträchtlichen Fehlermargen. Unterschiede der nationalen statistischen Praktiken beeinträchtigen ebenfalls die Vergleichbarkeit der Daten, die daher nur Anhaltspunkte für Entwicklungstrends und größere Divergenzen zwischen einzelnen Volkswirtschaften vermitteln und nicht als genaue Quantifizierung dieser Unterschiede herangezogen werden können.

Die Kennzahlen in Tabelle 1 geben eine zusammenfassende Übersicht über die einzelnen Volkswirtschaften. Die Angaben in den übrigen Tabellen betreffen die folgenden Bereiche: Volkswirtschaftliche Gesamtrechnung, Industrie, Landwirtschaft, Energie, Außenhandel, Auslandsschulden, Entwicklungshilfe, sonstige außenwirtschaftliche Transaktionen, Finanzen der Zentralregierung, Geldwesen, Demographie, Gesundheitswesen, Erziehungswesen, Erwerbstätigkeit und Verstädterung.

Dieses Jahr sind zwei neue Tabellen hinzugefügt worden. Tabelle 33 bietet Kennzahlen über den relativen demographischen Status von Frauen und ihren Zugang zu einigen Gesundheits- und Erziehungsdiensten. Tabelle 6 enthält Informationen über die Verbrauchsstruktur. Eine frühere Tabelle über die regionale Struktur der Warenausfuhr entfiel (während eine ähnliche Tabelle über den Handel mit Industrieprodukten beibehalten wurde). Die Tabelle mit Kennzahlen zur Lebenserwartung wurde gestrichen; die meisten ihrer Daten sind jedoch in anderen Tabellen erhalten.

Angaben über die Auslandsschulden werden von der Bank direkt aufgrund der Meldungen der Entwicklungsländer zum Schuldenberichtssystem zusammengestellt. Andere Daten stammen hauptsächlich von den Vereinten Nationen, ihren Sonderorganisationen sowie vom Internationalen Währungsfonds (IWF); aber es werden auch Länderberichte an die Weltbank und Schätzungen des Weltbankstabes benutzt, um die Aktualität und Konsistenz der Daten zu verbessern. Insbesondere erhielt der Stab der Weltbank im Zuge von Wirtschaftsmissionen Schätzungen über die Volkswirtschaftlichen Gesamtrechnungen durch die Mitgliedsstaaten; diese Daten sind in einigen Fällen vom Weltbankstab angepaßt worden, um sie mit internationalen Definitionen und Konzepten in Übereinstimmung zu bringen und um bessere Konsistenz zu gewährleisten.

Um die Vergleichbarkeit zu erleichtern, werden Verhältniszahlen und Zuwachsraten ausgewiesen; absolute Zahlen werden nur in einigen wenigen Fällen in den Kennzahlen der Weltentwicklung angegeben, sind aber üblicherweise in anderen Veröffentlichungen der Weltbank verfügbar, namentlich in der unlängst herausgegebenen vierten Ausgabe der *World Tables*. Die meisten Zuwachsraten wurden für zwei Zeiträume ermittelt, 1965 bis 1980 und 1980 bis 1986 und, soweit nicht anders angegeben, mit Hilfe der Methode der kleinsten Quadrate berechnet. Da dieses Verfahren alle beobachteten Werte innerhalb eines Zeitraums berücksichtigt, reflektieren die so ermittelten Zuwachsraten Entwicklungstrends, die nicht über Gebühr durch außergewöhnliche Werte, insbesondere an den Endpunkten, beeinflußt werden. Um reale Veränderungen von Jahr zu Jahr widerzuspiegeln — d. h. um die Inflationseffekte auszuschalten —, werden bei der Berechnung der Zuwachsraten Wirtschaftskennzahlen zu konstanten Preisen verwandt. Wegen Einzelheiten dieses Verfahrens siehe Seite 326. Kursiv gedruckte Zahlen gelten für andere Jahre oder Zeiträume als die angegebenen, und zwar bis zu zwei Jahren früher bei den Wirtschaftskennzahlen und bis zu drei Jahren früher oder später bei den Sozialkennzahlen, da diese weniger regelmäßig erhoben werden, sich auf kurze Frist aber weniger stark verändern. Alle Dollar-Angaben beziehen sich auf US-Dollar. Die verschiedenen Verfahren, die bei der Umrechnung von Angaben in nationaler Währung angewandt wurden, werden bei Bedarf in den Technischen Erläuterungen beschrieben.

Die Abweichungen zwischen den hier ausgewiesenen Daten und den letztjährigen Angaben beruhen nicht nur auf der Aktualisierung, sondern auch auf der Revision historischer Zeitreihen und auf methodischen Änderungen, insbesondere veränderten Aggregationsverfahren. In dem Bemühen, die internationale Vergleichbarkeit und die analytische Bedeutung der Kennzahlen zu verbessern, überprüft die Bank außerdem laufend ihre Verfahren, wie in den technischen Erläuterungen erläutert wird.

Wie im *Weltentwicklungsbericht* selbst werden die in den Kennzahlen berücksichtigten Volkswirtschaften zu verschiedenen Gruppen zusammengefaßt. Diese Gruppierung ist analytisch nützlich, um zwischen Ländern mit unterschiedlichem Entwicklungsstand zu unterscheiden. Ein Großteil der Volkswirtschaften wird ferner nach dominierenden Merkmalen untergliedert. In den Tabellen werden dieses Jahr die folgenden Hauptgruppierungen verwendet: 39 Entwicklungsländer mit niedrigem Einkommen, die ein Pro-Kopf-Einkommen von bis zu 425 Dollar im Jahr 1986 aufwiesen, 58 Entwicklungsländer mit mittlerem Einkommen, deren Pro-Kopf-Einkommen 425 Dollar überschritt, 4 Ölexporteure mit hohem Einkommen sowie 19 marktwirtschaftliche Industrieländer. Für eine letzte Gruppe von 9 nichtberichtenden Nicht-Mitgliedsländern werden wegen unzureichender Daten, unterschiedlicher Berechnungsverfahren für das Volkseinkommen sowie wegen Schwierigkeiten bei der Währungsumrechnung solche Schätzungen für das Bruttosozialprodukt (BSP) pro Kopf und andere Variablen nicht vorgenommen.

Volkswirtschaften mit einer Bevölkerung von weniger als 1 Million sind in den Haupttabellen nicht enthalten, aber für diejenigen, die Mitglieder der Weltbank oder der VN sind, bietet die gesonderte Tabelle auf Seite 327 grundlegende Kennzahlen. Ein Weltbankmitglied, Gabun, wurde in die Haupttabellen aufgenommen, weil seine Bevölkerung nunmehr 1 Million übersteigt.

Die zusammenfassenden Kennzahlen sind Schätzwerte für die Gesamtheit der jeweiligen Ländergruppe: Länder, für die wegen fehlender Berichterstattung oder zu kurzer Geschichte Einzelschätzungen nicht gezeigt werden, sind unter der Annahme berücksichtigt worden, daß sie dem Trend der berichtenden Länder während des betreffenden Zeitabschnitts folgten. Dies führt zu einer konsistenteren Gesamtkennzahl, da der Kreis der erfaßten Länder für jeden gezeigten Zeitraum einheitlich ist. Wenn jedoch ein nennenswerter Teil des Gruppenschätzwertes nicht belegt ist, wird das Gruppenmaß als nicht verfügbar gezeigt.

In den Kennzahlen der Weltentwicklung ist Taiwan (China) bei den Daten für China durchweg nicht enthalten. Die Fußnoten zu Tabellen 11 bis 15 bieten jedoch Schätzungen der internationalen Transaktionen von Taiwan (China).

Die vorliegende Ausgabe folgt der Darstellungsweise in den vorausgegangenen Jahren. In jeder Gruppe werden die Volkswirtschaften nach der Höhe des Pro-Kopf-Einkommens in steigender Reihenfolge erfaßt — mit Ausnahme jener, für die solche Angaben nicht berechnet werden können. Diese sind jeweils am Ende der zugehörigen Gruppe in alphabetischer Reihenfolge und kursiver Schreibweise aufgeführt. Diese Anordnung wird in allen Tabellen angewandt, ausgenommen Tabelle 21, die nur OECD- und OPEC-Länder enthält. Die entsprechenden Ordnungsnummern der einzelnen Volkswirtschaften sind in der alphabetischen Übersicht im *Länderschlüssel* (Seite 253) ausgewiesen; auch hier sind Länder ohne Schätzungen über das BSP pro Kopf kursiv gedruckt.

Die zusammenfassenden Kennzahlen in den farbigen Zwischenzeilen — Summen, gewogene Durchschnitte oder Medianwerte — wurden für die Ländergruppen dort berechnet, wo geeignete Daten zur Verfügung standen. Da China und Indien die zusammenfassenden Kennzahlen für die Länder mit niedrigem Einkommen stark beeinflussen, werden Kennzahlen für zwei Untergruppen ausgewiesen: *China und Indien* sowie *übrige Volkswirtschaften mit niedrigem Einkommen*. Für analytische Zwecke wurden Angaben für sämtliche Entwicklungsländer auch in den folgenden sich überschneidenden Gruppen zusammengefaßt: Ölexporteure, Exporteure von Industrieprodukten, hochverschuldete Länder und Afrika südlich der Sahara. Die Region Afrika südlich der Sahara umfaßt alle Länder Afrikas ausgenommen Südafrika und Länder mit Zugang zum

Mittelmeer. Wegen der Definitionen und Länderübersichten für die anderen Gruppen siehe Seite XI.

Die bei der Berechnung der zusammenfassenden Kennzahlen verwendeten Verfahren werden in den Technischen Erläuterungen beschrieben. Der Buchstabe *w* nach einer zusammenfassenden Kennzahl gibt an, daß es sich um einen gewogenen Durchschnitt handelt; *m* steht für den Medianwert und *s* für die Summe. Die Indikatoren decken nicht alle Volkswirtschaften einheitlich ab, und es können große Abweichungen von den Mittelwerten auftreten; der Leser sollte daher bei Vergleichen zwischen den zusammenfassenden Maßen für unterschiedliche Kennzahlen, Ländergruppen sowie Jahre oder Zeiträume Vorsicht walten lassen.

Bei der Verwendung der Daten sollten in jedem Fall die Technischen Erläuterungen und die Fußnoten der Tabellen zu Rate gezogen werden. Diese Erläuterungen skizzieren die bei der Aufstellung der Tabellen verwendeten Methoden, Begriffe, Definitionen und Datenquellen. Die Bibliographie bringt die genauen Angaben zu den statistischen Quellen, die ihrerseits umfassende Definitionen und Beschreibungen der angewandten Konzepte enthalten. Es sei außerdem angemerkt, daß die Länder-Anmerkungen in den *World Tables* zusätzliche Erläuterungen der benutzten Quellen, der Brüche in der Vergleichbarkeit und anderer Abweichungen von üblichen statistischen Praktiken bieten, die vom Weltbankstab in den Volkswirtschaftlichen Gesamtrechnungen und den Zahlungsbilanzen ausgemacht wurden.

Die Kennzahlen der Weltentwicklung enthalten drei Weltkarten und zwei Schaubilder. Aus der ersten

Ländergruppen

Die verschiedenen Farben der Übersichtskarte zeigen, zu welcher Gruppe ein Land zählt, und zwar auf der Basis seines BSP pro Kopf und in einigen Fällen von besonderen ökonomischen Merkmalen. Beispielsweise sind alle Länder mit niedrigem Einkommen — 425 $ und weniger BSP pro Kopf (1986) — gelb angelegt. Die Gruppen sind die gleichen wie in den nachfolgenden 33 Tabellen und enthalten nur die 129 Länder mit einer Bevölkerung von mehr als einer Million.

- Länder mit niedrigem Einkommen
- Länder mit mittlerem Einkommen
- Ölexporteure mit hohem Einkommen
- Marktwirtschaftliche Industrieländer
- Nichtberichtende Nicht-Mitgliedsländer
- In den Kennzahlen nicht enthalten

Karte gehen die Länderbezeichnungen sowie die Hauptgruppen hervor, denen die verschiedenen Volkswirtschaften zugeordnet sind. Die Karten auf den folgenden Seiten vermitteln einen Überblick über die Bevölkerung und den Anteil der Landwirtschaft am Bruttoinlandsprodukt (BIP). Das erste Schaubild zeigt die Kennzahlen der Fruchtbarkeit und Sterblichkeit aus den Tabellen 28 und 33. Das zweite die externen Finanzierungssalden von Entwicklungsländern. Während diese in Tabelle 15 in nominalen Dollar für zwei Jahre (1970 und 1986) angegeben werden, bietet das Schaubild diese Angaben für drei längere Zeitabschnitte (1970/79, 1980/83 und 1984/86) als Prozentsatz des BSP der jeweiligen Ländergruppe. Der Unterschied zwischen beiden Angaben besteht in öffentlichen unentgeltlichen Netto-Übertragungen (im wesentlichen Entwicklungshilfe des Auslands), die in Entwicklungsländern das Leistungsbilanzdefizit geringer als den Finanzierungsbedarf erscheinen läßt.

Für diese Karten wurde die Eckert-IV-Projektion verwendet, da sie die Landflächen aller Länder korrekt wiedergibt, auch wenn sie die Konturen, Entfernungen und geographische Lage leicht verzerrt.

Kommentare und Fragen zu den Kennzahlen der Weltentwicklung sollten an folgende Adresse gerichtet werden:

Socio-Economic Data Division
International Economics Department
The World Bank
1818 H Street, N. W.
Washington, D.C. 20433

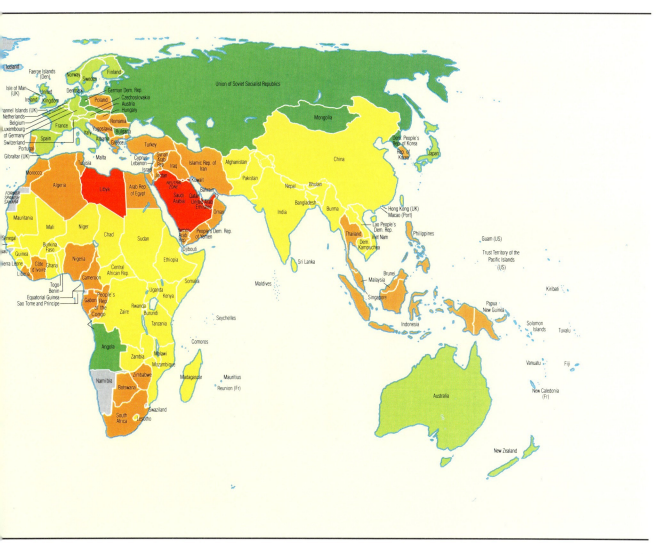

Bevölkerung

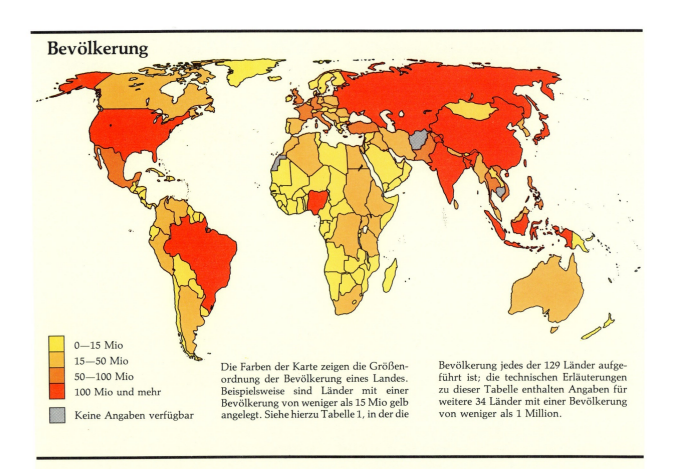

- 0—15 Mio
- 15—50 Mio
- 50—100 Mio
- 100 Mio und mehr
- Keine Angaben verfügbar

Die Farben der Karte zeigen die Größenordnung der Bevölkerung eines Landes. Beispielsweise sind Länder mit einer Bevölkerung von weniger als 15 Mio gelb angelegt. Siehe hierzu Tabelle 1, in der die Bevölkerung jedes der 129 Länder aufgeführt ist; die technischen Erläuterungen zu dieser Tabelle enthalten Angaben für weitere 34 Länder mit einer Bevölkerung von weniger als 1 Million.

Fruchtbarkeit und Sterblichkeit

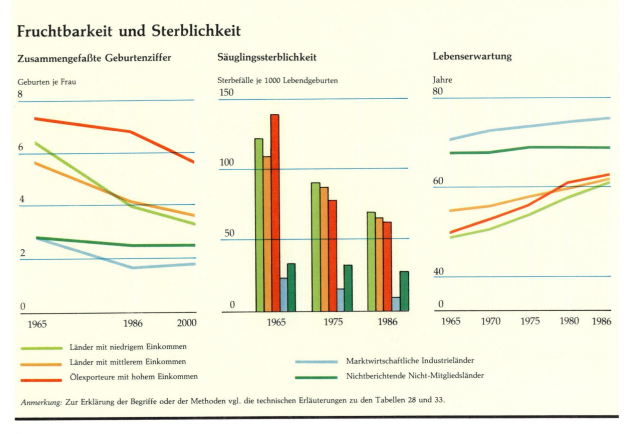

- Länder mit niedrigem Einkommen
- Länder mit mittlerem Einkommen
- Ölexporteure mit hohem Einkommen
- Marktwirtschaftliche Industrieländer
- Nichtberichtende Nicht-Mitgliedsländer

Anmerkung: Zur Erklärung der Begriffe oder der Methoden vgl. die technischen Erläuterungen zu den Tabellen 28 und 33.

Anteil der Landwirtschaft am BIP

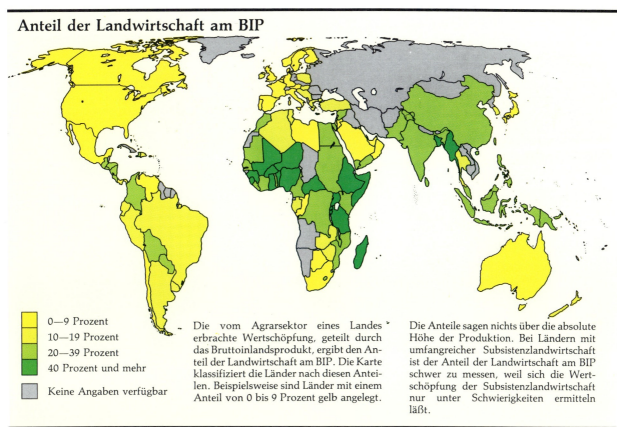

- 0—9 Prozent
- 10—19 Prozent
- 20—39 Prozent
- 40 Prozent und mehr
- Keine Angaben verfügbar

Die vom Agrarsektor eines Landes erbrachte Wertschöpfung, geteilt durch das Bruttoinlandsprodukt, ergibt den Anteil der Landwirtschaft am BIP. Die Karte klassifiziert die Länder nach diesen Anteilen. Beispielsweise sind Länder mit einem Anteil von 0 bis 9 Prozent gelb angelegt.

Die Anteile sagen nichts über die absolute Höhe der Produktion. Bei Ländern mit umfangreicher Subsistenzlandwirtschaft ist der Anteil der Landwirtschaft am BIP schwer zu messen, weil sich die Wertschöpfung der Subsistenzlandwirtschaft nur unter Schwierigkeiten ermitteln läßt.

Externe Finanzierungssalden von Entwicklungsländern

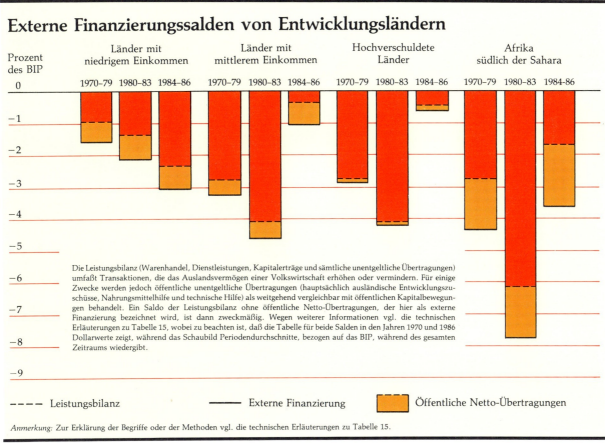

Die Leistungsbilanz (Warenhandel, Dienstleistungen, Kapitalerträge und sämtliche unentgeltliche Übertragungen) umfaßt Transaktionen, die das Auslandsvermögen einer Volkswirtschaft erhöhen oder vermindern. Für einige Zwecke werden jedoch öffentliche unentgeltliche Übertragungen (hauptsächlich ausländische Entwicklungszuschüsse, Nahrungsmittelhilfe und technische Hilfe) als weitgehend vergleichbar mit öffentlichen Kapitalbewegungen behandelt. Ein Saldo der Leistungsbilanz ohne öffentliche Netto-Übertragungen, der hier als externe Finanzierung bezeichnet wird, ist dann zweckmäßig. Wegen weiterer Informationen vgl. die technischen Erläuterungen zu Tabelle 15, wobei zu beachten ist, daß die Tabelle für beide Salden in den Jahren 1970 und 1986 Dollarwerte zeigt, während das Schaubild Periodendurchschnitte, bezogen auf das BIP, während des gesamten Zeitraums wiedergibt.

---- Leistungsbilanz   —— Externe Finanzierung   Öffentliche Netto-Übertragungen

Anmerkung: Zur Erklärung der Begriffe oder der Methoden vgl. die technischen Erläuterungen zu Tabelle 15.

Tabelle 1: Grundlegende Kennzahlen

	Bevölkerung (in Mio) Mitte 1986	Fläche (in Tsd. Quadratkilometern)	BSP pro Kopf[a] in $ 1986	Durchschnittl. jährlicher Zuwachs (in %) 1965–85	Durchschnittliche jährliche Inflationsrate[a] (in %) 1965–80	1980–86	Lebenserwartung bei der Geburt (in Jahren) 1986
Länder mit niedrigem Einkommen	2.493,0 s	33.608 s	270 w	3,1 w	4,6 w	8,1 w	61 w
China und Indien	1.835,4 s	12.849 s	300 w	3,7 w	2,9 w	5,3 w	64 w
Übrige Länder	657,6 s	20.759 s	200 w	0,5 w	11,3 w	19,1 w	52 w
1 Äthiopien	43,5	1.222	120	0,0	3,4	3,4	46
2 Bhutan	1,3	47	150	..	..	..	45
3 Burkina Faso	8,1	274	150	1,3	6,2	6,3	47
4 Nepal	17,0	141	150	1,9	7,7	8,8	47
5 Bangladesch	103,2	144	160	0,4	14,9	11,2	50
6 Malawi	7,4	119	160	1,5	7,0	12,4	45
7 Zaire	31,7	2.345	160	−2,2	24,5	54,1	52
8 Mali	7,6	1.240	180	1,1	..	7,4	47
9 Birma	38,0	677	200	2,3	8,7	2,1	59
10 Mosambik	14,2	802	210	..	..	28,1	48
11 Madagaskar	10,6	587	230	−1,7	7,9	17,8	53
12 Uganda	15,2	236	230	−2,6	21,5	74,9	48
13 Burundi	4,8	28	240	1,8	8,4	6,4	48
14 Tansania	23,0	945	250	−0,3	9,9	21,5	53
15 Togo	3,1	57	250	0,2	6,9	6,7	53
16 Niger	6,6	1.267	260	−2,2	7,5	6,6	44
17 Benin	4,2	113	270	0,2	7,4	8,6	50
18 Somalia	5,5	638	280	−0,3	10,3	45,4	47
19 Zentralafrikanische Rep.	2,7	623	290	−0,6	8,5	11,5	50
20 Indien	781,4	3.288	290	1,8	7,6	7,8	57
21 Ruanda	6,2	26	290	1,5	12,4	5,6	48
22 China	1054,0	9.561	300	5,1	0,0	3,8	69
23 Kenia	21,2	583	300	1,9	7,3	9,9	57
24 Sambia	6,9	753	300	−1,7	6,4	23,3	53
25 Sierra Leone	3,8	72	310	0,2	8,0	33,5	41
26 Sudan	22,6	2.506	320	−0,2	11,5	32,6	49
27 Haiti	6,1	28	330	0,6	7,3	7,7	54
28 Pakistan	99,2	804	350	2,4	10,3	7,5	52
29 Lesotho	1,6	30	370	5,6	8,0	13,1	55
30 Ghana	13,2	239	390	−1,7	22,8	50,8	54
31 Sri Lanka	16,1	66	400	2,9	9,6	13,5	70
32 Mauretanien	1,8	1.031	420	−0,3	7,7	9,9	47
33 Senegal	6,8	196	420	−0,6	6,5	9,5	47
34 *Afghanistan*	..	648	..	..	4,9	..	..
35 *Tschad*	5,1	1.284	..	..	6,3	..	45
36 *Guinea*	6,3	246	..	..	2,9	..	42
37 *Kamputschea, Dem.*	..	181	..	..	..	..	..
38 *Laos, Dem. VR*	3,7	237	..	..	..	..	50
39 *Vietnam*	63,3	330	..	..	..	..	65
Länder mit mittlerem Einkommen	1.268,4 s	37.278 s	1.270 w	2,6 w	21,0 w	56,8 w	63 w
Untere Einkommenskategorie	691,2 s	15.029 s	750 w	2,5 w	22,3 w	22,9 w	59 w
40 Liberia	2,3	111	460	−1,4	6,3	1,1	54
41 Jemen, Dem. VR	2,2	333	470	..	..	4,8	50
42 Indonesien	166,4	1.919	490	4,6	34,3	8,9	57
43 Jemen, Arab. Rep.	8,2	195	550	4,7	..	13,1	46
44 Philippinen	57,3	300	560	1,9	11,7	18,2	63
45 Marokko	22,5	447	590	1,9	6,1	7,7	60
46 Bolivien	6,6	1.099	600	−0,4	15,7	683,7	53
47 Simbabwe	8,7	391	620	1,2	6,3	13,0	58
48 Nigeria	103,1	924	640	1,9	14,4	10,5	51
49 Dominikanische Rep.	6,6	49	710	2,5	6,8	15,9	66
50 Papua-Neuguinea	3,4	462	720	0,5	8,1	5,1	52
51 Côte d'Ivoire	10,7	323	730	1,2	9,3	8,3	52
52 Honduras	4,5	112	740	0,3	6,3	5,2	64
53 Ägypten, Arab. Rep.	49,7	1.001	760	3,1	7,5	12,4	61
54 Nicaragua	3,4	130	790	−2,2	8,9	56,5	61
55 Thailand	52,6	514	810	4,0	6,8	3,0	64
56 El Salvador	4,9	21	820	−0,3	7,0	14,9	61
57 Botsuana	1,1	600	840	8,8	8,0	7,6	59
58 Jamaika	2,4	11	840	−1,4	12,8	19,8	73
59 Kamerun	10,5	475	910	3,9	9,0	11,0	56
60 Guatemala	8,2	109	930	1,4	7,1	11,3	61
61 Kongo, VR	2,0	342	990	3,6	7,1	7,5	58
62 Paraguay	3,8	407	1.000	3,6	9,4	19,0	67
63 Peru	19,8	1.285	1.090	0,1	20,5	100,1	60
64 Türkei	51,5	781	1.110	2,7	20,7	37,3	65
65 Tunesien	7,3	164	1.140	3,8	6,7	8,9	63
66 Ecuador	9,6	284	1.160	3,5	10,9	29,5	66
67 Mauritius	1,0	2	1.200	3,0	11,4	8,1	66
68 Kolumbien	29,0	1.139	1.230	2,8	17,4	22,6	65

Anmerkung: Zur Vergleichbarkeit der Daten und ihrer Abgrenzung vgl. Technische Erläuterungen. Kursive Zahlen gelten für andere als die angegebenen Jahre.

	Bevölkerung (in Mio) Mitte 1986	Fläche (in Tsd. Quadratkilometern)	BSP pro Kopf[a] in $ 1986	BSP pro Kopf[a] Durchschnittl. jährlicher Zuwachs (in %) 1965—85	Durchschnittliche jährliche Inflationsrate[a] (in %) 1965—80	Durchschnittliche jährliche Inflationsrate[a] (in %) 1980—86	Lebenserwartung bei der Geburt (in Jahren) 1986
69 Chile	12,2	757	1.320	−0,2	129,9	20,2	71
70 Costa Rica	2,6	51	1.480	1,6	11,3	32,3	74
71 Jordanien	3,6	98	1.540	5,5	. .	3,2	65
72 Syrien, Arab. Rep.	10,8	185	1.570	3,7	8,4	6,2	64
73 *Libanon*	. .	10	. .	. .	9,3	. .	. .
Obere Einkommenskategorie	577,2 s	22.248 s	1.890 w	2,8 w	20,5 w	72,0 w	67 w
74 Brasilien	138,4	8.512	1.810	4,3	31,3	157,1	65
75 Malaysia	16,1	330	1.830	4,3	4,9	1,4	69
76 Südafrika	32,3	1.221	1.850	0,4	9,9	13,6	61
77 Mexiko	80,2	1.973	1.860	2,6	13,1	63,7	68
78 Uruguay	3,0	176	1.900	1,4	57,8	50,4	71
79 Ungarn	10,6	93	2.020	3,9	2,6	5,4	71
80 Polen	37,5	313	2.070	. .	. .	31,2	72
81 Portugal	10,2	92	2.250	3,2	11,5	22,0	73
82 Jugoslawien	23,3	256	2.300	3,9	15,3	51,8	71
83 Panama	2,2	77	2.330	2,4	5,4	3,3	72
84 Argentinien	31,0	2.767	2.350	0,2	78,3	326,2	70
85 Korea, Rep.	41,5	98	2.370	6,7	18,8	5,4	69
86 Algerien	22,4	2.382	2.590	3,5	9,9	6,1	62
87 Venezuela	17,8	912	2.920	0,4	8,7	8,7	70
88 Gabun	1,0	268	3.080	1,9	12,7	4,8	52
89 Griechenland	10,0	132	3.680	3,3	10,5	20,3	76
90 Oman	1,3	300	4.980	5,0	20,5	3,6	54
91 Trinidad u. Tobago	1,2	5	5.360	1,6	14,0	8,6	70
92 Israel	4,3	21	6.210	2,6	25,2	182,9	75
93 Hongkong	5,4	1	6.910	6,2	8,1	6,9	76
94 Singapur	2,6	1	7.410	7,6	4,7	1,9	73
95 *Iran, Islam. Rep.*	45,6	1.648	. .	. .	15,6	. .	59
96 *Irak*	16,5	435	. .	. .	. .	. .	63
97 *Rumänien*	22,9	238	. .	. .	. .	. .	71
Entwicklungsländer	3.761,4 s	70.922 s	610 w	2,9 w	16,7 w	44,3 w	61 w
Ölexporteure	538,3 s	13.053 s	930 w	2,5 w	15,3 w	26,0 w	59 w
Exporteure von Industrieprodukten	2.132,4 s	22.472 s	540 w	4,0 w	13,0 w	51,0 w	64 w
Hochverschuldete Länder	569,5 s	21.213 s	1.400 w	2,3 w	26,5 w	91,6 w	63 w
Afrika südlich der Sahara	424,1 s	20.895 s	370 w	0,9 w	12,5 w	16,1 w	50 w
Ölexporteure mit hohem Einkommen	19,1 s	4.011 s	6.740 w	1,8 w	16,4 w	−1,3 w	64 w
98 Saudi-Arabien	12,0	2.150	6.950	4,0	17,2	−1,3	63
99 Kuwait	1,8	18	13.890	−0,6	14,1	. .	73
100 Vereinigte Arab. Emirate	1,4	84	14.680	. .	. .	−1,4	69
101 *Libyen*	3,9	1.760	. .	. .	. .	. .	61
Marktwirtschaftliche Industrieländer	741,6 s	30.935 s	12.960 w	2,3 w	7,6 w	5,3 w	76 w
102 Spanien	38,7	505	4.860	2,9	11,8	11,3	76
103 Irland	3,6	70	5.070	1,7	12,2	10,7	74
104 Neuseeland	3,3	269	7.460	1,5	9,6	11,0	74
105 Italien	57,2	301	8.550	2,6	11,2	13,2	77
106 Großbritannien	56,7	245	8.870	1,7	11,2	6,0	75
107 Belgien	9,9	31	9.230	2,7	6,6	5,7	75
108 Österreich	7,6	84	9.990	3,3	5,8	4,5	74
109 Niederlande	14,6	41	10.020	1,9	7,6	3,1	77
110 Frankreich	55,4	547	10.720	2,8	8,0	8,8	77
111 Australien	16,0	7.687	11.920	1,7	9,5	8,2	78
112 Deutschland, Bundesrep.	60,9	249	12.080	2,5	5,2	3,0	75
113 Finnland	4,9	337	12.160	3,2	10,4	8,1	75
114 Dänemark	5,1	43	12.600	1,9	9,2	7,3	75
115 Japan	121,5	372	12.840	4,3	7,8	1,6	78
116 Schweden	8,4	450	13.160	1,6	8,3	8,2	77
117 Kanada	25,6	9.976	14.120	2,6	7,2	5,5	76
118 Norwegen	4,2	324	15.400	3,4	7,7	7,0	77
119 Vereinigte Staaten	241,6	9.363	17.480	1,6	6,4	4,4	75
120 Schweiz	6,5	41	17.680	1,4	5,3	4,2	77
Nichtberichtende Nicht-Mitgliedsländer	367,3 s	25.825 s	. .	. .	. .	. .	69 w
121 *Albanien*	3,0	29	. .	. .	. .	. .	71
122 *Angola*	9,0	1.247	. .	. .	. .	. .	44
123 *Bulgarien*	9,0	111	. .	. .	. .	. .	72
124 *Kuba*	10,2	115	. .	. .	. .	. .	75
125 *Tschechoslowakei*	15,5	128	. .	. .	. .	. .	70
126 *Deutsche Dem. Rep.*	16,6	108	. .	. .	. .	. .	72
127 *Korea, Dem. Rep.*	20,9	121	. .	. .	. .	. .	68
128 *Mongolei*	2,0	1.565	. .	. .	. .	. .	64
129 *Sowjetunion*	281,1	22.402	. .	. .	. .	. .	70

Anmerkung: Bezüglich der VN- und Weltbank-Mitgliedsländer mit einer Bevölkerung von weniger als 1 Million vgl. Sonderbeitrag A.
[a] Vgl. Technische Erläuterungen.

Tabelle 2: Wachstum der Produktion

Durchschnittliche jährliche Wachstumsrate (%)

	BIP		Landwirtschaft		Industrie		(Verarbeitendes Gewerbe)[a]		Dienstleistungssektor usw.	
	1965—80	1980—86	1965—80	1980—86	1965—80	1980—86	1965—80	1980—86	1965—80	1980—86
Länder mit niedrigem Einkommen	4,8 w	7,5 w	2,7 w	4,9 w	7,5 w	10,6 w	7,6 w	11,2 w	5,1 w	6,6 w
China und Indien	5,3 w	8,6 w	2,9 w	5,7 w	8,0 w	11,3 w	7,9 w	11,7 w	5,7 w	7,8 w
Übrige Länder	3,1 w	2,9 w	1,9 w	2,0 w	4,6 w	4,2 w	4,8 w	4,8 w	3,8 w	3,3 w
1 Äthiopien	2,7	0,8	1,2	−3,9	3,5	3,8	5,1	3,9	5,2	5,1
2 Bhutan[b]	..	..	..	..	..	..	..	..	..	..
3 Burkina Faso	3,5	*2,5*	..	*2,7*	..	2,1	..	..	..	*2,4*
4 Nepal	2,4	3,5	1,1	4,8	..	..	..	..	..	..
5 Bangladesch[b]	2,4	3,7	1,5	2,7	3,8	4,6	6,8	2,1	3,4	4,7
6 Malawi	6,1	2,4	..	2,5	..	1,5	..	..	..	2,8
7 Zaire[b]	1,4	1,0	..	1,7	..	2,7	..	−0,7	..	−0,7
8 Mali[b]	4,1	0,4	2,8	−2,3	4,2	4,0	..	..	7,0	3,8
9 Birma[b]	3,9	4,9	3,7	4,7	4,4	6,3	3,9	5,8	4,0	4,8
10 Mosambik	..	−9,0	..	−15,9	..	−13,3	..	..	..	0,2
11 Madagaskar[b]	1,6	−0,1	..	2,1	..	−3,6	..	..	..	−0,7
12 Uganda	0,8	0,7	1,2	−0,1	−4,1	0,9	−3,7	−0,3	1,1	3,3
13 Burundi	3,6	2,3	3,3	1,3	7,8	4,9	5,9	6,9	2,7	4,2
14 Tansania	3,7	0,9	1,6	0,8	4,2	−4,5	5,6	−4,6	6,9	2,9
15 Togo[b]	4,5	−1,1	1,9	1,7	68,8	−2,2	..	−2,6	5,4	−2,3
16 Niger[b]	0,3	−2,6	−3,4	2,8	11,4	−4,3	..	..	3,4	−8,0
17 Benin	2,3	3,6	..	3,0	..	10,2	..	4,6	..	1,8
18 Somalia	2,5	4,9	..	7,9	..	−5,1	..	−3,4	..	3,6
19 Zentralafrikanische Rep.	2,6	1,1	2,1	2,5	5,3	1,7	..	−0,6	2,0	−0,5
20 Indien	3,7	4,9	2,8	1,9	4,0	7,1	4,3	8,2	4,6	6,0
21 Ruanda[b]	5,0	1,8	..	0,9	..	4,8	..	4,1	..	1,1
22 China[b]	6,4	10,5	3,0	7,9	10,0	12,5	9,5[c]	12,6[c]	7,0	9,4
23 Kenia	6,4	3,4	4,9	2,8	9,8	2,7	10,5	4,1	6,4	4,2
24 Sambia[b]	1,8	−0,1	2,2	2,8	2,1	−0,7	5,3	0,6	1,5	−0,5
25 Sierra Leone	2,6	0,4	2,3	0,5	−1,0	−2,4	4,3	2,0	5,8	1,5
26 Sudan	3,8	0,3	2,9	0,4	3,1	2,1	..	0,0	4,9	−0,3
27 Haiti[b]	2,9	−0,7	1,0	−1,3	7,1	−2,4	6,2	−2,6	2,7	*0,5*
28 Pakistan	5,1	6,7	3,3	3,3	6,4	9,3	5,7	9,3	5,9	7,2
29 Lesotho	6,6	0,9	..	1,6	..	−3,9	..	16,1	..	2,7
30 Ghana[b]	1,4	0,7	1,6	−0,2	1,4	−2,4	2,5	−1,9	1,1	3,3
31 Sri Lanka	4,0	4,9	2,7	3,9	5,2	4,5	3,2	5,6	4,3	5,7
32 Mauretanien	2,0	1,0	−2,0	1,2	2,2	5,4	..	..	6,5	−2,4
33 Senegal[b]	2,1	3,2	1,4	2,3	4,8	4,0	3,4	4,1	1,3	3,2
34 *Afghanistan*	2,9	..	..	..	..	..	..	..	..	..
35 *Tschad*[b]	0,1	..	..	..	..	..	..	..	..	..
36 *Guinea*[b]	3,8	*0,9*	..	*0,3*	..	*0,1*	..	*1,5*	..	*2,1*
37 *Kamputschea Dem.*	..	..	..	..	..	..	..	..	..	..
38 *Laos, Dem. VR*	..	..	..	..	..	..	..	..	..	..
39 *Vietnam*	..	..	..	..	..	..	..	..	..	..
Länder mit mittlerem Einkommen	6,6 w	2,3 w	3,4 w	2,3 w	7,0 w	2,1 w	8,2 w	2,5	7,6 w	2,6 w
Untere Einkommenskategorie	6,5 w	1,8 w	3,4 w	2,1 w	8,4 w	1,2 w	7,4 w	3,0 w	7,5 w	2,3 w
40 Liberia	3,3	−1,3	5,5	1,2	2,2	−6,0	10,0	−5,0	2,4	−0,8
41 Jemen, Dem. VR[b]	..	1,7	..	..	..	..	..	..	..	..
42 Indonesien[b]	7,9	3,4	4,3	3,0	11,9	1,8	12,0	7,7	7,3	5,6
43 Jemen, Arab. Rep.[b]	..	4,3	..	*0,2*	..	8,3	..	16,5	..	56,2
44 Philippinen[b]	5,9	−1,0	4,6	2,0	8,0	−3,5	7,5	−1,7	5,2	−0,6
45 Marokko[b]	5,4	3,3	2,2	3,9	6,1	1,1	5,9	1,1	6,5	4,4
46 Bolivien[b]	4,5	−3,0	3,8	−1,8	3,7	−7,5	5,4	−9,0	5,6	−0,8
47 Simbabwe	4,4	2,6	..	3,4	..	0,8	..	1,3	..	3,7
48 Nigeria	8,0	−3,2	1,7	1,4	13,4	−5,1	14,6	1,0	8,8	−4,0
49 Dominikanische Rep.[b]	7,3	1,1	4,6	1,0	10,9	1,0	8,9	0,4	6,7	1,3
50 Papua-Neuguinea[b]	4,1	1,8	..	..	..	..	..	..	..	..
51 Côte d'Ivoire	6,8	−0,3	3,3	0,9	10,4	−1,9	9,1	..	9,4	−0,5
52 Honduras	4,2	0,6	1,6	2,2	5,7	−0,8	6,0	..	5,4	*0,3*
53 Ägypten, Arab. Rep.	6,7	4,7	2,8	1,9	7,0	6,3	..	−2,1	9,5	4,4
54 Nicaragua[b]	2,9	0,2	3,3	*1,4*	4,2	0,3	5,2	0,8	1,4	−0,4
55 Thailand[b]	7,4	4,8	4,9	2,9	9,5	5,0	10,9	5,2	8,0	5,6
56 El Salvador[b]	4,3	−1,0	3,6	−2,3	5,3	−0,7	4,6	−1,1	4,3	−0,4
57 Botsuana[b]	14,3	1,9	9,7	−9,8	24,0	19,1	13,5	6,2	11,5	7,6
58 Jamaika[b]	1,3	0,0	0,5	1,4	−0,1	−1,3	0,4	1,1	2,7	0,7
59 Kamerun[b]	5,1	8,2	4,2	2,0	8,1	15,9	7,0	..	4,8	7,0
60 Guatemala[b]	5,9	−1,2	5,1	−0,4	7,3	−3,0	6,5	−1,6	5,7	−0,7
61 Kongo, VR[b]	5,9	5,1	3,1	−0,6	10,3	8,4	..	2,9	4,7	3,7
62 Paraguay[b]	6,9	1,1	4,9	1,9	9,1	−0,7	7,0	0,5	7,5	1,6
63 Peru	3,9	−0,4	1,0	2,2	4,4	−1,1	3,8	..	4,3	−0,3
64 Türkei	6,3	4,9	3,2	3,1	7,2	6,4	7,5	8,0	7,6	4,7
65 Tunesien	6,6	3,7	5,4	3,3	7,4	3,3	9,9	6,5	6,5	4,1
66 Ecuador[b]	8,7	1,8	3,4	1,0	13,7	3,5	11,5	0,2	7,6	0,6
67 Mauritius	5,3	4,4	..	5,3	..	6,1	..	7,8	..	3,4
68 Kolumbien	5,7	2,4	4,3	2,3	5,5	3,8	6,2	2,5	6,4	1,7

Anmerkung: Zur Vergleichbarkeit der Daten und ihrer Abgrenzung vgl. Technische Erläuterungen. Kursive Zahlen gelten für andere als die angegebenen Jahre.

	Durchschnittliche jährliche Wachstumsrate (%)									
	BIP		Landwirtschaft		Industrie		(Verarbeitendes Gewerbe)[a]		Dienstleistungssektor usw.	
	1965—80	1980—86	1965—80	1980—86	1965—80	1980—86	1965—80	1980—86	1965—80	1980—86
69 Chile[b]	1,9	0,0	1,6	3,1	0,8	0,7	0,6	−0,2	2,7	−0,9
70 Costa Rica[b]	6,2	1,3	4,2	2,2	8,7	1,1	..	..	6,0	1,1
71 Jordanien	..	5,1	..	1,8	..	5,8	..	4,9	..	5,1
72 Syrien, Arab. Rep.[b]	8,7	1,5	4,8	−1,4	12,2	0,6	..	..	9,0	2,9
73 Libanon[b]	−1,2	..	..	..	..	..	..	..	..	..
Obere Einkommenskategorie	6,7 w	2,5 w	3,4 w	2,4 w	6,5 w	2,5 w	..	2,4 w	7,7 w	2,7 w
74 Brasilien	9,0	2,7	3,8	2,0	9,9	1,6	9,6	1,2	10,0	3,8
75 Malaysia[b]	7,4	4,8	..	3,0	..	6,0	..	5,8	..	4,5
76 Südafrika	4,0	0,8	..	−1,3	..	−0,5	..	−1,7	..	2,4
77 Mexiko[b]	6,5	0,4	3,2	2,1	7,6	−0,1	7,4	0,0	6,6	0,4
78 Uruguay	2,4	−2,6	1,0	−0,7	3,1	−5,2	..	..	2,3	−1,6
79 Ungarn[b]	5,6	1,6	2,7	2,8	6,4	1,3	..	..	6,2	1,4
80 Polen	..	1,5	..	..	..	..	..	..	..	..
81 Portugal	5,5	1,4	..	0,1	..	1,4	..	..	..	1,7
82 Jugoslawien	6,0	1,2	3,1	1,4	7,8	1,1	..	..	5,5	1,4
83 Panama[b]	5,5	2,6	2,4	2,2	5,9	−1,4	4,7	0,2	6,0	3,7
84 Argentinien[b]	3,4	−0,8	1,4	2,3	3,3	−1,7	2,7	−0,4	3,9	−0,8
85 Korea, Rep.[b]	9,5	8,2	3,0	5,6	16,5	10,2	18,7	9,8	9,3	7,2
86 Algerien[b]	7,5	4,4	5,8	3,2	8,1	5,2	9,5	..	7,1	3,6
87 Venezuela[b]	5,2	−0,9	3,9	2,3	3,4	−0,8	5,8	2,0	6,5	−1,2
88 Gabun[b]	9,5	1,5	..	..	..	..	..	..	..	..
89 Griechenland	5,6	1,5	2,3	0,3	7,1	0,4	8,4	0,2	6,2	2,5
90 Oman[b]	12,5	5,7	..	..	..	..	..	..	..	..
91 Trinidad u. Tobago	5,1	6,3	0,0	4,8	5,0	−9,1	2,6	−12,8	5,8	−3,2
92 Israel[b]	6,8	2,0	..	..	..	..	..	..	..	..
93 Hongkong	8,5	6,0	..	..	..	..	..	..	..	..
94 Singapur[b]	10,4	5,3	3,1	−3,5	12,2	4,4	13,3	2,2	9,7	6,1
95 Iran, Islam. Rep.	6,2	..	4,5	..	2,4	..	10,0	..	13,6	..
96 Irak	..	..	..	..	..	..	..	..	..	..
97 Rumänien	..	..	..	..	..	..	..	..	..	..
Entwicklungsländer	6,1 w	3,8 w	3,1 w	3,6 w	7,2 w	4,6 w	8,0 w	5,9 w	7,1 w	3,4 w
Ölexporteure	7,1 w	1,7 w	3,4 w	2,4 w	6,8 w	1,6 w	8,5 w	2,4 w	8,7 w	1,9 w
Exporteure von Industrieprodukten	6,6 w	6,2 w	3,0 w	5,0 w	8,9 w	7,8 w	9,1 w	8,6 w	7,4 w	5,3 w
Hochverschuldete Länder	6,6 w	0,7 w	3,0 w	1,8 w	7,3 w	−0,2 w	7,3 w	0,4 w	7,2 w	1,0 w
Afrika südlich der Sahara	5,6 w	0,0 w	1,6 w	1,2 w	9,4 w	−1,6 w	8,5 w	0,3 w	7,5 w	0,1 w
Ölexporteure mit hohem Einkommen	7,8 w	−3,3 w	5,7 w	..	6,5 w	..	9,6 w	..	11,1 w	..
98 Saudi-Arabien[b]	10,9	−3,4	4,1	10,3	11,6	−10,4	8,1	6,1	10,5	4,4
99 Kuwait[b]	3,1	−0,9	..	..	..	..	..	..	..	..
100 Vereinigte Arab. Emirate	..	−3,8	..	..	..	..	..	..	..	..
101 Libyen	4,2	..	10,7	..	1,2	..	13,7	..	..	..
Marktwirtschaftliche Industrieländer	3,6 w	2,5 w	0,9 w	2,5 w	3,2 w	2,5 w	3,7 w	..	3,6 w	2,6 w
102 Spanien[b]	5,2	1,8	3,0	2,8	5,8	0,8	6,7	0,3	4,6	2,3
103 Irland	5,1	0,7	..	−6,2	..	−1,1	..	..	..	3,8
104 Neuseeland[b]	3,1	2,6	..	2,1	..	3,8	..	..	..	2,0
105 Italien	3,9	1,3	0,8	0,5	4,2	0,2	5,1	−0,2	4,1	2,1
106 Großbritannien	2,2	2,3	1,7	4,1	1,2	2,0	1,1	1,2	2,9	2,6
107 Belgien[b]	3,9	0,9	0,5	3,1	4,4	0,5	2,8	1,6	3,8	1,1
108 Österreich[b]	4,3	1,8	2,2	1,2	4,5	1,6	4,7	2,1	4,4	1,9
109 Niederlande[b]	3,7	1,0	4,3	4,5	3,6	0,5	4,3	..	4,0	1,9
110 Frankreich[b]	4,4	1,3	0,8	2,8	4,6	0,6	5,3	..	4,6	1,6
111 Australien[b]	4,0	3,1	2,6	6,1	2,9	2,0	1,2	..	5,4	3,5
112 Deutschland, Bundesrep.[b]	3,3	1,5	1,4	3,1	2,9	0,7	3,3	0,8	3,7	2,1
113 Finnland	4,1	2,7	0,1	0,2	4,4	2,8	5,0	3,0	4,8	2,4
114 Dänemark	2,7	2,8	0,9	4,6	1,9	2,6	3,2	2,9	3,1	2,4
115 Japan[b]	6,3	3,7	0,8	1,0	8,5	5,0	9,4	7,8	5,2	2,9
116 Schweden	2,8	2,0	−0,2	2,5	2,2	2,5	2,3	2,3	3,3	0,5
117 Kanada	4,4	2,9	0,7	2,8	3,4	2,9	3,8	3,6	5,5	2,9
118 Norwegen[b]	4,4	3,5	−0,4	3,0	5,6	3,8	2,6	0,3	4,2	3,4
119 Vereinigte Staaten[b]	2,8	3,1	1,1	3,1	1,9	3,2	2,7	4,0	3,4	3,0
120 Schweiz[b]	2,0	1,5	..	..	..	..	..	..	..	..
Nichtberichtende Nicht-Mitgliedsländer	..	..	..	..	..	..	..	..	..	..
121 Albanien	..	..	..	..	..	..	..	..	..	..
122 Angola	..	..	..	..	..	..	..	..	..	..
123 Bulgarien	..	..	..	..	..	..	..	..	..	..
124 Kuba	..	..	..	..	..	..	..	..	..	..
125 Tschechoslowakei	..	..	..	..	..	..	..	..	..	..
126 Deutsche Dem. Rep.	..	..	..	..	..	..	..	..	..	..
127 Korea, Dem. Rep.	..	..	..	..	..	..	..	..	..	..
128 Mongolei	..	..	..	..	..	..	..	..	..	..
129 Sowjetunion	..	..	..	..	..	..	..	..	..	..

[a] Da das Verarbeitende Gewerbe im allgemeinen der dynamischste Bereich des Industriesektors ist, wird seine Wachstumsrate gesondert ausgewiesen. [b] BIP und seine Komponenten zu Käuferpreisen. [c] Schätzung der Weltbank.

Tabelle 3: Produktionsstruktur

	BIP[a] (in Mio $)		Verteilung des Bruttoinlandsprodukts (%)							
			Landwirtschaft		Industrie		(Verarbeitendes Gewerbe)[b]		Dienstleistungssektor usw.	
	1965	1986	1965	1986	1965	1986	1965	1986	1965	1986
Länder mit niedrigem Einkommen	146.330 s	621.260 s	42 w	32 w	28 w	35 w	21 w	24 w	30 w	32 w
China und Indien	111.850 s	475.670 s	42 w	31 w	31 w	39 w	24 w	27 w	27 w	30 w
Übrige Länder	34.480 s	145.590 s	43 w	38 w	18 w	20 w	10 w	11 w	41 w	41 w
1 Äthiopien	1.180	4.960	58	48	14	15	7	10	28	36
2 Bhutan[c]	. .	210	. .	. .	. .	. .	. .	. .	. .	. .
3 Burkina Faso	260	930	53	45	20	22	. .	. .	27	33
4 Nepal	730	2.200	65	. .	11	. .	3	. .	23	. .
5 Bangladesch[c]	4.380	15.460	53	47	11	14	5	8	36	39
6 Malawi	220	1.100	50	37	13	18	. .	12	37	45
7 Zaire[c]	3.140	6.020	21	29	26	36	16	. .	53	35
8 Mali[c]	. .	1.650	. .	50	. .	13	. .	7	. .	37
9 Birma[c]	1.600	8.180	35	48	13	13	9	10	52	39
10 Mosambik	. .	4.300	. .	35	. .	12	. .	. .	. .	53
11 Madagaskar[c]	670	2.670	31	43	16	16	11	. .	53	41
12 Uganda	1.100	3.310	52	76	13	6	8	5	35	18
13 Burundi	150	1.090	. .	58	. .	17	. .	10	. .	25
14 Tansania	790	4.020	46	59	14	10	8	6	40	31
15 Togo[c]	190	980	45	32	21	20	10	7	34	48
16 Niger[c]	670	2.080	68	46	3	16	2	4	29	39
17 Benin	220	1.320	59	49	8	13	. .	4	33	37
18 Somalia	220	2.320	71	58	6	9	3	6	24	34
19 Zentralafrikanische Rep.	140	900	46	41	16	12	4	4	38	47
20 Indien	46.260	203.790	47	32	22	29	15	19	31	39
21 Ruanda[c]	150	1.850	75	40	7	23	2	16	18	37
22 China	65.590	271.880	39	31	38	46	30[d]	34[d]	23	23
23 Kenia	920	5.960	35	30	18	20	11	12	47	50
24 Sambia[c]	1.060	1.660	14	11	54	48	6	20	32	41
25 Sierra Leone	320	1.180	34	45	28	22	6	4	38	33
26 Sudan	1.330	7.470	54	35	9	15	4	7	37	50
27 Haiti[c]	350	2.150	. .	. .	. .	. .	. .	. .	. .	. .
28 Pakistan	5.450	30.080	40	24	20	28	14	17	40	47
29 Lesotho	50	230	65	21	5	27	1	13	30	52
30 Ghana[c]	2.050	5.720	44	45	19	27	10	12	38	39
31 Sri Lanka	1.770	5.880	28	26	21	27	17	15	51	47
32 Mauretanien	160	750	32	34	36	24	4	. .	32	42
33 Senegal[c]	810	3.740	25	22	18	27	14	17	56	51
34 Afghanistan	600	. .	. .	. .	. .	. .	. .	. .	. .	. .
35 Tschad[c]	290	. .	42	. .	15	. .	12	. .	43	. .
36 Guinea[c]	520	1.980	. .	40	. .	22	. .	2	. .	38
37 Kamputschea Dem.	. .	. .	. .	. .	. .	. .	. .	. .	. .	. .
38 Laos, Dem. VR	. .	. .	. .	. .	. .	. .	. .	. .	. .	. .
39 Vietnam	. .	. .	. .	. .	. .	. .	. .	. .	. .	. .
Länder mit mittlerem Einkommen	202.630 s	1.740.010 s	22 w	15 w	33 w	36 w	19 w	22 w	45 w	48 w
Untere Einkommenskategorie	65.950 s	504.440 s	30 w	22 w	25 w	30 w	15 w	17 w	43 w	46 w
40 Liberia	270	990	27	37	40	28	3	5	34	35
41 Jemen, Dem. VR[c]	. .	930	. .	. .	. .	. .	. .	. .	. .	. .
42 Indonesien[c]	3.830	75.230	56	26	13	32	8	14	31	42
43 Jemen, Arab. Rep.[c]	. .	4.760	. .	34	. .	16	. .	7	. .	50
44 Philippinen[c]	6.010	30.540	26	26	28	32	20	25	46	42
45 Marokko[c]	2.950	14.760	23	21	28	30	16	17	49	49
46 Bolivien[c]	710	4.180	23	24	31	23	15	13	46	52
47 Simbabwe	960	4.940	18	11	35	46	20	30	47	43
48 Nigeria	4.190	49.110	53	41	19	29	7	8	29	30
49 Dominikanische Rep.[c]	890	5.280	23	17	22	30	16	16	55	53
50 Papua-Neuguinea[c]	340	2.530	42	34	18	26	. .	9	41	40
51 Côte d'Ivoire	760	7.320	47	36	19	24	11	16	33	40
52 Honduras	460	2.960	40	27	19	25	12	14	41	48
53 Ägypten, Arab. Rep.	4.550	40.850	29	20	27	29	. .	. .	45	51
54 Nicaragua[c]	570	2.900	25	23	24	33	18	27	51	44
55 Thailand[c]	4.050	41.780	35	17	23	30	14	21	42	53
56 El Salvador[c]	800	3.980	29	20	22	21	18	15	49	59
57 Botsuana[c]	50	1.150	34	4	19	58	12	6	47	38
58 Jamaika[c]	970	2.430	10	6	37	40	17	22	53	54
59 Kamerun[c]	750	11.280	32	22	17	35	10	. .	50	43
60 Guatemala[c]	1.330	7.470	. .	. .	. .	. .	. .	. .	. .	. .
61 Kongo, VR[c]	200	2.000	19	8	19	54	. .	6	62	38
62 Paraguay[c]	440	3.590	37	27	19	26	16	16	45	47
63 Peru[c]	5.020	25.370	18	11	30	38	17	20	53	51
64 Türkei	7.660	52.620	34	18	25	36	16	25	41	46
65 Tunesien	880	7.790	22	16	24	33	9	15	54	52
66 Ecuador[c]	1.150	11.510	27	14	22	42	18	19	50	45
67 Mauritius	190	1.160	16	15	23	32	14	23	61	53
68 Kolumbien	5.570	29.660	30	20	25	25	18	18	46	56

Anmerkung: Zur Vergleichbarkeit der Daten und ihrer Abgrenzung vgl. Technische Erläuterungen. Kursive Zahlen gelten für andere als die angegebenen Jahre.

	BIP[a] (in Mio $)		Verteilung des Bruttoinlandsprodukts (%)							
			Landwirtschaft		Industrie		(Verarbeitendes Gewerbe)[b]		Dienstleistungssektor usw.	
	1965	1986	1965	1986	1965	1986	1965	1986	1965	1986
69 Chile[c]	5.940	16.820	9	..	40	..	24	..	52	..
70 Costa Rica[c]	590	4.260	24	21	23	29	..	..	53	50
71 Jordanien	..	4.000	..	8	..	28	..	14	..	63
72 Syrien, Arab. Rep.[c]	1.470	17.400	29	22	22	21	..	..	49	58
73 Libanon[c]	1.150	..	12	..	21	..	..	..	67	..
Obere Einkommenskategorie	136.680 s	1.235.570 s	18 w	10 w	37 w	40 w	21 w	25 w	46 w	50 w
74 Brasilien	19.450	206.750	19	11	33	39	26	28	48	50
75 Malaysia[c]	3.130	27.580	18	..	25	..	9	..	47	..
76 Südafrika	10.540	56.370	10	6	42	46	23	22	48	49
77 Mexiko[c]	20.160	127.140	14	9	41	39	21	26	54	52
78 Uruguay	930	5.320	15	12	32	33	..	..	53	56
79 Ungarn[c,e]	..	23.660	..	17	..	41	..	..	..	43
80 Polen[c]	..	73.770	..	..	..	..	..	..	..	..
81 Portugal	..	27.480	..	10	..	40	..	..	..	51
82 Jugoslawien	11.190	61.640	23	12	42	42	..	..	35	46
83 Panama[c]	660	5.120	18	9	19	18	12	8	63	73
84 Argentinien[c]	16.500	69.820	17	13	42	44	33	31	42	44
85 Korea, Rep.[c]	3.000	98.150	38	12	25	42	18	30	37	45
86 Algerien[c]	3.170	60.760	15	12	34	44	11	13	51	44
87 Venezuela[c]	8.290	49.980	7	9	41	37	..	23	52	54
88 Gabun[c]	220	3.190	26	10	34	35	..	..	40	55
89 Griechenland	5.270	35.210	24	17	26	29	16	18	49	54
90 Oman[c]	60	7.320	61	..	23	..	0	..	16	..
91 Trinidad u. Tobago	690	4.830	8	5	48	35	..	8	44	59
92 Israel[c]	3.590	29.460	..	..	..	..	..	..	..	..
93 Hongkong	2.150	32.250	2	0	40	29	24	21	58	71
94 Singapur[c]	970	17.350	3	1	24	38	15	27	73	62
95 Iran, Islam. Rep.	6.170	..	26	..	36	..	12	..	38	..
96 Irak	2.430	..	18	..	46	..	8	..	36	..
97 Rumänien	..	..	..	..	..	..	..	..	..	..
Entwicklungsländer	348.960 s	2.361.370 s	30 w	19 w	31 w	36 w	20 w	..	38 w	46 w
Ölexporteure	58.080 s	642.360 s	24 w	18 w	31 w	33 w	14 w	15 w	46 w	49 w
Exporteure von Industrieprodukten	178.990 s	..	34 w	18 w	33 w	..	24 w	..	31 w	..
Hochverschuldete Länder	111.120 s	713.560 s	20 w	15 w	34 w	36 w	22 w	..	46 w	47 w
Afrika südlich der Sahara	26.440 s	165.990 s	45 w	36 w	19 w	25 w	9 w	10 w	37 w	36 w
Ölexporteure mit hohem Einkommen	6.820 s	153.270 s	5 w	..	65 w	..	5 w	..	30 w	..
98 Saudi-Arabien[c]	2.300	78.480	8	4	60	50	9	9	31	46
99 Kuwait[c]	2.100	22.310	0	..	73	..	3	..	27	..
100 Vereinigte Arab. Emirate	..	25.280	..	..	..	..	..	..	..	..
101 Libyen	1.500	..	5	..	63	..	3	..	33	..
Marktwirtschaftliche Industrieländer	1.373.360 s	10.451.880 s	5 w	3 w	40 w	35 w	29 w	..	54 w	61 w
102 Spanien[c]	23.320	229.100	15	6	36	37	..	27	49	56
103 Irland	2.340	21.910	..	14	..	45	..	..	..	41
104 Neuseeland[c]	5.640	26.630	..	11	..	33	..	..	..	56
105 Italien[c]	72.150	599.920	11	5	41	39	23	22	48	56
106 Großbritannien	88.520	468.290	3	2	46	43	34	26	51	55
107 Belgien[c]	16.600	112.180	5	2	41	33	31	23	53	64
108 Österreich[c]	9.480	93.830	9	3	46	38	33	28	45	59
109 Niederlande[c]	19.890	175.330	..	4	..	34	..	18	..	62
110 Frankreich[c]	99.860	724.200	8	4	39	34	28	..	53	63
111 Australien[c]	24.050	184.940	9	5	39	34	26	17	51	62
112 Deutschland, Bundesrep.[c]	114.790	891.990	4	2	53	40	40	32	43	58
113 Finnland	7.540	62.370	16	8	37	37	23	25	47	55
114 Dänemark	8.940	68.820	8	6	36	28	23	20	55	66
115 Japan[c]	91.110	1.955.650	9	3	43	41	32	30	48	56
116 Schweden	19.610	114.470	6	3	40	35	28	24	53	62
117 Kanada	45.940	323.790	6	3	40	36	27	..	53	61
118 Norwegen[c]	7.080	69.780	8	4	33	41	21	14	59	56
119 Vereinigte Staaten[c]	701.670	4.185.490	3	2	38	31	28	20	59	67
120 Schweiz[c]	13.920	135.050	..	..	..	..	..	..	..	..
Nichtberichtende Nicht-Mitgliedsländer	..	..	..	..	..	..	..	..	..	..
121 Albanien	..	..	..	..	..	..	..	..	..	..
122 Angola	..	..	..	..	..	..	..	..	..	..
123 Bulgarien	..	..	..	..	..	..	..	..	..	..
124 Kuba	..	..	..	..	..	..	..	..	..	..
125 Tschechoslowakei	..	..	..	..	..	..	..	..	..	..
126 Deutsche Dem. Rep.	..	..	..	..	..	..	..	..	..	..
127 Korea, Dem. Rep.	..	..	..	..	..	..	..	..	..	..
128 Mongolei	..	..	..	..	..	..	..	..	..	..
129 Sowjetunion	..	..	..	..	..	..	..	..	..	..

[a] Vgl. Technische Erläuterungen. [b] Da das Verarbeitende Gewerbe im allgemeinen der dynamischste Bereich des Industriesektors ist, wird sein Anteil am BIP gesondert ausgewiesen. [c] BIP und seine Komponenten zu Käuferpreisen. [d] Schätzung der Weltbank. [e] Dienstleistungen usw. einschließlich des unaufgeschlüsselten Teils des BIP.

Tabelle 4: Wachstum von Verbrauch und Investition

	Durchschnittliche jährliche Wachstumsrate (%)					
	Öffentlicher Verbrauch		Privater Verbrauch usw.		Bruttoinlandsinvestitionen	
	1965—80	1980—86	1965—80	1980—86	1965—80	1980—86
Länder mit niedrigem Einkommen	**5,7 w**	**5,4 w**	**3,8 w**	**5,4 w**	**7,4 w**	**13,2 w**
China und Indien	6,1 w	6,1 w	4,0 w	6,2 w	8,3 w	14,9 w
Übrige Länder	4,1 w	1,7 w	2,9 w	2,7 w	3,7 w	0,4 w
1 Äthiopien	6,4	5,6	3,0	1,6	−0,1	2,0
2 Bhutan	..	..	..	..	..	..
3 Burkina Faso	8,7	3,2	3,1	0,9	8,8	−3,2
4 Nepal	..	..	..	..	..	..
5 Bangladesch	a	a	2,7	3,5	0,0	3,6
6 Malawi	5,7	3,7	4,3	−0,1	9,0	−7,9
7 Zaire	0,7	−13,0	−0,2	−0,4	6,7	−0,3
8 Mali	1,9	−0,5	5,6	5,3	1,8	−7,9
9 Birma	a	a	3,5	5,7	5,3	−2,8
10 Mosambik	..	−11,0	..	−5,3	..	−22,8
11 Madagaskar	2,0	−1,1	0,6	−0,6	1,5	−6,1
12 Uganda	a	..	1,2	..	−5,7	..
13 Burundi	7,3	2,9	4,0	1,8	9,0	5,0
14 Tansania	a	−7,0	4,6	1,0	6,2	1,8
15 Togo	9,5	−0,4	5,0	−1,8	9,0	−2,0
16 Niger	2,9	0,7	−0,6	−0,6	6,3	−20,4
17 Benin	0,7	3,8	2,6	1,8	10,4	−15,5
18 Somalia	12,7	−9,1	2,0	3,4	0,4	21,5
19 Zentralafrikanische Rep.	−1,1	−3,0	4,2	0,2	−5,4	12,5
20 Indien	6,3	8,2	2,8	5,2	4,9	4,6
21 Ruanda	6,2	6,1	5,1	1,8	9,3	10,1
22 China	6,0	5,3	5,3	6,8	10,5	19,3
23 Kenia	10,6	−0,1	5,7	2,8	7,2	−5,1
24 Sambia	5,1	−3,3	0,1	0,5	−3,6	−7,1
25 Sierra Leone	a	a	2,6	−4,6	−1,0	−6,3
26 Sudan	0,2	−3,2	4,3	0,3	6,5	−5,2
27 Haiti	1,9	1,7	2,3	−1,5	14,8	−1,8
28 Pakistan	4,7	8,9	4,7	5,0	2,6	7,5
29 Lesotho	12,3	..	8,6	..	17,3	..
30 Ghana	3,8	0,1	1,4	−0,6	−1,6	−0,5
31 Sri Lanka	1,1	6,7	3,8	7,1	11,5	−4,9
32 Mauretanien	10,0	−9,0	1,8	5,8	19,3	−4,3
33 Senegal	2,9	2,9	1,8	2,2	3,9	0,3
34 *Afghanistan*	..	..	..	..	..	..
35 *Tschad*	..	..	..	..	..	..
36 Guinea	..	−5,2	..	1,1	..	−7,6
37 *Kamputschea, Dem.*	..	..	..	..	..	..
38 *Laos, Dem. VR*	..	..	..	..	..	..
39 *Vietnam*	..	..	..	..	..	..
Länder mit mittlerem Einkommen	**7,9 w**	**1,8 w**	**6,5 w**	**2,0 w**	**8,9 w**	**−2,3 w**
Untere Einkommenskategorie	8,7 w	2,2 w	6,0 w	2,4 w	9,2 w	−33,4 w
40 Liberia	3,4	1,3	3,2	0,8	6,4	−16,7
41 *Jemen, Dem. VR*	..	..	..	..	..	..
42 Indonesien	11,4	4,2	6,3	5,3	16,1	3,7
43 Jemen, Arab. Rep.	..	9,9	..	1,5	..	−12,9
44 Philippinen	7,7	−0,3	5,0	1,7	8,5	−17,6
45 Marokko	11,0	4,1	4,5	2,9	11,1	−2,2
46 Bolivien	8,2	−2,3	4,0	−0,7	4,3	−17,3
47 Simbabwe	a	8,4	6,3	−2,2	0,9	−4,7
48 Nigeria	13,5	−1,2	6,7	−2,2	14,7	−13,7
49 Dominikanische Rep.	0,3	−2,3	7,1	−0,4	13,5	−0,7
50 Papua-Neuguinea	0,1	−3,1	3,7	1,5	1,4	−3,0
51 Côte d'Ivoire	12,7	−4,0	7,8	0,9	10,4	−21,6
52 Honduras	7,3	−0,1	4,3	−1,9	6,7	−2,6
53 Ägypten, Arab. Rep.	a	5,3	5,6	2,4	11,5	−2,8
54 Nicaragua	6,6	20,6	2,0	−9,0	..	0,2
55 Thailand	9,3	4,0	6,7	4,2	7,5	0,8
56 El Salvador	7,0	2,2	4,1	−0,9	6,6	−0,8
57 Botsuana	12,0	12,8	9,2	4,2	21,0	−6,9
58 Jamaika	9,8	0,7	2,0	−0,1	−3,2	0,8
59 Kamerun	5,0	8,3	4,1	3,8	9,9	10,0
60 Guatemala	6,2	0,3	5,2	−1,4	7,3	−9,8
61 Kongo, VR	5,5	4,1	2,8	5,0	4,5	−5,7
62 Paraguay	5,1	2,6	6,4	2,8	13,9	−6,0
63 Peru	5,6	−1,2	4,7	0,8	1,0	−13,9
64 Türkei	6,1	2,9	5,7	4,9	8,9	5,1
65 Tunesien	7,2	5,2	8,3	4,2	4,6	−1,8
66 Ecuador	12,2	−1,9	6,8	1,2	9,5	−5,6
67 Mauritius	7,1	2,0	4,5	0,6	8,0	11,7
68 Kolumbien	6,7	1,1	5,9	2,5	5,8	0,1

Anmerkung: Zur Vergleichbarkeit der Daten und ihrer Abgrenzung vgl. Technische Erläuterungen. Kursive Zahlen gelten für andere als die angegebenen Jahre.

	Durchschnittliche jährliche Wachstumsrate (%)					
	Öffentlicher Verbrauch		Privater Verbrauch usw.		Bruttoinlands- investitionen	
	1965—80	1980—86	1965—80	1980—86	1965—80	1980—86
69 Chile	4,0	1,4	1,0	−2,0	0,6	−7,4
70 Costa Rica	6,8	−0,5	5,2	1,5	9,4	0,7
71 Jordanien	..	5,0	..	9,3	..	−5,8
72 Syrien, Arab. Rep.	15,0	4,8	10,1	0,2	14,3	3,1
73 *Libanon*	..	..	..	..	..	..
Obere Einkommenskategorie	7,6 w	1,6 w	6,9 w	1,8 w	8,7 w	−1,9 w
74 Brasilien	7,0	0,8	9,0	2,7	11,2	−2,7
75 Malaysia	8,5	2,7	5,9	1,2	10,4	0,8
76 Südafrika	4,9	3,7	3,3	1,5	4,0	−8,2
77 Mexiko	8,5	3,0	5,8	−1,0	8,5	−7,6
78 Uruguay	3,2	1,2	2,4	−3,9	8,0	−16,3
79 Ungarn	a	0,4	3,5	0,1	7,0	−3,2
80 Polen	..	3,5	..	−1,7	..	−0,8
81 Portugal	8,1	3,0	7,2	−0,2	4,5	−6,2
82 Jugoslawien	3,6	0,0	8,1	−1,8	6,2	1,6
83 Panama	7,4	3,5	4,6	4,3	5,9	−5,2
84 Argentinien	3,6	−2,4	2,9	0,6	4,5	−12,6
85 Korea, Rep.	7,7	4,2	7,8	5,5	15,9	9,6
86 Algerien	8,6	5,3	9,0	4,8	15,9	0,0
87 Venezuela	7,3	−0,4	8,8	−1,2	8,4	−8,4
88 Gabun	..	..	..	..	..	2,4
89 Griechenland	6,6	2,9	5,2	3,1	4,5	−2,4
90 Oman	..	..	..	..	..	..
91 Trinidad u. Tobago	8,9	−3,5	6,7	−8,8	12,1	−15,8
92 Israel	8,8	−1,2	6,0	3,7	5,9	0,2
93 Hongkong	7,7	5,8	9,0	6,5	8,6	−0,6
94 Singapur	10,1	8,3	7,8	4,5	14,4	3,3
95 *Iran, Islam. Rep.*	14,6	..	10,0	..	11,6	..
96 *Irak*	..	..	..	..	..	..
97 *Rumänien*	..	..	..	..	..	..
Entwicklungsländer	7,3 w	2,7 w	5,7 w	2,9 w	8,5 w	2,4 w
Ölexporteure	11,1 w	1,4 w	7,4 w	1,5 w	11,3 w	−3,1 w
Exporteure von Industrieprodukten	6,3 w	3,9 w	5,9 w	4,2 w	8,8 w	8,0 w
Hochverschuldete Länder	7,0 w	0,6 w	6,6 w	0,7 w	8,4 w	−6,3 w
Afrika südlich der Sahara	8,1 w	−1,0 w	4,9 w	0,7 w	8,8 w	−9,3 w
Ölexporteure mit hohem Einkommen	..	..	..	..	16,7 w	..
98 Saudi-Arabien	a	..	20,0	..	27,5	..
99 Kuwait	a	..	8,4	..	11,7	..
100 Vereinigte Arab. Emirate	..	..	..	..	..	..
101 *Libyen*	19,7	..	19,1	..	7,3	..
Marktwirtschaftliche Industrieländer	2,8 w	2,9 w	4,0 w	2,6 w	3,0 w	2,8 w
102 Spanien	5,0	3,9	5,4	0,7	4,0	−0,2
103 Irland	6,1	1,2	3,8	−2,4	6,8	−1,6
104 Neuseeland	3,3	1,1	2,9	1,9	1,4	3,3
105 Italien	3,3	2,6	4,6	1,9	2,5	−1,1
106 Großbritannien	2,3	1,0	2,2	2,7	1,2	4,7
107 Belgien	4,6	0,3	4,3	0,6	2,9	−2,2
108 Österreich	3,7	1,9	4,4	1,9	4,5	1,4
109 Niederlande	3,1	0,8	4,3	0,2	1,6	2,4
110 Frankreich	3,5	1,8	4,9	2,0	3,8	−0,2
111 Australien	5,1	3,9	4,1	2,9	2,7	0,9
112 Deutschland, Bundesrep.	3,5	1,3	4,0	1,1	1,7	−0,1
113 Finnland	5,3	3,7	3,9	3,1	2,7	1,0
114 Dänemark	4,8	0,9	2,3	2,5	1,2	7,1
115 Japan	5,1	3,1	6,2	2,9	6,7	3,2
116 Schweden	4,0	1,5	2,4	1,1	0,9	1,2
117 Kanada	4,8	1,8	5,0	2,6	4,7	1,6
118 Norwegen	5,5	3,7	3,8	2,3	4,4	2,9
119 Vereinigte Staaten	1,4	4,5	3,4	3,5	2,1	5,6
120 Schweiz	2,7	2,2	2,5	1,3	0,8	2,6
Nichtberichtende Nicht-Mitgliedsländer	..	..	..	..	..	..
121 *Albanien*	..	..	..	..	..	..
122 *Angola*	..	..	..	..	..	..
123 *Bulgarien*	..	..	..	..	..	..
124 *Kuba*	..	..	..	..	..	..
125 *Tschechoslowakei*	..	..	..	..	..	..
126 *Deutsche Dem. Rep.*	..	..	..	..	..	..
127 *Korea, Dem. Rep.*	..	..	..	..	..	..
128 *Mongolei*	..	..	..	..	..	..
129 *Sowjetunion*	..	..	..	..	..	..

a Gesonderte Angaben für den öffentlichen Verbrauch liegen nicht vor; er wird deshalb unter dem *privaten Verbrauch usw.* erfaßt.

Tabelle 5: Struktur der Nachfrage

Verteilung des Bruttoinlandsprodukts (%)

	Öffentlicher Verbrauch		Privater Verbrauch usw.		Bruttoinlandsinvestitionen		Bruttoinlandsersparnis		Ausfuhr von Gütern und Dienstl. (ohne Faktoreink.)		Ressourcensaldo	
	1965	1986	1965	1986	1965	1986	1965	1986	1965	1986	1965	1986
Länder mit niedrigem Einkommen	12 w	13 w	73 w	62 w	20 w	29 w	17 w	25 w	7 w	10 w	−7 w	−4 w
China und Indien	13 w	13 w	66 w	57 w	22 w	32 w	21 w	30 w	4 w	9 w	−1 w	−3 w
Übrige Länder	10 w	12 w	78 w	78 w	15 w	15 w	12 w	7 w	19 w	14 w	−3 w	−8 w
1 Äthiopien	11	17	77	80	13	9	12	3	12	13	−1	−7
2 Bhutan	..	..	..	..	..	..	..	..	..	..	..	..
3 Burkina Faso	9	15	87	91	12	20	4	−7	9	16	−8	−26
4 Nepal	a	8	100	84	6	19	0	9	8	13	−6	−10
5 Bangladesch	9	8	83	90	11	12	8	2	10	6	−4	−9
6 Malawi	16	18	8	75	14	10	0	7	19	22	−14	−3
7 Zaire	9	7	61	81	14	12	30	13	36	33	15	0
8 Mali	..	13	..	83	..	21	..	4	..	15	..	−17
9 Birma	a	14	87	74	19	15	13	12	14	..	−6	−3
10 Mosambik	..	15	..	86	..	9	..	−1	..	3	..	−10
11 Madagaskar	23	13	74	76	10	14	4	10	16	14	−6	−3
12 Uganda	10	a	78	89	11	14	12	11	26	12	1	−3
13 Burundi	7	12	89	79	6	17	4	9	10	12	−2	−8
14 Tansania	10	8	74	89	15	17	16	2	26	10	1	−15
15 Togo	8	15	76	71	22	28	17	13	20	33	−6	−14
16 Niger	6	11	90	82	8	11	3	7	9	18	−5	−4
17 Benin	11	9	87	90	11	13	3	0	13	14	−8	−12
18 Somalia	8	12	84	93	11	15	8	−5	17	7	−3	−21
19 Zentralafrikanische Rep.	22	9	67	88	21	16	11	2	27	20	−11	−13
20 Indien	10	12	74	67	18	23	16	21	4	6	−2	−2
21 Ruanda	14	20	81	71	10	19	5	9	12	12	−5	−10
22 China	15	14	59	50	25	39	25	36	4	11	1	−3
23 Kenia	15	19	70	55	14	26	15	26	31	27	1	0
24 Sambia	15	25	45	62	25	15	40	13	49	46	15	−2
25 Sierra Leone	8	a	83	92	12	10	9	8	30	13	−3	−1
26 Sudan	12	14	79	83	10	12	9	4	15	9	−1	−8
27 Haiti	8	12	90	83	7	12	2	6	13	14	−5	−6
28 Pakistan	11	12	76	81	21	17	13	7	8	12	−8	−10
29 Lesotho	18	35	109	143	11	33	−26	−78	16	12	−38	−112
30 Ghana	14	10	77	82	18	10	8	8	17	10	−10	−2
31 Sri Lanka	13	9	74	78	12	24	13	13	38	23	1	−11
32 Mauretanien	19	14	54	71	14	25	27	15	42	56	13	−11
33 Senegal	17	17	75	77	12	14	8	6	24	28	−4	−8
34 *Afghanistan*	a	..	99	..	11	..	1	..	11	..	−10	..
35 *Tschad*	20	..	74	..	12	..	6	..	19	..	−6	..
36 *Guinea*	..	14	..	73	..	9	..	13	..	25	..	4
37 Kamputschea, Dem.	16	..	71	..	13	..	12	..	12	..	−1	..
38 Laos, Dem. VR	..	..	..	..	..	..	..	..	..	..	..	..
39 Vietnam	..	..	..	..	..	..	..	..	..	..	..	..
Länder mit mittlerem Einkommen	11 w	13 w	68 w	63 w	21 w	23 w	21 w	24 w	17 w	22 w	0 w	1 w
Untere Einkommenskategorie	11 w	13 w	73 w	69 w	17 w	19 w	16 w	17 w	15 w	21 w	−1 w	−2 w
40 Liberia	12	17	61	65	17	10	27	18	50	43	10	9
41 Jemen, Dem. VR	..	..	..	..	..	..	..	..	..	..	..	..
42 Indonesien	5	12	87	64	8	26	8	24	5	21	0	−2
43 Jemen, Arab. Rep.	..	22	..	93	..	21	..	−15	..	5	..	−36
44 Philippinen	9	8	70	73	21	13	21	19	17	25	0	6
45 Marokko	12	17	76	70	10	20	12	13	18	25	1	−7
46 Bolivien	9	10	74	85	22	8	17	5	21	16	−5	−3
47 Simbabwe	12	19	65	62	15	18	23	20	..	26	8	2
48 Nigeria	7	12	76	78	19	12	17	10	18	14	−2	−2
49 Dominikanische Rep.	19	8	75	80	10	18	6	12	16	30	−4	−6
50 Papua-Neuguinea	34	22	64	63	22	24	2	15	18	45	−20	−8
51 Côte d'Ivoire	11	15	61	62	22	12	29	22	37	40	7	11
52 Honduras	10	17	75	70	15	17	15	13	27	27	0	−4
53 Ägypten, Arab. Rep.	19	19	67	72	18	19	14	9	18	18	−4	−11
54 Nicaragua	8	45	74	57	21	19	18	−2	29	14	−3	−21
55 Thailand	10	13	71	62	20	21	19	25	18	27	−1	4
56 El Salvador	9	14	79	79	15	13	12	7	27	23	−2	−6
57 Botsuana	24	28	89	47	6	26	−13	26	32	63	−19	−1
58 Jamaika	8	15	69	65	27	19	23	19	33	53	−4	0
59 Kamerun	14	9	73	62	13	25	13	28	25	..	−1	4
60 Guatemala	7	7	82	84	13	11	10	9	17	19	−3	−2
61 Kongo, VR	14	20	80	50	22	29	5	30	36	47	−17	1
62 Paraguay	7	7	79	87	15	24	14	7	15	15	−1	−17
63 Peru	10	11	59	71	34	20	31	18	16	13	−3	−1
64 Türkei	12	9	74	69	15	25	13	22	6	18	−1	−3
65 Tunesien	15	17	71	66	28	24	14	17	19	31	−13	−7
66 Ecuador	9	12	80	68	14	20	11	20	16	23	−3	−1
67 Mauritius	13	11	74	64	17	17	13	25	36	63	−4	7
68 Kolumbien	8	12	75	68	16	18	17	20	11	20	1	3

Anmerkung: Zur Vergleichbarkeit der Daten und ihrer Abgrenzung vgl. Technische Erläuterungen. Kursive Zahlen gelten für andere als die angegebenen Jahre.

	Verteilung des Bruttoinlandsprodukts (%)											
	Öffentlicher Verbrauch		Privater Verbrauch usw.		Bruttoinlands-investitionen		Bruttoinlands-ersparnis		Ausfuhr von Gütern und Dienstl. (ohne Faktoreink.)		Ressourcen-saldo	
	1965	1986	1965	1986	1965	1986	1965	1986	1965	1986	1965	1986
69 Chile	11	13	73	69	15	15	16	18	14	31	1	4
70 Costa Rica	13	17	78	59	20	23	9	24	23	33	−10	1
71 Jordanien	..	27	..	81	..	24	..	−9	..	39	..	−33
72 Syrien, Arab. Rep.	14	25	76	62	10	24	10	14	17	11	0	−11
73 *Libanon*	10	..	81	..	22	..	9	..	36	..	−13	..
Obere Einkommenskategorie	11 w	13 w	65 w	61 w	23 w	24 w	23 w	26 w	18 w	22 w	1 w	2 w
74 Brasilien	11	a	67	76	20	21	22	24	8	9	2	3
75 Malaysia	15	17	61	51	20	25	24	32	42	57	4	6
76 Südafrika	11	19	62	51	28	19	27	30	26	33	0	10
77 Mexiko	7	10	72	64	22	21	21	27	9	16	−1	5
78 Uruguay	15	14	68	73	11	8	18	13	19	24	7	5
79 Ungarn	a	10	75	65	26	26	25	25	..	40	−1	−1
80 Polen	..	a	..	70	..	29	..	30	..	18	..	2
81 Portugal	12	14	68	66	25	22	20	20	27	34	−5	−2
82 Jugoslawien	18	14	52	46	30	38	30	40	22	24	0	2
83 Panama	11	22	73	57	18	17	16	21	36	34	−2	3
84 Argentinien	8	12	69	77	19	9	22	11	8	11	3	2
85 Korea, Rep.	9	10	83	55	15	29	8	35	9	41	−7	6
86 Algerien	15	a	66	69	22	32	19	31	22	16	−3	−1
87 Venezuela	12	13	54	66	24	20	34	21	31	24	10	1
88 Gabun	11	26	52	55	31	37	37	19	43	37	6	−18
89 Griechenland	12	19	73	66	26	23	15	14	9	22	−11	−8
90 Oman	..	..	..	..	..	..	..	..	..	..	..	..
91 Trinidad u. Tobago	12	19	67	62	26	22	21	18	65	33	−5	−4
92 Israel	20	31	65	58	29	17	15	11	19	38	−13	−6
93 Hongkong	7	8	64	65	36	23	29	27	71	112	−7	4
94 Singapur	10	12	80	48	22	40	10	40	123	..	−12	0
95 *Iran, Islam. Rep.*	13	..	63	..	17	..	24	..	20	..	6	..
96 *Irak*	20	..	50	..	16	..	31	..	38	..	15	..
97 *Rumänien*	..	..	..	..	..	..	..	..	..	..	..	..
Entwicklungsländer	11 w	13 w	68 w	63 w	21 w	24 w	20 w	24 w	13 w	19 w	−1 w	0 w
Ölexporteure	10 w	14 w	69 w	63 w	19 w	23 w	21 w	22 w	18 w	16 w	2 w	0 w
Exporteure von Industrieprodukten	13 w	12 w	65 w	60 w	23 w	29 w	22 w	29 w	8 w	18 w	−1 w	0 w
Hochverschuldete Länder	10 w	11 w	67 w	67 w	21 w	19 w	23 w	22 w	14 w	16 w	1 w	0 w
Afrika südlich der Sahara	11 w	13 w	73 w	74 w	15 w	14 w	15 w	11 w	23 w	19 w	1 w	−2 w
Ölexporteure mit hohem Einkommen	15 w	..	30 w	..	20 w	..	54 w	..	63 w	..	35 w	..
98 Saudi-Arabien	18	40	34	43	14	27	48	18	60	36	34	−9
99 Kuwait	13	..	26	..	16	..	60	..	68	..	45	..
100 Vereinigte Arab. Emirate	..	..	..	..	..	..	..	..	..	..	..	..
101 *Libyen*	14	..	36	..	29	..	50	..	53	..	21	..
Marktwirtschaftliche Industrieländer	15 w	17 w	61 w	62 w	23 w	21 w	23 w	21 w	12 w	17 w	0 w	0 w
102 Spanien	7	14	71	63	25	21	21	23	11	20	−3	2
103 Irland	14	19	72	58	24	19	15	23	35	57	−9	3
104 Neuseeland	12	16	61	60	28	23	26	24	21	29	−2	1
105 Italien	13	16	60	61	24	21	26	23	14	20	2	2
106 Großbritannien	17	21	64	62	20	18	19	18	19	26	−1	−1
107 Belgien	13	17	64	64	23	16	23	20	43	69	0	4
108 Österreich	13	19	59	56	28	24	27	25	25	37	−1	1
109 Niederlande	15	16	59	59	27	21	26	25	43	54	1	4
110 Frankreich	15	19	57	61	26	19	28	20	13	22	1	1
111 Australien	13	19	61	61	28	22	26	21	15	16	−2	−2
112 Deutschland, Bundesrep.	15	20	56	56	28	19	29	24	18	30	0	5
113 Finnland	14	21	60	55	28	23	27	24	20	27	−2	1
114 Dänemark	16	24	59	55	26	22	25	22	29	32	−2	0
115 Japan	8	10	59	58	32	28	33	32	11	12	1	4
116 Schweden	18	27	56	52	27	18	26	21	22	33	−1	3
117 Kanada	14	20	60	58	26	21	26	22	19	27	0	1
118 Norwegen	15	20	56	54	30	29	29	26	41	38	−1	−3
119 Vereinigte Staaten	17	19	63	66	20	18	21	15	5	7	1	−3
120 Schweiz	11	13	60	60	30	26	30	27	29	37	−1	1
Nichtberichtende Nicht-Mitgliedsländer	..	..	..	..	..	..	..	..	..	..	..	..
121 *Albanien*	..	..	..	..	..	..	..	..	..	..	..	..
122 *Angola*	..	..	..	..	..	..	..	..	..	..	..	..
123 *Bulgarien*	..	..	..	..	..	..	..	..	..	..	..	..
124 *Kuba*	..	..	..	..	..	..	..	..	..	..	..	..
125 *Tschechoslowakei*	..	..	..	..	..	..	..	..	..	..	..	..
126 *Deutsche Dem. Rep.*	..	..	..	..	..	..	..	..	..	..	..	..
127 *Korea, Dem. Rep.*	..	..	..	..	..	..	..	..	..	..	..	..
128 *Mongolei*	..	..	..	..	..	..	..	..	..	..	..	..
129 *Sowjetunion*	..	..	..	..	..	..	..	..	..	..	..	..

a Gesonderte Angaben für den öffentlichen Verbrauch liegen nicht vor; er wird deshalb unter dem *privaten Verbrauch usw.* erfaßt.

Tabelle 6: Struktur des Verbrauchs

Prozentualer Anteil am gesamten Verbrauch der privaten Haushalte (verschiedene Jahre, 1980—85)

	Ernährung		Bekleidung und Schuhwerk	Bruttomieten, Brennstoffe und Strom		Medizinische Versorgung	Erziehung	Verkehr und Kommunikation		Übriger Verbrauch	
	Insgesamt	Getreide und Knollengewächse		Insgesamt	Brennstoffe und Strom			Insgesamt	Kraftfahrzeuge	Insgesamt	Übrige langlebige Verbrauchsgüter
Länder mit niedrigem Einkommen											
China und Indien											
Übrige Länder											
1 Äthiopien	32	12	8	17	5	3	2	12	4	27	8
2 Bhutan	..	..	..	..	..	..	..	..	..	..	..
3 Burkina Faso	..	..	..	..	..	..	..	..	..	..	..
4 Nepal	..	..	..	..	..	..	..	..	..	..	..
5 Bangladesch	..	..	..	..	..	..	..	..	..	..	..
6 Malawi	55	28	5	12	2	3	4	7	2	15	3
7 Zaire	55	15	10	11	3	3	1	6	0	14	3
8 Mali	57	22	5	6	5	1	2	20	2	10	3
9 Birma	..	..	..	..	..	..	..	..	..	..	..
10 Mosambik	..	..	..	..	..	..	..	..	..	..	..
11 Madagaskar	58	22	6	12	7	1	6	4	1	14	2
12 Uganda	..	..	..	..	..	..	..	..	..	..	..
13 Burundi	..	..	..	..	..	..	..	..	..	..	..
14 Tansania	62	30	12	8	3	1	5	2	0	10	3
15 Togo	..	..	..	..	..	..	..	..	..	..	..
16 Niger	..	..	..	..	..	..	..	..	..	..	..
17 Benin	37	12	14	11	2	5	4	14	2	15	5
18 Somalia	..	..	..	..	..	..	..	..	..	..	..
19 Zentralafrikanische Rep.	..	..	..	..	..	..	..	..	..	..	..
20 Indien	52	..	10	8	5	3	4	11	..	12	..
21 Ruanda	29	10	11	15	6	4	4	9	4	28	9
22 China	..	..	..	..	..	..	..	..	..	..	..
23 Kenia	42	18	8	13	3	0	2	9	1	26	6
24 Sambia	50	13	7	10	2	5	6	2	0	21	2
25 Sierra Leone	47	18	4	12	4	2	1	10	0	24	1
26 Sudan	58	..	5	13	4	6	4	2	..	12	..
27 Haiti	..	..	..	..	..	..	..	..	..	..	..
28 Pakistan	54	17	9	15	6	3	3	1	0	15	5
29 Lesotho	..	..	..	..	..	..	..	..	..	..	..
30 Ghana	*50*	..	*13*	*11*	..	*3*	*5*[a]	*3*	..	*15*	..
31 Sri Lanka	48	21	5	6	2	3	3	11	1	24	6
32 Mauretanien	..	..	..	..	..	..	..	..	..	..	..
33 Senegal	53	16	12	14	6	2	3	6	0	10	3
34 *Afghanistan*	..	..	..	..	..	..	..	..	..	..	..
35 *Tschad*	..	..	..	..	..	..	..	..	..	..	..
36 *Guinea*	..	..	..	..	..	..	..	..	..	..	..
37 *Kamputschea, Dem.*	..	..	..	..	..	..	..	..	..	..	..
38 *Laos, Dem. VR*	..	..	..	..	..	..	..	..	..	..	..
39 *Vietnam*	..	..	..	..	..	..	..	..	..	..	..
Länder mit mittlerem Einkommen											
Untere Einkommenskategorie											
40 Liberia	..	..	..	..	..	..	..	..	..	..	..
41 Jemen, Dem. VR	..	..	..	..	..	..	..	..	..	..	..
42 Indonesien	48	21	7	13	7	2	4	4	0	22	5
43 Jemen, Arab. Rep.	..	..	..	..	..	..	..	..	..	..	..
44 Philippinen	47	..	6	11	..	4	8	3	..	21	..
45 Marokko	48	14	10	14	3	3	6	5	0	13	5
46 Bolivien	*33*	..	*9*	*13*	*1*	*5*	*7*	*12*	..	*21*	..
47 Simbabwe	43	9	11	13	5	0	8	6	1	19	..
48 Nigeria	52	18	7	10	2	3	4	4	1	20	6
49 Dominikanische Rep.	46	13	3	15	5	8	3	4	0	21	8
50 Papua-Neuguinea	..	..	..	..	..	..	..	..	..	..	..
51 Côte d'Ivoire	38	10	12	9	2	1	5	17	2	18	4
52 Honduras	39	..	9	21	..	8	5	3	..	15	..
53 Ägypten, Arab. Rep.	36	7	4	5	1	14	11	3	1	26	2
54 Nicaragua	..	..	..	..	..	..	..	..	..	..	..
55 Thailand	34	..	11	6	3	6	6	13	..	24	..
56 El Salvador	33	12	9	7	2	8	5	10	1	28	7
57 Botsuana	35	13	8	15	5	4	9	8	2	22	7
58 Jamaika	38	..	4	16	7	3[a]	..	17	..	22	..
59 Kamerun	26	8	15	11	3	7	4	16	4	22	8
60 Guatemala	36	10	10	14	5	13	4	3	0	20	5
61 Kongo, VR	31	12	3	6	2	22	2	16	1	19	3
62 Paraguay	30	6	12	21	4	2	3	10	1	22	3
63 Peru	35	8	7	15	3	4	6	10	0	24	7
64 Türkei	40	..	15	13	7	4	1	5	..	22	..
65 Tunesien	42	10	9	20	3	3	7	6	1	14	5
66 Ecuador	31	..	11	6[b]	1[b]	5	5[a]	11[c]	..	31	..
67 Mauritius	20	4	8	10	3	13	5	12	1	33	5
68 Kolumbien	29	..	6	13	2	7	5	13	..	27	..

Anmerkung: Zur Vergleichbarkeit der Daten und ihrer Abgrenzung vgl. Technische Erläuterungen. Kursive Zahlen gelten für andere als die angegebenen Jahre.

	Prozentualer Anteil am gesamten Verbrauch der privaten Haushalte (verschiedene Jahre, 1980—85)										
	Ernährung		Bekleidung und Schuhwerk	Bruttomieten, Brennstoffe und Strom		Medizinische Versorgung	Erziehung	Verkehr und Kommunikation		Übriger Verbrauch	
	Insgesamt	Getreide und Knollengewächse		Insgesamt	Brennstoffe und Strom			Insgesamt	Kraftfahrzeuge	Insgesamt	Übrige langlebige Verbrauchsgüter
69 Chile	29	7	8	13	2	5	6	11	0	29	5
70 Costa Rica	33	8	8	9	1	7	8	8	0	28	9
71 Jordanien	36	..	6	6	..	5	7	6	..	34	..
72 Syrien, Arab. Rep.	..	..	..	..	..	..	..	..	..	..	..
73 *Libanon*	..	..	..	..	..	..	..	..	..	..	..
Obere Einkommenskategorie											
74 Brasilien	35	9	10	11	2	6	5	8	1	27	8
75 Malaysia	*30*	..	5	9	..	5	8	16	..	27	..
76 Südafrika	..	..	..	..	..	..	..	..	..	..	..
77 Mexiko	35d	..	10	8	..	5	5	12	..	25	..
78 Uruguay	31	7	7	12	2	6	4	13	0	27	5
79 Ungarn	25	..	9	10	5	5	7	9	2	35	8
80 Polen	29	..	9	7	2	6	7	8	2	34	9
81 Portugal	34	..	10	8	3	6	5	13	3	24	7
82 Jugoslawien	27	..	10	9	4	6	5	11	2	32	9
83 Panama	38	7	3	11	3	8	9	7	0	24	6
84 Argentinien	35	4	6	9	2	4	6	13	0	26	6
85 Korea, Rep.	35	..	6	11	..	4	8	9	..	27	..
86 Algerien	..	..	..	..	..	..	..	..	..	..	..
87 Venezuela	38	..	4	8	..	8	7	10	..	25	..
88 Gabun	..	..	..	..	..	..	..	..	..	..	..
89 Griechenland	30	..	8	12	3	6	5	13	2	26	5
90 Oman	..	..	..	..	..	..	..	..	..	..	..
91 Trinidad u. Tobago	..	..	..	..	..	..	..	..	..	..	..
92 Israel	26	..	4	20	2	6	9	10	..	25	..
93 Hongkong	19	3	9	12	2	6	5	8	1	39	19
94 Singapur	19	..	8	11	..	7	12	13	..	30	..
95 *Iran, Islam. Rep.*	..	..	..	..	..	..	..	..	..	..	..
96 *Irak*	..	..	..	..	..	..	..	..	..	..	..
97 *Rumänien*	..	..	..	..	..	..	..	..	..	..	..
Entwicklungsländer											
Ölexporteure											
Exporteure von Industrieprodukten											
Hochverschuldete Länder											
Afrika südlich der Sahara											
Ölexporteure mit hohem Einkommen											
98 *Saudi-Arabien*	..	..	..	..	..	..	..	..	..	..	..
99 *Kuwait*	..	..	..	..	..	..	..	..	..	..	..
100 *Vereinigte Arab. Emirate*	..	..	..	..	..	..	..	..	..	..	..
101 *Libyen*	..	..	..	..	..	..	..	..	..	..	..
Marktwirtschaftliche Industrieländer											
102 Spanien	24	3	7	16	3	7	5	13	3	28	6
103 Irland	22	4	5	11	5	10	7	11	3	33	5
104 Neuseeland	12	..	6	14	2	9	6	19	6	34	9
105 Italien	19	2	8	14	4	10	7	11	3	30	7
106 Großbritannien	12	2	6	17	4	8	6	14	4	36	7
107 Belgien	15	2	6	17	7	10	9	11	3	31	7
108 Österreich	16	2	9	17	5	10	8	15	3	26	7
109 Niederlande	13	2	6	18	6	11	8	10	3	33	8
110 Frankreich	16	2	6	17	5	13	7	13	3	29	7
111 Australien	13	..	5	21	2	10	8	13	4	31	7
112 Deutschland, Bundesrep.	12	2	7	18	5	13	6	13	4	31	9
113 Finnland	16	3	4	15	4	9	8	14	4	34	6
114 Dänemark	13	2	5	19	5	8	9	13	5	33	7
115 Japan	19	3	6	17	3	10	7	9	1	32	7
116 Schweden	13	2	5	19	4	11	8	11	2	32	7
117 Kanada	11	2	6	21	4	5	12	14	5	32	8
118 Norwegen	15	2	6	14	5	10	8	14	6	32	7
119 Vereinigte Staaten	13	2	6	18	4	14	8	14	5	27	7
120 Schweiz	17	..	4	17	6	15	..	9	..	38	..
Nichtberichtende Nicht-Mitgliedsländer											
121 *Albanien*	..	..	..	..	..	..	..	..	..	..	..
122 *Angola*	..	..	..	..	..	..	..	..	..	..	..
123 *Bulgarien*	..	..	..	..	..	..	..	..	..	..	..
124 *Kuba*	..	..	..	..	..	..	..	..	..	..	..
125 *Tschechoslowakei*	..	..	..	..	..	..	..	..	..	..	..
126 *Deutsche Dem. Rep.*	..	..	..	..	..	..	..	..	..	..	..
127 *Korea, Dem. Rep.*	..	..	..	..	..	..	..	..	..	..	..
128 *Mongolei*	..	..	..	..	..	..	..	..	..	..	..
129 *Sowjetunion*	..	..	..	..	..	..	..	..	..	..	..

[a] Angaben beziehen sich nur auf die Staatsausgaben. [b] Ohne Brennstoffe. [c] Einschließlich Brennstoffe. [d] Einschließlich Getränke und Tabakwaren.

Tabelle 7: Landwirtschaft und Nahrungsmittel

	Wertschöpfung in der Landwirtschaft (in Mio laufende $)		Getreideeinfuhr (in Tsd. metr. t)		Nahrungsmittelhilfe in Form von Getreide (in Tsd. metr. t)		Düngemittelverbrauch (in 100 g Pflanzennährstoffe je ha Anbaufläche)		Durchschnittlicher Indexwert der Nahrungsmittelproduktion pro Kopf (1979—81 = 100)
	1970	1986	1974	1986	1974/75	1985/86	1970[a]	1985	1984—86
Länder mit niedrigem Einkommen	74.755 s	202.852 s	21.897 s	18.038 s	5.718 s	6.384 s	168 w	674 w	114 w
China und Indien	55.045 s	147.927 s	12.724 s	7.457 s	1.582 s	548 s	217 w	939 w	118 w
Übrige Länder	19.710 s	54.900 s	9.173 s	10.581 s	4.136 s	5.836 s	80 w	234 w	101 w
1 Äthiopien	931	2.403	118	1.047	54	793	4	47	87
2 Bhutan	..	..	3	18	0	3	0	10	107
3 Burkina Faso	126	423	99	82	28	109	3	46	112
4 Nepal	579	..	18	3	0	9	30	187	102
5 Bangladesch[b]	3.636	7.254	1.866	1.214	2.076	1.287	142	592	98
6 Malawi	119	404	17	6	0	5	52	143	90
7 Zaire[b]	585	1.739	343	361	1	101	8	10	100
8 Mali[b]	216	548	281	181	107	83	29	129	101
9 Birma[b]	819	3.899	26	0	9	..	34	198	124
10 Mosambik	..	1.505	62	393	34	252	27	12	85
11 Madagaskar[b]	266	1.147	114	208	7	65	56	32	98
12 Uganda	929	2524	37	17	0	7	13	0	111
13 Burundi	159	636	7	14	6	6	5	18	98
14 Tansania	473	2.367	431	244	148	66	30	76	92
15 Togo[b]	85	318	6	66	11	9	3	69	91
16 Niger[b]	420	952	155	43	73	97	1	10	85
17 Benin	121	653	8	55	9	11	33	66	114
18 Somalia	167	1.335	42	274	111	126	31	36	98
19 Zentralafrikanische Rep.	60	372	7	40	1	11	11	15	94
20 Indien	23.227	64.487	5.261	..	1.582	257	114	504	112
21 Ruanda[b]	135	733	3	24	19	25	3	14	87
22 China[b]	31.818	83.440	7.463	7.457	0	290	384	1.692	123
23 Kenia	484	1.770	15	189	2	139	224	460	87
24 Sambia[b]	191	179	93	148	5	82	71	155	96
25 Sierra Leone	108	529	72	130	10	49	13	20	97
26 Sudan	757	2.630	125	636	46	904	31	75	96
27 Haiti	..	..	83	196	25	133	4	35	96
28 Pakistan	3.352	7.357	1.274	1.909	584	384	168	736	104
29 Lesotho	23	49	49	144	14	40	17	117	82
30 Ghana[b]	1.030	2.014	177	154	33	96	9	44	109
31 Sri Lanka	545	1.525	951	927	271	366	496	887	85
32 Mauretanien	58	254	115	209	48	137	6	103	88
33 Senegal[b]	208	838	341	544	27	117	20	55	102
34 Afghanistan	..	..	5	126	10	170	24	91	99
35 Tschad[b]	142	..	37	83	20	74	7	23	100
36 Guinea[b]	..	791	63	151	49	55	18	2	93
37 Kamputschea, Dem.	..	..	223	100	226	6	13	16	145
38 Laos, Dem. VR	..	..	53	34	8	4	4	22	123
39 Vietnam	..	..	1.854	614	64	17	512	561	114
Länder mit mittlerem Einkommen	57.710 s	255.490 s	44.011 s	72.109 s	2.263 s	4.149 s	292 w	603 w	103 w
Untere Einkommenskategorie	28.320 s	122.130 s	15.701 s	27.525 s	1.880 s	4.115 s	150 w	442 w	105 w
40 Liberia	91	368	42	124	3	76	55	100	99
41 Jemen, Dem. VR	..	..	149	561	0	7	0	138	89
42 Indonesien	4.340	19.431	1.919	1.752	301	50	119	947	117
43 Jemen, Arab. Rep.[b]	118	1.252	158	247	33	57	1	121	109
44 Philippinen[b]	1.996	8.029	817	1.094	89	181	214	358	94
45 Marokko[b]	789	3.140	891	1.610	75	142	130	356	109
46 Bolivien[b]	204	1.016	209	529	22	293	13	17	93
47 Simbabwe	214	562	56	54	0	..	466	622	92
48 Nigeria	3.576	19.964	389	1596	7	0	3	108	103
49 Dominikanische Rep.[b]	282	910	252	545	16	125	354	415	100
50 Papua-Neuguinea[b]	240	858	71	182	..	1	76	225	99
51 Côte d'Ivoire	462	2.645	172	601	4	0	71	118	105
52 Honduras	212	804	52	122	31	135	160	128	86
53 Ägypten, Arab. Rep.	1.942	8.199	3.877	8.846	610	1.799	1.282	3.473	105
54 Nicaragua[b]	193	649	44	122	3	41	184	494	76
55 Thailand[b]	1.851	6.962	97	191	0	89	76	210	109
56 El Salvador[b]	292	807	75	212	4	278	1.048	1.156	90
57 Botsuana[b]	28	45	21	141	5	49	14	4	76
58 Jamaika[b]	93	149	340	364	1	203	886	439	103
59 Kamerun[b]	335	2.509	81	149	4	12	28	81	94
60 Guatemala[b]	..	..	138	242	9	53	224	518	97
61 Kongo, VR[b]	49	173	34	104	2	2	112	69	93
62 Paraguay[b]	191	964	71	25	10	4	58	52	106
63 Peru[b]	1.409	1.824	637	1.767	37	180	297	201	100
64 Türkei	3.383	9.598	1.276	1.065	16	6	166	538	100
65 Tunesien	245	1.220	307	1.312	59	80	82	194	108
66 Ecuador[b]	401	1.704	152	288	13	5	123	285	100
67 Mauritius	30	178	160	168	22	5	2.081	2.615	100
68 Kolumbien	1.817	5.846	503	909	28	6	310	640	96

Anmerkung: Zur Vergleichbarkeit der Daten und ihrer Abgrenzung vgl. Technische Erläuterungen. Kursive Zahlen gelten für andere als die angegebenen Jahre.

	Wertschöpfung in der Landwirtschaft (in Mio laufende $)		Getreideeinfuhr (in Tsd. metr. t)		Nahrungsmittelhilfe in Form von Getreide (in Tsd. metr. t)		Düngemittel- verbrauch (in 100 g Pflanzen- nährstoffe je ha Anbaufläche)		Durchschnittlicher Indexwert der Nahrungsmittel- produktion pro Kopf (1979—81 = 100)
	1970	1986	1974	1986	1974/75	1985/86	1970[a]	1985	1984—86
69 Chile[b]	558	..	1.737	264	323	10	317	391	101
70 Costa Rica[b]	222	883	110	152	1	119	1.086	1.332	92
71 Jordanien	44	332	171	728	79	46	20	369	109
72 Syrien, Arab. Rep.[b]	435	3.500	339	942	47	30	67	407	94
73 Libanon[b]	136	..	354	518	26	36	1.279	1.190	113
Obere Einkommenskategorie	29.390 s	143.360 s	28.310 s	44.584 w			402 w	739 w	102 w
74 Brasilien	4.401	22.940	2.485	5.940	31	6	169	425	106
75 Malaysia[b]	1.198	..	1.017	2.067	1	0	436	1.165	121
76 Südafrika	1.362	3.207	127	734			425	657	83
77 Mexiko[b]	4.330	11.467	2.881	2.710	..	11	246	693	97
78 Uruguay	268	614	70	131	6	0	392	378	101
79 Ungarn[b]	1.010	3.906	408	144	..	..	1.485	2.527	111
80 Polen	..	..	4.185	2.056	..	5	1.715	2.299	107
81 Portugal	..	1.943	1.860	2.052	0	..	411	873	102
82 Jugoslawien	2.212	7.193	992	561			766	1.275	100
83 Panama[b]	149	479	63	113	3	0	391	452	98
84 Argentinien[b]	2.438	8.867	0	1			24	43	99
85 Korea, Rep.[b]	2.311	12.081	2.679	7.408	234	..	2.466	3.764	102
86 Algerien[b]	492	7.401	1.816	4.664	54	4	174	376	101
87 Venezuela[b]	826	4.471	1.270	1.694			165	1.082	93
88 Gabun[b]	60	323	13	74			0	62	98
89 Griechenland	1.569	5.939	1.341	1.008			858	1.739	104
90 Oman[b]	40	..	52	273			0	1.021	..
91 Trinidad u. Tobago	40	262	208	243			640	601	92
92 Israel[c]	295	878	1.176	1.950	53	8	1.394	2.203	105
93 Hongkong	62	159	657	859			0	0	110
94 Singapur[b]	44	119	682	829			2.667	10.400	97
95 Iran, Islam. Rep.	2.120	..	2.076	4.141			76	609	99
96 Irak	579	..	870	3.338			35	325	102
97 Rumänien	..	..	1.381	1.597			559	1.460	112
Entwicklungsländer	132.470 s	458.310 s	65.908 s	90.147 s	7.981 s	10.526 s	232 w	644 w	110
Ölexporteure	21.070 s	112.550 s	15.977 s	30.813 s	1.038 s	1.911 s	131 w	555 w	105
Exporteure von Industrieprodukten	72.270 s	216.070 s	29.229 s	30.852 s	1.900 s	567 s	341 w	950 w	116
Hochverschuldete Länder	27.500 s	103.870 s	13.655 s	20.208 s	637 s	1.154 s	165 w	374 w	101
Afrika südl. der Sahara	15.500 s	60.530 s	3.931 s	8.730 s	910 s	3.655 s	32 w	91 w	97 w
Ölexporteure mit hohem Einkommen	340 s	..	1.327 s	7.347 s			58 w	1.218 w	..
98 Saudi-Arabien[b]	219	3.446	482	4.625			44	2.926	..
99 Kuwait[b]	8	..	101	433			0	2.333	..
100 Vereinigte Arab. Emirate	..	..	132	491			0	2.211	..
101 Libyen	93	..	612	1.798			64	265	..
Marktwirtschaftliche Industrieländer	87.730 s	304.700 s	65.494 s	60.855 s			986 w	1.164 w	103 w
102 Spanien[b]	..	14.260	4.675	2.997			595	819	104
103 Irland	559	3.130	631	553			3.573	7.809	103
104 Neuseeland[b]	..	2.960	92	84			8.875	8.748	107
105 Italien[b]	8.195	25.500	8.100	7.360			962	1.723	99
106 Großbritannien	2.976	10.250	7.541	3.861			2.521	3.566	111
107 Belgien[b]	920	2.740	4.585[d]	4.047[d]			5.686[d]	5.223[d]	98
108 Österreich[b]	992	3.100	165	86			2.517	2.547	109
109 Niederlande[b]	1.850	7.130	7.199	4.435			7.165	7.812	109
110 Frankreich[b]	9.100	27.810	654	1.058			2.424	3.008	107
111 Australien[b]	2.292	8.360	2	26			246	235	101
112 Deutschland, Bundesrep.[b]	5.951	17.680	7.164	5.170			4.208	4.273	113
113 Finnland	1.205	5.030	222	98			1.931	2.104	110
114 Dänemark	882	3.980	462	349			2.254	2.418	123
115 Japan[b]	12.467	61.550	19.557	27.119			3.849	4.273	108
116 Schweden	1.370	3.840	301	140			1.639	1.406	109
117 Kanada	3.224	10.850	1.513	822			192	497	108
118 Norwegen[b]	624	2.580	713	479			2.471	2.776	108
119 Vereinigte Staaten[b]	27.856	89.490	460	1.246			800	939	99
120 Schweiz[b]	..	..	1.458	926			3.842	4.362	106
Nichtberichtende Nicht-Mitgliedsländer	..	..	15.476 s	32.847 s			561 w	1.210 w	108 w
121 Albanien	..	..	48	3			745	1.320	97
122 Angola	..	..	149	276	0	53	45	58	90
123 Bulgarien	..	..	649	1.475			1.446	2.090	101
124 Kuba	..	..	1.622	2.162			1.539	1.786	109
125 Tschechoslowakei	..	..	1.296	428			2.402	3.365	118
126 Deutsche Dem. Rep.	..	..	2.821	2.776			3.202	3.296	110
127 Korea, Dem. Rep.	..	..	1.108	200			1.484	3.575	107
128 Mongolei	..	..	28	55			18	137	97
129 Sowjetunion	..	..	7.755	25.473			437	1.093	108

[a] Durchschnitt 1969—71. [b] Wertschöpfung in der Landwirtschaft zu Käuferpreisen [c] Die Wertschöpfung in der Landwirtschaft bezieht sich auf die inländische Nettoproduktion zu Faktorkosten. [d] Einschließlich Luxemburg.

Tabelle 8: Struktur des Verarbeitenden Gewerbes

	Wertschöpfung im Verarbeitenden Gewerbe (in Mio laufenden $)		Verteilung der Wertschöpfung im Verarbeitenden Gewerbe (in % und jeweiligen Preisen)									
			Nahrungsmittel und Landwirtschaft		Textilien und Bekleidung		Maschinenbau, Elektrotechnik, Fahrzeuge		Chemische Erzeugnisse		Übriges Verarbeitendes Gewerbe[a]	
	1970	1985	1970	1985	1970	1985	1970	1985	1970	1985	1970	1985
Länder mit niedrigem Einkommen	40.890 s	145.750 s										
China und Indien	35.750 s	130.700 s										
Übrige Länder	5.140 s	15.050 s										
1 Äthiopien	149	492	46	51	31	23	0	0	2	3	21	22
2 Bhutan[b]	..	..	..	..	..	..	..	..	..	..	..	..
3 Burkina Faso	..	..	69	62	9	18	2	2	1	1	19	17
4 Nepal	32	108	..	..	..	..	..	..	..	..	..	..
5 Bangladesch[b]	387	1.332	30	26	47	36	3	6	11	17	10	15
6 Malawi	..	126	51	*49*	17	13	3	2	10	*11*	20	25
7 Zaire[b]	286	59	38	40	16	16	7	8	10	8	29	29
8 Mali[b]	22	82	36	..	40	..	4	..	5	..	14	..
9 Birma[b]	225	680	..	..	..	..	..	..	..	..	..	..
10 Mosambik	..	..	51	..	13	..	5	..	3	..	28	..
11 Madagaskar[b]	118	..	36	35	28	47	6	*3*	7	..	23	*15*
12 Uganda	158	130	*40*	..	*20*	..	*2*	..	*4*	..	*34*	..
13 Burundi	16	87	57	75	19	11	0	0	7	*5*	17	*9*
14 Tansania	116	393	36	28	28	26	5	8	4	7	26	31
15 Togo[b]	25	49	..	..	..	..	..	..	..	..	..	..
16 Niger[b]	30	58	..	..	..	..	..	..	..	..	..	..
17 Benin	19	43	..	58	..	16	..	0	..	5	..	21
18 Somalia	26	138	88	46	6	21	0	0	1	2	6	31
19 Zentralafrikanische Rep.	12	55	..	44	..	19	0	0	..	7	..	30
20 Indien	6.960	35.597	13	11	21	16	20	26	14	15	32	32
21 Ruanda[b]	8	260	86	77	0	1	3	0	2	12	8	9
22 China[b]	28.794[c]	95.103[c]	..	13	..	13	..	26	..	10	..	38
23 Kenia	174	631	31	35	9	12	18	14	7	9	35	29
24 Sambia[b]	181	513	49	44	9	13	5	..	10	9	27	25
25 Sierra Leone	22	71	..	36	..	4	..	0	..	38	..	22
26 Sudan	140	498	39	22	34	25	3	1	5	21	19	31
27 Haiti[b]	..	..	..	..	..	..	..	..	..	..	..	..
28 Pakistan	1.462	4.949	24	34	38	21	6	8	9	12	23	25
29 Lesotho	3	26	*11*	12	*26*	20	*0*	0	*0*	0	*63*	68
30 Ghana[b]	252	526	34	*53*	16	*6*	4	*2*	4	*4*	41	*35*
31 Sri Lanka	321	804	26	..	19	..	10	..	11	..	33	..
32 Mauretanien	10	..	..	..	..	..	..	..	..	..	..	..
33 Senegal[b]	141	474	51	48	19	15	2	6	6	7	22	24
34 *Afghanistan*	..	..	..	..	..	..	..	..	..	..	..	..
35 Tschad[b]	51	..	..	45	..	40	..	0	..	0	..	15
36 *Guinea*[b]	..	41	..	..	..	..	..	..	..	..	..	..
37 *Kamputschea, Dem.*	..	..	..	..	..	..	..	..	..	..	..	..
38 *Laos, Dem. VR*	..	..	..	..	..	..	..	..	..	..	..	..
39 *Vietnam*	..	..	..	..	..	..	..	..	..	..	..	..
Länder mit mittlerem Einkommen	64.310 s	358.300 s										
Untere Einkommenskategorie	15.390 s	85.260 s										
40 Liberia	15	49	..	..	..	..	..	..	..	..	..	..
41 *Jemen, Dem. VR*	..	..	..	..	..	..	..	..	..	..	..	..
42 Indonesien[b]	994	11.447	..	23	..	11	..	10	..	10	..	47
43 Jemen, Arab. Rep.[b]	10	259	*20*	..	*50*	..	*0*	..	*1*	..	*28*	..
44 Philippinen[b]	1.622	8.048	39	34	8	10	8	11	13	11	32	34
45 Marokko[b]	641	2.009	..	26	..	16	..	10	..	11	..	37
46 Bolivien[b]	135	817	33	*37*	34	*16*	0	*2*	3	*4*	29	*41*
47 Simbabwe	293	1.314	24	28	16	16	9	10	11	9	40	36
48 Nigeria	438	7.373	..	*29*	..	*11*	..	*17*	..	*9*	..	*35*
49 Dominikanische Rep.[b]	275	698	74	63	5	7	1	1	6	5	14	24
50 Papua-Neuguinea[b]	35	203	25	52	1	1	37	10	5	3	33	35
51 Côte d'Ivoire	149	889	27	..	16	..	10	..	5	..	42	..
52 Honduras	91	419	58	56	10	10	1	1	4	4	28	29
53 Ägypten, Arab. Rep.	..	..	17	20	35	27	9	13	12	10	27	31
54 Nicaragua[b]	159	787	53	54	14	12	2	2	8	10	23	22
55 Thailand[b]	1.048	7.696	43	30	13	17	9	13	6	6	29	34
56 El Salvador[b]	194	598	40	*36*	30	*18*	3	*4*	8	*14*	18	*29*
57 Botsuana[b]	5	49	..	*52*	..	*12*	..	*0*	..	*4*	..	*32*
58 Jamaika[b]	221	409	46	*50*	7	*6*	0	*0*	10	*13*	36	*31*
59 Kamerun[b]	119	952	47	50	16	13	5	7	4	6	28	23
60 Guatemala[b]	..	..	*42*	40	*14*	10	*4*	3	*12*	17	*27*	29
61 Kongo, VR[b]	..	128	65	*47*	4	*13*	1	*3*	7	*9*	23	*29*
62 Paraguay[b]	99	513	56	..	16	..	1	..	5	..	21	..
63 Peru[b]	1.413	3.426	25	25	14	12	7	12	7	11	47	39
64 Türkei	1.930	12.277	26	20	15	14	8	15	7	8	45	43
65 Tunesien	121	981	29	17	18	19	4	7	13	13	36	44
66 Ecuador[b]	305	2.369	43	35	14	13	3	7	8	9	32	37
67 Mauritius	26	185	75	37	6	34	5	4	3	5	12	21
68 Kolumbien	1.154	5.565	31	33	20	14	8	9	11	13	29	32

Anmerkung: Zur Vergleichbarkeit der Daten und ihrer Abgrenzung vgl. Technische Erläuterungen. Kursive Zahlen gelten für andere als die angegebenen Jahre.

	Wertschöpfung im Verarbeitenden Gewerbe (in Mio laufenden $)		Verteilung der Wertschöpfung im Verarbeitenden Gewerbe (in % und jeweiligen Preisen)									
			Nahrungsmittel und Landwirtschaft		Textilien und Bekleidung		Maschinenbau, Elektrotechnik, Fahrzeuge		Chemische Erzeugnisse		Übriges Verarbeitendes Gewerbe[a]	
	1970	1985	1970	1985	1970	1985	1970	1985	1970	1985	1970	1985
69 Chile[b]	2.092	..	17	28	12	7	11	4	5	9	55	53
70 Costa Rica[b]	..	..	48	47	12	10	6	6	7	10	28	27
71 Jordanien	32	494	21	27	14	6	7	0	6	10	52	57
72 Syrien, Arab. Rep.[b]	..	..	37	28	40	19	3	10	2	6	19	38
73 Libanon[b]	..	..	27	..	19	..	1	..	3	..	49	..
Obere Einkommenskategorie	48.920 s	273.040 s										
74 Brasilien	10.433	58.089	16	15	13	12	22	24	10	9	39	40
75 Malaysia[b]	500	..	26	21	3	6	8	23	9	10	54	40
76 Südafrika	3.914	11.096	15	16	13	7	17	16	10	12	45	49
77 Mexiko[b]	8.416	43.613	28	24	15	12	13	14	11	12	34	39
78 Uruguay	..	..	34	32	21	20	7	6	6	10	32	32
79 Ungarn[b]	..	..	12	8	13	11	28	34	8	12	39	35
80 Polen	..	..	20	17	19	16	24	30	8	6	28	32
81 Portugal	..	..	18	17	19	22	13	16	10	8	39	38
82 Jugoslawien	..	..	10	12	15	17	23	25	7	7	45	40
83 Panama[b]	127	420	41	49	9	8	1	2	5	7	44	35
84 Argentinien[b]	5.761	17.954	24	24	14	10	18	16	9	13	35	37
85 Korea, Rep.[b]	1.880	24.466	26	16	17	17	11	23	11	9	35	36
86 Algerien[b]	682	6.157	32	26	20	20	9	11	4	1	35	41
87 Venezuela[b]	1.849	10.556	30	22	13	8	9	7	8	10	39	54
88 Gabun[b]	..	..	37	..	7	..	6	..	6	..	44	..
89 Griechenland	1.642	5.448	20	20	20	22	13	14	7	7	40	38
90 Oman[b]	0	267	..	29	..	0	..	0	..	0	..	71
91 Trinidad u. Tobago	198	516	..	20	..	4	..	10	..	6	..	60
92 Israel	..	..	15	13	14	9	23	28	8	8	41	42
93 Hongkong	1.013	6.739	4	5	41	39	16	21	2	2	36	33
94 Singapur[b]	388	4.311	12	6	5	4	28	49	4	8	51	33
95 Iran, Islam. Rep.	1.501	..	30	13	20	22	18	22	6	7	26	36
96 Irak	325	..	26	..	14	..	7	..	3	..	50	..
97 Rumänien	..	..	..	..	..	..	..	..	..	..	..	..
Entwicklungsländer	105.200 s	504.050 s										
Ölexporteure	16.010 s	114.150 s										
Exporteure von Industrieprodukten	63.780 s	289.200 s										
Hochverschuldete Länder	38.730 s	186.920 s										
Afrika südlich der Sahara	3.310 s	19.130 s										
Ölexporteure mit hohem Einkommen	600 s	..										
98 Saudi-Arabien[b]	372	7.586	..	..	..	..	..	..	..	..	..	..
99 Kuwait[b]	120	1.654	5	12	4	8	1	4	4	11	86	65
100 Vereinigte Arab. Emirate	..	2.715	..	..	..	..	..	..	..	..	..	..
101 Libyen	81	1.215	..	..	..	..	..	..	..	..	..	..
Marktwirtschaftliche Industrieländer	598.270 s	2.012.650 s										
102 Spanien[b]	..	44.891	13	17	15	10	16	22	11	9	45	43
103 Irland	785	696	31	28	19	7	13	20	7	15	30	28
104 Neuseeland[b]	1.784	6.040	24	27	13	10	15	17	4	6	43	41
105 Italien[b]	29.205	93.973	10	7	13	13	24	32	13	10	40	38
106 Großbritannien	35.954	101.470	13	15	9	6	31	32	10	11	37	37
107 Belgien[b]	8.226	18.570	17	20	12	8	22	23	9	14	40	36
108 Österreich[b]	4.873	18.299	17	18	12	9	19	24	6	6	45	43
109 Niederlande[b]	8.652	23.063	17	19	8	4	27	28	13	11	36	38
110 Frankreich[b]	40.502	124.436	14	18	10	7	29	33	8	9	39	34
111 Australien[b]	9.495	30.730	16	17	9	7	24	23	7	7	43	46
112 Deutschland, Bundesrep.[b]	70.888	201.640	13	12	8	5	32	38	9	10	38	36
113 Finnland	2.588	12.199	13	13	10	7	20	24	6	7	51	50
114 Dänemark	2.929	9.729	20	22	8	6	24	24	8	10	40	38
115 Japan	73.339	395.148	8	10	8	6	33	37	11	9	40	38
116 Schweden	8.333	20.878	10	10	6	2	30	35	5	8	49	45
117 Kanada	16.710	58.862	16	15	8	7	23	25	7	9	46	44
118 Norwegen[b]	2.416	7.939	15	20	7	3	23	26	7	7	49	44
119 Vereinigte Staaten[b]	254.115	803.391	12	12	8	5	31	36	10	10	39	38
120 Schweiz[b]	..	..	10	..	7	..	31	..	9	..	42	..
Nichtberichtende Nicht-Mitgliedsländer												
121 Albanien	..	..	..	..	..	..	..	..	..	..	..	..
122 Angola	..	..	..	..	..	..	..	..	..	..	..	..
123 Bulgarien	..	..	..	..	..	..	..	..	..	..	..	..
124 Kuba	..	..	..	62	..	6	..	11	..	7	..	14
125 Tschechoslowakei	..	..	9	9	12	11	34	38	6	8	39	35
126 Deutsche Dem. Rep.	..	..	..	..	..	..	..	..	..	..	..	..
127 Korea, Dem. Rep.	..	..	..	..	..	..	..	..	..	..	..	..
128 Mongolei	..	..	..	..	..	..	..	..	..	..	..	..
129 Sowjetunion	..	..	..	..	..	..	..	..	..	..	..	..

[a] Einschließlich nichtzurechenbarer Daten; vgl. Technische Erläuterungen. [b] Wertschöpfung im Verarbeitenden Gewerbe zu Käuferpreisen. [c] Schätzung der Weltbank.

Tabelle 9: Einkommen und Produktion im Verarbeitenden Gewerbe

	Einkommen je Beschäftigten					Gesamteinkommen in % der Wertschöpfung				Bruttoproduktion je Beschäftigten (1980 = 100)			
	Zuwachsraten		Index (1980 = 100)										
	1970—80	1980—85	1983	1984	1985	1970	1983	1984	1985	1970	1983	1984	1985
Länder mit niedrigem Einkommen													
China und Indien													
Übrige Länder													
1 Äthiopien	−4,7	−3,5	101	94	79	24	20	19	19	61	110	109	113
2 Bhutan	..	..	..	..	..	..	..	..	..	..	..	..	..
3 Burkina Faso	..	1,3	94	105	107	..	18	20	20	..	91	97	106
4 Nepal	..	..	..	..	..	..	..	..	..	..	..	..	..
5 Bangladesch	−2,9	−3,9	84	85	83	26	31	32	32	116	98	98	98
6 Malawi	..	..	105	..	..	36	38	..	..	121	92	..	..
7 Zaire	..	..	..	..	..	..	..	..	..	..	..	..	..
8 Mali	−8,4	..	..	..	..	46	..	..	..	97	..	..	..
9 Birma	..	..	..	..	..	..	..	..	..	..	..	..	..
10 Mosambik	..	..	..	..	..	29	..	..	..	..	..	..	..
11 Madagaskar	−0,9	−12,9	60	62	..	36	40	36	..	91	50	57	..
12 Uganda	..	..	..	..	..	..	..	..	..	..	..	..	..
13 Burundi	−6,1	..	133	..	..	..	18	..	..	..	135	..	..
14 Tansania	..	−14,5	61	53	45	42	35	34	34	122	77	78	74
15 Togo	..	..	..	..	..	..	..	..	..	..	..	..	..
16 Niger	..	..	..	..	..	..	..	..	..	..	..	..	..
17 Benin	..	..	..	..	..	..	25	25	25	..	..	..	..
18 Somalia	−6,4	−7,9	91	71	69	28	30	30	30	..	91	71	69
19 Zentralafrikanische Rep.	..	0,3	101	105	103	..	56	51	51	..	77	74	74
20 Indien	−0,2	4,6	113	116	122	47	49	48	48	95	125	138	145
21 Ruanda	..	..	..	..	..	22	..	19	..	..	..	..	..
22 China	..	..	..	..	..	..	..	..	..	..	..	..	..
23 Kenia	−3,4	−5,6	80	79	76	53	46	46	46	38	90	90	90
24 Sambia	−3,2	−2,1	96	96	95	33	26	26	26	110	98	97	103
25 Sierra Leone	..	..	..	..	..	..	..	..	..	..	..	..	..
26 Sudan	..	..	..	..	..	31	..	..	..	..	..	..	..
27 Haiti	−3,0	−0,4	108	107	102	..	..	..	..	..	..	..	..
28 Pakistan	3,4	7,0	116	130	134	21	20	20	20	51	129	139	151
29 Lesotho	..	..	112	..	..	..	48	48	48	..	110	137	151
30 Ghana	..	..	48	..	..	23	18	..	..	193	76	..	..
31 Sri Lanka	..	..	..	..	..	..	..	..	..	70	..	..	..
32 Mauretanien	..	..	..	..	..	..	..	..	..	..	..	..	..
33 Senegal	−4,8	0,5	105	97	101	..	44	43	44	..	125	96	102
34 *Afghanistan*	..	..	..	..	..	..	..	..	..	..	..	..	..
35 *Tschad*	..	..	..	..	..	..	..	..	..	..	..	..	..
36 *Guinea*	..	..	..	..	..	..	..	..	..	..	..	..	..
37 *Kamputschea, Dem.*	..	..	..	..	..	..	..	..	..	..	..	..	..
38 *Laos, Dem. VR*	..	..	..	..	..	..	..	..	..	..	..	..	..
39 *Vietnam*	..	..	..	..	..	..	..	..	..	..	..	..	..
Länder mit mittlerem Einkommen													
Untere Einkommenskategorie													
40 Liberia	..	3,1	102	111	107	..	..	..	..	..	..	..	..
41 *Jemen, Dem. VR*	..	..	..	..	..	..	..	..	..	..	..	..	..
42 Indonesien	4,7	8,1	128	132	153	26	21	18	21	42	129	138	156
43 *Jemen, Arab. Rep.*	..	..	..	..	..	..	..	..	..	..	..	..	..
44 Philippinen	−3,3	..	..	..	..	21	19	19	20	102	123	114	..
45 Marokko	..	−3,7	88	82	85	..	51	51	51	..	89	83	81
46 Bolivien	2,5	4,4	99	122	..	44	35	35	..	68	66	61	..
47 Simbabwe	1,6	5,4	106	114	142	43	40	44	44	98	98	104	113
48 Nigeria	0,0	−4,8	86	..	..	18	21	..	..	105	131	..	..
49 Dominikanische Rep.	−1,0	−3,2	101	101	79	35	23	24	24	63	106	99	91
50 Papua-Neuguinea	2,9	−0,4	88	89	96	42	37	36	36	..	..	..	..
51 Côte d'Ivoire	−0,9	..	136	..	..	27	..	..	..	52	..	..	..
52 Honduras	−0,4	..	..	..	..	..	38	38	38	..	..	..	..
53 Ägypten, Arab. Rep.	4,0	2,7	122	117	121	54	57	57	57	91	151	155	172
54 Nicaragua	..	−9,2	76	71	63	16	22	20	22	206	122	107	104
55 Thailand	1,1	10,6	135	151	160	25	24	24	24	70	146	159	163
56 El Salvador	2,4	..	90	..	..	28	28	..	..	71	92	..	..
57 Botsuana	10,4	−4,2	80	81	85	..	39	40	..	..	70	69	..
58 Jamaika	−0,2	..	..	..	..	43	..	..	..	..	..	..	..
59 Kamerun	..	..	..	..	..	29	37	37	37	..	..	..	..
60 Guatemala	−3,2	1,0	107	110	106	..	23	24	24	..	..	..	..
61 Kongo, VR	..	..	..	..	..	34	..	57	..	..	..	..	..
62 Paraguay	..	..	..	..	..	..	..	..	..	..	..	..	..
63 Peru	..	−1,9	86	87	..	..	19	19	19	83	69	66	79
64 Türkei	3,7	−3,5	96	84	89	26	25	24	24	108	128	131	125
65 Tunesien	4,2	−5,2	83	83	78	44	47	47	47	95	94	91	87
66 Ecuador	2,9	7,1	93	143	140	27	35	44	44	83	115	132	117
67 Mauritius	1,7	1,0	96	92	112	34	50	47	48	139	107	90	104
68 Kolumbien	−0,2	4,4	109	117	122	25	21	20	21	84	102	111	119

Anmerkung: Zur Vergleichbarkeit der Daten und ihrer Abgrenzung vgl. Technische Erläuterungen. Kursive Zahlen gelten für andere als die angegebenen Jahre.

| | Einkommen je Beschäftigten | | | | | Gesamteinkommen in % der Wertschöpfung | | | | Bruttoproduktion je Beschäftigten (1980 = 100) | | | |
| | Zuwachsraten | | Index (1980 = 100) | | | | | | | | | | |
	1970—80	1980—85	1983	1984	1985	1970	1983	1984	1985	1970	1983	1984	1985
69 Chile	..	0,0	112	105	111	19	17	15	18	60	123	..	..
70 Costa Rica	..	..	..	..	..	41	..	..	..	..	..	..	..
71 Jordanien	..	0,6	109	101	..	37	30	30	..	..	157	174	..
72 Syrien, Arab. Rep.	2,2	−1,4	101	96	..	33	31	31	32	72	136	129	169
73 Libanon	..	..	..	..	..	..	..	..	..	..	..	..	..

Obere Einkommenskategorie

	1970—80	1980—85	1983	1984	1985	1970	1983	1984	1985	1970	1983	1984	1985
74 Brasilien	4,0	−2,1	84	91	93	22	20	20	20	71	71	72	74
75 Malaysia	2,0	8,3	119	125	153	29	30	29	30	96	136	..	..
76 Südafrika	2,7	1,3	108	109	106	46	52	50	50	50	93	96	95
77 Mexiko	1,2	−5,9	75	73	86	44	24	21	26	77	101	108	107
78 Uruguay	..	−3,7	102	78	96	..	29	21	22	..	114	115	106
79 Ungarn	4,0	1,3	101	106	108	28	32	33	34	41	114	116	111
80 Polen	..	..	..	..	..	..	..	..	..	..	..	..	..
81 Portugal	2,5	−1,7	94	87	98	34	44	38	43	..	114	117	120
82 Jugoslawien	1,3	−2,7	92	87	94	39	33	30	30	59	105	109	100
83 Panama	0,2	5,0	117	..	..	32	32	..	..	67	92	92	92
84 Argentinien	1,4	4,1	103	126	104	30	20	23	19	79	105	111	103
85 Korea, Rep.	10,0	4,4	109	119	119	25	26	26	27	40	126	139	139
86 Algerien	0,2	−3,0	88	88	83	45	53	53	53	101	94	93	94
87 Venezuela	3,8	0,5	119	109	110	31	32	26	26	118	116	111	112
88 Gabun	..	..	..	..	..	..	..	..	..	..	..	..	..
89 Griechenland	5,0	−1,7	91	92	93	32	39	39	39	57	93	93	95
90 Oman	..	..	..	..	..	..	61	61	61	..	..	..	..
91 Trinidad u. Tobago	2,7	8,4	136	132	120	..	41	41	41	..	116	111	105
92 Israel	8,8	..	..	..	..	36	68	48	45	..	..	..	..
93 Hongkong	6,3	3,1	103	106	119	..	47	57	51	..	..	..	..
94 Singapur	3,6	8,9	130	142	152	36	36	36	38	74	106	114	115
95 Iran, Islam. Rep.	..	..	..	..	..	25	..	..	..	85	..	..	..
96 Irak	..	..	..	..	..	36	..	..	..	..	..	..	..
97 Rumänien	..	..	..	..	..	..	..	..	..	..	..	..	..

Entwicklungsländer
  Ölexporteure
  Exporteure von Industrieprodukten
  Hochverschuldete Länder
  Afrika südl. der Sahara

Ölexporteure mit hohem Einkommen

	1970—80	1980—85	1983	1984	1985	1970	1983	1984	1985	1970	1983	1984	1985
98 Saudi-Arabien	..	..	..	..	..	..	..	..	..	..	..	..	..
99 Kuwait	..	3,9	113	115	..	12	38	46	..	96	132	..	..
100 Vereinigte Arab. Emirate	..	..	..	..	..	..	..	..	..	..	..	..	..
101 Libyen	..	..	..	..	..	37	..	..	..	45	..	..	..

Marktwirtschaftliche Industrieländer

	1970—80	1980—85	1983	1984	1985	1970	1983	1984	1985	1970	1983	1984	1985
102 Spanien	4,5	3,4	101	111	119	52	41	43	43	..	117	122	129
103 Irland	4,1	7,2	96	120	142	49	36	39	39	..	..	..	..
104 Neuseeland	1,2	−2,8	94	92	88	62	62	55	57	..	106	116	..
105 Italien	4,3	0,2	98	104	101	41	45	46	43	57	107	118	114
106 Großbritannien	1,7	3,0	106	109	117	52	44	44	45	..	121	128	130
107 Belgien	4,6	−1,2	97	96	95	46	48	47	46	51	114	117	120
108 Österreich	3,4	1,6	104	103	111	47	56	55	56	64	110	115	120
109 Niederlande	2,5	3,0	101	111	114	52	54	57	57	69	107	115	116
110 Frankreich	..	..	..	..	..	..	..	..	..	64	105	110	..
111 Australien	2,9	1,3	106	107	106	53	56	51	48	72	101	109	..
112 Deutschland, Bundesrep.	3,5	0,5	99	101	102	46	48	48	46	60	108	114	117
113 Finnland	2,6	1,9	105	107	110	47	44	43	44	72	109	113	119
114 Dänemark	2,5	−0,4	100	98	97	56	53	52	52	64	112	113	109
115 Japan	3,1	2,2	105	107	113	32	36	35	36	45	110	120	130
116 Schweden	0,5	−0,3	96	97	98	52	37	37	37	72	116	121	124
117 Kanada	1,8	2,5	101	102	117	53	49	46	49	69	..	..	..
118 Norwegen	2,6	1,0	98	101	105	50	58	55	57	75	104	109	118
119 Vereinigte Staaten	0,1	1,3	102	104	106	47	40	39	40	63	107	114	117
120 Schweiz	..	..	..	..	..	..	..	..	..	..	..	..	..

Nichtberichtende Nicht-Mitgliedsländer

121 Albanien	..	..	..	..	..	..	..	..	..	..	..	..	..
122 Angola	..	..	..	..	..	..	..	..	..	..	..	..	..
123 Bulgarien	..	..	..	..	..	..	..	..	..	..	..	..	..
124 Kuba	..	..	..	..	..	..	..	..	..	..	..	..	..
125 Tschechoslowakei	..	..	..	..	..	..	..	..	..	..	..	..	..
126 Deutsche Dem. Rep.	..	..	..	..	..	..	..	..	..	..	..	..	..
127 Korea, Dem. Rep.	..	..	..	..	..	..	..	..	..	..	..	..	..
128 Mongolei	..	..	..	..	..	..	..	..	..	..	..	..	..
129 Sowjetunion	..	..	..	..	..	..	..	..	..	..	..	..	..

Tabelle 10: Kommerzielle Energie

	Durchschnittliche jährliche Zuwachsrate (%)				Energieverbrauch pro Kopf (in kg Öleinheiten)		Energieeinfuhr in % der Warenausfuhr	
	Energieproduktion		Energieverbrauch					
	1965—80	1980—86	1965—80	1980—86	1965	1986	1965	1986
Länder mit niedrigem Einkommen	**9,1 w**	**6,4 w**	**8,2 w**	**5,6 w**	**131 w**	**314 w**	**5 w**	**9 w**
China und Indien	9,1 w	6,6 w	8,8 w	5,8 w	146 w	394 w	4 w	6 w
Übrige Länder	9,0 w	2,9 w	2,9 w	3,8 w	71 w	86 w	7 w	17 w
1 Äthiopien	7,5	5,3	4,1	2,1	10	21	8	36
2 Bhutan	..	..	..	..	..	..	..	..
3 Burkina Faso	..	..	10,5	0,2	7	18	11	7
4 Nepal	18,4	14,6	6,2	11,6	6	23	10	25
5 Bangladesch	..	17,3	..	8,8	..	46	..	17
6 Malawi	18,2	5,0	8,0	−0,7	25	43	7	8
7 Zaire	9,4	2,7	3,6	0,8	74	73	6	2
8 Mali	38,6	9,4	7,0	2,3	14	23	16	27
9 Birma	8,4	5,3	4,9	5,8	39	76	4	3
10 Mosambik	19,8	−50,1	2,2	1,8	81	86	13	..
11 Madagaskar	3,9	11,0	3,5	1,2	34	40	8	12
12 Uganda	−0,5	2,7	−0,5	4,4	36	26	1	6
13 Burundi	..	15,7	6,0	10,4	5	21	11	6
14 Tansania	7,3	2,5	3,7	2,0	37	35	10	39
15 Togo	2,9	11,4	10,7	−3,2	27	52	4	13
16 Niger	..	17,6	12,5	3,3	8	42	9	9
17 Benin	..	..	9,9	5,4	21	46	10	45
18 Somalia	..	..	16,7	1,8	14	82	8	8
19 Zentralafrikanische Rep.	6,7	1,0	2,2	4,6	22	30	9	1
20 Indien	5,6	8,9	5,8	6,4	100	208	8	19
21 Ruanda	8,8	8,2	15,2	4,9	8	42	10	25
22 China	10,0	6,0	9,8	5,6	178	532	0	2
23 Kenia	13,1	10,4	4,5	−0,8	110	100	13	21
24 Sambia	25,7	1,0	4,0	−0,4	464	381	6	12
25 Sierra Leone	..	..	0,8	−1,8	109	77	11	19
26 Sudan	17,8	0,6	2,0	0,3	67	58	5	..
27 Haiti	..	5,3	8,4	1,6	24	50	6	4
28 Pakistan	6,5	7,4	3,5	6,9	135	205	7	23
29 Lesotho	..	..	..	..	..	..	..	..
30 Ghana	17,7	−10,7	7,8	−4,9	76	131	6	15
31 Sri Lanka	10,4	10,7	2,2	4,1	107	139	6	23
32 Mauretanien	..	..	9,5	−0,2	48	114	2	8
33 Senegal	..	..	7,4	−2,3	79	116	8	25
34 *Afghanistan*	15,7	2,2	5,6	14,3	30	71	8	..
35 *Tschad*	..	..	..	..	..	..	..	..
36 *Guinea*	16,5	1,8	2,3	0,6	56	59	..	..
37 *Kamputschea, Dem.*	..	4,6	7,6	2,1	19	60	7	..
38 *Laos, Dem. VR*	..	−0,6	4,2	1,9	22	37	..	..
39 *Vietnam*	5,3	−0,4	−2,6	1,1	106	87	..	..
Länder mit mittlerem Einkommen	**4,9 w**	**3,0 w**	**6,6 w**	**2,8 w**	**487 w**	**883 w**	**8 w**	**12 w**
Untere Einkommenskategorie	10,6 w	2,8 w	7,0 w	4,1 w	179 w	346 w	8 w	12 w
40 Liberia	14,6	−3,2	7,9	−12,4	182	166	6	10
41 Jemen, Dem. VR	..	..	−6,4	2,7	..	714	..	..
42 Indonesien	9,9	0,9	8,4	3,9	91	213	3	14
43 Jemen, Arab. Rep.	..	..	21,0	13,8	7	102	..	..
44 Philippinen	9,9	11,6	5,8	−1,9	160	180	12	17
45 Marokko	2,5	−2,5	7,9	2,7	124	246	5	22
46 Bolivien	9,5	−0,6	7,7	−2,0	155	255	1	2
47 Simbabwe	−0,7	−0,9	5,2	0,4	441	517	7	7
48 Nigeria	17,3	−2,8	12,9	6,5	34	134	7	2
49 Dominikanische Rep.	10,9	7,3	11,5	2,6	127	337	8	28
50 Papua-Neuguinea	13,7	6,7	13,0	2,6	56	244	11	..
51 Côte d'Ivoire	11,1	17,0	8,6	2,7	101	175	5	5
52 Honduras	14,0	1,7	7,6	1,5	111	192	5	10
53 Ägypten, Arab. Rep.	10,7	7,6	6,2	7,3	313	577	11	8
54 Nicaragua	2,6	2,7	6,5	1,7	172	259	6	20
55 Thailand	9,0	47,3	10,1	8,2	81	325	11	13
56 El Salvador	9,0	3,6	7,0	1,5	140	216	5	8
57 Botsuana	8,8	2,7	9,5	2,2	191	430	..	..
58 Jamaika	−0,9	4,2	6,1	−4,5	703	844	12	23
59 Kamerun	13,0	20,2	6,3	6,8	67	142	6	4
60 Guatemala	12,5	6,7	6,8	−1,3	150	171	9	10
61 Kongo, VR	41,1	10,1	7,8	5,0	90	225	10	5
62 Paraguay	..	15,9	9,7	5,1	84	224	17	32
63 Peru	6,6	−0,1	5,0	−0,3	395	478	3	1
64 Türkei	4,3	9,3	8,5	7,3	258	750	12	26
65 Tunesien	20,4	−0,5	8,5	6,5	170	499	12	11
66 Ecuador	35,0	7,7	11,9	2,6	162	575	11	2
67 Mauritius	2,1	6,6	7,2	3,0	160	378	6	6
68 Kolumbien	1,0	9,4	6,0	2,1	413	728	1	4

Anmerkung: Zur Vergleichbarkeit der Daten und ihrer Abgrenzung vgl. Technische Erläuterungen. Kursive Zahlen gelten für andere als die angegebenen Jahre.

	Durchschnittliche jährliche Zuwachsrate (%)				Energieverbrauch pro Kopf (in kg Öleinheiten)		Energieeinfuhr in % der Warenausfuhr	
	Energieproduktion		Energieverbrauch					
	1965—80	1980—86	1965—80	1980—86	1965	1986	1965	1986
69 Chile	1,8	3,7	3,0	1,2	657	812	5	7
70 Costa Rica	8,2	5,7	8,8	2,3	267	565	8	8
71 Jordanien	..	..	9,3	9,2	226	767	33	19
72 Syrien, Arab. Rep.	56,3	0,3	12,4	4,8	212	914	13	38
73 Libanon	2,0	−7,2	2,0	3,6	713	846	50	..
Obere Einkommenskategorie	3,8 w	3,0 w	6,5 w	2,4 w	823 w	1.527 w	9 w	12 w
74 Brasilien	8,6	11,7	9,9	4,2	286	830	14	19
75 Malaysia	36,9	19,5	6,7	6,6	312	762	11	4
76 Südafrika	5,1	6,5	4,3	3,9	1.744	2.470	5	0
77 Mexiko	9,7	2,6	7,9	0,5	604	1.235	4	1
78 Uruguay	4,7	13,7	1,3	−2,8	765	742	13	13
79 Ungarn	0,8	2,2	3,8	1,3	1.825	2.985	12	21
80 Polen	4,0	1,7	4,8	0,6	2.027	3.369	..	..
81 Portugal	3,6	7,3	6,5	2,7	506	1.284	13	20
82 Jugoslawien	3,5	3,0	6,0	3,0	898	2.041	7	25
83 Panama	6,9	12,9	5,8	4,9	576	653	..	..
84 Argentinien	4,5	2,5	4,3	1,4	975	1.427	8	3
85 Korea, Rep.	4,1	11,3	12,1	6,2	237	1.408	18	14
86 Algerien	5,3	4,5	11,9	6,8	226	1.034	0	1
87 Venezuela	−3,1	−2,3	4,6	2,4	2.319	2.502	0	0
88 Gabun	13,7	0,2	14,7	3,0	153	1.141	3	1
89 Griechenland	10,5	10,9	8,5	3,0	615	1.932	29	28
90 Oman	16,0	11,9	30,5	10,4	14	2.146	..	1
91 Trinidad u. Tobago	3,8	−3,2	6,6	−0,8	2.776	4.778	..	24
92 Israel	−15,2	−19,0	4,4	1,3	1.574	1.944	14	10
93 Hongkong	..	..	8,4	4,4	424	1.260	4	3
94 Singapur	..	..	10,8	−1,5	670	1.851	17	22
95 Iran, Islam. Rep.	3,6	5,2	8,9	2,6	537	958	0	..
96 Irak	6,2	−0,8	7,4	5,2	399	734	0	..
97 Rumänien	4,3	0,7	6,6	0,7	1.536	3.405	..	..
Entwicklungsländer	5,9 w	4,0 w	7,2 w	3,9 w	252 w	506 w	8 w	11 w
Ölexporteure	5,0 w	1,5 w	7,8 w	2,9 w	298 w	608 w	5 w	5 w
Exporteure von Industrieprodukten	7,1 w	5,7 w	7,8 w	4,3 w	246 w	569 w	8 w	12 w
Hochverschuldete Länder	3,6 w	1,9 w	6,9 w	2,1 w	420 w	764 w	6 w	10 w
Afrika südl. der Sahara	15,3 w	−1,0 w	6,4 w	2,3 w	62 w	103 w	7 w	8 w
Ölexporteure mit hohem Einkommen	6,4 w	−10,7 w	7,7 w	5,2 w	1.345 w	3.313 w	..	..
98 Saudi-Arabien	11,5	−15,0	7,2	5,7	1.759	3.336	0	1
99 Kuwait	−1,6	−1,1	2,1	2,8	..	4.080	0	0
100 Vereinigte Arab. Emirate	14,7	−3,1	36,6	5,7	108	5.086	..	..
101 Libyen	0,6	−6,8	18,2	4,5	223	2.259	2	1
Marktwirtschaftliche Industrieländer	2,1 w	1,9 w	3,0 w	0,4 w	3.745 w	4.952 w	11 w	13 w
102 Spanien	3,6	8,9	6,5	1,2	901	1.928	31	25
103 Irland	0,1	5,6	3,9	0,8	1.504	2.436	14	8
104 Neuseeland	4,7	8,6	3,6	4,2	2.622	4.127	7	9
105 Italien	1,3	1,4	3,7	−0,4	1.568	2.539	16	18
106 Großbritannien	3,6	3,4	0,9	0,8	3.481	3.802	13	9
107 Belgien	−3,9	12,5	2,9	0,2	3.402	4.809	9[a]	9[a]
108 Österreich	0,8	−1,0	4,0	1,3	2.060	3.400	10	10
109 Niederlande	15,4	−1,5	5,0	1,1	3.134	5.201	12	11
110 Frankreich	−0,9	9,1	3,7	0,6	2.468	3.640	16	14
111 Australien	10,5	6,9	5,0	0,5	3.287	4.710	11	5
112 Deutschland, Bundesrep.	−0,1	0,7	3,0	−0,1	3.197	4.464	8	9
113 Finnland	3,8	9,5	5,1	3,6	2.233	5.475	11	14
114 Dänemark	2,6	55,8	2,4	1,1	2.911	3.821	13	10
115 Japan	−0,4	5,3	6,1	1,5	1.474	3.186	19	18
116 Schweden	4,9	7,7	2,5	2,4	4.162	6.374	12	9
117 Kanada	5,7	3,4	4,5	0,9	6.007	8.945	8	4
118 Norwegen	12,4	5,3	4,1	2,8	4.650	8.803	11	7
119 Vereinigte Staaten	1,1	0,2	2,3	−0,1	6.535	7.193	8	19
120 Schweiz	3,7	2,0	3,1	2,1	2.501	4.052	8	6
Nichtberichtende Nicht-Mitgliedsländer	4,6 w	2,9 w	4,4 w	2,9 w	2.509 w	4.552 w	..	..
121 Albanien	9,4	−1,3	7,8	0,9	415	1.664	2	..
122 Angola	19,9	12,1	5,3	2,7	114	202	..	..
123 Bulgarien	1,3	2,7	6,1	1,9	1.788	4.590	..	..
124 Kuba	8,1	23,9	5,8	0,8	604	1.086	12	..
125 Tschechoslowakei	1,0	0,9	3,2	0,8	3.374	4.845	..	..
126 Deutsche Dem. Rep.	0,8	3,2	2,4	1,5	3.762	5.915	..	..
127 Korea, Dem. Rep.	6,4	2,5	6,7	3,4	1.196	2.174	..	..
128 Mongolei	10,3	6,7	9,6	3,9	471	1.195	..	..
129 Sowjetunion	4,9	2,9	4,5	3,2	2.603	4.949	..	..

[a] Einschließlich Luxemburg.

Tabelle 11: Wachstum des Warenhandels

	Warenhandel (in Mio $)		Durchschnittliche jährliche Zuwachsrate[a] (in %)				Terms of Trade (1980 = 100)	
	Ausfuhr	Einfuhr	Ausfuhr		Einfuhr			
	1986	1986	1965–80	1980–86	1965–80	1980–86	1984	1986
Länder mit niedrigem Einkommen	61.228 s	88.754 s	2,7 w	6,5 w	2,7 w	7,2 w	97 m	91 m
China und Indien	43.161 s	58.845 s	4,8 w	9,5 w	4,5 w	11,9 w	103 m	105 m
Übrige Länder	17.922 s	29.690 s	0,5 w	0,6 w	1,1 w	−0,1 w	97 m	91 m
1 Äthiopien	453	1.102	−0,5	−2,5	−0,9	10,7	102	127
2 Bhutan	..	..	..	..	..	..	..	..
3 Burkina Faso	*112*	*325*	4,0	1,6	5,8	−0,9	95	69
4 Nepal	142	459	−2,3	6,7	2,9	6,5	85	97
5 Bangladesch	880	2.701	..	5,6	..	3,3	109	109
6 Malawi	243	260	4,3	1,1	3,3	−6,5	97	88
7 Zaire	1.844	1.488	4,6	−4,3	−2,9	−1,2	84	80
8 Mali	383	438	11,0	7,2	6,2	3,4	93	73
9 Birma	299	617	−2,1	−0,2	−5,8	−8,8	76	62
10 Mosambik	159	489	..	..	..	..	..	..
11 Madagaskar	331	395	0,7	−3,7	−0,4	−5,0	100	108
12 Uganda	395	344	−3,9	4,4	−5,3	2,2	100	116
13 Burundi	167	207	3,0	11,6	2,0	3,6	101	117
14 Tansania	343	1.050	−4,0	−9,8	1,6	−1,3	96	104
15 Togo	275	379	4,5	−6,6	8,6	−10,0	92	86
16 Niger	331	436	12,8	−13,4	6,6	−4,4	100	94
17 Benin	181	386	−2,3	−3,5	6,7	−1,2	97	74
18 Somalia	89	440	3,8	−7,9	5,8	−1,7	93	80
19 Zentralafrikanische Rep.	130	219	−0,4	2,0	−4,8	−2,7	95	85
20 Indien	11.741[b]	16.269[b]	3,7	3,8	1,6	3,6	109	127
21 Ruanda	188	348	5,9	1,3	8,7	6,5	101	133
22 China*	31.148	43.172	5,5	11,7	8,0	16,8	97	83
23 Kenia	1.216	1.649	0,3	−0,9	1,7	−5,2	92	100
24 Sambia	689	714	1,7	−2,1	−5,5	−7,3	70	69
25 Sierra Leone	142	155	−3,9	−3,1	−2,7	−16,5	99	93
26 Sudan	497[b]	1.138[b]	−0,3	6,9	2,4	−4,0	96	70
27 Haiti	373[b]	503[b]	6,8	3,4	8,4	1,5	94	102
28 Pakistan	3.384	5.377	4,3	6,2	0,4	3,8	92	103
29 Lesotho[c]	..	..	..	..	..	..	..	..
30 Ghana	863	783	−1,8	−7,1	−1,4	−4,6	98	88
31 Sri Lanka	1.215	1.948	0,5	6,4	−1,2	3,0	118	96
32 Mauretanien	419	363	2,7	13,6	6,6	0,0	98	87
33 Senegal	615	1.021	2,4	8,7	4,1	1,8	101	87
34 *Afghanistan*	552	1.404	..	..	..	..	..	..
35 *Tschad*	120	203	..	..	..	..	..	..
36 *Guinea*	448	351	..	..	..	..	..	..
37 *Kamputschea, Dem.*	..	..	..	..	..	..	..	..
38 *Laos, Dem. VR*	..	..	..	..	..	..	..	..
39 *Vietnam*	..	..	..	..	..	..	..	..
Länder mit mittlerem Einkommen	364.355 s	368.656 s	3,2 w	4,6 w	6,1 w	−0,9 w	96 m	94 m
Untere Einkommenskategorie	84.172 s	98.942 s	6,7 w	2,4 w	6,1 w	−2,4 w	96 m	92 m
40 Liberia	404	235	4,5	−2,0	1,5	−8,8	93	97
41 Jemen, Dem. VR	645	*1.543*	−13,7	3,2	−7,5	3,1	100	78
42 Indonesien	14.824	13.371	9,6	2,0	14,2	−1,0	96	64
43 Jemen, Arab. Rep.	20	1.033	−0,3	1,9	25,2	−7,8	95	99
44 Philippinen	4.771	5.394	4,7	−1,7	2,9	−6,0	104	101
45 Marokko	2.454	3.803	3,6	3,8	6,6	0,8	88	98
46 Bolivien	563	716	2,8	0,0	5,0	−3,9	90	46
47 Simbabwe	1.301	1.132	3,5	−2,7	−1,8	−6,7	96	86
48 Nigeria	6.599	4.498	11,4	−6,0	15,1	−17,2	97	44
49 Dominikanische Rep.	718	1.433	3,7	−3,6	5,5	0,4	88	104
50 Papua-Neuguinea	1.033	1.130	12,8	3,2	1,2	0,0	103	90
51 Côte d'Ivoire	3.200	2.024	5,6	3,5	8,0	−5,4	99	92
52 Honduras	854	875	3,1	2,6	2,5	0,7	97	103
53 Ägypten, Arab. Rep.	4.617[b]	9.517[b]	2,8	7,4	6,0	5,2	98	76
54 Nicaragua	247	770	2,4	−3,2	1,3	−0,6	96	97
55 Thailand	8.794	9.178	8,5	9,2	4,1	2,0	82	83
56 El Salvador	757	902	2,4	−6,3	2,7	0,9	99	114
57 *Botsuana*[c]	..	..	..	..	..	..	..	..
58 Jamaika	596	964	−0,2	−7,2	−1,9	−1,9	95	109
59 Kamerun	2.059[b]	1.512[b]	5,2	13,8	5,6	−0,5	96	60
60 Guatemala	1.043	898	4,9	−2,5	4,6	−7,1	95	107
61 Kongo, VR	673	629	12,5	5,4	1,0	2,0	97	57
62 Paraguay	234	577	6,6	1,6	4,6	−5,4	94	82
63 Peru	2.509	2.829	2,3	0,1	−0,2	−6,7	84	66
64 Türkei	7.985	11.027	5,5	19,9	7,7	9,9	92	102
65 Tunesien	1.759	2.890	8,5	−0,6	10,4	−2,8	91	81
66 Ecuador	2.181	1.810	15,2	8,4	6,8	−3,3	96	56
67 Mauritius	675	684	3,4	10,4	6,4	2,8	88	99
68 Kolumbien	5.102	3.862	1,5	4,9	5,3	−3,0	101	98
* Angaben für Taiwan (China)	39.758	24.165	19,0	12,7	15,1	4,3	104	107

Anmerkung: Zur Vergleichbarkeit der Daten und ihrer Abgrenzung vgl. Technische Erläuterungen. Kursive Zahlen gelten für andere als die angegebenen Jahre.

	Warenhandel (in Mio $)		Durchschnittliche jährliche Zuwachsrate[a] (in %)				Terms of Trade (1980 = 100)	
	Ausfuhr 1986	Einfuhr 1986	Ausfuhr 1965—80	Ausfuhr 1980—86	Einfuhr 1965—80	Einfuhr 1980—86	1984	1986
69 Chile	4.222	3.436	7,9	3,9	2,6	−9,3	80	75
70 Costa Rica	1.125	1.147	7,1	1,2	5,7	−2,9	96	106
71 Jordanien	733	2.432	13,6	5,7	9,7	0,1	93	97
72 Syrien, Arab. Rep.	1.325	2.703	11,4	1,5	8,5	−5,0	97	74
73 Libanon	500	2.203	..	..	..	..	..	..
Obere Einkommenskategorie	280.615 s	269.715 s	1,7 w	5,6 w	6,0 w	−0,1 w	94 m	96 m
74 Brasilien	22.396	15.555	9,4	4,3	8,2	−5,1	101	125
75 Malaysia	13.874	10.829	4,4	10,2	2,9	5,2	86	64
76 Südafrika[c]	18.454	12.989	6,1	−0,4	0,1	−9,5	82	72
77 Mexiko	16.237	11.997	7,7	7,7	5,7	−9,2	97	66
78 Uruguay	1.088	820	4,6	0,9	1,2	−11,3	90	99
79 Ungarn	9.165	9.599	..	..	..	..	..	..
80 Polen	12.074	11.535	..	..	..	..	..	..
81 Portugal	7.242	9.650	3,4	11,0	3,7	0,8	84	104
82 Jugoslawien	10.353	11.753	5,6	1,5	6,6	−1,6	93	96
83 Panama	2.412	2.955	..	−2,0	..	−0,8	97	101
84 Argentinien	6.852	4.724	4,7	1,5	1,8	−13,8	99	80
85 Korea, Rep.	34.715	31.584	27,3	13,1	15,2	9,3	106	111
86 Algerien	7.875	10.162	1,5	0,9	13,1	−3,1	96	44
87 Venezuela	10.029	9.565	−9,5	−1,4	8,7	−7,2	94	47
88 Gabun	1.052	951	8,1	−0,6	10,5	3,1	95	56
89 Griechenland	5.648	11.350	12,0	4,6	5,2	4,1	93	99
90 Oman	2.527	2.401	..	6,7	..	5,1	86	37
91 Trinidad u. Tobago	1.376	1.355	−5,5	−8,1	−5,8	−11,9	97	71
92 Israel	7.136	10.737	8,9	6,4	6,3	2,0	91	96
93 Hongkong	35.440	35.366	9,5	10,7	8,3	7,9	100	108
94 Singapur	22.495	25.511	4,7					
95 Iran, Islam. Rep.	13.435	11.635	..	6,1	7,0	3,6	102	101
96 Irak	..	10.190	..	....	....	....	....	....
97 Rumänien	12.543	11.437	..	..	..	..	..	..
Entwicklungsländer	425.984 s	457.155 s	3,1 w	4,8 w	5,5 w	0,5 w	96 m	93 m
Ölexporteure	84.587 s	90.443 s	0,0 w	1,8 w	8,3 w	−5,4 w	96 m	57 m
Exporteure von Industrieprodukten	217.171 s	230.994 s	7,7 w	8,4 w	7,2 w	5,4 w	101 m	108 m
Hochverschuldete Länder	98.995 s	86.302 s	0,4 w	1,6 w	6,3 w	−7,2 w	96 m	92 m
Afrika südlich der Sahara	28.285 s	29.229 s	6,6 w	−2,1 w	4,9 w	−7,5 w	97 m	87 m
Ölexporteure mit hohem Einkommen	43.374 s	36.844 s	5,6 w	−12,5 w	19,5 w	−7,7 w	97 m	46 m
98 Saudi-Arabien	20.085	19.112	8,8	−19,2	25,9	−7,7	97	46
99 Kuwait	7.383	5.845	−1,9	−3,8	11,8	−3,1	97	47
100 Vereinigte Arab. Emirate	9.900	7.447	10,9	−1,0	20,5	−4,0	96	53
101 Libyen	6.006	4.511	3,3	−4,9	15,3	−15,2	91	39
Marktwirtschaftliche Industrieländer	1.443.629 s	1.510.671 s	7,1 w	3,3 w	6,7 w	4,3 w	101 m	109 m
102 Spanien	27.187	35.055	14,2	6,4	6,3	2,6	100	120
103 Irland	12.657	11.619	8,3	9,3	7,1	3,4	101	109
104 Neuseeland	5.880	6.033	3,6	4,5	3,1	3,7	97	94
105 Italien	97.811	99.452	8,2	4,3	6,3	2,6	93	108
106 Großbritannien	106.929	126.330	5,5	4,0	4,4	5,6	99	97
107 Belgien[d]	68.892	68.656	7,9	3,8	7,7	6,9	94	102
108 Österreich	22.622	26.104	8,4	5,3	8,7	3,8	101	108
109 Niederlande	79.436	75.292	8,4	3,4	6,5	2,8	102	107
110 Frankreich	124.948	129.402	8,8	2,1	8,1	3,1	101	114
111 Australien	22.622	26.104	6,0	5,5	4,8	4,3	96	83
112 Deutschland, Bundesrep.	243.327	191.084	7,5	4,3	7,1	3,0	96	115
113 Finnland	16.356	15.339	5,6	2,8	4,8	1,9	102	114
114 Dänemark	21.293	22.878	5,5	4,5	4,6	3,9	99	106
115 Japan	210.757	127.553	11,5	6,4	8,7	3,5	108	156
116 Schweden	37.263	32.693	5,0	5,7	4,5	4,0	100	110
117 Kanada	90.193	85.068	6,2	7,2	7,1	5,2	92	89
118 Norwegen	18.230	20.300	7,5	5,1	6,2	5,8	118	87
119 Vereinigte Staaten	217.307	387.081	6,9	−2,7	6,2	9,0	112	119
120 Schweiz	37.471	41.039	6,2	3,7	5,6	4,2	113	117
Nichtberichtende Nicht-Mitgliedsländer	..	..	..	..	..	..	..	..
121 Albanien	..	..	..	..	..	..	..	..
122 Angola	1.787	1.080	..	..	..	..	..	..
123 Bulgarien	13.348	13.656	..	..	..	..	..	..
124 Kuba	..	..	..	..	..	..	..	..
125 Tschechoslowakei	20.456	21.055	..	..	..	..	..	..
126 Deutsche Dem. Rep.	27.729	27.414	..	..	..	..	..	..
127 Korea, Dem. Rep.	..	..	..	..	..	..	..	..
128 Mongolei	..	..	..	..	..	..	..	..
129 Sowjetunion	97.336	88.871	..	..	..	..	..	..

[a] Vgl. Technische Erläuterungen. [b] Schätzung der Weltbank. [c] Angaben für die Südafrikanische Zollunion, der Südafrika, Namibia, Lesotho, Botsuana und Swasiland angehören; der Handel zwischen diesen Teilgebieten ist nicht in den Angaben enthalten. [d] Einschließlich Luxemburg.

Tabelle 12: Struktur der Warenausfuhr

Anteil an der Warenausfuhr in %

	Brennstoffe, Mineralien und Metalle		Sonstige Rohstoffe		Maschinenbau, Elektrotechnik, Fahrzeuge		Übriges Verarbeitendes Gewerbe		(Textilien und Bekleidung)[a]	
	1965	1986	1965	1986	1965	1986	1965	1986	1965	1986
Länder mit niedrigem Einkommen	17 w	15 w	57 w	29 w	1 w	11 w	28 w	44 w	..	..
China und Indien	8 w	12 w	45 w	22 w	2 w	14 w	45 w	52 w	..	..
Übrige Länder	25 w	21 w	69 w	47 w	0 w	2 w	12 w	27 w	5 w	17 w
1 Äthiopien	1	2	98	97	1	0	0	1	0	*0*
2 Bhutan	..	..	..	..	..	..	..	..	..	..
3 Burkina Faso	1	0	94	87	1	5	4	7	2	..
4 Nepal	0	2	78	31	0	2	22	66	..	*43*
5 Bangladesch	..	1	..	25	..	0	..	73	..	57
6 Malawi	0	0	99	84	0	5	1	11	0	..
7 Zaire	72	49	20	45	0	1	8	5	0	..
8 Mali	1	0	96	70	1	1	2	29	1	*3*
9 Birma	5	3	94	84	0	9	0	4	0	*0*
10 Mosambik	14	..	84	..	0	..	2	..	1	..
11 Madagaskar	4	7	90	81	1	2	4	10	1	6
12 Uganda	14	2	86	98	0	0	1	0	0	..
13 Burundi	1	0	94	88	0	0	6	12	1	*0*
14 Tansania	4	4	83	79	0	3	13	14	0	..
15 Togo	33	58	62	22	1	1	4	19	0	*0*
16 Niger	0	81	95	16	1	1	4	2	1	..
17 Benin	1	42	94	36	2	6	3	16	0	..
18 Somalia	6	1	80	98	4	0	10	1	..	..
19 Zentralafrikanische Rep.	1	0	45	67	0	0	54	33	0	..
20 Indien	10	15	41	23	1	10	48	52	36	18
21 Ruanda	40	5	60	94	0	*0*	1	*1*	..	*0*
22 China*	6	14	48	22	3	16	43	48	..	24
23 Kenia	13	14	81	70	0	2	6	14	0	..
24 Sambia	97	96	3	1	0	1	0	2	0	..
25 Sierra Leone	25	22	14	21	0	0	60	56	0	0
26 Sudan	1	6	98	88	1	3	0	4	0	*1*
27 Haiti	14	5	61	32	2	10	23	53	..	..
28 Pakistan	2	1	62	31	1	3	35	65	29	51
29 Lesotho[b]	..	..	..	..	..	..	..	..	..	..
30 Ghana	13	30	85	68	1	0	2	2	0	..
31 Sri Lanka	2	7	97	52	0	2	1	39	0	30
32 Mauretanien	94	34	5	65	1	0	0	1	0	0
33 Senegal	9	35	88	36	1	7	2	22	1	..
34 *Afghanistan*	..	47	87	46	..	0	13	7	13	..
35 *Tschad*	5	..	92	..	0	..	3	..	0	..
36 *Guinea*	..	..	..	..	..	..	..	..	..	..
37 *Kamputschea, Dem.*	0	..	99	..	0	..	0	..	0	..
38 *Laos, Dem. VR*	62	..	32	..	0	..	6	..	0	..
39 *Vietnam*	..	..	..	..	..	..	..	..	..	..
Länder mit mittlerem Einkommen	31 w	28 w	48 w	20 w	3 w	14 w	15 w	35 w	5 w	11 w
Untere Einkommenskategorie	29 w	38 w	3 w	34 w	1 w	3 w	7 w	24 w	2 w	..
40 Liberia	72	63	25	36	1	0	3	1	0	..
41 Jemen, Dem. VR	80	92	14	7	2	0	4	0	2	..
42 Indonesien	43	58	53	21	3	3	1	19	0	4
43 Jemen, Arab. Rep.	9	..	91	..	0	..	0	..	0	..
44 Philippinen	11	14	84	26	0	6	6	55	1	7
45 Marokko	40	26	55	27	0	1	5	46	1	18
46 Bolivien	92	90	3	8	0	0	4	2	0	*0*
47 Simbabwe	24	23	47	41	6	3	23	34	6	..
48 Nigeria	32	94	65	4	0	0	2	1	0	..
49 Dominikanische Rep.	10	15	88	56	0	6	2	23	0	..
50 Papua-Neuguinea	1	54	89	40	0	1	10	5	..	..
51 Côte d'Ivoire	2	6	93	85	1	2	4	7	1	*1*
52 Honduras	7	7	89	82	0	0	4	10	1	..
53 Ägypten, Arab. Rep.	8	74	72	14	0	0	20	13	15	9
54 Nicaragua	4	1	90	88	0	0	6	10	0	..
55 Thailand	11	4	84	54	0	9	4	33	0	15
56 El Salvador	2	2	81	75	1	2	16	21	6	*7*
57 Botsuana[b]	..	..	..	..	..	..	..	..	..	..
58 Jamaika	28	15	41	19	0	4	31	63	4	..
59 Kamerun	17	50	77	44	3	1	2	5	0	..
60 Guatemala	0	2	86	66	1	1	13	30	4	..
61 Kongo, VR	5	64	32	17	2	1	61	18	..	..
62 Paraguay	0	0	92	81	0	0	8	19	0	*0*
63 Peru	45	60	54	18	0	3	1	20	0	..
64 Türkei	9	11	89	33	0	5	2	51	1	29
65 Tunesien	31	27	51	13	0	5	19	55	2	28
66 Ecuador	2	54	96	43	0	1	2	2	1	0
67 Mauritius	0	0	100	58	0	2	0	39	0	..
68 Kolumbien	18	12	75	70	0	1	6	17	2	*3*
* Angaben für Taiwan (China)	2	2	57	7	4	29	37	62	5	18

Anmerkung: Zur Vergleichbarkeit der Daten und ihrer Abgrenzung vgl. Technische Erläuterungen. Kursive Zahlen gelten für andere als die angegebenen Jahre.

	Anteil an der Warenausfuhr in %									
	Brennstoffe, Mineralien und Metalle		Sonstige Rohstoffe		Maschinenbau, Elektrotechnik, Fahrzeuge		Übriges Verarbeitendes Gewerbe		(Textilien und Bekleidung)[a]	
	1965	1986	1965	1986	1965	1986	1965	1986	1965	1986
69 Chile	89	66	7	25	1	3	4	6	0	0
70 Costa Rica	0	1	84	63	1	6	15	30	2	..
71 Jordanien	27	21	54	20	11	10	7	49	1	2
72 Syrien, Arab. Rep.	7	49	83	23	1	3	9	25	7	..
73 Libanon	14	3	52	32	14	10	19	55	2	..
Obere Einkommenskategorie	39 w	25 w	39 w	16 w	3 w	19 w	19 w	38 w	6 w	12 w
74 Brasilien	9	19	83	41	2	15	7	26	1	3
75 Malaysia	35	26	59	38	2	26	4	10	0	..
76 Südafrika[b]	24	40	44	21	3	3	29	36	1	..
77 Mexiko	22	49	62	21	1	18	15	12	3	2
78 Uruguay	0	0	95	58	0	2	5	40	2	14
79 Ungarn	5	7	25	23	32	35	37	35	9	6
80 Polen	..	20	..	12	..	35	..	33	..	5
81 Portugal	4	5	34	16	3	16	58	64	24	31
82 Jugoslawien	11	7	33	12	24	34	33	47	8	9
83 Panama	35	10	63	77	0	0	2	13	1	4
84 Argentinien	1	4	93	73	1	6	5	16	0	2
85 Korea, Rep.	15	3	25	6	3	33	56	58	27	25
86 Algerien	58	97	38	1	2	0	2	2	0	0
87 Venezuela	97	90	1	1	0	3	2	6	0	..
88 Gabun	50	65	39	22	1	3	10	10	0	..
89 Griechenland	8	14	78	35	2	3	11	48	3	29
90 Oman	90	92	10	7	0	0	0	1	..	0
91 Trinidad u. Tobago	84	64	9	4	0	9	7	23	0	0
92 Israel	6	2	28	11	2	20	63	67	9	6
93 Hongkong	2	2	11	6	6	21	81	71	43	35
94 Singapur	21	21	44	12	11	38	24	30	6	5
95 Iran, Islam. Rep.	88	..	8	..	0	..	4	..	4	..
96 Irak	95	..	4	..	0	..	1	..	0	..
97 Rumänien	..	..	..	..	..	..	..	..	..	..
Entwicklungsländer	27 w	26 w	51 w	22 w	2 w	14 w	18 w	37 w	6 w	11 w
Ölexporteure	58 w	72 w	35 w	12 w	1 w	4 w	6 w	9 w	..	..
Exporteure von Industrieprodukten	9 w	8 w	45 w	14 w	6 w	25 w	41 w	54 w	15 w	17 w
Hochverschuldete Länder	38 w	36 w	51 w	32 w	3 w	11 w	8 w	21 w	1 w	..
Afrika südl. der Sahara	33 w	48 w	59 w	40 w	1 w	1 w	7 w	10 w	0 w	.. w
Ölexporteure mit hohem Einkommen	98 w	88 w	1 w	1 w	1 w	3 w	1 w	8 w	..	..
98 Saudi-Arabien	98	90	1	1	1	4	1	5	0	..
99 Kuwait	98	87	1	1	1	4	0	7	0	..
100 Vereinigte Arab. Emirate	99	78	1	4	0	1	0	18	..	..
101 Libyen	99	99	1	1	1	0	0	0	0	..
Marktwirtschaftliche Industrieländer	9 w	8 w	22 w	12 w	32 w	42 w	37 w	37 w	6 w	4 w
102 Spanien	9	9	51	19	10	31	29	42	6	4
103 Irland	3	2	63	28	5	31	29	39	7	5
104 Neuseeland	1	6	94	68	0	6	5	21	0	3
105 Italien	8	4	14	8	30	34	47	54	15	14
106 Großbritannien	7	15	10	9	41	36	41	40	7	4
107 Belgien[c]	13	9	11	12	20	26	55	54	12	7
108 Österreich	8	5	16	8	20	32	55	55	12	9
109 Niederlande	12	18	32	25	21	19	35	38	9	4
110 Frankreich	8	5	21	19	26	35	45	41	10	5
111 Australien	13	40	73	39	5	6	10	16	1	1
112 Deutschland, Bundesrep.	7	4	5	6	46	48	42	41	5	5
113 Finnland	3	5	40	14	12	28	45	53	2	5
114 Dänemark	2	4	55	36	22	25	21	35	4	5
115 Japan	2	1	7	1	31	64	60	34	17	3
116 Schweden	9	6	23	10	35	44	33	40	2	2
117 Kanada	28	18	35	18	15	42	22	22	1	1
118 Norwegen	21	53	28	10	17	18	34	20	2	1
119 Vereinigte Staaten	8	7	27	17	37	48	28	28	3	2
120 Schweiz	3	3	7	4	30	35	60	59	10	6
Nichtberichtende Nicht-Mitgliedsländer	..	..	..	..	..	..	..	..	..	..
121 Albanien	..	..	..	..	..	..	..	..	..	..
122 Angola	6	..	76	..	1	..	17	..	0	..
123 Bulgarien	..	..	..	..	..	..	..	..	..	..
124 Kuba	4	..	92	..	0	..	4	..	0	..
125 Tschechoslowakei	..	..	..	..	..	..	..	..	..	..
126 Deutsche Dem. Rep.	..	..	..	..	..	..	..	..	..	..
127 Korea, Dem. Rep.	..	..	..	..	..	..	..	..	..	..
128 Mongolei	..	..	..	..	..	..	..	..	..	..
129 Sowjetunion	..	..	..	..	..	..	..	..	..	..

[a] *Textilien und Bekleidung* sind eine Untergruppe des *Übrigen Verarbeitenden Gewerbes*. [b] Angaben für die Südafrikanische Zollunion, der Südafrika, Namibia, Lesotho, Botsuana und Swasiland angehören; der Handel zwischen diesen Teilgebieten ist in den Angaben nicht enthalten. [c] Einschließlich Luxemburg.

Tabelle 13: Struktur der Wareneinfuhr

Anteil an der Wareneinfuhr in %

	Nahrungs-mittel		Brennstoffe		Sonstige Rohstoffe		Maschinenbau, Elektrotechnik, Fahrzeuge		Übriges Verarbeitendes Gewerbe	
	1965	1986	1965	1986	1965	1986	1965	1986	1965	1986
Länder mit niedrigem Einkommen	..	10 w	..	6 w	..	6 w	..	30 w	..	48 w
China und Indien	..	18 w	..	5 w	..	6 w	..	29 w	..	53 w
Übrige Länder	19 w	14 w	6 w	10 w	5 w	4 w	29 w	32 w	44 w	38 w
1 Äthiopien	6	22	6	15	6	3	37	32	44	28
2 Bhutan	..	..	..	..	..	..	..	..	..	..
3 Burkina Faso	23	20	4	2	14	5	19	33	40	41
4 Nepal	22	10	5	11	14	6	37	22	22	51
5 Bangladesch	..	27	..	6	..	11	..	19	..	37
6 Malawi	15	7	5	7	3	3	21	34	57	50
7 Zaire	18	16	7	3	5	4	33	36	37	41
8 Mali	20	13	6	12	5	2	23	46	47	28
9 Birma	15	6	4	1	5	2	18	43	58	48
10 Mosambik	17	..	8	..	7	..	24	..	45	..
11 Madagaskar	19	13	5	15	2	2	25	29	48	41
12 Uganda	7	6	1	7	3	2	38	46	51	38
13 Burundi	16	12	6	5	9	4	15	23	55	56
14 Tansania	..	4	..	16	..	2	..	30	..	48
15 Togo	15	23	3	8	5	6	31	45	45	17
16 Niger	12	18	6	4	6	11	21	32	55	35
17 Benin	18	16	6	24	7	2	17	17	53	40
18 Somalia	31	15	5	2	8	5	24	47	33	32
19 Zentralafrikanische Rep.	13	16	7	1	2	3	29	38	49	41
20 Indien	22	10	5	14	14	10	37	22	22	44
21 Ruanda	12	12	7	10	5	8	28	32	49	38
22 China*	..	7	..	1	..	5	..	31	..	56
23 Kenia	10	9	11	15	3	3	34	39	42	34
24 Sambia	9	4	10	12	3	1	33	40	45	42
25 Sierra Leone	17	32	9	10	3	4	30	28	41	26
26 Sudan	23	21	5	9	4	3	21	30	47	37
27 Haiti	25	15	6	3	6	2	14	27	48	53
28 Pakistan	20	18	3	14	5	7	38	32	34	29
29 Lesotho[a]	..	..	..	..	..	..	..	..	..	..
30 Ghana	12	7	4	16	3	3	33	36	48	38
31 Sri Lanka	41	16	8	14	4	2	12	29	34	39
32 Mauretanien	9	25	4	7	1	2	56	39	30	27
33 Senegal	36	20	6	16	4	2	15	28	38	34
34 *Afghanistan*	17	10	4	1	1	1	8	24	69	63
35 *Tschad*	13	*17*	20	*1*	3	*2*	21	*32*	42	*47*
36 *Guinea*	..	12	..	29	..	3	..	25	..	31
37 *Kamputschea, Dem.*	6	..	7	..	2	..	26	..	58	..
38 *Laos, Dem. VR*	32	..	14	..	1	..	19	..	34	..
39 *Vietnam*	..	..	..	..	..	..	..	..	..	..
Länder mit mittlerem Einkommen	15 w	10 w	8 w	11 w	10 w	7 w	28 w	33 w	36 w	43 w
Untere Einkommenskategorie	16 w	11 w	7 w	11 w	6 w	5 w	30 w	33 w	40 w	40 w
40 Liberia	16	21	8	17	3	3	34	30	39	30
41 Jemen, Dem. VR	19	11	40	55	5	2	10	17	26	15
42 Indonesien	6	4	3	14	2	4	39	39	50	38
43 Jemen, Arab. Rep.	40	26	6	1	6	2	26	32	21	39
44 Philippinen	20	8	10	15	7	5	33	22	30	51
45 Marokko	36	17	5	14	10	14	18	26	31	29
46 Bolivien	19	10	1	1	3	2	35	49	42	39
47 Simbabwe	13	12	8	6	3	2	31	36	46	43
48 Nigeria	9	11	6	3	3	3	34	35	48	49
49 Dominikanische Rep.	23	15	10	14	4	4	24	27	40	40
50 Papua-Neuguinea	23	20	5	9	3	1	25	34	45	36
51 Côte d'Ivoire	18	15	6	7	3	3	28	34	46	41
52 Honduras	11	*10*	6	*17*	1	*1*	26	*21*	56	*51*
53 Ägypten, Arab. Rep.	26	22	7	4	12	6	23	29	31	40
54 Nicaragua	12	14	5	9	2	1	30	21	51	54
55 Thailand	6	5	9	12	6	8	31	34	49	40
56 El Salvador	15	15	5	6	4	4	28	20	48	56
57 Botsuana[a]	..	..	..	..	..	..	..	..	..	..
58 Jamaika	20	18	9	14	5	4	23	20	43	44
59 Kamerun	11	11	5	1	4	2	28	37	51	49
60 Guatemala	11	7	7	12	2	3	29	27	50	51
61 Kongo, VR	15	19	6	6	1	3	34	27	44	45
62 Paraguay	14	9	14	18	2	7	37	39	33	27
63 Peru	17	13	3	1	5	3	41	48	34	36
64 Türkei	6	4	10	18	10	8	37	34	37	35
65 Tunesien	16	14	6	7	7	12	31	26	41	42
66 Ecuador	10	5	9	2	4	3	33	52	44	38
67 Mauritius	34	23	5	6	3	4	16	20	43	47
68 Kolumbien	8	8	1	6	10	6	45	40	35	41
* Angaben für Taiwan (China)	13	8	5	12	24	15	29	32	29	33

Anmerkung: Zur Vergleichbarkeit der Daten und ihrer Abgrenzung vgl. Technische Erläuterungen. Kursive Zahlen gelten für andere als die angegebenen Jahre.

	Anteil an der Wareneinfuhr in %									
	Nahrungs-mittel		Brennstoffe		Sonstige Rohstoffe		Maschinenbau, Elektrotechnik, Fahrzeuge		Übriges Verarbeitendes Gewerbe	
	1965	1986	1965	1986	1965	1986	1965	1986	1965	1986
69 Chile	20	12	6	9	10	3	35	40	30	37
70 Costa Rica	9	7	5	8	2	3	29	29	54	53
71 Jordanien	28	22	6	13	6	4	18	25	42	36
72 Syrien, Arab. Rep.	22	12	10	23	9	4	16	26	43	36
73 Libanon	26	..	8	..	8	..	15	..	43	..
Obere Einkommenskategorie	15 w	10 w	8 w	14 w	12 w	8 w	29 w	32 w	36 w	36 w
74 Brasilien	20	15	21	27	9	7	22	25	28	26
75 Malaysia	25	10	12	5	10	4	22	51	32	30
76 Südafrika[a]	5	3	5	0	11	4	42	43	37	50
77 Mexiko	5	11	2	1	10	8	50	47	33	34
78 Uruguay	7	3	17	21	16	8	24	35	36	32
79 Ungarn	12	8	11	20	22	10	27	28	28	34
80 Polen	..	10	..	21	..	9	..	32	..	28
81 Portugal	16	13	8	15	19	9	27	29	30	33
82 Jugoslawien	16	7	6	22	19	12	28	28	32	31
83 Panama	11	10	21	17	2	1	21	26	45	46
84 Argentinien	6	7	10	9	21	10	25	31	38	41
85 Korea, Rep.	15	6	7	16	26	15	13	34	38	30
86 Algerien	26	22	0	1	6	5	15	32	52	41
87 Venezuela	12	14	1	0	5	4	44	45	39	36
88 Gabun	16	21	5	1	2	3	38	37	40	38
89 Griechenland	15	16	8	17	11	8	35	25	30	34
90 Oman	27	15	19	1	4	3	15	42	34	39
91 Trinidad u. Tobago	11	17	50	3	2	5	16	37	22	38
92 Israel	16	9	6	7	12	5	28	34	38	44
93 Hongkong	25	9	3	3	13	6	13	23	46	59
94 Singapur	23	9	13	20	19	5	14	37	30	30
95 Iran, Islam. Rep.	16	..	0	..	6	..	36	..	42	..
96 Irak	24	..	0	..	7	..	25	..	44	..
97 Rumänien	..	..	..	..	..	..	..	..	..	..
Entwicklungsländer	17 w	10 w	7 w	10 w	10 w	7 w	29 w	32 w	36 w	41 w
Ölexporteure	14 w	13 w	6 w	5 w	6 w	5 w	34 w	41 w	40 w	39 w
Exporteure von Industrieprodukten	22 w	9 w	7 w	11 w	17 w	9 w	23 w	30 w	31 w	42 w
Hochverschuldete Länder	14 w	11 w	7 w	11 w	10 w	7 w	34 w	35 w	35 w	35 w
Afrika südlich der Sahara	15 w	12 w	6 w	7 w	4 w	3 w	30 w	34 w	45 w	42 w
Ölexporteure mit hohem Einkommen	20 w	15 w	2 w	2 w	5 w	2 w	32 w	35 w	40 w	45 w
98 Saudi-Arabien	29	17	1	1	5	2	27	34	38	46
99 Kuwait	21	17	1	0	7	3	33	38	39	41
100 Vereinigte Arab. Emirate	15	11	3	7	7	3	34	37	41	42
101 Libyen	13	15	4	1	3	2	36	33	43	49
Marktwirtschaftliche Industrieländer	19 w	10 w	11 w	12 w	19 w	7 w	19 w	33 w	31 w	37 w
102 Spanien	19	12	10	19	16	11	27	29	28	29
103 Irland	18	13	8	8	10	5	25	31	39	43
104 Neuseeland	7	6	7	9	10	4	33	39	43	43
105 Italien	24	14	16	17	24	11	15	25	21	32
106 Großbritannien	30	12	11	7	25	8	11	33	23	39
107 Belgien[b]	14	11	9	11	21	9	24	28	32	41
108 Österreich	14	6	7	9	13	8	31	34	35	43
109 Niederlande	15	14	10	12	13	6	25	28	37	40
110 Frankreich	19	11	15	13	18	7	20	29	27	40
111 Australien	5	5	8	5	10	4	37	43	41	44
112 Deutschland, Bundesrep.	22	12	8	12	21	9	13	26	35	41
113 Finnland	10	6	10	15	12	7	35	36	34	36
114 Dänemark	14	11	11	9	11	6	25	31	39	42
115 Japan	22	17	20	31	38	17	9	11	11	24
116 Schweden	12	7	11	11	12	7	30	36	36	39
117 Kanada	10	6	7	5	9	5	40	56	34	29
118 Norwegen	10	6	7	6	12	6	38	40	32	42
119 Vereinigte Staaten	19	7	10	10	20	5	14	42	36	36
120 Schweiz	16	7	6	6	11	6	24	30	43	51
Nichtberichtende Nicht-Mitgliedsländer	..	..	..	..	..	..	..	..	..	..
121 Albanien	..	..	..	..	..	..	..	..	..	..
122 Angola	18	..	2	..	2	..	24	..	54	..
123 Bulgarien	..	..	..	..	..	..	..	..	..	..
124 Kuba	29	..	10	..	3	..	15	..	43	..
125 Tschechoslowakei	..	..	..	..	..	..	..	..	..	..
126 Deutsche Dem. Rep.	..	..	..	..	..	..	..	..	..	..
127 Korea, Dem. Rep.	..	..	..	..	..	..	..	..	..	..
128 Mongolei	..	..	..	..	..	..	..	..	..	..
129 Sowjetunion	..	..	..	..	..	..	..	..	..	..

[a] Angaben für die Südafrikanische Zollunion, der Südafrika, Namibia, Lesotho, Botsuana und Swasiland angehören; der Handel zwischen diesen Teilgebieten ist in den Angaben nicht enthalten.
[b] Einschließlich Luxemburg.

Tabelle 14: Regionale Exportstruktur für Industrieprodukte

	Ausfuhr von Industrieprodukte (in Mio $)		Bestimmungsland der Industrieprodukte (in % der Gesamtausfuhr)							
			Marktwirtschaftliche Industrieländer		Nichtberichtende Nicht-Mitgliedsländer		Ölexportländer mit hohem Einkommen		Entwicklungsländer[a]	
Ursprungsland	1965	1986	1965	1986	1965	1986	1965	1986	1965	1986
Länder mit niedrigem Einkommen	2.420 w	32.785 w	56 w	45 w	9 w	3 w	2 w	4 w	33 w	48 w
China und Indien	1.850 w	27.576 w	55 w	39 w	11 w	5 w	2 w	3 w	32 w	53 w
Übrige Länder	537 w	4.939 w	58 w	66 w	4 w	4 w	2 w	8 w	37 w	22 w
1 Äthiopien	0	3	67	63	0	21	20	3	13	13
2 Bhutan	..	..	..	..	..	..	..	..	..	..
3 Burkina Faso	1	18	2	34	0	0	0	0	98	66
4 Nepal	13	95	..	65	..	7	..	0	..	28
5 Bangladesch	..	636	..	67	..	4	..	1	..	28
6 Malawi	0	39	3	39	0	0	0	0	97	61
7 Zaire	28	88	93	22	0	0	0	0	7	78
8 Mali	0	57	14	11	8	0	0	0	78	89
9 Birma	1	38	73	43	1	0	0	7	26	51
10 Mosambik	3	..	27	2	5	0	0	9	68	89
11 Madagaskar	5	41	80	82	0	5	0	0	20	13
12 Uganda	1	1	7	81	0	0	0	1	93	18
13 Burundi	1	19	0	28	0	0	0	0	99	72
14 Tansania	23	58	94	36	0	2	0	1	7	12
15 Togo	1	52	37	11	0	1	0	0	62	89
16 Niger	1	7	43	..	0	..	0	..	57	..
17 Benin	1	20	15	82	0	0	0	1	85	18
18 Somalia	4	1	21	65	0	0	2	0	77	33
19 Zentralafrikanische Rep.	14	47	60	9	0	0	0	7	40	93
20 Indien	828	7.234	55	59	11	10	2	0	32	24
21 Ruanda	0	1	95	93	0	0	0	0	5	7
22 China*	1.021	19.997	..	32	..	3	..	2	..	62
23 Kenia	13	192	23	8	0	0	2	1	75	91
24 Sambia	1	21	14	67	0	0	0	1	86	32
25 Sierra Leone	53	72	99	99	0	0	0	0	1	1
26 Sudan	2	32	78	..	0	..	2	..	20	..
27 Haiti	9	236	..	99	..	0	..	0	..	1
28 Pakistan	190	2.285	40	65	7	4	2	11	52	19
29 Lesotho[b]	..	..	..	..	..	..	..	..	..	..
30 Ghana	7	22	60	40	10	0	0	1	29	60
31 Sri Lanka	5	505	59	89	5	0	0	1	36	10
32 Mauretanien	1	9	61	34	0	0	0	0	39	66
33 Senegal	4	185	48	..	0	..	0	..	52	..
34 *Afghanistan*	11	40	98	..	0	..	0	..	2	..
35 *Tschad*	1	..	6	11	0	0	25	0	69	89
36 *Guinea*	..	..	..	44	..	0	..	3	..	53
37 *Kamputschea, Dem.*	1	..	28	..	1	..	0	..	71	..
38 *Laos, Dem. VR*	0	..	13	..	0	..	0	..	87	..
39 *Vietnam*	..	..	..	..	..	..	..	..	..	..
Länder mit mittlerem Einkommen	5.475 w	180.631 w	45 w	60 w	22 w	7 w	1 w	3 w	33 w	31 w
Untere Einkommenskategorie	714 w	23.336 w	38 w	55 w	10 w	2 w	6 w	6 w	36 w	37 w
40 Liberia	4	6	77	60	0	0	0	1	23	39
41 Jemen, Dem. VR	11	3	32	33	0	4	6	2	62	61
42 Indonesien	27	2.961	25	50	2	0	0	4	73	46
43 Jemen, Arab. Rep.	0	..	..	70	..	0	..	23	..	7
44 Philippinen	43	2.808	93	74	0	0	0	1	7	25
45 Marokko	23	1.057	63	53	5	5	0	5	32	36
46 Bolivien	6	11	86	53	0	0	0	0	14	47
47 Simbabwe	116	365	12	78	2	0	0	0	86	22
48 Nigeria	17	99	85	64	0	0	0	0	15	36
49 Dominikanische Rep.	3	208	95	87	0	0	0	0	5	13
50 Papua-Neuguinea	5	6	100	85	0	0	0	0	0	15
51 Côte d'Ivoire	15	289	50	32	0	0	0	0	50	68
52 Honduras	6	91	2	28	0	0	0	0	98	72
53 Ägypten, Arab. Rep.	126	588	20	46	44	30	4	4	32	21
54 Nicaragua	8	37	4	38	0	0	0	0	96	62
55 Thailand	30	3.944	39	60	0	0	0	8	61	32
56 El Salvador	32	170	1	87	0	0	0	0	99	13
57 Botsuana[b]	..	..	..	..	..	..	..	..	..	..
58 Jamaika	64	394	93	38	0	0	0	..	7	62
59 Kamerun	6	121	46	47	0	0	0	0	54	52
60 Guatemala	26	366	9	7	0	0	0	0	91	93
61 Kongo, VR	24	134	88	39	1	0	0	0	11	61
62 Paraguay	5	44	93	68	0	0	0	0	7	32
63 Peru	5	573	51	72	0	0	0	0	49	27
64 Türkei	11	4.352	83	57	1	2	0	5	15	35
65 Tunesien	23	1.060	19	70	3	3	5	1	73	26
66 Ecuador	3	68	25	30	0	0	0	0	75	70
67 Mauritius	0	277	16	89	0	0	0	0	84	11
68 Kolumbien	35	902	43	52	0	1	0	0	57	47
* Angaben für Taiwan (China)	187	35.943	47	78	0	0	1	3	52	19

Anmerkung: Zur Vergleichbarkeit der Daten und ihrer Abgrenzung vgl. Technische Erläuterungen. Kursive Zahlen gelten für die Jahre 1983, 1984 und 1985.

	Ausfuhr von Industrieprodukten (in Mio $)		Bestimmungsland der Industrieprodukte (in % der Gesamtausfuhr)							
			Marktwirtschaftliche Industrieländer		Nichtberichtende Nicht-Mitgliedsländer		Ölexportländer mit hohem Einkommen		Entwicklungsländer[a]	
Ursprungsland	1965	1986	1965	1986	1965	1986	1965	1986	1965	1986
69 Chile	28	385	38	40	0	..	..	0	62	60
70 Costa Rica	18	404	6	..	0	..	0	..	94	..
71 Jordanien	5	298	49	16	0	0	23	22	28	61
72 Syrien, Arab. Rep.	16	378	5	5	12	66	25	6	59	23
73 Libanon	29	328	19	..	1	..	61	..	19	..
Obere Einkommenskategorie	4.878 w	161.213 w	46 w	60 w	23 w	8 w	1 w	3 w	31 w	30 w
74 Brasilien	134	9.068	40	56	1	1	0	1	59	42
75 Malaysia	75	4.974	17	69	0	0	2	2	81	29
76 Südafrika	44	7.122	94	..	0	..	0	..	6	..
77 Mexiko	165	4.859	71	90	0	1	0	0	29	9
78 Uruguay	10	385	71	51	5	2	0	0	24	47
79 Ungarn	1.053	6.450	11	23	65	53	0	2	24	22
80 Polen	..	8.188	..	19	..	42	..	2	..	37
81 Portugal	355	5.707	59	91	18	2	0	0	23	7
82 Jugoslawien	617	8.320	24	30	41	44	1	2	35	24
83 Panama	1	49	7	..	0	..	0	..	93	..
84 Argentinien	84	1.804	45	37	1	5	0	0	54	58
85 Korea, Rep.	104	31.931	68	75	0	0	0	5	32	20
86 Algerien	24	147	50	64	2	3	1	0	48	33
87 Venezuela	51	775	59	..	0	..	0	..	41	..
88 Gabun	10	140	72	..	0	..	0	..	28	..
89 Griechenland	44	3.048	56	75	6	2	9	5	29	18
90 Oman	0	201	..	30	..	0	..	51	..	19
91 Trinidad u. Tobago	28	340	78	78	0	0	0	0	22	22
92 Israel	281	6.052	67	71	1	0	0	0	31	29
93 Hongkong	995	32.645	71	60	0	0	1	2	28	38
94 Singapur	338	14.672	9	55	0	1	3	4	88	40
95 Iran, Islam. Rep.	58	..	61	..	0	..	10	..	28	..
96 Irak	8	..	24	..	1	..	13	..	63	..
97 Rumänien	..	..	..	..	..	..	..	..	..	..
Entwicklungsländer	7.984 w	214.337 w	47 w	56 w	19 w	7 w	2 w	3 w	32 w	32
Ölexporteure	610 w	11.240 w	52 w	..	11 w	.. w	3 w	.. w	34 w	..
Exporteure von Industrieprodukten	6.083 w	177.532 w	42 w	54 w	24 w	8 w	1 w	2 w	34 w	33
Hochverschuldete Länder	1.318 w	32.115 w	43 w	..	20 w	..	0 w	..	38 w	..
Afrika südlich der Sahara	366 w	3.160 w	55 w	34 w	1 w	0 w	0 w	0 w	44 w	57 w
Ölexporteure mit hohem Einkommen	115 w	4.498 w	30 w	..	0 w	..	21 w	..	49 w	..
98 Saudi-Arabien	19	1.818	31	..	0	..	17	..	52	..
99 Kuwait	17	849	18	..	0	..	33	..	49	..
100 Vereinigte Arab. Emirate	0	1.831	..	..	..	..	..	..	..	..
101 Libyen	7	0	57	..	0	..	0	..	43	..
Marktwirtschaftliche Industrieländer	86.373 w	1.151.136 w	67 w	74	2 w	2 w	1 w	2 w	30 w	22 w
102 Spanien	382	19.4742	57	71	9	3	0	2	34	24
103 Irland	203	8.773	82	94	0	0	0	1	17	5
104 Neuseeland	53	1.595	90	73	0	0	0	0	10	26
105 Italien	5.587	85.724	68	75	3	3	2	3	27	19
106 Großbritannien	11.346	80.544	6	72	2	1	1	5	36	22
107 Belgien	4.823	54.342	86	85	1	1	0	1	13	13
108 Österreich	1.204	19.622	67	77	12	6	0	1	21	15
109 Niederlande	3.586	46.197	81	85	2	1	1	1	17	12
110 Frankreich	7.139	90.495	64	72	2	2	1	2	33	24
111 Australien	432	4.784	57	48	0	0	0	1	43	51
112 Deutschland, Bundesrep.	15.764	217.471	76	78	2	3	1	1	22	17
113 Finnland	815	13.188	63	66	23	24	0	1	14	10
114 Dänemark	967	12.334	79	80	3	2	0	1	17	17
115 Japan	7.704	203.896	47	62	3	2	2	3	49	33
116 Schweden	2.685	31.196	82	85	3	2	0	1	15	12
117 Kanada	2.973	53.509	88	94	0	0	0	0	12	6
118 Norwegen	734	6.825	78	69	2	1	0	1	20	30
119 Vereinigte Staaten	17.833	162.838	58	63	0	0	1	2	40	35
120 Schweiz	2.646	34.997	75	75	2	2	1	2	22	20
Nichtberichtende Nicht-Mitgliedsländer	..	..	..	..	..	..	..	..	..	..
121 Albanien	..	..	..	..	..	..	..	..	..	..
122 Angola	36	..	3	..	0	..	0	..	97	..
123 Bulgarien	..	..	..	..	..	..	..	..	..	..
124 Kuba	27	..	27	..	68	..	0	..	5	..
125 Tschechoslowakei	..	..	..	..	..	..	..	..	..	..
126 Deutsche Dem. Rep.	..	..	..	..	..	..	..	..	..	..
127 Korea, Dem. Rep.	..	..	..	..	..	..	..	..	..	..
128 Mongolei	..	..	..	..	..	..	..	..	..	..
129 Sowjetunion	..	..	..	..	..	..	..	..	..	..

[a] Einschließlich nichtzurechenbarer Daten. [b] Angaben für die Südafrikanische Zollunion, der Südafrika, Namibia, Lesotho, Botsuana und Swasiland angehören; der Handel zwischen diesen Teilgebieten ist in den Angaben nicht enthalten. [c] Einschließlich Luxemburg.

Tabelle 15: Zahlungsbilanzen und Reserven

	Leistungs-bilanz-saldo (in Mio $)		Externer Finan-zierungsbedarf (in Mio $)		Einnahmen aus Gastarbeiter-überweisungen (in Mio $)		Private Netto-direkt-investitionen (in Mio $)		Bruttowährungsreserven In Mio $		Einfuhr-deckung in Monaten
	1970	1986	1970	1986	1970	1986	1970	1986	1970	1986	1986
Länder mit niedrigem Einkommen									3.223 s	33.624 s	4,2 w
China und Indien									1.023 s	26.898 s	5,5 w
Übrige Länder									2.200 s	67.27 s	2,2 w
1 Äthiopien	−32	5a	−43	−289a	..	..	4	..	72	332	3,6
2 Bhutan	..	..	..	..	..	..	..	..	..	..	..
3 Burkina Faso	9	−124a	−21	−297a	18	150a	0	..	36	238	4,4
4 Nepal	8a	−112	−16a	−182	..	..	..	..	94	146	3,2
5 Bangladesch	−114a	−538	−234a	−1.084	..	586	..	2	..	430	1,9
6 Malawi	−35	−57a	−46	−84a	..	..	9	..	29	30	1,0
7 Zaire	−64	−397	−141	−580	2	..	42	5	189	451	2,1
8 Mali	−2	−148	−22	−282	6	45	..	4	1	31	0,7
9 Birma	−63	−210a	−81	−310a	..	..	..	..	98	131	2,0
10 Mosambik	..	−363	..	−576	..	50	..	..	..	..	..
11 Madagaskar	10	−127a	−42	−127a	..	..	10	..	37	115	2,0
12 Uganda	20	0a	19	−25a	..	..	4	0a	57	29	0,6
13 Burundi	2a	−38a	−8a	−86a	..	..	0a	6a	15	76	3,0
14 Tansania	−36	−514	−37	−533	..	5	..	..	65	61	0,7
15 Togo	3	−105	−14	−181	..	9	0	13	35	337	7,0
16 Niger	0	−6	−32	−154	..	..	0	..	19	193	4,8
17 Benin	−1	−125a	−21	−151a	2	35a	7	..	16	8	0,3
18 Somalia	−6	−87	−18	−347	..	..	5	0	21	20	0,5
19 Zentralafrikanische Rep.	−12	−86	−24	−188	..	..	1	−1	1	70	2,3
20 Indien	−386a	−3.604a	−592a	−3.874a	113a	2.000a	..	208a	1.023	10.480	6,0
21 Ruanda	7	−69	−12	−186	1	2	0	18	8	162	4,5
22 China*	−81a	−7.034	−81a	−7.158	..	208	..	1.425	..	16.417	5,2
23 Kenia	−49	−42a	−86	−42a	..	..	14	..	220	445	2,5
24 Sambia	108	−302	107	−323	..	..	−297	..	515	71	0,8
25 Sierra Leone	−16	−36	−20	−68	..	..	8	..	39	14	0,7
26 Sudan	−42	−430a	−43	−842a	..	..	..	..	22	59	0,4
27 Haiti	2	−70	−5	−173	17	109	3	5	4	23	0,5
28 Pakistan	−667	−788	−705	−1.286	86	2.632	13	159	195	1.465	2,2
29 Lesotho	19a	−9	0a	−64	29a	..	..	4	..	60	1,8
30 Ghana	−68	−43	−76	−166	..	1	68	4	43	624	7,1
31 Sri Lanka	−59	−417	−71	−592	3	324	0	29	43	377	1,8
32 Mauretanien	−5	−185	−13	−300	1	2	1	3	3	52	0,9
33 Senegal	−16	−284a	−66	−284a	3	..	5	−2a	22	21	0,2
34 *Afghanistan*	..	−556	..	−748	..	..	..	..	49	636	5,6
35 *Tschad*	2	−64	−33	−253	..	1	1	31	2	20	0,6
36 *Guinea*	..	−40	..	−40	..	..	..	..	..	..	..
37 *Kamputschea, Dem.*	..	..	..	..	..	..	..	..	..	..	..
38 *Laos, Dem. VR*	..	..	..	..	..	..	..	..	6	..	..
39 *Vietnam*	..	..	..	..	..	..	..	..	243	..	..
Länder mit mittlerem Einkommen									15.738 s	126.940 s	3,3 w
Untere Einkommenskategorie									4.927 s	39.263 s	3,0 w
40 Liberia	−16a	51	−27a	−11	..	..	28a	−6	..	3	0,1
41 Jemen, Dem. VR	−4	−190	−4	−208	60	283	..	..	59	154	3,0
42 Indonesien	−310	−4.004	−376	−4.099	..	71	83	258	160	5.265	3,1
43 Jemen, Arab. Rep.	−34a	−126	−52a	−326	45a	566	..	5	..	432	5,1
44 Philippinen	−48	996	−138	790	..	163	−29	127	255	2.611	3,9
45 Marokko	−124	−210	−161	−370	63	1.395	20	1	142	487	1,1
46 Bolivien	4	−400a	2	−482a	..	0	−76	10a	46	492	5,4
47 Simbabwe	−14a	−42a	−13a	−91a	..	..	..	..	59	316	2,4
48 Nigeria	−368	370	−412	375	..	..	205	195	224	1.350	2,5
49 Dominikanische Rep.	−102	−119	−103	−148	25	241	72	50	32	383	2,5
50 Papua-Neuguinea	−89a	−141	−239a	−353	..	..	..	91	..	450	3,7
51 Côte d'Ivoire	−38	−110a	−73	−110a	..	..	31	29	119	37	0,2
52 Honduras	−64	−155	−68	−271	..	..	8	30	20	118	1,1
53 Ägypten, Arab. Rep.	−148	−6.373a	−452	−6.742a	29	2.600a	..	1.208a	165	1.780	1,2
54 Nicaragua	−40	−742a	−43	−823a	..	..	15	..	49	..	..
55 Thailand	−250	249	−296	88	..	..	43	262	911	3.777	3,8
56 El Salvador	9	39a	7	−223a	..	126	4	12	64	353	3,0
57 Botsuana	−31	169	−37	68	..	..	6	90	..	1.198	15,0
58 Jamaika	−153	0a	−149	0a	29	92	161	2a	139	98	0,7
59 Kamerun	−30	59a	−47	59a	..	10	16	50a	81	71	0,3
60 Guatemala	−8	−11	−8	−36	..	..	29	67	79	566	5,3
61 Kongo, VR	−45a	−595	−53a	−659	1a	..	30a	22	9	11	0,1
62 Paraguay	−16	−359	−19	−369	..	0	4	32	18	460	4,5
63 Peru	202	−1.055	146	−1.151	..	..	−70	22	339	2.265	6,0
64 Türkei	−44	−1.528	−57	−1.774	273	1.634	58	125	440	2.966	2,5
65 Tunesien	−53	−657a	−88	−698a	29	320a	16	159a	60	378	1,2
66 Ecuador	−113	−613	−122	−658	..	..	89	70	76	806	3,0
67 Mauritius	8	99	5	79	..	..	2	7	46	151	2,2
68 Kolumbien	−293	423	−333	413	6	175	39	673	207	3.481	6,1
* Angaben für Taiwan (China)	1	16.217	2	16.210	..	..	61	260	627	48.489	19,6

Anmerkung: Zur Vergleichbarkeit der Daten und ihrer Abgrenzung vgl. Technische Erläuterungen. Kursive Zahlen gelten für andere als die angegebenen Jahre.

	Leistungs-bilanz-saldo (in Mio $)		Externer Finanzierungsbedarf (in Mio $)		Einnahmen aus Gastarbeiter-überweisungen (in Mio $)		Private Netto-direkt-investitionen (in Mio $)		Bruttowährungsreserven		
									In Mio $		Einfuhr-deckung in Monaten
	1970	1986	1970	1986	1970	1986	1970	1986	1970	1986	1986
69 Chile	−91	−1.091	−95	−1.135	..	..	−79	57	392	2.949	5,5
70 Costa Rica	−74	−100	−77	−191	..	..	26	62	16	550	4,0
71 Jordanien	−20	−42	−130	−671	..	1.182	..	21	258	854	2,9
72 Syrien, Arab. Rep.	−69	−464[a]	−72	−1.028[a]	7	293	..	..	57	357	0,9
73 *Libanon*	..	..	..	..	..	..	..	..	405	4.093	..
Obere Einkommenskategorie									10.811 s	87.677 s	3.4 w
74 Brasilien	−837	−4.930[a]	−861	−4.930[a]	..	2	407	350[a]	1.190	6.754	2,7
75 Malaysia	8	−295	2	−309	..	..	94	528	667	6.942	5,0
76 Südafrika	−1.215	3.125	−1.253	3.114	..	..	318	−16	1.057	2.254	1,5
77 Mexiko	−1.086	−1.270	−1.098	−1.470	..	..	323	905	756	6.674	3,1
78 Uruguay	−45	91	−55	66	..	..	..	−5	186	1.500	11,8
79 Ungarn	−25	−1.287	−25	−1.287	..	..	..	..	..	3.979	3,9
80 Polen	..	−1.109	..	−1.109	..	..	..	−6	..	882	0,6
81 Portugal	−158[a]	1.121	−158[a]	929	523[a]	2.529	15[a]	239	1.565	9.336	9,6
82 Jugoslawien	−372	1.097	−378	1.099	441	3.721	..	..	143	2.189	1,4
83 Panama	−64	441	−79	320	..	..	33	−4	16	170	0,4
84 Argentinien	−163	−2.864	−160	−2.864	..	..	11	573	682	4.427	4,5
85 Korea, Rep.	−623	4.617	−706	4.606	..	..	66	325	610	3.444	1,1
86 Algerien	−125	−2.224	−163	−2.240	211	309	45	290	352	3.843	3,9
87 Venezuela	−104	−2.011	−98	−1.990	..	..	−23	16	1.047	10.917	10,0
88 Gabun	−3	−958	−15	−980	..	0	−1	114	15	131	0,8
89 Griechenland	−422	−1.676	−424	−3.068	333	942	50	471	318	2.812	2,8
90 Oman	..	−966	..	−966	..	39	..	138	13	1.081	3,6
91 Trinidad u. Tobago	−109	−441	−104	−421	3	0	83	−22	43	495	2,8
92 Israel	−562	1.262	−766	−2.939	..	..	40	−39	452	5.057	3,9
93 Hongkong	225[a]	1.552[a]	225[a]	1.552[a]	..	..	..	282[a]	..	..	..
94 Singapur	−572	478	−585	492	..	..	93	582	1.012	12.939	5,4
95 *Iran, Islam. Rep.*	−507	..	−511	..	..	..	25	..	217	..	..
96 *Irak*	105	..	104	..	..	..	24	..	472	..	..
97 *Rumänien*	..	1.489	..	1.489	..	..	..	..	..	1.851	1,9
Entwicklungsländer									18.961 s	160.565 s	3,5 w
Ölexporteure									3.685 s	32.780 s	3,5 w
Exporteure von Industrieprodukten									5.994 s	73.329 s	3,6 w
Hochverschuldete Länder									5.958 s	47.588 s	3,9 w
Afrika südl. der Sahara									2.020 s	6.787 s	2,1 w
Ölexporteure mit hohem Einkommen									2.475 s	37.664 s	7,2 w
98 Saudi-Arabien	71	−10.360	152	−7.408	..	..	20	964	670	20.120	6,3
99 Kuwait	853[a]	6.160	918[a]	6.342	..	..	..	−288	209	6.494	8,6
100 Vereinigte Arab. Emirate	75[a]	6.486[a]	68[a]	2.616[a]	..	..	4[a]	..	..	3.689	5,7
101 *Libyen*	645	1.890	758	1.890	..	..	139	−316	1.596	7.360	11,1
Marktwirtschaftliche Industrieländer									72.868 s	610.996 s	3,5 w
102 Spanien	79	4.102	79	4.500	469	1.180	179	3.057	1.851	20.548	5,7
103 Irland	−198	−450	−228	−1.859	..	..	32	161	698	3.377	2,4
104 Neuseeland	−232	−1.299	−222	−1.239	40	345	137	101	258	3.780	4,9
105 Italien	902	3.961	1.385	6.948	446	1.205	498	−2.917	5.547	46.049	4,5
106 Großbritannien	1.913	−1.392	2.316	1.825	..	..	−190	−8.378	2.918	25.853	1,5
107 Belgien	717	3.586	904	4.363	154	479	140	−990	2.947	18.900	2,3
108 Österreich	−75	133	−73	178	13	267	104	−41	1.806	14.427	4,5
109 Niederlande	−483	4.686	−511	5.665	..	..	−15	−2.198	3.362	28.368	3,6
110 Frankreich	−204	2.922	18	5.768	130	320	248	−2.116	5.199	63.450	4,2
111 Australien	−777	−9.652	−682	−9.503	..	..	778	−114	1.709	10.347	3,2
112 Deutschland, Bundesrep.	853	37.357	1.899	45.551	..	..	−290	−8.121	13.879	88.941	4,3
113 Finnland	−239	−887	−232	−660	..	..	−41	−419	455	2.535	1,5
114 Dänemark	−544	−4.313	−510	−4.146	..	..	75	..	488	5.601	2,0
115 Japan	1.980	85.831	2.160	87.301	..	..	−260	−14.250	4.876	51.727	3,6
116 Schweden	−265	3.795	−160	4.651	..	..	−104	−2.300	775	8.923	2,6
117 Kanada	1.056	−6.723	739	−6.854	..	..	566	−1.824	4.733	10.961	1,2
118 Norwegen	−242	−4.440	−200	−3.777	..	12	32	−107	813	12.987	4,8
119 Vereinigte Staaten	2.330	−141.460	4.680	−127.450	..	..	−6.130	−3.000	15.237	139.884	3,4
120 Schweiz	72	4.525	114	4.427	..	93	..	383	5.317	54.339	9,5
Nichtberichtende Nicht-Mitgliedsländer									..	..	..
121 *Albanien*	..	..	..	..	..	..	..	..	..	..	..
122 *Angola*	..	..	..	..	..	..	..	..	..	..	..
123 *Bulgarien*	..	..	..	..	..	..	..	..	..	..	..
124 *Kuba*	..	..	..	..	..	..	..	..	..	..	..
125 *Tschechoslowakei*	..	..	..	..	..	..	..	..	..	..	..
126 *Deutsche Dem. Rep.*	..	..	..	..	..	..	..	..	..	..	..
127 *Korea, Dem. Rep.*	..	..	..	..	..	..	..	..	..	..	..
128 *Mongolei*	..	..	..	..	..	..	..	..	..	..	..
129 *Sowjetunion*	..	..	..	..	..	..	..	..	..	..	..

[a] Schätzungen der Weltbank

Tabelle 16: Gesamte Auslandsschulden

	Langfristige Auslandsschulden (in Mio $)				Ausstehende IWF-Kredite (in Mio $)		Kurzfristige Auslands-schulden (in Mio $)		Gesamte Auslandsschulden (in Mio $)	
	Öffentlich und öffentlich garantiert		Privat nicht garantiert							
	1970	1986	1970	1986	1970	1986	1970	1986	1970	1986
Länder mit niedrigem Einkommen										
China und Indien										
Übrige Länder										
1 Äthiopien	169	1.989	0	0	0	66	..	83	..	2.139
2 Bhutan	..	..	..	..	0	0	..	..	..	..
3 Burkina Faso	21	616	0	0	0	0	..	49	..	665
4 Nepal	3	711	0	0	0	15	..	21	..	747
5 Bangladesch	0	7.282	0	0	0	461	..	125	..	7.868
6 Malawi	122	910	0	0	0	124	..	80	..	1.114
7 Zaire	311	5.430	..	..	0	786	..	318	..	
8 Mali	238	1.566	0	0	9	85	..	65	..	1.716
9 Birma	106	3.664	0	0	17	47	..	55	..	3.766
10 Mosambik	..	..	..	..	0	0	..	..	..	..
11 Madagaskar	90	2.635	0	0	0	184	..	80	..	2.899
12 Uganda	138	929	0	0	0	229	..	35	..	1.193
13 Burundi	7	528	0	0	8	0	..	23	..	551
14 Tansania	250	3.650	15	0	0	45	..	260	..	3.955
15 Togo	40	882	0	0	0	81	..	87	..	1.050
16 Niger	32	1.026	..	224	0	88	..	121	..	1.460
17 Benin	41	781	0	0	0	0	..	109	..	890
18 Somalia	77	1.415	0	0	0	145	..	20	..	1.580
19 Zentralafrikanische Rep.	24	393	0	0	0	33	..	27	..	453
20 Indien	8.018	31.913	100	2.598	10	4.274	..	2.303	..	41.088
21 Ruanda	2	412	0	0	3	0	..	27	..	439
22 China	..	17.193	0	0	0	731	..	4.800	..	22.724
23 Kenia	319	3.438	88	263	0	431	..	372	..	4.504
24 Sambia	623	3.575	30	0	0	825	..	900	..	5.300
25 Sierra Leone	60	459	0	0	0	72	..	59	..	590
26 Sudan	307	7.057	0	0	31	740	..	475	..	8.272
27 Haiti	40	585	0	0	2	67	..	46	..	698
28 Pakistan	3.064	11.764	5	30	45	1.036	..	790	..	13.620
29 Lesotho	8	182	0	0	0	0	..	4	..	186
30 Ghana	494	1.413	0	0	46	748	..	224	..	2.385
31 Sri Lanka	317	3.448	..	96	79	286	..	289	..	4.119
32 Mauretanien	27	1.637	0	0	0	36	..	88	..	1.761
33 Senegal	100	2.456	31	15	0	247	..	272	..	2.990
34 *Afghanistan*	..	..	..	..	15	0	..	..	..	..
35 *Tschad*	32	172	0	0	3	9	..	7	..	187
36 *Guinea*	312	1.421	0	0	3	25	..	69	..	1.516
37 *Kamputschea, Dem.*	..	..	..	..	..	..	..	..	..	..
38 *Laos, Dem. VR*	..	..	..	..	..	..	..	..	..	..
39 *Vietnam*	..	..	..	..	..	..	..	..	..	..
Länder mit mittlerem Einkommen										
Untere Einkommenskategorie										
40 Liberia	158	1.002	0	0	4	251	..	50	..	1.303
41 Jemen, Dem. VR	1	1.927	0	0	0	7	..	125	..	2.059
42 Indonesien	2.443	31.901	461	3.828	139	51	..	6.309	..	42.090
43 Jemen, Arab. Rep.	4	2.052	0	0	0	8	..	249	..	2.308
44 Philippinen	625	19.828	919	1.794	69	1.173	..	5.378	..	28.172
45 Marokko	712	14.610	..	..	28	1.026	..	2.189	..	
46 Bolivien	482	3.523	11	555	6	145	..	397	..	4.619
47 Simbabwe	233	1.712	..	46	0	234	..	489	..	2.481
48 Nigeria	452	21.496	115	50	0	0	..	330	..	21.876
49 Dominikanische Rep.	212	2.609	141	146	7	304	..	241	..	3.301
50 Papua-Neuguinea	36	1.147	173	1.095	0	0	..	62	..	2.304
51 Côte d'Ivoire	255	6.500	11	2.955	0	623	..	787	..	10.865
52 Honduras	90	2.342	19	125	0	98	..	298	..	2.863
53 Ägypten, Arab. Rep.	1.713	22.788	0	947	49	31	..	4.790	..	28.556
54 Nicaragua	147	5.343	0	0	8	00	..	1.027	..	6.370
55 Thailand	324	11.023	402	3.108	0	988	..	2.840	..	17.959
56 El Salvador	88	1.463	88	83	7	43	..	90	..	1.680
57 Botsuana	17	355	0	0	0	0	..	3	..	358
58 Jamaika	160	2.993	822	64	0	678	..	147	..	3.882
59 Kamerun	131	2.267	9	505	0	0	..	761	..	3.533
60 Guatemala	106	2.187	14	119	0	70	..	225	..	2.601
61 Kongo, VR	124	2.861	0	0	0	12	..	662	..	3.534
62 Paraguay	112	1.752	0	86	0	0	..	122	..	1.960
63 Peru	856	11.049	1.799	1.337	10	728	..	2.189	..	15.303
64 Türkei	1.843	23.309	42	503	74	1.085	..	6.911	..	31.808
65 Tunesien	541	5.001	0	250	13	183	..	553	..	5.987
66 Ecuador	193	7.919	49	59	14	486	..	490	..	8.953
67 Mauritius	32	427	0	22	0	158	..	38	..	644
68 Kolumbien	1.299	11.437	283	1.585	55	0	..	1.597	..	14.619

Anmerkung: Zur Vergleichbarkeit der Daten und ihrer Abgrenzung vgl. Technische Erläuterungen. Kursive Zahlen gelten für andere als die angegebenen Jahre.

	Langfristige Auslandsschulden (in Mio $)				Ausstehende IWF-Kredite (in Mio $)		Kurzfristige Auslands- schulden (in Mio $)		Gesamte Auslandsschulden (in Mio $)	
	Öffentlich und öffentlich garantiert		Privat nicht garantiert							
	1970	1986	1970	1986	1970	1986	1970	1986	1970	1986
69 Chile	2.067	15.109	501	2.821	2	1.331	..	1.480	..	20.741
70 Costa Rica	134	3.582	112	306	0	172	..	392	..	4.453
71 Jordanien	119	3.079	0	0	0	70	..	985	..	4.134
72 Syrien, Arab. Rep.	232	3.060	0	0	10	0	..	1.290	..	4.350
73 Libanon	64	211	0	0	0	0	..	240	..	451
Obere Einkommenskategorie										
74 Brasilien	3.421	82.523	1.706	14.641	0	4.501	..	9.010	..	110.675
75 Malaysia	390	16.759	50	2.891	0	0	..	..	..	..
76 Südafrika	..	..	..	..	0	0	..	..	..	..
77 Mexiko	3.196	74.962	2.770	16.100	0	4.060	..	6.600	..	101.722
78 Uruguay	269	2.759	29	43	18	395	..	573	..	3.770
79 Ungarn	..	13.567	0	0	0	1.031	..	2.620	..	17.218
80 Polen	..	35.200	..	0	0	0	..	1.438	..	36.638
81 Portugal	485	13.929	84	641	0	700	..	1.389	..	16.658
82 Jugoslawien	1.199	13.174	854	4.781	0	2.069	..	1.340	..	21.364
83 Panama	194	3.439	0	0	0	353	..	1.010	..	4.802
84 Argentinien	1.880	38.453	3.291	4.559	0	2.741	..	3.155	..	48.908
85 Korea, Rep.	1.840	29.108	175	5.196	0	1.549	..	9.256	..	45.109
86 Algerien	937	14.777	0	0	0	0	..	3.152	..	17.929
87 Venezuela	728	24.485	236	7.934	0	0	..	1.472	..	33.891
88 Gabun	91	1.095	0	0	0	34	..	440	..	1.568
89 Griechenland	905	15.015	388	1.659	0	0	..	4.188	..	20.862
90 Oman	0	2.501	0	0	0	0	..	496	..	2.997
91 Trinidad u. Tobago	101	1.154	0	0	0	0	..	273	..	1.427
92 Israel	2.274	15.938	361	4.470	13	0	..	3.367	..	23.775
93 Hongkong	..	..	..	..	0	0	..	..	..	..
94 Singapur	152	2.120	248	..	0	0	..	268	..	..
95 *Iran, Islam. Rep.*	..	..	..	..	0	0	..	..	..	..
96 *Irak*	..	..	..	..	0	0	..	..	..	..
97 Rumänien	..	5.309	0	0	0	714	..	617	..	6.639

Entwicklungsländer
Ölexporteure
Exporteure von Industrieprodukten
Hochverschuldete Länder
Afrika südl. der Sahara

Ölexporteure mit hohem Einkommen

98 Saudi-Arabien
99 Kuwait
100 Vereinigte Arab. Emirate
101 *Libyen*

Marktwirtschaftliche Industrieländer

102 Spanien
103 Irland
104 Neuseeland
105 Italien
106 Großbritannien

107 Belgien
108 Österreich
109 Niederlande
110 Frankreich
111 Australien

112 Deutschland, Bundesrep.
113 Finnland
114 Dänemark
115 Japan
116 Schweden

117 Kanada
118 Norwegen
119 Vereinigte Staaten
120 Schweiz

Nichtberichtende Nicht-Mitgliedsländer

121 *Albanien*
122 *Angola*
123 *Bulgarien*
124 *Kuba*
125 *Tschechoslowakei*

126 *Deutsche Dem. Rep.*
127 *Korea, Dem. Rep.*
128 *Mongolei*
129 *Sowjetunion*

Tabelle 17: Zufluß von öffentlichem und privatem Auslandskapital

	Auszahlungen (in Mio $)				Tilgung (in Mio $)				Nettozufluß[a] (in Mio $)			
	Öffentlich und öffentlich garantiert		Privat nicht garantiert		Öffentlich und öffentlich garantiert		Privat nicht garantiert		Öffentlich und öffentlich garantiert		Privat nicht garantiert	
	1970	1986	1970	1986	1970	1986	1970	1986	1970	1986	1970	1986
Länder mit niedrigem Einkommen												
China und Indien												
Übrige Länder												
1 Äthiopien	28	321	0	0	15	125	0	0	13	195	0	0
2 Bhutan	..	..	..	..	..	..	..	..	..	..	..	..
3 Burkina Faso	2	94	0	0	2	23	0	0	0	71	0	0
4 Nepal	1	142	0	0	2	18	0	0	−2	124	0	0
5 Bangladesch	0	976	0	0	0	162	0	0	0	814	0	0
6 Malawi	40	119	0	0	3	72	0	0	37	47	0	0
7 Zaire	32	233	..	..	28	142	..	..	3	92	..	..
8 Mali	23	173	0	0	0	23	0	0	23	150	0	0
9 Birma	22	379	0	0	13	159	0	0	9	220	0	0
10 Mosambik	..	..	..	..	..	..	..	..	..	..	..	..
11 Madagaskar	11	191	0	0	5	51	0	0	5	141	0	0
12 Uganda	27	80	0	0	4	16	0	0	23	63	0	0
13 Burundi	2	103	0	0	0	19	0	0	1	84	0	0
14 Tansania	51	185	..	..	10	43	..	..	40	142	..	..
15 Togo	4	88	0	0	2	86	0	0	3	2	0	0
16 Niger	12	142	..	66	2	55	..	29	11	87	..	37
17 Benin	2	69	0	0	1	36	0	0	1	33	0	0
18 Somalia	4	125	0	0	1	54	0	0	4	71	0	0
19 Zentralafrikanische Rep.	2	76	0	0	3	9	0	0	−1	67	0	0
20 Indien	931	3.642	25	849	355	1.582	25	773	576	2.061	0	76
21 Ruanda	0	74	0	0	0	13	0	0	0	61	0	0
22 China	0	6.890	0	0	0	1.367	0	0	0	5.522	0	0
23 Kenia	34	582	..	..	17	256	..	..	17	327	..	..
24 Sambia	351	233	..	..	35	69	..	..	316	164	..	..
25 Sierra Leone	8	25	0	0	10	10	0	0	−3	14	0	0
26 Sudan	52	189	0	0	22	24	0	0	300	165	0	0
27 Haiti	4	43	0	0	4	11	0	0	1	32	0	0
28 Pakistan	489	1.113	3	19	113	708	1	15	377	405	2	4
29 Lesotho	0	22	0	0	0	10	0	0	0	12	0	0
30 Ghana	43	209	0	0	14	60	0	0	29	149	0	0
31 Sri Lanka	66	501	0	8	29	164	0	6	36	337	0	2
32 Mauretanien	5	212	0	0	3	46	0	0	1	166	0	0
33 Senegal	19	390	1	5	5	111	3	3	14	279	−2	2
34 *Afghanistan*	..	..	..	..	..	..	..	..	..	..	..	..
35 Tschad	6	20	0	0	3	2	0	0	3	18	0	0
36 Guinea	90	118	0	0	11	84	0	0	80	34	0	0
37 *Kamputschea, Dem.*	..	..	..	..	..	..	..	..	..	..	..	..
38 *Laos, Dem. VR*	..	..	..	..	..	..	..	..	..	..	..	..
39 *Vietnam*	..	..	..	..	..	..	..	..	..	..	..	..
Länder mit mittlerem Einkommen												
Untere Einkommenskategorie												
40 Liberia	8	43	0	0	12	13	0	0	−4	30	0	0
41 Jemen, Dem. VR	1	557	0	0	0	77	0	0	1	480	0	0
42 Indonesien	441	4.311	195	550	59	2.385	61	532	383	1.926	134	18
43 Jemen, Arab. Rep.	4	213	0	0	0	57	0	0	4	156	0	0
44 Philippinen	141	1.208	276	110	74	620	186	125	67	588	90	−15
45 Marokko	168	1.353	..	..	37	699	..	..	131	653	..	..
46 Bolivien	55	299	3	0	17	74	2	0	38	225	1	0
47 Simbabwe	..	287	..	..	5	222	..	..	−5	66	..	..
48 Nigeria	56	1.253	25	0	38	1.233	30	0	18	20	−5	0
49 Dominikanische Rep.	38	190	22	0	7	122	20	4	31	68	2	−4
50 Papua-Neuguinea	43	99	111	279	0	83	20	204	43	16	91	75
51 Côte d'Ivoire	78	347	..	..	28	253	..	..	49	93	..	..
52 Honduras	29	207	10	18	3	80	3	29	26	127	7	−11
53 Ägypten, Arab. Rep.	397	1.550	..	310	309	1.034	..	146	88	516	..	164
54 Nicaragua	44	531	0	0	16	11	0	0	28	520	0	0
55 Thailand	51	1.302	169	587	23	1.192	107	850	28	110	63	−262
56 El Salvador	8	144	24	0	6	115	16	21	2	30	8	−21
57 Botsuana	6	31	0	0	0	17	0	0	6	14	0	0
58 Jamaika	15	218	165	7	6	216	164	10	9	2	1	−2
59 Kamerun	29	274	11	207	5	179	2	246	24	95	9	−40
60 Guatemala	37	147	6	15	20	134	2	3	17	14	4	12
61 Kongo, VR	20	519	0	0	6	232	0	0	15	286	0	0
62 Paraguay	15	225	0	0	7	109	0	18	8	115	0	−17
63 Peru	148	476	240	35	100	262	233	105	48	214	7	−70
64 Türkei	329	3.563	1	180	129	1.866	3	79	200	1.697	−2	102
65 Tunesien	89	765	0	50	47	507	0	46	42	258	0	4
66 Ecuador	41	1.071	7	3	16	206	11	34	26	865	−4	−31
67 Mauritius	2	61	0	7	1	36	0	3	1	25	0	4
68 Kolumbien	254	2.594	0	169	75	924	59	152	179	1.670	−59	17

Anmerkung: Zur Vergleichbarkeit der Daten und ihrer Abgrenzung vgl. Technische Erläuterungen. Kursive Zahlen gelten für andere als die angegebenen Jahre.

	Auszahlungen (in Mio $)				Tilgung (in Mio $)				Nettozufluß[a] (in Mio $)			
	Öffentlich und öffentlich garantiert		Privat nicht garantiert		Öffentlich und öffentlich garantiert		Privat nicht garantiert		Öffentlich und öffentlich garantiert		Privat nicht garantiert	
	1970	1986	1970	1986	1970	1986	1970	1986	1970	1986	1970	1986
69 Chile	408	1.000	247	162	165	271	41	163	243	729	206	−1
70 Costa Rica	30	169	30	20	21	182	20	15	9	−13	10	5
71 Jordanien	15	608	0	0	3	360	0	0	12	247	0	0
72 Syrien, Arab. Rep.	60	471	0	0	31	211	0	0	29	261	0	0
73 Libanon	12	38	0	0	2	16	0	0	10	22	0	0
Obere Einkommenskategorie												
74 Brasilien	892	3.170	900	0	256	2.342	200	722	637	828	700	−722
75 Malaysia	45	1.300	12	901	47	1.055	9	803	−2	244	3	97
76 Südafrika	..	..	..	..	..	..	..	..	..	..	..	..
77 Mexiko	772	3.762	603	1.700	475	2.517	542	1.990	297	1.245	61	−290
78 Uruguay	37	144	13	0	47	85	4	18	−10	59	9	−18
79 Ungarn	..	3.895	0	0	..	2.832	0	0	..	1.064	0	0
80 Polen	..	1.118	0	0	..	1.346	0	0	..	−228	0	0
81 Portugal	18	1.885	20	85	63	1.938	22	103	−45	−53	−1	−18
82 Jugoslawien	179	463	465	190	170	934	204	310	9	−471	261	−120
83 Panama	68	213	0	00	24	145	0	0	44	68	0	0
84 Argentinien	482	2.303	424	300	344	1.434	428	534	139	869	−4	−234
85 Korea, Rep.	444	3.235	32	1.666	198	4.664	7	2.699	246	−1.428	25	−1.033
86 Algerien	308	3.430	0	0	34	3.905	0	0	274	−475	0	0
87 Venezuela	226	134	67	0	42	1.332	25	594	184	−1.198	41	−594
88 Gabun	26	252	0	0	9	148	0	0	17	105	0	0
89 Griechenland	163	2.512	144	217	61	1.090	37	215	102	1.423	107	2
90 Oman	0	790	0	0	0	223	0	0	0	567	0	0
91 Trinidad u. Tobago	8	109	0	0	10	136	0	0	−2	−27	0	0
92 Israel	411	658	123	550	26	835	36	574	385	−177	87	−24
93 Hongkong	..	..	..	..	..	..	..	..	..	..	..	..
94 Singapur	61	447	..	..	6	247	..	..	55	200	..	..
95 *Iran, Islam. Rep.*	..	..	..	..	..	..	..	..	..	..	..	..
96 *Irak*	..	..	..	..	..	..	..	..	..	..	..	..
97 *Rumänien*	..	745	0	0	..	1.060	0	0	..	−314	0	0
Entwicklungsländer												
Ölexporteure												
Exporteure von Industrieprodukten												
Hochverschuldete Länder												
Afrika südlich der Sahara												
Ölexporteure mit hohem Einkommen												
98 Saudi-Arabien												
99 Kuwait												
100 Vereinigte Arab. Emirate												
101 *Libyen*												
Marktwirtschaftliche Industrieländer												
102 Spanien												
103 Irland												
104 Neuseeland												
105 Italien												
106 Großbritannien												
107 Belgien												
108 Österreich												
109 Niederlande												
110 Frankreich												
111 Australien												
112 Deutschland, Bundesrep.												
113 Finnland												
114 Dänemark												
115 Japan												
116 Schweden												
117 Kanada												
118 Norwegen												
119 Vereinigte Staaten												
120 Schweiz												
Nichtberichtende Nicht-Mitgliedsländer												
121 *Albanien*												
122 *Angola*												
123 *Bulgarien*												
124 *Kuba*												
125 *Tschechoslowakei*												
126 *Deutsche Dem. Rep.*												
127 *Korea, Dem. Rep.*												
128 *Mongolei*												
129 *Sowjetunion*												

[a] Aufgrund von Rundungsdifferenzen kann der Saldo aus Auszahlungen und Tilgung vom Nettozufluß abweichen.

Tabelle 18: Gesamte öffentliche und private Auslandsschulden sowie Schuldendienstrelationen

	Gesamte langfristige ausgezahlte und ausstehende Auslandsschulden				Gesamte Zinszahlungen auf die langfristigen Auslandsschulden (in Mio $)		Gesamter langfristiger Schuldendienst in % von:			
	in Mio $		in % des BSP				BSP		Ausfuhr von Waren und Dienstleistungen	
	1970	1986	1970	1986	1970	1986	1970	1986	1970	1986
Länder mit niedrigem Einkommen										
China und Indien										
Übrige Länder										
1 Äthiopien	169	1.989	9,5	35,7	6	52	1,2	3,2	11,3	25,8
2 Bhutan	..	..	..	..	..	..	..	..	..	..
3 Burkina Faso	21	616	6,5	41,8	0	12	0,6	2,3	6,5	14,8
4 Nepal	3	711	0,3	27,7	0	13	0,3	1,2	3,1	9,4
5 Bangladesch	0	7.282	0,0	47,5	0	108	0,0	1,8	0,0	25,1
6 Malawi	122	910	43,2	78,6	4	36	2,3	9,4	7,8	40,1
7 Zaire	..	..	..	..	..	..	..	..	..	..
8 Mali	238	1.566	69,6	95,7	0	13	0,1	2,1	1,0	14,2
9 Birma	106	3.664	4,9	45,3	3	88	0,7	3,0	12,2	55,4
10 Mosambik	..	..	..	..	..	..	..	..	..	..
11 Madagaskar	90	2.635	10,4	105,6	2	63	0,8	4,5	3,7	27,7
12 Uganda	138	929	7,3	26,8	5	13	0,5	0,8	2,9	6,5
13 Burundi	7	528	3,1	44,2	0	12	0,3	2,6	2,3	19,0
14 Tansania	265	3650	20,7	81,6	..	..	..	..	..	..
15 Togo	40	882	16,0	93,7	1	42	0,9	13,6	3,0	32,5
16 Niger	..	1.251	..	62,0	..	49	..	6,6	..	40,3
17 Benin	41	781	15,1	56,5	0	22	0,6	4,2	2,2	28,8
18 Somalia	77	1.415	24,4	54,4	0	18	0,3	2,0	1,8	62,1
19 Zentralafrikanische Rep.	24	393	13,4	41,6	1	9	1,8	1,9	5,3	9,6
20 Indien	8.118	34.511	15,2	15,1	204	1.359	1,1	1,6	27,3	24,6
21 Ruanda	2	439	0,9	23,9	0	5	0,1	1,0	1,2	7,6
22 China	..	17.193	..	6,3	..	1.014	..	0,9	..	7,8
23 Kenia	406	3.700	26,3	55,5	..	..	..	..	..	..
24 Sambia	653	3.575	37,5	240,5	..	..	..	..	..	..
25 Sierra Leone	60	459	14,3	37,0	3	4	3,1	1,2	10,7	8,2
26 Sudan	307	7.057	15,3	95,9	13	32	1,7	0,8	10,7	7,7
27 Haiti	40	585	10,3	27,4	0	7	1,0	0,9	7,5	6,0
28 Pakistan	3.069	11.794	30,6	36,0	77	358	1,9	3,3	23,7	27,2
29 Lesotho	8	182	7,8	33,4	0	4	0,3	2,5	2,7	4,2
30 Ghana	494	1.413	21,9	25,6	12	28	1,2	*1,8*	5,5	10,8
31 Sri Lanka	317	3.544	16,1	55,4	12	121	2,1	4,6	10,9	18,4
32 Mauretanien	27	1.637	13,9	210,0	0	31	1,8	9,9	3,3	17,4
33 Senegal	131	2.471	15,5	69,6	2	99	1,1	6,0	4,0	20,2
34 *Afghanistan*	..	..	..	..	..	..	..	..	..	..
35 *Tschad*	32	172	9,9	..	0	2	0,9	..	4,0	2,2
36 *Guinea*	312	1.421	47,1	70,4	4	19	2,2	3,6	..	..
37 *Kamputschea, Dem.*	..	..	..	..	..	..	..	..	..	..
38 *Laos, Dem. VR*	..	..	..	..	..	..	..	..	..	..
39 *Vietnam*	..	..	..	..	..	..	..	..	..	..
Länder mit mittlerem Einkommen										
Untere Einkommenskategorie										
40 Liberia	158	1.002	39,3	99,0	6	15	4,3	2,7	8,1	6,4
41 Jemen, Dem. VR	1	1.927	..	189,7	0	22	..	9,8	0,0	74,6
42 Indonesien	2.904	35.729	29,9	49,7	45	2.363	1,7	7,3	13,9	33,1
43 Jemen, Arab. Rep.	4	2.052	1,6	41,1	0	42	0,0	2,0	0,0	59,6
44 Philippinen	1.544	21.622	21,8	72,2	44	1.092	4,3	6,1	23,0	21,3
45 Marokko	..	..	..	..	..	..	..	..	..	..
46 Bolivien	493	4.078	47,2	90,9	7	132	2,5	4,6	12,6	30,4
47 Simbabwe	..	1.758	..	33,2	..	..	..	..	..	..
48 Nigeria	567	21.876	5,7	45,0	28	391	1,0	3,3	7,1	23,4
49 Dominikanische Rep.	353	2.756	26,1	55,5	13	182	2,9	6,2	15,2	21,7
50 Papua-Neuguinea	209	2.242	33,4	93,1	10	140	4,8	17,7	29,1	35,8
51 Côte d'Ivoire	266	9.455	19,5	106,8	..	..	..	..	..	..
52 Honduras	109	2.467	15,6	72,4	4	117	1,4	6,6	5,0	22,0
53 Ägypten, Arab. Rep.	1.713	23.735	22,5	58,8	56	766	4,8	4,8	38,0	23,8
54 Nicaragua	147	5.343	19,5	198,2	7	21	3,0	1,2	10,5	12,9
55 Thailand	726	14.130	11,1	35,2	33	1.031	2,5	7,7	13,9	25,4
56 El Salvador	176	1.547	17,3	40,2	9	75	3,1	5,5	12,1	20,8
57 Botsuana	17	355	21,2	36,2	0	27	0,6	4,5	0,9	4,3
58 Jamaika	982	3.057	73,1	147,5	63	219	17,4	21,4	43,5	32,7
59 Kamerun	141	2.772	13,0	25,4	5	185	1,0	5,6	4,0	22,8
60 Guatemala	120	2.306	6,5	31,7	7	156	1,6	4,0	8,2	24,3
61 Kongo, VR	124	2.861	46,5	152,1	3	79	3,4	16,5	11,5	39,8
62 Paraguay	112	1.838	19,2	51,5	3	90	1,8	6,1	11,7	25,2
63 Peru	2.655	12.386	38,1	50,5	162	332	7,1	2,8	40,0	20,5
64 Türkei	1.885	23.812	15,0	42,3	44	1.564	1,4	6,2	22,7	32,4
65 Tunesien	541	5.251	38,6	61,5	18	304	4,7	10,0	19,7	30,7
66 Ecuador	242	7.977	14,8	74,4	10	648	2,2	8,3	14,1	33,9
67 Mauritius	32	449	14,3	33,4	2	29	1,4	5,1	3,2	7,7
68 Kolumbien	1.582	13.022	22,5	41,7	59	970	2,8	6,5	19,0	31,5

Anmerkung: Zur Vergleichbarkeit der Daten und ihrer Abgrenzung vgl. Technische Erläuterungen. Kursive Zahlen gelten für andere als die angegebenen Jahre.

	Gesamte langfristige ausgezahlte und ausstehende Auslandsschulden				Gesamte Zinszahlungen auf die langfristigen Auslandsschulden (in Mio $)		Gesamter langfristiger Schuldendienst in % von:			
	in Mio $		in % des BSP				BSP		Ausfuhr von Waren und Dienstleistungen	
	1970	1986	1970	1986	1970	1986	1970	1986	1970	1986
69 Chile	2.568	17.930	32,1	120,1	104	1.515	3,9	13,1	24,4	37,1
70 Costa Rica	246	3.889	25,3	97,8	14	217	5,7	10,4	19,9	28,9
71 Jordanien	119	3.079	22,9	68,9	2	180	0,9	12,1	3,6	28,7
72 Syrien, Arab. Rep.	232	3.060	10,8	17,7	6	87	1,7	1,7	11,3	15,6
73 *Libanon*	64	211	4,2	..	1	12	0,2	..	..	..
Obere Einkommenskategorie										
74 Brasilien	5.128	97.164	12,2	37,6	135	7.516	0,9	4,1	12,5	41,8
75 Malaysia	440	19.650	10,8	77,0	25	1.394	2,0	12,7	4,5	20,0
76 Südafrika	..	..	..	..	..	..	..	..	..	..
77 Mexiko	5.966	91.062	17,0	76,1	283	7.737	3,7	10,2	44,3	51,5
78 Uruguay	298	2.802	12,5	47,1	17	253	2,9	6,0	23,6	22,3
79 Ungarn	..	13.567	..	59,6	..	1.112	..	17,3	..	35,9
80 Polen	..	35.200	..	48,5	..	1.264	..	3,6	..	18,5
81 Portugal	570	14.570	9,2	52,2	34	1.241	1,9	11,8	8,8	32,9
82 Jugoslawien	2.053	17.955	15,0	27,8	104	1.492	3,5	4,2	19,7	17,8
83 Panama	194	3.439	19,5	66,5	7	322	3,1	9,0	7,7	7,6
84 Argentinien	5.171	43.012	23,2	51,7	338	3.698	5,0	6,8	51,7	64,1
85 Korea, Rep.	2.015	34.304	22,5	36,1	76	2.896	3,1	10,8	20,4	24,4
86 Algerien	937	14.777	19,3	24,8	10	1.250	0,9	8,7	3,9	54,8
87 Venezuela	964	32.419	8,7	66,9	53	2.257	1,1	8,6	4,2	37,4
88 Gabun	91	1.095	28,7	37,1	3	61	3,7	7,1	5,6	17,5
89 Griechenland	1.293	16.674	12,7	42,5	63	1.213	1,6	6,4	14,7	31,9
90 Oman	0	2.501	0,0	38,3	0	172	0,0	6,0	..	11,3
91 Trinidad u. Tobago	101	1.154	13,3	24,0	6	92	2,1	4,8	4,6	13,2
92 Israel	2.635	20.408	47,9	72,1	34	1.790	1,7	11,3	6,8	27,5
93 Hongkong	..	..	..	..	..	..	..	..	..	..
94 Singapur	..	..	..	..	..	..	..	..	..	..
95 *Iran, Islam. Rep.*	..	..	..	..	..	..	..	..	..	..
96 *Irak*	..	..	..	..	..	..	..	..	..	..
97 *Rumänien*	..	5.309	..	..	..	543	..	..	..	11,9

Entwicklungsländer
Ölexporteure
Exporteure von Industrieprodukten
Hochverschuldete Länder
Afrika südlich der Sahara

Ölexporteure mit hohem Einkommen

98 Saudi-Arabien
99 Kuwait
100 Vereinigte Arab. Emirate
101 *Libyen*

Marktwirtschaftliche Industrieländer

102 Spanien
103 Irland
104 Neuseeland
105 Italien
106 Großbritannien

107 Belgien
108 Österreich
109 Niederlande
110 Frankreich
111 Australien

112 Deutschland, Bundesrep.
113 Finnland
114 Dänemark
115 Japan
116 Schweden

117 Kanada
118 Norwegen
119 Vereinigte Staaten
120 Schweiz

Nichtberichtende Nicht-Mitgliedsländer

121 *Albanien*
122 *Angola*
123 *Bulgarien*
124 *Kuba*
125 *Tschechoslowakei*

126 *Deutsche Dem. Rep.*
127 *Korea, Dem. Rep.*
128 *Mongolei*
129 *Sowjetunion*

Anmerkung: Öffentliche und private Auslandsschulden schließen öffentliche, öffentlich garantierte und private nichtgarantierte Schulden ein; Angaben erfolgen nur, wenn sie für alle Kategorien verfügbar sind.

Tabelle 19: Öffentliche Auslandsschulden und Schuldendienstrelationen

	Ausstehende und ausgezahlte öffentliche Auslandsschulden				Zinszahlungen auf die öffentlichen Auslandsschulden (in Mio $)		Schuldendienst in % von:			
	in Mio $		In % des BSP				BSP		Ausfuhr von Waren und Dienstleistungen	
	1970	1986	1970	1986	1970	1986	1970	1986	1970	1986
Länder mit niedrigem Einkommen	..	121.205 s	..	19,2 w	..	3.846 s	..	1,5 w	..	14,1 w
China und Indien	..	49.106 s	..	9,8 w	..	2.129 s	..	1,0 w	..	11,1 w
Übrige Länder	7.373 s	72.100 s	16,6 w	54,4 w	204 s	1.718 s	1,3 w	3,3 w	7,6 w	20,9 w
1 Äthiopien	169	1.989	9,5	35,7	6	52	1,2	3,2	11,3	25,8
2 Bhutan	..	..	..	..	..	..	..	..	..	..
3 Burkina Faso	21	616	6,5	41,8	0	12	0,6	2,3	6,5	14,8
4 Nepal	3	711	0,3	27,7	0	13	0,3	1,2	3,1	9,4
5 Bangladesch	0	7.282	0,0	47,5	0	108	0,0	1,8	0,0	25,1
6 Malawi	122	910	43,2	78,6	4	36	2,3	9,4	7,8	40,1
7 Zaire	311	5.430	9,1	96,8	9	228	1,1	6,6	4,4	18,2
8 Mali	238	1.566	69,6	95,7	0	13	0,1	2,1	1,0	14,2
9 Birma	106	3.664	4,9	45,3	3	88	0,7	3,0	12,2	55,4
10 Mosambik	..	..	..	..	..	..	..	..	..	..
11 Madagaskar	90	2.635	10,4	105,6	2	63	0,8	4,5	3,7	27,7
12 Uganda	138	939	7,3	26,8	5	13	0,5	0,8	2,9	6,5
13 Burundi	7	528	3,1	44,2	0	12	0,3	2,6	2,3	19,0
14 Tansania	250	3650	19,5	81,6	7	26	1,3	1,5	5,3	15,3
15 Togo	40	882	16,0	93,7	1	42	0,9	13,6	3,0	32,5
16 Niger	32	1.026	5,0	50,9	1	37	0,4	4,6	4,0	27,9
17 Benin	41	781	15,1	56,5	0	22	0,6	4,2	2,2	28,8
18 Somalia	77	1.415	24,4	54,4	0	18	0,3	2,0	1,8	62,1
19 Zentralafrikanische Rep.	24	393	13,4	41,6	1	9	1,8	1,9	5,3	9,6
20 Indien	8.018	31.913	15,0	14,0	198	1.115	1,0	1,2	25,8	17,9
21 Ruanda	2	412	0,9	22,4	0	5	0,1	1,0	1,2	7,6
22 China	..	17.193	..	6,3	..	1.014	..	0,9	..	7,8
23 Kenia	319	3.438	20,6	51,6	13	174	1,9	6,5	5,9	22,5
24 Sambia	623	3.575	35,7	240,5	29	55	3,7	8,3	6,4	16,8
25 Sierra Leone	60	459	14,3	37,0	3	4	3,1	1,2	10,7	8,2
26 Sudan	307	7.057	15,3	95,9	13	32	1,7	0,8	10,7	7,7
27 Haiti	40	585	10,3	27,4	0	7	1,0	0,9	7,5	6,0
28 Pakistan	3.064	11.764	30,6	35,9	77	355	1,9	3,2	23,6	26,8
29 Lesotho	8	182	7,8	33,4	0	4	0,3	2,5	2,7	4,2
30 Ghana	494	1.413	21,9	25,6	12	28	1,2	1,8	5,5	10,8
31 Sri Lanka	317	3.448	16,1	53,9	12	113	2,1	4,3	10,9	17,5
32 Mauretanien	27	1.637	13,9	210,0	0	31	1,8	9,9	3,3	17,4
33 Senegal	100	2.456	11,9	69,2	2	98	0,8	5,9	2,9	19,9
34 *Afghanistan*	..	..	..	..	..	..	..	..	..	..
35 *Tschad*	32	172	9,9	21,2	0	2	0,9	0,4	4,0	2,2
36 *Guinea*	312	1.421	47,1	70,4	4	19	2,2	3,6	..	..
37 *Kamputschea, Dem.*	..	..	..	..	..	..	..	..	..	..
38 *Laos, Dem. VR*	..	..	..	..	..	..	..	..	..	..
39 *Vietnam*	..	..	..	..	..	..	..	..	..	..
Länder mit mittlerem Einkommen	34.068 w	654.432 w	12,2 w	42,2 w	1.299 w	43.639 w	1,6 w	5,6 w	9,8 w	20,8 w
Untere Einkommenskategorie	16.006 w	247.863 w	15,2 w	51,9 w	491 w	12.931 w	1,7 w	5,6 w	10,7 w	24,1 w
40 Liberia	158	1.002	39,3	99,0	6	15	4,3	2,7	8,1	6,4
41 Jemen, Dem. VR	1	1.927	..	189,7	0	22	..	9,8	0,0	74,6
42 Indonesien	2.443	31.901	25,2	44,4	24	2.047	0,9	6,2	7,0	27,8
43 Jemen, Arab. Rep.	4	2.052	1,6	41,1	0	42	0,0	2,0	0,0	59,6
44 Philippinen	625	19.828	8,8	66,2	26	962	1,4	5,3	7,5	18,3
45 Marokko	712	14.610	18,2	103,9	24	742	1,6	10,2	8,7	40,4
46 Bolivien	482	3.523	46,1	78,5	7	87	2,2	3,6	11,3	23,7
47 Simbabwe	233	1.712	15,7	32,4	5	117	0,7	6,4	2,3	22,3
48 Nigeria	452	21.496	4,5	44,2	20	391	0,6	3,3	4,3	23,4
49 Dominikanische Rep.	212	2.609	15,7	52,5	4	171	0,8	5,9	4,4	20,6
50 Papua-Neuguinea	36	1.147	5,8	47,6	1	66	0,2	6,2	1,3	12,5
51 Côte d'Ivoire	255	6.500	18,7	73,4	12	532	2,9	8,9	7,1	23,3
52 Honduras	90	2.342	12,9	68,7	3	111	0,8	5,6	2,9	18,5
53 Ägypten, Arab. Rep.	1.713	22.788	22,5	56,4	56	703	4,8	4,3	38,0	21,3
54 Nicaragua	147	5.343	19,5	198,2	7	21	3,0	1,2	10,5	12,9
55 Thailand	324	11.023	4,9	27,4	16	751	0,6	4,8	3,3	16,1
56 El Salvador	88	1.463	8,6	38,1	4	67	1,0	4,7	3,7	18,0
57 Botsuana	17	355	21,2	36,2	0	27	0,6	4,5	0,9	4,3
58 Jamaika	160	2.993	11,9	144,4	9	215	1,1	20,8	2,8	31,7
59 Kamerun	131	2.267	12,1	20,8	4	121	0,8	2,7	3,2	11,2
60 Guatemala	106	2.187	5,7	30,1	6	147	1,4	3,9	7,4	23,4
61 Kongo, VR	124	2.861	46,5	152,1	3	79	3,4	16,5	11,5	39,8
62 Paraguay	112	1.752	19,2	49,1	3	88	1,8	5,5	11,7	22,9
63 Peru	856	11.049	12,3	45,0	44	229	2,1	2,0	11,6	14,4
64 Türkei	1.843	23.309	14,7	41,4	42	1.529	1,4	6,0	22,0	31,3
65 Tunesien	541	5.001	38,6	58,6	18	286	4,7	9,3	19,7	28,5
66 Ecuador	193	7.919	11,8	73,9	7	640	1,4	7,9	8,7	32,3
67 Mauritius	32	427	14,3	31,8	2	28	1,4	4,8	3,2	7,3
68 Kolumbien	1.299	11.437	18,5	36,6	44	871	1,7	5,7	11,7	27,6

Anmerkung: Zur Vergleichbarkeit der Daten und ihrer Abgrenzung vgl. Technische Erläuterungen. Kursive Zahlen gelten für andere als die angegebenen Jahre.

	Ausstehende und ausgezahlte öffentliche Auslandsschulden				Zinszahlungen auf die öffentlichen Auslandsschulden (in Mio $)		Schuldendienst in % von:			
	in Mio $		In % des BSP				BSP		Ausfuhr von Waren und Dienstleistungen	
	1970	1986	1970	1986	1970	1986	1970	1986	1970	1986
69 Chile	2.067	15.109	25,8	101,2	78	1.350	3,0	10,9	19,1	30,8
70 Costa Rica	134	3.582	13,8	90,1	7	196	2,9	9,5	10,0	26,3
71 Jordanien	119	3.079	22,9	68,9	2	180	0,9	12,1	3,6	28,7
72 Syrien, Arab. Rep.	232	3.060	10,8	17,7	6	87	1,7	1,7	11,3	15,6
73 Libanon	64	211	4,2	..	1	12	0,2	..	..	..
Obere Einkommenskategorie	18.062 w	406.569 w	10,4 w	37,9 w	808 w	30.708 w	1,5 w	5,6 w	9,2 w	19,7 w
74 Brasilien	3.421	82.523	8,2	31,9	135	6.066	0,9	3,3	12,5	33,2
75 Malaysia	390	16.759	9,5	65,7	22	1.173	1,7	8,7	3,8	13,7
76 Südafrika	..	..	..	..	..	..	..	..	..	..
77 Mexiko	3.196	74.962	9,1	62,6	216	6.237	2,0	7,3	23,6	36,8
78 Uruguay	269	2.759	11,3	46,4	16	249	2,7	5,6	21,7	20,9
79 Ungarn	..	13.567	..	59,6	..	1.112	..	17,3	..	35,9
80 Polen	..	35.200	..	48,5	..	1.264	..	3,6	..	18,5
81 Portugal	485	13.929	7,8	49,9	29	1.205	1,5	11,3	6,8	31,5
82 Jugoslawien	1.199	13.174	8,8	20,4	72	1.052	1,8	3,1	10,0	12,9
83 Panama	194	3.439	19,5	66,5	7	322	3,1	9,0	7,7	7,6
84 Argentinien	1.880	38.453	8,4	46,2	121	3.182	2,1	5,5	21,6	52,2
85 Korea, Rep.	1.840	29.108	20,6	30,6	71	2.332	3,0	7,4	19,5	16,7
86 Algerien	937	14.777	19,3	24,8	10	1.250	0,9	8,7	3,9	54,8
87 Venezuela	728	24.485	6,6	50,5	40	1.764	0,7	6,4	2,9	27,7
88 Gabun	91	1.095	28,7	37,1	3	61	3,7	7,1	5,6	17,5
89 Griechenland	905	15.015	8,9	38,2	41	1.082	1,0	5,5	9,3	27,5
90 Oman	0	2.501	0,0	38,3	0	172	0,0	6,0	..	11,3
91 Trinidad u. Tobago	101	1.154	13,3	24,0	6	92	2,1	4,8	4,6	13,2
92 Israel	2.274	15.938	41,3	56,3	13	1.355	0,7	7,7	2,8	18,9
93 Hongkong	..	..	..	..	..	..	..	..	..	..
94 Singapur	152	2.120	7,9	11,8	6	174	0,6	2,3	0,6	1,4
95 *Iran, Islam. Rep.*	..	..	..	..	..	..	..	..	..	..
96 *Irak*	..	..	..	..	..	..	..	..	..	..
97 *Rumänien*	..	5.309	..	..	..	543	..	..	..	11,9
Entwicklungsländer	49.458 w	775.637 w	13,1 w	35,5 w	1.700 w	47.485 w	1,5 w	4,4 w	10,1 w	20,0 w
Ölexporteure	10.341 w	211.266 w	12,2 w	47,6 w	396 w	13.642 w	1,7 w	6,2 w	12,0 w	30,5 w
Exporteure von Industrieprodukten	..	260.276 w	..	22,7 w	..	17.254 w	..	3,1 w	..	14,0 w
Hochverschuldete Länder	17.926 w	354.401 w	10,2 w	45,8 w	877 w	24.764 w	1,6 w	5,0 w	12,4 w	29,5 w
Afrika südl. der Sahara	5.336 w	82.360 w	13,1 w	57,4 w	166 w	2.404 w	1,1 w	4,3 w	5,3 w	19,3 w

Ölexporteure mit hohem Einkommen

98 Saudi-Arabien
99 Kuwait
100 Vereinigte Arab. Emirate
101 *Libyen*

Marktwirtschaftliche Industrieländer

102 Spanien
103 Irland
104 Neuseeland
105 Italien
106 Großbritannien

107 Belgien
108 Österreich
109 Niederlande
110 Frankreich
111 Australien

112 Deutschland, Bundesrep.
113 Finnland
114 Dänemark
115 Japan
116 Schweden

117 Kanada
118 Norwegen
119 Vereinigte Staaten
120 Schweiz

Nichtberichtende Nicht-Mitgliedsländer

121 *Albanien*
122 *Angola*
123 *Bulgarien*
124 *Kuba*
125 *Tschechoslowakei*

126 *Deutsche Dem. Rep.*
127 *Korea, Dem. Rep.*
128 *Mongolei*
129 *Sowjetunion*

Tabelle 20: Konditionen der öffentlichen Kreditaufnahme

	Zusagen (in Mio $)		Durchschnittlicher Zinssatz (in %)		Durchschnittliche Laufzeit (in Jahren)		Durchschnittlicher tilgungsfreier Zeitraum (in Jahren)		Öffentliche Darlehen mit variablen Zinsen in % der öffentlichen Schulden	
	1970	1986	1970	1986	1970	1986	1970	1986	1970	1986
Länder mit niedrigem Einkommen	..	19.695 s	..	5,1 w	..	24 w	..	6 w	..	11,3 w
China und Indien	..	11.958 s	..	5,9 w	..	18 w	..	5 w	..	18,6 w
Übrige Länder	2.680 s	7.737 s	3,2 w	3,7 w	28 w	32 w	9 w	8 w	0,2 w	6,2 w
1 Äthiopien	21	257	4,4	2,0	32	35	7	7	0,0	4,1
2 Bhutan	..	..	..	..	..	..	..	..	..	..
3 Burkina Faso	9	59	2,3	2,4	36	31	8	7	0,0	0,4
4 Nepal	17	209	2,8	1,0	27	42	6	9	0,0	1,3
5 Bangladesch	0	783	0,0	1,1	0	41	0	10	0,0	0,1
6 Malawi	14	118	3,8	3,2	29	27	6	8	0,0	4,9
7 Zaire	258	446	6,5	5,2	12	26	4	6	0,0	12,9
8 Mali	34	143	1,1	1,4	25	36	9	9	0,0	0,3
9 Birma	50	193	4,1	2,8	16	33	5	9	0,0	0,3
10 Mosambik	..	..	..	..	..	..	..	..	..	..
11 Madagaskar	23	239	2,3	2,3	39	37	9	9	0,0	6,6
12 Uganda	12	0	3,8	0,0	28	0	6	0	0,0	0,3
13 Burundi	1	67	2,9	1,0	5	31	2	8	0,0	1,3
14 Tansania	284	196	1,2	1,0	39	48	11	10	1,6	4,1
15 Togo	3	38	4,5	2,8	17	27	4	7	0,0	5,1
16 Niger	19	206	1,2	1,1	40	39	8	9	0,0	14,9
17 Benin	7	45	1,8	5,2	32	19	7	5	0,0	5,4
18 Somalia	2	97	0,0	1,2	3	44	3	9	0,0	0,0
19 Zentralafrikanische Rep.	7	88	2,0	2,2	36	37	8	8	0,0	0,0
20 Indien	954	5.761	2,5	5,1	34	22	8	5	0,0	10,8
21 Ruanda	9	137	0,8	1,3	50	42	10	9	0,0	0,0
22 China	..	6.197	..	6,7	..	14	..	4	..	33,1
23 Kenia	50	327	2,6	6,3	37	20	8	5	0,1	3,6
24 Sambia	557	188	4,2	4,8	27	31	9	7	0,0	16,0
25 Sierra Leone	25	37	2,9	0,5	27	16	6	5	10,6	0,6
26 Sudan	95	271	1,8	1,4	17	34	9	8	0,0	13,4
27 Haiti	5	30	4,8	2,1	10	41	1	10	0,0	1,7
28 Pakistan	951	2.084	2,8	6,6	31	26	12	6	0,0	5,2
29 Lesotho	0	40	5,5	3,0	28	31	2	7	0,0	0,0
30 Ghana	57	141	2,1	3,1	37	44	10	9	0,0	0,0
31 Sri Lanka	81	543	3,0	4,1	26	33	5	9	0,0	8,7
32 Mauretanien	7	227	6,0	2,3	11	27	3	7	0,0	3,5
33 Senegal	3	396	3,8	3,2	23	29	7	8	0,0	7,2
34 *Afghanistan*	..	..	..	..	..	..	..	..	..	..
35 *Tschad*	10	55	5,7	0,9	8	48	1	11	0,0	0,2
36 *Guinea*	68	67	2,9	0,9	13	46	5	10	0,0	11,9
37 *Kamputschea, Dem.*	..	..	..	..	..	..	..	..	..	..
38 *Laos, Dem. VR*	..	..	..	..	..	..	..	..	..	..
39 *Vietnam*	..	..	..	..	..	..	..	..	..	..
Länder mit mittlerem Einkommen	9.274 s	51.796 s	6,1 w	7,6 w	17 w	14 w	5 w	5 w	3,6 w	53,3 w
Untere Einkommenskategorie	3.978 s	23.542 s	4,7 w	7,3 w	21 w	16 w	6 w	5 w	1,7 w	35,1 w
40 Liberia	12	19	6,7	0,0	19	29	5	8	0,0	12,3
41 Jemen, Dem. VR	63	92	0,0	1,4	21	19	11	5	0,0	0,0
42 Indonesien	520	3.930	2,6	7,2	34	16	9	6	0,0	24,5
43 Jemen, Arab. Rep.	9	196	4,1	4,4	5	21	3	5	0,0	3,4
44 Philippinen	171	1.029	0,0	6,0	0	23	0	6	0,8	51,8
45 Marokko	187	1.132	4,6	6,7	20	20	3	6	0,0	34,8
46 Bolivien	24	266	1,9	3,7	47	22	4	6	0,0	23,6
47 Simbabwe	..	200	..	5,5	..	18	..	4	0,0	28,6
48 Nigeria	65	1.018	6,0	8,6	14	18	4	5	2,7	54,5
49 Dominikanische Rep.	20	86	2,4	5,5	28	17	5	6	0,0	28,4
50 Papua-Neuguinea	91	160	6,4	6,9	22	15	8	3	0,0	38,2
51 Côte d'Ivoire	70	591	5,8	7,0	19	17	5	5	9,0	47,2
52 Honduras	23	165	4,1	6,6	30	29	7	8	0,0	17,6
53 Ägypten, Arab. Rep.	704	1.389	6,0	8,8	19	23	8	10	0,0	2,1
54 Nicaragua	23	160	7,1	4,0	18	17	4	4	0,0	26,6
55 Thailand	106	1.746	6,8	6,2	19	16	4	6	0,0	33,5
56 El Salvador	12	108	4,7	3,1	23	39	6	9	0,0	8,3
57 Botsuana	38	43	0,6	6,8	39	20	10	6	0,0	10,4
58 Jamaika	24	183	6,0	6,6	16	16	3	4	0,0	20,4
59 Kamerun	42	247	4,7	7,9	29	15	8	4	0,0	5,0
60 Guatemala	50	120	3,7	5,4	26	22	6	6	10,3	31,2
61 Kongo, VR	32	899	2,8	10,6	17	8	6	2	0,0	31,3
62 Paraguay	14	80	5,7	7,9	25	14	6	4	0,0	15,2
63 Peru	125	290	7,4	7,4	11	12	3	3	0,0	35,7
64 Türkei	484	4.451	3,6	7,4	19	12	5	4	0,9	28,9
65 Tunesien	144	716	3,5	6,9	27	16	6	5	0,0	17,6
66 Ecuador	78	1.090	6,2	7,4	20	13	4	4	0,0	72,1
67 Mauritius	14	128	0,0	7,1	24	17	2	5	6,0	17,6
68 Kolumbien	363	1.540	6,0	8,5	21	14	5	3	0,9	43,8

Anmerkung: Zur Vergleichbarkeit der Daten und ihrer Abgrenzung vgl. Technische Erläuterungen. Kursive Zahlen gelten für andere als die angegebenen Jahre.

	Zusagen (in Mio $)		Durchschnittlicher Zinssatz (in %)		Durchschnittliche Laufzeit (in Jahren)		Durchschnittlicher tilgungsfreier Zeitraum (in Jahren)		Öffentliche Darlehen mit variablen Zinsen in % der öffentlichen Schulden	
	1970	1986	1970	1986	1970	1986	1970	1986	1970	1986
69 Chile	361	754	6,8	8,6	12	19	3	4	0,0	82,6
70 Costa Rica	58	148	5,6	7,8	28	21	6	5	7,5	57,8
71 Jordanien	35	272	3,8	7,3	12	13	5	3	0,0	19,8
72 Syrien, Arab. Rep.	14	264	4,4	5,3	9	15	2	4	0,0	1,1
73 Libanon	7	31	2,9	4,8	22	13	1	3	0,0	11,9
Obere Einkommenskategorie	5.296 s	28.254 s	7,1 w	7,8 w	14 w	12 w	4 w	4 w	4,1 w	64,4 w
74 Brasilien	1.436	2.650	6,7	8,7	14	13	3	3	11,8	69,4
75 Malaysia	84	2.550	6,1	6,7	19	14	5	4	0,0	52,2
76 Südafrika	..	..	..	..	..	..	..	..	..	..
77 Mexiko	858	3.595	7,9	8,4	12	14	3	4	5,7	79,7
78 Uruguay	71	154	7,9	8,5	12	13	3	3	0,7	69,1
79 Ungarn[a]	..	3.584	..	7,8	..	9	..	7	..	69,1
80 Polen	..	1.333	..	5,3	..	6	..	3	..	61,7
81 Portugal	59	2.035	4,3	7,9	17	9	4	5	0,0	46,4
82 Jugoslawien	199	13	7,1	9,5	17	9	6	4	3,3	66,7
83 Panama	111	142	6,1	8,5	15	15	4	4	0,0	60,2
84 Argentinien	494	1.291	7,3	8,9	12	12	3	3	0,0	83,7
85 Korea, Rep.	691	3.390	5,8	7,5	19	13	6	4	1,1	45,3
86 Algerien	306	2.149	6,4	7,5	10	9	2	2	2,8	29,3
87 Venezuela	198	638	7,8	8,5	8	20	2	6	2,6	92,7
88 Gabun	33	115	5,1	7,7	11	15	2	5	0,0	7,4
89 Griechenland	246	2.557	7,2	7,5	9	8	4	5	3,5	63,0
90 Oman	..	612	..	7,8	..	9	..	5	0,0	30,7
91 Trinidad u. Tobago	3	91	7,4	7,5	10	10	1	2	0,0	49,8
92 Israel	438	575	10,0	9,5	13	13	4	3	0,0	0,4
93 Hongkong	..	60	..	..	..	..	..	..	..	..
94 Singapur	69	264	6,9	9,2	18	12	4	6	0,0	18,9
95 Iran, Islam. Rep.	..	..	..	..	..	..	..	..	..	..
96 Irak	..	..	..	..	..	..	..	..	..	..
97 Rumänien	..	456	..	9,3	..	28	..	7	..	36,6
Entwicklungsländer	12.908 s	71.490 s	5,2 w	6,9 w	20 w	16 w	6 w	5 w	2,3 w	46,8 w
Ölexporteure	2.852 s	16.036 s	6,1 w	8,0 w	18 w	14 w	5 w	5 w	4,0 w	54,4 w
Exporteure von Industrieprodukten	..	26.318 s	..	7,0 w	..	14 w	..	5 w	..	49,3 w
Hochverschuldete Länder	4.781 s	16.382 s	6,6 w	8,0 w	14 w	16 w	3 w	4 w	5,5 w	68,7 w
Afrika südlich der Sahara	1.880 s	7.144 s	3,7 w	5,4 w	26 w	25 w	8 w	6 w	1,5 w	24,9 w

Ölexporteure mit hohem Einkommen

98 Saudi-Arabien
99 Kuwait
100 Vereinigte Arab. Emirate
101 *Libyen*

Marktwirtschaftliche Industrieländer

102 Spanien
103 Irland
104 Neuseeland
105 Italien
106 Großbritannien

107 Belgien
108 Österreich
109 Niederlande
110 Frankreich
111 Australien

112 Deutschland, Bundesrep.
113 Finnland
114 Dänemark
115 Japan
116 Schweden

117 Kanada
118 Norwegen
119 Vereinigte Staaten
120 Schweiz

Nichtberichtende Nicht-Mitgliedsländer

121 *Albanien*
122 *Angola*
123 *Bulgarien*
124 *Kuba*
125 *Tschechoslowakei*

126 *Deutsche Dem. Rep.*
127 *Korea, Dem. Rep.*
128 *Mongolei*
129 *Sowjetunion*

[a] Berücksichtigt sind nur Schulden in konvertibler Währung.

Tabelle 21: Öffentliche Entwicklungshilfe der Mitglieder von OECD und OPEC

					Betrag					
	1965	1970	1975	1980	1982	1983	1984	1985	1986	1987[a]
OECD					In Mio US-Dollar					
103 Irland	0	0	8	30	47	33	35	39	62	51
104 Neuseeland	..	14	66	72	65	61	55	54	75	..
105 Italien	60	147	182	683	811	834	1.133	1.098	2.404	..
106 Großbritannien	472	500	904	1.854	1.800	1.610	1.429	1.530	1.750	1.887
107 Belgien	102	120	378	595	499	479	446	440	549	692
108 Österreich	10	11	79	178	236	158	181	248	198	196
109 Niederlande	70	196	608	1.630	1.472	1.195	1.268	1.136	1.740	2.094
110 Frankreich	752	971	2.093	4.162	4.034	3.815	3.788	3.995	5.105	..
111 Australien	119	212	552	667	882	753	777	749	752	618
112 Deutschland, Bundesrep.	456	599	1.689	3.567	3.152	3.176	2.782	2.942	3.832	4.454
113 Finnland	2	7	48	110	144	153	178	211	313	..
114 Dänemark	13	59	205	481	415	395	449	440	695	855
115 Japan	244	458	1.148	3.353	3.023	3.761	4.319	3.797	5.634	..
116 Schweden	38	117	566	962	987	754	741	840	1.090	1.337
117 Kanada	96	337	880	1.075	1.197	1.429	1.625	1.631	1.695	1.880
118 Norwegen	11	37	184	486	559	584	540	574	798	..
119 Vereinigte Staaten	4.023	3.153	4.161	7.138	8.202	8.081	8.711	9.403	9.564	..
120 Schweiz	12	30	104	253	252	320	285	302	422	532
Insgesamt	6.480	6.968	13.847	27.297	27.777	27.592	28.742	29.429	36.678	..
OECD					In % des BSP der Geberländer					
103 Irland	0,00	0,00	0,09	0,16	0,27	0,20	0,22	0,24	0,28	0,28
104 Neuseeland	..	0,23	0,52	0,33	0,28	0,28	0,25	0,25	0,30	..
105 Italien	0,10	0,16	0,11	0,15	0,20	0,20	0,28	0,26	0,40	..
106 Großbritannien	0,47	0,41	0,39	0,35	0,37	0,35	0,33	0,33	0,32	0,28
107 Belgien	0,60	0,46	0,59	0,50	0,58	0,59	0,58	0,55	0,49	0,50
108 Österreich	0,11	0,07	0,21	0,23	0,36	0,24	0,28	0,38	0,21	0,17
109 Niederlande	0,36	0,61	0,75	0,97	1,07	0,91	1,02	0,91	1,01	0,98
110 Frankreich	0,76	0,66	0,62	0,63	0,74	0,74	0,77	0,78	0,72	..
111 Australien	0,53	0,59	0,65	0,48	0,56	0,49	0,45	0,48	0,47	0,33
112 Deutschland, Bundesrep.	0,40	0,32	0,40	0,44	0,48	0,48	0,45	0,47	0,43	0,40
113 Finnland	0,02	0,06	0,18	0,22	0,29	0,32	0,35	0,40	0,45	..
114 Dänemark	0,13	0,38	0,58	0,74	0,77	0,73	0,85	0,80	0,89	0,87
115 Japan	0,27	0,23	0,23	0,32	0,28	0,32	0,34	0,29	0,29	..
116 Schweden	0,19	0,38	0,82	0,78	1,02	0,84	0,80	0,86	0,85	0,84
117 Kanada	0,19	0,41	0,54	0,43	0,41	0,45	0,50	0,49	0,48	0,46
118 Norwegen	0,16	0,32	0,66	0,87	1,03	1,10	1,03	1,01	1,20	..
119 Vereinigte Staaten	0,58	0,32	0,27	0,27	0,27	0,24	0,24	0,24	0,23	..
120 Schweiz	0,09	0,15	0,19	0,24	0,25	0,31	0,30	0,31	0,30	0,30
OECD					In nationalen Währungen					
103 Irland (Mio Pfund)	0	0	4	15	33	26	32	37	46	34
104 Neuseeland (Mio Dollar)	..	13	55	74	87	91	95	109	143	..
105 Italien (Mrd Lira)	38	92	119	585	1.097	1.267	1.991	2.097	3.578	..
106 Großbritannien (Mio Pfund)	169	208	409	798	1.031	1.062	1.070	1.180	1.194	1.151
107 Belgien (Mio Franc)	5.100	6.000	13.902	17.399	22.800	24.390	25.527	26.145	24.525	25.835
108 Österreich (Mio Schilling)	260	286	1.376	2.303	4.026	2.838	3.622	5.132	3.023	2.478
109 Niederlande (Mio Gulden)	253	710	1.538	3.241	3.931	3.411	4.069	3.773	4.263	4.242
110 Frankreich (Mio Franc)	3.713	5.393	8.971	17.589	26.513	29.075	33.107	35.894	35.357	..
111 Australien (Mio Dollar)	106	189	402	591	798	802	873	966	1.121	882
112 Deutschland, Bundesrep. (Mio DM)	1.824	2.192	4.155	6.484	7.649	8.109	7.917	8.661	8.323	8.004
113 Finnland (Mio Finnmark)	6	29	177	414	694	852	1.070	1.308	1.587	..
114 Dänemark (Mio Kronen)	90	443	1.178	2.711	3.458	3.612	4.650	4.657	5.623	5.848
115 Japan (Mrd Yen)	88	165	341	760	753	893	1.026	906	944	..
116 Schweden (Mio Kronen)	197	605	2.350	4.069	6.201	5.781	6.129	7.226	7.765	8.477
117 Kanada (Mio Dollar)	104	353	895	1.257	1.477	1.761	2.104	2.227	2.354	2.493
118 Norwegen (Mio Kronen)	79	264	962	2.400	3.608	4.261	4.407	4.946	5.901	..
119 Vereinigte Staaten (Mio Dollar)	4.023	3.153	4.161	7.138	8.202	8.081	8.711	9.403	9.564	..
120 Schweiz (Mio Franken)	52	131	268	424	512	672	672	743	759	793
OECD					Zusammenfassung					
Öffentliche Entwicklungshilfe										
in Mrd US-Dollar, lfd. Preise	6,48	6,97	13,86	27,30	27,78	27,59	28,74	29,43	36,68	..
in % des BSP	0,48	0,34	0,35	0,37	0,38	0,36	0,36	0,35	0,35	..
in Mrd US-Dollar, Preise von 1980	20,68	18,41	21,84	27,30	27,99	27,87	29,03	29,14	30,56	..
BSP (in Billionen US-Dollar, lfd. Preise)	1,35	2,04	3,96	7,39	7,43	7,70	8,03	8,42	10,39	..
BIP-Deflator[b]	0,31	0,38	0,63	1,00	0,99	0,99	0,99	1,01	1,20	..

	Betrag									
	1976	1978	1979	1980	1981	1982	1983	1984	1985	1986
OPEC	In Mio US-Dollar									
48 Nigeria	80	27	29	35	143	58	35	51	45	52
86 Algerien	11	39	281	81	55	129	37	52	52	50
87 Venezuela	109	96	110	135	92	125	142	90	32	85
95 Iran, Islam. Rep.	751	231	−20	−72	−141	−193	10	52	−129	40
96 Irak	123	123	658	864	207	52	−10	−22	−27	−40
98 Saudi-Arabien	2.791	5.250	3.941	5.682	5.514	3.854	3.259	3.194	2.630	3.575
99 Kuwait	706	1.001	971	1.140	1.163	1.161	997	1.020	771	715
100 Vereinigte Arab. Emirate	1.028	889	968	1.118	805	406	351	88	71	72
101 Libyen	98	132	145	376	257	44	144	24	149	31
Katar	180	95	282	277	246	139	20	10	9	3
OAPEC insgesamt	4.937	7.529	7.246	9.538	8.247	5.785	4.798	4.366	3.655	4.406
OPEC insgesamt	5.877	7.883	7.365	9.636	8.341	5.775	4.983	4.559	3.603	4.582
OPEC	In % des BSP der Geberländer									
48 Nigeria	0,19	0,05	0,04	0,04	0,19	0,08	0,05	0,07	0,06	0,10
86 Algerien	0,07	0,15	0,90	0,20	0,13	0,31	0,08	0,10	0,09	0,08
87 Venezuela	0,35	0,24	0,23	0,23	0,14	0,19	0,22	0,19	0,07	0,19
95 Iran, Islam. Rep.	1,16	0,33	−0,02	−0,08	−0,13	−0,15	0,01	−0,01	−0,08	0,03
96 Irak	0,76	0,55	1,97	2,36	0,94	0,18	−0,09	−0,10	−0,08	−0,13
98 Saudi-Arabien	5,95	8,06	5,16	4,87	3,45	2,50	2,86	3,44	2,86	4,52
99 Kuwait	4,82	5,53	3,52	3,52	3,65	4,34	3,73	3,82	3,25	2,99
100 Vereinigte Arab. Emirate	8,95	6,38	5,08	4,06	2,57	1,39	1,30	0,32	0,29	0,34
101 Libyen	0,66	0,75	0,60	1,16	0,81	0,15	0,51	0,08	0,58	0,13
Katar	7,35	3,29	6,07	4,16	3,50	2,13	0,39	0,17	0,18	0,08
OAPEC insgesamt	4,23	4,51	3,31	3,22	2,52	1,81	1,70	1,60	1,39	1,80
OPEC insgesamt	2,32	2,39	1,75	1,79	1,45	0,98	0,86	1,13	0,65	0,95

	Bilaterale Nettozuflüsse in Länder mit niedrigem Einkommen									
	1965	1970	1975	1980	1981	1982	1983	1984	1985	1986
OECD	In % des BSP der Geberländer									
103 Irland	..	..	..	..	..	0,02	0,03	0,03	0,05	0,06
104 Neuseeland	..	..	0,14	0,01	0,01	0,00	0,00	0,00	0,00	0,00
105 Italien	0,04	0,06	0,01	0,01	0,02	0,04	0,05	0,09	0,12	0,16
106 Großbritannien	0,23	0,15	0,11	0,11	0,13	0,07	0,10	0,09	0,09	0,09
107 Belgien	0,56	0,30	0,31	0,24	0,25	0,21	0,21	0,20	0,23	0,20
108 Österreich	0,06	0,05	0,02	0,03	0,03	0,01	0,02	0,01	0,02	0,01
109 Niederlande	0,08	0,24	0,24	0,30	0,37	0,31	0,26	0,29	0,27	0,32
110 Frankreich	0,12	0,09	0,10	0,08	0,11	0,10	0,09	0,14	0,14	0,13
111 Australien	0,08	0,09	0,10	0,04	0,06	0,07	0,05	0,06	0,05	0,04
112 Deutschland, Bundesrep.	0,14	0,10	0,12	0,08	0,11	0,12	0,13	0,11	0,14	0,12
113 Finnland	..	..	0,06	0,08	0,09	0,09	0,12	0,13	0,17	0,18
114 Dänemark	0,02	0,10	0,20	0,28	0,21	0,26	0,31	0,28	0,32	0,32
115 Japan	0,13	0,11	0,08	0,08	0,06	0,11	0,09	0,07	0,09	0,10
116 Schweden	0,07	0,12	0,41	0,36	0,32	0,38	0,33	0,30	0,31	0,38
117 Kanada	0,10	0,22	0,24	0,11	0,13	0,14	0,13	0,15	0,15	0,12
118 Norwegen	0,04	0,12	0,25	0,31	0,28	0,37	0,39	0,34	0,40	0,47
119 Vereinigte Staaten	0,26	0,14	0,08	0,03	0,03	0,02	0,03	0,03	0,04	0,03
120 Schweiz	0,02	0,05	0,10	0,08	0,07	0,09	0,10	0,12	0,12	0,12
Insgesamt	0,20	0,13	0,11	0,07	0,08	0,08	0,08	0,07	0,09	0,09

[a] Vorläufige Schätzungen. [b] Vgl. Technische Erläuterungen. [c] Ausschließlich Irak. [d] Ausschließlich Irak und Iran.

Tabelle 22: Einnahmen aus öffentlicher Entwicklungshilfe

Netto-Auszahlungen öffentlicher Entwicklungshilfe aus allen Quellen

	In Mio $							Pro Kopf (in $) 1986	In % des BSP 1986
	1980	1981	1982	1983	1984	1985	1986		
Länder mit niedrigem Einkommen	12.042 s	11.590 s	11.652 s	11.366 s	11.573 s	13.023 s	16.059 s	6,4 w	2,4 w
China und Indien	2.213 s	2.387 s	2.069 s	2.410 s	2.408 s	2.467 s	3.193 s	1,7 w	0,6 w
Übrige Länder	9.829 s	9.203 s	9.583 s	8.956 s	9.165 s	10.556 s	12.866 s	19,6 w	9,0 w
1 Äthiopien	212	245	200	339	364	715	642	14,8	11,5
2 Bhutan	8	10	11	13	18	24	40	30,2	19,3
3 Burkina Faso	212	217	213	184	189	198	284	35,0	19,3
4 Nepal	163	181	200	201	198	236	301	17,7	11,7
5 Bangladesch	1.282	1.104	1.346	1.067	1.200	1.151	1.455	14,1	9,5
6 Malawi	143	137	121	117	158	113	203	27,9	17,5
7 Zaire	428	394	348	315	312	325	448	14,1	8,0
8 Mali	267	230	210	215	320	380	372	49,1	22,7
9 Birma	309	283	319	302	275	356	416	10,9	5,1
10 Mosambik	169	144	208	211	259	300	422	29,7	9,8
11 Madagaskar	230	234	242	183	153	188	316	30,0	12,7
12 Uganda	114	136	133	137	163	183	198	13,1	5,7
13 Burundi	117	121	127	140	141	142	187	38,7	15,7
14 Tansania	679	703	684	594	558	487	681	29,5	15,2
15 Togo	91	63	77	112	110	114	174	55,4	18,5
16 Niger	170	194	257	175	161	305	308	46,6	15,2
17 Benin	91	82	81	86	77	96	138	33,1	10,0
18 Somalia	433	374	462	343	350	353	523	94,3	27,8
19 Zentralafrikanische Rep.	111	102	90	93	114	104	139	52,5	14,8
20 Indien	2.147	1.910	1.545	1.741	1.610	1.527	2.059	2,6	0,9
21 Ruanda	155	153	151	150	165	181	211	33,8	11,5
22 China	66	477	524	669	798	940	1.134	1,1	0,4
23 Kenia	397	449	485	400	411	438	458	21,6	6,9
24 Sambia	318	232	317	217	239	328	464	66,8	31,2
25 Sierra Leone	91	60	82	66	61	66	87	23,2	7,0
26 Sudan	583	632	740	962	622	1.128	940	41,7	12,8
27 Haiti	105	107	128	134	135	153	175	29,0	8,2
28 Pakistan	1.130	764	849	668	683	735	952	9,6	2,9
29 Lesotho	94	104	93	108	101	94	88	55,3	16,1
30 Ghana	192	148	141	110	216	204	371	28,2	6,6
31 Sri Lanka	390	377	416	473	466	484	571	35,4	8,9
32 Mauretanien	176	234	187	175	174	201	187	103,1	23,9
33 Senegal	262	397	285	322	368	294	567	83,8	16,0
34 *Afghanistan*	32	23	9	14	7	17	2	0,1	..
35 *Tschad*	35	60	65	95	115	182	165	31,0	..
36 *Guinea*	89	106	90	68	123	119	175	27,6	..
37 *Kamputschea, Dem.*	281	130	44	37	17	13	13	1,7	..
38 *Laos, Dem. VR*	41	35	38	30	34	37	48	13,1	..
39 *Vietnam*	228	242	130	106	110	114	147	2,3	..
Länder mit mittlerem Einkommen	13.589 s	13.519 s	11.846 s	11.712 s	11.916 s	12.653 s	13.395 s	11,5 w	0,9 w
Untere Einkommenskategorie	11.589 s	11.265 s	9.956 s	9.466 s	9.537 s	9.536 s	10.039 s	14,5 w	2,0 w
40 Liberia	98	108	109	118	133	90	97	43,0	9,6
41 Jemen, Dem. VR	100	87	143	106	102	112	58	26,2	5,7
42 Indonesien	949	975	906	744	673	603	711	4,3	1,0
43 Jemen, Arab. Rep.	472	411	412	328	325	275	233	28,5	4,7
44 Philippinen	300	376	333	429	397	486	956	16,7	3,2
45 Marokko	894	1.033	771	396	352	838	336	15,0	2,3
46 Bolivien	169	169	147	174	172	202	322	49,0	7,2
47 Simbabwe	164	212	216	208	298	237	225	25,8	4,2
48 Nigeria	36	41	37	48	33	32	60	0,6	0,1
49 Dominikanische Rep.	125	105	137	103	198	222	106	16,1	2,1
50 Papua-Neuguinea	326	336	311	333	322	259	263	77,2	10,9
51 Côte d'Ivoire	210	124	137	156	128	125	186	17,5	2,1
52 Honduras	103	109	158	192	290	276	288	63,7	8,5
53 Ägypten, Arab. Rep.	1.387	1.292	1.416	1.438	1.769	1.766	1.667	33,5	4,1
54 Nicaragua	223	172	121	120	114	102	150	44,3	5,6
55 Thailand	418	406	389	431	474	481	496	9,4	1,2
56 El Salvador	96	167	223	295	263	345	355	72,8	9,2
57 Botsuana	106	97	101	104	102	96	102	92,3	10,4
58 Jamaika	136	155	180	181	170	169	177	74,7	8,5
59 Kamerun	265	199	212	129	186	159	225	21,3	2,1
60 Guatemala	73	75	64	76	65	83	135	16,5	1,9
61 Kongo, VR	92	81	93	108	98	71	110	56,4	5,9
62 Paraguay	30	54	85	51	50	50	66	17,4	1,9
63 Peru	203	233	188	297	310	316	272	13,7	1,1
64 Türkei	950	723	642	351	241	175	346	6,7	0,6
65 Tunesien	232	239	210	205	178	163	199	27,3	2,3
66 Ecuador	46	59	53	64	136	136	147	15,2	1,4
67 Mauritius	33	58	48	41	36	28	56	54,6	4,2
68 Kolumbien	90	102	97	86	88	62	63	2,2	0,2

Anmerkung: Zur Vergleichbarkeit der Daten und ihrer Abgrenzung vgl. Technische Erläuterungen. Kursive Zahlen gelten für andere als die angegebenen Jahre.

	Netto-Auszahlungen öffentlicher Entwicklungshilfe aus allen Quellen							Pro Kopf (in $) 1986	In % des BSP 1986
	In Mio $								
	1980	1981	1982	1983	1984	1985	1986		
69 Chile	−10	−7	−8	0	2	40	−5	−0,4	0,0
70 Costa Rica	65	55	80	252	218	280	196	76,5	4,9
71 Jordanien	1.275	1.065	798	787	686	541	537	148,4	12,0
72 Syrien, Arab. Rep.	1.696	1.500	962	990	853	623	842	77,7	4,9
73 Libanon	237	455	187	127	77	94	62	23,2	. .
Obere Einkommenskategorie	2.000 s	2.254 s	1.889 s	2.246 s	2.379 s	3.117 s	3.357 s	7,1 w	0,4 w
74 Brasilien	85	235	208	101	161	123	178	1,3	0,1
75 Malaysia	135	143	135	177	327	229	193	12,0	0,8
76 Südafrika	. .	. .	. .	. .	. .	. .	. .	. .	. .
77 Mexiko	56	99	140	132	83	144	252	3,1	0,2
78 Uruguay	10	7	4	3	4	5	27	9,0	0,4
79 Ungarn	. .	. .	. .	. .	. .	. .	. .	. .	. .
80 Polen	. .	. .	. .	. .	. .	. .	. .	. .	. .
81 Portugal	112	82	49	43	97	101	139	13,7	0,5
82 Jugoslawien	−17	−15	−8	3	3	11	19	0,8	0,0
83 Panama	46	39	41	47	72	69	52	23,3	1,0
84 Argentinien	18	44	30	48	49	39	88	2,8	0,1
85 Korea, Rep.	139	330	34	8	−37	−9	−18	−0,4	0,0
86 Algerien	176	167	136	95	122	173	165	7,4	0,3
87 Venezuela	15	14	13	10	14	11	16	0,9	0,0
88 Gabun	56	44	62	64	76	61	79	77,2	2,7
89 Griechenland	40	13	12	13	13	11	19	1,9	0,0
90 Oman	168	231	133	71	67	78	84	64,9	1,3
91 Trinidad u. Tobago	5	−2	6	5	5	7	19	16,0	0,4
92 Israel	892	773	857	1.345	1.256	1.978	1.937	450,0	6,8
93 Hongkong	11	9	8	9	14	20	18	3,4	0,0
94 Singapur	14	22	20	15	41	24	30	11,5	0,2
95 Iran, Islam. Rep.	31	9	3	48	13	16	27	0,6	. .
96 Irak	9	9	6	13	4	26	33	2,0	. .
97 Rumänien	. .	. .	. .	. .	. .	. .	. .	. .	. .
Entwicklungsländer	25.630 s	25.109 s	23.498 s	23.078 s	23.489 s	25.676 s	29.454 s	8,1 w	1,4 w
Ölexporteure	4.985 s	4.718 s	4.177 s	3.958 s	4.130 s	3.907 s	4.437 s	8,2 w	1,0 w
Exporteure von Industrieprodukten	3.449 s	3.823 s	3.239 s	3.933 s	3.941 s	4.715 s	5.497 s	2,7 w	0,5 w
Hochverschuldete Länder	2.307 s	2.723 s	2.401 s	2.376 s	2.320 s	3.018 s	3.287 s	5,8 w	0,4 w
Afrika südlich der Sahara	6.971 s	6.971 s	7.162 s	6.964 s	7.207 s	8.228 s	10.018 s	23,1 w	6,2 w
Ölexporteure mit hohem Einkommen	46 s	50 s	80 s	59 s	48 s	42 s	81 s	4,2 w	0,1 w
98 Saudi-Arabien	15	30	57	44	36	29	31	2,6	0,0
99 Kuwait	10	10	6	5	4	4	5	2,8	0,0
100 Vereinigte Arab. Emirate	4	1	5	4	3	3	34	24,2	0,2
101 Libyen	17	11	12	6	5	5	11	2,8	. .
Marktwirtschaftliche Industrieländer	. .	. .	. .	. .	. .	. .	. .	. .	. .
102 Spanien	23	2	22	0	0	0	0	0,0	0,0
103 Irland									
104 Neuseeland									
105 Italien									
106 Großbritannien									
107 Belgien									
108 Österreich									
109 Niederlande									
110 Frankreich									
111 Australien									
112 Deutschland, Bundesrep.									
113 Finnland									
114 Dänemark									
115 Japan									
116 Schweden									
117 Kanada									
118 Norwegen									
119 Vereinigte Staaten									
120 Schweiz									
Nichtberichtende Nicht-Mitgliedsländer	. .	. .	. .	. .	. .	. .	. .	. .	. .
121 Albanien									
122 Angola	53	61	63	75	95	92	131	14,6	. .
123 Bulgarien									
124 Kuba	32	14	16	13	12	18	18	1,8	. .
125 Tschechoslowakei									
126 Deutsche Dem. Rep.									
127 Korea, Dem. Rep.									
128 Mongolei									
129 Sowjetunion									

Tabelle 23: Ausgaben der Zentralregierung

	Anteil an den Gesamtausgaben in %												Gesamtausgaben (in % des BSP)		Gesamtüberschuß/ -defizit (in % des BSP)	
	Verteidigung		Erziehung		Gesundheit		Wohnung; Gemeinschaftseinricht.; Sozialversicherung u. Wohlfahrt[a]		Wirtschaftsförderung		Sonstiges[a]					
	1972	1986	1972	1986	1972	1986	1972	1986	1972	1986	1972	1986	1972	1986	1972	1986
Länder mit niedrigem Einkommen	..	..	..	..	..	..	..	..	..	..	..	..	..	..	..	..
China und Indien	..	..	..	..	..	..	..	..	..	..	..	..	..	..	..	..
Übrige Länder	..	17,7w	..	9,8w	..	3,6w	..	6,2w	..	23,8w	..	38,9w	..	20,8w	..	−5,1w
1 Äthiopien	14,3	..	14,4	..	5,7	..	4,4	..	22,9	..	38,3	..	13,7	..	−1,4	..
2 Bhutan																
3 Burkina Faso	11,5	19,2	20,6	17,7	8,2	6,2	6,6	8,3	15,5	13,9	37,6	34,7	11,1	13,2	0,3	1,6
4 Nepal	7,2	6,2	7,2	12,1	4,7	5,0	0,7	6,8	57,2	48,5	23,0	21,5	8,5	19,7	−1,2	−8,1
5 Bangladesch[b]	5,1	11,2	14,8	9,9	5,0	5,3	9,8	0,6	39,3	41,6	25,9	31,3	9,4	10,9	−1,9	−0,2
6 Malawi[b]	3,1	6,0	15,8	11,0	5,5	6,9	5,8	1,9	33,1	30,5	36,8	43,7	22,1	31,5	−6,2	−8,4
7 Zaire	11,1	..	15,2	..	2,3	..	2,0	..	13,3	..	56,1	..	19,8	..	−3,8	..
8 Mali	..	8,1	..	9,0	..	1,7	..	6,2	..	7,7	..	67,3	..	34,0	..	−9,6
9 Birma	31,6	18,8	15,0	11,7	6,1	7,7	7,5	8,4	20,1	35,1	19,7	18,2	20,0	16,2	−7,3	−0,8
10 Mosambik																
11 Madagaskar	3,6	..	9,1	..	4,2	..	9,9	..	40,5	..	32,7	..	20,8	..	−2,5	..
12 Uganda	23,1	26,3	15,3	15,0	5,3	2,4	7,3	0,8	12,4	14,8	36,6	40,7	21,8	9,4	−8,1	−2,8
13 Burundi	10,3	..	23,4	..	6,0	..	2,7	..	33,9	..	23,8	..	19,9	..	0,0	..
14 Tansania	11,9	13,8	17,3	7,2	7,2	4,9	2,1	1,4	39,0	24,0	22,6	48,6	19,7	23,9	−5,0	..
15 Togo	..	6,9	..	11,7	..	3,6	..	9,2	..	23,5	..	45,2	..	42,3	..	−5,1
16 Niger																
17 Benin																
18 Somalia[b]	23,3	..	5,5	..	7,2	..	1,9	..	21,6	..	40,5	..	13,5	..	0,6	..
19 Zentralafrikanische Rep.																
20 Indien	..	18,4	..	2,1	..	2,1	..	5,6	..	23,4	..	48,5	..	16,4	..	−8,1
21 Ruanda	25,6	..	22,2	..	5,7	..	2,6	..	22,0	..	21,9	..	12,5	..	−2,7	..
22 China																
23 Kenia	6,0	8,7	21,9	19,7	7,9	6,4	3,9	0,5	30,1	27,6	30,2	37,0	21,0	27,8	−3,9	−6,7
24 Sambia[b]	0,0	..	19,0	16,0	7,4	7,2	1,3	2,6	26,7	16,1	45,7	58,1	34,0	38,2	−13,8	−16,3
25 Sierra Leone[b]	..	3,4	..	12,8	..	5,8	..	2,0	..	15,4	..	60,4	..	13,6	..	−8,9
26 Sudan[b]	24,1	..	9,3	..	5,4	..	1,4	..	15,8	..	44,1	..	19,2	..	−0,8	..
27 Haiti														14,5		
28 Pakistan	39,9	33,9	1,2	3,2	1,1	1,0	3,2	10,5	21,4	25,8	33,2	25,6	16,9	23,1	−6,9	−9,5
29 Lesotho	0,0	9,6	22,4	15,5	7,3	6,9	6,3	1,5	21,4	25,5	42,7	41,0	14,5	24,2	3,5	−2,6
30 Ghana[b]	7,9	6,5	20,1	23,9	6,3	8,3	4,1	7,3	15,1	15,7	46,6	38,3	19,5	14,0	−5,8	0,1
31 Sri Lanka	3,1	8,0	13,0	8,4	6,4	4,0	19,5	11,1	20,2	10,2	37,7	58,3	25,4	30,5	−5,3	−9,2
32 Mauretanien																
33 Senegal													..	18,8	..	−2,8
34 *Afghanistan*																
35 Tschad	24,6	..	14,8	..	4,4	..	1,7	..	21,8	..	32,7	..	14,9	..	−2,7	..
36 *Guinea*																
37 *Kamputschea, Dem.*																
38 *Laos, Dem. VR*																
39 *Vietnam*																
Länder mit mittlerem Einkommen	13,8w	11,7w	13,2w	11,2w	4,9w	4,8w	19,1w	15,2w	26,6w	20,0w	22,4w	37,1w	21,7w	27,5w	−3,3w	−5,8w
Untere Einkommenskategorie	16,1w	15,8w	22,1w	14,5w	6,6w	4,0w	15,9w	9,1w	24,4w	21,5w	14,9w	35,1w	22,1w	24,9	−5,2w	−4,5w
40 Liberia	..	7,7	..	14,2	..	5,7	..	1,8	..	34,5	..	36,2	..	27,1	..	−9,0
41 *Jemen, Dem. VR*																
42 Indonesien	18,6	9,3	7,4	8,5	1,4	1,9	0,9	1,4	30,5	19,3	41,3	59,6	15,1	26,9	−2,5	−3,9
43 Jemen, Arab. Rep.	..	28,8	..	22,5	..	4,7	..	0,0	..	7,8	..	36,1	..	25,5	..	−10,3
44 Philippinen[b]	10,9	11,9	16,3	20,1	3,2	6,0	0,7	1,6	17,6	44,9	51,3	15,6	13,4	10,8	−2,0	−1,9
45 Marokko	12,3	16,4	19,2	16,6	4,8	2,8	8,4	6,6	25,6	25,9	29,7	31,7	22,8	35,3	−3,9	−8,4
46 Bolivien	18,8	5,8	31,3	11,6	6,3	1,4	0,0	6,0	12,5	5,8	31,3	69,4	9,6	32,0	−1,8	−28,3
47 Simbabwe	..	15,2	..	20,9	..	6,2	..	4,7	..	26,0	..	27,0	..	35,2	..	−7,0
48 Nigeria	40,2	..	4,5	..	3,6	..	0,8	..	19,6	..	31,4	..	10,2	..	−0,9	..
49 Dominikanische Rep.	8,5	8,1	14,2	12,8	11,7	9,0	11,8	13,0	35,4	43,5	18,3	13,6	20,0	15,3	−0,2	−2,0
50 Papua-Neuguinea[b]	..	4,5	..	17,0	..	9,6	..	2,0	..	18,6	..	48,3	..	34,8	..	−2,6
51 Côte d'Ivoire	..	3,9	..	20,5	..	4,0	..	1,8	..	31,5	..	38,3	..	31,2	..	−3,1
52 Honduras	12,4	..	22,3	..	10,2	..	8,7	..	28,3	..	18,1	..	15,4	..	−2,7	..
53 Ägypten, Arab. Rep.	..	17,7	..	10,8	..	2,4	..	14,9	..	9,3	..	44,9	..	40,6	..	−10,9
54 Nicaragua	12,3	..	16,6	..	4,0	..	16,4	..	27,2	..	23,4	..	15,5	56,4	−3,9	−15,9
55 Thailand	20,2	20,2	19,9	19,5	3,7	5,7	7,0	4,6	25,6	22,6	23,5	27,4	17,2	21,7	−4,3	−5,6
56 El Salvador	6,6	28,7	21,4	17,5	10,9	7,5	7,6	4,6	14,4	22,6	39,0	19,2	12,8	12,9	−1,0	−0,8
57 Botsuana[b]	0,0	6,4	10,1	17,7	6,1	5,0	21,5	7,3	27,9	29,7	34,3	34,0	33,6	49,4	−23,8	31,8
58 *Jamaika*																
59 Kamerun	..	8,8	..	14,4	..	5,1	..	11,4	..	33,8	..	26,6	..	22,4	..	0,8
60 Guatemala	11,0	..	19,4	..	9,5	..	4,7	..	23,8	..	31,5	..	9,9	..	−2,2	..
61 *Kongo, VR*																
62 Paraguay	13,8	2,1	12,1	12,2	3,5	3,1	18,3	32,3	19,6	10,1	32,7	30,2	13,1	7,9	−1,7	1,5
63 Peru[b]	14,8	..	22,6	..	6,1	..	2,5	..	30,6	..	23,3	..	16,7	14,1	−1,0	..
64 Türkei	15,5	13,5	18,1	11,9	3,2	2,2	0,8	2,8	41,8	24,3	20,6	45,3	22,7	21,8	−2,2	−3,3
65 Tunesien	4,9	7,9	30,5	14,3	7,4	6,5	8,8	12,4	23,3	33,1	25,1	25,7	23,1	36,9	−0,9	−4,6
66 Ecuador[b]	15,7	11,8	27,5	24,5	4,5	7,3	0,8	0,9	28,9	19,8	22,6	35,8	13,4	15,7	0,2	2,1
67 Mauritius	0,8	0,8	13,5	13,4	10,3	7,7	3,1	1,6	13,9	12,4	58,3	64,1	16,3	24,9	−1,2	−3,5
68 Kolumbien													13,0	..	−2,5	..

Anmerkung: Zur Vergleichbarkeit der Daten und ihrer Abgrenzung vgl. Technische Erläuterungen. Kursive Zahlen gelten für andere als die angegebenen Jahre.

	Anteil an den Gesamtausgaben in %												Gesamt-ausgaben (in % des BSP)		Gesamt-überschuß/ -defizit (in % des BSP)	
	Verteidi-gung		Erziehung		Gesundheit		Wohnung; Gemeinschafts-einricht.; Sozial-versicherung u. Wohlfahrt[a]		Wirtschafts-förderung		Sonstiges[a]					
	1972	1986	1972	1986	1972	1986	1972	1986	1972	1986	1972	1986	1972	1986	1972	1986
69 Chile	6,1	10,7	14,3	12,5	8,2	6,0	39,8	42,6	15,3	9,2	16,3	19,0	43,2	33,6	−13,0	−1,1
70 Costa Rica	2,8	2,2	28,3	16,2	3,8	19,3	26,7	26,7	21,8	12,3	16,7	23,3	18,9	29,3	−4,5	−5,0
71 Jordanien	..	26,7	..	12,2	..	3,8	..	8,6	..	22,5	..	26,2	..	46,0	..	−10,0
72 Syrien, Arab. Rep.	37,2	..	11,3	..	1,4	..	3,6	..	39,9	..	6,7	..	28,8	..	−3,5	..
73 Libanon	..	..	..	..	..	..	..	..	..	..	..	..	..	..	..	..
Obere Einkommenskategorie	13,1w	10,3w	9,6w	10,2w	4,2w	5,1w	21,4w	17,3w	27,7w	19,6w	24,0w	37,5w	21,6w	28,3w	−2,7w	−6,3w
74 Brasilien	8,3	3,1	8,3	3,0	6,7	6,4	35,0	23,7	23,3	11,2	18,3	52,7	17,4	26,4	−0,3	−11,6
75 Malaysia	18,5	..	23,4	..	6,8	..	4,4	0,0	14,2	..	32,7	..	26,5	36,6	−9,4	−7,2
76 Südafrika	..	..	..	..	..	..	..	..	..	..	..	..	21,8	26,8	−4,2	−4,5
77 Mexiko	4,2	2,5	16,4	11,5	5,1	1,4	25,0	11,4	34,2	25,7	15,2	47,5	12,0	27,3	−3,0	−9,2
78 Uruguay	5,6	10,2	9,5	7,1	1,6	4,8	52,3	49,5	9,8	8,3	21,2	20,1	25,0	24,7	−2,5	−0,7
79 Ungarn	..	6,9	..	1,6	..	3,6	..	25,7	..	38,8	..	23,4	..	62,6	..	−3,3
80 Polen	..	..	..	..	..	..	..	..	..	..	..	..	..	42,2	..	−0,3
81 Portugal	..	..	..	..	..	..	..	..	..	..	..	..	..	..	..	..
82 Jugoslawien	20,5	60,0	..	..	..	..	35,6	9,0	12,0	15,4	31,9	15,7	21,1	6,6	−0,4	0,0
83 Panama	0,0	0,0	20,7	16,0	15,1	15,8	10,8	16,7	24,2	9,0	29,1	42,5	27,6	32,5	−6,5	−3,2
84 Argentinien	10,0	5,2	20,0	6,0	0,0	1,3	20,0	33,0	30,0	18,4	20,0	36,0	19,6	25,8	−4,9	−8,0
85 Korea, Rep.	25,8	29,2	15,8	18,1	1,2	1,5	5,9	7,2	25,6	16,2	25,7	27,7	18,0	17,8	−3,9	−0,1
86 Algerien	..	..	..	..	..	..	..	..	..	..	..	..	..	..	..	..
87 Venezuela	10,3	4,9	18,6	19,8	11,7	8,1	9,2	14,0	25,4	17,9	24,8	35,3	21,4	26,6	−0,3	2,9
88 Gabun	..	..	..	..	..	..	..	..	..	..	..	..	40,1	41,0	−12,9	0,1
89 Griechenland	14,9	..	9,1	..	7,4	..	30,6	..	26,4	..	11,7	..	27,5	50,9	−1,7	−14,4
90 Oman	39,3	41,9	3,7	10,1	5,9	5,0	3,0	1,4	24,4	20,8	23,6	20,8	62,1	63,2	−15,3	−27,9
91 Trinidad u. Tobago	..	..	..	..	..	..	..	..	..	..	..	..	..	..	..	..
92 Israel	42,9	30,1	7,1	6,7	3,6	3,4	7,1	20,4	7,1	5,7	32,2	33,7	43,9	72,1	−15,7	−3,5
93 Hongkong	..	..	..	..	..	..	..	..	..	..	..	..	..	..	..	..
94 Singapur	20,1	22,5	9,0	21,6	4,5	6,5	2,2	5,7	5,7	17,7	58,6	26,0	29,5	26,5	1,3	2,0
95 Iran, Islam. Rep.	24,1	..	10,4	..	3,6	..	6,1	..	30,6	..	25,2	..	30,8	..	−4,6	..
96 Irak	..	..	..	..	..	..	..	..	..	..	..	..	..	..	..	..
97 Rumänien	6,2	4,7	3,2	1,8	0,5	0,8	16,5	21,9	..	55,5	73,5	15,4	..	..	..	..
Entwicklungsländer	14,3w	12,5w	12,5w	10,3w	4,7w	4,5w	16,9w	13,8w	25,6w	20,6w	26,0w	38,3w	18,7w	26,3w	−3,5w	−6,2w
Ölexporteure	15,8w	11,2w	15,9w	13,3w	5,4w	4,3w	12,1w	10,8w	32,3w	22,3w	18,5w	38,1w	18,4w	27,0w	−3,2w	−4,7w
Exporteure von Industrieprodukten	..	13,6w	..	5,5w	..	4,2w	..	16,2w	..	20,3w	..	40,2w	..	24,7w	..	−7,0w
Hochverschuldete Länder	10,1w	5,7w	15,8w	10,3w	6,8w	4,9w	29,3w	18,8w	22,5w	18,0w	15,5w	42,3w	17,5w	23,7w	−2,7w	−7,6w
Afrika südlich der Sahara	..	..	..	..	..	..	..	..	..	..	..	..	..	..	..	..
Ölexporteure mit hohem Einkommen	..	..	..	..	..	..	..	..	..	..	..	..	..	..	..	..
98 Saudi-Arabien	..	..	..	..	..	..	..	..	..	..	..	..	..	..	..	..
99 Kuwait	8,4	12,8	15,0	12,6	5,5	7,1	11,9	20,5	16,6	22,4	42,5	24,6	34,4	41,5	17,4	23,6
100 Vereinigte Arab. Emirate[b]	24,4	45,3	16,5	9,7	4,3	6,2	6,1	5,0	18,3	5,1	30,5	28,7	4,3	17,5	0,3	..
101 Libyen	..	..	..	..	..	..	..	..	..	..	..	..	..	..	..	..
Marktwirtschaftliche Industrieländer	21,7w	16,4w	5,4w	4,5w	11,2w	12,9w	42,3w	39,0w	12,8w	9,5w	12,0w	12,3w	22,2w	28,6w	−1,8w	−5,1w
102 Spanien	6,5	4,4	8,3	6,2	0,9	13,1	49,8	48,5	17,5	11,7	17,0	16,3	19,8	29,1	−0,5	−7,7
103 Irland	..	3,1	11,7	..	..	13,2	..	30,1	..	15,0	..	26,9	33,0	54,7	−5,5	−11,6
104 Neuseeland[b]	5,8	4,7	16,9	10,9	14,8	12,5	25,6	32,2	16,5	12,3	20,4	27,4	29,2	42,8	−3,9	−4,9
105 Italien	6,3	3,2	16,1	7,2	13,5	9,9	44,8	30,0	18,4	13,2	0,9	36,5	27,6	50,2	−8,1	−14,1
106 Großbritannien	16,7	13,3	2,6	2,1	12,3	12,6	26,5	30,2	11,1	8,9	30,8	33,0	32,3	40,6	−2,7	−3,4
107 Belgien	6,7	5,3	15,5	13,0	1,5	1,7	41,0	41,5	18,9	11,9	16,4	26,5	39,9	56,7	−4,4	−10,6
108 Österreich	3,3	3,1	10,2	9,7	10,1	12,0	53,7	42,6	11,3	13,8	11,4	18,8	29,6	40,5	−0,2	−5,9
109 Niederlande	..	5,2	..	11,1	..	10,8	..	39,8	..	10,7	..	22,5	41,0	56,6	0,0	−1,7
110 Frankreich	..	..	..	..	..	..	..	..	..	..	..	..	32,0	44,1	0,0	−2,8
111 Australien	14,2	9,3	4,2	7,2	7,0	9,5	20,3	28,9	14,4	7,8	39,9	37,3	18,8	27,9	0,3	−2,3
112 Deutschland, Bundesrep.	12,4	8,8	1,5	0,6	17,5	17,9	46,9	50,5	11,3	6,8	10,4	15,4	24,2	29,9	0,7	−0,7
113 Finnland	6,1	5,2	15,3	13,7	10,6	10,6	28,4	35,7	27,9	21,0	11,6	13,7	24,3	31,1	1,2	−0,5
114 Dänemark	7,3	5,2	16,0	9,2	10,0	1,0	41,6	40,0	11,3	6,8	13,7	37,8	32,6	39,5	2,7	−3,8
115 Japan	..	..	..	..	..	..	..	..	..	..	..	..	12,7	17,4	−1,9	−4,9
116 Schweden	12,5	6,6	14,8	8,9	3,6	1,1	44,3	51,8	10,6	6,8	14,3	24,8	27,9	44,1	−1,2	−2,6
117 Kanada	..	7,6	..	3,4	..	6,1	..	35,0	..	14,9	..	33,1	..	25,4	..	−6,2
118 Norwegen	9,7	8,3	9,9	8,7	12,3	10,5	39,9	35,0	20,2	19,5	8,0	17,9	35,0	40,6	−1,5	3,9
119 Vereinigte Staaten	32,2	25,8	3,2	1,7	8,6	11,6	35,3	31,0	10,6	8,8	10,1	21,1	19,0	24,5	−1,5	−5,0
120 Schweiz	15,1	10,3	4,2	3,1	10,0	13,1	39,5	50,6	18,4	12,2	12,8	10,8	13,3	18,6	0,9	−0,1
Nichtberichtende Nicht-Mitgliedsländer																
121 Albanien	..	..	..	..	..	..	..	..	..	..	..	..	..	..	..	..
122 Angola	..	..	..	..	..	..	..	..	..	..	..	..	..	..	..	..
123 Bulgarien	..	..	..	..	..	..	..	..	..	..	..	..	..	..	..	..
124 Kuba	..	..	..	..	..	..	..	..	..	..	..	..	..	..	..	..
125 Tschechoslowakei	..	..	..	..	..	..	..	..	..	..	..	..	..	..	..	..
126 Deutsche Dem. Rep.	..	..	..	..	..	..	..	..	..	..	..	..	..	..	..	..
127 Korea, Dem. Rep.	..	..	..	..	..	..	..	..	..	..	..	..	..	..	..	..
128 Mongolei	..	..	..	..	..	..	..	..	..	..	..	..	..	..	..	..
129 Sowjetunion	..	..	..	..	..	..	..	..	..	..	..	..	..	..	..	..

[a] Vgl. Technische Erläuterungen. [b] Bezieht sich auf Haushaltsdaten.

Tabelle 24: Laufende Einnahmen der Zentralregierung

	Anteil an den laufenden Gesamteinnahmen in %												
	Steuereinnahmen											Laufende Gesamt- einnahmen (in % des BSP)	
	Steuern auf Einkommen, Gewinne u. Kapital- gewinne		Sozialver- sicherungs- beiträge		Inlandssteu- ern auf Güter und Dienst- leistungen		Steuern auf Außenhandel u. internatio- nale Trans- aktionen		Sonstige Steuern[a]		Nicht- steuerliche Einnahmen			
	1972	1986	1972	1986	1972	1986	1972	1986	1972	1986	1972	1986	1972	1986
Länder mit niedrigem Einkommen	..	..	..	..	..	..	..	..	..	..	..	..	..	..
China und Indien	..	..	..	..	..	..	..	..	..	..	..	..	..	..
Übrige Länder	..	16,8w	..	..	..	32,2w	..	28,1w	..	..	..	19,8w	..	15,4w
1 Äthiopien	23,0	..	0,0	..	29,8	..	30,4	..	5,6	..	11,1	..	10,5	..
2 Bhutan	..	..	..	..	..	..	..	..	..	..	..	..	..	..
3 Burkina Faso	*16,8*	*12,4*	*0,0*	*7,6*	*18,0*	*13,8*	*51,8*	*33,9*	*3,2*	*6,1*	*10,2*	*26,2*	*11,4*	*15,1*
4 Nepal	4,1	8,0	0,0	0,0	26,5	40,7	36,7	27,7	19,0	6,2	13,7	17,4	5,2	9,2
5 Bangladesch[b]	3,7	9,6	0,0	0,0	22,4	28,1	18,0	22,3	3,8	5,7	52,2	34,3	8,6	9,4
6 Malawi[b]	31,5	34,6	0,0	0,0	24,3	28,5	20,0	21,5	0,4	0,5	23,9	14,9	16,0	22,3
7 Zaire	22,2	26,8	2,2	0,7	12,7	19,2	57,9	37,3	1,4	1,6	3,7	14,4	14,3	19,9
8 Mali	..	9,2	..	3,6	..	31,2	..	21,7	..	19,6	..	14,7	..	16,3
9 Birma	28,7	4,8	0,0	0,0	..	13,4	..	15,9	34,2	40,0	23,8	39,3	12,4	13,7
10 Mosambik	..	..	..	..	..	..	..	..	..	..	..	..	..	..
11 Madagaskar	13,1	..	7,2	..	29,9	..	33,6	..	5,5	..	10,8	..	18,3	..
12 Uganda	22,1	5,5	0,0	0,0	32,8	19,1	36,3	75,3	0,3	0,0	8,5	0,0	13,7	5,9
13 Burundi	18,1	..	1,2	..	18,3	..	40,3	..	15,6	..	6,5	..	11,5	..
14 Tansania	29,9	..	0,0	..	29,1	..	21,7	..	0,5	..	18,8	..	15,8	..
15 Togo	..	30,3	..	6,2	..	7,6	..	32,1	..	1,1	..	22,6	..	32,4
16 Niger	..	..	..	..	..	..	..	..	..	..	..	..	..	..
17 Benin	..	..	..	..	..	..	..	..	..	..	..	..	..	..
18 Somalia[b]	10,7	..	0,0	..	24,7	..	45,3	..	5,2	..	14,0	..	13,7	..
19 Zentralafrikanische Rep.	..	..	..	..	..	..	..	..	..	..	..	..	..	..
20 Indien	..	14,8	..	0,0	..	38,0	..	26,9	..	0,4	..	19,9	..	13,3
21 Ruanda	*17,9*	..	*4,4*	..	*14,1*	..	*41,7*	..	*13,8*	..	*8,1*	..	*9,8*	..
22 China	..	..	..	..	..	..	..	..	..	..	..	..	..	..
23 Kenia[b]	35,6	30,2	0,0	0,0	19,9	38,9	24,3	18,0	1,4	0,6	18,8	12,3	18,0	21,5
24 Sambia[b]	49,7	28,4	0,0	0,0	20,2	40,2	14,3	22,6	0,1	1,3	15,6	7,5	23,2	23,9
25 Sierra Leone[b]	..	28,0	..	0,0	..	25,0	..	40,4	..	1,0	..	5,6	..	6,5
26 Sudan[b]	11,8	..	0,0	..	30,4	..	40,5	..	1,5	..	15,7	..	18,0	..
27 Haiti	..	..	..	..	..	..	..	..	..	..	..	..	..	..
28 Pakistan	*13,6*	*11,9*	*0,0*	*0,0*	*35,9*	*33,0*	*34,2*	*31,0*	*0,5*	*0,3*	*15,8*	*23,8*	*12,5*	*16,2*
29 Lesotho	10,3	11,1	0,0	0,0	2,5	10,3	74,0	67,8	5,4	0,2	7,8	10,5	15,4	21,9
30 Ghana[b]	18,4	19,4	0,0	0,0	29,4	28,4	40,6	40,8	0,2	0,2	11,5	11,2	15,1	13,9
31 Sri Lanka	*19,1*	*13,0*	*0,0*	*0,0*	*34,7*	*40,1*	*35,4*	*29,7*	*2,1*	*1,8*	*8,7*	*15,5*	*20,1*	*20,6*
32 Mauretanien	..	..	..	..	..	..	..	..	..	..	..	..	..	..
33 Senegal	20,0	..	..	..	25,9	..	42,7	..	7,5	..	3,8	..	17,0	..
34 Afghanistan	..	..	..	..	..	..	..	..	..	..	..	..	..	..
35 Tschad	*16,7*	*21,0*	*0,0*	*0,0*	*12,3*	*8,5*	*45,2*	*46,2*	*20,5*	*12,7*	*5,3*	*11,6*	*10,8*	..
36 Guinea	..	..	..	..	..	..	..	..	..	..	..	..	..	..
37 Kamputschea, Dem.	..	..	..	..	..	..	..	..	..	..	..	..	..	..
38 Laos, Dem. VR	..	..	..	..	..	..	..	..	..	..	..	..	..	..
39 Vietnam	..	..	..	..	..	..	..	..	..	..	..	..	..	..
Länder mit mittlerem Einkommen	21,3w	25,7w	..	..	23,8w	25,5w	14,1w	8,3w	..	..	22,5w	26,3w	19,1w	24,0w
Untere Einkommenskategorie	19,7w	31,7w	..	..	33,9w	24,3w	21,1w	13,7w	..	..	15,3w	..	16,7w	21,4w
40 Liberia	..	39,7	..	0,0	..	24,9	..	28,6	..	2,5	..	4,3	..	17,8
41 Jemen, Dem. VR	..	..	..	..	..	..	..	..	..	..	..	..	..	..
42 Indonesien	45,5	40,4	0,0	0,0	22,8	23,3	17,6	4,9	3,5	1,8	10,6	29,7	13,4	23,1
43 Jemen, Arab. Rep.	..	12,2	..	0,0	..	11,6	..	43,1	..	11,7	..	21,4	..	19,5
44 Philippinen[b]	*13,8*	*26,6*	*0,0*	*0,0*	*24,3*	*36,4*	*23,0*	*23,7*	*29,7*	*2,5*	*9,3*	*10,8*	*12,4*	*11,5*
45 Marokko	16,4	18,7	5,9	5,0	45,7	37,8	13,2	16,1	6,1	7,7	12,6	14,8	18,5	26,8
46 Bolivien	15,4	6,5	..	28,6	30,8	14,3	46,2	28,6	7,7	−6,5	8,0	28,6	7,8	3,2
47 Simbabwe	..	42,8	..	0,0	..	30,6	..	15,6	..	1,1	..	10,0	..	26,8
48 Nigeria[b]	43,0	..	0,0	..	26,3	..	17,5	..	0,2	..	13,0	..	11,6	..
49 Dominikanische Rep.	17,9	19,0	3,9	3,5	19,0	33,8	40,3	33,7	1,8	2,2	17,0	7,8	19,4	13,3
50 Papua-Neuguinea[b]	..	47,9	..	0,0	..	14,3	..	24,1	..	1,9	..	11,8	..	22,4
51 Côte d'Ivoire	..	11,4	..	4,4	..	15,7	..	26,7	..	41,7	..	..	..	28,2
52 Honduras	19,2	..	3,0	..	33,8	..	28,2	..	2,3	..	13,5	..	12,6	..
53 Ägypten, Arab. Rep.	..	16,4	..	13,3	..	10,8	..	14,1	..	7,2	..	38,2	..	34,3
54 Nicaragua	9,5	14,4	14,0	10,5	37,3	48,5	24,4	7,1	9,0	10,6	5,8	8,9	12,6	39,6
55 Thailand	12,1	20,7	0,0	0,0	46,3	43,9	28,7	22,2	1,8	2,0	11,2	11,1	12,9	16,3
56 El Salvador	15,2	20,0	0,0	0,0	25,6	31,6	36,1	41,4	17,2	−1,8	6,0	8,9	11,6	14,7
57 Botsuana[b]	19,9	29,8	0,0	0,0	2,2	0,9	47,2	13,9	0,7	0,1	29,9	55,2	30,7	82,6
58 Jamaika	..	..	..	..	..	..	..	..	..	..	..	..	..	..
59 Kamerun	..	57,2	..	5,4	..	10,9	..	15,2	..	3,3	..	8,0	..	24,3
60 Guatemala	12,7	..	..	..	36,1	..	26,2	..	15,6	..	9,4	..	8,9	..
61 Kongo, VR	19,4	..	0,0	..	40,3	..	26,5	..	6,3	..	7,5	..	18,4	..
62 Paraguay	8,8	12,2	10,4	12,7	26,1	26,1	24,8	11,4	17,0	22,5	12,9	15,1	11,5	9,6
63 Peru[b]	17,2	22,0	..	..	32,2	46,6	15,9	22,6	22,1	1,2	12,6	7,6	15,5	12,9
64 Türkei	..	43,5	..	..	..	31,0	..	6,6	..	4,3	..	14,6	17,6	18,5
65 Tunesien	15,9	12,2	7,1	7,9	31,6	19,8	21,8	28,5	7,8	5,5	15,7	26,2	23,6	34,4
66 Ecuador[b]	19,6	65,0	0,0	0,0	19,1	13,7	52,4	17,3	5,1	2,0	3,8	2,0	13,6	17,7
67 Mauritius	22,7	9,1	0,0	0,0	23,3	19,9	40,2	56,4	5,5	4,4	8,2	10,1	15,6	21,5
68 Kolumbien	37,2	13,9	..	..	16,0	..	20,3	..	7,2	..	5,5	..	10,6	..

Anmerkung: Zur Vergleichbarkeit der Daten und ihrer Abgrenzung vgl. Technische Erläuterungen. Kursive Zahlen gelten für andere als die angegebenen Jahre.

	Anteil an den laufenden Gesamteinnahmen in %													
	Steuereinnahmen													
	Steuern auf Einkommen, Gewinne u. Kapitalgewinne		Sozialversicherungsbeiträge		Inlandssteuern auf Güter und Dienstleistungen		Steuern auf Außenhandel u. internationale Transaktionen		Sonstige Steuern[a]		Nichtsteuerliche Einnahmen		Laufende Gesamteinnahmen (in % des BSP)	
	1972	1986	1972	1986	1972	1986	1972	1986	1972	1986	1972	1986	1972	1986
69 Chile	14,3	11,7	28,6	7,5	28,6	43,6	14,3	8,8	0,0	7,5	14,3	20,8	30,2	31,7
70 Costa Rica	17,7	10,8	13,4	24,7	38,1	28,2	18,1	21,1	1,6	−0,2	11,0	15,5	15,7	24,5
71 Jordanien	..	13,2	..	0,0	..	12,9	..	33,1	..	14,8	..	25,9	..	26,7
72 Syrien, Arab. Rep.	6,8	..	0,0	..	10,4	..	17,3	..	12,1	..	53,4	..	25,1	..
73 *Libanon*	..	..	..	..	..	..	..	..	..	..	..	..	..	..
Obere Einkommenskategorie	22,5	23,8	..	..	21,1	25,8	11,6	6,6	..	..	24,8	28,3	20,3	25,0
74 Brasilien	20,0	17,7	27,7	20,8	35,4	16,4	7,7	2,4	3,1	3,8	6,2	38,9	18,8	27,2
75 Malaysia	25,2	43,0	0,1	0,7	24,2	17,6	27,9	16,6	1,4	2,2	21,2	19,8	20,3	29,3
76 Südafrika	54,8	52,2	1,2	1,2	21,5	32,5	4,6	2,5	5,0	3,1	12,8	8,5	21,2	23,3
77 Mexiko	36,4	24,3	19,4	12,9	32,1	67,0	13,2	4,0	−9,8	−17,0	8,6	8,8	10,4	18,1
78 Uruguay	4,7	8,2	30,0	27,4	24,5	43,6	6,1	13,7	22,0	2,5	12,6	4,7	22,7	24,3
79 Ungarn	..	15,9	..	24,0	..	29,0	..	6,2	..	11,5	..	13,5	..	59,4
80 Polen	..	25,8	..	24,9	..	29,8	..	7,0	..	6,2	..	6,3	..	42,0
81 *Portugal*	..	..	..	..	..	..	..	..	..	..	..	..	..	..
82 Jugoslawien	0,0	0,0	52,3	0,0	24,5	63,1	19,5	35,6	0,0	0,0	3,7	1,3	20,7	6,6
83 Panama	23,3	23,1	22,4	20,3	13,2	15,2	16,0	10,6	7,7	3,4	17,3	27,3	21,8	28,3
84 Argentinien	0,0	4,9	33,3	27,1	0,0	37,4	33,3	14,7	0,0	6,3	33,3	9,7	14,7	22,8
85 Korea, Rep.	29,1	25,2	0,7	1,6	41,8	42,7	10,7	14,9	5,2	3,9	12,5	11,7	13,2	18,8
86 *Algerien*	..	..	..	..	..	..	..	..	..	..	..	..	..	..
87 Venezuela	54,2	58,4	6,0	2,9	6,7	5,4	6,1	15,4	1,1	2,2	25,9	15,6	21,9	31,8
88 Gabun	18,2	44,2	6,0	0,0	9,5	6,5	44,9	16,2	4,2	1,9	17,2	31,2	28,3	42,0
89 Griechenland	12,2	17,9	24,5	34,9	35,5	36,3	6,7	0,5	12,0	0,2	9,2	10,2	25,4	35,8
90 Oman	71,1	19,8	0,0	0,0	0,0	1,2	3,0	4,4	2,3	0,9	23,6	73,8	47,4	33,5
91 *Trinidad u. Tobago*	..	..	..	..	..	..	..	..	..	..	..	..	..	..
92 Israel	40,0	36,9	0,0	8,8	20,0	29,0	20,0	4,8	10,0	2,8	10,0	17,7	31,3	56,4
93 *Hongkong*	..	..	..	..	..	..	..	..	..	..	..	..	..	..
94 Singapur	24,4	27,0	0,0	0,0	17,6	13,8	11,1	3,6	15,5	15,1	31,4	40,6	21,6	27,0
95 *Iran, Islam. Rep.*	7,9	..	2,7	..	6,4	..	14,6	..	4,9	..	63,6	..	26,2	..
96 *Irak*	..	..	..	..	..	..	..	..	..	..	..	..	..	..
97 Rumänien	6,3	0,0	7,9	16,5	0,0	0,0	0,0	0,0	0,0	12,3	85,8	71,2	..	..
Entwicklungsländer	21,1 w	24,6 w	..	..	25,7 w	26,8 w	16,1 w	10,5 w	..	..	21,4 w	25,5 w	16,2 w	22,7 w
Ölexporteure	28,0 w	32,5 w	..	..	19,2 w	23,6 w	14,5 w	8,4 w	..	..	30,6 w	15,9 w	22,6 w	
Exporteure von Industrieprodukten	..	18,0 w	..	..	..	25,1 w	..	8,9 w	..	..	..	31,6 w	..	23,0 w
Hochverschuldete Länder	18,3 w	22,0 w	..	..	28,1 w	32,1 w	13,9 w	8,3 w	..	..	12,4 w	22,9 w	16,4 w	21,3 w
Afrika südlich der Sahara	..	..	..	..	..	..	..	..	..	..	..	..	..	..
Ölexporteure mit hohem Einkommen	..	..	..	..	..	..	..	..	..	..	..	..	..	..
98 *Saudi-Arabien*	..	..	..	..	..	..	..	..	..	..	..	..	..	..
99 Kuwait	68,8	0,6	..	..	19,7	0,4	1,5	1,3	0,2	0,0	9,9	97,7	55,2	66,2
100 Vereinigte Arab. Emirate[b]	0,0	..	0,0	..	0,0	..	0,0	..	0,0	..	100,0	..	0,2	..
101 *Libyen*	..	..	..	..	..	..	..	..	..	..	..	..	..	..
Marktwirtschaftliche Industrieländer	4,1 w	40,0 w	..	..	21,2 w	17,3 w	2,0 w	1,2 w	..	..	6,2 w	9,0 w	21,6 w	24,1 w
102 Spanien	15,9	22,9	38,9	45,2	23,4	15,8	10,0	4,1	0,7	2,2	11,1	9,8	20,0	23,7
103 Irland	28,3	33,6	9,0	14,4	32,1	32,1	16,7	7,2	3,2	1,2	10,6	11,5	30,3	45,3
104 Neuseeland[b]	61,4	61,8	0,0	0,0	19,9	17,5	4,1	3,5	4,5	1,9	10,0	15,3	28,0	39,5
105 Italien	16,6	38,5	39,2	28,7	31,7	23,5	0,4	0,0	4,3	9,3	7,7	3,1	23,3	36,7
106 Großbritannien	39,4	38,9	15,6	17,5	27,1	30,4	1,7	0,0	5,4	1,9	10,8	11,4	33,1	37,9
107 Belgien	31,3	37,9	32,4	34,0	28,9	21,4	1,0	0,0	3,3	2,1	3,1	4,5	35,6	46,5
108 Österreich	20,7	19,4	30,0	36,7	28,3	26,6	5,4	1,4	10,2	7,3	5,5	8,6	29,7	35,0
109 Niederlande	32,5	24,3	36,7	37,9	22,3	20,6	0,5	0,0	3,4	2,3	4,7	14,8	43,4	51,6
110 Frankreich	16,9	17,5	37,1	43,8	37,9	29,9	0,3	0,1	2,9	4,0	4,9	4,7	33,0	40,9
111 Australien	58,3	60,0	0,0	0,0	21,9	23,5	5,2	5,2	2,1	0,5	12,5	10,9	20,7	25,8
112 Deutschland, Bundesrep.	19,7	17,5	46,6	53,3	28,1	21,8	0,8	0,0	0,8	0,2	4,0	7,3	25,3	29,4
113 Finnland	30,0	31,5	7,8	9,6	47,7	45,7	3,1	0,8	5,8	4,4	5,5	7,9	26,5	29,8
114 Dänemark	40,0	37,2	5,1	3,7	42,1	41,7	3,1	0,1	2,8	3,8	6,8	13,5	35,5	43,8
115 Japan	64,8	67,4	0,0	0,0	22,6	18,9	3,5	1,7	6,8	7,5	2,4	4,6	11,2	12,6
116 Schweden	27,0	16,0	21,6	29,8	34,0	29,6	1,5	0,5	4,7	8,3	11,3	15,8	32,4	41,1
117 Kanada	..	49,3	..	14,5	..	18,5	..	4,7	..	0,0	..	13,0	..	19,7
118 Norwegen	22,6	20,2	20,6	21,8	48,0	39,7	1,6	0,5	1,0	1,0	6,2	16,7	36,8	48,4
119 Vereinigte Staaten	59,2	50,1	23,8	33,9	7,1	3,9	1,6	1,7	2,5	0,8	5,7	9,5	17,6	19,5
120 Schweiz	13,9	14,8	37,3	52,7	21,5	20,5	16,7	7,8	2,6	−1,3	8,0	5,5	14,5	18,3
Nichtberichtende Nicht-Mitgliedsländer	..	..	..	..	..	..	..	..	..	..	..	..	..	..
121 *Albanien*	..	..	..	..	..	..	..	..	..	..	..	..	..	..
122 *Angola*	..	..	..	..	..	..	..	..	..	..	..	..	..	..
123 *Bulgarien*	..	..	..	..	..	..	..	..	..	..	..	..	..	..
124 *Kuba*	..	..	..	..	..	..	..	..	..	..	..	..	..	..
125 *Tschechoslowakei*	..	..	..	..	..	..	..	..	..	..	..	..	..	..
126 *Deutsche Dem. Rep.*	..	..	..	..	..	..	..	..	..	..	..	..	..	..
127 *Korea, Dem. Rep.*	..	..	..	..	..	..	..	..	..	..	..	..	..	..
128 *Mongolei*	..	..	..	..	..	..	..	..	..	..	..	..	..	..
129 *Sowjetunion*	..	..	..	..	..	..	..	..	..	..	..	..	..	..

[a] Vgl. Technische Erläuterungen. [b] Bezieht sich auf Haushaltsdaten.

Tabelle 25: Geldbestände und Zinssätze

	Geldbestände in weiter Abgrenzung				Durchschnittliche jährliche Inflationsrate (BIP-Deflator)	Nominale Zinssätze der Banken (Jahresdurchschnitte in %)			
	Durchschnittliche jährliche nominale Zuwachsrate (in %)	Durchschnittliche Bestände (in % des BIP)				Einlagenzins		Kreditzins	
	1965–80 / 1980–86	1965	1980	1986	1980–86	1980	1986	1980	1986

Land	1965–80	1980–86	1965	1980	1986	1980–86	1980	1986	1980	1986
Länder mit niedrigem Einkommen										
China und Indien										
Übrige Länder										
1 Äthiopien	12,7	12,8	12,5	25,2	37,3	3,4	..	..	..	..
2 Bhutan	..	..	..	..	..	..	..	..	..	..
3 Burkina Faso	17,1	12,6	9,3	18,5	22,1	6,3	6,25	5,25	9,38	8,83
4 Nepal	17,9	18,6	8,4	21,9	28,7	8,8	4,00	7,17	14,00	15,67
5 Bangladesch	..	23,8	..	18,6	26,7	11,2	8,25	12,00	11,33	12,00
6 Malawi	15,4	15,9	17,7	20,3	22,0	12,4	7,92	12,75	16,67	19,00
7 Zaire	28,0	56,4	11,7	8,9	10,8	54,1	..	..	..	..
8 Mali	14,4	16,0	..	17,4	23,0	7,4	6,19	6,08	9,38	8,83
9 Birma	11,5	14,3	29,0	23,9	35,8	2,1	..	..	..	..
10 Mosambik	..	..	..	..	..	28,1	..	..	..	..
11 Madagaskar	11,9	14,3	19,6	27,6	25,7	17,8	5,63	11,50	9,50	14,50
12 Uganda	23,2	77,8	..	12,7	7,8	74,9	6,80	35,00	10,80	33,33
13 Burundi	15,7	11,7	10,1	12,7	17,1	6,4	2,50	8,00	12,00	12,00
14 Tansania	20,1	..	..	37,2	..	21,5	6,25	8,50	11,50	18,50
15 Togo	20,3	12,6	10,9	29,0	45,3	6,7	6,25	5,25	9,38	8,83
16 Niger	18,3	6,6	3,8	13,3	15,9	..	6,25	5,25	9,38	8,83
17 Benin	17,3	9,8	10,6	21,1	22,8	8,6	6,25	5,25	9,38	8,83
18 Somalia	20,4	29,4	12,7	25,1	10,7	45,4	4,50	14,00	7,50	20,58
19 Zentralafrikanische Rep.	12,7	7,5	13,5	18,9	17,4	11,5	5,50	7,25	10,50	12,00
20 Indien	15,3	17,6	25,7	36,2	43,9	7,8	..	..	16,50	16,50
21 Ruanda	19,0	9,9	15,8	13,6	15,4	5,6	6,25	6,25	13,50	14,00
22 China	..	23,9	..	34,9	56,5	3,8	5,40	..	..	..
23 Kenia	18,6	15,2	..	37,7	39,8	9,9	5,75	11,25	10,58	14,00
24 Sambia	12,7	24,4	..	32,6	28,3	23,3	7,00	..	9,50	27,40
25 Sierra Leone	15,9	43,2	11,7	20,6	27,2	33,5	9,17	14,17	11,00	15,00
26 Sudan	21,0	34,5	14,2	28,2	32,3	32,6	..	..	..	..
27 Haiti	20,3	7,4	9,9	26,1	..	7,7	10,00	..	..	..
28 Pakistan	14,7	14,8	40,8	38,7	38,4	7,5	..	..	..	..
29 Lesotho	..	20,2	..	..	48,4	13,1	9,6	10,04	11,00	13,42
30 Ghana	25,9	42,8	20,3	16,2	11,3	50,8	11,50	17,00	19,00	20,00
31 Sri Lanka	15,1	17,7	31,4	32,9	33,6	13,5	14,50	12,21	19,00	9,80
32 Mauretanien	20,7	12,0	5,7	20,5	22,9	9,9	..	7,33	..	10,67
33 Senegal	15,6	9,8	15,3	27,0	24,5	9,5	6,25	5,25	9,38	8,83
34 *Afghanistan*	14,0	13,8	14,4	26,8	..	..	9,00	9,00	13,00	13,00
35 *Tschad*	12,5	19,8	9,3	20,0	25,5	..	5,50	5,50	11,00	11,00
36 *Guinea*	..	..	..	..	..	..	..	..	..	..
37 *Kamputschea, Dem.*	..	..	..	..	..	..	..	..	..	..
38 *Laos, Dem. VR*	..	..	..	..	..	..	..	..	..	..
39 *Vietnam*	..	..	..	..	..	..	..	..	..	..
Länder mit mittlerem Einkommen										
Untere Einkommenskategorie										
40 Liberia	..	..	..	..	..	1,1	10,30	7,25	18,40	14,45
41 Jemen, Dem. VR	15,2	13,2	..	114,8	175,0	4,8	..	..	..	..
42 Indonesien	54,4	24,1	..	13,2	26,3	8,9	6,00	18,00	9,00	21,49
43 Jemen, Arab. Rep.	..	23,0	..	74,7	78,3	13,1	..	..	..	..
44 Philippinen	17,7	16,7	19,9	19,0	20,9	18,2	12,25	11,25	14,00	17,53
45 Marokko	15,8	14,8	29,4	45,4	53,7	7,7	4,88	8,50	7,00	8,75
46 Bolivien	24,3	642,6	10,9	16,2	13,7	683,7	18,00	..	28,00	..
47 Simbabwe	..	12,4	..	54,6	45,3	13,0	3,52	10,28	17,54	13,00
48 Nigeria	28,5	9,8	13,9	25,1	34,5	10,5	5,27	9,12	8,43	9,43
49 Dominikanische Rep.	18,5	21,1	18,0	23,4	27,7	15,9	..	..	..	..
50 Papua-Neuguinea	..	9,8	..	32,9	35,5	..	6,90	11,49	11,15	12,33
51 Côte d'Ivoire	20,4	9,4	21,8	26,7	29,4	8,3	6,25	5,25	9,38	8,83
52 Honduras	14,6	10,9	15,4	23,3	29,1	5,2	7,00	10,10	18,50	19,00
53 Ägypten, Arab. Rep.	17,7	23,2	35,3	49,7	74,0	12,4	7,04	8,50	..	..
54 Nicaragua	15,0	..	15,4	21,0	..	56,5	7,50	..	..	..
55 Thailand	17,8	19,0	25,6	35,9	63,0	3,0	12,00	9,75	18,00	19,00
56 El Salvador	14,3	18,3	21,6	28,1	32,0	14,9	..	..	..	..
57 Botsuana	..	19,7	..	31,1	27,1	7,6	5,00	8,67	8,48	11,00
58 Jamaika	17,2	26,5	24,3	35,6	51,1	19,8	10,29	19,02	13,00	23,00
59 Kamerun	19,1	18,9	12,5	19,7	19,4	11,0	7,50	7,25	13,00	13,00
60 Guatemala	16,3	13,7	15,2	20,5	22,5	11,3	9,00	..	11,00	11,50
61 Kongo, VR	14,2	12,3	16,5	14,7	20,1	7,5	6,50	8,00	..	..
62 Paraguay	21,3	16,8	12,1	19,8	16,7	19,0	..	..	..	..
63 Peru	25,9	100,8	18,7	16,3	15,6	100,1	..	..	..	..
64 Türkei	27,4	51,0	23,0	16,7	25,4	37,3	10,00	49,20	25,67	..
65 Tunesien	17,4	15,3	30,2	42,1	51,5	8,9	2,50	5,25	7,25	9,17
66 Ecuador	22,6	..	15,6	20,2	..	29,5	..	..	..	..
67 Mauritius	21,8	15,6	27,3	41,1	45,0	8,1	9,25	9,50	12,19	14,33
68 Kolumbien	26,5	27,2	19,8	23,7	..	22,6	31,30	29,10	19,00	..

Anmerkung: Zur Vergleichbarkeit der Daten und ihrer Abgrenzung vgl. Technische Erläuterungen. Kursive Zahlen gelten für andere als die angegebenen Jahre.

	Geldbestände in weiter Abgrenzung				Durch-schnittliche jährliche Inflationsrate (BIP-Deflator)	Nominale Zinssätze der Banken (Jahresdurchschnitte in %)			
	Durchschnittliche jährliche nominale Zuwachsrate (in %)		Durchschnittliche Bestände (in % des BIP)			Einlagenzins		Kreditzins	
	1965—80	1980—86	1965	1980	1986	1980—86	1980	1986	1980	1986
69 Chile	137,5	..	16,3	17,6	..	20,2	37,46	..	47,14	..
70 Costa Rica	24,6	29,4	19,3	38,8	35,3	32,3	..	16,67	..	21,80
71 Jordanien	19,1	12,9	..	88,8	122,6	3,2	..	..	..	..
72 Syrien, Arab. Rep.	21,9	22,2	24,6	40,5	..	6,2	5,00	..	..	..
73 Libanon	16,2	42,5	83,4	176,1	..	..	..	..	..	..
Obere Einkommenskategorie										
74 Brasilien	43,4	*175,8*	20,6	18,0	..	157,1	..	..	..	..
75 Malaysia	21,5	14,8	26,3	69,8	127,5	1,4	6,23	7,17	7,75	*11,54*
76 Südafrika	14,0	14,9	56,6	49,5	52,5	13,6	5,54	10,98	9,50	14,33
77 Mexiko	21,9	59,6	27,0	28,7	23,7	63,7	26,15	84,68	28,10	..
78 Uruguay	65,5	51,2	28,0	30,5	39,1	50,4	50,30	61,70	66,62	94,73
79 Ungarn	..	7,2	..	46,5	48,0	5,4	3,00	4,00	9,00	11,00
80 Polen	..	23,3	..	58,3	39,0	31,2	3,00	6,00	8,00	12,00
81 Portugal	19,5	..	77,7	97,1	..	22,0	18,20	*26,80*	18,50	*25,59*
82 Jugoslawien	25,7	46,3	43,6	59,1	39,5	51,8	5,88	55,67	11,50	83,00
83 Panama	..	..	..	..	..	3,3	..	..	..	..
84 Argentinien	86,5	302,2	..	22,3	17,6	326,2	87,97	61,23	..	..
85 Korea, Rep.	35,5	18,1	11,1	31,8	41,3	5,4	19,50	10,00	18,00	10,00
86 Algerien	22,1	17,5	32,1	58,5	85,2	6,1	..	..	..	..
87 Venezuela	22,3	15,6	20,5	42,5	67,7	8,7	..	8,93	..	8,49
88 Gabun	25,2	12,1	16,2	15,2	26,3	4,8	7,50	8,00	12,50	11,50
89 Griechenland	21,4	25,7	35,0	61,6	75,8	20,3	14,50	15,50	21,25	20,50
90 Oman	..	17,4	..	13,8	30,6	3,6	..	..	..	..
91 Trinidad u. Tobago	22,4	12,4	21,3	30,8	59,4	8,6	6,57	5,97	10,00	12,00
92 Israel	52,4	193,8	13,9	56,8	68,9	182,9	..	18,59	176,93	60,27
93 Hongkong	..	..	..	69,3	..	6,9	..	..	..	..
94 Singapur	17,6	10,7	58,4	74,4	101,6	1,9	9,37	3,91	11,72	6,82
95 *Iran, Islam. Rep.*	28,6	..	21,6	52,1	..	..	..	..	..	..
96 *Irak*	..	..	19,7	..	..	..	..	..	..	..
97 *Rumänien*	..	7,5	..	33,2	..	..	..	..	..	..
Entwicklungsländer **Ölexporteure** **Exporteure von Industrieprodukten** **Hochverschuldete Länder** **Afrika südl. der Sahara**										
Ölexporteure mit hohem Einkommen										
98 Saudi-Arabien	32,1	11,6	16,4	18,6	53,6	−1,3	..	..	..	..
99 Kuwait	17,8	6,4	28,1	34,4	..	..	4,50	*4,50*	6,80	*6,80*
100 Vereinigte Arab. Emirate	..	14,5	..	19,0	..	−1,4	9,47	..	..	..
101 *Libyen*	29,2	2,2	14,2	34,7	..	..	5,13	5,50	7,00	7,00
Marktwirtschaftliche Industrieländer										
102 Spanien	19,7	8,7	60,3	75,2	63,7	11,3	13,05	9,05	16,85	12,19
103 Irland	16,1	6,5	..	58,1	47,6	..	12,00	6,50	15,96	12,23
104 Neuseeland	12,8	16,4	54,8	51,1	55,3	11,0	..	16,32	12,63	..
105 Italien	17,8	12,2	60,0	76,0	66,5	13,2	12,70	8,97	19,03	14,18
106 Großbritannien	13,8	13,3	48,6	46,3	63,5	..	14,13	6,89	16,17	10,83
107 Belgien	10,4	6,5	59,2	57,0	56,2	5,7	7,69	5,33	..	10,44
108 Österreich	13,3	7,5	49,0	72,6	80,8	4,5	5,00	3,50	..	..
109 Niederlande	14,7	5,8	54,5	79,0	87,7	3,1	5,96	3,93	13,50	8,63
110 Frankreich	15,0	10,0	53,5	69,7	68,9	..	6,25	5,32	18,73	16,38
111 Australien	13,1	12,7	49,3	44,5	47,7	8,2	8,58	13,96	10,58	19,85
112 Deutschland, Bundesrep.	10,1	5,7	46,1	60,4	63,7	3,0	7,95	3,71	12,04	8,75
113 Finnland	14,7	14,3	39,1	39,5	48,2	8,1	..	7,33	9,77	9,08
114 Dänemark	11,5	16,9	45,8	42,6	57,5	7,3	10,80	6,58	17,20	12,98
115 Japan	17,2	8,6	106,9	134,0	163,5	1,6	5,50	2,32	8,32	5,91
116 Schweden	10,8	..	39,3	40,6	..	8,2	11,25	9,58	15,12	14,18
117 Kanada	15,3	6,7	40,5	65,0	62,8	5,6	12,86	8,25	18,25	9,75
118 Norwegen	12,8	12,9	51,9	52,9	59,9	7,0	5,08	*5,35*	12,63	*13,46*
119 Vereinigte Staaten	9,2	10,5	63,8	58,7	68,4	4,4	13,07	6,52	15,27	8,35
120 Schweiz	7,1	8,8	101,1	107,4	119,4	4,2	..	3,63	..	5,46
Nichtberichtende Nicht-Mitgliedsländer										
121 *Albanien*	..	..	..	..	..	..	..	..	..	..
122 *Angola*	..	..	..	..	..	..	..	..	..	..
123 *Bulgarien*	..	..	..	..	..	..	..	..	..	..
124 *Kuba*	..	..	..	..	..	..	..	..	..	..
125 *Tschechoslowakei*	..	..	..	..	..	..	..	..	..	..
126 *Deutsche Dem. Rep.*	..	..	..	..	..	..	..	..	..	..
127 *Korea, Dem. Rep.*	..	..	..	..	..	..	..	..	..	..
128 *Mongolei*	..	..	..	..	..	..	..	..	..	..
129 *Sowjetunion*	..	..	..	..	..	..	..	..	..	..

Tabelle 26: Einkommensverteilung

		Prozentuale Anteile am Haushaltseinkommen nach prozentualen Haushaltsgruppen[a]					
	Jahr	Unterste 20%-Gruppe	2. 20%-Gruppe	3. 20%-Gruppe	4. 20%-Gruppe	Höchste 20%-Gruppe	Höchste 10%-Gruppe
Länder mit niedrigem Einkommen							
China und Indien							
Übrige Länder							
1 Äthiopien		..	..	..	..	..	..
2 Bhutan		..	..	..	..	..	..
3 Burkina Faso		..	..	..	..	..	..
4 Nepal		..	..	..	..	..	..
5 Bangladesch	1981-82	6,6	10,7	15,3	22,1	45,3	29,5
6 Malawi		..	..	..	..	..	..
7 Zaire		..	..	..	..	..	..
8 Mali		..	..	..	..	..	..
9 Birma		..	..	..	..	..	..
10 Mosambik		..	..	..	..	..	..
11 Madagaskar		..	..	..	..	..	..
12 Uganda		..	..	..	..	..	..
13 Burundi		..	..	..	..	..	..
14 Tansania		..	..	..	..	..	..
15 Togo		..	..	..	..	..	..
16 Niger		..	..	..	..	..	..
17 Benin		..	..	..	..	..	..
18 Somalia		..	..	..	..	..	..
19 Zentralafrikanische Rep.		..	..	..	..	..	..
20 Indien	1975-76	7,0	9,2	13,9	20,5	49,4	33,6
21 Ruanda		..	..	..	..	..	..
22 China		..	..	..	..	..	..
23 Kenia	1976	2,6	6,3	11,5	19,2	60,4	45,8
24 Sambia	1976	3,4	7,4	11,2	16,9	61,1	46,4
25 Sierra Leone		..	..	..	..	..	..
26 Sudan		..	..	..	..	..	..
27 Haiti		..	..	..	..	..	..
28 Pakistan		..	..	..	..	..	..
29 Lesotho		..	..	..	..	..	..
30 Ghana		..	..	..	..	..	..
31 Sri Lanka	1980-81	5,8	10,1	14,1	20,3	49,8	34,7
32 Mauretanien		..	..	..	..	..	..
33 Senegal		..	..	..	..	..	..
34 *Afghanistan*		..	..	..	..	..	..
35 *Tschad*		..	..	..	..	..	..
36 *Guinea*		..	..	..	..	..	..
37 *Kamputschea, Dem.*		..	..	..	..	..	..
38 *Laos, Dem. VR*		..	..	..	..	..	..
39 *Vietnam*		..	..	..	..	..	..
Länder mit mittlerem Einkommen							
Untere Einkommenskategorie							
40 Liberia		..	..	..	..	..	..
41 *Jemen, Dem. VR*		..	..	..	..	..	..
42 Indonesien	1976	6,6	7,8	12,6	23,6	49,4	34,0
43 *Jemen, Arab. Rep.*		..	..	..	..	..	..
44 Philippinen	1985	5,2	8,9	13,2	20,2	52,5	37,0
45 Marokko		..	..	..	..	..	..
46 Bolivien		..	..	..	..	..	..
47 Simbabwe		..	..	..	..	..	..
48 Nigeria		..	..	..	..	..	..
49 Dominikanische Rep.		..	..	..	..	..	..
50 Papua-Neuguinea		..	..	..	..	..	..
51 Côte d'Ivoire	1985-86	2,4	6,2	10,9	19,1	61,4	43,7
52 Honduras		..	..	..	..	..	..
53 Ägypten, Arab. Rep.	1974	5,8	10,7	14,7	20,8	48,0	33,2
54 Nicaragua		..	..	..	..	..	..
55 Thailand	1975-76	5,6	9,6	13,9	21,1	49,8	34,1
56 El Salvador	1976-77	5,5	10,0	14,8	22,4	47,3	29,5
57 Botsuana		..	..	..	..	..	..
58 Jamaika		..	..	..	..	..	..
59 Kamerun		..	..	..	..	..	..
60 Guatemala		..	..	..	..	..	..
61 Kongo, VR		..	..	..	..	..	..
62 Paraguay		..	..	..	..	..	..
63 Peru	1972	1,9	5,1	11,0	21,0	61,0	42,9
64 Türkei	1973	3,5	8,0	12,5	19,5	56,5	40,7
65 Tunesien		..	..	..	..	..	..
66 Ecuador		..	..	..	..	..	..
67 Mauritius	1980-81	4,0	7,5	11,0	17,0	60,5	46,7
68 Kolumbien		..	..	..	..	..	..

Anmerkung: Zur Vergleichbarkeit der Daten und ihrer Abgrenzung vgl. Technische Erläuterungen. Kursive Zahlen gelten für andere als die angegebenen Jahre.

	Jahr	Prozentuale Anteile am Haushaltseinkommen nach prozentualen Haushaltsgruppen[a]					
		Unterste 20%-Gruppe	2. 20%-Gruppe	3. 20%-Gruppe	4. 20%-Gruppe	Höchste 20%-Gruppe	Höchste 10%-Gruppe
69 Chile		..	..	..	..	..	..
70 Costa Rica	1971	3,3	8,7	13,3	19,8	54,8	39,5
71 Jordanien		..	..	..	..	..	..
72 Syrien, Arab. Rep.		..	..	..	..	..	..
73 *Libanon*		..	..	..	..	..	..
Obere Einkommenskategorie							
74 Brasilien	1972	2,0	5,0	9,4	17,0	66,6	50,6
75 Malaysia	1973	3,5	7,7	12,4	20,3	56,1	39,8
76 Südafrika		..	..	..	..	..	..
77 Mexiko	1977	2,9	7,0	12,0	20,4	57,7	40,6
78 Uruguay		..	..	..	..	..	..
79 Ungarn	1982	6,9	13,6	19,2	24,5	35,8	20,5
80 Polen		..	..	..	..	..	..
81 Portugal	1973-74	5,2	10,0	14,4	21,3	49,1	33,4
82 Jugoslawien	1978	6,6	12,1	18,7	23,9	38,7	22,9
83 Panama	1973	2,0	5,2	11,0	20,0	61,8	44,2
84 Argentinien	1970	4,4	9,7	14,1	21,5	50,3	35,2
85 Korea, Rep.	1976	5,7	11,2	15,4	22,4	45,3	27,5
86 Algerien		..	..	..	..	..	..
87 Venezuela	1970	3,0	7,3	12,9	22,8	54,0	35,7
88 Gabun		..	..	..	..	..	..
89 Griechenland		..	..	..	..	..	..
90 Oman		..	..	..	..	..	..
91 Trinidad u. Tobago	1975-76	4,2	9,1	13,9	22,8	50,0	31,8
92 Israel	1979-80	6,0	12,0	17,7	24,4	39,9	22,6
93 Hongkong	1980	5,4	10,8	15,2	21,6	47,0	31,3
94 Singapur		..	..	..	..	..	..
95 *Iran, Islam. Rep.*		..	..	..	..	..	..
96 *Irak*		..	..	..	..	..	..
97 *Rumänien*		..	..	..	..	..	..
Entwicklungsländer							
Ölexporteure							
Exporteure von Industrieprodukten							
Hochverschuldete Länder							
Afrika südlich der Sahara							
Ölexporteure mit hohem Einkommen							
98 Saudi-Arabien		..	..	..	..	..	..
99 Kuwait		..	..	..	..	..	..
100 Vereinigte Arab. Emirate		..	..	..	..	..	..
101 *Libyen*		..	..	..	..	..	..
Marktwirtschaftliche Industrieländer							
102 Spanien	1980-81	6,9	12,5	17,3	23,2	40,0	24,0
103 Irland	1973	7,2	13,1	16,6	23,7	39,4	25,1
104 Neuseeland	1981-82	5,1	10,8	16,2	23,2	44,7	28,7
105 Italien	1977	6,2	11,3	15,9	22,7	43,9	28,1
106 Großbritannien	1979	7,0	11,5	17,0	24,8	39,7	23,4
107 Belgien	1978-79	7,9	13,7	18,6	23,8	36,0	21,5
108 Österreich		..	..	..	..	..	..
109 Niederlande	1981	8,3	14,1	18,2	23,2	36,2	21,5
110 Frankreich	1975	5,5	11,5	17,1	23,7	42,2	26,4
111 Australien	1975-76	5,4	10,0	15,0	22,5	47,1	30,5
112 Deutschland, Bundesrep.	1978	7,9	12,5	17,0	23,1	39,5	24,0
113 Finnland	1981	6,3	12,1	18,4	25,5	37,6	21,7
114 Dänemark	1981	5,4	12,0	18,4	25,6	38,6	22,3
115 Japan	1979	8,7	13,2	17,5	23,1	37,5	22,4
116 Schweden	1981	7,4	13,1	16,8	21,0	41,7	28,1
117 Kanada	1981	5,3	11,8	18,0	24,9	40,0	23,8
118 Norwegen	1982	6,0	12,9	18,3	24,6	38,2	22,8
119 Vereinigte Staaten	1980	5,3	11,9	17,9	25,0	39,9	23,3
120 Schweiz	1978	6,6	13,5	18,5	23,4	38,0	23,7
Nichtberichtende Nicht-Mitgliedsländer							
121 *Albanien*		..	..	..	..	..	..
122 *Angola*		..	..	..	..	..	..
123 *Bulgarien*		..	..	..	..	..	..
124 *Kuba*		..	..	..	..	..	..
125 *Tschechoslowakei*		..	..	..	..	..	..
126 *Deutsche Dem. Rep.*		..	..	..	..	..	..
127 *Korea, Dem. Rep.*		..	..	..	..	..	..
128 *Mongolei*		..	..	..	..	..	..
129 *Sowjetunion*		..	..	..	..	..	..

[a] Diese Schätzwerte sollten mit Vorsicht behandelt werden; vgl. Technische Erläuterungen.

Tabelle 27: Bevölkerungswachstum und -projektionen

	Durchschnittliches jährliches Bevölkerungswachstum (in %)			Bevölkerung (in Mio)			Hypothetischer Umfang der stationären Bevölkerung (in Mio)	Voraussichtliches Jahr einer Netto-Reproduktionsrate von 1	Bevölkerungseigendynamik 1985
	1965—80	1980—86	1986—2000	1986	1990ᵃ	2000ᵃ			
Länder mit niedrigem Einkommen	2,3 w	1,9 w	1,9 w	2.493 s	2.700 s	3.246 s			
China und Indien	2,2 w	1,6 w	1,5 w	1.835 s	1.963 s	2.281 s			
Übrige Länder	2,7 w	2,8 w	2,8 w	658 s	736 s	966 s			
1 Äthiopien	2,7	2,4	2,9	43	49	65	205	2040	1,9
2 Bhutan	1,6	2,0	2,2	1	1	2	4	2035	1,7
3 Burkina Faso	2,0	2,5	2,9	8	9	12	42	2040	1,8
4 Nepal	2,4	2,6	2,5	17	19	24	63	2035	1,8
5 Bangladesch	2,7	2,6	2,5	103	114	145	342	2030	1,9
6 Malawi	2,9	3,2	3,3	7	8	12	42	2040	1,9
7 Zaire	2,8	3,1	3,0	32	36	48	142	2035	1,9
8 Mali	2,1	2,3	2,7	8	8	11	39	2040	1,8
9 Birma	2,3	2,0	2,3	38	42	52	102	2020	1,7
10 Mosambik	2,5	2,7	3,0	14	16	22	74	2040	1,9
11 Madagaskar	2,5	3,3	3,2	11	12	16	52	2035	1,9
12 Uganda	2,9	3,1	3,2	15	17	23	82	2040	1,9
13 Burundi	1,9	2,7	3,1	5	5	7	24	2035	1,8
14 Tansania	3,3	3,5	3,4	23	27	37	123	2035	2,0
15 Togo	3,0	3,4	3,3	3	4	5	16	2035	2,0
16 Niger	2,7	3,0	3,2	7	7	10	36	2040	1,9
17 Benin	2,7	3,2	3,4	4	5	7	22	2035	2,0
18 Somalia	2,7	2,9	3,1	6	6	8	30	2040	1,9
19 Zentralafrikanische Rep.	1,8	2,5	2,9	3	3	4	12	2035	1,8
20 Indien	2,3	2,2	1,8	781	846	1.002	1.698	2010	1,7
21 Ruanda	3,3	3,3	3,7	6	7	10	40	2040	1,9
22 China	2,2	1,2	1,4	1.054	1.117	1.279	1.695	2000	1,6
23 Kenia	3,6	4,1	3,9	21	25	36	121	2030	2,1
24 Sambia	3,1	3,5	3,4	7	8	11	37	2035	2,0
25 Sierra Leone	2,0	2,4	2,6	4	4	5	18	2045	1,8
26 Sudan	3,0	2,8	2,9	23	25	34	101	2035	1,8
27 Haiti	2,0	1,8	2,0	6	7	8	17	2030	1,7
28 Pakistan	3,1	3,1	3,0	99	113	150	423	2035	1,8
29 Lesotho	2,3	2,7	2,7	2	2	2	6	2030	1,8
30 Ghana	2,2	3,5	3,1	13	15	20	58	2030	1,9
31 Sri Lanka	1,8	1,5	1,5	16	17	20	30	2005	1,7
32 Mauretanien	2,3	2,6	2,8	2	2	3	9	2040	1,8
33 Senegal	2,5	2,9	3,0	7	8	10	30	2035	1,9
34 *Afghanistan*	2,4	..	..	..	..	..	..	..	..
35 *Tschad*	2,0	2,3	2,5	5	6	7	22	2040	1,8
36 *Guinea*	1,9	2,4	2,4	6	7	9	26	2040	1,8
37 *Kamputschea, Dem.*	0,3	..	..	..	..	..	..	..	..
38 *Laos, Dem. VR*	1,4	2,0	2,8	4	4	5	15	2035	1,8
39 *Vietnam*	..	2,6	2,4	63	70	88	168	2015	1,8
Länder mit mittlerem Einkommen	2,4 w	2,3 w	2,1 w	1.268 s	1.380 s	1.680 s			
Untere Einkommenskategorie	2,5 w	2,6 w	2,3 w	691 s	758 s	941 s			
40 Liberia	3,0	3,3	3,2	2	3	3	11	2035	1,9
41 Jemen, Dem. VR	2,0	3,1	2,8	2	3	3	9	2035	1,9
42 Indonesien	2,3	2,2	1,8	166	178	207	335	2005	1,8
43 Jemen, Arab. Rep.	2,8	2,5	3,0	8	9	12	39	2040	1,9
44 Philippinen	2,9	2,5	2,3	57	62	76	137	2015	1,8
45 Marokko	2,5	2,5	2,2	22	25	30	59	2020	1,8
46 Bolivien	2,5	2,7	2,6	7	7	9	24	2030	1,8
47 Simbabwe	3,1	3,7	3,0	9	10	13	33	2025	2,0
48 Nigeria	2,5	3,3	3,3	103	118	164	529	2035	2,0
49 Dominikanische Rep.	2,7	2,4	2,1	7	7	9	13	2015	1,5
50 Papua-Neuguinea	2,3	2,1	2,2	3	4	5	10	2025	1,8
51 Côte d'Ivoire	4,2	4,2	3,6	11	12	17	51	2030	2,0
52 Honduras	3,2	3,6	3,0	5	5	7	16	2020	2,0
53 Ägypten, Arab. Rep.	2,4	2,7	2,2	50	55	67	132	2020	1,8
54 Nicaragua	3,1	3,4	3,0	3	4	5	13	2025	2,0
55 Thailand	2,7	2,0	1,6	53	56	65	99	2000	1,8
56 El Salvador	2,7	1,2	1,9	5	5	6	13	2015	1,8
57 Botsuana	3,5	3,5	3,3	1	1	2	5	2025	2,0
58 Jamaika	1,5	1,5	1,4	2	3	3	4	2005	1,7
59 Kamerun	2,7	3,2	3,3	11	12	17	51	2030	1,9
60 Guatemala	2,8	2,9	2,7	8	9	12	29	2025	1,8
61 Kongo, VR	2,7	3,3	3,5	2	2	3	10	2030	1,9
62 Paraguay	2,8	3,2	2,5	4	4	5	10	2015	1,8
63 Peru	2,8	2,3	2,1	20	22	27	48	2015	1,8
64 Türkei	2,4	2,5	1,9	51	56	67	112	2010	1,7
65 Tunesien	2,1	2,3	2,2	7	8	10	18	2015	1,8
66 Ecuador	3,1	2,9	2,4	10	11	13	26	2015	1,9
67 Mauritius	1,6	1,0	1,2	1	1	1	2	2000	1,7
68 Kolumbien	2,2	1,9	1,8	29	31	37	59	2010	1,7

Anmerkung: Zur Vergleichbarkeit der Daten und ihrer Abgrenzung vgl. Technische Erläuterungen. Kursive Zahlen gelten für andere als die angegebenen Jahre.

	Durchschnittliches jährliches Bevölkerungswachstum (in %)			Bevölkerung (in Mio)			Hypothetischer Umfang der stationären Bevölkerung (in Mio)	Voraussichtliches Jahr einer Netto-Reproduktionsrate von 1	Bevölkerungseigendynamik 1985
	1965–80	1980–86	1986–2000	1986	1990ᵃ	2000ᵃ			
69 Chile	1,8	1,7	1,2	12	13	14	20	2000	1,6
70 Costa Rica	2,6	2,4	2,1	3	3	3	5	2005	1,8
71 Jordanien	2,6	3,7	3,1	4	4	6	13	2020	1,9
72 Syrien, Arab. Rep.	3,4	3,5	3,3	11	13	17	42	2020	1,9
73 Libanon	1,6	..	..	..	..	..	..	..	..
Obere Einkommenskategorie	2,2 w	1,9 w	1,8 w	577 s	622 s	739 s			
74 Brasilien	2,4	2,2	1,9	138	150	180	306	2015	1,8
75 Malaysia	2,5	2,7	1,9	16	18	21	33	2005	1,8
76 Südafrika	2,4	2,2	2,3	32	36	45	90	2020	1,8
77 Mexiko	3,1	2,2	2,1	80	87	107	187	2010	1,9
78 Uruguay	0,4	0,4	0,7	3	3	3	4	2000	1,3
79 Ungarn	0,4	−0,1	−0,1	11	11	11	10	2030	1,1
80 Polen	0,8	0,9	0,6	38	39	41	48	2020	1,3
81 Portugal	0,6	0,5	0,3	10	10	11	11	2030	1,3
82 Jugoslawien	0,9	0,7	0,5	23	24	25	27	2030	1,3
83 Panama	2,6	2,2	1,8	2	2	3	4	2005	1,8
84 Argentinien	1,6	1,6	1,1	31	33	36	52	2005	1,5
85 Korea, Rep.	1,9	1,4	1,2	41	44	49	65	1985	1,6
86 Algerien	3,1	3,1	2,9	22	25	33	81	2025	1,9
87 Venezuela	3,5	2,9	2,2	18	20	24	40	2005	1,8
88 Gabun	3,5	4,4	2,8	1	1	1	4	2035	1,7
89 Griechenland	0,7	0,5	0,3	10	10	10	10	2030	1,2
90 Oman	3,6	4,7	3,2	1	2	2	5	2030	1,9
91 Trinidad u. Tobago	1,3	1,5	1,3	1	1	1	2	2010	1,6
92 Israel	2,8	1,7	1,4	4	5	5	7	2005	1,6
93 Hongkong	2,1	1,2	1,0	5	6	6	7	2030	1,4
94 Singapur	1,6	1,1	0,8	3	3	3	3	2030	1,4
95 Iran, Islam. Rep.	3,2	2,8	3,0	46	52	69	169	2025	1,9
96 Irak	3,4	3,6	3,6	16	19	27	75	2025	1,9
97 Rumänien	1,1	0,5	0,5	23	23	24	28	2030	1,3
Entwicklungsländer	2,3 w	2,0 w	2,0 w	3.761 s	4.079 s	4.926 s			
Ölexporteure	2,7 w	2,7 w	2,5 w	538 s	595 s	754 s			
Exporteure von Industrieprodukten	2,2 w	1,6 w	1,5 w	2.132 s	2.277 s	2.635 s			
Hochverschuldete Länder	2,5 w	2,4 w	2,2 w	570 s	625 s	773 s			
Afrika südlich der Sahara	2,7 w	3,1 w	3,2 w	424 s	482 s	659 s			
Ölexporteure mit hohem Einkommen	5,3 w	4,2 w	3,6 w	19 s	22 s	31 s			
98 Saudi-Arabien	4,6	4,1	3,8	12	14	20	54	2025	1,8
99 Kuwait	7,0	4,4	2,9	2	2	3	5	2015	1,8
100 Vereinigte Arab. Emirate	16,1	5,6	2,8	1	2	2	4	2020	1,4
101 Libyen	4,6	3,9	3,6	4	5	6	17	2025	1,9
Marktwirtschaftliche Industrieländer	0,8 w	0,6 w	0,4 w	742 s	756 s	782 s			
102 Spanien	1,0	0,6	0,4	39	39	41	41	2030	1,3
103 Irland	1,2	0,8	1,0	4	4	4	6	2020	1,4
104 Neuseeland	1,3	0,9	0,6	3	3	4	4	2030	1,3
105 Italien	0,6	0,3	0,1	57	58	58	46	2030	1,1
106 Großbritannien	0,2	0,1	0,1	57	57	58	56	2030	1,1
107 Belgien	0,3	0,0	−0,1	10	10	10	8	2030	1,1
108 Österreich	0,3	0,0	−0,1	8	8	7	6	2030	1,1
109 Niederlande	0,9	0,5	0,3	15	15	15	13	2030	1,2
110 Frankreich	0,7	0,5	0,4	55	56	58	58	2030	1,2
111 Australien	1,8	1,4	1,0	16	17	18	20	2030	1,4
112 Deutschland, Bundesrep.	0,3	−0,2	−0,3	61	60	59	40	2030	1,0
113 Finnland	0,3	0,5	0,2	5	5	5	4	2030	1,1
114 Dänemark	0,5	0,0	−0,1	5	5	5	4	2030	1,1
115 Japan	1,2	0,7	0,5	121	124	129	119	2030	1,1
116 Schweden	0,5	0,1	0,0	8	8	8	7	2030	1,0
117 Kanada	1,3	1,1	0,7	26	27	28	28	2030	1,3
118 Norwegen	0,6	0,3	0,2	4	4	4	4	2030	1,2
119 Vereinigte Staaten	1,0	1,0	0,6	242	249	263	279	2030	1,3
120 Schweiz	0,5	0,3	0,0	7	6	6	5	2030	1,1
Nichtberichtende Nicht-Mitgliedsländer	1,0 w	1,0 w	0,8 w	367 s	381 s	414 s			
121 Albanien	2,5	2,1	1,8	3	3	4	6	2005	1,7
122 Angola	2,8	2,6	2,8	9	10	13	43	2040	1,9
123 Bulgarien	0,5	0,2	0,2	9	9	9	10	2030	1,1
124 Kuba	1,5	0,9	0,8	10	11	11	12	2030	1,5
125 Tschechoslowakei	0,5	0,3	0,3	16	16	16	19	2030	1,2
126 Deutsche Dem. Rep.	−0,2	−0,1	0,0	17	17	17	15	2030	1,1
127 Korea, Dem. Rep.	2,7	2,5	2,1	21	23	28	49	2015	1,8
128 Mongolei	3,0	2,8	2,4	2	2	3	6	2020	1,8
129 Sowjetunion	0,9	1,0	0,7	281	291	312	398	2020	1,3

ᵃ Zu den Annahmen, die den Projektionen zugrunde liegen, vgl. Technische Erläuterungen.

Tabelle 28: Demographie und Fruchtbarkeit

	Unbereinigte Geburtenziffer je Tsd. Einwohner		Unbereinigte Sterbeziffer je Tsd. Einwohner		Prozentsatz der Frauen im gebärfähigen Alter		Zusammengefaßte Geburtenziffer			Prozentsatz der verheirateten Frauen im gebärfähigen Alter, die Empfängnisverhütung praktizieren[a]	
	1965	1986	1965	1986	1965	1985	1965	1986	2000	1970	1985
Länder mit niedrigem Einkommen	42 w	30 w	16 w	10 w	45 w	50 w	6,4 w	3,9 w	3,5 w		
China und Indien	41 w	25 w	14 w	9 w	45 w	51 w	6,3 w	3,2 w	2,9 w		
Übrige Länder	46 w	43 w	21 w	15 w	45 w	46 w	6,6 w	6,0 w	5,1 w		
1 Äthiopien	43	47	20	19	46	46	5,8	6,3	5,8	..	2
2 Bhutan	43	40	31	20	47	47	6,0	5,7	5,0	..	..
3 Burkina Faso	48	47	26	19	46	46	6,4	6,5	6,3	..	..
4 Nepal	46	41	24	17	49	46	6,0	5,9	5,2	..	15
5 Bangladesch	47	41	21	15	44	46	6,8	5,6	4,4	..	25
6 Malawi	56	53	26	21	45	41	7,8	7,6	6,8	..	..
7 Zaire	47	45	21	15	46	43	6,0	6,1	5,4	..	1
8 Mali	50	48	27	19	45	45	6,5	6,5	6,3	..	2
9 Birma	40	33	18	10	48	46	5,8	4,4	3,7	..	5
10 Mosambik	49	45	27	17	48	44	6,8	6,3	6,1	..	..
11 Madagaskar	47	46	22	14	46	44	6,6	6,4	5,7	..	..
12 Uganda	49	50	19	18	45	44	6,9	6,9	6,2	..	1
13 Burundi	47	47	24	18	46	46	6,4	6,5	6,2	..	9
14 Tansania	49	50	22	15	46	44	6,6	7,0	6,2	..	..
15 Togo	50	49	22	15	45	45	6,5	6,5	5,7	..	..
16 Niger	48	51	29	21	44	44	6,8	7,0	6,7	..	..
17 Benin	49	49	24	17	45	45	6,8	6,5	6,2	..	6
18 Somalia	50	49	26	19	44	47	6,7	6,8	6,5	..	0
19 Zentralafrikanische Rep.	34	43	24	16	48	47	4,5	5,7	5,8	..	..
20 Indien	45	32	20	12	47	48	6,2	4,4	3,2	12	35
21 Ruanda	52	52	17	18	45	44	7,5	8,0	7,1	..	1
22 China	38	19	10	7	44	54	6,4	2,3	2,2	..	74
23 Kenia	52	52	20	12	42	41	8,0	7,7	6,6	1	17
24 Sambia	49	49	20	14	45	44	6,6	6,8	5,9	..	..
25 Sierra Leone	48	48	31	24	46	47	6,4	6,5	6,3	..	4
26 Sudan	47	45	24	16	46	45	6,7	6,6	5,8	..	..
27 Haiti	43	35	20	13	46	48	6,2	4,8	3,9	..	7
28 Pakistan	48	47	21	15	43	47	7,2	6,8	5,4	6	11
29 Lesotho	42	41	18	13	46	45	5,8	5,8	5,1	..	..
30 Ghana	47	45	18	13	45	43	6,8	6,3	5,4	..	..
31 Sri Lanka	33	24	8	6	47	52	4,8	2,9	2,4	..	62
32 Mauretanien	47	47	26	19	44	45	6,5	6,5	6,3	..	1
33 Senegal	47	46	23	18	46	45	6,4	6,5	5,7	..	12
34 *Afghanistan*	54	..	29	..	47	..	8,0	..	..	2	..
35 *Tschad*	45	44	28	20	47	48	6,0	5,9	5,7	..	..
36 *Guinea*	46	46	29	23	47	46	5,9	6,0	5,8	..	..
37 *Kamputschea, Dem.*	44	..	20	..	45	..	6,2	..	..	..	..
38 *Laos, Dem. VR*	45	39	23	15	48	46	6,2	5,9	5,2	..	..
39 *Vietnam*	..	34	..	7	..	48	..	4,5	3,3	..	20
Länder mit mittlerem Einkommen	39 w	31 w	14 w	9 w	46 w	48 w	5,6 w	4,1 w	3,4 w		
Untere Einkommenskategorie	44 w	35 w	17 w	10 w	46 w	48 w	6,3 w	4,7 w	3,9 w		
40 Liberia	46	46	20	13	45	44	6,4	6,6	5,8	..	7
41 Jemen, Dem. VR	50	49	26	16	45	46	7,0	6,6	5,2	..	..
42 Indonesien	43	28	20	11	49	49	5,5	3,6	2,9	0	40
43 Jemen, Arab. Rep.	49	49	27	20	46	46	6,8	6,8	6,1	..	2
44 Philippinen	42	35	12	7	44	49	6,8	3,4	3,4	16	44
45 Marokko	49	33	18	10	45	46	7,1	4,5	3,5	1	36
46 Bolivien	46	43	21	14	47	46	6,6	6,1	4,7	..	26
47 Simbabwe	55	45	17	11	44	41	8,0	6,5	4,4	..	40
48 Nigeria	51	50	23	16	45	44	6,9	6,9	6,1	..	5
49 Dominikanische Rep.	47	32	13	7	42	50	6,9	3,8	3,0	..	50
50 Papua-Neuguinea	43	36	20	13	47	47	6,2	5,2	4,2	..	4
51 Côte d'Ivoire	52	49	22	14	47	44	7,4	7,1	6,0	..	3
52 Honduras	51	41	17	8	44	44	7,4	5,7	4,1	..	35
53 Ägypten, Arab. Rep.	43	34	19	10	47	49	6,8	4,6	3,5	..	32
54 Nicaragua	49	42	16	9	43	45	7,2	5,6	4,2	..	27
55 Thailand	41	25	10	7	44	52	6,3	3,0	2,3	15	65
56 El Salvador	46	37	13	9	44	45	6,7	4,9	3,6	..	47
57 Botsuana	53	45	19	11	45	44	6,9	6,6	4,9	..	28
58 Jamaika	38	26	8	6	42	48	5,4	3,0	2,4	..	52
59 Kamerun	40	48	20	13	46	43	5,2	6,9	6,0	..	..
60 Guatemala	46	41	17	9	44	46	6,7	5,8	4,4	..	25
61 Kongo, VR	42	46	18	12	47	43	5,7	6,4	6,2	..	..
62 Paraguay	41	35	8	7	43	49	6,6	4,6	3,4	..	49
63 Peru	45	32	16	10	44	49	6,7	4,1	3,2	..	46
64 Türkei	41	29	15	8	44	49	5,8	3,7	2,9	32	62
65 Tunesien	44	32	16	9	43	48	7,0	4,4	3,3	10	42
66 Ecuador	45	34	13	7	43	47	6,5	4,3	3,3	..	44
67 Mauritius	36	19	8	7	45	53	4,8	2,2	2,1	..	75
68 Kolumbien	45	27	14	7	44	52	6,5	3,2	2,6	21	63

Anmerkung: Zur Vergleichbarkeit der Daten und ihrer Abgrenzung vgl. Technische Erläuterungen. Kursive Zahlen gelten für andere als die angegebenen Jahre.

	Unbereinigte Geburtenziffer je Tsd. Einwohner		Unbereinigte Sterbeziffer je Tsd. Einwohner		Prozentsatz der Frauen im gebärfähigen Alter		Zusammengefaßte Geburtenziffer			Prozentsatz der verheirateten Frauen im gebärfähigen Alter, die Empfängnisverhütung praktizieren[a]	
	1965	1986	1965	1986	1965	1985	1965	1986	2000	1970	1985
69 Chile	32	21	11	6	47	53	4,8	2,5	2,1	..	..
70 Costa Rica	45	29	8	4	42	52	6,3	3,3	2,5	..	68
71 Jordanien	..	39	17	7	45	43	..	6,0	4,2	..	27
72 Syrien, Arab. Rep.	48	45	16	8	41	42	7,7	6,9	4,7	..	..
73 *Libanon*	40	..	12	..	42	..	6,2	..	..	55	..
Obere Einkommenskategorie	34 w	27 w	11 w	8 w	46 w	49 w	4,9 w	3,5 w	3,0 w		
74 Brasilien	39	29	11	8	46	50	5,6	3,5	2,9	..	65
75 Malaysia	40	29	12	6	43	52	6,3	3,5	2,6	7	51
76 Südafrika	40	34	16	10	46	47	6,1	4,5	3,5	..	..
77 Mexiko	45	29	11	6	43	47	6,7	3,7	2,8	..	48
78 Uruguay	21	19	10	10	49	46	2,8	2,6	2,2	..	..
79 Ungarn	13	12	11	14	48	46	1,8	1,8	1,8	..	73
80 Polen	17	17	7	10	47	48	2,5	2,3	2,1	60	..
81 Portugal	23	13	10	10	48	49	3,1	1,7	1,7	..	70
82 Jugoslawien	21	15	9	9	50	51	2,7	2,0	2,0	59	..
83 Panama	40	27	9	5	44	50	5,7	3,2	2,5	..	61
84 Argentinien	22	23	9	9	50	47	3,1	3,2	2,5	..	..
85 Korea, Rep.	35	20	11	6	46	54	4,8	2,2	2,1	32	70
86 Algerien	50	40	18	9	44	44	7,4	6,1	4,5	..	..
87 Venezuela	42	30	8	5	42	49	6,1	3,8	2,7	..	..
88 Gabun	31	40	22	16	45	49	4,1	5,3	5,8	..	..
89 Griechenland	18	11	8	9	51	47	2,3	1,8	1,8	..	..
90 Oman	50	45	24	13	46	44	7,2	6,9	5,2	..	..
91 Trinidad u. Tobago	33	26	8	7	45	52	4,3	2,9	2,4	44	53
92 Israel	26	22	6	7	46	48	3,8	2,9	2,4	..	..
93 Hongkong	27	16	6	6	45	54	4,5	1,9	1,9	50	72
94 Singapur	31	16	6	5	45	57	4,7	1,7	1,7	45	74
95 *Iran, Islam. Rep.*	50	41	17	10	42	46	7,8	5,6	4,8	..	..
96 *Irak*	49	44	18	8	45	44	7,2	6,7	5,6	..	..
97 *Rumänien*	15	15	9	10	50	47	1,9	2,0	2,1	..	..
Entwicklungsländer	41 w	30 w	15 w	10 w	45 w	49 w	6,1 w	4,0 w	3,5 w		
Ölexporteure	46 w	37 w	18 w	10 w	46 w	47 w	6,4 w	4,9 w	4,0 w		
Exporteure von Industrieprodukten	39 w	24 w	13 w	9 w	45 w	51 w	6,0 w	3,1 w	2,8 w		
Hochverschuldete Länder	41 w	33 w	14 w	9 w	45 w	48 w	5,9 w	4,3 w	3,6 w		
Afrika südlich der Sahara	48 w	48 w	22 w	16 w	45 w	44 w	6,6 w	6,7 w	6,0 w		
Ölexporteure mit hohem Einkommen	48 w	41 w	18 w	8 w	46 w	44 w	7,3 w	6,8 w	5,6 w		
98 Saudi-Arabien	48	42	20	8	46	44	7,3	7,1	5,9	..	..
99 Kuwait	48	32	7	3	46	46	7,4	4,8	3,5	..	..
100 Vereinigte Arab. Emirate	41	28	14	4	..	45	6,8	5,7	4,7	..	..
101 *Libyen*	49	44	17	9	45	44	7,4	6,9	5,8	..	..
Marktwirtschaftliche Industrieländer	19 w	13 w	10 w	9 w	47 w	50 w	2,7 w	1,7 w	1,8 w		
102 Spanien	21	13	8	9	49	47	2,9	1,8	1,8	..	59
103 Irland	22	18	12	9	42	47	4,0	2,5	2,4	60	..
104 Neuseeland	23	16	9	8	45	52	3,6	1,9	1,9	..	..
105 Italien	19	10	10	10	49	48	2,7	1,5	1,5	..	..
106 Großbritannien	18	13	12	12	45	48	2,9	1,8	1,8	75	83
107 Belgien	17	12	12	11	44	48	2,6	1,5	1,5	..	81
108 Österreich	18	11	13	11	43	48	2,7	1,5	1,5	..	..
109 Niederlande	20	13	8	9	47	52	3,0	1,5	1,5	..	78
110 Frankreich	18	14	11	10	43	48	2,8	1,8	1,8	64	..
111 Australien	20	15	9	7	47	51	3,0	1,9	2,0	67	..
112 Deutschland, Bundesrep.	18	10	12	12	45	49	2,5	1,3	1,3	..	78
113 Finnland	17	12	10	10	48	47	2,4	1,7	1,7	77	..
114 Dänemark	18	11	10	11	47	49	2,6	1,4	1,4	67	..
115 Japan	19	12	7	7	56	51	2,0	1,8	1,8	53	64
116 Schweden	16	12	10	11	47	47	2,4	1,7	1,7	..	78
117 Kanada	21	15	8	7	47	53	3,1	1,7	1,7	..	73
118 Norwegen	18	13	10	11	45	48	2,9	1,6	1,7	..	..
119 Vereinigte Staaten	19	16	9	9	45	52	2,9	1,9	1,9	65	68
120 Schweiz	19	12	10	9	48	44	2,6	1,5	1,5	..	70
Nichtberichtende Nicht-Mitgliedsländer	20 w	20 w	8 w	10 w	47 w	48 w	2,7 w	2,5 w	2,3 w		
121 Albanien	35	26	9	6	44	50	5,3	3,3	2,5	..	..
122 Angola	49	48	29	21	46	46	6,4	6,4	6,2	..	..
123 Bulgarien	15	13	8	11	51	47	2,1	2,0	2,0	..	..
124 Kuba	34	16	8	6	48	55	4,4	1,8	1,8	..	60
125 Tschechoslowakei	16	14	10	12	46	46	2,4	2,1	2,1	66	..
126 *Deutsche Dem. Rep.*	17	13	14	13	40	47	2,5	1,7	1,7	..	..
127 *Korea, Dem. Rep.*	39	29	12	6	45	50	6,4	3,7	2,9	..	..
128 *Mongolei*	42	34	12	8	47	48	5,8	4,7	3,6	..	..
129 *Sowjetunion*	18	19	7	10	48	48	2,5	2,4	2,3	..	..

[a] Angaben einschließlich Frauen, deren Ehemänner Empfängnisverhütung praktizieren; vgl. Technische Erläuterungen.

Tabelle 29: Gesundheit und Ernährung

	Einwohner je Arzt		Einwohner je Beschäftigtem in der Krankenpflege		Tägliches Kalorienangebot pro Kopf		Säuglinge mit Untergewicht bei der Geburt (in %)
	1965	1981	1965	1981	1965	1985	1984
Länder mit niedrigem Einkommen	8.570 w	6.050 w	4.920 w	3.890 w	2.046 w	2.329 w	
China und Indien	4.230 w	2.550 w	4.450 w	2.920 w	2.061 w	2.411 w	
Übrige Länder	26.620 w	17.670 w	7.250 w	7.130 w	1.998 w	2.100 w	
1 Äthiopien	70.190	88.150	5.970	5.000	1.832	1.704	10
2 Bhutan	. .	19.160	. .	8.310	2.904	2.477	. .
3 Burkina Faso	73.960	55.760	4.150	3.070	2.009	2.003	21
4 Nepal	46.180	28.780	. .	33.390	1.931	1.997	. .
5 Bangladesch	8.400	9.690	. .	19.370	1.964	1.804	50
6 Malawi	46.890	52.830	. .	2.980	2.132	2.415	20
7 Zaire	35.130	*13.430*	. .	*1.740*	2.188	2.151	9
8 Mali	51.510	26.030	3.360	2.280	1.860	1.810	13
9 Birma	11.860	4.930	11.370	4.920	1.928	2.508	7
10 Mosambik	18.000	36.970	5.370	5.610	1.982	1.617	16
11 Madagaskar	10.620	9.920	3.650	1.730	2.486	2.452	11
12 Uganda	11.110	21.270	3.130	2.000	2.383	2.483	10
13 Burundi	55.910	. .	7.320	. .	2.391	2.233	14
14 Tansania	21.700	. .	2.100	. .	1.970	2.316	12
15 Togo	23.240	21.140	4.990	1.640	2.378	2.221	17
16 Niger	65.540	. .	6.210	. .	1.996	2.276	20
17 Benin	32.390	17.010	2.540	1.660	2.008	2.248	10
18 Somalia	36.840	17.460	3.950	2.550	2.145	2.074	. .
19 Zentralafrikanische Rep.	34.020	22.530	3.000	2.120	2.130	2.059	23
20 Indien	4.880	3.700	6.500	4.670	2.100	2.126	30
21 Ruanda	72.480	32.150	7.450	10.260	1.665	1,935	17
22 China	3.790	1.730	3.050	1.670	2.034	2.620	6
23 Kenia	13.280	10.120	1.930	990	2.287	2.214	18
24 Sambia	11.380	7.800	5.820	1.660	2.073	2.126	2
25 Sierra Leone	16.840	19.130	4.470	2.100	1.836	1.784	17
26 Sudan	23.500	9.810	3.360	1.440	1.874	2.168	15
27 Haiti	14.010	9.200	12.900	. .	2.007	1.784	17
28 Pakistan	. .	2.910	9.910	5.870	1.747	2.180	28
29 Lesotho	20.060	. .	4.700	. .	2.065	2.299	11
30 Ghana	13.740	6.680	3.730	630	1.949	1.785	15
31 Sri Lanka	5.800	7.460	3.210	1.260	2.155	2.485	25
32 Mauretanien	36.470	. .	. .	. .	2.070	2.071	10
33 Senegal	21.130	13.070	2.640	1.990	2.474	2.418	10
34 *Afghanistan*	15.770	. .	24.430	. .	2.203	2.179	20
35 Tschad	72.480	. .	13.610	. .	2.393	1.733	11
36 *Guinea*	54.430	56.170	4.750	6.250	1.899	1.731	18
37 *Kamputschea, Dem.*	22.410	. .	3.670	. .	2.276	2.171	. .
38 *Laos, Dem. VR*	26.510	. .	5.320	. .	1.958	2.317	35
39 Vietnam	. .	4.110	. .	1.260	2.031	2.281	25
Länder mit mittlerem Einkommen	9.830 w	4.940 w	3.290 w	1.400 w	2.358 w	2.719 w	
Untere Einkommenskategorie	17.340 w	7.880 w	4.780 w	1.760 w	2.117 w	2.511 w	
40 Liberia	12.360	9.340	2.290	2.920	2.155	2.373	. .
41 Jemen, Dem. VR	12.870	7.110	1.850	820	1.999	2.255	12
42 Indonesien	31.740	12.330	9.500	*2.300*	1.792	2.476	14
43 Jemen, Arab. Rep.	58.240	7.120	. .	3.450	2.002	2.266	. .
44 Philippinen	. .	6.850	1.130	2.640	1.936	2.260	15
45 Marokko	12.120	18.570	2.290	900	2.182	2.729	9
46 Bolivien	3.300	2.000	3.990	. .	1.868	2.171	10
47 Simbabwe	8.010	7.100	990	1.000	2.089	2.144	15
48 Nigeria	29.530	*9.400*	6.160	*2.690*	2.185	2.139	25
49 Dominikanische Rep.	1.700	1.400	1.640	1.240	1.870	2.530	15
50 Papua-Neuguinea	12.640	15.610	620	930	1.908	2.145	25
51 Côte d'Ivoire	20.640	. .	2.000	. .	2.357	2.308	14
52 Honduras	5.370	3.100	1.530	*690*	1.963	2.224	9
53 Ägypten, Arab. Rep.	2.300	760	2.030	790	2.435	3.275	0
54 Nicaragua	2.560	2.230	1.390	590	2.398	2.464	15
55 Thailand	7.230	6.870	5.020	2.140	2.200	2.399	12
56 El Salvador	. .	2.550	1.300	. .	1.859	2.155	9
57 Botsuana	27.460	7.400	17.720	700	2.015	2.159	12
58 Jamaika	1.990	2.830	340	550	2.232	2.578	10
59 Kamerun	26.720	*13.990*	5.830	*1.950*	2.043	2.080	13
60 Guatemala	3.690	. .	8.250	1.360	2.028	2.345	10
61 Kongo, VR	14.210	. .	950	. .	2.255	2.511	15
62 Paraguay	1.850	1.750	1.550	650	2.627	2.873	7
63 Peru	1.650	*1.440*	900	*1.010*	2.324	2.120	9
64 Türkei	2.900	1.530	2.290	1.240	2.636	3.218	8
65 Tunesien	8.000	3.620	1.150	950	2.296	2.796	7
66 Ecuador	3.000	. .	2.320	. .	1.942	2.005	. .
67 Mauritius	3.930	1.820	2.030	580	2.272	2.717	9
68 Kolumbien	2.500	. .	890	. .	2.174	2.588	10

Anmerkung: Zur Vergleichbarkeit der Daten und ihrer Abgrenzung vgl. Technische Erläuterungen. Kursive Zahlen gelten für andere als die angegebenen Jahre.

| | Einwohner je | | | | Tägliches Kalorienangebot pro Kopf | | Säuglinge mit Untergewicht bei der Geburt (in %) |
| | Arzt | | Beschäftigtem in der Krankenpflege | | | | |
	1965	1981	1965	1981	1965	1985	1984
69 Chile	2.100	*1.930*	600	*450*	2.591	2.544	7
70 Costa Rica	2.010	*1.440*	630	..	2.366	2.807	10
71 Jordanien	4.710	1.190	1.810	1.160	2.282	2.968	10
72 Syrien, Arab. Rep.	5.400	2.190	..	1.390	2.144	3.235	9
73 *Libanon*	1.010	510	2.030	..	2.428	3.046	10
Obere Einkommenskategorie	**2.310** w	**1.380** w	**1.690** w	**900** w	**2.621** w	**2.967** w	
74 Brasilien	2.500	1.300	1.550	1.140	2.405	2.657	9
75 Malaysia	6.220	3.910	1.320	1.390	2.249	2.601	10
76 Südafrika	2.050	..	490	..	2.643	2.926	12
77 Mexiko	2.080	1.210	980	..	2.643	3.126	15
78 Uruguay	880	500	590	190	2.811	2.791	8
79 Ungarn	630	390	240	160	3.186	3.544	10
80 Polen	800	550	410	230	3.238	3.224	8
81 Portugal	1.240	500	1.160	..	2.531	3.122	8
82 Jugoslawien	1.200	700	850	300	3.287	3.499	7
83 Panama	2.130	1.010	680	..	2.255	2.423	8
84 Argentinien	600	..	610	..	3.209	3.216	6
85 Korea, Rep.	2.700	1.390	2.990	350	2.255	2.806	9
86 Algerien	8.590	*2.630*	11.770	*1.010*	1.682	2.799	12
87 Venezuela	1.210	1.000	560	..	2.321	2.485	9
88 Gabun	..	2.550	770	..	1.881	2.448	16
89 Griechenland	710	390	600	370	3.086	3.637	6
90 Oman	23.790	1.410	6.420	..	..	..	14
91 Trinidad u. Tobago	3.810	1.500	560	390	2.497	2,915	..
92 Israel	400	400	300	130	2.795	3.019	7
93 Hongkong	2.460	1.290	1.220	790	2.502	2.692	8
94 Singapur	1.900	1.100	600	340	2.214	2.696	8
95 Iran, Islam. Rep.	3.800	2.900	4.170	1.160	2.140	3.115	4
96 Irak	5.000	1.810	2.910	2.250	2.138	2.891	15
97 *Rumänien*	760	700	400	280	2.994	3.413	6
Entwicklungsländer	**8.990** w	**5.690** w	**4.360** w	**3.230** w	**2.149** w	**2.460** w	
Ölexporteure	**18.400** w	**7.020** w	**5.850** w	..	**2.115** w	**2.664** w	
Exporteure von Industrieprodukten	**3.870** w	**2.340** w	**3.980** w	**2.660** w	**2.155** w	**2.483** w	
Hochverschuldete Länder	**7.930** w	**4.580** w	**2.070** w	..	**2.425** w	**2.607** w	
Afrika südlich der Sahara	**33.830** w	**25.310** w	**4.820** w	**2.800** w	**2.098** w	**2.097** w	
Ölexporteure mit hohem Einkommen	**7.500** w	**1.380** w	**4.440** w	**580** w	**1.969** w	**3.213** w	
98 Saudi-Arabien	9.400	1.800	6.060	730	1.866	3.057	6
99 Kuwait	800	700	270	180	2.963	3.102	7
100 Vereinigte Arab. Emirate	..	720	..	390	2.672	3.652	7
101 *Libyen*	3.850	620	850	360	1.923	3.585	5
Marktwirtschaftliche Industrieländer	**870** w	**550** w	**420** w	**180** w	**3.137** w	**3.357** w	
102 Spanien	800	360	1.220	280	2.844	3.303	1
103 Irland	950	770	170	140	3.530	3.736	4
104 Neuseeland	820	610	570	150	3.311	3.393	5
105 Italien	1.850	750	790	250	3.113	3.493	7
106 Großbritannien	870	680	200	120	3.346	3.148	7
107 Belgien	700	370	590	130	..	3.679	5
108 Österreich	720	440	350	170	3.303	3.440	6
109 Niederlande	860	480	270	170	3.149	3.348	4
110 Frankreich	830	460	*380*	110	3.303	3.358	5
111 Australien	720	520	150	140	3.174	3.302	6
112 Deutschland, Bundesrep.	640	420	500	170	3.143	3.519	6
113 Finnland	1.300	460	180	100	3.119	2.961	4
114 Dänemark	740	420	190	140	3.417	3.489	6
115 Japan	970	740	410	210	2.669	2.695	5
116 Schweden	910	410	310	100	2.922	3.007	4
117 Kanada	770	550	190	120	3.289	3.443	6
118 Norwegen	790	460	340	70	3.047	3.171	4
119 Vereinigte Staaten	670	500	310	180	3.292	3.682	7
120 Schweiz	710	390	270	130	3.413	3.406	5
Nichtberichtende Nicht-Mitgliedsländer	**770** w	**300** w	**370** w	..	**3.155** w	**3.304** w	
121 *Albanien*	2.100	..	550	..	2.398	2.716	7
122 *Angola*	13.150	..	3.820	..	1.912	1.926	19
123 *Bulgarien*	600	400	410	190	3.434	3.593	6
124 *Kuba*	1.150	720	820	*370*	2.371	3.088	8
125 *Tschechoslowakei*	540	350	200	130	3.406	3.473	6
126 *Deutsche Dem. Rep.*	870	490	..	..	3.222	3.769	6
127 *Korea, Dem. Rep.*	..	..	..	..	2.330	3.113	0
128 *Mongolei*	710	400	310	240	2.594	2.814	10
129 *Sowjetunion*	480	270	280	..	3.231	3.332	6

Tabelle 30: Erziehungswesen

Prozentsatz der jeweiligen Altersgruppe

	An Grundschulen						An weiterführenden Schulen						An höheren Schulen und Universitäten	
	Insgesamt		Männlich		Weiblich		Insgesamt		Männlich		Weiblich		Insgesamt	
	1965	1985	1965	1985	1965	1985	1965	1985	1965	1985	1965	1985	1965	1985
Länder mit niedrigem Einkommen	74 w	99 w	..	110 w	..	88 w	22 w	34 w	..	41 w	..	26 w	2 w	..
China und Indien	83 w	110 w	..	121 w	..	98 w	25 w	37 w	..	45 w	..	29 w	2 w	..
Übrige Länder	44 w	67 w	58 w	75 w	31 w	56 w	9 w	22 w	13 w	28 w	4 w	16 w	1 w	5 w
1 Äthiopien	11	36	16	44	6	28	2	12	3	14	1	9	0	1
2 Bhutan	7	25	13	32	1	18	0	4	0	6	..	1	..	0
3 Burkina Faso	12	32	16	41	8	24	1	5	2	7	1	3	0	1
4 Nepal	20	79	36	104	4	47	5	25	9	35	2	11	1	5
5 Bangladesch	49	60	67	70	31	50	13	18	23	26	3	10	1	5
6 Malawi	44	62	55	71	32	53	2	4	3	6	1	2	0	1
7 Zaire	70	98	95	112	45	84	5	57	8	81	2	33	0	2
8 Mali	24	23	32	29	16	17	4	7	5	10	2	4	0	1
9 Birma	71	102	76	..	65	..	15	24	20	..	11	..	1	..
10 Mosambik	37	84	48	94	26	74	3	7	3	9	2	4	0	0
11 Madagaskar	65	121	70	125	59	118	8	36	10	43	5	30	1	5
12 Uganda	67	..	83	..	50	..	4	..	6	..	2	..	0	1
13 Burundi	26	53	36	61	15	44	1	4	2	5	1	3	0	1
14 Tansania	32	72	40	90	25	85	2	3	3	4	1	2	0	0
15 Togo	55	95	78	118	32	73	5	21	8	33	2	10	0	2
16 Niger	11	28	15	36	7	20	1	6	1	9	0	3	..	1
17 Benin	34	65	48	87	21	43	3	20	5	29	2	12	0	2
18 Somalia	10	25	16	32	4	18	2	17	4	23	1	12	0	..
19 Zentralafrikanische Rep.	56	73	84	..	28	..	2	13	4	..	1	..	..	1
20 Indien	74	92	89	107	57	76	27	35	41	45	13	24	5	..
21 Ruanda	53	64	64	66	43	63	2	2	3	3	1	2	0	0
22 China	89	124	..	132	..	114	24	39	..	45	..	32	0	2
23 Kenia	54	94	69	97	40	91	4	20	6	25	2	16	0	1
24 Sambia	53	103	59	106	46	96	7	19	11	24	3	14	..	2
25 Sierra Leone	29	..	37	..	21	..	5	..	8	..	3	..	0	..
26 Sudan	29	49	37	58	21	41	4	19	6	22	2	17	1	2
27 Haiti	50	78	56	83	44	72	5	18	6	19	3	17	0	1
28 Pakistan	40	47	59	61	20	32	12	17	18	24	5	9	2	5
29 Lesotho	94	115	74	102	114	127	4	22	4	18	4	26	0	2
30 Ghana	69	66	82	75	57	59	13	39	19	45	7	27	1	2
31 Sri Lanka	93	103	98	105	86	102	35	63	34	60	35	67	2	5
32 Mauretanien	13	..	19	..	6	..	1	..	2	..	0	..	..	..
33 Senegal	40	55	52	66	29	45	7	13	10	18	3	9	1	2
34 Afghanistan	16	..	26	..	5	..	2	..	4	..	1	..	0	..
35 Tschad	34	38	56	55	13	21	1	6	3	11	0	2	..	0
36 Guinea	31	30	44	42	19	19	5	12	9	18	2	6	0	2
37 Kamputschea, Dem.	77	..	98	..	56	..	9	..	14	..	4	..	1	..
38 Laos, Dem. VR	40	91	50	101	30	79	2	19	2	23	1	15	0	1
39 Vietnam	..	100	..	107	..	94	..	43	..	44	..	41	..	..
Länder mit mittlerem Einkommen	85 w	104 w	92 w	109 w	79 w	101 w	22 w	49 w	26 w	57 w	19 w	51 w	5 w	14 w
Untere Einkommenskategorie	75 w	104 w	84 w	111 w	66 w	100 w	16 w	42 w	21 w	50 w	12 w	41 w	4 w	13 w
40 Liberia	41	..	59	..	23	..	5	..	8	..	3	..	1	..
41 Jemen, Dem. VR	23	66	35	96	10	35	11	19	17	26	5	11	..	..
42 Indonesien	72	118	79	121	65	116	12	39	18	45	7	34	1	7
43 Jemen, Arab. Rep.	9	67	16	112	1	22	0	10	..	17	..	3	..	..
44 Philippinen	113	106	115	105	111	106	41	65	42	63	40	66	19	38
45 Marokko	57	81	78	98	35	63	11	31	16	38	5	25	1	9
46 Bolivien	73	91	86	96	60	85	18	37	21	40	15	34	5	20
47 Simbabwe	110	131	128	135	92	128	6	43	8	51	5	35	0	3
48 Nigeria	32	92	39	103	24	81	5	29	7	..	..	3	0	3
49 Dominikanische Rep.	87	124	87	121	87	126	12	50	11	44	12	57	2	..
50 Papua-Neuguinea	44	64	53	..	35	..	4	14	6	..	2	..	..	2
51 Côte d'Ivoire	60	78	80	92	41	65	6	20	10	27	2	12	0	3
52 Honduras	80	102	81	103	79	102	10	36	11	31	9	36	1	10
53 Ägypten, Arab. Rep.	75	85	90	94	60	76	26	62	37	73	15	52	7	23
54 Nicaragua	69	101	68	96	69	107	14	39	15	23	13	55	2	10
55 Thailand	78	97	82	..	74	..	14	30	16	..	11	..	2	20
56 El Salvador	82	70	85	69	79	70	17	24	18	23	17	26	2	14
57 Botsuana	65	104	59	98	71	109	3	29	5	27	3	31	..	1
58 Jamaika	109	106	112	106	106	107	51	58	53	56	50	60	3	..
59 Kamerun	94	107	114	116	75	97	5	23	8	29	2	18	0	2
60 Guatemala	50	76	55	80	45	69	8	17	10	17	7	16	2	8
61 Kongo, VR	114	..	134	..	94	..	10	..	15	..	5	..	1	..
62 Paraguay	102	101	109	104	96	98	13	31	13	31	13	30	4	10
63 Peru	99	122	108	125	90	120	25	65	29	68	21	61	8	24
64 Türkei	101	116	118	119	83	112	16	42	22	47	9	28	4	9
65 Tunesien	91	118	116	127	65	108	16	39	23	46	9	33	2	6
66 Ecuador	91	114	94	117	88	117	17	55	19	51	16	53	3	33
67 Mauritius	101	106	105	105	97	106	26	51	34	53	18	49	3	1
68 Kolumbien	84	117	83	116	86	119	17	50	18	50	16	51	3	13

Anmerkung: Zur Vergleichbarkeit der Daten und ihrer Abgrenzung vgl. Technische Erläuterungen. Kursive Zahlen gelten für andere als die angegebenen Jahre.

	Prozentsatz der jeweiligen Altersgruppe													
	An Grundschulen						An weiterführenden Schulen						An höheren Schulen und Universitäten	
	Insgesamt		Männlich		Weiblich		Insgesamt		Männlich		Weiblich		Insgesamt	
	1965	1985	1965	1985	1965	1985	1965	1985	1965	1985	1965	1985	1965	1985
69 Chile	124	109	125	108	122	106	34	69	31	63	36	69	6	16
70 Costa Rica	106	101	107	101	105	100	24	41	23	39	25	43	6	23
71 Jordanien	95	99	105	98	83	99	38	79	52	80	23	78	2	37
72 Syrien, Arab.Rep.	78	108	103	166	52	101	28	61	43	72	13	49	8	17
73 Libanon	106	..	118	..	93	..	26	..	33	..	20	..	14	..
Obere Einkommenskategorie	97 w	105 w	100 w	108 w	93 w	102 w	29 w	57 w	31 w	66 w	26 w	63 w	7 w	16 w
74 Brasilien	108	104	109	108	108	99	16	35	16	..	16	..	2	11
75 Malaysia	90	99	96	100	84	99	28	53	34	52	22	53	2	6
76 Südafrika	90	..	91	..	88	..	15	..	16	..	14	..	4	..
77 Mexiko	92	115	94	116	90	114	17	55	21	56	13	54	4	16
78 Uruguay	106	110	106	111	106	109	44	70	42	..	46	..	8	32
79 Ungarn	101	98	102	98	100	99	..	72	..	71	..	72	13	15
80 Polen	104	101	106	102	102	100	58	78	52	75	63	81	18	17
81 Portugal	84	112	84	120	83	119	42	47	49	43	34	51	5	13
82 Jugoslawien	106	96	108	96	103	96	65	82	70	84	59	80	13	20
83 Panama	102	105	104	107	99	102	34	59	32	56	36	63	7	26
84 Argentinien	101	108	101	107	102	108	28	70	26	66	31	75	14	36
85 Korea, Rep.	101	96	103	96	99	96	35	94	44	97	25	91	6	32
86 Algerien	68	94	81	104	53	83	7	51	10	59	5	43	1	6
87 Venezuela	94	108	93	109	94	108	27	45	27	41	28	50	7	26
88 Gabun	134	123	146	124	122	121	11	25	16	30	5	20	..	4
89 Griechenland	110	106	111	106	109	106	49	86	57	87	41	84	10	21
90 Oman	..	89	..	97	..	80	..	32	..	43	..	21	..	1
91 Trinidad u. Tobago	93	95	97	93	90	96	36	76	39	74	34	79	2	4
92 Israel	95	99	95	98	95	101	48	76	46	73	51	80	20	34
93 Hongkong	103	105	106	106	99	104	29	69	32	66	25	72	5	13
94 Singapur	105	115	110	118	100	113	45	71	49	70	41	73	10	12
95 Iran, Islam. Rep.	63	112	85	122	40	101	18	46	24	54	11	37	2	5
96 Irak	74	100	102	108	45	92	28	55	42	69	14	39	4	10
97 Rumänien	101	98	102	98	100	97	39	75	44	74	32	76	10	11
Entwicklungsländer	78 w	101 w	84 w	110 w	62 w	92 w	22 w	39 w	28 w	45 w	14 w	33 w	3 w	8 w
Ölexporteure	69 w	107 w	78 w	113 w	59 w	101 w	14 w	44 w	20 w	53 w	9 w	42 w	2 w	10 w
Exporteure von Industrieprodukten	86 w	109 w	..	119 w	..	98 w	27 w	40 w	..	48 w	..	33 w	3 w	..
Hochverschuldete Länder	88 w	104 w	91 w	108 w	84 w	99 w	21 w	47 w	23 w	57 w	20 w	57 w	5 w	16 w
Afrika südlich der Sahara	41 w	75 w	52 w	85 w	31 w	67 w	4 w	23 w	6 w	26 w	2 w	14 w	0 w	2 w
Ölexporteure mit hohem Einkommen	43 w	86 w	60 w	82 w	25 w	69 w	10 w	56 w	15 w	55 w	5 w	41 w	1 w	11 w
98 Saudi-Arabien	24	69	36	77	11	61	4	42	7	51	1	33	1	11
99 Kuwait	116	101	129	102	103	99	52	83	59	85	43	80	..	16
100 Vereinigte Arab. Emirate	..	99	..	99	..	99	..	58	..	53	..	65	0	8
101 Libyen	78	127	111	..	44	..	14	87	24	..	4	..	1	11
Marktwirtschaftliche Industrieländer	107 w	102 w	107 w	101 w	106 w	101 w	63 w	93 w	65 w	91 w	61 w	92 w	21 w	39 w
102 Spanien	115	104	117	108	114	107	38	91	46	88	29	91	6	27
103 Irland	108	100	107	100	108	100	51	96	53	91	50	101	12	22
104 Neuseeland	106	106	107	107	104	106	75	85	76	84	74	86	15	35
105 Italien	112	98	113	99	110	99	47	75	53	74	41	73	11	26
106 Großbritannien	92	101	92	103	92	103	66	89	67	83	66	87	12	22
107 Belgien	109	95	110	94	108	96	75	96	77	94	72	97	15	31
108 Österreich	106	99	106	100	105	98	52	79	52	77	52	81	9	27
109 Niederlande	104	95	104	94	104	96	61	102	64	103	57	100	17	31
110 Frankreich	134	114	135	108	133	106	56	96	53	88	59	95	18	30
111 Australien	99	106	99	106	99	105	62	95	63	94	61	97	16	28
112 Deutschland, Bundesrep.	..	96	..	96	..	96	..	74	..	73	..	75	9	30
113 Finnland	92	104	95	104	89	103	76	102	72	95	80	110	11	33
114 Dänemark	98	98	97	98	99	99	83	103	98	104	67	103	14	29
115 Japan	100	102	100	101	100	102	82	96	82	95	81	97	13	30
116 Schweden	95	98	94	97	96	99	62	83	63	79	60	88	13	38
117 Kanada	105	105	106	106	104	104	56	103	57	103	55	103	26	55
118 Norwegen	97	97	97	97	98	97	64	97	66	95	62	100	11	31
119 Vereinigte Staaten	..	101	..	101	..	101	..	99	..	99	..	98	40	57
120 Schweiz	87	..	87	..	87	..	37	..	38	..	35	..	8	22
Nichtberichtende Nicht-Mitgliedsländer	102 w	105 w	103 w	..	102 w	..	66 w	92 w	60 w	..	72 w	..	27 w	21 w
121 Albanien	92	97	97	99	87	95	33	69	40	74	26	64	8	7
122 Angola	39	93	53	..	26	..	5	13	6	..	4	..	0	1
123 Bulgarien	103	102	104	102	102	101	54	100	54	99	55	100	17	18
124 Kuba	121	105	123	108	119	101	23	85	23	82	24	88	3	21
125 Tschechoslowakei	99	97	100	97	97	98	29	39	23	28	35	50	14	16
126 Deutsche Dem.Rep.	109	101	107	102	111	100	60	79	62	80	57	77	19	31
127 Korea, Dem.Rep.	..	..	..	..	..	..	..	..	..	..	..	..	..	..
128 Mongolei	98	105	98	104	97	106	66	88	65	84	66	92	8	26
129 Sowjetunion	103	106	103	..	103	..	72	99	65	..	79	..	..	21

Tabelle 31: Erwerbspersonen

| | Quote der Bevölkerung im arbeitsfähigen Alter (15—64 Jahre) in % | | %-Anteil der Erwerbspersonen in | | | | | | Durchschnittliche jährliche Zunahme der Erwerbspersonenzahl (in %) | | |
			Landwirtschaft		Industrie		Dienstleistungssektor				
	1965	1985	1965	1980	1965	1980	1965	1980	1965—80	1980—85	1985—2000
Länder mit niedrigem Einkommen	54 w	59 w	77 w	72 w	9 w	13 w	14 w	15 w	2,1 w	2,3 w	1,9 w
China und Indien	55 w	61 w	77 w	72 w	9 w	14 w	14 w	14 w	2,1 w	2,3 w	1,6 w
Übrige Länder	52 w	52 w	79 w	71 w	8 w	10 w	13 w	19 w	2,2 w	2,5 w	2,6 w
1 Äthiopien	52	51	86	80	5	8	9	12	2,1	1,7	2,2
2 Bhutan	55	55	95	92	2	3	4	5	1,8	1,9	1,9
3 Burkina Faso	48	44	89	87	3	4	7	9	1,6	1,9	2,2
4 Nepal	56	54	94	93	2	1	4	7	1,6	2,3	2,3
5 Bangladesch	51	53	84	75	5	6	11	19	1,9	2,8	3,0
6 Malawi	51	47	92	83	3	7	5	9	2,2	2,6	2,6
7 Zaire	52	51	82	72	9	13	9	16	1,7	2,3	2,5
8 Mali	53	50	90	86	1	2	8	13	1,7	2,5	2,7
9 Birma	57	54	64	53	14	19	23	28	2,2	1,9	1,8
10 Mosambik	55	51	87	85	6	7	7	8	3,2	..	..
11 Madagaskar	54	51	85	81	4	6	11	13	2,1	1,9	2,3
12 Uganda	52	52	91	86	3	4	6	10	3,0	2,7	3,0
13 Burundi	53	52	94	93	2	2	4	5	1,2	2,0	2,4
14 Tansania	53	50	92	86	3	5	6	10	2,8	2,8	3,0
15 Togo	52	50	78	73	9	10	13	17	2,7	2,3	2,5
16 Niger	51	51	95	91	1	2	4	7	1,8	2,3	2,6
17 Benin	52	49	83	70	5	7	12	23	1,9	2,0	2,5
18 Somalia	49	53	81	76	6	8	13	16	3,1	2,0	1,7
19 Zentralafrikanische Rep.	57	55	88	72	3	6	9	21	1,2	1,3	1,8
20 Indien	54	56	73	70	12	13	15	17	1,7	2,0	1,8
21 Ruanda	51	49	94	93	2	3	3	4	2,9	2,8	2,9
22 China	55	65	81	74	8	14	11	12	2,4	2,5	1,4
23 Kenia	48	45	86	81	5	7	9	12	3,6	3,5	3,7
24 Sambia	51	48	79	73	8	10	13	17	2,7	3,2	3,5
25 Sierra Leone	54	55	78	70	11	14	11	16	0,9	1,1	1,4
26 Sudan	53	52	82	71	5	8	14	21	2,4	2,8	3,1
27 Haiti	52	51	77	70	7	8	16	22	1,0	2,0	2,2
28 Pakistan	50	53	60	55	18	16	22	30	2,6	3,2	2,8
29 Lesotho	56	52	92	86	3	4	6	10	1,8	2,0	2,1
30 Ghana	52	48	61	56	15	18	24	26	1,9	2,7	2,9
31 Sri Lanka	54	62	56	53	14	14	30	33	2,2	1,6	1,6
32 Mauretanien	52	53	89	69	3	9	8	22	1,8	2,7	3,1
33 Senegal	53	52	83	81	6	6	11	13	3,1	1,9	2,1
34 *Afghanistan*	55	..	69	..	11	..	20	..	1,7	..	..
35 Tschad	55	55	92	83	3	5	5	12	1,6	1,8	2,1
36 *Guinea*	55	52	87	81	6	9	7	10	1,7	1,6	1,8
37 *Kamputschea, Dem.*	52	..	80	..	4	..	16	..	1,2	..	..
38 *Laos, Dem. VR*	56	53	81	76	5	7	15	17	1,6	1,8	2,2
39 *Vietnam*	..	55	79	68	6	12	15	21	1,8	..	..
Länder mit mittlerem Einkommen	54 w	57 w	56 w	43 w	17 w	23 w	27 w	34 w	2,5 w	2,5 w	2,4 w
Untere Einkommenskategorie	52 w	55 w	65 w	55 w	12 w	16 w	23 w	29 w	2,4 w	2,6 w	2,5 w
40 Liberia	51	52	79	74	10	9	11	16	2,6	2,2	2,7
41 Jemen, Dem. VR	52	51	54	41	12	18	33	41	1,6	2,8	3,1
42 Indonesien	53	56	71	57	9	13	21	30	2,1	2,4	2,2
43 Jemen, Arab. Rep.	54	51	79	69	7	9	14	22	0,7	2,6	3,4
44 Philippinen	52	56	58	52	16	16	26	33	2,5	2,5	2,4
45 Marokko	50	52	61	46	15	25	24	29	2,9	3,3	3,1
46 Bolivien	53	53	54	46	20	20	26	34	2,0	2,7	2,7
47 Simbabwe	51	45	79	73	8	11	13	17	3,0	2,7	3,0
48 Nigeria	51	49	72	68	10	12	18	20	3,0	2,6	2,9
49 Dominikanische Rep.	47	53	59	46	14	15	27	39	2,8	3,5	2,9
50 Papua-Neuguinea	55	54	87	76	6	10	7	14	1,9	2,2	2,0
51 Côte d'Ivoire	54	54	81	65	5	8	15	27	2,7	2,7	2,6
52 Honduras	50	50	68	61	12	16	20	23	2,8	3,9	3,9
53 Ägypten, Arab. Rep.	54	55	55	46	15	20	30	34	2,2	2,6	2,7
54 Nicaragua	48	50	57	47	16	16	28	38	2,9	3,8	3,9
55 Thailand	51	59	82	71	5	10	13	19	2,8	2,5	1,7
56 El Salvador	50	60	59	43	16	19	26	37	3,3	2,9	3,3
57 Botsuana	50	48	89	70	4	13	8	17	2,4	3,5	3,4
58 Jamaika	51	56	37	31	20	16	43	52	2,0	2,9	2,4
59 Kamerun	55	50	86	70	4	8	9	22	1,7	1,8	2,2
60 Guatemala	50	53	64	57	15	17	21	26	2,3	2,8	3,3
61 Kongo, VR	55	51	66	62	11	12	23	26	2,0	1,8	2,2
62 Paraguay	49	51	55	49	20	21	26	31	3,2	3,1	2,8
63 Peru	51	56	50	40	19	18	32	42	2,9	2,9	2,8
64 Türkei	53	57	75	58	11	17	14	25	1,7	2,3	2,0
65 Tunesien	50	56	49	35	21	36	29	29	2,8	3,1	2,8
66 Ecuador	50	53	55	39	19	20	26	42	2,7	3,1	2,9
67 Mauritius	52	63	37	28	25	24	38	48	2,6	3,3	2,1
68 Kolumbien	49	59	45	34	21	24	34	42	2,6	2,8	2,3

Anmerkung: Zur Vergleichbarkeit der Daten und ihrer Abgrenzung vgl. Technische Erläuterungen. Kursive Zahlen gelten für andere als die angegebenen Jahre.

	Quote der Bevölkerung im arbeitsfähigen Alter (15—64 Jahre) in %		%-Anteil der Erwerbspersonen in						Durchschnittliche jährliche Zunahme der Erwerbspersonenzahl (in %)		
			Landwirtschaft		Industrie		Dienstleistungssektor				
	1965	1985	1965	1980	1965	1980	1965	1980	1965—80	1980—85	1985—2000
69 Chile	56	63	27	17	29	25	44	58	2,2	2,6	1,7
70 Costa Rica	49	59	47	31	19	23	34	46	3,8	3,1	2,4
71 Jordanien	27	49	37	10	26	26	37	64	1,7	4,4	4,2
72 Syrien, Arab. Rep.	46	48	52	32	20	32	28	36	3,3	3,5	4,0
73 Libanon	51	..	29	..	24	..	47	..	1,7	..	..
Obere Einkommenskategorie	56 w	59 w	45 w	29 w	23 w	31 w	32 w	40 w	2,6 w	2,3 w	2,3 w
74 Brasilien	53	59	49	31	20	27	31	42	3,3	2,3	2,1
75 Malaysia	50	59	59	42	13	19	29	39	3,4	2,9	2,6
76 Südafrika	54	55	32	17	30	35	39	49	1,8	2,8	2,8
77 Mexiko	49	54	50	37	22	29	29	35	3,9	3,2	3,0
78 Uruguay	63	63	20	16	29	29	51	55	0,4	0,6	0,9
79 Ungarn	66	66	32	18	40	44	29	38	0,1	0,0	0,3
80 Polen	62	66	44	29	32	39	25	33	1,1	0,7	0,7
81 Portugal	62	64	38	26	30	37	32	38	1,2	1,0	0,8
82 Jugoslawien	63	68	57	32	26	33	17	34	0,9	1,0	0,7
83 Panama	51	58	46	32	16	18	38	50	2,7	3,0	2,6
84 Argentinien	63	60	18	13	34	34	48	53	1,1	1,1	1,5
85 Korea, Rep.	53	64	55	36	15	27	30	37	2,8	2,7	1,9
86 Algerien	50	49	57	31	17	27	26	42	2,2	3,6	3,7
87 Venezuela	49	56	30	16	24	28	47	56	4,2	3,5	3,0
88 Gabun	61	58	83	75	8	11	9	14	1,7	2,3	2,5
89 Griechenland	65	65	47	31	24	29	29	40	0,5	0,6	0,3
90 Oman	53	50	62	50	15	22	23	28	3,8	5,2	2,7
91 Trinidad u. Tobago	53	61	20	10	35	39	45	51	1,9	2,5	2,1
92 Israel	59	60	12	6	35	32	53	62	3,0	2,2	2,1
93 Hongkong	56	68	6	2	53	51	41	47	3,9	2,5	1,4
94 Singapur	53	67	6	2	27	38	68	61	4,2	1,9	0,8
95 Iran, Islam. Rep.	50	53	49	36	26	33	25	31	3,2	3,3	3,2
96 Irak	51	50	50	30	20	22	30	48	3,6	3,7	4,0
97 Rumänien	65	66	57	31	26	44	18	26	0,2	0,7	0,7
Entwicklungsländer	54 w	58 w	70 w	62 w	12 w	16 w	18 w	22 w	2,3 w	2,4 w	2,1 w
Ölexporteure	52 w	53 w	61 w	49 w	15 w	19 w	24 w	31 w	2,8 w	2,8 w	2,8 w
Exporteure von Industrieprodukten	55 w	61 w	71 w	66 w	11 w	16 w	16 w	17 w	2,2 w	2,2 w	1,6 w
Hochverschuldete Länder	53 w	56 w	51 w	40 w	18 w	23 w	31 w	37 w	2,9 w	2,5 w	2,5 w
Afrika südlich der Sahara	52 w	50 w	79 w	75 w	8 w	9 w	13 w	16 w	2,5 w	2,4 w	2,7 w
Ölexporteure mit hohem Einkommen	53 w	54 w	58 w	35 w	15 w	21 w	28 w	44 w	5,6 w	4,4 w	3,4 w
98 Saudi-Arabien	53	54	68	48	11	14	21	37	4,9	4,4	3,5
99 Kuwait	60	58	2	2	34	32	64	67	6,9	6,2	3,5
100 Vereinigte Arab. Emirate	..	67	21	5	32	38	47	57	..	5,2	2,1
101 Libyen	53	50	41	18	21	29	38	53	3,6	3,7	3,5
Marktwirtschaftliche Industrieländer	63 w	67 w	14 w	7 w	38 w	35 w	48 w	58 w	1,3 w	1,0 w	0,5 w
102 Spanien	64	65	34	17	35	37	32	46	0,6	1,3	0,8
103 Irland	57	60	31	19	28	34	41	48	0,8	1,6	1,6
104 Neuseeland	59	65	13	11	36	33	51	56	1,9	1,8	1,2
105 Italien	66	67	25	12	42	41	34	48	0,3	0,7	0,2
106 Großbritannien	65	65	3	3	47	38	50	59	0,3	0,5	0,2
107 Belgien	63	68	6	3	46	36	48	61	0,7	0,7	0,1
108 Österreich	63	67	19	9	45	41	36	50	0,2	0,8	0,1
109 Niederlande	62	69	9	6	41	32	51	63	1,4	1,4	0,5
110 Frankreich	62	66	18	9	39	35	43	56	0,8	0,9	0,5
111 Australien	62	66	10	7	38	32	52	61	2,4	1,8	1,3
112 Deutschland, Bundesrep.	65	70	11	6	48	44	41	50	0,3	0,7	−0,5
113 Finnland	65	67	24	12	35	35	41	53	0,7	0,9	0,3
114 Dänemark	65	66	14	7	37	32	49	61	1,2	0,6	0,2
115 Japan	67	68	26	11	32	34	42	55	1,0	0,9	0,5
116 Schweden	66	65	11	6	43	33	46	62	1,1	0,3	0,3
117 Kanada	59	68	10	5	33	29	57	65	3,2	1,4	0,9
118 Norwegen	63	64	16	8	37	29	48	62	1,8	0,8	0,7
119 Vereinigte Staaten	60	66	5	4	35	31	60	66	2,2	1,2	0,8
120 Schweiz	65	67	9	6	49	39	41	55	0,8	0,7	−0,1
Nichtberichtende Nicht-Mitgliedsländer	61 w	65 w	34 w	22 w	34 w	39 w	32 w	39 w	1,3 w	1,1 w	0,8 w
121 Albanien	52	59	69	56	19	26	12	18	2,8	2,9	2,4
122 Angola	54	52	79	74	8	10	13	17	2,2	1,7	2,1
123 Bulgarien	67	67	46	18	31	45	23	37	0,2	0,0	0,2
124 Kuba	59	66	33	24	25	29	41	48	2,3	2,3	1,7
125 Tschechoslowakei	65	64	21	13	47	49	31	37	0,9	0,4	0,7
126 Deutsche Dem. Rep.	61	67	15	11	49	50	36	39	0,5	0,9	0,2
127 Korea, Dem. Rep.	52	58	57	43	23	30	20	27	2,7	3,0	2,8
128 Mongolei	54	56	54	40	20	21	26	39	2,7	3,0	2,8
129 Sowjetunion	62	66	34	20	33	39	33	41	1,2	0,9	0,5

Tabelle 32: Verstädterung

	Stadtbevölkerung				Anteil an der gesamten Stadtbevölkerung in %				Anzahl der Städte mit über 500000 Einwohnern	
	In % der Gesamt- bevölkerung		Durchschnittliche jährliche Zuwachsrate (in %)		Größte Stadt		Städte mit über 500000 Einwohnern			
	1965	1985	1965–80	1980–85	1960	1980	1960	1980	1960	1980
Länder mit niedrigem Einkommen	17 w	22 w	3,6 w	4,0 w	10 w	16 w	31 w	55 w	54 s	148 s
China und Indien	18 w	23 w	3,0 w	3,6 w	7 w	6 w	33 w	59 w	49 s	114 s
Übrige Länder	13 w	20 w	4,9 w	5,4 w	26 w	30 w	19 w	40 w	5 s	34 s
1 Äthiopien	8	15	6,6	3,7	30	37	0	37	0	1
2 Bhutan	3	4	3,7	5,2	..	..	0	0	0	0
3 Burkina Faso	6	8	3,4	5,3	..	41	0	0	0	0
4 Nepal	4	7	5,1	5,6	41	27	0	0	0	0
5 Bangladesch	6	18	8,0	7,9	20	30	10	51	1	3
6 Malawi	5	..	7,8	..	..	19	0	0	0	0
7 Zaire	19	39	7,2	8,4	14	28	14	38	1	2
8 Mali	13	20	4,9	4,5	32	24	0	0	0	0
9 Birma	21	24	2,8	2,8	23	23	23	23	1	2
10 Mosambik	5	19	11,8	5,3	75	83	0	83	0	1
11 Madagaskar	12	21	5,7	5,3	44	36	0	36	0	1
12 Uganda	6	7	4,1	3,0	38	52	0	52	0	1
13 Burundi	2	2	1,8	2,7	..	..	0	0	0	0
14 Tansania	6	14	8,7	8,3	34	50	0	50	0	1
15 Togo	11	23	7,2	6,4	..	60	0	0	0	0
16 Niger	7	15	6,9	7,0	..	31	0	0	0	0
17 Benin	11	35	10,2	4,4	..	63	0	63	0	1
18 Somalia	20	34	6,1	5,4	..	34	0	0	0	0
19 Zentralafrikanische Rep.	27	45	4,8	3,9	40	36	0	0	0	0
20 Indien	19	25	3,6	3,9	7	6	26	39	11	36
21 Ruanda	3	5	6,3	6,7	..	..	0	0	0	0
22 China	18	22	2,6	3,3	6	6	42	45	38	78
23 Kenia	9	20	9,0	6,3	40	57	0	57	0	1
24 Sambia	24	48	7,1	5,5	..	35	0	35	0	1
25 Sierra Leone	15	25	4,3	5,1	37	47	0	0	0	0
26 Sudan	13	21	5,1	4,8	30	31	0	31	0	1
27 Haiti	18	27	4,0	4,1	42	56	0	56	0	1
28 Pakistan	24	29	4,3	4,8	20	21	33	51	2	7
29 Lesotho	2	17	14,6	5,3	..	..	0	0	0	0
30 Ghana	26	32	3,4	3,9	25	35	0	48	0	2
31 Sri Lanka	20	21	2,3	8,4	28	16	0	16	0	1
32 Mauretanien	7	31	12,4	3,4	..	39	0	0	0	0
33 Senegal	27	36	4,1	4,0	53	65	0	65	0	1
34 *Afghanistan*	9	..	6,0	..	33	17	0	17	0	1
35 *Tschad*	9	27	9,2	3,9	..	39	0	0	0	0
36 *Guinea*	12	22	6,6	4,3	37	80	0	80	0	1
37 *Kamputschea, Dem.*	11	..	1,9	..	..	..	..	..	..	..
38 *Laos, Dem. VR*	8	15	4,8	5,6	69	48	0	0	0	0
39 *Vietnam*	..	20	..	3,4	..	21	0	50	0	4
Länder mit mittlerem Einkommen	37 w	48 w	4,4 w	3,5 w	28 w	27 w	37 w	49 w	59 s	131 s
Untere Einkommenskategorie	27 w	36 w	4,5 w	3,7 w	29 w	31 w	31 w	46 w	22 s	55 s
40 Liberia	23	37	6,2	4,3	..	..	0	0	0	0
41 Jemen, Dem. VR	30	37	3,2	4,9	61	49	0	0	0	0
42 Indonesien	16	25	4,7	2,3	20	23	34	50	3	9
43 Jemen, Arab. Rep.	5	19	10,7	7,3	..	25	0	0	0	0
44 Philippinen	32	39	4,0	3,2	27	30	27	34	1	2
45 Marokko	32	44	4,2	4,2	16	26	16	50	1	4
46 Bolivien	40	44	2,9	5,6	47	44	0	44	0	1
47 Simbabwe	14	27	7,5	5,0	40	50	0	50	0	1
48 Nigeria	15	30	4,8	5,2	13	17	22	58	2	9
49 Dominikanische Rep.	25	56	5,3	4,2	50	54	0	54	0	1
50 Papua-Neuguinea	5	14	8,4	4,9	..	25	0	0	0	0
51 Côte d'Ivoire	23	45	8,7	6,9	27	34	0	34	0	1
52 Honduras	26	39	5,5	5,2	31	33	0	0	0	0
53 Ägypten, Arab. Rep.	41	46	2,9	3,4	38	39	53	53	2	2
54 Nicaragua	43	56	4,6	4,5	41	47	0	47	0	1
55 Thailand	13	18	4,6	3,2	65	69	65	69	1	1
56 El Salvador	39	43	3,5	4,0	26	22	0	0	0	0
57 Botsuana	4	20	15,4	4,5	..	..	..	..	..	..
58 Jamaika	38	53	3,4	3,2	77	66	0	66	0	1
59 Kamerun	16	42	8,1	7,0	26	21	0	21	0	1
60 Guatemala	34	41	3,6	4,2	41	36	41	36	1	1
61 Kongo, VR	35	40	3,5	3,6	77	56	0	0	0	0
62 Paraguay	36	41	3,2	3,7	44	44	0	44	0	1
63 Peru	52	68	4,1	3,8	38	39	38	44	1	2
64 Türkei	32	46	4,3	4,4	18	24	32	42	3	4
65 Tunesien	40	56	4,2	3,7	40	30	40	30	1	1
66 Ecuador	37	52	5,1	3,7	31	29	0	51	0	2
67 Mauritius	37	54	4,0	2,1	..	..	..	..	..	..
68 Kolumbien	54	67	3,5	2,8	17	26	28	52	3	4

Anmerkung: Zur Vergleichbarkeit der Daten und ihrer Abgrenzung vgl. Technische Erläuterungen. Kursive Zahlen gelten für andere als die angegebenen Jahre.

	Stadtbevölkerung				Anteil an der gesamten Stadtbevölkerung in %				Anzahl der Städte mit über 500 000 Einwohnern	
	In % der Gesamt-bevölkerung		Durchschnittliche jährliche Zuwachsrate (in %)		Größte Stadt		Städte mit über 500 000 Einwohnern			
	1965	1985	1965—80	1980—85	1960	1980	1960	1980	1960	1980
69 Chile	72	83	2,6	2,1	38	44	38	44	1	1
70 Costa Rica	38	45	3,7	3,8	67	64	0	64	0	1
71 Jordanien	47	69	5,3	4,0	31	37	0	37	0	1
72 Syrien, Arab. Rep.	40	49	4,5	5,5	35	33	35	55	1	2
73 Libanon	49	..	4,6	..	64	79	64	79	1	1
Obere Einkommenskategorie	49 w	65 w	3,8 w	3,2 w	27 w	26 w	39 w	50 w	37 s	76 s
74 Brasilien	50	73	4,5	4,0	14	15	35	52	6	14
75 Malaysia	26	38	4,5	4,0	19	27	0	27	0	1
76 Südafrika	47	56	2,6	3,3	16	13	44	53	4	7
77 Mexiko	55	69	4,5	3,6	28	32	36	48	3	7
78 Uruguay	81	85	0,7	0,9	56	52	56	52	1	1
79 Ungarn	43	55	1,8	1,3	45	37	45	37	1	1
80 Polen	50	60	1,8	1,6	17	15	41	47	5	8
81 Portugal	24	31	2,0	3,3	47	44	47	44	1	1
82 Jugoslawien	31	45	3,0	2,5	11	10	11	23	1	3
83 Panama	44	50	3,4	2,6	61	66	0	66	0	1
84 Argentinien	76	84	2,2	1,9	46	45	54	60	3	5
85 Korea, Rep.	32	64	5,7	2,5	35	41	61	77	3	7
86 Algerien	38	43	3,8	3,7	27	12	27	12	1	1
87 Venezuela	72	85	4,5	3,5	26	26	26	44	1	4
88 Gabun	8	12	4,2	4,6	..	..	..	..	..	..
89 Griechenland	48	65	2,5	1,9	51	57	51	70	1	2
90 Oman	4	9	8,1	7,3	..	..	..	..	..	..
91 Trinidad u. Tobago	30	64	5,0	3,3	..	..	0	0	0	0
92 Israel	81	90	3,5	2,4	46	35	46	35	1	1
93 Hongkong	89	93	2,3	1,3	100	100	100	100	1	1
94 Singapur	100	100	1,6	1,2	100	100	100	100	1	1
95 Iran, Islam. Rep.	37	54	5,5	4,6	26	18	26	47	1	6
96 Irak	51	70	5,3	6,3	35	55	35	70	1	3
97 Rumänien	34	51	3,4	1,0	22	17	22	17	1	1
Entwicklungsländer	24 w	31 w	3,9 w	3,8 w	19 w	21 w	34 w	46 w	113 s	279 s
Ölexporteure	29 w	41 w	4,3 w	3,5 w	24 w	24 w	34 w	48 w	17 s	47 s
Exporteure von Industrieprodukten	23 w	29 w	3,2 w	3,5 w	12 w	12 w	37 w	46 w	70 s	154 s
Hochverschuldete Länder	44 w	57 w	3,5 w	3,5 w	23 w	23 w	35 w	50 w	29 s	67 s
Afrika südl. der Sahara	13 w	25 w	6,2 w	5,7 w	22 w	32 w	8 w	42 w	2 s	14 s
Ölexporteure mit hohem Einkommen	40 w	73 w	9,5 w	6,0 w	29 w	28 w	0 w	34 w	0 s	3 s
98 Saudi-Arabien	39	72	8,5	6,1	15	18	0	33	0	2
99 Kuwait	78	92	8,2	5,1	75	30	0	0	0	0
100 Vereinigte Arab. Emirate	56	79	8,9	5,5	..	..	..	..	..	..
101 Libyen	29	60	9,7	6,7	57	64	0	64	0	1
Marktwirtschaftliche Industrieländer	70 w	75 w	1,4 w	1,5 w	18 w	18 w	48 w	55 w	104 s	152 s
102 Spanien	61	77	2,4	1,6	13	17	37	44	5	6
103 Irland	49	57	2,2	2,7	51	48	51	48	1	1
104 Neuseeland	79	83	1,5	0,9	25	30	0	30	0	1
105 Italien	62	67	1,0	0,9	13	17	46	52	7	9
106 Großbritannien	87	92	0,5	0,3	24	20	61	55	15	17
107 Belgien	93	96	0,5	0,4	17	14	28	24	2	2
108 Österreich	51	56	0,1	0,7	51	39	51	39	1	1
109 Niederlande	86	88	1,5	0,9	9	9	27	24	3	3
110 Frankreich	67	73	2,7	1,0	25	23	34	34	4	6
111 Australien	83	86	0,2	1,4	26	24	62	68	4	5
112 Deutschland, Bundesrep.	79	86	0,8	0,1	20	18	48	45	11	11
113 Finnland	44	60	2,5	2,9	28	27	0	27	0	1
114 Dänemark	77	86	1,1	0,3	40	32	40	32	1	1
115 Japan	67	76	2,1	1,8	18	22	35	42	5	9
116 Schweden	77	86	1,0	1,2	15	15	15	35	1	3
117 Kanada	73	77	1,5	1,7	50	32	50	32	1	1
118 Norwegen	37	73	5,0	0,9	14	18	31	62	2	9
119 Vereinigte Staaten	72	74	1,2	2,3	13	12	61	77	40	65
120 Schweiz	53	60	1,2	0,9	19	22	19	22	1	1
Nichtberichtende Nicht-Mitgliedsländer	52 w	65 w	2,4 w	1,8 w	9 w	8 w	23 w	32 w	31 s	59 s
121 Albanien	32	34	3,4	3,3	27	25	0	0	0	0
122 Angola	13	25	6,4	5,8	44	64	0	64	0	1
123 Bulgarien	46	68	2,8	1,7	23	18	23	18	1	1
124 Kuba	58	71	2,7	0,8	32	38	32	38	1	1
125 Tschechoslowakei	51	66	1,9	1,4	17	12	17	13	1	1
126 Deutsche Dem. Rep.	73	76	0,1	0,6	9	9	14	17	2	3
127 Korea, Dem. Rep.	45	63	4,6	3,8	15	12	15	19	1	2
128 Mongolei	42	55	4,5	3,3	53	62	0	0	0	0
129 Sowjetunion	52	66	2,2	1,6	6	4	21	33	25	50

Tabelle 33: Frauen und Entwicklung

	Anteil an der Bevölkerung				Gesundheit und Wohlfahrt								Erziehung			
	Frauen je 100 Männer				Lebenserwartung bei der Geburt (Jahre)				Von medizinischem Personal betreute Geburten (in %)	Müttersterblichkeit (je 100.000 Lebendgeburten)	Säuglingssterblichkeit (je 1.000 Lebendgeburten)		Frauen je 100 Männer			
	Insgesamt		Im Alter von 0-4		Frauen		Männer						Grundschulen		Weiterführende Schulen[a]	
	1965	1985	1965	1985	1965	1986	1965	1986	1984	1980	1965	1986	1965	1985	1965	1985
Länder mit niedrigem Einkommen	96 w	95 w	97 w	95 w	50 w	61 w	47 w	60 w	..	329 w	122 w	69 w	53 w	74 w	39 w	60 w
China und Indien	95 w	94 w	97 w	95 w	51 w	64 w	48 w	63 w	..	237 w	115 w	56 w	..	75 w	..	61 w
Übrige Länder	99 w	99 w	98 w	97 w	44 w	54 w	43 w	52 w	52 w	607 w	150 w	106 w	47 w	68 w	37 w	53 w
1 Äthiopien	104	99	101	99	43	48	42	45	58	2.000[b]	165	155	38	64	32	64
2 Bhutan	98	94	95	94	32	45	30	46	3	..	184	139	..	52	..	32
3 Burkina Faso	101	104	100	99	40	49	37	45	..	..	193	140	48	58	33	47
4 Nepal	99	98	98	94	40	47	41	48	10	850	184	130	..	41	16	30
5 Bangladesch	93	95	95	96	44	50	45	51	..	600	153	121	44	67	..	38
6 Malawi	104	103	100	100	40	47	39	44	59	250	200	153	..	77	39	48
7 Zaire	107	103	97	99	45	54	42	50	..	800[b]	141	100	48	75	26	40
8 Mali	104	108	102	100	39	48	37	45	..	..	207	144	49	59	29	42
9 Birma	103	100	98	97	49	61	46	58	97	135	122	64	..	..	65	..
10 Mosambik	104	105	100	99	39	49	36	46	28	479[b]	168	120	..	78	..	49
11 Madagaskar	105	101	100	99	45	55	42	52	62	300	201	130	83	..	70	74
12 Uganda	103	102	100	100	47	49	44	46	..	300	121	105	..	..	31	..
13 Burundi	105	105	101	99	45	50	42	47	12	..	142	114	42	72	17	43
14 Tansania	103	103	100	99	45	55	41	51	74	370[b]	138	108	60	99	38	58
15 Togo	104	108	100	99	44	54	40	51	..	476[b]	153	96	42	63	26	32
16 Niger	101	102	101	100	39	46	35	43	47	581[b]	180	135	46	56	35	39
17 Benin	104	108	100	99	43	52	41	48	34	1.680[b]	166	117	44	50	44	39
18 Somalia	102	99	100	99	40	48	37	45	2	1.100	165	134	27	52	27	58
19 Zentralafrikanische Rep.	107	107	103	99	41	51	40	48	..	600	167	134	34	64	20	36
20 Indien	94	94	98	94	44	56	46	57	33	500	151	86	57	67	40	52
21 Ruanda	104	104	100	100	51	50	47	47	..	210	139	116	69	96	44	26
22 China	95	94	97	95	56	70	50	68	..	44	90	34	..	81	..	67
23 Kenia	103	101	100	99	50	59	46	56	..	510[b]	112	74	57	93	42	62
24 Sambia	101	103	100	99	46	54	43	51	..	140	121	82	78	89	49	58
25 Sierra Leone	105	103	100	99	34	42	31	40	25	450	209	154	55	..	40	..
26 Sudan	98	98	96	99	41	51	39	47	20	607[b]	160	108	55	68	40	74
27 Haiti	105	105	98	97	47	56	44	53	20	367	178	119	..	86	..	91
28 Pakistan	93	91	95	93	44	51	46	52	24	600	149	111	31	47	25	34
29 Lesotho	102	102	99	99	50	57	47	53	28	..	142	102	157	125	111	150
30 Ghana	103	101	100	99	49	56	46	52	73	1.400[c]	119	89	71	78	36	62
31 Sri Lanka	93	97	97	96	65	72	63	68	87	90	63	29	86	93	101	108
32 Mauretanien	102	102	101	100	39	49	36	45	23	119	178	127	31	67	13	40
33 Senegal	102	101	100	99	42	49	40	46	..	530[c]	171	130	57	68	39	50
34 *Afghanistan*	96	..	93	..	35	..	35	..	..	640	..	..	17	..	16	..
35 *Tschad*	104	103	100	99	38	46	35	44	..	..	..	183	134	..	39	9	18
36 *Guinea*	101	105	101	99	36	43	34	41	..	..	196	148	..	46	30	35
37 *Kamputschea, Dem.*	100	..	97	..	46	..	43	..	..	..	134	..	56	..	..	..
38 *Laos, Dem. VR*	97	102	98	98	..	51	..	48	..	..	..	146	59	81	34	73
39 *Vietnam*	..	105	..	97	..	68	..	63	100	110	..	47	..	91	..	90
Länder mit mittlerem Einkommen	101 w	100 w	97 w	97 w	56 w	65 w	53 w	61 w	53 w	381 w	109 w	65 w	77 w	88 w	82 w	92 w
Untere Einkommenskategorie	101 w	100 w	97 w	97 w	50 w	61 w	47 w	57 w	38 w	586 w	133 w	77 w	73 w	86 w	59 w	79 w
40 Liberia	102	100	99	99	46	56	43	52	89	173	138	87	..	..	30	..
41 Jemen, Dem. VR	98	103	97	97	39	51	38	49	10	100	..	142	..	36	25	48
42 Indonesien	103	101	97	97	45	58	43	55	31	800	136	87	..	92	64	73
43 Jemen, Arab. Rep.	97	110	97	97	38	47	37	44	12	..	200	152	5	24	3	11
44 Philippinen	98	98	97	96	57	65	54	62	..	80	72	46	94	96	..	100
45 Marokko	100	100	97	97	51	62	48	58	..	327[b]	145	85	42	62	40	74
46 Bolivien	102	103	98	98	47	55	42	52	..	480	160	113	68	88	64	86
47 Simbabwe	102	100	99	99	50	60	46	56	69	145[b]	103	74	..	94	63	68
48 Nigeria	103	102	100	99	43	52	40	49	..	1.500	177	104	63	79	51	..
49 Dominikanische Rep.	97	99	97	97	57	68	54	64	98	56	110	67	..	96	..	122
50 Papua-Neuguinea	92	94	95	95	44	54	44	51	34	1.000	140	64	61	..	..	..
51 Côte d'Ivoire	98	91	100	99	44	54	40	51	..	..	149	96	51	70	27	41
52 Honduras	99	99	97	96	52	66	48	62	50	82	128	72	..	99	..	..
53 Ägypten, Arab. Rep.	99	99	96	96	50	63	48	59	24	500	172	88	64	76	45	..
54 Nicaragua	101	100	98	97	52	63	49	60	..	65	121	65	99	108	..	183
55 Thailand	99	99	96	97	58	66	54	62	33	270	88	41	89	..	69	..
56 El Salvador	99	99	97	97	56	66	53	57	35	74	120	61	91	99	77	94
57 Botsuana	111	111	100	99	49	62	46	56	..	250	112	69	129	110	..	115
58 Jamaika	109	103	100	97	67	76	64	71	89	102	49	19	..	97	111	106
59 Kamerun	105	103	100	99	47	58	44	54	..	303	143	96	66	84	36	59
60 Guatemala	97	98	97	97	50	63	48	58	..	105	112	61	80	83	82	..
61 Kongo, VR	104	105	101	99	51	60	48	56	..	..	118	75	71	94	43	71
62 Paraguay	102	100	97	96	67	69	63	65	22	469	73	43	88	91	91	98
63 Peru	100	101	98	96	52	62	49	59	44	314	130	90	82	93	74	88
64 Türkei	96	97	97	97	55	67	52	62	..	207	152	79	66	89	37	59
65 Tunesien	96	98	96	97	52	65	51	61	60	1.000[c]	145	74	52	80	44	69
66 Ecuador	100	100	98	97	57	68	55	64	27	220	112	64	91	97	76	100
67 Mauritius	100	101	97	96	63	70	59	63	84	52	67	35	90	98	66	90
68 Kolumbien	102	100	97	96	59	68	54	63	51	126	96	47	102	100	95	100

Anmerkung: Zur Vergleichbarkeit der Daten und ihrer Abgrenzung vgl. Technische Erläuterungen. Kursive Zahlen gelten für andere als die angegebenen Jahre.

						Gesundheit und Wohlfahrt					Erziehung			
	Anteil an der Bevölkerung							Von medizinischem Personal betreute Geburten (in %)	Müttersterblichkeit (je 100.000 Lebendgeburten)	Säuglingssterblichkeit (je 1.000 Lebendgeburten)		Frauen je 100 Männer		
	Frauen je 100 Männer				Lebenserwartung bei der Geburt (Jahre)									
	Insgesamt		Im Alter von 0-4		Frauen		Männer						Grundschulen		Weiterführende Schulen[a]
	1965	1985	1965	1985	1965	1986	1965	1986	1984	1980	1965	1986	1965	1985	1965	1985
69 Chile	101	101	97	96	63	75	57	68	95	55	107	20	96	95	130	109
70 Costa Rica	98	98	97	96	66	76	63	71	93	26	72	18	..	94	111	107
71 Jordanien	94	94	96	97	52	67	49	63	75	..	115	46	72	91	53	94
72 Syrien, Arab. Rep.	95	96	94	95	54	66	51	62	37	280	114	50	47	85	36	69
73 Libanon	99	..	96	..	64	..	60	..	..	..	56	..	..	..	77	..
Obere Einkommenskategorie	101 w	100 w	96 w	96 w	62 w	70 w	58 w	64 w	76 w	121 w	83 w	50 w	82 w	90 w	111 w	109 w
74 Brasilien	98	100	96	97	59	68	55	62	73	154	104	65	..	..	99	..
75 Malaysia	97	99	96	96	60	71	56	67	82	59	55	27	..	94	..	98
76 Südafrika	103	99	99	98	54	63	49	59	..	550[c]	124	74	..	..	..	..
77 Mexiko	100	100	97	96	61	72	58	65	..	92	82	48	..	95	..	86
78 Uruguay	100	103	96	96	72	74	65	68	..	56	48	28	..	95	129	..
79 Ungarn	107	106	94	96	72	75	67	67	99	28	39	19	94	95	202	186
80 Polen	106	104	95	96	72	76	67	68	..	12	42	18	..	94	251	268
81 Portugal	108	110	94	97	69	76	63	70	..	15	65	18	95	91	97	116
82 Jugoslawien	104	103	95	95	68	74	64	68	..	27	72	27	91	94	86	92
83 Panama	96	96	96	96	65	74	62	70	83	90	56	24	93	92	102	108
84 Argentinien	98	101	96	97	69	74	63	67	..	85	58	33	97	..	156	..
85 Korea, Rep.	100	98	95	97	58	73	55	66	65	34	63	25	91	94	65	88
86 Algerien	104	101	102	97	51	63	49	60	..	129	154	77	62	77	40	72
87 Venezuela	97	99	97	97	65	73	61	66	82	65	65	37	98	96	102	119
88 Gabun	104	105	100	99	44	54	41	50	..	124[b]	153	105	84	98	43	77
89 Griechenland	106	103	94	95	72	79	69	74	..	12	34	12	92	94	91	101
90 Oman	98	91	97	97	44	56	42	53	60	..	174	103	..	79	38	51
91 Trinidad u. Tobago	101	101	98	98	67	72	63	67	..	..	42	21	97	99	113	101
92 Israel	98	99	95	96	74	77	71	73	99	5	27	12	..	98	133	126
93 Hongkong	97	90	95	96	71	79	64	73	..	6	28	8	..	91	74	105
94 Singapur	94	96	95	95	68	75	64	70	100	11	26	9	85	89	103	102
95 Iran, Islam. Rep.	98	96	98	94	52	59	53	59	..	..	157	109	46	77	49	68
96 Irak	97	97	96	96	53	65	51	62	60	..	119	71	42	81	41	56
97 Rumänien	104	102	95	96	70	73	66	68	99	175	44	26	94	..	..	..
Entwicklungsländer	97 w	97 w	97 w	96 w	52 w	63 w	49 w	60 w	44 w	346 w	118 w	67 w	62 w	78 w	59 w	67 w
Ölexporteure	101 w	100 w	98 w	97 w	49 w	61 w	47 w	57 w	35 w	704 w	139 w	83 w	62 w	86 w	56 w	77 w
Exporteure von Industrieprodukten	96 w	95 w	97 w	95 w	53 w	65 w	50 w	64 w	..	217 w	109 w	54 w	76 w	63 w	67 w	..
Hochverschuldete Länder	100 w	100 w	97 w	97 w	57 w	66 w	53 w	60 w	68 w	384 w	107 w	64 w	81 w	89 w	87 w	92 w
Afrika südlich der Sahara	103 w	102 w	100 w	99 w	44 w	52 w	41 w	49 w	48 w	973 w	161 w	113 w	57 w	76 w	40 w	55 w
Ölexporteure mit hohem Einkommen	92 w	80 w	96 w	97 w	51 w	66 w	48 w	62 w	86 w	47 w	138 w	62 w	34 w	81 w	22 w	74 w
98 Saudi-Arabien	96	84	96	97	50	65	47	61	..	52	148	64	29	77	16	70
99 Kuwait	64	74	97	96	65	75	61	71	99	13	43	19	76	95	73	89
100 Vereinigte Arab. Emirate	71	47	..	96	59	71	56	67	96	..	100	33	..	93	52	95
101 Libyen	93	85	97	97	51	63	48	61	76	..	138	85	39	..	21	..
Marktwirtschaftliche Industrieländer	104 w	104 w	96 w	96 w	74 w	79 w	68 w	73 w	99 w	11 w	24 w	9 w	95 w	95 w	95 w	98 w
102 Spanien	106	104	96	96	74	79	68	73	96	11	38	11	93	93	..	102
103 Irland	99	99	96	95	73	76	69	71	..	7	25	9	..	..	..	..
104 Neuseeland	99	100	95	96	74	77	68	71	99	14	20	11	94	95	..	98
105 Italien	104	105	96	96	73	79	68	74	..	13	36	10	93	95	86	94
106 Großbritannien	106	104	95	96	74	78	68	72	98	..	20	9	..	..	..	..
107 Belgien	104	104	95	96	74	78	68	72	100	10	24	11	94	96	..	97
108 Österreich	114	110	96	96	73	77	66	70	..	11	28	10	95	94	95	93
109 Niederlande	100	101	95	96	76	80	71	74	..	5	14	8	95	98	91	112
110 Frankreich	105	103	95	96	75	80	68	74	..	13	22	8	95	93	..	110
111 Australien	98	99	95	96	74	80	68	75	99	11	19	10	95	95	..	98
112 Deutschland, Bundesrep.	111	108	95	96	73	78	67	72	..	11	24	9	94	96	92	98
113 Finnland	107	107	96	98	73	79	66	72	..	5	17	6	..	95	..	114
114 Dänemark	102	102	95	96	75	78	71	73	..	4	19	8	96	96	102	105
115 Japan	104	103	96	96	73	81	68	75	100	15	18	6	96	95	101	99
116 Schweden	100	101	95	95	76	80	72	74	100	4	13	6	96	95	..	107
117 Kanada	99	101	95	96	75	80	69	73	99	2	24	8	94	93	95	95
118 Norwegen	101	100	95	95	76	80	71	74	100	4	17	9	..	96	97	104
119 Vereinigte Staaten	103	105	95	96	74	79	67	71	100	9	25	10	..	..	96	95
120 Schweiz	105	103	96	96	75	80	69	74	..	5	18	7	..	..	96	99
Nichtberichtende Nicht-Mitgliedsländer	116 w	110 w	95 w	98 w	72 w	73 w	65 w	65 w	98 w	..	33 w	30 w	..	..	..	..
121 Albanien	98	97	96	95	67	75	65	68	..	..	87	41	..	91	..	..
122 Angola	104	103	101	99	37	45	34	43	15	..	192	139	..	..	..	..
123 Bulgarien	100	101	95	95	73	75	66	69	100	22	31	15	93	94	..	..
124 Kuba	95	97	96	96	69	77	65	73	99	31	38	14	95	90	118	107
125 Tschechoslowakei	105	105	95	97	73	75	64	66	100	8	26	14	93	97	..	..
126 Deutsche Dem. Rep.	119	110	95	96	74	75	67	68	..	17	25	9	..	93	101	98
127 Korea, Dem. Rep.	105	102	103	96	58	71	55	65	100	41	63	25	..	..	..	..
128 Mongolei	100	100	98	97	58	66	55	62	100	140	88	47	..	..	..	..
129 Sowjetunion	119	112	95	99	74	73[d]	66	64[d]	100	..	28	30[d]	..	..	..	..

[a] Vgl. Technische Erläuterungen. [b] Die Daten beziehen sich nur auf die Müttersterblichkeit in Krankenhäusern und anderen medizinischen Einrichtungen. [c] Enthält für ländliche Gebiete nur Angaben der Kommunen. [d] Neue Schätzungen.

Technische Erläuterungen

In der vorliegenden elften Ausgabe der Kennzahlen der Weltentwicklung werden wirtschaftliche und soziale Indikatoren für mehrjährige Zeitabschnitte bzw. ausgewählte Jahre auf eine Weise präsentiert, die sich für den Vergleich einzelner Volkswirtschaften und Ländergruppen eignet. Sie enthält zwei neue Tabellen, von denen eine ein Bild vom demographischen Status der Frauen und ihrem Zugang zu einigen Gesundheits- und Erziehungsdienstleistungen zeichnet und die andere Angaben über die Struktur des Verbrauchs der privaten Haushalte bietet. Um den Gesamtumfang nicht zu vergrößern, wurden in diesem Jahr zwei Tabellen fallen gelassen, und zwar eine über die regionale Struktur der Warenausfuhr und eine über Kennzahlen zur Lebenserwartung; die meisten Angaben aus letzterer Tabelle sind nun in derjenigen über den Status der Frauen enthalten. Insgesamt sind es 33 Tabellen, in denen die Statistiken und Maßzahlen so ausgewählt wurden, daß sie ein umfassendes Bild der wirtschaftlichen Entwicklung vermitteln.

Trotz beträchtlicher Bemühungen um Standardisierung der Daten bestehen erhebliche Unterschiede der statistischen Verfahren, des Geltungsbereichs, der Praktiken und Definitionen. Hinzu kommt, daß die Statistik in vielen Entwicklungsländern immer noch unzulänglich ist, was die Verfügbarkeit und Verläßlichkeit der Daten beeinträchtigt. Darüber hinaus bringen Länder- und Zeitvergleiche immer komplexe technische Probleme mit sich, die nicht vollständig und eindeutig gelöst werden können. Den Lesern wird deshalb dringend empfohlen, diese Einschränkungen bei der Auswertung der Kennzahlen zu berücksichtigen, vor allem wenn Vergleiche zwischen den Volkswirtschaften vorgenommen werden.

Um internationale Vergleiche zu erleichtern, wurden in konstanten Preisen angegebene Daten der Volkswirtschaftlichen Gesamtrechnung auf Basis anderer Jahre als 1980 erstmals komponentenweise auf die Basis 1980 umbasiert. Dies wird durch eine *Maßstabsänderung* erreicht, bei der das Jahr, in dem die zu jeweiligen und die zu konstanten Preisen berechneten Versionen derselben Zeitreihe den gleichen Wert aufweisen, verschoben wird, ohne den Trend der Zeitreihen zu ändern. Eine *Umbasierungs-Abweichung* tritt zwischen dem Bruttoinlandsprodukt (BIP) zu konstanten Preisen auf Grundlage der Entstehungsrechnung und dem BIP auf Grundlage der Ausgaben auf, wenn die Komponenten des BIP individuell umbasiert und zur Ermittlung des BIP aufaddiert werden. Solche Umbasierungs-Abweichungen werden vom *privaten Verbrauch* usw. absorbiert, und zwar unter der Annahme, daß das BIP nach der Entstehungsseite eine verläßlichere Schätzung darstellt als das BIP nach der Ausgabenseite.

Dieses Vorgehen berücksichtigt die Auswirkungen intersektionaler relativer Preisverschiebungen zwischen der ursprünglichen und der neuen Basisperiode. Da der private Verbrauch als Rest errechnet wird, bleiben die Identitäten der Volkswirtschaftlichen Gesamtrechnung erhalten. Dabei werden jedoch dem privaten Verbrauch sämtliche statistische Diskrepanzen zugerechnet, die bei den *Ausgaben* im Umbasierungsprozeß auftreten. Auch die Wertschöpfung im Dienstleistungssektor enthält eine statistische Diskrepanz, wenn eine solche in den Ursprungsquellen ausgewiesen ist. In vorhergehenden Ausgaben wurde das BIP im Originalbasisjahr jedes Landes für Darstellungszwecke einfach angepaßt, so daß es dem Nominalwert in 1980 entsprach. Das bedeutete, daß die üblichen Identitäten der Volkswirtschaftlichen Gesamtrechnung nicht zutrafen.

Alle Zuwachsraten sind in realen Größen ausgewiesen und, soweit nichts Gegenteiliges angemerkt wird, mit Hilfe der Methode der kleinsten Quadrate berechnet. Bei diesem Verfahren erhält man die Zuwachsrate r durch Anpassung eines linearen

Sonderbeitrag A Grundlegende Kennzahlen für Mitgliedsländer der VN und der Weltbank mit einer Bevölkerung von unter 1 Million

	Bevölkerung (in Tsd) Mitte 1986	Fläche (in Tsd. Quadratkilometer)	BSP pro Kopf[a] In $ von 1986	Durchschnittliches jährliches Wachstum in % 1965—86	Durchschnittliche jährliche Inflationsrate in %[a] 1965—80	1980—86	Lebenserwartung bei der Geburt (in Jahren) 1986
Guinea-Bissau	905	36	170	−2,0	..	32,9	39
Gambia	773	11	230	0,7	8,3	10,9	43
Malediven	189	0[b]	310	1,8	..	..	54
Komoren	409	2	320	0,6	..	..	56
São Tomé und Principe	111	1	340	0,7	..	5,3	65
Kap Verde	335	4	460	..	..	16,0	65
Guyana	799	215	500	−2,0	8,1	10,2	66
Salomonen	283	28	530	..	..	6,9	58
West Samoa	165	3	680	..	..	12,8	65
Swasiland	689	17	690	2,8	9,1	9,6	55
Tonga	98	1	740	..	..	..	64
St. Vincent und die Grenadinen	119	0[b]	960	1,1	11,1	5,1	69
Belize	170	23	1 170	2,2	7,4	1,6	66
Dominikanische Republik	85	1	1 210	−0,4	12,9	4,7	75
Grenada	98	0	1 240	..	11,2	5,0	68
St. Lucia	140	1	1 320	2,3	9,4	3,9	72
St. Christopher und Nevis	43	0[b]	1 700	3,6	9,3	5,2	70
Fiji	707	18	1 810	2,7	10,4	4,9	68
Antigua und Barbuda	81	0[b]	2 380	0,4	9,1	6,1	73
Surinam	402	163	2 510	3,7	..	0,5	66
Malta	360	0[b]	3 450	7,7	3,5	*1,8*	75
Zypern	672	9	4 360	..	..	7,4	74
Barbados	254	0[b]	5 150	2,4	11,2	7,0	74
Bahamas	236	14	7 190	−0,3	6,4	5,2	70
Bahrain	431	1	8 510	..	..	−1,8	70
Katar	317	11	13 200	..	..	..	69
Island	243	103	13 410	3,1	26,9	46,7	77
Brunei	232	6	15 400	..	..	−4,4	74
Luxemburg	366	3	15 770	4,1	6,5	6,5	74
Dschibuti	361	22	..	..	..	..	49
Äquatorial-Guinea	381	28	..	..	..	..	45
Kiribati	65	1	..	..	..	5,6	52
Seschellen	66	0[b]	..	..	12,1	3,8	70
Vanuatu	135	15	..	..	..	4,6	63

Anmerkung: Für kursiv gedruckte Länder kann kein BSP pro Kopf errechnet werden. Kursive Zahlen gelten für andere als die angegebenen Jahre.
a. Vgl. die technischen Erläuterungen zu Tabelle 1.   b. Weniger als 500 Quadratkilometer.

Trends an die Logarithmen der Jahreswerte der Variablen innerhalb des Untersuchungszeitraums. Genauer gesagt, hat die Regressionsgleichung die Form $\log X_t = a + bt + e_t$; dies ist das Äquivalent der logarithmischen Umformung der exponentiellen Wachstumsgleichung $X_t = X_o (1 + r)^t$. In diesen Gleichungen bezeichnet X die Variable, t die Zeit, und $a = \log X_o$ sowie $b = \log (1 + r)$ sind die zu schätzenden Parameter; e ist die Fehlergröße. Wenn b^* der nach der Methode der kleinsten Quadrate geschätzte Wert von b ist, dann ergibt sich die durchschnittliche jährliche Wachstumsrate r als [antilog (b^*)]-1.

Tabelle 1: Grundlegende Kennzahlen

Die Schätzwerte für die *Bevölkerungszahlen* Mitte 1986 beruhen auf Daten der Abteilung für Bevölkerungsfragen der VN oder der Weltbank. Diese sind normalerweise Projektionen, die üblicherweise auf Daten der letzten Volkszählungen oder auf Erhebungen basieren, die in einigen Fällen weder sehr neu noch sehr genau sind. Angemerkt sei, daß Flüchtlinge, die sich in dem asylgewährenden Land nicht auf Dauer niedergelassen haben, im allgemeinen als Teil der Bevölkerung des Herkunftslandes betrachtet werden.

Die Angaben zur *Fläche* wurden dem Datenband für das *Jahrbuch der Produktion 1986* der FAO entnommen. Die Tabelle in *Sonderbeitrag* A enthält grundlegende Kennzahlen für Mitgliedsländer der VN und der Weltbank mit einer Bevölkerung von weniger als einer Million.

Das *Bruttosozialprodukt* (BSP) mißt die gesamte in- und ausländische Erzeugung, die den Bewohnern eines Landes zur Verfügung steht; bei der Berechnung werden Abschreibungen auf den Kapitalbestand nicht abgezogen. Es schließt das BIP (definiert in den Erläuterungen zu Tabelle 2) zuzüglich des Netto-Faktoreinkommens aus dem Ausland ein; dies besteht aus dem Einkommen, das Inländern aus dem Ausland für Faktorleistungen zufließt (Arbeit und Kapital) abzüglich ähnlicher Zahlungen an Ausländer, die zum Inlandsprodukt beigetragen haben.

Die Angaben zum *BSP pro Kopf* wurden nach dem *Weltbank Atlas*-Verfahren berechnet. Die Bank räumt ein, daß eine volle internationale Vergleichbarkeit der Schätzungen für das BSP pro Kopf nicht erreichbar ist. Neben dem klassischen, schwer zu lösenden Indexzahlenproblem stehen einer angemessenen Vergleichbarkeit zwei Probleme im Weg. Eines betrifft die BSP- und Bevölkerungsschätzwerte selbst. Zwischen den einzelnen Ländern gibt es Unterschiede bei den Volkswirtschaftlichen Gesamtrechnungen und den Bevölkerungsstatistiken sowie im Umfang und der Verläßlichkeit der zugrundliegenden statistischen Informationen. Das andere ergibt sich aus der Umrechnung der in verschiedenen nationalen Währungen ausgedrückten BSP-Daten mittels eines gemeinsamen numeraire — üblicherweise der US-Dollar —, um sie international zu vergleichen.

Aus der Einsicht, daß diese Unzulänglichkeiten die Vergleichbarkeit der Schätzwerte des BSP pro Kopf beeinträchtigen, hat die Weltbank verschiedene Verbesserungen des Schätzverfahrens vorgenommen. Im Zuge der regelmäßigen Überprüfung der Volkswirtschaftlichen Gesamtrechnungen ihrer Mitgliedsländer berechnet die Bank systematisch BSP-Schätzwerte, wobei sie sich besonders auf die zugrundeliegende Abgrenzung und Konzeption konzentriert und erforderlichenfalls Anpassungen vornimmt, um die Vergleichbarkeit zu verbessern. Als Teil der Überprüfung konnten vom Stab der Bank für die allerjüngsten Zeiträume Schätzungen der BSP (und gelegentlich der Bevölkerung) entwickelt werden. Die Bank überprüft auch systematisch die Angemessenheit der Wechselkurse als Umrechnungsfaktoren. Ein alternativer Umrechnungsfaktor wird dann angewendet (und in den *Welt-Tabellen* publiziert), wenn der amtliche Wechselkurs zu stark von dem Kurs abweicht, der den Auslandstransaktionen tatsächlich zugrunde liegt. Das gilt nur für eine kleine Zahl von Ländern.

Der *Atlas*-Umrechnungsfaktor für jedes Jahr besteht aus dem Durchschnitt der Wechselkurse für das jeweilige und die beiden vorhergehenden Jahre, die um das Verhältnis der Inflationsraten des betreffenden Landes und der Vereinigten Staaten bereinigt worden sind. Dieser Dreijahresdurchschnitt glättet die Preis- und Wechselkursfluktuationen für jedes Land. Das so ermittelte BSP in US-Dollar wird durch die Bevölkerungszahl von Mitte des letzten Jahres dividiert, um das BSP pro Kopf zu erhalten.

Die Pro-Kopf-Zahlen für das BSP von 1986 basieren auf durchschnittlichen Umrechnungsfaktoren für die Jahre 1984 und 1985, als der Dollar das höchste Niveau der jüngsten Geschichte erreichte, sowie auf denen von 1986. Dadurch sind die relativen BSP-Werte der Vereinigten Staaten und jener Länder, deren Währungen an den Dollar gebunden sind, gestiegen, während die relativen BSP-Werte von Ländern, deren Währungen nicht direkt an den Dollar gebunden sind — namentlich in Europa und Japan — gesunken sind.

Die folgende Formel beschreibt das Verfahren zur Berechnung des Umrechnungsfaktors für das Jahr t:

$$(e^*_{t-2,t}) = \frac{1}{3}\left[e_{t-2}\left(\frac{P_t}{P_{t-2}}\bigg/\frac{P^\$_t}{P^\$_{t-2}}\right) + e_{t-1}\left(\frac{P_t}{P_{t-1}}\bigg/\frac{P^\$_t}{P^\$_{t-1}}\right) + e_t\right]$$

sowie für die Berechnung des BSP pro Kopf in US-Dollar für das Jahr t:

$$(Y^\$_t) = Y_t / N_t \div e^*_{t-2,t}$$

dabei ist:

Y_t = laufendes BSP (in heimischer Währung) im Jahr t
P_t = BSP-Deflator für das Jahr t
e_t = jahresdurchschnittlicher Wechselkurs (heimische Währung/US-Dollar) im Jahr t
N_t = Bevölkerung zur Mitte des Jahres t
$P^\$_t$ = BSP-Deflator der Vereinigten Staaten im Jahr t

Wegen der mit der Verfügbarkeit vergleichbarer Daten und mit der Bestimmung der Wechselkurse verbundenen Probleme werden für die nicht berichtenden planwirtschaftlichen Länder keine Angaben über das BSP pro Kopf gemacht.

Die Verwendung amtlicher Wechselkurse zur Umrechnung von Angaben in nationaler Währung in US-Dollar versucht nicht, die relative inländische Kaufkraft der Währungen zu messen. Das Internationale Vergleichsprojekt (IVP) der Vereinten Nationen hat Meßziffern des realen BIP auf international vergleichbarer Basis entwickelt, denen als Umrechnungsfaktoren Kaufkraftparitäten (KKP) anstelle von Wechselkursen zugrunde liegen. Informationen über das IVP sind in fünf Untersuchungen sowie in einer Reihe anderer Veröffentlichungen publiziert worden.

Das IVP-Projekt hat in fünf Phasen mit Fünfjahresintervallen mehr als 70 Länder erfaßt. Die Ergebnisse der Phase IV für 1980, die 60 Länder erfaßt, waren im letztjährigen Bericht verarbeitet. Ergebnisse der Phase V für 1985 stehen nun für 25 Länder (meist Industrieländer) zur Verfügung und diejenigen für viele der restlichen Länder (insbesondere in Afrika) sollten zum Jahresende verfügbar sein. Die Bank überprüft gerade die den letzten Schätzungen zugrundeliegenden Daten und Methoden und wird in einer späteren Ausgabe des *Atlas* oder in einer anderen statistischen Veröffentlichung einen aktualisierten Vergleich zwischen IVP- und *Atlas*-Zahlen publizieren. Die Vereinten Nationen und ihre regionalen Wirtschaftskommissionen sowie andere internationale Organisationen wie die Europäischen Gemeinschaften, die Organisation für wirtschaftliche Zusammenarbeit und Entwicklung und die Weltbank arbeiten daran, die Methoden zu verbessern und jährliche Kaufkraftvergleiche auf alle Länder auszudehnen. Die Wechselkurse bleiben jedoch das einzige allgemein verfügbare Mittel, um das BSP von nationalen Währungen in US-Dollar umzurechnen.

Die *durchschnittliche jährliche Inflationsrate* wird gemessen an der Zuwachsrate des impliziten Deflators des Bruttoinlandsprodukts (BIP) für die jeweils ausgewiesenen Zeitabschnitte. Bei der Berechnung des BIP-Deflators wird zunächst der Wert des BIP zu laufenden Preisen für jedes Jahr der einzelnen Zeitabschnitte durch den Wert des BIP zu konstanten Preisen dividiert, wobei die Bewertung jeweils in nationaler Währung erfolgt. Anschließend wird die Zuwachsrate des BIP-Deflators für die einzelnen Zeiträume unter Verwendung der Methode der kleinsten Quadrate errechnet. Die Aussagefähigkeit dieser Kennzahl, wie jeder anderen Maßgröße der Inflation, ist begrenzt. Sie wird hier jedoch in einigen Fällen als Indikator für den Preisauftrieb verwendet, da sie — indem sie die jährlichen Preisänderungen für alle Güter und Dienstleistungen erfaßt, die in einer Volkswirtschaft produziert werden — der am breitesten fundierte Deflator ist.

Die *Lebenserwartung bei der Geburt* gibt die Anzahl der Jahre an, die ein neugeborenes Kind leben würde, wenn die Sterblichkeitsrisiken, die zum Zeitpunkt seiner Geburt in der Gesamtbevölkerung vorherrschen, während seines Lebens gleichbleiben würden. Die Angaben stammen aus der Abteilung für Bevölkerungsfragen der VN, ergänzt um Daten der Weltbank.

Die *zusammenfassenden Kennzahlen* für das BSP pro Kopf und die Lebenserwartung werden in dieser Tabelle mit der Bevölkerung gewichtet. Die Kennzahlen für die durchschnittlichen jährlichen Inflationsraten werden mit dem BIP-Anteil des Landes gewogen, bewertet zu jeweiligen Dollar.

Tabellen 2 und 3: Wachstum und Struktur der Produktion

Die verwendeten Definitionen sind überwiegend identisch mit den Definitionen in der *Systematik für Volkswirtschaftliche Gesamtrechnungen (SVG)*, Reihe F, Nr. 2, Revision 3 der VN. Schätzungen stammen auch aus nationalen Quellen und erreichen die Weltbank gelegentlich über internationale Organisationen, werden jedoch häufiger durch den Stab der Weltbank bei Länderbesuchen zusammengetragen.

Das Bruttoinlandsprodukt (BIP) mißt die gesamte Enderzeugung von Gütern und Dienstleistungen, die von der Wirtschaft eines Landes erstellt wird; d. h., alle Leistungen innerhalb der Landesgrenzen sowohl von Gebietsansässigen als auch von Ausländern werden erfaßt, ohne Rücksicht darauf, ob das Verfügungsrecht über diese Leistungen Inländern oder Ausländern zusteht. Bei der Berechnung des BIP werden keine Abzüge für Abschreibungen vorgenommen. Während das SVG vorsieht, daß die Beiträge der Sektoren zum BIP auf Basis von Erzeugerpreisen geschätzt werden, melden viele Länder solche Details zu Faktorkosten, die wegen der Behandlung bestimmter indirekter Steuern von den Erzeugerpreisen abweichen. Insgesamt entspricht das BIP zu Erzeugerpreisen dem BIP zu Käuferpreisen abzüglich der Einfuhrabgaben. Bei einzelnen Sektoren, etwa der Landwirtschaft, weichen die Werte zu Erzeugerpreisen von denen zu Käuferpreisen wegen der indirekten Steuern (abzüglich Subventionen) ab, zumindestens in der Theorie, weil die Käuferpreise die Einzel- und Großhandelsdienstleistungen sowie die Transportkosten enthalten. Die internationale Vergleichbarkeit der Schätzungen wird durch die Tatsache beeinträchtigt, daß jeweils etwa die Hälfte aller Länder in der Praxis das eine bzw. das andere Bewertungssystem bei der Berichterstattung über die Wertschöpfung nach Wirtschaftsbereichen anwendet. Als Teillösung werden die BIP-Schätzungen zu Käuferpreisen angegeben, wenn die Komponenten hierauf basieren; in diesen Fällen zeigt dies eine Fußnote an. In den Tabellen 2 und 3 ist jedoch bei einigen wenigen Ländern das BIP zu Käuferpreisen durch das BIP zu Faktorkosten ersetzt worden. Es sei angemerkt, daß in den Ausgaben vor 1986 das *BIP zu Erzeugerpreisen* und das *BIP zu Käuferpreisen* als *BIP zu Faktorkosten* bzw. *BIP zu Marktpreisen* bezeichnet wurden.

Die BIP-Angaben sind Dollar-Werte, die mit Hilfe amtlicher Wechselkurse des jeweiligen Jahres aus heimischer Währung umgerechnet wurden. Für einige Länder, bei denen der amtliche Wechselkurs die bei den Fremdwährungstransaktionen tatsächlich angewandten Kurse nicht widerspiegelt, wird ein alternativer Umrechnungsfaktor benutzt (und in den *Welt-Tabellen* publiziert). Es sei angemerkt, daß in dieser Tabelle nicht die Dreijahres-Durchschnittsberechnung angewandt wird, wie sie bei der Ermittlung des BSP pro Kopf in Tabelle 1 benutzt wurde.

Die *Landwirtschaft* umfaßt Forstwirtschaft, Jagd, Fischerei und Landwirtschaft im engeren Sinn. In Entwicklungsländern mit ausgeprägter Subsistenzlandwirtschaft wird ein Großteil der landwirtschaftlichen Erzeugung weder getauscht noch gegen Geld gehandelt. Dies vergrößert die Schwierigkeiten, den Beitrag der Landwirtschaft zum BIP zu messen, und mindert die Verläßlichkeit und Vergleichbarkeit solcher Daten. Zur *Industrie* gehören die Wertschöpfung des Bergbaus, des *Verarbeitenden Gewerbes* (auch als Untergruppe gezeigt), der Bauwirtschaft, Strom-, Wasser- und Gasversorgung. Die Wertschöpfung aller übrigen Wirtschaftszweige, einschließlich der unterstellten Bankdienstleistungen, der Einfuhrabgaben und aller von nationalen Stellen angegebenen statistischen Diskrepanzen, wird unter *Dienstleistungen usw.* ausgewiesen.

Die komponentenweise umbasierten Zeitreihen von 1980 in heimischen Währungen werden, wie oben erklärt, zur Errechnung der Wachstumsraten in Tabelle 2 benutzt. Die sektoralen Anteile des BIP in Tabelle 3 beruhen auf Zeitreihen in jeweiligen Preisen.

Bei der Berechnung der *zusammenfassenden Kennzahlen* in Tabelle 2 werden für jedes Land komponentenweise umbasierte Beträge in US-Dollar von 1980 für jedes Jahr der angegebenen Zeiträume berechnet, die Jahreswerte werden häufig nach Regionen aggregiert, und dann wird die Methode der kleinsten Quadrate zur Berechnung der Zuwachsraten angewendet. Die durchschnittlichen sektoralen Anteile der Tabelle 3 wurden aus den gruppenweise zusammengefaßten Werten des sektoralen BIP in jeweiligen US-Dollar berechnet.

Tabellen 4 und 5: Zunahme von Verbrauch und Investition; Struktur der Nachfrage

Das BIP wird in den Erläuterungen zu Tabelle 2 definiert; in diesen beiden Tabellen ist es aber in Käuferpreisen angegeben.

Der *allgemeine Staatsverbrauch* erfaßt alle laufenden Ausgaben auf allen öffentlichen Verwaltungsebenen für den Erwerb von Gütern und Dienstleistungen. Alle Ausgaben für nationale Verteidigung und Sicherheit, einschließlich Investitionsausgaben, werden als Verbrauchsausgaben behandelt.

Der *private Verbrauch usw.* setzt sich zusammen

aus dem Marktwert aller Güter und Dienstleistungen, die von privaten Haushalten und gemeinnützigen Institutionen gekauft oder als Einkommensersatz bezogen werden. Er schließt Wohnungskäufe aus, aber die kalkulatorische Eigenmiete für Wohnraum ein, der vom Eigentümer genutzt wird (wegen Einzelheiten vgl. Tabelle 6). In der Praxis schließt er jegliche statistische Diskrepanz bei der Ressourcennutzung ein. Zu konstanten Preisen bedeutet dies, daß er auch die Abweichung infolge der komponentenweisen Umbasierung einschließt.

Die *Bruttoinlandsinvestition* umfaßt alle Ausgaben für die Aufstockung des Anlagevermögens in der Volkswirtschaft, zuzüglich des Nettowertes von Lagerbestandsveränderungen.

Die *Bruttoinlandsersparnis* wird errechnet durch Subtraktion des gesamten Verbrauchs vom Bruttoinlandsprodukt.

Die *Ausfuhr von Waren und Dienstleistungen (ohne Faktoreinkommen)* erfaßt den Wert aller Waren- und Dienstleistungsexporte in die übrige Welt; hierzu gehören Waren, Fracht, Versicherung, Reisen und sonstige Dienstleistungen. Der Wert von Faktoreinkommen wie Investitionserträge, Zinsen und Arbeitseinkommen ist in dieser Summe nicht enthalten.

Der *Ressourcensaldo* ist die Differenz zwischen der Ausfuhr und Einfuhr von Waren und Dienstleistungen ohne Faktoreinkommen.

Zur Berechnung der Kennzahlen in Tabelle 4 wurden komponentenweise umbasierte Zeitreihen auf Basis 1980 zu konstanten Preisen in Inlandswährung verwendet (siehe oben). In Tabelle 5 werden Zeitreihen aus den nationalen Volkswirtschaftlichen Gesamtrechnungen zu laufenden Preisen in Inlandswährung verwendet. Ähnlich basieren die Wachstumsraten in Tabelle 4 auf Angaben zu konstanten Preisen von 1980, die BIP-Anteile in Tabelle 5 auf Angaben zu jeweiligen Preisen.

Die *zusammenfassenden Kennzahlen* sind nach Methoden errechnet, die in den Anmerkungen zu Tabellen 2 und 3 erklärt werden.

Tabelle 6: Struktur des Verbrauchs

Die prozentualen Anteile ausgewählter Positionen der gesamten Verbrauchsausgaben der privaten Haushalte werden errechnet aus SVG-definierten Einzelkomponenten des BIP (Ausgaben in nationalen Marktpreisen), die hauptsächlich für die Phasen IV und V des Internationalen Vergleichsprojekts (IVP) zusammengestellt wurden. Für nicht vom IVP erfaßte Länder sind — soweit verfügbar — weniger detaillierte Schätzungen der Volkswirtschaftlichen Gesamtrechnungen enthalten. Die Daten betreffen 79 Länder und beziehen sich im allgemeinen auf Schätzungen für ein Jahr zwischen 1980 und 1985 einschließlich. In einigen Fällen beziehen sie sich auf frühere Jahre und werden daher kursiv gezeigt. Der Verbrauch ist hier der private (nichtöffentliche) Verbrauch, wie er in der SVG und den Erläuterungen zu den Tabellen 2, 4 und 5 definiert ist, mit der Ausnahme, daß die Ausgaben für Erziehung und medizinische Versorgung sowohl öffentliche als auch private Ausgaben umfassen. Das IVP-Konzept erhöht die internationale Vergleichbarkeit, weil es von unterschiedlichen nationalen Praktiken bei der Finanzierung von Gesundheits- und Erziehungsdiensten weniger tangiert wird.

Eine wichtige Untergruppe bei der *Ernährung* bilden *Getreide und Knollengewächse*. Dazu gehören Reis, Mehl, Brot, alle übrigen Getreidesorten und Getreideprodukte, Kartoffeln, Yam und andere Knollengewächse. Bei den marktwirtschaftlichen Industrieländern enthält diese Untergruppe keine Knollengewächse. Die Position *Bruttomieten, Brennstoffe und Strom* umfaßt tatsächliche und kalkulatorische Mieten sowie Aufwendungen für Reparatur und Instandhaltung; gleiches gilt für die Unterposition *Brennstoffe und Strom* (für Heizung, Beleuchtung, Kochen, Klimaanlagen usw.). Es sei angemerkt, daß in dieser Position die Energie für Verkehrszwecke nicht enthalten ist (die in den Entwicklungsländern selten mehr als 1 Prozent der Gesamtposition ausmacht). Wie bereits erwähnt, schließen *Medizinische Versorgung* und *Erziehung* sowohl staatliche als auch private Ausgaben ein. Zu *Verkehr und Kommunikation* gehört auch der Erwerb von Kraftfahrzeugen, der als Unterposition gezeigt wird. Die restliche Gruppe *Übriger Verbrauch* enthält Getränke und Tabakwaren, kurzlebige Haushaltswaren und Haushaltsdienstleistungen, Freizeitdienstleistungen sowie Dienstleistungen von Hotels und Gaststätten. Sie umfaßt auch die getrennt gezeigte Unterposition *Übrige längerlebige Verbrauchsgüter*, bestehend aus Haushaltsgeräten, Möbeln, Bodenbelägen, Freizeitgeräten, Uhren und Schmuck.

Die Schätzung der Verbrauchsstruktur ist eine der schwächsten Stellen der Volkswirtschaftlichen Gesamtrechnung in Entwicklungsländern. Die Struktur wird durch Befragungen über die Haushaltsausgaben und ähnliche Erhebungsmethoden geschätzt und ist von der angewandten Methode abhängig. Beispielsweise beschränken einige Länder die Erhebung auf städtische Gebiete oder noch enger auf die Hauptstädte. Dies führt tendenziell zu außerordentlich niedrigen Anteilen der *Ernährung* und zu hohen Anteilen von *Verkehr und Kommunikation, Bruttomieten* und *Übrigem Verbrauch,* in dem der Verzehr in Gaststätten einbezogen ist. Kontrollierte Nahrungsmittelpreise und die unvollständige Erfassung der Subsistenzwirtschaft durch die Volkswirtschaftlichen Gesamtrechnungen tragen ebenfalls zu dem niedrigen Ernährungsanteil bei.

Tabelle 7: Landwirtschaft und Nahrungsmittel

Die Ausgangsdaten zur *Wertschöpfung in der Landwirtschaft* stammen aus Zeitreihen der Weltbank über nationale Volkswirtschaftliche Gesamtrechnungen zu jeweiligen Preisen in nationalen Währungen. Dies ist anders als in der letztjährigen Ausgabe, die für diese Kennzahl konstante Preisangaben bot. Die Wertschöpfung in jeweiligen Preisen und nationaler Währung wird unter Anwendung des in den technischen Erläuterungen für Tabelle 2 und 3 beschriebenen Umrechnungsverfahrens in US-Dollar umgerechnet.

Die übrigen Angaben dieser Tabelle stammen von der Organisation für Ernährung und Landwirtschaft der VN (FAO).

Die *Getreideeinfuhr* ist in Getreideeinheiten ausgedrückt und so definiert, daß sie alle Getreidesorten in den Gruppen 041—046 des *Internationalen Warenverzeichnisses für den Außenhandel* (SITC — Standard International Trade Classification, Revision 2) umfaßt. Die Nahrungsmittelhilfe in Form von Getreide umfaßt Weizen und Mehl, Bulgur, Reis, Grobgetreide und Getreidemischungen. Die Angaben sind nicht ohne weiteres vergleichbar, da die Getreideimporte auf Kalenderjahren und auf Angaben der Empfängerländer beruhen, während die Angaben zur Nahrungsmittelhilfe in Getreide auf Daten von Geberländern und internationalen Organisationen über Erntejahre beruhen. Außerdem können die Angaben über Nahrungsmittelhilfe seitens der Geberländer von den tatsächlichen Eingängen bei den Empfängerländern in einem bestimmten Zeitraum abweichen, und gelegentlich werden sie der FAO oder anderen einschlägigen internationalen Organisationen nicht gemeldet. Die frühest verfügbaren Angaben über Nahrungsmittelhilfe betrafen das Jahr 1974.

Der *Düngemittelverbrauch* ist auf die vorhandenen Anbauflächen bezogen. Hierzu zählen Flächen mit wechselnden Kulturen (Böden mit Mehrfachernten werden nur einmal gezählt) sowie zeitweilig angelegte Wiesen zum Mähen oder Weiden, der Gartenanbau für den Markt oder Eigenbedarf und vorübergehend brachliegendes oder ungenutztes Land sowie Dauerkulturen.

Der *Index der Nahrungsmittelproduktion pro Kopf* mißt die durchschnittliche jährliche Nahrungsmittelmenge pro Kopf, die in den Jahren 1984 bis 1986 erzeugt wurde, bezogen auf die durchschnittliche Jahresproduktion im Zeitraum 1979 bis 1981. Die Schätzwerte wurden durch Division der mengenmäßigen Nahrungsmittelerzeugung durch die gesamte Bevölkerung ermittelt. Der Begriff *Nahrungsmittel* umfaßt Nüsse, Hülsenfrüchte, Früchte, Getreide, Gemüse, Zuckerrohr und -rüben, stärkehaltige Wurzeln und Knollen, Pflanzen zur Erzeugung von Speiseöl, Viehbestand und Tierprodukte. Unberücksichtigt bleiben Viehfutter, Saatgut für die Verwendung in der Landwirtschaft sowie Verluste bei Verarbeitung und Vertrieb.

Die *zusammenfassenden Kennzahlen* für den Düngemittelverbrauch sind gewogen mit den gesamten anbaufähigen Ackerflächen; diejenigen der Nahrungsmittelproduktion sind mit der Bevölkerung gewogen.

Tabelle 8: Struktur des Verarbeitenden Gewerbes

Die Ausgangsdaten für die *Wertschöpfung im Verarbeitenden Gewerbe* stammen aus den Zeitreihen der Weltbank über Volkswirtschaftliche Gesamtrechnungen zu *jeweiligen* Preisen und in nationalen Währungen — anders als in der letztjährigen Ausgabe, als *konstante* Preise angewandt wurden. Die Angaben sind Dollarwerte die mit Hilfe amtlicher Wechselkurse der einzelnen Jahre aus heimischer Währung umgerechnet wurden. Für einige Länder, bei denen der amtliche Wechselkurs die bei den Fremdwährungstransaktionen tatsächlich angewandten Kurse nicht widerspiegelt, wird ein alternativer Umrechnungsfaktor benutzt.

Die Ausgangsdaten über die prozentuale *Verteilung der Wertschöpfung* auf die Wirtschaftszweige des Verarbeitenden Gewerbes stammen von der Organisation für Industrielle Entwicklung der Vereinten Nationen (UNIDO) und lauten auf heimische Währungen zu jeweiligen Preisen.

Die Untergliederung des Verarbeitenden Gewerbes stimmt mit dem *Internationalen Verzeichnis der Wirtschaftszweige der Vereinten Nationen für alle wirtschaftlichen Aktivitäten* (ISIC — International

Standard Industrial Classification of All Economic Activities) überein. *Nahrungsmittel und Landwirtschaft* umfassen die *ISIC*-Abteilung 31; *Textilien und Bekleidung* die Abteilung 32; *Maschinen, Elektrotechnik und Fahrzeuge* die Hauptgruppen 382 bis 384 und *chemische Erzeugnisse* die Hauptgruppen 351 und 352. *Übriges* umfaßt Holz und verwandte Erzeugnisse (Abteilung 33), Papier und verwandte Erzeugnisse (Abteilung 34), Erdöl und verwandte Erzeugnisse (Hauptgruppen 353 bis 356), Grundmetalle und mineralische Erzeugnisse (Abteilung 36 bis 37), verarbeitete Metallprodukte und Arbeitsgeräte (Hauptgruppen 381 und 385) sowie übrige Industriezweige (Hauptgruppe 390). Sofern Angaben für Textilien, Maschinen oder chemische Erzeugnisse als nicht verfügbar gekennzeichnet sind, sind sie in *Übriges* enthalten.

Tabelle 9: Einkommen und Produktion im Verarbeitenden Gewerbe

In dieser Tabelle werden vier Kennzahlen gezeigt — zwei betreffen das Realeinkommen je Beschäftigten, eine den Anteil des Arbeitseinkommens an der gesamten Wertschöpfung und eine die Arbeitsproduktivität im Verarbeitenden Gewerbe. Die Kennzahlen basieren auf Daten der UNIDO, wobei die Deflatoren — wie unten dargelegt — aus anderen Quellen stammen.

Die *Einkommen je Beschäftigten* sind in konstanten Preisen ausgedrückt und abgeleitet durch Deflationierung nominaler Einkommen je Beschäftigten, wie sie von der UNIDO berechnet werden, mit dem Verbraucherpreisindex (VPI) des Landes. Der VPI ist den *International Financial Statistics* (IFS) des IWF entnommen. Die *Gesamteinkommen in Prozent der Wertschöpfung* wurden durch Division der gesamten Nominaleinkommen der Beschäftigten durch die Wertschöpfung in jeweiligen Preisen gewonnen und zeigen den Anteil des Faktors Arbeit an dem im Verarbeitenden Gewerbe geschaffenen Einkommen. Die *Bruttoproduktion je Beschäftigten* wird in konstanten Preisen angegeben und ist ein Maß für die Arbeitsproduktivität. Um diese Kennzahl abzuleiten, wurden die UNIDO-Daten über die *Bruttoproduktion je Beschäftigten* zu jeweiligen Preisen bereinigt, indem die impliziten Deflatoren der Wertschöpfung im Verarbeiteten Gewerbe oder in der Industrie, die aus den Datensammlungen der Weltbank stammen, angewandt wurden.

Um die Vergleichbarkeit zwischen den Ländern zu verbessern, hat die UNIDO, soweit möglich, den Kreis der erfaßten Unternehmen auf solche mit 5 oder mehr Beschäftigten standardisiert.

Die Begriffe und Definitionen stimmen überein mit den von den Vereinten Nationen veröffentlichten *Internationalen Empfehlungen für Industriestatistiken*. *Einkommen* (Löhne und Gehälter) sind alle vom Arbeitgeber an den Arbeitnehmer geleisteten Vergütungen. Die Zahlungen schließen ein (a) alle regelmäßigen und Überstundenvergütungen sowie Zulagen und Kaufkraftausgleichszahlungen; (b) während Urlaub und Krankheit gezahlte Löhne und Gehälter; (c) Steuern, Sozialversicherungsbeiträge und dergleichen, die von den Beschäftigten zu entrichten sind und vom Arbeitgeber abgezogen werden, sowie (d) Zahlungen in Naturalien.

Der Wert der *Bruttoproduktion* wird entweder auf Basis der Erzeugung oder der Lieferungen geschätzt. Auf Basis der Erzeugung besteht er aus (a) dem Wert aller Erzeugnisse des Betriebes, (b) dem Wert der für andere erbrachten industriellen Dienstleistungen, (c) dem Wert der Güter, die im gleichen Zustand verkauft wie bezogen wurden, (d) dem Wert der abgegebenen Elektrizität und (e) der Nettoveränderung des Bestandes an halbfertigen Produkten im Verlauf der Referenzperiode. Bei Schätzungen auf Lieferungsbasis wird die Nettoveränderung der Lagerbestände an Fertigerzeugnissen im Verlauf der Referenzperiode ebenfalls einbezogen. Die *Wertschöpfung* ist definiert als der laufende Wert der Bruttoproduktion abzüglich der laufenden Kosten (a) von Materialien, Brennstoffen und sonstigen verbrauchten Gütern, (b) von Auftrags- und Kommissionsleistungen durch Dritte, (c) von Reparatur- und Instandhaltungsarbeiten durch Dritte und (d) von Gütern, die im gleichen Zustand verkauft wie bezogen wurden.

Die Bezeichnung *Beschäftigte* in dieser Tabelle faßt zwei von den VN definierte Kategorien zusammen: *regelmäßig Beschäftigte* und *mitwirkende Personen*. Diese Gruppen zusammen umfassen die regelmäßig Beschäftigten, die mitarbeitenden Besitzer, die aktiv tätigen Geschäftspartner und ohne Bezahlung tätige Familienmitglieder; Heimarbeiter sind davon ausgenommen. Die Angaben beziehen sich auf den Durchschnitt der Beschäftigtenzahl während eines Jahres.

Tabelle 10: Kommerzielle Energie

Die Angaben zur Energie stammen aus Quellen der Vereinten Nationen. Sie umfassen die handelsüblichen primären Energieformen Erdöl, Erdgas und verflüssigtes Erdgas, feste Brennstoffe (Stein- und Braunkohle u. a.) sowie Primärstrom (mit Wasser- und Kernkraft sowie geothermisch erzeugte Elektrizität), jeweils umgerechnet in Erdöleinheiten. Die Angaben zum Verbrauch flüssiger Brennstoffe schließen Erdölerzeugnisse ein, die nicht als Energieträger verbraucht wurden. Bei der Umrechnung von Primärstrom in Erdöleinheiten wurde ein fiktiver thermischer Wirkungsgrad von 34 Prozent unterstellt. Die Verwendung von Brennholz, getrockneten Tierexkrementen und anderen herkömmlichen Brennstoffen wurde, obwohl sie in einigen Entwicklungsländern von erheblicher Bedeutung ist, nicht berücksichtigt, da hierüber keine verläßlichen und umfassenden Angaben vorliegen.

Die *Energieeinfuhr* bezieht sich auf den Dollar-Wert der Energieimporte — Abschnitt 3 des *SITC*, Revision 1 — und ist ausgedrückt als Prozentsatz der Warenausfuhrerlöse.

Die verfügbaren Daten zur Energieeinfuhr erlauben keine Unterscheidung zwischen Rohöleinfuhren für den Brennstoffverbrauch und für den Einsatz in der Petrochemie. Dementsprechend könnten diese Prozentzahlen die Abhängigkeit von der Energieeinfuhr überbewerten.

Die *zusammenfassenden Kennzahlen der Energieproduktion und des -verbrauchs* sind durch Aggregation der jeweiligen Mengen für jedes Jahr im betreffenden Zeitraum und durch Anwendung einer Trendschätzung nach der Methode der kleinsten Quadrate ermittelt worden. Für den *Energieverbrauch pro Kopf* wurden Bevölkerungsgewichte benutzt, um zusammenfassende Kennzahlen für spezifische Jahre zu errechnen.

Die *zusammenfassenden Kennzahlen der Energieeinfuhren als Prozentsatz der Warenausfuhren* wurden aus den gruppenweise zusammengefaßten Werten der Energieeinfuhren und Warenausfuhren in jeweiligen Dollar errechnet.

Tabelle 11: Wachstum des Warenhandels

Die statistischen Angaben zum Warenhandel in den Tabellen 11 bis 14 stammen hauptsächlich aus der Handelsdatensammlung der VN, die mit dem *Statistischen Jahrbuch des Außenhandels* der VN übereinstimmt; die Angaben basieren auf den Zollstatistiken der Länder. Neuere Statistiken stammen jedoch häufig aus Sekundärquellen, namentlich des IWF, und in einigen (durch Fußnoten bezeichneten) Fällen werden Schätzungen der Weltbank angegeben. Sekundärquellen und Schätzungen der Weltbank basieren auf summarischen Erhebungen, die früher verfügbar sind als die detaillierten Angaben, die den VN gemeldet werden. In einigen Fällen ermöglichen diese Daten auch Ergänzungen hinsichtlich wichtiger Komponenten des Außenhandels eines Landes, die in den regulären Zollstatistiken nicht enthalten sind. Solche Fälle sind in den Länder-Anmerkungen zu den *Welt-Tabellen* kenntlich gemacht. Die Wertangaben in diesen Tabellen sind in jeweiligen US-Dollar.

Die *Warenausfuhr und -einfuhr* umfaßt mit wenigen Ausnahmen alle Transaktionen von Waren, die die Zollgrenzen überschreiten. Die Exporte werden, soweit die vorgenannten Quellen nichts anderes besagen, auf fob-(free on board-)Basis und die Importe auf cif-(cost, insurance and freight-)Basis bewertet und in jeweiligen Dollar ausgedrückt. Man beachte, daß grenzüberschreitende Dienstleistungen in diesen Werten nicht enthalten sind.

Die *Zuwachsraten der Warenausfuhr und -einfuhr* werden zu konstanten Preisen angegeben und basieren auf Mengenindizes der Ausfuhr und der Einfuhr. Mengenindizes werden für die Entwicklungsländer und die Ölexporteure mit hohem Einkommen aus Export- und Import-Wertindizes durch Deflationierung mit den entsprechenden Preisindizes errechnet. Zur Berechnung dieser Mengenindizes benutzt die Weltbank ihre eigenen Preisindizes, die auf internationalen Preisen für Rohstoffe und Durchschnittswertindizes für Industrieerzeugnisse basieren. Diese Preisindizes sind länderspezifisch und nach großen Warengruppen aufgeschlüsselt, wodurch die Konsistenz der Angaben für eine Ländergruppe und für einzelne Länder gewährleistet ist.

Diese Datenkonsistenz wird sich erhöhen, wenn die Weltbank ihre Außenhandels-Preisindizes für eine wachsende Zahl von Ländern verbessert. Für die Industrieländer werden diese Indizes in Übereinstimmung mit nationalen Methoden vom IWF veröffentlicht.

Die *Terms of Trade* oder Nettoaustauschverhältnisse im Außenhandel messen die relative Veränderung der Ausfuhrpreise gegenüber derjenigen der Einfuhrpreise. Diese Kennzahl wird als Verhältnis des Durchschnittspreisindex der Ausfuhr eines Landes zu dem Durchschnittspreisindex seiner Einfuhr berechnet und bringt damit Veränderungen des Exportpreisniveaus als Prozentsatz der Importpreise gegenüber einem Basisjahr zum Ausdruck. Die Terms of Trade-Indexwerte werden auf der Basis 1980 = 100 für die Jahre 1984 und 1986 ausgewiesen. Die Preisindizes stammen aus den obengenannten Quellen für die Zuwachsraten der Ausfuhr oder Einfuhr.

Die *zusammenfassenden Kennzahlen* der Zuwachsraten sind ermittelt durch Aggregation der Einzelwerte auf Grundlage konstanter Dollarpreise von 1980 für jedes Jahr und durch die Anwendung einer Trendschätzung nach der Methode der kleinsten Quadrate für die angegebenen Zeiträume. Auch hier ist wieder zu beachten, daß grenzüberschreitende Dienstleistungen in diesen Werten nicht enthalten sind.

Tabellen 12 und 13: Struktur des Warenhandels

Die Anteile in diesen Tabellen wurden aus den in laufenden Dollar ausgedrückten Handelswerten abgeleitet, die im VN-Handelsdatensystem gespeichert und im *Jahrbuch für Außenhandelsstatistik* der VN enthalten sind, ergänzt durch andere Sekundärquellen und Schätzungen der Weltbank, wie dies in den Erläuterungen zu Tabelle 11 dargelegt wurde.

Der Begriff der *Warenausfuhr und -einfuhr* wird in den Erläuterungen zu Tabelle 11 definiert.

Die Untergliederung der Ausfuhren und Einfuhren entspricht dem *SITC*, Serie M, Nr. 34, Revision 1. Schätzungen aufgrund von Sekundärquellen entsprechen gewöhnlich ebenfalls dieser Definition.

In Tabelle 12 bezieht sich die Gruppe *Brennstoffe, Mineralien und Metalle* auf die Güter in Abschnitt 3 des *SITC* (mineralische Brennstoffe, Schmiermittel und ähnliche Produkte), Teile 27 und 28 (Mineralien, Rohdünger und eisenhaltige Erze), sowie auf Teile 68 (NE-Metalle). Die Gruppe *Sonstige Rohstoffe* umfaßt die Abschnitte 0, 1, 2 und 4 des *SITC* (Nahrungsmittel und lebende Tiere, Getränke und Tabak, unverzehrbare Rohmaterialien, Öle, Fette und Wachse), abzüglich der *SITC*-Teile 27 und 28. *Maschinen, Elektrotechnik und Fahrzeuge* sind die in Abschnitt 7 des *SITC* aufgeführten Güter. Das *Übrige Verarbeitende Gewerbe* bezieht sich auf die Abschnitte 5 bis 9, ohne Abschnitt 7 sowie Teil 68 des *SITC*. *Textilien und Bekleidung*, die die Teile 65 und 84 des *SITC* umfassen (Textilien, Garne, Gewebe und Bekleidung), werden als Untergruppe des *Übrigen Verarbeitenden Gewerbes* gezeigt. Es sei angemerkt, daß mangels eingehender Informationen für viele Länder diese Definition etwas weiter ist als die auf Seite XI für die Exporteure von Industrieprodukten verwendete.

In Tabelle 13 umfaßt die Gruppe *Nahrungsmittel* die *SITC*-Abschnitte 0, 1 und 4 sowie Teil 22 (Nahrungsmittel und lebende Tiere, Getränke und Tabak, Öle und Fette, Ölsaaten und Nüsse). Die Gruppe *Brennstoffe* bezieht sich auf die Güter in Abschnitt 3 des *SITC* (mineralische Brennstoffe, Schmiermittel und verwandte Produkte). *Sonstige Rohstoffe* umfassen *SITC*-Abschnitt 2 (Rohmaterialien ohne Brennstoffe), abzüglich Teil 22 (Ölsaaten und Nüsse), zuzüglich Teil 12 (Tabak) und Teil 68 des *SITC* (NE-Metalle). *Maschinen, Elektrotechnik und Fahrzeuge* entsprechen den in Abschnitt 7 des *SITC* aufgeführten Gütern. Das *Übrige Verarbeitende Gewerbe*, als Restposten des Gesamtwerts der Importe des Verarbeitenden Gewerbes ermittelt, bezieht sich auf die *SITC*-Abschnitte 5 bis 9 ohne Abschnitt 7 und Teil 68.

Die *zusammenfassenden Kennzahlen* in Tabelle 12 sind mit der gesamten Warenausfuhr und die in Tabelle 13 mit der gesamten Wareneinfuhr der einzelnen Länder, jeweils in laufenden Dollar, gewogen. (Vgl. Anmerkung zu Tabelle 11.)

Tabelle 14: Regionale Exportstruktur für Industrieprodukte

Der Wert der *Exporte von Industrieprodukten* nach Herkunftsländern stimmt mit den Angaben in Tabelle 12 überein, wo für Maschinenbauerzeugnisse, elektrotechnische Erzeugnisse und Fahrzeuge sowie sonstige Industrieerzeugnisse gesonderte Anteile an den gesamten Warenausfuhren ausgewiesen werden. Angaben über die *Bestimmungsländer der Exporte von Industrieprodukten* basieren auf der sehr detaillierten Warenhandels-Datensammlung, die im Internationalen Rechenzentrum der VN geführt wird. Wenngleich beide konzeptionell gleich sind, können Differenzen deshalb entstehen, weil aggregierte Schätzungen nach Herkunftsländern (enthalten in Tabelle 12) tendenziell aktueller und umfassender sind. Soweit Wertangaben über die Exporte von Industrieprodukten seitens der VN nicht verfügbar sind, werden Zusatzquellen einschließlich Datensammlung von IWF und Weltbank benutzt.

Industrieprodukte umfassen die Güter in den Teilen 5 bis 9 des *SITC*, Revision 1 (chemische Erzeugnisse, industrielle Grundstoffe und bearbeitete Waren, Maschinenbauerzeugnisse, elektrotechnische Erzeugnisse und Fahrzeuge sowie sonstige bearbeitete Waren und anderweitig erfaßte Waren) ohne Teil 68 (Ne-Metalle). Diese Definition ist etwas weiter als die zur Abgrenzung der Exporteure von Industrieprodukten (vgl. Seite XI) verwendete, weil die für die Ländereinteilung benutzten sehr detaillierten Informationen nicht durchweg und laufend zur Verfügung stehen.

Bei den *Bestimmungsland*-Spalten gehören zu den *marktwirtschaftlichen Industrieländern* auch Gibraltar, Island und Luxemburg und zu den *Ölexporteuren mit hohem Einkommen* Bahrein, Brunei und Katar. Die *zusammenfassenden Kennzahlen* sind mit der Ausfuhr von Industrieprodukten der einzelnen Länder in laufenden Dollar gewogen.

Tabelle 15: Zahlungsbilanzen und Reserven

Die Statistiken für diese Tabelle entsprechen normalerweise denen des IWF, enthalten jedoch neuere Schätzungen der Weltbank und, in seltenen Fällen, eigene Anpassungen der Weltbank hinsichtlich Geltungsbereich und Klassifikation, um die internationale Vergleichbarkeit zu verbessern. Die Wertangaben in dieser Tabelle lauten auf jeweilige US-Dollar.

Der *Leistungsbilanzsaldo* ist die Differenz zwischen den Exporten von Gütern und Dienstleistungen (Faktor- und Nichtfaktorleistungen) sowie den erhaltenen unentgeltlichen Übertragungen (öffentlichen und privaten) und den Importen von Gütern und Dienstleistungen sowie den geleisteten unentgeltlichen Übertragungen. Der *externe Finanzierungsbedarf* entspricht dem Leistungsbilanzsaldo, ausgenommen die öffentlichen unentgeltlichen Netto-Übertragungen, die wie öffentliche Kapitalbewegungen behandelt werden. Der Unterschied zwischen beiden Größen besteht im wesentlichen aus ausländischer Entwicklungshilfe in Form von Zuschüssen, technischer Hilfe und Nahrungsmittelhilfe, die bei den meisten Entwicklungsländern das Leistungsbilanzdefizit tendenziell kleiner als den Finanzierungsbedarf macht.

Die *Gastarbeiterüberweisungen* beinhalten Einkommenstransfers von Wanderarbeitern, die tatsächlich oder voraussichtlich länger als ein Jahr in ihrer neuen wirtschaftlichen Umgebung beschäftigt sind, in der sie als Gebietsansässige gelten. Diese Überweisungen werden als private unentgeltliche Übertragungen klassifiziert, während diejenigen von kürzerfristigen Aufenthalten als Arbeitseinkommen in den Dienstleistungen enthalten sind. Die Unterscheidung stimmt mit international vereinbarten Richtlinien überein; viele Entwicklungsländer klassifizieren Gastarbeiterüberweisungen aber als Faktoreinkommen (und daher als BSP-Komponente). Die Weltbank hält sich an die internationalen Richtlinien der BSP-Definition und kann daher von nationalen Praktiken abweichen.

Die *private Nettodirektinvestition* ist der Nettobetrag, der von Gebietsfremden eines Landes in Unternehmen investiert oder reinvestiert wird, deren Geschäftspolitik sie oder andere Gebietsfremde in signifikanter Weise beeinflussen. Diese Nettogröße, die Eigenkapital, die Wiederanlage von Erträgen und sonstige Finanzierungsmittel einschließt, berücksichtigt auch den Wert der Direktinvestitionen, die von Gebietsansässigen des berichtenden Landes im Ausland getätigt werden.

Die *Bruttowährungsreserven* setzen sich zusammen aus Goldbeständen, Sonderziehungsrechten (SZR), Reservepositionen von IWF-Mitgliedsländern und Beständen an Devisenreserven, über die Währungsbehörden verfügen. Die Angaben zu den Beständen an Währungsreserven stammen aus der Datensammlung des IWF. Die Goldkomponente dieser Reserven ist durchweg zum Londoner Goldpreis am Jahresende bewertet. Dieser entspricht 37,37 Dollar je Unze für 1970 und 390,90 Dollar je Unze für 1986. Die für die Jahre 1970 und 1986 angegebenen Reservebestände beziehen sich jeweils auf das Jahresende und sind in laufenden Dollar zu jeweiligen Wechselkursen ausgedrückt. Aufgrund von Abweichungen bei der Bewertung der Währungsreserven und der Goldkomponente sowie unterschiedlicher Praktiken bei der Reservenverwaltung sind die in nationalen Quellen veröffentlichten Reservebestände nur bedingt vergleichbar. Für die Reservebestände von Ende 1986 wird auch angegeben, wie viele Monatsimporte von Gütern und Dienstleistungen mit ihnen bezahlt werden könnten, wobei Durchschnittsimportwerte für das Jahr 1986 verwendet wurden.

Die *zusammenfassenden Kennzahlen* sind aus gruppenweise zusammengefaßten Werten der Bruttowährungsreserven und der gesamten Einfuhr von Waren und Dienstleistungen in jeweiligen Dollar errechnet.

Tabelle 16: Gesamte Auslandsschulden

Die Angaben zur Verschuldung in dieser und den nachfolgenden Tabellen stammen aus dem Schuldenberichtssystem der Weltbank, ergänzt durch Schätzungen der Weltbank. Dieses Berichtssystem befaßt sich ausschließlich mit Entwicklungsländern und sammelt für andere Ländergruppen keine Angaben über die Auslandsverschuldung, auch nicht von Ländern, die keine Mitglieder der Weltbank sind. Die Dollarzahlen über die Schulden in den Tabellen 16 bis 20 beziehen sich auf US-Dollar, umgerechnet zu amtlichen Wechselkursen.

Die Angaben über die Schulden enthalten die privaten nichtgarantierten Schulden, die von zweiundzwanzig Entwicklungsländern gemeldet werden, sowie vollständige oder teilweise Schätzungen (je nach Verläßlichkeit der Informationen) für weitere sechsundzwanzig Länder.

Öffentliche Kredite sind Auslandsverbindlichkeiten öffentlicher Schuldner, die die Regierung, ihre Behörden und autonome öffentliche Stellen einschließen. *Öffentlich garantierte Darlehen* sind Auslandsverbindlichkeiten privater Schuldner, deren Rückzahlung durch eine öffentliche Stelle garantiert ist. Diese beiden Daten sind in den Tabellen zusammengefaßt. *Private nichtgarantierte Kredite* sind Auslandsverbindlichkeiten privater Schuldner, deren Rückzahlung nicht durch eine öffentliche Stelle garantiert ist.

Als *Inanspruchnahme von IWF-Krediten* werden die Rückzahlungsverpflichtungen an den IWF aus sämtlichen Inanspruchnahmen von IWF-Mitteln bezeichnet, ohne Ziehungen in der Reservetranche, auf den Treuhandfonds des IWF und auf die Strukturanpassungsfazilität. Sie bezieht sich auf das Ende des angegebenen Jahres und enthält ausstehende Käufe im Rahmen der Kredittranchen, einschließlich des Erweiterten Zugangs und aller Sonderfazilitäten (Ausgleichslager, kompensierende Finanzierung, erweiterte Fondsfazilität). Treuhandfonds-Kredite sowie Kredite der Strukturanpassungsfazilität werden vom Schuldenberichtssystem einzeln erfaßt und werden daher mit den gesamten öffentlichen langfristigen Schulden gezeigt. Die am Jahresende ausstehende Inanspruchnahme von IWF-Krediten (eine Bestandszahl) wird mit dem am Jahresende geltenden Dollar/SZR-Wechselkurs in US-Dollar umgerechnet.

Kurzfristige Auslandsschulden sind solche mit einer ursprünglichen Laufzeit von einem Jahr oder weniger. Die verfügbaren Daten erlauben keine Unterscheidung zwischen öffentlichen und privaten nichtgarantierten kurzfristigen Schulden.

Die *gesamten Auslandsschulden* sind für die Zwecke dieses Berichtes definiert als Summe der öffentlich garantierten und der privaten nichtgarantierten langfristigen Schulden, der Inanspruchnahme von IWF-Krediten und der kurzfristigen Schulden.

Tabelle 17: Zufluß von öffentlichem und privatem Auslandskapital

Die Angaben über die *Auszahlungen* und die *Tilgungen* (Amortisation) beziehen sich auf die öffentlichen, öffentlich garantierten und privaten nichtgarantierten langfristigen Kredite. Der geschätzte *Nettokapitalfluß* entspricht den um die Tilgung verringerten Auszahlungen.

Tabelle 18: Gesamte öffentliche und private Auslandsschulden sowie Schuldendienstrelationen

Die Angaben zu den *gesamten langfristigen Schulden* in dieser Tabelle erfassen die öffentlichen und öffentlich garantierten sowie die privaten nichtgarantierten Schulden. Das Verhältnis des Schuldendienstes zur Ausfuhr von Gütern und Dienstleistungen ist einer von mehreren herkömmlichen Maßstäben zur Beurteilung der Schuldendienstkapazität. Die durchschnittlichen Relationen aus Schuldendienst und BSP für die Ländergruppen sind mit dem BSP der Länder in laufenden Dollar gewogen. Die durchschnittlichen Relationen des Schuldendienstes zur Ausfuhr von Gütern und Dienstleistungen werden mit den Exporten von Gütern und Dienstleistungen in laufenden Dollar gewogen.

Tabelle 19: Öffentliche Auslandsschulden und Schuldendienstrelationen

Die *ausstehenden und ausgezahlten öffentlichen Auslandsschulden* erfassen die am Jahresende in Anspruch genommenen öffentlichen und öffentlich garantierten Kredite, abzüglich Tilgungen und Abschreibungen am Jahresende. Bei der Ermittlung der öffentlichen Auslandsschulden in Prozent des BSP wurden die Angaben über die nicht auf Dollar lautenden Schulden mit amtlichen Wechselkursen vom Jahresende in Dollar umgerechnet. Das BSP wurde von nationalen Währungen in US-Dollar durch Anwendung des Verfahrens umgerechnet, das in den technischen Erläuterungen zu den Tabellen 2 und 3 beschrieben wird.

Zinszahlungen sind tatsächliche Zahlungen auf ausstehende und ausgezahlte öffentliche und öffentlich garantierte Verbindlichkeiten, die auf Devisen, Güter oder Dienstleistungen lauten; sie umfassen Bereitstellungsgebühren auf noch nicht ausgezahlte Kredite, soweit entsprechende Informationen vorliegen.

Der *Schuldendienst* ist die Summe aus tatsächlichen Tilgungen (Amortisationen) und tatsächlichen Zinszahlungen in Form von Devisen, Gütern oder Dienstleistungen auf öffentliche und öffentlich garantierte Auslandsschulden. Die Verfahren zur Schätzung der gesamten langfristigen Schulden in Prozent des BSP, der durchschnittlichen Verhältniszahlen des Schuldendienstes zum BSP und zur Ausfuhr von Gütern und Dienstleistungen sind die gleichen wie die in den Anmerkungen zu Tabelle 18 beschriebenen.

Die *zusammenfassenden Kennzahlen* sind aus gruppenweise zusammengefaßten Werten des Schuldendienstes und des BSP in jeweiligen Dollar errechnet.

Tabelle 20: Konditionen der öffentlichen Kreditaufnahme

Die *Zusagen* beziehen sich auf öffentliche und öffentlich garantierte Kredite, für die im jeweils angegebenen Jahr Darlehensverträge unterzeichnet wurden. Sie werden in Tilgungswährungen gemeldet und zu jahresdurchschnittlichen amtlichen Wechselkursen in US-Dollar umgerechnet.

Die Angaben über *Zinssätze, Laufzeiten und tilgungsfreie Zeiträume* sind Durchschnittswerte, die mit den Kreditbeträgen gewogen sind. Der Zins ist die größte Kreditkostenkomponente und wird gewöhnlich auf der Grundlage der bereits beanspruchten und noch ausstehenden Kreditbeträge berechnet. Die Kreditlaufzeit entspricht dem Intervall zwischen dem Zeitpunkt, zu dem ein Darlehensvertrag unterzeichnet oder eine Anleihe begeben wird, und dem Zeitpunkt der letzten Tilgungszahlung. Der tilgungsfreie Zeitraum ist identisch mit dem Intervall zwischen Kreditabschluß und erster Tilgungsrate.

Öffentliche Kredite mit variablen Zinsen in Prozent der öffentlichen Schulden beziehen sich auf Kredite, deren Zinssätze an einen wichtigen Marktsatz gebunden sind, wie beispielsweise die „*London interbank offered rate* (LIBOR)" oder die „*US-prime rate*". Diese Spalte zeigt, in welchem Maße der Schuldner Veränderungen des internationalen Zinsniveaus ausgesetzt ist.

Die *zusammenfassenden Kennzahlen* in dieser Tabelle sind mit den Kreditbeträgen gewichtet.

Tabelle 21: Öffentliche Entwicklungshilfe der Mitglieder von OECD und OPEC

Die *öffentliche Entwicklungshilfe* (ÖEH) setzt sich zusammen aus Nettoauszahlungen in Form von Zuschüssen und Krediten zu konzessionären finanziellen Bedingungen, die seitens öffentlicher Stellen der Mitglieder des Entwicklungshilfeausschusses (DAC) der Organisation für Wirtschaftliche Zusammenarbeit und Entwicklung (OECD) sowie der Mitgliedsländer der Organisation ölexportierender Staaten (OPEC) gewährt werden, und die wirtschaftliche Entwicklung und den Wohlstand zu fördern. Wenngleich diese Definition dazu dient, rein militärische Hilfe auszuschalten, ist die Abgrenzung manchmal unscharf; in der Regel ist die vom Geberland gewählte Abgrenzung maßgebend. ÖEH schließt auch den Wert der technischen Zusammenarbeit und technischen Hilfe ein. Alle wiedergegebenen Daten stammen von der OECD, und sämtliche US-Dollar-Werte sind mit amtlichen Wechselkursen umgerechnet worden.

Die ausgewiesenen *Beträge* sind Nettoauszahlungen an Entwicklungsländer und multilaterale Institutionen. Die Auszahlungen an multilaterale Institutionen werden inzwischen einheitlich für alle DAC-Mitglieder zum Stichtag der Begebung von Schuldscheinen erfaßt; bislang berichteten einige DAC-Mitglieder zum Stichtag des Zahlungstransfers. Die *bilateralen Nettozuflüsse in Länder mit niedrigem Einkommen* vernachlässigen unaufgeschlüsselte bilaterale Transfers und alle Auszahlungen an multilaterale Institutionen.

Die Nominalwerte der öffentlichen Entwicklungshilfe, die in der Zusammenfassung für die OECD-Ländergruppe ausgewiesen werden, wurden mit Hilfe des Dollar-BSP-Deflators in Preisen von 1980 umgerechnet. Dieser Deflator basiert auf dem Preisanstieg in den OECD-Ländern (ohne Griechenland, Portugal und Türkei), jeweils gemessen in Dollar. Er berücksichtigt Paritätsänderungen zwischen dem Dollar und anderen nationalen Währungen. Wertet zum Beispiel der Dollar ab, so sind die in nationalen Währungen gemessenen Preissteigerungsraten um den Betrag der Dollarabwertung nach oben zu korrigieren, um die in Dollar ausgedrückte Preisveränderung zu erhalten.

Außer den Summenangaben für die OPEC enthält die Tabelle zusammenfassende Angaben für die Organisation arabischer ölexportierender Länder (OAPEC). Zu den Geberländern der OAPEC gehören Algerien, Irak, Katar, Kuwait, Libyen, Saudi-Arabien und die Vereinigten Arabischen Emirate.

Die Angaben zur Entwicklungshilfe der OPEC und OAPEC stammen ebenfalls von der OECD.

Tabelle 22: Einnahmen aus öffentlicher Entwicklungshilfe

Die *Netto-Auszahlungen von ÖEH aus sämtlichen Quellen* bestehen aus Krediten und Zuschüssen, die zu konzessionären Bedingungen von allen bilateralen öffentlichen Stellen und aus multilateralen Quellen gewährt werden, um Wirtschaftsentwicklung und Wohlfahrt zu fördern. Sie umfassen auch den Wert der technischen Zusammenarbeit und Unterstützung. Die in dieser Tabelle enthaltenen Auszahlungen sind nicht genau vergleichbar mit denen in Tabelle 21, da die Einnahmen aus sämtlichen Quellen stammen; die Auszahlungen in Tabelle 21 beziehen sich nur auf diejenigen der OECD- und OPEC-Mitgliedsländer. Netto-Auszahlungen entsprechen den um Rückzahlungen von früher gewährter Entwicklungshilfe an Geberländer verminderten Brutto-Auszahlungen. Die Netto-Auszahlungen der ÖEH werden pro Kopf und in Prozent des BSP gezeigt.

Die *zusammenfassenden Kennzahlen* der ÖEH pro Kopf werden aus gruppenweise zusammengefaßten Angaben für die Bevölkerung und die ÖEH errechnet. Die *zusammenfassenden Kennzahlen* für die ÖEH als Prozentsatz des BSP werden aus den Gruppensummen für die ÖEH und für das BSP in jeweiligen US-Dollar berechnet.

Tabelle 23: Ausgaben der Zentralregierung

Die Angaben zur Finanzierung der Zentralregierung in den Tabellen 23 und 24 stammen aus dem *Government Finance Statistics Yearbook 1987* des IWF sowie aus dessen Datensammlung. Die Haushaltspositionen werden für jedes Land unter Verwendung der Systematik gebräuchlicher Definitionen und Untergliederungen ausgewiesen, die das *Manual on Government Finance Statistics* (1987) des IWF enthält. Die Anteile der verschiedenen Positionen an den Gesamtausgaben und -einnahmen wurden auf der Grundlage nationaler Währungen berechnet. Bedingt durch die uneinheitliche Abgrenzung der verfügbaren Daten sind die einzelnen Bestandteile der Ausgaben und laufenden Einnahmen der Zentralregierungen, die in diesen Tabellen ausgewiesen werden, nicht ohne weiteres vergleichbar.

Darüber hinaus kann durch die unzulängliche statistische Erfassung der Behörden auf Landes-, Provinz- und Gemeindeebene, wie sie durch die Verwendung von Angaben der Zentralregierung zwangsläufig eintritt, das statistische Bild über die Verteilung der finanziellen Mittel auf die verschiedenen Ausgabenbereiche stark verzerrt werden, vor allem in Ländern, in denen die nachgeordneten Regierungsebenen erhebliche Autonomie besitzen und für eine Vielzahl wirtschaftlicher und sozialer Leistungen zuständig sind. Außerdem können die Ausgaben der *Zentralregierung* entweder in *konsolidierter* Rechnung oder nach *Haushaltsrechnung* erfaßt sein. In den meisten Ländern sind die Finanzdaten der Zentralregierung in einem Gesamtkonto konsolidiert worden, in anderen Ländern ist nur die Haushaltsrechnung der Zentralregierung verfügbar. Da die Haushaltsrechnung nicht sämtliche zentralen Regierungsstellen enthält, ergibt sie ein unvollständiges Bild der gesamten Aktivitäten der Zentralregierung. Länder, die Haushaltsdaten melden, werden in Fußnoten erwähnt.

Hervorzuheben ist, daß die angegebenen Daten vor allem für Gesundheit und Erziehung aus obigen und anderen Gründen zwischen den einzelnen Ländern nicht vergleichbar sind: Viele Länder verfügen im Gesundheits- und Erziehungswesen über ein beträchtliches Angebot an privaten Leistungen. In anderen Ländern hingegen sind die öffentlichen Leistungen zwar die wichtigste Ausgabenkomponente; sie werden jedoch u. U. von nachgeordneten Verwaltungsebenen finanziert. Aus diesen Gründen sollten die Angaben nur mit großer Vorsicht für Länderquervergleiche verwendet werden.

Die *Ausgaben der Zentralregierung* umfassen die Ausgaben aller Ministerien, Ämter, staatlichen Einrichtungen und sonstigen Stellen, die ausführende Organe oder Instrumente der zentralen Verwaltungsbehörden eines Landes sind. Sie schließen sowohl laufende als auch Investitions-(Entwicklungs-)Ausgaben ein.

Verteidigungsausgaben sind, unabhängig davon, ob sie durch die Verteidigungsministerien oder andere Ämter erfolgen, alle Ausgaben für die Streitkräfte, einschließlich der Ausgaben für militärische Versorgung und Ausrüstung, Bauten, Rekrutierung und Ausbildung. Hierzu zählen außerdem Ausgaben für verbesserte öffentliche Vorkehrungen zur Bewältigung kriegsbedingter Notlagen, Ausgaben für die Ausbildung ziviler Verteidigungskräfte zur Unterstützung von Forschung und Entwicklung und für die finanzielle Abwicklung von militärischen Hilfsprogrammen.

Die Ausgaben für *Erziehung* umfassen Ausgaben der Zentralregierung für die Bereitstellung, Leitung, Überwachung und Unterhaltung von Vor-, Grund- und weiterführenden Schulen, Universitäten und Hochschulen sowie von berufsbezogenen, technischen und sonstigen Ausbildungseinrichtungen. Erfaßt werden außerdem Ausgaben für die allgemeine Administration und Lenkung des Erziehungswesens; für Forschung über dessen Ziele, Organisation, Verwaltung und Konzeption; sowie Ausgaben für ergänzende Leistungen wie Transport, Schulspeisung und allgemein- und zahnmedizinische Behandlung an den Schulen. Es sei angemerkt, daß in Tabelle 6 alternative Angaben über die privaten und öffentlichen Ausgaben für Erziehung im Verhältnis zum Verbrauch der privaten Haushalte gezeigt werden.

Die Ausgaben für *Gesundheit* erfassen die öffentlichen Ausgaben für Krankenhäuser, allgemein- und zahnmedizinische Behandlungszentren, für Kliniken, soweit die Versorgung mit medizinischen Leistungen wesentlicher Bestandteil ihrer Tätigkeit ist, sowie Ausgaben für nationale gesundheitspolitische Maßnahmen und öffentliche Krankenversicherungen und schließlich auch für Familienplanung und medizinische Vorsorgeleistungen. Erfaßt werden darüber hinaus Ausgaben für die allgemeine Administration und Lenkung von zuständigen Behörden, Krankenhäusern und Kliniken, von Gesundheit und Hygiene, von nationalen gesundheitspolitischen Programmen und Krankenversicherungen, sowie Ausgaben für Forschung und Entwicklung. Es sei angemerkt, daß in Tabelle 6 ein umfassenderes Bild der privaten und öffentlichen Ausgaben für medizinische Versorgung im Verhältnis zum Verbrauch der privaten Haushalte gezeigt wird.

Wohnungswesen und Gemeindeeinrichtungen, Sozialversicherungen und Wohlfahrt umfassen öffentliche Ausgaben für den Wohnungsbau, wie etwa einkommensabhängige Förderung; Ausgaben für Wohnraumbeschaffung, Mietzuschüsse und Sanierung von Elendsvierteln; für Gemeindeentwicklung und für die Entsorgung. Dazu gehören auch öffentliche Ausgaben für Beihilfen an Kranke und vorübergehend Arbeitsunfähige zum Ausgleich von Einkommenseinbußen, für Beihilfen an Alte, dauernd Arbeitsunfähige und Arbeitslose sowie für Familien-, Mutterschafts- und Kindergeld. Dazu zählen außerdem die Aufwendungen für Wohlfahrtsleistungen wie Alten- und Invalidenpflege, Versorgung von Kindern, außerdem die Aufwendungen für allgemeine Verwaltung, Lenkung und Forschung, die mit den Leistungen der Sozialversicherung und Wohlfahrt zusammenhängen.

Die *Wirtschaftsförderung* umfaßt die öffentlichen Ausgaben, die mit der Lenkung, Unterstützung und Leistungsverbesserung der Wirtschaft in Verbindung stehen, außerdem Ausgaben für die wirtschaftliche Entwicklung, den Ausgleich regionaler Ungleichgewichte sowie für Arbeitsplatzbeschaffungsmaßnahmen. Zu den berücksichtigten Aktivitäten gehören Forschung, Handelsförderung, geologische Erhebungen sowie die Überwachung und Steuerung bestimmter Wirtschaftszweige. Die fünf wichtigsten Teilbereiche der Wirtschaftsförderung sind Industrie, Landwirtschaft, Brennstoffe und Energie, Verkehrs- und Nachrichtenwesen sowie sonstige Wirtschaftsangelegenheiten und -leistungen.

Die Position *Sonstiges* umfaßt die Ausgaben für die allgemeine staatliche Verwaltung, soweit sie nicht bereits unter anderen Positionen berücksichtigt sind; im Falle einiger Volkswirtschaften gehören hierzu auch Beträge, die anderen Positionen nicht zugerechnet werden konnten.

Die Position *Gesamtüberschuß/Defizit* ist definiert als laufende Einnahmen und Investitionserträge, zuzüglich empfangener unentgeltlicher Leistungen, abzüglich Gesamtausgaben, vermindert um Kreditgewährung minus Kreditrückzahlung.

Die *zusammenfassenden Kennzahlen* für die einzelnen Ausgabenkomponenten der Zentralregierung werden aus den Gruppensummen für die Ausgabenkomponenten und für die Ausgaben der Zentralregierung in laufenden Dollar errechnet. Die Kennzahlen für die Gesamtausgaben als Prozentsatz des BSP wie auch die für den gesamten Überschuß/Fehlbetrag als Prozentsatz des BSP werden berechnet aus Gruppensummen der obengenannten Gesamtausgaben und des gesamten Überschusses/Fehlbetrags in jeweiligen Dollar bzw. aus Gruppensummen des BSP in jeweiligen Dollar. Da für 1986 für mehr als die Hälfte der Länder (dem Gewicht nach) keine Daten zur Verfügung stehen, sind für die zusammenfassenden Kennzahlen in den Tabellen 23 und 24 die Daten von 1985 verwandt worden.

Tabelle 24: Laufende Einnahmen der Zentralregierung

Herkunft und Vergleichbarkeit der verwendeten Daten werden in den Anmerkungen zu Tabelle 23 beschrieben. Die laufenden Einnahmen aus den einzelnen Quellen sind als Prozentsatz der gesamten laufenden Einnahmen ausgedrückt, die sich aus dem Steueraufkommen und den nichtsteuerlichen Einnahmen zusammensetzen; die Berechnung erfolgt auf der Grundlage nationaler Währungen.

Die *Steuereinnahmen* umfassen definitionsgemäß alle Regierungseinnahmen aus obligatorischen, unentgeltlichen und nicht rückzahlbaren Zahlungen für öffentliche Aufgaben, einschließlich Zinseinnahmen auf rückständige Steuern sowie eingenommene Strafgebühren auf nicht oder zu spät entrichtete Steuern. Die Steuereinnahmen werden abzüglich Rückerstattungen und bereinigt um andere korrigierende Transaktionen ausgewiesen. *Steuern auf Einkommen, Gewinne und Kapitalgewinne* sind Steuern, die auf das tatsächliche oder mutmaßliche Nettoeinkommen von Einzelpersonen, auf Unternehmensgewinne sowie auf Kapitalgewinne erhoben werden, im letzten Fall unabhängig davon, ob sie aus Grundstücksverkäufen, Wertpapieren oder anderen Vermögenswerten realisiert wurden. *Beiträge zur Sozialversicherung* umfassen die Sozialversicherungsbeiträge von Arbeitgebern und Arbeitnehmern wie auch der Selbständigen und Arbeitslosen. *Inländische Steuern auf Güter und Dienstleistungen* umfassen allgemeine Verkaufs-, Umsatz- oder Mehrwertsteuern, spezielle Verbrauchsteuern auf Güter, spezielle Verbrauchsteuern auf Dienstleistungen, Steuern auf die Nutzung von Gütern oder Eigentum sowie die Gewinne staatlicher Monopole. Zu den *Steuern auf Außenhandel und internationale Transaktionen* gehören Einfuhr- und Ausfuhrzölle, die Gewinne von Ausfuhr- oder Einfuhrmonopolen, Wechselkursgewinne und Devisensteuern. Die *sonstigen Steuern* umfassen die Lohn- und Beschäftigtensteuern der Arbeitgeber, Vermögensteuern sowie andere Steuern, die sich den übrigen Positionen nicht zurechnen lassen. Diese Position kann negative Werte enthalten, die Berichtigungen darstellen, beispielsweise für im Auftrag von Länder- und Regionalregierungen eingezogene Steuern, die sich den einzelnen Steuerarten nicht zurechnen lassen.

Zu den *nichtsteuerlichen Einnahmen* gehören alle staatlichen Einnahmen ohne die obligatorischen nicht rückzahlbaren Leistungen für öffentliche Zwecke. Einnahmen von öffentlichen Unternehmen und Vermögenseinkommen gehören ebenfalls zu dieser Position. Nicht eingeschlossen sind Zahlungseingänge aus Übertragungen und Kreditaufnahmen, finanzielle Mittel, die aus der Rückzahlung früher gewährter Regierungskredite zurückfließen, das Eingehen von Verbindlichkeiten sowie Einnahmen aus dem Verkauf von Investitionsgütern.

Die *zusammenfassenden Kennzahlen* für die Bestandteile der laufenden Einnahmen sind aus den Gruppensummen der Einnahmenkomponenten und den gesamten laufenden Einnahmen in jeweiligen Dollar errechnet; die Kennzahlen für die laufenden Einnahmen als Prozentsatz des BSP sind aus Gruppensummen der gesamten laufenden Einnahmen und des BSP in jeweiligen Dollar berechnet. Da für 1986 für mehr als die Hälfte der Länder (dem Gewicht nach) keine Daten zur Verfügung stehen, sind für die zusammenfassenden Kennzahlen der Tabellen 23 und 24 die Daten von 1985 verwandt worden.

Tabelle 25: Geldbestände und Zinssätze

Die Daten über die Geldbestände basieren auf Angaben der *International Financial Statistics (IFS)* des IWF. Die *Geldbestände in weiter Abgrenzung* umfassen die monetären und quasimonetären Verbindlichkeiten des Finanzsektors eines Landes gegenüber Inländern, mit Ausnahme der Zentralregierung. Bei den meisten Ländern entsprechen die Geldbestände der Summe aus *Geld* (IFS Zeile 34) und *Quasigeld* (IFS Zeile 35). Zum *Geld* gehören die Zahlungsmittel einer Volkswirtschaft: der Bargeldumlauf außerhalb der Banken und die Sichteinlagen. Das *Quasigeld* umfaßt Termin- und Spareinlagen sowie ähnliche Bankguthaben, die der Inhaber ohne weiteres in Geld umwandeln kann. Wenn Quasigeld in größerem Umfang bei nichtmonetären Finanzinstituten gehalten wird, sind diese Beträge ebenfalls in den Geldbeständen enthalten.

Die Zuwachsraten der Geldbestände sind aus Jahresendständen abgeleitet, während die Verhältniszahlen der Geldbestände zum BIP auf dem Mittelwert zwischen den Jahresendständen des angegebenen Jahres und des vorhergehenden Jahres basieren.

Die *nominalen Zinssätze der Banken*, die ebenfalls dem *IFS* entnommen sind, repräsentieren die Zinssätze, die von Geschäfts- oder ähnlichen Banken an die Inhaber ihrer quasimonetären Verbindlichkeiten gezahlt werden (Einlagenzins) bzw. von Banken erstklassigen Kunden berechnet werden (Kreditzins). Sie sind jedoch nur bedingt international vergleichbar, teilweise weil Geltungsbereich und Definitionen variieren, aber auch weil der Spielraum der Banken bei der Anpassung der Zinssätze an die Marktbedingungen von Land zu Land unterschiedlich ist.

Da die Zinssätze (und die Zuwachsraten der Geldbestände) in nominalen Größen ausgedrückt sind, ist ein Großteil der Abweichung zwischen den Ländern durch Inflationsdifferenzen bedingt. Zum bequemeren Gebrauch werden die aktuellen Inflationsraten aus Tabelle 1 in dieser Tabelle wiederholt.

Tabelle 26: Einkommensverteilung

Die Angaben in dieser Tabelle betreffen die Verteilung des verfügbaren Gesamteinkommens aller Haushalte auf prozentuale Haushaltsgruppen, die nach ihrem gesamten Haushaltseinkommen geordnet sind. Die Verteilungen umfassen ländliche und städtische Gebiete und beziehen sich auf verschiedene Jahre zwischen 1970 und 1986.

Die Angaben für die Einkommensverteilung stammen aus verschiedenen Quellen, darunter die Wirtschaftskommission für Lateinamerika und die Karibik (ECLAC), die Wirtschafts- und Sozialkommission für Asien und den Pazifik (ESCAP), das Internationale Arbeitsamt (ILO), die Organisation für Wirtschaftliche Zusammenarbeit und Entwicklung (OECD), die VN-Veröffentlichung *National Account Statistics: Compendium of Income Distribution Statistics*, 1985, die Weltbank und nationale Quellen.

Die Erhebung der Daten über die Einkommensverteilung ist in vielen Ländern nicht systematisch organisiert und auch nicht in das amtliche statistische Erfassungswesen integriert, und die Daten werden aus Untersuchungen mit einer anderen Aufgabenstellung abgeleitet — in den meisten Fällen aus Erhebungen über Verbraucherausgaben —, die jedoch auch Informationen über die Einkommen erfassen. Diese Untersuchungen verwenden die unterschiedlichsten Einkommensbegriffe und Stichprobenabgrenzungen, und in vielen Fällen ist ihr geographischer Repräsentationsgrad zu begrenzt, um verläßliche landesweite Schätzungen über die Einkommensverteilung zu ermöglichen. Wenn auch die ausgewiesenen Daten die besten verfügbaren Schätzwerte sind, so schließen sie diese Probleme nicht völlig aus; sie sollten deshalb mit außerordentlicher Vorsicht interpretiert werden.

Die Aussagekraft der Kennzahlen ist ähnlich begrenzt. Da sich die Haushalte in ihrer Größe unterscheiden, ist eine Verteilung, die die Haushalte nach dem Haushaltseinkommen pro Kopf untergliedert, für viele Zwecke besser geeignet als eine Verteilung nach deren Gesamteinkommen. Diese Unterscheidung ist von Bedeutung, da Haushalte mit niedrigem Pro-Kopf-Einkommen häufig große Haushalte sind, deren Gesamteinkommen relativ hoch sein kann, und umgekehrt dürften viele Haushalte mit einem niedrigen Gesamteinkommen kleine Haushalte mit hohem Pro-Kopf-Einkommen sein. Angaben über die Verteilung der Haushaltseinkommen pro Kopf stehen allerdings nur für wenige Länder zur Verfügung. Im Rahmen eines Forschungsvorhabens zur Messung des Lebensstandards (Living Standards Measurement Study) und des Social Dimensions of Adjustment Project, das die afrikanischen Länder südlich der Sahara erfaßt, unterstützt die Weltbank einige ausgewählte Länder, um deren Erhebung und Auswertung von Daten über die Einkommensverteilung zu verbessern.

Tabelle 27: Bevölkerungswachstum und -projektionen

Die *Wachstumsraten für die Bevölkerung* sind Periodendurchschnitte, die auf der Grundlage der Bevölkerungsstände zur jeweiligen Jahresmitte berechnet wurden.

Die Schätzwerte für die *Bevölkerungszahlen* Mitte 1986 beruhen auf Daten der Abteilung für Bevölkerungsfragen der VN und der Weltbank. In vielen Fällen berücksichtigen diese Daten die Ergebnisse der letzten Volkszählungen. Man beachte abermals, daß Flüchtlinge, die sich in dem asylgewährenden Land nicht auf Dauer niedergelassen haben, im allgemeinen als ein Teil der Bevölkerung des Herkunftslandes betrachtet werden.

Die *Bevölkerungsprojektionen* für die Jahre 1990 und 2000 sowie das Jahr, in dem die Bevölkerung schließlich stationär wird (vgl. die untenstehende Definition), wurden für jedes Land gesondert durchgeführt. Informationen über die Gesamtbevölkerung hinsichtlich Alter und Geschlecht, Fruchtbarkeits- und Sterbeziffern sowie des Anteils internationaler Wanderungsbewegungen im Basisjahr 1985, werden auf der Basis verallgemeinernder Annahmen in die Zukunft projiziert, bis die stationäre Bevölkerung erreicht ist. Die Schätzungen für das Basisjahr stammen aus aktualisierten Computer-Ausdrucken der VN-Veröffentlichung *World Population Prospects as Assessed in 1986*, aus den letzten Ausgaben der VN-Reihen *Population and Vital Statistics Report*, aus Länderangaben der Weltbank sowie aus nationalen Volkszählungen.

Die *Nettoreproduktionsziffer* (NRZ) gibt die

Anzahl von Töchtern an, die ein neugeborenes Mädchen im Verlauf seines Lebens gebären wird, wenn feste altersspezifische Fruchtbarkeits- und Sterbeziffern unterstellt werden. Die NRZ mißt dementsprechend das Ausmaß, in dem sich eine neugeborene Gruppe von Mädchen bei gegebener Fruchtbarkeit und Sterblichkeit selbst reproduziert. Eine Nettoreproduktionsziffer von 1 gibt an, daß sich die Fruchtbarkeit auf dem Reproduktionsniveau befindet. Bei dieser Ziffer bringen gebärende Frauen im Durchschnitt nur so viele Töchter zur Welt, um sich selbst innerhalb der Bevölkerung zu reproduzieren.

Eine *stationäre Bevölkerung* ist eine Bevölkerung, deren alters- und geschlechtsspezifische Sterbeziffern über einen langen Zeitraum hinweg unverändert geblieben sind, während gleichzeitig die altersspezifischen Geburtenziffern auf dem Reproduktionsniveau (NRZ = 1) verharrten. In einer solchen Bevölkerung ist die Geburtenziffer konstant und identisch mit der Sterbeziffer, der Altersaufbau verändert sich nicht, und die Zuwachsrate ist Null.

Die *Bevölkerungseigendynamik* mißt die Tendenz einer Bevölkerung, auch dann noch weiterzuwachsen, wenn die Fruchtbarkeit das Reproduktionsniveau, d.h. NRZ den Wert von 1 erreicht hat. Die Bevölkerungseigendynamik in einem gegebenen Jahr wird als Verhältnis der endgültigen stationären Bevölkerung zur Bevölkerung dieses Jahres unter der Annahme gemessen, daß die Fruchtbarkeit auf dem Reproduktionsniveau verharrt. So betrug etwa die Bevölkerung Indiens im Jahr 1985 schätzungsweise 765 Millionen. Hätte die NRZ 1985 den Wert 1 erreicht, dann würde die projektierte stationäre Bevölkerung — in der Mitte des 22. Jahrhunderts erreicht — 1.698 Millionen betragen, und die Bevölkerungseigendynamik würde sich auf 1,7 belaufen.

Eine Bevölkerung wird in der Regel auch dann noch weiterwachsen, nachdem die Fruchtbarkeit auf das Reproduktionsniveau gesunken ist, da die hohen Geburtenziffern aus der Vergangenheit zu einem Altersaufbau mit einem relativ hohen Anteil von Frauen geführt haben, die sich im reproduktionsfähigen Alter befinden oder in dieses noch hineinwachsen. Dementsprechend wird die Geburtenziffer auch weiterhin über der Sterbeziffer liegen, so daß die Wachstumsrate noch mehrere Jahrzehnte lang positiv bleibt. Je nach Ausgangssituation dauert es mindestens 50 bis 75 Jahre, bis sich die Altersverteilung einer Bevölkerung vollständig an die geänderten Geburtenziffern angepaßt hat.

Die Projektionen beruhen auf Annahmen über die künftigen Sterbeziffern, die aus der weiblichen Lebenserwartung bei der Geburt abgeleitet wurden (d.h. aus der Anzahl der Jahre, die ein neugeborenes Mädchen leben würde, wenn es den Sterblichkeitsrisiken ausgesetzt bliebe, die zum Zeitpunkt seiner Geburt im Querschnitt der Bevölkerung vorherrschen). Die Volkswirtschaften werden danach unterteilt, ob ihre weibliche Einschulungsquote für Grundschulen über oder unter 70 Prozent liegt. Für die so ermittelten Ländergruppen werden jeweils in Abhängigkeit von der weiblichen Lebenserwartung im Zeitraum 1980 bis 1985 feste jährliche Zuwächse für die weibliche Lebenserwartung angenommen. Ausgehend von einer gegebenen Lebenserwartung bei der Geburt sind diese jährlichen Zuwächse innerhalb des Prognosezeitraumes in Volkswirtschaften mit einer höheren Einschulungsquote für Grundschulen und einer Lebenserwartung von bis zu 62,5 Jahren ebenfalls höher. Bei noch höherer Lebenserwartung wurden die gleichen jährlichen Zuwächse unterstellt.

Bei der Projektion der Geburtenziffern wird das Jahr geschätzt, in dem die Fruchtbarkeit das Reproduktionsniveau erreicht. Diese Schätzungen sind spekulativ und beruhen auf Informationen über trendmäßige Entwicklungen der unbereinigten Geburtenziffern (wie in den Erläuterungen zu Tabelle 28 definiert), der zusammengefaßten Geburtenziffern (ebenfalls definiert in den Anmerkungen zu Tabelle 28), der weiblichen Lebenserwartung bei der Geburt und auf Ergebnissen von Familienplanungsprogrammen. Für die meisten Volkswirtschaften wird angenommen, daß die zusammengefaßten Geburtenziffern zwischen 1986 und dem Jahr, in dem eine Nettoreproduktionsziffer von 1 erreicht wird, zurückgeht und die Fruchtbarkeit danach auf dem Reproduktionsniveau verharrt. Für die meisten Länder Afrikas südlich der Sahara und einige Länder Asiens und des Nahen Ostens werden jedoch einige Zeit lang unveränderte zusammengefaßte Geburtenziffern und ein anschließender Rückgang auf das Reproduktionsniveau unterstellt; für einige wenige Länder wird davon ausgegangen, daß diese Ziffern steigen, um danach zurückzugehen.

In einigen Ländern liegt die Fruchtbarkeit bereits heute unter dem Reproduktionsniveau oder wird in den nächsten 5 bis 10 Jahren darunter sinken. Um Schätzungen über den hypothetischen stationären Bevölkerungsstand ableiten zu können, wird unterstellt, daß die Fruchtbarkeit in diesen Volkswirtschaften wieder auf das Reproduktionsniveau ansteigen wird. Es wird angenommen, daß die zusammengefaßten Geburtenziffern in den Industrieländern bis 1995/2000 konstant bleiben und dann bis zum Jahr 2030 auf das Reproduktionsniveau steigen.

Die internationalen Wanderungsquoten beruhen auf vergangenen und aktuellen Entwicklungstrends der Wanderbewegungen. Die Schätzwerte für die künftige Nettozu- und -abwanderung sind spekulativ. Für die meisten Volkswirtschaften wird unterstellt, daß diese Nettobewegungen bis zum Jahr 2000 und in einigen wenigen Fällen erst bis 2025 auf Null zurückgehen.

Die Schätzwerte für den hypothetischen Umfang der stationären Bevölkerung und für das Jahr, in dem die bestandsneutrale Fruchtbarkeit erreicht wird, sind spekulativ. *Sie sollten nicht als Voraussagen aufgefaßt werden.* Sie wurden mit dem Ziel aufgenommen, unter stark vereinfachenden Annahmen die langfristigen Implikationen neuerer Fruchtbarkeits- und Sterblichkeitstrends aufzuzeigen. Eine ausführlichere Beschreibung des Verfahrens und der Annahmen, die den Schätzungen zugrunde liegen, kann der Weltbank-Veröffentlichung *World Population Projections*, Ausgabe 1987/88, entnommen werden.

Tabelle 28: Demographie und Fruchtbarkeit

Die *unbereinigten Geburten- und Sterbeziffern* geben die Zahl der Lebendgeburten bzw. Sterbefälle je tausend Einwohner und Jahr an. Sie stammen aus den gleichen Quellen, die in den Erläuterungen zu Tabelle 27 erwähnt wurden.

Der *Prozentsatz der Frauen im gebärfähigen Alter* ist hinzugefügt worden, um ein umfassenderes Bild der Fruchtbarkeit zu geben. Ein Vergleich der Angaben für 1965 und 1985 bietet einen zusätzlichen interessanten Aspekt des Reproduktionsverhaltens während der letzten beiden Dekaden. *Frauen im gebärfähigen Alter* sind in der Regel Frauen von 15 bis 49 Jahren, obgleich in einigen Ländern die Verhütungspraxis für andere Altersgruppen erfaßt wird, und zwar 15 bis 44, 18 bis 44 und 19 bis 49 Jahre.

Die *zusammenfassende Geburtenziffer* mißt die Zahl der Kinder, die eine Frau bekommen würde, falls sie bis zum Ende ihres gebärfähigen Alters lebte und in jeder Altersstufe in Übereinstimmung mit den vorherrschenden altersspezifischen Fruchtbarkeitsziffern Kinder zur Welt bringen würde. Die angegebenen Ziffern stammen aus den gleichen Quellen, die in den Erläuterungen zu Tabelle 27 genannt werden.

Der *Prozentsatz der verheirateten Frauen im gebärfähigen Alter, die Empfängnisverhütung praktizieren,* bezieht sich auf die Frauen, die — oder deren Ehemänner — irgendeine Form der Empfängnisverhütung praktizieren (vgl. die Definitionen des gebärfähigen Alters weiter oben).

Die Daten stammen vorwiegend aus dem World Fertility Survey, dem Contraceptive Prevalence Survey, dem Demographic and Health Survey, von Länderangaben der Weltbank sowie aus dem VN-Bericht *Recent Levels and Trends of Contraceptive Use as Assessed in 1983.* Soweit diese Berichte für einige Länder keine Daten enthalten, wurden Programmstatistiken verwendet; zu diesen Ländern zählen Bangladesch, Indien, Indonesien und einige afrikanische Länder. Die Programmstatistiken könnten allerdings die Verbreitung der Empfängnisverhütung zu niedrig ausweisen, da Verfahren wie Ausnutzung der unfruchtbaren Tage, Coitus interruptus oder Enthaltsamkeit ebensowenig erfaßt werden wie Empfängnisverhütungsmittel, die nicht über das offizielle Familienplanungsprogramm bezogen werden. Die Daten gelten für verschiedene Jahre, die jedoch in der Regel um nicht mehr als drei Jahre von den angegebenen abweichen.

Alle *zusammenfassenden Kennzahlen* sind Länderangaben, die mit dem Anteil jeden Landes an der gesamten Bevölkerung gewichtet sind.

Tabelle 29: Gesundheit und Ernährung

Die Schätzungen über die *Einwohner je Arzt und je Beschäftigtem in der Krankenpflege* stammen aus Unterlagen der Weltgesundheitsorganisation (WHO); sie sind leicht revidiert worden, um jüngsten Bevölkerungsschätzungen Rechnung zu tragen. Bei einzelnen Ländern beziehen sich die Informationen auf ein Jahr nach 1981. Die Angaben über *Ärzte* beziehen sich normalerweise auf die Gesamtzahl der registrierten praktizierenden Ärzte eines Landes. Die *in der Krankenpflege Beschäftigten* umfassen graduierte Mitarbeiter sowie das praktische, Assistenz- und Hilfspersonal; die Einbeziehung des Hilfspersonals ermöglicht eine realistischere Einschätzung des Umfangs der vorhandenen Krankenpflege. Die Angaben für die beiden Kennzahlen sind strenggenommen nicht zwischen den Ländern vergleichbar, da die Definition der in der Krankenpflege Beschäftigten von Land zu Land abweicht und da sich die Daten auf die verschiedensten Jahre beziehen, die allerdings im allgemeinen nicht um mehr als zwei Jahre von den angegebenen abweichen.

Das *tägliche Kalorienangebot pro Kopf* wurde durch Division des Kaloriengegenwertes des Nahrungsmittelangebots in einem Land durch seine Bevölkerungszahl ermittelt. Zum Nahrungsmittelangebot gehören Inlandsproduktion, Einfuhr abzüglich Ausfuhr sowie Bestandsveränderungen. Nicht berücksichtigt werden Tierfutter, landwirtschaftliches Saatgut und die Nahrungsmittelmengen, die bei Verarbeitung und Vertrieb verlorengehen. Diese Schätzwerte stammen von der FAO.

Eine neue Spalte mit Angaben zum Prozentsatz der *Säuglinge mit Untergewicht bei der Geburt* bezieht sich auf Neugeborene mit einem Gewicht unter 2500 Gramm. Untergewicht bei der Geburt hängt häufig mit mangelnder Ernährung der Mutter zusammen; es steigert tendenziell das Risiko der Säuglingssterblichkeit und führt zu mangelndem Wachstum im Säuglings- und Kindesalter, wodurch wiederum das Auftreten anderer Formen von Entwicklungsstörungen zunimmt. Die Zahlen wurden WHO- und UNICEF-Quellen entnommen und beruhen auf nationalen Angaben. Die Daten sind zwischen den Ländern nicht streng vergleichbar, weil sie aus einer Kombination von Befragungen, Unterlagen der Verwaltung und anderen derartigen Quellen zusammengestellt wurden.

Die *zusammenfassenden Kennzahlen* dieser Tabelle sind Länderangaben, die mit dem Anteil jeden Landes an der gesamten Bevölkerung gewichtet sind.

Tabelle 30: Erziehungswesen

Die in dieser Tabelle ausgewiesenen Daten beziehen sich auf mehrere Jahre, die jedoch im allgemeinen um nicht mehr als drei Jahre von den angegebenen abweichen; sie stammen überwiegend von der UNESCO. Disaggregierte Zahlen für das männliche und weibliche Geschlecht beziehen sich jedoch gelegentlich auf ein früheres Jahr als die Gesamtangaben.

Die Angaben über den Besuch von *Grundschulen* sind Schätzungen über die Anzahl der Kinder *aller* Altersstufen in Grundschulen. Die Zahlen geben das Verhältnis der Schülerzahl zur Bevölkerung im schulfähigen Alter wider. Zwar sehen viele Länder das Alter von 6 bis 11 Jahren als Grundschulalter an, doch ist dies keine allgemeine Praxis. Die zwischen den Ländern bestehenden Unterschiede hinsichtlich des Einschulungsalters und der Dauer des Grundschulbesuchs schlagen sich in den angegebenen Relationen nieder. In einigen Ländern mit allgemeiner Grundschulerziehung können die Bruttorelationen für den Schulbesuch den Wert 100 übersteigen, weil einige Schüler jünger oder älter sind als das amtliche Grundschulalter eines Landes. Die Angaben zum Besuch von *weiterführenden Schulen* sind entsprechend aufgebaut, aber auch hier ist die Definition des weiterführenden Schulalters von Land zu Land verschieden. Meist wird ein Alter von 12 bis 17 Jahren als typisches Schulalter angenommen. Der späte Eintritt von älteren Schülern sowie die Wiederholung und die sogenannte *Bündelung* in den letzten Klassen können diese Quoten beeinflussen.

Die Angaben zum Besuch von *höheren Schulen und Universitäten* wurden errechnet, indem die Zahl der Schüler und Studenten an jeder Art höherer Schulen und Universitäten durch die Bevölkerung im Alter von 20 bis 24 Jahre geteilt wurde. Hierin sind enthalten Berufsschüler, Teilnehmer an Programmen der Erwachsenenfortbildung, zweijährige Gemeinde-Kollegs und Fernunterrichtszentren (hauptsächlich Korrespondenz-Kurse). Die Verteilung der Schüler auf die verschiedenen Arten von Institutionen variiert von Land zu Land. Die Altersgruppe der 20- bis 24jährigen wird als Bezugsgröße benutzt, weil sie eine durchschnittliche Jahrgangskohorte in höheren Schulen und Universitäten repräsentiert. Während in Ländern mit höherem Einkommen Jugendliche im Alter von 18 bis 19 Jahren höhere Schulen und Universitäten besuchen können (und im Zähler enthalten sind), besuchen in Entwicklungs- und vielen Industrieländern viele Personen, die älter als 25 Jahre sind, solche Einrichtungen. Diese Zahlen und Definitionen stammen von der Unesco.

Die *zusammenfassenden Kennzahlen* dieser Tabellen sind Länderangaben, die mit dem Anteil jeden Landes an der gesamten Bevölkerung gewichtet sind.

Tabelle 31: Erwerbspersonen

Die *Bevölkerung im arbeitsfähigen Alter* ist die Gesamtbevölkerung im Alter von 15 bis 64 Jahren. Die Schätzwerte stammen vom Internationalen Arbeitsamt (ILO) und basieren auf den Bevölkerungsschätzungen der VN.

Die *zusammenfassenden Kennzahlen* sind mit den Bevölkerungszahlen gewogen.

Zu den *Erwerbspersonen* rechnen alle Personen im Alter von 10 und mehr Jahren, die wirtschaftlich tätig sind, einschließlich der Streitkräfte und Arbeitslosen, jedoch ohne sogenannte *wirtschaftlich inaktive* Gruppen. Das Konzept der *wirtschaftlich aktiven* Gruppen ist restriktiv und schließt beispielsweise nicht die Aktivitäten im eigenen Haushalt und die häusliche Pflege von Familienangehörigen aus. *Landwirtschaft, Industrie* und *Dienstleistungssektor* sind in der gleichen Weise wie in Tabelle 2 definiert. Die Schätzwerte für die sektorale Verteilung der Erwerbspersonen stammen vom ILO, *Labour Force Estimates and Projections, 1950 bis 2000,* (1986) und in einigen Fällen von der Weltbank. In verschiedenen Entwicklungsländern scheinen die Zahlen über die Erwerbspersonen die Erwerbsquoten der Frauen erheblich zu unterschätzen, so daß die Erwerbspersonenzahl selbst unterschätzt wird.

Die *zusammenfassenden Kennzahlen* sind mit den Erwerbspersonenzahlen gewogen.

Die *Zuwachsraten der Erwerbspersonenzahl* stammen aus Statistiken des Internationalen Arbeitsamtes und basieren auf altersspezifischen Erwerbsquoten, die in der oben zitierten Quelle angegeben sind.

Für einige Länder, in denen bedeutende Veränderungen der Arbeitslosigkeit und Unterbeschäftigung sowie der Binnen- und Außenwanderung eingetreten sind, könnte die Anwendung der ILO-Daten über die wirtschaftlich aktive Bevölkerung auf die jüngsten Bevölkerungsprojektionen der Bank unzweckmäßig sein. Die Schätzwerte für die Erwerbspersonenzahlen im Zeitraum 1985 bis 2000 sollten deshalb mit Vorsicht behandelt werden.

Bei den *zusammenfassenden Kennzahlen* handelt es sich um Zuwachsraten der Länder, die mit dem Anteil jedes Landes an den gesamten Erwerbspersonen im Jahr 1980 gewichtet sind.

Tabelle 32: Verstädterung

Die Angaben zum *prozentualen Anteil der Stadtbevölkerung an der Gesamtbevölkerung* stammen aus der VN-Publikation *The Prospects of World Urbanization, Revised as of 1984—85,* 1987, ergänzt um Daten aus verschiedenen Ausgaben des *Demographic Yearbook* der VN sowie von der Weltbank.

Die Zuwachsraten für die Stadtbevölkerung werden aus den Bevölkerungsschätzungen der Weltbank berechnet; die Schätzwerte für die Anteile der Stadtbevölkerung werden aus den obengenannten Quellen abgeleitet. Die Angaben zur städtischen Agglomeration in großen Städten stammen aus der VN-Veröffentlichung *Patterns of Urban and Rural Population Growth, 1980.*

Da die Schätzwerte in dieser Tabelle auf unterschiedlichen nationalen Definitionen des Begriffs *städtisch* beruhen, sollten Länderquervergleiche mit Vorsicht interpretiert werden. Angaben über die städtische Bevölkerung stammen aus Volkszählungen, die nur alle fünf oder gar nur zehn Jahre durchgeführt werden. Aus diesem Grund sind neue Daten selten verfügbar, und die Tabelle ist gegenüber der vorjährigen Ausgabe unverändert.

Die *zusammenfassenden Kennzahlen* für den prozentualen Anteil der Stadtbevölkerung an der Gesamtbevölkerung werden aus den Anteilen für die einzelnen Länder berechnet, die mit dem Anteil jeden Landes an der gesamten Bevölkerung gewichtet werden; die anderen zusammenfassenden Kennzahlen in dieser Tabelle werden unter Verwendung der Zahlen über die Stadtbevölkerung auf die gleiche Weise gewichtet.

Tabelle 33: Frauen und Entwicklung

In dieser neuen Tabelle sind einige grundlegende Kennzahlen zur Situation der Frauen in der Gesellschaft zusammengetragen. Sie zeigt ihre demographische Lage und ihren Zugang zu einigen Leistungen des Gesundheits- und Erziehungswesens. Die Tabelle enthält überwiegend Zeitreihen, die bereits in den Kennzahlen der Weltentwicklung veröffentlicht wurden, die aber nun disaggregiert wurden, um die unterschiedliche Lage der Geschlechter und die Entwicklung dieser Unterschiede im Zeitablauf zu zeigen. Statistische Anomalien werden deutlich sichtbar, wenn soziale Kennzahlen nach Geschlechtern analysiert werden, und zwar in einigen Fällen, weil die zugrundeliegenden Erhebungssysteme auf Gebieten unzureichend sind, welche für die Beobachtung der Rolle der Frauen im Entwicklungsprozeß von besonderer Wichtigkeit sind. Aus Volkszählungen und Befragungen abgeleitete Kennzahlen, wie diejenigen über die Bevölkerung, sind tendenziell für Frauen und Männer gleichermaßen verläßlich; Kennzahlen, die hauptsächlich auf administrativen Unterlagen beruhen, wie diejenigen über die Mütter- und Säuglingssterblichkeit, sind weniger zuverlässig. Es bleibt noch Erhebliches zu tun, um für dieses Gebiet ein statistisches Bezugssystem zu entwickeln, und die Verläßlichkeit selbst der in dieser Tabelle gezeigten Daten ist sehr unterschiedlich.

Die ersten vier Spalten zeigen die Relationen von Frauen zu Männern für die Gesamtbevölkerung und für die Altersgruppe unter fünf Jahren. Allgemein werden auf der Welt mehr Jungen als Mädchen geboren. Unter günstigen Ernährungs- und Gesundheitsbedingungen und in Friedenszeiten weisen männliche Personen eine höhere Sterbensrate auf als weibliche, die zudem tendenziell länger leben. In den marktwirtschaftlichen Industrieländern haben sich diese Faktoren in einem Verhältnis von etwa 103 bis 105 Frauen je 100 Männer in der Gesamtbevölkerung niedergeschlagen. Die Zahlen in diesen Spalten zeigen, daß es Fälle gibt, in denen die Zahl der Frauen viel geringer ist, als es der normalen demographischen Struktur entsprechen würde. In einigen Ländern dürfte das offensichtliche Ungleichgewicht durch Zuwanderung bedingt sein, beispielsweise in Kuweit und den Vereinigten Arabischen Emiraten, wo Männer aufgrund von Arbeitsverträgen ins Land kommen. In anderen Ländern führen die Auswanderung von Männern oder die ungleich verteilten Auswirkungen von Kriegen zu einer Umkehrung des Ungleichgewichts zulasten der Männer, wodurch eine übermäßige Frauensterblichkeit teilweise verdeckt oder ausgeglichen werden kann.

Liegen solche Faktoren nicht vor, so spiegelt jedoch eine Frauen/Männer-Relation von deutlich unter 100 in der Gesamtbevölkerung eines Landes typischerweise die Auswirkungen der Diskriminierung von Frauen wider. Von dieser Diskriminierung sind zumeist drei Altersgruppen betroffen. Ganz junge Mädchen, die von knapper Nahrung einen geringeren Teil oder kostspielige medizinische Betreuung weniger rasch erhalten dürften; Gebärende und in geringerem Maße arme ältere Frauen. Zwischen dieser Art der Diskriminierung und dem Entwicklungsstand besteht kein einheitlicher Zusammenhang. Es gibt Länder mit niedrigem und mittlerem Einkommen bzw. Regionen innerhalb von Ländern, die eine ganz „normale" Bevölkerungsstruktur aufweisen. In vielen anderen Ländern zeigen die Zahlen überdeutlich, weshalb eine bessere Einbindung der Frauen in den Entwicklungsprozeß buchstäblich lebenswichtig ist.

Die Kennzahlen zur Gesundheit und Wohlfahrt in den folgenden fünf Spalten lenken die Aufmerksamkeit insbesondere auf das Umfeld der Gebärenden. In den Entwicklungsländern bedeutet die Niederkunft für Frauen im gebärfähigen Alter immer noch das höchste Todesrisiko. Die Kennzahlen dürften die den Frauen zur Verfügung stehenden Gesundheitsdienste und die allgemeine Wohlfahrts- und Ernährungslage von Müttern widerspiegeln, ohne sie jedoch zu messen.

Die *Lebenserwartung bei der Geburt* ist in den Erläuterungen zu Tabelle 1 definiert.

Die *von medizinischem Personal betreuten Geburten* zeigen den Prozentsatz der registrierten Geburten, bei denen ein staatlich anerkannter Mitarbeiter des Gesundheitsdienstes Hilfe leistete. Die Angaben stammen von der Weltgesundheitsorganisation (WHO). Unter der *Müttersterblichkeit* versteht man gewöhnlich die während der Entbindung auftretende Zahl der Todesfälle von Frauen, bezogen auf 100 000 Lebendgeburten. Da in einigen Ländern der Begriff „Entbindung" weiter ausgelegt wird als in anderen — um Komplikationen während der Schwangerschaft oder bei einer Abtreibung einzubeziehen — und da viele schwangere Frauen mangels angemessener Gesundheitsvorsorge sterben, ist es schwierig, die Müttersterblichkeit konsistent und verläßlich im Länderquervergleich zu messen. Die Angaben für diese beiden Zeitreihen stammen aus verschiedenen nationalen Quellen und wurden von der WHO zusammengestellt, auch wenn viele nationale Verwaltungssysteme unzulänglich sind und demographische Tatbestände nicht systematisch erfassen. Die Daten sind zumeist aus amtlichen Berichten von Gemeinden und Unterlagen von Krankenhäusern abgeleitet worden, und einige enthalten nur die Todesfälle in Krankenhäusern und anderen medizinischen Einrichtungen. Manchmal sind kleinere private und ländliche Krankenhäuser nicht berücksichtigt, und manchmal sind sogar verhältnismäßig einfache örtliche Einrichtungen einbezogen. Der Geltungsbereich ist deshalb nicht immer umfassend, und die Angaben sollten mit äußerster Vorsicht verwendet werden.

Offensichtlich wird die Müttersterblichkeit in vielen Fällen untererfaßt, insbesondere in Ländern mit weit verstreut lebender ländlicher Bevölkerung; dies erklärt einige der in der Tabelle enthaltenen sehr niedrigen Zahlen, vor allem bei verschiedenen afrikanischen Ländern. Darüber hinaus ist nicht klar, ob eine Zunahme der in Krankenhäusern betreuten Mütter eine umfassendere medizinische Versorgung von Frauen oder zahlreiche Komplikationen bei Schwangerschaft und Niederkunft, etwa infolge unzureichender Ernährung, widerspiegelt (vgl. Tabelle 29 wegen der Angaben zum Untergewicht bei der Geburt).

Mit diesen Zeitreihen wird versucht, leicht verfügbare Informationen zusammenzutragen, die in internationalen Veröffentlichungen nicht immer gezeigt werden. Die WHO warnt vor „unvermeidlichen Lücken" in den Zeitreihen und hat die Länder gebeten, umfassendere Zahlen zur Verfügung zu stellen. Sie sind hier aus der WHO-Veröffentlichung *Maternal Mortality Rates* von 1986 wiedergegeben, und zwar als Teil der internationalen Bemühungen, Daten aus diesem Gebiet stärkere Beachtung zu verschaffen. Das Bezugsjahr 1980 repräsentiert jedes Jahr zwischen 1977 und 1984.

Die *Säuglingssterblichkeit* ist die Zahl der Säuglinge, die in einem bestimmten Jahr vor der Vollendung des ersten Lebensjahres sterben, bezogen auf tausend Lebendgeburten. Die Daten stammen aus verschiedenen VN-Quellen — „Infant Mortality: World Estimates und Projections, 1950 — 2025" in *Population Bulletin* (1983), jüngste Ausgaben des *Demographic Yearbook* und *Population and Vital Statistics Report* — sowie von der Weltbank.

Die Kennzahlen zur *Erziehung*, basierend auf Unesco-Quellen, zeigen, in welchem Maß Mädchen verglichen mit Jungen Grundschulen und weiterführende Schulen besuchen. Unter sonst gleichen Verhältnissen und bei gleichen Chancen sollte die Relation für Mädchen nahe bei 100 liegen. Ungleichheiten könnten jedoch zu Abweichungen der Verhältniszahlen in unterschiedlicher Richtung führen. Beispielsweise wird die Zahl der Mädchen je 100 Jungen an weiterführenden Schulen steigen, wenn die Zahl der Jungen in den letzten Klassen wegen besserer Berufschancen für Jungen, der Einberufung zum Wehrdienst oder der Auswanderung zur Arbeitssuche rascher abnimmt. Da sich außerdem die Zahlen in diesen Spalten hauptsächlich auf die Erziehung in allgemeinbildenden weiterführenden Schulen beziehen, erfassen sie jene Jugendlichen (meistens Jungen) nicht, die technische Schulen und Berufsschulen besuchen oder eine ganztägige Lehre absolvieren, wie in Osteuropa.

Verzeichnis der Datenquellen

Volkswirtschaftliche Gesamtrechnung und wirtschaftliche Kennzahlen	Internationaler Währungsfonds, *Government Finance Statistics Yearbook,* Bd. XI, 1987, Washington, D.C. UN Department of International Economic and Social Affairs, *Statistical Yearbook,* verschiedene Jahre, New York. Datensammlungen von FAO, IWF, UNIDO und Weltbank sowie nationale Quellen.
Energie	UN Department of International Economic and Social Affairs, *World Energy Supplies,* Statistical Papers, Reihe J, verschiedene Jahre, New York. Datensammlung der Weltbank.
Handel	Internationaler Währungsfonds, *International Financial Statistics,* verschiedene Jahre, Washington, D.C. Konferenz der VN für Handel und Entwicklung, *Handbook of International Trade and Development Statistics,* verschiedene Jahre, Genf. UN Department of International Economic and Social Affairs, *Monthly Bulletin of Statistics,* verschiedene Jahre, New York. _____ , *Yearbook of International Trade Statistics,* verschiedene Jahre, New York. Datensammlungen von FAO, IWF, UNIDO, VN und Weltbank.
Zahlungsbilanzen, Kapitalbewegungen und Schulden	Organisation für Wirtschaftliche Zusammenarbeit und Entwicklung, *Development Co-operation,* verschiedene Jahre, Paris. _____ , *Geographical Distribution of Financial Flows to Developing Countries,* 1986, Paris. Daten des IWF, der OECD und der Weltbank. Schuldenberichtssystem der Weltbank.
Erwerbspersonen	Internationales Arbeitsamt, *Labour Force Estimates and Projections, 1950—2000,* 3. Auflage, 1986, Genf. Datenbänder des Internationalen Arbeitsamtes.
Bevölkerung	UN Department of International Economic and Social Affairs, *Demographic Yearbook,* verschiedene Jahre, New York. _____ , *Population and Vital Statistics Report,* verschiedene Jahre, New York. _____ , *Patterns of Urban and Rural Population Growth,* 1980, New York. _____ , "Infant Mortality: World Estimates and Projections, 1950—2025" in: *Population Bulletin of the United Nations,* Nr. 14, 1982, New York.

	_____, *World Population Prospects as Assessed in 1982*, aktualisierte Version, New York.
	_____, *World Population Trends and Policies: 1983 Monitoring Report*, 1983, New York.
	_____, *Recent Levels and Trends of Contraceptive Use as Assessed in 1983*, 1984, New York.
	_____, *The Prospects of World Urbanization, Revised as of 1984—85*, 1987, New York.
	Datensammlung der Weltbank.
Soziale Kennzahlen	Institute for Resource Development/Westinghouse, *Child Survival: Risks and the Road to Health*, 1987, Columbia, Md.
	Organisation für Ernährung und Landwirtschaft, *Fertilizer Yearbook 1982*, 1981, Rom.
	_____, *Food Aid in Figures*, Dezember 1983, Rom.
	Sivard, Ruth, *Women — A World Survey*, 1985, Washington D.C., World Priorities.
	U.N. Department of International Economic and Social Affairs, *Demographic Yearbook*, verschiedene Jahre, New York.
	_____, *Statistical Yearbook*, verschiedene Jahre, New York.
	U.N. Educational Scientific and Cultural Organization, *Statistical Yearbook*, verschiedene Jahre, Paris.
	UNICEF, *The State of the World's Children 1986*, 1986, Oxford, Oxford University Press.
	Weltgesundheitsorganisation, *World Health Statistics Annual*, verschiedene Jahre, Genf.
	_____, *Maternal Mortality Rates; A Tabulation of Available Information*, zweite Auflage, 1986, Genf.
	_____, *World Health Statistics Report*, verschiedene Jahre, Genf.
	Datensammlungen der FAO und der Weltbank.

278
304